Administração
de Recursos Humanos
3ª edição

Este é o código de acesso para o material complementar que acompanha o livro, disponível na Sala Virtual (sv.pearson.com.br):

303x8pb8hd

Administração de Recursos Humanos
3ª edição

Gary Dessler
Florida International University

Tradução
Cecília Leão Oderich
Mestre em Recursos Humanos pela UFRGS

Revisão técnica
Álvaro Pequeno da Silva
Doutor em Ciências Sociais pela PUC-SP
Professor da PUC-SP e da COGEAE/PUC-SP

Adaptação técnica
Denise Poiani Delboni
Doutora em ADM pela FGV
Coordenadora do curso de Direito Empresarial do Trabalho do GVLaw

Consultoria técnica
Rafael Marcus Chiuzi
Doutor em Psicologia Social e do Trabalho pela USP
Professor da FIA-USP e da Universidade Metodista

© 2015 by Pearson Education do Brasil

Todos os direitos reservados. Nenhuma parte desta publicação poderá ser reproduzida ou transmitida de qualquer modo ou por qualquer outro meio, eletrônico ou mecânico, incluindo fotocópia, gravação ou qualquer outro tipo de sistema de armazenamento e transmissão de informação, sem prévia autorização, por escrito, da Pearson Education do Brasil.

SUPERVISORA DE PRODUÇÃO EDITORIAL Silvana Afonso
COORDENADOR DE PRODUÇÃO EDITORIAL Sérgio Nascimento
EDITOR DE AQUISIÇÕES Vinícius Souza
EDITORA DE TEXTO Ana Mendes
EDITOR ASSISTENTE Marcos Guimarães
EDITORA DE CONTEÚDO Karina Gercke
PREPARAÇÃO Rebeca Michelotti
REVISÃO Eloiza Lopes e Gabrielle Navarro
CAPA Pedro Gentile
DIAGRAMAÇÃO Casa de Ideias

Dados Internacionais de Catalogação na Publicação (CIP)
(Câmara Brasileira do Livro, SP, Brasil)

Dessler, Gary, 1942- .
  Administração de recursos humanos / Gary Dessler; tradução Cecília Leão Oderich; revisão técnica Álvaro Pequeno e Denise Delboni. – 3. ed. – São Paulo: Pearson Education do Brasil, 2014.

  Título original: Fundamentals of human resource management.
  Bibliografia.
  ISBN 978-85-4300-027-5

  1. Administração de pessoal I. Delboni, Denise. II. Título.

13-13969 CDD-658.3

Índice para catálogo sistemático:
1. Administração de recursos humanos:
   Administração de empresas 658.3

2014
Direitos exclusivos para a língua portuguesa cedidos à
Pearson Education do Brasil Ltda.,
uma empresa do grupo Pearson Education
Rua Nelson Francisco, 26
CEP 02712-100 – São Paulo – SP – Brasil
Fone: 11 2178-8686 – Fax: 11 2178-8688
vendas@pearson.com

SUMÁRIO GERAL

PARTE 1   Introdução   1

Capítulo 1   A atual administração de recursos humanos   1
Capítulo 2   Gerenciamento de igualdade de oportunidades e diversidade   21
Capítulo 3   Estratégia e análise de recursos humanos   45

PARTE 2   Equipes de trabalho: descrição de cargos e alocação de pessoal   71

Capítulo 4   Recrutamento: análise e descrição de cargos, gestão de talentos   72
Capítulo 5   Planejamento de pessoal e recrutamento   99
Capítulo 6   Seleção de funcionários   132

PARTE 3   Treinamento e desenvolvimento de recursos humanos   171

Capítulo 7   Treinamento e desenvolvimento de funcionários   172
Capítulo 8   Avaliação e gerenciamento do desempenho   204
Capítulo 9   Retenção de pessoas, comprometimento e carreira   228

PARTE 4   Remuneração e recompensas   261

Capítulo 10   Desenvolvimento de planos de remuneração   262
Capítulo 11   Remuneração por desempenho e planos de benefícios   294

PARTE 5   Relações de trabalho   327

Capítulo 12   Ética, relações trabalhistas e tratamento justo no trabalho   328
Capítulo 13   Trabalho com sindicatos e a resolução de litígios   354
Capítulo 14   Melhora na gestão de segurança e medicina do trabalho   380

PARTE 6   Questões especiais em administração de recursos humanos   415

Módulo A   Administração global de RH   415
Módulo B   Administração de RH em pequenas empresas e o empreendedorismo   435

SUMÁRIO

PARTE 1   **Introdução**   1

Capítulo 1   **A atual administração de recursos humanos**   1

O que é administração de recursos humanos?   1

Por que a administração de recursos humanos é importante para todos os gerentes?   2
Aspectos da administração de recursos humanos   3
Autoridade de linha versus autoridade de pessoal   3
Responsabilidades dos gerentes de linha na administração de recursos humanos   4
Organização das responsabilidades do departamento de recursos humanos   4

As tendências que moldam a administração de recursos humanos   5

Avanços tecnológicos   6
Tendências na natureza do trabalho   6
RH como centro de lucro: Estimulando o atendimento ao cliente   7
Tendências demográficas e da força de trabalho   7
Globalização e competição   8
Endividamento e desregulamentação   8
Desafios econômicos e tendências   9

O que fazem os novos gestores de recursos humanos?   10

De quais competências gestores de recursos humanos precisam?   13

Apresentação deste livro   14

Os capítulos   14

Revisão

Resumo 15 • Palavras-chave 15 • Questões para discussão 15 • Atividades individuais e em grupos 16

Exercícios de aplicação

ESTUDO DE CASO EM RH: Empresa de Limpeza Carter   16

Exercício vivencial   17

Estudo de caso brasileiro

Como o paradigma da inovação afetará os CIOs do futuro   18

Capítulo 2   **Gerenciamento de igualdade de oportunidades e diversidade**   21

Legislação sobre igualdade nas oportunidades de emprego   21

Lei de cotas   23

Algumas decisões judiciais sobre Oportunidades Iguais de Emprego (*equal employment opportunity* – EEO)   24

Assédios moral e sexual no trabalho   25

O que é assédio moral?   26
O que é assédio sexual?   26
Contexto estratégico: Quando o meio ambiente é hostil?   28
Decisões judiciais sobre práticas de assédio sexual e moral   29
Temas globais em RH: Pensando na questão de discriminação no trabalho e inclusão social no mundo   31

Defesas contra alegações de discriminação 32
    Curiosidades: Teste McDonnell-Douglas 33
        Alegação de discriminação por gênero na Hooters of America 33

Exemplos de práticas discriminatórias de emprego 34
    Um comentário sobre o que se pode ou não fazer 34
    Recrutamento 34
    Padrões de seleção 34

Gestão da diversidade e programas de ações afirmativas 35
    Prós e contras da potencial diversidade 35
    RH como centro de lucro: Forças-tarefa da minoria da IBM 36
    Gestão da diversidade 37
    Oportunidades iguais de emprego versus ação afirmativa 37
    Ação afirmativa e discriminação reversa 38

Revisão
Resumo 38 • Palavras-chave 39 • Questões para discussão 39 • Atividades individuais e em grupos 39

Exercícios de aplicação
    ESTUDO DE CASO EM RH: Empresa de Limpeza Carter: A questão da discriminação 40
Exercício vivencial 40

Estudo de caso brasileiro
    Assédio moral a gerentes de banco, no Piauí 41

Capítulo 3   Estratégia e análise de recursos humanos 45
    Contexto estratégico: O jeito Zappos de ser 46

O processo de gestão estratégica 46
    O estabelecimento de metas e o processo de planejamento de gestão 46
    Planejamento estratégico 47
    Melhorando a produtividade por meio do uso de software de planejamento 50
    Tipos de estratégia 50
    Funções dos gestores no planejamento estratégico 52

Administração estratégica de recursos humanos 52
    O que é administração estratégica de recursos humanos? 52
    Estratégias e políticas de recursos humanos 54
    Contexto estratégico: O Hotel Portman em Xangai 54
    Ferramentas de administração estratégica de recursos humanos 54

Indicadores de RH e benchmarking 56
    Tipos de indicador 57
    Benchmarking e análise das necessidades 58
    Estratégia e indicadores baseados em estratégia 58
    Força de trabalho, análise de talentos e bases de dados 58
    RH como centro de lucro: Uso da força de trabalho e da análise de talentos 59
    Quais são as auditorias de RH? 60
    RH baseado em evidências e a maneira científica de fazer as coisas 60

Quais são os sistemas de trabalho de alto desempenho? 61
    Políticas e práticas de recursos humanos de alto desempenho 62

Revisão
Resumo 63 • Palavras-chave 64 • Questões para discussão 64 • Atividades individuais e em grupos 64

Exercícios de aplicação
    ESTUDO DE CASO EM RH: Empresa de Limpeza Carter: O sistema de trabalho de alto desempenho 64
Exercício vivencial 65
Apêndice: Conceitos básicos de orçamento 65

Estudo de caso brasileiro
    Empresas de TI vão ao mercado em busca de novos talentos 68

PARTE 2 Equipes de trabalho: descrição de cargos e alocação de pessoal 71

Capítulo 4 Recrutamento: análise e descrição de cargos, gestão de talentos 72

O processo de gestão de talentos 72
O que é gestão de talentos? 73

Os fundamentos da análise de cargos 74
Condução de uma análise de cargos 74
RH como centro de lucro: Aumento da produtividade por meio do redesenho de cargos 75

Métodos de coleta de informações para a análise de cargos 77
Entrevista 77
Questionários 78
Observação 78
Registros em diários 80
Técnicas quantitativas de análise de cargos 81
Análise de cargos e a tecnologia 81
Orientações para a análise de cargos 81

Redigindo as descrições de cargos 82
Identificação do cargo 82
Resumo do cargo 82
Relacionamentos e hierarquia 82
Responsabilidades e deveres 84
Gestão da nova força de trabalho: Redigindo descrições de cargos que estejam em conformidade com as leis que regem a inclusão das pessoas portadoras de necessidades especiais (PNE) no mercado de trabalho 85
Padrões de desempenho e condições de trabalho 86
Utilizando a internet para redigir descrições de cargos 87

Redação das especificações dos cargos 89
Especificações para pessoal experiente versus não experiente 89
Especificações dos cargos de acordo com avaliações subjetivas 89
Especificações dos cargos com base em probabilidades 90
Usando o relatório de tarefas 90

Utilizando modelo de competências em gestão de talentos 91
Um olhar mais atento para as competências 92
Como estabelecer competências 92

Revisão
Resumo 94 • Palavras-chave 95 • Questões para discussão 95 • Atividades individuais e em grupos 95

Exercícios de aplicação
ESTUDO DE CASO EM RH: Empresa de Limpeza Carter: A descrição de cargos 95
Exercício vivencial 96

Estudo de caso brasileiro
Greve no aeroporto de Goiânia 96

Capítulo 5 Planejamento de pessoal e recrutamento 99

Planejamento e alocação de recursos humanos 100
Estratégia e planejamento de pessoal 100
Contexto estratégico: IBM 101
Previsão das necessidades de pessoal (demanda de trabalho) 101
Melhorando a produtividade por meio do sistema de informações de recursos humanos 103
Previsão de candidatos internos 104
Previsão de candidatos externos 105
Gestão de talentos e monitoramento da força de trabalho 105
Desenvolvendo um plano de ação para adequar oferta e demanda de trabalho 106
Pirâmide seletiva do recrutamento 106

Necessidade do recrutamento eficaz 107
    Por que o recrutamento é importante? 107
    Desenvolvendo a imagem corporativa 107
    O papel do supervisor 107

Fontes internas de candidatos 107
    Fontes internas: prós e contras 108
    Encontrando candidatos internos 108
    Recontratação 108
    Planejamento da sucessão 108
    Melhorando a produtividade por meio dos sistemas de administração de recursos humanos 109

Fontes externas de candidatos 109
    Recrutamento por meio da internet 109
    Anúncios 112
    Agências de emprego 113
    Agências de trabalho temporário 114
    Externalização e terceirização de empregos 116
    Recrutadores de executivos 116
    Serviços de recrutamento por demanda 117
    Recrutamento de universitários 117
    Referências e candidatos espontâneos 118
    Trabalhadores remotos 119
    Militares 120
    Fontes eficazes de recrutamento 120
    Mensuração da eficácia do recrutamento 120
    RH como centro de lucro: O exemplo de recrutamento externo da GE Medical 121
    Melhorando a produtividade por meio dos sistemas de recursos humanos: uma abordagem integrada de recrutamento 121

Recrutamento de um quadro de funcionários mais diversificado 121
    Mães e pais solteiros 122
    Trabalhadores idosos 122
    As minorias e o recrutamento 122
    Inserção no mercado de trabalho 123
    Portadores de necessidades especiais 123

Desenvolvimento e uso de formulários de inscrição 123
    Propósito dos formulários 123
    Diretrizes de aplicação 124
    Formulários de inscrição e leis 124

Revisão
    Utilização de formulários para prever o desempenho no trabalho 125
Resumo 125 • Palavras-chave 126 • Questões para discussão 126 • Atividades individuais e em grupos 126

Exercícios de aplicação
    ESTUDO DE CASO EM RH: Empresa de Limpeza Carter: obtendo os melhores candidatos 127
Exercício vivencial 127

Estudo de caso brasileiro
    A empresa Alfa Cosméticos deve utilizar fonte externa de recrutamento? 128

Capítulo 6   Seleção de funcionários 132

As bases dos testes e da seleção de funcionários 133
    Por que a seleção criteriosa é importante? 133
    Confiabilidade 133
    Legitimidade 134
    Como validar um teste 135
    Análise de viabilidade 135
    RH como centro de lucro: Redução da rotatividade na KeyBank 136

Generalização da legitimidade 136
Testes e oportunidades iguais de emprego 137
Aplicação de testes no trabalho 137
Como os empregadores utilizam testes no local de trabalho? 137
Tipos de teste 139
Temas globais em RH: Teste para atividades no exterior 142
Testes informatizados e on-line 142
Contexto estratégico: Exemplo de teste computadorizado no City Garage 143
Avaliações situacionais 143
Centros de avaliação da gestão 144
Ferramentas multimídia de avaliação de candidatos 144
Entrevista de candidatos 144
Tipos de entrevista de seleção 144
Gerenciamento da nova força de trabalho: preconceito contra mães trabalhadoras 148
A que ponto as entrevistas são úteis? 148
Como evitar erros comuns nas entrevistas 149
Passos na condução de uma entrevista eficaz 150
RH na prática: O que fazer e o que não fazer nas perguntas da entrevista 151
Gestão de talentos: perfis e entrevistas com funcionários 153
Outras técnicas de seleção 153
Investigações de antecedentes e verificação de referências 153
Teste de honestidade 157
RH na prática: Como identificar a desonestidade 157
Grafologia 158
RH como centro de lucro: Utilizando testes de integridade 158
Exames médicos 158
Testes de uso de drogas 158
Previsões realistas 159
Ouvindo amigos e conhecidos 159
Tomada de decisão na seleção 159
Avaliando o processo de seleção 160
Cumprindo a lei de imigração 161
Melhorando a produtividade por meio do sistema de informações de recursos humanos 161
Desenvolvendo e ampliando a oferta de emprego 161
Revisão
Resumo 162 • Palavras-chave 163 • Questões para discussão 163 • Atividades individuais e em grupos 163
Exercícios de aplicação
ESTUDO DE CASO EM RH: Teste de honestidade na Empresa de Limpeza Carter 163
Exercício vivencial 164
Apêndice: Entrevista situacional estruturada 165
Estudo de caso brasileiro
Diversidade no Banco Santander 166

PARTE 3 Treinamento e desenvolvimento de recursos humanos 171

Capítulo 7 Treinamento e desenvolvimento de funcionários 172
Orientação e integração de novos funcionários 173
Importância da orientação e integração de funcionários 173
Processo de orientação 173
Visão geral do processo de treinamento 174
Alinhando treinamento e estratégia 174
Contexto estratégico: A estratégia de recuperação do treinamento da Macy's 174
Processo Addia de treinamento em cinco passos 175
Condução da análise das necessidades de treinamento 175
Projetando o programa de treinamento 178

Desenvolvimento de programas 179
Implementação de programas de treinamento 180
Treinamento no trabalho 180
Treinamento de aprendizagem 180
Aprendizagem informal 181
Treinamento de instrução de trabalho (*job instruction training* – JIT) 181
Palestras 181
Aprendizagem programada 182
Treinamento audiovisual 182
Treinamento por simulação 182
Sistemas eletrônicos de apoio ao desempenho (*electronic performance support systems* – EPSS) 182
Videoconferência 182
Treinamento virtual (*computer-based training* – CBT) 183
Aprendizagem simulada 183
Treinamentos on-line 184
Melhorando a produtividade por meio do sistema de informações de recursos humanos 184
Aprendizagem móvel 185
Sala de aula virtual 185
Técnicas de aprendizagem contínua e alfabetização 185
Diversidade corporativa e treinamento 186
Treinamento de equipe 186

Implementação de programas de desenvolvimento gerencial 187
Papel da estratégia no desenvolvimento gerencial 187
Treinamento gerencial no trabalho 187
Técnicas de treinamento e desenvolvimento gerencial fora do local de trabalho 188
Desenvolvimento de liderança da GE 190
Gestão de talentos e de colaboradores essenciais: desenvolvimento diferenciado 191

Programas de gestão da mudança organizacional 191
O que mudar 191
Mudança organizacional: três etapas de Lewin 192
Liderando a mudança organizacional 192
Desenvolvimento organizacional 193

Avaliando o esforço de treinamento 194
Projetando o estudo 195
Medição dos efeitos do treinamento 196

Revisão
Resumo 196 • Palavras-chave 197 • Questões para discussão 197 • Atividades individuais e em grupos 198

Exercícios de aplicação
ESTUDO DE CASO EM RH: Empresa de Limpeza Carter: Novo programa de treinamento 198
Exercício vivencial 199

Estudo de caso brasileiro
Como acelerar o desenvolvimento dos empregados da empresa de calçados Líder? 199

Capítulo 8 Avaliação e gerenciamento do desempenho 204
Conceitos básicos em avaliação de desempenho 205
Ciclo de avaliação de desempenho 205
Por que avaliar o desempenho? 205
RH como centro de lucro: Definindo metas de desempenho na Ball Corporation 206
Gestão do desempenho 206
Contexto estratégico: TRW 207
Definição de metas e padrões de desempenho 207
RH na prática: Como definir metas efetivas 207

Quem deve fazer a avaliação? 208

Métodos de avaliação 210
    Método de escalas gráficas 210
    Método de classificação alternada 210
    Método de comparação entre pares 210
    Método de distribuição forçada 210
    Método do incidente crítico 213
    Escalas de avaliação comportamental 213
    Formas de avaliação na prática 213
    Método da administração por objetivos 215
    Avaliações de desempenho virtuais e on-line 215
    Monitoramento eletrônico de desempenho 215
    Temas globais em RH: Instrução dos funcionários no exterior 216
    Dias de conversação 216

Lidando com problemas da avaliação e da entrevista 216
    Garantia da equidade e supervisão eficaz 216
    Esclarecendo os critérios 217
    Evitando o efeito halo 217
    Evitando a tendência central 217
    Não seja indulgente ou intransigente 218
    Evitando distorções 218
    Questões jurídicas na avaliação 219
    RH na prática: Fazendo avaliações legalmente defensáveis 219
    Condução da entrevista de avaliação 219
    Aperfeiçoando as habilidades de comunicação 220

Gestão do desempenho 220
    Gestão do desempenho versus avaliação de desempenho 220
    Uso da tecnologia da informação para apoiar a gestão do desempenho 221

Práticas de gestão de talentos e avaliação 222
    Avaliação e gestão ativa dos funcionários 222
    Segmentação e gestão de funcionários na prática 223

Revisão
Resumo 223 • Palavras-chave 224 • Questões para discussão 224 • Atividades individuais e em grupos 224

Exercícios de aplicação
    ESTUDO DE CASO EM RH: Empresa de Limpeza Carter: Avaliação de desempenho 224
Exercício vivencial 225

Capítulo 9   **Retenção de pessoas, comprometimento e carreira 228**
    Gerenciamento da retenção de pessoas e da rotatividade 228
        RH como centro de lucro: Custos da rotatividade 229
        Gerenciando a rotatividade voluntária 229
        Estratégias de retenção para reduzir a rotatividade voluntária 229
        Abordagem para a retenção de funcionários 230
        Contexto estratégico: A nova força de trabalho da IBM 231
        Abordagem de gestão de talentos para retenção de pessoas 232
        Afastamento do trabalho 232

    Comprometimento dos funcionários 233
        Como promover comprometimento 234
        Monitoramento do comprometimento 234

    Gestão de carreira 234
        Terminologia 234
        Carreiras na atualidade 235
        Contrato psicológico de trabalho 235
        O papel do funcionário na gestão de carreira 235
        O papel do empregador na gestão de carreira 236
        Opções de gestão de carreira 236

Questões de gênero no desenvolvimento de carreira 239
O papel do gerente 239

Melhorias das habilidades de coaching 240
Formação de suas habilidades de coaching 240
Formação de suas habilidades de tutoria 240
Melhorias da produtividade por meio do sistema de informações de recursos humanos 242

Tomada de decisões sobre promoção 242
Decisão 1: a regra é tempo de trabalho ou competência? 243
Decisão 2: como devemos medir a competência? 243
Decisão 3: o processo é formal ou informal? 243
Decisão 4: vertical, horizontal ou outro? 244
Considerações práticas 244
Fontes de distorção nas decisões de promoção 244
Promoções e a Lei 244
Gerenciando transferências 245
Gerenciando aposentadorias 246

Gestão de demissões 247
Rescisão voluntária 247
Motivos de demissão 247
Evitando a demissão ilegal 248
Responsabilidade do superior 249
Processo de saída e comunicado de rescisão 250
Dispensas e lei de fechamento de unidade 251
Preparação para o downsizing e as fusões 252
Temas globais em RH: Contratos de trabalho 252

Revisão
Resumo 253 • Palavras-chave 254 • Questões para discussão 254 • Atividades individuais e em grupos 254

Exercícios de aplicação
ESTUDO DE CASO EM RH: Empresa de Limpeza Carter: Programa de planejamento 255
Exercício vivencial 255

Estudo de caso brasileiro
Retenção de talentos 255

PARTE 4 Remuneração e recompensas 261

Capítulo 10 Desenvolvimento de planos de remuneração 262

Os fatores determinantes do pagamento 262
O alinhamento da remuneração com a estratégia 263
Contexto estratégico: Wegmans Food Markets, Inc. 263
Equidade e o impacto nos salários 264
Considerações legais na remuneração 265
Influência sindical nas decisões de remuneração 266
Políticas salariais nas organizações 266
RH como centro de lucro: Wegmans Food Markets, Inc. 267

Métodos de avaliação de cargos 267
Fatores de avaliação de cargos 268
Preparação para a avaliação 268
Métodos de avaliação: escalonamento simples (ou *job ranking*) 269
Métodos de avaliação: classificação ou categorias predeterminadas (ou *job classification*) 270
Método de avaliação de pontos 271

Como criar um plano de remuneração competitivo 272
1. Escolher os cargos de referência a serem avaliados 272
2. Selecionar fatores de avaliação 272

3. Atribuir pesos aos fatores de avaliação escolhidos 272
4. Converter porcentagens em pontos para cada fator 273
5. Definir níveis de fatores 273
6. Determinar o grau de cada fator 274
7. Rever descrições e especificações de cada cargo 274
8. Avaliar os cargos 274
9. Desenhar a atual curva salarial (interna) 275
10. Realizar análise de mercado: pesquisas salariais 276
11. Desenhar a curva salarial do mercado (externo) 277
12. Comparar e ajustar os salários ao mercado atual 277
13. Desenvolver grupos ou faixas salariais 278
14. Estabelecer faixas salariais 279
15. Fazer o enquadramento dos demais cargos 281
16. Corrigir salários fora da curva salarial 281
Administração da folha de pagamento 281

Plano de remuneração de cargos gerenciais e especialistas 282
Remuneração de executivos e gerentes 282
O que determina os salários dos executivos? 283
Salários dos especialistas 283

Tópicos contemporâneos em remuneração 284
Remuneração por competências 284
Faixas salariais 285
Remuneração e gestão de talentos 286
Salários de executivos 286
Programas de recompensas e de remuneração no futuro 287

Revisão
Resumo 287 • Palavras-chave 288 • Questões para discussão 288 • Atividades individuais e em grupos 289

Exercícios de aplicação
ESTUDO DE CASO EM RH: Empresa de Limpeza Carter: O novo plano de pagamento 289
Exercício vivencial 290

Estudo de caso brasileiro
Os benefícios mais cobiçados no mercado de trabalho 290

Capítulo 11 Remuneração por desempenho e planos de benefícios 294

Planos individuais de incentivos 295
Salário por peça 295
Planos de incentivo e a Lei 295
Aumento salarial como incentivo 295
Incentivos para os profissionais especializados 296
Reconhecimento baseado em prêmios não financeiros 297
Incentivos para vendedores 298
Plano combinado 299
Incentivos para gerentes e executivos 299
Incentivos gerenciais de curto prazo e o bônus anual 300
Incentivos estratégicos de longo prazo para executivos 301

Equipe e planos de incentivos organizacionais 302
Como definir incentivos à equipe 302
Planos de participação nos lucros e resultados (PLR) 303
RH baseado em evidências: quão eficazes são seus incentivos? 304
Planos eficazes de incentivo 304

Panorama atual de benefícios e serviços 304

Benefícios assistenciais e seguro para os empregados 304
Seguro-desemprego 305
Férias e feriados: aspectos jurídicos 306
Licença por doença (ou afastamento) 307

RH como centro de lucro: Diminuindo o absenteísmo na Driver and Vehicle Licensing Agency 308
Planos de demissão voluntária (PDV) 308
Seguro obrigatório contra acidentes do trabalho 308
Benefícios de assistência médica 309
Outras leis 310
Tendências no controle de custos em saúde 310
Cuidados de longo prazo 311
Seguro de vida 311
Aposentadoria e outros benefícios da previdência social 311
Previdência privada 312
Plano de previdência de benefício definido 312
Plano de previdência de contribuição definida 312
Plano de contribuição variada 313
Planos de previdência complementar fechados 313
Planejamento previdenciário e a Lei 314
Pensões e aposentadoria antecipada 314
Comunicações e sites sobre benefícios 314
Serviços pessoais e benefícios familiares 315
Serviços pessoais 315
Benefícios familiares 315
Outros benefícios para os empregados 316
Privilégios executivos 316
Programas de benefícios flexíveis 317
Contexto estratégico: NES Rentals Holdings, Inc. 318
RH global 318
Revisão
Resumo 318 • Palavras-chave 319 • Questões para discussão 319 • Atividades individuais e em grupos 319
Exercícios de aplicação
ESTUDO DE CASO EM RH: Empresa de Limpeza Carter: O plano de incentivo 320
Exercício vivencial 321
Estudo de caso brasileiro
Elevando a remuneração de empregados no setor farmacêutico 321

PARTE 5 Relações de trabalho 327

Capítulo 12 Ética, relações trabalhistas e tratamento justo no trabalho 328

Noções básicas de ética e tratamento justo no trabalho 328
O significado de ética 329
A ética e a Lei 329
Direitos dos trabalhadores e a Lei 329
Injustiça no local de trabalho 330
Por que tratar os funcionários de forma justa? 330
Pesquisa de percepção 331
O que molda o comportamento ético no trabalho? 332
A pessoa – o que gera "maçãs podres"? 332
Ambientes desfavoráveis – forças externas que moldam as decisões éticas 334
Algumas orientações sobre o comportamento ético no trabalho 336
Ferramentas de RH para gerenciar a ética e o tratamento justo 336
Ferramentas de seleção 336
Ferramentas de treinamentos 336
Melhorando a produtividade por meio de ações éticas 337
Ferramentas de avaliação de desempenho 337
Sistemas de recompensa e disciplinares 338
Políticas de privacidade 338

Gestão da disciplina 340
Os três pilares 340
RH na prática: Diretrizes justas de disciplina 341

Gerenciamento das relações com os funcionários 343
O que são relações com os funcionários? 343
Melhoria de relações com os funcionários por meio do aprimoramento da comunicação 343
Desenvolvendo o reconhecimento do funcionário e programas de relacionamento 345
Criando estratégias de envolvimento para funcionários 345
RH como centro de lucro: O sistema de sugestão "custo-benefício" 346

Revisão
Resumo 347 • Palavras-chave 347 • Questões para discussão 348 • Atividades individuais e em grupos 348

Exercícios de aplicação
ESTUDO DE CASO EM RH: Empresa de Limpeza Carter: Garantindo o tratamento justo 348
Exercício vivencial 349
Respostas do questionário sobre ética 349

Estudo de caso brasileiro
Dispensa de empregados dentro de ônibus cercado por seguranças 349

Capítulo 13 Trabalho com sindicatos e a resolução de litígios 354

O movimento operário 355
Por que os trabalhadores se organizam? 355
O que os sindicatos querem? 356
Sindicatos, federações, confederações e centrais sindicais 357
Atuação dos sindicatos nas negociações coletivas 358

Sindicatos e a Lei 358

A direção e a eleição sindical 360
Melhorando a produtividade através do sistema 360

O processo de negociação coletiva 363
O que é negociação coletiva? 363
O que é negociação de boa-fé? 364
As equipes de negociação 364
RH como centro de lucro: Custos do contrato 364
Itens de negociação 364
Estágios de negociação 365
RH na prática: Diretrizes para negociação 367
Impasses, mediação e greves 367
Convenção Coletiva de Trabalho 370
Lidando com reclamações 370
RH na prática: Orientações de como lidar com uma reclamação 371
Práticas de resolução de conflitos 372

Qual o futuro dos sindicatos? 373
Por que o declínio dos sindicatos? 373
Temas globais em RH: Sindicatos globais 373
Cláusulas cooperativas 374

Revisão
Resumo 375 • Palavras-chave 376 • Questões para discussão 376 • Atividades individuais e em grupos 376

Exercícios de aplicação
ESTUDO DE CASO EM RH: Empresa de Limpeza Carter: A reclamação 377
Exercício vivencial 377

Estudo de caso brasileiro
Demissão coletiva no Banco Santander 378

Capítulo 14 Melhora na gestão de segurança e medicina do trabalho 380

Introdução à segurança e à saúde dos empregados 380

Por que a segurança e a saúde dos empregados são importantes   380
O papel da gestão de segurança   381
O que a alta gestão pode fazer   381
Contexto estratégico: Deepwater Horizon   382
O papel do supervisor de segurança   382
Normas Regulamentadoras do Trabalho   382

Fiscalização das condições de trabalho e penalidades   384
Responsabilidades e direitos dos empregadores e empregados   386

Equiparação entre acidentes e doenças para fins previdenciários   386

O que causa acidentes?   386
Condições de trabalho inseguras   387
Comportamento inseguro   388

Como prevenir acidentes   389
Redução das condições de risco   389
RH na prática: Lista de verificação das causas mecânicas ou físicas de acidentes   392
Equipamentos de proteção individual (EPI)   394
Gestão da nova força de trabalho: Protegendo trabalhadores vulneráveis   395
Redução de situações de risco   395
Uso de triagem para reduzir comportamentos de risco   395
Uso de cartazes e propaganda   396
Treinamento de segurança   396
Utilização de sites ou programas disponíveis na internet   396
Uso de incentivos e reconhecimento positivo   396
Promover uma cultura de segurança   397
Redução de situações de risco por meio da criação de um ambiente seguro   397
Estabelecimento de uma política de segurança   397
Definição de metas específicas de segurança   397
Realização de inspeções regulares de segurança e insalubridade   398
Ir além de "zero acidentes"   398
Políticas de mensagens de texto   398

Saúde no trabalho: problemas e soluções   399
Qualidade do ar   399
Alcoolismo e abuso de substâncias químicas   399
Os problemas relacionados ao estresse e à síndrome de burnout   400
Como evitar problemas de saúde relacionados ao computador   402
Lesão por esforço repetitivo (LER)   402
Doenças infecciosas   402
RH como centro de lucro: Ganhos com o bem-estar   403

Segurança no trabalho e gestão de riscos   403
Gerenciamento de riscos corporativos (ERM – *enterprise risk management*)   403
Violência no trabalho   404
RH na prática: Diretrizes para dispensar um empregado de alto risco   405
Configurando um programa básico de segurança   405
Pré-requisitos básicos para um plano de prevenção de crimes   407
Segurança empresarial e privacidade dos empregados   407
Continuidade dos negócios e planos de emergência   408

Revisão
Resumo   408   •   Palavras-chave   409   •   Questões para discussão   409   •   Atividades individuais e em grupos   409

Exercícios de aplicação
ESTUDO DE CASO EM RH: Empresa de Limpeza Carter: Motivar o comportamento prudente   409
Exercício vivencial   410

Estudo de caso brasileiro   410
Fiscais flagram trabalho escravo em cruzeiro de luxo   410

PARTE 6 Questões especiais em administração de recursos humanos 415

Módulo A Administração global de RH 415

RH e a internacionalização dos negócios 415
Desafios de recursos humanos nos negócios internacionais 415
contexto estratégico: Sindicalização das lojas Walmart na China 416
O que é administração de recursos humanos internacionais? 416
Como diferenças entre países afetam a administração de recursos humanos 416

Melhoria das missões internacionais por meio da seleção 419
Staff internacional: próprio ou local? 419
RH como centro de lucro: Redução dos custos de expatriação 420
RH na prática: De que forma a administração de recursos humanos pode facilitar as operações de trabalho no exterior 420
Valores e política internacional de pessoal 421
Ética e códigos de conduta 422
Seleção de gestores internacionais 422
Gestão da nova força de trabalho: Envio de gerentes mulheres ao exterior 423
Como evitar falhas em missões internacionais 424
RH na prática: Algumas soluções práticas para o desafio da expatriação 424

Formação e manutenção de funcionários internacionais 425
Orientar e treinar funcionários em missão internacional 425
Remuneração internacional 426
Avaliação de desempenho dos gestores internacionais 427
Segurança e tratamento justo no exterior 427
Repatriação: problemas e soluções 428

Como implementar um sistema global de RH 429
Desenvolvimento de um sistema global de RH mais eficaz 429
Tornando o sistema global de RH mais aceitável 429
Implementação do sistema global de RH 430

Revisão
Resumo 430 • Palavras-chave 431 • Questões para discussão 431

Exercícios de aplicação
ESTUDO DE CASO EM RH: "Chefe, eu acho que nós temos um problema" 432

Módulo B Administração de RH em pequenas empresas e o empreendedorismo 435

Desafio da pequena empresa 435
Como a ARH é diferente em pequenas empresas 435
Por que a ARH é importante para as pequenas empresas 436
RH como centro de lucro: A concessionária 437

Unindo internet e recursos governamentais para o trabalho de RH 437
Cumprimento das leis de emprego 437
Planejamento e recrutamento 439
Seleção 439
Treinamento 440
Avaliação e remuneração 441
Segurança e saúde 441

Alavancando a pequena empresa: familiaridade, flexibilidade, justiça, informalidade e ARH 442
Procedimentos de seleção de funcionários simples e informais 442
RH na prática: Um processo de entrevistas simples e otimizado 442
Flexibilidade no treinamento 444
Flexibilidade em benefícios e recompensas 445
Justiça e a empresa familiar 447

Usando organizações patronais profissionais 448
Como as organizações patronais (PEO) funcionam? 448
Por que usar uma PEO? 448
Advertências 448

Gerenciamento de sistemas de RH, procedimentos e burocracia 449
    Visão geral 449
    Componentes básicos do manual de RH 449
    Automatizando tarefas individuais de RH 450

Sistemas de informação de recursos humanos (SIRH) 451
    Representantes de vendas SIRH 451
    RH e intranet 451

Revisão
Resumo 451 • Questões para discussão 452

Exercícios de aplicação
    ESTUDO DE CASO EM RH: Empresa de Limpeza Carter: Novo plano de remuneraçnao 453

Apêndice 455

Glossário 469

Índice 477

PREFÁCIO

A terceira edição de *Administração de Recursos Humanos* é uma introdução completa que visa fornecer a todos os futuros gestores, e não apenas aos de RH, o conhecimento prático necessário para realizar seus trabalhos. Esta nova edição passou por uma revisão significativa. Há três novos capítulos e dezenas de novos temas, além de uma abordagem totalmente nova de métodos de relações com os funcionários e do novo RH como um *centro de lucro*, incluindo características do *contexto estratégico*.

O que há de novo na terceira edição

1. Três capítulos novos

Você vai encontrar cinco principais mudanças nesta nova edição. Em primeiro lugar, o único capítulo sobre remuneração da segunda edição foi separado em dois novos: "Desenvolvimento de planos de remuneração" e "Remuneração por desempenho e planos de benefícios". Além disso, o único capítulo sobre recrutamento da edição anterior foi expandido para criar dois novos: "Recrutamento: análise e descrição de cargos, gestão de talentos" e "Planejamento de pessoal e recrutamento". Há também um novo capítulo intitulado "Retenção de pessoas, comprometimento e carreira". Para acomodar esses novos materiais, os antigos temas "RH global" e "RH em pequenas empresas" foram transformados em dois módulos mais curtos no final do livro, e também foi reorganizado o material sobre sistemas de desempenho em um capítulo intitulado "Estratégia e análise de recursos humanos".

2. Dezenas de novos temas

Você encontrará um Capítulo 6 revisado ("Seleção de funcionários"), que inclui ampliações sobre confiabilidade, validade, generalidade de serviços públicos, ajuste pessoa-trabalho, ajuste pessoa-organização e distorções. Dezenas de novos temas aparecem ao longo desta obra, inclusive adotando a regra de desvio-padrão em conformidade, retaliação, satisfação no trabalho e afastamento, gerenciamento de rotatividade voluntária, disposição da administração para lidar com uma greve, treinamento cruzado, o teste Myers-Briggs, análise de fluxo de trabalho, projeto de trabalho, análise e registro de tarefas, contrato psicológico, análise de risco de trabalho, programas de conscientização de segurança, temas atualizados de gestão da diversidade, situações críticas, competências dos profissionais de RH, processo de afastamento do trabalho, uma descrição completamente revista e ampliada do processo Addia, no Capítulo 7, além de uma discussão completamente renovada e prática sobre como criar um plano de remuneração competitivo em relação ao mercado, no Capítulo 10. Esta edição também contém dezenas de novas citações recentes.

3. Novas características do contexto estratégico em destaque

Administração estratégica de recursos humanos significa a formulação de políticas e práticas que estimulam as competências e os comportamentos dos funcionários de que a empresa precisa para alcançar seus objetivos estratégicos de RH. O novo *Contexto estratégico* traz boxes em destaque a fim de trazer essa ideia na prática, ilustrando-a em cada capítulo do material; por exemplo, como os planos de remuneração da Costco ajudam a estimular as competências e os comportamentos dos funcionários de acordo com a estratégia de atendimento ao cliente da empresa. O novo modelo de estratégia de RH de cada abertura (veja a seguir) diz o seguinte: (1) o que é necessário nas políticas e práticas de recursos humanos da empresa (2) a fim de estimular as competências e os comportamentos dos funcionários de que (3) a empresa precisa para alcançar seus objetivos estratégicos.

4. Novo RH como centro de lucro em destaque

Esta edição também enfatiza a proposição de valor, métricas e análise. O novo *RH como centro de lucro* proporciona exemplos reais de práticas de administração de recursos humanos que diminuem custos e melhoram o desempenho.

5. Exemplos e estudos de caso brasileiros

O universo dos recursos humanos é extremamente dinâmico e mutável. As necessidades e exigências do mercado não são estáticas: desenvolvem-se de acordo com as particularidades e os desafios de cada empresa e região, cada nova situação que se desenha no âmbito profissional. Pensando nisso, a Pearson Education, nesta edição traduzida, preocupou-se em atender às expectativas do estudante brasileiro, aproximando os mais diversos tópicos centrados no contexto norte-americano da realidade vivida no País. Respeitando o conteúdo trazido pelo autor, foi pensado, assim, cada aspecto diferenciado e relevante para a vivência do profissional do Brasil, cada elemento que exigia adaptação a fim de ter real pertinência para o setor em que ele atua. Do contrário, toda a riqueza de conhecimentos propostos por Gary Dessler se perderiam nesse caso. Espera-se que todo aquele interessado por esta valiosa obra sinta o fortalecimento de sua formação na área com a leitura.

Site de apoio do livro

A Sala Virtual (<sv.pearson.com.br>) oferece recursos adicionais que auxiliarão professores e alunos na exposição das salas e no processo de aprendizagem.

Para professores:

- Apresentações em PowerPoint.
- Apêndice A.

Para alunos:

- Exercícios de múltipla escolha.
- Estudos de caso adicionais.

O material dos professores é protegido por senha. Para ter acesso a ele, os professores que adotam o livro devem entrar em contato com o seu representante Pearson ou enviar um e-mail para <universitarios@pearson.com>.

AGRADECIMENTOS

Sinto-me em dívida com muitas pessoas pela ajuda na criação deste livro. Agradeço as sugestões conscientes e úteis dos revisores da primeira e da segunda edição, incluindo Kristen Diehl-Olger, Montcalm Community College; Fred Dorn, University of Mississippi; Karen Ferguson, Franklin University; Laurie Giesenhagen, California State University-Fullerton; Sonia Goltz, Michigan Tech; Judith Grenkowicz, Kirtland Community College; Elaine Guertler, Wesley College-Dover; Gundy Kaupins, Boise State University; Jacqueline Landau, Salem State College, Alicia Maciel, California State University-Fullerton; David McGuire, Southern Utah University; Michelle Paludi, Union College; Quinetta Roberson, Villanova University; Carolyn Waits, Cincinnati State Technical Community College; Scott Warman, ECPI Technical College; Zagenczyk Thomas, Clemson University; Lu Zhang, Pennsylvania State University-Harrisburg; David Zoogah, Morgan State University; Wesley A. Scroggins, Missouri State University; Deborah M. Wharff, University of North Carolina Pembroke e University of Massachusetts, Lowell; David C. Jacobs, Morgan State University; John Patton, Florida Institute of Technology; Kathy Marra, Marian University; Christina Suarez, University of Hawaii; Barbara McIntosh, University of Vermont; Douglas Singh, Indiana University; John Golden, Slippery Rock University; Vicki Taylor, Shippensburg University; Gayle Baugh, University of West Florida; Lynn Lorenz Marymount University (Arlington); Bahaudin Mujtaba, Nova Southeastern University; e Kelly Mollica, University of Memphis.

Na Pearson, agradeço à equipe da terceira edição de *Fundamentals of Human Resource Management*, incluindo a editora-chefe Stephanie, a editora sênior Kris Ellis-Levy, a editora sênior Judy Leale, a diretora Ashley Santora, a gerente de projeto editorial Sarah Holle, a gerente de produção Kelly Warsak, o assistente editorial Bernard Ollila IV, a gerente de marketing sênior Nikki Jones e a gerente de projetos Tiffany Rupp, em S4 Carlisle Publishing Services. Agradeço também à equipe de vendas Pearson em todo o mundo; sem seu trabalho árduo, este livro não teria outro fim senão definhar em uma prateleira. Por fim, sou grato à minha esposa Claudia por seu apoio, a meu filho Derek pelos seus conselhos e, claro, a Samantha e a Taylor.

SOBRE O AUTOR

Leitores de todo o mundo recorrem aos best-sellers *Human Resource Management, Framework for Human Resource Management* e *Fundamentals of Human Resource Management*, de Gary Dessler, em mais de dez idiomas, incluindo russo, espanhol, francês, árabe, tailandês e chinês. Entre outros livros do autor, é possível citar *Managing Now, Management: Modern Principles and Practices for Tomorrow's Leaders, Supervision and Leadership in a Changing World* e *Winning Commitment: How to Build and Keep a Competitive Workforce*. Dessler tem publicado artigos sobre comprometimento dos funcionários, liderança, supervisão, práticas de administração de recursos humanos na China e melhoria da qualidade em revistas como *Academy of Management Executive, SAM Advanced Management Journal, Supervision, Personnel Journal* e *International Journal of Service Management*. Como professor fundador da Florida International University, Dessler atuou por muitos anos na escola de negócios dela, ministrando cursos sobre administração de recursos humanos e administração estratégica. Nos últimos anos, concentrou-se na escrita de livros didáticos e de pesquisa, além de dar palestras, seminários e cursos na Ásia e em todo o mundo a respeito de temas como métodos modernos de administração de recursos humanos, com base em evidências de administração de recursos humanos, administração estratégica, desenvolvimento de liderança e gestão de talentos. Dessler estudou pela New York University, pelo Rensselaer Polytechnic Institute e pela Baruch School of Business, da City University of New York.

PARTE 1 INTRODUÇÃO

1

A atual administração de recursos humanos

Neste capítulo, vamos abordar...

O QUE É ADMINISTRAÇÃO DE RECURSOS HUMANOS?
AS TENDÊNCIAS QUE MOLDAM A ADMINISTRAÇÃO DE RECURSOS HUMANOS
O QUE FAZEM OS NOVOS GESTORES DE RECURSOS HUMANOS?
QUAIS COMPETÊNCIAS SÃO NECESSÁRIAS A UM GESTOR DE RECURSOS HUMANOS DA ATUALIDADE?
A APRESENTAÇÃO DESTE LIVRO

Fonte: Xuan Hui/Newscom

Objetivos de aprendizagem

Quando terminar o estudo deste capítulo, você deverá ser capaz de:

1. Responder a pergunta: "O que é administração de recursos humanos?".
2. Explicar com pelo menos quatro exemplos por que conhecimento e proficiência em conceitos e técnicas de administração de RH são importantes para todos os supervisores ou gerentes.
3. Explicar com exemplos as tendências que estão influenciando a administração de recursos humanos.
4. Listar, com exemplos, dez características que os gerentes de RH de hoje podem ter para lidar com as tendências e os desafios.
5. Discutir algumas competências que os gestores de RH precisam para lidar com as tendências e os desafios de hoje.

Introdução

Depois de um movimento operário na fábrica de montagem do iPhone Foxconn na China, a Apple Inc. pediu que a Fair Labor Association (FLA) fizesse o levantamento da quantidade de trabalhadores da fábrica. A FLA encontrou "toneladas de questões".[1] Hon Hai, proprietária da fábrica Foxconn, logo mudou suas práticas de RH. Por exemplo, aumentou os salários e cortou horas extras obrigatórias. A Apple e a Hon Hai sabem que o moral e a produtividade da unidade dependem de suas práticas de recursos humanos.

OBJETIVO DE APRENDIZAGEM 1
Responder à pergunta: "O que é a administração de recursos humanos?".

O que é administração de recursos humanos?

A unidade da Foxconn de Hon Hai é uma organização. Uma organização é composta por pessoas (nesse caso, trabalhadores da montagem e gestores) com papéis formalmente designados que trabalham em conjunto para alcançar os objetivos da organização. Um gerente é alguém que é responsável por atingir os objetivos da organização, e faz isso gerenciando os esforços das pessoas. A maioria dos autores concorda que a gestão envolve a realização de cinco funções básicas: planejamento, organização, administração de recursos humanos, liderança e controle. No total, essas funções representam o processo de gestão. Algumas das atividades específicas envolvidas em cada função incluem:

Organização
Um grupo formado por pessoas com papéis formalmente designados que trabalham em conjunto para alcançar os objetivos traçados.

Gerente
Alguém que é responsável por realizar os objetivos da organização e que faz isso gerenciando os esforços das pessoas da organização.

Gestão
Realizar cinco funções básicas: planejamento, organização, gerenciamento de recursos humanos, liderança e controle.

Processo de gestão
As cinco funções básicas de planejamento, organização, gerenciamento de recursos humanos, liderança e controle.

Administração de recursos humanos (ARH)
O processo de captação, treinamento, avaliação e remuneração dos empregados e de cuidar de questões de equidade nas relações, saúde e segurança no trabalho.

- **Planejamento**. Contrato de metas e padrões, desenvolvimento de normas e procedimentos, desenvolvimento de planos e previsões.
- **Organização**. Designação de tarefas específicas a cada funcionário, estruturação de departamentos, delegação de poder, estabelecimento de canais de autoridade e de comunicação, coordenação do trabalho dos funcionários.
- **Administração de recursos humanos**. Determinação do tipo de pessoa que deve ser contratada; recrutamento dos futuros trabalhadores; seleção de funcionários; estabelecimento de padrões de desempenho; remuneração; avaliação de desempenho; aconselhamento, treinamento e desenvolvimento de funcionários.
- **Liderança**. Incentivo para que o trabalho seja feito; motivação da equipe e dos funcionários.
- **Controle**. Estabelecimento de normas, como cotas de vendas, padrões de qualidade ou níveis de produção; comparação do desempenho real com os padrões estabelecidos; adoção de medidas corretivas, quando necessário.

Neste livro, vamos nos concentrar em uma dessas funções, a de gestão de pessoal, ou **administração de recursos humanos** (ARH). Trata-se do processo de captação, desenvolvimento, avaliação, remuneração de pessoas e de lidar com as relações de trabalho, com a saúde e a segurança e com as preocupações sobre o senso de justiça. Os temas que discutiremos devem fornecer os conceitos e as técnicas que você precisa para realizar a gestão de pessoal. Eles incluem:

- Realização da descrição de cargos (determinação da natureza do trabalho de cada funcionário).
- Planejamento das necessidades de contratação e recrutamento de candidatos.
- Seleção de candidatos a emprego.
- Orientação e treinamento de novos funcionários.
- Gerenciamento de salários (remuneração).
- Oferta de incentivos e benefícios.
- Avaliação de desempenho.
- Comunicação (entrevista, aconselhamento, disciplina).
- Capacitação de funcionários e desenvolvimento gerencial.
- Desenvolvimento do comprometimento dos funcionários.

E o que um gestor deve saber sobre:

- Igualdade de oportunidades e ações assertivas.
- Saúde e segurança do trabalhador.
- Gestão das relações de trabalho e reclamações.

OBJETIVO DE APRENDIZAGEM 2
Explicar com pelo menos quatro exemplos por que conhecimento e proficiência em conceitos e técnicas de administração de RH são importantes para todos os supervisores ou gerentes.

Por que a administração de recursos humanos é importante para todos os gerentes?

Talvez seja mais fácil responder a essa questão listando alguns erros que um gestor não quer cometer. Por exemplo:

- Ter funcionários que não desempenham o seu melhor.
- Contratar a pessoa errada para a função.
- Ter alta rotatividade.
- Colocar a empresa em ações na justiça por conta de práticas discriminatórias.
- Fazer com que a empresa seja citada por práticas inseguras.
- Ter baixa eficácia por falta de treinamento.
- Cometer quaisquer práticas trabalhistas injustas.

MELHOR DESEMPENHO Estudar cuidadosamente este livro pode ajudá-lo a evitar erros como esses. Mais do que isso, pode ajudá-lo a garantir a obtenção de resultados por meio das pessoas. Lembre-se de que você poderia fazer tudo certo como um gerente: planos brilhantes, desenhar bons organogramas, configurar modernas linhas de montagem e usar sofisticados controles na contabilidade, e ainda falhar, por exemplo, ao contratar as pessoas erradas ou por não estimular a motivação dos subordinados.

Por outro lado, muitos gestores – de generais a presidentes e a superiores – têm sido bem-sucedidos, mesmo sem planos adequados, organizações ou controles. Eles foram bem-sucedidos porque tinham talento para contratar as pessoas certas para os lugares certos e, em seguida, motivá-las, avaliá-las e desenvolvê-las. Lembre-se de que a obtenção de resultados é essencial na gestão e que, como gerente, você terá que obter esses resultados por meio das pessoas. Esse fato não mudou desde o início da gestão. Como um presidente de empresa resumiu:

> Durante muitos anos foi dito que o capital é o gargalo para a indústria em desenvolvimento. Eu não acho que isso ainda seja válido. Acho que é a força de trabalho e a incapacidade da empresa de recrutar e manter bons funcionários que constituem o gargalo para a produção. Não sei de qualquer grande projeto apoiado por boas ideias, vigor e entusiasmo que tenha sido interrompido por falta de dinheiro. Sei de indústrias cujo crescimento foi parcialmente interrompido ou prejudicado porque não puderam manter uma força de trabalho eficiente e entusiasmada, e acho que isso será uma realidade ainda maior no futuro.[2]

VOCÊ PODE SER UM GERENTE DE RH Aqui está uma terceira razão para estudar este livro: você pode muito bem passar a ser gerente de recursos humanos. Por exemplo, cerca de um terço das grandes empresas norte-americanas pesquisadas nomeou profissionais que não são de RH para serem seus principais executivos dessa área. Assim, a Pearson Corporation (que publica este livro) promoveu para a direção de uma de suas divisões de publicação o executivo-chefe de recursos humanos, em sua sede corporativa. Por quê? Alguns pensam que essas pessoas podem ser mais bem preparadas para integrar as atividades de recursos humanos da empresa (como políticas de remuneração), com as necessidades estratégicas da empresa (como alinhar os incentivos aos executivos a metas corporativas).[3]

Entretanto, a maioria dos executivos de recursos humanos, nos EUA, tem experiência prévia. Cerca de 80% das pessoas, conforme pesquisa, tiveram sua carreira em RH.

RH PARA OS EMPREENDEDORES Finalmente, você pode ser o seu próprio gerente de recursos humanos. Mais da metade das pessoas que trabalham nos Estados Unidos hoje estão em pequenas empresas. Elas também são responsáveis pela maior parte das 600 mil novas empresas criadas a cada ano.[4] Estatisticamente falando, portanto, a maioria das pessoas que se formar na faculdade, nos próximos anos, atuará em pequenas empresas ou criará novas pequenas empresas. Especialmente se você está administrando sua própria empresa, sem gerente de recursos humanos, provavelmente terá que lidar com o RH. Se assim for, você deve ser capaz de recrutar, selecionar, treinar, avaliar e remunerar os funcionários.

Aspectos da administração de recursos humanos

Todos os gerentes são, em certo sentido, gestores de recursos humanos, porque todos se envolvem em atividades como recrutamento, entrevistas, seleção e treinamento. No entanto, a maioria das empresas também tem um departamento de recursos humanos separado com seu próprio gerente. Como as funções desse gerente do departamento de RH e sua equipe têm relação com os deveres dos demais gestores e outros setores? Vamos responder a essa questão começando com breves definições de autoridade de linha versus autoridade de pessoal.

Autoridade de linha versus autoridade de pessoal

Autoridade
O direito de tomar decisões, orientar o trabalho dos subordinados e dar ordens.

Gerente de linha
Um gerente que está autorizado a dirigir o trabalho de seus subordinados e é responsável pela realização de tarefas da organização.

Gerente de pessoal
Um gerente que auxilia e orienta os gerentes de linha.

Autoridade é o direito de tomar decisões, de dirigir o trabalho dos outros e de comandar. Na gestão, geralmente distinguimos entre autoridade de linha e autoridade de pessoal. A autoridade de linha dá aos gerentes o direito (ou autoridade) de emitir ordens a outros administradores ou empregados. Cria uma relação superior-subordinado. A autoridade de pessoal dá ao gerente o direito (autoridade) de aconselhar outros gerentes ou empregados. Cria um relacionamento consultivo. Os **gerentes de linha** têm autoridade de linha. Eles estão autorizados a comandar. Os **gerentes de pessoal** têm autoridade de pessoal. Eles estão autorizados a assistir e aconselhar os gerentes de linha. Gerentes de recursos humanos são os gerentes de pessoal. Eles assistem e aconselham os gerentes de linha em áreas como recrutamento, contratação e remuneração.

COOPERAÇÃO LINHA-RH Gerentes de linha e de RH compartilham a responsabilidade pela maior parte das atividades de recursos humanos. Por exemplo, conforme uma pesquisa, em dois terços das empresas, os gerentes de linha e os de RH têm responsabilidade compartilhada no treinamento.[5] (Assim, o superior pode descrever o treinamento que considera necessário, o RH tem como planejar o treinamento e os superiores, então, garantem que ele tenha o efeito desejado.)

Responsabilidades dos gerentes de linha na administração de recursos humanos

Todos os superiores, portanto, gastam muito do seu tempo em tarefas de pessoal. De fato, lidar diretamente com pessoas sempre foi parte da responsabilidade de cada gerente de linha, do presidente ao superior direto. Por exemplo, uma empresa define as responsabilidades dos seus supervisores de linha para uma gestão eficaz dos recursos humanos nas seguintes categorias:

1. Colocar a pessoa certa no lugar certo.
2. Integrar novos funcionários na organização (orientação).
3. Treinar funcionários para novos trabalhos.
4. Melhorar o desempenho do trabalho de cada pessoa.
5. Conseguir cooperação criativa e desenvolver boas relações de trabalho.
6. Interpretar as políticas e procedimentos da empresa.
7. Controlar os custos do trabalho.
8. Desenvolver as habilidades de cada pessoa.
9. Criar e manter o moral dos departamentos.
10. Proteger a saúde e as condições físicas dos trabalhadores.

Em pequenas empresas, gerentes de linha podem realizar todas essas tarefas sem ajuda. Contudo, à medida que a organização cresce, os gerentes de linha precisam de ajuda, do conhecimento especializado e do aconselhamento de uma equipe independente de recursos humanos.

Organização das responsabilidades do departamento de recursos humanos

Em grandes empresas, o departamento de recursos humanos oferece a assistência especializada. A Figura 1.1 mostra os trabalhos de administração de recursos humanos em uma organização. Posições típicas incluem gestão de remuneração e benefícios, supervisão de questões relacionadas a emprego e recrutamento, especialista em treinamento e executivo de relações trabalhistas. Exemplos de funções do trabalho incluem:

Recrutadores: manter contato dentro da comunidade e, talvez, viajar bastante para procurar candidatos qualificados.

Gerentes de remuneração: desenvolver planos de remuneração e lidar com o programa de benefícios dos empregados.

Especialistas em treinamento: planejar, organizar e dirigir atividades de treinamento.

Especialistas em relações de trabalho: orientar a gestão em todos os aspectos das relações com sindicatos.

REORGANIZAÇÃO DA FUNÇÃO DE ADMINISTRAÇÃO DE RECURSOS HUMANOS Muitos empregadores também estão tendo um novo olhar sobre como organizam suas funções de recursos humanos. Por exemplo, J. Randall MacDonald, vice-presidente sênior de recursos humanos da IBM, diz que a organização tradicional de recursos humanos divide as atividades de RH em setores separados, como recrutamento, treinamento e relações trabalhistas. Isso geralmente significa que não há uma equipe dedicada de especialistas em recursos humanos com foco nas necessidades de grupos específicos de trabalhadores, como engenheiros, por exemplo.

Portanto, MacDonald teve uma abordagem diferente. Ele dividiu 330 mil funcionários da IBM em três segmentos para fins de RH: executivos e técnicos, gerentes e operários. Então, as equipes separadas de administração de recursos humanos (especialistas em recrutamento, treinamento e remuneração, por exemplo) têm o foco em cada segmento de funcionários. Cada equipe garante que os funcionários em cada segmento obtenham testes especializados, treinamento e recompensas de que necessitam.[6]

Fonte: IBM

J. Randall MacDonald e a IBM reorganizaram seu grupo de administração de recursos humanos para se concentrar nas necessidades de grupos específicos de funcionários da empresa.

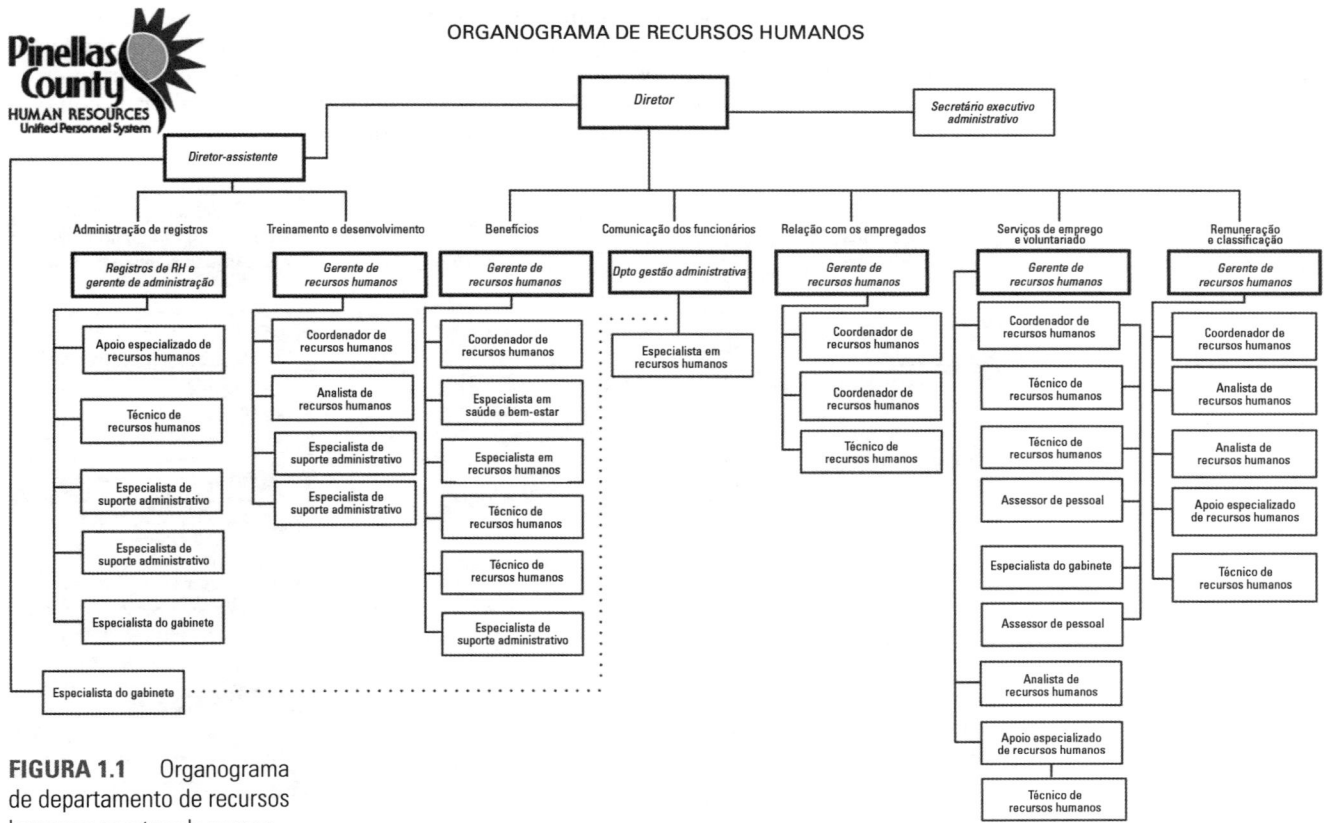

FIGURA 1.1 Organograma de departamento de recursos humanos mostrando cargos de RH típicos.

Fonte: "Human resource development organization chart showing typical HR job titles". Disponível em: <http://www.co.pinellas.fl.us/persnl/pdf/orgchart.pdf>. Cortesia de Pinellas County Human Resources. Reproduzido com permissão.

Você também pode encontrar outras configurações.[7] Por exemplo, alguns empregadores criam *equipes de RH transacionais*. Elas oferecem seus serviços de recursos humanos por meio de call centers centralizados e por meio de fornecedores externos (como consultores de benefícios). Têm como objetivo oferecer aos funcionários apoio especializado em atividades de RH no dia a dia (como alterar planos de benefícios). Você também pode encontrar equipes especializadas de RH dentro de uma empresa. Elas ajudam a alta gestão em questões de nível superior, como o desenvolvimento dos aspectos pessoais para o plano estratégico de longo prazo da empresa. Equipes de RH também podem ter generalistas de RH (também conhecidos como "gerentes de relacionamento" ou "parceiros de RH") atribuídos aos departamentos funcionais, como vendas e produção. Eles realizam a seleção e outras atividades de que os departamentos precisam. Centros de excelência são, basicamente, as empresas de consultoria de recursos humanos especializadas dentro da empresa. Por exemplo, um centro pode oferecer aconselhamento especializado em áreas como mudança organizacional para todas as diversas unidades da empresa.

RH EM PEQUENAS EMPRESAS Os empregadores geralmente têm um profissional de RH para cada 100 funcionários. Pequenas empresas (digamos, aquelas com menos de 100 empregados) geralmente não têm a necessidade de um gerente de recursos humanos em tempo integral. Portanto, sua administração de recursos humanos tende a ser "ad hoc e informal". Por exemplo, esses empregadores tendem a usar práticas de recrutamento como anúncios de jornal, pessoas que se candidatam espontaneamente e de boca em boca, em vez de recrutamento informatizado e programas de seleção.[8] No entanto, isso não precisa ser assim. A partir das técnicas deste livro, você poderá gerir os recursos humanos de uma pequena empresa de forma mais eficaz.

> OBJETIVO DE APRENDIZAGEM **3**
> Explicar com exemplos as tendências que estão influenciando a administração de recursos humanos.

As tendências que moldam a administração de recursos humanos

Trabalhando em cooperação com os gerentes de linha, os gerentes de recursos humanos há muito tempo ajudam os empregadores em ações como contratar e demitir funcionários, administrar benefícios e realizar avaliações. No entanto, o trabalho do gerente de recursos humanos está mudando. A tecnologia é uma das razões para essa mudança. Por exemplo, em vez de o departamento de recursos humanos ajudá-los a fazer alterações em seus planos de benefícios, muitos funcionários hoje usam a intranet de suas empresas para mudar os seus próprios planos de benefícios. Obviamente isso é algo que não podiam fazer antes da internet.[9] A Figura 1.2 resume seis grandes tendências que estão mudando a forma como os empregadores e os seus gestores de RH conduzem as questões.

FIGURA 1.2 Tendências da administração de recursos humanos.

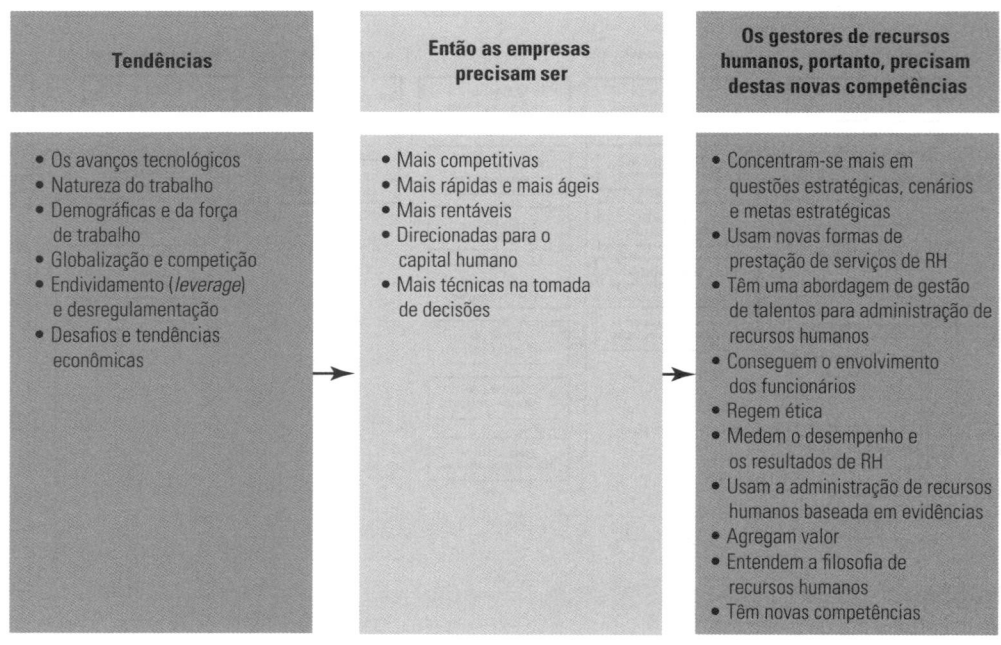

Tendências	Então as empresas precisam ser	Os gestores de recursos humanos, portanto, precisam destas novas competências
• Os avanços tecnológicos • Natureza do trabalho • Demográficas e da força de trabalho • Globalização e competição • Endividamento (*leverage*) e desregulamentação • Desafios e tendências econômicas	• Mais competitivas • Mais rápidas e mais ágeis • Mais rentáveis • Direcionadas para o capital humano • Mais técnicas na tomada de decisões	• Concentram-se mais em questões estratégicas, cenários e metas estratégicas • Usam novas formas de prestação de serviços de RH • Têm uma abordagem de gestão de talentos para administração de recursos humanos • Conseguem o envolvimento dos funcionários • Regem ética • Medem o desempenho e os resultados de RH • Usam a administração de recursos humanos baseada em evidências • Agregam valor • Entendem a filosofia de recursos humanos • Têm novas competências

A tecnologia também mudou a natureza do trabalho e, portanto, as competências que os trabalhadores devem ter nele. Por exemplo, empregos de alta tecnologia muitas vezes significam substituição de trabalho manual por técnicos altamente treinados.

Fonte: Olga Serdyuk/Alamy

Avanços tecnológicos

Considere, de modo particular, que a tecnologia mudou significativamente como gestores de recursos humanos fazem o seu trabalho. O recrutamento pelo Facebook é um pequeno exemplo.[10] Empregadores iniciam o processo de divulgação de vagas (*careers tab*) na sua página do Facebook. Uma vez habilitado, "as empresas têm uma maneira perfeita para recrutar e divulgar anúncios de emprego diretamente no Facebook".[11] Então, depois de criar um anúncio, o empregador pode anunciar seu link usando essa rede social. Podemos constatar que inovações como essas mudam muito a forma de trabalho dos gestores de recursos humanos.[12]

Tendências na natureza do trabalho

A tecnologia também mudou a natureza do trabalho e, portanto, as competências que os trabalhadores devem ter para realizá-lo. Por exemplo, novas máquinas de fabricação de alta tecnologia (como impressoras tridimensionais que "imprimem" produtos reais) exigem a substituição do trabalho operacional por técnicos altamente treinados.[13] Depois de um curso de dezoito semanas, um ex-estudante universitário tornou-se um líder de equipe em uma fábrica em que as máquinas são automatizadas. Ele e colegas de equipe digitavam comandos em máquinas computadorizadas que criam peças com precisão.[14] Funcionários de base tecnológica como esses precisam de novas habilidades e treinamento para fazer esses trabalhos de alta tecnologia.

SERVIÇOS A tecnologia não é a única tendência que conduz à mudança "de músculos para o cérebro". Hoje, mais de dois terços da força de trabalho dos EUA está na área de prestação de serviços, não produtos. Em 2020, as indústrias de prestação de serviço deverão ser responsáveis por 131 milhões de 150 milhões (87%) de empregos. Assim, nos próximos anos, quase todos os novos postos de trabalho nos Estados Unidos serão em serviços, e não em bens de produção de indústrias.[15]

CAPITAL HUMANO Para os empregadores, tendências como essas se traduzem em uma crescente necessidade de "capital humano", o qual "se refere ao conhecimento, a habilidades e a capacidades das pessoas". Conforme estudo concluído recentemente, "Na medida em que a economia global se torna cada vez mais baseada em conhecimento, a aquisição e o desenvolvimento do capital humano parece ser essencial para a rentabilidade e o sucesso das empresas".[16] Os empregadores precisam de novas práticas de administração de recursos humanos para selecionar, treinar e motivar os funcionários. O RH como centro de lucro ilustra como os empregadores valorizam o capital humano.

RH como centro de lucro

Estimulando o atendimento ao cliente

Um banco instalou um software especial que facilitou o trabalho de seus representantes de atendimento ao cliente. No entanto, ele não adaptou o trabalho dos representantes. O novo sistema de software ajudou os representantes a atender mais demandas; por outro lado, esse banco não viu grandes avanços de desempenho.[17]

Um segundo banco instalou o mesmo software. Contudo, buscando aproveitá-lo melhor, ele também melhorou os recursos humanos de sua equipe e atualizou o trabalho dos representantes de atendimento ao cliente. Esse banco lhes ensinou como vender mais serviços, deu-lhes mais autoridade para tomar decisões e elevou seus salários. Aqui, o novo sistema de computador elevou significativamente a venda de produtos e a rentabilidade, graças aos representantes de atendimento ao cliente recém-treinados e capacitados. Práticas como essas de valor agregado de recursos humanos melhoram o desempenho do empregado e a rentabilidade da empresa.[18]

Tendências demográficas e da força de trabalho

Certas tendências demográficas multiétnicas[19,20] estão tornando a busca e contratação de funcionários mais desafiadora. Nos EUA, por exemplo, não é esperado um crescimento da força de trabalho para acompanhar o ritmo do crescimento do emprego, com um déficit estimado de cerca de 14 milhões de trabalhadores com ensino superior até 2020.[21] Um estudo de 35 grandes empresas globais demonstrou que gestores de recursos humanos disseram que a "gestão de talentos" – a aquisição, o desenvolvimento e a retenção de talentos para preencher as necessidades das empresas – constitui sua principal preocupação.[22]

"GERAÇÃO Y" Além disso, muitos trabalhadores mais jovens podem ter valores diferentes dos de seus pais em relação ao trabalho.[23] Esses empregados da "Geração Y" (também chamados geração do milênio, *millennials*) nasceram por volta de 1977-2002. Eles tomam o lugar das gerações anteriores, Geração X, os nascidos por volta de 1965-1976 (e que também eram os filhos dos baby boomers, nascidos por volta de 1946-1964). Com base em um estudo, trabalhadores mais velhos são mais propensos a terem um trabalho centrado (a se concentrar mais no trabalho do que na família, em relação a decisões de carreira). Os trabalhadores da geração Y tendem a ser mais centrados na família, ou buscam o duplo equilíbrio (da vida em família e da vida profissional).[24]

A revista *Fortune* diz que os funcionários Geração Y trazem desafios e pontos fortes. Eles podem ser "a força de trabalho de mais alta sustentação na história".[25] Empregadores como Lands' End e Bank of America estão, portanto, ensinando os gestores a dar feedback rápido e reconhecimento aos Geração Y.[26] No entanto, sua capacidade de usar a tecnologia da informação também irá fazer que obtenham mais alto desempenho.[27]

APOSENTADOS Muitos empregadores chamam de "a força de trabalho envelhecida" a sua maior ameaça demográfica. O problema é que os trabalhadores mais jovens não são o suficiente para substituir o número de trabalhadores mais velhos que se aposentam (baby boom).[28] Uma pesquisa mostrou que 41% dos empregadores pesquisados estão trazendo os aposentados de volta ao mercado de trabalho.[29]

TRABALHADORES NÃO TRADICIONAIS Ao mesmo tempo, o trabalho está se deslocando para os trabalhadores não tradicionais, que são aqueles que possuem vários postos de trabalho, que são "temporários" ou trabalhadores em tempo parcial, ou aqueles que trabalham de formas alternativas (como uma equipe de mãe e filha que compartilham um trabalho de escritório). Outros são "autônomos" para projetos específicos. Quase 10% dos 13 milhões de trabalhadores americanos se encaixam nessa categoria de força de trabalho não tradicional.

A tecnologia facilita acordos de trabalho alternativos. Por exemplo, <www.linkedin.com> permite que esses profissionais promovam seus serviços. Graças à tecnologia da informação, cerca de 17 milhões de pessoas agora trabalham em locais remotos, pelo menos uma vez por mês. "Sites de co-working" estão surgindo. Esses espaços oferecem a trabalhadores autônomos e consultores locais o acesso a equipamentos de escritório (e a oportunidade de interagir com outros profissionais) por centenas de dólares por mês.[30] Veremos como tudo isso muda a forma de os empregadores gerirem seus sistemas de recursos humanos.

TRABALHADORES ESTRANGEIROS Com déficits de força de trabalho projetados, muitos empregadores estão contratando trabalhadores estrangeiros para empregos nos EUA. O programa de vistos H-1B permite que empregadores recrutem profissionais estrangeiros qualificados para trabalhar nos Estados Unidos quando eles não conseguem encontrar trabalhadores americanos qualificados. Empregadores norte-americanos trazem cerca de 181 mil trabalhadores estrangeiros por ano por meio desses programas. Quando há alta taxa de desemprego, esses programas enfrentam oposição. Um estudo concluiu que muitos trabalhadores trazidos nesses programas de emprego ocupam vagas que efetivamente não requerem habilidades especializadas.[31]

Globalização e competição

A globalização refere-se a empresas que estendem ao exterior as suas vendas, propriedade e/ou fabricação. Por exemplo, a Toyota constrói Camrys em Kentucky, enquanto a Dell monta PCs na China. Áreas que têm acordos de livre comércio que reduzam as tarifas e barreiras para incentivar os parceiros, estimulando ainda mais o comércio internacional. O NAFTA (Acordo de Livre Comércio da América do Norte) e a UE (União Europeia) são exemplos.

A globalização obriga os empregadores a serem mais eficientes. Mais globalização significa mais concorrência e mais concorrência significa mais pressão para ter "classe mundial", para reduzir custos, tornar os funcionários mais produtivos e fazer as coisas de forma melhor e mais barata. Assim, quando o varejista japonês Uniqlo abriu sua primeira loja em Manhattan, muitos concorrentes locais tiveram de instituir novas avaliações, treinamento e práticas para aumentar o desempenho de seus funcionários. A busca por maior eficiência leva muitos empregadores a abrir postos de trabalho no exterior (exportação para locais de menor custo no exterior). Por exemplo, a Dell deslocou alguns postos de trabalho de call center para a Índia. Muitos empregadores abrem no exterior até mesmo postos de trabalho altamente qualificados, como gerentes de vendas, gerentes gerais e gerentes de RH.[32]

Em cinquenta ou mais anos, a globalização cresceu. Por exemplo, a soma total das importações e exportações dos EUA subiu de US$ 47 bilhões em 1960, para US$ 562 milhões em 1980 e para cerca de US$ 4,7 trilhões recentemente.[33] Mudanças nas filosofias econômica e política levaram a esse boom. Governos diminuíram impostos ou tarifas transfronteiriças, formando áreas de livre comércio econômicos, e tomaram outras medidas para incentivar o livre comércio entre os países. A justificativa econômica fundamental foi que, ao fazer isso, todos os países ganhariam. E, de fato, são as economias ao redor do mundo que vêm crescendo rapidamente.

Endividamento e desregulamentação[1]

Outras tendências contribuíram para esse boom econômico. Muitos governos acabaram com regras e regulamentos. Por exemplo, na América e na Europa, as regras que impediam os bancos comerciais de expansão a novos negócios foram flexibilizadas. Gigantes multinacio-

---

[1] N. do R.T.: O Brasil tem sua economia afetada pela desaceleração do comércio internacional e pela volatilidade dos fluxos financeiros internacionais. Trata-se de uma economia que tem significante dependência da exportação de produtos básicos, como minério de ferro, carne e soja, e da busca de capital externo para cobrir seu elevado déficit. A despesa brasileira em moeda estrangeira é maior do que a receita. Em 2013, o Brasil necessitou captar U$ 81 bilhões para fechar suas contas externas.
Essas e outras informações estão disponíveis em: <http://www.correiocidadania.com.br/index.php?option=com_content&view=article&id=9352:manchete180214&catid=34:manchete>. Acesso em: 12 out. 2014.

nais, "supermercados financeiros", como o Citibank, surgiram. Com menos regras, mais empresas e consumidores ficaram logo profundamente endividados. Compradores adquiriram casas com pouco dinheiro. Bancos emprestaram dinheiro livremente para construir mais casas. Por quase vinte anos, os consumidores norte-americanos gastaram mais do que ganharam. Os EUA se tornaram um país devedor. Sua balança comercial (exportações menos importações) passou de um saudável positivo de US$ 3,5 bilhões em 1960, para um não tão saudável menos US$ 19,4 bilhões em 1980 (importações superaram as exportações), a um enorme déficit US$ 497 milhões em 2011.[34] A única maneira de o país poder continuar comprando mais do exterior do que foi vendido é por meio de dinheiro emprestado. Assim, grande parte do crescimento foi construído com base em dívida.

Desafios econômicos e tendências[II]

Essas tendências ocorreram em um ambiente econômico volátil. Como você pode ver na Figura 1.3, o Produto Interno Bruto (PIB), uma medida do rendimento dos Estados Unidos cresceu entre 2001 e 2007. Durante esse período, os preços das casas (veja a Figura 1.4) saltaram mais de 20% ao ano. A taxa de desemprego manteve-se dócil em cerca de 4,7%.[35]

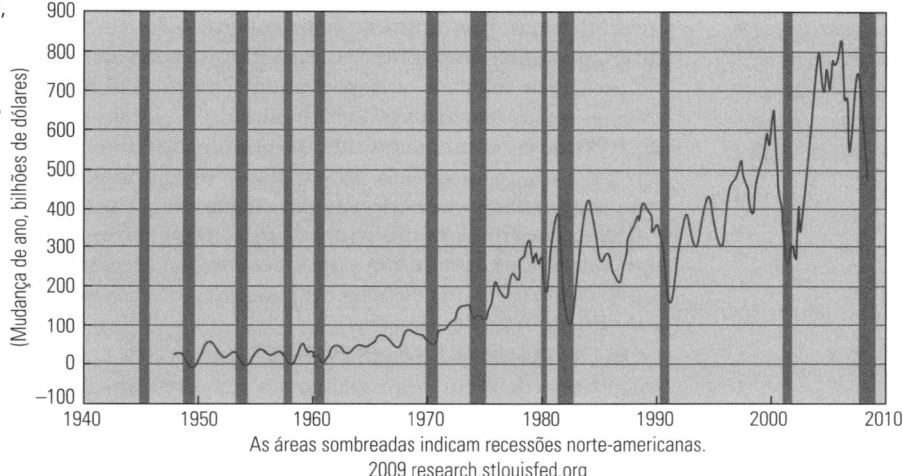

FIGURA 1.3 Produto Interno Bruto, 1940-2010.

Fonte: "Gross National Product (GNP)" por Fred Economic Data/St. Louis Fed., do Federal Reserve Bank de St. Louis.

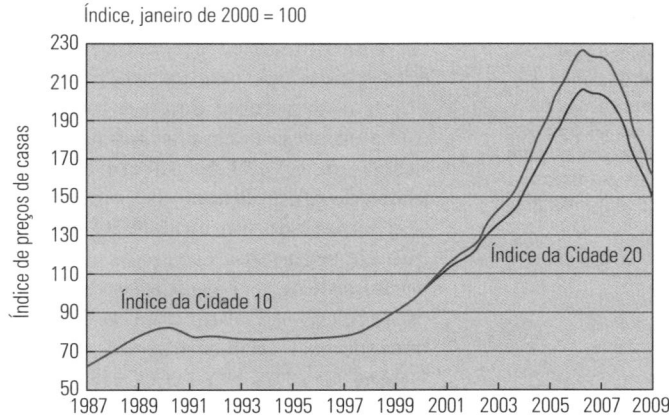

FIGURA 1.4 Índices de preços de Case-Shiller.

Fonte: Case-Shiller Home Price Indexes. Cortesia do Federal Reserve Bank de Cleveland. Reproduzido com permissão.

[II] N. do R.T.: É esperado que o PIB tenha crescimento baixo e alta da inflação para 2014/2015, independentemente da mudança da situação política do Brasil. A moeda do País enfrentará, nesse período, desvalorização, e entre os fatos geradores disso estão a melhora dos EUA e a desaceleração da China. Esses e outros dados podem ser consultados em: <http://www.fundacaoitauunibanco.com.br/documentos/16_Encontro_Associacoes_e_Conselheiros.pdf>. Acesso em: 12 out. 2014.
Além disso, sugere-se a leitura de: "FMI corta pela quinta vez previsão para crescimento do PIB brasileiro". Disponível em: <http://g1.globo.com/economia/noticia/2014/07/fmi-corta-pela-quinta-vez-previsao-para-crescimeto-do-pib-brasileiro.html>. Acesso em: 12 out. 2014.

Em seguida, por volta de 2007-2008, todas essas medidas caíram de um penhasco. O PIB caiu. Os preços das casas nos Estados Unidos caíram em 10% ou mais (dependendo da cidade). A taxa de desemprego em todo o país logo subiu para mais de 10%.

Por que tudo isso aconteceu? Essa é uma pergunta complicada, especialmente por todos esses anos de acumulação de dívida. Bancos e outras instituições financeiras (como os hedge funds) encontraram-se devendo trilhões de dólares em empréstimos inúteis. Os governos intervieram para tentar evitar o colapso. Os empréstimos secaram. Muitas empresas e consumidores pararam de comprar. A economia despencou.

As tendências econômicas, sem dúvida, tornam-se positivas novamente, talvez até mesmo enquanto você lê este livro. No entanto, certamente chamam a atenção dos empregadores. Depois do que o mundo passou em 2007-2008, é duvidoso que a desregulamentação e a globalização, que impulsionaram o crescimento econômico nos cinquenta anos anteriores, continuarão inabaláveis. Isso pode significar um crescimento mais lento para muitos países, talvez por anos, e mais pressão sobre os empregadores e os seus gestores de recursos humanos.

O que fazem os novos gestores de recursos humanos?

OBJETIVO DE APRENDIZAGEM 4
Listar, com exemplos, dez características que os gerentes de RH de hoje podem ter para lidar com as tendências e os desafios.

Durante grande parte do século XX, os gestores de "pessoal" faziam principalmente atividades cotidianas. Nas empresas mais antigas, faziam a contratação e a demissão dos superiores, dirigiam a folha de pagamento e a administração de planos de benefícios. Com o surgimento de processos seletivos, o departamento de pessoal desempenhou um papel mais amplo na seleção de funcionários e no treinamento.[36] Novas leis sindicais norte-americanas na década de 1930 acrescentaram: "Ajudar o empregador a negociar com os sindicatos" na sua lista de tarefas. Com as novas leis de igualdade de emprego na década de 1960, os empregadores começaram a depender do RH para evitar alegações de discriminação.[37]

Atualmente os empregadores enfrentam novos desafios, como extrair mais lucros das operações. Eles esperam que seus gestores de recursos humanos façam o que é preciso para enfrentar esses novos desafios. Vejamos dez tópicos que os gerentes de RH devem considerar para lidar com esses desafios.

CONCENTRAM-SE MAIS NO ESTRATÉGICO, EM GRANDES QUESTÕES Primeiro, gestores de recursos humanos são mais envolvidos em ajudar as empresas a enfrentar suas "grandes questões" estratégicas.

Administração estratégica de recursos humanos
Formulação e execução de políticas e práticas que desencadeiam as competências e os comportamentos dos funcionários de que a empresa necessita para atingir seus objetivos estratégicos de recursos humanos.

O Capítulo 3 (Estratégia e Análise de Recursos Humanos) explica como fazem isso. Em breve, veremos que a **administração estratégica de recursos humanos** significa a formulação e a execução de políticas e práticas que desencadeiam as competências e os comportamentos dos funcionários de que a empresa necessita para atingir seus objetivos estratégicos de recursos humanos. A ideia básica por trás da administração estratégica de recursos humanos é a seguinte: na formulação de políticas e práticas de administração de recursos humanos, o objetivo do gerente deve ser reforçar as habilidades e comportamentos dos funcionários de que a empresa necessita para atingir seus objetivos estratégicos. Assim, por exemplo, se você deseja que o CEO se concentre em aumentar os lucros, junte o plano de incentivos dele ao plano de rentabilidade da empresa.

Será usado um modelo inicial no Capítulo 3 para ilustrar essa ideia, mas já adiantamos que ele segue essa estratégia de três passos: Decidir políticas de RH → identificar o comportamento e as habilidades dos empregados que precisamos para alcançar esses objetivos estratégicos → Definir quais políticas e ações de RH nos capacitarão a produzir as necessárias habilidades e os necessários comportamentos dos empregados.

USAM NOVAS FORMAS DE PRESTAÇÃO DE SERVIÇOS EM RH A fim de liberar tempo para suas novas funções estratégicas, gestores de recursos humanos executam suas tarefas tradicionais de RH do dia a dia (como administração de benefícios) de novas maneiras. Por exemplo, utilizam tecnologias como os portais da empresa para que os funcionários possam autoadministrar planos de benefícios, recrutamento pelo Facebook para encontrar candidatos a emprego, testes on-line para candidatos a emprego, e call centers centralizados para responder a dúvidas de RH dos superiores. Funcionários da IBM utilizam seu próprio site de rede social interna para "criar perfis pessoais semelhantes aos do LinkedIn [...] compartilhar arquivos e conhecimento, artigos, vídeos e arquivos em áudio".[38] O Quadro 1.1 ilustra como os empregadores usam a tecnologia para apoiar as atividades de administração de recursos humanos.[39]

QUADRO 1.1 Algumas aplicações tecnológicas de apoio ao RH.

Tecnologia	Como é usado pelo RH
Vídeo no desktop	Para facilitar a aprendizagem e a formação a distância ou para fornecer informações corporativas aos funcionários de forma rápida e barata.
Internet e software de monitoramento de rede	Para rastrear a internet dos funcionários e as atividades de e-mail ou para monitorar seu desempenho.
Bancos de dados e programas de análise computadorizada	Ajuda os gestores de RH a monitorar seus sistemas de RH. Por exemplo, eles tornam mais fácil avaliar itens como custo de locação e comparar as habilidades dos funcionários atuais com as necessidades estratégicas da empresa.

Gestão de talentos
O processo contínuo de planejamento, recrutamento, desenvolvimento, remuneração e gestão de funcionários em toda a organização.

USAM A ABORDAGEM DE GESTÃO DE TALENTOS PARA ADMINISTRAÇÃO DE RECURSOS HUMANOS Com os empregadores pressionando para melhorar o desempenho, uma pesquisa com executivos de recursos humanos descobriu que as questões voltadas a "gestão de talentos" estavam entre as mais prementes que enfrentaram.[40] **Gestão de talentos** é o processo *metaorientado* e *integrado* de *planejamento, recrutamento, desenvolvimento, gestão* e *remuneração* de funcionários.[41] Trata de pôr em prática um processo coordenado para identificar, recrutar, contratar e desenvolver funcionários. Por exemplo, viu-se que a IBM dividiu seus funcionários em três grupos, para melhor coordenar como atende os empregados em cada segmento. Vamos estudar métodos de gestão de talentos no Capítulo 4.

CONSEGUEM ENGAJAMENTO Melhor desempenho significa que você precisa de funcionários engajados. O Instituto para a Produtividade Empresarial[III] define funcionários engajados "como aqueles que estão mentalmente e emocionalmente conectados em seu trabalho e em contribuir para o sucesso de um empregador". Infelizmente, os estudos sugerem que menos de um terço da força de trabalho dos EUA está envolvida.[42] Gestores de recursos humanos precisam de habilidades para gerenciar o envolvimento dos funcionários. Vamos estudar o envolvimento dos funcionários no Capítulo 9.

Ética
Os princípios de conduta que governam um indivíduo ou um grupo; especificamente, os padrões que você usa para decidir o que sua conduta deve ser.

CONSIDERAM A ÉTICA Infelizmente, as notícias da atualidade apontam diversos erros éticos dos gestores. Por exemplo, o Ministério Público apresentou denúncia criminal contra vários gestores de recursos humanos de fábricas frigoríficas de Iowa, que supostamente violaram o direito do trabalho com a contratação de crianças menores de 16 anos.[43] Comportamentos como esses podem abalar gestores e empregadores competentes. **Ética** significa os critérios que alguém usa para decidir como será sua conduta. Vamos ver no Capítulo 12 que muitos graves problemas éticos de trabalho – segurança no local de trabalho e privacidade do empregado, por exemplo – são relacionados à administração de recursos humanos.[44]

MEDEM O DESEMPENHO DE RH E OS RESULTADOS Talvez mais notavelmente, as pressões da competição global forçaram os gestores de recursos humanos para serem mais orientados por números.

Vários anos atrás, Randall MacDonald da IBM precisava de US$ 100 milhões para reorganizar suas operações de RH. Ele disse à alta administração: "Eu vou entregar talento hábil para vocês no tempo e pronto para ser aproveitado. Vou ser capaz de medir as habilidades, dizer-lhes quais são as competências que temos, quais [competências] não temos [e] então mostrar-lhes como preencher as lacunas ou melhorar nossa formação".[45]

Gestores de recursos humanos utilizam medidas de desempenho (ou "métricas") para validar reivindicações como essas. Por exemplo, as despesas médias de RH têm uma porcentagem do total dos custos operacionais das médias empresas de pouco menos de 1%. Em média, há cerca de uma pessoa da equipe de recursos humanos para cada 100 funcionários.[46]

Para confrontar as suas próprias empresas com outras, gestores de recursos humanos obtêm comparações personalizadas de benchmark de ações como o Serviço de Benchmarking de Capital Humano da Society for Human Resource Management.[47] Isso será discutido no Capítulo 3.

FAZEM ADMINISTRAÇÃO DE RECURSOS HUMANOS BASEADA EM EVIDÊNCIAS
Fundamentar as decisões em evidências é o coração da administração de recursos humanos. Consiste no uso de dados, fatos, análises, rigor científico, avaliação crítica e estudos de investigação/casos avaliados criticamente para apoiar propostas de administração de recursos hu-

---

[III] N. do R.T.: Instituição conhecida também por i4cp. Corresponde à Associação Brasileira de Recursos Humanos.

manos, decisões, práticas e conclusões.⁴⁸ Simplificando, administração de recursos humanos baseada em evidências significa usar a evidência mais disponível na tomada de decisões sobre as práticas de administração de recursos humanos que você está focando.⁴⁹ A evidência pode vir de medições reais (por exemplo, os trainees gostam desse programa?). Pode vir a partir de dados existentes (como, o que aconteceu com os lucros da empresa depois que instalei esse programa de treinamento?). Ou ela pode vir de estudos publicados (o que a pesquisa na literatura conclui sobre a melhor maneira de garantir que os estagiários se lembrem do que aprendem?). Esse assunto será abordado no Capítulo 3.

AGREGAM VALOR Os empregadores de hoje querem que seus gerentes de RH agreguem valor, aumentando os lucros e o desempenho. Os professores Dave Ulrich e Wayne Brockbank descrevem isso como "A proposição de valor de RH".⁵⁰ Dizem que os programas de recursos humanos (como testes de triagem) são apenas um meio para um fim. O objetivo final do gerente de recursos humanos deve ser o de agregar valor. "Agregar valor" significa ajudar a empresa e seus funcionários a melhorar, de uma forma mensurável, como resultado das ações do gerente de recursos humanos.

Vamos ver neste livro como as práticas de recursos humanos fazem isso. Por exemplo, vamos usar, em cada capítulo, o Quadro *RH como centro de lucro* para exemplificar as práticas.

ENTENDEM SUA FILOSOFIA DE RECURSOS HUMANOS As ações das pessoas são sempre baseadas em parte dos pressupostos básicos que elas têm, o que é especialmente verdade no que diz respeito à administração de recursos humanos. Quais premissas básicas você faz sobre as pessoas que podem ser confiáveis? Será que não gostam de trabalhar? Podem ser criativas? Por que agem dessa forma? Como devem ser tratadas? As respostas compõem sua filosofia de administração de recursos humanos. E cada decisão pessoal que você faça – as pessoas que contrata, a formação que você oferece, o seu estilo de liderança e gosto, reflete – (para melhor ou pior), essa filosofia básica.

Como você vai desenvolver tal filosofia? Até certo ponto, é algo predeterminado. Não há dúvida de que você vai trazer para o seu trabalho uma filosofia inicial com base em suas experiências, educação, valores e suposições. Mas a sua filosofia não tem que ser definida como rígida. Ela continuará a evoluir à medida que você acumula conhecimentos e experiências. Por exemplo, a filosofia pessoal na fábrica da Foxconn Hon Hai parece ter abrandado em resposta aos descontentamentos de seus empregados e da Apple. De qualquer forma, nenhum gestor deve gerenciar outros sem primeiro entender a filosofia pessoal que está dirigindo suas ações.

Uma das coisas que molda sua própria filosofia é a gestão da cúpula da organização. Enquanto isso pode ou não ocorrer, é geralmente comunicada por meio das suas ações e permeia cada nível e departamento da organização. Por exemplo, aqui está parte da filosofia pessoal do fundador da Polaroid Corp, estabelecida há muitos anos:

> Para dar a todos os que trabalham para a empresa uma oportunidade pessoal de pleno exercício de seus talentos, de expressar suas opiniões, compartilhar o progresso da empresa na medida em que suas próprias capacidades permitem e ganhar dinheiro suficiente para que a necessidade de ganhar mais não seja sempre a primeira coisa em sua mente. A oportunidade, em suma, para fazer do seu trabalho aqui uma parte totalmente gratificante e importante de sua vida.⁵¹

As atuais listas das "melhores empresas para se trabalhar" incluem muitas organizações com filosofias semelhantes. Por exemplo, o CEO da gigante do software SAS disse: "Temos trabalhado duro para criar uma cultura corporativa que se baseia na relação de confiança entre nossos funcionários e empresa [...] Uma cultura que recompensa a inovação, incentiva os funcionários a experimentar coisas novas e ainda não penalizá-los por tentar, e uma cultura que se preocupa com o crescimento pessoal e profissional dos funcionários".⁵²

Às vezes, as empresas traduzem filosofias como essas no que os gurus de gestão chamam *sistemas de trabalho de alto desempenho*: "conjunto de práticas de administração de recursos humanos que, juntas, produzem um desempenho superior do empregado".⁵³ Por exemplo, na fábrica de montagem da GE em Durham, Carolina do Norte, os funcionários altamente treinados trabalham em equipes autônomas autodirigidas para produzir peças de aeronaves de alta precisão. Vamos discutir os sistemas de trabalho de alto desempenho no Capítulo 3.

TÊM NOVAS COMPETÊNCIAS⁵⁴ Tarefas como a formulação de planos estratégicos e tomada de decisões baseadas em dados exigem novas habilidades dos gerentes de recursos humanos. Gestores de RH não podem ser apenas bons em tarefas tradicionais, como a

O SAS Institute, Inc. foi construído em 200 hectares cobertos de árvores em Cary, NC. SAS é a maior empresa privada de software do mundo. Seus 8 mil funcionários em todo o planeta geraram recentemente cerca de US$ 1,1 bilhão em vendas. A empresa é famosa por seus benefícios progressivos e programas de relações com os empregados.

Fonte: AP Photo/Karen Tam

contratação de pessoal e o treinamento. Em vez disso, devem "falar a língua do diretor financeiro (CFO)", defendendo planos de recursos humanos em termos mensuráveis (como o retorno sobre o investimento).[55] Para criar planos estratégicos, o gerente de recursos humanos deve entender de planejamento estratégico, marketing, produção e finanças.[56] (Talvez seja por isso que cerca de um terço dos gestores de RH das empresas Fortune 100 surgiram de outras áreas funcionais.)[57] Nesse nível, deve ser capaz de formular e implementar mudanças organizacionais em grande escala, plano de estruturas organizacionais e processos de trabalho, e entender como competir e ter sucesso no mercado.[58]

> OBJETIVO DE APRENDIZAGEM 5
>
> Discutir algumas competências que os gestores de RH precisam para lidar com as tendências e os desafios de hoje.

De quais competências gestores de recursos humanos precisam?

A Figura 1.5 fornece uma visão das competências que os gerentes de RH precisam ter atualmente. O prof. Dave Ulrich e seus colegas dizem que os gerentes de recursos humanos precisam conhecimento, habilidades e competências para serem:

FIGURA 1.5 Competências do gestor de recursos humanos.

Fonte: The RBL Group, © 2012

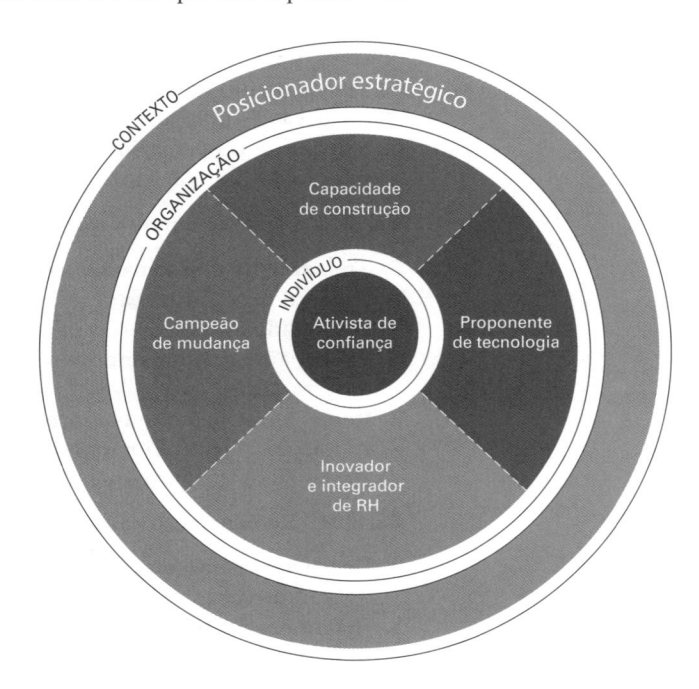

Posicionadores estratégicos – ajudando a criar a estratégia da empresa.

Ativistas de credibilidade – demonstrando a liderança e outras competências que lhes tornem "respeitáveis (admirados, ouvidos) e ativos (oferecem um ponto de vista, tomam uma posição, assumem desafios)".[59]

Construtores organizacionais – por meio da criação de um ambiente de trabalho significativo e alinhando a estratégia, a cultura, as práticas e o comportamento.

Agentes de mudança – iniciando e mantendo a mudança.

Inovadores e integradores de RH – desenvolvendo talentos e a otimização do capital humano por meio do planejamento e da análise da força de trabalho.

Defensores de tecnologia – conectando pessoas por meio da tecnologia.

Apresentação deste livro

Este livro tem como objetivos principais apoiar todos os futuros gestores, e não apenas os gestores de RH, com as técnicas práticas de que precisam, por exemplo, para entrevistar, treinar e avaliar os funcionários, e para lidar com confiança com as relações de emprego e outras leis relacionadas ao RH. Abranger, na medida do possível, conhecimentos fundamentais da área em um formato de 14 capítulos relativamente compactos.

Os capítulos

O livro está dividido em:

Parte 1: Introdução (capítulos 1, 2, 3)

1. **A atual administração de recursos humanos**
2. **Gerenciamento de igualdade de oportunidades e diversidade** O que você precisa saber sobre as leis de igualdade de oportunidades que se referem às atividades de administração de recursos humanos, como entrevistas, seleção de funcionários e avaliação de desempenho.
3. **Estratégia e análise de recursos humanos** O que é planejamento estratégico, formulação e execução da estratégia e as métricas da gestão baseada em evidências.

Parte 2: Equipes de trabalho: descrição de cargos e alocação de pessoal (capítulos 4, 5, 6)

4. **Recrutamento: análise e descrição de cargos, gestão de talentos** O que é gestão de talentos? Como analisar um cargo e como determinar os requisitos do trabalho, deveres, e responsabilidades, bem como o perfil da pessoa que será contratada.
5. **Planejamento de pessoal e recrutamento** Planejamento e técnicas para recrutamento da força de trabalho.
6. **Seleção de funcionários** O que os gestores deveriam saber sobre testes, entrevista e seleção de funcionários.

Parte 3: Treinamento e desenvolvimento de recursos humanos (capítulos 7, 8, 9)

7. **Treinamento e desenvolvimento de funcionários** Oferta do treinamento e desenvolvimento necessários para assegurar que seus funcionários tenham o conhecimento e as habilidades necessárias para realizar suas tarefas.
8. **Avaliação e gerenciamento do desempenho** Técnicas de avaliação e gestão do desempenho.
9. **Retenção de pessoas, comprometimento e carreira** Causas e soluções para a rotatividade de funcionários, como aumentar o envolvimento dos funcionários e como ajudar os funcionários a gerenciar suas carreiras.

Parte 4: Remuneração e recompensas (capítulos 10, 11)

10. **Desenvolvimento de planos de remuneração** Como desenvolver planos competitivos de remuneração.
11. **Remuneração por desempenho e planos de benefícios** Desenvolver programas de remuneração, incluindo incentivos e planos de benefícios para os funcionários.

Parte 5: **Relações de trabalho (capítulos 12, 13, 14)**

12. **Ética, relações trabalhistas e tratamento justo no trabalho** Desenvolvimento de programas de relações com os empregados e as estratégias de envolvimento dos trabalhadores em serviço; garantir o tratamento ético e justo por meio da disciplina e dos processos de reclamação.
13. **Trabalho com sindicatos e a resolução de litígios** As relações entre sindicatos e administração, incluindo campanhas sindicais, negociação e acordos coletivos entre sindicatos e administração e gerenciamento do contrato.
14. **Melhora na gestão de segurança e medicina do trabalho** As causas de acidentes, como fazer com que o ambiente de trabalho seja seguro, e as leis que regem as suas responsabilidades em relação à segurança e à saúde dos funcionários.

Parte 6: **Questões especiais em administração de recursos humanos (módulos A, B)**

Módulo A: Administração global de RH Aplicando políticas e práticas de administração de recursos humanos em um ambiente global.
Módulo B: Administração de recursos humanos em pequenas empresas e o empreendedorismo Métodos de RH especiais que gestores de pequenas empresas podem usar para competir com mais sucesso.

Revisão

RESUMO

1. Recursos humanos, gestão de pessoal ou administração de recursos humanos inclui atividades como recrutamento, seleção, treinamento, remuneração, avaliação e desenvolvimento.
2. Administração de recursos humanos é parte das responsabilidades de cada gerente de linha. Essas responsabilidades incluem colocar a pessoa certa no lugar certo e, em seguida, orientá-la, treiná-la, remunerá-la e ajudá-la a melhorar seu desempenho no trabalho.
3. O gerente de RH e seu departamento prestam vários serviços de pessoal para a gestão de linha, inclusive auxiliando na contratação, no treinamento, na avaliação, na premiação, nas promoções, nas medidas disciplinares e na segurança dos empregados em todos os níveis.
4. Tendências estão exigindo do RH o desempenho de um papel mais estratégico nas organizações. Essas tendências incluem a diversidade da força de trabalho, a mudança tecnológica, a globalização, a turbulência econômica, e as mudanças na natureza do trabalho, como a crescente ênfase na educação e no capital humano.
5. A consequência dessas mudanças é que o trabalho dos gestores de RH é de natureza cada vez mais estratégica. Gestores de RH também devem encontrar novas maneiras de prestar serviços transacionais (como administração de benefícios), concentrar-se mais na prestação de consultoria interna no que diz respeito a melhorar o moral dos funcionários e o desempenho, construir organizações de trabalho de alto desempenho, gestão de talentos e ser hábil em lidar com base em evidências e métricas.

PALAVRAS-CHAVE

organização 2
gerente 2
gestão 2
processo de gestão 2
administração de recursos humanos (ARH) 2
autoridade 3
gerente de linha 3
gerente de pessoal 3
administração estratégica de recursos humanos 10
gestão de talentos 11
ética 11

QUESTÕES PARA DISCUSSÃO

1. O que é administração de recursos humanos?
2. Explique com pelo menos cinco exemplos por que "conhecimento e proficiência em conceitos e técnicas de administração de RH é importante para todos os supervisores ou gerentes".

3. Explique com exemplos o que queremos dizer com "o ambiente de mudança da administração de recursos humanos".
4. Dê exemplos de como as funções do gerente de RH atualmente são diferentes das de trinta anos atrás.
5. Discuta, com exemplos, quatro questões importantes que influenciam a administração de RH hoje.
6. Explique o papel da administração de RH em relação à gestão de linha da empresa.
7. Compare a autoridade dos gerentes de linha e dos de funcionários. Dê exemplos de cada um.

ATIVIDADES INDIVIDUAIS E EM GRUPOS

1. Individualmente ou em grupos, entre em contato com o gerente de RH de um banco local. Pergunte ao gerente de RH como ele está trabalhando como um parceiro estratégico para gerenciar os recursos humanos, dadas as metas e os objetivos estratégicos do banco. De volta à classe, discuta as respostas dos diferentes gestores de RH.
2. Trabalhando individualmente ou em grupos, entreviste um gerente de RH. Com base nessa entrevista, escreva uma breve apresentação sobre o papel do RH atualmente na construção de organizações competitivas.
3. Trabalhando individualmente ou em grupos, traga várias revistas de negócios para a aula. Com base em seu conteúdo, compile uma listagem intitulada "O que gerentes de RH fazem hoje".
4. Com base em suas experiências pessoais, liste dez exemplos que mostram como você usou (ou poderia ter usado) técnicas de administração de recursos humanos no trabalho ou na escola.
5. Laurie Siegel, vice-presidente sênior de recursos humanos da Tyco International, assumiu seu trabalho logo após inúmeras acusações terem forçado a diretoria anterior, diretores e altos executivos, a deixar a empresa. Contratado pelo novo CEO Edward Breen, Siegel teve que resolver diversos problemas difíceis a partir do momento em que assumiu o cargo. Por exemplo, teve que ajudar a contratar uma nova equipe de gestão. Tinha que fazer algo sobre o que o mundo lá fora tinha percebido como uma cultura de ética questionável na sua empresa. Ela tinha que fazer algo a respeito do plano de remuneração dos administradores da empresa, o qual muitos sentiram que contribuiu para as alegações de que alguns ex-funcionários tinham usado a empresa como algo privado.
Siegel chegou na Tyco após uma carreira impressionante. Por exemplo, ela tinha sido chefe da remuneração dos executivos no Allied Signal, e era graduada da Escola de Negócios de Harvard. No entanto, mesmo com sua sólida base, ela obviamente teve seu trabalho reiniciado quando assumiu como vice-presidente sênior da posição de RH da Tyco.
Trabalhando individualmente ou em grupos, realize uma pesquisa na biblioteca e na internet para responder às seguintes questões: Quais etapas relacionadas a recursos humanos que Siegel seguiu para ajudar a Tyco a voltar ao caminho certo? Você acha que ela tomou as medidas adequadas? Justifique. O que, se houver algo, você sugere que ela faça?
6. Trabalhando individualmente ou em grupos, desenvolva uma lista mostrando como as tendências a exemplo da diversidade da força de trabalho, mudanças tecnológicas, a globalização e as mudanças na natureza do trabalho têm afetado a faculdade ou a universidade que você frequenta ou a organização para a qual você trabalha.
7. Trabalhando individualmente ou em grupos, desenvolva vários exemplos que mostram como as novas práticas de administração de RH mencionados neste capítulo (usando a tecnologia, por exemplo) têm ou não têm sido implementadas de certa forma na faculdade ou universidade que você frequenta agora ou na organização para a qual você trabalha.

Exercícios de aplicação

ESTUDO DE CASO EM RH: Empresa de Limpeza Carter

Introdução

Um ponto central deste livro é que a administração de RH – atividades como recrutamento, seleção, treinamento e remuneração – não é apenas o trabalho de um grupo central de RH, mas sim um com o qual cada gestor deve se envolver. Talvez em nenhum lugar isso é mais aparente do que em um pequeno negócio. Nele, o proprietário/gestor geralmente não tem equipe de RH na qual confiar. No entanto, o sucesso de sua empresa (para não mencionar a paz de espírito, sua ou de sua família) muitas vezes depende da eficácia por meio da qual os trabalhadores são recrutados, contratados, treinados, avaliados e remunerados. Portanto, para ajudar a ilustrar e a enfatizar o papel do gerente de RH da linha de frente, ao longo deste livro, usaremos um caso contínuo de um pequeno negócio real no sudeste dos Estados Unidos. Como segmento de cada capítulo, o caso irá ilustrar como a proprietária/gestora Jennifer Carter enfrenta e resolve problemas de pessoal a cada dia de trabalho, aplicando os conceitos e técnicas abordados. Aqui está a informação necessária para você responder a perguntas que possam surgir nos próximos capítulos.

Centros de Limpeza Carter

Jennifer Carter graduou-se na Universidade Estadual em junho de 2005, e, depois de considerar várias ofertas de emprego, decidiu fazer o que realmente sempre planejou: entrar no mercado com seu pai, Jack Carter.

Jack Carter abriu sua primeira lavanderia em 1998, e a segunda em 2001. O principal atrativo dessas empresas de lavanderia para ele era que elas eram intensivas em capital, em vez de intensivas em trabalho. Assim, uma vez que o investimento em máquinas foi feito, as lojas poderiam funcionar com apenas um atendente não qualificado e sem os problemas trabalhistas que normalmente se espera no negócio de serviço de varejo.

Pensando na atratividade de operar praticamente sem mão de obra qualificada, Jack havia decidido em 1999 expandir os serviços em cada uma de suas lojas para incluir a lavagem a seco e a passagem de roupas. Ele embarcou, em outras palavras, em uma estratégia de "diversificação relacionada" com a adição de novos serviços compatíveis com suas atividades de lavanderia. Ele os acrescentou, em parte porque queria utilizar melhor o espaço vago nas lojas que tinha. Contudo, ele também fez isso porque estava, como dizia, "cansado de enviar peças de clientes para uma tinturaria a 5 quilômetros de distância, o que tomava mais do que devia dos lucros". Para refletir a nova linha expandida de serviços, rebatizou cada uma de suas duas lojas como Centros de Limpeza Carter; ele estaria suficientemente satisfeito com o seu desempenho para abrir mais quatro do mesmo tipo ao longo dos próximos cinco anos. Cada loja tinha o seu próprio gerente no local e, em média, cerca de sete funcionários e receitas anuais em torno de US$ 600 mil. Foi ao time dessa cadeia de lojas que Jennifer se juntou depois de se graduar pela Universidade Estadual.

Seu acordo com o pai era de que ela serviria como uma solucionadora de problemas e consultora, com o objetivo de aprender sobre o negócio e trazer a ele modernos conceitos e técnicas de gestão, a fim de resolver os conflitos e facilitar seu crescimento.

Perguntas

1. Faça uma lista de cinco problemas de RH com os quais você acha que a empresa Carter terá que lidar.
2. O que você faria, em primeiro lugar, se fosse Jennifer?

Exercício vivencial — Ajudando "Roberto Justus"

Objetivo: proporcionar a prática de identificar e aplicar os conceitos básicos de administração de recursos humanos, ilustrando como os gerentes usam essas técnicas em seus trabalhos do dia a dia.

Entendimento necessário: estar familiarizado com o material deste capítulo, e com vários episódios de séries como *O aprendiz*, com Roberto Justus.

Instruções:

1. Divida a classe em equipes de 3-4 alunos.
2. Leia: como você sabe por ter visto Roberto Justus, como ele organizou suas equipes de negócios para *O Aprendiz*, a administração de recursos humanos desempenha um papel importante no que Roberto Justus e os participantes precisam fazer para ser bem-sucedidos. Por exemplo, Roberto Justus precisa ser capaz de avaliar cada um dos participantes. E, por sua vez, os líderes de cada uma das suas equipes precisam ser capazes de formar suas equipes com os participantes certos e, em seguida, fornecer os tipos de treinamento, incentivos e avaliações que ajudem suas empresas no caminho do sucesso e que, portanto, tornem os participantes (e especialmente os líderes de equipe) em "vencedores" para Roberto Justus.
3. Assista a vários desses episódios (ou reprises) e, em seguida, reúna-se com sua equipe e responda às seguintes perguntas:
    a. Quais as funções específicas de RH (recrutamento, entrevistas, e assim por diante), você identifica que Roberto Justus utiliza nesse programa? Certifique-se de dar exemplos específicos.
    b. Quais funções específicas de RH (recrutamento, seleção, treinamento, e assim por diante) você pode identificar em um ou mais dos líderes que as usam para gerenciar suas equipes? Mais uma vez, dê exemplos específicos.
    c. Dê um exemplo concreto de como as funções de RH (como recrutamento, seleção, entrevistas, remuneração, avaliação, e assim por diante) contribuíram para um dos participantes que aparece como particularmente bem-sucedido pelo Roberto Justus. Além disso, forneça exemplos de como uma ou mais dessas funções contribuiu para que o Roberto Justus dissesse a um participante "Você está demitido".
    d. Apresente as conclusões de sua equipe para a classe.

Estudo de caso brasileiro

Como o paradigma da inovação afetará os CIOs do futuro

O planeta vive um período de transformação profunda. O amanhã se modifica a cada fração de segundo. Em um ritmo mais e mais intenso, inovações instantâneas chegam e trazem consigo impactos sistêmicos. Na mesma medida em que as novidades necessitam ser assimiladas – e isso exige um tempo de compreensão e reação –, as corporações precisam se manter ágeis para não perder o tempo que as fará permanecer competitivas nesta era de urgências.

Avanços tecnológicos, disseminação de informações, barateamento de produção, interdependência de regiões, maior fluxo comercial ao redor do globo e interação de diferentes áreas do conhecimento são apenas alguns elementos que acrescentam caldo à contemporaneidade. Se antes existia a mecânica e a biologia, hoje é possível fazer uma interseção entre as duas correntes propondo inovações.

Rafael Ramirez, professor da universidade de Oxford e membro de um centro de estudos para antecipação estratégica, diz que a gestão do futuro vem a partir da compreensão das casualidades, das conexões existentes entre fatos distintos, da correlação entre elementos paralelos que muitas vezes não tem um impacto tão direto no setor em que a empresa está inserida. Os empresários que conseguirem montar um cenário e traçar planos eficazes sobreviverão às intensas transformações cada vez mais frequentes.

"O futuro se desenvolve a partir de ações tomadas no presente. Que aos poucos se torna passado", sintetiza o professor de história contemporânea da UFRJ e coordenador do laboratório de estudos do Tempo Presente Francisco Carlos Teixeira da Silva. Com uma visão crítica, ele identifica que os brasileiros pensam no desenvolvimento dentro de uma física de movimentos uniformes. "Mas, no século XX, as teorias da relatividade e do caos nos disseram coisas extremamente relevantes sobre as novas formas de administração." É preciso alterar as lógicas para conseguir saltos de qualidade. "Para moldar o futuro em direção àquilo que a gente deseja, não podemos nos conformar com as regras e métodos existentes. Precisamos buscar o diferente, o que não existe."

No início do século passado, grandes fabricantes de carroças morreram com a chegada dos automóveis. A falência é atribuída ao fato de que os empresários definiam seus negócios ao redor do produto que vendiam. O erro soa grotesco, mas esse tipo de postura pode ainda ser vista nos dias de hoje. Uma grande inovação de 2009, o carro de baixo custo desenvolvido pela indiana Tata pareceu realmente revolucionário.

No entanto, observando a invenção por uma lente macro da administração contemporânea – levando em conta o trânsito caótico das grandes metrópoles (em especial, na Índia) –, veremos algumas complicações no horizonte. "Em vez de pensar como se transportar melhor, a empresa pensou no produto", analisa Kip Garland, diretor da consultoria de processos em inovação InnovationSeed, observando que o veículo não trouxe o retorno esperado e resolveu uma questão instantânea, não o problema maior: melhor capacidade de locomoção.

A preocupação em antecipar cenários reside, muitas vezes, no fato de que a inovação se baseia no passado, em realidades existentes. "Isso é pobre. Precisa-se criar uma capacidade de inovar dentro de uma perspectiva futura", inconforma-se Carlos Arruda, professor da Fundação Dom Cabral. Os ciclos de vida de produtos e serviços estarão mais concentrados, demandando novas soluções em velocidades muito mais altas de lançamento. No contexto, as empresas ganham mais em pouco tempo, mas o que você criou se torna obsoleto mais rapidamente. "Vivemos na era da perenidade", contextualiza.

Os profissionais, hoje, preocupam-se com a mudança nos modelos de negócio, orçamento e fatores macroeconômicos. "Estamos na metade do caminho de uma mudança que vem acontecendo ao longo dos últimos anos", reconhece Adriano Aquino, diretor de TI da Abyara Brokers e sócio do CIO on Demand.

Se gestão é conjunto, valerá mais a cooperação, e não a competição. Algumas empresas continuam incentivando com bônus financeiro os funcionários que atingem patamares de vendas ou produção. "Não podemos mais procurar gênios. Precisa-se de pessoas que trabalhem em equipe que vivam no cotidiano."

Fonte: Felipe Dreher. Information Week Brasil. Disponível em: <http://www.techoje.com.br/site/techoje/categoria/detalhe_artigo/941>. Acesso em: 30 maio 2014.

Perguntas

1. Que estratégias de RH devem ser utilizadas para tornar a empresa mais inovadora e competitiva no mercado?
2. Explique a importância do conhecimento e da compreensão do negócio em que está inserida a área de RH das empresas para que seja possível promover a permanência de profissionais qualificados e motivados dentro delas.

Notas

1. "When the jobs inspector calls". *The Economist*, 31 mar. 2012, p. 73.
2. "The Expanding Role of the Personnel Function", por Fred K. Foulkes. *Harvard Business Review*, mar./abr. de 1975.
3. Steve Bates. "No Experience Necessary? Many Companies are putting NON HR executives in charge of HR with mixed results", *HR Magazine* 46, n. 11, nov. 2001. p. 34-41. Veja também Adrienne Fox. "Do assignments outside HR pay off?". *HR Magazine*, nov. 2011. p. 32.
4. Veja, por exemplo: "Small Business: A Report of the President". Disponível em: <www.SBA.gov/ADV/stats>. Acesso em: 9 mar.

2006; "Estatísticas de empresas norte-americanas e status não empregador". Disponível em: <www.SBA.gov/ADVoh/investigação/data.html>. Acesso em: 9 mar. 2006. James Rosen. "Economists credit small business 'Gazelles' with job creation". Disponível em: <http://www.foxnews.com/us/2011/04/25/Economists-credit-small-business-gazelles-job-creation/>. Acesso em: 5 out. 2012.
5. "Human Resource Activities, Budgets & Staffs, 1999–2000", *BNA Bulletin to Management* 51, n. 25, 29 jun. 2000, p. S1-S6.
6. Robert Grossman. "IBM's HR Takes a Risk", *HR Management*, abr. 2007. p. 54-59.
7. Veja Dave Ulrich. "The New HR Organization", *Workforce Management*, 10 dez. 2007, p. 40-44, e Dave Ulrich. "The 21st-Century HR Organization". *Human Resource Management 47*, n. 4, inverno 2008, p. 829-850. Alguns autores distinguem entre três subcampos de administração de recursos humanos básicos: micro GRH (que abrange as subfunções de RH, como recrutamento e seleção), estratégico de RH e administração de recursos humanos internacional. Mark Lengnick Hall et al. "Strategic Human Resource Management: The Evolution of the Field", *Human Resource Management Review 19*, 2009, p. 64-85.
8. Susan Mayson e Rowena Barrett. "The 'Science' and 'Practice' of HR in Small Firms". *Human Resource Management Review* 16, 2006, p. 447-455.
9. Para discussões sobre algumas outras tendências importantes ver, por exemplo, "Workplace Trends: An Overview of the Findings of the Latest SHRM Workplace Forecast". Society for Human Resource Management, Workplace Visions 3, 2008, p. 1-8. Ed Frauenheim. "Future View", *Workforce Management*, 15 dez. 2008, p. 18-23.
10. Disponível em: <http://facebookrecruiting.net/>. Acesso em: 8 maio 2011.
11. Ibid.
12. Como outro exemplo, em uma empresa com sede em São Francisco, os funcionários usam um jogo interativo on-line para definir metas para o exercício e monitorar o progresso de cada um. Lisa Beyer. "Companies Are Turning to Technology to Help Keep Workers Well". *Workforce Management*, out. 2011, p. 6. Veja também Bill Roberts. "The Grand Convergence", *HR Magazine*, out. 2011, p. 39-46.
13. Consulte "A Third Industrial Revolution", *The Economist*, 21 abr. 2012, p. 1-20. Jeffrey Immelt. "The CEO of General Electric on Sparking an American Manufacturing Renewal", *Harvard Business Review*, mar. 2012, p. 43-46.
14. Timothy Appel. "Better Off a Blue-Collar". *Wall Street Journal*, 1 jul. 2003, p. B-1.
15. Consulte "Charting the Projections: 2010-2020", *Occupational Quarterly Outlook*, inverno 2011. Disponível em: <http://www.bls.gov/ooq/2011/winter/winter2011ooq.pdf>, <www.bls.gov/emp/optd/optd003.pdf>. Acesso em: 29 jul. 2012.
16. Russell Crook et al. "Does Human Capital Matter? A Meta-analysis of the Relationship between Human Capital and Firm Performance", *Journal of Applied Psychology*, 96, n. 3, 2011, p. 443-456.
17. "Human Resources Wharton". Disponível em: <www.knowledge.wharton.upe.edu>. Acesso em: 8 jan. 2006.
18. Veja, por exemplo, Anthea Zacharatos et al. "High-Performance Work Systems and Occupational Safety", *Journal of Applied Psychology*, 90, n. 1, 2005, p. 77-93.
19. Disponível em: <www.bls.gov/news.release/ecopro.t01.htm>. Acesso em: 29 jul. 2012.
20. "Percent Growth in Labor Force, projected 1990-2020". Disponível em: <www.bls.gov/news.release/ecopro.t01.htm>. Acesso em: 29 jul. 2012.
21. Tony Carnevale. "The Coming Labor and Skills Shortage". *Training and Development*, jan. 2005, p. 39.
22. "Talent Management Leads in Top HR Concerns". Compensation & Benefits Review, maio/jun. 2007, p. 12.
23. Por exemplo, veja Kathryn Tyler. "Generation Gaps". *HR Magazine*, jan. 2008, p. 69-72.
24. Eva Kaplan-Leiserson. "The Changing Workforce", *Training and Development*, fev. 2005, p. 10-11. Veja também SA Hewlett et al. "How Gen Y & Boomers Will Reshape Your Agenda". *Harvard Business Review*, 87, n. 7/8, jul./ago. 2009, p. 71-76.
25. Por meio de um relatório, a crise econômica de 2008 tornou mais difícil para os funcionários insatisfeitos da geração Y mudar de emprego, e contribuiu para a formação de "reclamações" entre alguns deles. "Generation Y Goes to Work". *The Economist*, 3 jan. 2009, p. 47.
26. Nadira Hira. "You Raised Them, Now Manage Them", *Fortune*, 28, maio 2007, p. 38-46. Katheryn Tyler. "The Tethered Generation". *HR Magazine*, maio 2007, p. 41-46. Jeffrey Zaslow. "The Most Praised Generation Goes to Work", *Wall Street Journal*, 20 abr. 2007, p. W1, W7. Rebecca Hastings. "Expect a Lot from Leaders". *HR Magazine*, jan. 2008, p. 30.
27. Para aproveitar isso, mais empregadores estão usando as ferramentas de redes sociais para promover a interação e colaboração dos funcionários, especialmente entre os funcionários da geração Y. "Social Networking Tools Aimed at Engaging Newest Employees". *BNA Bulletin to Management*, 18 set. 2007, p. 303.
28. "Talent Management Leads in Top HR Concerns", Compensation & Benefits Review, maio/jun. 2007, p. 12.
29. Jennifer Schramm. "Exploring the Future of Work: Workplace Visions", *Society for Human Resource Management*, 2, 2005, p. 6. Rainer Strack, Jens Baier, Anders Fahlander. "Managing Demographic Risk", *Harvard Business Review*, fev. 2008, p. 119-128.
30. Adrienne Fox. "At Work em 2020", *HR Magazine*, jan. 2010, p. 18-23.
31. Rita Zeidner. "Does the United States Need Foreign Workers?", *HR Magazine*, jun. 2009, p. 42-44.
32. "Study Predicts 4.1 Million Service Jobs Offshored by 2008". *BNA Bulletin to Management*, 2 ago. 2005, p. 247. Patrick Thibodeau. "Offshoring shrinks number of IT jobs, study says", *Computerworld*, 21 mar. 2012. Disponível em: <http://www.computerworld.com/s/article/9225376/Offshoring_shrinks_number_of_IT_jobs_study_says_>. Acesso em: 5 out. 2012.
33. Disponível em: <www.census.gov/foreign-trade/statistics/historical/gands.pdf>. Acesso em: 3 mar. 2012.
34. Ibid.
35. Disponível em: <www.bls.gov/opub/ted/2006/may/wk2/art01.htm>. Acesso em: 18 abr. 2009.
36. Para um livro que descreve a história da administração de recursos humanos veja, por exemplo, SHRM. *A History of Human Resources*. Disponível em: <http://shrmstore.shrm.org/a-history-of-human-resources.html>. Acesso em: 4 out. 2012.
37. "Capital Humano fundamental para o sucesso". *Management Review*. nov. 1998, p. 9. Veja também "RH 2018: Top Predictions". *Workforce Management* 87, n. 20, 15 dez. 2008, p. 20-21. Edward Lawler III. "Celebrating 50 Years: HR: Time for a Reset?", *Human Resource Management*, 50, n. 2, mar./abr. 2011, p. 171-173.
38. Susan Ladika. "Socially Evolved". *Workforce Management*, set. 2010, p. 18-22.
39. Estudos sugerem que o planejamento estratégico com uso de TI ajuda gestores de recursos humanos ". Veja Victor Haines III e Genevieve Lafleur. "Information Technology Usage and Human Resource Roles and Effectiveness", *Human Resource Management*, 47, n. 3, outono 2008, p. 525-540. Veja também R. Zeidner. "The Tech Effect on Human Resources". *HR Magazine*, 2009. HR Trendbook supp, p. 49-50, 52.
40. "Survey: Talent Management a Top Concern". *CIO Insight*, 2 jan. 2007. Veja também Towers Watson. The 2011/2012 Talent Management and Rewards Study. Disponível em: <http://www.towerswatson.com/research/5563 # MainTab2>. Acesso em: 3 out. 2012.

41. Disponível em: <www.talentmanagement101.com>. Acesso em: 10 dez. 2007.
42. Dean Smith. "Engagement Matters". T + D 63, n. 10, out. 2009, p. 14.
43. "Meatpacking Case Highlights HR's Liability". *Workforce Management*, 20 set. 2008, p. 6.
44. Kevin Wooten. "Ethical Dilemmas in Human Resource Management", *Human Resource Management Review*, 11, 2001, p. 161. Veja também Ann Pomeroy. "The Ethics Squeeze". *HR Magazine*, 51, n. 3, mar. 2006, p. 48-55.
45. Robert Grossman. "IBM's HR Takes a Risk". *HR Magazine*, 1 abr. 2007.
46. Chris Brewster et al. "What Determines the Size of the HR Function? A Cross National Analysis". *Human Resource Management*, 45, n. 1, primavera 2006, p. 3-21.
47. Contatar a Society for Human Resource Management.
48. Veja, por exemplo, <www.personneltoday.com/blogs/hcglobal-human-capital-management/2009/02/theres-no-such-thing-as-eviden.html>. Acesso em: 18 abr. 2009.
49. O movimento baseado em evidências começou na medicina. Em 1996, em um editorial publicado pelo British Medical Journal, David Sackett, MD, definiu como "medicina baseada em evidências", como "o uso da evidência melhor disponível na tomada de decisões sobre o cuidado do paciente" e convocou seus colegas a adotar seus princípios. "Evidence-Based Training™: Turning Research Into Results for Pharmaceutical Sales Training". Um Livro Branco AXIOM © 2006 AXIOM Professional Saúde Aprendizagem LLC. Todos os direitos reservados.
50. Susan Wells. "From HR to the Top", *HR Magazine*, jun. 2003, p. 49. Veja também "HR will have more opportunities to demonstrate value in 2012". *Bloomberg BNA Bulletin to Management*, 17 jan. 2012, p. 22.
51. Fred Foulkes e Henry Morgan. "Organizing and Staffing the Personnel Function". Harvard Business Review, maio/jun. 1977.
52. "Working at SAS: An Ideal Environment for New Ideas" do site do SAS, 20 abr. 2012. Copyright © 2011 by SAS Institute, Inc. Reproduzido com permissão. Todos os direitos reservados.
53. "Super Human Resources Practices Result in Better Overall Performance, Report Says". *BNA Bulletin to Management*, 26 ago. 2004, p. 273-274. Veja também Wendy Boswell. "Aligning Employees with the Organization's Strategic Objectives: Out of Line of Sight, Out of Mind", *International Journal of Human Resource Management*, 17, n. 9, set. 2006, p. 1014-1041. Um estudo recente descobriu que alguns o que os pesquisadores chamaram minimizadores de custos, quando empregadores, intencionalmente, fazem uma abordagem de baixo custo para práticas de recursos humanos, com resultados mistos. Veja Soo Min Toh et al. "Human Resource Configurations: Investigating Fit with the Organizational Context". *Journal of Applied Psychology*, 93, n. 4, 2008, p. 864-882.
54. Richard Vosburgh. "The Evolution of HR: Developing HR as an Internal Consulting Organization". *Human Resource Planning*, 30, n. 3, set. 2007, p. 11-24; The RBL Group. "2012 Human Resource Competency Study". Disponível em: <http://rbl.net/index.php/hrcs/index/overview>. Acesso em: 4 out. 2012.
55. Dave Ulrich e Wayne Brockbank. *The HR Value Proposition*. Boston: Harvard Business School Publishing, 2005.
56. Veja, por exemplo, "Employers Seek HR Executives with Global Experience". *BNA Bulletin to Management*, 19 set. 2006, p. 297-298. RODRIGUEZ, Robert. "HR's New Breed". *HR Magazine*, jan. 2006, p. 67-71.
57. Adrienne Fox. "Do Assignments Outside HR Pay Off?". *HR Magazine*, nov. 2011, p. 32. Veja também Lorna Collier. "More CFOs Landing in HR Territory". *Workforce Management*, out. 2011, p. 8.
58. Ibid, p. 32.
59. The state of the HR profession, the RBL White Paper Series, The RBL Group © 2011, p. 8.

Gerenciamento de igualdade de oportunidades e diversidade

2

Neste capítulo, vamos abordar...

Legislação sobre igualdade nas oportunidades de emprego
Questões relacionadas à discriminação no trabalho
Exemplos de práticas discriminatórias na contratação empregatícia
Assédios sexual e moral no trabalho
Gestão da diversidade e programas de ação afirmativa

Objetivos de aprendizagem

Quando terminar o estudo deste capítulo, você deverá ser capaz de:

1. Resumir as leis básicas sobre oportunidades igualitárias de emprego e como elas impactam nas funções de RH, como recrutamento e seleção.
2. Compreender a legislação de cotas no País.
3. Explicar as defesas básicas contra alegações de discriminação.
4. Exemplificar o que os empregadores podem e não podem fazer legalmente em relação a recrutamento, seleção, promoção e práticas demissionais.
5. Listar cinco estratégias para administrar a diversidade da força de trabalho com sucesso.

Fonte: ZUMA Wire Service/Alamy

INTRODUÇÃO

O ex-gerente do restaurante Panera Bread abriu, recentemente, um processo de discriminação contra o proprietário da franquia.[1] O gerente alegou que o proprietário o obrigou a colocar funcionários de minorias étnicas em trabalhos que estivessem fora da vista do público e o demitiu quando ele se recusou a cumprir a ordem.

OBJETIVO DE APRENDIZAGEM 1
Resumir as leis básicas sobre oportunidades igualitárias de emprego e como elas impactam nas funções de RH, como recrutamento e seleção.

Legislação sobre igualdade nas oportunidades de emprego

Não apenas no Brasil, mas no mundo todo é possível verificar um aumento de questionamentos referentes a ações discriminatórias no ambiente de trabalho, desde o processo seletivo até critérios subjetivos para as promoções dentro das organizações. Passaram a ser bastante comuns, em nossos tribunais, processos trabalhistas versando sobre comportamentos preconceituosos no processo de contratação e de desenvolvimento da carreira de profissionais, dos quais candidatos podem ser vítimas em decorrência de faixa etária elevada, gênero, tatuagens, etnia, religião, nacionalidade, deficiências ou enfermidades crônicas, além de tantas outras variáveis, que caracterizam nada mais do que diversidade na população de trabalhadores numa sociedade.

Diante dos inúmeros itens que compõem a diversidade da força de trabalho numa empresa, é preciso ter bem clara a compreensão de quais atitudes realmente podem ser consideradas discriminatórias. Assim, a atribuição de maiores salários para empregados com mais experiência ou o pagamento de bônus para profissionais com melhor desempenho devem ser compreendidos como mera diferenciação, não podendo ser caracterizados como atos discriminatórios.

Atualmente, é difícil pensar em uma grande empresa que não tenha sido acusada de práticas discriminatórias nos processos de contratação e de relações de trabalho, fato que compromete não apenas a imagem da empresa, mas, consequentemente, seus resultados. E, justamente por essa razão, é imprescindível que a execução de tarefas de supervisão do dia a dia, como a contratação de funcionários, seja conduzida sempre com total conhecimento e aplicação da legislação vigente no país.[2]

No caso do Brasil, essa compreensão do ordenamento jurídico é atividade bastante complexa, pois, além dos direitos previstos pela Constituição Federal Brasileira, de 1988, devem ser conhecidas leis esparsas sobre o tema, bem como decisões jurisprudenciais, convenções coletivas realizadas entre sindicato dos trabalhadores e sindicatos patronais e orientações da Organização Internacional do Trabalho (OIT), organismo do qual o Brasil é país membro e, portanto, signatário de algumas de suas convenções propostas.

A Constituição Federal, por exemplo, deixa transparente a proibição de práticas discriminatórias quanto aos seguintes itens:

- raça (artigo 3º, inciso IV, da CF);
- religião (artigo 5º, inciso VIII, da CF);
- violação à intimidade e à vida privada, que, normalmente, acontece nas entrevistas de emprego (artigo 5º, inciso X, da CF);
- gênero (artigo 5º, inciso I e artigo 7º, inciso XXX, da CF);
- origem, que pode acontecer com estrangeiros (caput do artigo 5º, da CF) e/ou migrantes;
- cor (artigo 7º, inciso XXX, da CF);
- idade (artigo 7º, inciso XXX, da CF);
- estado civil (artigo 7º, inciso XXX, da CF);
- admissão de trabalhador com deficiência (artigo 7º, inciso XXXI, da CF);
- trabalho manual, técnico e intelectual ou entre os respectivos profissionais (artigo 7º, inciso XXXII, da CF);
- sindicalizados (artigo 5º, incisos XIII, XVII, XX e XLI, da CF);
- homossexuais (artigo 7º, inciso XXX, da CF).

Como país membro da OIT, o Brasil ratificou a Convenção 111, adotando o conceito de discriminação determinado pela Organização Internacional do Trabalho e, ainda, as hipóteses em que não pode ocorrer. A Convenção define discriminação como toda distinção, exclusão ou preferência, que tenha por efeito anular ou alterar a igualdade de oportunidades ou de tratamento em matéria de emprego ou profissão, e atribui às práticas discriminatórias o caráter de "distinção, exclusão ou preferência, com base em etnia, cor, gênero, opinião pública, nacionalidade ou origem social, que tenha por efeito anular ou reduzir a igualdade de oportunidade ou de tratamento no emprego ou profissão".

Neste mesmo sentido, a Portaria Interministerial n. 10/2003, em seu item V, estabelece que os programas das empresas que combatem o uso de drogas não devem gerar discriminação ou desemprego. Dessa forma, a verificação de uso de drogas pela empresa como forma de contra-

---

Já algumas leis esparsas, como a Lei n. 9.029/95,[3] previnem a discriminação nas empresas e penalizam os discriminadores. Esta, em particular, inclui a garantia ao acesso e à manutenção no trabalho, sem qualquer restrição quanto a "sexo, origem, raça, cor, estado civil, situação familiar ou idade" e deixa clara a impossibilidade de realização de exames para constatação de gravidez e de esterilização em candidatas mulheres, para efeitos admissionais ou de permanência da relação jurídica de trabalho.

Classes protegidas
Pessoas que são parte das minorias resguardadas por leis de igualdade de oportunidades, conforme previsão da Constituição Federal e leis específicas, mencionadas ao longo deste capítulo.

tar ou manter o vínculo empregatício é discriminatória e não pode ser aplicada, nem mesmo para candidatos ao emprego. Em razão da dificuldade na reinserção na sociedade pelos dependentes químicos, também há projetos de lei prevendo cotas para admissão no serviço público.

Outra prática considerada discriminatória é a consulta a serviços de proteção ao crédito, que impede que alguém inscrito em cadastro de inadimplentes por força de um desemprego possa se recolocar.[4]

Além de penalidades previstas contra a discriminação de **classes protegidas**, como o pagamento de multas, os juízes podem determinar a obrigatoriedade de contratação de determinado candidato ou a reintegração no emprego, se for o caso, sem prejuízo do pagamento de indenização por dano moral. A empresa ainda poderá ser condenada ao pagamento de multa administrativa de dez vezes o valor do maior salário pago pelo empregador, elevado em 50% em caso de reincidência, bem como a proibição em obter empréstimo ou financiamento junto a instituições financeiras oficiais.[5]

Especificamente com a finalidade de coibir práticas abusivas nas empresas, sejam públicas ou privadas, a Lei n. 5.473/68, ainda em vigor, também apresenta em seu artigo 1º a nulidade de "disposições e providências que, direta ou indiretamente, criem discriminações entre brasileiros de ambos os sexos, para o provimento de cargos sujeitos à seleção", prevendo, inclusive, prisão de três meses a um ano para o infrator, sem prejuízo de multa pecuniária.

Mais recente, a Lei n. 12.288/10, que institui o Estatuto da Igualdade Racial, contribui para a garantia de acesso ao trabalho para a população negra, com "igualdade de oportunidades, a defesa dos direitos étnicos individuais, coletivos e difusos e o combate à discriminação e às demais formas de intolerância étnica". A partir dessa lei, passa a haver um esforço direcionado não apenas para a punição dos infratores mas, sobretudo à criação das chamadas ações afirmativas, definidas no corpo da lei como "programas e medidas especiais adotados pelo Estado e pela iniciativa privada para a correção das desigualdades raciais e para a promoção da igualdade de oportunidades".[6]

Orientações jurisprudenciais[7] também consideram práticas discriminatórias casos como pesquisa do nome de candidatos nos serviços de proteção ao crédito, entendendo tratar-se de invasão de privacidade e exposição da vida pessoal do profissional.

Em paralelo, além do ordenamento jurídico e ações do judiciário, os órgãos governamentais também vêm desenvolvendo desde 2005 ações a fim de coibir atos discriminatórios no trabalho. Assim, o Ministério Público do Trabalho (em nível federal) criou a Coordenadoria Nacional de Promoção de Igualdade de Oportunidades e Eliminação da Discriminação no Trabalho, cuja atuação ocorre, principalmente, em torno de três eixos: combate à discriminação a trabalhadores; inclusão nos ambientes de trabalho da pessoa com deficiência ou reabilitada; e proteção da intimidade dos trabalhadores.[8]

OBJETIVO DE APRENDIZAGEM 2
Compreender a legislação de cotas no País.

Lei de cotas

A questão das pessoas com deficiência também envolve a necessidade de intervenção do Estado, para garantia do acesso de cidadãos ao trabalho com igual oportunidade.[9]

O artigo 93 da Lei n. 8.213/1991,[10] conhecida como **lei de cotas**, discorre sobre a contratação de pessoas com deficiência pelas empresas, prevendo cotas para o preenchimento de vagas, além de planos de benefícios da previdência social para aquele grupo de empregados. No artigo 93, estabelece que empresas com 100 a 200 empregados são obrigadas a contratar beneficiários reabilitados para 2% de seus cargos. Esse percentual passa para 3% no caso de empresas com 210 a 500 empregados, 4% para aquelas com 501 a mil empregados e, finalmente, 5% para empresas com mais de mil empregados.

Leis de cotas
Leis que obrigam empresas com mais de 100 empregados a contratarem deficientes físicos.

Antes mesmo dessa lei, já havia legislação prevendo a inclusão social dos cidadãos parte de grupos minoritários (no Brasil, estima-se que esse número chegue a 25 milhões de pessoas). É o caso, por exemplo, da Lei n. 7853/89,[11] que prevê a integração social de deficientes, inclusive com acesso ao trabalho e à formação profissional, além de outras previsões nas áreas de saúde e educação. Em seu artigo 8º, incisos II e III, o legislador caracteriza como crime punível com reclusão de um a quatro anos, e multa no caso de impedimento, sem justa causa, do acesso de alguém a qualquer cargo público, por motivos derivados de sua deficiência (II) e, ainda, o ato de negar, sem justa causa, a alguém, por motivos derivados de sua deficiência, emprego ou trabalho (III).

Também a Lei n. 8112/90,[12] em seu artigo 5º, parágrafo 2º, já garantia o direito de pessoas com deficiência se inscreverem em concursos públicos, para provimento de cargo cujas atribuições fossem compatíveis à deficiência de que são portadoras. Para tais pessoas, serão reservadas até 20% das vagas oferecidas no concurso.

Apesar da latente preocupação da sociedade e dos legisladores a respeito da inclusão de minorias nas empresas, nota-se que ainda há um crescente número de inquéritos por pessoas com deficiência no trabalho, constatando o descumprimento à lei de cotas. Acredita-se que essa situação é decorrente de uma entrada maciça de empresas multinacionais em território brasileiro, que geralmente desconhecem a legislação trabalhista, acabando por cometer infrações, inclusive com condenação pecuniária. Além dessa autuação feita pelo Ministério do Trabalho e Emprego (MTE), a empresa pode ser alvo de uma ação civil pública e responder por danos morais coletivos.[13]

Nos primeiros anos após a promulgação da lei de cotas, foi possível verificar excelentes resultados. No período entre 2001 e 2005, o número de pessoas com deficiência empregadas no Estado de São Paulo saltou de 601 para 35.782.[14] Esse aumento considerável deu-se, sobretudo, em função do crescente número de programas de conscientização presentes nas empresas de grande porte e, ainda, pelas negociações formuladas entre o Ministério Público do Trabalho e empresas que são obrigadas ao cumprimento da lei, por meio de Termos de Ajustamento de Conduta (TACs). Devemos ressaltar, ainda, que, embora o salto nas contratações de deficientes seja bastante significativo, problemas com uma fiscalização mais efetiva, no caso brasileiro, ainda inibem o cumprimento da lei pela totalidade das empresas obrigadas àquelas contratações.

O descumprimento da lei de cotas, nesse caso, para pessoas com deficiência física, enseja a cobrança de multa, que deve ser calculada considerando, inclusive, acordos feitos junto ao Ministério Público do Trabalho. Supondo-se uma empresa com 1.010 empregados, que deveria ter 51 empregados com deficiência e tem apenas oito nessa condição, o cálculo da multa deve ser obtido a partir da multiplicação de 43 (número de empregados com deficiência que deixou de ser contratado) pelo valor previsto para as empresas com mais de mil empregados. Na vigência da Portaria MPS n. 142, de 11 de abril de 2007, o valor da multa seria o resultado da multiplicação entre 43 e um valor entre R$ 1.673,18 a R$ 1.792,70.[15]

Além disso, as empresas descumpridoras da lei ficam vulneráveis à assinatura de um Termo de Ajuste de Conduta (TAC), junto ao Ministério Público, que determina um prazo para que a realização dos devidos ajustes sejam viáveis, incluindo as necessárias contratações, a mudança de mobiliário capaz de receber as pessoas com deficiência física para o trabalho, entre outros. Com base nessa legislação, em 2008, a Federação Brasileira de Bancos (Febraban) assinou o TAC, comprometendo-se não apenas às necessárias providências para o acesso de pessoas com deficiência às agências bancárias, mas para que fosse adaptado o local de trabalho à rotina de deficientes contratados como empregados naqueles locais.[16]

Sobre a mesma questão, ainda visando à maior integração das pessoas com deficiência física ou mental, o Decreto n. 6.949/2009 promulga a Convenção Internacional sobre os Direitos das Pessoas com Deficiência e seu Protocolo Facultativo, assinados em Nova York, em 30 de março de 2007.[17]

Também existem vários projetos e estudos ocorrendo em paralelo, visando à implantação de cotas para negros também em concursos públicos,[18] uma vez que já se encontra em vigor o sistema de cotas para seu acesso a universidades brasileiras.[19] E, ainda, o Decreto n. 3.298/99 regulamentou a Lei n. 7.853/89, dispondo sobre a política Nacional para integração da Pessoa Portadora de Deficiência, consolidando as normas para sua proteção.[20] Essa lei define a incapacidade ou deficiência física, mental, auditiva e/ou visual para efeitos de aplicação da lei, colocando nos artigos 34 a 45 sobre o acesso desses cidadãos ao trabalho, sendo abordados, ainda, temas como processos de capacitação e adaptação ao trabalho, fiscalização das empresas e previsões sobre dispensa dos empregados.

Algumas decisões judiciais sobre Oportunidades Iguais de Emprego (*equal employment opportunity* – EEO)

Conforme mencionado anteriormente, não apenas os legisladores vêm contribuindo para a diminuição de práticas discriminatórias na sociedade brasileira. Também o poder judiciário, por meio de decisões e sentenças versando sobre o tema, vem sendo responsável pela formação de uma base interpretativa de novas situações observadas nas relações de trabalho. A seguir, exemplo de dois julgamentos relacionados a esse tema.

Ementa 1[21]

Recurso de Revista n. TST-RR-73500-44.2002.5.02.0036, em que é recorrente R. C. e recorrida AMERICAN AIRLINES INC., Data de julgamento: 22/11/2010, relator ministro: L. B. C., 1ª turma, data de publicação: DEJT 04/02/2011.

DANO MORAL CONFIGURADO. TESTE DO POLÍGRAFO. EMPREGADO DO SETOR DE SEGURANÇA DA EMPRESA AMERICAN AIRLINES.

Um empregado da American Airlines foi submetido ao teste do polígrafo (popularmente conhecido como detector de mentiras) e processou a empresa por danos morais, acusação que foi confirmada. A decisão judicial considerou os seguintes fatos para chegar a esse resultado:
- O polígrafo não é adotado no ordenamento jurídico brasileiro, por apresentar eficácia duvidosa; violar um princípio assegurado na Constituição da República, que é "não produzir provas contra si"; pressupor que o indivíduo cometeu algum tipo de crime; violar o direito de preservar sua intimidade. Ou seja, desde o princípio, essa não deveria ter sido a ferramenta empregada para qualquer que fosse o objetivo.
- O empregado não estava em posição de se opor à ordem de realizar o teste do polígrafo por questões de falta de liberdade diante de seus superiores, possibilidade de ser recriminado e demitido, fato que afetaria o orçamento familiar, entre outros.

Ementa 2[22]

Agravo de instrumento em recurso de Revista n. TST-AIRR-233800-28.2008.5.02.0049, em que é agravante EMPRESA BRASILEIRA DE INFRAESTRUTURA AEROPORTUÁRIA – INFRAERO e agravado J. B. S. Data de julgamento: 02/10/2013, relator ministro: L. P. V. M. F., 7ª turma, data de publicação: DEJT 04/10/2013.

INDENIZAÇÃO POR DANOS MORAIS – ASSÉDIO MORAL – TRATAMENTO DESRESPEITOSO – LESÃO A DIREITO DA PERSONALIDADE DO EMPREGADO

Ao despedir um dos funcionários, no caso um obreiro, a Infraero se negou a fornecer a carta de referência para que este a pudesse apresentar a outras empresas que pretendiam contratá-lo. Consequentemente, o empregado processou a empresa por danos morais, acusação que foi confirmada. A decisão judicial considerou os seguintes fatos para chegar a esse resultado:
- Apesar de a carta de referência não constar como dever do empregador, no meio empresarial, essa recusa representa mais do que uma ofensa à dignidade do trabalhador, também um ato de incivilidade de um empresário para outro.
- A falta da carta foi equivalente à perda de várias oportunidades de emprego, uma vez que, ao contatarem a antiga empregadora (Infraero), dias depois o obreiro era notificado da falta de interesse em contratá-lo.
- Uma das testemunhas apresentadas pelo reclamante relatou que o ex-empregador perseguia o funcionário, tratando-o com rispidez e falta de respeito ao chamá-lo de "inútil" e "imprestável".
- Por fim, para comprovar o dano moral não é necessária a apresentação de uma prova objetiva do sofrimento ou abalo psicológico, uma vez que é praticamente impossível sua comprovação material na instrução processual.

Assédios moral e sexual no trabalho

O MTE, órgão responsável pela fiscalização do cumprimento de todo ordenamento jurídico que trata das relações de trabalho, promove ampla divulgação dos assédios moral e sexual a empregados e empregadores, com o objetivo de contribuir para eliminar tais práticas abusivas no ambiente de trabalho.[23]

A Convenção n. 111 da OIT também abrange os casos de assédios, seja moral ou sexual, no ambiente de trabalho, uma vez que sua prática fortalece a discriminação no trabalho e a exclusão social.

As práticas de assédio moral e sexual no trabalho caracterizam-se pela exposição dos trabalhadores a situações humilhantes e constrangedoras, repetidamente, prolongadas durante a jornada de trabalho e relativas ao exercício de suas funções.

As perdas para o empregador podem ser:

- Queda da produtividade e menor eficiência.
- Imagem negativa da empresa perante aos consumidores e ao mercado de trabalho.
- Alteração na qualidade do serviço/produto e baixo índice de criatividade da equipe.
- Doenças profissionais, acidentes de trabalho e danos aos equipamentos.
- Troca constante de empregados, ocasionando despesas com rescisões, seleção e treinamento de pessoal.
- Aumento de ações trabalhistas, inclusive com pedidos de reparação por danos morais e/ou sexuais.

O que é assédio moral?

As expressões *harcèlement moral* (assédio moral) da França; *bullying* (tiranizar) da Inglaterra; *mobbing* (molestar) e *harassment* (o termo que mais se aproxima etimologicamente de "assédio") dos Estados Unidos e *murahachibu* (ostracismo social) do Japão expressam o comportamento que, no Brasil, convencionou-se chamar de assédio moral.

Trata-se da exposição de trabalhadores a situações vexatórias, constrangedoras e humilhantes durante o exercício de sua função, que podem provocar um processo de violência moral para com os empregados. Esses atos visam humilhar, desqualificar e desestabilizar emocionalmente a relação da vítima com a organização e o ambiente de trabalho, colocando risco à saúde, à própria vida da vítima e a seu emprego.

Revistas corporais vexatórias, preconceitos contra a orientação sexual ou religiosa, insultos, isolamento e desmoralização pública fazem parte das práticas do assédio moral. São atos nos quais o agressor pretende fragilizar ou inferiorizar a vítima.[24]

Algumas situações na empresa podem favorecer o surgimento de práticas de assédio moral. São elas: pressão sobre os trabalhadores (para que a empresa consiga manter-se competitiva num mundo globalizado), maior diversidade na contratação de empregados (que passam a fazer parte de uma mesma equipe, às vezes com dificuldades para a convivência), processo de redução de níveis hierárquicos (*downsizing*) ou reestruturação em geral (levando os empregados a abraçar maiores responsabilidades, com carga horária de trabalho bastante majorada) e, por fim, formas alternativas na contratação de trabalhadores (fazendo surgir categorias distintas de profissionais dentro de um mesmo local de trabalho).

Embora em alguns casos possa confirgurar-se por atos de perseguição ou de caráter unicamente pessoal, é fato que, na maioria das vezes, essa prática está relacionada à atuação das chefias, fortemente orientadas para o aumento da produtividade desejada no trabalho.[25] Assim, práticas confundidas inicialmente com cobranças usuais de resultados ou alcance de metas podem facilmente transformar-se em assédio moral, por meio do uso de condutas abusivas (gestos, palavras, comportamentos atípicos), cuja repetição atenta contra a dignidade ou a integridade psíquica ou física de uma pessoa.

No Brasil, ainda não há legislação pertinente sobre o assunto, especificamente sobre a caracterização do dano moral na esfera trabalhista, sendo que vários projetos vêm sendo estudados para o enquadramento correto de práticas diversas nessa categoria, bem como a previsão de punição de seus atores.[26]

Assim, para essas situações, a justiça do trabalho brasileira tem considerado o entendimento de vários estudiosos sobre o assunto para a fixação de suas sentenças, que prevê que metas ou objetivos extremamente difíceis (ou impossíveis) de serem alcançados, por exemplo, mantêm os funcionários sob um estado de submissão permanente, podendo caracterizar o assédio moral na relação de trabalho.[27]

O que é assédio sexual?

Como o relacionamento interpessoal está diretamente relacionado à cultura de um país, o conceito do que é considerado assédio sexual varia conforme o local e a socidede em ques-

Assédio sexual
O assédio em função do sexo que tenha o propósito ou efeito de interferir substancialmente no desempenho profissional de uma pessoa ou criar um ambiente de trabalho intimidante, hostil ou ofensivo.

tão. Trazendo essa questão para o contexto brasileiro, pode ser complicado chegar a essa definição. Isso ocorre pelo fato de diversas condutas consideradas como **assédio sexual** em determinados países, são normais para o povo brasileiro, que é muito mais permissivo e tolerante em suas relações quanto ao contato pessoal. A diferença cultural de cada sociedade, portanto, leva a leituras diferentes de um mesmo comportamento entre duas pessoas.

Outra problemática no tocante ao tema ocorre em decorrência da própria mudança cultural dentro da sociedade. Com o decorrer dos anos, conceitos individuais e coletivos sofrem transformações e condutas antes consideradas imorais e intoleráveis, hoje são comuns, saudáveis e percebidas como naturais.[28]

O assédio sexual, na compreensão dos juristas brasileiros, pode ocorrer de forma verbal, não verbal e física. A primeira diz respeito aos convites reiterados para sair, pressões sexuais sutis ou grosseiras, telefonemas obscenos, comentários inoportunos de natureza sexual. A forma não verbal compreende olhares concupiscentes e sugestivos, exibição de fotos e textos pornográficos seguidos de insinuações, passeios frequentes no local de trabalho ou diante do domicílio da vítima, perseguição da pessoa assediada, exibicionismo, entre outros. Por fim, a forma física abrange toques, encurralamento dentro de algum ângulo, roçaduras, apertos, palmadas, esbarrões propositais, apalpadelas, agarramentos etc. Os gestos, geralmente, são acompanhados de linguagem sexista.[29]

As diretrizes da Equal Employment Opportunity Comission (EEOC)[30] definem o assédio sexual como avanços sexuais indesejáveis, pedidos de favores sexuais e outras condutas verbais ou físicas de natureza sexual, que ocorrem em qualquer uma das seguintes condições:

1. A submissão a tal conduta é feita explícita ou implicitamente, condicionada ao emprego de um indivíduo.
2. A submissão ou rejeição de tal conduta por um indivíduo é usada como base para as decisões de emprego que afetam tal indivíduo.
3. Tal conduta tem a finalidade ou o efeito de interferir indevidamente no desempenho do trabalho de um indivíduo ou criar um ambiente de trabalho intimidante, hostil ou ofensivo.

No caso do ordenamento jurídico brasileiro, na esfera trabalhista, a previsão legal é praticamente nula, razão pela qual se vale o judiciário da legislação pertinente à matéria para caracterizá-la como crime (Lei n. 10.224/2001) e, ainda, à Lei n. 10.778/2003,[31] que entende que violência contra a mulher inclui "violência física, sexual e psicológica" e, junto ao inciso II do parágrafo segundo do artigo 1º, prevê também que possa ter "ocorrido na comunidade e seja perpetrada por qualquer pessoa e que compreende, entre outros, violação, abuso sexual, tortura, maus-tratos de pessoas, tráfico de mulheres, prostituição forçada, sequestro e assédio sexual no lugar de trabalho, bem como em instituições educacionais, estabelecimentos de saúde ou qualquer outro lugar".

Feitas as devidas considerações, a Lei n. 10.224/2001[32] define o assédio sexual no Brasil como o constrangimento de alguém "com o intuito de obter vantagem ou favorecimento sexual, prevalecendo-se o agente de sua condição de superior hierárquico ou ascendência inerentes ao emprego, cargo ou função". E prevê detenção de um a dois anos para o assediador.

Assédio sexual – prova frágil – não configuração

O assédio sexual configura-se na insistente pretensão que fere a liberdade sexual de uma pessoa, no sentido de ela fazer aquilo que não quer, com a utilização de poder hierárquico sobre a vítima. Para confirmar a acusação de assédio sexual é necessário apresentar prova robusta, e não apenas meros indícios. Portanto, a partir do momento que não existe certeza a respeito do comportamento imoral do empregador, ferindo a liberdade sexual do subordinado, não há como confirmar o assédio. A responsabilização pelos atos de seus empregados poderá recair sobre o empregador. A doutrina também diverge sobre a responsabilização ou não do empregador diante de condutas assediantes de seus empregados. O empregador detém o poder hierárquico e disciplinar perante seus subordinados, e jamais poderá recorrer a esse poder com o pretexto de trocas sexuais. Contudo, o empregador também deverá usar esse poder que lhe é atribuído para evitar a ocorrência do assédio sexual, controlando-a e punindo o trabalhador, se for necessário. Sendo assim, o empregador tem o dever de propiciar e manter um ambiente de trabalho adequado, evitando casos de assédio sexual, por intermédio dos poderes inerentes a sua função.

Em um julgamento do Tribunal Regional do Trabalho da 12ª Região,[33] o juiz fundamentou como um dos motivos para a improcedência da ação, sendo favorável ao recurso interposto, a falta da hierarquia entre o recorrente e as supostas assediadas, como dispõe a ementa a seguir, fato que ainda é controverso na esfera judicial:

Embora não haja entendimento pacífico quanto à responsabilidade do empregador sobre o dever de indenizar o empregado, no caso em que preposto ou funcionário seu atua de forma ilícita, como assediador, a obrigação de indenizar, em si, conforme visualizada no julgamento trazido como exemplo a este capítulo foi entendida como consequência imediata do ato ilícito praticado nas instalações da empresa. Como tal, deve ser atribuída ao empregador, segundo Guedes (2003):

> [...] deve cuidar de cercar-se de prepostos e colaboradores competentes e de bom caráter, bem como não deve descuidar de vigiar seus empregados a fim de evitar lesões a direitos subjetivos fundamentais, a exemplo do dano psicológico, devendo adotar não apenas as medidas de higiene e segurança no trabalho, mas também aquelas que assegurem proteção e respeito à dignidade dos seus empregados. Do contrário, responderá por culpa in eligendo e culpa in vigilando.[34]

PROVANDO O ASSÉDIO SEXUAL   Existem três principais maneiras de provar o assédio sexual:

1. Contrapartidas. A maneira mais direta é que se prove que, ao rejeitar avanços de um superior, a vítima é prejudicada no que a EEOC chama de "ação de emprego tangível", como contratação, demissão, promoção, rebaixamento e/ou atribuição de trabalho. Em um dos casos, a funcionária mostrou que o sucesso e o progresso do trabalho eram dependentes de ela concordar com as demandas sexuais de seus superiores.

2. Ambiente hostil criado pelos superiores. Não é preciso mostrar que o assédio teve consequências tangíveis, como rebaixamento. Por exemplo, em um caso, o tribunal considerou que o assédio sexual de um superior masculino afetou substancialmente a capacidade emocional e psicológica de uma empregada do sexo feminino a tal ponto que ela sentiu a necessidade de abandonar seu emprego. Portanto, mesmo que o superior não tenha feito ameaças diretas ou promessas em troca de avanços sexuais, interferiu no desempenho da mulher e criou um ambiente de trabalho ofensivo. Isso foi suficiente para provar o assédio sexual. Tribunais geralmente não interpretam como assédio as relações sexuais que surgem durante o emprego, mas que não têm um efeito significativo sobre esse emprego.[35] A Suprema Corte dos EUA também declarou que o assédio sexual não abrange um "flerte intersexual" comum.[36]

3. Ambiente hostil criado por colegas de trabalho ou não funcionários. O comportamento questionável não precisa partir, necessariamente, de um superior do assediado. Por exemplo, um tribunal considerou que um uniforme obrigatório era sexualmente provocante e induziu a comentários obscenos por parte dos clientes. Quando a funcionária disse que não vestiria mais o uniforme, seus contratantes a dispensaram. O empregador não demonstrou existir necessidade relacionada ao trabalho para exigir o uniforme e apenas os funcionários do sexo feminino tiveram de usá-lo. O Tribunal de Justiça decidiu que o empregador, na verdade, foi o responsável pelo comportamento de assédio sexual. Tal comportamento abominável é

Contexto estratégico

Quando o meio ambiente é hostil?

Ambiente hostil de assédio sexual geralmente significa que intimidação, insultos e situações ridículas são suficientemente graves para alterar as condições normais e aceitáveis de trabalho. Isso inclui conduta discriminatória frequente ou grave, fisicamente ameaçadora ou humilhante, ou uma mera expressão ofensiva se ela injustificadamente interfere no desempenho de um empregado.[37] Os tribunais também consideram se o empregado percebe subjetivamente o ambiente de trabalho como abusivo. Por exemplo, a pessoa aceita a conduta ou de imediato mostra ser ela algo indesejável?[38]

mais provável quando os clientes estão em posições de poder, e quando acham que ninguém irá penalizá-los.[39] As diretrizes da EEOC também afirmam que o empregador é responsável pelos atos de assédio sexual de seu superior, se o empregador sabia ou deveria saber da conduta de assédio.

Decisões judiciais sobre práticas de assédio sexual e moral

Ementa 1[40]

PROCESSO N. TST-AIRR-402-82.2010.5.06.0020 ED-AIRR – 402-82.2010.5.06.0020, data de julgamento: 06/11/2013, relator ministro: J. R. F. P., 2ª turma, data de publicação: DEJT 14/11/2013.

A recorrente requer dupla indenização, sendo uma por assédio sexual e outra por assédio moral. A motivação tem como base o assédio do empregador E. P. E., que, além de realizar convites para sair e jantar, apresentou "abordagens físicas indesejadas" e, quando a recorrente assumiu namoro, não aceitou a situação, "ficou enfurecido e passou a perseguir a autora no ambiente de trabalho". Por fim, demitiu a recorrente.

Ementa 2[41]

Recurso de Revista n. **TST-RR-1076-17.2011.5.06.0023**, em que é recorrente **E.T.C.A.J** e recorrida **N3 COMPUTADORES, PERIFÉRICOS E ELETRÔNICA LTDA**. **Data de julgamento:** 27/11/2013, **relator ministro:** Márcio Eurico Vitral Amaro, 8ª turma, **data de publicação: DEJT** 29/11/2013.

RECURSO DE REVISTA – PROCESSO ELETRÔNICO – DANO MORAL – VALOR DA INDENIZAÇÃO. Empregada, que trabalhava como vendedora para a empresa, alega que sofreu tratamento constrangedor e assédio sexual por sua chefia (palavras de baixo calão utilizadas diariamente para qualificar sua pessoa e seu trabalho, além de provocações sobre seu vestuário), ao longo de toda a relação de trabalho, e entende que o valor de R$ 5 mil, arbitrado para a cobertura de danos morais, é irrelevante. Entretanto, o valor da indenização foi mantido, sob a justificativa de que a sentença observou os princípios da razoabilidade e da proporcionalidade, em obediência aos critérios de justiça e equidade, considerando a capacidade econômica da empresa e a gravidade do dano sofrido pela reclamante. E observou que, embora sem aumento no valor da condenação, ficou devidamente caracterizado o dano como assédio moral, uma vez que se notou a presença dos seguintes elementos: situações humilhantes e constrangedoras, repetitivas e prolongadas, com o intuito de desestabilizar a vítima, cabendo ao autor da ação o ônus da prova dos aludidos elementos, conforme estabelecido no artigo 818, da CLT, c/c o artigo 333, inciso I, do Código de Processo Civil. Para a avaliação do assédio moral e decorrente dano moral, não basta saber se existiu a lesão; exige-se, também, que se avalie a possível irregularidade da conduta do empregador, se este contribuiu por ação ou omissão para a ocorrência da lesão. Além do mais, faz-se necessário valorar, na esfera da vida profissional do empregado, a possível extensão da lesão para os aspectos subjetivos que orientam a configuração desse dano.

Decisão judicial[42]

RR – 163400-87.2005.5.03.0106 – TRABALHADOR CONSTRANGIDO SERÁ INDENIZADO – EMPREGADO É OBRIGADO A FICAR NU DURANTE REVISTA

A revista visual, em que o trabalhador é constrangido a exibir seu corpo nu ou em peças íntimas, é suficiente para configurar ato abusivo. Com esse entendimento, a 5ª Turma do Tribunal Superior do Trabalho garantiu a um trabalhador o pagamento de indenização por danos morais no valor de R$ 7 mil pelo fato de ter sido obrigado a ficar nu diante de vigilantes de empresas para as quais prestava serviços. Eventualmente, isso acontecia até na frente de colegas.

A ministra Kátia Magalhães Arruda, relatora do caso, entendeu que a violação da intimidade da pessoa não pressupõe necessariamente o contato físico entre empregado e superior. Apenas a revista visual, na qual o trabalhador era obrigado a ficar nu ou em peças íntimas, já configura um abuso.

Assim, embora as empresas do mesmo grupo e para as quais o trabalhador prestava serviços indistintamente (Transportes de Valores e Segurança e Prosegur Brasil — Transportadora de Valores e Segurança – Transpev) tenham argumentado que não houve excesso nas revistas, na medida em que não ocorria contato físico entre os envolvidos, a relatora considerou que as regras de convivência social e a ordem jurídica foram desrespeitadas. Considerando o dano, a repercussão

> da ofensa na vida do profissional e a condição econômica dos envolvidos, a relatora arbitrou o valor da indenização em R$ 7 mil.
>
> De acordo com os autos, o Tribunal Regional do Trabalho de Minas Gerais tinha reformado a sentença de primeiro grau para excluir da condenação o pagamento da indenização por danos morais ao empregado. No TRT, prevaleceu a tese de que, como ele foi contratado em julho de 1998, e somente no momento da dispensa, em abril de 2005 (quando já não existiam mais as tais revistas), reclamou do vexame a que era submetido, não era razoável o pedido de indenização após ter ficado em silêncio sobre o assunto por tantos anos.
>
> Já a ministra a K. A., relatora do caso, afirmou que o silêncio do empregado se justifica pelo temor de provocar a própria demissão. Logo, ao contrário da conclusão do TRT, o fato de a reclamação trabalhista ter sido apresentada após o rompimento do contrato não afasta o dano moral. A relatora ainda destacou que não se exige prova do dano moral, mas sim do fato que gerou a dor e o sofrimento da vítima. Ela foi acompanhada pelos demais integrantes da Turma. Com informações da Assessoria de Imprensa do TST.

Concluindo esse estudo, pode-se dizer que o dano pessoal é materialmente trabalhista quando ocorre no interior da relação de emprego e ambas as partes causam danos à outra, descumprindo uma cláusula contratual implícita ou explícita de mútuo respeito e de boa-fé.[43]

IMPLICAÇÕES DAS DECISÕES DO TRIBUNAL SUPERIOR DO TRABALHO (TST)
As decisões do tribunal, conforme as ementas vistas, têm duas implicações para os empregadores. A primeira é que em casos de contrapartida não é necessário o empregado sofrer uma ação de trabalho tangível (como um rebaixamento) para ganhar o caso; somente a ameaça pode ser suficiente.

A segunda é que as decisões dos Tribunais Regionais do Trabalho (TRT) e do próprio Tribunal Superior do Trabalho (TST) acabaram por nortear uma importante defesa contra processos de assédio, na medida em que entendem que o empregador deve mostrar (e provar) que tomou "cuidados razoáveis" para prevenir e corrigir rapidamente qualquer comportamento de assédio sexual e, ainda, que o empregado injustificadamente não procurou beneficiar-se da política ou de outras medidas corretivas oferecidas pelo empregador.

Empregadores prudentes imediatamente tomam medidas para mostrar que eles tiveram o devido cuidado. Isso porque a responsabilidade do empregador ocorre de forma subjetiva, por dolo ou culpa, mas com culpa presumida, cabendo ao próprio empregador provar que não agiu culposamente, na medida em que tem o dever de bem escolher seus empregados e de manter um ambiente de trabalho adequado, inclusive adotando condutas que desestimulem o assédio moral ou sexual.[44]

Assim, entre as providências que devem ser tomadas, sempre que possível, estão relacionadas:

- Considerar todas as queixas sobre assédio com seriedade.
- Estabelecer diálogo sobre os métodos de organização de trabalho com os gestores (RH) e trabalhadores.
- Tomar medidas para prevenir o assédio sexual, a exemplos de comunicar aos funcionários que o empregador não tolerará assédio moral ou sexual (possibilidade de a recomendação constar em código de ética da empresa).
- Agir imediatamente quando alguém alega ter sido vítima de assédio na empresa.
- Treinar supervisores, gerentes e funcionários envolvidos para aumentar a consciência sobre as questões de assédio sexual (com a realização de encontros, palestras e outras atividades para discussão e sensibilização sobre essas práticas indesejadas).

POSSIBILIDADES PERTINENTES AO EMPREGADO Por sua vez, ao sofrer qualquer tipo de prática de assédio, o empregado deve:

- Apresentar uma queixa verbal ao assediador e chefe do agressor, afirmando que as abordagens indesejadas devem cessar.
- Evitar permanecer em contato próximo com o agressor, sem testemunhas.
- Anotar de maneira detalhada todas as investidas sofridas, com: data, horário, local e dados das testemunhas que presenciaram a cena, além de providenciar relatório para o gerente do assediador e/ou diretor de RH.

- Caso cartas e apelos para o empregador não sejam suficientes para o assédio cessar, o acusador deve consultar um advogado para processar o assediador por insulto e agressão, imposição intencional de sofrimento emocional, medida cautelar e para ter indenizações compensatórias e punitivas.
- Procurar o sindicato[45] de sua categoria profissional e relatar o ocorrido.

Temas globais em RH

Pensando na questão de discriminação no trabalho e inclusão social no mundo

A globalização, verificada nos processos de produção de bens e serviços ao redor do mundo, dificulta a tarefa de cumprir as leis de igualdade de emprego. Isso porque, no intuito de reduzir os custos de produção, não raramente as empresas optam por produzir fora do seu país de origem ou, ainda, por adquirir produtos (ou parte deles) e serviços em locais distintos. Além disso, exigências como contratação de pessoas com deficiência, por exemplo, ou número crescente de demandas envolvendo indenizações por assédio moral ou sexual podem implicar custos elevados para adaptação e fiscalização constante do ambiente de trabalho, encarecendo o valor do produto final. Atualmente, com a opção de instalar fábricas ou filiais em outros países, diante das visíveis facilidades de produção e logística, muitas empresas tentam fugir da legislação excessiva em seu país de origem para produzirem a um custo bastante reduzido em outros locais.

Por exemplo, a Dell anunciou recentemente grandes adições à sua força de trabalho na Índia. Do mesmo modo, empresas brasileiras procuram abrir filiais ou montar fábricas na Índia ou na China, em busca de gastos menores com encargos sociais e maior competitividade, conforme notícia a seguir:

> Maior fabricante de calçados do Brasil, a Vulcabrás, do empresário Pedro Grendene, tomou uma decisão arrojada: comprou uma fábrica na Índia e está transferindo para o país asiático a parte mais intensiva em mão de obra de sua produção de tênis. A decisão foi motivada pela redução de competitividade no Brasil provocada pelo real forte e pela concorrência dos importados. (...) A unidade de Chennai emprega hoje mil pessoas, e a Vulcabrás pretende aumentar esse número para 5 mil em um ano e meio. Como vai trabalhar também com empresas terceirizadas locais, a empresa brasileira vai gerar 8 mil empregos diretos e indiretos no país asiático. Hoje, a Vulcabrás conta com 40 mil pessoas no Brasil e 4 mil na Argentina. (...) A empresa não é a única a internacionalizar parte da produção. Companhias como Natura e Vicunha Têxtil estão fazendo o mesmo em busca de maior competitividade.[46]

São cidadãos de todas as partes do mundo migrando para trabalharem fora de seu país de origem ou empresas instalando fábricas em países onde o custo da produção pode ser mais atraente. As questões que surgem dessas ações, entretanto, tangenciam problemas relacionados à igualdade de oportunidades, uma vez que as condições de oferta e manutenção dos empregos é diferente de um país para outro, e muitos sequer consideram aspectos ligados à discriminação no trabalho.

Na prática, as respostas dependem do mercado de trabalho em que estão inseridas as empresas, da legislação de seus países de origem e, ainda, de tratados internacionais. Por exemplo, no caso da Dell, a Lei dos Direitos Civis de 1991 dos EUA abrange especificamente os funcionários de empresas norte-americanas que trabalham no exterior. Contudo, na prática, não apenas neste exemplo, mas, de modo geral, as leis do país em que o cidadão está trabalhando podem ter precedência, sobrepondo-se sobre as do país de origem do empregado.[47]

Muitas empresas no Brasil têm sido acusadas de *dumping* social, prática que se tornou mais frequente após a instauração de um ambiente altamente competitivo, na disputa por maiores mercados, sempre com ênfase no baixo custo de produção. Essa prática é apontada como um fator de precarização do trabalho e carcateriza-se pela inobservância dos direitos trabalhistas dos empregados a fim de obter vantagens competitivas diante das empresas concorrentes.

Tal conduta enseja não apenas condenação do empregador ao pagamento de todos os direitos trabalhistas, eventualmente suprimidos do empregado reclamante (inclusive com a possível fixação de reparação por danos morais de caráter compensatório e pedagógico), mas também pode vir acompanhada de sanção de natureza coletiva pelo dano causado à sociedade, no intuito de inibir a repetição de tais práticas.[48]

O Quadro 2.1 indica as principais leis mencionadas ao longo deste capítulo de forma resumida, que visam a contribuir para a igualdade nas oportunidades de emprego e repúdio a práticas discriminatórias no local de trabalho.

QUADRO 2.1 Resumo das principais previsões legais no ordenamento jurídico brasileiro sobre Igualdade de Oportunidade de Emprego.

Ordenamento jurídico	Previsão legal
Constituição Federal, artigos 5º e 7º	Repúdio a qualquer tipo de discriminação dos cidadãos ou no ambiente de trabalho.
CLT, arts. 5º e 461	Igualdade de salários, sem distinção de sexo, nacionalidade ou idade.
Lei n. 5.473/68	Nulidade de "disposições e providências que, direta ou indiretamente, criem discriminações entre brasileiros de ambos os sexos, para o provimento de cargos sujeitos a seleção", pressupondo, inclusive, prisão de três meses a um ano para o infrator, sem prejuízo de multa pecuniária.
Lei n. 7853/89	Dispõe sobre a integração social de pessoas com deficiência física, prevendo condições para sua formação profissional, além de outras previsões nas áreas de saúde e educação.
Lei n. 8112/90	Garantia às pessoas com deficiência do direito de se inscreverem em concursos públicos para provimento de cargo, cujas atribuições sejam compatíveis com a deficiência de que são portadoras. Para tais pessoas serão reservadas até 20% das vagas oferecidas no concurso.
Lei n. 8.213/91 (artigo 93)	Lei de cotas para contratação de pessoas com deficiência física.
Lei n. 9.029/95	Garantia de acesso e manutenção no trabalho, sem qualquer restrição quanto a "sexo, origem, raça, cor, estado civil, situação familiar ou idade", e proibição da exigência de atestados de gravidez e esterilização, além de outras práticas discriminatórias, para efeitos admissionais ou de permanência no trabalho.
Decreto n. 3.298/99	Define a incapacidade ou a deficiência física, mental, auditiva e visual para efeitos de aplicação da lei, dispondo em seus artigos 34 a 45 sobre o acesso desses cidadãos ao trabalho. Também são abordados temas como processos de capacitação e adaptação ao trabalho, fiscalização das empresas e previsões sobre dispensa dos empregados.
Lei n. 12.288/10	Institui o Estatuto da Igualdade Racial, que garante acesso ao trabalho para a população negra, com "igualdade de oportunidades, a defesa dos direitos étnicos individuais, coletivos e difusos e o combate à discriminação e às demais formas de intolerância étnica". Esforço direcionado não apenas para a punição dos infratores, mas também para a criação das chamadas "ações afirmativas".
Lei n. 10.224/2001	Define assédio moral, enquadrando sua prática como crime passível de punição com um a dois anos de detenção.
Lei n. 10.778/2003	Prevê que violência contra a mulher inclui "violência física, sexual e psicológica", podendo ocorrer, inclusive, no local de trabalho.
Portaria Interministerial n. 10/2003	Estabelece que a verificação de uso de drogas pela empresa como forma de contratar ou manter o vínculo empregatício é discriminatória e não pode ser aplicada, nem mesmo para candidatos ao emprego.
Decreto n. 6.949/2009	Promulga a Convenção Internacional sobre os Direitos das Pessoas com Deficiência.[49]

Impacto diferenciado
Disparidade não intencional entre a proporção de um grupo protegido de candidatos e a de um não protegido para conseguir um emprego.

Tratamento diferenciado
Disparidade intencional entre a proporção de um grupo protegido de candidatos e a de um não protegido para conseguir um emprego.

Defesas contra alegações de discriminação

Para entender como os empregadores podem defender-se das alegações de discriminação no trabalho, tornando-se capazes de rebater em processos judiciais, é necessário rever algumas terminologias, que serão explicadas a seguir.

Todo o ordenamento jurídico sobre atos discriminatórios distingue tratamento diferenciado e impacto diferenciado. **Tratamento diferenciado** significa discriminação intencional. Em outras palavras, envolve empregados intencionalmente tratados de modo diferente por pertencerem, por exemplo, a uma determinada etnia, religião ou gênero. Já o "**impacto diferenciado** significa que o empregador adota práticas ou políticas de contratação com maior impacto negativo (efeito) sobre os membros de um grupo minoritário na sociedade, quando comparado a outros grupos ou funcionários, independentemente de sua intenção".[50] Por exemplo, ao dar preferência para a contratação de candidatos com diploma universitário para uma determinada vaga, indiretamente pode-se prejudicar grupos étnicos, religiosos ou de diferentes faixas etárias que não tiveram acesso à educação formal.

Assim, ao contrário das reivindicações de tratamento diferenciado, aquelas em que há menção ao impacto diferenciado não exigem prova de intenção discriminatória. Em vez disso, o requerente tenta demonstrar que a prática de trabalho aparentemente neutra ou

Impacto adverso
O impacto global das práticas patronais que resultam em um número percentual significativamente maior de membros de minorias e outros grupos protegidos sendo rejeitados para o emprego, colocação ou promoção.

inofensiva (como a exigência de um diploma universitário) cria um **impacto adverso** significativo, uma disparidade entre a proporção de minorias na força de trabalho disponível e os prováveis escolhidos para uma vaga aberta. Em casos dessa natureza, somente uma descrição de cargos (*job description*) bem formulada, indicando a real necessidade da exigência de curso superior para a vaga poderá eliminar qualquer acusação de práticas discriminatórias. Também a alegação de necessidade intrínseca ao negócio pode viabilizar a manutenção das exigências para a contratação.[51]

Mostrar impacto adverso ou negativo, portanto, pode ter um papel central nas alegações de práticas discriminatórias. Os empregadores, por sua vez, devem estar atentos para que não seja instituída em suas empresas uma prática de trabalho que tenha um impacto negativo sobre um determinado grupo de pessoas, a menos que possam provar que a prática é imprescindível à realização daquele trabalho.[52] Assim, nos casos norte-americanos, por exemplo, sob a proteção do Artigo VII e CRA 1991, uma pessoa que acredita ter sido vítima de discriminação intencional, por conta das práticas de um empregador, tentará promover um processo judicial deixando o empregador provar que as exigências para seu processo seletivo não poderiam ser diferentes, razão pela qual não poderia ser penalizado pela prática de ato com impacto negativo sobre a minoria protegida.[53] Então, o ônus da prova fica para o empregador.

OBJETIVO DE APRENDIZAGEM 3
Explicar as defesas básicas contra alegações de discriminação.

Curiosidades

Teste McDonnell-Douglas

Advogados norte-americanos, especializados em casos de impactos adversos ou negativos, usam comparações populacionais para testar se as políticas ou ações de um empregador têm o efeito não intencional de triagem de um número desproporcional de mulheres ou de minorias. E, adicionalmente, valem-se do teste McDonnell-Douglas para mostrar tratamento diferenciado (intencional), em vez de impacto diferenciado (não intencional).

Esse teste surgiu de um caso na antiga empresa McDonnell-Douglas.[54] O requerente, na demanda judicial, era qualificado para a vaga, mas foi rejeitado no processo seletivo, e a empresa continuou sua busca por novos candidatos. Será que essa atitude, por si só, qualificava um processo intencional de discriminação de minorias na contratação da empresa? A Suprema Corte dos EUA definiu, então, quatro regras para a aplicação do teste McDonnell-Douglas:

1. Que o candidato no processo seletivo, alegando ser vítima de discriminação, deve pertencer a uma classe protegida.

2. Que o candidato comprove que se inscreveu no processo seletivo e que estava qualificado para a vaga em aberto.

3. Que, apesar de ter a qualificação exigida para a vaga, foi rejeitada.

4. Que, após sua rejeição, a posição permaneceu aberta e o empregador continuou buscando candidatos com as mesmas qualificações do requerente.

Se o requerente preenche todas essas condições, então um caso de presunção de tratamento diferenciado é estabelecido. Nesse ponto, o empregador deve articular uma razão legítima não discriminatória à sua ação e ter provas para evidenciar que agiu com base em um determinado motivo. Se ele atende a esse padrão relativamente fácil, o requerente, então, tem o ônus de provar que a razão articulada pelo empregador trata apenas de um pretexto para a prática de discriminação ilegal.

Alegação de discriminação por gênero na Hooters of America

Um americano do Texas registrou uma queixa contra discriminação na rede de restaurantes Hooters of America. Ele alegou que um franqueado não iria contratá-lo como garçom porque a empresa "apenas desejava explorar a sexualidade feminina como uma ferramenta de marketing para atrair clientes e garantir a rentabilidade". Com essa atitude tentou atribuir aos possíveis empregadores a conduta de impacto diferenciado na política de contratação. Entretanto, a empresa defendeu-se alegando que o gênero, neste caso de contratação (apenas para mulheres), é algo permitido, uma vez que a opção por mulheres é uma qualificação legítima para cargos como ator, modelo e assistente de banheiro, para os quais pode haver exigência de características físicas específicas. No entanto, para a maioria dos empregos hoje, é difícil afirmar que o gênero é uma qualificação legítima.

> **OBJETIVO DE APRENDIZAGEM 4**
> Exemplificar o que os empregadores podem e não podem fazer legalmente em relação a recrutamento, seleção, promoção e práticas demissionais.

Exemplos de práticas discriminatórias de emprego

Um comentário sobre o que se pode ou não fazer

Foram vistos vários exemplos do que os gerentes podem e não podem fazer sob as leis de igualdade de emprego. Contudo, antes de prosseguir, tenha em mente que a maioria das leis federais não proíbe expressamente perguntas pré-admissionais sobre a etnia do candidato, cor, religião, sexo, idade ou nacionalidade. Do mesmo modo:

Com a exceção de políticas de pessoal com discriminação aberta contra os membros de algum grupo protegido, não é realmente natural que políticas e práticas de um empregador tenham objeção jurídica. Ao contrário, é o resultado da aplicação de uma política ou prática de determinada maneira ou em um contexto particular que leva a um impacto negativo sobre algum grupo protegido.[55]

Por exemplo, não é ilegal perguntar a um candidato seu estado civil (embora tal pergunta possa parecer discriminatória). Pode-se fazer essa pergunta, desde que mostre ou que você não discrimina, ou que você pode defender a prática como uma qualificação legítima ou necessidade do negócio.

Em outras palavras, investigações e práticas exemplificadas a seguir não são ilegais. No entanto, na prática, deve haver bom senso na formulação de perguntas durante o processo seletivo nas empresas, evitando ruídos na comunicação ou mal entendidos, que possam desencadear demandas judiciais, sob a acusação de práticas discriminatórias.

Recrutamento

FONTES DE RECRUTAMENTO Sempre que possível, utilize mais de uma fonte de recrutamento, a fim de alcançar profissionais de diferentes grupos de minorias, evitando alegações futuras de que os candidatos pretendidos pela empresa restringem-se a um determinado grupo da sociedade.

DISPONIBILIDADE DE INFORMAÇÕES As informações sobre oportunidades de trabalho, bem como sobre os procedimentos para obtê-lo e condições no processo seletivo, devem ser divulgadas de forma igualitária para todos os interessados na vaga e/ou candidatos inscritos.

CONTEÚDO DOS ANÚNCIOS DE EMPREGO Deve ser abolido o uso de anúncios como "Procura-se homem (...)" ou "Procura-se mulher jovem (...)". Esses anúncios representam violação às leis que proíbem a discriminação sexual ou etária nos empregos, a menos que o sexo seja uma qualificação legítima para o cargo anunciado (conforme caso mencionado da empresa Hooters of America).

Padrões de seleção

REQUISITOS EDUCACIONAIS Um requisito educacional pode ser indicado como ilegal quando pode ser comprovado que os grupos minoritários são menos suscetíveis a possuir as habilitações acadêmicas (como um diploma do ensino médio); e as qualificações também não são necessárias para realizar o trabalho.

EXAMES ADMISSIONAIS É proibida a exigência de exames para detectar uso de drogas ilícitas, testes de gravidez, de esterilização e exames de HIV (AIDS), por serem consideradas práticas discriminatórias. Apenas os exames previstos na lei trabalhista – hemograma completo, lipidograma, ácido úrico, creatinina, ureia, raio X de tórax (abreugrafia) e, em alguns casos, eletrocardiograma – é que podem ser pedidos, pois visam à avaliação da capacidade laborativa do empregado.[56]

NEPOTISMO Embora não haja proibição à contratação de parentes nas organizações privadas, o artigo 37 da Constituição Federal obriga as Administrações Direta e Indireta dos três poderes a seguir os princípios da legalidade, impessoalidade, moralidade, publicidade e eficiência na contratação de funcionários no serviço público.

CARACTERÍSTICAS FÍSICAS   Os empregadores devem estar atentos contra a estigmatização de pessoas com características físicas específicas (obesos, baixos, fracos etc.). Isso se deve ao fato de a contratação de empregados seguindo apenas um determinado tipo físico padrão pode afetar negativamente os grupos minoritários e, indiretamente, a imagem da empresa perante a sociedade.

ANTECEDENTES CRIMINAIS   A Lei n. 9.029/95 prevê documentos que não podem ser exigidos para concessão ou manutenção de emprego, sob pena de ser caracterizada prática discriminatória. São eles: comprovação de experiência prévia por tempo superior a 6 (seis) meses no mesmo tipo de atividade; certidão de que não possui processo trabalhista ajuizado (certidão negativa trabalhista); certidão negativa da Serasa, do SPC e órgãos semelhantes, ou dos cartórios de protestos e certidão de antecedentes criminais.[57]

> OBJETIVO DE APRENDIZAGEM 5
> Listar cinco estratégias para administrar a diversidade da força de trabalho com sucesso.

Gestão da diversidade e programas de ações afirmativas

Atualmente, como muitos locais de trabalho em todo o mundo já apresentam diversidade entre seus empregados, o foco cada vez mais é a gestão da diversidade no trabalho. **Diversidade** significa multiplicidade e variedade e, dentro das empresas, indica uma equipe de trabalho composta de dois ou mais grupos de diferentes etnias, gênero, cultura, nacionalidade, deficiência, idade e religião.[58]

No caso brasileiro, desde o processo de industrialização do país, não há como registrar um único período da história sem o registro da maciça diversidade entre os empregados. Com o crescente número de leis visando à inibição de qualquer prática discriminatória, dentro e fora das empresas, o tema da diversidade reacendeu, principalmente na virada do século XXI. No início da última década, especificamente em 2004, já se viam campanhas incentivando a contratação de pessoas diferentes pelas organizações, como a campanha veiculada pela Procuradoria Regional do Trabalho, no Rio Grande do Sul, denominada "Quanto mais misturado, melhor". A campanha lembrava nomes de pessoas famosas, fazendo referência à pergunta: "Você contrataria para trabalhar como gráfico, no seu jornal, um jovem negro de 16 anos, órfão, gago, epilético, com saúde frágil e baixa escolaridade?". E a resposta surpreendia o ouvinte: "Que pena! Você acabou de dispensar Machado de Assis!".[59]

FIGURA 2.1   *Operários* (1933), de Tarsila do Amaral.
Fonte: Acervo Artístico Cultural dos Palácios do Governo do Estado, São Paulo, SP.

Diversidade
Ter uma força de trabalho composta de dois ou mais grupos de funcionários com diferentes origens étnicas, de gênero, culturais, nacionalidades, deficiências, idades, origens raciais e religiosas.

Prós e contras da potencial diversidade

É inconteste que a diversidade na força de trabalho traz benefícios, mas pode ensejar diversos cuidados e apresentar algumas dificuldades na gestão do ambiente de trabalho.

PONTOS DE ATENÇÃO   Diversidade pode acarretar barreiras comportamentais que prejudicam os relacionamentos interpessoais, o trabalho em equipe e a cooperação. Problemas potenciais incluem:

- *Estereótipos*: processo no qual se atribui características comportamentais específicas para indivíduos com base em sua participação aparente em um grupo.[60] As seguintes generalizações exemplificam o caso: "as pessoas mais velhas não conseguem trabalhar duro" ou "os jovens da Geração Y são instáveis no trabalho", entre outras.

- *Preconceito*: corresponde a um viés para prejulgar alguém com base nas características pessoais ou no comportamento da pessoa. Por exemplo, "Não vamos contratá-lo, porque ele é tatuado".
- *Discriminação:* trata-se do preconceito em ação contra outra pessoa, com base no grupo ao qual pertence, fazendo algum tipo de distinção, que pode levar à exclusão social.[61]
- *Tokenismo (ou simbologismo)*: estabelecimento de uma falsa aparência de inclusão social de grupos minoritários, a fim de desviar possíveis acusações de discriminação.[62] Trata-se, portanto, da ideia pretendida pelos empregadores por trás da adoção de uma prática meramente simbólica.
- *Etnocentrismo:* visão do mundo em que o nosso próprio grupo é tomado como centro de tudo e todos os outros são pensados e sentidos através dos nossos valores, nossos modelos e nossas definições sobre o que é a existência.[63] Esses grupos com hábitos e caráter social iguais discrimina grupos que sejam diferentes, julgando-se melhor ou pior, e tendo por referência diferentes razões (modo de falar, de vestir, aparência etc.). Essa avaliação é, por definição, preconceituosa, uma vez que é feita a partir de um ponto de vista limitado. A **discriminação** contra as mulheres vai além. Mulheres que trabalham também enfrentam os **estereótipos de gênero**, por exemplo, a tendência de associar as mulheres com empregos específicos (frequentemente, não gerenciais).

Discriminação
Agir de forma específica dirigida ou contra a pessoa por conta do grupo ao qual ela pertence.

Estereótipos de gênero
A tendência de associar as mulheres com certos empregos (frequentemente trabalhos repetitivos e não gerenciais).

Ação afirmativa
Fazer um esforço extra para contratar e promover pessoas de grupos protegidos, principalmente quando esses grupos estão sub-representados.

DIVERSIDADE PODE SER BENÉFICA A chave é gerenciar adequadamente essas dificuldades no ambiente de trabalho, minimizando ou eliminando ameaças à convivência pacífica das equipes e promovendo melhores resultados, justamente a partir da diferença.[64] Nesse ponto, é importante fazer uma distinção entre políticas de inclusão e práticas de diversidade, conceitos que não podem ser confundidos. As políticas de inclusão são práticas compulsórias, regidas por legislação (no caso brasileiro, por exemplo, lei de cotas para pessoas com deficiência). Já as práticas de diversidade dizem respeito às ações voluntárias e isoladas (conhecidas como ações afirmativas), que visam ao estímulo à diversidade no ambiente de trabalho.[65]

Para dar continuidade ao raciocínio proposto, também é importante ter em mente o conceito de **ação afirmativa**[66] no contexto de valorização da diversidade. Ação afirmativa é uma política que vai além da busca pela igualdade nas oportunidades de emprego, exigindo que as organizações se adaptem à lei e corrijam práticas discriminatórias anteriores, aumentando o número de membros de minorias e de mulheres ocupando cargos anteriormente ocupados apenas por homens, por exemplo.[67]

A vantagem da presença da diversidade na força de trabalho pode ser notada desde a possibilidade de o grupo aprender mais sobre: diferentes culturas, formas de trabalhar e de ver as situações e os fatos (fomentando a geração de novas ideias e metodologias para o aumento da produtividade). O ambiente de trabalho também passa a ser permeado por diferentes perspectivas sobre possíveis formas de entender problemas e solucioná-los, incentivando o exercício do respeito e da percepção do outro.[68]

RH como centro de lucro

Forças-tarefa da minoria da IBM

Com forte apoio da alta administração, a IBM criou, nos Estados Unidos, várias forças-tarefa com foco em grupos minoritários, como mulheres e índios norte-americanos. Um dos efeitos foi interno: em cerca de 10 anos, o número de executivos na empresa oriundos de grupos minoritários étnicos nascidos nos EUA aumentou quase duas vezes e meia, quando comparado ao quadro anterior de seu primeiro escalão.[69]

O programa de diversidade da empresa também ajudou na expansão de mercado da IBM. Por exemplo, uma força-tarefa decidiu concentrar-se na expansão de mercado entre as empresas multiculturais e de propriedade de mulheres. Eles fizeram isso, em parte, ao fornecer "vendas muito necessárias e serviços de apoio a pequenas e médias empresas, um nicho bem preenchido por compradores minoritários e mulheres". Como resultado direto, esse mercado da IBM cresceu de US$ 10 milhões para mais de US$ 300 milhões em receita, em apenas três anos.[70]

Gestão da diversidade

Gerir a diversidade significa maximizar as vantagens potenciais da diversidade e minimizar possíveis ameaças quanto a barreiras na comunicação e a relacionamentos, como preconceitos e contaminações que podem prejudicar o funcionamento de uma força de trabalho diversificada. O objetivo principal é tornar os funcionários mais sensíveis e capazes de se adaptar às diferenças culturais individuais.[71]

A gestão da diversidade nas organizações é capaz de propiciar um ambiente de trabalho no qual as pessoas possam desenvolver-se, utilizando o máximo de suas competências, razão pela qual deve ser considerada como fonte para vantagem competitiva, na medida em que permite às organizações uma mistura de talentos e percepções tão distintas que possibilitam a administração das complexidades e incertezas do ambiente.[72]

PROGRAMAS TOP-DOWN Normalmente, o esforço começa na alta direção, o que também é enfatizado pelas orientações do Instituto Ethos.[73] De acordo com a organização, um programa de gestão de diversidade deve levar em conta algumas estratégias como:[74]

- **Liderança comprometida** Empresas com reputações exemplares na gestão da diversidade, geralmente, têm CEOs comprometidos com a causa. Neste caso, a empresa deve ter a diversidade como um valor essencial da empresa, inclusive destacado em sua missão.
- **Diagnóstico da diversidade na empresa** Ferramentas comuns para medir a diversidade de uma empresa incluem a contratação com oportunidades iguais de emprego e métricas de retenção, além de pesquisas sobre atitude dos funcionários, avaliações de gestão e empregado, e grupos focais.[75] Essas ferramentas são necessárias para a definição de estratégias.
- **Integração e treinamento em diversidade e educação para todos os envolvidos no programa** A gestão da diversidade, geralmente, começa com o treinamento sobre diversidade. O objetivo é sensibilizar a todos os funcionários para as diferenças culturais de valor, o ganho de autoestima e a criação de um ambiente de trabalho mais acolhedor.
- **Participação das equipes para mudar a cultura e os sistemas de gestão** Reforçar valores e comportamentos desejados. Por exemplo, mudar o processo de avaliação de desempenho, valorizando os superiores em parte, pelo seu sucesso na redução de conflitos entre diferentes grupos.
- **Avaliação constante do programa de gestão da diversidade** Utilizar pesquisas de atitude para monitorar as atitudes dos funcionários em relação à diversidade.

Oportunidades iguais de emprego versus ação afirmativa

Oportunidades iguais de emprego têm como objetivo assegurar que qualquer pessoa, independentemente de etnia, cor, deficiência, sexo, religião, nacionalidade ou idade, tenha uma chance igual para um trabalho com base em suas qualificações. Conforme mencionado, a ação afirmativa vai além de oportunidades iguais de emprego ou cumprimento da legislação. Ela prevê também que os empregadores façam um esforço extra para contratar e promover minorias. A ação afirmativa, portanto, requer tomada de ações para eliminar os efeitos presentes da discriminação que já pode ter ocorrido. Por exemplo:

- Emitir uma política por escrito, indicando que o empregador zela pela oportunidade igual de emprego, comprometido com a ação afirmativa.
- Nomear um gestor para dirigir o programa.
- Levantar números sobre a atual minoria e mulheres para determinar onde a ação afirmativa é desejável.[76]
- Desenvolver metas e cronogramas.
- Desenvolver e implementar programas específicos de contratação, seleção, treinamento e promoção, visando atingir esses objetivos.
- Estabelecer sistemas de auditoria e relatórios internos para avaliar o progresso desses programas.

Ação afirmativa e discriminação reversa

Embora seja referente a um conceito da década de 1930, a *ação afirmativa* somente ganhou espaço nos EUA a partir de meados do século XX, com a instituição de leis específicas sobre direitos civis. Trata-se de programas ou políticas, podendo ser públicas ou privadas, que visam ao resgate da cidadania para aqueles à margem da sociedade, em razão de qualquer tipo de discriminação.[77] O termo surgiu pela primeira vez em 1935, no Ato Nacional de Relações de Trabalho, com a finalidade de proibir o empregador de exercer qualquer ato repressivo contra um membro do sindicato ou seus líderes.

No Brasil, de modo mais recente e ainda tímido quando comparado a outros países, a ação afirmativa começa a ser delimitada pelas questões da discriminação racial e das necessidades de grupos específicos que ainda compõem as minorias discriminadas no país, como de pessoas com deficiência e mulheres.[78]

E como a ação afirmativa visa à proteção de alguma minoria ou grupo menos privilegiado, postulando a igualdade social (princípio isonômico[79]), costuma-se dizer que sua prática gera a chamada "discriminação reversa", na medida em que excluem de sua proteção outros grupos de maioria ou não. Assim, por exemplo, um homem branco pode sentir-se preterido em condições de igualdade com o negro através de políticas públicas (atualmente, por exemplo, por meio da Lei de cotas, já mencionada neste capítulo).[80]

Revisão

RESUMO

1. A legislação restritiva à discriminação não é nova. No Brasil, em 1988, data da promulgação da Constituição Federal vigente, foram reiteradas normas sobre o repúdio a práticas discriminatórias de qualquer natureza, sejam relacionadas à etnia, religião, violação à intimidade e à vida privada (normalmente nas entrevistas), gênero, nacionalidade, cor, idade, estado civil, deficiência, sindicalizados e homossexuais.
2. A Convenção 111 da OIT, ratificada pelo Brasil, prevê hipóteses em que não pode ocorrer qualquer prática de discriminação, ou seja, "distinção, exclusão ou preferência", com base em etnia, cor, sexo, opinião pública, nacionalidade ou origem social, que tenha por efeito anular ou reduzir a igualdade de oportunidade ou de tratamento no emprego ou profissão.
3. Existência de extensa legislação no Brasil, prevendo obrigações e penalidades para agentes discriminadores: as ações do legislador vão desde a proibição da exigência de certidão de antecedentes criminais ou exames de gravidez por parte do empregador, até a obrigatoriedade de contratar pessoas com deficiência para integrar o quadro de profissionais da empresa.
4. A Lei n. 12.288/10 instituiu o Estatuto da Igualdade Racial e previu "a igualdade de oportunidades, a defesa dos direitos étnicos individuais, coletivos e difusos e o combate à discriminação e às demais formas de intolerância étnica". Com ela, é percebido o esforço não apenas para a punição dos infratores, mas um fortalecimento das chamadas ações afirmativas – que são "programas e medidas especiais adotados pelo Estado e pela iniciativa privada, para a correção das desigualdades raciais e para a promoção da igualdade de oportunidades".[81]
5. A Portaria Interministerial n. 10/2003 faz previsão sobre a impossibilidade de discriminação ou de desemprego para usuários de drogas, ao proibir a realização de exames de sangue ou outros que acusem a presença de determinadas substâncias no organismo do candidato. As consultas a serviços de proteção ao crédito também não são aceitas por serem consideradas prática discriminatória.
6. Em 1999, ocorreu a aprovação da lei de cotas (Lei n. 8213/1991) para pessoas com deficiência física no Brasil. Essa lei determina o percentual de empregados com deficiência que deve ser compulsoriamente admitido pelas empresas que tenham, no mínimo, 100 empregados, variando de 2% a 5% sobre o número total de empregados.
7. As práticas de assédio moral e sexual no trabalho caracterizam-se pela exposição dos trabalhadores a situações humilhantes e constrangedoras, repetitivas e prolongadas durante a jornada de trabalho e relativas ao exercício de suas funções.
8. Diferenciação entre os termos *tratamento diferenciado,* que significa discriminação intencional; e *impacto diferenciado,* que são práticas ou políticas de contratação com maior impacto, ou efeito, negativo sobre os membros de um grupo minoritário na sociedade, quando comparado a outros grupos ou funcionários, independentemente de sua intenção.
9. Existência de quatro regras para a aplicação do teste McDonnell-Douglas, com o intuito de checar se houve

ou não discriminação num processo seletivo, sendo elas: o candidato no processo seletivo deve pertencer a uma minoria; deve comprovar que se inscreveu no processo seletivo e que estava qualificado para a vaga aberta; apesar de ter a qualificação exigida para a vaga, foi rejeitado e, finalmente, que após sua rejeição, a posição permaneceu aberta e o empregador continuou buscando candidatos com as mesmas qualificações do requerente.

10. O empregador deve evitar práticas específicas de administração de recursos humanos discriminatórias em recrutamento e seleção, na transmissão de informações sobre a vaga e o processo seletivo em geral. Também deve ficar atento com o tipo de anúncio divulgado, evitando divulgar sexo ou característica do candidato que possa comprometer a contratação sob a alegação de discriminação.

11. O empregador pode utilizar algumas defesas básicas em caso de alegação de uma prática discriminatória. Uma delas é a necessidade do negócio. Mostrar que os testes ou outras normas de seleção são válidos, é um exemplo dessa defesa. Qualificação profissional legítima é outra.

12. Vantagens e desvantagens da diversidade dentro das organizações.

13. Para realizar um programa de ação afirmativa, atentar para os seguintes passos necessários: (1) emitir uma política de emprego escrita; (2) nomear um gestor superior; (3) divulgar a política; (4) levantar a atual minoria e trabalhadores do sexo feminino; (5) desenvolver metas e cronogramas; (6) desenvolver e implementar programas específicos para atingir metas; (7) estabelecer uma auditoria interna e sistema de comunicação; e (8) desenvolver programas de apoio domiciliares e na comunidade.

14. O recrutamento é uma das primeiras atividades em que as leis e os procedimentos que visam à coibição de práticas discriminatórias devem ser observados. Voltaremos a abordar esse aspecto no Capítulo 4.

PALAVRAS-CHAVE

classes protegidas 23
leis de cotas 23
assédio sexual 27
impacto diferenciado 32
tratamento diferenciado 32

impacto adverso 33
diversidade 35
discriminação 36
estereótipos de gênero 36
ação afirmativa 36

QUESTÕES PARA DISCUSSÃO

1. Apresente um resumo com o que os empregadores não podem fazer, legalmente, em relação a práticas de recrutamento, seleção e promoção e demissões.
2. Pesquise estatísticas de contratação de minorias no Brasil, com referência a idade e gênero.
3. Liste cinco estratégias para aumentar a diversidade da força de trabalho de modo bem-sucedido, evitando visão e comportamento preconceituosos nas organizações.
4. Explique a lei de cotas para contratação de pessoas com deficiência no Brasil.
5. O que é impacto negativo e como pode ser provado?
7. Explique as defesas e as exceções às alegações de prática discriminatória.
8. Qual é a diferença entre ação afirmativa e oportunidades iguais de emprego?
9. Quais são os possíveis riscos ou desvantagens da diversidade no local de trabalho?

ATIVIDADES INDIVIDUAIS E EM GRUPOS

1. Trabalhando individualmente ou em grupos, comente os três cenários a seguir, com base no que você aprendeu neste capítulo. Em que condições se constitui a prática de assédio sexual nas empresas?
   a. Uma gerente do sexo feminino demite um trabalhador do sexo masculino porque ele se recusou a atender seus pedidos de favores sexuais.
   b. Um gerente homem refere-se a trabalhadoras do sexo feminino como "querida" ou "bebê".
   c. Uma trabalhadora ouve dois funcionários do sexo masculino contando piadas de cunho sexual.

2. Trabalhando individualmente ou em grupos, comente como é possível criar um programa de ação afirmativa capaz de evitar reclamações trabalhistas por assédio moral em uma empresa.
3. Trabalhando individualmente ou em grupo, pesquise na internet exemplos de reivindicações trabalhistas decorrentes de preconceitos e de discriminação nas empresas.
4. Trabalhando individualmente ou em grupos, identifique empresas que tiveram sua imagem atingida de forma negativa pela ocorrência de práticas de assédio moral ou sexual em suas instalações recentemente.

5. Suponha que você é o gerente de um pequeno restaurante. Você é responsável pela contratação de funcionários, supervisionando-os e indicando-os para promoção. Trabalhando individualmente ou em grupos, compile uma lista de práticas de gestão potencialmente discriminatórias que devem ser evitadas.
6. A Base de Conhecimento HRCI coloca o profissional de RH responsável por "certificar-se que o planejamento da força de trabalho e as atividades de trabalho estão em conformidade com as leis federais, estaduais, municipais e regulamentos". Individualmente ou em grupos, elabore uma matriz cujas linhas (na lateral), tenham cada lei que abordamos neste capítulo e (na parte superior), cada função de RH (análise de vagas, recrutamento, seleção etc.) Então, dentro da matriz, exemplifique como cada lei afeta cada uma das funções de RH.

Exercícios de aplicação

ESTUDO DE CASO EM RH: Empresa de Limpeza Carter

A questão da discriminação

Um dos primeiros problemas enfrentados por Jennifer Carter na empresa de seu pai envolvia a inadequação das práticas e procedimentos correntes de gestão de RH da empresa.

Um problema com o qual ela estava particularmente preocupada era a falta de atenção às questões de igualdade de emprego. Praticamente todas as contratações foram tratadas de forma independente por cada gerente de loja, e os próprios gestores não receberam treinamento sobre assuntos fundamentais como os tipos de pergunta que não devem ser feitas a candidatos a emprego. Assim, não era incomum, e, de fato, era até rotineiro para as candidatas do sexo feminino, responder a perguntas como: "Quem vai cuidar de seus filhos enquanto você estiver no trabalho?". E para os candidatos minoritários eram feitas perguntas sobre registros de prisões e histórico financeiro. Aos candidatos de não minoria – aliás, três gerentes de lojas eram homens brancos e três eram mulheres brancas – não eram feitas essas perguntas, como Jennifer percebeu em suas entrevistas com os gestores. Com base nas discussões com seu pai, Jennifer deduziu que parte da razão para a atitude descontraída sobre igualdade de emprego decorre da (1) falta de preparo de seu pai quanto aos requisitos legais e (2) do fato de que, como Jack Carter colocou, "Praticamente todos os nossos trabalhadores são mulheres e membros de minorias, assim, não podem vir aqui e nos acusar de discriminação, podem?"

Jennifer decidiu pensar sobre essa questão, mas, antes disso, se deparou com dois sérios problemas de direitos iguais. Duas mulheres em uma de suas lojas confidenciaram a ela que seu gestor estava fazendo investidas sexuais a elas, e uma afirmou que ele ameaçou demiti-la, a menos que ela "socializasse" com ele depois do expediente. E, durante uma viagem de averiguação a outra loja, um homem mais velho, de 73 anos, queixou-se do fato de que, embora tivesse quase 50 anos de experiência no negócio, recebia menos da metade do que as outras pessoas que faziam o mesmo trabalho. A visita de Jennifer às lojas gerou as perguntas a seguir.

Perguntas

1. É verdade, como Jack Carter afirma, que "não podem vir aqui e nos acusar de discriminação", pois "praticamente todos os nossos trabalhadores são mulheres e membros das minorias"?
2. Como Jennifer e sua empresa devem responder às acusações e problemas sobre assédio sexual?
3. Como ela e sua empresa devem abordar os possíveis problemas de discriminação de idade?
4. Dado o fato de que cada uma de suas lojas tem poucos funcionários, a empresa está de fato sujeita à legislação de direitos iguais?
5. E, finalmente, além dos problemas específicos, que outras questões de administração de recursos humanos (formas de avaliação, treinamento, e assim por diante) têm que ser revistas, dada a necessidade de colocá-las em conformidade com as leis de direitos iguais?

Exercício vivencial | A interação da ética com as oportunidades iguais de emprego

Se aceitarmos a proposta de que a igualdade de emprego é, pelo menos em parte, uma questão de ética, então devemos esperar que os empregadores reais reconheçam e enfatizem isso em seus sites, por exemplo. Alguns o fazem. Assim como a Duke Energy Company (que, quando conhecida como Duke Power, há muitos anos, perdeu um dos primeiros e mais famosos casos de igualdade de emprego) logo colocou em seu site:

Oportunidades iguais de emprego: o código de ética nos negócios da Duke Energy procura e valoriza a diversidade. A dignidade de cada pessoa é respeitada e as contribuições de todos são reconhecidas. Esperamos que os funcionários da Duke Energy ajam com respeito mútuo e cooperação em suas relações. Nós não toleramos discriminação no local de trabalho.

Cumprimos as leis relativas a discriminação e igualdade de oportunidades que proíbem especificamente a discriminação com base em certas diferenças. Vamos recrutar, selecionar, treinar e compensar com base no mérito, experiência e outros critérios relacionados ao trabalho.

Nossas responsabilidades Os funcionários da Duke Energy devem tratar os outros com respeito no trabalho e cumprir as leis de oportunidades iguais de emprego, incluindo aquelas relacionadas à discriminação e ao assédio.
Os empregados da Duke Energy não devem:

- Usar as diferenças protegidas por lei como um fator de contratação, demissão ou decisões de promoção.
- Usar as diferenças protegidas por lei para determinar termos e condições de emprego, como as atribuições de trabalho, oportunidades de desenvolvimento de funcionários, férias ou horas extras.
- Retaliar alguém que faz uma queixa de discriminação de boa-fé, relatando suspeita de conduta antiética, violações das leis, regulamentações ou políticas da empresa, ou participando de uma investigação.

Fonte: <www.duke-energy.com/corporate-governance/code-of-business-ethics/equal-employment-opportunity.asp>. Acesso em: 28 maio 2010. © Duke Energy Corporation. Todos os direitos reservados.

Objetivo: a tomada de decisão ética é uma importante competência relacionada ao profissional de RH. O objetivo desse exercício é aumentar a sua compreensão de como a ética e a igualdade de emprego estão interligadas.

Entendimento necessário: estar totalmente familiarizado com o material apresentado neste capítulo.

Instruções:
1. Divida a turma em grupos de 3 a 5 alunos.
2. Cada grupo deve usar a internet para identificar e acessar pelo menos cinco empresas que enfatizam como a ética e a igualdade de emprego estão interligadas.
3. Em seguida, cada grupo deve desenvolver respostas para as seguintes perguntas:
   a. Com base em sua pesquisa, qual a importância para os empregadores enfatizarem os aspectos éticos às oportunidades iguais de emprego?
   b. Quais parecem ser os principais temas enfatizados por esses empregadores no que diz respeito à ética e à igualdade de emprego?
   c. Considerando o que aprendeu, explique como você gostaria de salientar os aspectos éticos da igualdade de emprego se estivesse criando um programa de treinamento sobre oportunidades iguais de emprego para novos superiores.

Estudo de caso brasileiro

Assédio moral a gerentes de banco, no Piauí

O Ministério Público do Trabalho do Piauí ajuizou ação civil pública, acusando o Banco do Brasil de assédio moral a gerentes, e pediu a condenação dele com multa de R$ 10 milhões na ocasião.

A prática de assédio moral, segundo os procuradores do MP, estaria ocorrendo na superintendência da instituição no estado. A pressão, segundo a narrativa na ação judicial, se dava via mensagens diárias de celular com cobranças de metas que deveriam ser atingidas pelos funcionários. Em um dos casos relatados, um funcionário teria recebido mais de 80 mensagens seguidas, num único dia. Outros depoimentos demonstram que essa pressão se dava até mesmo nos finais de semana e durante a madrugada, períodos reservados para o descanso dos trabalhadores.

A procuradora do Trabalho responsável pela investigação ouviu diversos servidores do Banco do Brasil, alguns deles com mais de vinte anos de serviço na instituição. Todos pareciam angustiados, segundo ela. Isso porque passaram a ser cobrados e pressionados de forma intensa e constante, sem o mínimo bom senso dos gestores.

Um dos funcionários entrevistados pela mídia informou que não havia como suportar o clima de cobrança que passou a imperar nas instalações da empresa: "Alguns chefes abusavam quanto ao horário em que as cobranças de trabalho ocorriam, chegando a ligar para seus subordinados, de forma ofensiva, demandando resultados, ainda que fosse num domingo".

O tom agressivo de muitas das mensagens de SMS enviadas aos funcionários chamou a atenção dos procuradores do Ministério Público. Além da agressividade, muitos dos textos apresentavam um ar de ironia, outros continham ameaças explícitas quanto à possibilidade de transferência entre departamentos ou agências, caso alguma meta não fosse alcançada. Esses aspectos, de acordo com os procuradores do MP, extrapolam os limites do aceitável, caracterizando-se numa pressão insuportável e injustificável.

Segundo informações do Ministério Público do Trabalho, quatro servidores desenvolveram, inclusive, a síndrome de burnout (esgotamento profissional) no período de um ano. Em seus depoimentos, os funcionários contaram, ainda, que não conseguiam mais dormir e viviam com sensação de frustração, o que chegou a comprometer o convívio com suas famílias, além da considerável queda nos resultados de seu trabalho.

A ação foi ajuizada em meados de dezembro de 2013, na 4ª Vara de Trabalho de Teresina (PI). Eventual condenação do Banco do Brasil implicará no desembolso de aproximados R$ 10 milhões, que deverão ser revertidos em campanha publicitária para combater o assédio moral no trabalho e no financiamento de programas de acompanhamento psicológico aos trabalhadores.

Fonte: *O Globo* – Economia, 29 abr. 2014. Disponível em: <http://oglobo.globo.com/economia/mpt-no-piaui-acusa-banco-do-brasil-de-assedio-moral-gerentes-pede-multa-de-10-milhoes-11297013>. Acesso em: 30 maio 2014.

Perguntas

1. Quais as características da síndrome de burnout? Como é possível preveni-la num ambiente de estresse contínuo?
2. Como a empresa deve abordar o comportamento dos assediadores? Um serviço de ouvidoria teria sido capaz de evitar a ação judicial? Como?
3. Quais possíveis situações são capazes de caracterizar o assédio moral no trabalho?

Notas

1. Disponível em: <http://www.nwitimes.com/news/national/former-panera-manager-settles-discrimination-case/article_c970ea99-bdd0-5b16-ae82-43754ef8a15e.html>. Acesso em: 22 abr. 2012.
2. No caso dos Estados Unidos, por exemplo, as leis federais também têm-se voltado para a proibição e punição da prática de discriminação injusta, verificada contra pessoas por conta de etnia, idade, sexo, nacionalidade ou religião. Evitar tais práticas discriminatórias é, inclusive, previsão do *Equal Employment Opportunity Act of 1972*, do *Committee of Labor and Public Welfare*.
3. Disponível em: <http://www.planalto.gov.br/ccivil_03/leis/l9029.htm>. Acesso em: 15 jan. 2014.
4. Disponível em: <http://www.normaslegais.com.br/trab/3trabalhista021013.htm>. Acesso em: 15 jan. 2014.
5. Artigo 3., incisos I e II, da Lei n. 9.029, de 13 de abril de 1995.
6. Disponível em: <http://www.planalto.gov.br/ccivil_03/_Ato2007 2010/2010/Lei/L12288.htm>. Acesso em: 15 jan. 2014.
7. *Orientações jurisprudenciais* são o conjunto de entendimentos reiterados do mesmo Tribunal, que adotam interpretação idêntica a um mesmo questionamento, que servem para orientar outros tribunais em questões semelhantes, embora sem caráter obrigatório.
8. Disponível em: <http://portal.mpt.gov.br/wps/portal/portal_do_mpt/area_de_atuacao/discriminacao/!ut/p/c5/04_SB8K8xLL-M9MSSzPy8xBz9CP0os3hH92BPJydDRwN_E3cjA88QU1N3L7O-gsIBAI6B8JE75UEdTYnQb4ACOBgR0h4Nci1OFj7MRXnmw-60DyeOz388jPTdUvyA2N>. Acesso em: 27 abr. 2013.
9. Em fevereiro de 2011, o Conselho Nacional dos Direitos da Pessoa com Deficiência publicou resolução com a alteração do seu regimento interno para mudar a nomenclatura de alguns termos. De acordo com o texto, o termo "pessoas portadoras de deficiência" será substituído por "pessoas com deficiência". Disponível em: <http://www.brasil.gov.br/cidadania-e-justica/2011/02/governo-muda-termos-para-se-referir-a-pessoas-com-deficiencia>. Acesso em: 15 jan. 2014.
10. Disponível em: <http://www.planalto.gov.br/ccivil_03/leis/l8213cons.htm>. Acesso em: 15 jan. 2014.
11. Disponível em: <http://www.planalto.gov.br/ccivil_03/leis/l7853.htm>. Acesso em: 15 jan. 2014.
12. Disponível em: <http://www.planalto.gov.br/ccivil_03/leis/l8112cons.htm>. Acesso em: 15 jan. 2014.
13. Disponível em: <http://g1.globo.com/sp/campinas-regiao/noticia/2013/02/inqueritos-por-discriminacao-de-deficientes-no-trabalho-crescem-25.html>. Acesso em: 15 jan. 2014.
14. Disponível em: <http://www.deficienteonline.com.br/a-inclusao-da-pessoa-com-deficiencia-fisica-no-mercado-de-trabalho___45.html>. Acesso em: 15 jan. 2014.
15. Disponível em: <http://www3.mte.gov.br/fisca_trab/inclusao/lei_cotas_13.asp>. Acesso em: 15 jan. 2014.
16. Disponível em: <http://pfdc.pgr.mpf.mp.br/atuacao-e-conteudos-de-apoio/arquivos/inclusao-para-pessoas-com-deficiencia/acessibilidade/acessibilidade-instituicoes-financeiras/atuacao/TAC-FEBRABAN>. Acesso em: 15 jan. 2014.
17. Disponível em: <http://www.planalto.gov.br/ccivil_03/_ato2007-2010/2009/decreto/d6949.htm>. Acesso em: 15 jan. 2014.
18. Atualmente, o artigo 37 da Constituição Federal garante à pessoa com deficiência física o direito de concorrer a vagas em concursos públicos em igualdade de condições com os demais candidatos. Pela lei, deve ser reservada uma porcentagem mínima de 5% e no máximo de 20% do total de vagas, e, para isso, as funções devem ser compatíveis com o tipo de deficiência do qual a pessoa é portadora.
19. Nos termos do que prevê a Lei n. 12.711/12, em seu artigo 3º, ela estabelece que "em cada instituição federal de ensino superior, as vagas de que trata o art. 1º desta Lei serão preenchidas, por curso e turno, por autodeclarados pretos, pardos e indígenas, em proporção no mínimo igual à de pretos, pardos e indígenas na população da unidade da Federação onde está instalada a instituição, segundo o último censo do Instituto Brasileiro de Geografia e Estatística (IBGE)". É bem verdade que a lei de cotas para negros em universidades vem sendo duramente criticada por conta da ausência de políticas educacionais para as escolas de base e de nível médio, fazendo a razão mais forte para o pequeno número de estudantes negros em universidade estar mais ligada à falta de bons níveis de ensino nos primeiros anos de educação do que propriamente a um reflexo de preconceito no País.
20. Disponível em: <http://www.planalto.gov.br/ccivil_03/decreto/d3298.htm>. Acesso em: 15 jan. 2014.
21. Disponível em: <http://www.jusbrasil.com.br/diarios/25407072/pg-373-tribunal-superior-do-trabalho-tst-de-17-03-2011>. Acesso em: 15 jan. 2014.
22. Disponível em: <http://tst.jusbrasil.com.br/jurisprudencia/24239078/agravo-de-instrumento-em-recurso-de-revista-ai-rr-2338002820085020049-233800-2820085020049-tst> Acesso: 15 jan. 2014.
23. Assédio moral e sexual no trabalho – Brasília: MTE, ASCOM, 2009, 44 p. Disponível em: <http://blog.mte.gov.br/lumis/portal/file/fileDownload.jsp?fileId=8A7C813E3D169912013D265E-A3910F59&inline=1>. Acesso em: 15 jan. 2014.
24. M. E. Freitas, R. Heloani e M. Barreto. *Assédio moral no trabalho*. São Paulo: Cengage, 2008.

25. Luiz Salvador. "Assédio moral: ferramenta utilizada para o aumento da produtividade". *Revista Científica Equipo Federal del Trabajo*, n. 51, ago. 2009.
26. Um deles é o projeto de Lei n. 2.369/2003, de autoria do deputado federal Mauro Passos, que prevê especificamente o assédio moral nas relações de trabalho, mas que ainda está em fase de tramitação. Disponível em: <http://www.assediomoral.org/spip.php?article346>. Acesso em: 15 jan. 2014.
27. M. F. Hirigoyen. *Assédio moral:* a violência perversa do cotidiano. Rio de Janeiro: Bertrand Brasil, 2001.
28. O assédio sexual sob a ótica trabalhista: um estudo comparativo com o Direito Penal, de Laura Machado de Oliveira, 30 nov. 2013. Disponível em: <http://www.ambito-juridico.com.br/site/?n_link=revista_artigos_leitura&artigo_id=9206>. Acesso em: 15 jan. 2014.
29. Alice Monteiro Barros. *Curso de Direito do Trabalho*. 2. ed. São Paulo: LTr. 2006. p. 905.
30. A Comissão norte-americana Equal Employment Opportunity Comission (EEOC), criada pelo Artigo VII do Ato dos Direitos Civis nos EUA, tem o poder para tentar conciliação no caso de queixas de discriminação, mas, se isso falhar, ela poder ir diretamente aos tribunais para fazer cumprir a lei.
31. Disponível em: <http://www.planalto.gov.br/ccivil_03/leis/2003/l10.778.htm>. Acesso em: 15 jan. 2014.
32. Disponível em: <http://www.planalto.gov.br/ccivil_03/leis/leis_2001/l10224.htm>. Acesso em: 15 jan. 2014.
33. Santa Catarina. Tribunal Regional do Trabalho da 12ª Região. Acórdão n. 03655/03 1ª Turma. Relator Juiz Dilnei Ângelo Biléssimo. DJ/SC 24/04/2003. *Revista do Tribunal Regional do Trabalho da 12ª Região*. 1º semestre 2003, ano 12 n. 17, Florianópolis, p. 143.
34. Márcia Novaes Guedes. *Terror psicológico no trabalho*. São Paulo: LTr, 2003, p 102.
35. Patricia Linenberger e Timothy Keaveny, "Sexual Harassment: The Employer's Legal Obligations", *Personnel* 58, nov./dec. 1981, p. 64; e "Court Examines Workplace Flirtation". Disponível em: <http://hr.blr.com/HR-news/Discrimination/Sexual-Harassment/Court-Examines-Workplace-Flirtation>. Acesso em: 15 jan. 2014.
36. Edward Felsenthal, "Justice's Ruling Further Defines Sexual Harassment", *The Wall Street Journal*, 5 mar. 1998, p. B5.
37. Veja a discussão em "Examining Unwelcome Conduct in a Sexual Harassment Claim", *BNA Fair Employment Practices*, 19 out. 1995, p. 124. Veja também Michael Zugelder et al. "An Affirmative Defense to Sexual Harassment by Managers and Supervisors: Analyzing Employer Liability and Protecting Employee Rights in the U.S.", *Employee Responsibilities and Rights*, 18, n. 2, 2006, p. 111-122.
38. "Examining Unwelcome Conduct in a Sexual Harassment Claim", p. 124.
39. Hilary Gettman e Michele Gelfand, "When the Customer Shouldn't Be King: Antecedents and Consequences of Sexual Harassment by Clients and Customers", *Journal of Applied Psychology*, 92, n. 3, 2007, p. 757-770.
40. Disponível em: <http://tst.jusbrasil.com.br/jurisprudencia/24633822/embargos-declaratorios-agravo-de-instrumento-em-recurso-de-revista-ed-airr-4028220105060020-402-82.20105060020-tst>. Acesso em: 15 jan. 2014.
41. Disponível em: <http://aplicacao5.tst.jus.br/consultaunificada2/inteiroTeor.do?action=printInteiroTeor&format=html&highlight=true&numeroFormatado=RR%20-%201076-17.2011.5.06.0023&base=acordao&rowid=AAANGhAA+AAANraAAH&dataPublicacao=29/11/2013&query=>. Acesso em: 15 jan. 2014.
42. *Revista Consultor Jurídico*, 1º de agosto de 2010.
43. Paulo E. V. Oliveira. *Assédio moral no trabalho:* caracterização e consequências, LTr, 2013
44. Rui Stoco. Tratado de responsabilidade Civil, 9. ed. Editora RT, 2013.
45. De acordo com a cartilha do MTE sobre assédio moral e sexual no trabalho, alguns órgãos que podem ser procurados para denúncia são: Superintendências Regionais do Trabalho e Emprego, Conselhos Municipais ou Estaduais dos Direitos da Mulher, Comissão dos Direitos Humanos e a própria Justiça do Trabalho, em último caso.
46. Disponível em: <http://economia.estadao.com.br/noticias/negocios-industria,vulcabras-compra-fabrica-na-india,63168,0.htm>. Acesso em: 15 jan. 2014.
47. John Moran, *Employment Law*, Upper Saddle River, NJ: Prentice Hall, 1997, p. 166.
48. Disponível em: <http://www.amaurimascaronascimento.com.br/index.php?option=com_content&view=article&id=276:7-dumping-social-e-dano-moral-coletivo-trabalhista&catid=68:-decisoes-comentadas&Itemid=206>. Acesso em: 15 jan. 2014.
49. A finalidade do decreto é promover, proteger e assegurar o exercício pleno e equitativo de todos os direitos humanos e liberdades fundamentais por todas as pessoas com deficiência, entendidas, para efeito desta Convenção, como aquelas que têm impedimentos de longo prazo, de natureza física, mental, intelectual ou sensorial (capazes de impedir sua participação plena na sociedade, inclusive com iguais oportunidades que têm as outras pessoas).
50. John Klinefelter e James Tompkins. Adverse Impact in Employment Selection. *Public Personnel Management*. Equal Employment Opportunity Commission: 1976, p. 199-204. Disponível em: <http://www.eeoc.gov/policy/docs/factemployment_procedures.html>. Acesso em: 15 jan. 2014.
51. Em um caso norte-americano promovido contra a United Airlines, um candidato de minoria processou a empresa, alegando que as exigências de que os candidatos a piloto tivessem 500 horas de voo e nível universitário eram discriminatórias. O tribunal entendeu que os requisitos não tinham um impacto negativo sobre os membros do grupo minoritário ao qual pertencia o candidato. E considerou que, tendo em conta o custo do programa de treinamento e os enormes riscos humanos e econômicos na contratação de candidatos não qualificados, os padrões de seleção foram uma necessidade do negócio e relacionados ao trabalho (*Spurlock v. United Airlines*, 5FEP cases 17).
52. Disponível em: <http://www.eeoc.gov/policy/docs/factemployment_procedures.html>. Acesso em: 15 jan. 2014.
53. John Klinefelter e James Tompkins. "Adverse Impact in Employment Selection", *Public Personnel Management*, maio/jun. 1976, p. 199-204. Disponível em: <http://www.eeoc.gov/policy/docs/factemployment_procedures.html>. Acesso em: 15 jan. 2014.
54. Empresa norte-americana fabricante de aviões, nascida, em 1968, da fusão das empresas McDonnell e Douglas, da década de 1920. Após a fusão, a companhia tornou-se uma das maiores fabricantes de aviões comerciais e militares do mundo, lançando modelos como o F-15 Eagle, McDonnell Douglas MD-11 e McDonnell Douglas MD-90, sendo finalmente comprada pela Boeing em 1996.
55. James Ledvinka e Robert Gatewood. Personnel Administrator, n. 2, v. 2, fev. 1997.
56. Disponível em: <http://oglobo.globo.com/emprego/cfm-proibe-realizacao-de-exames-para-detectar-drogas-em-candidatos-vagas-de-emprego-6637676>. Acesso em: 15 jan. 2014.
57. Entretanto, o acesso à certidão de antecedentes criminais é assegurada a todos, desde que esclareçam os fins e as razões do pedido, até porque a ausência de antecedentes criminais é pressuposto para o exercício de determinadas profissões, como informações sobre antecedentes criminais de candidatos à vaga em empresa de transporte de valores (carro forte) ou a vaga de vigilantes.
58. Brian O'Leary e Bart Weathington, "Beyond the Business Case for Diversity in Organizations", *Employee Responsibilities and Rights* 18, n. 4, dez. 2006, p. 283-292; "Diversity Is Used as Business Advantage by Three Fourths of Companies, Survey

Says", *BNA Bulletin to Management*, 7 nov. 2006, p. 355, e Claire Armstrong et al. "The Impact of Diversity and Equality Management on Firm Performance: Beyond High Performance Work Systems", *Human Resource Management* 49, n. 6, nov./dez. 2010, p. 977-998.
59. Diversidades e Trabalho. Coleção Cadernos de EJA – Educação de Jovens Adultos, Ministério da Educação, Brasil, dez/2006. Disponível em: <http://portal.mec.gov.br/secad/arquivos/pdf/02_cd_al.pdf>. Acesso em: 15 jan. 2014.
60. Lynn Shore et al. "Diversity in organizations: where are we now and where are we going?" *Human Resource Management Review*, 19, 2009, p. 117-133.
61. Workplace Bias Against Muslims Increasingly a Concern for Employers", *BNA Bulletin to Management*, 26 out. 2010, p. 337. Veja também Robert Grossman, "Valuable but Vulnerable", *HR Magazine*, mar. 2011, p. 22-27.
62. Cox, Taylor. *Cultural Diversity in Organizations*, 1994, p. 179-180.
63. Disponível em: <http://www.jurisway.org.br/v2/dhall.asp?id_dh=6753>. Acesso em: 15 jan. 2014.
64. Patrick McKay et al. "A Tale of Two Climates: Diversity Climate from Subordinates and Managers Perspectives and Their Role in Store Unit Sales Performance", *Personnel Psychology*, 62, 2009, p. 767-791.
65. Darcy Hanashiro, Sueli Carvalho e Fernanda Nassif. "A administração da diversidade cultural e a competitividade das empresas". Pesquisa realizada pelo centro de Pós-Graduação em Administração de Empresas, Universidade Presbiteriana Mackenzie, jan. 2004. Disponível em: <http://www.mackenzie.br/7492.html>. Acesso em: 15 jan. 2014.
66. O termo "ação afirmativa" surgiu nos Estados Unidos, na década de 1960, como uma política a favor da integração racial, por conta do envolvimento dos americanos no Movimento dos Direito Civis, promovendo leis de igualdade, oportunidade, educação e emprego. (Maria Tereza Leme Fleury. *Gerenciando a diversidade cultural:* experiências de empresas brasileiras. RAE – FGV, São Paulo, n. 3, v. 40, p. 18-25, jul./set. 2000.)
67. George Bohlander e Scott Snell. *Administração de recursos humanos*. Tradução da 14ª edição norte-americana. São Paulo: Cengage Learning, 2009, p. 115.
68. Pedro C. Malheiros. "Vantagens e desvantagens da diversidade cultural nas empresas", 2012. Disponível em: <http://www.portal-direito-do-trabalho.pt/33/vantagens-e-as-desvantagens-da-diversidade-cultural-nas-empresas-uniqueidmR-RWSbk196Hx4QKVnqiU3s2IArlBAL-9674B6sD3VurGcoypce5qHwQ/?seccao=34>. Acesso em: 15 jan. 2014.
69. David Thomas, "Diversity as Strategy", *Harvard Business Review*, set. 2004, p. 98-104; veja também J. T. Childs Jr., "Managing Global Diversity at IBM: A Global HR Topic That Has Arrived", *Human Resource Management*, 44, n. 1, primavera 2005, p. 73-77.
70. Ibidem, p.99
71. Lisa Nishii e David Mayer, "Do Inclusive Leaders Help to Reduce Turnover in Diverse Groups? The Moderating Role of a Leader–Member Exchange in the Diversity to Turn over Relationship", *Journal of Applied Psychology* 94, n. 6, 2009, p. 1412-1426.
72. John R. Shemerhorn Jr. Administração. Rio de Janeiro: LTC editora S.A, 8. ed., 2007, p. 86-89.
73. Organização sem fins lucrativos que busca disseminar ferramentas de gestão e práticas responsáveis, abordando temas e situações relacionados a direitos humanos, cidadania e meio ambiente. Disponível em: <http://porvir.org/wiki/instituto-ethos>. Acesso em: 15 jan. 2014.
74. "Como as empresas podem (e devem) valorizar a diversidade", p. 39. Disponível em: <http://www3.ethos.org.br/wp-content/uploads/2012/12/30.pdf>. Acesso em: 15 jan. 2014.
75. Patricia Digh, "Creating a New Balance Sheet: The Need for Better Diversity Metrics", *Mosaics* [by Society for Human Resource Management], set./out. 1999, p. 1. Para etapas da gestão da diversidade veja Taylor Cox, Jr., *Cultural Diversity in Organizations:* Theory, Research and Practice, San Francisco: Berrett-Koehler, 1993, p. 236. Veja também Richard Bucher, "Diversity Consciousness", Upper Saddle River, NJ: 2004, p. 109-137.
76. Frank Jossi, "Reporting Race", *HR Magazine*, set. 2000, p. 87-94.
77. Disponível em: <http://www.uel.br/revistas/uel/index.php/seminasoc/article/view/3809/0>. Acesso em: 15 jan. 2014.
78. Disponível em: <http://www.uel.br/revistas/uel/index.php/seminasoc/article/view/3809/3067>. Acesso em: 15 jan. 2014.
79. Disponível em: <http://jus.com.br/artigos/21152/analise-das-acoes-afirmativas-a-luz-do-principio-da-igualdade>. Acesso em: 15 jan. 2014.
80. Idem, p. 09.
81. Veja a discussão em "Examining Unwelcome Conduct in a Sexual Harassment Claim", *BNA Fair Employment Practices*, 19 out. 1995, p. 124. Veja também Michael Zugelder et al. "An Affirmative Defense to Sexual Harassment by Managers and Supervisors: Analyzing Employer Liability and Protecting Employee Rights in the U.S.", *Employee Responsibilities and Rights*, 18, n. 2, 2006, p. 111-122.

Estratégia e análise de recursos humanos

3

Neste capítulo, vamos abordar...

O PROCESSO DE GESTÃO ESTRATÉGICA
GESTÃO ESTRATÉGICA DE RECURSOS HUMANOS
INDICADORES DE RH E BENCHMARKING
QUAIS SÃO OS SISTEMAS DE ALTO DESEMPENHO?

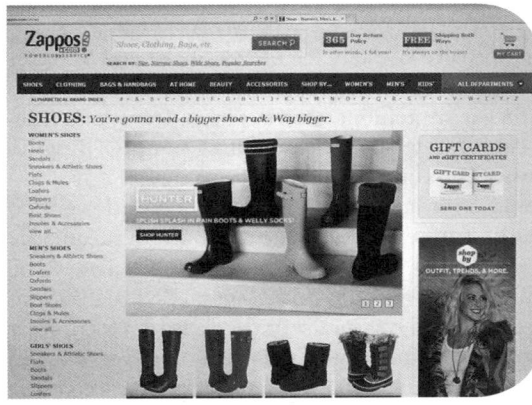

Fonte: Karen Bleier/AFP/Getty Images/Newscom

Objetivos de aprendizagem

Quando terminar o estudo deste capítulo, você deverá ser capaz de:

1. Explicar por que o planejamento estratégico é importante para todos os gestores.
2. Explicar com exemplos cada uma das sete etapas do processo de planejamento estratégico.
3. Listar com exemplos os principais tipos genéricos de estratégias corporativas e estratégias competitivas.
4. Definir a administração estratégica de recursos humanos e dar um exemplo na prática.
5. Descrever sucintamente três ferramentas importantes de administração estratégica de recursos humanos.
6. Explicar com exemplos por que os indicadores são importantes para a administração de recursos humanos.

Introdução

Quando sua estratégia envolve a venda de sapatos on-line para pessoas que não podem experimentá-los, você precisa de funcionários que façam que os clientes se sintam seguros sobre o que estão comprando.[1] É por isso que os fundadores da Zappos sabiam que precisavam de métodos especiais para a contratação, o desenvolvimento e a retenção de funcionários.
No Capítulo 1, vimos que a gestão estratégica de recursos humanos significa a formulação e a execução de políticas e práticas que produzem as competências e comportamentos dos funcionários que a empresa necessita para atingir seus objetivos estratégicos. O Quadro *Contexto estratégico* ilustra o que isso significa para Zappos.com.

Contexto estratégico

O jeito Zappos de ser

Os fundadores da Zappos sabiam que precisavam de formas especiais para contratar e motivar os funcionários. Como seu website (<http://about.zappos.com/meet-zappos-family/zapposcom-inc/human-resources>) diz: "Este não é um RH caseiro! Recrutamento, benefícios e relações empregatícias mantêm a empresa com diversão, formas criativas de ter funcionários motivados e informados sobre a Família Zappos, seus benefícios e outras coisas divertidas que estão acontecendo por aqui!".[2]

Como eles não podem agradar a todos, essas técnicas criativas e divertidas incluem entrevistas com os candidatos a emprego em conversa coletiva ao longo de apresentações que lembram um show, os funcionários mostram seus próprios projetos de sapatos Steve Madden, e (durante o seu relatório anual "Bald & Blue Day") alguns funcionários voluntários raspam suas cabeças ou tingem seu cabelo de azul.[3] A questão é que a venda de produtos on-line como sapatos caros requer empregados com características e habilidades especiais. Portanto, aplicam práticas especiais de RH para cultivar os comportamentos, características e habilidades necessários dos funcionários.

O processo de gestão estratégica

Neste capítulo, perceberemos como gerentes formulam e implementam planos de recursos humanos, e como analisam e avaliam seus resultados. Começamos com uma visão geral do processo básico de planejamento de gestão.

O estabelecimento de metas e o processo de planejamento de gestão

O processo básico de planejamento de gestão envolve o estabelecimento de objetivos, fazer previsões básicas de planejamento, revisão de caminhos alternativos de ação, avaliação de quais são as melhores opções e, em seguida, a escolha e a implementação do plano. Um plano mostra o caminho a ser seguido de onde você está até a meta. O planejamento é sempre "dirigido à meta" (como "dobrar receitas de vendas para US$ 16 milhões no ano fiscal de 2012").

A HIERARQUIA DAS METAS Nas empresas, é tradicional, para ver as metas que vêm do topo da empresa até os funcionários de linha de frente como uma cadeia ou hierarquia de objetivos. A Figura 3.1 ilustra isso. No topo, o presidente fixa a longo prazo os objetivos "estratégicos" (como "dobrar receitas de vendas para US$ 16 milhões no ano fiscal de 2012"). Seus vice-presidentes, em seguida, definem metas que fluem e fazem sentido de forma a cumprir o objetivo do presidente. Então os vice-presidentes "definem seus próprios objetivos, e assim por diante na cadeia de comando.[4] O processo de planejamento começa, portanto, com a formulação de nível diretivo, os planos estratégicos de longo prazo e metas.

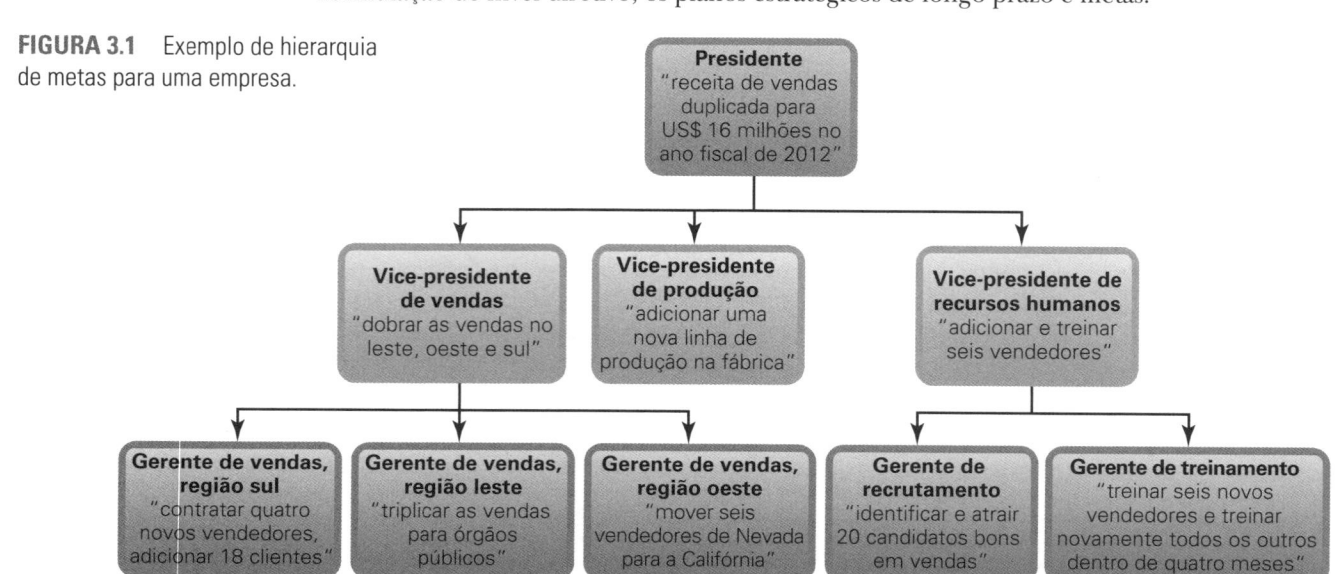

FIGURA 3.1 Exemplo de hierarquia de metas para uma empresa.

- **Presidente**: "receita de vendas duplicada para US$ 16 milhões no ano fiscal de 2012"
  - **Vice-presidente de vendas**: "dobrar as vendas no leste, oeste e sul"
    - **Gerente de vendas, região sul**: "contratar quatro novos vendedores, adicionar 18 clientes"
    - **Gerente de vendas, região leste**: "triplicar as vendas para órgãos públicos"
    - **Gerente de vendas, região oeste**: "mover seis vendedores de Nevada para a Califórnia"
  - **Vice-presidente de produção**: "adicionar uma nova linha de produção na fábrica"
  - **Vice-presidente de recursos humanos**: "adicionar e treinar seis vendedores"
    - **Gerente de recrutamento**: "identificar e atrair 20 candidatos bons em vendas"
    - **Gerente de treinamento**: "treinar seis novos vendedores e treinar novamente todos os outros dentro de quatro meses"

POLÍTICAS E PROCEDIMENTOS Na prática, os gerentes traduzem seus planos e metas em políticas e procedimentos viáveis. Políticas e procedimentos de conceder aos empregados orientações no dia a dia sobre o que eles precisam para fazer seu trabalho de uma forma que seja compatível com os planos e metas da empresa. Políticas definidas como orientações gerais delineando como os empregados devem proceder. Por exemplo, "É a política da empresa cumprir todas as leis, regulamentos e princípios de conduta ética. Cada funcionário deve observar essa política". *Procedimentos* diz respeito a saber o que fazer se uma situação específica aparece. Por exemplo,

> Qualquer funcionário que tem razões para acreditar que essa política foi violada deve denunciar ao seu superior imediato. Se isso não for possível, o funcionário deve apresentar um relatório escrito ao diretor de recursos humanos. Não deve haver qualquer tipo de retaliação contra qualquer funcionário que, de boa-fé, denuncie uma violação.[5]

> OBJETIVO DE APRENDIZAGEM 1
> Explicar por que o planejamento estratégico é importante para todos os gestores.

Empregadores escrevem suas próprias políticas e procedimentos ou adaptam de fontes existentes (ou ambos). Por exemplo, a maioria dos empregadores tem um manual de funcionários listando as políticas e procedimentos da empresa sobre vários assuntos de RH, que abrangem avaliação, compensação, conformidade com oportunidades iguais de emprego e outras políticas e procedimentos.

Planejamento estratégico

Antes de definir uma hierarquia de objetivos ou formular políticas e práticas, o gestor deve colocar em prática um **planejamento estratégico**, que se trata do plano global da empresa para definir como ele conciliará suas forças e fraquezas internas com as oportunidades e ameaças externas, a fim de manter uma vantagem competitiva. O planejador estratégico pergunta: "Onde estamos agora como um negócio, aonde é que queremos chegar e como podemos chegar lá?". O gestor, em seguida, formula um plano estratégico para levar a empresa de onde está agora para onde quer chegar. Quando a empresa Yahoo! tenta definir se deve vender seu negócio de busca para se concentrar em oferta de conteúdos, está envolvendo o planejamento estratégico.

Planejamento estratégico
Ajuda a identificar como o gestor poderá lidar em relação às forças e às fraquezas internas e a oportunidades e ameaças externas, a fim de manter uma vantagem competitiva.

Estratégia
Um curso de ação que a empresa pode seguir para atingir seus objetivos estratégicos.

Gestão estratégica
O processo de identificação e execução de plano estratégico da organização, combinando as capacidades da empresa com as exigências do seu meio ambiente.

Os planos estratégicos são semelhantes, mas não exatamente a mesma coisa que os modelos de negócios. Aqueles que investem em um negócio perguntarão à alta direção: "Qual é o seu modelo de negócio?". Um modelo de negócio "é o método de uma empresa para ter rendimento no atual ambiente de negócios". Ele diz no que a empresa atua, quais são seus produtos ou serviços, o que os diferencia, sua vantagem competitiva, como fornece seu produto ou serviço e, mais importante, como ganha dinheiro.[6] Por exemplo, o Google não ganha dinheiro exigindo que as pessoas paguem por pesquisas, mas ganha dinheiro oferecendo anúncios pagos direcionados com base no que você está procurando.

A **estratégia** é um curso de ação. O Yahoo! decide se deve levantar dinheiro e se concentrar mais em aplicativos como o Yahoo! Finance, uma estratégia pode ser a de vender Yahoo! Search. A **gestão estratégica** é o processo de identificação e execução do plano estratégico da organização, combinando as capacidades da empresa com as exigências do seu meio ambiente.

A Figura 3.2 resume o processo de gestão estratégica. Esse processo envolve (1) a definição do negócio e o desenvolvimento de uma missão, (2) a avaliação dos pontos fortes internos e externos da empresa, fraquezas, oportunidades e ameaças, (3) a formulação de

FIGURA 3.2
O processo de gestão estratégica.

Passo 1: Defina o negócio atual → Passo 2: Realize auditorias externas e internas → Passo 3: Formule uma nova direção → Passo 4: Traduza a nova direção desejada em objetivos estratégicos → Passo 5: Formule estratégias para alcançar os objetivos estratégicos → Passo 6: Implemente as estratégias → Passo 7: Avalie o desempenho

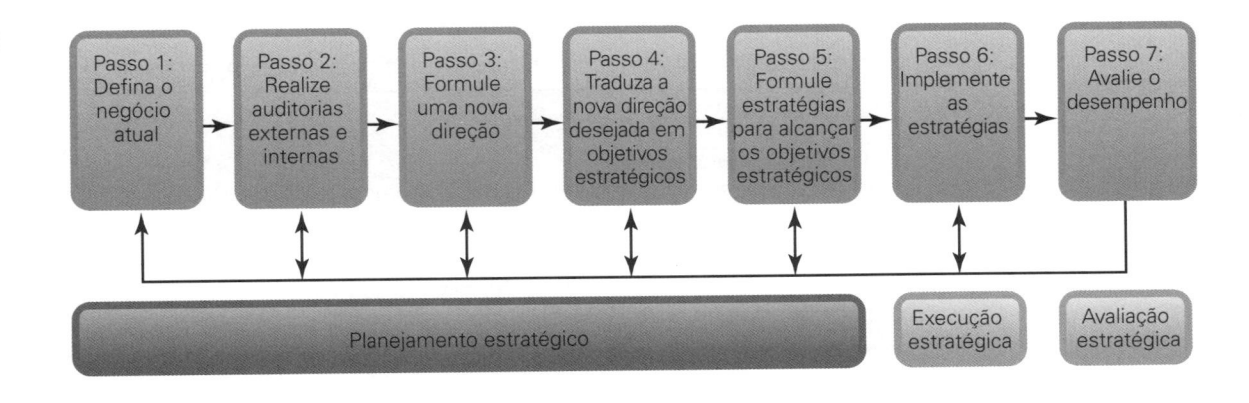

Planejamento estratégico | Execução estratégica | Avaliação estratégica

uma nova direção de negócios, (4) a tradução da nova direção desejada em objetivos estratégicos e (5) a formulação de estratégias e cursos de ação. O passo (6) e o passo (7) implicam a implementação e a avaliação do plano estratégico. Vamos dar uma olhada em cada etapa.

Passo 1 Defina o negócio atual O lugar lógico para começar é por meio da definição do negócio atual. Pergunta-se: quais produtos nós vendemos, onde vamos vendê-los e como nossos produtos ou serviços se diferenciam de nossos concorrentes?

Passo 2 Realize auditorias externas e internas O próximo passo é perguntar: "Será que estamos indo na direção certa em face dos desafios que enfrentamos?".

Para responder a isso, os gestores precisam auditar ou estudar o ambiente externo da empresa e também os pontos fortes e fracos internos. A planilha de análise ambiental na Figura 3.3 é um guia para a compilação de informações sobre o ambiente da empresa. Como você pode ver, inclui as tendências econômicas, políticas e de competitividade que podem afetar a empresa. O gráfico SWOT na Figura 3.4 é o grande guia de planejamento estratégico, todo mundo usa. Gerentes o usam para compilar e organizar os pontos fortes da empresa, fraquezas, oportunidades e ameaças. O objetivo do gerente é criar um plano estratégico ao analisá-los.

> **OBJETIVO DE APRENDIZAGEM 2**
> Explicar com exemplos cada uma das sete etapas do processo de planejamento estratégico.

FIGURA 3.3 Planilha para monitoramento ambiental.

Tendências econômicas
(recessão, inflação, emprego, políticas financeiras)

Tendências competitivas e de mercado
(como o mercado/cliente se comportam, as tendências de entrada/saída de concorrentes, novos produtos dos concorrentes)

Tendências políticas
(legislação e regulamentação/desregulamentação)

Tendências tecnológicas
(introdução de novas tecnologias de produção/distribuição, taxa de obsolescência dos produtos, tendências na disponibilidade de insumos e matérias-primas)

Tendências sociais
(tendências demográficas, mobilidade, educação, valores crescentes)

Tendências geográficas
(abertura/fechamento de novos mercados, fatores que afetam as decisões quanto à localização das instalações da planta/escritório atuais)

FIGURA 3.4 Matriz SWOT, com exemplos genéricos.

Pontos fortes	**Oportunidades**
• Liderança de mercado	• Novos mercados no exterior
• Pesquisa e desenvolvimento fortes	• Abertura de barreiras comerciais
• Produtos de alta qualidade	• Falência de concorrentes
• Vantagens no custo	• Diversificação
• Patentes	• Economia se recuperando
Fraquezas	**Ameaças potenciais**
• Grandes estoques	• Saturação do mercado
• Excesso de capacidade para o mercado	• Ameaça de aquisição
• Rotatividade gerencial	• Concorrência estrangeira a baixo custo
• Fraca imagem no mercado	• Crescimento mais lento do mercado
• Falta de profundidade de gestão	• Crescente regulamentação governamental

Declaração de visão
A declaração geral de direção pretendida da empresa mostra, em termos gerais, "o que queremos ser".

Declaração de missão
Resume a resposta para a pergunta: "Qual é o nosso negócio?".

Passo 3 Formule uma nova direção A questão agora é, com base na análise ambiental e análise SWOT, o que deve ser nosso novo negócio, em termos daquilo que nós vendemos, onde iremos vendê-lo, e como os nossos produtos ou serviços se diferenciam dos produtos dos concorrentes?

Os gerentes podem formular uma **declaração de visão** para resumir como eles veem a essência de seu negócio no futuro. A declaração de visão é uma declaração geral de direção pretendida da empresa, que mostra, em termos gerais, "o que queremos ser".[7] A visão da PepsiCo é "Desempenho com propósito". A CEO da empresa, Indra Nooyi, diz que os executivos de sua empresa escolhem qual negócio querem seguir com base no desempenho e no propósito, considerando os três pilares: sustentabilidade humana, sustentabilidade ambiental e sustentabilidade dos talentos.[8]

Considerando que as declarações de visão descrevem em termos gerais o que a empresa deve ser, a **declaração de missão** da empresa resume a empresa hoje. Anos atrás, Ford adaptou o que foi por vários anos uma poderosa declaração de missão Ford, a decisão por "Um trabalho de qualidade".

Passo 4 Traduza a nova direção desejada em objetivos estratégicos Em seguida, traduzir a nova direção desejada em objetivos estratégicos. Na Ford, por exemplo, o que exatamente significa "Um trabalho de qualidade", para cada departamento, em termos de "como eles iriam aumentar a qualidade?". A resposta foi estabelecida em metas, como "não mais do que um defeito inicial por 10 mil carros".

Passo 5 Formule estratégias para alcançar os objetivos estratégicos Em seguida, o gerente escolhe estratégias de cursos de ação que permitirão à empresa alcançar seus objetivos estratégicos. Por exemplo, como a Ford deve perseguir seu objetivo de não ter mais do que um defeito inicial por 10 mil carros? Talvez abrir duas novas fábricas de alta tecnologia e fazer uma seleção mais rigorosa dos funcionários, treinamento e procedimentos de avaliação de desempenho.

Passo 6 Implemente as estratégias A execução da estratégia significa traduzir as estratégias em ação. Isso significa, na verdade, a contratação (ou a demissão) de pessoas, construção (ou fechamento) das unidades, e adicionar (ou eliminar) os produtos e linhas de produtos.

Passo 7 Avalie o desempenho As coisas nem sempre saem como planejado. Como todas as empresas, a Ford deve avaliar continuamente a sabedoria e o progresso de suas decisões estratégicas.

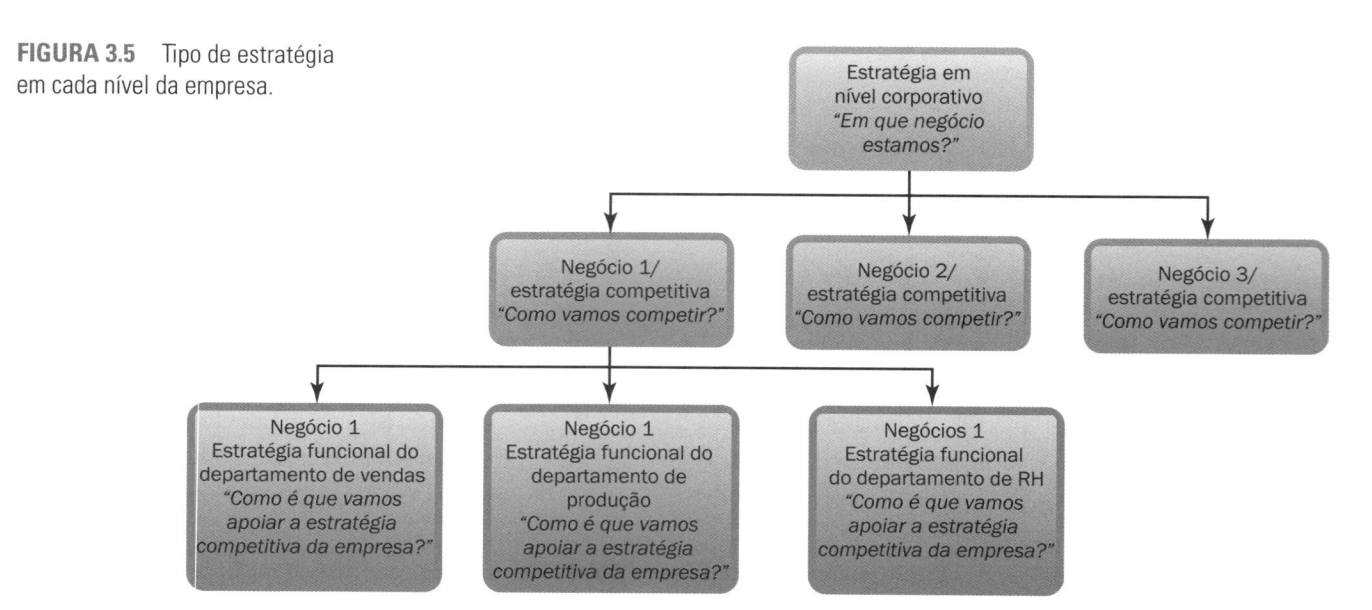

FIGURA 3.5 Tipo de estratégia em cada nível da empresa.

```
                        Estratégia em
                       nível corporativo
                       "Em que negócio
                          estamos?"
         ┌──────────────────┼──────────────────┐
         ▼                  ▼                  ▼
    Negócio 1/          Negócio 2/          Negócio 3/
 estratégia competitiva estratégia competitiva estratégia competitiva
 "Como vamos competir?" "Como vamos competir?" "Como vamos competir?"
    ┌────┴────┐      ┌────┴────┐      ┌────┴────┐
    ▼         ▼      ▼         ▼      ▼         ▼
 Negócio 1        Negócio 1         Negócios 1
 Estratégia funcional do  Estratégia funcional do  Estratégia funcional
 departamento de vendas   departamento de          do departamento de RH
 "Como é que vamos        produção                 "Como é que vamos
 apoiar a estratégia      "Como é que vamos        apoiar a estratégia
 competitiva da empresa?" apoiar a estratégia      competitiva da empresa?"
                          competitiva da empresa?"
```

Melhorando a produtividade por meio do uso de software de planejamento

Usando software de planejamento de negócios

Gerentes usam pacotes de software de planejamento de negócios para ajudar a fazer planos estratégicos. Assim, a Checkmate (<www.checkmateplan.com>, em inglês) tem ferramentas de planejamento estratégico, como análise SWOT para que mesmo usuários sem experiência prévia na área possam desenvolver planos estratégicos sofisticados.[9] O Business Plan Pro da Palo Alto Software contém todas as informações e ajuda necessária para criar um plano de negócios. Por exemplo, ele apresenta trinta modelos, instruções passo a passo (com exemplos) para a criação de cada parte de um plano (resumo executivo, análise de mercado, e assim por diante) e planilhas de planejamento financeiro.

No Brasil, alguns exemplos de softwares para a elaboração de planejamento estratégico são:

- **Balanced Scorecard (BSC)** Mede o desempenho empresarial em quatro perspectivas: financeira, processos internos de negócios, aprendizado e crescimento e clientes. A Soft Expert atende, com o BSC, empresas como a Coca-Cola, Gillette e Mitsubishi. Disponível em: <http://www.softexpert.com.br/balanced-scorecard.php>. Acesso em: 9 out. 2014.
- **Enterprise Resource Planning (ERP)** É um sistema com ferramentas tecnológicas para controle de departamentos e processos empresariais nas atividades de compras, contabilidade, estoque, finanças, fiscal, produção, logística, recursos humanos, vendas. Trata-se de uma espécie de banco de dados que envolve pessoas e respectivas áreas de lotação no acompanhamento das atividades em tempo real. A CIGAM-Software de gestão atende, com ERP, empresas como a Tortelli Motores e a Volvo do Brasil Veículos. Disponível em: <http://www.cigam.com.br/>. Acesso em: 09 out. 2014.

> **OBJETIVO DE APRENDIZAGEM 3**
> Listar com exemplos os principais tipos genéricos de estratégias corporativas e estratégias competitivas.

Tipos de estratégia

Na prática, os gestores se envolvem no *amplo planejamento estratégico corporativo,* planejamento estratégico da unidade de negócios (ou *estratégia competitiva*) e *estratégia funcional* (ou departamental) (veja a Figura 3.5).

ESTRATÉGIA CORPORATIVA A estratégia corporativa responde à pergunta: Quantos e que tipo de negócios devemos ter? **Estratégia em nível corporativo** identifica a carteira de empresas que, no total, compõem a corporação e como essas empresas se relacionam entre si.

- Por exemplo, com uma estratégia corporativa de *concentração* (em único negócio), a empresa oferece um produto ou linha de produto geralmente em um mercado. A WD 40 Company (que faz um equipamento de pulverização de lubrificante) é um exemplo.

Em uma fábrica de turbinas da GE em Greenville, Carolina do Sul (EUA), equipes de trabalhadores capacitados altamente treinados executam máquinas controladas por computador, entrevistam potenciais membros da equipe e ajustam as linhas de montagem. O treinamento agrega vantagem competitiva para a GE.

Fonte: Monty Rakusen/Glow Images

Estratégia em nível corporativo
Tipo de estratégia que identifica o portfólio de negócios que, no total, compõem as empresas e as formas por meio das quais elas se relacionam entre si.

Estratégia competitiva
Uma estratégia que identifica como construir e reforçar a posição competitiva da empresa em longo prazo no mercado.

Vantagem competitiva
Todos os fatores que permitem a uma organização diferenciar seu produto ou serviço daqueles de seus concorrentes para aumentar a fatia de mercado.

- A estratégia de *diversificação* significa que a empresa irá expandir pela inclusão de novas linhas de produtos. A PepsiCo é diversificada. Por exemplo, ao longo dos anos, a PepsiCo acrescentou as batatas fritas Frito-Lay e a Quaker Oats.
- A estratégia de *integração vertical* significa que a empresa se expande por, talvez, produzir suas próprias matérias-primas ou vender seus produtos diretos. Assim, a Apple abriu as suas próprias lojas Apple.
- Com uma estratégia de *consolidação*, a empresa reduz seu tamanho.
- Com a *estratégia de expansão geográfica*, a empresa cresce por entrar em novos mercados territoriais, por exemplo, abrindo negócios no exterior. Um exemplo disso é a Starbucks.

ESTRATÉGIA COMPETITIVA Com base em que cada uma de nossas empresas vai competir? Dentro de uma empresa como a PepsiCo, cada uma de suas empresas (como a Pepsi e a Frito Lay) devem ter uma estratégia em nível empresarial/competitivo. A **estratégia competitiva** identifica como construir e reforçar a posição competitiva da empresa a longo prazo no mercado.[10] Responde à pergunta, por exemplo, como deve Pizza Hut competir com Papa John's ou como o Walmart deve competir com a Target?

Gerentes constroem suas estratégias competitivas em torno das vantagens competitivas de seus negócios. **Vantagem competitiva** significa todos os fatores que permitem que uma empresa diferencie seu produto ou serviço daqueles de seus concorrentes para aumentar a fatia de mercado. A vantagem competitiva não precisa ser tangível, como máquinas de alta tecnologia. Por exemplo, em uma fábrica de turbinas da GE em Greenville, Carolina do Sul, equipes de profissionais habilitados altamente treinados executam máquinas controladas por computador, entrevistam potenciais membros para a equipe e ajustam as linhas de montagem por si mesmos.[11] Para a GE, os conhecimentos, as habilidades e a dedicação (o "capital humano") dos trabalhadores produzem a qualidade que faz que a empresa seja líder.

Gerentes usam várias estratégias competitivas padrão para alcançar uma vantagem competitiva:

- *Liderança de custo* significa tornar-se o líder de baixo custo em uma indústria. O Walmart é um exemplo clássico.
- A *diferenciação* é uma segunda estratégia competitiva possível. Em uma estratégia de diferenciação, a empresa procura ser a única em sua indústria em dimensões que são amplamente valorizadas pelos compradores.[12] Assim, a Volvo destaca a segurança de seus carros, Papa John's divulga ingredientes frescos e GE destaca a confiabilidade de peças de aeronaves de sua fábrica de Greenville.

- *Foco* em esculpir um nicho de mercado (como a Ferrari). Com essa estratégia, os gerentes oferecem um produto ou serviço que os clientes não podem obter em concorrentes generalistas (como a Toyota).

ESTRATÉGIA FUNCIONAL Finalmente, **estratégias funcionais** identificam o que cada departamento deve fazer a fim de ajudar a empresa a atingir seus objetivos competitivos. Como exemplo, um hotel pode querer diferenciar-se com um serviço excepcional. Portanto, o seu departamento de recursos humanos deve colocar em prática políticas e práticas locais que permitirão ao hotel selecionar e treinar os funcionários que são excepcionalmente orientados para o cliente.

Estratégia funcional
A estratégia funcional do departamento identifica o que ele deve fazer em termos de políticas e práticas específicas para ajudar a empresa a alcançar seus objetivos competitivos.

Funções dos gestores no planejamento estratégico

A elaboração de um plano estratégico é responsabilidade da gestão. No entanto, alguns altos executivos formulam planos estratégicos sem a participação dos gerentes de nível inferior. Poucas pessoas sabem tanto sobre as pressões competitivas da empresa, as capacidades de fornecedores, tendências de produtos e da indústria e as capacidades e preocupações dos funcionários quanto os gerentes de departamento da empresa.

Por exemplo, o gerente de recursos humanos está em uma boa posição para fornecer "inteligência competitiva", informações sobre o que os concorrentes estão fazendo. Detalhes sobre planos de incentivo dos concorrentes, pesquisas de opinião dos empregados que trazem informações sobre reclamações de clientes e informações sobre a legislação pendente como as leis trabalhistas são exemplos. Gestores de recursos humanos também devem ser os mestres de informações sobre os pontos fortes e fracos dos funcionários de suas próprias empresas.

Na prática, a elaboração do plano estratégico global da empresa envolve frequentes reuniões e discussões entre os gestores da alta direção e os intermediários e operacionais. Os gestores da alta direção, em seguida, utilizam as informações a partir dessas interações para elaborar seu plano estratégico.

EXEMPLO: MELHORAR FUSÕES E AQUISIÇÕES Fusões e aquisições estão entre as decisões estratégicas mais importantes das empresas. Quando não dão certo, muitas vezes não é por conta de questões financeiras ou técnicas, mas por questões relacionadas com pessoal. Elas podem incluir a resistência dos funcionários, as saídas em massa, o declínio no moral e na produtividade.[13]

Profissionais de recursos humanos podem, portanto, desempenhar papel crucial no planejamento e na implementação de fusões e aquisições. Fatores críticos de recursos humanos em fusão ou aquisição incluem a escolha da diretoria da empresa, a comunicação das mudanças de forma eficaz para os empregados, fundindo culturas das empresas e a retenção de talentos-chave.[14] Empresas de consultoria de recursos humanos, como a Towers Perrin, ajudam as empresas por meio de serviços de administração de recursos humanos relacionados à fusão. Por exemplo, identificar potenciais erros de pagamento, identificar talentos-chave e, em seguida, desenvolver estratégias de retenção adequados ajudam os clientes a planejar como combinar os sistemas de folha de pagamento e ajudam a determinar qual empregado é melhor para qual papel na nova organização.[15]

> OBJETIVO DE APRENDIZAGEM 4
> Definir a administração estratégica de recursos humanos e dar um exemplo na prática.

Administração estratégica de recursos humanos

Gerentes formulam estratégias corporativas e estratégias competitivas para cada um de seus negócios. Então, vimos que quando uma empresa decide como irá competir, passa para a formulação de estratégias funcionais (departamental) para apoiar seus objetivos competitivos. Um desses serviços é a administração de recursos humanos e suas estratégias funcionais, que são estratégias de administração de recursos humanos.

O que é administração estratégica de recursos humanos?

Toda empresa precisa que suas políticas e atividades de administração de recursos humanos façam sentido em relação a seus objetivos estratégicos gerais. Por exemplo, uma loja de alta qualidade, como a Neiman-Marcus, terá seleção diferente de empregados, treinamento e políticas de pagamento diferentes da Walmart. **Administração estratégica de recursos humanos** significa a formulação e a execução de políticas e práticas de recursos humanos que pro-

Administração estratégica de recursos humanos
Formulação e execução de políticas e práticas que produzem as competências e comportamentos dos funcionários que a empresa necessita para atingir seus objetivos estratégicos de recursos humanos.

duzem as competências e comportamentos dos funcionários que a empresa necessita para atingir seus objetivos estratégicos. O Quadro *Contexto estratégico* ilustra isso.

A ideia básica por trás da gestão estratégica de recursos humanos é a seguinte: na formulação de políticas e atividades de administração de recursos humanos, o objetivo deve ser o de gerar nos funcionários as habilidades e os comportamentos de que a empresa precisa para alcançar seus objetivos estratégicos.

A Figura 3.6 apresenta graficamente essa ideia. Em primeiro lugar, a administração formula *planos estratégicos* e metas. Por sua vez, executar e alcançar essas metas depende de ter a combinação certa de *competências e comportamentos dos funcionários*. E, finalmente, para produzir essas competências e comportamentos necessários de funcionários, o gerente de recursos humanos deve colocar em prática a combinação certa de recrutamento, seleção, treinamento e outras *políticas e práticas de RH*.

FIGURA 3.6 O modelo de estratégia de RH.

Observação: esta figura abre as partes 2 a 5 do livro e mostra que políticas e práticas de RH da empresa devem estimular as competências e comportamentos dos funcionários para alcançar seus objetivos estratégicos.

No Hotel Portman Xanghai, novos planos e práticas de recursos humanos da administração desencadearam os comportamentos necessários dos funcionários para melhorar o nível de serviço, atraindo, assim, novos clientes e melhorando a rentabilidade do hotel.

Fonte: FEATURECHINA/XIANG SHEREN/FEATURECHINA/Newscom

OBJETIVO DE APRENDIZAGEM 5
Descrever sucintamente três ferramentas importantes de administração estratégica de recursos humanos.

Estratégias e políticas de recursos humanos

Os gerentes chamam as políticas específicas e práticas de administração de recursos humanos de *estratégias de recursos humanos*.[16] Por exemplo, há vários anos, a Newell Rubbermaid mudou sua ênfase de fabricação e venda de utensílios domésticos, como a Rubbermaid e Levelor Blinds para sua comercialização, principalmente. A execução desse plano demandou novas competências e comportamentos pessoais. Sua equipe de administração de recursos humanos começou por aferir grandes concorrentes de mercado da empresa para ver como eram suas melhores práticas de recursos humanos. Então, se reuniram com os chefes de cada uma das divisões da Newell Rubbermaid, por exemplo, para desenvolver novos programas de treinamento e um plano para ajustar as necessidades de pessoal de cada divisão.[17] O Quadro *Contexto estratégico* discute outro exemplo, do Hotel Portman de Xangai.

Contexto estratégico

O Hotel Portman em Xangai

Vários anos atrás, a empresa Ritz-Carlton assumiu a gestão do Hotel Portman em Xangai, na China. A nova administração verificou pontos fortes e fracos do Portman e de seus concorrentes locais que melhoravam rapidamente. Eles decidiram que, para ser mais competitivos, tinham que melhorar o nível de serviço do hotel, o que, por sua vez, significou a formulação de planos de administração de recursos humanos para a contratação, treinamento e remuneração dos funcionários do hotel. Isso significava colocar em prática uma nova estratégia de recursos humanos para o Hotel Portman, destinada a melhorar o serviço ao cliente.

No Hotel Portman em Xangai, o processo de gestão estratégica de recursos humanos envolvia os seguintes passos:

- Foi definido o objetivo de tornar o Hotel Portman excelente, oferecendo serviço superior ao cliente.
- Para isso, os funcionários do Portman Xangai teriam de apresentar novas *habilidades* e comportamentos, por exemplo, em termos de como eles tratavam e atendiam os hóspedes.
- Para despertar essas habilidades e comportamentos dos funcionários, a gestão formulou novos planos, políticas e procedimentos de administração de recursos humanos. Por exemplo, introduziram o *sistema de recursos humanos* da empresa Ritz-Carlton para o Portman. "Nossa seleção [agora] centra-se em valores e talentos pessoais, porque eles são coisas que não podem ser ensinadas [...] trata-se de cuidar e respeitar os outros".[18]

Os esforços da gestão valeram a pena. Seus novos planos e práticas de recursos humanos desencadearam os comportamentos necessários dos funcionários para melhorar o nível de serviço do Portman, atraindo, assim, novos hóspedes. Publicações de viagem logo o chamaram de "o melhor empregador na Ásia", "em geral, o melhor hotel de negócios na Ásia" e "melhor hotel de negócios na China". Os lucros subiram, em grande parte, por conta da gestão estratégica e eficaz de recursos humanos.

Ferramentas de administração estratégica de recursos humanos

Exatamente de quais estratégias de recursos humanos precisamos? Gerentes usam várias ferramentas para traduzir os objetivos estratégicos gerais da empresa em políticas e práticas de administração de recursos humanos. Três ferramentas importantes incluem o mapa da estratégia, o *scorecard* de RH e os dashboards.

Mapa estratégico
Ferramenta de planejamento estratégico que mostra a "grande imagem" de como o desempenho de cada departamento contribui para alcançar os objetivos estratégicos globais da empresa.

MAPA ESTRATÉGICO O **mapa estratégico** resume como o desempenho de cada departamento contribui para alcançar os objetivos estratégicos globais da empresa. Ele ajuda o gerente e cada funcionário a visualizar e entender o papel que seu departamento desempenha na consecução do plano estratégico da empresa. Os gurus da administração às vezes dizem que o mapa dá "visão de futuro" aos funcionários, relacionando seus esforços com os objetivos finais da empresa.[19]

A Figura 3.7 apresenta um exemplo de mapa estratégico da Southwest Airlines. A atividade está alcançando seus objetivos financeiros estratégicos. Em seguida, o mapa estratégico mostra a cadeia de atividades que ajudam a Southwest Airlines a atingir esses objetivos. A Southwest tem uma estratégia líder de baixo custo. Assim, por exemplo, para aumentar

FIGURA 3.7 Mapa estratégico da Southwest Airlines.

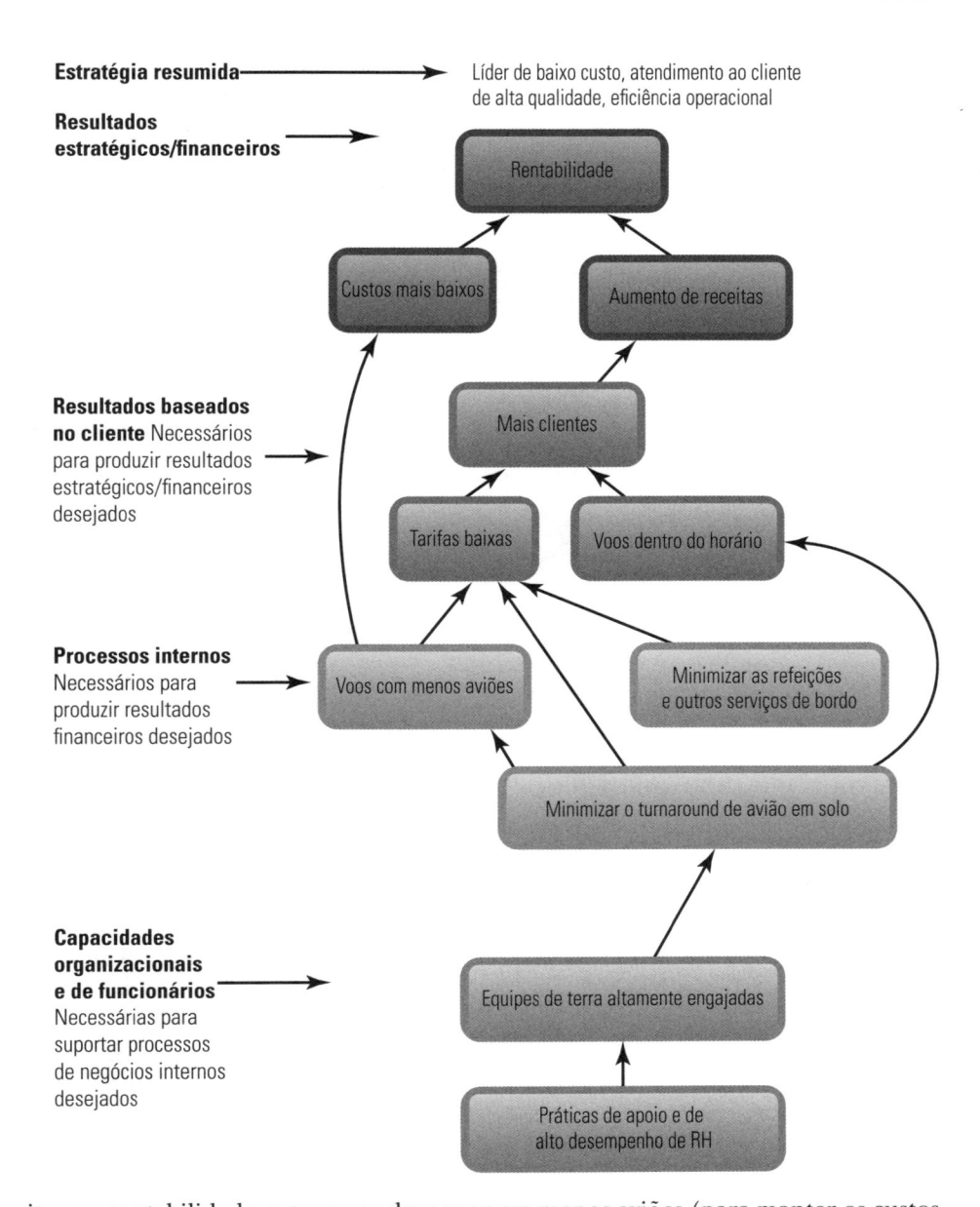

Estratégia resumida → Líder de baixo custo, atendimento ao cliente de alta qualidade, eficiência operacional

Resultados estratégicos/financeiros → Rentabilidade
- Custos mais baixos
- Aumento de receitas

Resultados baseados no cliente Necessários para produzir resultados estratégicos/financeiros desejados
- Mais clientes
- Tarifas baixas
- Voos dentro do horário

Processos internos Necessários para produzir resultados financeiros desejados
- Voos com menos aviões
- Minimizar as refeições e outros serviços de bordo
- Minimizar o turnaround de avião em solo

Capacidades organizacionais e de funcionários Necessárias para suportar processos de negócios internos desejados
- Equipes de terra altamente engajadas
- Práticas de apoio e de alto desempenho de RH

Scorecard de RH
Um processo para a atribuição de metas ou indicadores financeiros e não financeiros à gestão de atividades necessárias da cadeia relacionada com os recursos humanos, que visa atingir os objetivos estratégicos da empresa e ajuda no monitoramento dos resultados.

as receitas e a rentabilidade, a empresa deve voar em menos aviões (para manter os custos baixos), manter os preços baixos e manter os voos no horário. Por sua vez (ainda mais abaixo no mapa estratégico), voos dentro do horário e preços baixos geram retorno rápido. Estes, por sua vez, requerem tripulações de solo e de voo motivadas. Assim, o mapa estratégico ajuda cada departamento a entender o que precisa fazer para apoiar a estratégia de baixo custo da Southwest.[20] Por exemplo, quais passos a equipe de recursos humanos da Southwest deve seguir para aumentar a motivação e a dedicação de suas equipes de terra?

O SCORECARD DE RH Muitos empregadores quantificam e informatizam as atividades do mapa estratégico. O **scorecard de RH** ajuda a fazê-lo. Ele se refere a um processo *para a atribuição de metas ou indicadores financeiros e não financeiros* para estratégias de gestão relacionadas com recursos humanos e a cadeia de atividades necessárias para atingir os objetivos estratégicos da empresa.[21] (Indicadores para a Southwest Airlines podem incluir a ocupação do avião, o percentual de pontualidade dos voos e a produtividade do pessoal de terra.) A ideia é usar o mapa estratégico e quantificá-lo.

Os gerentes usam um software especial para facilitar esse processo. O processo de scorecard ajuda o gerente a quantificar as relações entre (1) as atividades de RH (quantidade de testes, treinamento, e assim por diante), (2) os comportamentos dos empregados (atendimento ao cliente, por exemplo) e (3) o desempenho e o resultado estratégico maior (como a satisfação do cliente e a lucratividade).[22]

Dashboard
Apresenta ao gerente gráficos e tabelas em sua mesa, e assim uma imagem computadorizada de onde a empresa está em todos os indicadores do processo de scorecard de RH.

DASHBOARD O ditado "uma imagem vale mais que mil palavras" explica o objetivo do **dashboard**. Ele apresenta gráficos e tabelas na mesa do gerente, mostrando uma imagem computadorizada de como a empresa está realizando todos os indicadores do processo de scorecard de RH. Como na ilustração a seguir, o dashboard de um gerente da Southwest Airlines pode exibir as tendências em tempo real para várias atividades do mapa estratégico, como retornos rápidos e voos pontuais. Isso permite que o gerente tome medidas corretivas. Por exemplo, se o pessoal de terra estiver mais devagar hoje, os resultados financeiros amanhã podem cair, a menos que o gerente tome medidas.

A Figura 3.8 resume as três ferramentas de planejamento estratégico.

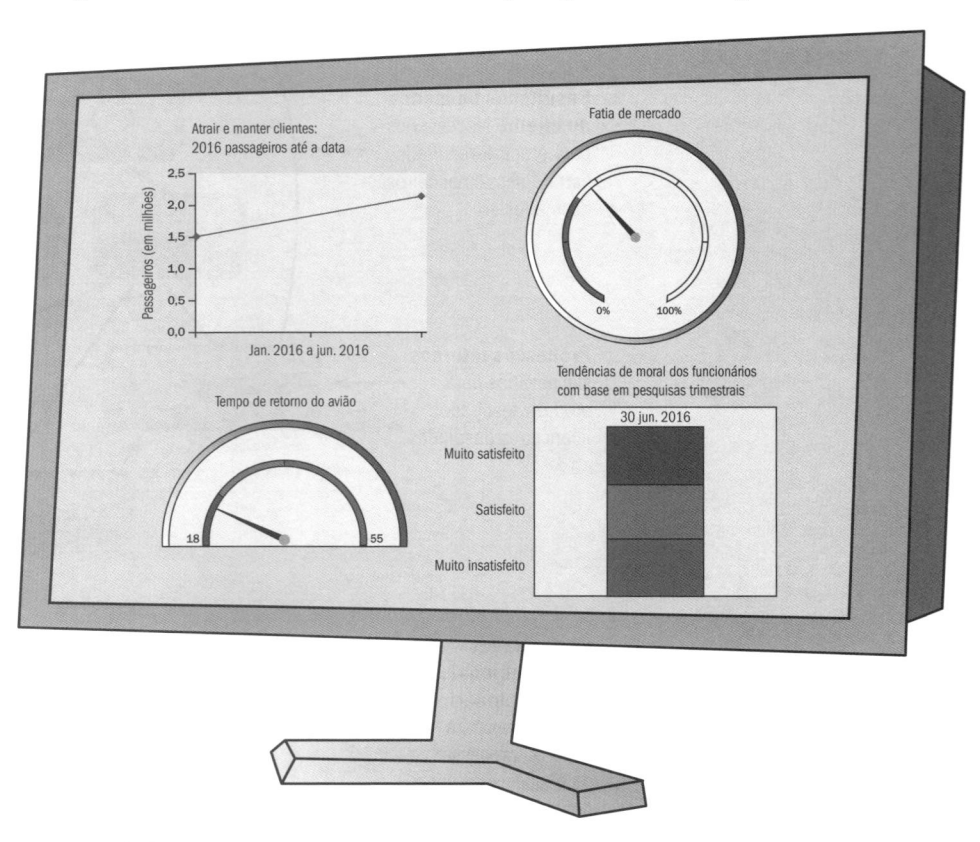

FIGURA 3.8 Três ferramentas importantes de RH estratégico.

Mapa estratégico	**Scorecard de RH**	**Dashboard**
Ferramenta gráfica que sintetiza a cadeia de atividades que contribuem para o sucesso de uma empresa, e assim mostra aos funcionários um grande panorama de como seu desempenho contribui para alcançar os objetivos estratégicos globais dessa empresa.	Um processo para a atribuição de metas ou indicadores financeiros e não financeiros à gestão de atividades necessárias da cadeia relacionada com os recursos humanos, que visa atingir os objetivos estratégicos da empresa e ajuda no monitoramento dos resultados.	Apresenta na mesa do ou da gerente gráficos e tabelas para que ele ou ela receba uma imagem de onde a empresa está e para onde vai em termos de cada atividade no mapa estratégico.

OBJETIVO DE APRENDIZAGEM 6
Explicar com exemplos por que os indicadores são importantes para a administração de recursos humanos.

Indicadores de RH e benchmarking

Vimos que a gestão estratégica de recursos humanos significa a formulação de políticas e práticas que produzem as competências e comportamentos dos funcionários de que a empresa precisa para alcançar seus objetivos estratégicos de RH. Ser capaz de medir o que você está fazendo é uma parte essencial desse processo. Por exemplo, teria sido inútil para a gestão do Hotel Portman Xangai definir "melhor serviço ao cliente" como um objetivo, se não pudessem medir o serviço ao cliente.[23] No Portman Xangai, as medidas podem incluir, por exemplo, "horas de treinamento por empregado", "produtividade por empregado" e (por meio de pesquisas com clientes) "satisfação do cliente".

Tipos de indicador

Gestores de recursos humanos usam muitos desses indicadores. Por exemplo, há (em média) um funcionário de recursos humanos para cada 100 funcionários da empresa para as empresas com 100 a 249 empregados. A relação entre total de funcionários e funcionário de RH cai para cerca de 0,79 para as empresas com 1 mil a 2,49 mil empregados e 0,72 para as empresas com mais de 7,5 mil funcionários.[24] A Figura 3.9 ilustra outros indicadores de administração de recursos humanos, como a permanência de funcionários, o custo de locação e a taxa global de volume de negócios anual.[25]

Dados da organização
- Receita
- Receita por FTE[1]
- Lucro líquido antes dos impostos
- Lucro líquido antes dos impostos por FTE
- Posições incluídas no plano de sucessão da organização

Departamento de dados de RH
- Total de pessoal de RH
- RH no rateio de empregados
- Porcentagem de pessoal de RH em funções de supervisão
- Porcentagem de pessoal de RH em papéis profissionais/técnicos
- Porcentagem de pessoal de RH em funções de apoio administrativo
- Relatórios estruturais para o chefe de RH
- Previsão de preenchimento de vagas de RH em 2011

RH dados de despesas
- Despesas de RH
- Despesas de RH para rateio de despesas operacionais
- Despesas de RH para rateio de FTE
- Dados de compensação
- Aumento de salário anual
- Salários como percentual da despesa operacional
- Bônus-alvo para não executivos
- Bônus-alvo para executivos

Dados sobre ensino/educação
- Reembolso máximo permitido para ensino/educação

Despesas por ano
- Porcentagem de empregados participantes de ensino/educação
- Programas de reembolso

Dados sobre o emprego
- Número de cargos preenchidos
- Momento de contratação
- Custo por contratação
- Alocação de empregado
- Taxa anual de rotatividade global
- Taxa de rotatividade anual voluntária
- Taxa de rotatividade anual involuntária

Expectativas para receita e contratação organizacional
- Percentual de setores da empresa que esperam mudanças na receita em 2011 em comparação a 2010
- Percentual de setores da empresa que esperam mudanças na contratação em 2011 em comparação a 2010

Indicadores para organizações mais rentáveis
- Pessoal total de RH
- RH no rateio de empregados
- Despesas de RH
- Despesa de RH para rateio de despesas operacionais
- Despesa de RH para rateio de FTE
- Aumento de salário anual
- Bônus-alvo para não executivos
- Bônus-alvo para executivos
- Reembolso máximo permitido para ensino/educação

Despesas por ano
- Porcentagem de empregados participantes ensino/educação
- Programas de reembolso
- Momento de contratação
- Custo por contratação
- Taxa anual de rotatividade global

FIGURA 3.9 Indicadores para o SHRM® 2011-2012, relatório personalizado de avaliação comparativa do capital humano.

Fonte: Reproduzido com permissão da Society for Human Resource Management. Todos os direitos reservados.

---

[1] N. do R.T.: FTE, ou *full-time equivalent* (equivalente a tempo inteiro), é um índice calculado de horas trabalhadas por um empregado sobre o total de horas cheias previstas para o trabalho durante um tempo certo. Essse tempo pode ser de dias, semanas, meses.

Benchmarking e análise das necessidades

Medir como se está fazendo (por exemplo, em termos de rotatividade de empregados ou produtividade) raramente é suficiente para decidir o que mudar. Em vez disso, é preciso saber "Como estamos procedendo?" *em relação a alguma coisa*. Por exemplo, os nossos índices de acidentes estão subindo ou caindo? Você também pode querer comparar seu resultado – compará-los aos de empresas de alto desempenho, para entender o que os torna melhores.[26]

A Society for Human Resource Management (SHRM) oferece serviço de benchmarking, que permite aos empregadores comparar seus próprios indicadores de RH com os de outras empresas. O empregador pode solicitar os valores comparativos (benchmark) não só pelo ramo de atuação, mas pelo tamanho das empresas, pela receita e região geográfica (veja <http://shrm.org/research/benchmarks/>, em inglês).

Estratégia e indicadores baseados em estratégia

O benchmarking fornece apenas uma perspectiva sobre o sistema de administração de recursos humanos que sua empresa está realizando.[27] Ele mostra como o desempenho do seu sistema de administração de recursos humanos se compara ao da concorrência. No entanto, não mostra até que ponto as práticas de RH de sua empresa apoiam seus objetivos estratégicos. Por exemplo, se a estratégia prevê dobrar os lucros e melhorar o serviço ao cliente, até que ponto as nossas novas práticas de treinamento estão ajudando a melhorar o atendimento ao cliente?

Gerentes usam indicadores baseados em estratégia para responder a essas perguntas. **Indicadores baseados em estratégia** buscam a medição das atividades que contribuam para alcançar os objetivos estratégicos da empresa.[28] Assim, para o Hotel Portman Xangai, os indicadores estratégicos de RH podem incluir avaliação de 100% dos funcionários, 80% de retorno dos hóspedes, pagamento de incentivos em percentual dos salários e aumento de até 50% das vendas. Se as mudanças nas práticas de RH, como o aumento do treinamento e melhores incentivos têm os efeitos pretendidos, em seguida, indicadores estratégicos, como os retornos de hóspedes e os elogios de clientes também devem aumentar.

Indicadores baseados em estratégia
Indicadores voltados especificamente a medir as atividades que contribuem para alcançar os objetivos estratégicos da empresa.

Força de trabalho, análise de talentos e bases de dados

Análise da força de trabalho (ou "análise de talentos") significa o uso de softwares especiais para avaliar os dados de recursos humanos e tirar conclusões a partir deles.[29] Por exemplo, uma equipe de análise de talentos no Google observou dados sobre experiências de funcionários, capacidades e desempenho. A equipe foi capaz de identificar os fatores (como uma percepção de haver empregados com potencial pouco aproveitado) suscetíveis de levar o empregado a se desligar. Em um projeto semelhante, o Google analisou dados sobre coisas como a pesquisa de feedback com funcionários e resultados de desempenho para identificar os atributos dos gestores de sucesso do Google. A Microsoft identificou correlações entre as escolas e as empresas de origem dos funcionários e seu desempenho posterior. Isso permitiu à Microsoft melhorar a sua contratação e práticas de seleção.[30] A empresa de software SAS tem um programa de retenção de funcionários por meio de dados referentes a características como habilidades, permanência, desempenho, educação e amizades. O programa pode prever quais funcionários de alto valor estão mais propensos a se desligar em um futuro próximo.[31] A Alliant Techsystems criou um "modelo de risco de fuga" para calcular a probabilidade de um empregado deixar a empresa. Isso permitiu-lhe prever alta rotatividade e tomar medidas corretivas.[32] A IBM usa análise da força de trabalho para identificar os funcionários que são "líderes de ideia" com quem os outros funcionários frequentemente buscam aconselhamento (por exemplo, com base em indicações em e-mail pelos colegas).

DATA MINING Tais esforços empregam técnicas de data mining (seleção de dados). Selecionam dados de funcionários em enormes quantidades para identificar as correlações que os empregadores podem usar para melhorar a sua seleção de funcionários e outras práticas. A data mining é "o conjunto de atividades utilizadas para encontrar padrões novos, ocultos ou inesperados de dados".[33] Os sistemas de data mining utilizam ferramentas como a análise estatística para vasculhar dados à procura de correlações. As lojas de departamento costumam usar data mining. Por exemplo, a data mining da Macy's revela que os clientes vêm para resgatar os cupons de "20% de desconto".

O *RH como centro de lucro* desta página explica que a análise de talentos usada pela Best Buy ajudou a determinar que um aumento de 0,1% no envolvimento dos funcionários levou a um aumento de mais de US$ 100 mil no lucro de operação anual de uma filial.

Fonte: Philip Scalia/Alamy

Os gerentes fazem análise de talentos com base nessa data mining para descobrir padrões e fazer previsões. O RH como centro de lucro apresenta exemplos.

RH como centro de lucro

Uso da força de trabalho e da análise de talentos

A análise de talentos pode gerar resultados marcantes de rentabilidade. Por exemplo, a Best Buy utilizou a análise de talentos para determinar que o aumento de 0,1% no envolvimento dos funcionários levou a um acréscimo de mais de US$ 100 mil no lucro operacional anual em uma de suas lojas.[34] Os empregadores estão usando essa análise para responder a seis tipos de questão de gestão de talentos:[35]

- **Fatos sobre o capital humano** Por exemplo, "Quais são os principais indicadores de saúde global da minha organização?". A JetBlue descobriu que uma medida fundamental de envolvimento dos funcionários estava correlacionada com o desempenho financeiro.
- **RH analítico** Por exemplo, "Quais as unidades, departamentos ou indivíduos que precisam de mais atenção?". Lockheed Martin coleta dados de desempenho a fim de identificar as unidades que necessitam de melhorias.
- **Análise de investimento em capital humano** Por exemplo, "Que ações têm o maior impacto sobre o meu negócio?". Ao monitorar os níveis de satisfação dos funcionários, a Cisco foi capaz de melhorar a sua taxa de retenção de funcionários de 65% para 85%, poupando cerca de US$ 50 milhões em custos de recrutamento, seleção e treinamento.
- **Previsões da força de trabalho** A Dow Chemical usa um modelo computadorizado que prevê o futuro quadro de funcionários necessários para cada unidade de negócios com base em previsões para fatores como as tendências de vendas.
- **Modelo de valorização de talentos** Por exemplo, "Por que os funcionários optam por ficar ou deixar a empresa?". O Google foi capaz de antecipar quando um funcionário se sentiu subutilizado e se preparava para sair, reduzindo, assim, os custos de rotatividade.
- **Captação de talentos** Por exemplo, "Como é que as minhas necessidades da força de trabalho se adaptam às mudanças no ambiente de negócios?". Assim, as empresas de varejo podem utilizar modelos analíticos especiais para prever o volume diário de demanda na loja e liberar funcionários horistas mais cedo.

Quais são as auditorias de RH?

Gestores de recursos humanos muitas vezes coletam dados sobre questões como a rotatividade de funcionários e a segurança por meio de auditorias. Um conhecedor chama uma **auditoria de RH** de "uma análise pela qual uma organização mede onde atualmente se situa e determina o que precisa realizar para melhorar sua função de RH".[36] A auditoria de RH geralmente envolve a revisão da função de recursos humanos da empresa (recrutamento, testes, treinamento e assim por diante) utilizando uma lista de verificação, bem como assegurando que a empresa está coerente com os seus regulamentos, leis e políticas.

Na realização da auditoria de RH, os gestores muitas vezes comparam seus resultados com os de empresas semelhantes. Amostras (indicadores) podem incluir a relação dos profissionais de RH por funcionário da empresa. Auditorias de RH variam em escopo e foco. As áreas típicas auditadas incluem o seguinte.[37]

Auditoria de RH
Uma análise pela qual uma organização mede, situa e determina o que tem de realizar para melhorar sua função de RH.

1. Número de pessoas e funções que realizam (incluindo descrições de cargos e funcionários com dedicação exclusiva ou não).
2. Conformidade com a legislação federal, estadual e local relacionada com o emprego.
3. Recrutamento e seleção (incluindo a utilização de ferramentas de seleção, verificação de antecedentes etc.).
4. Compensação (políticas, incentivos, procedimentos de pesquisa etc.).
5. Relações trabalhistas (acordos sindicais, gestão de desempenho, procedimentos disciplinares, reconhecimento do empregado).
6. Benefícios obrigatórios (Previdência Social, seguro-desemprego, seguros por acidentes de trabalho etc.).
7. Benefícios de grupo (seguro, tempo de descanso, benefícios flexíveis etc.).
8. Folha de pagamento (cumprimento legal).
9. Documentação e manutenção de registros. Por exemplo, fazer com que os arquivos tenham informações, incluindo currículos e formulários, cartas de apresentação, descrições de cargos, avaliações de desempenho, formulários de inscrição em benefícios, avisos de mudança de folha de pagamento e documentação relacionada a ações de pessoal, como livro de anotações de reconhecimento ao funcionário.[38]
10. Treinamento e desenvolvimento (orientação de novos funcionários, desenvolvimento técnico e de segurança da força de trabalho, planejamento de carreira, e assim por diante).
11. Comunicações ao empregado (manual do trabalhador, boletim informativo, programas de reconhecimento).
12. Políticas e práticas de desligamento e de transição.

RH baseado em evidências e a maneira científica de fazer as coisas

Neste capítulo, vimos que a tomada de decisão com base em uma análise objetiva da situação é importante. Os gerentes têm um nome para isso: administração de recursos humanos baseada em evidências, o que significa usar dados, fatos, análises, rigor científico, avaliação crítica e estudos de investigação/casos avaliados criticamente para justificar propostas de administração de recursos humanos, decisões, práticas e conclusões.[39]

Você pode pensar que ser baseado em evidências é semelhante a ser científico, e se assim for, você está correto. Um recente artigo da *Harvard Business Review* argumenta ainda que os gerentes devem se tornar mais científicos e "pensar como cientistas" na tomada de decisões de negócios.[40]

COMO SER CIENTÍFICO Mas como os gerentes podem fazer isso? Aqui, mantenha várias questões em mente. Primeiro, na coleta de provas, os cientistas (ou gerentes) precisam ser *objetivos*, ou não há como confiar em suas conclusões. Por exemplo, uma escola médica aplicou medidas disciplinares em vários de seus professores. Esses médicos falharam por não revelar que estavam na folha de pagamento da empresa farmacêutica que forneceu os medicamentos, cujos resultados os médicos estavam estudando. Quem poderia confiar em sua objetividade ou em suas conclusões?

Para os gestores de empresas como a Sears e a Home Depot, ser "científico" é tomar decisões melhores, forçando os gestores a reunir os fatos. Por exemplo, "o nosso plano de incentivo de vendas para os funcionários realmente impulsiona as vendas?".

Fonte: Blend Images/Alamy

Ser científico também requer *experimentação*. Uma experiência é um teste do gestor que configura como garantir que ele entende as razões para os resultados obtidos. Por exemplo, em um artigo da *Harvard Business Review*, "um guia passo a passo para experimentos em pequenos negócios", os autores argumentam que, se você quer julgar o impacto de um novo plano de incentivo para os lucros das empresas, não pode começar por implementar o plano com todos os funcionários. Em vez disso, deve implementá-lo com um grupo "experimental" (que recebe o plano de incentivo), e com um grupo de "controle" (um grupo que não recebe o plano de incentivo). Isso irá ajudá-lo a avaliar se alguma melhoria de desempenho resultou do incentivo ou de alguma outra causa (como um novo programa de treinamento de toda a empresa).[41] E lhe permitirá *prever* como a alteração do plano de incentivo irá afetar o desempenho. Objetividade, experimentação e previsão são centrais no que significa ser científico.

Para os gestores, ser "científico" é tomar as melhores decisões a partir da associação de fatos. O problema é que o que é "intuitivamente óbvio" pode ser enganoso. "Será que esse plano de incentivo de vendas realmente vai aumentar as vendas?" "Nós gastamos US$ 40 mil nos últimos cinco anos em bolsas de estudo? O que (se alguma coisa) resultou disso?" Qual é a evidência?

Quais são os sistemas de trabalho de alto desempenho?

Sistema de trabalho de alto desempenho
Um conjunto de políticas e práticas de administração de recursos humanos que promova a eficácia organizacional.

Uma das razões para medir, avaliar e analisar cientificamente as práticas de administração de recursos humanos é promover práticas de trabalho de alto desempenho. Um **sistema de trabalho de alto desempenho** é um conjunto de políticas e práticas de administração de recursos humanos que, juntos, produzem um desempenho superior do empregado.

Quais são essas práticas? Um estudo analisou 17 fábricas, algumas das quais adotaram práticas do sistema de trabalho de alto desempenho. As unidades de alto rendimento pagavam mais (os salários médios de US$ 16 por hora, em comparação com US$ 13 por hora para todas as fábricas), treinavam mais, usando recrutamento e práticas de contratação mais sofisticadas (testes e entrevistas validadas, por exemplo) e tinham mais equipes de trabalho autogeridas. Aqueles com as práticas de RH de alto desempenho tinham resultados significativamente melhores do que aqueles sem tais práticas.[42] Eles enfatizam o serviço ao cliente, inclusive, as empresas de serviços (como hotéis), então ganham ainda mais por aderir a sistemas e práticas de trabalho de alto desempenho.[43]

Políticas e práticas de recursos humanos de alto desempenho

O que são exatamente essas práticas de trabalho de alto desempenho? Estudos mostram que as políticas e práticas dos sistemas de trabalho de alto desempenho diferem daqueles que são mais e os que são menos produtivos. A Tabela 3.1 ilustra isso. Por exemplo, em termos de práticas de RH, as empresas de alto desempenho recrutam mais candidatos a emprego, usam mais testes de seleção e gastam muito mais em horas de treinamento de funcionários.

A Tabela 3.1 ilustra quatro aspectos.

Primeiro, apresenta exemplos de **indicadores de recursos humanos**, como horas de treinamento por empregado ou candidatos qualificados por vaga (na Tabela 3.1, o indicador "Número de candidatos qualificados por vaga" é baseado em 37 empresas de alto desempenho). Gerentes usam esses indicadores para avaliar o desempenho de RH de suas empresas e para comparar o desempenho de uma empresa com o de outra.[44]

Indicadores de recursos humanos
Indicador quantitativo de uma atividade de administração de recursos humanos, como a rotatividade de funcionários, horas de treinamento por empregado ou candidatos qualificados por vaga.

TABELA 3.1 Exemplos selecionados a partir de diversos estudos sobre como recrutamento, seleção, treinamento, avaliação, remuneração e outras práticas diferem entre empresas de alto e de baixo desempenho.

	Médias de baixo desempenho de práticas de RH em companhias (desempenho da empresa, por exemplo, em termos de vendas/empregado, inovação e retenção de funcionários)*	Médias de alto desempenho de práticas de RH em companhias (desempenho da empresa, por exemplo, em termos de vendas/empregado, inovação e retenção de funcionários)*
Recrutamento: número médio de candidatos qualificados por vaga	8	37
Seleção: percentual médio de empregados contratados com base em um teste de seleção validado	4%	30%
Treinamento: número médio de horas de treinamento para novos funcionários	35 horas	117 horas
Avaliação: percentual médio de empregados que recebem avaliação de desempenho regular	41%	95%
Práticas de remuneração: porcentagem média da força de trabalho elegível para pagamento de incentivos	28%	84%
Uso de equipes: porcentagem média da força de trabalho que geralmente trabalha em equipes funcionais, transdisciplinares ou projetos semiautônomos	11%	42%
Equipes autogerenciáveis: percentual das empresas com equipes de trabalho semiautônomas ou autônomas	9%	70%
Compartilhamento de informação operacional: funcionários recebem informações relevantes sobre o desempenho operacional	62%	82%
Compartilhamento de informações financeiras: funcionários recebem informações necessárias sobre o desempenho financeiro	43%	66%

* Valores arredondados.
Fonte: baseado em "Comparison of HR Practices in High-Performance and Low-Performance Companies", de B. E. Becker et al., a partir de The HR Scorecard: Linking People, Strategy and Performance. Boston: Harvard Business School Press, 2001. Barry Macy, Gerard Farias, Jean-Francois Rosa e Curt Moore. "Built To Change: High-Performance Work Systems and Self-Directed Work Teams – A longitudinal Field Study". *Research in Organizational Change and Development*, v. 16, p. 339-418, 2007. James Gathrie, Wenchuan Liu, Patrick Flood e Sarah Maccurtain. "High Performance Work Systems, Workforce Productivity, and Innovation: A Comparison of MNCs and Indigenous Firms". The Learning, Innovation and Knowledge (LINK) Research Centre Working Paper Series, WP 04-08, 2008.

Em segundo lugar, ilustra o que os empregadores devem fazer para ter sistemas de alto desempenho. Por exemplo, contratar com base em testes de seleção validados e treinar os funcionários extensivamente.

Em terceiro lugar, a tabela mostra que as práticas de trabalho de alto desempenho geralmente aspiram a ajudar os trabalhadores a autogerir-se. Em outras palavras, a busca de tal recrutamento, seleção, treinamento e outras práticas de recursos humanos é fomentar uma força de trabalho competente e automotivada.[45]

Em quarto lugar, a Tabela 3.1 destaca as diferenças mensuráveis entre os sistemas de administração de recursos humanos em empresas de alto desempenho e de baixo desempenho. Por exemplo, as empresas de alto desempenho têm mais de quatro vezes o número de candidatos qualificados por vaga do que as de baixo desempenho.

Revisão

RESUMO

1. O planejamento estratégico é importante para todos os gestores. Decisões dos gestores sobre pessoal e outros assuntos devem ser compatíveis com os objetivos do plano estratégico global da empresa. Essas metas formam uma hierarquia, começando com os objetivos estratégicos globais do presidente (como dobrar o faturamento para US$ 16 milhões) e a filtragem do que cada gerente precisa fazer a fim de apoiar esse objetivo global da empresa.

2. Como cada gerente precisa tomar suas decisões no contexto dos planos da empresa, é importante que todos os gestores entendam o planejamento da gestão. O processo de planejamento de gestão inclui a fixação de objetivos, fazer previsões, determinar quais são suas alternativas, avaliar as alternativas e implementar e avaliar seu plano.

3. Novamente, porque todos os gestores operam no âmbito dos planos globais da empresa, é importante que todos os gestores se familiarizem com o processo de gestão estratégica.

    - Um plano estratégico é o plano da empresa para saber como irá lidar com as suas forças e fraquezas internas em relação a oportunidades e ameaças externas, a fim de manter uma vantagem competitiva. A estratégia é um curso de ação.
    - A gestão estratégica é o processo de identificar e executar o plano estratégico da organização. Passos básicos no processo de gestão estratégica incluem: a definição do negócio atual, realizando uma auditoria externa e interna; a definição de uma direção; a tradução da missão em objetivos estratégicos; a formulação de estratégias para atingir os objetivos estratégicos, táticas de execução; a avaliação do desempenho.
    - Distinguimos entre as estratégias corporativas, as competitivas e as de nível funcional. Estratégias corporativas incluem, entre outras, estratégias de diversificação, integração vertical, integração horizontal, expansão geográfica e consolidação. As principais estratégias competitivas incluem liderança de baixo custo, diferenciação e foco. Estratégias funcionais refletem as políticas departamentais específicas que são necessárias para a execução de estratégias competitivas da empresa.
    - Gerentes de departamento desempenham um papel importante no planejamento estratégico em termos de elaboração do plano estratégico, formulação de estratégias de apoio funcional/departamental e, é claro, na execução dos planos da empresa.

4. Cada função ou departamento da empresa precisa de sua própria estratégia funcional, e gestão estratégica de recursos humanos significa a formulação e execução de políticas e práticas de recursos humanos que geram as competências e comportamentos dos funcionários necessárias para que a empresa atinja seus objetivos estratégicos. Estratégias de recursos humanos são as políticas e práticas específicas de administração de recursos humanos que os gerentes usam para apoiar seus objetivos estratégicos. Ferramentas de gerenciamento importantes e estratégicas de recursos humanos populares incluem o mapa estratégico, o scorecard de RH e o dashboard.

5. O gerente vai querer coletar e analisar dados antes de tomar decisões. Um sistema de trabalho de alto desempenho é um conjunto de políticas e práticas de administração de recursos humanos que promovam a eficácia organizacional. Indicadores de recursos humanos (medidas quantitativas de algumas atividades de administração de recursos humanos, como a rotatividade de funcionários) são fundamentais para a criação de políticas e práticas de recursos humanos de alto desempenho. Isso é porque eles permitem que os gerentes comparem suas próprias práticas com as de organizações de referência, bem-sucedidas. Um sistema de trabalho de alto desempenho é um conjunto de políticas e práticas de administração de recursos humanos que produz um desempenho superior do empregado.

PALAVRAS-CHAVE

planejamento estratégico 47
estratégia 47
gestão estratégica 47
declaração de visão 49
declaração de missão 49
estratégia em nível corporativo 51
estratégia competitiva 51
vantagem competitiva 51
estratégias funcionais 52

administração estratégica de recursos humanos 52
mapa estratégico 54
scorecard de RH 55
dashboard 56
indicadores baseados em estratégia 58
auditoria de RH 60
sistema de trabalho de alto desempenho 61
indicadores de recursos humanos 62

QUESTÕES PARA DISCUSSÃO

1. Dê um exemplo da hierarquização do planejamento na organização.
2. Defina e dê pelo menos dois exemplos de liderança estratégia competitiva pelo custo e de estratégia competitiva de diferenciação.
3. O que é um sistema de trabalho de alto desempenho? Forneça vários exemplos específicos das práticas típicas de um sistema de trabalho de alto desempenho.
4. Explique por que o planejamento estratégico é importante para todos os gestores.
5. Explique com exemplos cada uma das sete etapas do processo de planejamento estratégico.
6. Liste com exemplos os principais tipos genéricos de estratégias corporativas e estratégias competitivas.
7. Defina a gestão estratégica de recursos humanos e dê um exemplo de gestão estratégica de recursos humanos na prática.

ATIVIDADES INDIVIDUAIS E EM GRUPOS

1. Com três ou quatro outros alunos, forme um grupo de gestão estratégica para sua faculdade ou universidade. Sua missão é desenvolver o esboço de um plano estratégico para a faculdade ou a universidade. Isso deve incluir aspectos como declarações de missão e visão, objetivos estratégicos e as estratégias corporativas, competitivas e funcionais. Ao preparar seu plano, certifique-se de mostrar os principais pontos fortes, pontos fracos, oportunidades e ameaças da instituição, e o que levou você a desenvolver os planos estratégicos específicos.
2. Usando os recursos da internet ou da biblioteca, analise os relatórios anuais de cinco empresas. Traga para a aula exemplos de como as empresas dizem que estão usando seus processos de RH para alcançar seus objetivos estratégicos.
3. Entreviste um gerente de RH e escreva um breve relato intitulado "os papéis estratégicos do gerente de RH da empresa XYZ".
4. Usando os recursos da internet ou biblioteca, traga para a aula e discuta pelo menos dois exemplos de como as empresas estão usando o scorecard de RH para ajudar a criar sistemas de RH que embasem os objetivos estratégicos da empresa. Todos os gestores parecem designar a mesma coisa quando se referem aos scorecards de RH? Como é que eles diferem?
5. Em equipes de vários alunos, escolham uma empresa para a qual você irá desenvolver o esboço de um plano estratégico de RH. O que parecem ser os principais objetivos estratégicos dessa empresa? Qual é a estratégia competitiva da empresa? Como seria o mapa estratégico da empresa? Como você resumiria as políticas estratégicas de RH recomendadas para essa empresa?

Exercícios de aplicação

ESTUDO DE CASO EM RH: Empresa de Limpeza Carter

O sistema de trabalho de alto desempenho

Como recém-formada e uma pessoa que se mantém a par das notícias sobre negócios, Jennifer está familiarizada com os benefícios de programas como gestão da qualidade total e sistemas de trabalho de alto desempenho.

Jack instalou, na verdade, um programa de qualidade total na Carter que está em vigor há cerca de cinco anos. Esse programa tem se estruturado durante reuniões de funcionários. Jack reúne empregados periodicamente, sobretudo quando existe um problema sério na loja, como um trabalho de má qualidade ou avarias nas máquinas. Quando surgem questões como essas, ele se encontra com todos os funcionários da loja em questão. Os funcionários horistas recebem remuneração extra para esses momentos. Os encontros têm sido úteis para ajudá-lo a identificar e a corrigir vários problemas. Por exemplo, em uma loja, todas as blusas brancas e finas estavam saindo sujas. Descobriu-se que quem realizava a lavagem tinha ignorado a regra da empresa de que a eliminação de percloroetileno das máquinas era necessária antes de lavagens de itens como esses. Como resultado, essas blusas brancas finas eram lavadas em fluido de limpeza que tinha resíduo de outras lavagens.

Jennifer ultimamente se pergunta se essas reuniões de funcionários devem ser expandidas para dar a eles um papel mais importante na gestão da qualidade das lojas Carter.

"Nós não podemos estar em todos os lugares vendo tudo o tempo todo", disse ela. "Sim, mas essas pessoas ganham apenas cerca de US$ 8 a US$ 15 por hora. Será que eles realmente querem agir como minigerentes?", respondeu Jack.

Perguntas

1. Você recomendaria aos Carter expandirem seu programa de qualidade? Se assim for, especificamente de que forma?
2. Suponha que os Carter queiram instituir um sistema de trabalho de alto desempenho, como um programa de testes em uma de suas lojas. Escreva um esboço de uma página resumindo importantes práticas de RH nas quais você acha que eles deveriam se concentrar.

Exercício vivencial — Desenvolvendo uma estratégia de RH para a Starbucks

Vários anos atrás, a Starbucks estava enfrentando sérios desafios. As vendas por loja estavam estagnadas ou em declínio, e sua taxa de crescimento e rentabilidade caíram. Muitos acreditavam que a introdução de almoço tinha desviado seus baristas de suas funções tradicionais como especialistas de preparação de café. O McDonald's e o Dunkin' Donuts foram introduzindo cafés de alta qualidade e ainda com menor preço. Um ex-CEO da Starbucks voltou para a empresa e assumiu seu antigo cargo. Você precisa ajudá-lo a formular um novo rumo para a sua empresa.

Objetivo: o objetivo desse exercício é dar-lhe experiência no desenvolvimento de uma estratégia de RH, nesse caso, por meio do desenvolvimento de uma Starbucks.

Entendimento necessário: você deve estar totalmente familiarizado com o material deste capítulo.

Instruções: criar grupos de três ou quatro alunos para esse exercício. Reúnam-se em grupos e desenvolvam um esboço de uma estratégia de RH para a Starbucks. Seu esboço deve incluir quatro elementos básicos: a estratégia básica de negócios/competitiva para a Starbucks, requisitos de força de trabalho (em termos de competências e comportamentos dos funcionários), essa estratégia exige políticas específicas de RH e as atividades necessárias para produzir esses requisitos da força de trabalho, além de sugestões de indicadores para medir o sucesso da estratégia de RH.

Apêndice:
Conceitos básicos de orçamento

INTRODUÇÃO

A formulação de uma estratégia e o estabelecimento de uma hierarquia de objetivos fornece apenas o esqueleto de um plano para os gestores da empresa. Na prática, o gestor irá traduzir essas metas e planos em termos financeiros. São geralmente aquelas manifestações financeiras dos planos de base que fornecem orientação real do dia a dia dos gestores. Além disso, a diretoria espera que todos os gestores defendam seus planos em termos financeiros. Portanto, os gestores (incluindo gestores de recursos humanos) podem fazer seu trabalho ou (para citar a Base de Conhecimento HRCI) "Participar como um parceiro que contribui para processo de planejamento estratégico da organização", sem compreender o orçamento.

A base de conhecimento HRCI reconhece isso. Ela lista o "conhecimento de conceitos orçamentários e contábeis", "desenvolver e gerenciar o orçamento de RH de uma forma consistente com os objetivos estratégicos da organização, metas e valores" e "fornecer informações para o desenvolvimento e o acompanhamento do orçamento global da organização". Esse apêndice, portanto, apresenta um breve resumo do processo orçamentário.

O processo orçamentário básico

Orçamentos são expressões financeiras formais dos planos de um gerente. Eles mostram metas para coisas como vendas, custos de materiais, níveis de produção e lucro, expressos em dólares. Essas metas previstas são as referências que o gerente compara e controla do seu desempenho financeiro real ou de sua unidade. O primeiro passo na elaboração de orçamentos em geral é desenvolver uma previsão de vendas e orçamento de vendas. O orçamento de vendas mostra a atividade de vendas prevista para cada período (geralmente em unidades mensais) e a receita esperada com as vendas.

O gerente pode então produzir vários orçamentos operacionais. Orçamentos operacionais mostram as vendas esperadas e/ou despesas de cada um dos departamentos da empresa para o período de planejamento em questão. Por exemplo, o orçamento operacional do departamento de máquinas mostra o que a empresa pretende passar para os materiais, mão de obra, energia elétrica, e assim por diante, a fim de cumprir as exigências do orçamento de vendas (veja a Figura 3A.1). Cada gerente, do superior de primeira linha ao gerente de RH e ao presidente da empresa, geralmente tem um orçamento operacional para usar como padrão de desempenho.

O gerente, então, combina todos esses orçamentos operacionais departamentais em um plano de lucro para o ano seguinte. Esse plano de lucro é o resultado orçado (ou resultado pro forma). Ele mostra as vendas empresariais esperadas, despesas esperadas e as receitas previstas ou lucro para o ano. Na prática, o caixa de vendas geralmente não flui para a empresa de modo a coincidir precisamente com pagamentos em dinheiro. (Alguns clientes podem ter 35 dias para pagar suas contas, por exemplo, mas os funcionários esperam os salários a cada semana.) O orçamento de caixa ou plano mostra, para cada mês, a quantidade de dinheiro que a empresa pode esperar receber e o valor que pode esperar de inadimplência. O gerente pode usá-lo para antecipar suas necessidades de caixa e usá-lo para empréstimos de curto prazo, se necessário.

A empresa também terá um balanço patrimonial orçado. O balanço mostra a gerentes, proprietários e credores a projeção financeira orçada da empresa para o final do ano. Ele mostra ativos (como dinheiro e equipamentos), passivos (como a dívida de longo prazo) e patrimônio líquido (o excesso de ativos em relação a outros passivos).

Os contadores da empresa compilam as informações financeiras e remetem para os gerentes apropriados. Como na Figura 3A.2, o relatório de desempenho resultante mostra as metas orçadas ou planejadas. Na sequência desses números, mostra números reais de desempenho do departamento. Variações mostram diferenças entre os valores orçados e os reais. O relatório pode proporcionar um espaço para o gerente explicar as diferenças. Depois de analisar o relatório de desempenho, a gestão pode tomar uma ação corretiva.

Contadores também auditam periodicamente as demonstrações financeiras da empresa. Uma auditoria é um processo sistemático que envolve três etapas: (1) visa obter e avaliar evidências sobre o desempenho da empresa, (2) julgar a exatidão e validade dos dados, e (3) comunicar os resultados aos usuários interessados, como o conselho de administração e os bancos da empresa. O objetivo da auditoria é se certificar que as demonstrações financeiras da empresa refletem com precisão seu desempenho.

Análises de relação e retorno do investimento

Os gerentes também usam a análise de índice financeiro para diagnosticar o desempenho e manter o controle. Índices financeiros comparam uma medida financeira em um demonstrativo financeiro para outro. A taxa de retorno sobre o investimento (RSI) é uma assim. A RSI[II] é igual ao lucro líquido dividido pelo investimento total, que é um indicador de desempenho geral da empresa. Em vez de medir o lucro líquido como um valor absoluto, ele mostra o lucro em relação ao investimento total no negócio. Isso é muitas vezes mais didático. Por exemplo, um lucro de US$ 1 milhão é mais impressionante com um investimento de US$ 10 milhões do que com um investimento de US$ 100 milhões. A Figura 3A.3 lista alguns índices financeiros.

Orçamento em operação para um departamento de maquinaria, junho de 2012	
Gastos	**Orçamento**
Mão de obra	$ 2.107
Estoque	$ 3.826
Manutenção	$ 402
Despesas gerais (eletricidade etc.)	$ 500
Total dos gastos	$ 6.835

FIGURA 3A.1 Exemplo de um orçamento.

Relatório de desempenho para um departamento de maquinaria, junho de 2012				
	Orçamento	**Real**	**Variação**	**Explicação**
Mão de obra	$ 2.107	$ 2.480	Acima de $ 373	Foi necessário colocar funcionários em horário extra. Perda de um lote de material.
Estoque	$ 3.826	$ 4.200	Acima de $ 374	
Manutenção	$ 402	$ 150	Abaixo de $ 252	
Despesas gerais (eletricidade etc.)	$ 500	$ 500	0	
Total	$ 6.835	$ 7.330	Acima de $ 495	

FIGURA 3A.2 Exemplo de um relatório de desempenho.

[II] N. do R.T.: RSI é conhecido no Brasil por ROI (*return on investment*).

FIGURA 3A.3 Índices financeiros amplamente utilizados.

Índice	Fórmula	Diretriz industrial (para fins ilustrativos)
1. Índices de liquidez (medição da capacidade da empresa de encontrar suas obrigações de curto prazo)		
Índice atual	ativos correntes / passivos correntes	2,6
Índice de liquidez imediata	dinheiro e equivalente / passivo corrente	1,0
Velocidade de dinheiro	vendas / dinheiro e equivalente	12 vezes
Inventário para capital de giro líquido	inventário / (ativos correntes − passivos correntes)	85%
2. Índices de alavancagem (medição das contribuições financeiras pelos proprietários comparadas com o financiamento proporcionado por credores)		
Débito para equidade	débito total / valor líquido	56%
Cobertura de encargos fixos	rendimento líquido antes de encargos fixos / encargos fixos	6 vezes
Passivo corrente para valor líquido	passivo corrente / valor líquido	32%
Ativos fixos para valor líquido	ativos fixos / valor líquido	60%
3. Índices de atividades (mede a efetividade do emprego de recursos)		
Rotatividade de inventário	vendas / inventário	7 vezes
Rotatividade de capital de giro	vendas / capital de giro	5 vezes
Rotatividade de ativos fixos	vendas / ativos fixos	6 vezes
Recolhimento médio do período	recebíveis / Vendas médias por dia	20 dias
Rotatividade de capital próprio	vendas / valor líquido	3 vezes
Rotatividade de capital total	vendas / ativos totais	2 vezes
4. Índices de rentabilidade (indicação do grau de sucesso no alcance de níveis de lucro desejado)		
Margem bruta de operação	lucro bruto de operação / vendas	30%
Margem líquida de operação	lucro líquido de operação / vendas	6,5%
Margem de vendas (lucro)	lucro líquido com taxas descontadas / vendas	3,2%
Produtividade de ativos	rendimento bruto − taxas / ativos totais	10%
Retorno de investimento	lucro líquido com taxas descontadas / investimentos totais	7,5%
Lucro líquido em capital de giro	lucro de operação líquido / capital de giro líquido	14,5%

Centros de responsabilidade financeira

Na maioria das empresas, alguns ou a maioria dos gerentes é responsável por conjuntos específicos de metas financeiras. Isso torna mais fácil para a alta gerência avaliar o desempenho de cada gestor. Também torna mais fácil para o gerente ver como a empresa irá avaliar seu desempenho. Quando o gestor tem um orçamento operacional vinculado a metas específicas de desempenho financeiro, dizemos que o gerente é responsável por um centro de responsabilidade financeira. Centros de responsabilidade financeiras são unidades que são responsáveis e medidas por um conjunto específico de atividades financeiras.

Existem vários tipos. Centros de lucro são centros de responsabilidade cujos gestores a empresa considera responsáveis pelo lucro. (O lucro é uma medida da diferença entre as receitas geradas e os custos de geração dessas receitas.) Centros de lucros são centros de responsabilidade, cujos gestores são responsáveis pela geração de receitas. Assim, as empresas geralmente medem o desempenho dos gerentes de vendas em termos de vendas produzidas por seus centros de receitas/departamentos. Gerentes de centros de despesa são responsáveis pela realização de seus objetivos dentro de um alvo predefinido de despesas. O departamento de recursos humanos é geralmente um centro de custo, embora (como já vimos) transite para o status de centro de lucro.

Planejamento de pessoal

Como o gerente sabe quanto dinheiro ele deve orçar para o funcionamento do departamento de RH e pessoal da empresa? Há muitas considerações. O serviço de benchmarking de capital humano da SHRM (Society for Human Resource Management) fornece dados comparativos de despesas de RH. Em seguida, os planos estratégicos e a contratação são fatores de consideração. As projeções de vendas vão se traduzir em um plano de contratação de pessoal. Por exemplo, o número projetado de clientes de uma empresa de consultoria vai ajudar a determinar quantos consultores são necessários em cada fase do plano. A Figura 3A.4 resume um plano de remuneração de pessoal. (Alguns gestores acompanham isso com um cronograma que mostra cargos específicos para os quais eles estarão contratando e quando.) Além disso, o gerente de recursos humanos, nos EUA, também vai incluir no seu plano diversas outras formas, como o treinamento esperado, segurança especial, e os esforços de conformidade com a EEOC (Equal Employment Opportunity Commission – Comissão de Oportunidades Iguais de Emprego).[III]

PESSOAL	2012	2013	2014
Parceiro	$ 144.000	$ 175.000	$ 200.000
Consultores	$ 0	$ 50.000	$ 63.000
Editorial/gráfico	$ 18.000	$ 22.000	$ 26.000
VP de marketing	$ 20.000	$ 50.000	$ 55.000
Vendedores	$ 0	$ 30.000	$ 33.000
Gerente executivo	$ 7.500	$ 30.000	$ 33.000
Secretariado	$ 5.250	$ 20.000	$ 22.000
Folha de pagamento total	$ 194.750	$ 377.000	$ 432.000
Contagem total	7	14	16
Benefícios extras	$ 27.265	$ 52.780	$ 60.480
Despesas totais da folha de pagamento	$ 222.015	$ 429.780	$ 492.480

FIGURA 3A.4 Plano salarial de pessoal.

Estudo de caso brasileiro

Empresas de TI vão ao mercado em busca de novos talentos

A falta de mão de obra especializada no Brasil não é característica exclusiva do setor de engenharia. Pouco explorado no País, o segmento de segurança da informação passa pelo mesmo problema. O mercado de TI (tecnologia da informação), em geral, detém mais vagas do que profissionais capacitados para ocupá-las.

"Tecnologia da informação sempre foi e será uma área muito especializada. O surgimento de novas tecnologias força os profissionais dessa área, assim como as empresas, a buscar ciclos de reciclagem de forma constante. Na área de segurança não seria diferente, e avalio ser ainda mais complexa, dado o avanço das tecnologias, assim como a habilidade de pessoas que buscam a fraude", afirma o presidente da True Access Consulting, Pedro Goyn.

Segundo ele, a situação obriga as empresas a enfrentar três grandes desafios para se manter no cenário

---

[III] N. do R.T.: EEOC corresponde, no Brasil, à Comissão Tripartite de Igualdade de Oportunidades e de Tratamento de Gênero e Raça no trabalho, do MTE.

comercial tecnológico: capacitação, retenção e reciclagem de profissionais.

O mercado nacional passa por obstáculos para contratar de forma robusta profissionais qualificados. Os bons funcionários já estão empregados e caracterizam-se por não mudarem facilmente de emprego.

Fora isso, a especialização tem um peso substancial entre as empresas. Com a disputa de mercado, quanto maior o conhecimento, mais altos os salários. "Entramos aí na balança do custo e benefício; se o profissional é bom, as empresas, sem dúvida, irão pagar um valor alto por ele", observa Goyn.

Existem poucos cursos superiores de qualidade que, de fato, capacitem o profissional em segurança da informação com excelência. Os preceitos básicos desse profissional consistem em formação em TI e cursos superiores, como é o caso de engenharia de sistemas, engenharia da computação, análise de dados, entre outros.

Fonte: *Uol Economia*. Disponível em: <http://www.techoje.com.br/site/techoje/categoria/detalhe_artigo/1026>. Acesso em: 30 maio 2014.

Perguntas

1. Em meio a esse cenário, que fontes de recrutamento você utilizaria para a contratação dos melhores profissionais disponíveis no mercado de TI?
2. Que tipos de método deveriam ser utilizados para a contratação de um trainee para a área de TI? E para um gestor com mais experiência?
3. Que estratégias deveriam ser utilizadas para a atração e manutenção daqueles profissionais?
4. Indique os principais requisitos para um candidato nessa área e que deveriam ser observados no processo seletivo.

Notas

1. Michael Hargis e Don Bradley III, "Strategic Human Resource Management in Small and Growing Firms: Aligning Valuable Resources". *Academy of Strategic Management Journal* 10, n. 2, jul. 2011, p. 105-126.
2. "Meet the Zappos Family: Human Resources", de Zappos website. Copyright © 1999-2012 by Zappos.com, Inc. Reproduzido com permissão.
3. Disponível em: <http://www.weknownext.com/workplace/delivering-hr-at-zappos-hr-magazine-june-2011>. Acesso em: 23 ago. 2012.
4. Para uma boa discussão sobre alinhamento de objetivos, veja, por exemplo, Eric Krell, "Change Within", *HR Magazine*, ago. 2011. p. 43-50.
5. *The Hiring, Firing (And Everything in Between) Personnel Forms Book*, de James Jenks. Publicado em 1994.
6. Thomas Wheelen e J. David Hunger, *Strategic Management and Business Policy*. Upper Saddle River, NJ: Pearson Education, 2010, p. 142-143.
7. Veja, por exemplo, Fred David, *Strategic Management*. Upper Saddle River, NJ: Prentice Hall, 2007, p. 11.
8. Tony Bingham e Pat Galagan, "Doing Good While Doing Well", *Training & Development*, jun. 2008, p. 33.
9. <www.checkmateplan.com>. Acesso em: 24 abr. 2009.
10. Paul Nutt, "Making Strategic Choices". *Journal of Management Studies*, jan. 2002, p. 67-96.
11. Peter Coy, "A Renaissance in U.S. Manufacturing". *Bloomberg Businessweek*, 9-15 maio 2011, p. 11-13.
12. Michael Porter, *Competitive Strategy*. New York: The Free Press, 1980, p. 14. Veja também Chris Zook e James Allen. "The Great Repeatable Business Model". *Harvard Business Review*, nov. 2011, p. 107-112.
13. Andy Cook, "Make Sure You Get a Prenup". *European Venture Capital Journal*, dez./jan. 2007, p. 76.
14. Disponível em: <www.towersperrin.com>. Acesso em: 4 dez. 2007. Veja também Ingmar Bjorkman, "The HR Function in Large-Scale Mergers and Acquisitions: The Case of Nordea", *Personnel Review* 35, n. 6, 2006, p. 654-671; Elina Antila e Anne Kakkonen, "Factors Affecting the Role of HR Managers in International Mergers and Acquisitions: A Multiple Case Study", *Personnel Review* 37, n. 3, 2008, p. 280-299; Linda Tepedino e Muriel Watkins, "Be a Master of Mergers and Acquisitions", *HR Magazine*, jun. 2010, p. 53-56. Veja também Yaakov Weber e Yitzak Fried, "Guest Editor's Note: The Role of HR Practices in Managing Culture Clash During the Post Merger Integration Process", *Human Resource Management* 50, n. 5, set./out. 2011, p. 565.
15. Parafraseado de "HR Services, Service Offerings: Mergers, Acquisitions and Restructuring". Disponível em: <www.towersperrin.com>. Acesso em: 4 dez. 2007.
16. Veja, por exemplo, Evan Offstein, Devi Gnyawali e Anthony Cobb, "A Strategic Human Resource Perspective of Firm Competitive Behavior", *Human Resource Management Review* 15, 2005, p. 305-318.
17. Brian Hults, "Integrate HR with Operating Strategy", *HR Magazine*, out. 2011, p. 54-56.
18. Arthur Yeung, "Setting Up for Success: How the Portman Ritz-Carlton Hotel Gets the Best from Its People", *Human Resource Management* 45, n. 2, verão 2006, p. 67-75.
19. Paul Buller e Glenn McEvoy, "Strategy, Human Resource Management and Performance: Sharpening Line of Sight", *Human Resource Management Review* 22, 2012, p. 43-56.
20. Os gestores podem acessar mapas estratégicos de suas empresas, enquanto em funcionamento. Eles conseguem usar o Enterprise ActiveStrategy da Companhia ActiveStrategy para criar e automatizar seus mapas estratégicos, e para acessá-los por meio do iPhone ou de dispositivos semelhantes. Disponível em: <www.activestrategy.com/solutions/strategy_mapping.aspx>. Acesso em: 24 mar. 2009.
21. Quando se concentra em atividades de RH, os gestores chamam isso de um scorecard de RH. Ao aplicar o mesmo processo de forma ampla para todas as atividades da empresa, incluindo, por exemplo, vendas, produção e finanças, os gestores chamam de "processo de balanced scorecard".
22. A ideia para o scorecard de RH deriva de uma ferramenta de medição mais ampla que os gestores chamam de "balanced scorecard". Ele é aplicado para a empresa como um todo, como o scorecard de RH para o RH, sintetizando o impacto de várias funções, incluindo administração de recursos humanos, vendas, produção e distribuição. O "equilíbrio" no balanced scorecard refere-se a um equilíbrio de objetivos financeiros e não financeiros.
23. Veja, por exemplo, "Using HR Performance Metrics to Optimize Operations and Profits", *PR Newswire*, 27 fev. 2008; e "How to 'Make Over' Your HR Metrics," *HR Focus* 84, n. 9, set. 2007, p. 3.

24. SHRM Human Capital Benchmarking Study: 2007 Executive Summary.
25. Para informações adicionais sobre indicadores em RH veja, por exemplo, Karen M. Kroll, "Repurposing Metrics for HR: HR Professionals Are Looking Through a People-Focused Lens at the CFO's Metrics on Revenue and Income per FTE", *HR Magazine* 51, n. 7, jul. 2006, p. 64-69; e <http://shrm.org/metrics/library_publishedover/measurementsystemsTOC.asp>. Acesso em: 2 fev. 2008.
26. Veja, por exemplo, "Benchmarking for Functional HR Metrics", *HR Focus* 83, n. 11, nov. 2006, p. 1; e John Sullivan, "The Last Word", *Workforce Management*, 19 nov. 2007, p. 42. SHRM disponibiliza calculadoras de indicadores em <http://www.shrm.org/TemplatesTools/Samples/Metrics/Pages/GeneralHumanResources.aspx>. Acesso em: 6 out. 2012.
27. Veja Brian Becker e Mark Huselid, "Measuring HR? Benchmarking Is Not the Answer!". *HR Magazine* 8, n. 12, dez. 2003. Disponível em: <www.charmed.org>. Acesso em: 2 fev. 2008.
28. Ibid.
29. Ed Frauenheim, "Keeping Score with Analytics Software", *Workforce Management* 86, n. 10, 21 maio 2007, p. 25-33.
30. Steven Baker, "Data Mining Moves to Human Resources", *Bloomberg Businessweek*, 12 mar. 2009. Disponível em: <www.businessweek.com/magazine/>. Acesso em: 13 abr. 2011.
31. Ibid.
32. Ed Frauenheim, "Numbers Game", *Workforce Management* 90, n. 3, mar. 2011, p. 21.
33. George Marakas, *Decision Support Systems*, Upper Saddle River, NJ: Prentice-Hall, 2003, p. 326.
34. Thomas Davenport, Jeanne Harris e Jeremy Shapiro, "Competing on Talent Analytics". *Harvard Business Review*, out. 2010, p. 52-58.
35. Ibid., p. 54.
36. Lin Grensing-Pophal, "HR Audits: Know the Market, Land Assignments", SHRM Consultants Forum, dez. 2004. Disponível em: <www.shrm.org/hrdisciplines/consultants/Articles/Pages/CMS_010705.aspx>. Acesso em: 7 jul. 2010.
37. Grensing-Pophal, "HR Audits: Know the Market, Land Assignments" e Bill Coy, "Introduction to The Human Resources Audit", La Piana Associates, Inc., <www.lapiana.org/consulting>. Acesso em: 1 maio 2008.
38. Dana R. Scott, "Conducting a Human Resources Audit", *New Hampshire Business Review*, ago. 2007. Veja também Eric Krell, "Auditing Your HR Department". *HR Magazine*, set. 2011, p. 101-103.
39. Veja, por exemplo, <http://www.personneltoday.com/blogs/hcglobal-human-capital-management/2009/02/theres-no-such-thing-as-eviden.html>. Acesso em: 2 out. 2012.
40. Eric Anderson e Duncan Simester, "A Step-by-Step Guide to Smart Business Experiments". *Harvard Business Review*, mar. 2011, p. 98-105.
41. Ibid.
42. Disponível em: <www.bls.gov/opub/ted/2006/may/wk2/art01.htm>. Acesso em: 18 abr. 2009; "Super Human Resources Practices Result in Better Overall Performance, Report Says", *BNA Bulletin to Management*, 26 ago. 2004, p. 273-274. Veja também Wendy Boswell, "Aligning Employees with the Organization's Strategic Objectives: Out of Line of Sight, Out of Mind", *International Journal of Human Resource Management* 17, n. 9, set. 2006, p. 1014-1041. Um estudo descobriu que alguns empregadores, intencionalmente, fizeram uma abordagem de baixo custo para práticas de recursos humanos, o que os pesquisadores chamaram de minimizadores de custos, com resultados mistos. Veja também Min Toh et al., "Human Resource Configurations: Investigating Fit with the Organizational Context", *Journal of Applied Psychology* 93, n. 4, 2008, p. 864-882.
43. Samuel Aryee et al., "Impact of High Performance Work Systems on Individual - and Branch - Level Performance: Test of a Multilevel Model of Intermediate Linkages", *Journal of Applied Psychology* 97, n. 2, 2012, p. 287-300.
44. Veja, por exemplo, <http://www.personneltoday.com/blogs/hcglobal-human-capital-management/2009/02/theres-no-such-thing-as-eviden.html>. Acesso em: 2 out. 2012.
45. Veja, por exemplo, J.G. Messersmith, "Unlocking the black box: - exploring the link between high-performance work systems and performance", *Human Resource Management International Digest* 20, n. 3, 2012, p. 1118-1132.

PARTE 2 EQUIPES DE TRABALHO: DESCRIÇÃO DE CARGOS E ALOCAÇÃO DE PESSOAL

ONDE ESTAMOS AGORA:

A Parte 1, *Introdução*, mostrou o que é a administração de recursos humanos, os direitos e deveres trabalhistas básicos que regem as práticas da gestão, e os conceitos e métodos de administração estratégica de recursos humanos. Agora, veremos como realmente gerir os recursos humanos, como aplicar os conceitos básicos. Geralmente, o primeiro passo é a descrição de cada cargo e, em seguida, recrutamento e seleção de novos funcionários.

A Parte 2, *Equipes de trabalho: descrição de cargos e alocação de pessoal*, abrangerá:

- Capítulo 4, "Recrutamento: análise e descrição de cargos, gestão de talentos"
- Capítulo 5, "Planejamento de pessoal e recrutamento"
- Capítulo 6, "Seleção de funcionários"

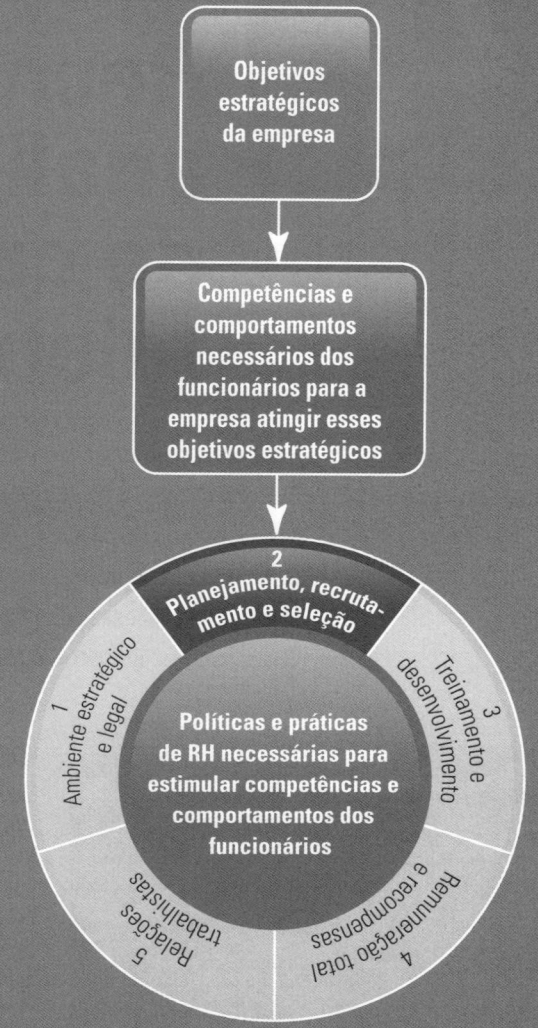

Os conceitos e técnicas que serão abordados na Parte 2 têm papel fundamental na administração estratégica de recursos humanos. Como vemos acima, no modelo de estratégia de RH, a administração estratégica de recursos humanos significa formulação e execução de políticas e práticas que estimulam competências e comportamentos dos funcionários para que a empresa atinja seus objetivos estratégicos de recursos humanos. Comprovaremos que essas competências e comportamentos necessários decorrem da definição do que está envolvido em cada trabalho (descrição e análise de cargos), do recrutamento de candidatos com grande potencial e da seleção do melhor deles. Na Parte 3, analisaremos como treinar e desenvolver esses funcionários.

4 Recrutamento: análise e descrição de cargos, gestão de talentos

Neste capítulo, vamos abordar...

Processo de gestão de talentos
Fundamentos da análise de cargos
Métodos de coleta de informações para análise de cargos
Descrição de cargos
Descrição das especificações de cargos
Utilização de modelos e perfis em gestão de talentos

Objetivos de aprendizagem

Quando terminar o estudo deste capítulo, você será capaz de:
1. Explicar a importância da gestão de talentos.
2. Explicar a análise de cargos, incluindo o que significa e como funciona na prática.
3. Usar pelo menos três métodos de coleta de informações para análise de cargos, incluindo entrevistas, questionários e pesquisas.
4. Registrar as descrições de cargos, com resumos e funções de trabalho, utilizando a internet e os métodos tradicionais.
5. Identificar as funções essenciais de um cargo.
6. Registrar o perfil necessário para o cargo.

Fonte: Jim West/Alamy

Introdução

Os gerentes da Daimler-Benz, nos EUA, enfrentaram um dilema antes de abrir sua nova fábrica no Alabama. Não podiam contratar, treinar ou remunerar os trabalhadores, sem que soubessem, exatamente, qual seria o trabalho de cada funcionário. Nesta unidade, as equipes autogerenciáveis montariam os veículos, e as funções de cada empregado poderiam, portanto, mudar a cada dia. Como é possível listar as atividades de cada um quando há tanta mudança?

OBJETIVO DE APRENDIZAGEM 1
Explicar a importância da gestão de talentos.

O processo de gestão de talentos

Este é um capítulo, entre os das partes 2, 3 e 4 do livro, que traz o essencial sobre gerenciamento de recursos humanos, incluindo recrutamento, seleção, treinamento, avaliação, planejamento de carreira e remuneração.

Comumente, esses processos de gerenciamento de recursos humanos são vistos em etapas:

1. Decida quais vagas preencher, por meio de *análise de funções, planejamento de pessoal e previsão de pessoal.*
2. Organize um banco de dados de candidatos a emprego, por meio de *recrutamento* interno ou externo.
3. Tenha *formulários de inscrição* completos dos candidatos e, quando possível, faça entrevistas iniciais de triagem.
4. Use *ferramentas de seleção* como testes, entrevistas, verificação de antecedentes e exames físicos, para identificar candidatos viáveis.
5. Decida a quem *fazer uma oferta de* vaga.
6. *Oriente, treine e desenvolva os funcionários* para ter as competências de que necessitam, para a realização do trabalho.
7. *Avalie os funcionários* para verificar como está o desempenho de cada um.
8. *Recompense e remunere* os funcionários para manter a motivação.

A sequência das etapas faz sentido. Por exemplo, o empregador precisa de candidatos a emprego antes de escolher quem contratar. No entanto, o passo a passo tende a ocultar o quanto as etapas estão interligadas. Por exemplo, os empregadores não treinam os funcionários apenas para avaliar seu desempenho nas funções, a avaliação também direciona ao melhor treinamento. Portanto, os empregadores consideram cada vez mais todas essas atividades como parte de um único processo integrado de *gestão de talentos*.[1]

O que é gestão de talentos?

Gestão de talentos Processo integrado e orientado por metas de planejamento, recrutamento, desenvolvimento, gestão, bônus e remuneração de funcionários.

Gestão de talentos é o processo integrado e orientado por metas, que inclui planejamento, recrutamento, desenvolvimento, gestão, bônus e remuneração de funcionários.[2] Quando um gerente tem uma perspectiva de gestão de talentos, ele:

1. **Entende que as tarefas de gestão de talentos** (recrutamento, treinamento e remuneração de funcionários) são partes de um único processo com etapas interligadas. Por exemplo, ter funcionários com as competências adequadas depende tanto de recrutamento, treinamento e remuneração como dos testes de candidatos.
2. **Garante que decisões de gestão de talentos, como formação de equipes de trabalho, treinamento e salários sejam direcionados por metas.** Os gestores devem sempre questionar: "Quais processos seletivos, testes ou outras ações devem ser providenciadas para estimular as competências necessárias a fim de alcançar nossos objetivos estratégicos?"
3. **Usa o mesmo "perfil" de competências, características, conhecimentos e experiências, tanto para formulação de um plano de recrutamento quanto para seleção, treinamento, avaliação e decisões sobre remuneração.** Por exemplo, perguntas na entrevista de seleção, para determinar se o candidato tem os conhecimentos e habilidades necessários ao trabalho, podem indicar se ele mostra o domínio desses conhecimentos e habilidades, podendo ser parâmetros para treinar e avaliar o empregado.
4. **Segmenta e gerencia funcionários.** A abordagem de gestão de talentos requer que os empregadores gerenciem proativamente o recrutamento, a seleção, o desenvolvimento e as recompensas dos seus empregados. Por exemplo, os empregadores identificam seus funcionários "essenciais" e, em seguida, gerenciam o desenvolvimento e as bonificações separadamente dos de outros funcionários das empresas.
5. **Integra e coordena todas as funções de gestão de talentos.** Em resumo, um processo eficaz de gestão de talentos integra as atividades básicas da gestão, como recrutamento, desenvolvimento e bonificação de funcionários. Gestores de RH podem reunir-se com sua equipe para analisar e discutir como coordenar avaliações e treinamentos (por exemplo, se certificando de que a empresa usa o mesmo perfil de competências para recrutar, selecionar, treinar e avaliar os funcionários para um trabalho em particular). Também podem usar a tecnologia da informação para integrar essas atividades. Muitas empresas disponibilizam soluções de gestão de talentos informatizadas, como: e-recrutamento, gestão de desempenho do funcionário, gestão de aprendizagem e gestão de bonificação. Esse conjunto de programas garante que "todos os níveis da organização estejam alinhados, todos trabalhando para os mesmos objetivos".[3]

Parte 2 Equipes de trabalho: descrição de cargos e alocação de pessoal

> **OBJETIVO DE APRENDIZAGEM 2**
> Explicar a análise de cargos, incluindo o que significa e como funciona na prática.

Análise de cargos
Procedimento para a determinação dos requisitos e competências necessárias para a realização de um trabalho e do perfil da pessoa que deve ser contratada.

Descrição de cargos
Detalhamento de requisitos, responsabilidades, relações de subordinação, condições de trabalho e responsabilidades de supervisão – resultante da análise de cargos.

Especificações de cargos
Detalhamento das "necessidades humanas", treinamento necessário, habilidades, perfil, e assim por diante – também resultante da análise de cargos.

Os fundamentos da análise de cargos

Gestão de talentos começa com a compreensão de quais vagas precisam ser preenchidas, e qual perfil e quais competências os funcionários precisam ter para realizar esses trabalhos de maneira eficaz.

Análise de cargos é o procedimento por meio do qual você determina as atribuições dos cargos que está analisando e as características das pessoas que serão contratadas para eles.[4] A análise de cargos produz informações para as **descrições de cargos** (uma lista de tarefas envolvidas no trabalho) e as **especificações de cargos** (perfil adequado para sua realização, isto é, qual "tipo" de pessoa contratar para o trabalho). Praticamente todas as ações relacionadas a gestão de pessoas e talentos (entrevista de candidatos, treinamento e avaliação dos funcionários, por exemplo) dependem de uma visão clara das especificações do trabalho e quais características e habilidades são necessárias para realizá-lo de maneira satisfatória.[5]

O gestor ou especialista em recursos humanos normalmente faz o levantamento de uma ou mais das seguintes informações, por meio da análise de cargos:

- **Atividades do cargo** Primeiro, recolhe informações sobre as atividades do trabalho em si: limpeza, venda, ensino ou pintura. Essa lista também pode incluir como, por que e quando o trabalhador executa cada atividade.
- **Perfil pessoal** Informações sobre as características pessoais que o trabalho exige: percepção, comunicação e condicionamento físico (para levantar peso ou caminhar longas distâncias).
- **Máquinas, ferramentas, equipamentos e recursos de trabalho** Informações sobre as ferramentas utilizadas, os materiais processados, o conhecimento tratado ou aplicado (como finanças ou leis) e a prestação de serviços (como aconselhamento ou solução de problemas).
- **Padrões de desempenho** Informações sobre o desempenho esperado (em termos de níveis de qualidade e produção para cada atividade, por exemplo).
- **Contexto de trabalho** Informações sobre condições de trabalho, horário de trabalho, incentivos e, por exemplo, o número de pessoas com quem o empregado normalmente interage.
- **Competências** Informações como conhecimentos ou habilidades (educação, formação e experiência profissional) e atributos pessoais necessários (aptidões, personalidade e interesses).

Na Figura 4.1, vemos, de maneira resumida, que a análise de cargos é uma base importante a praticamente todas as atividades de gestão de recursos humanos. É primordial nas decisões sobre quais tipos de pessoas recrutar para um trabalho, e quais características e competências devem ser avaliadas e treinadas.

Condução de uma análise de cargos

Existem seis etapas para fazer uma análise de cargos, e veremos cada uma delas a seguir:

Organograma
Gráfico que mostra a distribuição de todos os cargos na organização, com os títulos de cada um e as linhas de interligação que mostram quem se reporta e se comunica com quem.

Fluxograma de processo
Gráfico do fluxo de trabalho que mostra entradas e saídas de um determinado cargo.

Passo 1 **Decida como você vai usar a informação** Algumas técnicas de coleta de dados, como entrevistas com os empregados, são interessantes para definir as descrições de cargos. Outras técnicas, como o questionário de análise de cargos, que veremos adiante, fornecem avaliações com valores em pontos para cada posto de trabalho e podem ser utilizadas para comparar os cargos para fins de bonificação.

Passo 2 **Revise informações relevantes, como organogramas, fluxogramas de processos e descrições de cargos**[6] **Organogramas** mostram a divisão de cargos em toda a organização e onde cada um se encaixa. O gráfico deve mostrar o nome de cada cargo e, por meio de linhas de interligação, quem se reporta a quem e com quem o encarregado do cargo se comunica. O **fluxograma de processo** fornece uma imagem mais detalhada do fluxo de trabalho inerente ao cargo, particularmente o fluxo de entradas e saídas do cargo que você está analisando. Na Figura 4.2, o funcionário do controle de qualidade analisa os componentes de fornecedores,

FIGURA 4.1 Usos das informações levantadas pela análise de cargos.

```
                    Análise de cargos
                           │
                           ▼
                    Descrição
                    e especificação
                    dos cargos
         ┌──────────┬──────────┼──────────┬──────────┐
         ▼          ▼          ▼          ▼          ▼
   Decisões de  Conformidade  Avaliação  Avaliação do  Treinamento de
   recrutamento MTE –         de         trabalho –    recursos humanos
   e seleção    Ministério do desempenho remuneração e
                Trabalho e               decisões salariais
                Emprego                  (bonificações)
```

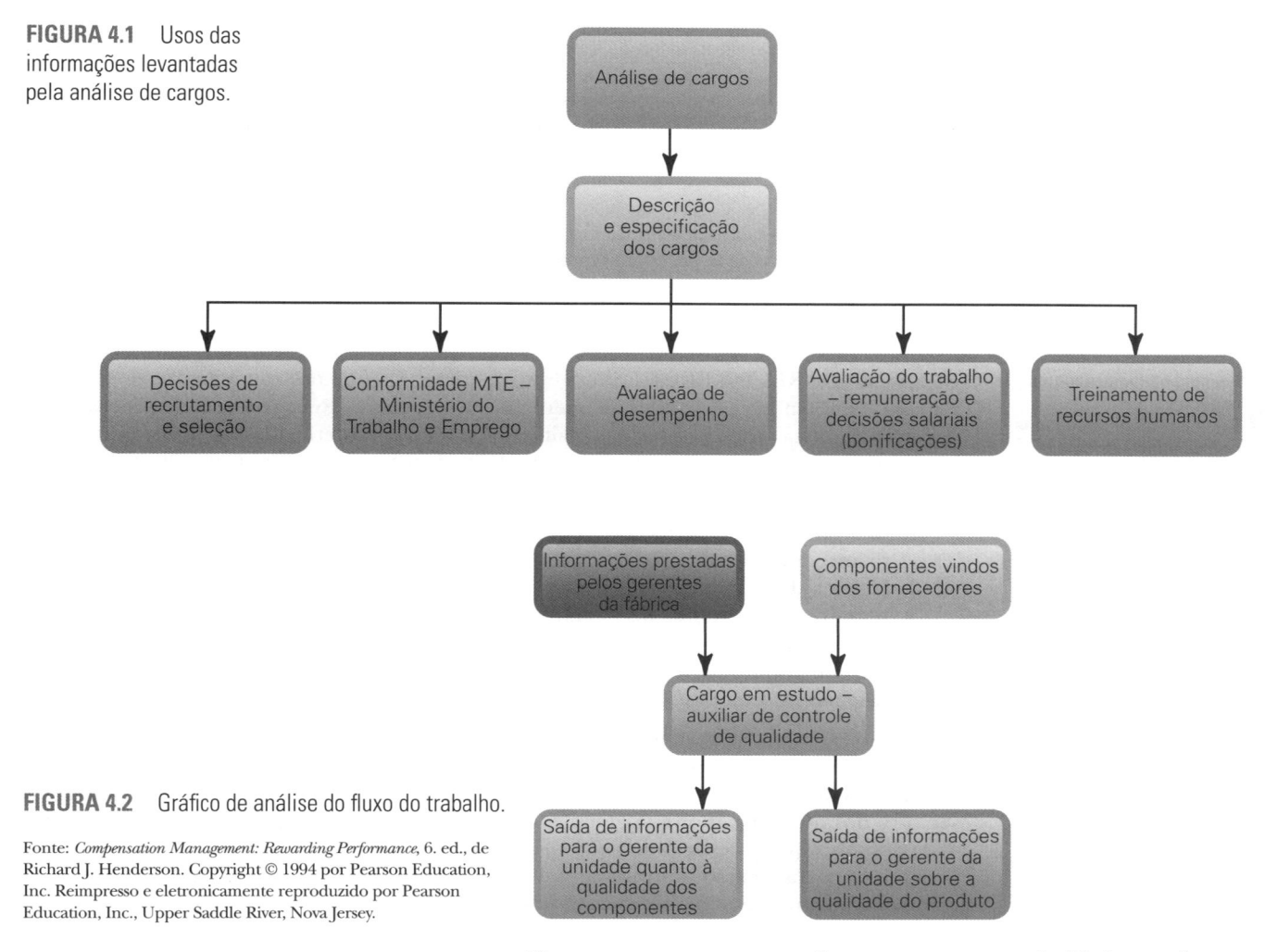

FIGURA 4.2 Gráfico de análise do fluxo do trabalho.

Fonte: *Compensation Management: Rewarding Performance*, 6. ed., de Richard J. Henderson. Copyright © 1994 por Pearson Education, Inc. Reimpresso e eletronicamente reproduzido por Pearson Education, Inc., Upper Saddle River, Nova Jersey.

```
Informações prestadas        Componentes vindos
pelos gerentes               dos fornecedores
da fábrica
         │                           │
         ▼                           ▼
            Cargo em estudo –
            auxiliar de controle
            de qualidade
         │                           │
         ▼                           ▼
Saída de informações         Saída de informações
para o gerente da            para o gerente da
unidade quanto à             unidade sobre a
qualidade dos                qualidade do produto
componentes
```

Análise de fluxo de trabalho
Estudo detalhado de cada etapa do fluxo, dentro de um processo de trabalho.

verifica os componentes que vão para os gerentes da fábrica e oferece informações sobre a qualidade desses componentes para esses gestores. Finalmente, a **análise de fluxo de trabalho**, se houver, normalmente fornece um ponto de partida para a construção da descrição do cargo.

ANÁLISE DE FLUXO DE TRABALHO E REDESENHO DE CARGOS Tarefas de análise de cargos, como a revisão das descrições de cargos atuais, permitem ao gerente listar quais são os deveres e as demandas de um trabalho em momentos diferentes. A análise de cargos não responde a perguntas como "Esse trabalho ainda existe?". Para questões como essa, é preciso realizar uma *análise de fluxo de trabalho*. Você pode, então, considerar necessário redesenhar o cargo. **Análise de fluxo de trabalho** é um estudo detalhado do fluxo de tarefas de cada cargo, em um processo de trabalho. Normalmente, o analista centra-se em um processo de trabalho identificável (como o processamento de uma solicitação de seguro), e não sobre a forma como a empresa realiza todo o trabalho. O Quadro *RH como centro de lucro* mostra a análise de fluxo de trabalho.

RH como centro de lucro

Aumento da produtividade por meio do redesenho de cargos

A companhia de seguros Atlantic American em Atlanta, nos EUA, realizou uma análise de fluxo de trabalho para identificar ineficiências no modo como processa solicitações de seguro: "Seguimos o processo de uma solicitação desde sua chegada pelo correio até sua finalização", a fim de encontrar soluções para melhorar o processo.[7]

> A análise de fluxo de trabalho da empresa propiciou o aumento da produtividade. A empresa reduziu de quatro para um o número de pessoas que trabalha com a documentação, substituindo três pessoas por uma máquina, que faz isso automaticamente. A nova máquina de impressão permite à equipe selar 20 páginas de cada vez, em vez de uma. Um novo software adiciona, automaticamente, os códigos de barras para cada pedido, em vez de manualmente. Em suma, a Atlantic American utilizou a análise do fluxo de trabalho para ter uma visão geral do processo, automatizar o trabalho, redesenhar cargos, aumentar a produtividade e realocar funcionários.
>
> Na realização de uma análise de fluxo de trabalho, o gestor pode utilizar um *fluxograma de processo*, para listar cada passo do processo. O gestor pode converter esse fluxograma passo a passo em um gráfico esquemático que estabelece, com setas e círculos, cada passo do começo ao fim do processo.

Reengenharia de processos de negócios
Redesenhar os processos, normalmente por etapas predefinidas, de modo que pequenas equipes multifuncionais utilizem a tecnologia da informação para fazer o trabalho antes realizado por vários departamentos.

REENGENHARIA DE PROCESSOS A American Atlantic utilizou a análise de fluxo de trabalho também para ilustrar a reengenharia de processos. **Reengenharia de processos de negócios** significa redesenhá-los, normalmente, por etapas interligadas, de modo que pequenas equipes multifuncionais utilizem a tecnologia da informação para fazer o trabalho antes realizado por vários departamentos. A abordagem básica é a seguinte:

1. Identificar um processo de negócio a ser redesenhado (como a aprovação de um financiamento).
2. Medir o desempenho do processo existente.
3. Identificar oportunidades para melhorar esse processo.
4. Redesenhar e implementar uma nova forma de fazer o trabalho.
5. Atribuir conjuntos de tarefas predefinidas a um indivíduo ou a uma equipe que utiliza sistemas informatizados para apoiar a nova distribuição.

Como exemplo, um banco fez a reengenharia de seu processo de aprovação de financiamentos, substituindo a operação sequencial por uma equipe multifuncional de aprovação. Agora, as solicitações de financiamentos são feitas diretamente em computadores portáteis sem fio, nos quais o software faz toda a análise. A informação segue eletronicamente para as regionais. Aqui, os especialistas (como analistas de crédito) convocam eletronicamente uma equipe para analisar a proposta juntos, de uma só vez. Depois de fechar o empréstimo formalmente, outra equipe de especialistas assume a tarefa de manutenção do empréstimo.

Ampliação de cargo
Atribuição de outras tarefas relacionadas ao cargo.

Realocação
Transferir funcionários de uma função para outra.

Enriquecimento profissional
Redesenhar os cargos de modo que aumentem as oportunidades de o trabalhador experimentar noções de responsabilidade, realização, crescimento e reconhecimento.

REDESENHO DE CARGOS Tanto na Atlantic American quanto no banco citado, a reengenharia redesenhou cargos e atividades individuais. **Ampliação de cargo** significa atribuir aos trabalhadores outras tarefas relacionadas ao cargo. Assim, o trabalhador que, anteriormente, só ajustava uma peça na linha de montagem também pode ajustar outras. **Realocação** significa transferir os trabalhadores de uma função para outra.

O psicólogo Frederick Herzberg defendeu a teoria de que a melhor forma de motivar os trabalhadores é por meio do **enriquecimento profissional**, que significa redesenhar os cargos de modo que aumentem as oportunidades de o trabalhador experimentar noções de responsabilidade, realização, crescimento e reconhecimento. Isso é possível por meio da *delegação de poder*, por exemplo, dando ao trabalhador as competências e a autoridade para inspecionar o trabalho, em vez de ter supervisores para isso. Herzberg diz que os empregados aos quais fosse concedida delegação de poder fariam bem o trabalho, porque teriam motivação e, assim, a qualidade e a produtividade teriam ganhos. Essa filosofia, de uma forma ou de outra, é a base teórica para as equipes de autogestão em muitas empresas ao redor do mundo atualmente.

> Passo 3 **Selecione cargos representativos** Independentemente de o gerente decidir ou não redesenhar cargos, o próximo passo na análise de cargos é decidir em quais posições concentrar-se. Por exemplo, não é necessário analisar cargos de 200 operários quando uma amostra de dez cargos é suficiente.
>
> Passo 4 **Analise o cargo coletando dados sobre atividades, condições de trabalho, bem como perfil pessoal e habilidades necessárias para realizar o trabalho** Na verdade, "analisar" o cargo envolve várias etapas. Especificamente: cumprimentar os funcionários; explicar brevemente os papéis de cada um

nesse processo, o processo em si e a análise de cargos; gastar cerca de 15 minutos em entrevistas com os funcionários para chegar a um acordo sobre um resumo básico do trabalho, identificar áreas de responsabilidade, como "contatar clientes potenciais" e, com os funcionários, identificar deveres/tarefas dentro de cada área, de maneira interativa.[8] Adiante, apresentamos métodos de coleta de informações para análise de cargos.

Passo 5 **Verifique as informações da análise de cargos com o funcionário que realiza as atividades e também com o seu supervisor imediato** Isso ajudará a confirmar se a informação que você compilou (por exemplo, sobre as principais atribuições do cargo) está correta e completa, e se será aceita pelos funcionários.

Passo 6 **Desenvolva uma descrição e uma especificação de cargos** A *descrição do cargo* apresenta deveres do trabalho, atividades e responsabilidades, bem como as suas características importantes, como condições de trabalho. A *especificação de cargo* resume "necessidades humanas", treinamento necessário, habilidades e perfil necessário para o trabalho.

> **OBJETIVO DE APRENDIZAGEM 3**
> Usar pelo menos três métodos de coleta de informações para análise de cargos, incluindo entrevistas, questionários e pesquisas.

Métodos de coleta de informações para a análise de cargos

Veremos que existem várias maneiras para coletar informações sobre deveres, responsabilidades e atividades de um cargo. A regra básica é usar aquelas que melhor se encaixam no seu propósito. Assim, uma entrevista pode ser melhor para a criação de uma lista de tarefas de trabalho, já um questionário com uma análise mais quantitativa pode ser indicativo para definir o valor relativo do trabalho para fins de pagamento.

Entrevista

Entrevistas de análise de cargos variam desde entrevistas não estruturadas, que não têm roteiros ("Conte-me sobre seu trabalho"), até entrevistas altamente estruturadas, contendo centenas de itens específicos para serem checados.

Os gerentes podem realizar entrevistas individuais com cada funcionário, entrevistas com grupos de funcionários que façam o mesmo trabalho e/ou entrevistas com um ou mais supervisores que conheçam o trabalho. As entrevistas em grupo são organizadas quando um grande número de funcionários realiza tarefas semelhantes ou idênticas, uma vez que esta pode ser uma maneira rápida e barata para coletar informações. Como regra geral, o supervisor imediato participa da sessão de grupo, mas você também pode entrevistá-lo separadamente.

Qualquer que seja o tipo de entrevista, tenha certeza de que o entrevistado entende perfeitamente o motivo para a sua realização. Há uma tendência para os trabalhadores verem essas entrevistas, com ou sem razão, como "avaliações de eficiência". Se assim for, os entrevistados podem hesitar em descrever o seu trabalho com precisão.

PERGUNTAS TÍPICAS Algumas perguntas típicas de entrevistas incluem:

- Qual é o trabalho que está sendo realizado?
- Quais são as principais funções do seu cargo? O que exatamente você faz?
- Em quais locais físicos você trabalha?
- Quais os requisitos de formação, experiência, habilidade e (se aplicável) licenças e certificação para realizar o trabalho?
- Em quais atividades você participa?
- Quais são as responsabilidades e os deveres do trabalho?
- Quais são as responsabilidades básicas ou padrões de desempenho que caracterizam o seu trabalho?
- Quais são as suas responsabilidades? Quais são as condições ambientais para realizar o trabalho?
- Quais são as exigências físicas, emocionais e mentais?

- Quais são as condições de saúde e segurança?
- Você está exposto a riscos ou condições de trabalho incomuns?

ENTREVISTAS ESTRUTURADAS Muitos gerentes usam um formato estruturado para orientar a entrevista. A Figura 4.3 apresenta um exemplo de questionário de análise de cargos. Ela inclui perguntas sobre assuntos como o objetivo geral do cargo, responsabilidades de supervisão, questões legais e de treinamento, experiência e habilidades necessárias.

Listas estruturadas não são apenas para entrevistas. Analistas de cargos e salários que coletam informações pessoalmente por observação do trabalho ou por meio de questionários e outros métodos, também podem utilizar listas estruturadas.[9]

ORIENTAÇÕES PARA A ENTREVISTA Para obter a melhor informação possível, tenha vários aspectos em mente quando for realizar entrevistas de análise de cargos.

- Estabeleça rapidamente o relacionamento com o entrevistado. Chame-o pelo nome, fale com empatia, reveja brevemente o propósito da entrevista e explique como foi escolhido para a entrevista.
- Use um guia estruturado que lista as perguntas e tem espaço para respostas. Isso garante que você identifique questões cruciais antecipadamente e que todos os entrevistadores (se houver mais de um) farão todas as perguntas necessárias. Também pergunte: "Há alguma coisa além do que nós colocamos em nossas perguntas?".
- Lembre-se de perguntar sobre atividades cruciais, mas realizadas com pouca frequência, por exemplo, um atendimento de emergência realizado por uma enfermeira. Portanto, não se concentre apenas em tarefas que o entrevistado executa repetidamente, várias vezes ao dia. Em vez disso, pergunte ao trabalhador sobre todos os seus deveres e que a pessoa marque as funções em ordem de importância e frequência de ocorrências.
- Depois de concluir a entrevista, revise as informações com o supervisor imediato do trabalhador e com o entrevistado.

Questionários

Solicitar que os empregados preencham questionários descrevendo seus deveres e responsabilidades relacionadas ao trabalho é outra maneira comum de obter informações para a análise de cargos.

Alguns questionários são bastante estruturados. Cada funcionário recebe um inventário de talvez centenas de funções ou tarefas específicas (como "mudar e emendar fios"). Ele é convidado a indicar se executa cada tarefa e, em caso afirmativo, quanto tempo normalmente é gasto em cada uma delas. No outro extremo, o questionário pode simplesmente solicitar: "descreva as principais funções do seu trabalho".

Na prática, os melhores questionários, muitas vezes, fazem as duas coisas. Um questionário típico de análise de cargo, como o da Figura 4.3, pode incluir várias perguntas abertas (como "Qual é o propósito geral do cargo?"), bem como questões estruturadas (referentes, por exemplo, à escolaridade obrigatória).

Todos os questionários têm prós e contras. Um questionário é uma forma rápida e eficiente de obter informações a partir de um grande número de funcionários, e é menos oneroso do que entrevistar centenas de trabalhadores, por exemplo. No entanto, desenvolver e testar o questionário (para ter certeza de que os trabalhadores entendem as perguntas) pode ser demorado. E, como em entrevistas, os funcionários podem distorcer suas respostas.

Observação

A observação direta é especialmente útil quando o trabalho consiste, principalmente, em atividades manuais observáveis, como um trabalhador de linha de montagem e um escriturário de contabilidade. Por outro lado, a observação não é tão útil quando o trabalho envolve muita atividade intelectual (advogados, engenheiro de projetos etc.). Nem é útil se o empregado se engaja apenas ocasionalmente em atividades importantes, como uma enfermeira que lida com emergências. E a reação do trabalhador, mudando o que faz normalmente só por estar sendo observado, também pode ser um problema.

Gestores muitas vezes usam a observação direta e a entrevista juntas. Uma abordagem consiste em observar o trabalhador durante um ciclo de trabalho completo. (O *ciclo* é o tempo que

FIGURA 4.3 Questionário de análise de cargos para a elaboração de descrições.

Fonte: "Job Analysis Questionnaire For Developing Job Descriptions", de HR.BLR.COM. Copyright © 2007 por BLR. Reproduzido com permissão.

Questionário de análise de cargos

Cargo_____ Data_____
Código do cargo_____ Departamento_____
Cargo do superior_____
Horas trabalhadas_____ h às_____ h
Nome do analista de cargos e salários _____

1. **Qual é o propósito geral do cargo?**
   _____

2. **Se o encarregado supervisiona outros,** listá-los por cargo e, caso haja mais de um funcionário com o mesmo, colocar o número entre parênteses.
   _____

3. Marque quais atividades fazem parte da supervisão do encarregado.
   ☐ Treinamento
   ☐ Avaliação de desempenho
   ☐ Inspeção do trabalho
   ☐ Orçamento
   ☐ Coaching e/ou aconselhamento
   ☐ Outros (especifique) _____

4. **Descreva o tipo e o nível de supervisão** sob responsabilidade do encarregado.
   _____

5. **TAREFAS DE TRABALHO:** descreva sucintamente o que o ocupante do cargo faz e, se possível, como o faz. Incluir funções nas seguintes categorias:

   a. deveres diários (aqueles realizados de maneira regular, todos os dias, ou quase todos os dias)
   _____

   b. deveres periódicos (aqueles realizados semanal, mensal ou trimestralmente, ou, ainda, em outros intervalos regulares)
   _____

   c. funções desempenhadas em intervalos irregulares
   _____

6. Há deveres realizados que o ocupante do cargo considera desnecessários? Se sim, descreva.
   _____

7. Há deveres realizados atualmente não incluídos na descrição do cargo? Se sim, descreva.
   _____

8. **ESCOLARIDADE:** marque os requisitos necessários para o trabalho (e não a formação do encarregado).

   ☐ Sem educação formal exigida   ☐ Educação fundamental
   ☐ Diploma do ensino médio (ou equivalente)   ☐ Diploma de graduação de dois
   ☐ Diploma universitário de quatro anos   anos (ou equivalente)
      (ou equivalente)   ☐ Pós-graduação, mestrado
   ☐ Licença profissional   ou doutorado
      Especifique: _____   Especifique: _____

(continua)

---

leva para concluir o trabalho, que poderia ser de um minuto para um trabalhador de linha de montagem, ou uma hora, um dia ou mais para trabalhos complexos.) Neste momento, você pode tomar notas de todas as atividades relacionadas ao cargo. Então, pergunte ao funcionário sobre aspectos não entendidos e sobre outras atividades que ele faz e que você não observou.

FIGURA 4.3 (Continuação)

9. **EXPERIÊNCIA:** marque a experiência necessária para executar o trabalho.

   ☐ Nada   ☐ Menos de um mês
   ☐ Um a seis meses   ☐ De seis meses a um ano
   ☐ Um a três anos   ☐ De três a cinco anos
   ☐ Cinco a dez anos   ☐ Mais de dez anos

10. **LOCALIZAÇÃO:** verifique o local de trabalho e, se necessário, descreva-o brevemente.

    ☐ Externo   ☐ Interno
    ☐ Subterrâneo   ☐ Escavação
    ☐ Andaimes   ☐ Outros (especifique): _____

11. **CONDIÇÕES AMBIENTAIS:** verifique qualquer condição desagradável no ambiente de trabalho e a frequência com que ocorre (raramente, às vezes, constantemente etc.)

    ☐ Sujeira   ☐ Poeira
    ☐ Calor   ☐ Frio
    ☐ Ruído   ☐ Fumaça, gases, vapores
    ☐ Odores   ☐ Local molhado, úmido
    ☐ Vibração   ☐ Mudanças bruscas de temperatura
    ☐ Escuridão ou iluminação insuficiente   ☐ Outros (especifique): _____

12. **SAÚDE E SEGURANÇA:** verifique qualquer risco à saúde e as condições de segurança em que o ocupante do cargo trabalha, além de quantas vezes são detectados.

    ☐ Local de trabalho elevado   ☐ Riscos mecânicos
    ☐ Material explosivo   ☐ Perigos elétricos
    ☐ Risco de incêndio   ☐ Radiação
    ☐ Outros (especifique): _____

13. **MÁQUINAS, FERRAMENTAS, EQUIPAMENTOS E MATERIAIS DE APOIO:** descrever resumidamente como máquinas, ferramentas, equipamentos ou materiais de apoio são utilizados:
    _____

14. Há padrões de trabalho estabelecidos (erros permitidos, tempo necessário para determinada tarefa etc.)? Se sim, quais são eles?
    _____

15. Há atributos pessoais (aptidões especiais, características físicas, traços de personalidade etc.) exigidos pelo trabalho?
    _____

16. Existem problemas incomuns que o ocupante do cargo pode esperar encontrar na realização do trabalho em condições normais? Se sim, descreva.
    _____

17. Indique a conclusão bem-sucedida e/ou os resultados esperados ao final do trabalho.
    _____

18. Qual é a gravidade de um erro nesse trabalho? Quem ou o que é afetado por erros cometidos pelo funcionário?
    _____

19. A qual cargo um encarregado bem-sucedido poderia esperar ser promovido?
    _____

[**Nota:** este formulário é obviamente voltado para um ambiente de produção, mas pode ser facilmente adaptado a fim de se apllicar a diferentes tipos de cargo.]

Registros em diários

Diário
Listas diárias feitas pelos trabalhadores de todas as atividades a que se dedicam, com o tempo de execução de cada uma.

Outro método de análise consiste em pedir aos trabalhadores para manterem um **diário** do que eles fazem durante o dia. Para cada atividade exercida, o funcionário registra a atividade (com o tempo de execução) no diário.

Algumas empresas norte-americanas, por exemplo, dão aos funcionários gravadores de bolso e outros tipos de dispositivo. Então, em momentos aleatórios durante o dia, eles registram o que estão fazendo. Isso evita que se esqueçam do que fizeram horas antes ao completarem seus registros apenas no final do dia.[1]

Técnicas quantitativas de análise de cargos

Questionário para análise de cargo
Questionário bastante utilizado nos EUA para coletar dados quantitativos sobre deveres e responsabilidades dos vários cargos.

Métodos qualitativos, como entrevistas e questionários, nem sempre são adequados. Por exemplo, se o seu objetivo é comparar os trabalhos para fins de remuneração, uma mera lista de tarefas talvez não seja suficiente. Você pode precisar dizer que, na verdade, "o cargo A é duas vezes tão desafiador quanto o cargo B, e assim vale o dobro do salário". Para fazer isso, deve-se realizar avaliações quantitativas de cada trabalho. O questionário para análise de cargo, ou *position analysis questionnaire* (PAQ), é o método mais utilizado para essas avaliações.

QUESTIONÁRIO PARA ANÁLISE DE CARGOS O **questionário para análise de cargo** é uma ferramenta quantitativa de análise de funções, muito popular nos EUA, que consiste em um levantamento com 194 elementos dos cargos (veja uma amostra dele na Sala Virtual – sv.pearson.com.br). Das 194 fontes de informação (como "materiais escritos") cada uma representa um elemento básico que pode definir o trabalho. Cada elemento é avaliado em uma escala de "utilização" e deve ser "ranqueado", tomando por base uma das cinco categorias básicas das atividades analisadas:

1. requer tomada de decisão/comunicação/responsabilidade social
2. implica na realização de atividades qualificadas
3. depende de condicionamento físico/requer atividade física
4. envolve veículos/equipamentos operacionais
5. processamento de informações

O questionário ajuda a analisar funções para fins de remuneração. Com a classificação sobre tomada de decisão, realização de atividades qualificadas, condicionamento físico requerido e atividades físicas do cargo, veículos/equipamentos operacionais e características de processamento de informações de cada trabalho, você pode comparar cargos quantitativamente um em relação ao outro e, em seguida, agrupar e classificar os cargos para fins de remuneração.[10]

Análise de cargos e a tecnologia

Métodos como questionários e entrevistas podem ser demorados. E coletar as informações de funcionários dispersos geograficamente pode ser desafiador.[11]

A realização da análise de cargos por meio internet é uma solução óbvia.[12] O departamento de recursos humanos das empresas pode distribuir questionários padronizados de análise de cargos para os funcionários geograficamente dispersos por meio da intranet, com instruções para completar os formulários e devolvê-los em uma data agendada.

É claro que as instruções devem ser claras, e é melhor testar o processo antes. Sem a presença física de um analista de cargos e salários, ou supervisor, sempre há uma chance de que os empregados não abordem pontos importantes, ou que os mal-entendidos ofusquem os resultados.

Orientações para a análise de cargos

Antes de realmente analisar o cargo, tenha várias questões em mente:

- Faça da análise de cargos um *esforço conjunto do gerente de recursos humanos, do funcionário e do supervisor do trabalhador*. O gerente de recursos humanos pode observar o trabalhador desempenhando suas funções, e tanto o supervisor quanto o trabalhador podem preencher questionários. Com base nisso, o gerente enumera os deveres do trabalho e o perfil necessário para realizá-lo. O supervisor e o trabalhador, em seguida, avaliam e verificam a lista de tarefas feita pelo gerente de RH.
- *Certifique-se de que as perguntas e os processos são ambos claros* para os funcionários. Por exemplo, alguns podem não saber o que você quer dizer quando pergunta sobre "requisitos mentais", do trabalho.

---

[1] N. do R.T.: métodos como o do gravador de bolso mencionado devem levar em consideração, no contexto brasileiro, a articulação com o sindicato da categoria para evitar possíveis ações trabalhistas.

> • *Utilize várias ferramentas de análise de cargos.* Não confie apenas em um questionário, por exemplo, mas complemente sua pesquisa com uma breve entrevista para verificação. O questionário pode omitir uma tarefa que o trabalhador executa apenas ocasionalmente.

Redigindo as descrições de cargos

> **OBJETIVO DE APRENDIZAGEM 4**
> Registrar as descrições de cargos, com resumos e funções de trabalho, utilizando a internet e os métodos tradicionais.

O produto mais importante da análise de cargos é a descrição do cargo. A descrição é uma declaração por escrito sobre o que o trabalhador realmente faz, como faz e quais são as condições de trabalho. Você pode usar essas informações para redigir uma especificação do cargo, relacionando o conhecimento, as habilidades e as competências necessárias para executar o trabalho de maneira satisfatória.

Não existe um formato padrão para redigir uma descrição de cargo. No entanto, a maioria das descrições contém as seguintes seções:

1. Identificação do cargo
2. Resumo do cargo
3. Responsabilidades e deveres
4. Supervisão exercida
5. Padrões de desempenho
6. Condições de trabalho
7. Especificações de cargos

A Figura 4.4 apresenta um exemplo de formulário de descrição de cargos.

Identificação do cargo

O espaço reservado para a identificação do cargo vem em destaque na Figura 4.4, e traz várias informações específicas que obedecem a **Classificação Brasileira de Ocupações** (CBO).[13] O *cargo* especifica a classificação do trabalho, no caso promotor de vendas especializado, e define o grupo e o subgrupo ao qual a ocupação pertence. O campo *data* traz a data na qual a descrição do cargo foi incluída na empresa.

Também pode haver um espaço para indicar quem aprovou a descrição na empresa contratante e, talvez, um espaço mostrando a alocação do empregado (divisão e departamento). Esta seção também pode incluir o cargo do supervisor imediato e informações sobre salário e/ou faixa salarial. Também pode haver espaço para a classe/nível de função, caso exista tal categoria. Por exemplo, uma empresa poderá classificar programadores como programador I, II, III, e assim por diante.

Classificação Brasileira de Ocupações (CBO)
Ordenação das várias categorias ocupacionais, tendo em vista a analogia dos conteúdos de trabalho e as condições exigidas para o seu desempenho. É aplicável a qualquer agrupamento classificatório de realidades do trabalho, enquanto a ocupação é a estruturação de tarefas, operações e outras manifestações que constituem as obrigações atribuídas a um trabalhador, e que resultam na produção de bens e serviços. As categorias ocupacionais que compõem a estrutura da CBO são: grandes grupos, subgrupos, grupos de base e ocupações.

Resumo do cargo

O resumo do cargo deve sintetizar a essência dele, incluindo apenas as suas principais funções ou atividades. Assim, na Figura 4.4, o gerente regional de vendas especializado "é responsável pela venda de livros universitários...". Já o atendente de SAC "recebe, classifica e responde corretamente a todas as mensagens dos consumidores".[14]

Embora seja comum fazê-lo, cuidado ao incluir declarações genéricas como "executa outras tarefas se necessário". Alguns especialistas estão absolutamente seguros de que a expressão "outras funções que lhe forem atribuídas" nunca deveria ser incluída em uma descrição de cargo,[15] pois a expressão deixa em aberto a natureza do trabalho. Por fim, deixe claro na descrição sumária que o empregador espera que o trabalhador exerça as suas funções com eficiência, atenção e ética.

Relacionamentos e hierarquia

No formulário de descrição de cargos, pode haver referências sobre "relacionamentos" e hierarquia, que mostra as relações do funcionário com outras pessoas dentro e fora da organização. Para o gerente de recursos humanos essas informações podem ser inseridas da seguinte maneira:[16]

Reporta-se a: diretor de RH.
Supervisiona: funcionário de recursos humanos, psicólogos organizacionais, gerentes de relações trabalhistas e um secretário.

CARGO: Promotor de vendas especializado	**CÓDIGO DE TRABALHO:** 3541-30
GRUPO OCUPACIONAL: Técnicos de nível médio	**SUBGRUPO:** Técnicos de nível médio em operações comerciais
DIVISÃO: Materiais do ensino superior	**SE REPORTA A:** Gerente de vendas regional
DEPARTAMENTO: Vendas internas	**LOCALIZAÇÃO:** São Paulo
FAIXA SALARIAL RECOMENDADA: De R$ 2.001,00 a R$ 3.000,00	**DATA DA INCLUSÃO NA CBO:** 22/10/2002

RESUMO (Escreva uma breve descrição do cargo)

A pessoa nesta posição é responsável pela venda de livros universitários, softwares e produtos multimídia para professores. As vendas podem ser diretas ou por telefone. Ela deve desenvolver estratégias de venda para atingir as metas em áreas previamente definidas, abrangendo o corpo docente de faculdades e universidades menores. Além disso, o profissional nesta posição será responsável pelo direcionamento editorial, por meio de relatórios embasados no feedback recebido sobre as publicações e nas tendências observadas no mercado.

CARACTERÍSTICAS DO TRABALHO

Responsabilidades financeiras (orçamento e/ou receita): a pessoa nesta posição é responsável por uma meta de venda definida pela gerência de vendas regional.

Supervisão exercida (direta e indireta): nenhuma

FORMAÇÃO E EXPERIÊNCIA (conhecimentos e experiência necessária para realizar o trabalho)

Qualificações e requisitos para o trabalho: prefere-se experiência prévia em vendas ou publicações. É desejável um ano de experiência em atendimento ao cliente ou marketing de produtos e serviços. Usuário avançado de planilhas, editores de textos e internet.

Escolaridade: Bacharel em administração, marketing ou cursos relacionados.

Competências: demonstrar senso de organização, capacidade de persuasão e de negociação; apresentar habilidades de comunicação; trabalhar sob pressão; e contornar situações adversas.

Outras: disponibilidade para viagens.

(continua)

FIGURA 4.4 Modelo de descrição de cargos.

Fonte: Informações do site do Ministério do Trabalho. Disponível em: <http://www.mtecbo.gov.br/cbosite/pages/pesquisas/BuscaPorCodigo.jsf>. Acesso em: 10 jun. 2014.

PRINCIPAIS RESPONSABILIDADES (lista em ordem de importância e porcentagem de tempo gasto na tarefa)

Condução das vendas (60%)
- Atingir meta de vendas predefinida.
- Determinar estratégias de vendas e desenvolver um plano estratégico.
- Realizar de 15 a 20 entrevistas por dia com professores durante o ano letivo.
- Preparar e conduzir as apresentações das publicações (incluindo textos, softwares e sites).
- Mapear títulos mais vendidos.
- Conduzir vendas aplicando o modelo produto-serviço (PSS).
- Aplicar técnicas de vendas.
- Divulgar e distribuir material (livros, produtos multimídias etc.) para que o corpo docente avalie, fazendo uso estratégico do orçamento de divulgação.
- Negociar publicações personalizadas e elaboração de capas especiais dentro das diretrizes da empresa.
- Planejar viagens para conquistar novos mercados, fazendo uso estratégico do orçamento para isso.
- Planejar eventos especiais e participações em feiras do livro.
- Desenvolver e coordenar campanhas promocionais.

Publicações – editorial/marketing (25%)
- Propor, acompanhar e assinar projetos editoriais.
- Disponibilizar informações do mercado e o feedback sobre cada produto para a equipe editorial.

Gestão da área de vendas (15%)
- Acompanhar e relatar todos os assuntos pendentes e resolvidos no banco de dados da empresa.
- Manter registros de visitas.
- Gerenciar estrategicamente o orçamento operacional.
- Verificar itinerários de território, além de planos e previsões de vendas que lhe forem atribuídas.
- Realizar atendimento diferenciado e manter relações com profissionais de livrarias dentro da área de vendas.

Decisões (deveres):
Determinar o uso estratégico do orçamento atribuído à divulgação para superar metas de vendas.
Determinar clientes e contas prioritárias para atingir o potencial máximo de vendas.
Determinar onde as apresentações presenciais e eventos especiais seriam mais eficazes para gerar mais vendas.

Enviado por: Pedro Fontes, gerente regional de vendas	Data: 10 de junho de 2014
Aprovação:	Data:
Recursos Humanos:	Data:
Financeiro:	Data:

FIGURA 4.4 (Continuação)

Trabalha com: todos os gerentes de departamento e gestão executiva.
Fora da empresa: agências de emprego, empresas de recrutamento de executivos, representantes de sindicatos e órgãos federais e estaduais de emprego.[17]

Responsabilidades e deveres

O formulário de descrição deve apresentar uma lista de responsabilidades e deveres significativos da função principais itens nas descrições de cargos. Na Figura 4.4, vemos alguns exemplos dos principais deveres da função e, separadamente,

FIGURA 4.5 Descrição de gerente de marketing da Classificação Brasileira de Ocupações.

Fonte: Classificação Brasileira de Ocupações, do Ministério do Trabalho e Emprego.

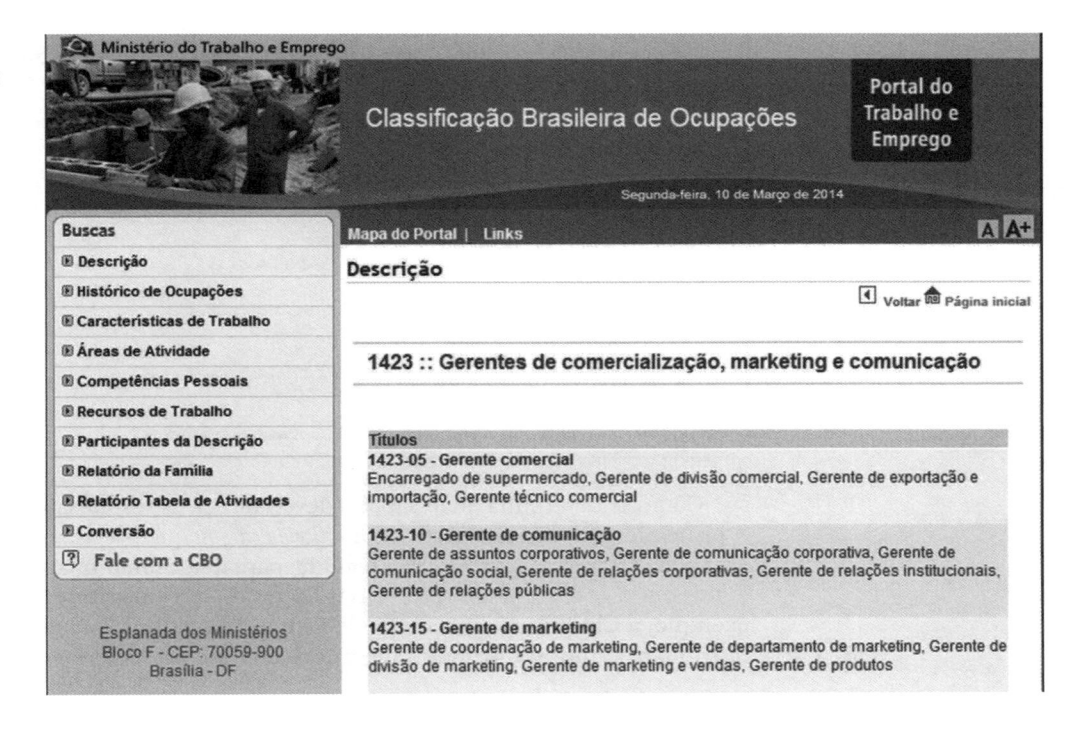

são descritas de maneira resumida. Por exemplo, as responsabilidades da função incluem "atingir meta de vendas predefinida" e entre os deveres está "determinar clientes e contas prioritárias para atingir o potencial máximo de vendas". Deveres típicos de outros cargos podem surgir entre as tarefas: incluir dados nas planilhas de contas a pagar, manter as variações de preço de compra favoráveis e reparar equipamentos; no entanto, relacionam-se diretamente com as atividades principais.

Esta seção também define os limites da autoridade do funcionário. Por exemplo, o trabalhador pode ter autoridade para aprovar pedidos de compras até um valor "X", decidir sobre a concessão e o tempo de afastamento ou de ausência de subordinados, disciplinar o departamento, recomendar aumentos salariais e entrevistar e contratar novos funcionários.

> OBJETIVO DE APRENDIZAGEM 5
> Identificar as funções essenciais de um cargo.

Gestão da nova força de trabalho

Redigindo descrições de cargos que estejam em conformidade com as leis que regem a inclusão das pessoas portadoras de necessidades especiais (PNE) no mercado de trabalho

O modelo atual de organização do trabalho impôs um perfil de trabalhador "multitarefa" que desempenha inúmeras atividades dentro de suas funções. Dependendo das limitações impostas pela deficiência do funcionário (física, auditiva, visual etc.), muitas vezes a pessoa não consegue desenvolver o conjunto das tarefas inseridas num mesmo cargo. Entretanto, pode realizar grande parte delas. A empresa, sempre que possível, deve verificar a possibilidade de desmembrar as funções de forma a adequar o cargo às peculiaridades dos candidatos (art. 36, alínea "d", da Recomendação n. 168 da OIT).[18]

A descrição de cargos bem redigida será a peça-chave no processo seletivo e servirá de apoio durante toda a vigência do cargo. Se o portador de necessidades especiais não puder desempenhar as funções como estão estruturadas, o empregador é obrigado a fazer uma "adequação razoável":

- Adquirir equipamentos apropriados ou adaptar os existentes.
- Redesenhar os cargos.
- Alterar a jornada de trabalho.
- Adaptar os processos de avaliação, treinamento ou as políticas internas.

- Disponibilizar materiais em braille, por exemplo, ou intérpretes de Língua Brasileira de Sinais (Libras).
- Tornar o local de trabalho facilmente acessível e utilizável por pessoas portadoras de necessidades especiais.

Em decorrência da Lei n. 8.213/91, as empresas com 100 ou mais empregados devem reservar vagas para pessoas com deficiência. A reserva legal de cargos é também conhecida como Lei de Cotas (Art. 93). A proporção é:

- de 100 a 200: 2%
- de 201 a 500: 3%
- de 501 a 1.000: 4%
- de 1.001 em diante: 5%

Fonte: Ministério do Trabalho e Emprego – MET. <www.mte.gov.br>.

Como se determina quais são, ou deveriam ser, as responsabilidades e deveres do cargo? A princípio, isso é feito a partir da *análise de cargos*, que precisa revelar o que os funcionários em cada cargo estão fazendo. Em seguida, para determinar quais as outras responsabilidades e deveres, o gerente pode rever várias fontes de informação sobre descrição de cargos. Por exemplo, a Classificação Brasileira de Ocupações (CBO), citada anteriormente, identifica e distribui os cargos em grupos e subgrupos de trabalho, como mostrado na Figura 4.5.

Padrões de desempenho e condições de trabalho

A política de padrões de desempenho refere-se ao que a empresa espera do funcionário em cada atividade descrita no cargo. Estabelecer esses padrões nunca é fácil. Apenas dizer aos funcionários "faça o seu melhor", geralmente não orienta. Uma forma simples de definir padrões é concluir a declaração com: "Estarei completamente satisfeito com o seu trabalho quando..." Essa frase, se preenchida para cada serviço listado, deve resultar em um conjunto de padrões de desempenho que servirão como referência. Aqui está um exemplo:

Dever: lançamento preciso de contas a pagar

1. Incluir todas as faturas recebidas no mesmo dia.
2. Encaminhar todas as faturas aos gerentes de departamento para aprovação, o mais tardar, no dia seguinte ao recebimento.
3. Permitir uma média de, no máximo, três erros por mês.

A legislação trabalhista rege o direito de inclusão dos portadores de necessidades especiais no mercado de trabalho. Em contrapartida, o Ministério do Trabalho define as condições mínimas para contratação, treinamento e acessibilidade.

Fonte: auremar/Fotolia

A descrição de cargo também pode listar as condições de trabalho como nível de ruído, periculosidade ou temperatura ambiente conforme o Programa de Prevenção de Riscos e Acidentes (PPRA) do local de trabalho exigido por lei.

Utilizando a internet para redigir descrições de cargos

A internet tem sido fonte de pesquisas para a elaboração das descrições de cargos, no entanto, deve-se ter alguns critérios para utilizar as informações disponíveis na rede. É primordial que sejam utilizados sites confiáveis para evitar equívocos que causariam grandes problemas aos empregadores.

O site do Ministério do Trabalho, <http://www.mtecbo.gov.br>, no caso do Brasil, e o <http://www.jobdescription.com>, no caso dos EUA, são os mais utilizados. O processo é simples: a busca é feita por título em ordem alfabética, palavra-chave, cargo, atividades etc.

Ao pesquisar no site brasileiro você tem acesso a uma descrição geral do cargo. Vejamos "Gerente de marketing", como na Figura 4.5. Ao procurar pelo cargo você encontra o grupo "1423 – Gerentes de comercialização, marketing e comunicação", e dentro do grupo, o cargo "1423-15 – Gerente de marketing". Ao pesquisar pelo código do cargo, você é direcionado a informações mais específicas. Encontra, inclusive, características do cargo e as **áreas de atividade mais detalhadas** (como na Figura 4.6).

A partir dessas informações, é possível adaptar a descrição para a realidade do cargo na sua empresa. Pode adicionar informações específicas sobre sua organização, como título da ocupação, códigos, departamento e data de elaboração. Pode indicar se o trabalho exerce supervisão e escolher entre uma série de possíveis competências desejáveis e níveis de experiência.

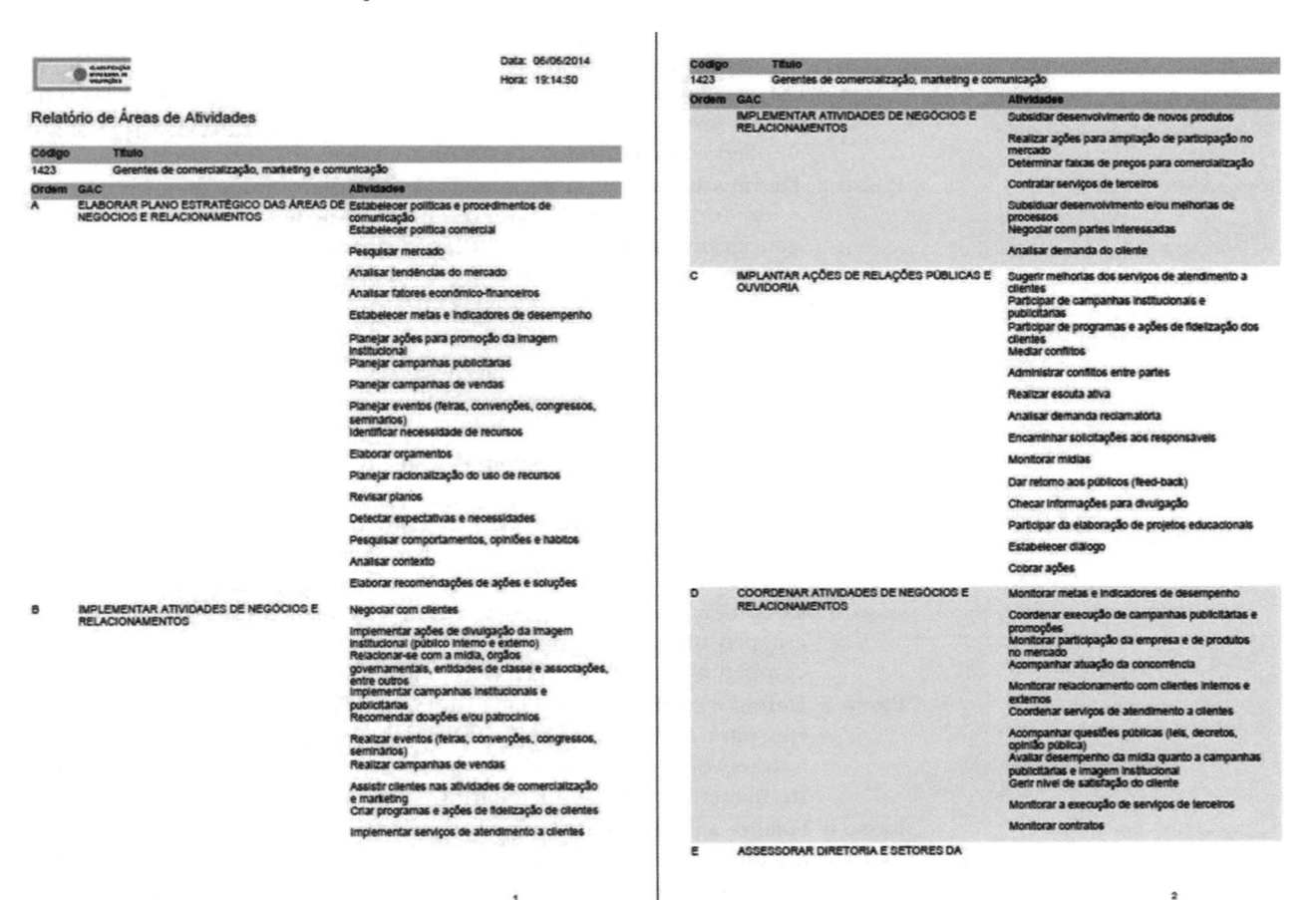

FIGURA 4.6 Páginas iniciais do relatório de tarefas de um gerente de marketing (gerado pelo site do Ministério do Trabalho).

Fonte: <http://www.mtecbo.gov.br/cbosite/pages/pesquisas/ResultadoFamiliaAtividades.jsf>. Acesso em: 6 jun. 2014.

É claro que as atividades devem manter certa coerência, pois temos as leis trabalhistas que regem direitos e deveres dos trabalhadores ao desempenharem suas funções. Um trabalhador responsável pela segurança patrimonial, isto é, um vigia, por exemplo, não é o mais indicado para cadastrar visitantes no sistema da empresa ou responder e-mails, atividades normalmente atribuídas aos recepcionistas. Essas atividades poderiam ser realizadas com pouca frequência, ocasionalmente, mas não como as principais de um vigia.

O Ministério do Trabalho dos EUA dispõem de uma rede de informações ocupacionais semelhante, chamada O*NET. É uma ferramenta web, apenas em inglês, cada vez mais popular (disponível em <http://online.onetcenter.org>, em inglês). Permite aos usuários (não apenas aos gestores, mas aos trabalhadores e candidatos a emprego) verificarem as características mais importantes de várias ocupações, bem como experiência, formação e conhecimentos necessários para realizar o trabalho. Tanto a Classificação Brasileira de Ocupações quanto o O*NET listam tarefas específicas de muitas ocupações. Também relacionam as competências para cada uma delas, incluindo habilidades básicas para certos cargos, como a capacidade de negociação e trabalho em equipe. Incluem informações sobre experiência desejada, áreas de atividade e, no caso da CBO, até as ferramentas de trabalho. O site brasileiro gera relatórios com a tabela de atividades dos cargos que podem ser impressos ou salvos no seu computador.

O site O*NET também pode ser utilizado para verificar as características do mercado de trabalho, como projeções de emprego e remuneração.[19]

COMO UTILIZAR A INTERNET PARA A DESCRIÇÃO DE CARGOS Sabemos que muitos gerentes e proprietários de pequenas empresas utilizam a internet ao fazer análises e escrever descrições de cargos, mas como proceder? Deve-se atentar para alguns passos:

Passo 1 **Planeje** O ideal é que a necessidade de criação de novos cargos venha do seu departamento ou faça parte da expansão da empresa. Portanto, analise suas metas e faça o seu planejamento. O que espera das suas vendas para o próximo ano? Quais áreas ou departamentos talvez precisem ser ampliados ou reduzidos? Quais novos cargos você vai precisar?

Passo 2 **Desenvolva um organograma** Trace o organograma do momento atual e, então, dependendo das suas metas e projeções, desenvolva um organograma mostrando como você gostaria que a estrutura estivesse em um ano ou dois. O MS-Word, da Microsoft®, inclui uma função de mapeamento organizacional. Outra opção é o software OrgPublisher, da TimeVision.[20]

Passo 3 **Use o questionário para análise de cargo** Em seguida, reúna informações sobre os deveres inerentes ao trabalho. Você pode aplicar questionários de análise de cargos, como o mostrado na Figura 4.3.

Passo 4 **Defina os deveres do trabalho** Pesquise o relatório de tarefas no site do Ministério do Trabalho, como vimos na Figura 4.6. Suponha que você deseja criar a descrição de cargo de um vendedor de varejo. Digite "vendedor" na caixa de palavra-chave, clique em "vendedor de comércio varejista". Isso levará você para as ocupações correspondentes, "5211 – Operadores do comércio em lojas e mercados". Veja o que mais se adapta ao que você está procurando e pesquise características de trabalho, áreas de atividade, competências pessoais etc.

Passo 5 **Defina o perfil profissional** Liste conhecimentos e habilidades necessários para realizar o trabalho. Disponha dessas informações para ajudar a desenvolver a descrição de cargo. Use-as para recrutamento, seleção e treinamento de seus funcionários.

Passo 6 **Finalize a descrição do cargo** Finalmente, talvez usando a Figura 4.4 como referência, escreva a descrição sumária do cargo. Em seguida, utilize as informações obtidas anteriormente, nos passos 3, 4 e 5, para criar uma lista completa das tarefas, deveres e perfil de cada um dos cargos que você precisa.

> **OBJETIVO DE APRENDIZAGEM 6**
> Registrar o perfil necessário para o cargo.

Redação das especificações dos cargos

A especificação do cargo, a partir da descrição, responde à pergunta: "Qual perfil e experiência necessários para realizar esse trabalho de maneira eficaz?" Isso mostra os critérios de contratação para o trabalho, em termos de perfil pessoal a ser recrutado e conhecimentos específicos dessa pessoa. Pode ser uma parte da descrição do cargo ou de um documento separado. Muitas vezes, como na Figura 4.4, o empregador participa da descrição do cargo.[21]

Especificações para pessoal experiente versus não experiente

Escrever especificações de cargo para funcionários experientes é simples. Suas especificações podem se concentrar, principalmente, em características como tempo de permanência no serviço anterior, treinamento, formação relevante e desempenho no trabalho anterior.

Os problemas são mais complexos quando você está com pessoas inexperientes (com a intenção de treiná-las para o trabalho). Nesta etapa, você deve especificar qualidades como traços físicos, personalidade, interesses ou aptidões que podem ser positivos para a realização do trabalho ou que podem ser desenvolvidos com treinamento.

Por exemplo, suponha que o trabalho exige a manipulação de placas de circuito em uma linha de montagem. Você precisa garantir que as pessoas contratadas tenham habilidade manual, paciência, foco nos detalhes, organização e que a pontuação dos candidatos seja alta em um teste de avaliação. Os gestores, assessorados pelos analistas de Recursos Humanos, identificam tais competências técnicas e habilidades comportamentais por meio de avaliações subjetivas, ou a partir de probabilidades (ou ambos). Vamos examinar as duas abordagens.

Especificações dos cargos de acordo com avaliações subjetivas

A maioria das especificações dos cargos vem da intuição e aprendizagem prática de pessoas como supervisores e gerentes de recursos humanos. O procedimento básico aqui é perguntar: "O que é preciso em termos de formação, inteligência, treinamento, competências e habilidades para fazer bem esse trabalho?".

Existem várias maneiras de desenvolver essa intuição. Você pode rever as características do trabalho, as áreas de atividade e as competências pessoais na Classificação Brasileira de Ocupações, deduzindo os principais aspectos comportamentais e habilidades exigidas pelo cargo. Além das competências listadas nas descrições de cargos, tanto na CBO quanto no jobdescription.com, anúncios de emprego para o mesmo cargo também trazem informações como escolaridade exigida e outras experiências e habilidades.

USE DE BOM SENSO Em qualquer caso, use o bom senso quando montar sua lista de competências e habilidades. Não ignore os traços comportamentais que podem ser aplicados a quase todos os cargos, mas que normalmente não aparecem em uma análise de cargos. Concentração é um exemplo. Quem quer um funcionário que não seja concentrado?

Um pesquisador apurou competências e habilidades com um supervisor e outras informações de 18 mil funcionários em 42 diferentes postos de trabalho de nível básico, de hora em hora em ambientes predominantemente de varejo.[22] Independentemente da ocupação,

QUADRO 4.1 Comportamentos esperados de um funcionário.

Comportamentos esperados	Alguns exemplos
Concentração e foco	Continua trabalhando, mesmo quando os outros funcionários estão parados conversando.
Detalhismo	Percebe algo fora do lugar e o devolve para a área adequada.
Flexibilidade de horários	Oferece-se para ficar até mais tarde quando a loja está com muito movimento.
Pontualidade	Chega ao trabalho na hora certa e mantém bom atendimento.
Comprometimento	Durante seu horário de trabalho, dedica-se apenas aos assuntos da empresa. Sem se voltar a assuntos pessoais.
Prestatividade	Coopera com outros funcionários.
Ética e honestidade	Não reduz o preço da mercadoria para um amigo e não permite a entrada de pessoas estranhas em áreas não autorizadas.
Sem vícios e com hábitos saudáveis	Não vai ao trabalho sob a influência de álcool ou drogas.

aqui estão comportamentos esperados (com exemplos) que ele encontrou e que podem ser importantes em todos os trabalhos:

Especificações dos cargos com base em probabilidades

Utilizar probabilidades para as especificações dos cargos é a abordagem mais aceita, mas é também a mais difícil. O objetivo aqui é determinar estatisticamente a relação entre:

1. alguns *indicativos* (traços físicos ou comportamentais, como altura, inteligência, ou destreza);
2. um indicador ou *critério* para a eficácia, a partir da avaliação de desempenho realizada pelo supervisor.

O procedimento tem cinco etapas: (1) analisar o cargo e decidir a maneira de medir o desempenho no cargo; (2) selecionar características pessoais como a destreza manual, que você acredita ser um indicativo de bom desempenho; (3) testar os candidatos para essas características; (4) medir o desempenho e os resultados desses candidatos; e (5) analisar estatisticamente a relação entre o indicativo (destreza) e o desempenho no trabalho. O seu objetivo é o de determinar se o indicativo tem relação com o desempenho.

Esse método é mais aceito do que as avaliações subjetivas. No entanto, na prática, a maioria dos empregadores provavelmente confia mais em avaliações subjetivas.

Usando o relatório de tarefas

Relatório de tarefas
Breve resumo do que o trabalhador faz em uma tarefa particular, como faz, o conhecimento, as habilidades e as aptidões necessárias para fazê-lo, além do propósito dessa tarefa.

Embora os empregadores utilizem, tradicionalmente, descrições e especificações dos cargos para resumir o que define o cargo, *relatórios de atividades* são cada vez mais populares.[23] Cada **relatório de tarefas** de um cargo mostra *o que* o trabalhador faz em uma atividade específica, *como* o trabalhador faz, o *conhecimento*, as *habilidades* e as *aptidões necessárias* para fazê-lo, além do *propósito da tarefa*.[24]

O primeiro passo é escrever um relatório detalhado para cada tarefa envolvida no trabalho. Uma das tarefas de um atendente de uma lavanderia pode ser: "atender novos pedidos". O relatório de tarefas mostra quais são as etapas envolvidas nesse atendimento. Veja algumas a seguir:

1. Recebe um pedido de lavagem de roupas de um cliente.
2. Armazena a roupa em um saco com identificação.
3. Oferece ao cliente um recibo, pelo pagamento do sinal, e um protocolo, a fim de garantir que os itens estejam juntos na entrega e que a loja e o cliente tenham um registro exato de toda a transação.

Podemos notar que a descrição tradicional de deveres e responsabilidades traria apenas: recebe pedidos de clientes, armazena as roupas em sacos, emite recibos.

No relatório, para cada tarefa também devem constar *conhecimentos, habilidades, capacidades* e *outras* características necessárias para realizá-las. Para as tarefas acima, o atendente deve saber como operar um computador, lançar o pedido, gerar o protocolo e o recibo, ser hábil em identificar os tipos de tecidos para fazer o orçamento adequado, ter condicionamento físico (para levantar sacos pesados com roupas) e habilidades matemáticas para precificar serviços. A maioria dos empregos exige também "outras" características. Por exemplo, "ética" pode ser importante para esse e outros trabalhos.

No segundo passo, o analista de cargos e salários ou o analista de RH pega algumas descrições das tarefas e as agrupa em quatro ou cinco *deveres principais da função*. Assim, os principais deveres do atendente podem incluir: receber e devolver a roupa do cliente, operar a caixa registradora, encaminhar para o pessoal da lavagem, supervisionar o alfaiate e o assistente de balcão.

Por fim, o analista reúne todas essas informações em uma "matriz de requisitos" para esse trabalho. Essa matriz relaciona as informações em cinco colunas: cada um dos quatro ou cinco deveres principais das funções na coluna 1; o relatório de tarefas associado a cada dever na coluna 2; a importância relativa de cada dever principal e o tempo gasto em todo o trabalho nas colunas 3 e 4; e conhecimentos, habilidades, competências e outras características relacionadas a cada dever principal na coluna 5.[25]

Essa matriz proporciona uma visão mais abrangente do que o trabalhador faz, como e por que faz, representando uma descrição detalhada do cargo. Por exemplo, esclarece o propósito de cada tarefa e, inclusive, os conhecimentos necessários, habilidades, capacidades

Atualmente, em muitos casos, os funcionários não realizam apenas tarefas específicas previstas para o cargo, pois trabalham em equipes, e suas funções podem mudar continuamente. Em tais situações, a melhor opção para uma descrição de cargos pode ser o modelo de competências, que lista as mais importantes que alguém deve ter para realizar o trabalho, em vez de um conjunto estático de atividades.

Fonte: Bloomberg/Getty Images

e outras características para cada etapa. As informações dessa matriz orientam as tomadas de decisões em processos seletivos, treinamentos e avaliações. Modelo de competências, que veremos a seguir, é outra forma de reunir informações sobre conhecimentos, habilidades, aptidões e outras características que um cargo exige de seus encarregados.

Utilizando modelo de competências em gestão de talentos

A maioria das pessoas ainda pensa em um "trabalho" como um conjunto de obrigações específicas que alguém realiza para receber um pagamento, mas o conceito de trabalho está mudando. Você não quer que os funcionários se vejam obrigados a realizar apenas um conjunto específico de tarefas.[26] Por exemplo, trabalho em equipe, muitas vezes, exige a realização de várias tarefas. Em situações como essas, o "trabalho" do funcionário pode mudar de um dia para o outro. Portanto, contar com uma lista estática de tarefas que relaciona atividades específicas que são esperadas do funcionário pode ser irrelevante. Em tais situações, a melhor opção para uma descrição de cargos pode ser o que os gestores chamam de modelo de competências ou perfis profissionais (vamos usar os termos como sinônimos). Tais modelos ou perfis listam os conhecimentos, as habilidades, as capacidades e as outras características que os funcionários devem apresentar para realizar suas várias tarefas.[27] A suposição é: se o novo membro da equipe tem as habilidades e competências necessárias, ele será capaz de fazer o que o trabalho exige.

Em geral, o objetivo de escrever um perfil profissional ou modelo de competências é resumir o que uma pessoa necessita para um desempenho excepcional. A Figura 4.7 apresenta um exemplo de modelo de competências que geralmente abrange:

- *competências* (basicamente habilidades e comportamentos necessários);
- *atributos pessoais* (traços de personalidade etc.);
- *conhecimento* (técnico e/ou profissional);
- *experiência* (formação e qualificação profissional).

O perfil profissional torna-se, então, o norteador ou o modelo de recrutamento, seleção, treinamento, avaliação e desenvolvimento de funcionários para cada cargo.[28] Por exemplo, o gerente *contrata* novos funcionários por meio de testes que medem as competências do perfil profissional desejado, *treina* funcionários com cursos destinados a desenvolver essas competências e *avalia* o desempenho pelas competências do trabalhador.

Funções
Funções principais (dentro do RH)
Função de apoio (aconselhar, auxiliar)
Função de coordenação (monitorar)
Função estratégica de RH (formular, executar)

Áreas de conhecimento/experiência
Práticas de RH (recrutamento, seleção, treinamento etc.)
Planejamento estratégico
Direito do Trabalho
Finanças e orçamentos
Gerência

Competências fundamentais

Competências pessoais
- Agir eticamente
- Exercitar o bom senso com base em evidências
- Definir e atingir metas
- Gerenciar tarefas de forma eficaz
- Desenvolvimento pessoal

Competências interpessoais
- Comunicar eficazmente
- Exercício da liderança
- Negociar eficazmente
- Motivar as pessoas
- Trabalhar produtivamente em equipe

RH/Negócios/Gestão
- Estabelecer práticas de RH eficazes
- Analisar as demonstrações financeiras
- Criar estratégias
- Gerenciar fornecedores

GERENTE DE RECURSOS HUMANOS
MODELO DE COMPETÊNCIA / PERFIL PROFISSIONAL

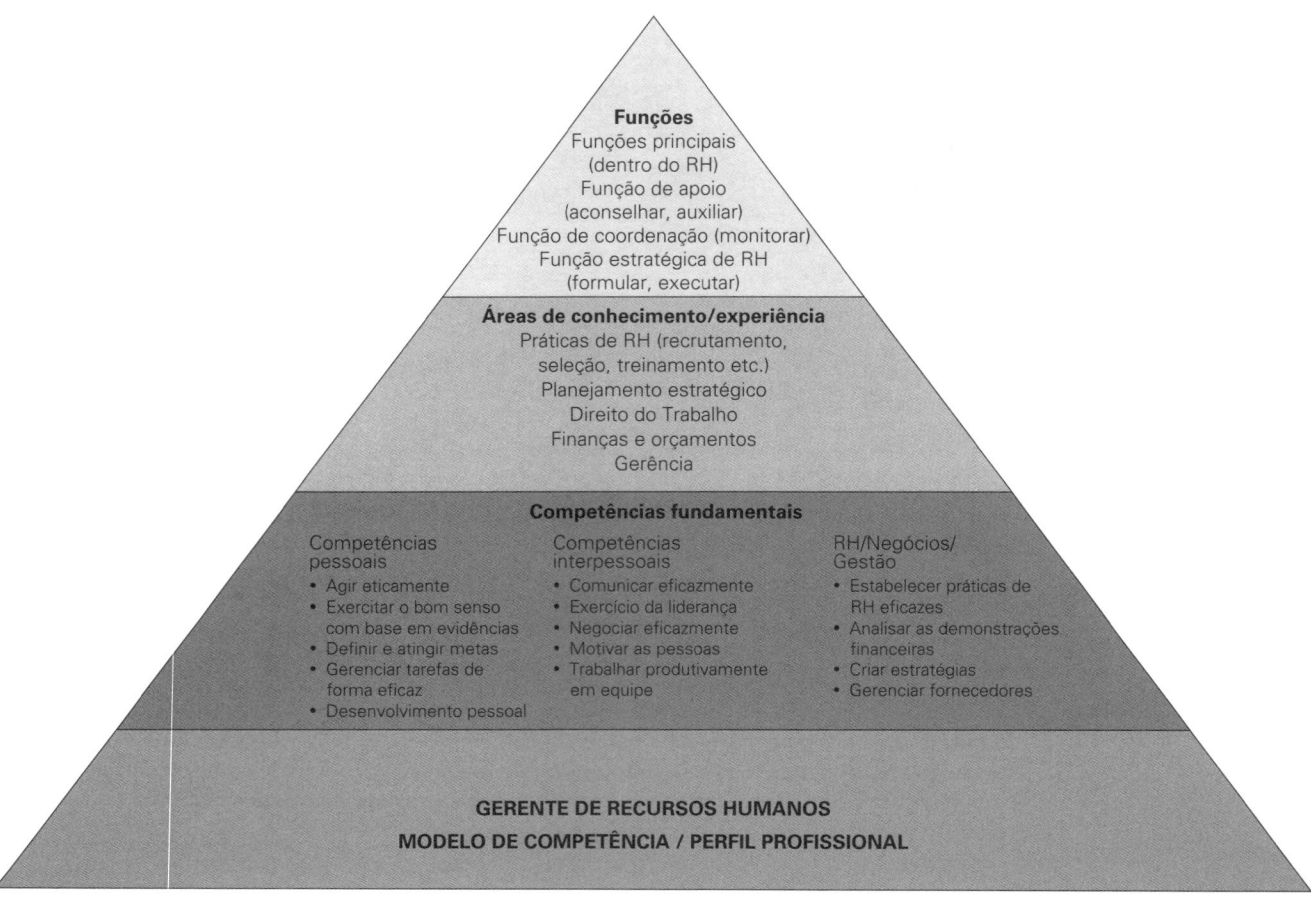

FIGURA 4.7 Exemplo de modelo de competência/perfil profissional para um gerente de recursos humanos.

Um olhar mais atento para as competências

Competências são comportamentos humanos observáveis e mensuráveis que tornam possível o desempenho. Para determinar quais são as competências exigidas em um trabalho, pergunte: "Para realizar esse trabalho com habilidade, o que o empregado deve ser capaz de fazer?". Competências são tipicamente habilidades colocadas em prática. Exemplos de competências são "programar em HTML", "elaborar um plano de aula" e "projetar braçadeiras para uma ponte". Competências para o cargo de engenheiro de sistemas podem incluir:

- Desenvolver complexos softwares, gerar protocolos e criar modelagens de sistemas.
- Estabelecer os requisitos de plataforma necessários para coordenar de maneira eficiente e completa a transferência de dados.[29]

Da mesma forma, para um diretor financeiro, as competências podem incluir:

- Formular recomendações comerciais, estudando vários modelos computadorizados para as tendências financeiras.
- Recomendar negócios específicos e quando realizá-los.[30]

Como estabelecer competências

Descobrir as competências necessárias ao trabalho e registrá-las é semelhante em muitos aspectos à análise de cargos tradicional. Em outras palavras, você pode entrevistar os encarregados dos cargos e seus superiores, fazer perguntas sobre as responsabilidades do trabalho e atividades, e, até, identificar características de suma importância que indiquem o sucesso na realização do trabalho. No entanto, em vez de redigir apenas listas de tarefas, o seu objetivo é terminar o relatório de tarefas (como já mencionado) com as informações apuradas: "*A fim de realizar esse trabalho com competência, o funcionário deve ser capaz de...*".

Na prática, um modelo de competências inclui três elementos:[31]

1. *Nome e uma breve descrição* da competência, como "gerenciamento de projetos: habilidade de criar cronogramas precisos e eficazes com um escopo bem definido".
2. *Descrição dos comportamentos* observáveis em um gerente de projetos, que representam proficiência na competência, como "pessoalmente responsáveis pela execução do projeto, investem no sucesso do projeto, gerenciam riscos e tomam decisões oportunas";
3. *Níveis de proficiência*, por exemplo:[32]

    - **Nível de proficiência 1 em gestão de projetos** Identifica riscos e dependências do projeto e comunica-se regularmente com as partes interessadas.
    - **Nível de proficiência 2** Desenvolve sistemas para monitorar riscos e dependências, e informa alterações.
    - **Nível de proficiência 3** Prevê condições de mudanças, impacto de riscos e dependências, e toma medidas preventivas.
    - **Nível de proficiência 4** Identifica proativamente implicações das condições de negócios internos e externos, relacionadas a riscos e dependências.

EXEMPLO BP Vários anos atrás, executivos da divisão de exploração da British Petroleum (BP), multinacional inglesa, decidiram que sua unidade deveria ser organizada de maneira mais eficiente.[33] Para ajudar a alcançar esse objetivo, eles acreditavam que tinham que mudar a atitude dos funcionários, de uma orientação voltada a deveres "isso não é meu trabalho", para uma voltada a motivação no sentido de desenvolver habilidades necessárias a fim de cumprir suas responsabilidades de maneira ampla.

A solução foi uma matriz de competências, como a mostrada na Figura 4.8. A BP criou matrizes de competências para cada cargo, ou grupo de cargos (como o de gerentes de perfuração).

	Especialização técnica/ habilidades	Tomada de decisão e habilidades para resolver problemas	Habilidades interpessoais	Habilidades de liderança	Habilidades de visão comercial
Nível 6	6	6	6	6	6
Nível 5	5	5	5	5	5
Nível 4	4	4	4	4	4
Nível 3	3	3	3	3	3
Nível 2	2	2	2	2	2
Nível 1	1	1	1	1	1

FIGURA 4.8 Matriz de competências.

Fonte: Copyright Gary Dessler PhD

Obs.: este é um exemplo de uma matriz de competências para funcionários de desenvolvimento de produtos técnicos/de engenharia. As caixas destacadas mostram o nível exigido de cada habilidade para realizar o trabalho. Uma especificação mais detalhada daria exemplos para cada nível de cada habilidade, considerando a escala de importância a partir do Nível 1 (menos importante). Por exemplo, o Nível 1 dentro da "Especialização técnica/habilidades" pode significar: "tem ou está em processo de aquisição do conhecimento básico necessário para realizar esse tipo de trabalho", enquanto o Nível 6 pode significar: "capaz de conduzir e supervisionar as tarefas de análise altamente complexas e que exigem avançado know-how técnico".

Assim como na Figura 4.8, cada matriz listava (1) os tipos de competências necessárias para realizar esse trabalho (como conhecimento técnico) e (2) o nível mínimo necessário de cada competência para o cargo ou grupo de cargos.

Perceba que a utilização da matriz também apoiou a gestão de talentos da divisão de exploração. Os esforços de gestão de talentos nesta unidade podem se concentrar em recrutamento, contratação, treinamento, avaliação e remuneração dos funcionários, com base nas competências de que necessitam para desempenhar suas funções atuais e também os trabalhos mais avançados, com o objetivo de criar uma força de trabalho mais flexível e eficiente.

Revisão

RESUMO

1. Os empregadores de hoje, muitas vezes, visualizam todas as atividades de pessoal como parte de um *processo integrado de gestão de talentos*. Nós definimos a gestão de talentos como o *processo integrado e orientado por metas de planejamento, recrutamento, desenvolvimento, gestão, bônus e remuneração de funcionários.* Quando um gerente tem uma perspectiva de gestão de talentos, deve ter em mente que as tarefas de gestão são partes de um processo inter-relacionado. Certifique-se de que as decisões de gestão, como remuneração, sejam dirigidas por metas e use o mesmo "perfil" para a formulação de planos de recrutamento, seleção, treinamento e avaliação. Gerencie os funcionários e integre/coordene todas as funções de gestão de talentos.

2. Todos os gerentes precisam estar familiarizados com os conceitos básicos de análise de cargos.
    - Análise de cargos é o procedimento por meio do qual você determina as atribuições dos cargos do departamento e as características das pessoas que serão contratadas para eles.
    - As descrições de cargos compõem uma lista do que está envolvido no trabalho, enquanto as especificações do cargo identificam o perfil pessoal a ser contratado para o trabalho.
    - A própria análise de cargos envolve a coleta de informações sobre assuntos como atividades realizadas, comportamentos exigidos, e máquinas, ferramentas e equipamentos utilizados.
    - Gerentes usam informações de análise de cargos em recrutamento e seleção, remuneração, treinamento e avaliação de desempenho.
    - Os passos básicos na análise de cargos incluem decidir o uso das fontes de informação, revendo-as em organogramas, por exemplo.

3. Existem vários métodos de coleta de informações para a análise de cargos. Estes incluem entrevistas, questionários, observação dos funcionários desempenhando suas funções, relatórios de atividades e técnicas quantitativas, como questionários de análise de cargos. Os empregadores cada vez mais buscam informações por meio da internet.

4. Os gestores devem estar familiarizados com o processo de redigir descrições de cargos. Enquanto não existe um formato padrão, a maioria das descrições contém seções que cobrem a identificação do cargo, um resumo das atividades, uma lista de responsabilidades e deveres, se exerce supervisão ou não, e padrões de desempenho. A descrição de cargos também pode conter informações sobre as condições e as especificações do trabalho.

5. Ao escrever as especificações dos cargos, é importante distinguir entre as especificações de pessoal com experiência versus inexperiente. Para os empregados experientes, o processo é relativamente simples, porque você está olhando principalmente para as características da experiência. Para o pessoal inexperiente, é necessário identificar traços que possam indicar o sucesso no desempenho do trabalho. A maioria das especificações dos cargos vem dos palpites de superiores e baseiam-se, principalmente, em avaliações subjetivas. Alguns empregadores usam análise de probabilidades para identificar requisitos ou traços comportamentais que estão relacionados ao sucesso no trabalho.

6. Empregadores tradicionalmente usam descrições e especificações de cargos para resumir as atividades envolvidas, mas os relatórios de atividades são cada vez mais populares. Eles mostram o que o trabalhador faz em cada uma das tarefas do trabalho, como as realiza, o conhecimento, as habilidades e as competências necessárias para realizá-las, e o propósito das tarefas.

7. Os empregadores estão criando modelos ou perfis de cada um dos seus cargos. O objetivo é ter o detalhamento do que é necessário para um desempenho excepcional em uma determinada função, em termos de competências, perfil pessoal, conhecimento e experiência. O perfil profissional torna-se, então, o norteador ou o modelo de recrutamento, seleção, treinamento, avaliação e desenvolvimento de funcionários para cada cargo.

PALAVRAS-CHAVE

gestão de talentos 73
análise de cargos 74
descrição de cargos 74
especificações de cargos 74
organograma 74
fluxograma de processo 74
análise de fluxo de trabalho 75
reengenharia de processos de negócios 76

ampliação de cargo 76
realocação 76
enriquecimento profissional 76
diário 80
questionário para análise de cargo 81
Classificação Brasileira de Ocupações (CBO) 82
relatório de tarefas 90

QUESTÕES PARA DISCUSSÃO

1. Explique para o chefe de uma empresa como ele poderia utilizar a abordagem de gestão de talentos para melhorar o desempenho de sua empresa.
2. Quais os itens que são normalmente incluídos na descrição de cargos?
3. O que é análise de cargos? Como você pode fazer uso das informações nela contidas?
4. Discutimos vários métodos para a coleta de dados para análise de cargos – entrevistas, questionário para análise de cargo, e assim por diante. Compare e diferencie esses métodos, explicando no que são úteis e liste os prós e contras de cada um.
5. Descreva os tipos de informações, normalmente, encontradas em uma especificação dos cargos.
6. Explique como você poderia realizar uma análise de cargos.
7. Em uma empresa com apenas 25 funcionários, há menor necessidade de descrições de cargos? Justifique.
8. Explique como você poderia escrever um relatório de tarefas de um policial.
9. Como alguém identifica as funções essenciais de um cargo?

ATIVIDADES INDIVIDUAIS E EM GRUPOS

1. Trabalhando individualmente ou em grupos, obtenha cópias de descrições de cargos administrativos na instituição onde estuda, ou na empresa onde você trabalha. Que tipos de informação essas descrições de cargos contêm? Será que oferecem informações suficientes para explicar as atividades envolvidas e como realizá-las? Como você poderia melhorar a descrição?

2. Trabalhando individualmente ou em grupos, use a Classificação Brasileira de Ocupações (CBO) para desenvolver uma descrição de cargo de sua escolha, talvez um assistente de contabilidade, ou professor. Com base nas informações reunidas, utilize sua avaliação para desenvolver uma especificação de trabalho. Compare suas conclusões com as de outros alunos ou grupos. Perceberam diferenças significativas? Quais foram elas? O que você acha que influenciou as diferenças?

Exercícios de aplicação

ESTUDO DE CASO EM RH: Empresa de Limpeza Carter

A descrição de cargos

Ao avaliar suas lojas, Jennifer concluiu que uma das primeiras coisas que deveria fazer era a descrição de cargos para seus gerentes.

Segundo Jennifer, suas aulas sobre descrições de cargos em gestão básica e cursos de gestão de RH não foram suficientes para convencê-la completamente do papel fundamental das descrições de cargos no bom funcionamento de uma empresa. Muitas vezes, durante suas primeiras semanas de trabalho, Jennifer viu-se perguntando a um de seus gerentes por que ele estava violando o que ela sabia serem políticas e procedimentos recomendados pela empresa.

Repetidamente, as respostas eram ou "Porque eu não sabia que era o meu trabalho" ou "Porque eu não sabia que era o caminho que deveríamos seguir". Jennifer tinha a consciência de que a descrição de cargos, com um conjunto de normas e procedimentos específicos sobre o que era para ser feito e como fazê-lo, seria um longo caminho para minimizar esse problema.

Em geral, o gerente das lojas é responsável por conduzir todas as atividades, de modo que resulte em um trabalho de qualidade, em boas relações com os clientes, maximização das vendas e manutenção da rentabilidade por meio de um controle eficaz das tarefas, dos custos de fornecimento e de energia. Para o cumprimento dessas metas, os deveres e as responsabilidades específicas de um gerente de loja incluem controle de qualidade, manutenção da aparência e limpeza da loja, relacionamento com clientes, contabilidade e gestão de caixa, controle de custos e produtividade, controle de danos, precificação, controle de estoque, apresentação pessoal, manutenção de equipamentos, compras, segurança dos empregados, remoção de resíduos perigosos, administração de recursos humanos e controle de pragas.

As questões que Jennifer encarou estão a seguir.

Perguntas

1. Como deveriam ser o esboço e a descrição final do cargo do gerente de lojas?
2. É prático especificar normas e procedimentos na descrição de cargo, e se forem mantidos separados?
3. Como Jennifer deveria fazer o levantamento das informações necessárias para a descrição de cargo?
4. O que, em sua opinião, deve conter na descrição do cargo do gerente da loja?

Exercício vivencial — A descrição de cargo do professor

Objetivo: dar-lhe experiência no desenvolvimento de uma descrição de cargo por meio da prática com o seu professor.

Entendimento necessário: você deve entender a mecânica da análise de cargos e estar totalmente familiarizado com os questionários de análise de cargos deste capítulo.

Instruções: criar grupos de quatro a seis alunos para esse exercício. Como em todos os exercícios deste livro, os grupos devem ser separados, não dialogando um com o outro. Metade dos grupos na turma desenvolverá a descrição do cargo usando o questionário de análise de cargos (Figura 4.3), e a outra metade irá elaborá-lo com o modelo de descrição de cargos (Figura 4.4). Cada aluno deve rever seu questionário (conforme o caso) antes de se juntar ao grupo.

1. Cada grupo deve fazer uma análise de cargo do professor: metade dos grupos utilizará a Figura 4.3, questionário de análise de cargos para esse fim, e a outra metade, a Figura 4.4.
2. Com base nessas informações, cada grupo desenvolverá sua própria descrição de cargo e especificação do cargo para o professor.
3. Em seguida, cada grupo deve escolher algumas pessoas que desenvolveram a descrição e a especificação de cargo usando o método alternativo (um grupo que utilizou o questionário para análise de cargo deve se juntar a um grupo que utilizou o questionário de descrição do cargo).
4. Finalmente, dentro de cada um desses novos grupos, compare e comente cada um dos dois conjuntos de descrições e especificações de cargo. Será que cada método de análise de cargos oferece diferentes tipos de informação? Qual parece melhor? Será que um parece mais vantajoso para alguns tipos de cargos do que outros?

Estudo de caso brasileiro

Greve no aeroporto de Goiânia

Os empregados das obras do novo terminal do Aeroporto Santa Genoveva, em Goiânia, protestavam em frente ao canteiro de obras, reivindicando melhores salários e condições de trabalho.

Aquela era a terceira manifestação no período de uma semana, e o presidente do Sindicato dos Trabalhadores da Construção Civil afirmava que as empresas do consórcio responsável pela construção, Via Engenharia e Odebrecht, ainda não haviam proposto qualquer solução para o impasse. "Esperamos que as empresas se manifestem, que venham negociar, porque o sindicato está aqui para dar apoio ao trabalhador e lutar pelo direito dele", ressaltou, então, o representante dos trabalhadores. Entretanto, em nota nos jornais, o Consórcio Aeroporto de Goiânia afirmava que a Justiça já havia determinado o retorno imediato dos trabalhadores à obra.

Lamentavelmente, do outro lado do portão, as obras estavam quase paradas, com a conclusão de apenas 15% do total previsto, mesmo com o investimento de milhões de reais e a contratação de número de empregados capazes de dar regular andamento à obra.

Uma liminar obtida na Justiça do Trabalho considerou a greve abusiva e pediu o retorno imediato dos operários ao trabalho, sob pena de multa de R$ 40 mil. O consórcio passou a negociar com o Sindicato dos Trabalhadores nas Indústrias da Construção Pesada (Sticep), pois classificou a obra com sendo de construção pesada. Entretanto, os operários alegaram que são representados pelo Sindicato dos Trabalhadores nas Indústrias da Construção de Goiânia (Sintracom), que trata das construções leves.

Reivindicações

Conforme a categoria, mais de 80% dos 300 trabalhadores aderiram à paralisação. Eles alegaram que recebiam salário de, em média, R$ 890. Um mês antes da manifestação, esse valor teria subido para R$ 1,1 mil, mas na carteira de trabalho ainda prevalecia o valor anterior. Para agravar a situação, alguns operários diziam que aquele valor era inferior ao pago na construção civil em Goiânia, à época.

O presidente do sindicato reclamou, adicionalmente, que a empresa prometera aos empregados vindos de outros estados melhores alojamentos, e que eles poderiam visitar os familiares a cada três meses, o que também não aconteceu. "O pessoal que vem de fora, a lei prevê que de três em três meses tem que visitar a família. Mas o pessoal que veio do Piauí e do Maranhão já tem mais de três meses que não visita a família", afirmou.

Fonte: <http://g1.globo.com/goias/noticia/2014/02/em-greve-ha-uma-semana-operarios-param-obras-do-aeroporto-de-goiania.html>. Acesso em: 30 maio 2014.

Perguntas

1. Como certificar-se do valor correto de salário a ser pago para os empregados da categoria profissional citada pelo texto? Qual o documento adequado para isso?
2. Quem era, afinal, o sindicato representante dos operários do canteiro de obras do aeroporto?
3. É correta a afirmação de que a lei garante aos empregados que vêm de outros estados uma visita à família a cada 3 meses? Indique a fonte dessa reivindicação.
4. Caso fosse o gestor de recursos humanos do consórcio responsável pela construção, que providências tomaria para estimular a volta dos empregados, amenizando o clima organizacional?

Notas

1. Michael Laff, "Talent Management: From Hire to Retire", *Training and Development*, nov. 2006, p. 42-48.
2. Disponível em: <http://talentformula.ca/development/talent_management>. Acesso em: 6 jun. 2014.
3. Idem.
4. Para uma boa discussão sobre análise de cargos, veja James Clifford, "Job Analysis: Why Do It, and How Should It Be Done?" *Public Personnel Management* 23, n. 2, verão 1994, p. 321-340; e "Job Analysis". Disponível em: <http://www.rhportal.com.br/artigos/rh.php?idc_cad=e7m3hs6h9>. Acesso em: 6 jun. 2014.
5. Parbudyal Singh define a análise de cargos como "O centro de praticamente todas as atividades de gestão de recursos humanos necessárias para o funcionamento das organizações bem-sucedidas." Veja Parbudyal Singh, "Job Analysis for a Changing Workplace", *Human Resource Management Review*, n. 18, 2008, p. 87.
6. Richard Henderson, "Compensation Management: Rewarding Performance". Upper Saddle River, NJ: Prentice Hall, 1994, p. 139-150. Veja também T. A. Stetz et al., "New Tricks for an Old Dog: Visualizing Job Analysis Results", *Public Personnel Management* 38, n. 1, 2009, p. 91-100.
7. Ron Miller, "Streamlining Claims Processing", *eWeek* 23, n. 25, 19 jun. 2006, p. 33, 35.
8. Darin Hartley, "Job Analysis at the Speed of Reality", *Training & Development*, set. 2004, p. 20-22.
9. Veja Henderson, "Compensation Management", p. 148-152.
10. Jack Smith e Milton Hakel, "Convergence Among Data Sources, Response Bias, and Reliability and Validity of a Structured Job Analysis Questionnaire", *Personnel Psychology* 32, inverno 1979, p. 677-692. Veja também Frederick Morgeson e Stephen Humphrey, "The Work Design Questionnaire (WDQ): Developing and Validating a Comprehensive Measure for Assessing Job Design and the Nature of Work", *Journal of Applied Psychology* 91, n. 6, 2006, p. 1321–1339. Disponível em: <www.paq.com/index.cfm?FuseAction=bulletins.job-analysis>. Acesso em: 7 jun. 2014.
11. Roni Reiter-Palmon et al., "Development of an O*NET Web-Based Job Analysis and Its Implementation in the U.S. Navy: Lessons Learned", *Human Resource Management Review* 16, 2006, p. 294-309.
12. Idem, p. 294.
13. A estrutura básica da Classificação Brasileira de Ocupações (CBO) foi elaborada em 1977, resultado do convênio firmado entre o Brasil e a Organização das Nações Unidas (ONU), por intermédio da Organização Internacional do Trabalho (OIT), no Projeto de Planejamento de Recursos Humanos (Projeto BRA/70/550), tendo como base a Classificação Internacional Uniforme de Ocupações (CIUO) de 1968. Disponível em: <http://www.mtecbo.gov.br/cbosite/pages/informacoesGerais.jsf#1>. Acesso em: 10 jun. 2014.
14. Para discussão sobre redação da descrição de cargos, veja James Evered, "How to Write a Good Job Description", *Supervisory Management*, abr. 1981, p. 14-19; Roger J. Plachy, "Writing Job Descriptions That Get Results", *Personnel*, out. 1987, p. 56-58; e Jean Phillips e Stanley Gulley, *Strategic Staffing*, Upper Saddle River, NJ: Pearson Education, 2012, p. 89-95.
15. Evered, "How to Write a Good Job Description", p. 16.
16. Idem.
17. Idem.
18. Disponível em: <http://www3.mte.gov.br/fisca_trab/inclusao/default.asp>. Acesso em: 10 jun. 2014.
19. Matthew Mariani, "Replace with a database: O*NET replaces the Dictionary of Occupational Titles," *Occupational Outlook Quarterly*, 22 mar. 1999.
20. Jorgen Sandberg, "Understanding Competence at Work", *Harvard Business Review*, mar. 2001, p. 28. Outros desenvolvedores de softwares: Nakisa, Aquire e Human Concepts. Veja "Advanced Org Charting", *Workforce Management*, 19 maio 2008, p. 34.
21. Baseado em Ernest J. McCormick e Joseph Tiffin, *Industrial Psychology*, Upper Saddle River, NJ: Prentice Hall, 1974, p. 56-61.
22. Steven Hunt, "Generic Work Behavior: An Investigation into the Dimensions of Entry-Level, Hourly Job Performance", *Personnel Psychology* 49, 1996, p. 51-83.
23. Jean Phillips e Stanley Gulley, *Strategic Staffing*, Upper Saddle River, NJ: Pearson Education, 2012, p. 96-102.
24. Idem p. 96. Note que alguns especialistas de RH limitam o relatório de tarefas para o que é cada uma, seu propósito, como e por que são realizadas. Conhecimentos, habilidades e aptidões que a tarefa exige aparecem separadamente.
25. Idem, p. 102.
26. Jeffrey Shippmann et al., "The Practice of Competency Modeling", *Personnel Psychology* 53, n. 3, 2000, p. 703.
27. Michael Campion et al., "Doing Competencies Well: Best Practices in Competency Modeling", *Personnel Psychology* 64, 2011, p. 225-262.
28. Richard S. Wellins et al., "Nine Best Practices for Effective Talent Management", DDI Development Dimensions International, Inc. Disponível em: <http://www.ddiworld.com/

DDIWorld/media/white-papers/ninebestpracticetalentmanagement_wp_ddi.pdf?ext=pdf>. Acesso em: 14 jun. 2014. Para discussão sobre modelo de competências, veja Michael A. Campion et al., "Doing Competencies Well: Best Practices in Competency Modeling", *Personnel Psychology* 64, n. 1, 2011, p. 225-262.

29. Adaptado de Richard Mirabile, "Everything You Wanted to Know About Competency Modeling", *Training & Development* 51, n. 8, ago. 1997, p. 73-78. Veja também Campion et al., "Doing Competencies Well".

30. Mirabile, "Everything You Wanted to Know".

31. Adaptado de Michael Campion et al., "Doing Competencies Well".

32. Idem.

33. Veja, por exemplo, Carol Spicer, "Building a Competency Model", *HR Magazine*, abr. 2009, p. 34-36.

Planejamento de pessoal e recrutamento

5

Neste capítulo, vamos abordar...

- PLANEJAMENTO E ALOCAÇÃO DE RECURSOS HUMANOS
- NECESSIDADE DE UM RECRUTAMENTO EFICAZ
- FONTES INTERNAS DE CANDIDATOS
- FONTES EXTERNAS DE CANDIDATOS
- RECRUTAMENTO DE PESSOAL DIVERSIFICADO
- DESENVOLVIMENTO E USO DE FORMULÁRIOS DE CANDIDATURA

Objetivos de aprendizagem

Quando terminar o estudo deste capítulo, você será capaz de:
1. Listar as etapas do processo de recrutamento e seleção.
2. Explicar as principais técnicas utilizadas no planejamento de recursos humanos.
3. Explicar e dar exemplos da necessidade do recrutamento eficaz.
4. Apontar e descrever as principais fontes internas de candidatos.
5. Listar e discutir as principais fontes externas de candidatos.
6. Explicar como analisar a eficácia do recrutamento.
7. Explicar como recrutar um quadro de funcionários mais diversificado.

Fonte: Mandoga Media/Alamy

OBJETIVO DE APRENDIZAGEM 1
Listar as etapas do processo de recrutamento e seleção.

Introdução

Muita gente quer trabalhar para a rede social Facebook, então, a empresa não precisa de muitos esforços para o recrutamento de funcionários. Porém, há uma exceção. Se você é um dos "cobiçados engenheiros" que o Facebook quer contratar, o CEO Mark Zuckerberg pode recrutá-lo pessoalmente.[1] Os candidatos que já receberam o "tratamento Zuckerberg" contam uma história similar. Zuckerberg os surpreendeu com um e-mail sugerindo que fossem ao seu escritório. De lá, ele os levou até uma trilha para um mirante do Vale do Silício, em São Francisco, nos EUA. Então, Zuckerberg explicou por que eles deveriam vir trabalhar para o Facebook.

A análise de cargos identifica funções e requisitos para cada um dos postos de trabalho da empresa. Em seguida, deve-se decidir quais desses postos de trabalho preencher, e como *recrutar e selecionar* funcionários para eles. Os gestores tradicionalmente veem recrutamento e seleção como uma série de obstáculos (Figura 5.1):

1. Decidir quais vagas preencher, por meio do *planejamento e da alocação de recursos humanos*.
2. Ter candidatos para esses cargos, por meio do *recrutamento* interno ou externo.
3. Ter *formulários* de *inscrição* completos e fazer entrevistas iniciais de triagem.
4. Usar *ferramentas de seleção*, como testes, verificação de histórico profissional e exames físicos para identificar candidatos viáveis.
5. Decidir a quem fazer uma proposta de trabalho, por meio de *entrevistas* dos candidatos pelo supervisor e, talvez, por outros profissionais.

Este capítulo se concentra em planejamento e contratação de profisssionais. Já o Capítulo 6 irá abordar testes de seleção, verificação do histórico, exames físicos e proposta de trabalho.

Planejamento e alocação de recursos humanos

O recrutamento e a seleção devem começar com o planejamento de pessoal. Afinal, se você não sabe quais são suas necessidades de funcionários para os próximos meses, por que deveria contratar?

Planejamento de recursos humanos (cargos ou pessoal)

Processo de decidir quais vagas a empresa terá de preencher, e como preenchê-las.

Planejamento de recursos humanos (cargos ou pessoal) é o processo de decidir quais vagas a empresa terá de preencher, e como preenchê-las. Abrange todas as vagas futuras, desde os funcionários da manutenção até o CEO. No entanto, a maioria das empresas chama de *planejamento de sucessão* o processo de decidir como preencher os postos de trabalho executivo.

Estratégia e planejamento de pessoal

Em ambos os casos, o planejamento deve refletir os planos estratégicos da empresa. Portanto, se os planos incluem entrar em novos negócios ou reduzir custos, essas questões irão influenciar os tipos de vaga que você precisa preencher (ou eliminar). Questões estratégicas são sempre cruciais.

No curto prazo, não há muito que os empregadores possam fazer sobre recessões, bolhas imobiliárias ou mudanças no custo de vida. No entanto, os empregadores devem controlar suas estratégias. Assim, sabendo o que a empresa planeja, por exemplo, expandir para o exterior, isso significa fazer planos para a contratação na divisão internacional. Acompanhe o contexto estratégico na Figura 5.1.

Já a Figura 5.2 resume a relação entre estratégia e planejamento de pessoal. Como em todos os planejamentos, os de pessoal requerem previsões ou estimativas futuras. Neste caso, são consideradas as necessidades de pessoal, a disponibilidade de candidatos internos e a disponibilidade provável de candidatos externos. O processo básico de planejamento de pessoal é: (1) prever a demanda de mão de obra do empregador e a sua disponibilidade no mercado; depois, (2) identificar as lacunas de oferta e demanda; e (3) desenvolver planos de ação para preencher as lacunas previstas. Vamos começar com a previsão das necessidades de pessoal.

FIGURA 5.1 Etapas do processo de recrutamento e seleção.

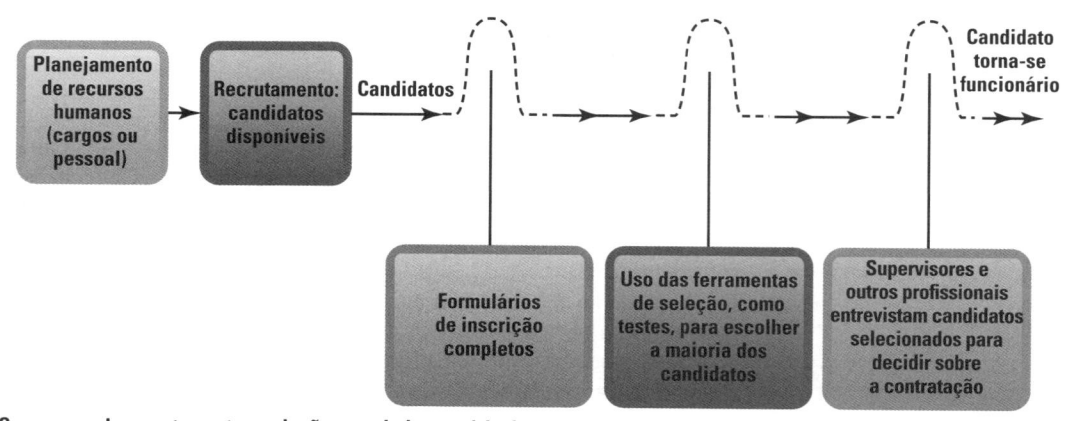

O processo de recrutamento e seleção constitui uma série de etapas que visam selecionar o melhor candidato para o cargo.

Contexto estratégico

IBM

A IBM passou de fornecedora de computadores para, principalmente, desenvolvedora de software e consultoria. Portanto (como o diretor de RH da empresa colocou), se analisarmos a mão de obra estrategicamente, na IBM "em três anos, 22% da nossa força de trabalho terá habilidades obsoletas".[2] Na IBM, o planejamento de RH e o de sucessão, portanto, começam com o pensamento sobre as habilidades e as competências de que a empresa necessita para executar sua estratégia. Para isso, os executivos de recursos humanos da IBM revisaram, com o financeiro e outros executivos, que tipos de habilidade e competência são necessários para levar adiante os planos estratégicos da empresa.[3] Isso dá à equipe de recursos humanos informações fundamentais para formular recrutamento específico e planos de treinamento.

> **OBJETIVO DE APRENDIZAGEM 2**
> Explicar as principais técnicas utilizadas no planejamento de recursos humanos.

Previsão das necessidades de pessoal (demanda de trabalho)

De quantas pessoas precisamos? Em uma empresa, as necessidades de pessoal (plano de headcount), refletem a demanda por seus produtos (bens e serviços), ajustados para mudanças que a empresa planeja fazer em seus objetivos estratégicos e em sua taxa de rotatividade e produtividade.[4] Portanto, a demanda da força de trabalho começa com a estimativa da demanda de seus produtos.

Em curto prazo, a administração deve estar preocupada com previsões diárias, semanais e sazonais.[5] Por exemplo, os varejistas acompanham as tendências de vendas diárias, porque sabem, por exemplo, que o Dia das Mães produz um salto nos negócios e uma necessidade de mais funcionários. Previsões meteorológicas são fundamentais para empresas como as de paisagismo e os fornecedores de condicionadores de ar, por exemplo. Prever para mais de um ano não é tão fácil. Os gestores devem seguir notícias da indústria e previsões econômicas, por meio da leitura de veículos especializados como o jornal *Valor Econômico* e o site do Instituto Brasileiro de Economia (Ibre). Não é necessário prever aumento ou queda na atividade empresarial, um ano ou dois à frente. No entanto, o processo de planejamento pode ajudá-lo a antecipar possíveis mudanças na demanda.

Para prever as necessidades de contratação é necessário, em primeiro lugar, analisar a previsão orçamentária, isto é, o lucro da empresa. Em seguida, estima-se o tamanho da equipe necessária para manter esse volume de vendas. No entanto, os gestores também devem considerar outros fatores. Estes incluem volume previsto de negócios, decisões para melhorar (ou reduzir) bens ou serviços, alterações de produtividade e recursos financeiros. Diversas ferramentas simples facilitam a previsão de novas contratações. Veja na Figura 5.2.

FIGURA 5.2 Ligando a estratégia do empregador ao planejamento de pessoal.

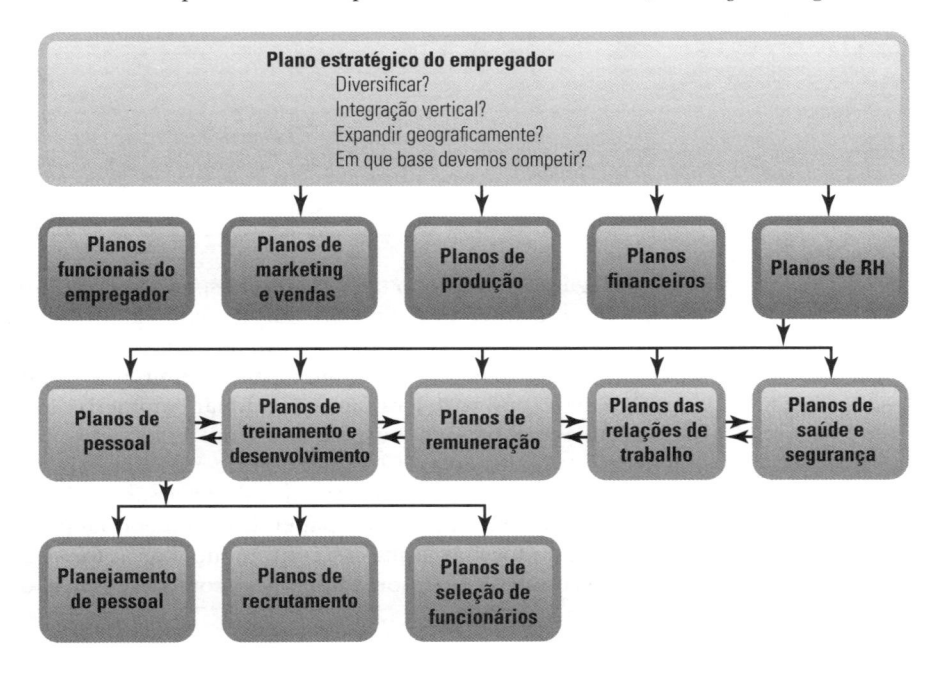

Análise de tendências
Estudo das necessidades de contratação anteriores por um período de anos para prever demandas futuras.

Análise de relação
Técnica de previsão para determinar as futuras demandas de contratação por meio de razões entre, por exemplo, o volume de vendas e o número de funcionários necessários.

Gráfico de dispersão
Método gráfico utilizado para ajudar a identificar a relação entre duas variáveis.

ANÁLISE DE TENDÊNCIAS   O estudo das variações nos níveis de emprego da empresa ao longo dos últimos anos é chamado de **análise de tendências**. Por exemplo, é possível calcular e traçar o número de empregados no final de cada um dos últimos cinco anos (ou, talvez, o número em cada subgrupo como vendas, produção e manutenção). O objetivo é identificar tendências que possam continuar.

A análise de tendências pode fornecer uma estimativa inicial das necessidades futuras de contratação, apesar de os níveis de emprego raramente dependerem apenas da passagem do tempo. Outros fatores, como a produtividade, a demografia da equipe de trabalho e as saídas voluntárias, podem ajudar a revelar as necessidades iminentes da equipe.

ANÁLISE DE RELAÇÃO   Outra abordagem simples, a **análise de relação**, significa fazer previsões com base na relação histórica entre (1) algum fator causal (como o volume de vendas) e (2) o número de funcionários necessários (como o número de vendedores). Por exemplo, suponha que um vendedor geralmente faça R$ 500 mil em vendas. Se a receita de vendas em relação ao pessoal de vendas continua a ser a mesma, você poderia contratar seis novos vendedores no próximo ano (cada um dos quais produziria um extra de R$ 500 mil) para produzir o esperado de R$ 3 milhões em vendas.

Assim como na análise de tendências, na análise de relação supõe-se que não houve alterações na produtividade. No entanto, se, por exemplo, a produtividade das vendas subir ou cair, mudaria a proporção de vendas dos vendedores.

GRÁFICO DE DISPERSÃO   Um **gráfico de dispersão** mostra o modo que duas variáveis, como vendas e pessoal da sua empresa, estão relacionadas. Então, se você pode prever a atividade empresarial (como vendas), também deve ser capaz de estimar suas necessidades de pessoal.

Por exemplo, suponha que um hospital de 500 leitos espera expandir para 1,2 mil ao longo dos próximos cinco anos. A diretora de recursos humanos quer prever quantos enfermeiros deverão ser contratados. Ela sabe que deve determinar a relação entre o tamanho do hospital (em termos do número de leitos) e o número de enfermeiros necessários. Ela visita oito hospitais de vários tamanhos e obtém os seguintes números:

Tamanho do hospital (número de leitos)	Número de enfermeiros registrados
200	240
300	260
400	470
500	500
600	620
700	660
800	820
900	860

A Figura 5.3 mostra o tamanho do hospital no eixo horizontal e o número de enfermeiros sobre o eixo vertical. Se esses dois fatores estão relacionados, em seguida, os pontos (a partir dos dados acima) tenderão a cair ao longo de uma linha reta, como fazem aqui. Se desenhar cuidadosamente numa linha para minimizar as distâncias entre a linha e cada um dos pontos marcados, você será capaz de estimar o número de enfermeiros necessários para cada hospital. Assim, para um hospital de 1,2 mil leitos, a diretora de recursos humanos assumiria a necessidade de cerca de 1,21 mil enfermeiros.

Qualquer que seja a ferramenta de previsão utilizada, o julgamento gerencial deve desempenhar um importante papel. É raro que qualquer tendência histórica, relação ou relacionamento simplesmente continuem. Portanto, você terá que modificar qualquer previsão com base em fatores subjetivos, como a sensação de que mais funcionários podem se desligar.

FIGURA 5.3 Determinação da relação entre o tamanho do hospital e o número de enfermeiros.

Obs.: após a montagem da estrutura, é possível projetar quantos funcionários serão necessários, dado o seu volume.

O planejamento de pessoal começa com a previsão das demandas de mão de obra. Por exemplo, se um administrador espera expandir um hospital de 500 leitos para 1,2 mil leitos nos próximos cinco anos, é importante prever quantos enfermeiros serão necessários.

Fonte: Drew Myers/Corbis/Glow Images

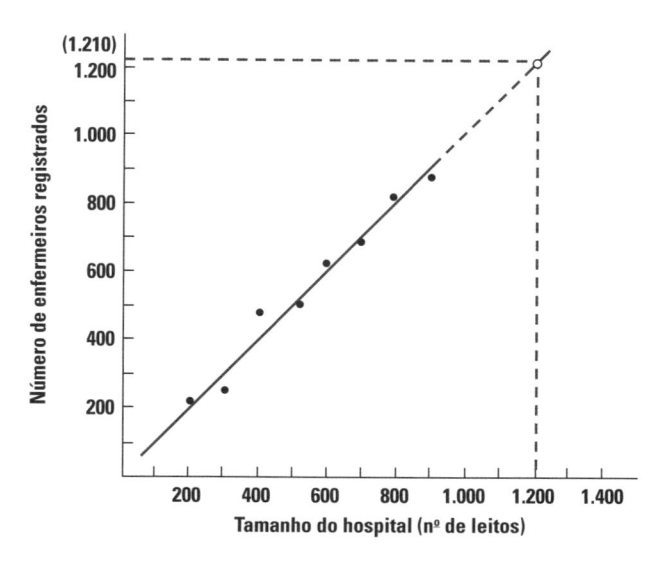

Melhorando a produtividade por meio do sistema de informações de recursos humanos

Previsão informatizada de pessoal

Previsões informatizadas oferecem aos gestores mais variáveis em suas projeções de pessoal.[6] Assim, em Chelan County Public Utility District, uma empresa em Washington, nos EUA, o gerente de desenvolvimento construiu um modelo estatístico que abrange fatores como idade, estabilidade, taxa de rotatividade e tempo para treinar novos funcionários. Esse modelo ajudou a identificar rapidamente os cinco empregos "críticos" entre os 33 grupos de trabalho em sua empresa. Isso, por sua vez, levou a centrar mais na criação de planos para manter e contratar, por exemplo, mais operadores de sistemas.[7]

Com esses programas, os empregadores podem relacionar mais precisamente os níveis de produtividade e de vendas às necessidades de pessoal. Muitas empresas utilizam sistemas informatizados de previsão de empregados especificamente para estimar as necessidades de curto prazo. No varejo, por exemplo, sistemas de planejamento de pessoal ajudam os empregadores a estimar as necessidades de funcionários com base em previsões de vendas e movimento estimado na loja.[8]

Previsão de candidatos internos

Conhecer suas *necessidades* de pessoal satisfaz apenas metade da equação de pessoal. Em seguida, você deve estimar a provável oferta de candidatos, tanto internos quanto externos. A maioria das empresas começa com os candidatos internos.

A principal tarefa, aqui, é determinar quais dos atuais funcionários são qualificados para as vagas planejadas. Para isso, você precisa conhecer o conjunto das habilidades dos funcionários atuais, isto é, suas qualificações. Alguns empregadores, especialmente os menores, sabem isso informalmente. Outros se voltam para **registros** formais **de qualificações (ou competências)**. Estes contêm dados sobre o desempenho dos funcionários, a formação educacional e a possibilidade de promoção. Se manuais ou informatizados, esses sistemas ajudam os gerentes a determinar quais funcionários estão disponíveis para promoção ou transferência.

SISTEMAS MANUAIS E RECOLOCAÇÕES Os gerentes de departamento ou proprietários de pequenas empresas, muitas vezes, utilizam controles manuais para monitorar as qualificações dos funcionários. Assim, dossiês e formulários com registros do desenvolvimento pessoal compilam informações sobre qualificações de cada um deles. As informações incluem formação, cursos patrocinados pela empresa, carreira e desenvolvimento de áreas de interesses, idiomas, atribuições e habilidades desejadas. **Gráfico de substituição de pessoal** (Figura 5.4) é outra opção de referência, principalmente para cargos executivos da empresa. Os gráficos mostram o desempenho atual e a possibilidade de promoção para a substituição potencial de cada vaga. Como alternativa é possível desenvolver um **cartão de substituição** de vaga. Para isso, cria-se um cartão para cada vaga, mostrando possíveis substitutos, bem como seu desempenho atual, o potencial de promoção e treinamento.

REGISTROS COMPUTADORIZADOS DE HABILIDADES DE EMPREGADOS Empresas maiores obviamente não podem acompanhar as qualificações de centenas ou milhares de funcionários manualmente. Elas, portanto, informatizam essas informações, utilizando, nos EUA, vários sistemas e softwares, como o Survey Analytic's Skills Inventory Software. Já no Brasil, as empresas têm banco de dados de RH próprio e se servem de prestadores de serviço dessa natureza, que oferecem sistemas de informação como ADP, Baan, IFS, Join RH, Oracle, PeopleSoft e SAP.

Esses programas ajudam a gestão a antecipar a escassez de recursos humanos e facilitam o recrutamento e os planos de treinamento.[9]

O procedimento mais utilizado é o próprio funcionário, o supervisor e o gerente de recursos humanos inserirem informações sobre os antecedentes do funcionário, suas experiências e habilidades por meio do sistema. Então, quando um gerente precisa de alguém para um cargo, utiliza palavras-chave para descrever as especificações do cargo (por exemplo,

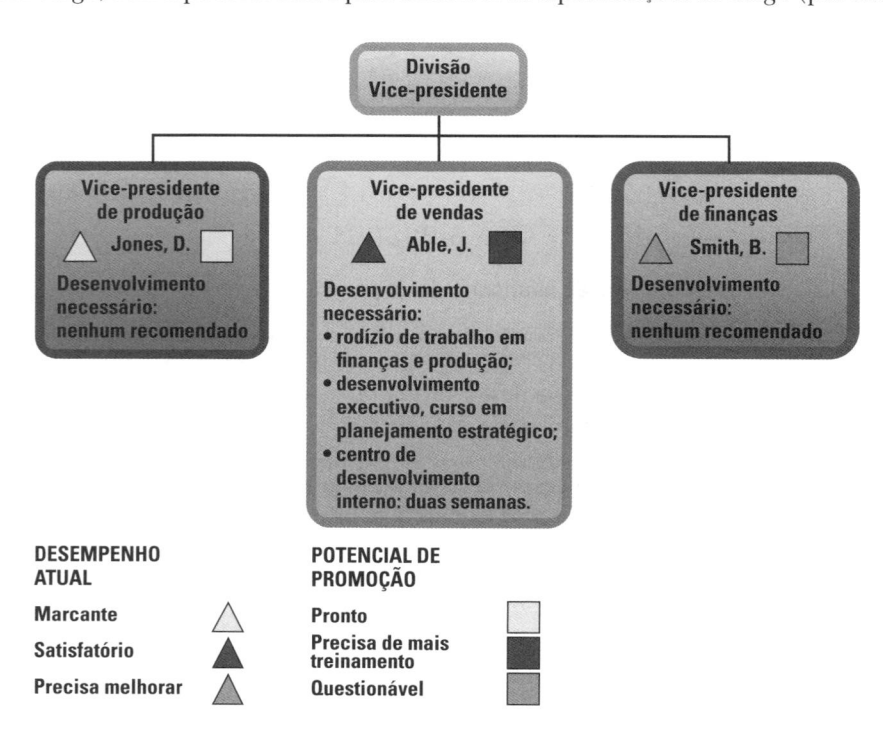

Registros de qualificações (ou competências)
Para utilização, manual ou informatizada, na seleção interna de candidatos à promoção. São registros dos funcionários quanto à formação, carreira, interesses, idiomas, habilidades especiais, e assim por diante.

Gráficos de substituição de pessoal
Registros da empresa que mostram o desempenho atual e a possibilidade de promoção de candidatos internos para os cargos mais importantes.

Cartão de substituição
Cartão preparado para cada cargo em uma empresa, mostrando possíveis candidatos e suas qualificações.

FIGURA 5.4 Gráfico de substituição de gestão, mostrando necessidades de desenvolvimento de potenciais futuros vice-presidentes de divisão.

em termos de formação e habilidades). O sistema informatizado, em seguida, produz uma lista de candidatos qualificados. Registros informatizados, normalmente, incluem itens como experiência profissional, conhecimento do produto, nível de familiaridade com as linhas de produtos do empregador, experiência na indústria e educação formal do funcionário.

MANTENDO A INFORMAÇÃO CONFIDENCIAL O empregador deve garantir o sigilo dos dados sobre os funcionários.[10] Muitas informações são pessoais, como doenças. A legislação dá aos funcionários os direitos legais sobre quem tem acesso a informações sobre eles. No Brasil, esse assunto é tratado pelo Portal da Transparência nos três níveis de governo (federal, estadual e municipal) e pelo Ministério do Trabalho e Emprego (MTE). Os empregadores devem guardar seus registros a sete chaves.

O acesso à internet e às redes internas torna relativamente fácil mais pessoas visualizarem arquivos informatizados da empresa.[11] Uma solução é incorporar restrições de acesso no sistema de gerenciamento de banco de dados definindo os direitos dos usuários (como "somente leitura" ou "apenas inserir dados") para cada bloco de informações, assim, o pessoal da contabilidade pode ler apenas informações como o endereço de um empregado, por exemplo. O Quadro 5.1 resume algumas sugestões para manter os dados dos funcionários em segurança. Um crescente problema é que os aplicativos de compartilhamento de arquivos podem dar acesso rápido a intrusos. A empresa Pfizer Inc. perdeu dados pessoais de cerca de 17 mil funcionários e ex-funcionários dessa forma.[12]

QUADRO 5.1 Regras para manter dados seguros.

Fonte: extraído de uma entrevista com Linda Foley, cofundadora do ITRC. Publicado no "Safeguardin HR Information", de Dan Caterinicchia, na *HR Magazine*, nov. 2005. Copyright © 2005 pela Society for Human Resource Management, Alexandria, VA.

> Uma vez que invasores podem atacar de fora ou de dentro de uma organização, os departamentos de RH tem como ajudar a filtrar a identidade de potenciais "ladrões", seguindo quatro regras básicas:
>
> - Verificar os antecedentes sobre quem vai ter acesso às informações pessoais.
> - Se alguém com acesso a informações pessoais está doente ou em licença, não contratar um trabalhador temporário para substituí-lo. Em vez disso, trazer um trabalhador de confiança de outro departamento.
> - Verificar informações e dados pessoais periodicamente. Só porque alguém passou na verificação há cinco anos, não significa que a situação atual é a mesma.
> - Limitar o acesso a informações como CPF, dados de saúde e outros importantes aos gestores de RH, que precisam deles para fazer seus trabalhos.

Previsão de candidatos externos

Se não houver candidatos internos suficientes para preencher as vagas previstas (ou pode-se querer contratar externamente por outro motivo), será necessário buscar por candidatos externos.

A previsão da disponibilidade, ou oferta, de mão de obra externa depende, em primeiro lugar, do que está acontecendo na economia e na indústria local. O gerente de RH pode, então, complementar essas observações com análises formais do mercado de trabalho, por exemplo, a partir dos dados do MTE. Por exemplo, altas taxas de desemprego sinalizam para os gestores de RH que é mais fácil encontrar bons candidatos. Informações como estas são fáceis de encontrar, tanto on-line quanto impressas.

Seu planejamento também pode exigir previsão para ocupações específicas, como enfermeiro ou professor. Recentemente nos EUA, por exemplo, houve uma oferta insuficiente de enfermeiros. O uso da internet, conforme exposto no Capítulo 4, e os levantamentos do Departamento Intersindical de Estatística e Estudos Socioeconômicos (DIEESE) publica informações úteis para o planejamento estratégico de gestão de pessoas e para sua gestão prática.

Além de ocupações específicas, a ênfase no trabalho tecnologicamente avançado significa que muitos candidatos não terão habilidades básicas, como comunicação, criatividade e trabalho em equipe.[13]

Gestão de talentos e monitoramento da força de trabalho

Tradicionalmente, os empregadores fazem o planejamento de pessoal formal, aproximadamente, uma vez por ano. No entanto, isso nem sempre é suficiente. Por exemplo, não tendo conseguido fazer esse planejamento durante anos, a Valero Energy, maior refinaria independente dos Estados Unidos, quase não teve tempo suficiente para alavancar sua nova contratação de funcionários e seu plano de desenvolvimento.

Assumir uma abordagem de gestão de talentos para o planejamento de pessoal exige maior proatividade. Especificamente, exige atenção contínua às questões de planejamento de pessoal. Gerentes chamam essa abordagem de monitoramento contínuo da força de trabalho. Veja, a seguir, alguns exemplos.

INTEL CORPORATION A Intel realiza avaliações semestrais de capacitação organizacional. O departamento de recursos humanos trabalha com os dirigentes duas vezes por ano para levantar as necessidades imediatas e para até dois anos.[14]

AMERADA HESS A Amerada Hess utiliza seu grupo de capacidade organizacional para monitorar o desgaste da força de trabalho (como idade de aposentadoria, experiência na Hess, formação etc.) e os requisitos de talentos em potencial. "Trabalha com as linhas de negócios para melhor prepará-las, para atender as novas exigências de talentos globais. O grupo considera como cada linha de negócio está evoluindo, examina quais postos de trabalho da Hess serão semelhantes no futuro, identifica as fontes para obtenção dos melhores talentos e auxilia no desenvolvimento de funcionários atuais e recém-contratados".[15]

VALERO ENERGY A Valero Energy criou uma rede de oferta de trabalho para monitorar as etapas de recrutamento e contratação. Isso inclui uma ferramenta estatística que prevê o trabalho que a Valero precisa com base na experiência do passado. Incluem-se também "painéis de controle" na tela do computador, que mostram como os componentes do fluxo, a exemplo de anúncios colocados em sites de empregos, estão sendo efetivos conforme o custo, velocidade e qualidade. Em 2002, foram necessários 41 formulários para contratar um empregado e mais de 120 dias para preencher uma vaga. Cada alocação custa cerca de US$ 12 mil. Agora, com as novas ferramentas da rede de oferta de trabalho, os recrutadores de recursos humanos da Valero precisam de poucos formulários de papel, o tempo para preencher uma vaga aberta caiu para menos de 40 dias e o custo por contratação caiu para US$ 2,3 mil.[16]

Desenvolvendo um plano de ação para adequar oferta e demanda de trabalho

O planejamento de pessoal deve logicamente conduzir a um plano de ação da força de trabalho, a fim de estabelecer lacunas de oferta e demanda do empregador, bem como os planos de pessoal para preenchimento dos cargos necessários. O planejamento de pessoal deve identificar cargos a serem preenchidos, potenciais fontes internas e externas para esses cargos, formação exigida, desenvolvimento e atividades promocionais, movimentação de pessoas e recursos que a implementação do plano vai exigir. Recursos podem incluir, por exemplo, custos de publicidade, taxas de recrutador, custos de localização e despesas de viagem e entrevista.[17]

50 — Novas contratações
100 — Ofertas feitas (2:1)
150 — Candidatos entrevistados (3:2)
200 — Candidatos convidados (4:3)
1.200 — Contatos feitos (6:1)

FIGURA 5.5 Pirâmide seletiva do recrutamento.

Pirâmide seletiva do recrutamento
Médias aritméticas entre contatos de recrutamento e convidados; convidados e entrevistas; entrevistas e ofertas feitas; ofertas feitas e ofertas aceitas.

Pirâmide seletiva do recrutamento

O gestor deve reconhecer que o preenchimento de vários cargos pode exigir dezenas ou centenas de candidatos recrutados. Os empregadores, portanto, utilizam uma **pirâmide seletiva do recrutamento**, conforme mostra a Figura 5.5, para medir as dimensões dos problemas a resolver. Nela, veja que a empresa sabe que precisa de 50 novos contadores de nível básico no próximo ano. A partir da própria experiência, a empresa também sabe o seguinte:

- A relação entre ofertas feitas e novas contratações reais é de 2 para 1.
- A relação de candidatos entrevistados e ofertas feitas é de 3 para 2.
- A relação de candidatos convocados para entrevistas e candidatos entrevistados é cerca de 4 para 3.
- Finalmente, a empresa sabe que, de cada seis pessoas que vêm de todas as suas fontes de recrutamento, normalmente convida apenas um candidato para uma entrevista – na proporção de 6 para 1.

Dadas essas razões, a empresa sabe que deve gerar cerca de 1,2 mil contatos para ser capaz de convidar 200 candidatos viáveis para entrevistas. Vai entrevistar cerca de 150 pessoas convidadas, e assim por diante.

Necessidade do recrutamento eficaz

Recrutamento
Encontrar e/ou atrair candidatos para as vagas em aberto na empresa.

Supondo que a empresa autorize o preenchimento de uma vaga, o próximo passo é obter, por meio do recrutamento, um conjunto de candidatos. **Recrutamento** significa encontrar e/ou atrair candidatos para as vagas em aberto na empresa.

Por que o recrutamento é importante?

É difícil enfatizar a importância de um recrutamento efetivo. Se apenas dois candidatos se candidatarem a duas vagas, existe pouca chance de escolha, a não ser contratá-los. Mas, se 10 ou 20 candidatos aparecem, é possível utilizar técnicas como entrevistas e testes para escolher o melhor.

O alto desemprego não torna o recrutamento fácil. Por exemplo, nos EUA, mesmo com as taxas de desemprego ainda elevadas, em 2012, muitos empregadores tiveram dificuldade em conseguir candidatos qualificados. Uma pesquisa mostrou que cerca de dois terços dos executivos de produção entrevistados enfrentaram uma "moderada a grave escassez de mão de obra qualificada".[18] O chefe de uma empresa de mídia e web design com 85 funcionários em Nova York disse que tinha 10 vagas, porque não encontrava candidatos qualificados o suficiente.[19] Acabou contratando trabalhadores freelance e remotos, que trabalham, por exemplo, na Grécia. Outros empregadores, como um grupo de fabricantes do Texas, também nos EUA, se uniram para criar um curso de nove semanas para treinar futuros mecânicos no controle numérico computadorizado (CNC).[20] A questão principal é que encontrar e atrair candidatos qualificados não é fácil, e quando a economia se recupera, fica mais difícil.

Desenvolvendo a imagem corporativa

OBJETIVO DE APRENDIZAGEM 3
Explicar e dar exemplos da necessidade do recrutamento eficaz.

Mesmo durante os períodos de recessão econômica, algumas empresas terão mais facilidade que outras para recrutar candidatos, sendo remuneração e benefícios dois grandes atrativos. Empregadores que oferecem um plano de carreira e outros benefícios atraentes, supostamente recebem mais candidatos.

O empregador deve construir sua imagem corporativa ou reputação entre potenciais candidatos. É inútil investir muito dinheiro em recrutamento, se a reputação do empregador é a de ser um lugar horrível para trabalhar. A imagem corporativa requer uma abordagem múltipla, começando com o que a "empresa" deve ser, respondendo à pergunta: como é que o empregador quer que os outros vejam o local de trabalho? A imagem corporativa muitas vezes centra-se em como é trabalhar na empresa e, em particular, nos valores da empresa e no ambiente de trabalho que o empregador promove.[21] A GE, por exemplo, destaca a inovação (a contratação de "pessoas brilhantes e interessantes que trabalham juntas em projetos novos e emocionantes").[22] A comunicação boca a boca é importante, e, por isso, a melhor imagem corporativa começa dentro da empresa, criando um ambiente em que os funcionários gostem de trabalhar. Ter participação ativa na comunidade, incentivando os funcionários a se envolver em projetos voluntários é outro exemplo.

O papel do supervisor

O gerente de recursos humanos, que faz o preenchimento de uma vaga, raramente está familiarizado com a vaga. Alguém deve explicar o que a posição requer, e o que procurar. Apenas o supervisor da vaga pode fazer isso. Além do que o trabalho envolve e as especificações do cargo, o recrutador pode querer saber sobre o estilo de liderança do supervisor e o trabalho em grupo, percebendo se é um grupo difícil de conviver, por exemplo.

OBJETIVO DE APRENDIZAGEM 4
Apontar e descrever as principais fontes internas de candidatos.

Fontes internas de candidatos

Recrutamento geralmente traz à mente a rede social LinkedIn, as agências de emprego e os anúncios classificados. No entanto, funcionários atuais ou "seleção interna" muitas vezes são a melhor fonte de candidatos.

Fontes internas: prós e contras

O preenchimento de cargos com os candidatos internos tem várias vantagens. Em primeiro lugar, depois de trabalhar com eles durante algum tempo é possível conhecer *pontos fortes e fracos do candidato*. Entre os pontos fortes, os funcionários atuais também podem ser mais comprometidos com a empresa; a *moral* pode aumentar se virem as promoções como recompensa por lealdade e competência, talvez, os candidatos exijam *menos orientação* e treinamento do que pessoas externas.

No entanto, a contratação interna também tem seus pontos fracos. Rejeições produzem descontentamento, dizer aos preteridos por que foram rejeitados e que ações corretivas podem tomar é crucial. Muitos empregadores exigem que os gerentes divulguem vagas de emprego e entrevistem todos os candidatos internos. No entanto, o gerente muitas vezes sabe quem ele quer contratar. Exigir que entrevistem um fluxo de candidatos internos sem objetivos claros pode ser um desperdício de tempo para todos. A *endogamia*, isto é, a contratação de pessoas do mesmo grupo, é outra desvantagem potencial, podendo haver uma tendência para manter o status quo, quando uma nova direção é necessária.

Oferta de emprego
Divulgar um cargo em aberto a funcionários (muitas vezes, colocando-o em quadros de aviso), listando seus atributos, como benefícios, superior, horário de trabalho e remuneração.

Encontrando candidatos internos

A contratação interna ideal conta com a oferta de emprego e o detalhamento sobre a empresa. A **oferta de emprego** significa divulgação do cargo aos empregados (geralmente ao publicá-la na intranet da empresa ou em quadros de avisos). Essas divulgações listam os atributos do cargo, como qualificações necessárias, supervisor, horário de trabalho e remuneração. *Banco de currículos* podem revelar as pessoas que têm as habilidades certas para o trabalho.

Recontratação

A recontratação de funcionários tem prós e contras. No lado positivo, os ex-empregados são conhecidos e já estão familiarizados com a forma como você faz as coisas. Por outro lado, os funcionários desligados podem voltar com atitudes negativas. Uma pesquisa recente descobriu que cerca de 26% dos empregadores que demitiram pessoas recentemente planejam trazer algumas de volta.[23]

De qualquer forma, você pode reduzir reações adversas. Aos funcionários recontratados, dê o crédito pelos anos de serviço que tinham antes de partirem. Além disso, pergunte (antes da recontratação) como se sentem sobre o retorno: "Você não quer o retorno de alguém que sente ter sido maltratado", disse um gerente.[24]

Planejamento da sucessão
Processo contínuo de identificação, avaliação e desenvolvimento de liderança organizacional para melhorar o desempenho.

Planejamento da sucessão

A contratação interna é particularmente importante quando se trata de preencher posições diretivas. Isso requer o **planejamento da sucessão**, processo sistemático e contínuo de identificação, avaliação e desenvolvimento de liderança organizacional para melhorar o desempenho.[25] Cerca de 36% dos empregadores têm programas formais de planejamento de sucessão.[26] O planejamento sucessório deve estar em conformidade com os princípios básicos de gestão de talentos. Em particular, a chave é criar um perfil de competências que a estratégia da empresa exigirá do novo CEO. Em seguida, usa-se esse perfil para formular um pacote integrado de desenvolvimento/avaliação/seleção de candidatos potenciais.

De qualquer forma, o processo básico é identificar as principais necessidades, desenvolver candidatos, avaliar e selecionar para as posições-chave.[27]

IDENTIFICAR AS PRINCIPAIS NECESSIDADES Em um primeiro momento, com base em planos estratégicos e de negócios da empresa, a alta administração e o diretor de RH identificam quais são as necessidades futuras de posições-chave da empresa. Temas a tratar nessa fase incluem a definição das posições, a definição de "alto potencial", o apoio da diretoria e a reavaliação do talento atual da empresa. Planejar expandir para o exterior pode sugerir aumento na divisão internacional, por exemplo.[28]

DESENVOLVIMENTO DE CANDIDATOS INTERNOS Após a identificação de futuras posições-chave, a gestão volta-se para a criação de candidatos para esses trabalhos. "Criação" significa fornecer candidatos internos ou externos, identificados com experiências e desenvolvimento necessários para serem candidatos viáveis. Empregadores desenvolvem funcionários com alto potencial, por meio de experiências internas de treinamento e atividades multifuncionais, realocação, treinamento externo e atribuições globais/regionais.[29]

AVALIAR E ESCOLHER   Finalmente, o planejamento de sucessão requer a avaliação desses candidatos e a seleção daqueles que realmente preenchem as posições-chave.[30]

Melhorando a produtividade por meio dos sistemas de administração de recursos humanos

Sistemas de planejamento para sucessão e gestão de talentos

Cada vez mais, empregadores utilizam software para facilitar o planejamento de sucessão e gestão de talentos. Esses sistemas "capturam e buscam informações sobre as competências dos funcionários, habilidades, certificações e experiência [...] e acessam colaboradores com potencial de liderança, desempenho no trabalho e em risco de desligamento. Além disso, marcam funcionários para funções futuras".[31] Veja o que diz o usuário de um sistema desse tipo: "A plataforma [SumTotal] nos permite acompanhar e avaliar o conjunto de talentos e promover as pessoas dentro da empresa. Nossos últimos indicadores mostram que 75% das posições-chave abertas são preenchidas por candidatos internos. O módulo de sucessão nos ajuda a identificar aqueles que podem ser os próximos dirigentes e construir planos de desenvolvimento para ajudá-los a alcançar o seu potencial".[32]

O planejamento sucessório é parte da gestão de talentos. Quando um novo presidente assumiu a Dole Food Co., sua estratégia envolvia reduzir redundâncias e centralizar certas atividades, incluindo o planejamento de sucessão.[33] A tecnologia ajudou a empresa a fazer isso. Contratou desenvolvedores de sistemas para lidar com os processos, como a gestão da folha de pagamento. Para a gestão de sucessão, a Dole Food Co. escolheu o software da Pilat NAI, que mantém todos os dados em seus próprios servidores com uma tarifa mensal. Os gerentes acessam o programa por meio da web, utilizando uma senha. Eles preenchem currículos on-line, incluindo competências e interesses de carreira, e observam as restrições geográficas.

Uma vez que o gerente oferece sua candidatura, o programa notifica o chefe do gerente. Este último, em seguida, avalia o subordinado e indica se a pessoa deve ser promovida. O chefe de recursos humanos da Dole utiliza a informação para criar planos de desenvolvimento de carreira para cada gerente.[34]

> OBJETIVO DE APRENDIZAGEM 5
> Listar e discutir as principais fontes externas de candidatos.

Fontes externas de candidatos

As empresas nem sempre conseguem preencher todos os cargos que precisa a partir de sua atual equipe, e, às vezes, simplesmente não querem. Então, procuram candidatos externos.

Recrutamento por meio da internet

Para a maioria dos empregadores e dos cargos, o recrutamento por meio da internet é a fonte de recrutamento preferencial.[35] Por exemplo, a cadeia de restaurantes norte-americana The Cheesecake Factory recebe cerca de um terço dos seus candidatos por meio do gerenciamento via web. A maioria dos empregadores recruta por meio de seus próprios sites ou utiliza anúncios de divulgação. Anúncios representam cerca de 12% das contratações recentes. Outras fontes importantes incluem sites de empresas e consultorias, além de outros, como empresas de trabalho temporário, recolocação e agências de emprego. Cada vez mais, os empregadores também usam nichos de anúncios de trabalho, como <www.infojobs.com.br>, <www.empregos.com.br> e <www.catho.com.br>.[36]

Um problema é que muitos candidatos não atendem às qualificações exigidas do trabalho. Um recrutador comentou: "Recrutadores precisam dedicar muito tempo extra para ler [inutilmente] currículos." Essa empresa tem agora recrutadores em sites de redes sociais (como o LinkedIn) e publicações dos concorrentes para encontrar candidatos.[37] Cerca de 28% dos candidatos recentemente pesquisados *encontraram* seu mais recente trabalho por meio do boca a boca, 19% em anúncios de emprego on-line, 16% a partir de abordagens diretas dos empregadores e das agências de emprego, 7% por meio de anúncios impressos, e apenas 1% por meio da mídia social local. Contudo, 22% disseram que ainda utilizam sites como o LinkedIn para procurar emprego.[38]

De qualquer maneira, os empregadores estão buscando outras opções on-line. O aplicativo para iPhone CareerBuilder.com, o maior site de emprego dos EUA,[39] oferece uma maneira única de procurar quase 2 milhões de empregos. Os usuários podem procurar emprego por palavra-chave, ler descrições de cargos e salários, salvar postos de trabalho a uma lista de favoritos e enviar e-mail para qualquer pessoa na sua lista de contatos. Os usuários podem direcioná-lo para procurar apenas por empregos perto de onde estão localizados, e o aplicativo exibe um mapa de onde cada trabalho está localizado.

O recrutamento de profissionais e gestores está migrando para sites de redes sociais como Facebook, Twitter e LinkedIn.[40] Por exemplo, a Science Applications International Corp cortou os anúncios tradicionais e, agora, seus recrutadores procuram candidatos em redes sociais profissionais. Uma empresa de recursos humanos de Massachusetts, nos EUA, usa sua página do LinkedIn e Facebook para anunciar vagas. Outras empresas usam o Twitter para anunciar vagas de emprego para candidatos que se inscrevem em seus feeds.[41] LinkedIn facilita o desenvolvimento de relações pessoais para networking e referências.[42]

Outro exemplo é dos executivos da Deloitte Touche Tohmatsu Ltd., que pediram aos funcionários para fazer vídeos curtos nos quais descrevem suas experiências na empresa, e postaram o melhor no YouTube.[43] A Monster tem uma ferramenta que ajuda os empregadores a integrar vídeos em seus anúncios de emprego.[44] O Facebook facilita o desenvolvimento de uma página ou um perfil da empresa, que muitos empregadores usam para fins de recrutamento.[45]

A ResumePal, do site de carreiras Jobfox (<www.jobfox.com>, em inglês), é outra inovação de recrutamento, sendo um banco de currículos on-line norte-americano. Candidatos disponibilizam informações aos empregadores participantes, que podem, então, utilizar palavras-chave do currículo padronizado para identificar candidatos viáveis mais facilmente.[46] A empresa McDonald's postou uma série de depoimentos de funcionários em redes sociais como o Second Life para atrair os candidatos.[47] Outros empregadores simplesmente abrem anúncios de vagas e cadastro de currículos.[48] No Brasil, um exemplo é a ferramenta do site Vagas (<www.vagas.com.br>).

MENSAGENS DE TEXTO Alguns empregadores utilizam mensagens de texto para construir um conjunto de candidatos. Por exemplo, em uma conferência, a Hewitt Associates pediu para um assessor que enviasse uma mensagem "hewdiversity" para um número específico de participantes. Cada pessoa que recebeu mensagens de texto se tornou parte da "rede de recrutamento móvel" da Hewitt e é informada periodicamente sobre vagas da Hewitt.[49] A brasileira Vagas procede da mesma maneira.

DOMÍNIO PONTO.COM O domínio ponto.com dá aos candidatos a emprego o acesso ao "trabalhe conosco" das empresas. Por exemplo, os candidatos que procuram um emprego na Disneylândia podem ir para <www.disneyland.jobs>. Assim estarão no site de recrutamento da Disney.

FEIRAS VIRTUAIS DE OFERTAS DE TRABALHO Feiras virtuais (totalmente on-line) são outra opção. Por exemplo, a revista PR Week organizou uma feira para mais de 10 empregadores de relações públicas. No Brasil, são mais frequentes as feiras de estágios e trainees. Em uma feira virtual, os visitantes on-line veem uma configuração muito semelhante a uma feira de emprego regular, eles podem ouvir apresentações, visitar estandes, deixar currículos e cartões de visita, participar de chats ao vivo e obter informações de contato de recrutadores, gerentes de RH e gerentes de admissões.[50]

TENDÊNCIAS EM RECRUTAMENTO ON-LINE Segundo algumas estimativas, os gastos dos empregadores dos EUA com recrutamento on-line pode ultrapassar US$ 10 bilhões por ano até 2016. Os empregadores e os prestadores de serviços estão trabalhando arduamente para aperfeiçoar os resultados do recrutamento on-line.[51]

Tendências modernas de recrutamento on-line se dividem em três categorias básicas. O primeiro passo é o *passeio no escritório virtual*. Na China, por exemplo, o escritório local da Deloitte Touche Tohmatsu Auditores Ltd. disponibilizou uma visita virtual ao escritório em Weibo, que é semelhante ao serviço de mensagens do Twitter. As pessoas que visitam o site podem entrar virtualmente em cada um dos escritórios da empresa na Ásia, andando por salas de reuniões e conversando virtualmente com os funcionários locais, para ter uma ideia de como é trabalhar naquele escritório. Também na China, a Marriott International está lançando um jogo social de *interesse profissional* no Renren (semelhante ao Facebook). O objetivo aqui é proporcionar a futuros funcionários de nível básico uma experiência sobre o que é, realmente, realizar um trabalho dirigido à hospitalidade.

Triagem inteligente automatizada de currículo é outra tendência. Vemos empregadores utilizando o software de rastreamento de candidatos on-line para identificar prováveis candidatos com base em palavras-chave, utilizadas em currículos ou frases (como "engenheiro químico"). No entanto, as telas com as respostas às palavras-chave básicas não se concentram apenas em potenciais candidatos que podem ser a melhor opção para o empregador. Os sites de startups, bem como empresas de recrutamento conceituadas, como Monster.com, levam, portanto, a triagem automatizada de currículos a outro patamar. Por exemplo, em vez de apenas tentar encontrar palavras-chave, a nova ferramenta de pesquisa de currículo 6Sense da Monster.com tem como objetivo melhorar a "compreensão" das preferências de trabalho do candidato (com base no histórico profissional da pessoa) e, assim, melhoram a relação de candidatos com vagas disponíveis. Em outros serviços, como Jobfox, os candidatos e empregadores completam questionários detalhados para que (como acontece com sites de namoro on-line) encontrem a melhor adequação possível em termos de preferências de vida profissional.

PRÓS E CONTRAS DO RECRUTAMENTO ON-LINE O recrutamento baseado na web gera respostas mais rápidas a um custo menor do que qualquer outro método. No entanto, ele tem dois grandes problemas em potencial.

Primeiro: algumas pessoas mais velhas e algumas minorias não utilizam a internet, a escolha de aplicativos on-line pode, inadvertidamente, excluir um número desproporcional de candidatos mais velhos e certas minorias.[52]

O segundo problema é a avalanche de currículos. O objetivo, afinal, é conseguir candidatos qualificados. Além disso, candidatos a emprego encaram anúncios com informações mais específicas como mais atraentes e mais úteis.[53] A empresa Cheesecake Factory lista as funções de forma detalhada para aqueles que não estão interessados não se candidatarem. Outra abordagem é fazer com que os candidatos a emprego respondam a um questionário curto on-line. Com isso, é possível identificar aqueles que podem continuar no processo de seleção.[54] A maioria dos empregadores também utiliza sistemas de rastreamento de candidatos, do qual trataremos agora.

Sistemas de rastreamento de candidatos
Sistemas on-line que ajudam os empregadores a atrair, reunir, selecionar, compilar e gerenciar candidatos.

UTILIZAÇÃO DO RASTREAMENTO DE CANDIDATOS Os anúncios on-line tendem a gerar tantos candidatos que a maioria das empresas utiliza sistemas de rastreamento para auxiliar no recrutamento on-line e off-line. **Sistemas de rastreamento de candidatos** (de empresas como a Taleo Corp e iTrack Solutions) são sistemas on-line que ajudam os empregadores a atrair, reunir, selecionar, compilar e gerenciar candidatos.[55] Eles também oferecem outros serviços, incluindo gestão de requisições (para monitorar as vagas abertas na empresa), a coleta de dados dos candidatos (para digitalizar os dados dos candidatos no sistema) e relatórios (para criar várias informações relacionadas ao recrutamento, como custo por contratação e por fonte de contratação).[56] A maioria dos sistemas está em provedores de serviços de recrutamento (*application service providers* – ASPs). Empresas fornecem aos empregadores serviços on-line, permitindo que os candidatos ou funcionários do empregador usem servidores ASP como se estivessem em um sistema próprio. Por exemplo, os candidatos que se inscrevem ou fazem o login para realizar um teste para o empregador o fazem no site das ASPs.[57] Os principais provedores de serviços de recrutamento on-line e norte-americanos são: Automatic Data Processing (ADP.com), HRsmart (hrsmart.com), Silkroad Technology (silkroad.com) e Monster (monster.com).[58]

MELHORANDO A EFICÁCIA DO RECRUTAMENTO ON-LINE Mais uma vez, atrair candidatos qualificados é crucial. A maioria das 500 empresas listadas no índice Standard & Poor's tem informações sobre vagas em seus sites.[9] Os candidatos podem enviar seus currículos on-line em quase todos os sites das empresas que compõem a Fortune 500. Poucas empresas dão aos candidatos a emprego a opção de completar formulários on-line, apesar de ser o que a maioria dos candidatos prefere.[60]

Uma pesquisa com 256 alunos de escolas de pós-graduação em negócios mostrou por que o recrutamento baseado na web de muitas das empresas não funcionou:

- Faltava informação relevante sobre as vagas de emprego (como descrições de cargos).
- Dificuldade em postar currículos no formato exigido.
- Muitos entrevistados expressaram preocupações sobre a privacidade das informações.
- O retorno demorado dos empregadores (em termos de acompanhamento das respostas e recepção de candidaturas on-line) foi irritante.[61]

Além disso, os melhores anúncios da web não eram apenas anúncios de jornal transpostos para a web. Como um especialista observou: "Conseguir recrutadores fora da 'mentalidade de anúncios de jornal' é um grande problema". O Quadro 5.2 é um exemplo da adaptação de um anúncio impresso para a web. O **anúncio ineficaz** tem poucas informações e não diz muito sobre o porquê de o candidato ao emprego querer esse trabalho.[62]

Agora, olhe para o **anúncio eficaz** no Quadro 5.2. Ele usa palavras convincentes como "fazer deste um mundo melhor"; fornece boas razões para trabalhar para essa empresa; começa com um título que chama a atenção, e utiliza o espaço extra para acrescentar informações específicas sobre o trabalho. Muitos empregadores incluem a descrição inteira do cargo.[63] O ideal é que um anúncio também deixe claro uma lista de requisitos para os potenciais candidatos avaliarem se o trabalho é adequado para eles.[64]

QUADRO 5.2 Anúncios eficazes e ineficazes na web.

Anúncio ineficaz de uma revista para a web	Anúncio eficaz na web (espaço não é um problema)
Engenheiro de processo Salário: US$ 65 mil a US$ 85 mil/ano	Você quer nos ajudar a fazer deste um mundo melhor?
Contratação imediata na Flórida, nos EUA, de um engenheiro de processo de tratamento de efluentes. Deve ter no mín. 4-7 anos de exp. em efluentes industriais. Responder KimGD@WatersCleanX.com	Somos uma das principais empresas de tratamento de efluentes em todo o mundo, com instalações de Miami a Londres e Pequim. Estamos crescendo rapidamente e à procura de um engenheiro de processo experiente para se juntar à nossa equipe. Se você tem experiência de pelo menos 4 a 7 anos em projetos para as instalações de tratamento de águas residuais e dedica-se para fazer deste um mundo melhor, nós gostaríamos de ouvi-lo. A remuneração, dependendo da experiência, é de US$ 65 mil a US$ 85 mil. Por favor, responda com confidencialidade para KimGD@WatersCleanX.com

Anúncios

Enquanto o recrutamento on-line vem ganhando espaço, basta olhar para quase qualquer jornal de negócios ou revista profissional para confirmar que os anúncios impressos, "procura-se", ainda são populares. Para utilizar anúncios com sucesso, os empregadores devem observar duas questões: o meio de publicidade e a construção do anúncio.

OS MEIOS DE COMUNICAÇÃO A melhor escolha – jornal local, web etc. – depende do cargo. Por exemplo, o jornal local muitas vezes é uma boa fonte de busca de operários, empregados de escritório e funcionários administrativos de nível básico. Por outro lado, para o recrutamento de trabalhadores com habilidades especiais, como acabamento de móveis, você provavelmente vai querer anunciar em locais com muitos fabricantes de móveis, mesmo que sua unidade esteja em outra região. O objetivo é direcionar os anúncios para onde eles possam ser vistos pelos futuros empregados.

Para os empregados especializados, você pode anunciar em revistas profissionais como *Profissional & Negócios, Exame.com, RH Portal* e *Você S/A*. Anúncios em jornais como *Folha de São Paulo* e *Estado de São Paulo* podem ser boas fontes para gestores de nível médio ou sênior. A maioria dessas publicações, agora, incluem anúncios on-line com a compra do anúncio impresso.

Além de usar vídeos de recrutamento no YouTube, a Electronic Arts (EA), uma editora de jogos de vídeo, utiliza seus produtos para ajudar a atrair candidatos.[65] A EA inclui informações sobre o seu programa de estágio na parte de trás dos seus manuais de videogame. Em seguida, usa um software de rastreamento para identificar candidatos com habilidades específicas e para facilitar a comunicação por e-mail com todos em seu banco de dados.

CONSTRUINDO O ANÚNCIO Anunciantes experientes utilizam o modelo Aida (atenção, interesse, desejo e ação) para a construção de anúncios. Primeiro, você tem que atrair a **atenção** para o anúncio – por exemplo, os empregadores costumam anunciar posições-chave na exibição de anúncios.

Em seguida, você pode criar **interesse** com frases como "Você busca fazer a diferença?" ou com outros aspectos do trabalho, como a sua localização.

Então, criar o **desejo** destacando palavras, como *viagens* ou *desafios*. Como exemplo, ter uma escola de pós-graduação nas proximidades pode atrair engenheiros e profissionais.

Finalmente, o anúncio deve levar a **ação** com uma instrução como "entre em contato hoje". É claro, o anúncio também precisa cumprir com as leis de igualdade de emprego, evitando características como "vaga para homem". E é importante lembrar que, no anúncio, deve estar inserido o endereço (físico ou eletrônico) para onde o candidato pode enviar o seu currículo.

Se o trabalho tem grandes inconvenientes, deve-se considerar um anúncio realista. Quando a New York City Children's Services Administration, da cidade de Nova York, nos EUA, foi tendo problemas com a permanência de funcionários, começou a utilizar os seguintes anúncios: "Procura-se: homens e mulheres dispostos a entrar em edifícios estranhos em bairros perigosos, e serem recebidos com gritos por indivíduos desequilibrados...". O realismo reduz os candidatos, mas melhora a adesão de funcionários.[66]

Agências de emprego

Existem três tipos principais de agências de emprego: (1) órgãos públicos operados pelos governos federal, estadual ou governos locais, (2) agências associadas com organizações sem fins lucrativos, e (3) agências de propriedade privada.

ÓRGÃOS PÚBLICOS E SEM FINS LUCRATIVOS Cada estado tem uma agência estatal pública de serviço do emprego. O Ministério do Trabalho dos EUA apoia essas agências, por meio de doações e outras formas de assistência, como um banco de trabalho informatizado em todo o país. O Banco Nacional de Trabalho permite que os conselheiros da agência orientem os requerentes sobre empregos também disponíveis em outros estados. No Brasil, temos os Balcões de empregos, as Agências de empregos estaduais, como o Emprega São Paulo/Mais Emprego, o Sine (Sistema Nacional de Emprego), oferecendo diversos serviços aos trabalhadores e empregadores.

Alguns empregadores têm experiências frustrantes com órgãos públicos. Por um lado, os requerentes de seguro-desemprego são obrigados a se registrar[1] e tornam-se disponíveis para entrevistas de emprego. Algumas dessas pessoas não estão interessadas em voltar a trabalhar, por isso os empregadores podem receber candidatos que têm pouca vontade de voltarem ao emprego imediatamente. E, sendo justos ou não, os empregadores provavelmente percebem algumas dessas agências locais como letárgicas em seus esforços para preencher as vagas dos empregadores da região.

No entanto, essas agências são úteis. Os conselheiros vão visitar o local de trabalho do empregador, rever exigências de trabalho, e até mesmo ajudar o empregador com descrições de cargos. A maioria dos estados tornaram as agências de serviços de emprego em pontos acessíveis de treinamento e centros de especialização e de emprego.[67] Um usuário disse: "Eu fiz deste lugar uma segunda casa".[68] Nos centros do estado de Oregon, EUA, os candidatos a emprego usam o software de avaliação de habilidades "iMatch", enquanto os empregadores utilizam ferramentas de recrutamento on-line.[69] Cada vez mais empregadores devem aproveitar os serviços desses centros.

A maioria das sociedades (sem fins lucrativos), profissionais e técnicas, tem unidades que ajudam os membros a encontrar empregos. Muitos órgãos públicos recolocam as pessoas que estão em categorias especiais, como os portadores de necessidades especiais.

---

[1] N. do R.T.: O trabalhador desligado do emprego, sem justa causa, deve procurar posto de atendimento das Superintendências Regionais do Trabalho e Emprego; postos do Sistema Nacional de Emprego; entidades sindicais cadastradas no MTE; e agências da Caixa Econômica credenciadas pelo MTE.

AGÊNCIAS PRIVADAS As agências de emprego privadas são importantes fontes de pessoal de escritório, gestores e altos executivos. Elas podem cobrar taxas para cada candidato colocado.[II] Algumas razões para usar tais agências são:

1. Sua empresa não tem departamento de recursos humanos e sente que não pode fazer um bom trabalho de recrutamento e seleção.
2. Você precisa preencher uma vaga rapidamente.
3. Existe a necessidade de atrair grupos específicos ou candidatos de determinado sexo.
4. Você quer alcançar indivíduos atualmente empregados, que podem se sentir mais à vontade em negociar com as agências do que com empresas concorrentes.
5. Você quer reduzir o tempo dedicado ao recrutamento.[70]

No entanto, o recurso das agências de emprego requer cuidado com as armadilhas potenciais. Por exemplo, a seleção da agência de emprego pode deixar candidatos não aptos irem diretamente aos supervisores responsáveis pela contratação, que, por sua vez, podem ingenuamente contratá-los. Por outro lado, a seleção imprópria na agência poderia recusar os candidatos com potencial sucesso.

Para ajudar a evitar problemas, veja algumas dicas:

1. Dar à agência uma descrição completa e precisa do trabalho.
2. Aplicar testes, preenchimento de fichas e entrevistas são parte do processo de seleção da agência.
3. Revisar periodicamente os dados sobre os candidatos aceitos ou rejeitados por sua empresa, e pela agência.
4. Verificar com outros gerentes para descobrir quais agências têm sido as mais eficazes em preencher vagas com o perfil que você precisa preencher. Rever os anúncios na internet e classificados para descobrir as agências que lidam com as posições que procura.
5. Supervisionar a indicação da agência, verificando por si mesmo, pelo menos as referências finais do candidato.

Agências de trabalho temporário

Os empregadores cada vez mais complementam suas forças de trabalho permanentes com a contratação de trabalhadores temporários, muitas vezes, por meio de agências especializadas. Também conhecidos como trabalhadores de tempo parcial, ou trabalhadores *just-in-time*, o contingente dessa força de trabalho é grande e crescente. Recentemente, cerca de 26% de todos os empregos do setor privado foram cargos temporários, duas a três vezes os valores comparáveis para as duas últimas recessões.[III]

Vários aspectos contribuem para a tendência em direção ao uso de mais funcionários temporários. Um deles é a fraca confiança dos empresários na economia, outra é a tendência de se organizar em torno de projetos de curto prazo. Por exemplo, a Makino, que fabrica máquinas de ferramentas, agora terceiriza a instalação de máquinas de grande porte para empresas contratadas, que por sua vez contratam temporários para fazer essas instalações. Flexibilidade é outra preocupação, os empregadores querem a possibilidade de reduzir rapidamente o quadro de trabalhadores se não houver a recuperação econômica.[71]

O contingente da força de trabalho não se limita ao pessoal administrativo ou de manutenção, mas inclui milhares de cargos de engenharia, ciência, ou de gestão, ocupações de apoio, como gestores financeiros temporários, gestores de recursos humanos e diretores executivos.

[II] N. do R.T.: Há agências particulares que não cobram dos candidatos, porque essas taxas são pagas pelo empregador que as contrata. Por outro lado, há agências que cobram porcentagem sobre o salário do primeiro mês de trabalho.

[III] N. do R.T.: De acordo com o levantamento da Manpower com 40 mil empresas em 35 países, a contratação de trabalhadores temporários ocorre normalmente em duas situações: aumento no volume de trabalho ou substituição de funcionários. Na média mundial, 41% dos entrevistados apontaram a necessidade de aumentar a equipe durante períodos sazonais, e somente 15% assinalaram a substituição de funcionários em licença-maternidade, médica ou afastados por outros motivos. No Brasil, os motivos são os mesmos, com porcentagens de 50% e 14,5%, respectivamente.

(Disponível em: <http://epocanegocios.globo.com/Revista/Common/0,,ERT103068-16357,00.html>. Acesso em: 16 set. 2014.)

Os empregadores podem contratar trabalhadores temporários por meio de contratações diretas ou agências especializadas. A contratação direta envolve apenas a contratação de trabalhadores e a colocação no trabalho. O empregador, em geral, paga essas pessoas diretamente, como faz com todos os seus funcionários, mas os classifica separadamente, como empregados casuais, sazonais ou temporários, e, muitas vezes, paga poucos ou nenhum benefício.[72] A outra abordagem é ter uma agência para disponibilizar e gerir esses funcionários. Nesse caso, a agência lida com todo recrutamento, seleção e administração da folha de pagamento dos temporários. Assim, a Nike contratou a Kelly Services para gerenciar suas necessidades temporárias.

Ao trabalhar com agências de trabalho temporário, deve-se assegurar de que políticas e procedimentos básicos estão adequados.[73] Por exemplo, com temporários, o registro de ponto não é apenas uma verificação de horas trabalhadas, é, geralmente, também um acordo para pagar os honorários da agência. Qual é a política se o cliente quer contratar um dos temporários da agência como um empregado permanente? Como funciona o plano da agência para recrutar funcionários? Você recebeu um documento da agência informando que ela não faz discriminação ao preencher as vagas de trabalho temporário? A verificação de referências de uma agência de trabalho temporário é aconselhável.[74]

DIRETRIZES LEGAIS E OUTRAS SOBRE TEMPORÁRIOS Há vários anos, os agentes federais dos EUA encontraram cerca de 250 "contratos" ilegais de trabalhadores de limpeza em 60 lojas Walmart. A situação destaca a necessidade de compreender a questão dos funcionários contratados que atuam em suas instalações,[75] e o fato de que realmente trabalham para uma empresa de temporários não é desculpa. Com algumas exceções, os trabalhadores de empresas de trabalho temporário que atuam no local de um empregador serão considerados funcionários, tanto da agência como do empregador (que, assim, torna-se "coempregador").[76,IV] O empregador é responsável por esse funcionário? Isso basicamente resume-se ao grau em que os seus supervisores controlam as atividades do empregado temporário. Por exemplo, é ou não responsabilidade da agência conduzir treinamento, pagamento e políticas de folga?

Os empregadores podem tomar algumas precauções para minimizar os riscos ao trabalhar com colaboradores temporários. Por exemplo, exigir da agência de pessoal o acompanhamento do processo de verificação de conduta, assumindo os riscos legais, se o empregador e agência forem considerados coempregadores. Mantenha uma contagem cuidadosa de quantos funcionários temporários e independentes a empresa realmente tem. Supervisione os funcionários temporários com o entendimento de que eles podem ter acesso à propriedade intelectual e sistemas de computador da sua empresa.[77]

O QUE OS SUPERVISORES DEVEM SABER SOBRE AS PREOCUPAÇÕES DOS TEMPORÁRIOS Para ter relacionamentos bem-sucedidos com os temporários, os gerentes devem entender as suas "principais preocupações". Em uma pesquisa, surgiram as cinco principais preocupações. Trabalhadores temporários disseram que eram:

1. Tratados por empregadores de maneira hostil.
2. Inseguros sobre seu emprego e pessimistas sobre o futuro.
3. Preocupados com a falta de benefícios.
4. Enganados sobre suas atribuições de trabalho e se elas eram suscetíveis a se tornarem integrais.
5. "Subempregados", especialmente aqueles que tentam voltar ao mercado de trabalho em tempo integral.[78]

Pessoal sem vínculo empregatício
Requer o uso de fontes não tradicionais de recrutamento.

PESSOAL SEM VÍNCULO EMPREGATÍCIO Os trabalhadores temporários são exemplos de **pessoal sem vínculo empregatício**, basicamente, pelo uso de fontes não tradicionais de recrutamento. Outros arranjos de pessoal sem vínculo empregatício incluem "empregados de contrato temporário" – pessoas empregadas diretamente pela empresa, mas em uma base explícita de curto prazo – e "contrato de funcionários técnicos" – trabalhadores altamente qualificados, como engenheiros, que são fornecidos para projetos de longo prazo sob contrato de uma empresa de serviços técnicos no exterior.

IV N. do R.T.: Esses trabalhadores são considerados funcionários da empresa onde atuam somente do ponto de vista operacional. Juridicamente são empregados da empresa prestadora desse tipo de mão de obra, que arca com todas as responsabilidades trabalhistas.

Externalização e terceirização de empregos

Em vez de trazer as pessoas para fazer os trabalhos da empresa, a terceirização e a externalização enviam os trabalhos para fora da empresa. *Terceirização* significa ter serviços de fornecedores externos (como gestão de benefícios, pesquisa de mercado ou produção) que os próprios funcionários da empresa já faziam. Externalização, ou offshoring, um termo mais estreito, significa ter vendedores externos ou funcionários no exterior que fornecem serviços que os próprios funcionários da empresa faziam.

A terceirização e a externalização são consideradas controversas, especialmente em tempos de desafios econômicos, empregados, sindicatos, legisladores e, até mesmo, muitos empresários sentem que "trabalhos feitos fora" (especialmente no exterior) são imprudentes. Não obstante, os empregadores estão "exportando" mais postos de trabalho, e não apenas os de operários. Por exemplo, a divisão de transporte da GE anunciou que estava mudando 17 postos de trabalho de nível médio da Pensilvânia para a Índia.[79]

O envio de postos de trabalho, particularmente, ao exterior, apresenta aos empregadores alguns desafios especiais. Existe o potencial de instabilidade política além da possibilidade de mal-entendidos culturais (como entre seus clientes em um país e os empregados em outro), de preocupações com privacidade, segurança e informação. A necessidade de lidar com contratos estrangeiros, a responsabilidade e as questões de sistemas jurídicos, além do fato de que os empregados no exterior precisam de treinamento especial também merecem cuidados. O aumento dos salários no exterior, os preços do petróleo mais elevados, e problemas de qualidade estão levando mais empregadores norte-americanos a trazerem os empregos de volta.[80] Pode-se concluir que a terceirização e a externalização nem sempre são vantajosas.

Recrutadores de executivos

Recrutadores de executivos (também conhecidos como headhunters) são agências especiais de emprego que se concentram em procurar os melhores talentos de gestão para seus clientes. O percentual de cargos da sua empresa preenchido por esses serviços pode ser pequeno. No entanto, esses trabalhos incluem posições executivas e técnicas fundamentais. Para cargos executivos, os headhunters podem ser sua única fonte de candidatos. O empregador sempre paga as taxas desse serviço.

Existem dois tipos de recrutadores de executivo: de contingência e de retenção. Os membros da Association of Executive Search Consultants geralmente se concentram em posições executivas pagando US$ 150 mil ou mais, e em "busca de executivos retidos". Eles são pagos independentemente de o empregador contratar o executivo por meio dos esforços da empresa. Recrutadores baseados em contingência tendem a lidar com busca de gestores juniores de nível médio, na faixa de US$ 50 mil a US$ 150 mil. Se de retenção ou de contingência, as taxas estão caindo do que era usual: 30% ou mais do salário do executivo do primeiro ano.[81] Recrutadores top (todos de retenção) incluem Heidrick e Struggles, Egon Zehnder International, Russell Reynolds e Spencer Stuart.[82] Esses tipos de recrutamento ocorrem também no Brasil.

Os recrutadores de executivos estão usando mais a tecnologia a seu favor. A parte mais desafiadora do recrutamento tem sido encontrar potenciais candidatos, por exemplo, "um gerente de vendas, com experiência em produtos químicos de engenharia". Bases de dados na internet agora aceleram drasticamente tais pesquisas. Recrutadores de executivos também estão se tornando mais especializados, e os grandes estão criando novas empresas voltadas para funções especializadas (como vendas) ou indústrias (como derivados de petróleo). Assim, é aconselhável buscar primeiro um especialista.

PRÓS E CONTRAS Recrutadores trazem várias opções para a mesa e têm muitos contatos, sendo especialmente hábeis em encontrar candidatos qualificados atualmente empregados que não estão procurando mudar de emprego. Podem também manter o nome da sua empresa confidencial até o final do processo e economizar tempo na procura e triagem de opções. O custo do recrutador pode realmente vir a ser pequeno ao compará-lo com a economia de tempo.

A grande questão é garantir que o recrutador realmente entenda suas necessidades e, em seguida, ofereça os candidatos devidamente adequados. O empregador deve explicar detalhadamente o tipo de candidato necessário, e os motivos da requisição. Alguns recrutadores também podem estar mais interessados em persuadi-lo a simplesmente contratar um candidato do que encontrar alguém realmente bom para o trabalho. Entenda que um ou dois dos "candidatos selecionados" podem ser apenas um candidato para o recrutador "mostrar serviço".

DIRETRIZES Conforme as orientações na escolha de um recrutador, as diretrizes incluem.[83]

1. Certifique-se de que a empresa é capaz de conduzir uma busca minuciosa. No contexto norte-americano, sob seu código de ética, um recrutador não pode se aproximar do talento executivo de um ex-cliente por um período de dois anos depois de completar uma pesquisa para esse cliente. Quando ex-clientes estão fora dos limites de dois anos, o recrutador deve procurar em um grupo cada vez menor.[84]
2. Conheça a pessoa que realmente vai lidar com a sua solicitação.
3. Certifique-se de perguntar o quanto de pesquisa a empresa fará. Obtenha o acordo por escrito.[85]
4. Certifique-se de que o recrutador e você conversem pessoalmente sobre o tipo de candidato de que você precisa para a posição.
5. *Nunca* dependa exclusivamente do recrutador de executivos (ou de outro profissional de pesquisa, como agência de emprego) para fazer toda a verificação das referências. Certamente pode deixá-los verificar as referências dos candidatos, mas solicite-as por escrito, se possível. Em todo caso, verifique você mesmo, pelo menos, as referências do candidato escolhido.

Serviços de recrutamento por demanda
Fornecem recrutamento especializado em curto prazo para apoiar projetos específicos sem a despesa de manter as empresas de recrutamento.

Recrutamento de universitários
Envio de representantes do empregador para os campi universitários a fim de triar candidatos e criar um grupo a partir da turma de formandos.

Serviços de recrutamento por demanda

Serviços de recrutamento por demanda prestam assistência de recrutamento especializado de curto prazo para apoiar projetos específicos sem a despesa das empresas de recrutamento tradicionais. Eles são pagos por hora ou por projeto, em vez de um percentual do salário do contratado. Por exemplo, quando o gerente de recursos humanos de uma empresa de biotecnologia teve que contratar várias dezenas de pessoas com formação científica e experiência em produtos farmacêuticos, usou uma empresa de serviços de recrutamento por demanda. A empresa de recrutamento tradicional pode cobrar 20% a 30% do salário de cada alocação, uma quantia proibitiva para uma pequena empresa. A empresa de serviços de recrutamento por demanda cobra pelo tempo, em vez de ser por contratação. É tratado o recrutamento e a pré-triagem, e o cliente tem acesso a uma pequena lista de candidatos qualificados.[86]

Recrutamento de universitários

Para o **recrutamento de universitários** há o envio de representantes do empregador para campi universitários a fim de triar candidatos e criar um grupo deles, é uma importante fonte de estagiários de gestão e funcionários profissionais e técnicos. Um estudo concluiu, há vários anos, por exemplo, que os recém-formados correspondiam a cerca de 38% de todos os postos de trabalho preenchidos externamente que exigiam um diploma universitário.[87]

O problema é que o recrutamento no campus é caro e demorado. Horários devem ser definidos com antecedência, folhetos da empresa impressos, registros de entrevista mantidos, representando muito tempo gasto no campus. E os próprios recrutadores são, por vezes, ineficazes. Alguns recrutadores estão despreparados, demonstram pouco interesse no candidato e alguma arrogância, muitos não filtram os candidatos de forma eficaz. Os empregadores precisam treinar recrutadores para que consigam entrevistar os candidatos, explicar o que a empresa tem para oferecer e deixá-los à vontade. E ainda mais que o habitual, o recrutador precisa estar apresentável.[88] A GE contrata de 800 a mil alunos, a cada ano, de cerca de quarenta faculdades, e usa equipes de funcionários e estagiários para a construção da imagem corporativa GE em cada uma. Da mesma forma, a IBM tem dez recrutadores de pessoal que se concentram em melhorar os resultados dos esforços de recrutamento da empresa no campus.[89]

METAS DO RECRUTAMENTO NO CAMPUS O recrutador no campus tem dois objetivos principais. O primeiro é determinar se um candidato é merecedor de consideração, traços

O recrutador no campus tem dois objetivos principais: determinar se um candidato é merecedor de consideração e atrair bons candidatos.

Fonte: Yuri Arcurs/Shutterstock

habituais a avaliar incluem habilidades de comunicação, educação, experiência e habilidades interpessoais. O outro objetivo é atrair bons candidatos. A atitude sincera e informal, o respeito pelo candidato, e pedir cartas de recomendação podem ajudar no processo. Os empregadores que enviam recrutadores eficazes para o campus e constroem relacionamentos com os líderes, como consultores de carreira e professores, têm melhores resultados de recrutamento.[90]

Construir laços estreitos com profissionais de carreira de uma faculdade pode ajudar os empregadores a atingir esses objetivos. Se o fizerem, podem receber informações úteis sobre aspectos como as condições do mercado de trabalho e a eficácia dos próprios anúncios de recrutamento on-line e off-line.[91] A Shell Oil reduziu a lista de faculdades a serem visitadas por seus recrutadores, utilizando fatores como qualidade do programa acadêmico, número de alunos matriculados e diversidade do corpo discente.[92]

VISITAS IN LOCO Os empregadores geralmente convidam bons candidatos para uma visita no local do escritório ou da fábrica. O convite deve ser caloroso, mas eficiente, e deve dar à pessoa uma escolha de datas para visitar. Peça a alguém para recepcionar o candidato, de preferência no aeroporto ou em seu hotel, e agir como anfitrião. Um pacote contendo a programação da visita, bem como outras informações sobre a empresa, a exemplo de relatórios anuais e benefícios dos empregados, deve estar disponível ao candidato no hotel.

Planeje as entrevistas e cumpra o cronograma. Evite interrupções; dê ao candidato a atenção individual nas entrevistas. Convide um colaborador pós-graduado contratado recentemente para o almoço com o candidato e adicione qualquer oferta o mais rapidamente possível, de preferência na visita. Se isso não for possível, diga ao candidato quando esperar uma resposta. Seguir consultando-o para "inteirar-se de como está o processo de decisão" pode ajudar o candidato a agir em seu favor.

Um estudo com 96 alunos de graduação revela algumas outras questões que podem ser observadas. Por exemplo, 53% disse que "ter oportunidades, no local de visita, para se reunir com pessoas em posições semelhantes às das vagas, ou com pessoas hierarquicamente superiores" teve um efeito positivo. Já 51% mencionou "hotel impressionante/arranjos de jantar e informações bem organizadas do site". Outros 41% disseram que "o entrevistador tinha comportamento desorganizado, despreparado ou desinformado, com respostas inúteis". E 40% mencionou "hotéis baratos, agenda desorganizada ou comportamento inadequado dos anfitriões", como aspectos negativos.[93]

ESTÁGIOS Muitos estudantes universitários obtêm a pontuação de trabalho por meio de estágios da faculdade, que podem ser situações vantajosas. Para os alunos, isso pode significar ser capaz de aprimorar suas habilidades de negócios, aprender mais sobre os potenciais empregadores e descobrir seus gostos (e desgostos) na carreira. E os empregadores podem utilizar os estagiários para contribuições úteis ao avaliá-los como possíveis funcionários em tempo integral. Recentemente, cerca de 60% dos estágios se tornaram ofertas de emprego.[94] Infelizmente, com a recente crise econômica, muitos graduados desempregados assumiram estágios não remunerados, apenas para buscar um pouco mais do que limpar armários do escritório e levar o almoço aos gestores.[95]

Referências e candidatos espontâneos

Campanhas de indicação são uma opção importante de recrutamento. Aqui, os anúncios de vagas e os pedidos de referências ficam em mensagens no site da empresa, quadro de avisos e/ou painéis. Muitas vezes, oferecem prêmios para as referências que levarem a contratação. Por exemplo, a gigante em cuidados de saúde Kaiser Permanente declarou: "Nosso programa de referência incentiva você a apresentar seus amigos, familiares e ex-colegas talentosos por meio de oportunidades de carreira na Kaiser Permanente". Indicar alguém para uma de suas "posições elegíveis de recompensa" pode produzir bônus de US$ 3 mil ou mais.[96] A Container Store utiliza uma variante bem-sucedida da campanha de referências, eles treinam seus funcionários para recrutar novos funcionários, entre os clientes da empresa.

PRÓS E CONTRAS A grande vantagem é que as referências tendem a gerar "mais candidatos, mais contratações e uma relação de maior rendimento (contrato por candidatos)".[97] Os atuais funcionários normalmente fornecerão informações precisas sobre os candidatos a emprego, já que estão colocando a própria reputação em jogo. Os novos funcionários também podem vir com uma imagem mais realista do que a empresa realmente é. Um estudo realizado pela Society for Human Resource Management (SHRM) constatou que de 586 entrevistados de empresas, 69% disseram que programas de referência são mais rentáveis do que outras práticas de recrutamento, e 80% especificamente disseram que são mais rentáveis do que as agências de emprego.[98]

A Container Store treina sua equipe para recrutar novos funcionários entre os clientes da empresa.

Fonte: David Paul Morris/ Getting Images, Inc. Liaison

Há algumas questões para evitar os programas de referência. Se o moral está baixo, você provavelmente deve resolver isso antes de pedir referências. E, se você não contratar alguém, explique ao empregado que deu a referência sobre o porquê de não ter firmado a contratação. E, além disso, contar com referências pode ser discriminatório.

CANDIDATOS ESPONTÂNEOS Particularmente para trabalhadores horistas, candidaturas diretas e espontâneas feitas em seu escritório são uma grande fonte de candidatos. Do ponto de vista prático, simplesmente postar um "Procura-se" fora da porta pode ser a maneira mais eficaz de atrair bons candidatos locais. Trate candidatos espontâneos com cortesia e diplomacia, tanto para a reputação do empregador na comunidade como para a autoestima do candidato. Muitos empregadores fazem uma breve entrevista, mesmo que seja apenas para obter informações sobre a pessoa "no caso de abrir uma vaga no futuro". Especialmente em tempos difíceis, você também receberá muitos currículos de profissionais de gestão, podendo ser boas fontes de liderança. Uma boa prática é responder a todas as cartas dos candidatos prontamente e com cortesia.

Trabalhadores remotos

Trabalhadores remotos é outra opção. Por exemplo, a JetBlue Airways usa trabalhadores remotos para lidar com as reservas. Esses funcionários "tripulantes" da JetBlue vivem na área de Salt Lake City e trabalham fora dos escritórios da empresa, eles utilizam computadores e tecnologia fornecidos pela JetBlue, e recebem treinamento da empresa.[99]

Militares

Militares norte-americanos dispensados fornecem uma excelente fonte de recrutas treinados. Vários ramos militares têm programas para facilitar a procura de emprego por soldados. Por exemplo, a parceria do Exército dos EUA para o Sucesso da Juventude permite que alguém entre no exército para selecionar um parceiro corporativo pós-exército, para uma entrevista de emprego, como forma de ajudar os soldados a encontrar um emprego depois de deixar sua posição.[100] No Brasil, esse tipo de trabalho também é feito no site <http://www.reservaativa.com.br/pt-br/>).

Fontes eficazes de recrutamento

Uma pesquisa revelou várias orientações que empregadores podem utilizar para melhorar a eficácia dos seus esforços de recrutamento (veja o Quadro 5.3). Por exemplo, referências de empregados atuais trazem candidatos que são menos propensos a sair e mais a ter um melhor desempenho.[101]

QUADRO 5.3 Recrutamento: orientações práticas para gerentes

Resultados da pesquisa sobre recrutamento*	Orientações práticas para gerentes
A fonte de recrutamento afeta as características dos candidatos que você atrai.	Use fontes como referências de empregados atuais.
Materiais de recrutamento têm um impacto mais positivo quando contêm informações específicas.	Passe aos candidatos informações sobre aspectos do trabalho que são importantes para eles, como salário, localização e diversidade.
A imagem organizacional influencia as reações iniciais dos candidatos.	Certifique-se de que todas as comunicações fornecem uma mensagem positiva sobre a atratividade da organização como um lugar para trabalhar.
Os candidatos com maior número de oportunidades de emprego estão mais atentos às atividades de recrutamento.	Certifique-se de que ações iniciais de recrutamento (por exemplo, site, brochura, recrutamento no campus) são atraentes para os candidatos.
Informações prévias realistas do emprego, que destacam as vantagens e as desvantagens do trabalho, reduzem a rotatividade.	Passe aos candidatos uma visão realista do trabalho e da organização, e não apenas os aspectos positivos.
Os candidatos inferem (talvez de forma equivocada) informações sobre o trabalho e a empresa se não houver comunicação clara por parte do contratante.	Transmita informação clara, específica e completa em materiais de recrutamento, para que os candidatos não façam inferências errôneas sobre o trabalho.
As fontes de recrutamento também têm um efeito significativo na redução da rotatividade.	Indivíduos recrutados por meio de fontes de recrutamento de pessoal, como programas de referência, são menos propensos a se desligar precocemente.

* Princípios de pesquisa selecionados de M. S. Taylor e C. J. & Collins. "Strategic Recruitment". In: C. L. Cooper & E. A. Locke. (eds.) *I/O Psycology:* practice and theory book. Oxford: Blackwell, 2000.

Fonte: "Attracting and Selecting: What Psychological Research Tell us", por Ann Marie Ryan e Nancy Tippins, de *Human Resource Management*, inverno 2004, Volume 43 (4). Copyright © 2004 por Wiley periodicals, Inc. Reproduzido com permissão da Wiley, Inc.

OBJETIVO DE APRENDIZAGEM 6
Explicar como analisar a eficácia do recrutamento.

Mensuração da eficácia do recrutamento

É mais confiável fazer propaganda de vagas na internet ou no jornal de domingo? Devemos usar essa agência de emprego ou aquela? Uma pesquisa mostrou que apenas cerca de 44% das 279 empresas pesquisadas avaliaram formalmente seus esforços de recrutamento.[102]

A análise quantitativa é de grande importância. Métricas de recrutamento incluem os candidatos gerados por cada fonte de recrutamento, o desempenho dos novos contratados no trabalho,[103] a taxa de fracasso de novas contratações, o volume de novas contratações, o sucesso do treinamento, as taxas dos cargos vagos (vagas abertas divididas por todas as vagas), o tempo de preenchimento (dias entre divulgação da vaga e seu preenchimento), o custo por contratação conforme a posição, os índices de seleção (número de selecionados dividido pelo total de contratados) e as taxas de rotatividade (número de empregados que saem da empresa dividido pelo número total de vagas).[104]

Um problema é que nem sempre um número elevado de candidatos é melhor. Alguém que precisa contratar cinco engenheiros provavelmente não será duas vezes mais seletivo com 20 mil candidatos do que com 10 mil. Um anúncio na internet pode gerar milhares de candidatos, porém muitos não qualificados. O empregador precisa de candidatos qualificados, e não apenas de candidatos. Mesmo com triagem computadorizada e software de rastreamento, o recrutamento pela internet ainda significa mais candidatos.[105] Os sistemas de rastreamento de candidatos ajudariam a comparar fontes de recrutamento, mas muitos não

RH como centro de lucro

O exemplo de recrutamento externo da GE Medical

A GE Medical emprega cerca de 500 trabalhadores técnicos por ano para fazer dispositivos médicos sofisticados, como tomógrafos, competindo por talentos com a Microsoft. No entanto, reduziu seus custos de contratação em 17%, diminuiu o tempo para preenchimento dos cargos em 20% a 30% e cortou pela metade o percentual de novas contratações que não são bem-sucedidas.[107]

A equipe de RH da GE Medical fez isso, em parte, pela aplicação de algumas das suas técnicas de relações com os recrutadores. Por exemplo, convocou uma reunião e disse a 20 recrutadores que trabalharia somente com os 10 melhores. Para mensurar o "melhor", a empresa criou medidas inspiradas por técnicas de fabricação, como "percentagem de currículos que resultam em entrevistas" e "percentual de entrevistas que levam às ofertas". Da mesma forma, a GE Medical descobriu que os atuais funcionários são muito eficazes como referências. Por exemplo, ela entrevista apenas 1% dos candidatos que enviam currículos, enquanto 10% das referências de funcionários resultam em contratações reais. Então, a GE Medical tomou medidas para dobrar o número de encaminhamentos de funcionários, e para isso simplificou as formas de referência, eliminou procedimentos burocráticos de apresentação e acrescentou uma pequena recompensa como um vale-presente na loja de departamentos Sears pela indicação de um candidato qualificado. Também elevou o incentivo para US$ 2 mil se alguém indicado é contratado, e US$ 3 mil, se for um engenheiro de software.

A GE também está se movendo para cortar custos, utilizando um processo de recrutamento terceirizado. A terceirização de processos de recrutamento (*recruitment process outsourcing* – RPO) ocorre por meio de fornecedores especiais que lidam com todas ou com a maioria das tarefas e necessidades de recrutamento de um empregador. A terceirização tornou-se mais popular durante a recente recessão, uma vez que os empregadores estavam compreensivelmente relutantes em contratar funcionários ou manter os recrutadores internos para realizar todo o processo. A RPO em geral assina contratos de curto prazo com o empregador, e recebe uma taxa mensal básica, que varia de acordo com a quantidade de recrutamento feita diante da necessidade do empregador. Empregadores como a GE podem, portanto, com facilidade aumentar ou reduzir suas despesas de recrutamento, em vez de pagar os custos relativamente fixos de um escritório próprio para esse serviço.[108]

o fazem.[106] O Quadro *RH como centro de lucro* ilustra o papel que a área pode desempenhar na promoção da rentabilidade.

Melhorando a produtividade por meio dos sistemas de recursos humanos: uma abordagem integrada de recrutamento

Idealmente, o sistema informatizado de recrutamento do empregador deve incluir vários elementos: *sistema integrado de requisição de serviços*, que trata da requisição, encaminhamento, aprovação e publicação de vagas de emprego; *solução de recrutamento*, para lidar com anúncios de emprego, marketing de recrutamento, acompanhamento de candidatos e recrutamento on-line; *gestão de fornecedores*, visando à melhoria da qualidade do grupo de candidatos; *serviços de triagem*, como habilidades; e *serviços de testes comportamentais e contratação de software de gestão*, para reunir e gerenciar informações dos candidatos.[109]

> **OBJETIVO DE APRENDIZAGEM 7**
> Explicar como recrutar um quadro de funcionários mais diversificado.

Recrutamento de um quadro de funcionários mais diversificado

Como explicamos no Capítulo 2, o recrutamento de pessoal diversificado não é apenas socialmente responsável, mas é uma necessidade, dado o aumento das minorias, dos trabalhadores mais velhos e das mulheres no mercado de trabalho. As ferramentas de recrutamento que descrevemos certamente são úteis para as minorias e outros candidatos também. No entanto, a gestão da diversidade no recrutamento de pessoal requer várias etapas especiais, para as quais veremos a seguir.[110]

Mães e pais solteiros

Recentemente, cerca de 65% das mães solteiras com filhos pequenos estavam trabalhando, enquanto aproximadamente 80% dos pais solteiros estavam empregados. Ser mãe solteira não é fácil, e recrutá-la requer a compreensão dos problemas que enfrenta em equilibrar trabalho e vida familiar.[111] Em uma pesquisa,

> Muitas descreveram cair na cama exaustas à meia-noite, sem o mínimo de tempo para si mesmas [...] Muitas vezes precisavam de dias de licença ou folgas para cuidar das crianças doentes. Uma mãe declarou: "Eu não tenho folga o suficiente para ficar doente".[112]

Dadas essas preocupações, o primeiro passo para atrair (e manter) as famílias monoparentais é fazer o local de trabalho ser amigável.[113] Isso inclui o suporte dos supervisores.[114] Muitas empresas têm programas especiais para as famílias monoparentais, por exemplo, os programas de horário flexível fornecem aos funcionários certa flexibilidade (como janelas de uma hora no início ou no final do dia) em torno do qual montam seu horário de trabalho. O problema é que, para muitas famílias monoparentais, isso pode não ser suficiente. A CNN oferece uma calculadora para verificar o equilíbrio entre trabalho e vida pessoal (<www.cnn.com/2008/LIVING/worklife/06/04/balance.calculator/>), para avaliar até que ponto a vida pode estar fora de equilíbrio.[115]

Horários de trabalho flexíveis e benefícios, como creches, são, portanto, apenas dois grandes ímãs monoparentais. Além disso, um supervisor pode ajudar uma mãe ou pai solteiros a equilibrar o trabalho e a vida pessoal.

Trabalhadores idosos

Quando se trata da contratação de trabalhadores idosos, os empregadores não têm muita escolha.[116] Ao longo dos próximos anos, haverá muitas pessoas entre 45 e 64 anos de idade para compor o mercado de trabalho. As idades de 25 a 34 diminuirão em quase 3 milhões, refletindo a queda no número de nascimentos no final dos anos 1960 e início de 1970. No lado positivo, uma pesquisa realizada pela Aarp (American Association of Retired Persons) e pela SHRM (Society for Human Resource Management) concluiu que os trabalhadores mais velhos tendem a ter taxas mais baixas de absenteísmo, são mais confiáveis e têm melhores hábitos de trabalho do que os mais jovens.[117] Empresas como Home Depot contratam trabalhadores mais velhos, que "servem como um poderoso atrativo para os compradores **baby boomers**, espelhando o seu conhecimento e perspectiva".[118]

Baby boomers
Geração nascida entre 1946 e 1964, durante o grande aumento populacional nos EUA após a Segunda Guerra Mundial.

Assim, faz sentido para os empregadores incentivar os trabalhadores mais velhos a ficar (ou vir trabalhar na empresa), mas fazer isso envolve vários aspectos. O grande problema é oferecer oportunidades para horários de trabalho flexíveis (e muitas vezes de meio período). Uma pesquisa mostrou que a flexibilidade é a principal preocupação para 71% dos baby boomers, e aqueles que continuam trabalhando preferem fazê-lo em tempo parcial.[119] Em uma empresa nos EUA, os trabalhadores com mais de 65 anos podem reduzir progressivamente seus horários de trabalho. Já outra empresa utiliza "miniturnos" para acomodar os interessados em trabalhar menos do que o tempo integral. Outras sugestões incluem:

- Fases de aposentadoria que permitem aos trabalhadores ficarem períodos fora da empresa.
- Postos de trabalho remoto para quem deseja viver em climas mais quentes no inverno.
- Projetos em tempo parcial para aposentados.
- Benefícios para trabalhar tempo parcial.[120]

Como sempre, no recrutamento, ser realista é essencial. Por exemplo, escrever no anúncio "somos receptivos a trabalhadores da terceira idade" é importante. Os anúncios mais eficazes enfatizam a flexibilidade de horários e acentuam a igualdade de oportunidades e diversidade da empresa. Isso é muito mais eficiente do que declarações sobre dar oportunidades aos aposentados para aplicarem seus conhecimentos no novo ambiente de trabalho.[121]

As minorias e o recrutamento

As mesmas orientações que se aplicam ao recrutamento de trabalhadores mais velhos também podem ser consideradas para as minorias. Na prática, isso exige um esforço de três partes:

compreender as barreiras do recrutamento, formular os planos de recrutamento necessários, e instituir os programas específicos do dia a dia.[122]

COMPREENSÃO   O primeiro passo é entender as barreiras que impedem as minorias de se candidatar. Por exemplo, muitos candidatos não cumprem os padrões de formação ou experiência para o trabalho. Portanto, muitas empresas oferecem treinamento em aritmética básica e escrita. Para outros, a falta de modelos a seguir é um problema. Por exemplo, em uma rede de varejo, pela falta de uma postura definida sobre a contratação de mulheres (que o gerente chamou de "cultura machista"), elas deixaram de se candidatar pela falta de flexibilidade de horários, dada a responsabilidade de cuidar dos filhos.

PLANO   Depois de reconhecer os potenciais obstáculos, pode-se formular planos para atrair e reter minorias e mulheres. Isso inclui, por exemplo, o desenvolvimento de opções de trabalho flexível, redesenhando postos de trabalho e oferecendo planos de benefícios flexíveis.

IMPLEMENTAÇÃO   Por fim, traduzir esses planos pessoais em programas de recrutamento. Isso significa decidir o que os anúncios dizem e quais fontes de recrutamento você vai usar. Muitos candidatos a emprego consultam amigos ou parentes como uma estratégia para a procura de emprego, então incentivar seus funcionários a ajudar em seus esforços de recrutamento faz sentido.

Inserção no mercado de trabalho

Algumas empresas relatam dificuldade na contratação e inserção das pessoas ao ambiente de trabalho. Os candidatos, por vezes, não têm as habilidades básicas necessárias, como entrega de relatórios de trabalho no prazo, trabalho em equipe e saber receber ordens. A chave para o sucesso de um programa de inserção parece ser o treinamento oferecido pelo empregador, pelos serviços estaduais e municipais de apoio aos trabalhadores, ou por organizações não governamentais (ONGs). Aqui, os participantes recebem aconselhamento e formação de competências básicas ao longo de várias semanas.[123]

Portadores de necessidades especiais

A Equal Employment Opportunity (EEOC), em português, Comissão para a igualdade de oportunidades no emprego, estima que cerca de 70% dos portadores de necessidades especiais estão desempregados, mas certamente não precisa ser assim.[124] Milhares de empregadores descobriram que trabalhadores com alguma deficiência é uma excelente e inexplorada fonte de trabalho competente e eficiente para cargos que vão desde trabalhos com tecnologia da informação até publicidade.

Os empregadores podem fazer várias coisas para explorar esse enorme potencial de força de trabalho. O Ministério do Trabalho dos EUA oferece vários programas, incluindo um que auxilia o contato entre estudantes universitários com necessidades especiais, que estão à procura de estágios, e potenciais empregadores.[125] Os serviços estaduais e municipais de apoio aos trabalhadores têm agências locais que oferecem serviços de colocação e outras ferramentas de recrutamento e de treinamento e informação para os empregadores que procuram contratar pessoas com necessidades especiais. Os empregadores também devem usar o bom senso. Por exemplo, os empregadores que apenas postam vagas de emprego on-line podem perder potenciais funcionários que são deficientes visuais.[126]

Desenvolvimento e uso de formulários de inscrição

Propósito dos formulários

Formulário de inscrição
Traz informações sobre formação, experiências anteriores e habilidades.

O processo de triagem de candidatos pode começar com um conjunto de formulários preenchidos. O **formulário de inscrição** é, normalmente, o primeiro passo nesse processo (algumas empresas exigem uma breve entrevista ou teste on-line primeiro).

O formulário preenchido oferece quatro tipos de informação. Você pode avaliar *questões relevantes*, como se o candidato tem formação e experiência para fazer o trabalho. Também pode tirar conclusões sobre o *progresso anterior* do candidato e seu crescimento, especialmente importante para os candidatos de gestão, tirando conclusões preliminares sobre a *estabilidade* do candidato com base no registro de trabalho anterior (apesar de que longos períodos sem registro podem sugerir cautela). Além disso, você pode utilizar os dados do formulário para *prever* quais candidatos terão ou não sucesso no trabalho.

A maioria dos empregadores precisa de vários formulários de inscrição. Para o pessoal técnico e de gestão, o formulário pode exigir respostas detalhadas a perguntas sobre educação e formação. Aquele indicado para operários horistas pode se concentrar em ferramentas e equipamentos. Na prática, é importante ressaltar que a maioria dos empregadores incentiva candidaturas on-line.

Diretrizes de aplicação

Os gestores devem manter várias orientações práticas em mente. Na seção "histórico de emprego", solicitar informações detalhadas sobre cada empregador anterior, incluindo o nome do supervisor, seu endereço de e-mail e número de telefone, essenciais para a verificação de referência. Além disso, ao assinar o formulário, o requerente deve estar ciente de que as declarações falsas podem ser motivo de demissão, de que a investigação da situação financeira, dos empregos anteriores e do registro profissional foi autorizada, que pode ser necessário um exame médico, e que o trabalho não tem um período definido.

EXAGERO DE QUALIFICAÇÃO NO CURRÍCULO Candidatos a emprego muitas vezes exageram as suas qualificações. As estimativas de quantos requerentes exageram giram de 40% a 70%.[127] A preocupação mais comum quanto a exageros é em relação à formação e experiência de trabalho. Portanto, verifique sempre se os candidatos preenchem o formulário e assinam uma declaração indicando que as informações são verdadeiras. A justiça do trabalho irá apoiar uma demissão caso exista falsificação de informações na candidatura ao cargo.[128] Além disso, preencher um formulário com exagero pode refletir maus hábitos. Por outro lado, alguns candidatos simplesmente rabiscam o espaço dedicado ao currículo, e isso não é aceitável. Você precisa do formulário totalmente preenchido e assinado.

Formulários de inscrição e leis

Analise cuidadosamente os formulários de inscrição de candidatos para assegurar que cumprem com as leis de igualdade no emprego. As questões a serem consideradas são as seguintes:

- **Formação** No contexto norte-americano, a pergunta sobre o período de graduação e pós-graduação é uma violação em potencial, na medida em que pode refletir a idade do requerente. Já no Brasil, os formulários solicitam essas informações.
- **Registro de antecedentes criminais** Os empregadores não podem desqualificar os candidatos a emprego por causa de uma ocorrência, desde que estejam em dia com as obrigações legais. Esse item tem um impacto negativo sobre os candidatos ao trabalho, e os empregadores geralmente não lidam bem com essa questão.
- **Notificar em caso de emergência** A indicação de uma pessoa, e o posterior questionamento do grau de relação, pode revelar o estado civil do requerente ou origens.
- **Participação em organizações** Questões para o candidato listar participações em clubes, organizações ou sociedades. Os empregadores devem instruir para que organizações que revelariam raça, religião, deficiências físicas, estado civil ou ascendência não sejam incluídas.[v]
- **Deficiência física** Geralmente é ilegal exigir especificação de deficiência física do candidato ou doenças preexistente, a menos que a questão solicite apenas o que "pode interferir no seu desempenho no trabalho". Também é, na maioria dos casos, ilegal perguntar se o requerente já recebeu auxílio-doença.[v]

---

v N. do R.T.: Informações a respeito de participações em clubes, organizações ou sociedades, raça e religião são irrelevantes. Já informações a respeito de deficiências físicas, estado civil ou ascendência geralmente são solicitadas. É interessante ver a ficha de inscrição para bolsa-estágio do Programa Jovem Cidadão – meu primeiro trabalho, da Secretaria do Emprego e Relações do Trabalho do Estado de São Paulo. Disponível em: <http://www.meuprimeirotrabalho.sp.gov.br/imagens/Downloads/FICHA%20DE%20INSCRI%C3%87%C3%83o_PROGRAMA%20JOVEM%20CIDAD%C3%83O.pdf>. Acesso em: 14 set. 2014.

- **Estado civil** Em geral, o formulário não deve perguntar se um candidato é solteiro, casado, divorciado, separado ou se vive com alguém, ou os nomes, profissões e idades do cônjuge do candidato.
- **Habitação** Perguntar se o candidato possui, aluga ou arrenda uma casa também pode ser discriminatório. Pode afetar adversamente as minorias que buscam inserção no mercado.

CURRÍCULOS EM VÍDEO Mais candidatos estão enviando currículos em vídeo, uma prática repleta de benefícios e ameaças. Cerca de metade dos empregadores responderam em uma pesquisa que currículos em vídeo podem dar uma percepção melhor do candidato. O perigo é que um currículo em vídeo torna mais provável que os candidatos rejeitados aleguem discriminação.[129] Para facilitar o uso dos currículos em vídeo, vários sites cobram uma taxa e editam os currículos multimídia para os candidatos.[130]

Utilização de formulários para prever o desempenho no trabalho

Finalmente, os empregadores podem utilizar a análise de informações biográficas do formulário para *prever* a estabilidade no emprego e o desempenho do empregado. Em um estudo, os pesquisadores descobriram que os candidatos que tiveram mais tempo com os empregadores anteriores eram menos propensos a desistir, e também tiveram melhor desempenho dentro de seis meses após a contratação.[131] Exemplos de "dados biográficos" podem incluir "saída de um emprego sem aviso prévio", "formação em determinada faculdade" e "viajar consideravelmente".[132]

Escolha itens biográficos com três pontos em mente. O direito à igualdade de oportunidades no emprego limita os itens que você deseja usar (evitar idade, raça ou sexo, por exemplo) e os itens não invasivos são os melhores. Em um estudo, os indivíduos perceberam itens como "vendas alcançadas" e "média de notas em matemática" como legítimos, e não invasivos. Outros itens, como "registro de nascimento" e "período escolar" foram mais invasivos e inaceitáveis. Finalmente, considere que alguns candidatos incluirão respostas falsas nos dados biográficos para impressionar o empregador.[133]

Revisão

RESUMO

1. O processo de recrutamento e seleção envolve cinco etapas principais: decidir que vagas preencher; construir um grupo de candidatos a essas vagas de trabalho; ter formulários de inscrição preenchidos; usar ferramentas de seleção; e decidir a quem fazer uma oferta, em parte com base na entrevista do supervisor e outros.
2. Recrutamento e seleção começam com planejamento e alocação de recursos humanos. O planejamento de pessoal é o processo de decidir quais vagas a empresa terá que preencher e como preenchê-las. Isso muitas vezes começa com a previsão da necessidade de pessoal, talvez utilizando análise de tendências, análise de relação, gráficos de dispersão ou pacotes de software. O outro lado da equação de previsão é o fornecimento de candidatos internos. Nesse caso, empregadores utilizam sistemas manuais e cartões de substituição, além de dossiês informatizados sobre as habilidades. Prever o fornecimento de candidatos externos é importante, principalmente quando houver períodos de expansão econômica, em que o desemprego é baixo e é difícil encontrar candidatos.
3. Todos os gerentes precisam entender o porquê de o recrutamento eficaz ser importante. Sem o número suficiente de candidatos, os empregadores não podem filtrar eficazmente os candidatos ou contratar os melhores. Alguns empregadores fazem uma pirâmide seletiva do recrutamento para estimar quantos candidatos precisam ter, a fim de preencher as vagas previstas.
4. Preencher vagas abertas com fontes internas de candidatos tem várias vantagens. Por exemplo, você provavelmente já está mais familiarizado com seus pontos fortes e fraquezas, e eles exigem menos orientação. Para encontrar candidatos internos, muitas vezes se utiliza anúncios de vagas. Para o preenchimento de altos cargos na empresa, o processo de escolha inclui o planejamento de sucessão, o processo contínuo de identificação, a avaliação e o desenvolvimento de liderança organizacional, a fim de melhorar o desempenho.
5. Os empregadores utilizam uma variedade de fontes externas ao recrutar candidatos.

- Destas, recrutar por meio da internet, utilizando anúncios, representa a principal fonte. É rápido e de baixo custo. Uma desvantagem é que muitos candidatos moram longe, mas os empregadores utilizam software de rastreamento para filtrar os candidatos on-line.
- Outras fontes incluem publicidade e agências de emprego (incluindo órgãos públicos, sem fins lucrativos e privados).
- Os empregadores, cada vez mais, utilizam agências de trabalho temporário e outros métodos alternativos para contratar tipos "alternativos" de empregados, como funcionários contratados para projetos especiais.
- Recrutadores de executivos, um tipo especial de agência de emprego, são de valor inestimável para encontrar e ajudar os empregadores a contratar profissionais de nível superior e executivos. No entanto, o empregador deve garantir que o recrutador esteja realizando uma pesquisa aprofundada e verificar cuidadosamente suas referências.
- Outras fontes externas incluem recrutamento em faculdades, referências e candidatos espontâneos.

6. Recrutar funcionários diversificados é importante. A regra básica é criar um conjunto de políticas e práticas no sentido de estabelecer um ambiente em que todos possam trabalhar harmoniosamente.
7. O processo de recrutamento inclui, inevitavelmente, desenvolvimento e utilização de formulários para coletar informações básicas essenciais sobre o candidato. A candidatura deve permitir a realização de avaliações sobre questões importantes, como a formação da pessoa e a identificação de referências e supervisores de trabalhos anteriores. Claro, é importante certificar-se de que a candidatura está em conformidade com as leis de igualdade de emprego, por exemplo, no que diz respeito a questões relativas aos portadores de necessidades especiais.

PALAVRAS-CHAVE

planejamento de pessoal 100
análise de tendências 102
análise de relação 102
gráfico de dispersão 102
registros de qualificações (ou competências) 104
gráficos de substituição de pessoal 104
cartão de substituição 104
pirâmide seletiva do recrutamento 106

recrutamento 107
anúncio de emprego 108
planejamento de sucessão 108
sistemas de rastreamento de candidatos 111
pessoal sem vínculo empregatício 115
serviços de recrutamento por demanda 117
recrutamento de universitários 117
formulário de inscrição 123

QUESTÕES PARA DISCUSSÃO

1. Quais são os prós e os contras de cinco fontes de candidatos a emprego?
2. Quais são os principais tipos de informação contidos nos formulários de inscrição?
3. O que os empregadores devem ter em mente quando utilizam sites da internet para encontrar candidatos a emprego?
4. Quais são as principais coisas que você faria para recrutar e reter um quadro de funcionários mais diversificado?
5. Como você descreveria a "imagem corporativa" do seu empregador atual ou anterior, ou da sua universidade? O que você faria para rever essa imagem?
6. Que métricas você usaria para analisar a eficácia dos esforços de recrutamento do seu empregador atual ou anterior? Justifique a escolha.
7. Escolha duas ferramentas que gerentes de RH utilizam para prever vagas de emprego e explique como utilizá-las.
8. Descreva brevemente como você aplicaria os princípios de gestão de talentos na melhoria dos processos de planejamento de pessoal do seu empregador.

ATIVIDADES INDIVIDUAIS E EM GRUPOS

1. Leve para a sala de aula vários anúncios do classificado de empregos do jornal. Analise a efetividade desses anúncios, usando as diretrizes discutidas neste capítulo.
2. Trabalhando individualmente ou em grupos, desenvolva uma previsão de cinco anos de oferta e demanda de cinco ocupações como contador, enfermeiro e engenheiro.
3. Trabalhando individualmente ou em grupos, visite o escritório de uma agência de emprego. Volte para a aula preparado para discutir as seguintes questões: Que tipos de empregos estão predominantemente disponíveis por meio dessa agência? Até que ponto você acha que essa agência seria uma boa fonte de candidatos profissionais, técnicos e/ou de gestão?

Que tipos de documentos são necessários aos candidatos da agência antes de poderem se candidatar? Que outros serviços o escritório oferece? Que opiniões você tem sobre a agência?
4. Trabalhando individualmente ou em grupos, encontre pelo menos cinco anúncios de emprego, seja na internet ou em um jornal local, que sugerem que a empresa é receptiva a mulheres, minorias, idosos e famílias monoparentais. Discuta o que elas estão fazendo para serem receptivas.
5. Trabalhando individualmente ou em grupos, entreviste um gestor entre as idades de 25 e 35 anos em uma empresa local que administra os empregados com 40 anos ou mais. Peça ao gerente para descrever três ou quatro de suas experiências mais desafiadoras na gestão de funcionários mais velhos.

Exercícios de aplicação

ESTUDO DE CASO EM RH: Empresa de Limpeza Carter

Obtendo os melhores candidatos

Se você fosse perguntar a Jennifer e a seu pai qual foi o principal problema na gestão de sua empresa, a resposta seria curta e rápida: a contratação de pessoas boas. Originalmente, a empresa começou como uma cadeia de lavanderias que quase não precisavam de ajuda especializada, funcionando à base de moedas, e a rede cresceu para seis lojas, cada qual bastante dependente de gestores qualificados, lavadores e passadores de roupas. Os empregados em geral não têm mais do que o ensino médio (muitas vezes menos), e o mercado para eles é muito competitivo. Ao longo de um fim de semana típico, há literalmente dezenas de anúncios de emprego para passadores de roupas experientes ou lavadores em jornais da região. Todas essas pessoas costumam receber cerca de US$ 15 por hora, e mudam de emprego com frequência. Assim, Jennifer e seu pai enfrentam a tarefa contínua de recrutamento e contratação de trabalhadores qualificados, a partir de um grupo de indivíduos que são quase nômades em sua propensão para se deslocar de uma área a outra e de um emprego a outro. A rotatividade em suas lojas (como nas de seus concorrentes) muitas vezes se aproxima de 400%. "Não fale comigo sobre planejamento de recursos humanos e análise de tendências", diz Jennifer. "Nós estamos lutando uma guerra econômica, e estou feliz apenas por conseguir reunir candidatos suficientes para ser capaz de manter minha empresa completa".

Em vista desse problema, o pai de Jennifer pede que você responda às perguntas que seguem.

Perguntas

1. Em primeiro lugar, o que você recomendaria para a redução da rotatividade nas lojas?
2. Forneça uma lista detalhada de sugestões sobre o que fazer para aumentar o grupo de candidatos aceitáveis, sem a necessidade de contratar qualquer um que entre pela porta (suas recomendações devem incluir a redação de anúncios on-line e impressos, além de indicações sobre todas as outras estratégias de recrutamento.)

Exercício vivencial — A escassez de enfermeiros

Em agosto de 2012, o desemprego nos EUA ainda era alto, e os empregadores estavam segurando a contratação. No entanto, enquanto muitas pessoas estavam desempregadas, não foi o caso com os profissionais de enfermagem. Praticamente todos os hospitais estavam recrutando enfermeiros agressivamente. Muitos estavam buscando enfermeiros formados no exterior, por exemplo, com o recrutamento de enfermeiros nas Filipinas. Especialistas esperavam a escassez de enfermeiros para os próximos anos.

Objetivo: dar-lhe experiência na criação de um programa de recrutamento.

Entendimento necessário: você deve estar bem familiarizado com o conteúdo deste capítulo e com o programa de recrutamento de enfermeiros e técnicos de enfermagem de um hospital como o Albert Einstein, em São Paulo (ver <http://www.einstein.br/trabalhe-conosco/Paginas/programa-tecnico-enfermagem.aspx>).

Instruções: crie grupos de quatro a cinco alunos para esse exercício. Os grupos devem trabalhar separadamente e não podem dialogar um com o outro. Cada grupo deve abordar as seguintes tarefas:

1. Com base nas informações disponíveis no site do hospital, crie um anúncio impresso para colocar na edição de domingo da *Folha de S. Paulo*. Quais cadernos do jornal você usaria e por quê?
2. Analise anúncios on-line atuais para enfermeiros de hospital. Como você poderia melhorá-los?
3. Forme um programa completo de recrutamento de enfermeiros para esse hospital, incluindo todas as fontes de recrutamento que o seu grupo gostaria de usar.

Estudo de caso brasileiro

A empresa Alfa Cosméticos deve utilizar fonte externa de recrutamento?

A vaga de gerente de produto Jr. estava em aberto. O profissional que a ocupava saiu da empresa, pois recebera uma proposta irrecusável de trabalho, pela qual deveria se mudar com sua família para o interior de São Paulo. Isso ocorreria dentro de um mês a partir do comunicado oficial feito ao seu chefe, o diretor da área de marketing.

Ao longo de seus vinte anos atuando à frente da empresa de cosméticos Alfa, na qual começou a trabalhar ainda na condição de estagiário, o diretor sempre teve a certeza de que o mais indicado no caso de abertura de uma vaga é que ela seja ocupada por profissionais que já trabalham juntos na mesma equipe. Suas convicções indicavam que esse tipo de escolha era capaz de minimizar problemas culturais e de adaptação que invariavelmente são enfrentados por candidatos externos. Foi assim, aliás, que ele passou por cinco promoções, numa trajetória profissional de sucesso na mesma empresa, a partir da conclusão de seus estudos numa renomada faculdade de administração.

Para ele, trazer alguém de fora da empresa deveria ser sempre a segunda alternativa ao preenchimento de uma vaga, já que "a perspectiva de promoção traz motivação não apenas para quem está sendo promovido, mas, ainda, para os demais empregados, que reconhecem a possibilidade de crescimento na empresa".

Entretanto, ao mesmo tempo, parecia tentado pela possibilidade de aproveitar o mercado de recursos humanos, que estava em alta, com muitos bons profissionais disponíveis à procura de emprego, mas receava que a opção por candidatos externos gerasse um clima organizacional ruim, além de queda na motivação dos empregados elegíveis à promoção, todos com mais de três anos de empresa e desejosos de reconhecimento profissional.

Ainda, a empresa passava por um longo período de crise, com inúmeras ações para ajustes na lucratividade (e que somente agora pareciam trazer algum resultado favorável), razão pela qual acreditava que trazer um candidato externo poderia afetar negativamente o moral da equipe envolvida, cujos profissionais já trabalhavam juntos há pelo menos dois anos e nunca tinham sido promovidos na empresa. Considerava que o fator humano seria o melhor investimento para a retomada de crescimento naquele momento de crise.

Dois dos empregados da área de produto pareciam ter as competências requeridas pela empresa para o cargo (um com cinco anos de empresa e o outro com sete anos, ambos no mesmo cargo desde sua admissão), mas nenhum deles tinha experiência em gestão de subordinados, o que parecia imprescindível diante do fato de que a equipe do último gerente conta com oito pessoas e há um lançamento de produto a ocorrer em dois meses.

Perguntas

1. Diante dessa situação, considerando também a situação de mercado de trabalho, a empresa deveria trazer alguém de fora ou promover uma pessoa de dentro da equipe para ocupar a vaga de gerente de produto Jr.?
2. Quais as possíveis vantagens e desvantagens do recrutamento interno?
3. Como a situação do mercado de trabalho e do mercado de recursos humanos pode interferir na opção do diretor por candidatos internos ou externos?

Notas

1. Disponível em: <http://bits.blogs.nytimes.com/2011/07/07/a--walk-in-the-woods-with-mark-zuckerberg/>. Acesso em: 13 jun. 2014.
2. Robert Grossman, "IBM'S HR Takes a Risk", *HR Magazine*, 27 abr. 2007, p. 57.
3. "More Companies Turn to Workforce Planning to Boost Productivity and Efficiency", The Conference Board, press release/news, 7 ago. 2006; Carolyn Hirschman, "Putting Forecasting in Focus", *HR Magazine*, mar. 2007, p. 44-49.
4. Carolyn Hirschman, "Putting Forecasting in Focus," *HR Magazine*, mar. 2007, p. 44-49.
5. Jean Phillips e Stanley Gully, *Strategic Staffing*. Upper Saddle River, NJ: Pearson Education, 2012, p. 116-181.
6. Idem. Veja, por exemplo, Fay Hansen, "The Long View", *Workforce Management*, 20 abr. 2008, p. 1, 14.
7. Bill Roberts, "Can They Keep Our Lights On?" *HR Magazine*, jun. 2010, p. 62-68.
8. Para um exemplo de sistema computadorizado de planejamento de pessoal, veja Dan Kara, "Automating the Service Chain", *Software Magazine*, 20 jun. 2010, p. 3, 42. Disponível em: <www.kronos.com/scheduling-software/scheduling.aspx>. Acesso em: 22 jun. 2014.
9. Disponível em: <www.surveyanalytics.com/skills-inventory-software.html>. Acesso em: 22 jun. 2014.
10. Para discussão recente, veja, por exemplo, "Pitfalls Abound for Employers Lacking Electronic Information Retention Policies", *BNA Bulletin to Management*, 1 jan. 2008, p. 1-2.
11. Idem. Veja também Bill Roberts, "Risky Business", *HR Magazine*, out. 2006, p. 69-72.
12. "Traditional Security Insufficient to Halt File-Sharing Threat", *BNA Bulletin to Management*, 20 jan. 2008, p. 39.
13. Disponível em: <http://www.astd.org/%20About/~/media/Files/About%20ASTD/Public%20Policy/%20BridgingtheSkillsGap2010.pdf>. Acesso em: 22 jun. 2014.
14. Next Generation Talent Management by Hewitt Associates. Disponível em: <http://www.fashion-networks.com/hr_articles/Next%20Generation%20Talent%20Management.pdf>. Acesso em: 22 jun. 2014.

15. Idem.
16. Ed Frauenheim, "Valero Energy", *Workforce Management*, 13 mar. 2006.
17. Phillips e Gully, *Strategic Staffing*, p. 116-181.
18. Susan Ladika, "Manufacturers enroll in recruiting 101", *Workforce Management*, maio 2012.
19. Darren Dahl, "A Sea of Job Changers, But Some Companies Aren't Getting Any Bites", *The New York Times*, 28 jun. 2012, p. B7.
20. Ladika, "Manufacturers Enroll in Recruiting 101".
21. "Recruitment Marketing". Disponível em: <https://www.recruiter.com/i/recruitment-marketing/>. Acesso em: 22 jun. 2014.
22. Disponível em: <www.ge.com/careers>. Acesso em: 22 jun. 2014.
23. "Hiring Works the Second Time Around", *BNA Bulletin to Management*, 30 jan. 1997, p. 40; e Issie Lapowsky, "How to Rehire Former Employees", *INC.*, 18 maio 2010. Disponível em: <www.inc.com/guides/2010/05/rehiring-former-employees.html>. Acesso em: 22 jun. 2014.
24. "Hiring Works the Second Time Around".
25. Soonhee Kim, "Linking Employee Assessments to Succession Planning", *Public Personnel Management* 32, n. 4, inverno 2003, p. 533-547. Veja também Michael Laff, "Talent Management: From Hire to Retire", *Training & Development*, nov. 2006, p. 42-48.
26. "Succession Management: Identifying and Developing Leaders", *BNA Bulletin to Management* 21, n. 12, dez. 2003; David Day, Developing leadership talent, SHRM Foundation. Disponível em: <www.shrm.org/about/foundation/research/Documents/Developing%20Lead%20Talent-%20FINAL.pdf>. Acesso em: 22 jun. 2014.
27. Veja, por exemplo, David Day, "Developing Leadership Talent, SHRM Foundation". Disponível em: <www.shrm.org/about/foundation/research/Documents/Developing%20Lead%20Talent-%20FINAL.pdf>. Acesso em: 22 jun. 2014.
28. Encontrado em Susan Wells, "Who's Next", *HR Magazine*, nov. 2003, p. 43. Veja também Christee Atwood, "Implementing Your Succession Plan", *Training & Development*, nov. 2007, p. 54-57; e Day, "Developing Leadership Talent, SHRM Foundation".
29. Veja "Succession Management: Identifying and Developing Leaders", *BNA Bulletin to Management* 21, n. 12, dez. 2003, p. 15; e Day, "Developing Leadership Talent, SHRM Foundation".
30. Soonhee Kim, "Linking Employee Assessments to Succession Planning", *Public Personnel Management*, inverno 2003.
31. "Succession Planning: Manage Risk and Ensure Business Continuity", *Sum Total Strategic Human Capital Management*. © 2012 SumTotal Systems, Inc. Todos os direitos reservados. Reproduzido com permissão. Toda informação referente à SumTotal Produtos e Ofertas é de propriedade e reproduzido com autorização de SumTotal Systems. Impresso com a permissão expressa por escrito da SumTotal Systems.
32. "Succession Planning: Manage Risk and Ensure Business Continuity", *SumTotal Strategic Human Capital Management*. © 2012 SumTotal Systems, Inc. Todos os direitos reservados. Reproduzido com permissão.
33. Bill Roberts, "Matching Talent with Tasks", *HR Magazine*, nov. 2002, p. 91-96.
34. Idem, p. 34.
35. Veja, por exemplo, J. De Avila, "Beyond Job Boards: Targeting the Source", *The Wall Street Journal* (Eastern Edition), 2 jul. 2009, p. D1, D5; and C. Fernandez-Araoz et al., "The Definitive Guide to Recruiting in Good Times and Bad" [Financial crisis spotlight], *Harvard Business Review* 87, n. 5, maio 2009, p. 74-84.
36. Deborah Silver, "Niche Sites Gain Monster-Sized Following", *Workforce Management*, mar. 2011, p. 10-11.
37. Joe Light, "Recruiters Rethink Online Playbook". Disponível em: <online.wsj.com/article/SB10001424052748704307404576080492613858846.html>. Acesso em: 22 jun. 2014.
38. "Many Workers Use Social Networking Sites in Job Hunt, Edit Own Content, Survey Finds", *BNA Bulletin to Management*, 10 maio 2011, p. 147.
39. Disponível em: <www.careerbuilder.com/MarketingWeb/iPhone/CBJobsApplication.aspx?cbRecursionCnt=1&cbsid=7fd458dafd4a444fb192d9a24ced771-291142537-wx-6&ns_siteid=ns_us_g_careerbuilder_iphone>. Acesso em: 22 jun. 2014.
40. Ed Frauenheim, "Logging Off of Job Boards", *Workforce Management*, 22 jun. 2009, p. 25-27; Aliah Wright, "Your Social Media Is Showing", *HR Magazine*, mar. 2012, p. 16.
41. Jennifer Arnold, "Twittering at Face Booking While They Were", *HR Magazine*, dez. 2009, p. 54.
42. Jennifer Berkshire, "Social Network Recruiting", *HR Magazine*, abr. 2005, p. 95-98. Veja também S. DeKay, "Are Business-Oriented Social Networking Web Sites Useful Resources for Locating Passive Jobseekers? Results of a Recent Study", *Business Communication Quarterly* 72, n. 1, mar. 2009, p. 101-105.
43. Josee Rose, "Recruiters Take Hip Path to Fill Accounting Jobs", *The Wall Street Journal*, 18 set. 2007, p. 38.
44. Gina Ruiz, "Firms Tapping Web Videos to Lure Jobseekers", *Workforce Management*, 8 out. 2007, p. 12.
45. Ed Frauenheim, "Social Revolution", *Workforce*, 20 out. 2007, p. 30.
46. "ResumePal: Recruiter's Friend?" *Workforce Management*, 22 jun. 2009, p. 28.
47. "Innovative HR Programs Cultivate Successful Employees", *Nation's Restaurant News* 41, n. 50, 17 dez. 2007, p. 74.
48. J. De Avila, "Beyond Job Boards: Targeting the Source", *The Wall Street Journal* (Eastern Edition), 2 jul. 2009, p. D1, D5.
49. Jennifer Taylor Arnold, "Recruiting on the Run", *HR Magazine*, fev. 2010, p. 65-67.
50. Elizabeth Agnvall, "Job Fairs Go Virtual", *HR Magazine*, jul. 2007, p. 85.
51. Estas tendências na seção de recrutamento on-line são baseadas em Lauren Weber, "Seeking software fix for job-search game", *The Wall Street Journal*, 6 jun. 2012, p. B8; e Juro Osawa e Paul Moser, "In China, recruiting gets social", *The Wall Street Journal*, 2 ago. 2012, p. B4.
52. "EEOC Issues Much Delayed Definition of 'Applicant'", *HR Magazine*, abr. 2004, p. 29; Valerie Hoffman e Greg Davis, "OFCCP's Internet Applicant Definition Requires Overhaul of Recruitment and Hiring Policies", *Society for Human Resources Management Legal Report*, jan./fev. 2006, p. 2.
53. James Breaugh, "Employee Recruitment: Current Knowledge and Important Areas for Future Research", *Human Resource Management Review* 18, 2008, p. 111.
54. Isso traz riscos legais, especialmente se o dispositivo exposto desproporcionalmente atingir a minoria ou candidatos de determinado sexo. Lisa Harpe, "Designing an Effective Employment Prescreening Program", *Employment Relations Today* 32, n. 3, outono 2005, p. 43-51.
55. William Dickmeyer, "Applicant Tracking Reports Make Data Meaningful", *Workforce*, fev. 2001, p. 65-67; e, como exemplo, <www.icims.com/prelude/1101/3009?_vsrefdom=google_ppc&gclid=CPHki_nx1KsCFcPt7QodmkjLDA>. Acesso em: 22 jun. 2014.
56. Paul Gilster, "Channel the Resume Flood with Applicant Tracking Systems", *Workforce*, jan. 2001, p. 32-34; William Dickmeyer, "Applicant Tracking Reports Make Data Meaningful", *Workforce*, fev. 2001, p. 65-67; e, como exemplo, <www.icims.com/prelude/1101/3009?_vsrefdom=google_ppc&gclid=CPHki_nx1KsCFcPt7QodmkjLDA>. Acesso em: 22 jun. 2014.
57. Note que o Escritório de Programas Federais do Ministério do Trabalho dos EUA sobre o cumprimento de contrato anunciou recentemente que iria rever sistemas de monitoramento on-line de aplicativos de empreiteiros federais para

garantir que eles estão oferecendo oportunidades iguais para potenciais candidatos com deficiência. "Feds Want a Look at Online Job Sites", *HR Magazine*, nov. 2008, p. 12.
58. "E-Recruiting Software Providers", *Workforce Management*, 22 jun. 2009, p. 14.
59. "Does Your Company's Website Click with Job Seekers?" *Workforce*, ago. 2000, p. 260.
60. "Study Says Career Web Sites Could Snare More Job Seekers", *BNA Bulletin to Management*, 1 fev. 2001, p. 36.
61. Daniel Feldman e Brian Klaas, "Internet Job Hunting: A Field Study of Applicant Experiences with Online Recruiting", *Human Resource Management* 41, n. 2, verão 2002, p. 175-192.
62. Sarah Gale, "Internet Recruiting: Better, Cheaper, Faster", *Workforce*, dez. 2001, p. 75.
63. "Help Wanted-and Found", *Fortune*, 2 out. 2006, p. 40.
64. Breaugh, "Employee Recruitment", p. 114.
65. Eric Krell, "Recruiting Outlook: Creative HR for 2003", *Workforce*, dez. 2002, p. 40-44. "We Are Recruiting". Disponível em: <https://www.youtube.com/user/TeamCreativeArts>. Acesso em: 22 jun. 2014.
66. Breaugh, "Employee Recruitment", p. 113.
67. Ache o centro mais próximo em: <http://portal.mte.gov.br/pat/programa-de-alimentacao-do-trabalhador-pat.htm>. Acesso em: 22 jun. 2014.
68. Susan Saulney, "New Jobless Centers Offer More Than a Benefit Check", *The New York Times*, 5 set. 2001, p. A1.
69. Lynn Doherty e E. Norman Sims, "Quick, Easy Recruitment Help: From a State?" *Workforce*, maio 1998, p. 36.
70. Idem.
71. "As Hiring Falters, More Workers Are Temporary", *The New York Times*, 20 dez. 2010, p. A1, A4. Veja também Robert Grossman, "Strategic Temptations", *HR Magazine*, mar. 2012, p. 24-34.
72. Robert Bohner Jr. e Elizabeth Salasko, "Beware the Legal Risks of Hiring Temps", *Workforce*, out. 2002, p. 50-57. Veja também Fay Hansen, "A Permanent Strategy for Temporary Hires", *Workforce Management*, 26 fev. 2007, p. 27.
73. Shari Cauldron, "Contingent Workforce Spurs HR Planning", *Personnel Journal*, jul. 1994, p. 60.
74. Baseado em Nancy Howe, "Match Temp Services to Your Needs", *Personnel Journal*, mar. 1989, p. 45-51. Veja também Stephen Miller, "Collaboration Is Key to Effective Outsourcing", *HR Magazine* 58, 2008, p. 60-61; e, como exemplo, <www.bbb.org/shreveport/accredited-business-directory/employment-contractors-temporary-help/plain-dealing-la>. Acesso em: 22 jun. 2014. Como exemplo particularmente notório, uma agência de recursos humanos nos EUA, supostamente, usou 39 cidadãos filipinos para trabalhar 16 horas por dia em clubes de campo e campos de golfe, pagando-lhes pouco e tratando-os como "escravos". Dori Meinert, "Modern-Day Slavery", *HR Magazine*, maio 2012, p. 22-24.
75. Carolyn Hirschman, "Are Your Contractors Legal?" *HR Magazine*, mar. 2004, p. 59-63.
76. Idem.
77. Margaret Steen, "More Employers Take On Temps, But Planning Is Paramount", *Workforce Management*, maio 2011, p. 14.
78. Daniel Feldman, Helen Doerpinghaus e William Turnley, "Managing Temporary Workers: A Permanent HRM Challenge", *Organizational Dynamics* 23, n. 2, outono 1994, p. 49. Veja também Kathryn Tyler, "Treat Contingent Workers with Care", *HR Magazine*, mar. 2008, p. 75, e <www.oregon.gov/EMPLOY/pages/index.aspx>. Acesso em: 22 jun. 2014.
79. Seção baseada em Robyn Meredith, "Giant Sucking Sound", *Forbes* 172, n. 6, 29 set. 2003, p. 158; Jim McKay, "Inevitable Outsourcing, Offshoring Stirred Passions at Pittsburgh Summit", *Knight Ridder/Tribune Business News*, 11 mar. 2004; Peter Panepento, "General Electric Transportation to Outsource Drafting Jobs to India", *Knight Ridder/Tribune Business News*, 5 maio 2004; Julie Harbin, "Recent Survey Charts Execs' Willingness to Outsource Jobs", *San Diego Business Journal* 25, n. 14, 5 abr. 2004, p. 8-10; e Pamela Babcock, "America's Newest Export: White-Collar Jobs", *HR Magazine* 49, n. 4, abr. 2004, p. 50-57.
80. "Economics of Offshoring Shifting, as Some Reconsider Ventures", *BNA Bulletin to Management*, 23 set. 2008, p. 311.
81. Susan Wells, "Slow Times for Executive Recruiting", *HR Magazine*, abr. 2003, p. 61-67.
82. "Leading Executive Search Firms", *Workforce Management*, 25 jun. 2007, p. 24.
83. Michelle Martinez, "Working with an Outside Recruiter? Get It in Writing", *HR Magazine*, jan. 2001, p. 98-105.
84. Veja, por exemplo, Stephenie Overman, "Searching for the Top", *HR Magazine*, jan. 2008, p. 49.
85. Bill Leonard, "Recruiting from the Competition", *HR Magazine*, fev. 2001, p. 78-86. Veja também G. Anders, "Secrets of the Talent Scouts", *New York Times*, Late New York Edition, 15 mar. 2009, p. 1, 7 (Sec 3).
86. Martha Frase-Blunt, "A Recruiting Spigot", *HR Magazine*, abr. 2003, p. 71-79.
87. Sara Rynes, Marc Orlitzky e Robert Bretz Jr., "Experienced Hiring Versus College Recruiting: Practices and Emerging Trends", *Personnel Psychology* 50, 1997, p. 309-339. Veja também Lisa Munniksma, "Career Matchmakers: Partnering with Collegiate Career Centers Offers Recruiters Access to Rich Source of Applicants", *HR Magazine* 50, n. 2, fev. 2005, p. 93.
88. Veja, por exemplo, Breaugh, "Employee Recruitment", p. 111.
89. "Recruiters Look to be Big Man on Campus", *Workforce Management*, set. 2010, p. 12.
90. Greet Van Hoye and Filip Lievens, "Tapping the Grapevine: A Closer Look at Word-of-Mouth as a Recruitment Source", *Journal of Applied Psychology* 94, n. 2, 2009, p. 341-352.
91. Lisa Munniksma, "Career Matchmakers", *HR Magazine*, fev. 2005, p. 93-96.
92. Joe Mullich, "Finding the Schools That Yield the Best Job Applicant ROI", *Workforce Management*, mar. 2004, p. 67-68.
93. Wendy Boswell et al., "Individual Job Choice Decisions and the Impact of Job Attributes and Recruitment Practices: A Longitudinal Field Study", *Human Resource Management* 42, n. 1, primavera 2003, p. 23-37. Veja também Breaugh, "Employee Recruitment", p. 115.
94. Hao Zhao Oh e Robert Liden, "Internship: A Recruitment and Selected Perspective", *Journal of Applied Psychology* 96, n. 1, 2011, p. 221-229.
95. Steven Greenhouse, "Jobs View, Grads Flock to Unpaid Internships", *The New York Times*, 6 maio 2012, p. 1, 4.
96. Disponível em: <www.kaiserpermanentejobs.org/employee-referral-program.aspx>. Acesso em: 22 jun. 2014.
97. Breaugh, "Employee Recruitment", p. 109.
98. "Tell a Friend: Employee Referral Programs Earn High Marks for Low Recruiting Costs", *BNA Bulletin to Management*, 28 jun. 2001, p. 201.
99. Martha Frase-Blunt, "Call Centers Come Home", *HR Magazine*, jan. 2007, p. 85-90.
100. Theresa Minton-Eversole, "Mission: Recruitment", *HR Magazine*, jan. 2009, p. 43-45.
101. Ann Marie Ryan e Nancy Tippins, "Attracting and Selecting: What Psychological Research Tells Us", *Human Resource Management* 43, n. 4, inverno 2004, p. 311.
102. Kevin Carlson et al., "Recruitment Evaluation: The Case for Assessing the Quality of Applicants Attracted", *Personnel Psychology* 55, 2002, p. 461-490. Para uma pesquisa recente da eficácia da fonte de recrutamento, veja "The 2007 Recruiting Metrics and Performance Benchmark Report, 2. ed.", Staffing.org, Inc., 2007.
103. Carlson et al., "Recruitment Evaluation", p. 466.
104. Phillips e Gully, *Strategic Staffing*, p. 180. Disponível em: <www.Shrm.org/templatestools/toolkits/pages/recruitinginternally>. Acesso em: 2 maio 2012.
105. Phillips e Gully, *Strategic Staffing*.
106. Gino Ruiz, "Special Report: Talent Acquisition", *Workforce Management*, 23 jul. 2007, p. 39.
107. Thomas Stewart, "In Search of Elusive Tech Workers", *Fortune*, 16 fev. 1998, p. 171-172.

107. Disponível em: <www.outsourcing-center.com/2006-10-ge-looks-to-recruitment-process-outsourcer-to-find-meat-and-potatoes-candidates-as-well-as-the-purple-squirrel-article-37479.html>. Acesso em: 22 jun. 2014.
108. Robert Grossman, "How to Recruit a Recruitment Outsourcer," *HR Magazine*, jul. 2012, p. 51-54 e Susan Ladika, "A Lot to Process", *Workforce Management*, jul. 2012, p. 16-18.
109. Parafraseado de Robert Neveu, "Making the Leap to Strategic Recruiting", suplemento especial de *Workforce Management*, 2005, p. 3.
110. "Internship Programs Help These Recruiters Toward Qualified Students with Disabilities", *BNA Bulletin to Management*, 17 jul. 2003, p. 225.
111. Judith Casey e Marcie Pitt-Catsouphes, "Employed Single Mothers: Balancing Job and Home Life", *Employee Assistance Quarterly* 9, n. 324, 1994, p. 37-53.
112. Fonte: "Employed Single Mothers: Balancing Job and Home Life" de Judith C. Casey e Marcie Pitt-Catsouphes from *Employee Assistance Quarterly*, Volume 9(3-4), 1994.
113. "Barclaycard Helps Single Parents to Find Employment", *Personnel Today*, 7 nov. 2006.
114. Caroline Straub, "Antecedents and Organizational Consequences of Family Supportive Supervisor Behavior: A Multilevel Conceptual Framework for Research", *Human Resource Management Review* 22, 2012, p. 15-26.
115. Susan Glairon, "Single Parents Need More Flexibility at Work, Advocate in Denver Says", *Daily Camera*, 8 fev. 2002. Disponível em: <www.cnn.com/2008/LIVING/worklife/06/04/balance.calculator>. Acesso em: 22 jun. 2014.
116. Sandra Block e Stephanie Armour, "Many Americans Retire Years Before They Want To", *USA Today*, 26 jul. 2006. Disponível em: <http://usatoday.com>. Acesso em: 22 jun. 2014.
117. Phaedra Brotherton, "Tapping into an Older Workforce", *Mosaics* (Society for Human Resource Management), mar./abr. 2000. Veja também Thomas Ng e Daniel Feldman, "The Relationship of Age to Ten Dimensions of Job Performance", *Journal of Applied Psychology* 90, n. 2, 2008, p. 392-423.
118. Sue Shellenbarger, "Gray Is Good: Employers Make Efforts to Retain Older, Experienced Workers", *The Wall Street Journal*, 1 dez. 2005.
119. Alison Wellner, "Tapping a Silver Mine", *HR Magazine*, mar. 2002, p. 29.
120. Shellenbarger, "Gray Is Good". Veja também Robert Grossman, "Keep Pace with Older Workers", *HR Magazine*, maio 2008, p. 39-46.
121. Gary Adams e Barbara Rau, "Attracting Retirees to Apply: Desired Organizational Characteristics of Bridge Employment", *Journal of Organizational Behavior* 26, n. 6, set. 2005, p. 649-660.
122. Abby Ellin, "Supervising the Graybeards", *The New York Times*, 16 jan. 2000, p. B16; Derek Avery e Patrick McKay, "Target Practice: An Organizational Impression Management Approach to Attracting Minority and Female Job Applicants", *Personnel Psychology* 59, 2006, p. 157-189.
123. Herbert Greenberg, "A Hidden Source of Talent", *HR Magazine*, mar. 1997, p. 88-91. Para bons programas de inserção, ver, por exemplo, <phttp://www.hud.gov/offices/pih/programs/hcv/wtw/resources/bs1/dev_job_training.cfm>. Acesso em: 22 jun. 2014.
124. Linda Moore, "Firms Need to Improve Recruitment, Hiring of Disabled Workers, EEO Chief Says", *Knight Ridder/Tribune Business News*, 5 nov. 2003. Veja também "Recruiting Disabled More Than Good Deed, Experts Say", *BNA Bulletin to Management*, 27 fev. 2007, p. 71.
125. "Students with Disabilities Available", *HR Briefing*, 15 jun. 2002, p. 5.
126. Moore, "Firms Need to Improve Recruitment".
127. Parágrafo baseado em Jennifer L. Wood, James M. Schmidtke e Diane L. Decker, "Lying on Job Applications: The Effects of Job Relevance, Commission, and Human Resource Management Experience". *J Bus Psychology* 22, 2007, p. 1-9.
128. Kenneth Sovereign, *Personnel Law*. Upper Saddle River, NJ: Pearson, 1999, p. 51.
129. Kathy Gurchiek, "Video Resumes Spark Curiosity, Questions", *HR Magazine*, maio 2007, p. 28-30; "Video Resumes Can Illuminate Applicants' Abilities, but Pose Discrimination Concerns", *BNA Bulletin to Management*, 20 maio 2007, p. 169-170.
130. Em maio de 2010, algumas dessas empresas eram a resumebook.tv, optimalresume.com, interviewstudio.com, e brightab.com. Alina Dizik, "Wooing Job Recruiters with Video Resumes", *The Wall Street Journal*, 20 maio 2010, p. D4.
131. Murray Barrick e Ryan Zimmerman, "Hiring for Retention and Performance", *Human Resource Management* 48, n. 2, mar./abr. 2009, p. 183-206.
132. James Breaugh, "The Use of Biodata for Employee Selection: Test Research and Future Directions", *Human Resource Management Review* 19, 2009, p. 219-231. Utilizar os itens de dados biográficos, claro, pressupõe que o empregador possa mostrar que os itens têm relação com o desempenho. Itens como "se formou na faculdade" podem ter um impacto adverso sobre as minorias que buscam inserção no mercado, mas estudos sugerem que os empregadores conseguem evitar esse problema por meio da escolha criteriosa dos dados (p. 229).
133. Fred Mael, Mary Connerley e Ray Morath, "None of Your Business: Parameters of Biodata Invasiveness", *Personnel Psychology* 49, 1996, p. 613-650 e Kenneth Law et al., "Impression Management and Faking in Biodata Scores Among Chinese Job-Seekers", *Asia Pacific Journal of Management* 19, n. 4, dez. 2002, p. 541-556.

6
Seleção de funcionários

Neste capítulo, vamos abordar...

FUNDAMENTOS DE TESTES E SELEÇÃO DE FUNCIONÁRIOS
UTILIZAÇÃO DE TESTES NO TRABALHO
ENTREVISTA DE CANDIDATOS
UTILIZAÇÃO DE OUTRAS TÉCNICAS DE SELEÇÃO

Objetivos de aprendizagem

Quando terminar o estudo deste capítulo, você será capaz de:
1. Definir os conceitos básicos de testes, incluindo legitimidade e confiabilidade.
2. Discutir, pelo menos, quatro tipos básicos de teste para recrutamento de pessoal.
3. Explicar fatores e problemas que podem comprometer a eficácia da entrevista e as técnicas para eliminá-los.
4. Explicar como fazer verificações de antecedentes dos candidatos a emprego.
5. Explicar as noções básicas de como desenvolver e ampliar a oferta de emprego.

Fonte: Lou Linwei/Alamy

Introdução

Diz-se que o Google recebe cerca de um milhão de pedidos de emprego por ano e contrata menos de 1%, que corresponde a um candidato de 130, para ser exato.[1] O Google não procura necessariamente funcionários mais inteligentes ou tecnicamente mais hábeis. A empresa busca pessoas que se encaixem na sua cultura criativa e flexível, e tenham mente aberta. Para saber se um candidato se ajusta, o Google criou algumas perguntas interessantes para a entrevista de trabalho. Por exemplo, "Um homem empurrou seu carro para um hotel e perdeu sua fortuna. O que aconteceu?".[2]

Resposta: Ele estava jogando Banco Imobiliário.

As bases dos testes e da seleção de funcionários

Com um conjunto de candidatos, o próximo passo é selecionar a melhor pessoa para o trabalho. Geralmente, isso significa reduzir de maneira gradual o grupo usando ferramentas de seleção de funcionários, incluindo testes, entrevistas e verificação de histórico profissional e antecedentes. O principal objetivo da seleção é atingir o *ajuste pessoa-trabalho*, que significa combinar conhecimentos, habilidades, capacidades e competências necessários para executar o trabalho (com base na análise do cargo), com conhecimentos, habilidades, capacidades e competências do candidato.

Por que a seleção criteriosa é importante?

Selecionar o empregado adequado é importante por várias razões, veja algumas a seguir:

- Em primeiro lugar, a seleção criteriosa deve levar a um *melhor funcionário e melhor desempenho organizacional*. Ninguém quer contratar um incompetente. Poucas coisas são mais importantes para um gerente do que colocar a pessoa certa no lugar certo.
- Em segundo lugar, o *seu próprio desempenho* depende, em parte, de seus subordinados. Contratar empregados que não possuem as habilidades necessárias ou que estão dificultando o seu próprio desempenho e da empresa é sofrível.
- Em terceiro lugar, essa busca pode ajudar a reduzir *comportamentos disfuncionais* no trabalho. Por exemplo, cerca de 30% de todos os funcionários dizem já ter roubado de seus empregadores, cerca de 41% são gerentes.[3] No varejo dos EUA, os empregadores flagram cerca de um em cada 28 trabalhadores roubando.[4] O momento de filtrar essas situações indesejáveis é antes de serem contratados.
- Em quarto lugar, é *caro* recrutar e contratar funcionários. Contratação e treinamento de um funcionário podem custar até US$ 10 mil em taxas e tempo de supervisão. Isso é desperdício de dinheiro se a pessoa não for a mais adequada.

Contratação negligente
Contratação de trabalhadores com antecedentes criminais ou outros problemas no histórico profissional sem precauções adequadas.

IMPLICAÇÕES LEGAIS E CONTRATAÇÃO NEGLIGENTE Finalmente, um recrutamento cuidadoso é importante por causa das *implicações legais* da seleção malfeita. Padrões de seleção potencialmente discriminatórios são um possível problema legal, como vimos no Capítulo 2.

Contratação negligente é uma segunda questão legal. Tribunais vão responsabilizar empregadores quando os funcionários com antecedentes criminais ou outros problemas utilizarem o seu acesso às casas dos clientes ou oportunidades semelhantes para cometer crimes. A contratação de trabalhadores com tais acessos sem precauções adequadas é considerada uma **contratação negligente**. Por exemplo, depois que advogados processaram o Walmart alegando que vários de seus empregados, com condenações por delitos sexuais, tinham agredido algumas jovens, a empresa passou a levar em conta os antecedentes criminais dos candidatos.[5] Os empregadores "devem fazer um esforço sistemático para obter informações relevantes sobre o candidato, verificar a documentação, os registros em carteira ou grandes períodos sem atividade laboral, mantendo um registro detalhado de todas as tentativas de obtenção de informações, inclusive com os nomes dos contatos e as datas dos telefonemas, ou outras solicitações".[6]

OBJETIVO DE APRENDIZAGEM 1
Definir os conceitos básicos de testes, incluindo legitimidade e confiabilidade.

Confiabilidade
Característica que se refere à consistência das pontuações obtidas pela mesma pessoa quando avaliada novamente com testes idênticos ou equivalentes.

Confiabilidade

O rastreio, ou a busca, eficaz depende, em grande parte, de conceitos básicos de testes de confiabilidade e validade. **Confiabilidade** refere-se à consistência do teste.[7] "É a consistência da pontuação obtida pela mesma pessoa quando testada novamente com testes idênticos ou com uma forma equivalente de teste." A confiabilidade do teste é essencial: se uma pessoa marcou 90 em um teste de inteligência na segunda-feira e 130 quando testada novamente na terça-feira, não seria possível ter muita confiança no teste.

Você pode medir a confiabilidade de várias maneiras. Uma consiste em aplicar um teste para um grupo de pessoas, um dia, e reaplicar o mesmo teste vários dias depois no mesmo grupo e, em seguida, relacionar o primeiro conjunto de resultados com as estimativas de confiabilidade (segundo teste).[8] Ou aplicar um teste e, depois, aplicar o que os especialistas acreditam ser um teste equivalente, o que seria uma *forma equivalente* ou *alternativa de estimativa*. O Scholastic Assessment Test (SAT) é um exemplo. Ou, então, comparar as respostas para várias perguntas do mesmo teste destinado a medir a mesma questão. Por exemplo, um psicólogo

FIGURA 6.1 Exemplos de correlação.

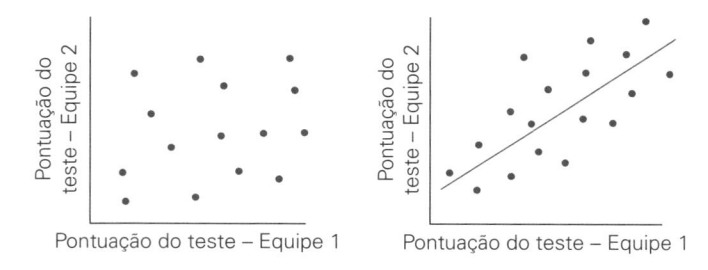

inclui dez itens em um teste, acreditando que todos mensuram o interesse em trabalhar ao ar livre. Aplique o teste e, em seguida, analise estatisticamente o grau em que as respostas a esses dez itens variam juntas. Esta é uma *comparação interna de estimativa*. No teste de inteligência geral não verbal (TIG-NV), as dinâmicas de grupo são aplicáveis.

Muitos aspectos fazem um teste não ser confiável. Entre eles estão as condições ambientais (tranquilas em um dia, ruidosas no dia seguinte), condições físicas do candidato (saudável em um dia, doente no outro) e oscilações de humor da pessoa que administra o teste (cortês em um dia, rude no outro). Ou talvez as perguntas não tenham boa amostragem: o teste 1 tem enfoque nos capítulos 1, 3, 7, enquanto o teste 2 se concentra nos capítulos 2, 4 e 8.

Como a medida da confiabilidade geralmente envolve comparar dois parâmetros que avaliam o mesmo fator (como os testes 1 e 2), é típico julgar a confiabilidade de um teste em termos de um coeficiente de correlação (nesse caso, um *coeficiente de confiança*). Esse coeficiente mostra o grau ao qual estão relacionadas duas medidas (resultado do teste de um dia e do dia seguinte).

A Figura 6.1 ilustra essa correlação. Em ambos, à esquerda e nos gráficos de dispersão à direita, o psicólogo compara o resultado do teste de cada candidato (no eixo x) com o seu desempenho subsequente (no eixo y). À esquerda, os pontos da trama de dispersão (cada ponto mostra o resultado do teste de um candidato e o desempenho posterior) estão espalhados. Não parece haver nenhuma correlação entre os resultados dos testes e o desempenho. À direita, o psicólogo tentou um novo teste. Nesse caso, os pontos resultantes caem em um padrão previsível. Isso sugere que os resultados dos testes dos candidatos estão intimamente relacionados com as suas pontuações anteriores.

Legitimidade

Qualquer teste é uma amostra do comportamento de uma pessoa, mas alguns refletem mais claramente características que se está buscando. Por exemplo, um teste de digitação corresponde claramente a uma avaliação da habilidade de digitação para o trabalho. No outro

Imagem do Teste de Rorschach.
O que você vê na imagem?

Fonte: Fotolia LLC.

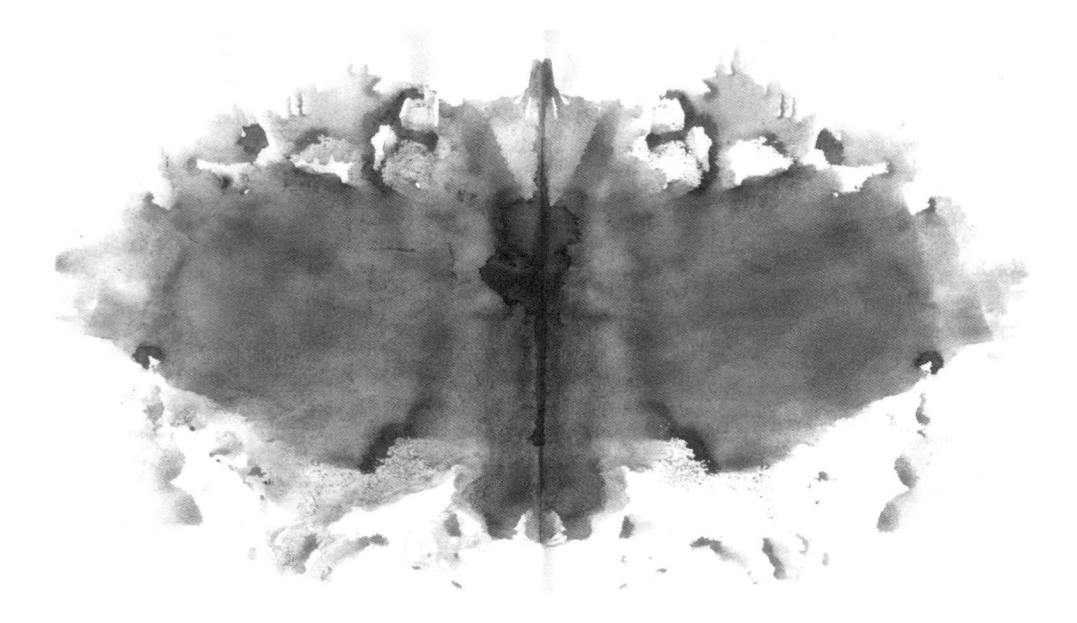

Legitimidade do teste
A precisão com que um teste, entrevista e outros recursos de seleção medem o que se propõem a medir, ou cumprem a função para a qual foram projetados.

Validade de critério
Tipo de validade baseada em mostrar que as pontuações no teste (indicadores) estão relacionadas com o desempenho esperado (critério).

Validade de conteúdo
Teste que tem validade de conteúdo é aquele que contém uma amostra justa das tarefas e competências realmente necessárias para o trabalho em questão.

Validade de construto
Teste válido é aquele que demonstra um processo que mede um construto importante para o sucesso do desempenho esperado.

extremo, não pode haver nenhuma relação aparente entre os itens do teste e a característica esperada. Por exemplo, no teste de Rorschach, o psicólogo pede à pessoa que explique como ela interpreta uma imagem um tanto estranha. O psicólogo, então, utiliza essa interpretação para tirar conclusões sobre personalidade e comportamento. Com esses testes, é mais difícil "provar" que estão medindo aquilo que eles têm o propósito de medir, que são *legítimos*.

A **legitimidade do teste** responde à pergunta: "Será que esse teste mede o que deveria medir?" Dito de outra forma, "a legitimidade refere-se à confiança que se tem no significado ligado às pontuações".[9] Com relação aos testes de seleção de funcionários, a *legitimidade*, muitas vezes, refere-se à evidência de que o teste é relacionado ao trabalho; em outras palavras, que o desempenho no teste é um *indicador válido* do desempenho esperado. Um teste de seleção deve ser válido, pois, sem comprovação de sua legitimidade, não há nenhuma razão lógica ou legalmente permitida para continuar a usá-lo a fim de selecionar candidatos a emprego.

Em testes de emprego, existem duas maneiras principais de demonstrar a legitimidade: validade de critério e validade de conteúdo. A **validade de critério** envolve demonstrar estatisticamente a relação entre (1) pontuações em um processo de seleção e (2) o desempenho esperado, a partir de uma amostra de trabalhadores. Por exemplo, os que têm bom desempenho no teste também fazem um bom trabalho? E os que não têm bom desempenho, vão mal no trabalho? Na avaliação psicológica, um índice é a medida (nesse caso, o resultado do teste) que você está tentando relacionar com um critério, como o desempenho esperado (talvez como medida para avaliações de desempenho). Na *validade de critério*, o critério e o indício devem estar intimamente relacionados.

A **validade de conteúdo** é uma demonstração de que o conteúdo de um processo de seleção é representativo de aspectos importantes do desempenho esperado. Por exemplo, os empregadores demonstram a validade de conteúdo de um teste mostrando que ele constitui uma bela amostra do conteúdo do trabalho. O procedimento básico, aqui, é identificar as tarefas relacionadas ao trabalho que são importantes para o desempenho esperado e, em seguida, selecionar aleatoriamente uma amostra dessas tarefas para testar. Na seleção de alunos para odontologia, muitas escolas oferecem aos candidatos pedaços de giz, e pedem a eles para esculpir algo que se pareça com um dente. Se o conteúdo que você escolher para o teste for uma amostra representativa daquilo que a pessoa precisa saber para o trabalho, então o teste é, provavelmente, válido em conteúdo. Estudantes de odontologia desajeitados não terão sucesso.

A **validade de construto** é outra abordagem possível, e demonstra duas coisas: que um processo de seleção mede um construto (algo que acredita ser uma característica humana, como a honestidade) e que o construto é importante para o sucesso do desempenho esperado.

Como validar um teste

O que faz um teste como o Graduate Record Examination (GRE) ser útil para admissões de diretores de escolas de pós-graduação? O que faz um teste de conhecimentos mecânicos ser útil para contratação de maquinistas?

A resposta para as perguntas é que, geralmente, a pontuação dos candidatos nesses testes é um indício de seus desempenhos. Assim, os alunos que obtiveram alta pontuação no Enem também têm melhor desempenho na escola. Empregadores usariam meios estatísticos para determinar o grau de correlação entre a pontuação de compreensão mecânica e de desempenho dos maquinistas. O processo de validação, que pode ser visto no Quadro 6.1, normalmente requer a perícia de um psicólogo especializado.

Análise de viabilidade

Pode acontecer que o teste seja mais caro do que a quantia que você economizaria com a contratação de funcionários melhores. Para responder à pergunta: "Será que vale pagar para realizar o teste?", e isso requer uma *análise de viabilidade*. Dois especialistas em seleção dizem: "Em termos financeiros, a *análise de viabilidade* mostra o quanto o uso de uma medida de seleção melhora a qualidade de indivíduos selecionados se a medida não tivesse sido usada".[10] As informações necessárias para a análise de viabilidade incluem a validade da medida de seleção, em termos financeiros e de desempenho esperado, os resultados da média dos candidatos nos testes, o custo de avaliar um candidato e o número de candidatos testados e selecionados. O Quadro *RH como centro de lucro* traz um exemplo.

RH como centro de lucro

Redução da rotatividade na KeyBank

A empresa de serviços financeiros KeyBank precisava de uma melhor maneira de filtrar e selecionar caixas e funcionários de call center.[11] Analistas calcularam que a KeyBank gastava cerca de US$ 10 mil para selecionar e contratar um empregado, mas estava perdendo 13% dos novos caixas e funcionários de call center nos primeiros 90 dias. Essa rotatividade caiu para 4% após a KeyBank ter implementado uma ferramenta de seleção virtual de avaliação do candidato. "Nós calculamos em US$ 1,7 milhão a economia de custo da rotatividade em um ano, simplesmente por tomar melhores decisões de contratação, reduzindo os gastos de treinamento e aumentando a qualidade das contratações", disse o diretor de recursos humanos da empresa.

Generalização da legitimidade

Muitos empregadores, sobretudo os menores, não vão encontrar uma boa relação custo-benefício para realizar estudos de legitimidade das ferramentas de seleção que aplicam. Esses empregadores devem identificar testes e outras ferramentas de triagem que foram válidas em diversas situações (e organizações) e, em seguida, levá-los para suas empresas, na esperança de que também serão válidas.[12]

Se o teste é válido em uma empresa, até que ponto é possível generalizar os resultados de validade para a nossa própria empresa? *Generalização de legitimidade* "refere-se ao grau em

QUADRO 6.1 Como validar um teste.

Passo 1: analise o cargo. Em primeiro lugar, verifique as descrições e especificações do cargo. Detalhe as características humanas e habilidades que você acredita serem necessárias para o desempenho adequado no cargo. Por exemplo, um candidato deve ser assertivo? Deve ser capaz de manusear componentes delicados? Essas demandas tornam-se os requisitos para a contratação. Eles são traços humanos e habilidades que você acredita serem fundamentais ao sucesso no trabalho.

Nesta primeira etapa, você também deve definir o que quer dizer com "sucesso no trabalho", porque é para ele que existem os requisitos. Os padrões de sucesso são chamados de *critérios*. Você poderia se concentrar em critérios relacionados à produção (quantidade, qualidade, e assim por diante), dados de pessoal (absenteísmo, tempo de serviço etc.) ou avaliações (de desempenho do trabalhador, por pessoas como supervisores). Para o trabalho de um montador, os requisitos podem incluir destreza manual e paciência. Você poderia avaliar critérios como quantidade produzida e o número de erros por hora.

Passo 2: escolha os testes. Em seguida, selecione os testes que você pensa medirem os atributos (requisitos) importantes para o sucesso do trabalho. Essa escolha, em geral, é fundamentada na experiência, na pesquisa anterior e em bons palpites, e normalmente você não vai começar com apenas um teste. Opte por vários, combinando-os em uma bateria para medir uma variedade de possíveis características como assertividade, extroversão e raciocínio numérico.

Passo 3: aplique os testes. Passe o(s) teste(s) selecionado(s) aos funcionários. A validação preditiva é a maneira mais confiável para validar um teste. O teste é aplicado aos candidatos antes de serem admitidos. Em seguida, eles são contratados por meio de técnicas de seleção já existentes, e não pelos resultados do novo teste que você está desenvolvendo. Depois de estarem no trabalho por algum tempo, você mede o desempenho e compara com aquele no teste em validação. Em seguida, você pode determinar se o desempenho no teste poderia ter sido usado para prever o posterior resultado no trabalho.

Passo 4: relacione pontuações e critérios. Em seguida, determine se existe uma relação significativa entre pontuação (indicador) e desempenho (critério). A maneira usual de fazer isso é estabelecer a relação estatística entre as pontuações no teste e o desempenho por meio de análise de correlação, que mostra o grau de relação estatística.

Passo 5: faça validação cruzada e revalidação. Antes de colocar o teste em uso, você pode verificá-lo por validação cruzada, executando novamente os passos 3 e 4 com uma nova amostra de funcionários. Um especialista deve validar o teste periodicamente.

que as provas de validade de uma medida obtida em uma situação pode ser generalizada a outra situação, sem mais estudos".[13] Ser capaz de usar o teste, sem o seu próprio estudo de validação é, naturalmente, o ponto principal. Fatores a serem considerados para chegar a uma conclusão incluem: *provas de validação existentes* com relação ao uso do teste para várias finalidades específicas; *semelhança dos temas* sobre os quais o teste foi validado com os de sua organização; e *semelhança dos trabalhos* envolvidos.[14]

Testes e oportunidades iguais de emprego

Uma vez que um trabalhador ou candidato mostra que um de seus processos seletivos tem impacto adverso ou negativo sobre sua categoria, *o ônus da prova fica com o empregador*, que deve demonstrar a legitimidade e a transparência do teste, ou item de seleção, alegadamente discriminatório. Com relação aos testes: (1) você deve ser capaz de provar que seus testes estão relacionados ao bom desempenho ou fracasso no trabalho, e (2) que não discriminam injustamente qualquer categoria, grupo, minoria ou não minoria.

Como explicamos no Capítulo 2, o *impacto negativo* significa que há uma discrepância significativa entre as taxas de rejeição dos membros de determinadas categorias e outros. Por exemplo, um tribunal federal nos EUA decidiu que a Dial Corporation discriminava candidatas em uma instalação frigorífica, exigindo que os futuros funcionários fizessem um teste admissional de força física. O teste teve um impacto negativo sobre as mulheres. Além disso, não parecia haver nenhum indício da necessidade de força física no trabalho.[15]

DIREITOS INDIVIDUAIS DOS CANDIDATOS E SEGURANÇA NOS TESTES Os candidatos que serão avaliados têm o direito à confidencialidade[1] dos resultados do teste e o direito ao consentimento informado a respeito da utilização desses mesmos resultados. Têm o direito de que apenas pessoas qualificadas tenham acesso a essas informações e interpretem as pontuações, ou que informações suficientes acompanharão as pontuações para garantir sua interpretação adequada. Eles têm o direito de que o teste seja confidencial e que nenhuma pessoa que vá fazê-lo tenha informação prévia sobre as perguntas ou respostas.

APLICANDO TESTES COMO SUPLEMENTOS Testes não são infalíveis. Mesmo no melhor dos casos, o resultado geralmente representa apenas cerca de 25% da variação na medida de desempenho esperado. Portanto, não os utilize como sua única técnica de seleção; em vez disso, use-os para complementar outras técnicas, como entrevistas, verificação de antecedentes e histórico profissional.

Aplicação de testes no trabalho

Há vários anos, pesquisadores dos EUA aplicaram um questionário sobre agressão a jogadores de hóquei do ensino médio antes da temporada. A agressividade pré-temporada, medida pelo questionário, previu a quantidade de minutos que posteriormente usariam em penalidade para brigas, cortes e tropeços.[16] Faça o teste da Figura 6.2 para ver se você está propenso a acidentes no trabalho.

Como os empregadores utilizam testes no local de trabalho?

Empregadores utilizam testes para medir uma gama de atributos dos candidatos, inclusive cognitivos (mentais), habilidades motoras e capacidades físicas, personalidade e interesses, e desempenho. Muitas empresas, como a FedEx, têm testes on-line, informatizados, e, às vezes, por telefone, usando o teclado de discagem por tom, para candidatos triados antes de mais entrevistas e verificação de antecedentes. A Barclays Capital aplica testes de aptidão a candidatos a emprego de pós-graduação e graduação em vez de uma primeira rodada de entrevistas.[17]

---

[1] N. do R.T.: A confidencialidade do candidato é garantida pelo artigo 12 da Declaração Universal dos Direitos Humanos, pelo artigo 5º, inciso X, da Constituição Federal e pelo Código de Ética Profissional do Psicólogo, artigo 9º.

EXEMPLO O Outback Steakhouse está à procura de funcionários que sejam sociáveis, meticulosos, simpáticos e adaptáveis. Para isso, utiliza um teste de avaliação de personalidade como parte de seu processo seletivo. Os candidatos fazem o teste e a empresa então compara os resultados com o perfil dos empregados Outback Steakhouse. Aqueles com pontuação baixa não seguem em frente. Dois gerentes entrevistam aqueles que têm pontuação elevada. Eles fazem perguntas "comportamentais" como "O que você faria se um cliente pedisse um prato que não temos no cardápio?".[18]

DATA MINING Empregadores utilizam cada vez mais a data mining nas técnicas de seleção. Isso significa peneirar enormes quantidades de dados dos funcionários para encontrar padrões e identificar características que se correlacionam com o desempenho esperado.

MARQUE SIM OU NÃO

1. Você gosta de muita emoção em sua vida. ( ) sim ( ) não
2. Um funcionário que está fazendo o mínimo no trabalho está traindo o empregador. ( ) sim ( ) não
3. Você é uma pessoa cautelosa. ( ) sim ( ) não
4. Nos últimos três anos, você se viu em uma discussão aos gritos na escola ou no trabalho. ( ) sim ( ) não
5. Você gosta de dirigir em alta velocidade apenas por diversão. ( ) sim ( ) não

Análise: de acordo com o psicólogo John Kamp, os candidatos que responderam não, sim, sim, não, não às questões 1, 2, 3, 4 e 5 são estatisticamente suscetíveis a se ausentar menos, a sofrer menos lesões de trabalho e, se a função envolve conduzir veículos, a participar de menos acidentes. Os valores reais do teste são baseados em respostas para 130 perguntas.

FIGURA 6.2 Exemplo de teste de seleção.

Fonte: Baseado em um teste de seleção da amostra do *The New York Times*.

O Outback Steakhouse tem usado testes de seleção desde o início da sua gestão.

Fonte: Jeff Greenberg/Alamy

Por exemplo, a cadeia de lojas de departamento Bon-Ton Stores Inc. sofreu alta rotatividade associada às vendas de cosméticos. Para analisar isso, a gestão trabalhou com a Kenexa, que fornece ferramentas de avaliação. Cerca de 450 associados a vendas de cosméticos preencheram pesquisas anônimas que visavam identificar traços de funcionários. Usando técnicas de data mining para analisar esse e outros dados, os traços identificados se correlacionaram com o desempenho e a estabilidade. Por exemplo, os mais bem-sucedidos foram amigáveis e entusiasmados. "Descobrimos que os colaboradores de maior sucesso e aqueles com mais estabilidade foram solucionadores de problemas. Eles devem ter as informações dos clientes sobre o que querem e precisam, e resolvem o problema".[19] Isso permitiu à Bon-Ton formular ferramentas de seleção mais eficazes.

Tipos de teste

> **OBJETIVO DE APRENDIZAGEM 2**
> Discutir, pelo menos, quatro tipos básicos de teste de pessoal.

Discutimos os tipos básicos de teste a seguir.

TESTES DE HABILIDADES COGNITIVAS Empregadores, muitas vezes, querem avaliar habilidades cognitivas ou psicológicas do candidato. Por exemplo, você pode querer saber se um candidato a supervisor tem o raciocínio e o foco para lidar com a papelada do trabalho ou se um candidato a contador tem aptidão numérica.

Os testes de inteligência, como testes de QI, avaliam habilidades intelectuais gerais. Não medem apenas um traço de inteligência, mas uma gama de habilidades, inclusive a memória, a compreensão e a habilidade numérica. Os psicólogos, muitas vezes, medem a inteligência com testes aplicados individualmente, como o teste de Stanford-Binet ou a Escala Wechsler de Inteligência. Os empregadores aplicam avaliações como o Teste de Pessoal Wonderlic para uma medição rápida de QI de indivíduos e grupos de pessoas.

Há também avaliações de habilidades mentais específicas. Os psicólogos costumam defini-las como *testes de aptidão*. Por exemplo, uma vez que haja compreensão dos princípios básicos de mecânica em testes como apresentados na Figura 6.3, eles podem refletir a aptidão de uma pessoa para o cargo de engenheiro.

TESTES DE HABILIDADES MOTORAS E FÍSICAS Há muitas capacidades motoras ou físicas que você pode querer medir, como destreza dos dedos, força e destreza manual. O teste de destreza Stromberg é um exemplo ao medir a velocidade e a precisão de respostas simples, bem como a velocidade de dedos da mão e dos movimentos do braço.

AVALIAÇÃO DA PERSONALIDADE Habilidades físicas e mentais de uma pessoa por si só raramente definem seu desempenho no trabalho. Outros fatores, como motivação e habilidades interpessoais, também são importantes. Como um consultor colocou, a maioria das pessoas é contratada com base nas qualificações, mas a maioria é demitida por falta de desempenho. E a *falta de desempenho* (ou o *desempenho*) "é geralmente o resultado de características pessoais, como atitude, motivação e, principalmente, temperamento".[20] Os empregadores, como o Outback Steakhouse, usam testes de personalidade e interesses para medir e prever tais características. Assim, a Acxiom, maior agência de marketing dos EUA, usa o método Birkman (<www.birkman.com>, em inglês) de avaliação de personalidade para ajudar os novos funcionários a compreender melhor quais as tarefas que realizam com desenvoltura.[21]

FIGURA 6.3 Tipo de pergunta que um candidato poderia esperar em um teste de compreensão mecânica.

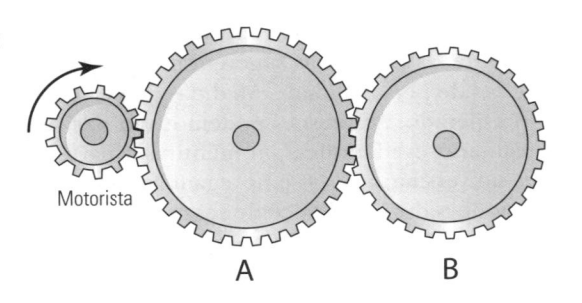

Qual engrenagem irá girar na mesma direção que a do motorista?

Motorista A B

Os testes de personalidade medem aspectos básicos da personalidade do candidato, como introversão, estabilidade e motivação. Veja uma pergunta de um teste de personalidade:

Não faz sentido trabalhar duro em algo que ninguém vai notar.

a) Definitivamente verdade.
b) Um pouco verdade.
c) Nem verdadeiro nem falso.
d) Um pouco falso.
e) Definitivamente falso.[22]

É claro que o teste de personalidade não está limitado às configurações do emprego. Serviços de namoro on-line, como eHarmony.com, rejeitam decisões de software. A Figura 6.4 mostra um exemplo de um inventário de personalidade on-line.

Muitos testes de personalidade são projetivos, ou seja, ao fazer o teste, a pessoa deve interpretar um estímulo ambíguo, como uma mancha de tinta ou uma imagem nublada. Ela supostamente projeta para a sua imagem suas próprias emoções. Assim, uma pessoa orientada para a segurança poderia descrever a Figura 6.1 como "um inseto gigante vindo para pegá-la". Outras técnicas projetivas incluem *Make a Picture Story* (Maps), *House-Tree-Person* (HTP) e o *Forer Structured Sentence Completion Test*. Alguns testes de personalidade são autorrelatos: os candidatos preenchem por si próprios. Por exemplo, o teste Guilford-Zimmerman mede traços de personalidade, como a estabilidade emocional e a aceitação em relação à críticas. O Inventário Multifásico Minnesota de Personalidade percebe características como hipocondria e paranoia. Disponível on-line,[23] o teste de Myers-Briggs fornece uma classificação do tipo de personalidade adequada à tomada de decisões e ao planejamento. O DiSC Perfil é um instrumento de aprendizagem que permite ao usuário ter uma visão sobre o seu estilo comportamental.[24]

Testes de personalidade, particularmente os do tipo projetivo, são difíceis de ser avaliados e usados. Um especialista deve analisar interpretações e reações do candidato avaliado e inferir a sua personalidade a partir deles. A eficácia de tais testes para a seleção está em você encontrar uma relação entre um traço de personalidade mensurável (como extroversão) e o sucesso no trabalho. Por serem de natureza pessoal, os empregadores devem utilizar testes de personalidade com cautela. Candidatos não aprovados podem (protegidos por lei) afirmar que os resultados são falsos ou que violam seus direitos, principalmente no caso de portadores de necessidades especiais.

EFICÁCIA DO TESTE DE PERSONALIDADE Apesar das dificuldades existentes, os testes de personalidade podem ajudar os empregadores a contratar trabalhadores efetivos. Psicólogos costumam se concentrar nas "cinco grandes" dimensões da personalidade: extroversão, estabilidade emocional, afabilidade, retidão, e abertura às novas experiências.[25]

Um estudo analisou como essas cinco dimensões previram o desempenho esperado de profissionais como policiais, gestores, trabalhadores de vendas e trabalhadores qualificados ou semiqualificados. As características estavam compatíveis com todos os critérios de desempenho esperado para todas as profissões. Extroversão foi um indicador de desempenho válido para gestores e colaboradores de vendas. Abertura às novas experiências e extroversão davam indícios de bom desempenho nos treinamentos para todas as ocupações.[26]

Recentemente, um grupo de psicólogos levantou a questão sobre a possibilidade de os testes de personalidade por *autorrelato* indicarem o desempenho de um modo geral.[27] Disseram que, se os estudos de validação preditiva forem feitos cuidadosamente com os candidatos reais, a eficácia é baixa.[28] Outros especialistas chamam essas preocupações de "infundadas".[29]

Geralmente, as evidências sugerem o seguinte: os empregadores estão utilizando cada vez mais testes de personalidade. Medidas de personalidade contribuem para predizer o desempenho esperado. As pessoas podem e vão dar respostas falsas para testes de personalidade. Pesquisadores identificaram mentiras a partir de movimentos mínimos dos olhos de estudantes universitários.[30] Os empregadores podem reduzir mentiras em testes advertindo que fingir pode reduzir a chance de ser contratado.[31] Finalmente, certifique-se de que todos os testes de personalidade que você usa, principalmente os do tipo autorrelato, realmente preveem o desempenho esperado.[32]

FIGURA 6.4 Exemplos de perguntas do teste on-line de personalidade.

Fonte: "Selection Assessment Methods: A guide to implementing formal assessments to build a high-quality workforce", por Elaine D. Pulakos, de *SHRM Foundation's Effective Practice Guidelines.* Copyright © 2005 by Fundação SHRM. Reproduzido com permissão, todos os direitos reservados.

HumanMetrics

Teste de tipologia Jung™

Depois de completar o questionário, você obterá:

- Seu padrão de acordo com a tipologia de Carl Jung e Isabel Myers-Briggs, junto a forças e preferências.
- A descrição de seu tipo de personalidade.
- A lista de ocupações e instituições educacionais em que você pode conseguir graduação relevante ou treinamento mais indicado para a sua personalidade – **Indicador de carreira Jung™**.

Para organizações e profissionais

Organizações e especialistas interessados nas avaliações de personalidade de Jung para desenvolvimento de equipe, teste de candidato, liderança, aprimoramento de carreira, psicografia – visite **HRPersonality™** para instrumentos práticos e validados, além de serviços profissionais.

1. Você quase nunca está atrasado para os seus compromissos
   SIM NÃO
2. Você gosta de estar engajado em um trabalho ativo e otimizado
   SIM NÃO
3. Você aprecia ter um amplo círculo de contatos
   SIM NÃO
4. Você se sente envolvido quando assiste a séries televisivas
   SIM NÃO
5. Você, em geral, é o primeiro a reagir a um evento imprevisto: o toque do telefone ou uma questão inesperada
   SIM NÃO
6. Você é mais interessado em ideias gerais do que em detalhes e sua realização
   SIM NÃO
7. Você tem a tendência de ser imparcial, mesmo que isso possa colocar em risco as suas boas relações com as pessoas
   SIM NÃO
8. A observação estrita das regras estabelecidas oferece mais chances de bons resultados
   SIM NÃO
9. É difícil ficar empolgado
   SIM NÃO
10. É da sua natureza assumir responsabilidades
    SIM NÃO
11. Você, com frequência, pensa na humanidade e no destino dela
    SIM NÃO
12. Você acredita que a melhor decisão é aquela que pode ser alterada
    SIM NÃO
13. Crítica objetiva é sempre válida em qualquer atividade
    SIM NÃO
14. Você prefere agir imediatamente do que especular sobre várias opções
    SIM NÃO
15. Você confia mais na razão que nos sentimentos
    SIM NÃO
16. Você é mais inclinado a contar com improvisação do que com planejamento cuidadoso
    SIM NÃO
17. Você investe o seu tempo de lazer socializando ativamente com grupos de pessoas, indo a festas, fazendo compras etc.
    SIM NÃO
18. Você, em geral, planeja suas ações com antecedência
    SIM NÃO
19. Suas ações são com frequência influenciadas por suas emoções
    SIM NÃO
20. Você é uma pessoa, de certa forma, reservada e distante na comunicação
    SIM NÃO
21. Você sabe como aplicar cada minuto de seu tempo para bons propósitos
    SIM NÃO
22. Você ajuda as pessoas com prontidão sem pedir nada em troca
    SIM NÃO
23. Você, às vezes, reflete a respeito da complexidade da vida
    SIM NÃO
24. Depois de socializar por um período prolongado, você sente necessidade de se isolar e ficar sozinho
    SIM NÃO
25. Você, muitas vezes, faz trabalhos com pressa
    SIM NÃO
26. Você vê, com facilidade, o princípio geral por trás de ocorrências específicas
    SIM NÃO
27. Você, frequente e facilmente, expressa seus sentimentos e emoções
    SIM NÃO
28. Você considera difícil falar em voz alta
    SIM NÃO

INVENTÁRIOS DE INTERESSES Comparar os seus interesses com os de outras pessoas em várias ocupações é o que se pode chamar de fazer um *inventário de interesses*. Quando uma pessoa faz o inventário de interesses Strong-Campbell, recebe um relatório comparando os seus interesses aos de pessoas já em determinadas profissões.[33]

TESTES DE DESEMPENHO Um *teste de desempenho* é uma medida do que alguém aprendeu. A maioria das avaliações escolares são testes de desempenho. Eles medem o conhecimento em áreas como economia, *marketing* ou contabilidade. Além do conhecimento sobre a área do trabalho, testes de desempenho podem medir capacidades específicas dos candidatos – um teste de digitação é um exemplo.[34] O Quadro *Temas globais em RH* aborda testes para trabalho no exterior.

Temas globais em RH

Teste para atividades no exterior

Viver e trabalhar no exterior exigem alguns talentos especiais. Nem todo mundo se adapta facilmente a ter a família longe e lidar com novos colegas, com diferentes valores culturais. Isso requer altos níveis de adaptabilidade e habilidades interpessoais.[35]

Os empregadores, muitas vezes, utilizam inventários especiais, como o Inventário Global de Competências (Global Competencies Inventory – GCI), que se concentra em três aspectos de adaptabilidade:

- Gestão da percepção: avalia a tendência de as pessoas serem rígidas diante das diferenças culturais e críticas sobre elas, e de lidar com a complexidade e as incertezas.
- Gestão de relacionamentos: avalia a consciência do indivíduo sobre o impacto que ele tem sobre os outros.
- Autogestão: avalia a saúde mental e emocional.

Testes informatizados e on-line

Testes informatizados e on-line estão cada vez mais substituindo os testes de papel convencionais. Por exemplo, a Timken Company, recentemente, começou a utilizar a avaliação on-line para candidatos nos Estados Unidos. Os testes on-line cobrem características como habilidades de matemática.[36]

A maioria dos tipos de testes neste capítulo, como o teste Wonderlic, exemplificado na Figura 6.5, está disponível tanto na forma informatizada como em papel, e estudos sugerem pontuações equivalentes nesses dois meios.[37] Fornecedores de testes, como o PreVisor (<www.previsor.com>, em inglês), oferecem testes de personalidade adaptáveis on-line. Eles adaptam a próxima pergunta conforme as respostas de cada candidato. Isso melhora a

---

Exemplos de perguntas do WPT-R

As perguntas a seguir são semelhantes, mas não idênticas, àquelas apresentadas nos formulários reais WPT-R.

Questão 1
Qual das seguintes é a data mais distante?

A) 16 de janeiro de 1898   B) 21 de fevereiro de 1889   C) 02 de fevereiro de 1898
D) 07 de janeiro de 1898   E) 30 de janeiro de 1889

Questão 2
BAIXO está para ALTO, assim como FÁCIL está para_____.

A) BEM-SUCEDIDO   B) PURO   C) ALTO   D) INTERESSANTE   E) DIFÍCIL

Questão 3
Uma palavra abaixo aparece em destaque. Qual é o oposto dessa palavra?

Ela deu uma resposta complexa para a questão e todos nós concordamos com ela.

A) longa   B) melhor   C) simples   D) errada   E) plausível

Respostas
1. E   2. E   3. C

FIGURA 6.5 Amostra de itens do teste Wonderlic.

Fonte: www.wonderlic.com

legitimidade do teste e torna menos provável que candidatos compartilhem suas perguntas (uma vez que cada candidato recebe o que equivale a um teste personalizado).[38] O *Contexto estratégico* ilustra como uma empresa os utiliza.

Contexto estratégico

Exemplo de teste computadorizado no City Garage

Baseado no Texas, nos EUA, o City Garage sabia que não poderia implementar sua estratégia de crescimento sem uma mudança significativa na forma como avaliava e contratava funcionários.[39] Seu processo de contratação consistia em um formulário de papel respondido a lápis e uma entrevista, seguida da decisão de contratar ou não. Esse processo podia funcionar durante um período de baixa expansão da empresa, mas era insatisfatório para o rápido crescimento do City Garage. Por um lado, os gerentes das lojas não têm tempo para avaliar cada candidato, por isso, "se tivessem poucos candidatos, iriam contratar praticamente qualquer pessoa que tivesse experiência", disse o diretor de treinamento da empresa. Além disso, o City Garage diferencia-se como uma "oficina aberta", onde os clientes interagem diretamente com os técnicos. Portanto, encontrar mecânicos que reagem positivamente às solicitações dos clientes é essencial.

O City Garage de Dallas comprou um teste on-line da Thomas International, a análise de perfil de personalidade (*personality profile analysis* – PPA). Depois de um rápido formulário de identificação e verificação de antecedentes, além de histórico profissional, os prováveis candidatos levam dez minutos para responder a 24 perguntas do PPA. O pessoal da empresa digita as respostas no sistema (software PPA) e recebe os resultados dos testes em cerca de dois minutos. Estes mostram se o candidato tem alta ou baixa pontuação em quatro características de personalidade. Ele também faz o acompanhamento de perguntas sobre áreas que podem causar problemas. Por exemplo, o candidato talvez seja questionado sobre como lida com possíveis pontos fracos, como a falta de paciência. Se os candidatos responderem a essas perguntas de forma satisfatória, são convidados a voltar para uma extensa entrevista, após a qual são tomadas as decisões de contratação.

Empresas estão disponibilizando testes para os candidatos por meio de seus smartphones. Por exemplo, o <www.iphonetypingtest.com> mostra um teste de digitação on-line, em inglês, que você pode fazer em um iPhone.[40]

Avaliações situacionais

As avaliações situacionais são avaliações seletivas "destinadas a testar o julgamento de um candidato em relação às situações encontradas no local de trabalho". Aqui está uma questão do teste:

Você é um associado de vendas na Best Buy em Miami, na Flórida (EUA). A loja vende mais de 1,5 mil produtos, incluindo telefones inteligentes, computadores, TVs e CDs. A concorrência não vem apenas de outros varejistas da região, mas também de empresas on-line como a Amazon. Muitos dos clientes vêm a sua loja para verificar o produto e preço com você e, em seguida, compram o item na Amazon por um preço menor. Como um revendedor, você é responsável por três coisas: serviço excepcional ao cliente, conhecimento excepcional do produto e maximização das vendas. Você é pago com base em um salário semanal, e não em uma comissão de vendas. Por favor, indique como responderia a cada uma das seguintes situações (várias situações normalmente são apresentadas).

Situação 1: um cliente chega até você com um folheto sobre um telefone Samsung Galaxy anunciado na Amazon e continua a fazer-lhe perguntas detalhadas sobre preço, duração da bateria e como funciona o telefone, mencionando que "o preço na Amazon é US$ 50 (cerca de 25%) a menos do que o seu". Você está com esse cliente cerca de ¾ de uma hora até agora, e há outros clientes esperando. Você:

1. Diz ao cliente para ir comprar o telefone na Amazon.
2. Diz ao cliente para esperar por 20 minutos, enquanto você atende o outro cliente.
3. Diz ao cliente para ir a uma loja Best Buy a meia hora de distância, onde eles têm em estoque um telefone semelhante a um preço inferior.

4. Diz ao cliente que o revendedor local Mobility Sprint tem o telefone por muito menos do que a Amazon.
5. Explica em detalhes as vantagens de telefones similares que você tem e que podem melhor atender as exigências do comprador.
6. Chama o seu supervisor para tentar vender o Galaxy da Best Buy ao cliente.

Avaliações situacionais são eficazes e amplamente utilizados.[41] (A resposta 5 pode ser a melhor.)

Centros de avaliação da gestão

Centro de avaliação da gestão
Candidatos de gestão são convidados a tomar decisões em situações hipotéticas e são avaliados em seu desempenho.

Em um **centro de avaliação da gestão**, os candidatos fazem testes de gerenciamento e tomada de decisões em situações simuladas, enquanto avaliadores treinados avaliam seu grau de desempenho.[42] O centro pode ser uma sala de conferências, mas muitas vezes é uma sala com um espelho unidirecional para observações discretas. Exemplos dos exercícios incluídos são os seguintes:

- **A caixa de entrada** O candidato enfrenta um acúmulo de relatórios, memorandos, recados telefônicos, cartas e outros documentos, devendo tomar as medidas apropriadas para cada um deles.
- **A discussão em grupo sem líder** Um grupo sem líder recebe uma questão de discussão e deve chegar a uma decisão em grupo. Os avaliadores, em seguida, observam as habilidades interpessoais, a aceitação de cada membro pelo grupo, a capacidade de liderança e a influência individual.
- **Apresentações individuais** A capacidade de comunicação e a persuasão dos participantes são avaliadas.

Os empregadores usam centros de avaliação para seleção, promoção e desenvolvimento e recomendações do supervisor geralmente desempenham um papel importante na escolha de participantes. Os gerentes costumam atuar como avaliadores e, normalmente, chegam às suas classificações por meio de consenso.[43] Os centros de avaliação têm altos custos, mas, muitas vezes, valem o investimento. Em um estudo com 40 candidatos da polícia, os pesquisadores concluíram: "O desempenho no centro mostra uma contribuição única e substancial para a previsão de sucesso futuro no trabalho dentro da polícia, o que justifica o uso de tal método".[44]

Ferramentas multimídia de avaliação de candidatos

Empregadores utilizam cada vez mais ferramentas multimídia de avaliação de candidatos. A Development Dimensions International desenvolveu um teste de habilidade multimídia que a Ford Motor Company aplica para a contratação de trabalhadores da linha de montagem. "A empresa pode testar tudo, desde a forma como as pessoas apertam o parafuso, se seguiram um determinado procedimento corretamente, até o uso de um tapete sensível à pressão que, quando pisado na hora errada, contará pontos a menos para o candidato em uma categoria de segurança."[45]

Entrevista de candidatos

Entrevista
Procedimento destinado a solicitar informações durante uma conversa.

Embora nem todos os empregadores utilizem testes, seria muito incomum um gestor não entrevistar um possível empregado. Uma **entrevista** é um procedimento destinado a solicitar informações durante uma conversa. A *entrevista de seleção* é "um processo projetado para prever o desempenho futuro no trabalho com base em respostas orais dos candidatos às perguntas".[46]

Tipos de entrevista de seleção

Há várias maneiras de realizar entrevistas de seleção – veja algumas a seguir.

ESTRUTURA Primeiro, as entrevistas podem variar na medida em que o entrevistador planeja a entrevista.[47] Em entrevistas *não estruturadas*, o entrevistador faz perguntas como vêm à mente, geralmente, sem formato definido. Em entrevistas mais estruturadas ou diretivas, as perguntas (e talvez até respostas aceitáveis) são especificadas com antecedência, e as respostas podem ser classificadas por adequação. A Figura 6.6 apresenta um formulário de entrevista estruturada.

TIPOS DE PERGUNTA Os entrevistadores também fazem diferentes tipos de perguntas. Questões *situacionais* focam na capacidade do candidato para explicar qual *seria* seu comportamento em uma determinada situação.[48] Por exemplo, "Como você reagiria ao atraso de um subordinado três dias seguidos"?

Em questões *comportamentais*, você pergunta aos entrevistados como se comportaram no passado em alguma situação. Por exemplo, "Você já passou por uma situação em que um subordinado chegou atrasado? Se sim, como lidou com a questão?" Quando o Citizen's Banking Corporation de Michigan descobriu que 31 das 50 pessoas no call center saíam em

FIGURA 6.6 Guia de entrevista estruturada.

Fonte: <http://www.state.gov/documents/organization/107843.pdf> e United States Office of Personnel Management. Entrevistas estruturadas: guia de entrevista e avaliação de materiais para entrevistas estruturadas.

PASSO 1 — CRIAR UM GUIA DE ENTREVISTA ESTRUTURADA		
Instruções: Primeiro, criar um guia de entrevista estruturada como esta (incluindo a definição de competências, a questão principal e os exemplos e as respostas de referência, por exemplo) para cada uma das competências necessárias ao cargo:		
Competência: habilidades interpessoais		
Definição: Mostra compreensão, cortesia, tato, empatia, preocupação, desenvolve e mantém relações; pode lidar com pessoas que são difíceis, hostis, angustiadas; se relaciona bem com pessoas de origens e situações variadas; é sensível às diferenças individuais.		
Levantar perguntas: Descreva uma situação em que você teve que lidar com pessoas que estavam chateadas por causa de um problema. O que você fez? Qual foi o resultado ou o que aconteceu?		
Nível de referência	Nível de definição	Nível de exemplos
5	Estabelece e mantém bom relacionamento com a gestão, outros funcionários, agentes internos ou externos, ou clientes. Permanece cortês quando discute informações ou extrai dados complicados ou controversos de pessoas que estão relutantes. Lida efetivamente com situações de alto grau de tensão ou desconforto envolvendo pessoas que estão demonstrando alto grau de hostilidade ou ansiedade.	Mostra-se de contrariado a irritado em relação a altos funcionários da administração sobre as deficiências de um sistema de computador recém-instalado, software e equipamentos associados.
4		Intermedia discussões a respeito da arquitetura do sistema, a natureza e a capacidade dos sistemas de gerenciamento de dados, alocação de recursos do sistema ou outros assuntos igualmente controversos e complicados.
3	Coopera e trabalha bem com a gerência, outros empregados ou clientes, em tarefas de curto prazo. Permanece cortês quando discute informações ou extrai dados moderadamente complicados ou controversos de pessoas que estão hesitantes. Lida efetivamente com situações de grau moderado de tensão ou desconforto, envolvendo pessoas que estão demonstrando grau moderado de hostilidade ou ansiedade.	Com cortesia e tato proporciona orientação efetiva aos clientes frustrados. Presta assessoria técnica aos clientes e ao público em vários tipos de TI, como sistemas de comunicação e segurança, procedimentos de gerenciamento ou análise de dados.
2		Familiariza novos empregados com procedimentos administrativos e sistemas de escritório.
1	Coopera e trabalha bem com a gerência, outros funcionários ou clientes durante as interações breves. Permanece cortês quando discute informações ou extrai dados não confidenciais e não controversos de pessoas que estão dispostas a dá-los. Lida efetivamente com situações que envolvem pouca ou nenhuma tensão, desconforto, hostilidade ou ansiedade.	Responde educadamente às perguntas gerais dos clientes. Cumprimenta e auxilia os visitantes presentes a uma reunião na própria organização.

(continua)

um ano, passaram a incluir entrevistas comportamentais. A entrevista não tenta prever como os candidatos vão agir perguntando se eles querem trabalhar com clientes irritados. Em vez disso, são feitas perguntas comportamentais como: "Conte-me sobre uma experiência em que você estava falando com uma pessoa irada, e como você reverteu a situação". Apenas quatro pessoas deixaram o trabalho no ano seguinte.[49] A Vanguard utiliza uma técnica de entrevista baseada em comportamento chamada Star (*situation, task, action, result*). Durante a entrevista, o gerente Vanguard pede ao entrevistado para falar sobre uma situação (S) particular, ou tarefa (T) que ele enfrentou e, em seguida, descobre as ações ou comportamentos (A) que os candidatos tiveram, e o resultado (R) de suas ações.[50]

Questões sobre *conhecimentos* e *formação* sondam o conhecimento e a experiência relacionados ao trabalho, como em "Que cursos de matemática você fez na faculdade?"

FIGURA 6.6
(Continuação)

PASSO 2 — FORMULÁRIO DE AVALIAÇÃO INDIVIDUAL

Instruções:
Em seguida, criar um formulário para avaliação de cada candidato em cada uma das competências do trabalho:

Candidato a ser avaliado: _____

Data da entrevista: _____

Resolução de problemas

Definição:
Identifica problemas, determina a precisão e a relevância da informação; usa o bom senso para gerar e avaliar alternativas e fazer as recomendações.

Perguntas:
Descreva uma situação em que você identificou um problema e avaliou as alternativas para fazer uma recomendação ou decisão. Qual era o problema e quem foi afetado?

Sondagem:
Como você gera e avalia as alternativas? Qual foi o resultado?

Descreva comportamentos específicos observados (use o verso da folha, se necessário):

1 – Baixo	2	3 – Médio	4	5 – Em destaque
Utiliza a lógica para identificar alternativas para resolver problemas de rotina. Reage e resolve os problemas de coleta e aplicação de informações a partir de materiais de base ou fontes que fornecem um número limitado de alternativas.		Utiliza a lógica para identificar alternativas para resolver problemas moderadamente difíceis. Detecta e resolve os problemas de coleta e aplicação de informações a partir de uma variedade de materiais ou fontes que fornecem várias alternativas.		Utiliza a lógica para identificar alternativas para resolver problemas complexos ou delicados. Antecipa os problemas, detecta e avalia potenciais fontes de informações e gera alternativas para resolver problemas onde não existem padrões.

Avaliação final:	Nome legível:	Assinatura:

(continua)

FIGURA 6.6
(Continuação)

PASSO 3 — PAINEL DE CONSENSO DO FORMULÁRIO DE AVALIAÇÃO

Instruções:
Finalmente, criar um painel de consenso como este, para que os avaliadores do candidato possam descrever seu desempenho na entrevista.

Candidato: _____

Data: _____

Painel de Consenso do Formulário de Avaliação

Instruções:
Transferir para este formulário cada avaliação individual de cada competência. Se todas as avaliações de competências individuais estiverem dentro de uma coerência na escala de classificação, colocar a média das avaliações na coluna *Avaliação do grupo*. Se mais de um ponto separar dois avaliadores, um debate de consenso deve ocorrer com cada uma das partes, justificando sua avaliação. O entrevistador líder ou seu designado deve tomar notas sobre o debate de consenso no espaço fornecido. Quaisquer alterações na avaliação devem ser rubricadas e uma avaliação final marcada para cada competência.

Competência	Avaliações finais individuais			Avaliação do grupo
	(1)	(2)	(3)	
Habilidades interpessoais				
Autogestão				
Raciocínio				
Tomada de decisão				
Resolução de problemas				
Comunicação oral				
Pontuação total				

Notas do debate de consenso:

Assinatura do membro do painel 1: _____

Assinatura do membro do painel 2: _____

Assinatura do membro do painel 3: _____

COMO ADMINISTRAR Os gestores também podem administrar a entrevista de várias maneiras. A *entrevista individual* é mais familiar. Duas pessoas se encontram sozinhas e uma entrevista a outra. Em uma *entrevista sequencial*, várias pessoas entrevistam o candidato em sequência, antes que uma decisão de seleção seja feita. Em uma *entrevista de painel*, o candidato é entrevistado simultaneamente por um grupo (ou banca) de entrevistadores, em vez de sequencialmente.

Alguns realizam entrevistas por *vídeo* ou por *telefone*. Entrevistas por telefone podem ser mais precisas do que as presenciais para julgar coisas como habilidades interpessoais. Talvez porque nenhum dos lados precisa se preocupar com detalhes como roupas ou apertos de mão, a entrevista por telefone pode proporcionar que os participantes concentrem-se mais nas respostas importantes. Em um estudo, os entrevistadores tendem a avaliar os candidatos mais favoráveis ao telefone do que em entrevistas presenciais. Os entrevistadores chegaram às mesmas conclusões em relação aos entrevistados na entrevista presencial ou por videoconferência. Já os candidatos preferem entrevistas presenciais.[51]

Para melhor ou pior, alguns empregadores estão usando uma abordagem de *entrevista apressada*. Um empregador enviou e-mails a todos os candidatos para um cargo anunciado. Dos 800 candidatos contatados, 400 apareceram. Durante as horas seguintes, os candidatos primeiro se misturaram com os empregados, e depois (em uma chamada "área de entrevista apressada") tiveram contatos individuais com os empregados por alguns minutos. Com base nisso, a equipe de recrutamento escolheu 68 candidatos para entrevistas de acompanhamento.[52]

Gerenciamento da nova força de trabalho: preconceito contra mães trabalhadoras

Você contrataria uma mulher com filhos? Por mais absurdo que essa pergunta pareça, os gestores devem estar cientes de uma triste realidade: os empregadores tendem a ver as mães que trabalham de forma negativa.[53] Os pesquisadores deram a 100 estudantes de MBA (34% do sexo feminino e todas trabalhavam em tempo integral) cópias de uma descrição sumária do trabalho. O trabalho era de vice-presidente de assuntos financeiros. Os estudantes de MBA também tiveram um "formulário de informações de candidato à promoção" para avaliar, para cada "candidato". Estes incluíam informação criada pelo pesquisador, como estado civil e comentários do supervisor. Alguns candidatos eram mães.

Os avaliadores estudantes viram as mães como menos competentes e eram menos propensos a recomendá-las para o trabalho. Como dizem os pesquisadores, isso é compatível com a evidência de que as mães sofrem desvantagens no local de trabalho, um problema que chamam de "o muro maternal".[54]

A que ponto as entrevistas são úteis?

Enquanto a maioria dos empregadores utilizam entrevistas, a evidência estatística em relação à sua legitimidade é controversa.[55] O fundamental é que a eficácia da entrevista dependa de como ela será conduzida.[56] Em resumo:

- Para prever o desempenho esperado, *perguntas situacionais de entrevista* produzem resultados (em média) de legitimidade maior do que as entrevistas comportamentais.
- As *entrevistas estruturadas*, independentemente do conteúdo, são mais válidas e confiáveis do que as entrevistas não estruturadas para prever o desempenho esperado.[57]
- *Entrevistas individuais* tendem a ser mais válidas do que as entrevistas em grupo/painel.[58]

Em uma análise, os estudantes avaliadores perceberam candidatas a emprego que eram supostamente mães como menos competentes, e se tornaram menos propensos a recomendá-las para o trabalho.

Fonte: Cultura Creative/Alamy

Em resumo, entrevistas situacionais estruturadas (nas quais se pergunta aos candidatos o que fariam em uma situação particular), realizadas individualmente, parecem ser as mais úteis para prever o desempenho esperado.

Como evitar erros comuns nas entrevistas

A maioria das pessoas pensa que são melhores entrevistadores do que realmente são.[59] Na verdade, vários erros são comuns nas entrevistas e, muitas vezes, prejudicam a utilidade de uma entrevista.

JULGAMENTOS PRECIPITADOS Entrevistadores tendem a tirar conclusões precipitadas – fazer julgamentos apressadamente – sobre candidatos durante os primeiros minutos da entrevista. Na verdade, isso ocorre muitas vezes antes de a entrevista começar, com base em resultados de testes. Uma psicóloga entrevistou os CEOs de 80 grandes empresas. Ela concluiu que, para deixar uma boa impressão, você "nem sequer precisa ter tempo para abrir a boca".[60] Em vez disso, o entrevistador vai observar sua postura, aperto de mão, sorriso, e se você tem uma "aura cativante". Depois disso, é difícil para os candidatos superarem essa primeira impressão, durante a entrevista.

Para o *entrevistado*, esses resultados mostram por que é imperativo começar com o pé direito. Para os *entrevistadores*, os resultados destacam a importância de manter uma mente aberta até que a entrevista tenha acabado.

> **OBJETIVO DE APRENDIZAGEM 3**
> Explicar fatores e problemas que podem comprometer a eficácia da entrevista e as técnicas para eliminá-los.

DESTAQUE NEGATIVO Tirar conclusões precipitadas é especialmente problemático por três fatos nas entrevistas: (1) a maioria das entrevistas, frequentemente, procura por informações negativas, (2) os entrevistadores tendem a ser mais influenciados por informações desfavoráveis do que favoráveis, e (3) as impressões dos entrevistadores são mais suscetíveis a mudar de favorável para desfavorável do que de desfavorável para favorável.

Como um entrevistado, lembre-se de que você só tem uma chance de deixar uma boa primeira impressão. Como entrevistador, a implicação é manter uma mente aberta e, conscientemente, evitar impressões negativas injustificadas.

DESCONHECIMENTO DO TRABALHO Entrevistadores que desconhecem o que o trabalho envolve e que tipo de funcionário é melhor para ele geralmente entram na entrevista com os estereótipos incorretos sobre o candidato ideal. Eles, então, erroneamente comparam entrevistados com base nesses estereótipos incorretos. Estudos, portanto, têm demonstrado há muito tempo que mais conhecimento do entrevistador sobre o trabalho se traduz em melhores entrevistas.[61]

PRESSÃO PARA CONTRATAR Estar sob pressão para contratar compromete o resultado da entrevista. Em um estudo, os gestores foram informados de que eles estavam aquém da cota de recrutamento, e a um segundo grupo foi dito que eles estavam além. Aqueles aquém avaliaram os mesmos candidatos muito mais detidamente do que aqueles além.[62]

ERRO POR ORDEM DE CANDIDATO (CONTRASTE) O erro por ordem de candidatos (ou contraste) significa que a ordem em que você vê os candidatos afeta sua avaliação. Em um estudo, pesquisadores pediram aos gestores que avaliassem um candidato que era "apenas médio" após a primeira avaliação de vários candidatos "desfavoráveis". O candidato médio foi avaliado de maneira mais favorável do que ele poderia ter sido, porque, em contraste com os candidatos desfavoráveis, o médio parecia melhor do que ele realmente era.[63]

INFLUÊNCIA DO COMPORTAMENTO NÃO VERBAL Entrevistadores gostam de candidatos que demonstram mais contato visual, a cabeça movendo-se, sorrindo, e linguagem corporal semelhante; tal comportamento pode ser responsável por mais de 80% da classificação do candidato.[64] Em um estudo realizado, sinais vocais (como a entonação do entrevistado, a dicção de fala e pausas) e pistas visuais (como a simpatia, o sorriso e a movimentação corporal) são correlacionados a julgamentos de credibilidade por parte dos avaliadores.[65] Da mesma forma, a autopromoção do candidato está fortemente relacionada com a percepção do entrevistador sobre a adequação do candidato ao emprego.[66]

APRESENTAÇÃO E BELEZA Em geral, os indivíduos atribuem características mais favoráveis e associam resultados de vida mais bem-sucedida às pessoas atraentes.[67] Em um estudo, pesquisadores pediram para avaliar candidatos com possibilidade de promoção com base em fotografias. Os homens foram percebidos como mais adequados para contratação e mais propensos a avançar para o próximo nível executivo do que mulheres igualmente qualificadas, e os candidatos mais atraentes, sobretudo os homens, tiveram preferência sobre os menos atraentes.[68] Esses estereótipos estão mudando. No entanto, as mulheres ainda representam apenas cerca de 16% dos funcionários das empresas e 1% dos CEOs de empresas da Fortune 500.[69]

PERCEPÇÃO Em um estudo, os pesquisadores manipularam como os "candidatos" são vistos, por exemplo, colocando uma cicatriz nas bochechas de alguns deles, mas não em outros. Os gerentes entrevistados tiveram preconceito em relação a um candidato com cicatriz. "Avaliando pior o candidato e recordavam menos informações sobre a entrevista", aparentemente, olhar para as "cicatrizes" distraía os entrevistadores.[70]

BAJULAÇÃO Os entrevistados podem aumentar suas chances de emprego por meio de autopromoção e bajulação. *Bajulação* significa, por exemplo, concordar com a opinião do recrutador e sinalizar que eles compartilham crenças similares. *Autopromoção* significa promover competências e habilidades próprias para criar a impressão de competência.[71] Autopromoção é a tática mais eficaz, mas fingir ou mentir geralmente tem efeito negativo.[72]

LINGUAGEM VERBAL E NÃO VERBAL Candidatos menos qualificados que "agem corretamente" em entrevistas muitas vezes obtêm classificações mais elevadas do que os candidatos mais competentes que não têm essas habilidades. Os entrevistadores devem, portanto, olhar para além do comportamento do entrevistado. Concentre-se no que o entrevistado diz. Além disso, atributos como atratividade, sexo ou etnia geralmente são irrelevantes para o desempenho esperado. Antecipe o impacto potencial de tais preconceitos e não deixe que influenciem as avaliações realizadas.

Passos na condução de uma entrevista eficaz

Existem duas principais formas de minimizar os erros de entrevista. Em primeiro lugar, mantenha-se concentrado e aberto (não faça julgamentos precipitados, por exemplo). Em segundo lugar, estruture a entrevista com questões situacionais e comportamentais. Os passos seguintes explicam como.

Passo 1 **Estruture a entrevista** Antes de iniciá-la, seu foco principal deve ser na padronização do que você vai questionar e, idealmente, o que você procura como respostas boas, regulares e ruins. O apêndice no final deste capítulo apresenta de modo preciso como criar uma entrevista estruturada. No entanto, também existem maneiras menos técnicas para aumentar a padronização e a estrutura da entrevista.[73] Especificamente:

1. Certifique-se de entender o trabalho. Então componha suas perguntas com base em atividades reais e pertinentes ao trabalho, conforme a descrição do cargo.[74]
2. Use principalmente conhecimento do trabalho, questões situacionais ou comportamentais. Perguntas que pedem opiniões e atitudes, metas e aspirações, autodescrições e autoavaliações incentivam a autopromoção e os candidatos não revelam suas fraquezas.

   Exemplos de perguntas incluem: (1) questões *situacionais* como "Suponha que você estava fazendo uma apresentação de vendas, uma questão técnica difícil surgiu e você não podia responder. O que faria?"; (2) questões de *comportamento do passado*, como "Você pode dar um exemplo de um caso específico em que desenvolveu uma apresentação de vendas que foi altamente eficaz?"; (3) questões de *base* como "Quais experiências, treinamento ou qualificações de trabalho você tem para trabalhar em um ambiente de equipe?"; e (4) questões de *conhecimento de trabalho* como "Quais fatores que devem ser considerados ao desenvolver uma campanha publicitária de televisão?".
3. Treine os entrevistadores. Por exemplo, para que não haja conclusões precipitadas.[75]

4. Use a mesma lista de perguntas com todos os candidatos. Isso aumenta a legitimidade e pode reduzir o preconceito, dando a todos a mesma oportunidade.
5. Utilize escalas de avaliação. Para cada questão, tente ter exemplos ruins, bons, justos, respostas ideais e uma pontuação quantitativa para cada um. Em seguida, classifique as respostas dos candidatos a partir dessa escala.
6. Várias pessoas devem entrevistar o candidato.
7. Se possível, aplique um formulário de entrevista estruturada. Entrevistas baseadas em guias estruturados, como mostrado na Figura 6.6, geralmente resultam em entrevistas eficazes.[76]

Passo 2 Faça uma revisão sobre a formação do candidato Antes da entrevista, analise o formulário do candidato e o currículo, e anote todas as áreas de dúvida. Reveja a especificação do cargo. Comece a entrevista com uma imagem clara das características de um candidato ideal.

Passo 3 Estabeleça uma relação O ponto da entrevista é descobrir fatos sobre o candidato. Inicie a entrevista deixando a pessoa à vontade. Como regra geral, todos os candidatos devem receber tratamento cortês e amigável.

Passo 4 Faça perguntas Tente seguir o seu formulário de entrevista estruturada, ou faça perguntas que você escreveu anteriormente. Você vai encontrar perguntas adicionais (como "Descreva uma situação que melhor ilustre sua capacidade de liderança") no Quadro 6.2.

Uma maneira de obter respostas sinceras é deixar claro que você vai realizar verificações de referências. Pergunte: "Se eu tivesse que perguntar ao seu patrão, o que ele diria que são os seus pontos fortes, pontos fracos e o desempenho geral?".[77] O Quadro *RH na prática* apresenta alguns "faça e não faça" adicionais.

RH na prática

O que fazer e o que não fazer nas perguntas da entrevista

- **Não faça** perguntas que possam ser respondidas com sim ou não.
- **Não demonstre** a resposta desejada, por exemplo, acenando com a cabeça ou sorrindo quando a certa é dada.
- **Não interrogue** o candidato como se fosse um criminoso.
- **Não monopolize** a entrevista nem deixe que o candidato a domine.
- **Faça perguntas** abertas.
- **Ouça** o candidato e incentive-o a expressar totalmente seus pensamentos.
- **Exponha** opiniões e sentimentos do candidato, repetindo o último comentário da pessoa como uma questão (por exemplo, "Você não gostou do seu último emprego?").
- **Peça** exemplos.[78] Se o candidato apresenta pontos fortes ou fracos específicos, prossiga com: "Quais são os exemplos concretos que demonstram cada um de seus pontos fortes?"

O QUE *NÃO* PERGUNTAR Como regra geral, evite perguntas que possam eliminar os candidatos com base em etnia, sexo, nacionalidade, deficiência ou outro critério proibido. Identifique as perguntas inadequadas nesta lista:[79]

- O que você procura em um trabalho?
- Com que tipos de interesses ou hobbies você está envolvido?
- Você tem alguma limitação?
- Que qualidades deve possuir um gestor de sucesso?
- Você tem planos futuros para casar e ter filhos?
- O que você acha que tem para oferecer a uma empresa como a nossa?
- Qual é a natureza de sua experiência de trabalho?
- Você já foi preso por um crime?

Organização e habilidades de planejamento

1. Descreva uma situação específica, que ilustra como você define os objetivos para atingir uma meta.
2. Conte sobre uma situação na qual você teve que escolher entre duas ou mais oportunidades importantes. Como você decidiu sobre o que era mais essencial para você?
3. Diga como você normalmente planeja o seu tempo para realizar suas tarefas do dia a dia.
4. Descreva uma situação em que você teve um papel importante no planejamento de um evento grande. Como você fez isso?
5. Pense em um documento ou relatório que você tenha escrito. Descreva como se organizou, pesquisou e redigiu o relatório.
6. Dê um exemplo de como você organiza anotações e outros registros a fim de estudar para um exame importante.
7. Descreva um momento em que você reorganizou algo para que se tornasse mais eficiente. Como você fez isso?
8. Pense em um momento em que você fez planos importantes que não tiveram êxito. Como você reagiu? O que você fez?

Interação e liderança

1. Conte sobre um evento em seu passado que influenciou muito a maneira de se relacionar com as pessoas.
2. Dê um exemplo específico que melhor ilustra sua capacidade de lidar com uma pessoa que não colabora.
3. Algumas pessoas têm a capacidade de "dançar conforme a música". Descreva um momento em que você demonstrou essa habilidade.
4. Diga quando você teve que trabalhar com alguém que tinha uma opinião negativa sobre você. Como você superou isso?
5. Lembre-se de um momento em que você participou de uma equipe. Diga uma lição importante que você aprendeu e que lhe é útil hoje.
6. Descreva um exemplo de quando você reverteu uma situação negativa na universidade, no trabalho ou em casa. Como você fez isso?
7. Descreva uma situação que melhor ilustre sua capacidade de liderança.
8. Pense em alguém cuja liderança você admira. Quais qualidades o impressionam?

Assertividade e motivação

1. Descreva estilos de trabalho que você definiu para si mesmo em empregos anteriores. Por que são importantes para você?
2. Diga um momento em que experimentou falta de motivação. O que causou isso? O que fez?
3. Descreva uma situação em que teve que lidar com alguém supostamente desonesto. Como você resolveu isso?
4. Descreva uma situação que o deixou extremamente irritado. Como reagiu?
5. Conte sobre um momento que melhor ilustra sua capacidade de "segurar a barra" em uma situação difícil.
6. Descreva um momento em que motivou uma pessoa desmotivada para fazer algo que você queria que ela fizesse.
7. Dê um exemplo de um momento em que você foi afetado pela política organizacional. Como reagiu?
8. Dê um exemplo de quando alguém tentou tirar vantagem de você. Como lidou com a situação?

Tomada de decisão e resolução de problemas

1. Dê um exemplo que ilustra sua capacidade de tomar uma decisão difícil.
2. Conte sobre uma decisão que você tomou, mesmo sem ter todas as informações sobre os fatos.
3. Descreva uma situação em que você teve que "se posicionar" sobre uma decisão tomada, mesmo ela sendo impopular.
4. Descreva uma situação na qual você mudou de ideia, mesmo depois de, publicamente, ter assumido o compromisso da decisão.
5. Descreva uma situação que ilustra sua capacidade de analisar e resolver um problema.
6. Conte sobre um momento em que você agiu como mediador para resolver um problema entre outras duas pessoas.
7. Descreva um problema que parecia quase insolúvel para você. Como você lidou com isso?
8. Conte sobre um momento em que você usou uma abordagem criativa ou original para resolver um problema difícil.

Os tópicos seguintes são gerais e também ajudarão em entrevistas de emprego:

1. Conte um pouco sobre você.
2. Qual foi o critério para a escolha da sua universidade?
3. O que levou você a escolher o seu principal campo de trabalho ou carreira?
4. Quais são as disciplinas da faculdade de que você mais gosta e as de que menos gosta? Diga o que você gosta e não gosta nelas.
5. Qual foi o seu maior desafio na faculdade?
6. Descreva sua experiência mais gratificante na faculdade.
7. Você acha que suas notas são uma boa indicação de suas habilidades acadêmicas?
8. Se você pudesse alterar uma decisão que você tomou na faculdade, o que você mudaria? Por quê?
9. Quais atividades extracurriculares você escolheu na faculdade? O que você aprendeu com elas e como contribuiu com o grupo de colegas etc.?
10. Quais são os seus planos sobre continuar os estudos (especialização, pós-graduação, mestrado)?
11. O que lhe interessa neste trabalho? Quais desafios você está procurando?
12. Como suas experiências educacionais e de trabalho o prepararam para este cargo?
13. Que experiências de trabalho têm sido mais valiosas para você e por quê?
14. Por que você está interessado em nossa organização? De que maneira acha que pode contribuir com a nossa empresa?
15. Como você se descreveria?
16. Qual você considera ser sua maior qualidade? E pontos fracos? Dê exemplos.
17. Se eu perguntasse às pessoas que conhecem você uma razão por que eu não deveria contratá-lo, o que diriam?
18. Que realizações lhe deram maior satisfação? Por quê?
19. Quais são os seus objetivos de carreira em longo prazo? Como você pretende alcançá-los?
20. Como você descreveria o seu trabalho ideal?
21. Quais são as duas ou três coisas mais importantes para você no seu trabalho?
22. Você tem uma preferência geográfica para trabalhar? Por quê?

QUADRO 6.2 Exemplos de perguntas para uma entrevista.

Fonte: site Career Center da Indiana State University. Copyright © 2012 by Indiana State University. Reproduzido com permissão do Indiana State University Career Center. Todos os direitos reservados.

Passo 5 Finalize a entrevista Deixe um tempo de entrevista para responder a quaisquer perguntas que o candidato possa ter e, se for o caso, para dar esclarecimentos sobre a empresa. Deixe todas as entrevistas com uma observação cortês. Diga ao requerente se há interesse e, em caso afirmativo, qual é o próximo passo. Faça rejeições diplomaticamente (por exemplo: "Obrigado, mas há outros candidatos cujas experiências estão mais associadas às nossas necessidades").

Passo 6 Reveja a entrevista Após as saída dos candidatos, reveja suas anotações e preencha a guia de entrevista estruturada (se for o caso, e se você não o fizer durante a entrevista). Então tome a sua decisão.

Gestão de talentos: perfis e entrevistas com funcionários

Gestão de talentos é o processo de planejamento integrado e orientado por metas para recrutamento, seleção, desenvolvimento e remuneração de funcionários. No coração da gestão de talentos está a ideia de usar o mesmo perfil (conjunto de competências desejáveis, características, conhecimentos e experiência) para recrutamento, seleção, treinamento, avaliação e remuneração do empregado.

Os perfis podem, portanto, desempenhar um papel importante na seleção. Por exemplo, em seu próprio planejamento pessoal, a IBM identificou 490 possíveis "papéis" que funcionários podem assumir, conforme analisa. A IBM então identificou os perfis, ou conjuntos de habilidades, necessários para cada função. Agora, classifica seus funcionários sobre essas habilidades, de zero a três. A classificação pode, então, desencadear promoções, transferências ou treinamento, por exemplo.

Os gerentes podem utilizar um perfil de trabalho para formular perguntas da entrevista de seleção. O Quadro 6.3 ilustra isso mostrando competências ilustrativas, conhecimentos, características e experiência de um engenheiro químico, juntamente a perguntas relevantes da entrevista. Entrevistar e selecionar engenheiros com base nesse perfil ajudaria a garantir concentração nas dúvidas sobre competências, habilidades, conhecimentos e experiência que alguém deve ter para fazer esse trabalho. Você também pode utilizar o mesmo perfil (conjunto de competências, conhecimentos, características e experiência) para a orientação sobre como recrutar candidatos para esse cargo, concentrando-se em treinar, avaliar e remunerar.

Outras técnicas de seleção

Os empregadores utilizam outras técnicas de seleção, que incluem a aplicação do método de dados pessoais e o histórico profissional que discutimos no Capítulo 5, além dos quais nos voltamos agora.

Investigações de antecedentes e verificação de referências

Cerca de 82% dos gestores de RH verificam os antecedentes dos candidatos, 80% fazem pesquisas de condenações criminais e 35% sobre histórico de crédito.[80] Há duas razões principais para o levantamento desses dados. Uma é para verificar a veracidade dos fatos que o candidato

QUADRO 6.3 Perguntas da entrevista orientadas pelo perfil.

Componente do perfil	Exemplo	Amostra de pergunta para entrevista
Competência	Capaz de usar software de desenho	Conte sobre o período em que você usou software de desenho, como o CAD Pro.
Conhecimento	Como o calor extremo afeta o ácido clorídrico (HCl)	Suponha que você tenha uma aplicação em que o HCl é aquecido a 205 °C em duas atmosferas de pressão. O que acontece com o HCl?
Disponibilidade	Disposto a viajar para o exterior pelo menos quatro meses por ano, visitando instalações	Suponha que você tenha um grande caso a ser resolvido na próxima semana e nossa empresa informou que você precisa viajar para um trabalho no exterior imediatamente, a fim de ficar três semanas. Como você lidaria com isso?
Experiência	Filtro de poluição projetado para facilidade de limpeza de ácido	Conte-me sobre o período em que projetou um dispositivo de filtro de poluição para uma unidade de limpeza de ácido. Como é que isso funciona? Que problemas particulares você encontrou? Como você lidou com eles?

Os empregadores, por vezes, descobrem, após a contratação de alguém, que a sua formação ou treinamento não é o que foi afirmado.

Fonte: Dmitriy Shironosov/Shutterstock

fornece, e a outra é para descobrir informações prejudiciais, como antecedentes criminais. Em Chicago, nos EUA, por exemplo, uma empresa farmacêutica descobriu que havia contratado membros de gangues em seus serviços de entrega por correios e serviços de reparos de computador. Esses membros estavam roubando peças de computador e, em seguida, usando o serviço de correio para enviá-las para uma loja de informática que possuíam nas proximidades.[81]

Aqui está outra razão para a cuidadosa verificação de referências: alguns indivíduos empreendedores criaram serviços de referências falsas. Esses serviços constroem históricos profissionais falsos e referências para quem procura emprego.[82]

O QUE VERIFICAR As áreas mais comumente verificadas são impedimentos legais para o emprego (descumprimento das leis de imigração), períodos de trabalho anteriores, serviço militar (incluindo o desligamento), formação e identificação (como data de nascimento e endereço). Outros itens devem incluir antecedentes criminais, registro de automóveis, crédito, verificação de licenças, número de inscrição na Previdência Social e verificação de referências.[83] Vários estados norte-americanos, como Massachusetts e Havaí, proíbem os empregadores privados de perguntar sobre antecedentes criminais em formulários iniciais.[84]

O cargo em questão determina o quão profundamente você deve investigar o candidato. Por exemplo, uma verificação de crédito e formação é mais importante para a contratação de um contador do que de um zelador. Em todo caso, também se deve verificar periodicamente avaliações de crédito dos funcionários com fácil acesso aos ativos da empresa e carteira de habilitação de quem usa carros da empresa.

OBJETIVO DE APRENDIZAGEM 4
Explicar como fazer verificações de antecedentes dos candidatos a emprego.

BUSCANDO INFORMAÇÃO DE ANTECEDENTES[85] A maioria dos empregadores tenta verificar diretamente a posição de um candidato atual, o salário e os registros de trabalho com seu empregador atual por telefone (supondo que o candidato concordou em fazê-lo). Outros entram em contato com supervisores atuais e anteriores do candidato para tentar descobrir mais sobre motivação da pessoa, competência técnica e capacidade de trabalhar em equipe.

Muitos empregadores usam empresas de apreciação de crédito comercial ou serviços de triagem de emprego. Estes fornecem informações sobre a posição de um candidato quanto ao crédito, endividamento, reputação, caráter, estilo de vida e veracidade de dados da pessoa. Há também milhares de bancos de dados on-line e fontes para a obtenção de informações básicas, inclusive antecedentes criminais, histórico de remuneração, registros de médicos, enfermeiros, advogados e outros, e fontes para verificações educacionais.[86]

VERIFICAÇÃO EM REDES SOCIAIS Atualmente, mais empregadores estão verificando postagens em sites de redes sociais dos candidatos. Alguns pedem o Facebook dos candidatos ou outras fontes para facilitar a verificação de seus perfis. Um empregador consultou o Facebook e descobriu que um ótimo candidato descreveu seus interesses como fumar maconha e atirar nas pessoas. O estudante pode ter feito uma brincadeira, mas não conseguiu o emprego.[87] Após a realização de pesquisas informais on-line, os recrutadores descobriram que 31% dos candidatos tinham mentido sobre suas qualificações e 19% haviam postado informações sobre o consumo de álcool ou uso de drogas, de acordo com uma pesquisa.[88] Da mesma forma, como observou um artigo do Wall Street Journal intitulado "Jobs reference you can't control", sites de redes sociais também podem ajudar a identificar empregadores amigos do candidato e, portanto, em contato com ele.[89]

Política de mídia social. O aumento do uso do Facebook, LinkedIn e outras redes sociais traz novos riscos legais ao processo de seleção. Por exemplo, os candidatos geralmente não listam etnia, idade, deficiências ou origem étnica em suas páginas no Facebook. Um supervisor ansioso pode complementar os esforços de RH por meio da realização de sua própria "checagem de antecedentes" na página do Facebook do candidato e, depois, tomar uma decisão de contratação com base em critérios discriminatórios.[90] A nova lei do estado norte-americano Maryland, entre outros, restringe exigências do empregador quanto a usernames e senhas dos candidatos.[91]

A solução não é necessariamente proibir o uso legítimo de busca de informação do candidato na mídia social (a não ser que ler essas informações seja ilegal, como em Maryland). Em vez disso, o empregador deve formular e seguir as políticas e os procedimentos de pessoal sobre mídias sociais inteligentes. Por exemplo, informar os trabalhadores e futuros trabalhadores anteriormente sobre as informações que o empregador pretende ver; atribuir um ou dois profissionais especialmente treinados em recursos humanos para procurar sites de mídia social; proibir os funcionários não autorizados (como o supervisor potencial) de acessar tais informações. Além disso, tratar a todos de forma equitativa: não permitir acesso a informações sobre, por exemplo, perfis profissionais do LinkedIn, a menos que todos os candidatos tenham esses perfis profissionais postados.[92] O empregador deve evitar subterfúgios, por exemplo, usando um perfil fictício. Contudo, os candidatos devem, obviamente, considerar a possibilidade de que os empregadores podem acessar suas páginas nos sites.

VERIFICAÇÃO EFICAZ DE ANTECEDENTES Tratada corretamente, a verificação de antecedentes é uma maneira barata e simples de avaliar os fatos, como cargos atuais e anteriores. Infelizmente, receber respostas espontâneas pode ser complicado. Não é fácil para quem dá a referência provar uma possível referência negativa. Assim, há muitos candidatos rejeitados que acionam a justiça, processando a fonte de referência por difamação. Isso pode inibir empregadores anteriores compreensivelmente.[93] Em um caso nos EUA, um homem foi indenizado com US$ 56 mil depois de ter sido rejeitado por um emprego, porque, entre outras coisas, um ex-patrão o chamou de "temperamental". Além disso, muitos superiores não querem diminuir as chances de um ex-funcionário em um emprego. Outros fornecem boas avaliações a funcionários incompetentes para se livrar deles.

Quanto ao contexto brasileiro, a verificação de antecedentes do candidato a emprego não é permitida, exceto em caso de ocupação de determinados cargos e mediante justificativa.

PARA REALIZAR A VERIFICAÇÃO EFICAZ DE ANTECEDENTES Você pode tomar algumas atitudes para tornar a sua verificação de referência mais útil, quando for o caso. Uma das formas é obter duas fontes de identificação.

Em 2012, o recém-contratado CEO do Yahoo! foi dispensado quando descobriram que seu currículo continha informações incorretas sobre o seu diploma universitário.[94] Portanto, outra forma é assegurar que os candidatos concluíram os cursos. Sempre comparar o formulário com o currículo (as pessoas tendem a ser mais criativas em seus currículos que em seus formulários de inscrição, nos quais devem atestar as informações).[95]

Ainda, é possível aplicar um formulário de referência de verificação estruturada como na Figura 6.7. Isso ajuda a garantir que você não negligencie questões importantes.

Finalmente, use as referências oferecidas pelo candidato apenas como uma fonte a outras pessoas que podem saber do desempenho dele. Assim, você pode perguntar para cada referência: "Poderia me dar o nome de outra pessoa que está familiarizada com o desempenho do candidato?" Dessa forma, você começa a obter informações a partir de referências que podem ser mais objetivas. Tente entrar em contato com pelo menos dois superiores anteriores, dois pares e dois subordinados.

A verificação de referência on-line também pode melhorar os resultados. Com um sistema como o pré-contratação 360 (<http://www.skillsurvey.com/pre-hire-360>, em inglês), o empregador norte-americano insere nome e endereço de e-mail do candidato a contratar. Em seguida, aparecem referências da pessoa pré-selecionada de forma anônima e habilidades do candidato, por meio de um estudo. O sistema compila essas referências em um relatório para o empregador.[96]

FIGURA 6.7 Formulário de verificação de referência.

Fonte: Reproduzido com permissão da SHRM. Todos os direitos reservados.

Candidato
Nome _____

Referência
Nome _____

Empresa
Nome _____

Período empregado
De: _____ Até: _____

Cargo(s) _____

Histórico de salário _____

Motivo do desligamento _____

Explicar a razão do seu contato e verificar as informações acima com o superior (incluindo a razão do desligamento)
_____
_____

1. Por favor, descreva o tipo de trabalho que era responsabilidade do candidato.
_____
_____

2. Como você descreveria o relacionamento do candidato com colegas de trabalho, subordinados (se aplicável) e superiores?
_____
_____

3. O candidato tem uma atitude de trabalho positiva ou negativa? Por favor, explique.
_____
_____

4. Como você descreveria a extensão e a qualidade do trabalho do ex-empregado?
_____
_____

5. Quais foram seus pontos fortes no trabalho?
_____
_____

6. Quais foram suas fraquezas no trabalho?
_____
_____

7. Qual é a sua avaliação geral do candidato?
_____
_____

8. Você o recomendaria para este cargo? Por que sim ou por que não?
_____
_____

9. Esta pessoa seria elegível de recontratação? Por que sim ou por que não?
_____
_____

Outros comentários
_____
_____

Certifique-se de que o candidato autorizou as verificações de referência.

Ao receber pedidos de referência, empregadores devem garantir que só os gestores autorizados possam fornecer esse tipo de informação. Centralize a tarefa dentro do RH. Ex-funcionários podem até contratar empresas de verificação de referência e tomar as medidas legais para referências difamatórias. Existem dezenas de empresas de verificação de referência como Allison & Taylor Verificação de Referência em Jamestown, Nova York.[97] Isso custa por volta de US$ 80 e muitos transcrevem o que a referência está dizendo com certificação.[98] Um supervisor, descrevendo um ex-funcionário da cidade, teria "usado palavrões [...] e disse que ele quase levou a cidade abaixo".[99]

UTILIZAÇÃO DE SERVIÇOS DE INFORMAÇÃO PRÉ-ADMISSIONAIS Diversos serviços oferecem triagem pré-contratação. Grandes fornecedores incluem ADP, HireRight, Lexis-Nexis Soluções em Triagem, Talentwise Solutions, Employment Background Investigation.[100] No Brasil, há ADP e LexisNexis, por exemplo. Eles utilizam bancos de dados para acessar informações sobre assuntos como remuneração dos trabalhadores, históricos de crédito e carteira de habilitação. Alguns críticos argumentam que a informação criminal muitas vezes é falha. Os erros incluem compatibilidade entre o candidato em questão e alguém com o mesmo nome ou similar, e omissão das informações sobre a forma como as acusações criminais foram resolvidas.[101]

Há, portanto, ressalvas. O empregador deve garantir que o fornecedor não viole as leis. Por exemplo, eles devem evitar consultas pré-admissionais para existência, natureza ou gravidade da deficiência. O empregador norte-americano deve garantir que o fornecedor exija uma autorização assinada para a verificação de antecedentes, em conformidade com as leis relevantes, além de certificar-se de que está recebendo informações precisas e completas sobre o candidato. Nos EUA, a verificação criminal básica pode custar US$ 25, enquanto uma investigação abrangente custa cerca de US$ 200.[102] Quanto ao Brasil, o Ministério do Trabalho e Emprego (MTE) é que disciplina a contratação de pessoas com deficiência.

Teste de honestidade

Os empregadores podem utilizar várias ferramentas para avaliar a honestidade dos candidatos e dos empregados.

Com a proibição do uso do polígrafo em processos seletivos brasileiros, surgiu um crescente mercado de testes psicológicos por escrito e destinados a prever a propensão dos candidatos em relação à desonestidade. A maioria dessas atitudes é medida sobre aspectos como tolerância a pessoas que roubam (veja, por exemplo, <http://testyourself.psychtests.com/testid/2100>).

Os psicólogos têm algumas preocupações. Por exemplo, os testes podem gerar alta porcentagem de falsos-positivos e são suscetíveis a acompanhamento.[103] No entanto, estudos tendem a apoiar a legitimidade desses testes. Um estudo foi feito com 111 funcionários contratados por uma grande rede de lojas de varejo de conveniência para trabalhar na loja ou como frentistas de posto de gasolina.[104] Os pesquisadores descobriram que a pontuação em um teste de honestidade previu com sucesso o risco de roubo. O Quadro *RH na prática* descreve outro exemplo.[105] Na prática, a detecção de candidatos desonestos envolve não apenas testes, mas um procedimento de triagem abrangente.

RH na prática

Como identificar a desonestidade

Um especialista sugere seguir os seguintes passos:
- Faça perguntas contundentes.[106] Por exemplo, provavelmente não há nada de errado em perguntar: "Você já roubou alguma coisa de um empregador?" e "Alguma informação no seu formulário é falsa?".
- Ouça, em vez de falar.
- Inclua uma cláusula em seu formulário de inscrição que lhe dá o direito de verificação de antecedentes, incluindo de crédito e relatórios sobre multas e penalidades no trânsito.
- Verifique todas as referências.
- Considere o uso de um teste de honestidade por escrito.

- Realize pesquisas e estabeleça uma política de busca e apreensão. A política da empresa deve indicar que todos os armários, mesas e instalações semelhantes continuam a ser propriedade da empresa e podem ser inspecionados. Dê a cada candidato uma cópia da política e exija uma cópia assinada.
- Comunique-se com os empregados e deixe claro que qualquer falha em seguir o protocolo ou falsificação de registros irá resultar em ação disciplinar.[107]
- Tenha cuidado. Ser rejeitado por desonestidade carrega maior estigma do que ser rejeitado por falta de conhecimentos em mecânica, por exemplo.

Grafologia

O uso da grafologia (análise grafológica) supõe que os traços básicos de personalidade do escritor serão expressos em sua letra. A análise da escrita, portanto, tem alguma semelhança com testes projetivos de personalidade.

Embora alguns autores estimem que mais de mil empresas dos EUA aplique a análise de caligrafia para avaliar os candidatos e que essa seja uma prática aceita no Brasil, a legitimidade da análise grafológica é questionável. Um avaliador diz: "Basicamente, não há evidência de uma ligação direta entre a análise grafológica e várias medidas de desempenho esperado no trabalho [...]".[108] O motivo de muitos empregadores utilizarem é, portanto, uma questão de debate. Talvez seja porque, ao que parece, muitas pessoas pensam que tem validade.[109]

RH como centro de lucro

Utilizando testes de integridade

No Hospital Management Corporation, nos EUA, um teste de integridade é a primeira etapa no processo de contratação, e aqueles que não passam nele não prosseguem. Ele foi instituído depois de detectarem que tais testes eliminariam candidatos com comportamentos indesejáveis. Por exemplo, depois de vários meses utilizando o teste, as ações de indenização contra trabalhadores caíram entre os novos contratados.[110]

Exames médicos

Os exames médicos são, frequentemente, o passo seguinte no processo de seleção. Esses exames podem confirmar que o candidato se qualifica para as exigências físicas do cargo e descobrir as limitações médicas para se ter em conta na colocação do candidato. Podem também detectar doenças transmissíveis. De acordo com a legislação, a pessoa com deficiência não pode ser rejeitada para o trabalho, caso ela seja qualificada e possa executar as funções essenciais do trabalho com uma adaptação razoável. A legislação permite a realização de um exame médico, durante o período *entre a oferta de trabalho e o início dos trabalhos*, se tais exames são padrão para todos os candidatos a emprego.[111]

Testes de uso de drogas[II]

Empregadores em geral realizam testes para verificar o uso de drogas. O empregador pode utilizar exames de urina para testar todas as drogas ilícitas, exame do ar exalado, indicando a quantidade de álcool no sangue, exame de sangue para medir álcool ou droga no sangue, do cabelo revelando o histórico do uso de drogas, testes de saliva para substâncias como maconha e cocaína, e observação de manchas na pele determinando se há ou não o uso de drogas.[112]

A prática mais comum é examinar novos candidatos antes de contratá-los formalmente. Muitas empresas também examinam os atuais funcionários, quando há razão para acreditar que um empregado fez o uso de drogas, como depois de um acidente de trabalho. Algu-

---

[II] N. do R.T.: Não é prática permitida pelo Conselho Federal de Medicina, mas existe. As empresas que julgam esse procedimento necessário em relação aos empregados devem ter esse assunto claramente disciplinado nas suas políticas de RH, com evidente conhecimento disso pelos empregados. O tema tem sido objeto de negociação coletiva de trabalho entre as empresas e os respectivos sindicatos. É matéria de ampla discussão jurídica; no Brasil, ainda não há posicionamento decisivo do TST sobre o tema.

mas empresas fazem testes de drogas de forma aleatória, enquanto outras fazem quando há transferência de um empregado.[113] A maioria dos empregadores que realiza tais testes usa amostragem de urina. Diversos fornecedores dispõem dos serviços de testes de drogas no local de trabalho.

PROBLEMAS O teste de drogas é problemático.[114] Bafômetros (como aqueles que a polícia usa nas estradas para motoristas embriagados) e exames de sangue para detectar o álcool estão intimamente relacionados com os níveis de dependência. No entanto, os testes de urina e sangue para outras drogas só mostram se os resíduos de drogas estão presentes. Não podem mensurar prejuízo, hábito ou dependência.[115] Além disso, "há produtos que prometem ajudar os funcionários a passar em um exame de análise de urina e testes de drogas".[116] Exame em fios de cabelo e amostras de fluidos orais recentes estão muito menos sujeitos a adulteração.

Portanto, testes de drogas levantam várias questões. Sem uma forte evidência relacionando os níveis da droga no sangue ou urina, alguns argumentam que os exames violam a privacidade das pessoas devido ao processo ser considerado degradante e invasivo. Outros argumentam que o teste de drogas no local de trabalho pode identificar o uso de drogas durante as horas de lazer, mas tem pouca ou nenhuma relevância para o trabalho.[117] Também não está claro se o teste de drogas assegura o desempenho ou a segurança no trabalho. Pelo menos um estudo concluiu que, além do álcool, não há nenhuma evidência clara de que as drogas diminuam a segurança ou o desempenho esperado no trabalho.[118]

QUESTÕES LEGAIS Várias leis regem os testes de drogas no local de trabalho. Os tribunais podem ver um ex-usuário de drogas (aquele que não usa drogas ilegais e concluiu com êxito ou está participando de um programa de reabilitação) como um candidato qualificado com deficiência.[119] Normas do Departamento de Transportes dos EUA exigem que as empresas com mais de 50 funcionários qualificados nas indústrias de transporte realizem testes de álcool em trabalhadores com tarefas sensíveis ou relacionadas à segurança.[III] Estas incluem trabalhadores de transporte de massa, controladores de tráfego aéreo, tripulação de trens e metrô, e motoristas de ônibus escolares.[120] Particularmente, onde os trabalhos sejam sensíveis em segurança, os tribunais parecem ficar ao lado dos empregadores, quando surgem dúvidas.

Previsões realistas

Por vezes, uma dose de realismo é a melhor ferramenta de rastreio. Por exemplo, o Walmart descobriu que os colaboradores que saíam nos primeiros 90 dias, muitas vezes fizeram isso porque preferiam trabalhar em outra região geográfica. A empresa então começou a explicar de forma explícita e perguntar sobre os horários de trabalho e demais preferências.[121] Um estudo ainda apontou que alguns candidatos aceitavam trabalhos com a intenção de sair, um fato que seria percebido em uma entrevista mais realista.[122]

Ouvindo amigos e conhecidos

Além de testar e entrevistar, não ignore ouvir opiniões de pessoas em quem você confia e que conheçam pessoalmente o candidato. Pode ser um exagero, mas como o ex-CEO da Continental Airlines disse: "por melhor que seja a entrevista, é mínima em relação à opinião de alguém que tenha a experiência de ter trabalhado com o candidato".[123]

Tomada de decisão na seleção

Depois de ter feito todas as verificações, surge a pergunta: como você combina todas essas informações e toma uma decisão de seleção? Claro, se você estiver utilizando apenas um indicador (como o resultado de um teste), então a decisão é simples. Por exemplo, um candidato a uma posição de engenharia deve marcar pelo menos 30 respostas corretas no teste Wonderlic para ser apontado como engenheiro. Se a pontuação do seu candidato fosse inferior, você provavelmente não contrataria e, se fosse maior, provavelmente contrataria.

Mas, na realidade, as coisas não são tão simples. Por um lado, você provavelmente não vai tomar a sua decisão com base em apenas um indicador (nesse caso, a pontuação de um teste). Você também vai querer referências da pessoa, além de entrevista e informações, como

---

[III] N. do R.T.: Esse assunto é objeto da Lei n. 12.619, de 30 de abril de 2012, com obrigatoriedade a todos os motoristas e empresas.

faculdade frequentada e, talvez, os resultados de outros testes. Além disso, você provavelmente terá mais de um candidato.[124] Será que você simplesmente escolhe aquele com a maior pontuação Wonderlic? Provavelmente não. Então, mais uma vez, você precisará de algum critério para pesar todas as fontes de informação que tem sobre cada candidato.

Afinal, como pesar todas as informações para chegar a uma decisão de seleção? Você tem três opções básicas. Pode usar, em primeiro lugar, uma abordagem clínica (intuitiva, ou de julgamento). Aqui, você intui, mas, conscientemente, pondera todas as evidências que tem sobre o candidato e toma sua decisão. Em segundo lugar, pode ter uma abordagem estatística ou "mecânica". Em seu sentido mais puro, a abordagem mecânica consiste em quantificar todas as informações coletadas sobre o candidato (incluindo informações subjetivas a partir de referências). Você, então, combina todas essas informações quantificadas, talvez utilizando uma fórmula que prevê o provável sucesso do candidato no trabalho. E, em terceiro lugar, você pode combinar os resultados mecânicos que obteve a partir de sua fórmula com o julgamento. Embora seja ideal aplicar uma abordagem mecânica/estatística, uma abordagem crítica é geralmente melhor do que nada.[125]

Avaliando o processo de seleção

Há vários aspectos a avaliar sobre como são os processos de seleção. Se eles prevêem desempenho (legítimo), são, naturalmente, importantes. Assim, como observado anteriormente, as lojas Bon-Ton descobriram que a avaliação tinha relação com a permanência e o desempenho do empregado. Viabilidade, em termos de custo do programa em relação às suas economias, também é importante. Deve-se agilizar o processo de seleção para minimizar o tempo que realmente leva para preencher uma vaga em particular ("tempo para contratar"). Por exemplo, o governo dos EUA estava usando, em média, 122 dias para preencher uma vaga. Ao analisar cada passo em seu processo de contratação, pôde reduzir o tempo para cerca de 105 dias (por exemplo, eliminando o ensaio obrigatório de candidatos).[126] A Society for Human Resource Management (SHRM) recentemente propôs uma nova métrica por custo.[127] Como os candidatos reagem ao seu processo de seleção é outra consideração. A empresa de consultoria Bernard Hodes trabalhou com um cliente para criar os candidatos fantasmas. Esses fantasmas se candidatavam a uma vaga e informavam sobre a eficácia dos processos de seleção do empregador.[128]

O Quadro 6.4 apresenta validade, custo e potencial de impacto adverso de alguns métodos populares de seleção.

QUADRO 6.4 Avaliação de métodos de seleção com base em quatro critérios.

Método de avaliação	Validade	Impacto adverso	Custos (desenvolver/administrar)	Reação dos candidatos
Teste de capacidade cognitiva	Alta	Alto (contra as minorias)	Baixo/baixo	De alguma forma favorável
Teste de conhecimento do trabalho	Alta	Alto (contra as minorias)	Baixo/baixo	Mais favorável
Teste de personalidade	Baixa a moderada	Baixo	Baixo/baixo	Menos favorável
Inventário de dados pessoais	Moderada	Baixo para alto (para tipos diferentes)	Alto/baixo	Menos favorável
Teste de integridade	Moderada a alta	Baixo	Baixo/baixo	Menos favorável
Entrevista estruturada	Alta	Baixo	Alto/alto	Mais favorável
Teste de aptidão física	Moderada a alta	Alto (contra mulheres e trabalhadores idosos)	Alto/alto	Mais favorável
Teste situacional	Moderada	Moderado (contra minorias)	Alto/baixo	Mais favorável
Centro de avaliação	Moderada a alta	Baixo a moderado, dependendo do exercício	Alto/alto	Mais favorável
Teste de capacidade física	Moderada a alta	Alto (contra as mulheres e os trabalhadores mais velhos)	Alto/alto	Mais favorável

Obs.: não houve evidência de pesquisa sobre as reações de candidatos a avaliações situacionais e testes de capacidade física. No entanto, como esses ensaios tendem a parecer muito relevantes para o trabalho, é provável que as reações dos candidatos lhes fossem favoráveis.

Fonte: "Selection Assessment Methods: A guide to implementing formal assessments to build a high-quality workforce", por Elaine D. Pulakos, de *SHRM Foundation's Effective Practice Guidelines*. Copyright © 2005 by Fundação SHRM. Reproduzido com permissão, todos os direitos reservados.

Cumprindo a lei de imigração[IV]

Potenciais colaboradores devem provar que são elegíveis para trabalhar em outros países. A pessoa não tem que ser um cidadão do país para conseguir um trabalho, no entanto, os empregadores devem perguntar a um candidato que está prestes a ser contratado se ele é um cidadão ou um estrangeiro legalmente autorizado a trabalhar fora do seu país de origem.

COMO COMPROVAR Há duas maneiras possíveis para funcionários mostrarem sua elegibilidade para o emprego. O primeiro é mostrar um documento, como um passaporte ou o cartão de registro de estrangeiro, contendo uma fotografia que prova a identidade e a elegibilidade de emprego. No entanto, muitos potenciais empregados não têm qualquer um desses documentos. Portanto, a outra maneira de verificar a elegibilidade ao emprego é ver um documento que comprove a identidade da pessoa, juntamente a um documento separado que mostre a elegibilidade de emprego, como uma autorização de trabalho.

Empregadores correm o risco de aceitar documentos fraudulentos. A triagem pré-contratação norte-americana inclui, por exemplo, a verificação de emprego, a checagem de antecedentes criminais, os testes de drogas e a verificação de referências. Você pode verificar cartões de Seguridade Social.

Nos EUA, mais empregadores estão usando o programa de verificação de emprego do governo federal, voluntário e baseado na internet, E-Verify.[129] No Brasil, isso é feito por meio do MTE (ver <http://maisemprego.mte.gov.br/portal/pages/empresa.xhtml>). Muitos empregadores já utilizam sistemas de verificação automatizada I-9, com menus suspensos para compilar e apresentar dados de candidatos eletronicamente, I-9.[130] O E-Verify é obrigatório para os empregadores norte-americanos com determinados contratos federais. Não há custo para utilizar o E-Verify.[131]

A exigência para verificar a elegibilidade não fornece qualquer base para rejeitar um candidato só porque ele é um estrangeiro, e não um cidadão do próprio país. No entanto, o candidato deve ser capaz de provar a sua identidade e elegibilidade de emprego. Os candidatos podem utilizar o E-Verify para confirmar sua autorização de trabalho nos EUA.[132] Os empregadores podem evitar acusações de discriminação, verificando os documentos de todos os candidatos, e não apenas daqueles que acham que podem ser suspeitos.[133]

Melhorando a produtividade por meio do sistema de informações de recursos humanos

Triagem e rastreamento de candidatos

Os sistemas de rastreamento de candidatos, que apresentamos no Capítulo 5, fazem mais do que localizar os candidatos. Muitos também ajudam os empregadores a triá-los.

Em *primeiro lugar*, a maioria dos empregadores usa seus sistemas de rastreamento de candidatos (*applicant tracking systems* – ATS) para "derrubar" aqueles que não atendem aos requisitos mínimos inegociáveis para assumir o trabalho, como ter carteira de motorista.

Em *segundo lugar*, os empregadores usam para teste os candidatos rastreados on-line. Isso inclui testes de competências virtuais (em aritmética, por exemplo), testes cognitivos (como para a compreensão mecânica), e até testes psicológicos. A Recreation Equipment Inc. precisava de um sistema para combinar habilidades de candidatos com a cultura da empresa (especificamente, para identificar os candidatos que estavam dispostos a trabalhar em equipe). A empresa trabalhou com o seu fornecedor ATS para personalizar o seu sistema.[134]

Em *terceiro lugar*, os sistemas mais recentes não só rastreiam os candidatos, mas descobrem "talentos escondidos". O ATS pode identificar talentos no currículo que até mesmo o candidato não sabia que existiam, ajudando a iniciar o trabalho na empresa.[135]

Desenvolvendo e ampliando a oferta de emprego

OBJETIVO DE APRENDIZAGEM 5
Explicar as noções básicas de como desenvolver e ampliar a oferta de emprego.

Depois de selecionar o candidato a quem a oferta será feita, o empregador desenvolve a oferta de emprego real. Ele vai definir sobre a oferta financeira e outros detalhes, por exemplo, a atratividade do candidato como um empregado em perspectiva, o nível do cargo e o custo

---

[IV] N. do R.T.: Assunto coordenado pelo CNIg (Conselho Nacional de Imigração), do MTE (política e atividades de imigração, elaboração dos planos de imigração, fixar normas de seleção de imigrantes).

de cargos semelhantes. Em seguida, o empregador faz verbalmente uma oferta de trabalho real para o candidato. Aqui, a pessoa-foco do empregador (que pode ser a pessoa a quem o novo funcionário irá se reportar, ou o diretor de recursos humanos) discute os parâmetros principais da oferta, por exemplo, em termos de pagamento, benefícios e deveres pertinentes ao cargo. Pode haver algumas negociações. Então, quando for alcançado um acordo, o empregador vai apresentar a oferta de trabalho por escrito.

Há várias questões a serem consideradas. Talvez a mais importante seja entender a diferença entre uma *carta de oferta de trabalho* e um *contrato*. Em uma carta de oferta de emprego, o empregador apresenta informações básicas da oferta. Isso, normalmente, começa com uma frase de boas-vindas. Em seguida, inclui informações específicas do trabalho (como detalhes sobre salário e remuneração), informações de benefícios, informações de licença remunerada e condições de trabalho (incluindo a conclusão com sucesso dos testes de trabalho e exames físicos).[136] Fundamentalmente, deve haver uma declaração especificando que a relação de emprego é "de livre vontade". Há, então, uma declaração de encerramento. Então saúda o empregado, menciona o nome de quem deve ser procurado em caso de dúvidas e o instrui a assinar a carta, se for aceitável.[137] É prudente ter um advogado para ver a oferta antes de estendê-la.

Por outro lado, na contratação para muitas vagas, como a de um executivo, um *contrato* pode estar em ordem. Em contraste com uma carta de oferta, que deve ser sempre "à vontade", não é incomum um contrato de trabalho especificar a duração (como três anos). Diante disso, o contrato também irá descrever o motivo para a rescisão ou demissão e disposições sobre indenização. O contrato quase sempre também inclui termos de confidencialidade, requisitos de sigilo e acordos para não competir, embora algumas *cartas* de oferta de emprego para cargos, como engenheiro, incluem tais disposições também.[138]

Dependendo da vaga, o contrato de trabalho (e, ocasionalmente, a carta de oferta) pode incluir uma disposição sobre mudança de cidade. Este estabelece que o empregador está disposto a pagar todas as *despesas de mudança* para o novo funcionário. Já os contratos individuais de trabalho devem estar de acordo com o estabelecido na CLT. Assumindo que a oferta seja aceita, o próximo passo é integrar o empregado, como veremos no Capítulo 7.

Revisão

RESUMO

1. Neste capítulo, discutimos várias técnicas para triagem e seleção de candidatos a emprego: a primeira é aplicar testes.
2. A legitimidade do teste deve responder à pergunta: "O que é que esse teste mede?". Validade de critério significa demonstrar que aqueles que fazem bem o teste fazem bem o trabalho. A validade de conteúdo é demonstrada quando a avaliação constitui uma boa amostra do conteúdo do trabalho.
3. Conforme utilizado por psicólogos, a confiabilidade sempre significa "consistência". Uma forma de medir a confiabilidade é administrar os mesmos testes (ou equivalente) para as mesmas pessoas em dois períodos diferentes no tempo. Ou pode-se concentrar em consistência interna, comparando as respostas aos itens aproximadamente equivalentes no mesmo teste.
4. Existem muitos tipos de testes de pessoal em uso, incluindo testes de inteligência, de habilidades físicas, de desempenho, de aptidão, inventários de interesse e de personalidade.
5. Nos termos da legislação de igualdade de oportunidades, o empregador pode ter que provar que seus testes são preditivos de sucesso ou fracasso no trabalho. Isso geralmente requer um estudo de validação preditiva, embora outros meios de validação sejam frequentemente aceitáveis.
6. Centros de avaliação de gestão são locais de triagem que expõem os candidatos a uma série de exercícios reais. O desempenho é observado e avaliado por especialistas que, em seguida, verificam suas avaliações, observando os participantes quando eles estão em seus trabalhos. Exemplos de tais exercícios reais incluem jogos de simulação de negócios, como jogos de empresa e discussões em grupo.
7. Vários fatores e problemas podem prejudicar a utilidade de uma entrevista: a tomada de decisões precipitadas, deixando informações desfavoráveis predominarem, não conhecendo as exigências do trabalho, estar sob pressão para contratar, permitir o efeito de ordem de candidato e o comportamento não verbal.
8. As cinco etapas da entrevista incluem: planejamento, estabelecer conexão com o candidato, perguntas ao candidato, concluir a entrevista e rever os dados.

9. Outras ferramentas de rastreio incluem verificação de referências e antecedentes, exames físicos e visualizações realistas.
10. Depois de selecionar o candidato a quem a oferta será feita, o empregador desenvolve a oferta de emprego real. Ele deve basear esta oferta em, por exemplo, atratividade do candidato como um futuro funcionário e remuneração para cargos semelhantes. Em seguida, o empregador estende uma oferta de trabalho real para o candidato verbalmente. Então, quando for alcançado um acordo, o empregador irá estender a oferta de trabalho por escrito.
11. Uma vez que você selecionou e contratou seus novos funcionários, eles devem ser treinados. Trataremos de treinamento no capítulo seguinte.

PALAVRAS-CHAVE

contratação negligente 133
confiabilidade 133
legitimidade do teste 135
validade de critério 135
validade de conteúdo 135

validade de construto 135
centro de avaliação da gestão 144
entrevista 144
entrevista situacional estruturada 165

QUESTÕES PARA DISCUSSÃO

1. Explique o que se entende por *confiabilidade* e *validade*. Qual é a diferença entre elas? Em que aspectos são semelhantes?
2. Discuta pelo menos quatro tipos básicos de testes de seleção.
3. Explique as deficiências de investigações de antecedentes, checagem de referência e serviços de informação pré-contratação e como superá-las.
4. Para que tipo de empregos você acha entrevistas on-line mais adequadas? Por quê?
5. Discuta brevemente e dê exemplos de vários erros comuns em entrevistas. Que recomendações você daria para evitá-los?
6. Compare a carta de oferta de trabalho com um contrato, e discuta os componentes básicos de cada um.
7. Escreva um pequeno texto (uma página com espaço duplo) sobre o tema, "Como a Lei de Oportunidades Iguais de Emprego afeta a seleção de funcionários". Inclua, pelo menos, cinco exemplos específicos.
8. Você possui um pequeno negócio. Como vai encontrar um teste de seleção para um cargo que pretende preencher e quais questões práticas e legais que você gostaria de ter em mente antes de escolher um teste para usar?

ATIVIDADES INDIVIDUAIS E EM GRUPOS

1. Trabalhando individualmente ou em grupos, desenvolva uma lista de técnicas específicas de seleção que você gostaria de sugerir ao reitor para contratar o próximo professor de RH da sua universidade. Explique por que escolheu cada técnica.
2. Trabalhando individualmente ou em grupos, entre em contato com o editor de um teste padronizado, como o Enem, e obtenha dele informações escritas sobre a legitimidade e confiabilidade do teste. Apresente um breve relatório em sala de aula, discutindo o que o teste deve medir e até que ponto você acha que cumpre o proposto.
3. Faça uma breve apresentação intitulada "Como ser eficaz como entrevistador".
4. Escreva um pequeno texto discutindo algumas das considerações éticas e legais em testes.
5. Dê alguns exemplos de como inventários de interesses poderiam ser usados para melhorar a seleção de funcionários. Ao fazer isso, sugira vários exemplos de interesses profissionais que você acredita que podem prever o sucesso em várias ocupações, incluindo: professor universitário, contador e programador de computador.

Exercícios de aplicação

ESTUDO DE CASO EM RH: Teste de honestidade na Empresa de Limpeza Carter

Jennifer Carter e seu pai têm o que ele descreve como uma tarefa fácil, mas difícil, quando se trata de triagem de candidatos a emprego. É fácil, porque, para dois importantes postos de trabalho, lavadores e passadores de roupas, os candidatos são facilmente analisados com cerca de 20 minutos de teste. Tal como acontece com os datilógrafos, como Jennifer assinala: "Descobre-se rapidamente, em teste, os candidatos que sabem passar roupas rápido o suficiente ou usar produtos químicos e máquinas de lavar". Por outro lado, a triagem recorrente para as lojas também pode ser difícil por causa da natureza de algumas outras qualidades que Jennifer procura.

Dois dos problemas mais críticos enfrentados na sua empresa são a rotatividade de funcionários e a honestidade do empregado. Jennifer e seu pai acham extremamente necessário implementar práticas que reduzam a taxa de rotatividade de empregados. Se houver uma maneira de fazer isso por meio de testes de funcionários e técnicas de triagem, Jennifer gostaria de saber. A rotatividade gera perda do tempo de gestão e dinheiro pela necessidade incessante de recrutar e contratar novos funcionários. Mais preocupante ainda para Jennifer e seu pai é a necessidade de instituir novas práticas para identificar funcionários que podem estar dispostos a roubar a empresa.

Roubo praticado por empregado é um enorme problema para os centros de Limpeza Carter, e não se limita apenas aos funcionários que lidam com o dinheiro. Por exemplo, quem lava e passa as roupas muitas vezes abre a loja sozinho, sem um gerente presente, para começar o trabalho do dia, e não é raro ter uma ou mais dessas pessoas roubando suprimentos ou "percorrendo um ciclo". Percorrer um ciclo significa que um empregado pega as roupas das pessoas do seu bairro para a lavagem e, em seguida, secretamente lava e passa na loja Carter, usando suprimentos da empresa, gás e energia. Também não seria incomum uma pessoa não supervisionada (ou o seu supervisor, para constar) aceitar um pedido urgente de lavagem, lavar e passar o item, e devolvê-lo ao cliente para pagamento sem fazer um registro adequado e a inclusão da operação. O dinheiro, é claro, vai para o bolso do trabalhador, em vez de para a caixa registradora.

O problema mais grave diz respeito ao gerente da loja e os trabalhadores que manuseiam o dinheiro. De acordo com Jack Carter, "Você não acreditaria como os funcionários usam a criatividade para contornar controles de gestão que montamos para reduzir o roubo cometido por empregado". Como um exemplo extremo dessa criatividade criminosa, Jack conta a seguinte história: "Para reduzir a quantidade de dinheiro que meus funcionários estavam roubando, eu tinha uma pequena placa pintada e colocada na frente de todas as nossas caixas registradoras. A placa dizia: É TUDO DE GRAÇA SE NÓS NÃO DERMOS UM RECIBO QUANDO VOCÊ FOR PAGAR. LIGUE 552-0235. Minha intenção com isso era forçar todos os nossos colaboradores a colocarem os pagamentos na caixa registradora, onde seriam contabilizados por meus contadores. Afinal, se todo o dinheiro que entra é registrado no caixa, então devemos ter uma dificuldade muito maior em roubar em nossas lojas, certo? Bem, um de nossos gerentes encontrou uma maneira diabólica de contornar isso. Entrei na loja uma noite e notei que a caixa registradora que esse gerente estava controlando simplesmente não parecia certa, embora a placa estivesse devidamente colocada na frente dela. Descobriu-se que em todas as tardes, por volta das 17 horas, quando os outros funcionários iam embora, essa pessoa puxava o seu próprio registro de dinheiro de uma caixa que escondia debaixo dos suprimentos. Os clientes que chegavam notavam a placa e, claro, o fato de que ele era meticuloso em registrar cada venda. Mas o desconhecido para eles e para nós, por cerca de cinco meses, era que as vendas feitas por cerca de uma hora todos os dias entravam em sua caixa registradora, não na da empresa. Demorou muito tempo para descobrir para onde o dinheiro dessa loja estava indo".

Jennifer gostaria que você respondesse às seguintes perguntas:

Perguntas

1. Quais seriam as vantagens e as desvantagens para a empresa de Jennifer em aplicar rotineiramente testes de honestidade para todos os seus empregados?
2. Especificamente, quais outras técnicas de triagem a empresa poderia usar para filtrar os funcionários propensos a roubo e rotatividade, e exatamente como poderiam ser usadas?
3. Como a companhia de Jennifer deve demitir funcionários pegos roubando e que tipo de procedimento deve ser configurado para futuros pedidos de referência sobre esses funcionários quando forem para outras empresas à procura de emprego?

Exercício vivencial — A pessoa mais importante que você já contratou

Objetivo: dar-lhe oportunidade de praticar o uso de algumas das técnicas de entrevista aprendidas neste capítulo.

Entendimento necessário: você deve estar familiarizado com as informações apresentadas neste capítulo e ler o trecho a seguir:

Para os pais, os filhos são preciosos. Portanto, é interessante que os pais que contratam babás para cuidar de seus filhos costumem fazer pouco mais do que algumas perguntas na entrevista e solicitem o que é, na melhor das hipóteses, uma checagem de referência superficial. Dada a legitimidade, muitas vezes, questionável de entrevistas e relativa inexperiência do pai ou da mãe que faz a entrevista, não é de estranhar que muitas dessas contratações terminem em decepção. Neste capítulo, você pôde perceber que é difícil conduzir uma entrevista válida, a menos que saiba exatamente o que está procurando e, de preferência, também saiba como estruturar a entrevista. A maioria dos pais simplesmente não está preparada para fazer isso.

Instruções:

1. Criar grupos de cinco ou seis alunos. Dois alunos serão entrevistados, enquanto os outros do grupo serão entrevistadores. Os entrevistados vão desenvolver um formulário para avaliação dos entrevistadores e o pai-

nel de entrevistadores irá desenvolver uma entrevista situacional estruturada para uma babá.
2. **Instruções para os entrevistados:** os entrevistados devem sair da sala por cerca de 20 minutos. Enquanto fora da sala, devem desenvolver um formulário de avaliação do entrevistador, com base nas informações apresentadas neste capítulo, em relação aos fatores que podem comprometer a utilidade de uma entrevista. Durante a entrevista em painel, os entrevistados devem avaliar os entrevistadores utilizando o formulário de avaliação que criaram. Após a realização da entrevista, os entrevistados devem sair da sala para discutir suas notas. Será que os entrevistadores apresentaram qualquer um dos fatores que podem comprometer a utilidade de uma entrevista? Se sim, quais? Que sugestões vocês (os entrevistados) fazem aos entrevistadores sobre como melhorar a eficácia da entrevista?
3. **Instruções para os entrevistadores:** enquanto os entrevistados estão fora da sala, os entrevistadores do painel terão 20 minutos para desenvolver um formulário curto, entrevista estruturada situacional para uma babá. A equipe da entrevista em painel irá entrevistar dois candidatos para o cargo. Durante a entrevista, cada entrevistador deve tomar notas em uma cópia do formulário de entrevista estruturada situacional. Após a entrevista em painel, os entrevistadores devem discutir suas notas. Quais foram as suas primeiras impressões de cada entrevistado? As suas impressões foram semelhantes? Qual candidato apresentou as condições para que você o escolha e por quê?

Apêndice:
Entrevista situacional estruturada

Há pouca dúvida de que a **entrevista situacional estruturada** – uma série de perguntas relevantes sobre o trabalho com respostas predeterminadas que os entrevistadores fazem a todos os candidatos – produz resultados superiores.[139] A ideia básica é escrever questões situacionais (o que você faria, o que você fez) ou de conhecimentos sobre o trabalho e ter especialistas (como aqueles que supervisionam o trabalho) que escrevam exemplos de respostas para essas perguntas, avaliadas de boas a ruins. As pessoas que entrevistam e avaliam os candidatos, em seguida, usam folhas de classificação ancoradas com exemplos de respostas boas ou ruins para avaliar as respostas dos entrevistados.[140]

Na criação de entrevistas estruturadas situacionais, pessoas familiarizadas com o trabalho desenvolvem questões baseadas em deveres reais do trabalho. Eles, então, chegam a um consenso sobre o que são e não são respostas aceitáveis. O procedimento é o seguinte.[141]

Entrevista situacional estruturada
Uma série relevante de questões com respostas predeterminadas, que os entrevistadores perguntam a todos os candidatos ao trabalho.

Passo 1 Análise do cargo Escreva uma descrição do cargo com uma lista de tarefas do trabalho e os conhecimentos necessários, as habilidades e as outras qualificações do trabalhador.

Passo 2 Principais deveres do cargo Identificar os principais deveres do trabalho. Para isso, escalonar todos os deveres com base em sua importância para o sucesso do trabalho e sobre o tempo necessário para realizá-los em comparação com outras tarefas.

Passo 3 Criar perguntas de entrevista Criar perguntas baseadas na realidade do trabalho, com mais perguntas para as tarefas importantes. Lembre-se de que as *questões situacionais* representam uma situação hipotética de trabalho, como "O que você faria se a máquina de repente começasse a aquecer?" *Questões de conhecimentos de trabalho* avaliam o conhecimento essencial para o desempenho esperado, como "O que é HTML?" *Perguntas de disposição* avaliam a disposição e a motivação do candidato para atender aos requisitos do trabalho, como fazer um trabalho físico repetitivo ou viajar. *Questões comportamentais* verificam como os candidatos lidam com situações semelhantes.

As pessoas que criam as perguntas geralmente escrevem em termos de incidentes críticos. Por exemplo, para um candidato de supervisão, o entrevistador pode fazer essa pergunta situacional: sua esposa e dois filhos adolescentes estão doentes, de cama e com resfriado. Não há parentes ou amigos disponíveis para cuidar deles. O seu turno começa dentro de três horas. O que você faria nessa situação? Veja a Figura 6.6 para exemplos.

Passo 4 Criar respostas de referência para cada questão Desenvolver respostas ideais (referência) para bom (uma classificação de 5), regular (3) e ruim (1). Por exemplo, considere a questão da situação anterior, em que o cônjuge e os filhos estão doentes. Três respostas de referência (de baixo para cima), para o exemplo de pergunta, poderiam ser: "eu ficaria em casa, pois minha esposa e família vêm em primeiro lugar" (1); "eu telefonaria para o meu supervisor e explicaria minha situação" (3); e "uma vez que eles estivessem apenas resfriados, eu iria trabalhar" (5).

Passo 5 Indicar o painel da entrevista e realizá-la
Empregadores geralmente fazem entrevistas situacionais estruturadas, utilizando um painel, em vez de individuais. O painel geralmente consiste em três a seis membros, de preferência os mesmos que escreveram as perguntas e respostas. Pode incluir também o supervisor do trabalho e/ou titular, e um representante de recursos humanos. O mesmo painel entrevista todos os candidatos para o trabalho.[142]

Os membros do painel geralmente reveem a descrição do trabalho, perguntas e respostas de referência antes da entrevista. Um membro do painel introduz o candidato e faz todas as questões a todos os candidatos nesta e em sucessivas entrevistas dos candidatos (para garantir a consistência). No entanto, todos os membros do painel gravam e pontuam as respostas do candidato na folha de escala de classificação. Fazem isso indicando se a resposta do candidato para cada questão é insatisfatória, regular ou boa/ideal. No final da entrevista, alguém responde a quaisquer perguntas que o candidato tenha.[143]

Programas virtuais ajudam os entrevistadores a organizar entrevistas de seleção de base comportamental. Por exemplo, o SelectPro (<www.selectpro.net>) permite que os entrevistadores criem entrevistas comportamentais baseadas em seleção, guias de entrevistas personalizadas e entrevistas on-line automatizadas.

Estudo de caso brasileiro

Diversidade no Banco Santander

O Banco Santander, de origem espanhola, veio para o Brasil em 1982 com um escritório de representação. Entre 1997 e 2008, o Grupo Santander adquiriu várias instituições financeiras, dentre elas: Banco Geral do Comércio S.A., Banco Noroeste S.A., Banco Banespa e, mais recentemente, o Banco Real. Desde 2001, a diversidade passou a ser um tema estratégico para a empresa, tanto que ela criou uma área de diversidade, ligada à Diretoria de Recursos Humanos, que atua na inserção do tema nos processos de recursos humanos e nas demais áreas do banco, além de promover o debate e propor ações para ampliar a diversidade na organização. Em meados de 2008, a partir da integração do Real e do Santander, as iniciativas e projetos passaram a ser, progressivamente, estendidos a todo o Grupo Santander Brasil.

Quanto mais diversidade na organização, acreditam que mais ideias inovadoras serão geradas, permitindo o avanço na inserção da sustentabilidade nos negócios, gerando um ciclo virtuoso que possibilite entender melhor o mercado, as aspirações e as necessidades dos clientes, desenvolvendo produtos e serviços primorosos e estabelecendo relações duradouras com as pessoas.

Ao falarem em diversidade, não se referem apenas às chamadas minorias: foram adotados como princípios os direitos humanos de igualdade de oportunidades e de não discriminação. Além disso, a organização assumiu uma postura inclusiva, com ações afirmativas para transformar a realidade. O banco acredita na mudança de dentro para fora, como uma força capaz de influenciar o mercado e a sociedade. Nesse sentido, aborda o tema de maneira educativa, inserindo-o nos programas de integração de novos funcionários, cursos e treinamentos para funcionários e lideranças.

Fonte: Observatório da população negra. Disponível em: <http://www.observatoriodonegro.org.br/artigos_subsidio_det.asp?cod=71>. Acesso em: 30 maio 2014.

Perguntas

1. Que tipos de programa a área de diversidade do Banco Santander poderia criar para incentivar a contratação de mulheres negras, pessoas com deficiência e profissionais com mais de 45 anos na organização, tornando-as devidamente integradas e com chances equivalentes de carreira?
2. Em grupo, enumerem três ou quatro ações que poderiam ser desenvolvidas (por ex., softwares ou treinamentos) para a inclusão de minorias na rotina do banco.

Notas

1. Baseado em William Poundstone, "How to Ace a Google Interview", 24 dez. 2001. Disponível em: <http://online.wsj.com/article/SB10001424052970204552304577112522982505222.html>. Acesso em: 23 jun. 20014.
2. Idem.
3. Kevin Hart, "Not Wanted: Thieves", *HR Magazine*, abr. 2008, p. 119.
4. Sarah Needleman, "Businesses Say Theft by Their Workers Is Up", *Wall Street Journal*, 11 dez. 2008, p. B8.
5. "Wal-Mart to Scrutinize Job Applicants", *CNN Money*, 12 ago. 2004.
6. Fay Hansen, "Taking 'Reasonable' Action to Avoid Negligent Hiring Claims", *Workforce Management*, 11 set. 2006, p. 31.
7. Anne Anastasi, *Psychological Patterns*, Nova York: Macmillan, 1968. Veja também Kevin Murphy e Charles Davidshofer, *Psychological Testing*, Upper Saddle River, NJ: Prentice Hall, 2001, p. 108-124.
8. Kevin Murphy e Charles Davidshofer, *Psychological Testing*, p. 116-119.
9. M. Guion, "Changing Views for Personnel Selection Research", *Personnel Psychology* 40, n. 2, verão 1987, p. 199-213. As normas para os testes educacionais e psicológicos têm a legitimidade

como "o grau em que as evidências e teorias acumuladas apoiam interpretações específicas de pontuações decorrentes de utilizações propostas de um teste". Deborah Whetzel e Michael McDaniel, "Situational Judgment Tests: An Overview of Current Research", *Human Resource Management Review* 19, 2009, p. 191.
10. Robert Gatewood e Hubert Feild, *Human Resource Selection*, Fort Worth, TX: Dryden Press, 1994, p. 243.
11. Baseado em Dave Zielinski, "Effective Assessments", *HR Magazine*, jan. 2011, p. 61-64.
12. O *Uniform Guidelines* diz: "Os empregadores devem garantir que os testes e procedimentos de seleção não sejam adotados casualmente pelos gestores que sabem pouco sobre esses processos [...] O exame ou procedimentos de seleção não devem ser implementados sem uma compreensão de sua eficácia e limitações para a organização, é preciso adequação para um trabalho específico".
13. Jean Phillips e Stanley Gully, *Strategic Staffing*, Upper Saddle River, NJ: Pearson Education, 2012, p. 220.
14. Idem.
15. "Hiring based on Strength Test Discriminates Against Women", *BNA Bulletin to Management*, 22 fev. 2005, p. 62.
16. Brad Bushman e Gary Wells, "Trait Aggressiveness and Hockey Penalties: Predicting Hot Tempers on the Ice", *Journal of Applied Psychology* 83, n. 6, 1998, p. 969-974.
17. Para outros exemplos, veja William Shepherd, "Increasing Profits by Assessing Employee Work Styles", *Employment Relations Today* 32, n. 1, primavera 2005, p. 19-23; e Eric Krell, "Personality Counts", *HR Magazine*, nov. 2005, p. 47-52.
18. Sarah Gale, "Three Companies Cut Turnover with Tests", *Workforce*, abr. 2002, p. 66-69.
19. Bill Roberts, "Hire Intelligence", *HR Magazine*, maio 2011, p. 64.
20. William Wagner, "All Skill, No Finesse", *Workforce*, jun. 2000, p. 108-116. Veja também, por exemplo, James Diefendorff e Kajal Mehta, "The Relations of Motivational Traits with Workplace Deviance", *Journal of Applied Psychology* 92, n. 4, 2007, p. 967-977.
21. Toddi Gutner, "Applicants' Personalities Put to the Test", *Wall Street Journal*, 26 ago. 2008, p. D4.
22. Elaine Pulakos, *Selection Assessment Methods*, SHRM Foundation, 2005, p. 9.
23. Disponível em: <www.myersbriggsreports.com>. Acesso em: 23 jun. 2014.
24. Disponível em: <www.myersbriggsreports.com/?gclid=CK71m6rEh6ACFVZS2godDEjgkw>. Acesso em: 23 jun. 2014.
25. Veja, por exemplo, Jesus Salgado, "The Five Factor Model of Personality and Job Performance in the European Community", *Journal of Applied Psychology* 82, n. 1, 1997, p. 30-43; Joyce Hogan et al., "Personality Measurement, Faking, and Employee Selection", *Journal of Applied Psychology* 92, n. 5, 2007, p. 1270-1285; Lisa Penney and Emily Witt, "A Review of Personality and Performance: Identifying Boundaries, Contingencies, and Future Research Directions", *Human Resource Management Review* 20, n. 1, 2011, p. 297-310.
26. Murray Barrick e Michael Mount, "The Big Five Personality Dimensions and Job Performance: A Meta Analysis", *Personnel Psychology* 44, n. 1, primavera 1991, p. 1-26. Veja também Robert Schneider, Leatta Hough, e Marvin Dunnette, "Broad-Sided by Broad Traits: How to Sink Science in Five Dimensions or Less", *Journal of Organizational Behavior* 17, n. 6, nov. 1996, p. 639-655; e Paula Caligiuri, "The Big Five Personality Characteristics as Predictors of Expatriate's Desire to Terminate the Assignment and Supervisor Rated Performance", *Personnel Psychology* 53, 2000, p. 67-68.
27. Frederick Morgeson et al., "Reconsidering the Use of Personality Tests in Personnel Selection Contexts", *Personnel Psychology* 60, 2007, p. 683.
28. Frederick Morgeson et al., "Are We Getting Fooled Again? Coming to Terms with Limitations in the Use of Personality Tests for Personnel Selection", *Personnel Psychology* 60, 2007, p. 1046.
29. Robert Tett e Neil Christiansen, "Personality Tests at the Crossroads: A Response to Morgeson, Campion, Dipboye, Hollenbeck, Murphy, and Schmitt", *Personnel Psychology* 60, 2007, p. 967. Veja também Deniz Ones et al., "In Support of Personality Assessment in Organizational Settings", *Personnel Psychology* 60, 2007, p. 995-1027. Parte do problema com testes de personalidade, segundo autorrelatos, é que alguns candidatos vão até o fim do teste fornecendo as respostas que acham que o empregador está procurando (eles "falseiam" o teste). O problema, claro, é que os candidatos menos aptos podem realmente ter sucesso e ganhar pontuações mais elevadas do que os candidatos mais aptos. Em estudos, pesquisadores observam extensivamente essa questão. Concluíram que uma forma de minimizar os efeitos da deturpação era calcular a nota de corte com base em testes aplicados a supervisores e funcionários (em vez de candidatos). No entanto, continua sendo um problema complicado. Christopher Berry e Paul Sackett, "Faking in Personnel Selection: Trade-Offs in Performance versus Fairness Resulting from Two Cut Score Strategies", *Personnel Psychology* 62, 2009, p. 835-863.
30. Edwin A. J. van Hoot e Marise Ph. Born, "Intentional Response Distortion on Personality Tests: Using Eye Tracking to Understand Response Processes when Thinking", *Journal of Applied Psychology* 97, n. 2, 2012, p. 3-316.
31. Mitchell Rothstein e Richard Goffin, "The Use of Personality Measures in Personnel Selection: What Does Current Research Support?" *Human Resource Management Review* 16, 2006, p. 155-180.
32. Veja, por exemplo, W. A. Scroggins et al., "Psychological Testing in Personnel Selection, Part III: The Resurgence of Personality Testing", *Public Personnel Management* 38, n. 1, primavera 2009, p. 67-77.
33. Estudos sugerem que testes vocacionais podem ser úteis para prever desempenho e rotatividade de funcionários. Chad h. Van Iddeking et al., "Are You Interested? A Meta-Analysis of Relations between Vocational Interests and Employee Performance and Turnover", *Journal of Applied Psychology*, v. 96, n. 6, 2011, p. 1167-1194.
34. Kathryn Tyler, "Put Applicants' Skills to the Test", *HR Magazine*, jan. 2000, p. 75-79.
35. Adaptado de: <www.kozaigroup.com>. Acesso em: 23 jun. 2014.
36. Ed Frauenheim, "More Companies Go with Online Test to Fill in the Blanks", *Workforce Management*, maio 2011, p. 12.
37. Hal Whiting and Theresa Kline, "Assessment of the Equivalence of Conventional versus Computer Administration of the Test of Workplace Essential Skills", *International Journal of Training and Development* 10, n. 4, dez. 2006, p. 285-290.
38. Ed Frauenheim, "Personality Tests Adapt to the Times", *Workforce Management*, fev. 2010, p. 4.
39. Gilbert Nicholson, "Automated Assessments for Better Hires", *Workforce*, dez. 2000, p. 102-107.
40. Disponível em: <www.iphonetypingtest.com/>. Acesso em: 23 jun. 2014.
41. "Situational Judgment Tests: An Overview of Current Research" por Deborah Whetzel e Michael McDaniel, *Human Resource Management Review* 19, 2009.
42. George Thornton III e Alyssa Gibbons, "Validity of Assessment Centers for Personnel Selection", *Human Resource Management Review* 19, 2009, p. 169-187. Veja também Brian Hoffman et al., "Exercises and Dimensions are the Currency of Assessment Centers", *Personnel Psychology*, 60, n. 4, 2011, p. 351-395.
43. Annette Spychalski, Miguel Quinones, Barbara Gaugler e Katja Pohley, "A Survey of Assessment Center Practices in Organizations in the United States", *Personnel Management* 50, n. 10, primavera 1997, p. 71-90. Veja também Winfred Arthur Jr. et al., "A Meta Analysis of the Criterion Related Validity of Assessment Center Data Dimensions", *Personnel Psychology* 56, 2003, p. 124-154.
44. Kobi Dayan et al., "Entry-Level Police Candidate Assessment Center: An Efficient

44. Tool or a Hammer to Kill a Fly?" *Personnel Psychology* 55, 2002, p. 827-848. Uma revisão recente concluiu que "o [método de avaliação central] tem uma longa história de demonstrar fortes relações preditivas entre classificações e critérios [...] como promoções, avaliações de desempenho e de progresso de salário". George Thornton III e Alyssa Gibbons, "Validity of Assessment Centers for Personnel Selection", *Human Resource Management Review* 19, 2009, p. 169-187.

45. Exceto como observado, baseado em Dave Zielinski, "Effective Assessments", *HR Magazine*, jan. 2011, p. 61-64.

46. Michael McDaniel et al., "The Validity of Employment Interviews: A Comprehensive Review and Meta-Analysis", *Journal of Applied Psychology* 79, n. 4, 1994, p. 599. Veja também Richard Posthuma et al., "Beyond Employment Interview Validity: A Comprehensive Narrative Review of Recent Research and Trends over Time", *Personnel Psychology* 55, 2002, p. 1-81.

47. Therese Macan, "The Employment Interview: A Review of Current Studies and Directions for Future Research", *Human Resource Management Review* 19, 2009, p. 203-218.

48. Michael McDaniel et al., "The Validity of Employment Interviews: A Comprehensive Review and Meta-Analysis", *Journal of Applied Psychology* 79, n. 4, 1994, p. 601. Veja também Allen Huffcutt et al., "Comparison of Situational and Behavior Description Interview Questions for Higher Level Positions", *Personnel Psychology* 54, outono 2001, p. 619-644; Stephen Maurer, "A Practitioner Based Analysis of Interviewer Job Expertise and Scale Format as Contextual Factors in Situational Interviews", *Personnel Psychology* 55, 2002, p. 307-327.

49. Bill Stoneman, "Matching Personalities with Jobs Made Easier with Behavioral Interviews", *American Banker* 165, n. 229, 30 nov. 2000, p. 8a.

50. Margery Weinstein, "You're Hired!", *Training* 48, n. 4, p. 34-37.

51. Susan Strauss et al., "The Effects of Videoconference, Telephone, and Face-to-Face Media on Interviewer and Applicant Judgments in Employment Interviews", *Journal of Management* 27, n. 3, 2001, p. 363-381. Se o empregador registra uma entrevista de contratação em vídeo com a intenção de compartilhá-la com gerentes que não participam na entrevista, é aconselhável, primeiro, obter permissão por escrito do candidato; Matt Bolch, "Lights, Camera... Interview!" *HR Magazine*, mar. 2007, p. 99-102.

52. Emily Maltby, "To Find the Best Hires, Firms Become Creative", *Wall Street Journal*, 17 nov. 2009, p. B6.

53. Madeline Heilman e Tyler Okimoto, "Motherhood: A Potential Source of Bias in Employment Decisions", *Journal of Applied Psychology* 93, n. 1, 2008, p. 189-198.

54. Idem, p. 196. Veja também Michelle Ryan et al., "Think Crisis-Think Female: The Glass Cliff and Contextual Variation in the Think Manager-Think Male Stereotype", *Journal of Applied Psychology* 96, n. 3, 2011, p. 470-484.

55. Veja, por exemplo, M. M. Harris, "Reconsidering the Employment Interview: A Review of Recent Literature and Suggestions for Future Research", *Personnel Psychology* 42, 1989, p. 691-726; Richard Posthuma et al., "Beyond Employment Interview Validity: A Comprehensive Narrative Review of Recent Research and Trends Over Time", *Personnel Psychology* 55, n. 1, primavera 2002, p. 1-81.

56. Timothy Judge et al., "The Employment Interview: A Review of Recent Research and Recommendations for Future Research", *Human Resource Management* 10, n. 4, 2000, p. 392. Há discordância quanto à superioridade relativa de cada um contra entrevistas. Veja, por exemplo, Marlene Dixon et al., "The Panel Interview: A Review of Empirical Research and Guidelines for Practice", *Public Personnel Management*, outono 2002, p. 397-428. Para argumentos contra a realização de entrevistas de seleção, consulte D. Heath et al., "Hold the Interview", *Fast Company* 136, jun. 2009, p. 51-52.

57. Frank Schmidt e Ryan Zimmerman, "A Counterintuitive Hypothesis About Employment Interview Validity and Some Supporting Evidence", *Journal of Applied Psychology* 89, n. 3, 2004, p. 553-561.

58. A validade desses argumentos é baseada em Michael McDaniel et al., "The Validity of Employment Interviews: A Comprehensive Review and Meta-Analysis", *Journal of Applied Psychology* 79, n. 4, 1994, p. 607-610. Veja também Robert Dipboye et al., "The Validity of Unstructured Panel Interviews", *Journal of Business & Strategy* 16, n. 1, outono 2001, p. 35-49; e Marlene Dixon et al., "The Panel Interview: A Review of Empirical Research and Guidance", *Public Personnel Management* 3, n. 3, outono 2002, p. 397-428. Veja também Todd Maurer e Jerry Solamon, "The Science and Practice of a Structured Employment Interview Coaching Program", *Personnel Psychology* 59, 2006, p. 433-456.

59. Derek Chapman e David Zweig, "Developing a Nomological Network for Interview Structure: Antecedents and Consequences of the Structured Selection Interview", *Personnel Psychology* 58, 2005, p. 673-702.

60. Anita Chaudhuri, "Beat the Clock: Applying for a Job? A New Study Shows that Interviewers Will Make Up Their Minds About You Within a Minute", *The Guardian*, 14 jun. 2000, p. 2-6.

61. Don Langdale e Joseph Weitz, "Estimating the Influence of Job Information on Interviewer Agreement", *Journal of Applied Psychology* 57, 1973, p. 23-27.

62. R. E. Carlson, "Selection Interview Decisions: The Effects of Interviewer Experience, Relative Quota Situation, and Applicant Sample on Interview Decisions", *Personnel Psychology* 20, 1967, p. 259-280.

63. R. E. Carlson, "Effects of Applicant Sample on Ratings of Valid Information in an Employment Setting", *Journal of Applied Psychology* 54, 1970, p. 217-222.

64. Veja, por exemplo, Scott Fleischmann, "The Messages of Body Language in Job Interviews", *Employee Relations* 18, n. 2, verão 1991, p. 161-176. Veja também James Westpall e Ithai Stern, "Flattery Will Get You Everywhere (Especially if You're a Male Caucasian): How Ingratiation, Board Room Behavior, and a Demographic Minority Status Affect Additional Board Appointments at U.S. Companies", *Academy of Management Journal* 50, n. 2, 2007, p. 267-288.

65. Tim DeGroot e Stephen Motowidlo, "Why Visual and Vocal Interview Cues Can Affect Interviewer's Judgments and Predicted Job Performance", *Journal of Applied Psychology*, dez. 1999, p. 968-984.

66. Amy Kristof-Brown et al., "Applicant Impression Management: Dispositional Influences and Consequences for Recruiter Perceptions of Fit and Similarity", *Journal of Management* 28, n. 1, 2002, p. 27-46. Veja também Linda McFarland et al., "Impression Management Use and Effectiveness Across Assessment Methods", *Journal of Management* 29, n. 5, 2003, p. 641-661.

67. Veja, por exemplo, Cynthia Marlowe, Sondra Schneider e Carnot Nelson, "Gender and Attractiveness Biases in Hiring Decisions: Are More Experienced Managers Less Biased?" *Journal of Applied Psychology* 81, n. 1, 1996, p. 11-21. Veja também Shari Caudron, "Why Job Applicants Hate HR", *Workforce*, jun. 2002, p. 36.

68. Marlowe et al., p. 18. Veja também Timothy Judge, Charlice Hurst e Lauren Simon, "Does It Pay to Be Smart, Attractive, or Confident (Or All Three)? Relationships Among General Mental Ability, Physical Attractiveness, Core Self-Evaluations, and Income", *Journal of Applied Psychology* 94, n. 3, 2009, p. 742-755.

69. Emily Duehr e Joyce Bono, "Men, Women, and Managers: Are Stereotypes Finally Changing?" *Personnel Psychology* 59, 2006, p. 837.

70. Juan Madera e Michele Hebl, "Discrimination Against Facially Stigmatized Applicants in Interviews: An Eye Tracking and Face-to-Face Investigation", *Journal of applied Psychology* 97, n. 2, p. 317-330.

71. Chad Higgins e Timothy Judge, "The Effect of Applicant Influence Tactics on Recruiter Perceptions of Fit and Hiring Recommendations: A Field Study", *Journal of Applied Psychology* 89, n. 4, 2004, p. 622-632.
72. Brian Swider et al., "Managing and Creating an Image in the Interview: The Role of Interviewee Initial Impressions", *Journal of Applied Psychology* n. 6, 2011, p. 1275-1288.
73. Laura Gollub Williamson et al., "Employment Interview on Trial: Linking Interview Structure with Litigation Outcomes", *Journal of Applied Psychology* 82, n. 6, 1996, p. 901; Michael Campion, David Palmer e James Campion, "A Review of Structure in the Selection Interview", *Personnel Psychology* 50, 1997, p. 655-702.
74. Salvo disposição em contrário, são baseados em Williamson et al., "Employment Interview on Trial", p. 901-902.
75. Todd Maurer e Jerry Solamon, "The Science and Practice of a Structured Employment Interview Coaching Program", *Personnel Psychology* 59, 2006, p. 433-456.
76. R. E. Carlson, "Selection Interview Decisions: The Effects of Interviewer Experience, Relative Quota Situation, and Applicant Sample on Interview Decisions", *Personnel Psychology* 20, 1967, p. 259-280.
77. "Looking to Hire the Very Best? Ask the Right Questions. Lots of Them", *Fortune*, 21 jun. 1999, p. 192-194.
78. Panel Kaul, "Interviewing Is Your Business", *Association Management*, nov. 1992, p. 29. Veja também Nancy Woodward, "Asking for Salary Histories", *HR Magazine*, fev. 2000, p. 109-112. Coleta de informações sobre as dimensões específicas da entrevista, como capacidade social, responsabilidade e independência (muitas vezes é feito em entrevistas estruturadas) pode melhorar a precisão da entrevista, pelo menos para os trabalhos mais complicados. Veja também Andrea Poe, "Graduate Work: Behavioral Interviewing Can Tell You If an Applicant Just Out of College Has Traits Needed for the Job", *HR Magazine* 48, n. 10, out. 2003, p. 95-96.
79. Isto é de Alan M. Saks e Julie M. McCarthy, "Effects of Discriminatory Interview Questions and Gender On Applicant Reactions", *Journal of Business and Psychology* 21, n. 2, inverno 2006.
80. "Are Your Background Checks Balanced? Experts Identify Concerns Over Verifications", *BNA Bulletin to Management*, 13 maio 2004, p. 153.
81. Baseado em Samuel Greengard, "Have Gangs Invaded Your Workplace?" *Personnel Journal*, fev. 1996, p. 47-57. Veja também Carroll Lachnit, "Protecting People and Profits with Background Checks", *Workforce*, fev. 2002, p. 52.
82. "Fake Job Reference Services Add New Wrinkle to Screening", *HR Magazine*, jan. 2010, p. 9.
83. Carroll Lachnit, "Protecting People and Profits with Background Checks", *Workforce*, fev. 2002, p. 52. Veja também Robert Howie and Lawrence Shapero, "Preemployment Criminal Background Checks: Why Employers Should Look Before They Leap", *Employee Relations Law Journal*, verão 2002, p. 63-77.
84. Bill Roberts, "Close-up on Screening", *HR Magazine*, fev. 2011, p. 23-29.
85. Veja, por exemplo, A. M. Forsberg et al., "Perceived Fairness of a Background Information Form and a Job Knowledge Test", *Public Personnel Management* 38, n. 1, primavera 2009, p. 33-46.
86. Idem., p. 50ff.
87. Alan Finder, "When a Risqué Online Persona Undermines a Chance for a Job", *New York Times*, 11 jun. 2006, p. 1.
88. "Vetting via Internet Is Free, Generally Legal, But Not Necessarily Smart Hiring Strategy", *BNA Bulletin to Management*, 20 fev. 2007, p. 57-58.
89. Anjali Athavaley, "Job References You Can't Control", *Wall Street Journal*, 27 set. 2007, p. B1.
90. "Practitioners Discuss Various Pitfalls of Using Social Media to Vet Job Applicants", *BNA Bulletin to Management*, 1 nov. 2011, p. 345-346.
91. "Maryland is First State to Restrict Employer Demands for Employee, Applicant Passwords", Bloomberg BNA, *Bulletin to Management*, 8 maio 2012, p. 145.
92. "Practitioners Discuss Various Pitfalls".
93. Por exemplo, veja Lawrence Dube Jr., "Employment References and the Law", *Personnel Journal* 65, n. 2, fev. 1986, p. 87-91. Veja também Mickey Veich, "Uncover the Resume Ruse", *Security Management*, out. 1994, p. 75-76; Mary Mayer, "Background Checks in Focus", *HR Magazine*, jan. 2002, p. 59-62.
94. "High profile Example Shows Resume Fraud is Still Major Problem HR Needs to Address", Bloomberg BNA, *Bulletin to Management*, v. 63, n. 23, 5 jun. 2012, p. 177.
95. Carroll Lachnit, "Protecting People and Profits with Background Checks", *Workforce*, fev. 2002, p. 54; Shari Caudron, "Who Are You Really Hiring?" *Workforce*, nov. 2002, p. 31.
96. Michelle Goodman, "Reference Checks Go Tech", *Workforce Management*, maio 2012, p. 26-28.
97. Kris Maher, "Reference Checking Firms Flourish, but Complaints About Some Arise", *Wall Street Journal*, 5 mar. 2002, p. B8.
98. Diane Cadrain, "Job Detectives Dig Deep for Defamation", *HR Magazine* 49, n. 10, out. 2004, p. 34ff.
99. "Undercover Callers Tip Off Job Seekers to Former Employers' Negative References", *BNA Bulletin to Management*, 27 maio 1999, p. 161.
100. "Background Checking Providers", *Workforce Management*, abr. 2012, p. 22.
101. "Employers Often Receive Flawed Information in Criminal Background Screens, Report Says", Bloomberg BNA, *Bulletin to Management*, 24 abr. 2012, p. 131.
102. Carroll Lachnit, "Protecting People and Profits with Background Checks", *Workforce*, fev. 2002, p. 52.
103. Ronald Karren e Larry Zacharias, "Integrity Tests: Critical Issues", *Human Resource Management Review* 17, 2007, p. 221-234.
104. John Bernardin e Donna Cooke, "Validity of an Honesty Test in Predicting Theft Among Convenience Store Employees", *Academy of Management Journal* 36, n. 5, 1993, p. 1097-1108. Sugestões de RH na prática adaptadas de "Divining Integrity Through Interviews", *BNA Bulletin to Management*, 4 jun. 1987, p. 184; e "Ideas and Trends", *Commerce Clearing House*, 29 dez. 1998, p. 222-223. Note que alguns sugerem que se for apontada possível doença mental, testes de integridade podem entrar em conflito com o Americans with Disabilities Act, mas uma revisão conclui que tais testes apresentam pouco risco legal para os empregadores. Christopher Berry et al., "A Review of Recent Developments in Integrity Test Research", *Personnel Psychology* 60, 2007, p. 271-301.
105. Note que uma recente meta-análise concluiu que "as relações entre testes de integridade e medidas de desempenho no trabalho tendem a ser bastante fracas" (Chad H. Van Iddeking et al., "The Criterion Related Validity of Integrity Tests: an Updated Meta-Analysis", *Journal of Applied Psychology* 97, n. 3, 2012, p. 499-530), um ponto disputado por um grupo de editores do teste. William G. Harris et al., "Test Publishers' Perspective on An Updated Meta-Analysis": Comment on Van Iddeking, Ross, Raymark, and Odle-Dusseau, *Journal of Applied Psychology* 97, n. 3, 2012, p. 531-536.
106. Baseado em "Divining Integrity Through Interviews", *BNA Bulletin to Management*, 4 jun. 1987, e "Ideas and Trends", *Commerce Clearing House*, 29 dez. 1998, p. 222-223.
107. Christopher S. Frings, "Testing for Honesty", *Medical Laboratory Observer* 35, n. 12, dez. 2003, p. 27(1).
108. Steven L. Thomas e Steve Vaught, "The Write Stuff: What the Evidence Says About Using Handwriting Analysis in Hiring", *Advanced Management Journal* 66, n. 4, ago. 2001, p. 31-35.
109. Idem; Murphy e Davidshofer, *Psychological Testing*, p. 438-439.
110. Bill Roberts, "Your Cheating Heart", *HR Magazine*, jun. 2011, p. 55-57.

111. Veja Bridget A. Styers e Kenneth S Shultz, "Perceived Reasonableness of Employment Testing Accommodations for Persons with Disabilities", *Public Personnel Management* 38, n. 3, outono 2009, p. 71-91.
112. Rita Zeidner, "Putting Drug Screening to the Test", *HR Magazine,* nov. 2010, p. 26.
113. Peter Cholakis, "How to Implement a Successful Drug Testing Program", *Risk Management* 52, n. 11, nov. 2005, p. 24-28; Elaine Davis e Stacie Hueller, "Strengthening the Case for Workplace Drug Testing: The Growing Problem of Methamphetamines", *Advanced Management Journal* 71, n. 3, verão 2006, p. 4-10.
114. Scott MacDonald et al., "The Limitations of Drug Screening in the Workplace", *International Labor Review* 132, n. 1, 1993, p. 100.
115. Idem, p. 103.
116. Diane Cadrain, "Are Your Employees' Drug Tests Accurate?" *HR Magazine,* jan. 2003, p. 40-45. Veja também Ari Nattle, "Drug Testing Impaired", *Traffic World* 271, n. 45, 12 nov. 2007, p. 18.
117. MacDonald et al., "The Limitations of Drug Screening in the Workplace", p. 105-106.
118. Lewis Maltby, "Drug Testing: A Bad Investment", *Business Ethics* 15, n. 2, mar. 2001, p. 7.
119. Ann O'Neill, "Legal Issues Presented by Hair Follicle Testing", *Employment Relations Today,* 22 dez. 1991, p. 411.
120. Richard Lisko, "A Manager's Guide to Drug Testing", *Security Management* 38, n. 8, ago. 1994, p. 92. Disponível em: <www.fmcsa.dot.gov/rules-regulations/topics/drug/engtesting.htm>. Acesso em: 23 jun. 2014.
121. Coleman Peterson, "Employee Retention: The Secrets Behind Wal-Mart's Successful Hiring Policies", *Human Resource Management* 44, n. 1, primavera 2005, p. 85-88.
122. Murray Barrick e Ryan Zimmerman, "Reducing Voluntary, Avoidable Turnover Through Selection", *Journal of Applied Psychology* 90, n. 1, 2005, p. 159-166. Veja também Michael Tucker, "Show and Tell", *HR Magazine,* jan. 2012, p. 51-52.
123. Lawrence Kellner, "Corner Office", *New York Times,* 27 set. 2009.
124. Pode haver outras complicações. Por exemplo, pode-se querer decidir qual dos vários cargos disponíveis é o melhor para o seu candidato.
125. Veja, por exemplo, Frank Landy e Don Trumbo, *Psychology of Work Behavior,* Homewood, IL: Dorsey Press, 1976, p. 131--169. Há muitas outras possibilidades. Veja, por exemplo, Gatewood e Feild, *Human Resource Selection,* p. 278-279.
126. Bill Leonard, "Wanted: Shorter Time to Hire", *HR Magazine,* nov. 2011, p. 49-52.
127. Beth Mirza, "Cost per Hire Metric Standard Open for Common", *HR Magazine,* mar. 2011, p. 80.
128. Diane Cadrain, "Mystery Shoppers Can Improve Recruitment", *HR Magazine,* nov. 2006, p. 26.
129. "Conflicting State E-Verify Laws Troubling for Employers", *BNA Bulletin To Management,* 4 nov. 2008, p. 359. O exemplo de trabalhadores sem documentos, roubando e usando documentos de identidade de trabalhadores autorizados continua a ser um problema, mesmo com o E-Verify. "Identity Theft Remains Top Challenge for E-Verify", *BNA Bulletin to Management,*19 abr. 2011, p. 121.
130. Davis Zielinski, "Automating I-9 Verification", *HR Magazine,* maio 2011, p. 57.
131. Disponível em: <www.dhs.gov/files/programs/gc_1185221678150.shtm>. Acesso em: 23 jun. 2014.
132. "New Tools Will Aid Employers During Verification Process", *BNA Bulletin to Management,* 15 mar. 2011.
133. Russell Gerbman, "License to Work", *HR Magazine,* jun. 2000, p. 151-160. Recentemente, o Departamento de Segurança Interna anunciou que estava inspecionando cerca de 652 empresas em todo o país como parte de seu novo programa de auditoria I-9. "I-9 Used to Conduct High Nine Audits at 652 Businesses as Focus of Enforcement Ships to Employers", *BNA Bulletin to Management,* 7 jul. 2009, p. 211. A agência de administração de treinamento e emprego do Ministério de Trabalho dos EUA instalou um novo sistema chamado iCERT, para tornar mais fácil para os empregadores receber pedidos de condição de trabalho para o programa H1B. "EPA Announces Electronic Portal to Receive Applications for H1B, Perm Certifications", *BNA Bulletin to Management,* 21 abr. 2009, p. 123.
134. Note que os testes de internet desprotegidos levantam sérias questões em ambientes de trabalho. Nancy Tippins et al., "Unproctored Internet Testing in Employment Settings", *Personnel Psychology* 59, 2006, p. 189-225.
135. De Bob Neveu, "Applicant Tracking's Top 10: Do You Know What to Look for in Applicant Tracking Systems?" *Workforce,* out. 2002, p. 10.
136. Para carta de oferta e amostras de contrato de trabalho. Disponível em: <http://www.unh.edu/hr/sites/unh.edu.hr/files/pdfs/offer-letter-template-status-staff.pdf>; <http://jobsearchtech.about.com/od/jobofferletters/a/jobofferletter.htm>. Acesso em: 23 jun. 2014.
137. Para obter informações e orientação. Disponível em: <http://www.shrm.org/templatestools/pages/default.aspx>. Acesso em: 23 jun. 2014.
138. Disponível em: <http://www.shrm.org/templatestools/toolkits/pages/default.aspx>. Acesso em: 18 out. 2014.
139. Manuel Velasquez, *Business Ethics: Concepts and Cases,* Upper Saddle River, NJ: Prentice Hall, 1992, p. 9. Veja também O. C. Ferrell, John Fraedrich e Linog Ferrell, *Business Ethics,* Boston: Houghton Mifflin, 2008.
140. P. Taylor e B. Small, "Asking Applicants What They Would Do Versus What They Did Do: A Meta-Analytic Comparison of Situational and Past-Behavior Employment Interview Questions", *Journal of Occupational and Organizational Psychology* 75, n. 3, set. 2002, p. 277-295. Entrevistas de emprego estruturadas que usam questões situacionais ou questões comportamentais tendem a gerar alta validade. No entanto, entrevistas estruturadas com formatos de perguntas situacionais produzem classificações mais elevadas. Isso pode ser porque os entrevistadores obtêm respostas mais consistentes (de confiança), com questões situacionais (que obrigam todos os candidatos a abordar o mesmo cenário), do que com questões comportamentais (que requerem a cada candidato encontrar experiências aplicáveis). Finalmente, há alguma evidência de que para os cargos de nível superior, entrevistas situacionais baseadas em questão são inferiores às de comportamento, possivelmente, porque as situações são "demasiado simples para permitir qualquer diferenciação real entre os candidatos para cargos de nível superior"; Alan Huffcutt et al., "Comparison of Situational and Behavioral Description Interview Questions for Higher Level Positions", *Personnel Psychology* 54, n. 3, 2001, p. 619.
141. Veja também Phillip Lowry, "The Structured Interview: An Alternative to the Assessment Center?" *Public Personnel Management* 23, n. 2, verão 1994, p. 201-215; Steven Maurer, "The Potential of the Situational Interview: Existing Research and Unresolved Issues", *Human Resource Management Review* 7, n. 2, verão 1997, p. 185-201; e Todd Maurer e Jerry Solamon, "The Science and Practice of a Structured Employment Interview Coaching Program", *Personnel Psychology* 59, n. 2, verão 2006, p. 433-456.
142. Pursell et al., "Structured Interviewing", p. 910.
143. De um discurso do psicólogo Paul Green contido em *BNA Bulletin to Management,* 20 jun. 1985, p. 2-3. Para mais informações práticas, consulte: <http://www.state.gov/documents/organization/107843.pdf>. Acesso em: 23 jun. 2014.

PARTE 3 TREINAMENTO E DESENVOLVIMENTO DE RECURSOS HUMANOS

ONDE ESTAMOS AGORA:

A Parte 2, *Equipes de trabalho: descrição de cargos e alocação de pessoal*, explica como determinar quais deveres, responsabilidades e requisitos são necessários a um cargo, e como recrutar, testar e selecionar funcionários. Depois de selecionar e contratar, o gerente deve orientar, treinar, avaliar, engajar e reter o funcionário e, para isso, precisa recorrer a métodos de treinamento, desenvolvimento, avaliação e retenção de recursos humanos. **A Parte 3, *Treinamento e desenvolvimento de recursos humanos*, irá abranger**:

- Capítulo 7, "Treinamento e desenvolvimento de funcionários"
- Capítulo 8, "Avaliação e gerenciamento do desempenho"
- Capítulo 9, "Retenção de pessoas, comprometimento e carreira"

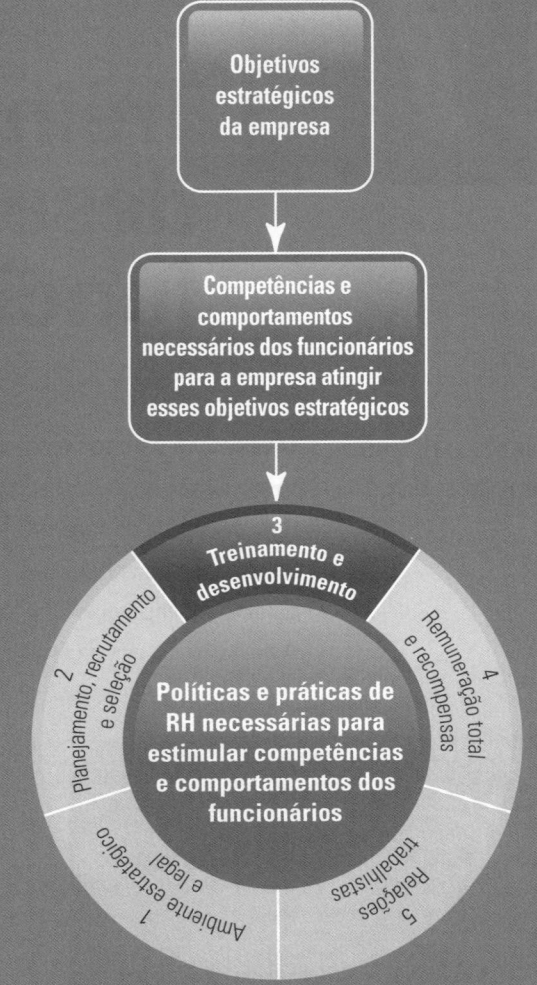

Os conceitos e as técnicas que serão abordados na Parte 3 desempenham um papel vital na administração estratégica de recursos humanos. Como vemos acima, no modelo de estratégia de RH, a administração estratégica de recursos humanos significa formulação e execução de políticas e práticas que estimulam competências e comportamentos dos funcionários para que a empresa atinja seus objetivos estratégicos de recursos humanos. Contratar funcionários com elevado potencial, e cuidadosamente selecionados, não é suficiente, mas é preciso saber como consegui-los. Veremos na Parte 3 que estimular essas competências e comportamentos necessários exige a implementação de políticas e práticas de treinamento de RH, avaliando, envolvendo e retendo os funcionários. Em seguida, na Parte 4, abordaremos a remuneração desses funcionários.

7 Treinamento e desenvolvimento de funcionários

Neste capítulo, vamos abordar...

- ORIENTAÇÃO E INTEGRAÇÃO DE NOVOS FUNCIONÁRIOS
- VISÃO GERAL DO PROCESSO DE TREINAMENTO
- REALIZAÇÃO DE PROGRAMAS DE TREINAMENTO
- REALIZAÇÃO DE PROGRAMAS DE DESENVOLVIMENTO GERENCIAL
- GESTÃO DE PROGRAMAS DE MUDANÇA ORGANIZACIONAL
- AVALIAÇÃO DO ESFORÇO DO TREINAMENTO

Fonte: Hemis/Alamy

Objetivos de aprendizagem

Quando terminar o estudo deste capítulo, você será capaz de:
1. Resumir o propósito e o processo de orientação dos funcionários.
2. Listar e explicar, brevemente, cada uma das cinco etapas do processo de treinamento.
3. Realizar um levantamento para identificar as necessidades de treinamento.
4. Explicar como distinguir problemas que podem, ou não, ser corrigidos com o treinamento.
5. Discutir como motivar trainees.
6. Explicar como usar cinco técnicas de treinamento.
7. Listar e discutir, brevemente, quatro métodos de desenvolvimento de gestão.
8. Listar e discutir, brevemente, os oito passos na condução da mudança organizacional.
9. Responder à pergunta: "O que é o desenvolvimento organizacional e como ele difere das abordagens tradicionais de mudança organizacional?".
10. Explicar o que considerar na avaliação da eficácia de um programa de treinamento.

Introdução

Cerca de seis anos depois da fusão com a May Department Stores, a Macy's estava focada na integração de suas lojas de departamentos regionais a uma administração centralizada apenas na Macy's. Em seguida, a recessão e o foco mudaram para a redução de custos. Durante esses anos, o serviço de vendas da Macy's decaiu. Muitos vendedores simplesmente não estavam prestando o nível de serviço que os clientes queriam. A questão é: o que a Macy's deve fazer sobre isso?

OBJETIVO DE APRENDIZAGEM 1
Resumir o propósito e o processo de orientação dos funcionários.

Orientação e integração de novos funcionários

Selecionar cuidadosamente os funcionários não garante que eles atuarão de maneira eficaz. Mesmo os funcionários com alto potencial não podem realizar seu trabalho se não sabem o que fazer ou como fazer. Certificar-se de que seus funcionários sabem o que e como fazer é o objetivo do treinamento e da orientação. Vamos começar com a orientação.

Importância da orientação e integração de funcionários

A orientação (ou integração) dos funcionários envolve mais do que a maioria das pessoas imagina.[1] A **orientação dos funcionários** oferece as informações de que eles precisam para trabalhar (como senhas de computador e normas da empresa). Idealmente, no entanto, também deve ajudar a criar vínculos com a empresa. Você quer alcançar quatro objetivos, orientando novos funcionários:

Orientação dos funcionários
Procedimento para dar aos novos funcionários informações básicas sobre a empresa.

1. Fazer que o novo funcionário sinta-se em casa e parte da equipe.
2. Certificar-se de que o novo funcionário tem a informação básica para trabalhar de forma eficaz, como o acesso a e-mail, políticas de pessoal e benefícios, e o que o empregador espera em termos de comportamento no trabalho.
3. Ajudar o novo funcionário a compreender a organização em um sentido amplo (seu passado, presente, cultura, estratégias e visão de futuro).
4. Socializar a pessoa e passar os valores da empresa e formas de fazer as coisas.[2]

Conseguir com que o novo funcionário aprecie a cultura e os valores da empresa distingue os programas de *integração*, da orientação tradicional.[3] Por exemplo, o novo programa "patrimônio e cultura" da Clínica Mayo enfatiza seus valores centrais, como trabalho em equipe, responsabilidade pessoal, inovação, integridade, diversidade, atendimento ao cliente e respeito mútuo.[4]

Processo de orientação

A duração do programa de orientação depende do que você abrange. Os programas tradicionais levam várias horas. O especialista em recursos humanos (ou, nas pequenas empresas, o gerente do escritório) geralmente executa a primeira parte da orientação, explicando as questões básicas, como horário de trabalho, benefícios e férias. Essa pessoa, então, apresenta o novo funcionário ao seu supervisor. O supervisor continua a orientação, explicando a organização, apresentando a pessoa aos seus novos colegas, familiarizando-a com o local de trabalho e ajudando a reduzir o nervosismo do primeiro dia. Para os novos empregados em geral, e em especial para as pessoas com deficiência, a integração e a socialização são altamente influenciadas pelo comportamento de colegas e superiores.[5] Os superiores devem estar atentos. Acompanhar e incentivar novos funcionários a se envolver em atividades (como intervalos com os atuais funcionários) que permitirão a cada um "aprender os caminhos" e tornar-se produtivo.

No mínimo, uma orientação inclui informações sobre os benefícios dos empregados, políticas de pessoal, rotina, organização e operações diárias da empresa, medidas de segurança e regulamentos, e um passeio pelas instalações.[6] Os novos funcionários devem receber (e assinar) o Manual de Integração dos Funcionários, impresso ou na internet, que tenha assuntos como estes.

MANUAL DE INTEGRAÇÃO DOS FUNCIONÁRIOS Tribunais podem achar que o conteúdo do manual de integração dos funcionários representa compromissos de emprego juridicamente vinculativos. Portanto, deixe claro que as declarações de políticas da empresa, benefícios e regulamentos não constituem os termos e as condições do contrato de trabalho, de forma expressa ou implícita. Além disso, os empregadores geralmente não devem inserir frases como "Nenhum funcionário será demitido sem justa causa" ou declarações que abordem benefícios ou privilégios negociados em contrato. Deve-se enfatizar que o vínculo empregatício é "por livre vontade".

TECNOLOGIA DE ORIENTAÇÃO Empregadores utilizam a tecnologia para apoiar a orientação. Por exemplo, na Universidade de Cincinnati, novos funcionários usam cerca de

45 minutos para um treinamento on-line, sobre a missão do seu novo empregador, organização, políticas e procedimentos. A IBM usa ambientes virtuais, como o Second Life, para apoiar a orientação, principalmente para os funcionários no exterior. Os novos funcionários escolhem avatares virtuais, que, em seguida, interagem com outros avatares da empresa, para aprender a se inscrever para os benefícios, por exemplo.[7] A ION Geophysical utiliza uma solução de portal de integração on-line chamada RedCarpet. O CEO (chief executive officer, diretor executivo) da Ion utiliza o RedCarpet para oferecer uma mensagem de boas-vindas em vídeo. Novos contratados podem ver fotos e perfis dos membros de suas equipes de trabalho.[8]

Visão geral do processo de treinamento

> OBJETIVO DE APRENDIZAGEM 2
> Listar e explicar, brevemente, cada uma das cinco etapas do processo de treinamento.

Logo após a orientação, o treinamento deve começar. **Treinamento** significa dar aos funcionários novos ou atuais as habilidades de que eles precisam para executar seus trabalhos. O treinamento é uma tarefa que os gestores ignoram. Se os funcionários não sabem o que fazer ou como fazer, eles vão improvisar ou fazer algo pouco útil.

Treinamento
Processo de ensinar aos funcionários novos ou atuais as habilidades básicas necessárias para desempenhar suas funções.

O treinamento inadequado também pode desencadear o **treinamento negligente**. Como um especialista diz, "É claro na jurisprudência que, quando um empregador não treina adequadamente e um empregado depois faz mal a terceiros, o tribunal entende que o empregador é o responsável".[9] Os empregadores devem confirmar as habilidades e as experiências dos candidatos/empregados, proporcionar treinamento adequado (particularmente onde os funcionários usam equipamentos perigosos), e avaliar o treinamento para garantir que ele está realmente reduzindo os riscos.

Treinamento negligente
Situação em que o empregador deixa de treinar adequadamente, e o empregado, depois, prejudica terceiros.

Alinhando treinamento e estratégia

Planos estratégicos do empregador devem, enfim, orientar seus objetivos de treinamento.[10] Em essência, a tarefa é identificar os perfis dos empregados de que a empresa precisa e, a partir deles, deduzir quais competências irão precisar. Então, as empresas traçam metas de treinamento e programas de competências.[11] Por exemplo, a Caterpillar Inc. criou a Universidade Caterpillar para supervisionar todos os seus programas de treinamento e desenvolvimento. Os executivos da empresa integram o conselho de administração da universidade e estabelecem as políticas da universidade, supervisionando "o alinhamento das necessidades de aprendizagem da corporação com a estratégia de negócios das empresas".[12] A equipe de treinamento também deve sempre se concentrar na sua base, definindo o seu próprio propósito e sucesso, em termos de como afetam o desempenho da empresa. O treinamento tem uma impressionante capacidade de influenciar o desempenho,[13] apresentando pontuação mais alta do que avaliação e feedback, e fica logo abaixo da fixação de metas em seu efeito sobre a produtividade.[14] O Quadro *Contexto estratégico* ilustra o papel da estratégia no treinamento e desenvolvimento.

Contexto estratégico

A estratégia de recuperação do treinamento da Macy's

Depois de ter passado cerca de seis anos consolidando e reduzindo custos para seguir seu caminho por meio da recessão, a alta administração da Macy's virou-se para uma nova estratégia em 2011. Como o próprio CEO disse: "Estamos [agora] falando de uma mudança cultural [...] tornando-se mais do que uma empresa em crescimento".[15] No entanto, a alta administração da Macy's sabia que a expansão não ocorreria sem melhora do serviço ao cliente. E, para realizar aquilo de que a nova estratégia de crescimento da Macy's dependia, ela implementou um novo programa de treinamento. Em vez de apenas assistir a um vídeo interativo de 90 minutos, como faziam anteriormente, os associados de vendas agora tinham três sessões de treinamento de 30 minutos, destinadas a cultivar os mais elevados níveis de serviço ao cliente. A administração da Macy's acredita que o programa de treinamento e consequente melhora no atendimento será o maior fator na consecução das metas de crescimento.[16]

Processo Addia de treinamento em cinco passos

O empregador deve usar um processo de treinamento racional. O padrão-ouro ainda é o básico "análise-desenho-desenvolvimento-implementação-avaliação (Addia)",[1] modelo de processo de treinamento que peritos em treinamento utilizaram durante anos.[17] Como exemplo, parafraseando um fornecedor de treinamento:[18]

- *Analisar* a necessidade de treinamento.
- *Desenhar* o programa global de treinamento.
- *Desenvolver* o curso (montagem/criação dos materiais de treinamento).
- *Aplicar* o treinamento, por realmente treinar o grupo de empregados-alvo, utilizando métodos como treinamento no local de trabalho e on-line.
- *Avaliar* a eficácia do curso.

Vamos nos aprofundar em cada passo a seguir.

Condução da análise das necessidades de treinamento

A análise das necessidades de treinamento deve atender às *necessidades estratégicas de longo* prazo de treinamento e/ou necessidades de treinamento atuais. Se o programa utiliza a tecnologia, o gerente também deve incluir uma revisão da tecnologia que ele pretende usar para apresentar o programa, como parte da análise.[19]

ANÁLISE DAS NECESSIDADES DE TREINAMENTO ESTRATÉGICO Metas estratégicas (talvez para introduzir novas linhas de negócio ou expandir para o exterior) geralmente significam que a empresa terá que preencher novos postos de trabalho. A análise das necessidades de treinamento estratégico centra-se na identificação do treinamento que os funcionários terão para essas vagas futuras. Por exemplo, quando baseada no estado norte-americano de Wisconsin, a Corporação Signicast decidiu construir uma nova fábrica de alta tecnologia, uma vez que a alta administração da empresa sabia que os funcionários da usina precisavam de novas competências para operar as máquinas computadorizadas. Eles trabalharam com sua equipe de RH para a formulação de políticas de contratação e programas de treinamento para garantir que a empresa teria os recursos humanos necessários para atender a nova unidade.

A análise das necessidades de treinamento estratégico está ligada ao planejamento sucessório. Este último significa identificar o treinamento e o desenvolvimento de que os funcionários precisam para preencher posições-chave da empresa e, em seguida, formular planos para assegurar que os funcionários com alto potencial comecem o treinamento e o desenvolvimento para preencher posições futuras da empresa.

ANÁLISE DAS NECESSIDADES ATUAIS DE TREINAMENTO Tão importante quanto o treinamento estratégico é que a maioria dos esforços vise melhorar o desempenho atual, especificamente o treinamento de novos funcionários, e aqueles cujo desempenho é deficiente.

As necessidades de treinamento atuais dependem do treinamento de funcionários novos ou atuais. A principal tarefa na análise de novas necessidades dos funcionários é determinar o que o trabalho envolve e dividi-lo em subtarefas; você, então, deve ensinar cada uma delas ao novo funcionário.

Analisar as necessidades de treinamento dos funcionários *atuais* é mais complexo porque você também deve decidir se o treinamento é a solução. Por exemplo, o desempenho pode ser baixo, porque os procedimentos não são claros, ou porque a pessoa não está motivada. Gerentes utilizam *análise de tarefas* para identificar necessidades de treinamento de novos funcionários e *análise de desempenho* para identificar necessidades de treinamento de funcionários atuais.

---

[1] N. do R.T.: Trata-se do modelo Addia de design instrucional. Disponível em: <http://www.designinstrucional.com.br>. Acesso em: 26 set. 2014. Outra fonte de interesse pode ser a obra *Design instrucional na prática*, de Andrea Filatro, São Paulo: Pearson, 2008.

OBJETIVO DE APRENDIZAGEM 3
Realizar um levantamento para identificar as necessidades de treinamento.

Análise de tarefas
Estudo detalhado de um trabalho para identificar as habilidades específicas exigidas.

ANÁLISE DE TAREFAS: VERIFICANDO AS NECESSIDADES DE TREINAMENTO DE NOVOS COLABORADORES

Particularmente com os trabalhadores de nível básico, é comum contratar pessoal sem experiência e treiná-los. Seu objetivo aqui é dar a esses novos empregados habilidades e conhecimentos necessários para fazer o trabalho. **Análise de tarefas** é um estudo detalhado do trabalho para determinar quais são as competências específicas que o trabalho exige. Para a análise de tarefas, descrições e especificações de trabalho são essenciais. Essa lista de deveres e competências específicas do trabalho é o ponto básico de referência para determinar o treinamento exigido. Os gerentes também podem descobrir as necessidades de treinamento, revendo os padrões de desempenho, realizando o trabalho e questionando os titulares do trabalho atual e seus supervisores.[20]

Alguns gestores complementam a descrição do cargo e a especificação com um *formulário de registro de análise de tarefas*. Isso consolida informações sobre as tarefas necessárias e habilidades de uma forma especialmente útil para determinar as necessidades de treinamento. Veja o exemplo no Quadro 7.1, que contém informações como habilidades ou conhecimentos necessários.

GESTÃO DE TALENTOS: UTILIZANDO PERFIS E MODELOS DE COMPETÊNCIA

Gestão de talentos é o processo metaorientado e integrado de planejamento, recrutamento, seleção, desenvolvimento e remuneração de funcionários. No coração da gestão de talentos, está a ideia de usar o mesmo perfil (conjunto de competências necessárias, características,

QUADRO 7.1 Amostra de um formulário de registro de análise de tarefas.

Lista de tarefas	Quando e com qual frequência	Quantidade e qualidade do desempenho	Condições de execução	Habilidades ou conhecimentos requeridos	Onde é mais bem aprendida
1. Operar guilhotina	4 vezes por dia		Sala de prensa barulhenta: distrações		
1.1 Ligar motor	4 vezes por dia				No trabalho
1.2 Definir a distância de corte		± tolerância de 0,007 pol.		Ler calibre	No trabalho
1.3 Posicionar o papel na mesa de corte		Deve ser completamente alinhado para evitar corte irregular		Levantar o papel corretamente	No trabalho
1.4 Empurrar o papel até a guilhotina				Deve estar alinhado	No trabalho
1.5 Segurar o fecho de segurança com a mão esquerda		100% das vezes, por segurança		Essencial para segurança	No trabalho, mas praticar primeiro sem distrações
1.6 Segurar o disparador de corte com a mão direita				Deve manter as duas mãos no disparador	No trabalho, mas praticar primeiro sem distrações
1.7 Simultaneamente, puxar o obturador de segurança com a mão esquerda e o disparador de corte com a direita				Deve manter as duas mãos no disparador	No trabalho, mas praticar primeiro sem distrações
1.8 Esperar o cortador retrair		100% das vezes, por segurança		Deve manter as duas mãos no disparador	No trabalho, mas praticar primeiro sem distrações
1.9 Retração do papel				Esperar até que o cortador se retraia	No trabalho, mas praticar primeiro sem distrações
1.10 Desligar		100% das vezes, por segurança			No trabalho, mas praticar primeiro sem distrações
2. Operar a impressora					
2.1 Ligar o motor					

Obs.: formulário de registro de análise de tarefas mostrando algumas das tarefas e subtarefas executadas por um operador de prensa.

conhecimentos e experiência) para recrutamento, seleção, treinamento, avaliação e remuneração do empregado. Para o treinamento, podemos resumir isso da seguinte forma:

Estratégia → Comportamentos requeridos do empregado → Habilidades e competências necessárias dos funcionários → Necessidades de treinamento e desenvolvimento → Aplicação e avaliação do programa de treinamento

> **Modelo de competências**
> Modelo gráfico que consolida, geralmente em um diagrama, uma visão precisa das competências (conhecimentos, habilidades e comportamentos) de que alguém necessita para realizar um bom trabalho.

Muitos empregadores aplicam modelos de competências para compilar e resumir as necessidades de treinamento de um cargo. O **modelo de competências** consolida, geralmente em um diagrama, uma lista de competências (conhecimentos, habilidades e comportamentos) de que alguém precisa para fazer um bom trabalho. O empregador pode, então, formular objetivos de treinamento e programas específicos destinados a desenvolver essas habilidades e competências.

Como exemplo, reveja a Figura 4.7, que traz o modelo de competências para um gerente de recursos humanos. Lembre-se de que o topo da pirâmide mostra os quatro requisitos principais que o gerente de recursos humanos precisa preencher. Sob isso estão as áreas de especialização requeridas, como seleção e treinamento. A seguir, estão as competências essenciais de um gestor de RH, como comunicar-se eficazmente.[21]

O objetivo do modelo é compilar em um só lugar as competências necessárias para fazer o trabalho. Por exemplo, na Sharp Electronics, gestores de treinamento entrevistam os gestores das áreas para entender os objetivos estratégicos da empresa e inferir a partir deles que competências esses objetivos exigem. Treinadores da Sharp também entrevistam os melhores e com ótimo desempenho em cada trabalho para identificar competências e habilidades ("é capaz de entender as principais necessidades do cliente", por exemplo) que acreditam ser essenciais ao trabalho. O treinamento para o trabalho, então, deve ser com o objetivo de desenvolver esse perfil ou conjunto de competências.[22]

ANÁLISE DE DESEMPENHO: EXAMINAR AS NECESSIDADES DE TREINAMENTO DOS FUNCIONÁRIOS ATUAIS Para os atuais funcionários com baixo desempenho, você não pode pensar que o treinamento é o problema. Em outras palavras, é a falta de treinamento ou algo mais? **Análise de desempenho** é o processo de verificar se há uma deficiência de desempenho e determinar se o empregador deve corrigir essas deficiências com treinamento ou por outros meios (como a transferência do empregado).

> **Análise de desempenho**
> Verifica que há uma deficiência de desempenho e determina se essa deficiência deve ser corrigida com treinamento ou por quaisquer outros meios (como transferir o empregado).

O primeiro passo na análise de desempenho é, geralmente, comparar o desempenho real da pessoa com o que deveria ser o seu desempenho ideal. Fazer isso ajuda a confirmar que há uma deficiência de desempenho e orienta o gestor a identificar sua causa. Exemplos de deficiências de desempenho podem ser:

Espero que cada vendedor faça 10 novos contratos por semana, mas as médias de John são de apenas seis.
Outras unidades do nosso tamanho têm, em média, dois acidentes graves por mês, estamos com cinco, em média.

Existem várias maneiras de identificar como um funcionário atual está desempenhando o trabalho. Entre elas:

- Avaliações de desempenho.
- Dados de desempenho relacionados ao trabalho (incluindo produtividade, absenteísmo e atrasos, queixas, desperdícios, atrasos nas entregas, qualidade do produto, tempo de inatividade, reparos, utilização dos equipamentos e reclamações de clientes).
- Observações de supervisores ou outros especialistas.
- Entrevistas com o empregado ou seu supervisor.
- Testes de aspectos como conhecimento do trabalho, habilidades e atendimento.
- Estudos do comportamento dos funcionários.
- Tarefas diárias do empregado.
- Os resultados do centro de avaliação.
- Lacuna especial de desempenho do software analítico, como o Saba Software, Inc.

> **OBJETIVO DE APRENDIZAGEM 4**
> Explicar como distinguir problemas que podem, ou não, ser corrigidos com o treinamento.

NÃO PODE FAZER OU NÃO QUER FAZER? Esmiuçar por que "o desempenho é baixo" é o coração da análise de desempenho. Afinal, por que gastar tempo com treinamento de funcionários quando o problema não é treinamento, mas baixa motivação?

O objetivo do gerente é distinguir entre problemas de "não poder" ou "não querer fazer". Em primeiro lugar, determinar se é um problema de *não poder fazer*. Por exemplo, os funcionários não sabem o que fazer, ou há impedimentos, como a falta de ferramentas ou materiais, ou você contratou pessoas que não têm as habilidades necessárias para fazer o trabalho. Talvez haja mesmo a necessidade de treinamento.

Por outro lado, pode ser um problema de *não querer fazer*. Nesse caso, os funcionários poderiam fazer um bom trabalho, se quisessem.[23] Por exemplo, a solução pode ser mudar o sistema de remuneração e benefícios.

> **OBJETIVO DE APRENDIZAGEM 5**
> Discutir como motivar trainees.

Projetando o programa de treinamento

A partir dos resultados da análise das necessidades, o gestor desenha o programa global de treinamento. *Projetar ou desenhar* significa planejar o programa de treinamento, incluindo objetivos de treinamento, métodos de ensino e avaliação do programa. Subetapas incluem o estabelecimento de objetivos de desempenho, a criação de um esquema de treinamento detalhado (todas as etapas do programa de treinamento do início ao fim), a escolha de um método de ensino do programa (como palestras ou web) e a verificação da concepção geral do programa com a administração. O projeto deve incluir resumos de como você pretende definir um ambiente de treinamento que motive os participantes tanto para aprender quanto para transferir o que aprenderam com o trabalho. É também na fase de concepção que o gestor analisa o possível conteúdo do programa de treinamento (incluindo livros, exercícios e atividades) e estima um orçamento para o programa.[24] A seguir, vamos olhar mais de perto várias questões específicas de design do programa de treinamento.

DEFINIÇÃO DE OBJETIVOS DE APRENDIZAGEM Treinamento, desenvolvimento ou (geralmente) objetivos instrucionais devem especificar em termos mensuráveis o que o novo funcionário, ou quem está sendo treinado, deve ser capaz de realizar após concluir, com sucesso, o programa.[25] Por exemplo:

> O representante da assistência técnica será capaz de ajustar as diretrizes de cor nessa impressora copiadora HP Officejet All-in-One dentro de 10 minutos de acordo com as especificações do dispositivo.

Os objetivos de aprendizagem que você escolhe devem abordar a correção das deficiências de desempenho que você identificou com a análise de necessidades. Assim, se as vendas da equipe estão 40% abaixo do esperado, os objetivos devem se concentrar em garantir a obtenção do conhecimento, habilidades e atitudes necessárias para impulsionar as vendas. No entanto, ao mesmo tempo, os objetivos de aprendizagem devem ser práticos, tendo em conta as limitações. Uma delas é a financeira. O empregador vai querer ver e aprovar um *orçamento para o programa de treinamento*. Os custos típicos incluem os de desenvolvimento (ter, digamos, um especialista de recursos humanos que trabalhe no programa por uma ou duas semanas), os custos diretos e indiretos (elevados) de tempo dos instrutores, remuneração dos participantes (durante o tempo que eles estão efetivamente sendo treinados) e os custos de avaliação do programa. A questão não é apenas "Podemos pagar esse programa?", mas "Será que vale gastar tanto assim, considerando os benefícios que vamos ter com o programa?". Por isso, esteja preparado para defender o programa de treinamento em termos de benefícios versus custos. Também existem outras restrições, como de tempo, que podem reduzir os objetivos de aprendizagem desejáveis de três ou quatro para dois.

CRIAÇÃO DE UM AMBIENTE EDUCATIVO INSPIRADOR Aprender algo exige habilidade e motivação, e o ambiente de aprendizagem do programa de treinamento deve levar isso em conta. Em primeiro lugar, em termos de habilidade, o participante-trainee[II] precisa, entre outras coisas, de leituras obrigatórias, habilidades de escrita e matemáticas, nível de escolaridade, inteligência e base de conhecimento apropriados. Ao estabelecer o ambiente de aprendizagem, o gerente deve abordar várias questões relacionadas com a capacidade do trainee. Por exemplo, como o nosso programa lida com as diferenças nas habilidades dos trainees? Será que precisamos fornecer treinamento corretivo?

[II] N. do R.T.: Trainee, aqui neste capítulo, deverá ser entendido como "treinando" ou "instruendo", no sentido daquele que recebe a carga de treinamento.

Em segundo lugar, o participante também deve estar motivado para aprender o conteúdo. Nenhum gestor quer desperdiçar seu tempo com um funcionário desinteressado (mesmo que ele tenha a capacidade exigida).

Muitos livros foram escritos sobre como motivar os funcionários, mas algumas observações são realmente pertinentes.[26] É provável que os efeitos do programa de treinamento sejam menores se os trainees retornarem a seus postos de trabalho com comentários maliciosos de seus pares ou supervisores, como: "Espero que você tenha gostado de suas pequenas férias". Portanto, é importante ter certeza de que pares e supervisores apoiam o esforço de treinamento. O ideal, especialmente para programas maiores, é a alta administração apoiar visivelmente o programa. Além disso, podem-se resumir sugestões motivacionais como segue.

OBTENÇÃO DE APRENDIZADO SIGNIFICATIVO Trainees estão mais motivados para aprender algo que tenha significado para eles. Por isso:

1. No início do treinamento, dê uma visão geral sobre o material que você vai apresentar.[27]
2. Dê exemplos conhecidos.
3. Organize a informação do treinamento para que possa apresentá-la de forma lógica e em unidades significativas.
4. Utilize recursos audiovisuais.
5. Crie uma necessidade de treinamento percebida na mente dos trainees.[28] "Os gestores precisam sentar e conversar com o aluno sobre o motivo de estar matriculado na turma, o que deve aprender, e como pode usá-lo no trabalho".[29]

REFORÇO DA APRENDIZAGEM Certifique-se de que o aluno tenha muito feedback. Em particular:

1. Os trainees aprendem melhor quando os treinadores reforçam imediatamente respostas corretas, talvez com um rápido "muito bem".
2. Dar seguimento a atribuições no final do treinamento, assim os trainees são incentivados a aplicar o que aprenderam no trabalho.[30]

GARANTIA DA TRANSFERÊNCIA DE APRENDIZAGEM AO TRABALHO Infelizmente, menos de 35% dos trainees parecem estar transferindo ao seu trabalho o que aprenderam no treinamento um ano após o treino. Melhorar essa triste estatística requer a tomada de medidas especiais em cada fase do treinamento. *Antes do treinamento*, deve-se conseguir a participação do trainee e do supervisor na elaboração do programa, instituir política de presença e incentivar os funcionários a participar do treinamento. *Durante o treinamento*, dotar os trainees com experiências de treinamento e condições (ambiente, equipamentos) que lembram o ambiente de trabalho real. *Após o treinamento*, reforçar o que aprenderam, avaliando e recompensando os funcionários pelo uso de novas habilidades, certificando-se de que eles têm as ferramentas e os materiais necessários para usá-las.[31]

OUTRAS QUESTÕES Gerentes querem resolver vários outros problemas durante a fase de concepção do treinamento. É mais importante que revejam metodologias relevantes de alternativas de treinamento (palestras, elementos retirados da web, e assim por diante) e escolham os métodos possíveis para o seu programa. Eles também decidem como organizar (por exemplo, em que sequência) os componentes de conteúdo de treinamento, como avaliar, desenvolver um resumo geral para o programa e obter a aprovação da administração para seguir em frente.

Desenvolvimento de programas

Desenvolvimento de programas significa realmente criar e montar conteúdo e materiais do programa de treinamento. Isto é, escolher o conteúdo real que o programa vai apresentar, bem como projetar/escolher os métodos de ensino específicos (palestras e cases, on-line etc.) que você vai usar. Equipamento de treinamento e materiais incluem iPads, livros, palestras, slides do PowerPoint, sites e atividades virtuais, como as do curso, recursos (manuais, por exemplo) e materiais de apoio.

Alguns empregadores criam seu próprio conteúdo de treinamento, mas há também uma grande variedade de conteúdo on-line e off-line a escolher. Você encontrará sistemas de computador prontos e integrados sobre praticamente qualquer assunto, desde segurança no trabalho até assédio sexual. Também há conteúdo disponível na internet, veja, por exemplo, a Associação Brasileira de Treinamento e Desenvolvimento (ABTD), que organiza anualmente o Congresso Brasileiro de Treinamento e Desenvolvimento (CBTD), com participação, inclusive, da American Society for Training and Development (ASTD).[III] Pacotes integrados de treinamento, muitas vezes, incluem guia do instrutor, livro de estudo, vídeos e outros conteúdos.

Depois de projetar, aprovar e desenvolver o programa, a administração pode colocá-lo em prática e depois avaliá-lo. Colocar em prática significa realmente fornecer o treinamento, utilizando um ou mais métodos de ensino, como palestras, que serão discutidos a seguir. Abordaremos a avaliação do programa no final deste capítulo.

Implementação de programas de treinamento

Com os objetivos definidos e o programa planejado e orçado, você pode iniciar a implementação do programa de treinamento. Isso significa, na verdade, fazer o treinamento, utilizando um ou mais métodos de treinamento abordados adiante. Vamos começar com métodos mais simples, de baixa tecnologia e avançar para os métodos baseados em computador.

Treinamento no trabalho

OBJETIVO DE APRENDIZAGEM 6
Explicar como usar cinco técnicas de treinamento.

Treinamento no trabalho (*on-the-job training* – OJT) significa "aprender na prática". Cada funcionário, de balconista a CEO, recebe treinamento no trabalho, quando se integra a uma empresa. Em muitas empresas, o treinamento no trabalho é o único disponível[32] (ou pior, o supervisor pode simplesmente dizer: "Aqui está a sua mesa, comece").

Treinamento no trabalho (*on--the-job training* – OJT)
Treinamento de uma pessoa para aprender um trabalho enquanto estiver nele.

TIPOS DE TREINAMENTO NO TRABALHO Treinamento no trabalho é parte do treinamento multifacetado da Men's Wearhouse, que combina o treinamento no trabalho com programas de iniciação abrangentes e seminários de treinamento contínuo. Cada gerente da Men's Wearhouse é responsável pelo desenvolvimento de seus subordinados diretos.[33] A job rotation, em que um empregado (geralmente um trainee) move-se de um trabalho para outro, em intervalos planejados, é outra técnica de treinamento. Da mesma maneira, *missões especiais* ajudam os executivos de nível mais baixo a ganhar experiência em trabalhar com problemas reais.

É importante que os empregadores não vejam o sucesso de um esforço de treinamento no trabalho como certo. Em vez disso, o empregador deve planejar formalmente e estruturar o processo e a experiência desse treinamento. Treinar os próprios treinadores (muitas vezes, os superiores dos empregados) e fornecer os materiais de treinamento. Os treinadores devem saber, por exemplo, os princípios para motivar os alunos. Como baixas expectativas podem se traduzir em um desempenho ruim do trainee, supervisores/treinadores devem enfatizar suas expectativas. Muitas empresas usam "treinamento de pares" para treinamento no trabalho. Por exemplo, empregados especialistas tiram dúvidas em horários selecionados durante o dia ou participam de "programas de rádio" para responder a questões dos seus pares sobre aspectos técnicos do seu trabalho. Outros usam equipes de funcionários (em vez de formar profissionais) para analisar os trabalhos e preparar material de treinamento.[34] Os funcionários, já especialistas no trabalho, supostamente realizam análises de tarefa de forma mais rápida e eficaz do que os especialistas em treinamento.[35]

Treinamento de aprendizagem

Treinamento de aprendizagem
Processo estruturado pelo qual as pessoas tornam-se trabalhadores qualificados por meio de uma combinação de sala de aula e treinamento no trabalho.

O **treinamento de aprendizagem** é um processo pelo qual as pessoas tornam-se trabalhadores qualificados, geralmente, por meio de uma combinação de aprendizagem formal de longo prazo e treinamento no trabalho. Tradicionalmente, envolve ter o aluno ou aprendiz estudando sob orientação de um mestre. Quando a siderúrgica Dofasco descobriu que muitos de seus funcionários iriam se aposentar nos próximos cinco a dez anos, a empresa decidiu renovar seu programa de treinamento. Novos funcionários passam cerca de 32 meses em um

---

[III] N. do R.T.: A ABTD fez parceria com a Pearson e, juntas, lançaram o *Manual de treinamento e desenvolvimento – gestão e estratégias*, organizado por Gustavo Boog e Magdalena Boog (2013).

programa de aprendizagem interna, aprendendo vários trabalhos sob a tutela de funcionários experientes.[36]

O Departamento do Sistema Nacional de Aprendizagem do Trabalho dos EUA promove programas de aprendizagem. Mais de 460 mil aprendizes participam de 28 mil programas, e programas registrados podem receber contratos federais e estaduais, além de outras formas de assistência.[37,IV]

Aprendizagem informal

Pesquisas da Sociedade Americana de Treinamento e Desenvolvimento estimam que até 80% do que os funcionários aprendem sobre o trabalho ocorre por meios informais, incluindo a execução de tarefas diariamente com os seus colegas.[38]

Embora os gerentes não consigam administrar a aprendizagem informal, ainda há muito que pode ser feito para garantir que ela ocorra. Por exemplo, a Siemens Transmissão e Distribuição de Energia em Raleigh, Carolina do Norte, nos EUA, coloca as ferramentas em áreas de cafeteria para tirar proveito das discussões relacionadas com o trabalho. A Sun Microsystems tem uma plataforma de aprendizagem on-line informal chamada Sun Learning Exchange, que contém mais de 5 mil itens de aprendizagem informais/sugestões abordando temas que vão desde as vendas até o suporte técnico.[39]

Treinamento de instrução de trabalho (*job instruction training* – JIT)

Treinamento de instrução (*job instruction training* – JIT)
Listar as tarefas básicas de cada trabalho, com os pontos-chave, a fim de proporcionar treinamento passo a passo aos funcionários.

Muitos cargos (ou partes dele) trazem uma sequência de etapas que se aprende melhor passo a passo. Tal treinamento é chamado de **treinamento de instrução** de trabalho (*job instruction training* – JIT). Primeiro, liste as etapas necessárias ao trabalho (digamos que a atividade inclua o uso de uma guilhotina para o corte de papel), cada uma em sua sequência correta. Em seguida, liste um "ponto-principal" (se houver) ao lado de cada etapa. As etapas mostram aos trainees o que fazer em um guia do treinamento por instrução, já os principais pontos mostram como é para ser feito e por quê.

Como exemplo, considere o modo que a UPS treina os novos motoristas para estacionar e desembarcar. Entre as medidas que ensina: alterar para a menor marcha e estacionar, desligar a ignição, acionar o freio de mão; soltar o cinto de segurança com a mão esquerda, abrir a porta e colocar a chave em seu dedo anelar.[40]

Palestras

Dar palestras é uma maneira rápida e simples de apresentar o conhecimento a grandes grupos de *trainees*, por exemplo, quando a força de vendas precisa conhecer as características de um novo produto.[41] Veja algumas diretrizes para a apresentação de uma palestra:[42]

- Não abra com uma piada irrelevante.
- Fale sobre o que você conhece bem.
- Dê sinais aos ouvintes. Por exemplo, se você tem uma lista de itens, comece com: "Há quatro razões pelas quais os relatórios de vendas são necessários. A primeira..."
- Use histórias pertinentes e com bom humor.
- Observe os ouvintes quanto a sinais negativos, como inquietação.
- Mantenha contato visual com o público.
- Certifique-se de que todos na sala possam ouvir você.
- Deixe suas mãos caindo naturalmente ao lado do corpo.
- Discuta questões em fichas ou em slides do PowerPoint.
- Quebre uma longa explanação em uma série de pontos curtos.[43]
- Conclua a palestra antes do tempo.

IV N. do R.T.: Esse trabalho é desenvolvido no Brasil pelo Serviço Nacional de Aprendizagem Comercial (Senac – <http://www.senac.br/>); pelo Instituto Euvaldo Lodi – Serviço Social da Indústria (IEL); e pelo Serviço Nacional de Aprendizagem Industrial (Senai – <http://www.portaldaindustria.com.br/>). Além disso, para mais informações, acesse o Portal da Indústria Brasileira (CNI – <http://www.portaldaindustria.com.br/>) e o site do Ministério do Trabalho e Emprego (MTE – <http://portal.mte.gov.br/portal-mte/>).

Aprendizagem programada

Aprendizagem programada
Método sistemático para o ensino de habilidades de trabalho, envolvendo questões ou fatos, que permitem que a pessoa responda e que o aluno receba feedback imediato quanto à precisão de suas respostas.

Se o meio é um livro, um computador ou a internet, a **aprendizagem programada** (ou instrução programada) é um método de autoaprendizagem passo a passo, que consiste em três partes:

1. Questões atuais, fatos ou problemas para o aluno.
2. Permitir que a pessoa responda.
3. Fornecer feedback sobre a precisão das respostas, com instruções sobre o que fazer a seguir.

Em geral, a aprendizagem programada apresenta fatos e acompanhamento de perguntas. Quando o aluno responde, partes subsequentes fornecem feedback sobre a precisão da resposta. A próxima pergunta, muitas vezes, depende de como o aluno respondeu à pergunta anterior. O feedback fornece reforço a partir das respostas.

A aprendizagem programada reduz o tempo de treinamento e também facilita a aprendizagem, permitindo que os trainees aprendam em seu próprio ritmo, obtenham feedback imediato e reduzam o risco de erro. Alguns argumentam que os trainees não aprendem muito mais com o aprendizado programado do que com um livro didático. No entanto, estudos geralmente indicam a eficácia da aprendizagem programada.[44]

Sistemas de aprendizagem com tutorial inteligente têm o conteúdo necessário programado para a continuação do treinamento. Além da aprendizagem programada, os sistemas computadorizados com tutorial inteligente sabem quais perguntas e abordagens funcionam e não funcionam para o aluno e, em seguida, ajustam a sequência de ensino às necessidades únicas do trainee.

Treinamento audiovisual

Embora cada vez mais substituídas por métodos baseados na web, técnicas de treinamento baseados em audiovisual, como vídeos, filmes, PowerPoint e áudio ainda são populares.[45] A Ford Motor Company utiliza vídeos em suas sessões de treinamento de revendedores para simular problemas e reações a várias reclamações de clientes, por exemplo.

Treinamento por simulação

No treinamento por simulação, os trainees aprendem com as ferramentas reais ou simuladas que usarão no trabalho, mas são treinados fora desse ambiente (talvez em uma sala ou local separado). O treinamento por simulação é necessário quando é muito caro ou perigoso treinar funcionários no trabalho. Como exemplo, a United Parcel Service Inc. (UPS) usa um laboratório de aprendizagem em tamanho real para oferecer um programa de treinamento de 40 horas, dividido em cinco dias com atividades reais para os candidatos a motorista.[46]

Sistemas eletrônicos de apoio ao desempenho (*electronic performance support systems* – EPSS)

Sistemas eletrônicos de apoio ao desempenho (*electronic performance support systems* – EPSS)
Conjuntos de ferramentas informatizadas e monitoradas que automatizam treinamento, documentação e suporte por telefone; integração dessa automação a aplicações e apoio mais rápido, mais barato e mais eficaz do que os métodos tradicionais.

Facilitador do trabalho
Conjunto de instruções, diagramas ou métodos similares disponíveis no local de trabalho para orientar o trabalhador.

Sistemas eletrônicos de apoio ao desempenho são ferramentas informatizadas que automatizam treinamento, documentação e suporte por telefone.[47] Quando você liga para um representante de serviço Dell sobre um problema, ele provavelmente fará perguntas passo a passo solicitadas por um sistema de suporte. Sem o sistema, a Dell teria que treinar seus representantes de serviço para memorizar um enorme número de soluções. A empresa Aetna Seguros reduziu seu treinamento de 13 semanas para novos funcionários de call center para cerca de duas semanas, fornecendo aos funcionários ferramentas de suporte.[48]

Sistemas de suporte são **facilitadores do trabalho**, isto é, conjuntos de instruções, diagramas ou métodos similares disponíveis no local de trabalho para orientar o trabalhador.[49] Pilotos de avião usam facilitadores do trabalho (como uma lista de verificação) antes da decolagem.

Videoconferência

Videoconferência é um método popular para treinamento de funcionários dispersos geograficamente e envolve programas por vídeo e áudio transmitidos via banda larga a cabo, internet ou satélite. Fornecedores como a Cisco desenvolvem produtos de videoconferência, como

Webex e TelePresence (<www.cisco.com/en/US/products/ps10352/index.html>, em inglês). Os empregadores costumam utilizar a tecnologia de videoconferência com outra tecnologia. Por exemplo, a Conferencing (CUVC), linha de produtos da Cisco Unified Video, que combina a colaboração do grupo Cisco em software de tomada de decisão com a videoconferência, videotelefonia e possibilidades realistas de "Telepresença".[50] Quando a Cisco organizou um programa de treinamento para os gerentes de TI, aplicou suas capacidades de videoconferência.[51]

Treinamento virtual (*computer-based training* – CBT)

Métodos de treinamento virtual utilizam sistemas interativos para aumentar o conhecimento ou as habilidades. O treinamento virtual é cada vez mais interativo e realista.[52] Por exemplo, o *treinamento interativo multimídia* integra o uso de texto, vídeo, gráficos, fotos, animação e som para produzir um ambiente de treinamento complexo que interage com o trainee. No treinamento de um médico, esse sistema permite que um estudante de medicina tome o histórico médico de um paciente hipotético, realize um exame e analise testes de laboratório. Em seguida, clicando no botão "examinar tórax", por exemplo, o estudante pode até ouvir e diagnosticar os sons do coração do paciente virtual. Os funcionários da Cheesecake Factory usam a VideoCafé, uma plataforma do tipo YouTube, que possibilita "carregar e compartilhar trechos de vídeo sobre temas relacionados ao trabalho, incluindo saudações dos clientes e preparação de alimentos".[53] Eles também usam jogos interativos, incluindo uma simulação que mostra aos funcionários como preparar o "hambúrguer perfeito".

Aprendizagem simulada

Aprendizagem simulada significa coisas diferentes para pessoas diferentes. Uma pesquisa perguntou para profissionais qualificados que experiências de treinamento tinham com aprendizagem virtual. As porcentagens de cada experiência foram:

- Jogos do tipo realidade virtual, 19%.
- Guia de animação passo a passo, 8%.
- Cenários com animação e sobreposição de perguntas e decisões, 19%.
- Dramatização on-line com fotos e vídeos, 14%.
- Treinamento de software, incluindo imagens com pedidos interativos, 35%.
- Outros, 6%.[54]

A *realidade virtual* coloca o aluno em um ambiente tridimensional artificial que simula os eventos e as situações que podem ser vividos no trabalho.[55] Dispositivos sensoriais transmitem como o trainee está respondendo ao computador, e ele "vê, sente e ouve" o que está acontecendo, assistido por óculos especiais e dispositivos auditivos e sensoriais.[56]

EXEMPLO DAS FORÇAS ARMADAS DOS EUA As forças armadas norte-americanas usam programas baseados em simulação no treinamento de soldados e oficiais. Por exemplo, o exército desenvolveu programas de treinamento com jogos em vídeo, chamados *Full Spectrum Command* e *Full-Spectrum Warrior* para as tropas de treinamento em guerrilha urbana. De acordo com uma descrição, os dois jogos oferecem características extremamente realistas, dentro de um contexto que enfatiza a liderança em tempo real e as habilidades de tomada de decisão.[57] A corporação Environmental Tectonics em Orlando, nos EUA, criou uma simulação avançada de Gestão de Desastres para trainees em resposta às emergências médicas. É tão realista que é "inquietante", os trainees, incluindo bombeiros e funcionários do aeroporto, respondem a imagens e sons de um acidente simulado por meio de dispositivos e rádios.[58]

WEB 2.0 A aprendizagem Web 2.0 utiliza tecnologias on-line, como mídias sociais (Facebook, Twitter e LinkedIn), mundos virtuais (Second Life) e sistemas que combinam o treinamento síncrono e assíncrono com blogs, salas de chat, pesquisadores da internet, compartilhamento de bookmark e ferramentas como simulações em 3-D.[59] Por exemplo, a British Petroleum (BP) usa o Second Life para treinar novos funcionários da plataforma. O objetivo é mostrar a plataforma e simular como usar os recursos de segurança nos tanques de armazenamento de gasolina. A BP construiu representações tridimensionais dos sistemas de tanques no Second Life. Os trainees podem usá-los para "ver" o que está oculto e observar os efeitos do uso de dispositivos de segurança.[60]

VANTAGENS Em geral, tecnologias interativas e treinamentos simulados reduzem o tempo de aprendizagem em 50%.[61] Outras vantagens incluem a consistência de ensino (não há

Simulação avançada de gestão de desastres para trainees em resposta às emergências médicas, criada pela Environmental Tectonic de Orlando.

Fonte: David McNew/Getty Images, Inc.-Liaison

variação de conteúdo com o uso dos computadores como acontece com os treinamentos presenciais), o domínio da aprendizagem (se o aluno não aprende, geralmente não pode passar para o próximo passo), o aumento da retenção e o aumento da motivação do trainee (resultantes do feedback responsivo).

Treinamentos on-line

Treinadores utilizam cada vez mais a aprendizagem on-line para oferecer programas. Até poucos anos atrás, novos vendedores da ADP tinham um caro treinamento obrigatório de duas semanas em sala de aula, no centro de treinamento da ADP, em Atlanta, Geórgia (EUA). Hoje, a ADP treina seus novos vendedores on-line, usando o Blackboard Learning Management System, semelhante ao utilizado por muitos estudantes universitários.[62] A empresa italiana de óculos Luxottica (cujas marcas incluem LensCrafters, Pearl Vision e Sunglass Hut) oferece treinamento padronizado para os seus 38 mil funcionários em todo o mundo, via o acesso imediato à informação on-line, como novos produtos e regulamentos.[63]

Há duas maneiras básicas de oferecer cursos on-line para os funcionários. Primeiro, o empregador pode ter seus funcionários fazendo cursos relevantes por si próprios (intranet), por ofertas on-line ou de fornecedores de treinamento on-line. Por exemplo, o empregador pode providenciar que seus funcionários façam cursos de segurança do trabalho do Serviço Social da Indústria (Sesi – <http://www.sesisp.org.br/>).

PORTAIS DE APRENDIZAGEM A segunda abordagem é planejar seus cursos com um fornecedor de treinamento on-line para que fiquem disponíveis via portal de aprendizagem, baseado na intranet do empregador. O *portal de aprendizagem* é uma seção do site de um empregador que oferece aos funcionários acesso on-line a muitos ou todos os cursos de treinamento necessários para ter sucesso em seus trabalhos. Na maioria das vezes, o empregador contrata prestadores de serviços. Nos EUA, uma busca no Google para empresas de e-learning revela muitos desenvolvedores como SkillSoft, Plateau Systems e Employment Law Learning Technologies. No Brasil, quando os funcionários vão para o portal de aprendizagem da sua empresa, podem acessar o Portal Senai (<https://portal.sp.senai.br/>) e ver o menu de cursos de treinamento oferecidos.

Melhorando a produtividade por meio do sistema de informações de recursos humanos

Gestão de aprendizagem

Sistemas de gestão de aprendizagem são ferramentas especiais de software que suportam treinamento na internet, ajudando empregadores a identificar necessidades de treinamento e para a programação, oferecendo avaliação e gerenciamento do próprio treinamento on-line. Por exemplo, a General Motors utiliza esse sistema para ajudar a oferecer treinamento aos seus distribuidores na África e no Oriente Médio. Os *Sistemas de gestão de aprendizagem*, virtuais, incluem um catálogo de cursos de autoinscrição com aprovação do supervisor, além de pré e pós-avaliação.[64] O sistema marca automaticamente os horários de treinamento do indivíduo. Blackboard e WebCT são dois sistemas de gestão de aprendizagem utilizados em faculdades.

UTILIZAÇÃO DA APRENDIZAGEM ON-LINE Utilizar e-learning muitas vezes se resume à eficiência. A aprendizagem pela web não necessariamente ensina melhor ou mais rápido. Em relação a evidências, o ensino baseado na web foi um pouco mais eficaz do que a sala de aula para memorização de fatos e princípios, já a instrução baseada na web e em sala de aula foram igualmente eficazes para o ensino de informações sobre como executar uma tarefa.[65] Mas, claro, a necessidade de ensinar um grande número de estudantes a distância, ou para capacitar os alunos em horários à sua escolha, muitas vezes faz com que o e-learning seja muito mais eficiente do que considerar pequenas diferenças da web em relação à aprendizagem em sala de aula.[66]

Na prática, muitos empregadores optam por "aprendizagem mista".[67] O fabricante de software TurboTax aplica o treinamento regular em sala de aula para treinar novos distribuidores até pegarem o jeito. Em seguida, usa os sistemas on-line de treinamento adicional, como aulas de curta duração sobre os recursos de software especiais.[68]

Aprendizagem móvel

Aprendizagem móvel (ou "aprendizagem por demanda") significa oferecer conteúdos de aprendizagem sob demanda por meio de dispositivos móveis, como telefones celulares, laptops e iPads, onde e quando o aluno tem o tempo e o desejo de acessá-los.[69] Por exemplo, com o uso de dominKnow (<www.dominknow.com>, em inglês), iPod touch e iPhone Learning Center Portal, os trainees podem entrar e fazer cursos on-line completos.[70]

Os empregadores utilizam aprendizagem móvel para fornecer "treinamento corporativo e downloads sobre tudo, desde como fechar um importante negócio de vendas até aperfeiçoar a mudança organizacional, aprender espanhol para negócios [...] Você pode [...] andar de bicicleta e ouvir o programa de treinamento".[71] A Capital One comprou 3 mil iPods para os trainees que se inscreveram em um dos 20 cursos conduzidos por instrutores em sua Capital One University. O departamento de treinamento, com um provedor de internet, desenvolveu um audiolivro e criou um site de aprendizado de áudio dentro do firewall do Capital One. Os funcionários usam os recursos para baixar os livros e outros materiais solicitados pelos instrutores para seus iPods.[72] A IBM utiliza aprendizagem móvel para fornecer informações *just-in-time* (por exemplo, sobre os novos recursos do produto) para sua força de vendas. Alguns empregadores recorrem a blogs para se comunicar com os trainees.[73] A JP Morgan incentiva os funcionários a usar mensagens instantâneas como um dispositivo de aprendizagem rápida, por exemplo, para atualizar os colegas, em tempo real, sobre novos produtos.

Sala de aula virtual

A **sala de aula virtual** utiliza um software de colaboração especial para permitir que vários alunos remotos, usando seus PCs ou laptops, participem, ao vivo, das discussões de áudio e vídeo, se comuniquem por meio de texto escrito e aprendam através de conteúdos, como slides do PowerPoint.

A sala de aula virtual combina o melhor da aprendizagem baseada na web, oferecida por sistemas como o Blackboard e WebCT com vídeo e áudio ao vivo. Assim, o Elluminate Live! (<http://www.elluminate.com/Services/Training/Elluminate_Live!/?id=418>, em inglês) permite aos alunos se comunicar com áudio, criar comunidades com perfis de usuários e de vídeo ao vivo, colaborar com bate-papo e quadros compartilhados e aprender com os aplicativos compartilhados, como slides do PowerPoint.[74]

Técnicas de aprendizagem contínua e alfabetização

Aprendizagem contínua significa proporcionar aos funcionários experiências de aprendizagem ao longo do seu período na empresa, com o objetivo de garantir que tenham a oportunidade de aprender as habilidades necessárias para fazer seus trabalhos e ampliar seus horizontes. Por exemplo, um garçom sênior no restaurante Rhapsody, em Chicago (EUA),

---

Sala de aula virtual
Método de ensino que utiliza o software de colaboração especial para permitir que vários alunos remotos, usando seus PCs ou laptops, participem, ao vivo, das discussões de áudio e vídeo, comunicando-se por meio de texto escrito, e aprendendo por conteúdos, como slides do PowerPoint.

Aprendizagem contínua
Funcionários têm experiências de aprendizagem contínua ao longo do período em que trabalham na empresa, com o objetivo de garantir que tenham a oportunidade de aprender as habilidades necessárias para realizar seus trabalhos e expandir seus horizontes profissionais.

recebeu seu diploma de graduação e começou a trabalhar como mestre do serviço social, utilizando a conta de aprendizagem contínua (Life learning account-LiLa), programa oferecido pelo empregador. A aprendizagem contínua pode, portanto, variar desde o ensino de habilidades básicas (por exemplo, inglês como segunda língua) até nível de graduação.

ALFABETIZAÇÃO Segundo estimativa, cerca de 39 milhões de pessoas nos Estados Unidos têm dificuldades de aprendizagem.[75] No entanto, a ênfase no trabalho em equipe e na qualidade exige que os empregados leiam, escrevam e compreendam números.[76]

Os empregadores, muitas vezes, se voltam para empresas privadas, como a Education Management Corporation para fornecer a educação necessária aos funcionários.[77] Outra abordagem de alfabetização simples é ensinar habilidades básicas aos supervisores que podem dar exercícios de redação e oratória aos funcionários.[78] Por exemplo, se um funcionário precisa usar um manual para descobrir como alterar algo, ensina-se a pessoa a consultar o índice para localizar a seção relevante. Outros trazem professores do ensino médio para melhorar a leitura. Uma opção é os funcionários comparecerem a cursos de jovens e adultos (EJA) ou ensino médio.

Diversidade corporativa e treinamento

O *treinamento sobre diversidade* destina-se a melhorar a sensibilidade intercultural, com o objetivo de tornar as relações de trabalho mais harmoniosas. Esse treinamento inclui melhoria das competências interpessoais, compreensão e valorização das diferenças culturais, melhoria das competências técnicas, socialização dos empregados na cultura corporativa, melhorando a proficiência na língua necessária e habilidades matemáticas básicas, aprimorando as habilidades bilíngues para funcionários de outras línguas.[79] Por exemplo, a IBM tem programas on-line para educar os gestores a respeito da diversidade, liderança inclusiva e assédio sexual.[80]

Nos EUA, a maioria dos empregadores optam por um programa pronto de treinamento sobre diversidade, como *Just Be FAIR: uma abordagem prática para a diversidade no local de trabalho*, a partir de produções da VisionPoint. Inclui vinhetas sobre a importância da comunicação e as armadilhas dos estereótipos.[81] No Brasil, serviço semelhante é prestado pela Siamar (<http://www.lojasiamar.com.br/>).

Treinamento de equipe

O trabalho em equipe nem sempre vem naturalmente. Empresas dedicam muitas horas de treinamento para novos funcionários ouvirem uns aos outros e cooperarem.[82] Um programa de treinamento de equipe em uma unidade da Coca-Cola, em Baltimore (EUA), ilustra isso. Nesse caso, a unidade sofria de alta rotatividade e absenteísmo. O novo gerente da fábrica decidiu reorganizar em torno de equipes e usar o treinamento para apoio à nova organização.

O treinamento de equipe concentra-se em técnica interpessoal e gestão de equipe. Em termos de técnica de treinamento, por exemplo, a gestão incentivou os funcionários da equipe a aprender os trabalhos uns dos outros, com o objetivo de estimular as atribuições flexíveis. O **treinamento cruzado** significa treinamento de funcionários para fazer diferentes tarefas ou trabalhos que não o seu, pois isso facilita a flexibilidade e a job rotation, como quando você espera que os membros da equipe ocasionalmente compartilhem o trabalho.

Quando o trabalho em equipe falha é, muitas vezes, em razão de problemas interpessoais, como conflitos na equipe, falta de consenso, falhas nas comunicações e crítica pessoal. Nesse caso, o treinamento da equipe inclui *habilidades interpessoais* de treinamento, como ouvir, lidar com conflitos e negociações.[83] Na prática, as equipes eficazes também exigem certas habilidades de gerenciamento de equipe. Nesse caso, a *capacidade de gestão da equipe* incluiu treinamento em resolução de problemas, gerenciamento de reuniões, decisões e liderança de equipe na decisão de consenso (já que cada membro teve que exercer a liderança da equipe em um momento ou outro).

Os empregadores também aplicam o treinamento para construir equipes de gestão mais fortes. Isso, muitas vezes, envolve métodos de treinamento especiais. Por exemplo, alguns utilizam "esportes de aventura" ou treinamento "radical", como programas da Outward Bound Brasil (<http://www.obb.org.br>) para a construção de trabalho em equipe. Esse treinamento geralmente envolve levar a equipe de gestão da empresa para uma atividade externa em terreno montanhoso acidentado. As atividades podem incluir, por exemplo, rafting por meio de corredeiras com obstáculos. O objetivo é incentivar a confiança e o trabalho em equipe.[84] Outros métodos de treinamento incluem a aprendizagem na ação e treinamento, que vamos abordar mais adiante neste capítulo.

Treinamento cruzado
Treinamento de funcionários para fazer diferentes tarefas ou trabalhos que não o seu, facilitando a flexibilidade e a job rotation.

Desenvolvimento gerencial
Qualquer tentativa de melhorar o desempenho atual e futuro da gestão pela transmissão de conhecimentos, mudança de atitudes ou aumento de habilidades.

> **OBJETIVO DE APRENDIZAGEM 7**
> Listar e discutir, brevemente, quatro métodos de desenvolvimento de gestão.

Implementação de programas de desenvolvimento gerencial

Desenvolvimento gerencial compreende qualquer tentativa de melhorar o desempenho gerencial ao transmitir conhecimentos, mudança de atitudes ou aumentar as habilidades.

Papel da estratégia no desenvolvimento gerencial

Programas de desenvolvimento gerencial não devem existir em um vácuo, mas, em vez disso, devem refletir os planos estratégicos da empresa.[85] Por exemplo, estratégias para entrar em novos negócios ou expandir no exterior implicam que o empregador tem planos de sucessão no lugar de obter e/ou desenvolver gestores com as habilidades para gerenciar essas novas empresas. Programas de desenvolvimento gerencial transmitem conhecimento, atitudes e habilidades nas áreas em que esses gestores terão de se destacar em seus trabalhos.[86]

Alguns programas de desenvolvimento gerencial são para toda a empresa e envolvem todos ou a maioria dos novos (ou potenciais) gestores. Assim, os novos MBAs (master in business administration) podem participar do programa de desenvolvimento de gestores e transitar por meio de várias atribuições e experiências educacionais. A empresa pode, então, colocar candidatos superiores em um "caminho ágil", um programa de desenvolvimento que os prepara mais rapidamente para os comandos de nível sênior.

Outros programas de desenvolvimento visam preencher cargos específicos, como CEO. Por exemplo, a GE passou anos desenvolvendo, testando e observando várias substituições possíveis para CEOs, antes de finalmente escolher Jeffrey Immelt.

A pesquisa listou as técnicas de desenvolvimento de gestão mais populares. Elas incluem aprendizagem em sala de aula, coaching executivo, aprendizagem na ação, feedback, aprendizagem experiencial, treinamentos fora do local (nos quais os gestores se reúnem com os colegas para aprender), orientação e realocação de trabalho.[87] Veremos alguns deles a seguir.

Treinamento gerencial no trabalho

Métodos de treinamento gerencial no trabalho incluem a job rotation, a abordagem substituta e a aprendizagem na ação. No contexto de desenvolvimento de gestão, **job rotation** significa mudar os gestores de departamento para ampliar a compreensão do negócio, testando também suas habilidades. Os trainees podem ser recém-formados e passar vários meses em cada departamento, para "aprender fazendo". Ou pode ser um gerente sênior que está sendo preparado para a promoção e novos desafios nacionais e estrangeiros.

Job rotation
Técnica de treinamento de gestão que envolve a mudança de departamento de um trainee para ampliar sua experiência e identificar os pontos fortes e fracos.

ABORDAGEM SUBSTITUTA Os trabalhos de treinamento ocorrem diretamente com um gerente sênior ou com a pessoa que ele irá substituir. Este último é responsável pelo treinamento. Normalmente, o substituto alivia o executivo de certas responsabilidades, dando ao trainee a oportunidade de aprender.

Aprendizagem na ação
Técnica de treinamento pela qual trainees de gestão são autorizados a trabalhar em tempo integral, na análise e na resolução de problemas em outros departamentos.

APRENDIZAGEM NA AÇÃO Programas de **aprendizagem na ação** oferecem, aos gestores e a outros, tempo para trabalhar na análise e solução de problemas em outros departamentos além dos seus. Seus princípios básicos incluem a seleção cuidadosa de equipes de cinco a 25 membros, atribuindo às equipes problemas de negócios do mundo real, que se estendem para além das suas áreas habituais de perícia e proporcionando aprendizado estruturado por meio de feedback. Gerentes seniores do empregador, geralmente, escolhem os projetos e decidem se aceitam ou não as recomendações das equipes.[88] Por exemplo, a Pacific Gas & Electric Company (PG & E) fez um processo de Fórum de ação com três fases:

1. Fase de "enquadramento", de seis a oito semanas, sendo um período de planejamento intenso durante o qual a equipe define e recolhe dados sobre um problema.
2. O fórum de ação – dois a três dias no centro de aprendizagem PG & E para discutir a questão e desenvolver recomendações do plano de ação.
3. Sessões de prestação de contas, momento em que as equipes se reúnem com a liderança do grupo em 30, 60 e 90 dias para rever os seus planos de ação.

Técnicas de treinamento e desenvolvimento gerencial fora do local de trabalho

Existem também muitas técnicas para treinamento e desenvolvimento gerencial fora do local de trabalho.

Método de estudo de caso
Método de desenvolvimento em que é apresentada uma descrição de um problema organizacional ao gerente para que identifique e resolva o problema.

MÉTODO DO ESTUDO DE CASO Como quase todos sabem, o **método de estudo de caso** apresenta ao trainee uma descrição por escrito de um problema organizacional. A pessoa, então, analisa o caso, diagnostica o problema e apresenta suas descobertas e soluções em uma discussão com outros trainees.

Cenários de casos integrados expandem o conceito da análise, por meio da criação de situações abrangentes e de longo prazo. Por exemplo, a Academia do FBI, nos EUA, utiliza um que começa com o "telefonema de um cidadão preocupado e termina 14 semanas mais tarde com um julgamento simulado. No meio está [...] uma amostra saudável do que pode dar errado em um inquérito criminal real". Roteiristas (muitas vezes do grupo de treinamento da empresa) escrevem os scripts. Os roteiros incluem temas, antecedentes detalhados, histórias pessoais e instruções de role playing (papel a ser simulado). Os cenários têm como objetivo desenvolver habilidades específicas, como saber entrevistar testemunhas.[89]

Jogos de empresa
Técnica de desenvolvimento em que as equipes de gestores competem tomando decisões virtuais a respeito de situações reais, mas simuladas.

JOGOS DE EMPRESA **Jogos de empresa** informatizados habilitam os trainees a aprender, tomando decisões reais em situações simuladas. Por exemplo, o Interpret é um exercício em equipe que "explora a comunicação da equipe, a gestão da informação e o planejamento e a implementação de uma estratégia. Melhora as habilidades de comunicação, auxilia a gerenciar melhor o fluxo de informações entre os indivíduos e a equipe, e melhora o planejamento e as habilidades para resolver problemas".[90] Em alguns jogos, os trainees se dividem em equipes que competem em um mercado simulado. Cada um deve decidir, por exemplo, quanto produzir e estocar.[v]

SEMINÁRIOS EXTERNOS Várias empresas e universidades oferecem seminários e conferências de desenvolvimento gerencial baseados na web e em sala de aula. Nos EUA, programas de treinamento de um a três dias, oferecidos pela American Management Association, ilustra o que está disponível. Recentemente, por exemplo, as ofertas de cursos variaram de "desenvolver a inteligência emocional" a "treinamento de assertividade", "treinamento de assertividade para os gestores", "treinamento de assertividade para as mulheres no mundo dos

Jogos virtuais de gerenciamento habilitam os trainees a aprender, tomando decisões reais em situações simuladas.

Fonte: Somos Images/Alamy

---

[v] N. do R.T.: Para se aprofundar no assunto, recomenda-se a leitura de GRAMIGNA, Maria Rita. *Jogos de empresa*. 2. ed. São Paulo: Pearson, 2007; _____. *Jogos de empresa e técnicas vivenciais*. 2.ed. São Paulo: Pearson, 2007.

negócios", "habilidades de escuta dinâmicas para uma comunicação bem-sucedida" e "fundamentos da contabilidade de custos".[91] Associações como a Society for Human Resource Management (SHRM) oferecem seminários especializados para seus membros. No Brasil, programas semelhantes são oferecidos pela Associação Brasileira de Recursos Humanos (ABRH – <http://www.abrhnacional.org.br>).

PROGRAMAS UNIVERSITÁRIOS Muitas universidades oferecem educação executiva e programas de educação continuada em liderança, supervisão, e assim por diante. Os cursos podem variar de programas de um a quatro dias, até programas de desenvolvimento de executivos com duração de um a quatro meses.

O Programa de Gestão Avançada da Escola de Pós-Graduação em Administração de Empresas da Universidade de Harvard é um exemplo. Os alunos são gerentes experientes de todo o mundo.[92] São usados casos e palestras para desenvolver capacidades atuais de gestão. Quando a Hasbro queria melhorar as habilidades de criatividade de seus executivos buscou a Amos Tuck Business School, da Universidade de Dartmouth, que tinha uma "abordagem personalizada para a concepção de um programa que seria construído a partir do zero para atender às necessidades específicas da Hasbro".[93]

Role playing
Técnica de treinamento em que os trainees atuam desempenhando papéis em uma situação real de gestão.

ROLE PLAYING Essa é uma técnica em que os trainees assumem e desempenham papéis (ou funções) de determinadas pessoas em situações reais. Cada aluno recebe um "papel para interpretar", como:

> Você é o chefe de um grupo de trabalhadores de manutenção de telefone, cada um dos quais dirige um caminhão pequeno e tem serviço em vários postos de trabalho. De vez em quando, você pega um caminhão novo para trocar por um velho, e tem o problema de decidir para qual dos membros do grupo você deve dar o veículo novo. Muitas vezes, há ressentimentos, pois cada um parece sentir-se no direito de ter o caminhão novo.[94]

Quando combinado com as instruções gerais e outras funções, o **role playing** pode desencadear animadas discussões entre o papel desempenhado. O objetivo é desenvolver as habilidades dos trainees em áreas como liderança e delegação.

Modelagem do comportamento
Técnica de treinamento na qual os trainees, primeiro, observam boas estratégias de gestão em um filme e, então, são convidados a desempenhar um papel em uma situação simulada. Em seguida, são apresentados comentários e elogios por seu superior.

MODELAGEM COMPORTAMENTAL A **modelagem do comportamento** (1) mostra aos trainees a maneira (ou o "modelo") de fazer algo, (2) permite que os trainees pratiquem dessa maneira e, em seguida, (3) recebam feedback sobre o desempenho. A modelagem do comportamento é uma das intervenções de treinamento mais utilizadas, bem pesquisadas e psicologicamente embasadas.[95] O procedimento básico é o seguinte:

1. **Modelagem** Primeiro, os trainees assistem exemplos ao vivo ou em vídeo, mostrando modelos de comportamento eficaz em uma situação problemática. Assim, o vídeo pode mostrar um superior disciplinando um subordinado efetivamente, se o objetivo do programa de treinamento for o ensino de "disciplina".
2. **Role playing** Em seguida, os trainees recebem papéis a desempenhar em uma situação simulada, para que possam praticar os comportamentos efetivos demonstrados pelos modelos.
3. **Reforço social** O treinador fornece reforço na forma de elogios e feedback construtivo.
4. **Transferência de treinamento** Finalmente, os trainees são incentivados a aplicar suas novas habilidades quando voltam aos seus trabalhos.

Centro de desenvolvimento próprio
Método para expor potenciais gestores a exercícios realistas com o objetivo de desenvolver melhores habilidades de gerenciamento.

UNIVERSIDADES CORPORATIVAS Muitas empresas, como GE, Caterpillar e IBM estabelecem **centros de desenvolvimento próprios** (chamados de *universidades corporativas*). Esses centros oferecem um catálogo de cursos e programas destinados a apoiar as necessidades de desenvolvimento gerencial dos empregadores. Os empregadores costumam fazer parcerias com instituições acadêmicas e com fornecedores de programas de treinamento e desenvolvimento, e portais educacionais on-line, para criar pacotes de programas e materiais. As características das universidades corporativas eficazes incluem (1) alinhamento com os objetivos estratégicos da empresa, (2) foco no desenvolvimento de habilidades que suportam as necessidades do negócio, (3) avaliação da aprendizagem e desempenho, (4) uso da tecnologia para apoiar a aprendizagem e (5) parceria com a academia.[96]

Os empregadores oferecem cada vez mais serviços virtuais em universidades corporativas. Por exemplo, a Cerner, uma empresa de tecnologia em cuidados de saúde, tem a "Cerner KnowledgeWorks". Ela oferece aos seus empregados três tipos de conteúdos de aprendizagem. O conteúdo dinâmico "é o conteúdo em tempo real, como e-mails, mensagens instantâneas ou chamadas de conferência". O teor "moderado" inclui as melhores práticas, como estudos de caso ou wikis, que capturam informações sobre as situações em que se saíram bem e como isso foi feito. O "conteúdo codificado" é a documentação mais formal das práticas oficiais da empresa, e inclui guias de instalação, arquivos de ajuda e treinamento formal ou cursos".[97]

Coach executivo
Consultor externo que questiona os executivos, a fim de identificar pontos fortes e fracos, e, em seguida, aconselha-os para que considerem os pontos fortes e superem os pontos fracos.

COACHING EXECUTIVO Muitas empresas têm coaches executivos para desenvolver a eficácia dos gestores. Um **coach executivo** é um consultor externo que, entre outras coisas, questiona o chefe do executivo, os pares, os subordinados e, às vezes, a família, a fim de identificar pontos fortes e fracos do executivo, e o aconselha para que possa tirar proveito dos pontos fortes e superar os pontos fracos.[98]

O coaching executivo pode ser eficaz. Os participantes em um estudo incluíram cerca de 1,4 mil dirigentes que tinham recebido avaliação 360 graus sobre o desempenho a partir de chefes, colegas e subordinados. Cerca de 400 trabalharam com um coach executivo para rever o feedback. Em seguida, cerca de um ano depois, esses mesmos 400 gestores e cerca de 400 que não receberam treinamento, novamente, tiveram feedback de múltiplas fontes. Aqueles que fizeram coaching executivo foram mais propensos a melhores classificações dos subordinados e supervisores.[99] Os especialistas recomendam o uso de avaliações formais anteriores ao treinamento, para fornecer um treinamento mais focado.[100]

O coaching é uma área desregulamentada, por isso os gestores devem fazer a sua própria diligência. Confira as referências com cuidado e verifique junto à Sociedade Brasileira de Coaching (<www.sbcoaching.com.br/coaching>).

O SISTEMA DE ENSINO SHRM The Society for Human Resource Management (SHRM) incentiva os profissionais de RH norte-americanos a se qualificar para a certificação, através de exames. A sociedade oferece vários programas de treinamento preparatório. A opção de autoestudo inclui textos e DVD. A opção de faculdade/universidade oferece interação em sala de aula com professores e outros alunos.[VI]

Desenvolvimento de liderança da GE

A General Electric é conhecida por sua capacidade de desenvolver o talento executivo. Seu mix atual dos programas de desenvolvimento de executivos ilustra o que está disponível no mercado:[101]

- **Programas de liderança**: programas plurianuais de treinamento contam com cerca de 3 mil funcionários de várias funções, com o objetivo de capacitar as pessoas e fazer da GE uma grande empresa.
- **Sessão C**: intenso processo de avaliação de desempenho de vários níveis da GE. O CEO analisa pessoalmente os 625 funcionários top a cada ano.
- **Crotonville**: campus de treinamento corporativo da GE, em Nova York (EUA). Ele oferece uma mistura de aprendizagem convencional em sala de aula e treinamento em equipe e viagens culturais.
- **Boca Raton**: reunião anual dos 625 melhores funcionários da GE, que se conectam, partilham suas melhores ideias e começam a entender a estratégia da empresa para o próximo ano.
- **A próxima grande questão**: quer se trate de produtividade ou melhoria da qualidade por meio do "Six Sigma" ou da "inovação", a GE concentra seus funcionários sobre temas ou iniciativas centrais.
- **Jantares mensais**: Jeffrey Immelt, CEO da GE, reúne-se periodicamente em jantares e cafés da manhã para saber mais sobre seus principais executivos e para "fortalecer suas conexões com sua equipe de topo".[102]

[VI] N. do R.T.: Serviço semelhante é feito no Brasil pela Fundação Carlos Chagas. A instituição realiza seleção de recursos humanos, processos vestibulares, avaliação de aprendizagem, certificação de profissionais e pesquisas educacionais. Veja mais em: <http://www.fcc.org.br/institucional>.

Gestão de talentos e de colaboradores essenciais: desenvolvimento diferenciado

Uma das melhores práticas diferenciadas de gestão de talentos é *gerenciar ativamente* os funcionários, por exemplo, alocando mais recursos para os que têm "missão crítica". Muitos empregadores fazem isso com treinamento e desenvolvimento, por exemplo:

- A empresa de telecomunicações distribuiu dinheiro anteriormente para desenvolvimento e remuneração de seus 8 mil funcionários. Quando a recente recessão chegou, os líderes da empresa segmentaram os funcionários em quatro grupos para receber recompensas: impacto de alto desempenho nos negócios, alto potencial e habilidades críticas. Então passaram suas recompensas de desempenho estritamente a esses grupos. "Embora a empresa tenha perdido algumas pessoas, o alto desempenho e o alto potencial finalmente receberam reconhecimento".[103]
- Participantes de alto potencial em um programa de desenvolvimento de liderança especial da Johnson & Johnson recebem conselhos e avaliações regulares de coaches trazidos de fora da empresa.[104]

Programas de gestão da mudança organizacional

Não muito tempo atrás, a Nokia era líder mundial de venda de celulares. Então, a Apple lançou seu primeiro iPhone. Dentro de um ano, a fatia de mercado da Nokia despencou.

Logo, o conselho da Nokia entrou em ação. Nomeou um novo CEO com experiência no Vale do Silício, Stephen Elop.[105] Ele sabia que a Nokia enfrentaria sérios problemas. A sua quota de smartphones caiu, e foi perdendo negócios para concorrentes asiáticos com aparelhos de baixo custo. A Nokia R&D ficou para trás e seu sistema operacional Symbian não era compatível com muitos dos principais aplicativos da Apple e dos sistemas da Microsoft. A Nokia era muito lenta na execução de mudanças estratégicas, mas precisava alavancá-la.

A maioria das mudanças organizacionais não é fácil, mas, talvez, a parte mais difícil seja superar a resistência a elas. As pessoas resistem à mudança porque estão acostumadas com a maneira habitual de fazer as coisas ou porque percebem ameaças à sua influência.[106]

O que mudar

Diante de situações como essas, os gestores como Stephen Elop podem mudar um ou mais dos cinco aspectos de suas empresas em relação a *estratégia, cultura, estrutura, tecnologias* ou *atitudes* e *habilidades* dos funcionários.

MUDANÇA ESTRATÉGICA Fazem reviravoltas organizacionais e, muitas vezes, começam com uma *mudança na estratégia* da empresa, missão e visão. Por exemplo, Elop firmou uma parceria estratégica com a Microsoft, com o objetivo de apresentar um novo smartphone baseado no Windows dentro de um ano.

OUTRAS MUDANÇAS O novo CEO da Nokia instituiu outras mudanças organizacionais. Em termos de *estrutura*, a Nokia dividiu a responsabilidade por seus smartphones e celulares em duas novas unidades. Substituiu gestores nas unidades de telemóveis da Nokia e de mercados. Em *tecnologia*, Elop reduziu o papel central do sistema operacional Symbian em seus smartphones, substituindo-o pelo sistema operacional móvel da Microsoft. Elop pediu à sua nova equipe de gestão que mudasse a *cultura* da empresa, por exemplo, imprimindo a necessidade de erradicar a tomada de decisões burocráticas sobre os funcionários da Nokia.

No entanto, mudanças estratégicas, culturais, estruturais e tecnológicas falham sem o apoio ativo dos funcionários. Por exemplo, um grande distribuidor de bebidas encontrou a oposição de sua força de vendas quando mudou seu sistema baseado em papel para a gestão de vendas em laptops sem fio.[107] Liderar a mudança organizacional invariavelmente requer *mudar os próprios funcionários*, principalmente suas atitudes, habilidades e comportamentos.[108]

Infelizmente, receber o apoio dos funcionários não é fácil. A mudança pode requerer a colaboração de dezenas ou mesmo centenas de gerentes e supervisores, muitos dos quais podem ver a mudança como prejudicial. A resistência pode, portanto, ser enorme. Saber como lidar com ela é o coração da mudança organizacional.

Mudança organizacional: três etapas de Lewin

O psicólogo Kurt Lewin formulou um modelo para resumir o que ele acreditava ser o processo básico para a implementação de uma mudança, com resistência mínima. Para Lewin, todo o comportamento nas organizações é um produto de dois tipos de forças: aquelas que se esforçam para manter o status quo e aquelas que pressionam para a mudança. Implementação da mudança, portanto, significa reduzir as forças do status quo ou construir as forças de mudança. O Processo de Lewin consiste em três etapas:

1. *Descongelamento* significa reduzir as forças de apoio ao status quo, geralmente apresentando um problema polêmico ou evento para levar as pessoas a reconhecer a necessidade de mudança e de procurar novas soluções.
2. *Movimento* significa desenvolver novos comportamentos, valores e atitudes. O gestor pode fazer isso por meio de mudanças na estrutura organizacional, de atividades de treinamento e desenvolvimento convencionais e, por vezes, por outras técnicas de desenvolvimento organizacional, como a formação de equipe. Essas questões serão discutidas mais adiante.
3. *Recongelamento* significa construir o reforço para garantir que a organização não irá regredir para suas antigas formas de realizar as tarefas.

Liderando a mudança organizacional[109]

OBJETIVO DE APRENDIZAGEM 8
Listar e discutir, brevemente, os oito passos na condução da mudança organizacional.

O CEO da Nokia, Stephen Elop, precisa de um processo para liderar essa mudança. Para isso, veja um processo de oito passos para liderar a mudança organizacional.[110]

Estágio do descongelamento

1. **Estabelecer um senso de urgência** A maioria dos gerentes começa por criar um senso de urgência. Por exemplo, o CEO pode apresentar aos executivos o relatório de um analista, descrevendo o fim iminente da empresa.
2. **Mobilizar compromisso** Por meio de um diagnóstico conjunto de problemas, após ter estabelecido um senso de urgência, o líder pode, então, criar uma ou mais forças-tarefa para diagnosticar os problemas enfrentados pela empresa. Tais equipes podem produzir um entendimento comum do que se pode e deve melhorar e, assim, mobilizar compromisso.

Estágio de movimento

3. **Criar uma coalizão administrativa** Ninguém pode realmente implementar uma mudança organizacional sozinho. A maioria dos CEOs cria uma coalizão administrativa de pessoas influentes, que atuam como missionários e implementadores.
4. **Desenvolver e comunicar uma visão compartilhada** Por exemplo, a visão de Stephen Elop era de uma Nokia voltada para o futuro, movendo-se rapidamente para construir avançados smartphones baseados no sistema operacional da Microsoft. As diretrizes aqui são *manter a visão simples* (por exemplo, "Vamos ser mais rápidos do que qualquer um em satisfazer as necessidades dos clientes"), *usar vários fóruns* (reuniões, e-mails, interação formal e informal) e *liderar pelo exemplo*.[111]
5. **Ajudar os funcionários a fazer a mudança** Existem impedimentos para mudar? Políticas, procedimentos e organização da empresa tornam a ação difícil? Os gestores intransigentes desencorajam os funcionários a atuar? Se assim for, devem-se resolver os impedimentos. Por exemplo, Elop rapidamente substituiu muitos dos gestores de topo e de nível médio da Nokia.
6. **Consolidar ganhos e produzir mais mudança** Apontar para realizações atingíveis em curto prazo. Use a credibilidade para mudar os sistemas restantes, as estruturas e as políticas que não se encaixam bem com a nova visão da empresa.[112]

Estágio de recongelamento

7. **Reforçar as novas formas de fazer as atividades** A partir de mudanças nos sistemas e procedimentos da empresa. Por exemplo, usar novos sistemas de avaliação e incentivos para reforçar os comportamentos desejados.
8. **Monitorar e avaliar o progresso** Trata-se de comparar onde a empresa está e onde deveria estar. Na Nokia, por exemplo, "Quantos novos produtos a empresa introduziu?"

Note, no entanto, a mudança organizacional requer mais do que processo de oito passos úteis: o estilo de liderança do gestor é importante. *Líderes transformacionais* são mais propensos a alcançar a mudança organizacional, afinal, motivam os seus colaboradores a transcender seus interesses pessoais, para que se identifiquem com um objetivo coletivo e articulem uma visão clara e atingível.[113]

Desenvolvimento organizacional

> **OBJETIVO DE APRENDIZAGEM 9**
> Responder à pergunta: "O que é o desenvolvimento organizacional e como ele difere das abordagens tradicionais de mudança organizacional?".

Desenvolvimento organizacional
Abordagem especial para a mudança organizacional em que os próprios trabalhadores formulam e implementam a alteração que é necessária.

Existem muitas maneiras de reduzir a resistência à mudança. Entre as muitas sugestões, os gerentes impõem recompensas ou sanções que guiam os comportamentos dos empregados, explicam por que a mudança é necessária, negociam com os funcionários, dão palestras motivacionais ou pedem aos funcionários que ajudem a projetar a mudança.[114] O desenvolvimento organizacional tem relação com a última opção. O **desenvolvimento organizacional** é um processo de mudança por meio do qual os funcionários formulam a mudança necessária e a implementam, muitas vezes com o apoio de consultores treinados. O desenvolvimento organizacional tem várias características:

1. Geralmente envolve *pesquisa-ação*, o que significa coletar dados sobre um grupo, departamento ou organização, e passar as informações aos empregados, para que eles possam analisá-las e desenvolver hipóteses sobre os possíveis problemas.
2. Aplica-se o conhecimento das ciências comportamentais para melhorar a eficácia da organização.
3. Muda a organização em uma determinada direção, em direção à autonomia, melhoria da resolução de problemas, capacidade de resposta, qualidade do trabalho e eficácia.

Existem quatro categorias básicas de aplicações do desenvolvimento organizacional: processo humano, tecnoestrutural, administração de recursos humanos e estratégica (Quadro 7.2). A pesquisa-ação é a base de todas as quatro, os próprios funcionários analisam os dados necessários, projetam e implementam as soluções.

QUADRO 7.2 Exemplos de intervenções no desenvolvimento organizacional.

Processo humano	Administração de recursos humanos
Grupos-T	Estabelecimento de metas
Processo de consulta	Avaliação de desempenho
Intervenção de terceiros	Sistemas de recompensa
Treinamento da equipe	Planejamento e desenvolvimento de carreira
Reunião de confronto organizacional	Gestão da diversidade da força de trabalho
Pesquisa de opinião	Bem-estar do empregado
Tecnoestrutural	**Estratégica**
Mudança estrutural formal	Gestão estratégica integrada
Diferenciação e integração	Mudança de cultura
Projetos de administração participativa	Mudança estratégica
Círculos de qualidade	Organizações autoprojetadas
Gestão da qualidade total	
Design de trabalho	

APLICAÇÕES NO PROCESSO HUMANO O objetivo das técnicas de desenvolvimento organizacional no processo humano é fornecer aos funcionários os conhecimentos e as habilidades necessárias para analisar o seu próprio comportamento e o dos outros, de forma mais eficaz, para que possam, em seguida, resolver problemas interpessoais e intergrupais. Esses problemas podem incluir, por exemplo, o conflito entre os funcionários. Aplicações incluem treinamento de sensibilidade, treinamento de equipes e pesquisa de opinião.

O *laboratório de sensibilidade* ou *grupo-T* (T refere-se a "treinamento") tem o objetivo básico de aumentar a percepção do participante sobre seu próprio comportamento, promovendo uma livre expressão de sentimentos no treinamento guiado grupo-T. Normalmente, dez a quinze pessoas estão longe do trabalho, sem agenda específica. O foco é sobre os sentimentos e as emoções das pessoas do grupo durante a reunião. O facilitador encoraja os participantes a retratar como eles se sentem dentro do grupo, em vez de como era em comportamentos passados. O sucesso do grupo-T depende da opinião que cada pessoa recebe dos outros, e sobre a sua vontade de ser sincera.[115]

O treinamento em grupo-T é controverso. Sua natureza pessoal sugere que a participação deve ser estritamente voluntária. Da mesma forma, alguns profissionais fazem testes de personalidade em grupo-T, por exemplo, atribuindo *D* para domínio e *C* para consciência.[116] Outros argumentam que pode ser perigoso se liderado por um treinador inapto.

O *treinamento da equipe* é outra opção. De acordo com especialistas da French & Bell, a reunião típica de treinamento de equipe começa com o consultor entrevistando cada um dos membros do grupo e o líder antes da reunião.[117] Eles são convidados a falar quais são seus problemas, como acham que o grupo funciona e quais são os obstáculos que estão impedindo o grupo de ter um melhor desempenho. O consultor então classifica os dados de entrevistas em temas (como "comunicação insuficiente") e apresenta os temas ao grupo. O grupo classifica os temas em termos de importância e os mais importantes vão para a agenda. O grupo, então, discute as questões, examina as causas subjacentes e começa a conceber as soluções.

A *pesquisa de opinião*, outra técnica de desenvolvimento organizacional de processo humano, exige levantamentos completos de atitude dos funcionários de toda a organização. O facilitador então usa esses dados como base para a análise de problemas e planejamento de ações. As pesquisas são uma forma conveniente de descongelar administradores e empregados de uma empresa. Cada vez que são administradas on-line, proporcionam uma ilustração comparativa, gráfico do fato de que a organização tem problemas a resolver.[118]

INTERVENÇÕES TECNOESTRUTURAIS Praticantes do desenvolvimento organizacional também se envolvem para mudar as estruturas, os métodos e os modelos de trabalho das empresas, usando uma variedade de intervenções tecnoestruturais. Por exemplo, em um programa de *mudança estrutural formal*, os empregados coletam dados sobre a estrutura organizacional da empresa, pois eles, em seguida, redesenham e implementam um novo conjunto.

APLICAÇÕES NA GESTÃO DE RECURSOS HUMANOS Praticantes do desenvolvimento organizacional aplicam pesquisa-ação para capacitar os funcionários, analisando e mudando as práticas de recursos humanos de sua empresa. Alvos da mudança podem incluir avaliação de desempenho e sistemas de recompensa, bem como instalação de programas de diversidade.

APLICAÇÕES ESTRATÉGICAS DE DESENVOLVIMENTO ORGANIZACIONAL As *intervenções estratégicas* pretendem utilizar pesquisa-ação para melhorar a gestão estratégica de uma empresa. A *gestão estratégica integrada* é um exemplo, sendo composta de quatro etapas: gerentes e funcionários (1) analisam a atual estratégia e estrutura organizacional; (2) escolhem uma estratégia pretendida e estrutura organizacional; (3) elaboram um plano de mudança estratégica, um plano de ação para mover a organização de suas atuais estratégias e estrutura organizacional para as futuras estratégias e estrutura organizacional desejadas;[119] e (4) a equipe supervisiona a implementação da mudança estratégica e analisa os resultados.[120]

Avaliando o esforço de treinamento

Com a ênfase atual sobre a medição de resultados, é fundamental que o gestor avalie o programa de treinamento. Há vários aspectos que podem ser medidos: *reações* dos participantes ao programa, o que os trainees *aprenderam* com o programa, e em que medida o seu *comportamento* no trabalho ou *resultados* foram alterados como efeito do programa. Em uma pesquisa com cerca de 500 organizações norte-americanas, 77% avaliaram os seus programas de treinamento por reações, 36% avaliaram a aprendizagem, e cerca de 10% a 15% avaliaram o comportamento e/ou os resultados do programa.[121] A informatização facilita a avaliação. Por exemplo, Bovis Lend Lease aplica um software de sistema de gestão da aprendizagem para monitorar o que os funcionários estão aprendendo nos cursos e até que ponto estão melhorando suas habilidades.[122]

Há duas questões básicas para enfrentar ao avaliar programas de treinamento. Uma delas é como projetar o estudo e se pretende utilizar a experimentação controlada. A segunda é "O que devemos medir?".

OBJETIVO DE APRENDIZAGEM 10
Explicar o que considerar na avaliação da eficácia de um programa de treinamento.

Projetando o estudo

Na avaliação do programa de treinamento, a primeira pergunta deveria ser como elaborar o estudo de avaliação. Sua preocupação básica é a seguinte: como podemos ter certeza de que o treinamento atingiu os resultados pretendidos? O *projeto de séries temporais* é uma opção. Aqui, como na Figura 7.1, você toma uma série de medidas de desempenho antes e depois do programa de treinamento. Isso pode proporcionar uma leitura preliminar sobre a eficácia do programa.[123] No entanto, você não pode ter certeza de que foi o treinamento (em vez de, digamos, um novo plano de remuneração) que causou qualquer alteração.

Experimentação controlada é, portanto, o processo de avaliação de escolha. Um experimento controlado observa tanto um grupo de treinamento como um grupo de controle que não recebe treinamento. Os dados (por exemplo, a quantidade de vendas ou a qualidade de serviço) são obtidos antes e depois de um grupo ser exposto ao treinamento e antes e depois de um período de trabalho correspondente no grupo de controle. Isso torna possível determinar o grau em que qualquer alteração no desempenho do grupo de treinamento resultou do treinamento, em vez de alguma mudança organizacional como um aumento na remuneração. O aumento de salário afetaria os funcionários em ambos os grupos e de forma igual.[124]

Essa abordagem de controle é viável, mas a maioria das empresas simplesmente mede as reações dos trainees ao programa, alguns também medem o desempenho dos trainees no trabalho antes e depois do treinamento.[125]

Experimentação controlada
Métodos formais para testar a eficácia de um programa de treinamento, de preferência com antes e depois dos testes e um grupo de controle.

FIGURA 7.1 Gráfico de tempo para avaliar os efeitos de um programa de treinamento.

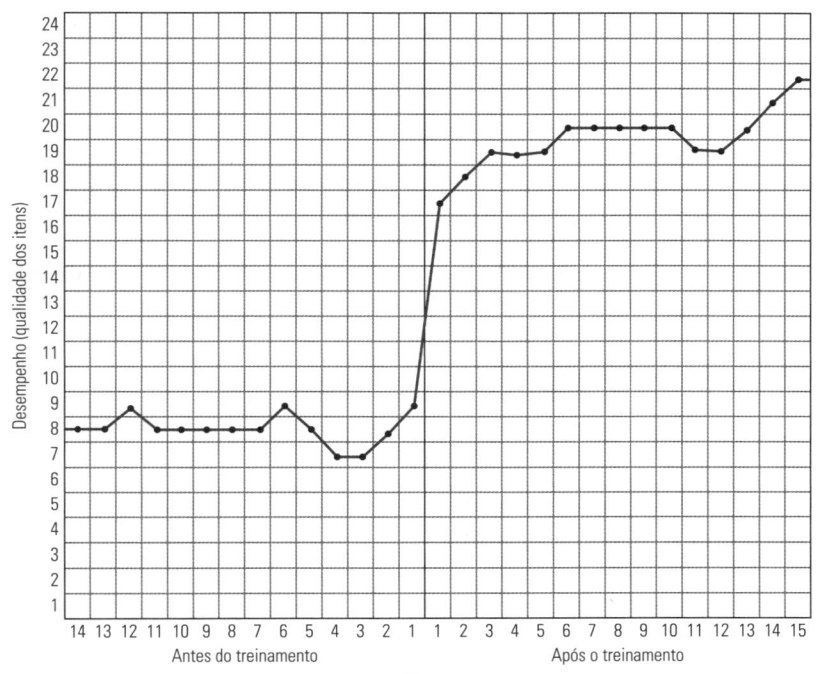

Medição dos efeitos do treinamento

O gerente pode medir quatro categorias básicas de resultados de treinamento:

1. **Reação** Avaliar a reação dos trainees ao programa. Será que eles gostaram do programa? Acharam que valeu a pena?
2. **Aprendizagem** Avaliar os trainees para determinar se aprenderam princípios, habilidades e fatos que deveriam aprender.
3. **Comportamento** Pergunte se o comportamento no trabalho dos *trainees* mudou por causa do programa de treinamento. Por exemplo, os empregados no departamento de reclamações da loja estão tratando clientes insatisfeitos com mais cortesia?
4. **Resultados** Provavelmente, o mais importante, perguntar: "Quais são os resultados que alcançamos, em termos de objetivos de treinamento previamente definidos?" Por exemplo, o número de reclamações de clientes diminuiu? Reações, aprendizagem e comportamento são importantes, mas, se o programa de treinamento não produz resultados mensuráveis, então provavelmente não tem alcançado seus objetivos.[126]

Revisão

RESUMO

1. Ao admitir um novo funcionário, inicie orientando-o e treinando-o. Orientação dos funcionários significa fornecer informação de que necessitam para trabalhar, e ajudá-los a criar vínculo emocional com a empresa. Isso pode envolver simplesmente o fornecimento de materiais de orientação escritos e breves e um manual de integração dos funcionários, mas, às vezes, envolve um processo formal que visa incutir no trabalhador valores estimados na empresa. O processo de treinamento de quatro etapas inclui análise de necessidades, desenho instrucional, implementação e avaliação. Trainees precisam ser motivados a aprender. Garantir que estejam motivados envolve tornar a aprendizagem significativa, conduzindo a transferência de competências e reforçando o aprendizado.

2. Podemos usar a sigla Addia para delinear o processo de treinamento: analisar, desenhar, desenvolver, implementar e avaliar. Antes de treinar funcionários, é necessário analisar suas necessidades de treinamento e elaborar o programa. No treinamento de novos funcionários, empregadores usam análise de tarefa, que significa um estudo detalhado do trabalho para determinar quais são as competências que o trabalho exige. Para os empregados atuais, é necessária análise de desempenho, especificamente para verificar se há eficiência de desempenho e para determinar se o treinamento é a solução. A distinção entre os problemas de não poder fazer e não querer fazer é a questão principal. Depois de entender as questões, você pode desenvolver um programa de treinamento, o que significa identificar os objetivos específicos, planejando um orçamento, e, então, conceber o programa em termos de conteúdo real.

3. Com isso feito, você pode focar na implementação do programa de treinamento. Métodos específicos incluem treinamento no trabalho, treinamento de aprendizagem, aprendizagem informal, treinamento de instrução, palestras, aprendizagem programada, treinamento baseado em audiovisual, treinamento de simulação, videoconferência, sistemas eletrônicos de apoio ao desempenho e treinamento baseado em computador. O treinamento computadorizado é cada vez mais popular, com muitos programas compilados disponíveis. Frequentemente, os programas de hoje são baseados na internet, com funcionários acessando programas on-line, apoiados por sistemas de gestão de aprendizagem, por meio de portais da empresa. Os empregadores também recorrem cada vez mais à aprendizagem móvel, por exemplo, em cursos de curta duração. Com o aumento da demanda por funcionários tecnologicamente alfabetizados, a aprendizagem contínua pode ajudar a garantir que os funcionários tenham as capacitações básicas de que precisam para ter sucesso em seu trabalho. A diversidade corporativa e o treinamento visam criar maior sensibilidade intercultural com o objetivo de incentivar relações de trabalho mais harmoniosas.

4. A maioria dos métodos de treinamento é útil para todos os funcionários, mas alguns são particularmente apropriados para programas de desenvolvimento gerencial. Como todos os funcionários, os novos gestores, muitas vezes, começam o treinamento no trabalho, por exemplo, por meio de job rotation e coaching. Além disso, é habitual fornecer vários treinamentos e oportunidades de desenvolvimento, fora do local de trabalho, por exemplo, utilizando o

método de estudo de caso, jogos de empresa, seminários externos, cursos universitários relacionados, universidades corporativas e coaches executivos.
5. Ao enfrentar os desafios econômicos, competitivos ou outros, os gestores têm de executar programas de mudança organizacional. Estes podem visar à mudança de estratégia da empresa, cultura, estrutura, tecnologias ou atitudes e habilidades dos funcionários. Muitas vezes, a parte mais complicada da mudança organizacional é superar a resistência dos funcionários a ela. Com isso em mente, os passos em um programa eficaz de mudança organizacional incluem estabelecimento de um sentido de urgência; mobilização do comprometimento, criando uma coalizão administrativa; desenvolvimento e comunicação de uma visão compartilhada, ajudando os funcionários a fazer a mudança; consolidação dos ganhos, reforçando novas maneiras de fazer as coisas; e acompanhamento e avaliação do progresso. O desenvolvimento organizacional é uma abordagem especial para a mudança organizacional, que envolve a pesquisa-ação, que significa a coleta de dados sobre um grupo e repasse das informações aos empregados, para que eles possam analisá-los e desenvolver hipóteses sobre os problemas.
6. Seja qual for o programa, é importante avaliar o esforço do treinamento. Você pode medir a reação, a aprendizagem, o comportamento ou os resultados. O ideal é observar um grupo de controle que não esteja exposto ao treinamento, em paralelo com o grupo que você está treinando.

PALAVRAS-CHAVE

orientação dos funcionários 173
treinamento 174
treinamento negligente 174
análise de tarefas 176
modelo de competências 177
análise de desempenho 177
treinamento no trabalho (*on-the-job training* – OJT) 180
treinamento de aprendizagem 180
treinamento de instrução (*job instruction training* – JIT) 181
aprendizagem programada 182
sistemas eletrônicos de apoio ao desempenho (*electronic performance support systems* – EPSS) 182
facilitador do trabalho 182

sala de aula virtual 185
aprendizagem contínua 185
treinamento cruzado 186
desenvolvimento gerencial 187
job rotation 187
aprendizagem na ação 187
método de estudo de caso 188
jogo de empresa 188
role playing 189
modelagem do comportamento 189
centro de desenvolvimento próprio 189
coach executivo 190
desenvolvimento organizacional 193
experimentação controlada 195

QUESTÕES PARA DISCUSSÃO

1. "Um programa de orientação bem pensado é essencial para todos os novos funcionários, tendo experiência ou não." Explique por que você concorda ou discorda dessa afirmação.
2. João Santos é um estudante de negócios com especialização em contabilidade. Ele foi reprovado no curso de contabilidade e está compreensivelmente chateado. Como você usaria a análise de desempenho para identificar quais são as necessidades de treinamento de João?
3. Cite algumas técnicas típicas de treinamento no trabalho. Quais técnicas você considera como desvantagens para novos funcionários em seus postos de trabalho?
4. Uma das razões para a implementação de programas de treinamento globais é a necessidade de evitar perdas de negócios "por conta da insensibilidade cultural". Que tipo de insensibilidade cultural você acha que é referida, e como isso pode se traduzir em perda de negócios? Que tipo de programa de treinamento você recomendaria para evitar tal insensibilidade cultural?
5. Descreva os prós e os contras de cinco métodos de desenvolvimento gerencial.
6. Você acha que a job rotation é um bom método a ser aplicado para o desenvolvimento de trainees de gestão? Por que ou por que não?
7. O que é o desenvolvimento organizacional e como ele difere das abordagens tradicionais de mudança organizacional?
8. Liste e explique, brevemente, cada uma das cinco etapas do processo de treinamento.

ATIVIDADES INDIVIDUAIS E EM GRUPOS

1. Você é o supervisor de um grupo de funcionários cuja tarefa é montar unidades de disco de computadores. Você acha que a qualidade não está muito boa, e que muitos dos processos do seu grupo têm de ser revistos e reformulados. Seu chefe diz: "Você deve começar a fazer um trabalho melhor de treinamento dos seus funcionários".
   a. Quais são alguns dos fatores de recursos humanos que poderiam contribuir para esse problema?
   b. Explique como você faria para avaliar se ele é de fato um problema de treinamento.
2. Escolha uma tarefa com a qual você esteja familiarizado, como cortar a grama, fazer uma salada ou estudar para um teste, e desenvolva uma folha de instruções de trabalho para ela.
3. Trabalhando individualmente ou em grupos, desenvolva um programa de treinamento curto, considerando o tema "Diretrizes para dar uma aula mais eficaz".
4. Encontre um fornecedor de seminários de desenvolvimento gerencial. Obtenha cópias de recentes ofertas de seminários. A que níveis de gestores são destinadas as ofertas? Quais parecem ser os mais populares tipos de programas de desenvolvimento? Por que você acha isso?
5. Trabalhando de forma individual ou em grupos, desenvolva vários exemplos específicos para ilustrar a forma como um professor de gestão de recursos humanos poderia utilizar, pelo menos, quatro das técnicas descritas neste capítulo para ensinar em seu curso de RH.
6. Trabalhando individualmente ou em grupos, desenvolva um programa de orientação para os graduados do ensino médio, que entram em sua universidade como calouros.

Exercícios de aplicação

ESTUDO DE CASO EM RH: Empresa de Limpeza Carter

Novo programa de treinamento

Os Centros de limpeza Carter, atualmente, não têm nenhuma orientação formal, políticas ou procedimentos de treinamento, e Jennifer acredita que essa é uma razão pela qual as normas às quais ela e seu pai gostariam que os empregados aderissem geralmente não são seguidas.

A Carter preferiria que certas práticas e procedimentos fossem usados para lidar com os clientes nos balcões de atendimento. Por exemplo, todos os clientes devem ser saudados com o que Jack se refere como um "grande olá". O vestuário deve ser imediatamente inspecionado sobre qualquer dano ou mancha incomum, para que estes possam ser mostrados ao cliente, e que o cliente mais tarde não culpe erroneamente a loja ao voltar para pegar a roupa. As peças, então, devem ser imediatamente colocadas em conjunto em um saco de náilon para separá-las do vestuário de outros clientes. A ordem de serviço também tem de ser cuidadosamente escrita, com o nome do cliente, o número de telefone e a data com precisão e clareza em todas as cópias. O funcionário, ainda, deve ter a oportunidade de tentar vender os serviços adicionais ao cliente, como impermeabilização, ou simplesmente avisá-lo de que "Estamos com um desconto especial sobre limpeza de cortinas nesse mês". Finalmente, é suposto um comentário cortês como "Tenha um bom dia" ou "Dirija com segurança". Cada um dos outros postos de trabalho nas lojas tem certos passos, procedimentos, e devem seguir as normas da Carter.

Jennifer acha que a empresa teve problemas por conta da falta de treinamento adequado e orientação dos funcionários. Por exemplo, dois novos funcionários ficaram muito chateados mês passado, quando descobriram que não foram pagos no final da semana, na sexta-feira, mas (como são todos os funcionários Carter) na terça-feira seguinte. A Carter usa o extra de dois dias, em parte, para dar-lhes tempo de obter as horas de todos e calcular o salário. A outra razão, de acordo com Jack, é que "francamente, quando ficamos alguns dias atrasados no pagamento de funcionários ajuda a garantir que, pelo menos, nos deem aviso prévio de alguns dias antes de se desligar. Enquanto nós estamos, de fato, obrigados a lhes pagar, achamos que psicologicamente parecem menos propensos a apenas sair na sexta à noite e não aparecer na segunda de manhã se ainda não tiverem recebido o seu salário em relação à semana anterior. Dessa forma, pelo menos nos dão aviso prévio de alguns dias, para que possamos encontrar um substituto".

Há outros assuntos que poderiam ser abordados durante a orientação e o treinamento, diz Jennifer. Eles incluem a política da empresa em relação ao pagamento de férias, atrasos e faltas, benefícios para a saúde (não há nenhum, além da compensação dos trabalhadores), abuso de substâncias, comer ou fumar no local de trabalho (ambos proibidos) e as questões gerais, como manutenção de um ambiente limpo e área de segurança do trabalho, aparência pessoal e limpeza, registros de presença, telefonemas pessoais e e-mail pessoal.

Jennifer acredita que os programas de orientação e treinamento ajudariam a garantir que os funcionários soubessem como fazer o seu trabalho da maneira certa. E ela e seu pai ainda pensam que é apenas quando os funcionários compreendem a maneira correta de fazer as suas tarefas que existe alguma esperança de que seus trabalhos sejam realizados da forma como a Carter deseja.

Perguntas

1. Especificamente, o que precisaria ser abordado no novo programa de orientação dos funcionários da Carter e como deveriam transmitir essa informação?
2. No curso de gestão de RH da Jennifer, o livro-texto sugeria o uso de uma folha de instruções de trabalho para identificar as tarefas desempenhadas por um funcionário. Deveria a Carter usar um formulário como esse para o trabalho do caixa? Se assim for, como precisaria proceder, por exemplo, com um atendente de balcão?
3. Que técnicas específicas de treinamento Jennifer deve aplicar para seus passadores, lavadores/tira-manchas, gestores e pessoal do caixa? Por que essas técnicas de treinamento precisam ser usadas?

Exercício vivencial — Voar nos céus amigáveis

Objetivo: dar-lhe a prática no desenvolvimento de um programa de treinamento para o cargo de atendente de reservas aéreas, de uma grande companhia aérea.

Entendimento necessário: você deve estar totalmente familiarizado com o material deste capítulo e ler a seguinte descrição das funções:

Clientes contatam nossos atendentes de reservas das companhias aéreas para obter horários dos voos, preços e itinerários. Os funcionários de reserva procuram as informações solicitadas em sistemas on-line de programação de voo, que são atualizados continuamente. O funcionário da reserva deve tratar com cortesia e rapidez o cliente, e ser capaz de encontrar alternativas de reservas de voo rapidamente, a fim de fornecer ao cliente o itinerário que se encaixe às suas necessidades. Devem ser encontrados rapidamente voos alternativos e preços, de modo que o cliente não fique esperando, e para que o nosso grupo de operações de reservas mantenha seus padrões de eficiência. Muitas vezes, é necessário olhar várias rotas, uma vez que pode haver uma dúzia ou mais de rotas alternativas entre o ponto de partida do cliente e seu destino.

Você pode supor que acabou de contratar trinta novos funcionários, e que deve criar um programa de treinamento de três dias.

Instruções: divida a turma em grupos de cinco ou seis alunos.

Funcionários de reservas das companhias aéreas, obviamente, precisam de inúmeras habilidades para executar seus trabalhos. A JetBlue Airlines pediu-lhe para desenvolver rapidamente o esboço de um programa de treinamento para os novos funcionários da reserva. Por favor, produza o material solicitado, certificando-se de ser muito específico sobre o que você quer ensinar aos novos funcionários, os métodos e os recursos que você sugere usar para treiná-los.

Estudo de caso brasileiro

Como acelerar o desenvolvimento dos empregados da empresa de calçados Líder?

Arnaldo é gerente financeiro numa empresa de médio porte e atua no mercado há mais de quinze anos. No caso de seu emprego atual, sua experiência praticamente coincide com o tempo de existência da empresa, pois iniciou suas atividades nela há cinco anos, quando o negócio começava com os antigos sócios. Nos últimos anos, a qualidade do trabalho desse empregado passou a apresentar considerável comprometimento.

Questionado sobre as razões de sua falta de motivação para o trabalho, Arnaldo informou que vem trabalhando demais, sem qualquer reconhecimento, tanto em termos de recompensa financeira quanto de expectativas de crescimento na empresa. Isso porque é responsável por uma equipe de dez empregados, a maior parte deles com baixa qualificação e sem qualquer conhecimento da cultura da empresa, em virtude de elevada rotatividade pelos baixos salários pagos e pelo serviço repetitivo.

Além disso, os três subordinados mais antigos desse grupo, por conhecerem mais profundamente o trabalho da organização, não se relacionam bem com o grupo mais jovem e recém-contratado, temendo perderem seus empregos, o que aumenta a hostilidade entre eles. Desse modo, Arnaldo não consegue delegar os trabalhos mais desafiadores e complexos, que acabam sendo realizados por ele próprio, que vive sob pressão e sem tempo suficiente para identificar e reconhecer a competência de seus subordinados.

Por essas e outras razões, embora há pouco tempo no mercado, a empresa, com 50 empregados, todos administrativos, pretende rever o modo como o trabalho pode ser alterado a fim de melhorar a motivação dos funcionários, mas não tem condições de alterar os critérios de remuneração.

Aconselhado pelo presidente da empresa, Arnaldo vem buscando formas alternativas para o desenvolvimento dos subordinados e está preocupado também com uma possível promoção para si no próximo ano, prazo máximo que se deu para que haja alguma mudança na empresa.

Perguntas

1. Como a baixa qualificação dos subordinados e a pressão no trabalho podem interferir no processo de empoderamento? E de coaching?
2. Que tipos de treinamento podem ser usados por Arnaldo, com seus subordinados, a fim de:
   a. desenvolver habilidades técnicas mais rapidamente entre os novos empregados da área de finanças da empresa?
   b. melhorar competências de relacionamento entre empregados novos e antigos?
   c. haver maior integração entre empregados novos, que ainda não se conhecem bem?
   d. descobrir habilidades ou aptidões não utilizadas pelos empregados mais antigos em suas rotinas de trabalho e que podem melhor contribuir para os resultados pretendidos pela empresa?

Notas

1. Marjorie Derven, "Management Onboarding", *Training & Development*, abr. 2008, p. 49-52; Drew Robb, "Welcome Onboard", *HR Magazine*, maio 2012, p. 61-64.
2. Sabrina Hicks, "Successful Orientation Programs", *Training & Development*, abr. 2000, p. 59. Veja também Laurie-Friedman. "Are You Losing Potential New Hires at Hello?", *Training & Development*, nov. 2006. p. 25-27; e Robb. "Welcome Onboard".
3. Charlotte Garvey, "The Whirlwind of a New Job", *HR Magazine*, jun. 2001, p. 111. Veja também Talya Bauer et al. "Newcomer Adjustment During Organizational Socialization: A Meta-Analytic Review of Antecedents, Outcomes, and Methods", *Journal of Applied Psychology* 92, n. 3, 2007, p. 707-721.
4. Sheila Hicks et al., "Orientation – Redesign". *Training & Development*, jul. 2006. p. 43-46.
5. Mukta Kulkarni e Mark Lengnick-Hall, "Socialization of People with Disabilities in the Workplace", *Human Resource Management* 60, n. 4, jul./ago. 2011, p. 521-540.
6. Veja, por exemplo, John Kammeyer-Mueller e Connie Wanberg, "Unwrapping the Organizational Entry Process: Disentangling Multiple Antecedents and Their Pathways to Adjustments", *Journal of Applied Psychology* 88, n. 5, 2003, p. 779-794.
7. Ed Frauenheim, "IBM Learning Programs Get a 'Second Life'", *Workforce Management*, 11 dez. 2006, p. 6. Veja também J. T. Arnold. "Gaming Technology Used To Orient New Hires", *HR Magazine*, 2009 "HR Trendbook" supplement, p. 36, 38.
8. Jennifer Taylor Arnold, "Ramping Up on Boarding", *HR Magazine*, maio 2010, p. 75-78.
9. Mindy Chapman, "The Return on Investment for Training", *Compensation & Benefits Review*, jan./fev. 2003, p. 32-33.
10. Rita Smith, "Aligning Learning with Business Strategy", *Training & Development*, nov. 2008, p. 41-43.
11. Christine Ellis e Sarah Gale, "A Seat at the Table", *Training*, mar. 2001, p. 90-96.
12. Christopher Glynn, "Building a Learning Infrastructure", *Training & Development*, jan. 2008, p. 38-43. O treinamento e o desenvolvimento de executivos da Kelly Services Inc. reúne periodicamente altos executivos da empresa para "identificar novas prioridades e realocar investimentos em treinamento, conforme necessário, com base nas necessidades estratégicas do negócio". Garry Kranz, "More to Learn", *Workforce Management*, jan. 2011, p. 27.
13. Jack Barry, "Transforming HRD into an Economic Value Add", *Training and Development*, set. 2011.
14. "Companies Invested More in Training Despite Economic Setbacks, Survey Says", *BNA Bulletin to Management*, 7 mar. 2002. p. 73; "Employee Training Expenditures on the Rise". *American Salesman* 49, n. 1, jan. 2004, p. 26-28.
15. Rachel Dodes. "At Macy's, a Makeover on Service", *The Wall Street Journal*, 11 abr. 2011, p. B-10.
16. Ibid.
17. W. Clayton Allen, "Overview and Evolution of the ADDIE Training System", *Advances in Developing Human Resources* 8, n. 4, nov. 2006, p. 430-441.
18. Disponível em: <www.intulogy.com/process//>. Acesso em: 23 jun. 2014.
19. P. Nick Blanchard e James Thacker, *Effective Training*, Upper Saddle River, NJ: Pearson, 2010, p. 26-94, 153-199, 285-316. Veja também, Bruno Neal, "e-ADDIE!", T+D 65, n. 3, mar. 2011, p. 76-77.
20. P. Nick Blanchard e James Thacker, "Effective Training: Systems, Strategies and Practices", Upper Saddle River, NJ: Prentice Hall, 1999, p. 138-139. Veja também Matthew Casey e Dennis Doverspike, "Training Needs Analysis and Evaluation for New Technologies Through the Use of Problem Based Inquiry", *Performance Improvement Quarterly* 18, n. 1, 2005, p. 110-124.
21. Veja, por exemplo, Jennifer Salopek, "The Power of the Pyramid", *Training and Development*, maio 2009, p. 70-73.
22. Richard Montier et al., "Competency Models Develop Top Performance", *Training and Development*, jul. 2006, p. 47-50. Veja também Jennifer Salopek, "The Power of the Pyramid", *Training and Development*, maio 2009, p. 70-73.
23. Tom Barron, "When Things Go Haywire", *Training & Development*, fev. 1999, p. 25-27; e veja, por exemplo, Bill Stetar, "Training: It's Not Always the Answer". *Quality Progress*, mar. 2005, p. 44-49. Disponível em: <http://performancetechnology.com/ptg_pdfs/qp0305stetar.pdf>. Acesso em: 23 jun. 2014.
24. Os empregadores cada vez mais utilizam o sistema de gerenciamento de aprendizagem (SGA) para compilar o conteúdo de treinamento. Veja, por exemplo, Bill Perry, "Customized Content at Your Fingertips", *Training and Development*, jun. 2009, p. 29-30.
25. P. Nick Blanchard e James Thacker, "Effective Training: Systems, Strategies, and Practices". Upper Saddle River, NJ: Prentice Hall, 2007, p. 8; G. Sadri, "Boosting Performance Through Self-Efficacy". T+D 65 n. 6, jun. 2011, p. 30-31.
26. Ibid.
27. Ibid, p. 90.
28. Kenneth Wexley e Gary Latham, Developing and Training Human Resources in Organizations, Upper Saddle River, NJ: Prentice Hall, 2002, p. 305.
29. Kathryn Tyler, "Focus on Training", *HR Magazine*, maio 2000, p. 94-102.
30. Ibid, e veja Kendra Lee, "Reinforce Training", *Training* 48, n. 3, maio/jun. 2011, p. 24.
31. Alan Saks e Monica Belcourt, "An Investigation of Training Activities and Transfer of Training in Organizations", *Human Resource Management* 45, n. 4, inverno 2006, p. 629-648. O percentual de gestores que tem transferência de comportamentos de treinamento para o trabalho pode ser tão baixo quanto 10% a 20%. Veja George

Vellios, "On the Level", *Training & Development*, dez. 2008, p. 26-29. Veja também K. Lee, "Implement Training Successfully", *Training 46*, n. 5, jun. 2009, p. 16.

32. Wexley e Latham, "Developing and Training Human Resources", p. 78-79.
33. Donna Goldwasser, "Me a Trainer?". *Training*, abr. 2001, p. 60-66. Disponível em: <http://employment.menswearhouse.com/ats/advantageSelector.action;jsessionid=C6EA17158451F5A2902F7195B678CF6A?type=training>. Acesso em: 23 jun. 2014.
34. Veja, por exemplo, <www.aps-online.net/consulting/structured_ojt.htm>. Acesso em: 23 jun. 2014; e Kathryn Tyler, "15 Ways to Train on the Job", *HR Magazine* 53, n. 9, set. 2008, p. 105-108.
35. As quatro etapas do treinamento no local de trabalho foram baseadas em William Berliner e William McLarney. *Management Practice and Training*. Burr Ridge, IL: McGraw-Hill, 1974, p. 442-443. Para discussão sobre análise de tarefas do empregado veja "Eight Steps to Better No trabalho Training", *HR Focus* 80, n. 7, jul. 2003, p. 11, 13-14.
36. Cindy Waxer, "Steelmaker Revives Apprentice Program to Address Graying Workforce, Forge Next Leaders", *Workforce Management*, 30 jan. 2006, p. 40.
37. Kermit Kaleba, "New Changes to Apprenticeship Program Could Be Forthcoming", *Training & Development*, fev. 2008, p. 14.
38. Robert Weintraub e Jennifer Martineau, "The Just in Time Imperative", *Training & Development*, jun. 2002, p. 52; Andrew Paradise, "Informal Learning: Overlooked or Overhyped?", *Training & Development*, jul. 2008, p. 52-53.
39. Aparna Nancherla, "Knowledge Delivered in Any Other Form Is... Perhaps Sweeter", *Training & Development*, maio 2009, p. 54-60.
40. Nadira Hira, "The Making of a UPS Driver", *Fortune*, 12 nov. 2007, p. 120.
41. Arthur Winfred Jr. et al., "Effectiveness of Training in Organizations: A Meta Analysis of Design and Evaluation – Features", *Journal of Applied Psychology* 88, n. 2, 2003, p. 234-245.
42. Donald Michalak e Edwin G. Yager, *Making the Training Process Work*. Nova York: Harper & Row, 1979, p. 108-111. Veja também Richard Wiegand, "Can All Your Trainees Hear You?", *Training & Development Journal* 41, n. 8, ago. 1987, p. 38-43; e "Dos and Don'ts at the Podium", *Journal of Accountancy* 200, n. 3, set. 2005.
43. Jacqueline Schmidt e Joseph Miller, "The Five-Minute Rule for Presentations", *Training & Development*, mar. 2000, p. 16-17; "Dos and Don'ts at the Podium".
44. G. N. Nash, J. P. Muczyk e F. L. Vettori, "The Role and Practical Effectiveness of Programmed Instruction", *Personnel Psychology* 24, 1971, p. 397-418; Duane Schultz e Sydney Ellen Schultz, "Psychology and Work Today", Upper Saddle River, NJ: Prentice Hall, 1998, p. 181-183; estudo baseado em N. Izzet Kurbanoglu, Yavuz Taskesenligil e Mustafa Sozbilir, "Programmed Instruction Revisited: A Study on Teaching Stereochemistry", *Chemistry Education Research and Practice* 7, n. 1, 2006, p. 13-21.
45. Wexley e Latham, *Developing and Training Human Resources*, p. 131-133. Veja também Teri O. Grady e Mike Matthews, "Video... Through the Eyes of the Trainee". *Training* 24, n. 7, jul. 1987, p. 57-62; "New ARTBA PPE Video and Laborers' Night Work Suggestions Highlight Construction Safety-Advances", *EHS Today* 2, n. 7, jul. 2009, p. 51.
46. Paula Ketter, "What Can Training Do for Brown?", *Training & Development*, maio 2008, p. 30-36.
47. Craig Marion, "What Is the EPSS Movement and What Does It Mean to Information Designers?", 20 ago. 1999; Veja também Frank Nguyen, "EPSS Needs Assessment: Oops, I Forgot How to Do That!", *Performance Improvement*, v. 44, n. 9, out. 2005, p. 33-39.
48. Josh Bersin e Karen O'Leonard, "Performance Support Systems", *Training & Development*, abr. 2005, p. 68.
49. Blanchard e Thacker, *Effective Training*, 2010, p. 163.
50. Disponível em: <www.radvision.com/Support/cisco.htm>. Acesso em: 23 jun. 2014.
51. Idem.
52. P. Nick Blanchard e James Thacker, "Effective Training: Systems, Strategies, and Practices", Upper Saddle River, NJ: Pearson, 2003, p. 247. Veja também Michael Laff, "Simulations: Slowly Proving Their Worth", *Training & Development*, jun. 2007, p. 30-34.
53. Garry Kranz, "More to Learn", *Workforce Management*, jan. 2011, p. 27.
54. Laff, "Simulations".
55. Blanchard e Thacker, *Effective Training*, 2003, p. 248.
56. Idem, p. 249. Veja também Kim Kleps, "Virtual Sales Training Scores a Hit". *Training & Development*, dez. 2006, p. 63-64.
57. Paul Harris, "Simulation: The Game Is On", *Training & Development*, out. 2003, p. 49. Veja também Jenni Jarventaus, "Virtual Threat, Real Sweat". *Training & Development*, maio 2007, p. 72-78.
58. Jarventaus, "Virtual Threat, Real Sweat".
59. Manuel London e M. J. Hall, "Unlocking the Value of Web 2.0 Technologies for Training and Development: the Shift from Instructor-Controlled, Adaptive Learning to Learner-Driven, Generative Learning", *Human Resource Management* 50, n. 6, nov./dez. 2011, p. 761.
60. Pat Galagan, "Second That". *Training & Development*, fev. 2008, p. 34-37.
61. Garry Kranz, "More to Learn". Workforce Management, jan. 2011, p. 27; referente a Ann Pace, "Spurring Innovation and Engaging the Learners of the 2011 Workplace", *T+D 65*, n. 8, ago. 2011, p. 64-69.
62. Kevin Alansky. "Blackboard Pays Off for ADP", *T+D 65*, n. 6, jun. 2011, p. 68-69.
63. Greg Wright, "Retailers Buy into Relearning", *HR Magazine*, 7 dez. 2010, p. 87-90.
64. John Zonneveld, "GM Dealer Training Goes Global", *Training & Development*, dez. 2006, p. 47-51. Veja também "What's Next for the LMS?", *Training & Development*, set. 2011, p. 16.
65. "The Next Generation of Corporate Learning", *Training & Development*, jun. 2003, p. 47.
66. Para orientações de uso do e-learning, Veja, por exemplo, Mark Simon, "E-Learning No How", *Training & Development*, jan. 2009, p. 34-39.
67. "The Next Generation of Corporate Learning", *Training & Development*, jun. 2004, p. 47; Jennifer Hofmann e Nanatte Miner, "Real Blended Learning Stands Up", *Training & Development*, set. 2008, p. 28-31; J. Hofmann, "Top 10 Challenges of Blended Learning", *Training 48*, n. 2, mar./abr. 2011, p. 12-13; Lee Salz, "Use Webinars for Training and Revenue", *Training 48*, n. 2, mar./abr. 2011, p. 14.
68. Ruth Clark, "Harnessing the Virtual Classroom", *Training & Development*, nov. 2005, p. 40-46.
69. Jennifer Taylor Arnold, "Learning On-the-Fly", *HR Magazine*, set. 2007, p. 137. Veja também M. Donahue, "Mobile Learning is the Next Generation in Training", *Hotel Management 226*, n. 4, 4 abr. 2011, p. 17.
70. Disponível em: <www.dominknow.com>. Acesso em: 23 jun. 2014.
71. Elizabeth Agnvall, "Just-in-Time Training", *HR Magazine*, maio 2006, p. 67-78.
72. Idem.
73. Para programa similar ao Accenture, veja Don Vanthournout e Dana Koch, "Training at Your Fingertips", *Training & Development*, set. 2008, p. 52-57. Para uma discussão dos blogs de treinamento, veja Becky Livingston, "Harnessing Blogs for Learning", *T+D 65*, n. 5, maio 2011, p. 76-77.
74. Traci Sitzmann et al., "The Comparative Effectiveness of Web-Based and Classroom Instruction: A Meta-Analysis", *Personnel Psychology* 59, 2006, p. 623-664.
75. Jeremy Smerd, "New Workers Sorely Lacking Literacy Skills", *Workforce Management*, 10 dez. 2008, p. 6.
76. Paula Ketter, "The Hidden Disability", *Training & Development*, jun. 2006, p. 34-40.
77. Jennifer Salopek, "The Growth of Succession Management", *Training & Development*, jun. 2007, p. 22-24; Kermit

Kaleba, "Businesses Continue to Push for Lifelong Learning", *Training & Development*, jun. 2007, p. 14.

78. Rita Zeidner, "One Workforce-Many Languages", *HR Magazine*, jan. 2009, p. 33-37.
79. Matthew Reis, "Do-It-Yourself Diversity", *Training & Development*, mar. 2004, p. 80-81.
80. Disponível em: <www.prismdiversity.com/resources/diversity_training.html>. Acesso em: 23 jun. 2014.
81. Jennifer Salopek, "Trends: Lost in Translation", *Training & Development*, dez. 2003, p. 15; Disponível em: <www.visionpoint.com/training-solutions/title/just-be-fair-basic-diversity-training/>. Acesso em: 23 jun. 2014.
82. Blanchard e Thacker, *Effective Training*, 2010, p. 403-405.
83. Idem, p. 404.
84. Holly Dolezalek, "Extreme Training", *Training 47*, n. 1, jan. 2010, p. 26-28.
85. Para uma discussão sobre as ferramentas de desenvolvimento de liderança, veja John Beeson, "Building Bench Strength: A Tool Kit for Executive Development", *Business Horizons* 47, n. 6, nov. 2004, p. 3-9. Veja também Rita Smith e Beth Bledsoe, "Grooming Leaders for Growth", *Training & Development*, ago. 2006, p. 47-50.
86. Paula Caligiuri, "Developing Global Leaders", *Human Resource Management Review* 16, 2006, p. 219-228.
87. Mike Czarnowsky, "Executive Development", *Training & Development*, set. 2008, p. 44-45.
88. "Thrown into Deep End, Workers Surface as Leaders", *BNA Bulletin to Management*, 11 jul. 2002, p. 223. Veja também Ann Locke e Arlene Tarantino, "Strategic Leadership Development", *Training & Development*, dez. 2006, p. 53-55.
89. Chris Whitcomb, "Scenario-Based Training at the FBI", *Training & Development*, jun. 1999, p. 42-46. Veja também Michael Laff, "Serious Gaming: The Trainer's New Best Friend", *Training & Development*, jan. 2007, p. 52-57.
90. Disponível em: <http://teamcommunication.blogspot.com/>. Acesso em: 23 jun. 2014.
91. Disponível em: <www.amanet.org/>. Acesso em: 23 jun. 2014.
92. Para obter uma lista de programas de Harvard, consulte <www.exed.hbs.edu/programs/Pages/default.aspx>. Acesso em: 23 jun. 2014.
93. Ann Pomeroy, "Head of the Class", *HR Magazine*, jan. 2005, p. 57. Veja também Michael Laff, "Centralized Training Leads to Nontraditional Universities", *Training & Development*, jan. 2007, p. 27-29; e Chris Musselwhite, "University Executive Education Gets Real", *Training & Development*, maio 2006, p. 57.
94. Norman Maier, Allen Solem e Ayesha Maier, "The Role Play Technique", San Diego, CA: University Associates, 1975. p. 2-3. Veja também Karen Griggs, "A Role Play for Revising Style and Applying Management Theories", *Business Communication Quarterly* 68, n. 1, mar. 2005, p. 60-65.
95. Paul Taylor et al., "A Meta-Analytic Review of Behavior Modeling Training", *Journal of Applied Psychology* 90, n. 4, 2005, p. 692-719.
96. Martha Peak, "Go Corporate U!", *Management Review* 86, n. 2, fev. 1997, p. 33-37; Jessica Li e Amy Lui Abel, "Prioritizing and Maximizing the Impact of Corporate Universities", *T+D* 65, n. 5, maio 2011, p. 54-57.
97. Russell Gerbman, "Corporate Universities 101", *HR Magazine*, fev. 2000, p. 101-106; Holly Dolezalek, "University 2.0", *Training* 44, n. 8, set. 2007.
98. "Executive Coaching: Corporate Therapy", *The Economist*, 15 nov. 2003, p. 61. Veja também Steve Gladis, "Executive Coaching Builds Steam in Organizations", *Training & Development*, dez. 2007, p. 59-61.
99. James Smither et al., "Can Working with an Executive Coach Improve Multisource Feedback Ratings over Time?", *Personnel Psychology* 56, n. 1, primavera 2003, p. 23-44.
100. "As Corporate Coaching Goes Mainstream, Key Prerequisite Overlooked: Assessment", *BNA Bulletin to Management*, 16 maio 2006, p. 153.
101. Baseado em Diane Brady, "Can GE Still Manage?", *Bloomberg Businessweek*, 25 abr. 2010, p. 29.
102. Idem.
103. Citado e extraído de "Five Rules for Talent Management in the New Economy", maio 2010. Disponível em: <http://www.towerswatson.com/en/Insights/Newsletters/Global/strategy-at-work/2010/Five-Rules-for-Talent-Management-in-the-New-Economy>. Acesso em: 23 jun. 2014.
104. Idem.
105. Exemplos Nokia baseados em: <www.engadget.com/2011/02/05/nokia-reportedly-planning-organizational-changes-mobile-phone/> e <http://press.nokia.com/press-release/>. Acesso em: 23 jun. 2014.
106. Veja, por exemplo, John Austin, "Mapping Out a Game Plan for Change", *HR Magazine*, abr. 2009, p. 39-42.
107. Gina Gotsill e Meryl Natchez, "From Resistance to Acceptance: How to Implement Change Management", *Training & Development*, nov. 2007, p. 24-26.
108. Idem.
109. Os passos são baseados em Michael Beer, Russell Eisenstat e Bert Spector, "Why Change Programs Don't Produce Change", *Harvard Business Review*, nov./dez. 1990, p. 158-166; Thomas Cummings e Christopher Worley, "Organization Development and Change", Minneapolis, MN: West Publishing Company, 1993; John P. Kotter, "Leading Change: Why Transformation Efforts Fail", *Harvard Business Review*, mar./abr. 1995, p. 59-66; e John P. Kotter, "Leading Change", Boston: Harvard Business School Press, 1996. A mudança não precisa necessariamente ser dolorosa. Veja, por exemplo, Eric Abrahamson, "Change Without Pain", *Harvard Business Review*, jul./ago. 2000, p. 75-79. Veja também David Herold et al., "Beyond Change Management: A Multilevel Investigation of Contextual and Personal Influences on Employees' Commitment to Change", *Journal of Applied Psychology* 92, n. 4, 2007, p. 949.
110. Idem.
111. Kotter. "Leading Change", p. 85.
112. Beer, Eisenstat e Spector, "Why Change Programs Don't Produce Change", p. 164.
113. Shaul Oreg e Yair Berson, "Leadership and Employees' Reactions to Change: The Role of Leader's Personal Attributes and Transformational Leadership Style", *Personnel Psychology* 64, v. 64, n. 3, 2011, p. 627-659.
114. Stacie Furst e Daniel Cable, "Employee Resistance to Organizational Change: Managerial Influence Tactics and Leader Member Exchange", *Journal of Applied Psychology* 3, n. 2, 2008, p. 453.
115. Beer, Eisenstat e Spector, "Why Change Programs Don't Produce Change", p. 164.
116. Robert J. House, *Management Development*, Ann Arbor, MI: Bureau of Industrial Relations, University of Michigan, 1967, p. 71; Louis White e Kevin Wooten, "Ethical Dilemmas in Various Stages of Organizational Development", *Academy of Management Review* 8, n. 4, 1983, p. 690-697.
117. Wendell French e Cecil Bell Jr., "Organization Development". Upper Saddle River, NJ: Prentice Hall, 1995, p. 171-193; Para exemplos de programas de formação de equipes reais, veja, por exemplo, <http://www.teambuildinginc.com/> e <http://www.teamcraft.com/>. Acesso em: 23 jun. 2014.
118. Benjamin Schneider, Steven Ashworth, A. Catherine Higgs e Linda Carr, "Design Validity, e Use of Strategically Focused Employee Attitude Surveys", *Personnel Psychology* 49, 1996, p. 695-705; Veja também Floyd J Fowler, Jr., *Survey Research Methods*, ed. 4, Thousand Oaks, CA.: Sage Publications, Inc., 2009.
119. Cummings e Worley, *Organization Development and Change*, p. 501.
120. Para uma descrição de como fazer do desenvolvimento organizacional parte da estratégia organizacional, veja Aubrey Mendelow e S. Jay Liebowitz, "Difficulties in Making OD a Part of Organizational Strategy", *Human Resource Planning* 12, n. 4, 1995, p. 317-329; e Valerie Gar-

row e Sharon Varney, "What Does OD Do?", *People Management*, 4 jun. 2009.
121. Wexley e Latham, *Developing and Training Human Resources*, p. 128.
122. Todd Raphel, "What Learning Management Reports Do for You", *Workforce*, jun. 2001, p. 56-58.
123. Wexley e Latham, *Developing and Training Human Resources*, p. 153.
124. Veja, por exemplo, Jack Phillips e Patti Phillips, "Moving From Evidence to Proof", *T+D* 65, n. 8, ago. 2011, p. 34-39 para a discussão de um processo de coleta de dados de avaliação do treinamento.
125. Veja, por exemplo, Antonio Aragon-Sanchez et al., "Effects of Training on Business Results", *International Journal of Human Resource Management 14*, n. 6, set. 2003, p. 956-980.
126. Uma revisão recente concluiu que a relação entre o treinamento de recursos humanos e os resultados e desempenho organizacional é positiva, mas que o treinamento "é apenas muito fracamente relacionado aos resultados financeiros". Diante disso, os gestores podem querer avaliar os resultados do treinamento não apenas em termos de comportamento e desempenho dos funcionários, mas quanto ao desempenho financeiro da empresa, também. Veja Phyllis Tharenou et al., "A Review and Critique of Research on Training and Organizational Level Outcomes", *Human Resource Management Review* 17, 2007, p. 251-273.

8 Avaliação e gerenciamento do desempenho

Neste capítulo, vamos abordar...

- CONCEITOS BÁSICOS EM AVALIAÇÃO DE DESEMPENHO
- MÉTODOS DE AVALIAÇÃO
- COMO AGIR COM PROBLEMAS DE AVALIAÇÃO E ENTREVISTA DE AVALIAÇÃO
- GESTÃO DO DESEMPENHO
- PRÁTICAS DE GESTÃO DE TALENTOS E AVALIAÇÃO DE FUNCIONÁRIOS

Fonte: Scott Nelson/AFP/Newscom

Objetivos de aprendizagem

Quando terminar de estudar este capítulo, você deverá ser capaz de:
1. Explicar o propósito da avaliação de desempenho.
2. Responder à pergunta: "Quem deve fazer a avaliação?".
3. Discutir os prós e os contras de pelo menos oito métodos de avaliação de desempenho.
4. Dar exemplos de cinco potenciais problemas de avaliação.
5. Explicar como conduzir uma entrevista de feedback de avaliação.
6. Explicar como aplicar um programa de gestão do desempenho.
7. Dar exemplos de segmentação e gestão ativa de talentos de uma empresa.

Introdução

A TRW fornece direção, frenagem, segurança e equipamentos eletrônicos de automóvel para clientes no mundo inteiro.[1] Há vários anos, a TRW estava profundamente endividada.[2] Com mais de 100 mil funcionários em cinco continentes, a gestão sabia que precisava basear a sua nova estratégia na melhoria da competitividade e desempenho. Na época, a maioria dos departamentos distantes da TRW usaram seus próprios sistemas de avaliação de desempenho em papel. A alta administração decidiu que precisava de um novo sistema de gestão do desempenho para toda a empresa, a fim de ajudar a harmonizar o que os funcionários estavam fazendo em relação aos novos objetivos.

OBJETIVO DE APRENDIZAGEM 1
Explicar o propósito da avaliação de desempenho.

Conceitos básicos em avaliação de desempenho

Poucas coisas que os superiores fazem são mais perigosas do que avaliar o desempenho dos subordinados. Os funcionários tendem ao otimismo excessivo sobre suas classificações, remuneração, carreiras, e a paz de espírito pode depender de como você os avalia. Como se isso não bastasse, alguns processos de avaliação não são tão justos quanto os empregadores pensam. Inúmeros problemas (como inclinações pessoais, favoritismos e classificações gerais na "média") minam o processo. No entanto, apesar dos perigos, a avaliação de desempenho tem um papel central na gestão dos recursos humanos. O desafio é fazer a avaliação da maneira certa.

Ciclo de avaliação de desempenho

Avaliação de desempenho significa avaliar o desempenho atual e/ou passado de um funcionário em relação aos seus padrões de desempenho. Você pode preencher formulários de avaliação e obter resultados medianos como na Figura 8.1, mas a avaliação vai além. Um método eficaz requer também que o superior defina padrões de desempenho e exige que o empregado receba o treinamento, o feedback e os incentivos necessários para eliminar as deficiências de desempenho.

Despojada de sua essência, a avaliação envolve (1) padrões de ajuste de trabalho, (2) avaliação do desempenho real do empregado em relação a esses padrões, e (3) fornecimento de feedback para o empregado, com o objetivo de ajudar-lhe a eliminar deficiências de desempenho ou continuar seu desempenho. Como a Figura 8.2 resume, os gestores chamam essas três etapas de *ciclo de avaliação de desempenho*.

Avaliação de desempenho
Avaliar um empregado em relação ao desempenho atual e/ou passado conforme padrões de desempenho.

Por que avaliar o desempenho?

Há cinco razões para avaliar o desempenho dos subordinados.

1. A maioria dos empregadores ainda baseia remuneração, promoção e decisões de retenção na avaliação do empregado.[3]
2. As avaliações de desempenho têm um papel central no processo de gestão do desempenho do empregador, que significa certificar-se continuamente de que o desempenho de cada funcionário faz sentido em termos dos objetivos gerais da empresa.
3. A avaliação permite que você e os funcionários desenvolvam um plano para corrigir eventuais deficiências e reforçar as atividades que o funcionário faz bem.
4. As avaliações devem servir para um propósito útil de planejamento de carreira. Oferecem uma oportunidade para revisar os planos de carreira do funcionário, tendo em vista os pontos fortes e fracos expostos.

FIGURA 8.1 Formulário de avaliação on-line.

Fonte: Copyright Gary Dessler, PhD

Instruções: avaliações reflexivas ajudam o docente a entender melhor e aprimorar as suas práticas de ensino. Para cada um dos oito itens seguintes, atribua uma pontuação, sendo 7 a mais proeminente, 4 a média, 1 a menor pontuação, para as necessidades de melhoria, e NA, se a questão não é aplicável:

Itens de avaliação
____ • O instrutor foi preparado para as suas palestras.
____ • O conteúdo foi consistente com os objetivos do curso.
____ • O instrutor foi justo na forma como ele me avaliou.
____ • O instrutor planejou e organizou cuidadosamente este curso.
____ • O instrutor estava disponível durante suas horas de expediente divulgadas.
____ • O instrutor respondeu a perguntas on-line em tempo hábil.
____ • Em termos de conhecimento e/ou experiência, o instrutor era competente para ministrar este curso.
____ • No geral, como você classificaria este curso?

FIGURA 8.2 Três etapas do ciclo de avaliação de desempenho.

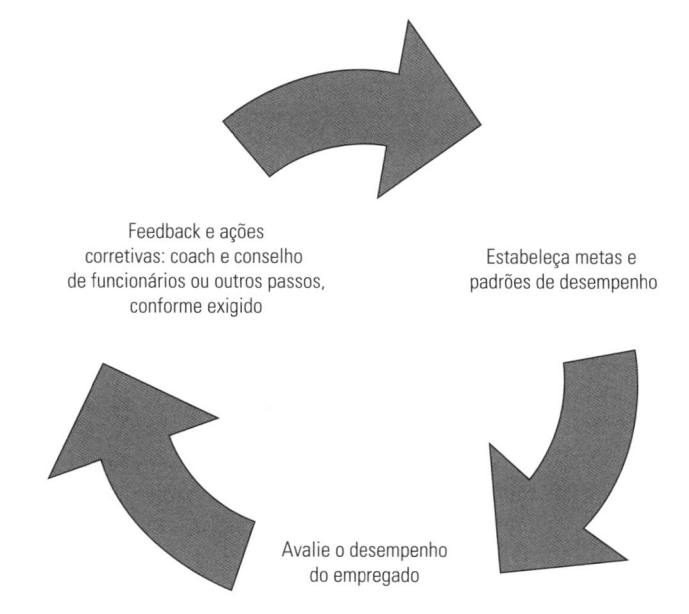

- Feedback e ações corretivas: coach e conselho de funcionários ou outros passos, conforme exigido
- Estabeleça metas e padrões de desempenho
- Avalie o desempenho do empregado

5. Os superiores aplicam avaliações para identificar o treinamento dos funcionários e as necessidades de desenvolvimento. Elas permitem que os superiores identifiquem as lacunas de desempenho (entre o desempenho atual e o esperado) para formular a reparação necessária. O Quadro *RH como centro de lucro* ilustra isso.

RH como centro de lucro

Definindo metas de desempenho na Ball Corporation

A Ball Corporation fornece embalagens metálicas para os clientes, como fabricantes de alimentos.[4] A equipe de gestão de uma fábrica da Ball queria melhorar o desempenho por meio da instituição de um processo melhor para estabelecer metas.[5] O novo programa começou com os líderes da fábrica sobre como melhorar o desempenho. Eles, então, definiram e comunicaram metas diárias para suas equipes de trabalho. A gestão rastreava a realização dessas metas diárias que as equipes de trabalho realizavam com scorecards, e todos os funcionários receberam treinamento especial para garantir que tivessem as habilidades necessárias. De acordo com a administração, no prazo de 12 meses o novo plano aumentou a produção em 84 milhões de latas, reduziu as reclamações dos clientes em 50% e produziu um retorno sobre o investimento de mais de US$ 3,09 milhões.[6]

Gestão do desempenho

Para vários objetivos da avaliação, as habituais revisões anuais ou semestrais podem ser suficientes. Por exemplo, promoções e aumentos tendem a ser decisões periódicas. Contudo, para corrigir o desempenho, é preciso observar continuamente os funcionários de linha. O mesmo se aplica ao reconhecimento de um desempenho excepcional.

Muitos empregadores, portanto, têm uma abordagem mais contínua para avaliação de desempenho. Por exemplo, na fábrica da Toyota Motor em Lexington, Kentucky, na unidade Camry, as equipes de funcionários monitoram seus próprios resultados. Em reuniões frequentes, eles alinham esses resultados continuamente com os padrões da equipe de trabalho, e com a qualidade geral da fábrica e metas de produtividade. Os membros da equipe que precisam de treinamento são treinados e procedimentos que necessitam de mudança são alterados.

Este é o gerenciamento de desempenho em ação. A **gestão do desempenho** é o processo *contínuo* de identificação, medição e desenvolvimento do desempenho de indivíduos e equipes para *alinhar* o seu desempenho com os *objetivos* da organização.[7]

Muitos empregadores têm o que eles chamam de gestão do desempenho, mas ainda aplicam a avaliação de desempenho tradicional. As principais diferenças são os ajustes da gestão do desempenho, *contínuos* e *baseados nas metas*.[8] Como disse um especialista, "Um sistema que

Gestão do desempenho
Processo *contínuo* de identificação, medição e desenvolvimento do desempenho de indivíduos e equipes, e *alinhamento* do seu desempenho com os *objetivos* da organização.

envolve avaliações de funcionários, uma vez por ano, sem um esforço contínuo para fornecer feedback [...] não é um verdadeiro sistema de gestão do desempenho".[9] O Quadro *Contexto estratégico* ilustra isso.

Contexto estratégico

TRW

A administração da TRW decidiu que precisava de um novo sistema de gestão do desempenho para ajudar a sintonizar o desempenho real de seus funcionários com novas metas operacionais da empresa. A alta administração nomeou uma equipe com o objetivo de criar um sistema de gestão do desempenho consistente (funcionários de todas as unidades distantes da TRW poderiam usar o mesmo sistema) e abrangente (que consolidou em um único sistema integrado a definição de metas, avaliação do desempenho, desenvolvimento profissional e planejamento de sucessão).

O novo sistema de gestão do desempenho produziu muitos benefícios. Mais notavelmente, focaliza a atenção de todos os funcionários sobre o que precisam fazer para ajudar a alcançar as metas da TRW. Ele também descobre as necessidades de desenvolvimento dos empregados que são relevantes para o sucesso da TRW e do empregado.

Vamos discutir a gestão do desempenho mais plenamente no final do capítulo, depois de abordar os conceitos básicos de avaliação de desempenho.

Definição de metas e padrões de desempenho

A maioria dos funcionários precisa e espera saber de antemão em que base os seus gestores vão avaliá-los.[10] Gerentes usam uma ou mais das três bases: objetivos, normas e competências.

Primeiro, o gestor pode avaliar em que medida *o funcionário está atingindo seus objetivos*. O ideal é que as metas de cada funcionário derivem de objetivos globais da empresa. Por exemplo, uma meta de toda a empresa de redução de custos em 10% deve traduzir-se em objetivos a partir dos quais os trabalhadores individuais ou equipes consigam cortar custos. Aqui, alguns empregadores utilizam uma abordagem de gestão por objetivos, vamos discutir isso posteriormente neste capítulo.

Gestores dizem que as metas efetivas devem ser inteligentes. São *específicas*, e indicam claramente os resultados desejados. São *mensuráveis* e respondem à pergunta "quanto"? São *atingíveis*, *relevantes* e derivam do que o gerente e a empresa desejam alcançar. Também são *oportunas*, com prazos e metas.[11] Pesquisas científicas sobre comportamento fornecem informações úteis para a definição de objetivos motivacionais. O Quadro *RH na Prática* resume esses resultados.

RH na prática

Como definir metas efetivas

Estudos de investigação em ciências comportamentais sugerem quatro diretrizes para a definição de objetivos de desempenho:

1. *Atribuir objetivos específicos*. Os funcionários que recebem metas específicas geralmente se saem melhor do que aqueles que não recebem.
2. *Atribuir metas mensuráveis*. Coloque metas em termos quantitativos e inclua prazos. Se resultados mensuráveis não são possíveis, as melhores opções são "conclusão satisfatória", "participação satisfatória" ou "completou satisfatoriamente a atividade".
3. *Atribuir metas desafiadoras, mas factíveis*. Metas devem ser um desafio, mas não tão difíceis que pareçam impossíveis ou irreais.
4. *Incentivar a participação*. Ao longo de sua carreira na gestão, você vai se deparar com essa pergunta: "Devo apenas dizer aos meus funcionários quais são seus objetivos ou devo deixá-los participar comigo na definição deles?". A evidência sugere que definir metas de forma participativa não resulta sempre em maior desempenho do que as metas atribuídas, nem

objetivos atribuídos resultam sempre em maior desempenho do que aqueles estabelecidos participativamente. Somente quando as metas definidas participativamente são mais difíceis (superiores) do que as atribuídas é que a definição participativa produz melhor desempenho. Por ser mais fácil definir padrões mais elevados quando seus funcionários participam do processo, a participação tende a facilitar a configuração de padrões de desempenho.[12]

A *segunda* base mais popular para avaliar alguém é utilizar um formulário com critérios genéricos (como "qualidade" e "quantidade"). Assim, o formulário de avaliação de um instrutor pode incluir critérios como: "O instrutor é bem preparado".

GESTÃO DE TALENTOS, COMPETÊNCIAS E PADRÕES DE COMPORTAMENTO

Uma *terceira* opção é avaliar os funcionários com base nas competências ou habilidades (ou "padrões de comportamento") que o trabalho exige.

Considere um exemplo. Vimos no Capítulo 4 que a divisão de exploração da British Petroleum (BP) avalia as competências dos trabalhadores, usando uma matriz de habilidades (veja a Figura 4.8). Essa matriz mostra as competências básicas a serem avaliadas (como "conhecimentos técnicos"), e o nível mínimo de cada habilidade que o trabalho exige. Funcionários com o nível exigido de cada habilidade estão qualificados para ocupar o cargo.

Quem deve fazer a avaliação?

OBJETIVO DE APRENDIZAGEM 2
Responder à pergunta: "Quem deve fazer a avaliação?".

As avaliações por parte do superior imediato são o coração da maioria delas. Conseguir apreciação de um superior é simples e faz sentido. O superior geralmente está na melhor posição para observar e avaliar o seu desempenho ou de seu funcionário, além de ser responsável pelo desempenho da pessoa.

No entanto, basear-se apenas nas avaliações dos superiores nem sempre é sábio. Por exemplo, o superior de um empregado pode não compreender ou apreciar o modo como clientes e colegas de trabalho percebem o desempenho. Além disso, há sempre algum perigo de parcialidade a favor ou contra o empregado. Se assim for, os gestores têm várias opções.

AVALIAÇÃO ENTRE PARES Mais empresas utilizam as equipes autogeridas, e a avaliação de um empregado por seus pares tem sido mais popular. Normalmente, um empregado em uma avaliação anual escolhe uma pessoa para coordenar a avaliação. Esse último, em seguida, seleciona um superior e três pares para avaliar o trabalho do empregado.

Uma pesquisa indica que as avaliações de pares podem ser eficazes. Um estudo envolveu estudantes universitários colocados em grupos de trabalho de autogestão. Os pesquisadores descobriram que as avaliações de pares tiveram "um impacto imediato positivo de melhorar a percepção de uma comunicação aberta, motivação para tarefa, esforço, viabilidade do grupo, coesão e satisfação".[13] Os funcionários, em outras palavras, parecem motivados a conhecer os seus colegas e suas expectativas.

COMITÊS DE AVALIAÇÃO Algumas empresas utilizam comitês de avaliação, que geralmente é composto por um superior imediato do empregado e outros três ou quatro superiores.[14]

Usar múltiplos avaliadores é vantajoso, podendo ajudar a neutralizar problemas como o preconceito por parte dos avaliadores individuais.[15] Também pode fornecer uma maneira de incluir na avaliação as diferentes facetas do desempenho de um funcionário, observadas por diferentes avaliadores. Estudos, muitas vezes, mostram que as avaliações obtidas a partir de diferentes fontes raramente coincidem.[16] É aconselhável, portanto, pelo menos, obter classificações do superior e talvez outro gerente que esteja familiarizado com o trabalho do empregado.[17] No mínimo, a maioria dos empregadores exige que o chefe do superior assine quaisquer laudos de avaliação que o superior faz.

AUTOAVALIAÇÕES Alguns empregadores obtêm "autoavaliações dos empregados, geralmente, em conjunto com a avaliação dos superiores." O problema básico, naturalmente, é que os funcionários costumam avaliar-se melhor do que os seus superiores ou colegas.[18] Um estudo descobriu que, quando solicitados a avaliar seus próprios desempenhos de emprego, 40% dos empregados em postos de trabalho de todos os tipos colocaram-se no top 10%, e

Um comitê de avaliação é geralmente composto pelo superior imediato do empregado e outros três ou quatro superiores.

Fonte: nyul/Fotolia

praticamente todos os demais funcionários classificaram-se pelo menos entre os top 50%.[19] Em outro estudo, autoavaliações estavam negativamente correlacionadas com o desempenho em avaliação posterior – quanto melhor se autoavaliavam, pior ficavam no centro de avaliação. Por outro lado, uma média das classificações dos superiores, pares e subordinados previa o desempenho do centro de avaliação.[20]

AVALIAÇÃO PELOS SUBORDINADOS Muitos empregadores fazem subordinados avaliar gestores, geralmente, para desenvolvimento e não para fins de remuneração. O anonimato afeta esse feedback. Gestores que recebem feedback de funcionários que se identificam aceitam melhor o processo, mais positivamente do que os gestores que recebem comentários anônimos. No entanto, os funcionários preferem dar respostas anônimas, e aqueles que devem identificar-se tendem a avaliar positivamente.[21]

O feedback de baixo para cima pode melhorar o desempenho de um gerente. Foi feito um estudo com 252 gestores durante as cinco administrações anuais com um programa de feedback de baixo para cima. Os gerentes que foram inicialmente classificados fracos ou medianos "demonstraram melhorias significativas em suas avaliações de feedback de baixo para cima ao longo do período de cinco anos". E os gestores que se reuniram com seus funcionários para discutir o seu feedback para cima melhoraram em grau superior em comparação aos gestores que não o fizeram.[22]

Feedback 360 graus
O empregador recolhe todas as informações sobre o desempenho em torno de um empregado a partir de seus superiores, funcionários, colegas e clientes internos ou externos.

FEEDBACK 360 GRAUS Com o **feedback 360 graus**, o empregador consegue informações de desempenho do empregado como um todo, a partir de seus superiores, funcionários, colegas e clientes internos ou externos. Geralmente, para fins de desenvolvimento, em vez de remuneração.[23] O processo usual é a realização de pesquisas de avaliação on-line. Sistemas informatizados, em seguida, compilam todo esse feedback em relatórios individualizados para os avaliados. A pessoa pode então se reunir com o superior para desenvolver um plano de aperfeiçoamento.

Os resultados são mistos. Os participantes parecem preferir essa abordagem, mas um estudo concluiu que o feedback de múltiplas fontes levou a melhorias "geralmente pequenas" nas avaliações subsequentes por parte dos superiores, colegas e funcionários. A melhoria era mais provável quando os avaliados acreditavam que era necessário mudar.[24] Além disso, essas avaliações são mais sinceras quando as recompensas ou promoções não estão envolvidas.

Existem várias maneiras de melhorar as avaliações 360 graus.

- Estabelecer as dimensões de avaliação de 360 graus (como "gestão de conflitos"), com exemplos comportamentais específicos (como "efetivamente lida com conflitos").[25]
- Treinar cuidadosamente as pessoas que estão dando e recebendo o feedback.[26]
- Com vários avaliadores, certificar-se de que o feedback é produtivo, imparcial e orientado ao desenvolvimento.[27]

- Reduzir os custos administrativos associados ao feedback de múltiplas fontes por meio de um sistema baseado na web. O avaliador acessa a internet, abre uma tela com uma escala de avaliação, e avalia a pessoa em várias competências com classificações como "capacitado e eficaz".[28]

AVALIAÇÕES "COLABORATIVAS" Em outro extremo das avaliações de 360 graus, mais empregadores estão usando reconhecidas ferramentas de avaliação. São softwares de empresas como Globoforce (<www.globoforce.com>, em inglês) e Salesforce Rypple, com nova abordagem para "*crowd-sourcing*", com o objetivo de obter comentários e avaliações de colegas de trabalho. Por exemplo, qualquer funcionário da LivingSocial com sede em Washington pode usar a Salesforce Rypple para comentar sobre o trabalho de alguém; a empresa, em seguida, utiliza esses comentários como uma entrada para as avaliações formais de funcionários.[29] No Brasil, há várias ofertas de serviço dessa natureza on-line, e de softwares para aquisição pelas empresas. Uma opção desse recurso de avaliação é oferecida pela LHH|DBM (<http://www.lhh-brasil.com.br/>).

> **OBJETIVO DE APRENDIZAGEM 3**
> Discutir os prós e os contras de pelo menos oito métodos de avaliação de desempenho.

Métodos de avaliação

O gerente geral faz a avaliação com base em um ou mais dos métodos formais que descrevemos nesta seção.

Método de escalas gráficas

A *escala gráfica* apresenta uma série de características e uma gama de classificações de desempenho para cada uma delas. Como na Figura 8.3, uma escala típica lista traços (como o trabalho em equipe) e uma variedade de padrões de desempenho (abaixo das expectativas, atende às expectativas, e é um modelo) para cada característica. O superior avalia cada funcionário, circulando ou verificando a pontuação que melhor descreve seu desempenho, para cada característica e, em seguida, soma as pontuações de todos os traços.

Método de classificação alternada

Classificar funcionários do melhor ao pior em uma característica ou várias é outro método de avaliação popular. Geralmente, é mais fácil de distinguir entre os funcionários piores e melhores do que classificá-los, nesse caso, um método de *classificação alternada* é útil. Com esse método, o superior usa um formulário como a da Figura 8.4 para especificar o empregado que é o mais elevado na característica que está sendo medida e também aquele que é o menos elevado. Ele alterna entre o maior e o menor até que todos os funcionários sejam classificados.

Método de comparação entre pares

Com o *método de comparação entre pares*, cada funcionário a ser avaliado é comparado com todos os outros funcionários em cada traço. Por exemplo, suponha que existem cinco funcionários a serem classificados. Com esse método, um gráfico, tal como o da Figura 8.5, mostra todos os possíveis pares de empregados para cada característica. Então, para cada característica, o superior indica (com mais ou menos) quem é o melhor empregado do par. Em seguida, soma-se o número de vezes que um funcionário é avaliado melhor. Na Figura 8.5, a empregada Maria tem classificação mais alta (tem mais pontuações) para "qualidade do trabalho", e Artur a mais alta classificação em "criatividade".

Método de distribuição forçada

Com o *método de distribuição forçada*, o gerente coloca determinadas porcentagens dos funcionários em categorias de desempenho, como quando um professor "dá as notas em curva". Estima-se que 60% das 500 empresas Fortune recorrem a alguma forma de ranking. Na Lending Tree, os primeiros 15% avaliados são "1s", os medianos 75% são "2s", os 10% inferiores são "3s" e os "primeiros a ir".[30] As vantagens da distribuição forçada são: (1) impede que os superiores avaliem a maioria dos funcionários como "satisfatório" ou "alto", e (2) destaca aqueles com desempenho superior e inferior. A GE, que popularizou a distribuição forçada, vem injetando mais flexibilidade em seu sistema. Por exemplo, já não adere à sua famosa divisão 20/70/10 (em que a maior parte dos 10% pior avaliados perde seus postos de trabalho), e diz que os gestores usam mais senso comum em avaliar.[31]

DESVANTAGENS   Embora amplamente utilizadas, alguns se recusam a fazer avaliações de distribuição forçada. Como a maioria dos avaliados sabe, a avaliação por distribuição forçada é implacável. Com distribuição forçada, ou você está no top 10%, ou você não está. E se está na parte inferior de 10%, você recebe um F, sem direito a perguntas. Seu avaliador tem pouca opção de manobra. Em uma pesquisa, 77% dos empregadores estavam pelo menos "um pouco satisfeitos" com a distribuição forçada, enquanto o resto estava insatisfeito. As maiores reclamações são: 44% disseram que traz danos morais, e 47% disseram que cria desigualdades interdepartamentais, uma vez que algumas "equipes de alto desempenho devem cortar 10% dos seus trabalhadores, enquanto as equipes de baixo desempenho ainda estão autorizadas a reter 90% deles".[32] Escritores referem-se indelicadamente à distribuição forçada como "Rank and Yank".[33]

FIGURA 8.3 Exemplo de formulário de avaliação com exemplos comportamentais.

Fonte: "Sample Performance Rating Form from Performance Management: A Roadmap for Developing, Implementing and Evaluating Performance Management Systems", por Elaine D. Pulakos, em *SHRM Effective Practice Guidelines*.

Copyright © 2004 by SHRM Foundation. Reproduzido com permissão. Todos os direitos reservados.

Modelo de formulário de classificação de desempenho

Nome do funcionário _____   Nível: coloque o nível do empregado

Nome do gestor _____

Principais responsabilidades do trabalho
1. _____
2. _____
3. _____
4. _____

Resultados/metas a serem alcançadas
1. _____
2. _____
3. _____
4. _____

Comunicação

1	2	3	4	5
Abaixo das expectativas		Atende às expectativas		Modelo de desempenho
Mesmo com a orientação, não consegue preparar comunicações diretas, incluindo formulários, documentos e registros, de forma oportuna e precisa; os produtos necessitam de correções mínimas.		Com orientação, prepara comunicações diretas, incluindo formulários, documentos e registros, de forma oportuna e precisa; os produtos necessitam de correções mínimas.		Prepara comunicações independentemente, como formulários, documentos e registros em tempo hábil, de forma clara e precisa; os produtos requerem poucas correções, se houver.
Mesmo com a orientação, não se adapta a estilo e materiais para comunicar informação simples.		Com orientação, adapta o estilo e os materiais para comunicar informações simples.		Independentemente do estilo, adapta os materiais para comunicar informações.

Conhecimento organizacional

1	2	3	4	5
Abaixo das expectativas		Atende às expectativas		Modelo de desempenho
<padrões de desempenho aparecem aqui>		<padrões de desempenho aparecem aqui>		<padrões de desempenho aparecem aqui>

Eficácia pessoal

1	2	3	4	5
Abaixo das expectativas		Atende às expectativas		Modelo de desempenho
<padrões de desempenho aparecem aqui>		<padrões de desempenho aparecem aqui>		<padrões de desempenho aparecem aqui>

Trabalho em equipe

1	2	3	4	5
Abaixo das expectativas		Atende às expectativas		Modelo de desempenho
<padrões de desempenho aparecem aqui>		<padrões de desempenho aparecem aqui>		<padrões de desempenho aparecem aqui>

Alcance de resultados de negócios

1	2	3	4	5
Abaixo das expectativas		Atende às expectativas		Modelo de desempenho
<padrões de desempenho aparecem aqui>		<padrões de desempenho aparecem aqui>		<padrões de desempenho aparecem aqui>

(continua)

Diante disso, os empregadores precisam estar atentos. A política do escritório e o favoritismo gerencial podem deturpar as classificações.[34] Para se proteger, os empregadores devem tomar várias medidas, como nomear uma comissão de revisão para rever a baixa classificação de qualquer empregado, treinar os avaliadores para que sejam objetivos e considerar o uso de avaliadores múltiplos em conjunto com a abordagem de distribuição forçada.

FIGURA 8.3 (*continuação*)

Avaliação de resultados

Preenchido por 1: _____

1	2	3	4	5
Baixo impacto		Impacto moderado		Alto impacto
A eficiência e a eficácia das operações permaneceram as mesmas ou melhoraram minimamente. A qualidade dos produtos manteve-se a mesma ou melhorou apenas minimamente.		A eficiência e a eficácia das operações melhoraram bastante. A qualidade dos produtos melhorou bastante.		A eficiência e a eficácia das operações melhoraram tremendamente. A qualidade dos produtos melhorou tremendamente.

Preenchido por 2: _____

1	2	3	4	5
Baixo impacto		Impacto moderado		Alto impacto
A eficiência e a eficácia das operações permaneceram as mesmas ou melhoraram minimamente. A qualidade dos produtos manteve-se a mesma ou melhorou apenas minimamente.		A eficiência e a eficácia das operações melhoraram bastante. A qualidade dos produtos melhorou bastante.		A eficiência e a eficácia das operações melhoraram tremendamente. A qualidade dos produtos melhorou tremendamente.

Observações/Relatório

_____
_____
_____
_____
_____

Áreas a serem desenvolvidas	Ações	Data de conclusão

Assinatura do gestor _____ Data _____

Assinatura do empregado _____ Data _____

A assinatura do empregado indica o recebimento, mas não necessariamente a concordância com esta avaliação.

Método do incidente crítico

O *método de incidentes críticos* envolve manter um registro de bons e/ou indesejáveis exemplos de comportamento relacionados com o trabalho de um funcionário e revisá-los com o empregado em momentos predeterminados. Os empregadores muitas vezes compilam tais incidentes para complementar uma avaliação ou método de avaliação. Manter uma lista de execução de incidentes críticos fornece exemplos concretos do que, especificamente, os funcionários podem fazer para eliminar as deficiências de desempenho. Ele também oferece oportunidades para correções no meio do ano, se necessário. Compilar incidentes durante todo o ano também ajuda a reduzir tendências dos superiores em se concentrar indevidamente apenas nas últimas semanas, ao avaliar o desempenho dos funcionários.

FIGURA 8.4 Método de classificação alternada.

ESCALA DE CLASSIFICAÇÃO ALTERNADA

Comportamento: _____

Para o comportamento que você está medindo, liste todos os funcionários que deseja classificar. Coloque o nome do funcionário mais graduado na linha 1, e o nome do funcionário menos graduado na linha 20. Em seguida, relacione a próxima classificação mais alta na linha 2, a próxima classificação mais baixa na linha 19, e assim por diante. Continue até que todos os nomes estejam na escala.

Funcionário mais graduado

1. _____   11. _____
2. _____   12. _____
3. _____   13. _____
4. _____   14. _____
5. _____   15. _____
6. _____   16. _____
7. _____   17. _____
8. _____   18. _____
9. _____   19. _____
10. _____ 20. _____

Funcionário menos graduado

Escalas de avaliação comportamental

A *escala de avaliação comportamental* (*behaviorally anchored rating scales* – Bars) é um método de avaliação que combina os benefícios de incidentes críticos e as avaliações quantitativas, ancorando uma escala quantificada com exemplos narrativos específicos do bom e do mau desempenho expressos em comportamentos específicos. A Figura 8.6 é um exemplo desse método, e mostra a escala de avaliação comportamental para a característica "habilidades na arte de vender", utilizada para um vendedor de automóveis. Note como os diversos níveis de desempenho, a partir de 10 (alto) a 1 (baixo), estão ancorados com exemplos comportamentais específicos, como "O vendedor disse ao cliente 'estilo é estilo' e que ela provavelmente seria mais feliz com um veículo do concorrente", sendo esse um exemplo de baixo desempenho.

Formas de avaliação na prática

Na prática, as formas de avaliação muitas vezes misturam várias abordagens. Por exemplo, a Figura 8.3 é uma escala gráfica com base nas expectativas de competências comportamentais específicas (exemplos de bom e/ou mau desempenho). O último ponto identifica o que os avaliadores devem procurar. Mesmo sem usar a abordagem de avaliação comportamental mais elaborada, ancorar uma escala de avaliação em comportamento, como na Figura 8.6, pode melhorar a confiabilidade e a validade da escala de avaliação.

FIGURA 8.5 Método de comparação entre pares.

Obs.: + significa "melhor que"; – significa "pior que". Para cada gráfico, somar o número de + em cada coluna a fim de identificar o empregado mais bem classificado.

PARA A CARACTERÍSTICA "QUALIDADE DO TRABALHO"

Empregado avaliado:

Em comparação com:	A Artur	B Maria	C Chuck	D Diane	E José
A Artur		+	+	–	–
B Maria	–		–	–	–
C Chuck	–	+		+	–
D Diane	+	+			+
E José	+	+	+	–	

↑ Maria está em primeiro lugar aqui

PARA A CARACTERÍSTICA "CRIATIVIDADE"

Empregado avaliado:

Em comparação com:	A Artur	B Maria	C Chuck	D Diane	E José
A Artur		–	–	–	–
B Maria	+		–	+	+
C Chuck	+	+		–	+
D Diane	+	–	+		–
E José	+	–	–	+	

↑ Artur está em primeiro lugar aqui

FIGURA 8.6 Escala de avaliação comportamental.

Habilidades na venda de automóveis

Convença potenciais compradores a adquirir um de nossos veículos; apresente benefícios para incentivar as pessoas a comprar; use habilidades da arte de vender a fim de superar razões apontadas pelos compradores para não comprar, e ajuste as ofertas de vendas às necessidades do comprador.

10 —

— Uma potencial cliente disse que só compraria um dos nossos conversíveis de luxo ou o carro de um concorrente. Quando a empresa de financiamento rejeitou seu pedido, o vendedor comparou o nosso carro de menor preço com o do concorrente e o convenceu a comprá-lo.

9 —

8 —

— O vendedor pergunta ao potencial comprador o que está procurando em um veículo e, por isso, ouve atentamente o comprador; em seguida, explica como nosso veículo atende a essas necessidades e o motivo.

7 —

6 —

— O potencial comprador disse que estava procurando um carro que conseguisse usar para transportar o seu barco e levá-lo a trilhas, e o vendedor enfatizou o baixo preço e a qualidade do nosso veículo na oferta de vendas.

5 —

4 —

— A compradora disse que realmente queria algo especial, um carro com cor e amenidades incomuns; o vendedor disse que seria melhor ela não esperar dois meses e que deveria se contentar com um modelo padrão.

3 —

2 —

— A potencial compradora disse que não gostou da "aparência" do nosso veículo, e o vendedor lhe disse: "estilo é estilo"; ela provavelmente seria mais feliz com o veículo de um concorrente.

1 —

Método da administração por objetivos

O termo *administração por objetivos* (APO) normalmente se refere a uma definição de metas da empresa em várias etapas e programas de avaliação. A APO requer o gerente para definir metas específicas, mensuráveis, organizacionalmente relevantes com cada empregado e, em seguida, discutir periodicamente os progressos desse último em direção aos objetivos. As etapas são as seguintes:

1. **Definir os objetivos da organização** Estabelecer um plano de toda a empresa para o próximo ano e definir metas.
2. **Definir metas departamentais** Gerentes de departamento e seus superiores conjuntamente estabelecem metas para seus departamentos.
3. **Discutir metas departamentais** Gerentes de departamento discutem metas da área com seus funcionários e pedem para que eles desenvolvam seus próprios objetivos individuais. Eles devem perguntar: "Como ajudar cada funcionário do departamento a atingir os seus objetivos?"
4. **Definir os resultados esperados (definir metas individuais)** Gerentes de departamento e seus funcionários definem metas de desempenho de curto prazo para cada funcionário.
5. **Realizar avaliações de desempenho** Depois de um período, chefes de departamento comparam os resultados reais e esperados de cada funcionário.
6. **Fornecer feedback** Gerentes de departamento realizam reuniões de avaliação de desempenho periódicas com os funcionários. Eles discutem o desempenho dos funcionários e fazem planos para corrigir ou manter o desempenho da pessoa.

Mais empregadores usam ferramentas de avaliação virtuais e on-line.

Fonte: Thomas Barwick/Getty Images

Avaliações de desempenho virtuais e on-line

Mais empregadores usam ferramentas de avaliação virtuais e on-line. Por exemplo, a Seagate Technology utiliza a Enterprise Suite para seus 39 mil funcionários.[35] No início do primeiro trimestre fiscal da Seagate, os funcionários entram no sistema e definem metas e planos de desenvolvimento para eles mesmos, que fazem sentido em termos de objetivos corporativos da Seagate. Funcionários atualizam, então, seus planos trimestrais. Eles fazem autoavaliação no final do ano, com acompanhamento de avaliações de seus superiores. Já em relação ao contexto brasileiro, é possível contar com a Efix (<http://www.efix.net>), a Menvie (<http://www.menvie.com.br>) e a Oracle (<http://www.oracle.com/br>).

Monitoramento eletrônico de desempenho

Sistemas eletrônicos de monitoramento de desempenho (*electronic performance monitoring* – EPM) recorrem à tecnologia virtual para permitir aos gestores monitorar frequência, precisão e tempo de trabalho de seus funcionários on-line, ou apenas em seus computadores.[36] O EPM pode melhorar a produtividade, por exemplo, para tarefas repetitivas, os indivíduos altamente qualificados e monitorados realizaram mais entradas de dados do que os participantes altamente qualificados não monitorados. Mas o EPM também pode sair pela culatra. Nesse mesmo estudo, os participantes altamente monitorados pouco qualificados foram piores do que os pouco qualificados não monitorados, parecendo aumentar o estresse dos funcionários.[37]

O Quadro *Temas globais em RH* discute alguns desafios especiais na avaliação de funcionários no exterior.

Temas globais em RH

Instrução dos funcionários no exterior

O início de um processo para avaliar funcionários estrangeiros é um desafio. Por exemplo, você aplica o mesmo processo de avaliação da subsidiária que pode estar fora do seu país? Ou aquele que usaria se a pessoa ainda fosse um funcionário local?

Um estudo descobriu que, pelo menos em grandes empresas multinacionais, os empregadores usaram as mesmas formas e procedimentos que aplicam na sede. Os pesquisadores entrevistaram funcionários estrangeiros e gestores de recursos humanos de cinco multinacionais subsidiárias de empresas de tecnologia da informação: Applied Materials (norte-americana), Philips (holandesa), Hitachi (japonesa), Samsung (sul-coreana) e Winbond (taiwanesa). Em resumo, cada uma das cinco empresas utilizava formas padronizadas de desempenho estabelecidas pela sede e não as adaptava a situações operacionais locais. Eles, portanto, tentaram manter alguma comparabilidade nas avaliações e nas conclusões que poderiam extrair delas.[38]

Dias de conversação

Quando funcionários da Juniper Networks expressaram preocupações sobre suas avaliações de desempenho anuais e sobre a falta de feedback positivo, a Juniper mudou o processo. Em vez de avaliações de desempenho uma vez por ano, existem "dias de conversa" semestrais. A ênfase nessas conversas entre gerente-empregado está em áreas de melhoria e crescimento, e no contrato de metas alinhadas com os interesses de carreira do funcionário. Não há avaliações de desempenho explícitas.

> **OBJETIVO DE APRENDIZAGEM 4**
> Dar exemplos de cinco potenciais problemas de avaliação.

Lidando com problemas da avaliação e da entrevista

A avaliação da Juniper Networks ilustra um fato desagradável sobre as avaliações de desempenho.[39] Como observado anteriormente, os funcionários podem entender as avaliações como injustas, inúteis e contraprodutivas. Os superiores ficam muitas vezes desconfortáveis para avaliar e opinar. A solução está em saber onde se encontram as armadilhas e como evitá-las.

Garantia da equidade e supervisão eficaz

A primeira tarefa é garantir que a avaliação seja justa. Estudos confirmam que, na prática, alguns gerentes ignoram a precisão e a honestidade nas avaliações de desempenho. Em vez disso, empregam o processo para fins políticos (como incentivar os funcionários, com quem não se dão bem, a sair).[40] As normas dos empregados devem ser claras, eles devem entender em que base você vai avaliá-los, e as avaliações devem ser objetivas.[41] O Quadro 8.1 resume algumas das melhores práticas para administrar as avaliações de desempenho de maneira justa.

De modo geral, a qualidade das interações interpessoais entre o superior e o empregado molda o impacto e o valor da avaliação. Os superiores (e, particularmente, novos superiores) devem gerenciar suas relações interpessoais com os empregados, e ser treinados em ambos os aspectos técnicos e interpessoais para avaliar os funcionários e dar-lhes feedback.[42] Os superiores devem entender como construir a confiança por meio de relacionamentos abertos, participar de conversas contínuas e formais sobre desempenho, diagnosticar e resolver problemas de desempenho produtivo, e oferecer e reagir ao feedback construtivo.[43] Para facilitar isso, o empregador deve avaliar formalmente e premiar os superiores parcialmente com base em sua eficácia na gestão do desempenho.

QUADRO 8.1 Melhores práticas para avaliações de desempenho.

Fonte: Baseado em Richard Posthuma, "Twenty Best Practices for Just Employee Performance Reviews", *Compensation & Benefits Review*, jan./fev. 2008, p. 47–54. Disponível em: <http://cbr.sagepub.com/content/40/1/47.full.pdf+html>. Acesso em: jun. 2014; e <www.successfactors.com/articles/optimize-performance-management>. Acesso em: jun. 2014. Reproduzido com permissão da Society for Human Resource Management (<www.shrm.com>), Alexandria, VA, editor do HR Magazine, © SHRM.

- Fundamentar a avaliação do desempenho nas obrigações e padrões de uma análise de cargo.
- Empregados devem estar cientes do quanto o desempenho deles será analisado antes da avaliação, e suas metas precisam ser indicadas efetivamente.
- Garantir que as metas dos empregados estejam alinhadas aos objetivos organizacionais.
- Fundamentar, o máximo possível, a avaliação do desempenho em dados objetivos.
- Empregar um procedimento padronizado para todos os funcionários.
- Coletar informações de várias fontes, preferencialmente, de diversos avaliadores; ao menos, que o superior daquele que avalia tenha acompanhado os pareceres.
- Garantir um processo contínuo, especificamente, de constante feedback.
- Documentar os resultados de pareceres.
- Indicar o que o empregado precisa para evoluir.
- Incluir um mecanismo atrativo.

	Excelente	Bom	Regular	Ruim
Qualidade do trabalho				
Quantidade de trabalho				
Criatividade				
Integridade				

FIGURA 8.7 Escala de avaliação com as normas pouco claras.

Obs.: por exemplo, o que exatamente se entende por "bom", "quantidade de trabalho", e assim por diante?

Esclarecendo os critérios

Muitas vezes, a escala de avaliação é muito aberta à interpretação. Como se vê na Figura 8.7, a escala de avaliação pode parecer objetiva, mas, provavelmente, resulta em avaliações injustas porque os comportamentos e os graus de mérito estão abertos à interpretação. Por exemplo, diferentes superiores provavelmente definem "bom desempenho" de formas diferentes. O mesmo é verdadeiro para traços como "qualidade do trabalho". A melhor maneira de corrigir esse problema é desenvolver e incluir frases descritivas que definem cada comportamento e o grau de mérito.

Evitando o efeito halo

O *efeito halo* significa que a classificação que você dá a um funcionário sobre um comportamento (como "se relaciona bem com os outros") influencia a maneira como você classificaria a pessoa em outras características (como a "quantidade de trabalho"). Assim, você pode classificar um empregado hostil como "insatisfatório" para todas as características, e não apenas para a característica "se relaciona bem com os outros". Estar ciente sobre esse problema é um passo para evitá-lo.

Evitando a tendência central

O problema da "tendência central" refere-se a uma tendência para classificar todos os funcionários como estando na média, ou no meio. Por exemplo, se a escala de avaliação varia de 1 a 7, um superior pode ter tendência para evitar as elevações (6 e 7) e as classificações baixas (1 e 2), e avaliar seus empregados mais entre 3 e 5. Superiores que fazem isso restringem a gama de suas avaliações (as avaliações não podem variar de alta a baixa) e, portanto, conferem avaliações que não descrevem o desempenho real de seus funcionários.

Tais restrições tornam as avaliações menos úteis para promoção, remuneração e aconselhamento. Avaliar funcionários com uma escala gráfica pode eliminar esse problema. Quando você avaliar os funcionários, eles não podem ser todos classificados na média.[44]

Não seja indulgente ou intransigente

Por outro lado, alguns superiores podem classificar todos os seus funcionários consistentemente de forma alta ou baixa, um problema conhecido como o problema de brandura/rigor. Mais uma vez, uma solução é insistir na classificação de funcionários, porque isso força o superior a distinguir entre desempenhos altos e baixos.

A avaliação que você faz pode ser menos objetiva do que imagina. Um estudo focou em como a personalidade influencia as avaliações em estudantes com seus pares. Os avaliadores que pontuaram mais em "retidão" tendem a dar classificações baixas a seus pares, e aqueles com pontuação mais elevada em "afabilidade" determinaram classificações mais altas.[45]

Evitando distorções

Infelizmente, as características pessoais dos avaliados (como idade, etnia e sexo) podem distorcer suas classificações. De fato, "vieses idiossincráticos por preconceitos ocorrem na maior porcentagem dos desvios observados nas avaliações de desempenho".[46]

EXEMPLO Um estudo apontou que os avaliadores penalizam mulheres bem-sucedidas pelo seu sucesso.[47] Estudos anteriores descobriram que os avaliadores tendem a rebaixar o desempenho das mulheres, especialmente quando são excelentes no que parece ser tarefa típica de homem, e isso é exatamente o que aconteceu aqui. Nesse novo estudo, os pesquisadores disseram aos avaliadores que analisariam informações sobre alguém que foi uma das 30 pessoas que tinha concluído um programa de formação em gestão de um ano de duração. Os pesquisadores enfatizaram que a maioria dos alunos eram homens e descobriram:

> Há muitas coisas que levam um indivíduo a não ser querido, incluindo comportamento desagradável, arrogância, teimosia e mesquinhez, [mas] é só as mulheres, não os homens, para quem uma tendência única em relação à antipatia é criada pelo sucesso em uma situação de trabalho não tradicional ["tipicamente masculina"].[48]

O Quadro 8.2 resume como métodos de avaliação mais populares funcionam na resolução desses problemas.

QUADRO 8.2 Importantes semelhanças, diferenças, vantagens e desvantagens dos instrumentos de avaliação.

Ferramenta	Semelhanças/diferenças	Vantagens	Desvantagens
Escalas gráficas	Essas escalas visam medir o desempenho absoluto de um funcionário, com base em critérios objetivos, como listado nas escalas.	Simples de usar, fornece uma avaliação quantitativa para cada funcionário.	As normas podem não ser claras, há o efeito halo, a tendência central, a brandura e também pode haver problemas de subjetividade.
Escalas de avaliação comportamental (Bars)		Fornece "âncoras" comportamentais. As escalas de avaliação comportamental são muito precisas.	Dificuldade para desenvolver.
Classificação alternada	Esses são os dois métodos para avaliar a eficiência relativa dos empregados, um em relação ao outro, mas ainda com base em critérios objetivos.	Simples de usar (mas não tão simples como escalas gráficas); evita tendência central e outros problemas de escalas de avaliação.	Pode causar divergências entre os funcionários e ser injusta se todos os funcionários são, de fato, excelentes.
Método de distribuição forçada		Acaba com uma proporção predeterminada de pessoas em cada grupo.	Resultados da avaliação dependem da adequação de sua escolha original de pontos de corte (além de 10%, e assim por diante).
Método de incidentes críticos	Esses são métodos subjetivos, narrativos para avaliar o desempenho.	Ajuda a esclarecer o que é exatamente "certo e errado" sobre o desempenho do funcionário; força o superior a observar os funcionários em uma base contínua.	Difícil de classificar funcionários em relação a outros.
Método da administração por objetivos (APO)		Amarrado aos objetivos de desempenho.	Demorado.

Questões jurídicas na avaliação

As avaliações de desempenho afetam aumentos, promoções, oportunidades de formação e outras ações de pessoal. Se o gestor é incompetente ou tendencioso em fazer a avaliação, como defender as decisões de promoção originadas a partir da avaliação? Em um caso, um superior de 36 anos de idade classificou um funcionário de 62 anos na parte inferior do ranking do departamento e, em seguida, o demitiu. O caso aconteceu nos EUA e o Tribunal de Apelações do 10º Circuito determinou que os motivos discriminatórios do chefe mais jovem podem ter influenciado a avaliação e demissão.[49] O Quadro *RH na prática* resume alguns passos para fazer avaliações legalmente defensáveis.

RH na prática

Fazendo avaliações legalmente defensáveis

Medidas para garantir avaliações legalmente defensáveis incluem:

- Fundamentar os critérios de avaliação de desempenho em análise de cargo.
- No início do período, comunicar os padrões de desempenho para os empregados, por escrito.
- Fundamentar suas avaliações sobre classificações não subjetivas individuais de cada dimensão de desempenho (como qualidade, quantidade e relacionamento interpessoal). Utilizar apenas uma classificação "global" do desempenho, ou a classificação dos empregados não será aceitável para os tribunais.[50] Os tribunais norte-americanos, muitas vezes, caracterizam tais sistemas como vagos.[I]
- Incluir um processo de apelação do empregado. Os funcionários devem ter a oportunidade de rever e fazer comentários, escritos ou verbais, sobre suas avaliações antes da finalização, e precisam ter um processo de apelação formal por meio do qual possam questionar as avaliações.
- Um avaliador nunca deve ter autoridade absoluta para determinar uma ação pessoal.
- Documentar todas as informações sobre uma decisão pessoal por escrito. "Sem exceção, os tribunais [norte-americanos] condenam as práticas de avaliação de desempenho informais que evitam a documentação".[51]
- Treinar superiores para aplicar as ferramentas de avaliação. Se o treinamento formal do avaliador não é possível, pelo menos forneça a ele instruções escritas sobre como usar a escala de classificação.[52]

OBJETIVO DE APRENDIZAGEM 5
Explicar como conduzir uma entrevista de feedback de avaliação.

Condução da entrevista de avaliação

A avaliação de desempenho geralmente culmina em uma entrevista de avaliação. Neste momento, você e seu funcionário discutem a avaliação e a formulação de planos para sanar as deficiências e reforçar os pontos fortes. Poucas pessoas gostam de receber ou dar feedback negativo.[53] A preparação adequada e a efetiva implementação são, portanto, essenciais.

PREPARAÇÃO PARA A ENTREVISTA DE AVALIAÇÃO A preparação adequada requer três pontos de atenção. Em primeiro lugar, dê ao funcionário uma semana de antecedência para rever seu trabalho, e para compilar perguntas e comentários. Em segundo lugar, antes de comparar a avaliação de desempenho do empregado aos seus padrões, reveja as avaliações anteriores da pessoa. Finalmente, encontre uma área privativa para a entrevista. Defina um horário adequado para a entrevista e reserve tempo suficiente, talvez meia hora, para o pessoal de nível mais operacional, como trabalhadores de escritório, e uma hora, mais ou menos, para os funcionários de gestão.

[I] N. do R.T.: No Brasil, a avaliação de desempenho tem base legal para os servidores públicos. Nas organizações privadas, fundamenta-se nas políticas internas de RH. Obviamente, os possíveis casos decorrentes de avaliação malfeita, que o empregado julgar cabíveis para ação jurídica, se enquadram em outros temas, como assédio, discriminação, protecionismo, exclusão, perseguição etc.

CONDUÇÃO DA ENTREVISTA Existem várias questões para se lembrar na realização de entrevistas de avaliação.

1. Lembre-se de que o principal objetivo da entrevista é reforçar um desempenho satisfatório ou diagnosticar e melhorar o desempenho insatisfatório. Portanto, seja direto e específico. Fale em termos de dados de trabalho objetivos e utilize exemplos, como registros de qualidade e atrasos.
2. Chegue a um acordo sobre como as coisas irão melhorar e quando. Um plano de ação que mostra os passos e os resultados esperados é essencial. Se for necessária uma advertência formal por escrito, deve identificar as normas segundo as quais o empregado está sendo advertido, deixe claro que o empregado estava ciente da norma, especifique qualquer violação, e mostre que ele teve a oportunidade de corrigir o seu comportamento.
3. Certifique-se de que o processo de avaliação é justo. É fundamental deixar o empregado participar do processo de entrevista de avaliação expressando suas opiniões.[54]
4. Esteja preparado para lidar com comportamento defensivo. Por exemplo, quando uma pessoa é acusada de fraco desempenho, a primeira reação, usualmente, é de negação – um mecanismo de defesa. Atacar as defesas da pessoa (por exemplo, "Você sabe que o real motivo de dar essa desculpa é porque não pode suportar ser responsabilizado por qualquer coisa") é geralmente pouco produtivo. Uma abordagem é adiar a ação. Por exemplo, permitir à pessoa alguns minutos para esfriar a cabeça depois de ter sido informado de um desempenho insatisfatório. Então mantenha o foco no desempenho ("as vendas estão em baixa"), em vez de abordar aspectos pessoais ("você está sendo defensivo").

Aperfeiçoando as habilidades de comunicação

Boas habilidades de comunicação interpessoal são essenciais ao avaliar o desempenho dos funcionários. As pessoas não gostam de dar ou receber feedback negativo, e, portanto, as avaliações tendem a ser tensas e os assuntos improdutivos. Clara, inequívoca e eficaz, a comunicação é vital. Por isso:

1. **Preste atenção** É improvável que você crie um entendimento comum, se não ouvir atentamente. Dê atenção à pessoa.
2. **Faça-se claro** Por exemplo, se você quer dizer "imediatamente", diga "imediatamente", e não "o mais rápido que puder".
3. **Seja um ouvinte ativo** Pioneiro em estudos de comunicação, Carl Rogers diz que ouvintes ativos não apenas ouvem o que o orador diz, mas também tentam entender e responder aos sentimentos ligados às palavras. As sugestões incluem ouvir o significado total (tentar entender os sentimentos ligados ao que a pessoa está dizendo), demonstrar sentimentos (por exemplo, ao responder com algo como "eles estão colocando você em uma situação muito difícil, não é?"), e observar todas as pistas (nem toda a comunicação é verbal, as expressões faciais e gestos também revelam sentimentos).

> **OBJETIVO DE APRENDIZAGEM 6**
> Explicar como aplicar um programa de gestão do desempenho.

Gestão do desempenho

No início deste capítulo, dissemos que a gestão do desempenho é o processo contínuo de identificação, medição e desenvolvimento do desempenho de indivíduos e equipes, além do alinhamento do seu desempenho com os objetivos da organização.[55] Nesta seção, vamos aprofundar o conceito de gestão do desempenho.

Gestão do desempenho versus avaliação de desempenho

Ao comparar a gestão do desempenho e a avaliação de desempenho "a distinção é o contraste entre o evento de um fim de ano, isto é, a conclusão da avaliação, e um processo que começa o ano com planejamento de desempenho e é parte integrante da forma como as pessoas são gerenciadas ao longo desse ano".[56] Três aspectos principais distinguem gestão do desempenho de avaliação de desempenho.

1. A gestão do desempenho não significa apenas reunião com um funcionário, uma vez ou duas vezes por ano para "rever o seu desempenho". Isso significa interações e *feedback contínuo, diariamente* ou *semanalmente* para garantir a melhoria contínua.[57]
2. A gestão do desempenho é sempre *dirigida a metas*. As avaliações de desempenho contínuas envolvem comparar o funcionário ou o desempenho da equipe em relação às metas que decorrem, especificamente, dos objetivos estratégicos da empresa. A *congruência estratégica* é crucial: as metas de cada funcionário devem estar alinhadas com metas departamentais e objetivos da empresa.
3. A gestão do desempenho significa reavaliar continuamente e, se necessário, *modificar a forma como o empregado e a equipe fazem o seu trabalho*. Dependendo do assunto, isso pode significar uma formação complementar, alterando os procedimentos de trabalho ou instituindo novos planos de incentivo, por exemplo.

Podemos resumir seis elementos básicos de gestão do desempenho:[58]

1. Compartilhamento de direção significa comunicar os objetivos da empresa para toda a empresa e, em seguida, traduzi-los em objetivos departamentais, de equipe e individuais factíveis.
2. Alinhamento de metas significa ter um método que permita que gerentes e funcionários vejam a ligação entre os objetivos dos empregados, os de seu departamento e os da empresa.
3. O monitoramento de desempenho em curso geralmente inclui o uso de sistemas informatizados que medem e mostram o progresso e, em seguida, emitem relatórios de desvio com base no progresso da pessoa, no sentido de cumprir os seus objetivos de desempenho.
4. O feedback contínuo inclui feedback presencial e informatizado sobre o progresso em direção às metas.
5. Treinamento e suporte de desenvolvimento deve ser uma parte integrante do processo de feedback.
6. Reconhecimento e recompensas são necessárias para manter o desempenho do empregado.

Uso da tecnologia da informação para apoiar a gestão do desempenho

A gestão do desempenho não precisa ser high-tech. Por exemplo, em muitas instalações, equipes de trabalho simplesmente se reúnem diariamente para analisar seu desempenho e obter esforços seus e dos membros participantes, alinhados com os padrões e metas de desempenho.

No entanto, a tecnologia da informação permite automatizar o gerenciamento de desempenho. O processo é o seguinte:

- *Atribua objetivos financeiros e não financeiros* para as atividades de cada equipe para que essas metas sejam favoráveis a metas estratégicas globais da empresa. Por exemplo, suponha que uma companhia aérea queira reduzir custos, então, pode medir o tempo de resposta da tripulação da aeronave no solo em termos de "melhorar o tempo de resposta de uma média de 30 minutos para 26 minutos por avião nesse ano".
- *Informe todas as equipes e os trabalhadores* dos seus objetivos.
- *Use as ferramentas de TI* e softwares de gerenciamento de desempenho on-line e painéis digitais (Capítulo 3) para exibir continuamente, monitorar e avaliar cada equipe e o desempenho do funcionário. Monitores especiais de software de gerenciamento de desempenho fornecem uma visão em tempo real do desempenho de cada equipe.
- Finalmente, no caso de notar exceções, *tome atitudes corretivas* antes que a situação fique fora de controle.

> **OBJETIVO DE APRENDIZAGEM 7**
>
> Dar exemplos de segmentação e gestão ativa de talentos de uma empresa.

Práticas de gestão de talentos e avaliação

No Capítulo 4, definimos a gestão de talentos como o processo integrado e orientado por metas de planejamento, recrutamento, desenvolvimento, gestão, bônus e remuneração de funcionários. Vimos que várias práticas distinguem a gestão de talentos, incluindo usar *o mesmo perfil ou lista de habilidades e de competências* no recrutamento e na seleção, treinamento, avaliação e na remuneração dessa pessoa, bem como na *gestão ativa* de como os funcionários são recrutados, selecionados, treinados, avaliados e remunerados.

Avaliação e gestão ativa dos funcionários

Dada essa ênfase na gestão ativa de talentos da empresa, os profissionais de gestão de talentos argumentam que a forma tradicional de avaliar os funcionários e alocar recompensas é obsoleta. Talvez com exceção dos funcionários selecionados às pressas (fora das rotinas), os gestores tendem a alocar recompensas, como compensação e oportunidades de desenvolvimento ou mesmo a todos, ou com base em avaliações dos empregados. Eles não "gerem ativamente" o processo.

É preferível, diriam os profissionais de gestão de talentos, chamar a atenção e os recursos da administração sobre os funcionários de missão crítica da empresa, aqueles que são extremamente importantes para as suas necessidades estratégicas. Por exemplo, se um empregador gerencia ativamente seus funcionários, oferece o mesmo percentual de aumento salarial a todos os funcionários que classifica como "excelente", independentemente de quão importantes forem para o sucesso futuro da empresa?

Cada vez mais, os empregadores dizem não. Eles utilizam a avaliação de desempenho para avaliar como seus funcionários estão desempenhando. No entanto, também segmentam seus funcionários com base no grau da importância deles para o sucesso da empresa. Eles concentram mais atenção e recursos sobre os trabalhadores em "missão crítica".

COMO SEGMENTAR FUNCIONÁRIOS A Figura 8.8 ilustra isso. A Accenture utiliza matriz 4x4 de papel estratégico para traçar o *desempenho* dos funcionários (excepcional, elevado, mediano e baixo) e o valor para a organização (fator crítico, essencial, necessário e não essencial). Como exemplo, considere uma empresa de engenharia química que desenvolve equipamentos de controle de poluição. Nesse caso, os engenheiros experientes da empresa podem ser "missão crítica"; engenheiro-estagiário, "essencial"; vendas, contabilidade e RH "necessários"; e empregados terceirizados, periféricos, como aqueles de manutenção, "não essenciais". A empresa, então, amarra remuneração, desenvolvimento, demissão e outras decisões de pessoal à posição de cada funcionário na matriz, não apenas em suas avaliações de desempenho.

Atuação

Valor para a organização	Excepcional	Elevado	Mediano	Baixo
Fator crítico	■	■	▓	▨
Essencial	■	▓	▓	▨
Necessário	▓	▓	▨	▨
Não essencial	▨	▨	▨	▨

■ Oferecer recompensas e experiências adicionais, e oportunidades de desenvolvimento para beneficiar o indivíduo e a organização.

▓ Fornecer treinamento e experiências a fim de se preparar para papéis de missão crítica.

▨ Identificar-se em situação de risco: fornecer treinamento adicional e atenção no gerenciamento de desempenho para melhorar a motivação e o desempenho, e/ou para mover-se em papéis necessários ou essenciais.

▨ Alienar/buscar fonte alternativa.

FIGURA 8.8 Matriz de avaliação de papel estratégico da Accenture.

Fonte: "The New Talent Equation", *Outlook*, jun. 2009. Reproduzido com permissão. Todos os direitos reservados.

Segmentação e gestão de funcionários na prática

Vários exemplos podem ilustrar como os empregadores executam essa abordagem segmentada de gestão na prática. Veja alguns deles a seguir:

- O Compass Group PLC identifica os melhores desempenhos; avalia possibilidades de promoção, prazo de promoção e potencial de liderança. Empregados superiores, em seguida, obtêm treinamento especial e feedback, e oportunidades de desenvolvimento. O Compass monitora o seu progresso, já a GE prioriza o emprego e se concentra no que chama a seus funcionários de "agentes de mudança".[59]
- A Tesco PLC segmenta as pessoas de acordo com objetivos pessoais e profissionais para melhor a comunicação e motivar seus funcionários.[60]
- A McKinsey & Co. recomenda limitar o "grupo de alto potencial em que a empresa investe fortemente para não mais do que 10% a 20% do pessoal de gestão e profissional".[61]
- A Unilever inclui 15% dos empregados por nível de gestão em sua lista de alto potencial a cada ano, e espera que essas pessoas passem para o próximo nível de gestão dentro de cinco anos.[62]
- A Shell, na China, nomeia "administradores de carreira" para reunir-se regularmente com os "líderes emergentes". Ajudam a definir expectativas de carreira realistas e certificam-se de que recebam as oportunidades de desenvolvimento adequadas.[63]

Revisão

RESUMO

1. Avaliação de desempenho significa avaliar o desempenho atual ou passado de um empregado em relação aos seus padrões de desempenho. A gestão do desempenho é o processo por meio do qual as empresas garantem que os funcionários estejam trabalhando em direção a objetivos organizacionais, e inclui definição de metas, desenvolvimento de competências, desempenho, avaliação e remuneração.
2. Gerentes avaliam o desempenho dos seus funcionários para tomar decisões de promoção e remuneração, desenvolver planos e corrigir deficiências de desempenho, e para fins de planejamento de carreira. Avaliações do superior ainda estão no coração da maioria dos processos de avaliação.
3. A avaliação é geralmente realizada utilizando um ou mais métodos, ou ferramentas de avaliação populares. Estes incluem escalas gráficas, classificação alternada, comparação entre pares, distribuição forçada, incidentes críticos, escalas de avaliação comportamental, administração por objetivos, avaliações virtuais de desempenho e monitoramento eletrônico de desempenho.
4. Uma avaliação, normalmente, culmina em uma entrevista de avaliação. É essencial ter uma preparação adequada, inclusive dando o aviso ao funcionário, revendo sua descrição do trabalho e desempenho passados, escolhendo o lugar certo para a entrevista, e deixando tempo suficiente para isso. Na condução da entrevista, o objetivo é reforçar um desempenho satisfatório ou diagnosticar e melhorar o desempenho insatisfatório. A análise concreta dos dados de trabalho objetivos e o desenvolvimento de um plano de ação são, portanto, aconselháveis. A postura defensiva do empregado é normal e o empregador precisa lidar com ela.
5. O processo de avaliação pode ser melhorado, em primeiro lugar, por meio da eliminação de problemas crônicos que, muitas vezes, minam as avaliações e as escalas de avaliação gráficas em particular. Esses problemas comuns incluem normas pouco claras, o efeito halo, a tendência central, a brandura ou o rigor e a parcialidade.
6. Cuidados também devem ser tomados para garantir que a avaliação de desempenho seja legalmente defensável. Por exemplo, os critérios de avaliação devem ser baseados em análises de trabalho documentados, os empregados precisam receber os padrões de desempenho escritos e múltiplas dimensões de desempenho devem ser avaliadas.
7. A gestão do desempenho é um processo *contínuo* de identificação, medição e desenvolvimento do desempenho de indivíduos e equipes, e *alinhamento* do seu desempenho com os *objetivos* da organização. Ao contrário da avaliação de desempenho, a gestão do desempenho não significa apenas reunião com um funcionário uma ou duas vezes por ano para "rever o seu desempenho", mas interações e *feedback contínuo, diário* ou *semanal* para garantir a melhoria contínua do empregado e a capacidade de desempenho da equipe.
8. Na sua essência, a gestão de talentos significa gerenciar ativamente decisões como estas. No ambiente competitivo de hoje, a prática de RH tradicional, de alocação de aumentos salariais, oportunidades de desenvolvimento

e outros recursos escassos, mais ou menos em toda a linha, ou baseada apenas no desempenho não é mais viável. Os empregadores precisam focar sua atenção e recursos em funcionários de missão crítica da empresa, aqueles que são importantes para as necessidades estratégicas da empresa.

PALAVRAS-CHAVE

avaliação de desempenho 205
gestão do desempenho 206

feedback 360 graus 209

QUESTÕES PARA DISCUSSÃO

1. Quem deve fazer a avaliação?
2. Discuta os prós e os contras de pelo menos oito métodos de avaliação de desempenho.
3. Explique como conduzir uma entrevista de feedback de avaliação.
4. Dê exemplos de cinco potenciais problemas de avaliação.
5. Explique a implementação de um programa de gestão do desempenho.
6. Dê exemplos de segmentação e gestão ativa de talentos de uma empresa.
7. Explique como você usaria os métodos de classificação alternada, de comparação entre pares e de distribuição forçada.
8. Discuta os prós e os contras do uso de vários avaliadores potenciais para avaliar o desempenho de um funcionário.

ATIVIDADES INDIVIDUAIS E EM GRUPOS

1. Trabalhando individualmente ou em grupos, desenvolva uma escala gráfica para os seguintes empregos: secretário, professor e operador de auxílio à lista.
2. Trabalhando individualmente ou em grupos, descreva as vantagens e as desvantagens de usar o método de avaliação de distribuição forçada para professores universitários.
3. Trabalhando de forma individual ou em grupos, desenvolva, ao longo do período de uma semana, um conjunto de incidentes críticos sobre o desempenho do instrutor de uma sala de aula.
4. Trabalhando de forma individual ou em grupos, avalie a escala de classificação da Figura 8.3. Discuta formas de melhorá-la.
5. Crie uma grade do tipo da Accenture para o seu local de trabalho ou da faculdade, mostrando como você segmentaria funcionários em quatro grupos.

Exercícios de aplicação

ESTUDO DE CASO EM RH: Empresa de Limpeza Carter

Avaliação de desempenho

Depois de várias semanas no cargo, Jennifer ficou surpresa ao descobrir que seu pai não tinha avaliado formalmente o desempenho dos empregados por todos os anos que ele possuía o negócio. A posição de Jack era que ele tinha "uma centena de coisas de maior importância para fazer", como aumentar as vendas e reduzir os custos e, de qualquer forma, muitos funcionários não ficavam tempo suficiente para serem avaliados. Além disso, argumentou Jack, trabalhadores manuais, como aqueles que passam ou lavam periodicamente, obtêm um feedback positivo, em termos de elogios de Jack por um trabalho bem feito, ou uma crítica, também de Jack, se as coisas não estão boas em uma de suas visitas às lojas. Da mesma forma, Jack nunca foi tímido para apontar aos seus gestores os problemas da loja a fim de que eles também recebessem algum feedback.

Além desse feedback informal, Jennifer acredita que é necessária uma abordagem mais formal de avaliação. Na sua opinião, há critérios como qualidade, quantidade, assiduidade e pontualidade que devem ser avaliados periodicamente, mesmo que um trabalhador seja pago com base em quanto produz. Além disso, ela sente que os gestores precisam ter uma lista de padrões de qualidade para assuntos como limpeza da loja, eficiência, segurança e aderência ao orçamento, e saber que serão formalmente avaliados.

Perguntas

1. Jennifer está certa sobre a necessidade de avaliar os trabalhadores formalmente? E os gestores? Justifique.
2. Desenvolva um método de avaliação de desempenho para os trabalhadores e os gestores das lojas.

Exercício vivencial — Contrato de metas e avaliação de um instrutor

Objetivo: dar-lhe a prática no desenvolvimento e utilização de um formulário de avaliação de desempenho.

Entendimento necessário: você vai desenvolver uma avaliação de desempenho para um instrutor e, portanto, deve estar completamente familiarizado com a discussão sobre avaliações de desempenho neste capítulo.

Instruções: divida a turma em grupos de quatro ou cinco alunos.

Primeiro, com base no que já sabe sobre as avaliações de desempenho, você acha que a Figura 8.1 é uma escala eficaz para avaliar os instrutores? Justifique.

Em seguida, o grupo deve desenvolver sua própria ferramenta para avaliar o desempenho de um instrutor.

Decida qual das ferramentas de avaliação (escalas gráficas, classificação alternada etc.) que você vai usar, e então desenvolva o próprio instrumento. Aplique o que aprendeu neste capítulo sobre a definição de metas, para fornecer ao instrutor objetivos práticos.

Em seguida, cada grupo pode ter um porta-voz para expor a ferramenta de avaliação do seu grupo. As ferramentas são semelhantes? Será que todas medem os mesmos fatores? Qual fator aparece com mais frequência? Qual você acha que é a ferramenta mais eficaz? Você pode pensar em uma forma de combinar os melhores aspectos de várias das ferramentas em uma nova ferramenta de avaliação de desempenho?

Notas

1. Disponível em: <http://trw.com/>. Acesso em: 23 jun. 2014.
2. D. Bradford Neary, "Creating a Company-Wide, Online, Performance Management System: A Case at TRW, Inc.", *Human Resource Management* 41, n. 4, inverno 2002, p. 491-498.
3. Especialistas debatem os prós e os contras de amarrar avaliações a decisões sobre remuneração. Um lado argumenta que isso distorce as avaliações. Um estudo recente conclui o oposto. Com base na análise de pesquisas de mais de 24 mil funcionários em mais de 6 mil postos de trabalho no Canadá, os pesquisadores concluíram: (1) vincular o pagamento dos empregados a suas avaliações de desempenho contribuiu para a melhoria da satisfação com os salários, (2) mesmo quando as avaliações não estão diretamente ligadas à remuneração, aparentemente, contribuem para satisfação, "provavelmente por meio de mecanismos relacionados à justiça organizacional percebida", e (3) se os empregados receberam remuneração por desempenho, "os indivíduos que não recebem as avaliações de desempenho ficam significativamente menos satisfeitos com seus salários". Mary Jo Ducharme et al. "Exploring the Links Between Performance Appraisals and Pay Satisfaction", *Compensation and Benefits Review* set./out. 2005, p. 46-52. Veja também Robert Morgan. "Making the Most of Performance Management Systems", *Compensation and Benefits Review*, set./out. 2006, p. 22-27.
4. Disponível em: <www.ball.com/page.jsp?page=1>. Acesso em: 23 jun. 2014
5. "Aligning People and Processes for Performance Improvement", *T+D* 65, n. 3, mar. 2011, p. 80.
6. Idem.
7. Peter Glendinning, "Performance Management: Pariah or Messiah", *Public Personnel Management* 31, n. 2, verão 2002, p. 161--178. Veja também Herman Aguinis, *Performance Management*. Upper Saddle River, NJ: Prentice Hall 2007, p. 2; e "Performance Management Orientation Guide", *Workforce Management*, jul. 2012, p. 20-22.
8. Aguinis, *Performance Management*, p. 3.
9. Aguinis, *Performance Management*, p. 3-4.
10. Vesa Suutari e Marja Tahbanainen, "The Antecedents of Performance Management among Finnish Expatriates", *Journal of Human Resource Management* 13, n. 1, fev. 2002, p. 53-75.
11. "Get SMART about Setting Goals", *Asia Africa Intelligence Wire*, 22 maio 2005.
12. Veja, por exemplo, E.A. Locke e G. P. Latham, "Building a practically useful theory of goal setting and task motivation. A 35-year odyssey", *American Psychologist*, V57 N 9, 2002, p. 705-717.
13. Vanessa Druskat e Steven Wolf, "Effects and Timing of Developmental Peer Appraisals in Self-Managing Work-Groups", *Journal of Applied Psychology* 84, n. 1, 1999, p. 58-74.
14. Veja, por exemplo, Brian Hoffman e David Woehr, "Disentangling the Meaning of Multisource Performance Rating Source and Dimension Factors", *Personnel Psychology* 62, 2009, p. 735-765.
15. Conforme estudo concluído recentemente, "Longe de ser uma fonte não significativa de variância do erro, as discrepâncias entre as classificações de múltiplas perspectivas podem de fato capturar variação significativa no desempenho gerencial de vários níveis". Em Sue Oh and Christopher Berry. "The Five Factor Model of Personality and Managerial Performance: Validity Gains through the Use of 360° Performance Ratings", *Journal of Applied Psychology* 94, n. 6, 2009, p. 1510.
16. Jeffrey Facteau e S. Bartholomew Craig, "Performance Appraisal Ratings from Different Rating Scores", *Journal of Applied Psychology* 86, n. 2, 2001, p. 215-227.
17. Veja também Kevin Murphy et al., "Raters Who Pursue Different Goals Give Different Ratings", *Journal of Applied Psychology* 89, n. 1, 2004, p. 158-164.
18. Tais achados podem ser culturalmente relacionados. Um estudo comparou autoavaliações e avaliações do superior em culturas "diferentemente orientadas" (como na Ásia, onde os valores tendem a enfatizar as equipes). Constatou-se que as avaliações próprias e do superior foram relacionadas. M. Audrey Korsgaard et al., "The Effect of Other Orientation on Self: Superior Rating Agreement", *Journal of Organizational Behavior* 25, n. 7, nov. 2004, p. 873-891. Veja também Heike Heidemeier e Klaus Mosar. "Self Other Agreement in Job Performance Ratings: A Meta-Analytic Test of a Process Model", *Journal of Applied Psychology* 94, n. 2, 2009, p. 353-370.
19. Forest Jourden e Chip Heath, "The Evaluation Gap in Performance Perceptions: Illusory Perceptions of Groups and Individuals", *Journal of Applied Psychology* 81, n. 4, ago. 1996, p. 369-379. Veja também Sheri Ostroff. "Understanding Self-Other Agreement: A Look at Rater and Ratee Characteristics, Context, and Outcomes", *Personnel Psychology* 57, n. 2, verão 2004, p. 333-375.

20. Paul Atkins e Robert Wood, "Self versus Others Ratings as Predictors of Assessment Center Ratings: Validation Evidence for 360 Degree Feedback Programs", *Personnel Psychology* 55, n. 4, inverno 2002, p. 871-904.
21. David Antonioni, "The Effects of Feedback Accountability on Upward Appraisal Ratings", *Personnel Psychology* 47, 1994, p. 349-355; para um método de avaliação on-line anônimo veja, por exemplo, <http://work.com/perform>. Acesso em: 24 jun. 2014.
22. Alan Walker e James Smither, "A Five-Year Study of Upward Feedback: What Managers Do with Their Results Matters", *Personnel Psychology* 52, 1999, p. 393-423.
23. Veja, por exemplo, "360-Degree Feedback on the Rise Survey Finds", *BNA Bulletin to Management*, 23 jan. 1997, p. 31; Leanne Atwater et al., "Multisource Feedback: Lessons Learned and Implications for Practice", *Human Resource Management* 46, n. 2, verão 2007, p. 285. No entanto, os empregadores estão começando a usar o feedback de 360 graus para as avaliações de desempenho, em vez de apenas desenvolvimento. Veja, por exemplo, Tracy Maylett, "360° Feedback Revisited: The Transition from Development to Appraisal", *Compensation & Benefits Review*, set./out. 2009, p. 52-59.
24. James Smither et al., "Does Performance Improve Following Multi-Score Feedback? A Theoretical Model, Meta Analysis, and Review of Empirical Findings", *Personnel Psychology* 58, 2005, p. 33-36.
25. Christine Hagan et al., "Predicting Assessment Center Performance with 360 Degree, Top-Down, and Customer-Based Competency Assessments", *Human Resource Management* 45, n. 3, outono 2006, p. 357-390.
26. Bruce Pfau, "Does a 360-Degree Feedback Negatively Affect the Company Performance?", *HR Magazine*, jun. 2002, p. 55-59.
27. Jim Meade, "Visual 360: A Performance Appraisal System That's 'Fun'", *HR Magazine*, jul. 1999, p. 118-119; Disponível em: <http://www.halogensoftware.com/landing/leading-solution/e360.php?source=msn&c=Search--e360&kw=360%20evaluations>. Acesso em: 23 jun. 2014.
28. Disponível em: <www.sumtotalsystems.com>. Acesso em: 23 jun. 2014.
29. Rachel Silverman e Leslie Kwoh, "Performance Reviews Facebook Style", *The Wall Street Journal*, 1 ago. 2012, p. B6.
30. Leslie Kwoh, "Rank and Yank Retains Vocal Fans", *The Wall Street Journal*, 31 jan. 2012, p. B12.
31. Aguinis, *Performance Management*. p. 179.
32. "Survey Says Problems with Forced Ranking Include Lower Morale and Costly Turnover", *BNA Bulletin to Management*, 16 set. 2004, p. 297.
33. Steve Bates, "Forced Ranking: Why Grading Employees on a Scale Relative to Each Other Forces a Hard Look at Finding Keepers, Losers May Become Weepers", *HR Magazine* 48, n. 6, jun. 2003, p. 62.
34. "Straight Talk about Grading Employees on a Curve", *BNA Bulletin to Management*, 1 nov. 2001, p. 351.
35. Drew Robb, "Building a Better Workforce", *HR Magazine*, out. 2004, p. 87-94.
36. Veja, por exemplo, Stoney Alder e Maureen Ambrose, "Towards Understanding Fairness Judgments Associated with Computer Performance Monitoring: An Integration of the Feedback, Justice, and Monitoring Research", *Human Resource Management Review* 15, n. 1, mar. 2005, p. 43-67.
37. Veja, por exemplo, John Aiello e Y. Shao, "Computerized Performance Monitoring", artigo apresentado em Seventh Conference of the Society for Industrial and Organizational Psychology, Montreal, Quebec, Canada, maio 1992; para uma análise sobre EPM, veja Katherine J. S. Rogers, Michael J. Smith e Pascale C. Sainfort, "Electronic Performance Monitoring, Job Design and Psychological Stress"; disponível em: <http://www.igi-global.com/chapter/electronic-performance-monitoring-job-design/45284>. Acesso em: 24 jun. 2014.
38. Hsi-An Shih, Yun-Hwa Chiang e In-Sook Kim, "Expatriate Performance Management from MNEs of Different National Origins", *International Journal of Manpower* 26, n. 2, fev. 2005, p. 157-175.
39. "Communicating Beyond the Ratings Can Be Difficult", *Workforce Management*, 24 abr. 2006, p. 35; Rita Pyrelis, "The Reviews Are In", *Workforce Management*, maio 2011, p. 20-25.
40. M. Ronald Buckley et al., "Ethical Issues in Human Resources Systems", *Human Resource Management Review* 11, 2001, p. 11, 29. Veja também Ann Pomeroy, "The Ethics Squeeze", *HR Magazine*, mar. 2006, p. 48-55.
41. G. R Weaver e L. K Treviño, "The Role of Human Resources in Ethics/Compliance Management: A Fairness Perspective", *Human Resource Management Review*, 11. p. 113-134. Recentemente, os pesquisadores realizaram estudos com 490 policiais submetidos a exames promocionais padronizados. Entre suas conclusões está a de que "As organizações devem se esforçar para garantir que os candidatos percebam justiça, tanto no conteúdo das avaliações de pessoal quanto na forma como são tratados durante o processo de avaliação". Julie McCarthy et al., "Progression Through the Ranks: Assessing Employee Reactions to High Stakes Employment Testing", *Personnel Psychology* 62, 2009, p. 826.
42. Baseado em Howard Risher, "Getting Performance Management on Track", *Compensation & Benefits Review* 43, n. 5, 2011, p. 273-281.
43. E. Pulakos e R. O'Leary, "Why Is Performance Management Broken?, *Industrial and Organizational Psychology* 4, 2011, p. 146-164.
44. Veja, por exemplo, Jochen Reb e Gary Gregures, "Understanding Performance Ratings: Dynamic Performance, Attributions, and Rating Purpose", *Journal of Applied Psychology* 95, n. 1, 2010, p. 213-220.
45. H. John Bernardin et al., "Conscientiousness and Agreeableness as Predictors of Rating Leniency", *Journal of Applied Psychology* 85, n. 2, 2000, p. 232-234.
46. Gary Gregures et al., "A Field Study of the Effects of Rating Purpose on the Quality of Multiscore Ratings", *Personnel Psychology* 56, 2003, p. 1-21.
47. Madeleine Heilman et al., "Penalties for Success: Reactions to Women Who Succeed at Male Gender Type Tasks", *Journal of Applied Psychology* 89, n. 3, 2004, p. 416-427.
48. Ibid., 426. Outro estudo descobriu que mulheres gerentes de sucesso não costumam sofrer tal avaliação quando vistas como apoiadoras, carinhosas e sensíveis às necessidades. Madeleine Heilman, "Penalties for Success: Reactions to Women Who Succeed at Male Gender Type Tasks", *Journal of Applied Psychology*, v. 89, n. 3, jun. 2004.
49. "Flawed Ranking System Revives Workers Bias Claim", *BNA Bulletin to Management*, 28 jun. 2005, p. 206.
50. James Austin, Peter Villanova e Hugh Hindman, "Legal Requirements and Technical Guidelines Involved in Implementing Performance Appraisal Systems". In: Gerald Ferris e M. Ronald Buckley, *Human Resources Management*. ed. 3. Upper Saddle River, NJ: Prentice Hall, 1996, p. 271-288; "10 Tips for Avoiding Liability in Conducting Evaluations", *The Legal Intelligencer*, 12 maio 2010. Academic OneFile. Acesso em: 13 out. 2012.
51. Austin et. al. op. cit., 282.
52. Mas cuidado: um problema dos avaliadores para evitar erros é que, às vezes, o que parece ser um erro, como brandura, não é um erro total, por exemplo, quando todos os subordinados tem realmente desempenho superior. Manuel London, Edward Mone e John Scott, "Performance Management and Assessment: Methods for Improved Rater Accuracy and Employee Goal Setting", *Human Resource Management* 43, n. 4, inverno 2004, p. 319-336.

53. Donald Fedor e Charles Parsons, "What Is Effective Performance Feedback?". In: Gerald Ferris e M. Ronald Buckley, *Human Resources Management*. ed. 3. Upper Saddle River, NJ: Prentice Hall, 1996, p. 265-270. Veja também Jeffrey A. Daniels e Lisa M. Larson, "The Impact of Performance Feedback on Counseling Self-Efficacy and Counselor Anxiety", *Counselor Education and Supervision*, v. 41, n. 2, dez. 2001, p. 120-130.
54. Brian Cawley et al., "Participation in the Performance Appraisal Process and Employee Reactions: A Meta-Analytic Review of Field Investigations", *Journal of Applied Psychology 83*, n. 4, 1998, p. 615-633.
55. Glendinning, "Performance Management: Pariah or Messiah".
56. Howard Risher, "Getting Serious about Performance Management", *Compensation & Benefits Review*, nov./dez. 2005, p. 19. Veja também Marie-Helene Budworth. "Performance Management: Where Do We Go From Here?", *Human Resource Management Review 20*, n. 1, 2011. p. 81-84.
57. Clinton Wingrove, "Developing an Effective Blend of Process and Technology in the New Era of Performance Management", *Compensation and Benefits Review,* jan./fev. 2003, p. 27.
58. Citado ou parafraseado de Risher, "Getting Serious about Performance Management", 19.
59. Adaptado ou citado de "Next Generation Talent Management". Hampshire: Palgrave Macmillan, 2010.
60. Ibid.
61. Adaptado ou citado de Gunter Stahl et al., "Global Talent Management: How Leading Multinationals Build and Sustain their Talent Pipelines", *Faculty and Research Working Paper*, INSEAD, 2007.
62. Ibid.
63. Ibid.

9

Retenção de pessoas, comprometimento e carreira

Neste capítulo, vamos abordar...

GESTÃO DE ROTATIVIDADE E RETENÇÃO
COMPROMETIMENTO DOS FUNCIONÁRIOS
GESTÃO DE CARREIRA
MELHORIAS NAS HABILIDADES DE COACHING
TOMADA DE DECISÕES DE PROMOÇÃO
GESTÃO DE DEMISSÕES

Objetivos de aprendizagem

Quando terminar o estudo deste capítulo, você será capaz de:
1. Descrever uma abordagem abrangente para retenção de funcionários.
2. Explicar por que o envolvimento dos funcionários é importante, e como promover essa participação.
3. Discutir o que empregadores e superiores podem fazer para apoiar as necessidades de desenvolvimento de carreira dos funcionários.
4. Listar e discutir as quatro etapas do coaching de um funcionário.
5. Listar as principais decisões dos empregadores ao tomar decisões de promoção.
6. Explicar os fatores considerados ao demitir um funcionário.

Fonte: Sean Gallup/Getty Images

Introdução

A IBM, recentemente, completou seu 100º aniversário.[1] Poucas empresas duram tanto tempo, mas ela o fez adaptando-se às necessidades dos clientes. Agora, a empresa enfrenta uma nova ameaça: a tecnologia está mudando tão rápido que eles logo precisarão de funcionários com habilidades muito diferentes do que sua força de trabalho tem atualmente. Como construir essa nova força de trabalho e manter os funcionários dos quais precisa?

Gerenciamento da retenção de pessoas e da rotatividade

A rotatividade – índice de empregados que deixam a empresa em determinado período de tempo – varia muito. Por exemplo, em empresas de serviços como hotelaria e alimentação, cerca de metade dos funcionários pede demissão voluntariamente a cada ano. Por outro lado, a rotatividade voluntária na educação é de cerca de 12%.[2]

Esses dados refletem apenas os funcionários que se desligam voluntariamente, como para migrarem a empregos melhores. Não inclui demissões *involuntárias*, decorrentes do mau desempenho.[3] Combinar rotatividade voluntária e involuntária produz algumas estatísticas surpreendentes. Por exemplo, a rotatividade em muitos restaurantes é de cerca de 100% ao ano, isso significa que muitos precisam substituir praticamente todos os seus empregados a cada ano! Os custos de tal rotatividade são elevados, como mostra o Quadro *RH como centro de lucro*.[4]

RH como centro de lucro

Custos da rotatividade

Uma equipe de pesquisa analisou os custos tangíveis e intangíveis de rotatividade em um call center com 31 agentes e quatro superiores.[5] Os custos tangíveis de um agente que se desliga incluem, por exemplo, recrutamento, seleção, entrevista e teste de candidatos, bem como o custo dos salários, enquanto o novo agente é orientado e treinado. Custos intangíveis abrangem o da perda da produtividade (o novo agente inicialmente é menos produtivo do que seu predecessor), o do retrabalho de call center, os erros e o custo de supervisão para treinar o novo agente. Os pesquisadores estimaram o custo de desligamento de um agente em cerca de US$ 21,5 mil. Esse call center tem, em média, 18,6 vagas por ano (uma taxa de rotatividade de cerca de 60%). Portanto, os pesquisadores estimaram o custo total anual da rotatividade em US$ 400.853.[1] Tomar providências para reduzir essa rotatividade pela metade poderia fazer essa empresa economizar cerca de US$ 200 mil por ano.

Gerenciando a rotatividade voluntária

Gerenciar a rotatividade voluntária requer identificação e resolução de suas causas. Infelizmente, identificar por que os funcionários se demitem voluntariamente é mais fácil do que fazer algo sobre isso. As pessoas que estão insatisfeitas com seus empregos são mais propensas a sair, mas as fontes de insatisfação são bastante variadas.

Podemos perceber a situação na Figura 9.1.[6] Os consultores coletaram dados da pesquisa das 262 organizações norte-americanas que têm um mínimo de mil funcionários. Nessa pesquisa, as cinco principais razões que funcionários de altos comprometimento e desempenho deram para sair (classificadas de alto a baixo) foram: oportunidades de promoção, equilíbrio entre trabalho e vida pessoal, desenvolvimento de carreira, benefícios de saúde, e pagamento. Outras razões que os trabalhadores incluem para se desligarem voluntariamente são a injustiça, o fato de não serem ouvidos e a falta de reconhecimento.[7] Às vezes, perguntar: "Consideradas todas as questões, o quanto você está satisfeito com o seu trabalho?" é tão eficaz quanto o levantamento de atitudes dos funcionários para múltiplas facetas do trabalho, como supervisão e remuneração.[8] Considerações práticas também afetam o volume de negócios. Por exemplo, o elevado desemprego reduz a rotatividade voluntária e, em algumas localidades, existem menos oportunidades de emprego do que outras (e, portanto, rotatividade).

Rotatividade nem sempre é ruim. Por exemplo, a perda de funcionários de baixo desempenho não é tão problemática quanto perder aqueles de alto desempenho. Algumas empresas, como a cadeia de restaurantes Applebee's, incentivam seus gestores de forma diferente, com maiores benefícios para a redução da rotatividade entre os funcionários de alto desempenho.[9]

Estratégias de retenção para reduzir a rotatividade voluntária

De qualquer forma, dada a variedade de fatores que levam os funcionários a sair voluntariamente, o que se pode fazer para controlar a retenção? Não há solução mágica. O gestor deve entender que a retenção de funcionários é uma questão de gestão de talentos, e que as melhores estratégias de retenção, portanto, são multifuncionais. Por exemplo, os funcionários que não estão

---

[1] N. do R.T.: Em todos os países, a prática em gestão de executivos tem demonstrado que a reposição é de elevados custos para a empresa, somados os de saída e os de entrada do substituto. Admite-se que os custos de saída de um executivo são superiores a cinco vezes o seu salário anual.

FIGURA 9.1 Razões para funcionários de alto desempenho deixarem uma organização.

Fonte: Figura de "Aligning Rewards With the Changing Employment Deal", *Strategic Rewards Report*, 2006-2007. Copyright © 2006 by Watson Wyatt Worldwide. Reproduzido com permissão de Towers Watson. Todos os direitos reservados.

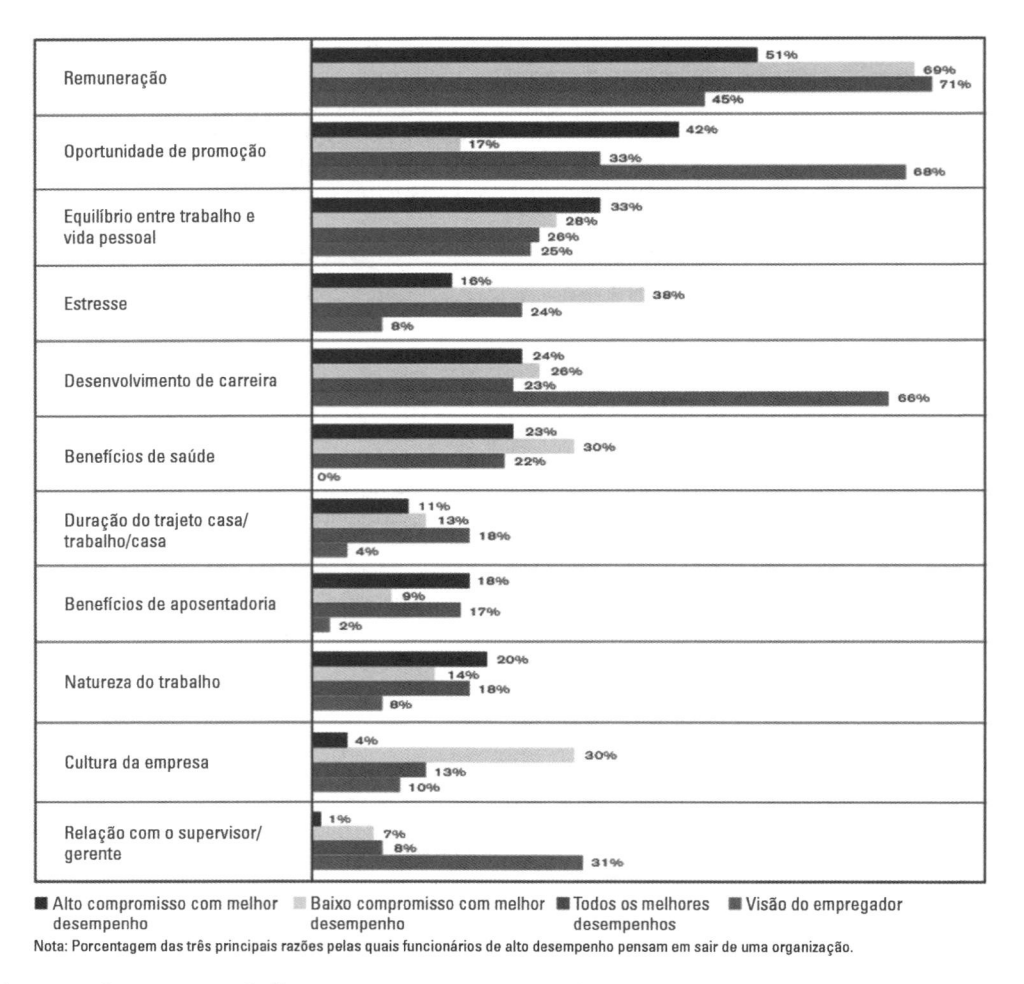

Razão	Alto compromisso com melhor desempenho	Baixo compromisso com melhor desempenho	Todos os melhores desempenhos	Visão do empregador
Remuneração	51%	69%	71%	45%
Oportunidade de promoção	42%	17%	33%	68%
Equilíbrio entre trabalho e vida pessoal	33%	28%	26%	25%
Estresse	16%	38%	24%	8%
Desenvolvimento de carreira	24%	26%	23%	66%
Benefícios de saúde	23%	30%	22%	0%
Duração do trajeto casa/trabalho/casa	11%	13%	18%	4%
Benefícios de aposentadoria	18%	9%	17%	2%
Natureza do trabalho	20%	14%	18%	8%
Cultura da empresa	4%	30%	13%	10%
Relação com o supervisor/gerente	1%	7%	8%	31%

Nota: Porcentagens das três principais razões pelas quais funcionários de alto desempenho pensam em sair de uma organização.

interessados em seu trabalho, sentem que não estão adequados a eles, ou aqueles que se sentem sub-remunerados são mais propensos a sair. Os empregadores podem lidar com tais questões instituindo práticas eficazes e abrangentes de gestão de talentos. Dito de outra forma, a rotatividade (voluntária e involuntária), muitas vezes, começa com más decisões de seleção, compostas por treinamento inadequado, avaliações insensíveis e remuneração desigual. Portanto, tentar formular uma "estratégia de retenção" sem considerar todas as práticas de RH é geralmente inútil.[10]

Abordagem para a retenção de funcionários

Resultados de investigação somados aos resultados de pesquisa e conhecimentos de profissionais fornecem ideias sobre os blocos de construção de um programa de retenção abrangente.

OBJETIVO DE APRENDIZAGEM 1
Descrever uma abordagem abrangente para retenção de funcionários.

IDENTIFICAR A MAGNITUDE DAS QUESTÕES E DO PROBLEMA O ponto lógico para começar essa investigação é por meio do rastreamento periódico do número de funcionários, especialmente aqueles com alto desempenho e de alto potencial, que deixam a empresa.[11] Em seguida, identificar os problemas. Entrevistas de desligamento podem fornecer informações úteis para potenciais problemas de rotatividade. Muitos empregadores aplicam pesquisas de percepção para monitorar os sentimentos dos funcionários sobre assuntos como a supervisão e a remuneração. Políticas de portas abertas e "linhas de contato" anônimas também ajudam a gestão a identificar e a corrigir problemas de moral antes que saiam do controle. Às vezes, analisar a situação leva a soluções simples. Por exemplo, o Walmart descobriu que poderia reduzir significativamente a rotatividade fornecendo previsões bastante realistas sobre demandas e horas de trabalho. Tendo problemas potenciais identificados, o empregador pode, então, tomar medidas como as seguintes para aumentar a retenção de funcionários.

REMUNERAÇÃO A explicação mais óbvia para o desligamento dos funcionários, muitas vezes, é a correta: os baixos salários. Particularmente para funcionários-chave e de alto desempenho, pagamento maior foi recentemente a ferramenta de retenção de muitos empregadores.[12]

SELEÇÃO No entanto, os funcionários não se desligam apenas por melhores salários. Por exemplo, as pessoas inadequadas para os seus cargos ou que trabalham para superiores abusivos são mais propensas a sair. Portanto, "a retenção começa antes, na seleção e contratação dos funcionários certos".[13] Seleção não se refere apenas ao trabalhador, mas também a escolher e a monitorar os superiores. Por exemplo, a FedEx realiza periodicamente pesquisas de atitude dos funcionários para ter uma noção de como seus superiores estão procedendo.

CRESCIMENTO PROFISSIONAL Falta de perspectivas de carreira e pouco desenvolvimento profissional inadequado incitam muitos funcionários a sair. Por outro lado, um programa de desenvolvimento de carreira e de treinamento pode dar um forte incentivo para ficar. Um especialista diz que "os profissionais que sentem que sua empresa se preocupa com o seu desenvolvimento e progresso são muito mais propensos a ficar".[14] O Quadro *Contexto estratégico* ilustra isso.

DIREÇÃO DE CARREIRA Periodicamente, vale discutir com os funcionários suas preferências de carreira e perspectivas de sua empresa, ajudando-os a traçar planos de carreira em potencial. Além disso, "não espere até as avaliações de desempenho para lembrar aos principais funcionários como eles são preciosos para a sua empresa".[15] Abordaremos o desenvolvimento da carreira neste capítulo.

EXPECTATIVAS SIGNIFICATIVAS As pessoas não podem fazer o seu trabalho se não sabem o que fazer ou quais são os seus objetivos. Portanto, uma parte importante da retenção de funcionários é esclarecer quais são as expectativas em relação ao seu desempenho.

RECONHECIMENTO Além de remuneração e benefícios, os funcionários precisam e apreciam o reconhecimento por um trabalho bem feito.

CULTURA E AMBIENTE Empresas que são tensas e "políticas" podem levar os funcionários a sair, enquanto empresas que os fazem se sentir confortáveis incentivam a ficar.

EQUILÍBRIO ENTRE TRABALHO E VIDA PESSOAL Em uma pesquisa realizada pela Robert Half e CareerBuilder.com, os trabalhadores identificaram "arranjos de trabalho flexíveis" e "trabalho remoto", como os dois principais benefícios que os incentivam a escolher um trabalho ou outro.[16]

SISTEMA DE PRÁTICAS DE ALTO DESEMPENHO Práticas do tipo alto desempenho/envolvimento parecem aumentar a retenção de funcionários. Um estudo incidiu sobre os funcionários de call center. Os empregadores que fizeram maior uso de práticas de envolvimento (por exemplo, arbítrio do empregado, grupos de solução de problemas e equipes autodirigidas) tiveram taxas significativamente mais baixas de desligamento, demissões e rotatividade total. Assim como aqueles que "investiram" mais em funcionários (por exemplo, em

Contexto estratégico

A nova força de trabalho da IBM

A mudança tecnológica está ocorrendo tão rápido que a IBM logo precisará de uma força de trabalho com habilidades muito diferentes do que a sua atual. A IBM poderia dimensionar seus funcionários periodicamente e desligar aqueles que não estão à altura. Em vez disso, escolheu colocar em prática uma *estratégia de pessoal sob demanda*. Isso visa garantir que seus funcionários atuais comecem o treinamento e a orientação de que precisam para desempenhar um papel no futuro da IBM.[17] Para isso, a empresa orçou US$ 700 milhões por ano para identificar as competências necessárias, as lacunas pontuais para as habilidades que estão em falta e para treinar e avaliar seus executivos, gerentes, além de classificar e arquivar informações de funcionários. O esforço pessoal sob demanda da IBM é responsável por manter a estratégia dela, que depende de ser capaz de oferecer os serviços de tecnologia em rápida evolução de que seus clientes precisam, de uma vez e sob demanda. O programa de pessoal também melhora a retenção de funcionários. Ele faz isso por meio da minimização das demissões e desligamentos que podem ocorrer se as competências dos trabalhadores forem incompatíveis com as necessidades da IBM.

A rotatividade voluntária é apenas uma maneira de afastamento dos funcionários. Afastamento, em geral, significa separar-se de sua situação atual e, no trabalho, pode manifestar-se em devaneios, falta de atenção ou outros comportamentos contraprodutivos.

Fonte: Yuri Arcurs/Fotolia

termos de oportunidades de promoção e de alta remuneração relativa, pensões e empregos em tempo integral).[18] Por outro lado, as pressões por desempenho (como o monitoramento de desempenho intensivo) levam a taxas de rotatividade significativamente mais elevadas.[19]

USO DE ANÁLISES A gestão baseada em evidências é importante no controle da rotatividade de funcionários. Na Nationwide Mutual Insurance Co., por exemplo, os gestores recebem scorecards mensais que incluem dados de rotatividade. Já a Alliant Techsystems Inc. utiliza análise de negócios para peneirar os dados dos funcionários, a fim de calcular, em termos de um "modelo de risco", a probabilidade de que qualquer empregado especial possa sair.[20]

Abordagem de gestão de talentos para retenção de pessoas

Todos os colaboradores são importantes, mas os empregadores orientados à gestão de talentos dão ênfase especial aos mais talentosos para manter seus funcionários cruciais. Por exemplo, nós vimos no Capítulo 8 que a Accenture utiliza a matriz 4×4 de avaliação do papel estratégico. Esta define funcionários por desempenho e pelo valor para a Accenture. Então, a empresa relaciona decisões de pessoal sobre remuneração, desenvolvimento, demissão e outras à posição de cada funcionário na matriz. A Shell China tem "gestores de carreira" que se reúnem regularmente com os seus "líderes emergentes", e a Novartis China avalia as atitudes da maioria dos funcionários mais importantes. O ponto é que uma abordagem de gestão e retenção de talentos para os funcionários sugere concentrar esforços de retenção sobre os trabalhadores mais importantes da empresa.

Afastamento do trabalho

Infelizmente, a rotatividade voluntária é apenas uma maneira que os funcionários têm de se afastar do trabalho. Afastamento em geral significa separar-se da sua situação atual, e é, muitas vezes, um meio de fuga para alguém que está insatisfeito ou com medo. No trabalho, o *afastamento* refere-se a "ações destinadas a colocar distância física ou psicológica entre os funcionários e seus ambientes de trabalho".[21]

Presenteísmo e rotatividade voluntária são duas maneiras de funcionários se afastarem. Outros tipos de afastamento do trabalho podem ser menos óbvios, mas não menos corrosivos. Alguns exemplos incluem "pausas de trabalho inadequadas, perdendo tempo em conversa ociosa e negligenciando aspectos importantes do trabalho",[22] outros funcionários ficam "mentalmente desligados" ("afastamento psicológico"), talvez sonhando enquanto a produtividade é sofrível.[23] O funcionário está lá, mas mentalmente ausente. Na verdade, o *processo de afastamento do trabalho* tende a ser progressivo, muitas vezes, evoluindo de sonhar acordado para ausências, até a desistência: "Quando um funcionário percebe que a suspensão temporária não vai resolver seus problemas, então escolhe uma forma mais permanente de afastamento".[24]

LIDANDO COM O AFASTAMENTO DO TRABALHO[25]   Como muitas pessoas já experimentaram o desejo de "fugir", geralmente não é difícil simpatizar com aquelas que sentem que devem escapar. As pessoas tendem a se mover em direção a situações que fazem com que se sintam bem, e ficar longe daquelas que os fazem se sentir mal. Mais tecnicamente, "estados emocionais negativos tornam as pessoas conscientes de que a sua situação atual é problemática, e essa consciência os motiva a tomar uma atitude".[26] As pessoas são repelidas por situações que produzem emoções desagradáveis, desconfortáveis e são atraídas para aquelas que causam emoções agradáveis e confortáveis.[27] O ponto é que quanto mais negativo (ou menos positivo) o humor da pessoa sobre a situação, mais provável que busque evitar ou retirar-se da situação.[28]

O gerente pode, portanto, pensar em estratégias em termos de reduzir os efeitos negativos do emprego e/ou aumentar os seus efeitos positivos. Porque potenciais efeitos negativos e positivos são praticamente ilimitados, e abordar o afastamento requer, novamente, uma abordagem de gestão de recursos humanos abrangente. Potenciais aspectos negativos ilustrativos incluem, por exemplo, os trabalhos entediantes, supervisão deficiente, baixos salários, assédio moral, falta de perspectivas de carreira e condições de trabalho precárias. Aspectos positivos potenciais incluem enriquecimento do trabalho, supervisão de apoio, remuneração equitativa, benefícios familiares, possibilidades de apelação em processo disciplinar, oportunidades de desenvolvimento de carreira, condições de trabalho seguras e saudáveis, e colegas com moral elevada.[29] Entrevistas, pesquisas e observação podem ajudar a identificar problemas e a resolvê-los.

Comprometimento dos funcionários

> **OBJETIVO DE APRENDIZAGEM 2**
> Explicar por que o envolvimento dos funcionários é importante, e como promover essa participação.

Atendimento precário, rotatividade voluntária e afastamento psicológico, geralmente, refletem também a diminuição do comprometimento dos funcionários. O *comprometimento* se refere a estar psicologicamente envolvido, conectado e comprometido com um trabalho bem feito. Funcionários comprometidos "experimentam um alto nível de conectividade com as suas tarefas de trabalho" e, portanto, trabalham duro para atingir seus objetivos relacionados a elas.[30]

O comprometimento dos funcionários é importante porque muitos comportamentos dos empregados, incluindo a rotatividade, refletem o quão comprometidos estão os funcionários. Por exemplo, com base em pesquisas da Gallup, unidades de negócios com os mais altos níveis de engajamento dos funcionários têm uma chance de desempenho acima da média da empresa em

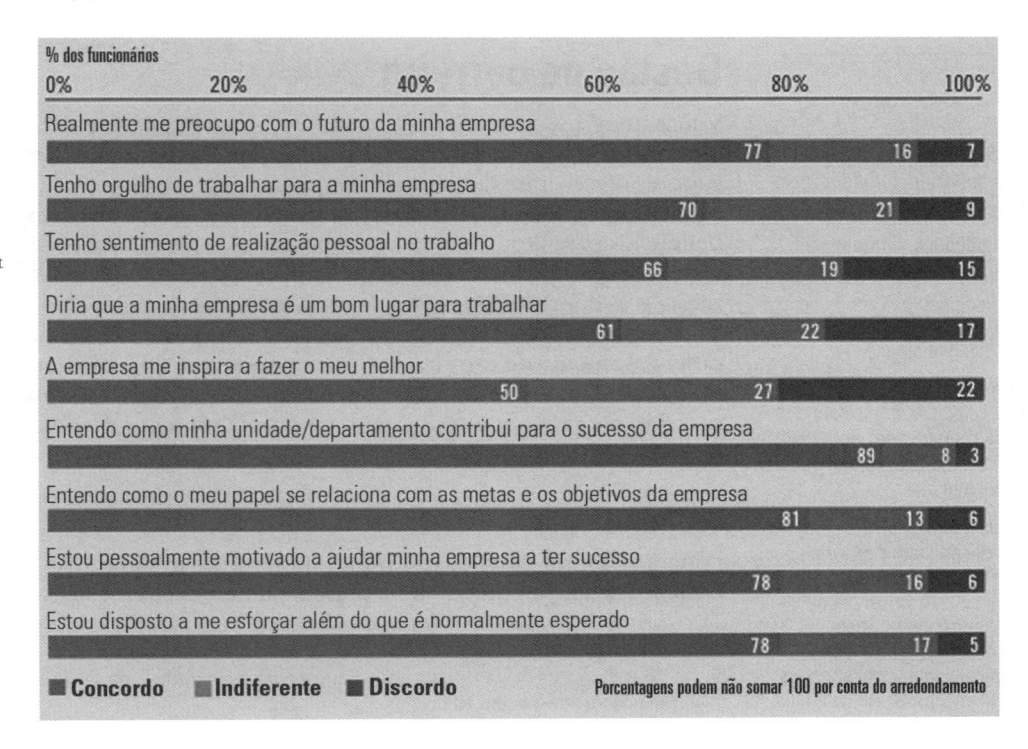

FIGURA 9.2 Ações de empregadores que fazem os funcionários se sentirem mais comprometidos.

Fonte: "Working Today: Understanding What Drives Employee Engagement", *The 2003 Towers Perrin Talent Report*. Copyright © Towers Perrin. Reproduzido com permissão da Tower Watson.

% dos funcionários	Concordo	Indiferente	Discordo
Realmente me preocupo com o futuro da minha empresa	77	16	7
Tenho orgulho de trabalhar para a minha empresa	70	21	9
Tenho sentimento de realização pessoal no trabalho	66	19	15
Diria que a minha empresa é um bom lugar para trabalhar	61	22	17
A empresa me inspira a fazer o meu melhor	50	27	22
Entendo como minha unidade/departamento contribui para o sucesso da empresa	89	8	3
Entendo como o meu papel se relaciona com as metas e os objetivos da empresa	81	13	6
Estou pessoalmente motivado a ajudar minha empresa a ter sucesso	78	16	6
Estou disposto a me esforçar além do que é normalmente esperado	78	17	5

Porcentagens podem não somar 100 por conta do arredondamento

83%, aquelas unidades com o menor envolvimento dos funcionários têm apenas uma chance de 17%.[31] Uma pesquisa feita pela consultoria Watson Wyatt Worldwide concluiu que as empresas com funcionários altamente engajados têm 26% mais de receita por funcionário. O diretor de recrutamento da organização sem fins lucrativos Fair Trade, nos EUA, acredita que impulsionar o comprometimento ajuda a explicar a subsequente queda de 10% na rotatividade da empresa. Um recente artigo da *Harvard Business Review* observa que, para o atendimento ao cliente ser ideal, funcionários satisfeitos não são suficientes.[32] Em vez disso, "Os funcionários devem ser contratados, fornecendo-lhes razões e métodos para satisfazer os clientes e, em seguida, recompensados por um comportamento apropriado".[33] No entanto, estudos concluem que apenas cerca de 21% da força de trabalho global está comprometida, quase 40% é descompromissada.[34]

Como promover comprometimento

Resultados da pesquisa dos consultores da Towers Perrin ilustram os tipos de ações gerenciais que podem promover o engajamento dos funcionários. A Figura 9.2 resume esses resultados.[35,II] Ações de engajamento incluem assegurar que os funcionários (1) entendam como seus departamentos contribuem para o sucesso da empresa, (2) percebam como os seus próprios esforços ajudam no alcance dos objetivos da empresa e (3) obtenham uma sensação de realização do trabalho. Os empregadores também devem manter os gestores responsáveis pelo engajamento do funcionário. Por exemplo, a WD-40 Company realiza pesquisas periódicas de opinião que contêm medidas de comprometimento. Os superiores, então, se reúnem com seus funcionários para discutir como melhorar os resultados.[36]

Monitoramento do comprometimento

Além de pesquisas como a da Figura 9.2, o monitoramento do comprometimento dos funcionários não precisa ser complicado. Com cerca de 180 mil funcionários no mundo, a empresa de consultoria Accenture utiliza um método de três partes "taquigrafadas", conhecido como "falar, ficar e lutar". Primeiro, a Accenture avalia o quão positivo o funcionário fala sobre a empresa e a recomenda aos outros. Em segundo lugar, olha para quem fica na empresa, e por quê. Em terceiro lugar, observa o "lutar". Por exemplo, "os empregados assumem um papel ativo no sucesso global da organização, indo além de apenas cumprir tarefas?".[37]

Alguns empregadores, como Starwood Hotels, também medem as consequências do comprometimento. Medidas de resultado relevante podem incluir a satisfação do cliente, os resultados financeiros, o absenteísmo, a segurança, as vendas, a rotatividade e a rentabilidade.[38]

Gestão de carreira

> **OBJETIVO DE APRENDIZAGEM 3**
> Discutir o que empregadores e superiores podem fazer para apoiar as necessidades de desenvolvimento de carreira dos funcionários.

Vimos que é preciso mais do que dinheiro para reter e engajar os funcionários. Uma carreira gratificante e bem-sucedida é outro ímã; por exemplo, uma pesquisa revelou que os empregadores ofereceram tanto dinheiro quanto desenvolvimento de carreira para reter e engajar os melhores talentos.[39] Um observador semelhante diz que "em vez de focar nos incentivos e benefícios para atrair e reter os empregados, as organizações [...] devem oferecer-lhes uma série de experiências profissionais, ampla exposição funcional e geográfica dentro da organização, e as oportunidades de liderança mais direcionadas".[40]

Empregadores, e não apenas funcionários, portanto, se beneficiam ao oferecer apoio ao desenvolvimento de carreira. Os funcionários com uma melhor visão sobre seus pontos fortes no trabalho deveriam ser mais bem equipados para servir a empresa.[41] O desenvolvimento de carreira também pode aumentar o comprometimento dos funcionários e apoiar os esforços de retenção do empregador.[42]

Terminologia

Podemos definir **carreira**, do ponto de vista das organizações e de suas estruturas, como as posições ocupacionais que uma pessoa mantém ao longo dos anos em uma empresa. **Gestão**

Carreira
Posições ocupacionais que uma pessoa tem ao longo de muitos anos em uma empresa.

Gestão de carreira
Processo para permitir que os funcionários melhor compreendam e desenvolvam suas habilidades e interesses profissionais, utilizando-os de forma mais eficaz.

[II] N. do R.T.: Ações desse tipo são constantemente executadas pelos órgãos de gestão de pessoas nas empresas e pelas consultorias em RH.

Desenvolvimento de carreira
Série contínua de atividades que contribuem para a criação, o sucesso e a realização de uma pessoa na carreira.

Planejamento de carreira
Processo deliberado por meio do qual alguém se torna consciente de competências, interesses, conhecimentos, motivações e outras características pessoais, e estabelece planos de ação para atingir objetivos específicos.

de carreira é um processo para permitir que os funcionários compreendam e desenvolvam suas habilidades profissionais e interesses, utilizando-os de forma mais eficaz, tanto dentro da empresa quanto depois que saem dela.

Desenvolvimento de carreira é a série de atividades ao longo da vida (como oficinas) que contribuem para carreira, criação, sucesso e realização de uma pessoa. **Planejamento de carreira** é o processo deliberado por meio do qual alguém se torna consciente de competências pessoais, interesses, conhecimentos, motivações e outras características; adquire informações sobre oportunidades e escolhas; identifica as metas relacionadas à carreira, e estabelece planos de ação para atingir objetivos específicos.

Gerente e empregador do funcionário devem desempenhar um papel na orientação e no desenvolvimento de carreira do funcionário. No entanto, o empregado deve sempre aceitar a plena responsabilidade por seu próprio desenvolvimento e sucesso na carreira.

Carreiras na atualidade

Pessoas já viram carreira como uma espécie de escada para evoluir e crescer no emprego, na maioria das vezes em uma ou, no máximo, algumas empresas. Hoje, recessões, fusões, terceirizações, consolidações e mais ou menos infinitas demissões mudaram as regras. Muitas pessoas ainda prosperam, contudo, mais frequentemente os funcionários precisam reinventar-se. Por exemplo, o representante de vendas demitido por uma editora que está em fusão, pode reinventar-se como executivo de contas em uma empresa de publicidade orientada à mídia.[43]

Os empregos, hoje, diferem dos de alguns anos atrás. Como mais mulheres buscam carreiras profissionais e gerenciais, as famílias precisam equilibrar os desafios associados com a pressão da dupla carreira. Ao mesmo tempo, o que as pessoas querem de suas carreiras está mudando. Os baby boomers, aqueles que se aposentarão nos próximos anos, tendem a ser focados no trabalho, já as pessoas que estão entrando no mercado de trabalho agora, muitas vezes, valorizam mais oportunidades para a vida profissional e familiar equilibrada.

Contrato psicológico de trabalho

Uma implicação é que aquilo que os empregadores e os empregados esperam um do outro está mudando. O que o empregador e o empregado esperam um do outro é parte do que os psicólogos chamam de um *contrato psicológico*. Este é "um acordo não escrito que existe entre empregadores e empregados",[44] identificando expectativas mútuas de cada parte. Por exemplo, o acordo não declarado é que a gestão irá tratar os empregados de forma justa e oferecer condições de trabalho satisfatórias, em um relacionamento de longo prazo. Os funcionários devem responder "demonstrando uma boa atitude, seguindo as instruções e mostrando lealdade para com a organização".[45]

Contudo, com os mercados de trabalho atuais tumultuados, nem o empregador nem o trabalhador podem contar com compromissos de longo prazo. Esse fato enfraquece o contrato psicológico tradicional, e faz a gestão de carreira ainda mais importante para o empregado.

O papel do funcionário na gestão de carreira

Embora o empregador e o gerente tenham um papel na orientação de carreira dos funcionários, nenhum funcionário deve delegar essa tarefa para outros. Para o empregado, planejamento de carreira significa combinar os pontos fortes e fracos com as oportunidades e as ameaças ocupacionais. Em outras palavras, a pessoa quer buscar ocupações, trabalhos e uma carreira relacionada a seus interesses, aptidões, valores e habilidades. A pessoa também quer escolher ocupações, trabalhos e uma carreira que faça sentido em termos de demanda futura projetada para diversas ocupações. De preferência, que o empregado crie um "eu" ideal pelo qual ele passe a lutar.[46] As consequências de uma má escolha são muito graves para serem deixadas para os outros.

Existem vários passos que podemos seguir neste momento. Como exemplo, o especialista em aconselhamento de carreira John Holland diz que a personalidade (incluindo valores, motivações e necessidades) é determinante na escolha da carreira. Por exemplo, uma pessoa com uma forte orientação social pode ser atraída para as carreiras que impliquem atividade interpessoal, em vez de atividade intelectual ou física, e para ocupações como o trabalho social. Holland encontrou seis tipos básicos de personalidade ou orientações. Os indivíduos podem fazer o teste *Self-Directed Search* (SDS) – disponível on-line em <www.self-directed-search.com>, em inglês – para avaliar as suas orientações de trabalho e ocupações preferidas.[III]

O SDS tem uma excelente reputação, mas o candidato à carreira precisa ter cuidado com alguns dos outros sites de avaliação de carreira on-line. Um estudo de 24 sites norte-americanos de avaliação de carreira on-line e sem custo concluiu que eles eram fáceis de usar, mas sofriam de insuficiente validação e confidencialidade. No entanto, uma série de instrumentos de avaliação de carreira on-line, como chave de carreira (<www.careerkey.org>, em inglês) supostamente fornecem informações validadas e úteis.[47]

EXERCÍCIO 1 Um exercício útil para a identificação de competências profissionais é definir "Tarefas ocupacionais ou escolares que eu melhor fazia". Escreva um pequeno texto descrevendo essas tarefas e forneça o máximo de detalhes possível sobre os seus deveres e responsabilidades, além do que você achou agradável sobre cada tarefa. Não é necessariamente o *trabalho* mais agradável que você teve, mas a *tarefa* mais agradável que você realizou dentro de seus postos de trabalho. Em seguida, faça o mesmo para duas outras tarefas realizadas. Agora, examine as três análises e sublinhe as habilidades que você mencionou a maioria das vezes. Por exemplo, você gostava especialmente das horas que passava na biblioteca fazendo pesquisas quando trabalhou como um auxiliar de escritório.[48]

EXERCÍCIO 2 Outro exercício pode se revelar esclarecedor. Em uma página, responda à pergunta: "Se você pudesse ter qualquer tipo de trabalho, o que seria?" Invente o seu próprio trabalho, se necessário. Não se preocupe com o que você pode fazer, apenas com o que você gostaria de fazer.[49]

O papel do empregador na gestão de carreira

Ações para o desenvolvimento de carreira dependem, em parte, de quanto tempo o empregado está na empresa. Por exemplo, *antes de contratar*, entrevistas de emprego realistas podem ajudar potenciais funcionários a avaliar se o trabalho é adequado e interessante.

Especialmente para os recém-formados, o *primeiro emprego* pode ser crucial para a construção da confiança e de uma imagem mais realista do que pode e não pode ser feito: é importante propiciar os primeiros trabalhos desafiadores (em vez de relegar novos funcionários para "trabalhos onde não causem problemas") e ter um mentor experiente que pode ajudar a pessoa a aprender os caminhos. Alguns se referem a isso como prevenir o **choque de realidade**, um fenômeno que ocorre quando as altas expectativas e o entusiasmo de um novo funcionário enfrentam a realidade de um trabalho chato e sem desafios.

Depois que a pessoa estiver *no trabalho* por um tempo, é importante a carreira ser orientada por avaliações. O gerente é treinado não só para avaliar o funcionário, mas também para combinar os pontos fortes e fracos da pessoa com um plano de carreira viável e necessário ao desenvolvimento no trabalho. Da mesma forma, proporcionar realocação periódica pode ajudar a pessoa a desenvolver uma imagem mais realista sobre aquilo que é bom e, assim, desenvolver sua carreira.

Choque de realidade
Resultados de um fenômeno que pode ocorrer na entrada na carreira, quando as expectativas elevadas do novo empregado enfrentam a realidade de uma situação de trabalho chato ou não atraente.

Opções de gestão de carreira

A maioria dos empregadores não fornece uma ampla gama de opções de desenvolvimento de carreira. No entanto, os sistemas de desenvolvimento de carreira não precisam ser caros. Apenas receber feedback dos superiores sobre o desempenho, com planos de desenvolvimento individual, e ter acesso a treinamentos é suficiente para a maioria dos funcionários. Além disso, ofertas de trabalho, avaliações formais de carreira orientadas ao desempenho, centros de desenvolvimento de carreira, aconselhamento formal e com gestores e planejamento de sucessão individual para funcionários de alto potencial são valiosas ferramentas de

---

[III] N. do R.T.: No Brasil, estudo de orientação profissional, à semelhança do teste de Holland (SDS), é o de Primi, conforme consta em R. Primi, M. A. Moggi e E. O. Casellato, "Estudo correlacional do inventário de busca autodirigida (*self-directed search*) com o IFP", *Psicologia Escolar e Educacional*, n. 8, v. 1, 2004, p. 47-54. Ver SDS – questionário de busca autodirigida: precisão e validade. Disponível em: <http://pepsic.bvsalud.org/scielo.php?script=sci_arttext&pid=S1679-33902006000200006>. Acesso em: 2 out. 2014.

desenvolvimento de carreira.[50] No entanto, apenas cerca de um quarto dos entrevistados em uma pesquisa tinha planos de desenvolvimento individuais.[51] A Figura 9.3 ilustra uma forma simples de planejamento de carreira.[52]

CENTROS DE CARREIRA   Outros sistemas são mais abrangentes. Alguns empregadores criam bibliotecas de materiais de desenvolvimento de carreira, baseados na web ou off-line. O EUA Bank tem um programa desse tipo. Seu objetivo é ajudar os funcionários a registrar seus objetivos de carreira e alcançá-los dentro da empresa. Além do treinamento de desenvolvimento de carreira, o programa inclui sites de centros de desenvolvimento que os funcionários acessam enquanto trabalham na companhia, contendo materiais como avaliação de carreira e ferramentas de planejamento.[53]

OFICINAS DE PLANEJAMENTO DE CARREIRA (WORKSHOP)   A oficina de planejamento de carreira (workshop) é "um evento planejado de aprendizagem, no qual se espera que os participantes sejam ativos, completando exercícios de planejamento de carreira e perfis, além de participar de sessões de treinamento de habilidades profissionais".[54] Um workshop típico inclui exercícios de autoavaliação (habilidades, interesses, valores etc.), uma avaliação de importantes tendências ocupacionais e planejamento de metas e segmentos de ação.

FIGURA 9.3   Plano de desenvolvimento de carreira do funcionário.

Fonte: "Employee Career Development Plan" Copyright © 2012 by BLR-Business & Legal Resources (www.HR.BLR.com). Reproduzido com permissão.

Plano de desenvolvimento de carreira

Funcionário: _____   Cargo: _____

Gerente: _____   Departamento: _____

Data da avaliação: _____

1. Qual é o próximo passo para esse funcionário e quando você acha que ele estará pronto para isso?

Provável cargo seguinte:	Quando estará pronto:			
	Agora	6 meses	1 ano	2 anos
1.	☐	☐	☐	☐
2.	☐	☐	☐	☐
3.	☐	☐	☐	☐

2. Qual é a mais alta promoção provável dentro de cinco anos?

3. O que esse funcionário precisa para se preparar para a promoção?

- Conhecimento: _____

  Plano de ação: _____

- Passar por treinamento: _____

  Plano de ação: _____

- Formação gerencial: _____

  Plano de ação: _____

INVESTIMENTOS EM APRENDIZAGEM CONTÍNUA Como explicamos no Capítulo 7, vários empregadores investem em aprendizado contínuo para os seus empregados. Ambos empregadores e empregados contribuem, e os funcionários podem aproveitar para obter o aperfeiçoamento relacionado à carreira e ao desenvolvimento que desejam.[55]

COACHING DE CARREIRA Coaching de carreira geralmente ajuda os funcionários a criar planos de cinco anos que mostram onde podem chegar na empresa. Em seguida, o empregador e o empregado baseiam os planos de desenvolvimento no que o empregado necessita.[56]

Por exemplo, no Allmerica Financial Corp, coaches em desenvolvimento de carreira ajudaram individualmente os funcionários do grupo de tecnologia da informação da empresa a identificar suas necessidades de desenvolvimento e obter o aprimoramento necessário para satisfazer essas defasagens.[57]

PROGRAMAS ON-LINE Por exemplo, a "Halogen eAppraisal™" permite estabelecer atividades de desenvolvimento de funcionários competentes que estão vinculados às competências

FIGURA 9.4 Exemplo de plano de desenvolvimento do desempenho.

Fonte: "Sample Performance Review Development Plan" Copyright © 2012 by BLR-Business & Legal Resources (www.HR.BLR.com). Reproduzido com permissão.

HR Management Checklists

A. Principais pontos fortes do empregado
   1. _____
   2. _____
   3. _____

B. Áreas de melhoria/desenvolvimento
   1. _____
   2. _____
   3. _____

C. Planos de desenvolvimento: áreas de desenvolvimento
   1. _____
   2. _____
   3. _____
   4. _____
   Estratégia de desenvolvimento: _____

D. Comentários do empregado nessa avaliação: _____

E. Comentários do avaliador: _____

   Potencial de crescimento no cargo atual e potencial futuro para o aumento das responsabilidades: _____

Assinatura do empregador: _____ Data: _____
Assinatura do avaliador: _____ Data: _____
Assinatura do gerente do avaliador: _____ Data: _____

e/ou objetivos de planos de desenvolvimento de carreira".[58] O empregador, em seguida, organiza as atividades de desenvolvimento em torno das necessidades da pessoa. No caso do Brasil, há empresas que oferecem serviços de avaliação de desempenho, como: Menvie Software (<www.menvie.com.br/>) e equestiona (<http://equestiona.com/pt-br/quem-somos/>).

AVALIAÇÕES ORIENTADAS À CARREIRA Gestores que utilizam a avaliação de desempenho apenas para dizer ao funcionário como ele está fazendo seu trabalho estão perdendo uma oportunidade de ajudar o funcionário nas suas necessidades de desenvolvimento de carreira. A avaliação de desempenho deve também proporcionar uma oportunidade de vincular o desempenho do empregado, os interesses de carreira e as necessidades de desenvolvimento em um plano de carreira coerente.

Muitos empregadores fazem isso. Por exemplo, a forma de avaliação de desempenho gerencial da JCPenney contém uma lista de todos os trabalhos por título, função e nível que os funcionários poderiam querer considerar. A empresa treina seus superiores para vincular o desempenho do empregado, os interesses de carreira e as necessidades da empresa, a fim de desenvolver um plano de carreira, incluindo atividades de desenvolvimento para o empregado.

No entanto, mesmo uma abordagem simples, como ilustrada na Figura 9.4, pode ser suficiente. O objetivo é que gerente e empregado traduzam a avaliação de desempenho nos planos de desenvolvimento que fazem sentido para o empregador, satisfazendo também as necessidades de carreira do funcionário.

Questões de gênero no desenvolvimento de carreira

Enquanto a situação está melhorando, as mulheres e os homens ainda enfrentam diferentes desafios à medida que avançam em suas carreiras. Em um estudo, as mulheres precisaram receber índices de desempenho mais elevados do que os homens para serem promovidas.[59] As mulheres relatam mais dificuldade em obter as posições de desenvolvimento e oportunidades de mobilidade geográfica, além de terem que ser mais pró-ativas do que os homens apenas para serem consideradas para tais posições. Os empregadores, portanto, precisam se concentrar em quebrar as barreiras que impedem a progressão na carreira das mulheres. Um estudo concluiu que três programas corporativos de atividades de aceleração, desenvolvimento de carreira, aconselhamento de carreira individual e oficinas de planejamento de carreira estavam menos disponíveis para as mulheres do que para os homens.[60] Muitos chamam isso de "teto de vidro", combinação de barreiras para o progresso das mulheres. Como experiências iguais a essas são importantes, as organizações "devem se concentrar em quebrar as barreiras que interferem no acesso das mulheres às experiências de desenvolvimento".[61]

O papel do gerente

É difícil ver a dimensão do impacto que um superior pode ter no desenvolvimento de carreira de um funcionário. Com pouco ou nenhum esforço adicional de avaliações de desempenho realistas e avaliações de habilidades espontâneas, um superior competente pode ajudar o empregado a entrar e a permanecer no plano de carreira. No outro extremo, um superior indiferente pode inibir, ao longo de anos, o seu progresso ou de seus funcionários.

O gerente tem muitas oportunidades para apoiar as necessidades de desenvolvimento de carreira dos subordinados. Por exemplo, quando este inicia o trabalho, certifique-se de que desenvolve as habilidades necessárias para obter um bom começo. Agende avaliações de desempenho periódicas e aborde em que medida as competências e o desempenho atual do funcionário são compatíveis com as suas aspirações de carreira dele. Forneça ao empregado um plano de desenvolvimento de carreira informal, como o da Figura 9.4. Mantenha os subordinados informados sobre os benefícios relacionados à carreira na empresa, e incentive-os a usá-los.[62] Saiba também como atuar com coaching e aconselhamento.

> **OBJETIVO DE APRENDIZAGEM 4**
> Listar e discutir as quatro etapas do coaching de um funcionário.

Coaching
Auxiliar na reflexão a partir da própria realidade de coachee, e sem um direcionamento como no treinamento.

Tutoria
Aconselhamento e orientação.

Melhorias das habilidades de coaching

Coaching e tutoria estão intimamente relacionados e são habilidades gerenciais importantes. **Coaching** significa auxiliar na reflexão a partir da própria realidade de coachee, e sem um direcionamento como no treinamento. **Tutoria** significa alertar, aconselhar e orientar. O coaching concentra-se em habilidades relacionadas ao trabalho de curto prazo, já a tutoria está relacionada ao saber fazer, em curto prazo, focado em tarefas. Superiores sempre atuaram com coaching e tutoria em relação aos seus funcionários. Mas com mais gerentes e colaboradores altamente treinados e equipes autogeridas, o apoio, coaching e tutoria estão substituindo rapidamente o "dar ordens" para o "fazer as coisas acontecerem".

Os empregadores entendem que coaching e tutoria são importantes. Uma pesquisa de programas de treinamento descobriu que as principais habilidades ensinadas eram "instruir sobre um problema de desempenho" (72%), "comunicar os padrões de desempenho" (69%), "treinar sobre uma oportunidade de desenvolvimento" (69%), e "realização de uma avaliação de desempenho" (67%).[63]

Formação de suas habilidades de coaching

Coaching e tutoria requerem habilidades tanto analíticas como interpessoais. Exigem *análise*, porque é inútil aconselhar alguém se você não sabe qual é o problema, e *habilidades interpessoais*, porque é igualmente inútil saber o problema, se você não pode ajudar a pessoa a mudar.

Algumas situações de desempenho não necessitam de coaching. Por exemplo, se o seu novo funcionário aprende pela primeira vez como fazer o trabalho, ou se a avaliação de desempenho é impecável, você não precisa fazer muito coaching. Caso contrário, provavelmente terá que treiná-lo.

Coaching não significa apenas dizer a alguém o que fazer. A melhor maneira de pensar o coaching é em termos de um processo de quatro etapas: *preparação, planejamento, coaching ativo* e *follow-up*.[64] *Preparação* significa entender o problema, o empregado e suas habilidades, e seu objetivo é formular uma hipótese sobre o que é o problema. Você vai assistir ao funcionário para ver o que está fazendo, observar o fluxo de trabalho e como interagir com os colegas de trabalho do empregado. Além da observação, você pode rever (como explicado no Capítulo 7) dados objetivos em questões como produtividade, absenteísmo, acidentes, qualidade do produto, reclamações de clientes, análises de desempenho e treinamentos anteriores do funcionário.

Planejar a solução vem na sequência. Talvez a mais poderosa forma de ajudar alguém a mudar é conquistar sua consciência entusiasmada sobre a necessidade da mudança. Isso requer o acordo abrangente sobre o problema e o que precisa mudar. Você vai, então, estabelecer um plano de mudança na forma de *passos a seguir*, *medidas de sucesso* e *prazos a serem atingidos*.

Com um acordo sobre um plano, você pode iniciar o *treinamento real*. Aqui está, em essência, o professor. O seu kit de ferramentas inclui o que foi aprendido sobre o treinamento no local de trabalho, no Capítulo 7 ("Explique requisitos de quantidade e qualidade", "Vá no ritmo normal de trabalho", entre outros pontos). Como um escritor diz: "um treinador efetivo oferece ideias e conselhos de tal maneira que o subordinado pode ouvi-los, responder a eles e apreciar o seu valor".[65]

No entanto, os maus hábitos, por vezes, ressurgem. É, portanto, importante acompanhar e observar o progresso da pessoa periodicamente.

A Figura 9.5 apresenta uma lista de autoavaliação para estimar suas habilidades de coaching.

Formação de suas habilidades de tutoria

A tutoria pode ser formal ou informal. Informalmente, os gerentes de nível entre médio e sênior podem ajudar de modo voluntário os funcionários menos experientes, por exemplo, dando-lhes conselhos sobre a carreira e ajudando-os a lidar com a política do escritório. Muitos empregadores também têm programas formais de tutoria. Aqui, o empregador reúne tutor e tutelado, oferecendo treinamento para que os dois compreendam melhor as suas respectivas responsabilidades. Formal ou informalmente, estudos mostram que ter um mentor pode melhorar significativamente a satisfação com a carreira e o sucesso.[66]

FIGURA 9.5 Check-list de autoavaliação do próprio avaliador.

Fonte: "Coaching and Mentoring: How to Develop Top Talent and Achieve Stronger Performance", por Richard Luecke.

Pergunte a você mesmo	Sim	Não
Você planejou a abordagem que terá antes de começar a sessão de coaching?	☐	☐
Você leva a sério a sua posição como coach?	☐	☐
Você aborda a carreira do empregado, e não apenas o seu desempenho atual?	☐	☐
Você ouve e responde às preocupações dos treinandos sobre o trabalho?	☐	☐
Você adapta as lições para as habilidades do treinando?	☐	☐
Você verifica o entendimento do treinando?	☐	☐
Você verifica se o empregado tem as habilidades necessárias para o trabalho, ou planos para desenvolvê-las?	☐	☐
Você define metas elevadas, mas alcançáveis?	☐	☐
Você trabalha com o empregado para desenvolver alternativas viáveis?	☐	☐
Você dá feedback positivo e negativo, pontual e específico?	☐	☐
O seu feedback se concentra no comportamento da pessoa e suas consequências?	☐	☐
Você define as expectativas de desempenho no trabalho em curso para o funcionário?	☐	☐
Você escuta as opiniões do treinando sobre como fazer o trabalho?	☐	☐
Você dá encorajamento?	☐	☐

ADVERTÊNCIAS À TUTORIA A tutoria é, ao mesmo tempo, valiosa e perigosa. Ela pode ser útil na medida em que permite que o mentor influencie, de forma positiva, as carreiras e as vidas de seus subordinados e colegas. O perigo reside no outro lado da moeda. O coaching concentra-se em tarefas diárias que você pode aprender facilmente, por isso a desvantagem é geralmente limitada. A *tutoria* foca em problemas de longo prazo, relativamente difíceis de reverter, e muitas vezes entra em aspectos psicológicos da pessoa (motivos, necessidades, aptidões e boas relações interpessoais, por exemplo). Como o superior não é geralmente um psicólogo ou consultor de carreira treinado, deve ser cauteloso no aconselhamento que dá.

O MENTOR EFICAZ Uma investigação sobre o que os superiores podem fazer para serem melhores mentores revela algumas surpresas. Mentores eficazes *estabelecem padrões elevados*, estão dispostos a *investir o tempo* e o esforço que a relação de tutoria requer, e *orientar ativamente os tutelados* em importantes projetos, equipes e empregos.[67] A tutoria eficaz requer *confiança*, e o nível de confiança reflete a *competência do mentor profissional*, a *consistência*, a *capacidade de se comunicar* e a prontidão para *compartilhar o controle*.[68]

No entanto, estudos sugerem que a tutoria tradicional é menos eficaz para as mulheres do que é para os homens. Por exemplo, em uma pesquisa com funcionários que tinham relações de tutoria em um ano recente, 72% dos homens receberam uma ou mais promoções nos dois anos seguintes, ao comparar com 65% das mulheres. Um CEO ou outro executivo sênior foi mentor de 78% dos homens, ao comparar com 69% das mulheres.[69]

Situações como essas estão levando os empregadores a atribuir às mulheres "mentores/padrinhos" que têm mais poder organizacional. Por exemplo, quando o Deutsche Bank descobriu que várias diretoras-gerais tinham deixado a empresa por melhores postos de trabalho em concorrentes, começou o emparelhamento delas com mentores/padrinhos do comitê executivo do banco buscando uma posição para defender as mulheres no sentido da promoção.

RESPONSABILIDADES DO TUTELADO A tutoria eficaz é uma via de mão dupla, sendo importante ter mentores eficazes. No entanto, o tutelado ainda é responsável por fazer o relacionamento funcionar. Sugestões incluem:

- **Escolher um mentor de potencial apropriado** O mentor deve ser objetivo o suficiente para oferecer bons conselhos de carreira. Muitas pessoas procuram alguém que é um ou dois níveis acima do seu chefe atual.
- **Não se surpreenda se você não for aceito** Nem todo mundo quer assumir esse compromisso demorado.

- **Torne mais fácil para um potencial mentor concordar com o seu pedido** Faça o convite deixando claro o que você espera em termos de tempo e conselhos.
- **Respeite o tempo do mentor** Seja seletivo sobre as questões que você quer discutir sobre o trabalho. A relação de tutoria, geralmente, não deve envolver problemas ou questões pessoais.[70]

Melhorias da produtividade por meio do sistema de informações de recursos humanos

Integrando gestão de talentos e carreira/planejamento sucessório

Empregadores orientados para a gestão de talentos pretendem integrar suas atividades de recursos humanos. Por exemplo, o planejamento de carreira do funcionário e seu desenvolvimento devem refletir na sua avaliação de desempenho. Da mesma forma, os planos de sucessão da empresa devem refletir os interesses de carreira e avaliações de seus funcionários.

Um software integrado de gestão de talentos ajuda a alcançar esse objetivo. Por exemplo, a empresa que gere o oleoduto Trans-Alaska tem um portal on-line que permite que os funcionários "vejam seu histórico de treinamento completo, planos de desenvolvimento e prazos programados, se matriculem em cursos ou façam planejamento de carreira, geralmente sem ter que pedir ajuda".[71] Ao mesmo tempo, "os gestores podem obter uma visão rápida das necessidades de treinamento para um determinado grupo, ou ver todos os funcionários que têm uma qualificação específica".[72]

Vários sistemas de gestão de talentos permitem aos empregadores integrar dados de avaliações, desenvolvimento de carreira, treinamento e planejamento de sucessão. Por exemplo, a Kenexa CareerTracker "ajuda as organizações a otimizar [...] gestão de desempenho de funcionários, planejamento de sucessão e desenvolvimento de carreira".[73] A Halogen eSuccession permite ao empregador "identificar as habilidades e as competências necessárias para apoiar seus planos estratégicos para três a cinco anos e cultivá-los em seus funcionários com alto potencial de carreira e desenvolvimento".[74] A Cornerstone Succession integra perfis de talentos, gestão de carreira e recrutamento interno.[75] A Sum-Total Succession Planning suporta "uma visão holística e uma estratégia de gestão de talentos de ponta a ponta", incluindo:[76]

- **Feedback 360 graus** Avaliações de competência entre pares são insumos para análise de lacunas de sucessão.
- **Desenvolvimento de carreira** Como os funcionários mapeiam seu progresso na carreira, os planos podem ser estabelecidos a partir das lacunas de competência, habilidade e comportamento.
- **Gestão da compensação** Planos financeiros podem ser vinculados aos planos de sucessão futuros, para que o seu impacto financeiro seja modelado.
- **Progressão na carreira** Informações históricas sobre posições passadas e progresso na carreira podem ser usadas para orientar as decisões de futuras sucessões.
- **Gerenciamento de aprendizagem** Processos de aprendizagem e cursos podem ser ajustados conforme as posições futuras projetadas.
- **Gestão de desempenho** Avaliações de desempenho podem identificar alto desempenho consistente e melhores talentos na organização.
- **Recrutamento e contratação** O sistema Sum-Total compara perfis profissionais atuais com planos de sucessão, e candidatos externos podem ser recrutados quando necessário.[77]

> OBJETIVO DE APRENDIZAGEM 5
> Listar as principais decisões dos empregadores ao tomar decisões de promoção.

Tomada de decisões sobre promoção

Planejamento e orientação de carreira, muitas vezes, precedem decisões de promoção. A maioria das pessoas anseia por promoções, que geralmente significam maior salário, responsabilidade e satisfação no trabalho. Para os empregadores, as promoções podem fornecer oportunidades para recompensar o desempenho excepcional e para preencher vagas abertas com os funcionários leais e avaliados. No entanto, o processo de promoção nem sempre é uma experiência positiva, que pode ser complicado por injustiça ou sigilo. Além disso, com mais empregadores enxugando estruturas, algumas "promoções" assumem a forma de trabalho mais desafiadora, mas não necessariamente mais bem remunerado. Várias decisões, portanto, têm grande impacto em todo o processo de promoção da empresa.

Decisão 1: a regra é tempo de trabalho ou competência?

Provavelmente, a decisão mais importante é se a promoção tem como base o tempo de trabalho, a competência, ou alguma combinação dos dois.

O foco de hoje sobre a competitividade favorece a competência. No entanto, isso depende de vários fatores. Acordos sindicais, por vezes, contêm cláusulas que enfatizam a experiência e o tempo de trabalho. Regulamentos do serviço público que valorizam tempo de trabalho, em vez de competência, podem reger as promoções em muitas organizações do setor público.

Decisão 2: como devemos medir a competência?

Se a empresa opta por competência, como deve definir e medi-la? A questão destaca um importante ditado gerencial chamado "Princípio de Peter". Em suma, o Princípio de Peter diz que as empresas costumam promover funcionários competentes até o seu "nível de incompetência", onde, em seguida, podem ficar insatisfeitos durante anos. O ponto é que definir e medir o desempenho *passado* é relativamente simples. Promoções também exigem um procedimento válido para prever o desempenho futuro do candidato.

Para melhor ou pior, a maioria dos empregadores utiliza o desempenho anterior como um guia, e assume que (com base no desempenho passado exemplar), a pessoa vai se sair bem no novo cargo. Este é o processo mais simples. Muitos outros, sabiamente, aplicam testes ou centros de avaliação para avaliar funcionários sujeitos à promoção e identificar aqueles com potencial executivo.

Por exemplo, dadas as questões de segurança pública envolvidas, os departamentos de polícia e os militares têm uma abordagem relativamente sistemática ao avaliar candidatos à promoção para posições de comando. Para a polícia, avaliações tradicionais para promoção incluem uma prova escrita de conhecimento, um centro de avaliação, o crédito por antiguidade e uma pontuação com base em recentes avaliações de desempenho. Outros, ainda, incluem uma revisão dos registros de pessoal, que contempla a avaliação das influências relacionadas ao trabalho, como educação e fiscalização relacionadas com a experiência, resultados de diversas fontes e avaliação sistemática das evidências comportamentais.[78]

Matriz 9-box
No planejamento da força de trabalho, este modelo apresenta três níveis de desempenho no trabalho atual na parte superior (excepcional, plenamente realizável, ainda não plenamente realizável), e também três níveis de provável potencial para o lado (elegíveis à promoção, espaço para crescimento na posição atual, não é suscetível a crescer além da posição atual).

AVALIAÇÃO 9-BOX Ao avaliar os candidatos para as promoções, não é apenas o desempenho atual, mas o *potencial* de desempenho que é importante. Por exemplo, alguns candidatos de alto desempenho podem não ter potencial de crescimento futuro. Outros candidatos de alto potencial podem ter um mau desempenho. Essa ideia é o cerne da abordagem da **matriz 9-box**, para avaliar as perspectivas de promoção dos funcionários atuais.[79] Essa matriz exibe três níveis de desempenho no trabalho atual na parte superior (excepcional, plenamente realizável, ainda não plenamente realizável), e também mostra três níveis de provável potencial para o lado (elegíveis para a promoção, espaço para crescimento na posição atual, não é suscetível a crescer além da posição atual). Este modelo 3×3 resulta em nove combinações possíveis de desempenho no trabalho atual e provável potencial. Por exemplo, um empregado pode ser *elegível para a promoção* e *excepcional em seu desempenho atual*. Ele está, portanto, pronto para a promoção. Como outro exemplo, um funcionário pode ter *espaço para crescer em sua posição atual*, mas é algo *ainda não plenamente realizável*. Aqui, você gostaria de identificar as razões para o mau desempenho e como melhorar as habilidades do empregado.

Decisão 3: o processo é formal ou informal?

Muitas empresas têm processos de promoção informais. Podem ou não postar vagas abertas, e os principais gestores podem usar seus próprios critérios "inéditos" para tomar decisões. Nesse caso, os funcionários podem (razoavelmente) concluir que fatores como "quem você conhece" são mais importantes do que desempenho, e que trabalhar duro para chegar à frente, pelo menos nessa empresa, é inútil.

Outros empregadores têm políticas e procedimentos de promoção publicados formalmente. Os funcionários recebem uma *política de promoção formal*, descrevendo os critérios pelos quais a empresa premia e promove. Uma *política de anúncio de emprego* afirma que a empresa irá postar vagas abertas e as suas exigências, e transmiti-las a todos os funcionários. Como explicado no Capítulo 5, muitos empregadores também mantêm bancos de dados de qualificação dos funcionários e recorrem a gráficos de substituição e sistemas de informação computadorizados.

Decisão 4: vertical, horizontal ou outro?

Promoções não são, necessariamente, ascendentes. Por exemplo, como você motiva os funcionários, com a perspectiva de promoção, quando sua empresa passa por cortes? E como você oferece oportunidades promocionais para quem, como engenheiros, pode ter pouco ou nenhum interesse em funções gerenciais?

Várias opções estão disponíveis. Algumas empresas, como a divisão de exploração da British Petroleum (BP), criaram duas carreiras paralelas, uma para os gestores e outra para "contribuintes individuais", como engenheiros de alto desempenho. Na BP, os contribuintes individuais podem se mover para posições não de liderança, mas seniores, como "engenheiro sênior". Esses trabalhos têm a maior parte das recompensas financeiras ligadas a posições de gestão desse nível.

Outra opção é mover a pessoa horizontalmente. Por exemplo, mover um funcionário da produção de recursos humanos para desenvolver suas habilidades e desafiar as suas aptidões. E, em certo sentido, "promoções" são possíveis, mesmo quando deixam a pessoa no mesmo trabalho. Por exemplo, normalmente você pode enriquecer o trabalho e aumentar a oportunidade de assumir mais responsabilidade.

Considerações práticas

Em qualquer caso, existem medidas práticas que devem ser tomadas na formulação de políticas de promoção.[80] Estabelecer os requisitos de elegibilidade, por exemplo, em termos de requisito mínimo e avaliações de desempenho, além de rever a descrição do trabalho, se necessário, e, vigorosamente, rever o desempenho e a história de todos os candidatos, incluindo os internos.

Fontes de distorção nas decisões de promoção

Mulheres e negros ainda têm relativamente menos progressão na carreira em organizações. Preconceitos e barreiras mais sutis muitas vezes são a causa.

Por exemplo, as mulheres constituem cerca de metade da força de trabalho, mas têm menos de 2% dos cargos de direção. A discriminação flagrante ou sutil pode ser responsável por grande parte disso. Alguns gerentes de contratação acreditam, erroneamente, que "as mulheres pertencem ao lar e não estão comprometidas com a carreira". A panelinha (grupo fechado e informal de amizades estimuladas no ambiente organizacional) ainda é um problema. Mais mulheres do que homens também devem tomar a decisão "carreira versus família", uma vez que as responsabilidades de criar os filhos ainda estão desproporcionalmente sobre as mulheres.

Da mesma forma, a falta de mentores torna mais difícil para as mulheres encontrar exemplos a seguir e apoiadores. Networking e oportunidades especiais de orientação podem reduzir alguns desses problemas. Assim, pode haver políticas de emprego mais flexíveis. Por exemplo, quando a empresa de contabilidade Deloitte & Touche percebeu que estava perdendo boas auditoras, instituiu um novo horário de trabalho flexível/reduzido. Isso permitiu que muitas mães trabalhassem, em vez de se desligarem da empresa.[81]

Promoções e a Lei

Em geral, os processos de promoção do empregador devem cumprir as mesmas leis antidiscriminatórias, usadas para o recrutamento e a seleção de funcionários ou quaisquer outras ações de RH. Contudo, além dessa ressalva geral, há vários pontos específicos sobre decisões de promoção.

Uma preocupação é a *retaliação*. Leis trabalhistas federais e estaduais contêm disposições antirretaliação. Por exemplo, uma Corte de Apelações dos EUA fez procedente uma reivindicação de retaliação quando uma funcionária do sexo feminino apresentou provas de que sua

Leis trabalhistas federais e estaduais norte-americanas contêm disposições antirretaliação. Um tribunal considerou a alegação de retaliação procedente quando uma funcionária forneceu evidências de que não recebeu uma promoção porque um superior que ela tinha acusado de assédio sexual anteriormente fez comentários para o seu superior atual a fim de não promovê-la.[IV]

Fonte: StockLite/Shutterstock

empregadora a dispensou da promoção porque um superior que ela tinha acusado de assédio anteriormente fez comentários sexuais que convenceram seu superior atual a não promovê-la.[82,V]

A segunda preocupação refere-se a utilizar processos de promoção assistemáticos e inconsistentes. Por exemplo, um empregador recusou um candidato de 61 anos de idade para uma promoção por causa do seu desempenho na entrevista. A pessoa que o entrevistou disse que não "sentiu uma verdadeira sensação de confiança" no candidato.[83] Neste caso, o tribunal considerou que "o empregador deve articular quaisquer bases factuais claras e razoavelmente específicas em que baseou a decisão". Em outras palavras, você deve ser capaz de fornecer alguma evidência objetiva para apoiar a avaliação subjetiva da promoção.

Gerenciando transferências

Transferência
Remanejamentos para cargos semelhantes em outras partes da empresa.

A **transferência** é o movimento de um cargo para outro, geralmente, sem alteração de salário ou de grau. O empregador pode transferir o trabalhador para desocupar uma posição em que a pessoa não é mais necessária, para preencher aquela em que ela é necessária ou, mais geralmente, para encontrar um melhor ajuste para o empregado. Muitas empresas passaram a aumentar a produtividade por meio da consolidação de cargos. Transferências são uma forma de dar aos trabalhadores deslocados a chance para outra atribuição ou, talvez, para algum crescimento pessoal. Os funcionários buscam transferências por muitas razões, incluindo postos de trabalho mais interessantes, maior comodidade, melhor horário e local de trabalho, ou para cargos que oferecem maiores possibilidades de avanço. Algumas promoções e transferências de emprego exigem que o funcionário se desloque para um novo local. Nesse caso, a "transferência" é física, e o empregado pode ter que considerar não apenas o trabalho, mas também os efeitos da transferência de sua família.

[IV] N. do R.T.: No Brasil, o assédio sexual está previsto no Código Penal, artigo 216-A:

Constranger alguém com o intuito de obter vantagem ou favorecimento sexual, prevalecendo-se o agente da sua condição de superior hierárquico ou ascendência inerentes ao exercício de emprego, cargo ou função. (Acrescentado pela L-010.224-2001)

Disponível em: <http://vicentemaggio.jusbrasil.com.br/artigos/121942480/o-crime-de-assedio-sexual>. Acesso em: 4 out. 2014.

[V] N. do R.T.: Pela CLT, artigo 468, parágrafo único, o empregador pode reverter o empregado ao cargo anterior, e, pelo artigo 499, ele pode dispensar o empregado, indenizando-o. É necessário que o empregador tenha todo o cuidado ao aplicar o previsto na CLT; tem crescido o número de ações ajuizadas pelos empregados, alegando assédio ou perseguição no ambiente de trabalho.

Gerenciando aposentadorias

Para muitos funcionários, os anos de avaliações e planejamento de carreira finalizam com a aposentadoria.

O planejamento da aposentadoria é uma questão importante em longo prazo para os empregadores. Nos Estados Unidos, cresce lentamente o número de pessoas com idades entre 25 e 34, e o número de pessoas com idades entre 35 e 44 anos está em declínio. Assim, com muitos funcionários em seus 50 e 60 anos, e em direção à idade de aposentadoria tradicional, "as empresas mudaram o foco para a redução de pessoal a fim de conter os custos que, em grande parte, negligenciam uma ameaça iminente para a sua competitividade [...] uma grave escassez de profissionais talentosos".[84]

Muitos escolheram preencher suas lacunas de pessoal, em parte, com os aposentados ou próximos de se aposentar. Por sorte, 78% dos empregados em uma pesquisa disseram que esperam continuar a trabalhar de alguma forma após a idade normal de aposentadoria (64% quer fazê-lo em tempo parcial). Apenas cerca de um terço disse que pretende continuar o trabalho por razões financeiras, e cerca de 43% disseram que só queriam permanecer ativos.[85]

O ponto principal é que "o planejamento da aposentadoria" não é mais apenas para ajudar os funcionários atuais a se aposentar.[86] Também pode permitir que o empregador retenha, de alguma forma, as habilidades daqueles que normalmente se aposentam e deixam a empresa.

PLANEJAMENTO DA APOSENTADORIA Um primeiro passo razoável é a realização de análises numéricas de aposentadorias pendentes. Isso deve incluir uma análise demográfica (com um censo dos funcionários da empresa), a determinação da idade média de aposentadoria para os funcionários da empresa, uma revisão de como a aposentadoria vai afetar a saúde do empregador e os benefícios previdenciários. O empregador pode, então, determinar a extensão do problema "aposentadoria" e tomar medidas de planejamento da força de trabalho baseadas em fatos para enfrentá-lo.[87]

MÉTODOS Os empregadores que procuram atrair e/ou manter os aposentados precisam tomar várias medidas. A ideia geral é instituir políticas de recursos humanos, que incentivem e apoiem os trabalhadores mais velhos. Não surpreendentemente, os estudos mostram que os funcionários que estão mais comprometidos e leais ao empregador são mais propensos a ficar além da idade normal de aposentadoria.[88,VI] Isso, muitas vezes, começa pela criação de uma cultura que valoriza a experiência. Por exemplo, a rede de farmácias CVS sabe que os meios de recrutamento tradicionais, como anúncios em jornais, podem não atrair os trabalhadores mais velhos; a CVS, portanto, procura por meio do Conselho Nacional do Envelhecimento, órgãos municipais e organizações da comunidade para encontrar novos funcionários. A CVS também deixou claro que acolhe os trabalhadores mais velhos: "Eu sou muito jovem para me aposentar. CVS está disposta a contratar pessoas mais velhas. Não se olha para a sua idade, mas para a sua experiência", disse um trabalhador mais dedicado.[89,VII] Outros modificam procedimentos de seleção. Por exemplo, um banco britânico parou de usar testes psicotécnicos, substituindo-os por exercícios de role-playing para avaliar como os candidatos lidam com os clientes.

Os empregadores têm várias opções para manter os trabalhadores mais velhos. Entre elas estão oferecer-lhes cargos em tempo parcial, contratá-los como consultores ou trabalhadores temporários, dando-lhes condições de trabalho flexíveis, incentivando-os a atuar na idade de aposentadoria tradicional, proporcionando uma formação para melhorar as competências e instituindo um programa de aposentadoria gradativa. Este último permite a facilidade de os trabalhadores mais velhos se aposentarem, reduzindo gradativamente os horários de trabalho.[90]

[VI] N. do R.T.: É necessário que o Departamento de Recursos Humanos seja assessorado juridicamente nessa prática, levando-se em conta aspectos da legislação previdenciária e trabalhista.

[VII] N. do R.T.: Essa rede, atualmente CVS Health, atua no Brasil desde 2013, quando incorporou a Drogaria Onofre. Disponível em: <http://www.onofre.com.br>. Acesso em: 21 out. 2014.

> **OBJETIVO DE APRENDIZAGEM 6**
> Explicar os fatores considerados ao demitir um funcionário.

Demissão
Cessação involuntária de trabalho de um empregado com a empresa.

Rescisão voluntária
A ideia, com base na lei, de que a relação de trabalho pode ser rescindida voluntariamente, por parte do empregador ou do empregado por qualquer motivo.

Gestão de demissões

Nem todos os desligamentos de funcionários são voluntários. Alguns planos de carreira e avaliações não acabam em promoção ou aposentadoria, mas em **demissão**, ou seja, encerramento involuntário do trabalho do funcionário. A melhor maneira de "lidar" com tal rotatividade involuntária é evitá-la, em primeiro lugar, sempre que possível. Por exemplo, muitas demissões começam com decisões de contratação ruins. O uso de testes de avaliação, verificação de referências e antecedentes, testes de drogas e cargos claramente definidos podem reduzir a necessidade de demissões.[91]

Rescisão voluntária

Por mais de 100 anos, a regra prevalecente nos Estados Unidos foi que, sem um contrato de trabalho, tanto o empregador quanto o empregado podem fazer uma **rescisão voluntária** da relação de emprego. Em outras palavras, o empregado tem o direito de se demitir por qualquer motivo, à vontade, e o empregador pode, igualmente, demitir um funcionário por qualquer motivo, à vontade. Hoje, no entanto, os funcionários cada vez mais levam os seus casos a tribunal e, em muitos deles, os empregadores estão descobrindo que não têm o total direito de demitir.

No Brasil, a Lei Federal n. 9.983, de 14 de julho de 2000, obriga o empregador a fazer constar o registro do contrato de trabalho na carteira profissional do empregado. O empregado pode pedir demissão da empresa, devendo apresentar o aviso prévio com antecedência de 30 dias. São assegurados os direitos de saldo de salários, 13º proporcional e férias proporcionais.

EXCEÇÕES DA RESCISÃO VOLUNTÁRIA Três principais proteções contra o desligamento ilegal corroeram a doutrina da rescisão voluntária – *exceções estatutárias, exceções de direito comum* e *exceções de políticas públicas*.

Primeiro, as *exceções legais* incluem leis federais e estaduais norte-americanas de emprego igual e trabalho que proíbem certas demissões. Por exemplo, o artigo VII da Lei de Direitos Civis de 1964, dos EUA, proíbe os funcionários de serem demitidos com base em etnia, cor, religião, sexo ou nacionalidade.[92] No contexto brasileiro, a despedida indireta, ou rescisão indireta, atitude pela qual o empregador não demite o empregado, mas faz ele não se manter no ambiente de trabalho, está prevista na CLT, Artigo 483. Trata-se de falta grave por parte do empregador.

Em segundo lugar, existem inúmeras *exceções de direito comum*. Os tribunais criam essas exceções com base em precedentes. Por exemplo, tribunais (norte-americanos) têm sustentado que os manuais de funcionários que prometem apenas rescisão "por justa causa" podem criar uma exceção para a rescisão voluntária.[93]

Finalmente, sob a *exceção de ordem pública*, os tribunais norte-americanos têm mantido uma demissão como injusta quando é contra a política pública bem estabelecida. Assim, a exceção de ordem pública pode proibir o empregador de despedir um empregado por se recusar a violar a lei.

Motivos de demissão

Nos EUA, há quatro bases para a demissão: desempenho insatisfatório, má conduta, falta de qualificações para o trabalho e mudança nos requisitos para o emprego. Já no Brasil, são duas as modalidades para isso: demissão sem justa causa e demissão por justa causa. A primeira é processada quando o empregador não tem mais a necessidade da prestação de serviço por parte do empregado. Já a segunda está prevista na CLT, artigo 482.

O *desempenho insatisfatório* refere-se a uma persistente incapacidade de realizar tarefas atribuídas ou para cumprir as normas prescritas no trabalho.[94] Razões específicas incluem o absentismo excessivo; o atraso, uma persistente incapacidade de atender às exigências normais de trabalho, ou uma atitude negativa para com a empresa, superior ou colegas de trabalho.

A *má conduta* é deliberada na violação intencional das regras do empregador e pode incluir roubo, comportamento desordeiro e insubordinação.

A *falta de qualificações para o trabalho* é a incapacidade de um funcionário para fazer o trabalho atribuído, embora ele seja diligente. Como é possível que esse empregado esteja tentando fazer o trabalho, é razoável tentar ajudar-lhe, talvez, atribuindo outro cargo.

Requisitos alterados do trabalho é a incapacidade de um empregado fazer o trabalho depois que a sua natureza tenha mudado. Da mesma forma, você pode ter que demitir um funcionário, quando um cargo é eliminado. Novamente, o funcionário pode ser trabalhador, por isso, se possível, é razoável treinar ou transferir essa pessoa.

Insubordinação significa uma forma de má conduta, é, às vezes, motivo para demissão. Alguns atos devem ser considerados insubordinados independentemente de quando e onde ocorrem. Eles incluem:[95]

> **Insubordinação**
> Negligência intencional ou desobediência da autoridade, ou de ordens legítimas do chefe.

1. Desconsideração direta da autoridade do chefe.
2. Desobediência direta ou recusa a obedecer às ordens do chefe, principalmente na frente dos outros.
3. Provocação deliberada de políticas, regras, regulamentos e procedimentos claramente definidos pela empresa.
4. Críticas públicas ao patrão.
5. Flagrante desrespeito a instruções razoáveis.
6. Exibição de desprezo e desrespeito.
7. Desconsideração da cadeia de comando.
8. Participação em (ou liderança de) esforço para minar e derrubar o chefe do poder.

JUSTIÇA NAS DEMISSÕES A demissão de funcionários nunca é fácil, mas, pelo menos, o empregador pode tentar garantir que o empregado perceba o processo como justo. A comunicação é importante. Um estudo descobriu que "os indivíduos que receberam explicações detalhadas dos motivos sobre a decisão de demissão eram mais propensos a perceber a demissão como justa, e não desejavam levar o ex-empregador ao tribunal".[96]

Evitando a demissão ilegal

A **demissão ilegal** ocorre quando a demissão de um empregado não cumpre com a lei ou com o arranjo contratual expresso ou implícito pela empresa por meio de suas normas de emprego, manuais de empregados ou outros acordos. Em uma reclamação de *demissão construtiva*, o autor argumentou que saiu porque não tinha escolha, pois o empregador tornou a situação intolerável no trabalho.[97] O tempo para se proteger é antes que o gerente erre e arquive os fatos.

> **Demissão ilegal**
> Demissão que não cumpre a lei ou o acordo contratual expresso ou implícito pela empresa por meio de seus manuais de empregados, ou de outras promessas.

ATOS PROCESSUAIS Proteger o funcionário de fatos ilícitos de demissão requer dois pontos: seguir os passos processuais e as garantias de justiça. Primeiro, preparar o terreno para ajudar a evitar tais fatos. Os atos processuais incluem:[98]

- Os candidatos assinarem o pedido de emprego. Certifique-se de que ele contém uma declaração de que "o empregador pode rescindir a qualquer momento".
- Reveja o manual do empregado para eliminar as declarações que poderiam minar sua defesa em um caso de demissão ilegal. Por exemplo, exclua "os funcionários que podem ser demitidos apenas por justa causa".
- Tenha regras escritas de infrações que podem exigir disciplina e demissão.
- Se uma regra for quebrada, levante o lado da história do trabalhador, na frente de testemunhas e, de preferência, a obtenha assinada. Então confira a história.
- Certifique-se de que os empregados obtenham uma avaliação por escrito, pelo menos anualmente. Se um funcionário mostra evidências de incompetência, dê a essa pessoa um aviso e proporcione uma oportunidade para melhorar.
- Mantenha registros confidenciais cuidadosos de todas as ações, como avaliações de funcionários, advertências ou avisos, e assim por diante.
- Finalmente, siga as perguntas propostas na Figura 9.6.

GUARDIÕES DA JUSTIÇA Funcionários demitidos têm menos probabilidade de processar, se acreditarem que você os tratou de forma justa. Portanto, use práticas (como as que listamos anteriormente neste capítulo) que ajudam a garantir a equidade do desligamento.[99] Pessoas que são acionadas e vão embora sentindo que foram tratadas injustamente no financeiro (por exemplo, em termos de verbas rescisórias) são mais propensas a buscar vingança nos tribunais. Alguns empregadores, portanto, recorrem à indenização para neutralizar uma

> O funcionário está protegido por qualquer tipo de acordo escrito, incluindo um de negociação coletiva? _____
>
> É provável uma reclamação por difamação? _____
>
> Existe uma possível alegação de discriminação? _____
>
> Existe algum envolvimento com a remuneração de quaisquer dos trabalhadores? _____
>
> Regras e regulamentos razoáveis foram comunicados e cumpridos? _____
>
> Será que foi dada ao empregado a oportunidade de explicar as violações de regras ou corrigir o mau desempenho? _____
>
> Todas as verbas rescisórias foram pagas dentro de 24 horas após a demissão? _____
>
> Será que o empregado foi avisado dos seus direitos? _____

FIGURA 9.6 Perguntas a fazer antes da finalização da demissão.

Fonte: Personal Law, 4th Edition, por Kenneth L. Sovereign. Copyright © 1999 by Pearson Education, Inc. Reproduzido com permissão da Pearson Education, Inc., Upper Saddle River, Nova Jersey.

demissão. A Figura 9.7 resume as políticas de indenizações mais comuns. À medida que a economia se deteriorou, de 2009 a 2011, e as demissões aumentaram, mais empregadores reduziram o que concediam como indenização. Por exemplo, eles concediam pagamentos de montante fixo em vez de pagamentos vinculados há anos na empresa.[100]

Responsabilidade do superior

Tribunais, por vezes, colocam os gerentes pessoalmente responsáveis por suas ações de fiscalização.[101] Por exemplo, a Lei *Fair Labor Standards* define *empregador* para incluir "qualquer pessoa que atue direta ou indiretamente, no interesse do empregador em relação a qualquer empregado". Isso pode significar o superior individual.[VIII]

MEDIDAS A TOMAR Existem várias maneiras para evitar que a responsabilidade pessoal se torne um problema.

- *Siga as políticas e os procedimentos da empresa.* Um funcionário pode iniciar uma reclamação contra um superior que ele alega não seguir as políticas e procedimentos.
- Administre a disciplina de uma maneira que não aumente a *dificuldade emocional* do empregado.

FIGURA 9.7 Média de semanas de indenização por nível de trabalho.

Fonte: "Severance Pay: Current Trends and Practices", em Culpepper Compensation Surveys & Services website, jul. 2007. Copyright © 2012 Culpepper and Associates, Inc. Todos os direitos reservados. Reproduzido com permissão.

Método para cálculo do desligamento	Média de semanas do desligamento		
	Executivos	Gestores	Profissionais
Fixos	26	6	4
Quantidade variável de permanência no emprego			
1 ano	4	2	2
3 anos	7	5	5
5 anos	10	7	7
10 anos	20	12	10
15 anos	26	16	15
Máximo	39	26	24

[VIII] N. do R.T.: O conceito de empregador, como consta, refere-se ao de gerente ou superior. O gerente é o preposto da empresa, o representante do empregador; nessa condição, está autorizado a exercer os atos inerentes do poder que lhe foi concedido quando da assunção ao cargo. No Brasil, atos de poder do gerente como preposto da empresa são disciplinados pelo Código de Direito Civil.

Processo de saída e comunicado de rescisão

Demitir um funcionário é uma das tarefas mais difíceis que você pode enfrentar no trabalho.[102] O empregado demitido, mesmo advertido muitas vezes no passado, ainda pode reagir com dúvida ou até mesmo violência. As diretrizes para o **comunicado de rescisão** são as seguintes:

Comunicado de rescisão
Conversa em que o trabalhador é informado do fato de que está sendo demitido.

1. **Planeje a conversa com cuidado** De acordo com especialistas da Hay Associates, isso inclui:
   - Certificar-se de que o funcionário mantém o horário.
   - Nunca informar um empregado por telefone.
   - Conceder dez minutos, tempo suficiente para a conversa.
   - Usar um local neutro, e não o seu próprio escritório.
   - Ter preparados com antecedência os acordos dos funcionários, o arquivo de recursos humanos e a carta de desligamento.
   - Estar disponível por um tempo após a conversa em caso de dúvidas ou problemas.
   - Ter os números de telefone prontos para emergências médicas ou de segurança.
2. **Vá direto ao ponto** Assim que o empregado entra em seu escritório, dê à pessoa um momento para se sentir confortável e, em seguida, informe sua decisão.
3. **Descreva a situação** Em três ou quatro frases, explique por que a pessoa está sendo demitida. Por exemplo, "A produção em sua área teve uma queda de 4%, e continuamos a ter problemas de qualidade. Falamos sobre esses problemas várias vezes nos últimos três meses, e as soluções não estão sendo seguidas. Temos que fazer uma mudança." Não personalize a situação, dizendo algo como "Sua produção não chega a do seu colega". Além disso, ressalte que a decisão é definitiva e irrevogável. Preservar a dignidade do funcionário é fundamental.[103]
4. **Ouça** Continue a entrevista até que a pessoa pareça estar falando livremente e razoavelmente calma.
5. **Reveja a indenização** Descreva o pagamento de indenizações, benefícios, acesso a pessoas de apoio de escritório e a forma como referências futuras serão tratadas. No entanto, não faça promessas ou benefícios além daqueles do pacote de saída.
6. **Identifique o próximo passo** O funcionário demitido pode ficar desorientado e sem saber o que fazer a seguir. Explique o que deve ser feito em seguida, ao deixar a entrevista.

Aconselhamento de recolocação
Processo sistemático pelo qual uma pessoa desligada é treinada e recebe aconselhamento com técnicas de autoavaliação para garantir uma nova colocação.

ACONSELHAMENTO DE RECOLOCAÇÃO Com o **aconselhamento de recolocação**, o empregador organiza com uma empresa de fora para prestar a funcionários demitidos um planejamento de carreira e busca de emprego. Empresas de recolocação geralmente oferecem os serviços de recolocação reais. Empregados (geralmente gerentes ou profissionais) que estão se desligando normalmente têm escritório e serviços de secretária que podem usar em escritórios locais dessas empresas, além dos serviços de aconselhamento. O aconselhamento de **recolocação** é parte do apoio ou indenização ao funcionário demitido.

Entrevistas de desligamento
Entrevistas realizadas pelo empregador imediatamente antes de o empregado deixar a empresa, com o objetivo de entender melhor o que o funcionário pensa sobre ela.

ENTREVISTA DE DESLIGAMENTO Muitos empregadores conduzem **entrevistas de desligamento** com os funcionários que saem da empresa. Trata-se de entrevistas, geralmente, realizadas por um profissional de recursos humanos, buscando informações com o objetivo de dar aos empregadores insights sobre suas empresas. As perguntas da entrevista incluem: Como você foi contratado? O trabalho foi apresentado correta e honestamente? Como foi o ambiente de trabalho? Qual era o estilo de gestão de seu superior?[104] O que você gostou mais/menos na empresa? As mulheres e as minorias são mais propensas a abandonar no início do trabalho, por isso essa é uma questão para a qual se deve dar atenção.[105]

Espera-se que, devido ao fato do empregado estar saindo, ele seja sincero. No entanto, as informações obtidas podem ser questionáveis.[106] Os pesquisadores descobriram que, no momento do desligamento, 38% dos que saem culpam salário e benefícios, e 4% culpam a supervisão. Após 18 meses, 24% culparam supervisão e 12%, salário e benefícios.

Chegar às questões reais pode, portanto, exigir investigação. No entanto, as entrevistas podem ser úteis. Quando a Blue Cross da Northeastern Pennsylvania demitiu funcionários, muitos disseram em entrevistas de desligamento: "Este não é um lugar estável para trabalhar". A empresa tomou medidas para corrigir esse equívoco.

PROCESSO DE SAÍDA A entrevista de desligamento é apenas uma parte de um processo de saída racional, e o empregador deve seguir um check-list. Deve garantir, por exemplo, que o empregado devolva todas as chaves e os equipamentos da empresa; que o acesso aos computadores e às senhas do banco esteja encerrado; que o comunicado formal e adequado seja enviado internamente (por exemplo, a outros funcionários, se for o caso, e folha de pagamento) e externamente; que o empregado deixe as instalações em tempo hábil; e que sejam seguidas as precauções necessárias para garantir a segurança.

Dispensas e lei de fechamento de unidade

Dispensa
Situação em que os trabalhadores são informados de que não há trabalho para eles, mas que a administração pretende recuperá-los quando voltar a ter demanda.

Desligamentos podem ser iniciados por qualquer parte, empregador ou empregado. Para o empregador, a redução das vendas, dos lucros, ou o desejo por mais produtividade pode exigir dispensa. Os empregados (como visto) podem se desligar por melhores empregos, para se aposentar ou por outros motivos. A Lei de Adaptação do Trabalhador e Notificação de Retreinamento (WARN Act, ou a lei de fechamento de unidades) exige que os empregadores norte-americanos com 100 ou mais funcionários deem aviso prévio de 60 dias antes de fechar uma instalação ou a partir de uma dispensa de 50 ou mais pessoas.[107] A CLT, no Brasil, nos artigos 10 e 448, garante os direitos adquiridos dos empregados nas situações de mudança ou alteração da estrutura jurídica da empresa. O Tribunal Superior do Trabalho (TST), na Súmula 44, garante o direito do empregado ao aviso prévio quando da cessação das atividades da empresa.

A **dispensa**, em que o empregador deixa trabalhadores em casa por um tempo, por falta de trabalho, em geral não é uma demissão permanente (embora possa vir a ser). Pelo contrário, é uma forma temporária. No entanto, alguns empregadores usam a dispensa a termo como um eufemismo para a quitação ou rescisão. Nos EUA, nos anos de profunda recessão de 2008 e 2009, os empregadores realizaram um total de 51 mil dispensas em massa, atingindo mais de 5 milhões de trabalhadores.[108]

PROCESSO DE DISPENSA Um estudo ilustra o processo de dispensa de uma empresa. Nela, a gerência sênior se encontrou pela primeira vez para tomar decisões estratégicas sobre a extensão e a duração das dispensas. Eles também debateram a importância relativa das competências que a empresa precisava para seguir em frente. Os superiores, então, avaliaram seus subordinados e funcionários não sindicalizados com classificação A, B ou C (empregados sindicalizados foram cobertos por um acordo, fazendo dispensas conforme o tempo de serviço). Os superiores então informaram cada um de seus subordinados sobre sua classificação A, B ou C, e disseram que cada um daqueles com grau C foram designados "excedentes" e mais prováveis de serem dispensados.[109]

EFEITOS DA DISPENSA Não é surpreendente que dispensas, muitas vezes, resultem em "consequências nocivas para a saúde física e psicológica" dos que perderam seus postos de trabalho, bem como dos que ficaram na empresa.[110]

Além disso, não apenas as "vítimas" e os "sobreviventes" sofrem. Em um estudo, os pesquisadores "descobriram que quanto mais os gestores foram pessoalmente responsáveis por distribuir avisos para os funcionários [...] mais provável era que eles relatassem problemas de saúde física, necessidade de buscar tratamento para esses problemas, e se queixassem de distúrbios do sono".[111]

Perante tudo isso, muitos empregadores tentam minimizar desligamentos e dispensas durante as crises. A redução da jornada de trabalho de todos e as férias compulsórias são duas opções. Outros reduzem dispensas, oferecendo bônus financeiros para melhorar a produtividade.[112]

Ironicamente, quando alguns funcionários mais necessitam de programas de assistência ao empregado (como aconselhamento), depois de serem dispensados, eles os perdem. Mais empresas estão, portanto, estendendo esses benefícios do programa por um mês ou dois para ex-empregados. Por exemplo, a Sarasota County, na Flórida (EUA), estendeu o programa de assistência e benefícios por dois meses, depois de ter dispensado alguns funcionários. A maioria não usa o serviço, mas o percebem "como uma rede de segurança".[113]

Preparação para o downsizing e as fusões

Downsizing significa reduzir, geralmente de forma dramática, o número de pessoas em uma empresa. A ideia básica é a de reduzir os custos e aumentar a rentabilidade. O downsizing (alguns chamam de "programa de transformação de produtividade")[114] requer cuidados em vários assuntos.

> **Downsizing**
> Refere-se ao processo de redução, em geral dramático, do número de pessoas que trabalham na empresa.

1. Fazer que as pessoas certas se desliguem. O que requer ter um sistema de avaliação eficaz.
2. Cumprir de todas as leis aplicáveis, por exemplo, a norte-americana Worker Adjustment and Retraining Notification Act (WARN).
3. Garantir que o empregador execute as demissões de uma forma justa e correta.
4. Considerar prática de segurança, por exemplo, a recuperação de chaves e a garantia de que aqueles que saem não tomem quaisquer medidas impróprias.
5. Reduzir as incertezas remanescentes dos funcionários para resolver suas preocupações. Isso, geralmente, envolve um anúncio e um programa de pós-downsizing, incluindo reuniões em que os gerentes seniores abram espaço para perguntas aos demais funcionários.

O downsizing não é agradável, mas não precisa ser injusto. Fornecer aviso prévio sobre a demissão pode ajudar a atenuar os efeitos negativos, assim como a sensibilidade interpessoal (em termos de comportamento do gestor durante demissões).[115] Demissões podem ser mais desafiadoras no exterior por conta das obrigações contratuais, como mostra o Quadro *Temas globais em RH*.

Complementaridade e criatividade são especialmente importantes nas empresas de sistema de trabalho de alto desempenho.[116] Este depende do envolvimento e da perícia dos funcionários. Aqui, a rotatividade é especialmente perturbadora. Portanto, pode ser bastante importante reduzir os custos sem diminuir a força de trabalho. As opções incluem congelamento ou cortes de salários; introdução de um congelamento das contratações antes de reduzir a força de trabalho; comunicações espontâneas sobre a necessidade de redução; dar aos trabalhadores a oportunidade de expressar suas opiniões sobre a redução, e ser justo e compassivo na implementação do downsizing.[11]

Temas globais em RH

Contratos de trabalho

Demissões podem estar sujeitas a restrições adicionais no exterior. Por exemplo, a União Europeia (UE) tem uma diretiva (lei) que obriga os empregadores a fornecer, aos funcionários, contratos muito explícitos de emprego, geralmente em dois meses de seu trabalho inicial.

Como os empregadores cumprem isso varia conforme o país. No Reino Unido, o empregado deve receber um contrato escrito especificando, entre outras coisas, nome do empregador, procedimento de reclamação, título do trabalho, remuneração, normas disciplinares, plano de previdência, horas de trabalho, férias, políticas de afastamento por doenças, datas de pagamento e data de início no trabalho. Na Alemanha, os contratos não precisam ser por escrito, ainda que habitualmente o sejam, dada a quantidade de detalhes que devem cobrir, incluindo antecedência mínima de demissão, salários, férias, direitos de maternidade/paternidade, igualdade de salários, direitos de invenção, cláusula de não competição e subsídio de doença. O contrato também não precisa ser por escrito na Itália, mas geralmente o é. Itens abordados incluem data de início, período de estágio, horas de trabalho, descrição do trabalho, local de trabalho e salário básico, além de uma cláusula de não competição. Na França, o contrato deve ser feito por escrito e especificar informações como identidade das partes, local de trabalho, descrições de cargo ou emprego, período de aviso prévio, datas de pagamento e horas de trabalho.

Revisão

RESUMO

1. Gerenciar a rotatividade voluntária requer a identificação e a resolução de suas causas. Uma abordagem abrangente de retenção de funcionários deve ser multifacetada, e inclui melhor seleção, treinamento bem pensado, programa de desenvolvimento profissional, assistência aos planos de carreira, oferecimento aos funcionários de um trabalho significativo, de reconhecimento, e recompensa, promovendo equilíbrio entre a vida pessoal e o trabalho, reconhecendo as realizações dos funcionários e proporcionando tudo isso dentro de uma cultura de empresa solidária.

2. O comprometimento dos funcionários é importante. Diversos resultados, incluindo a rotatividade e o desempenho, refletem o grau em que os funcionários estão engajados. Por exemplo, as unidades de negócios com os mais altos níveis de comprometimento dos funcionários têm uma chance de desempenho acima da média da empresa de 83%, enquanto aqueles com o menor envolvimento dos funcionários têm apenas uma chance de 17%. Ações de comprometimento de apoio incluem assegurar que os funcionários (1) entendam como seus departamentos contribuem para o sucesso da empresa, (2) vejam como os seus próprios esforços contribuem para alcançar os objetivos da empresa e (3) obtenham uma sensação de realização do trabalho na empresa.

3. Os funcionários, por fim, precisam assumir a responsabilidade por suas próprias carreiras, mas os empregadores e os gestores também devem entender que os métodos de gestão de carreira estão disponíveis. Eles incluem a criação de centros de carreira baseados na empresa, oferecendo oficinas de planejamento de carreira, proporcionando orçamentos para desenvolvimento de funcionários e oferecendo oficinas e programas de desenvolvimento de carreira on-line. Talvez o mais simples e direto seja fazer a própria avaliação orientada de carreira, na medida em que o feedback de avaliação é um link para as aspirações e os planos do empregado. Os superiores podem desempenhar um papel importante no desenvolvimento da carreira de seus funcionários. Por exemplo, verifique se o empregado recebe o treinamento de que necessita, e certifique-se de que as avaliações sejam discutidas no contexto das aspirações de carreira do funcionário.

4. Ter funcionários melhores requer ampliar suas habilidades de coaching. Idealmente, o processo de coaching envolve preparação (análise das questões), planejamento (desenvolvimento de um plano de melhoria), coaching ativo e acompanhamento. Mentores eficazes estabelecem padrões elevados, investem tempo, orientam em projetos importantes e exibem competência e consistência profissional.

5. Para os empregadores, as promoções podem fornecer oportunidades para recompensar o desempenho excepcional, e para preencher vagas com funcionários testados e leais. Várias decisões surgem no processo de promoção de qualquer empresa: a regra é antiguidade ou competência? Como devemos medir a competência? O processo é formal ou informal? Vertical, horizontal ou outro? Mulheres e negros ainda têm relativamente menos progressão na carreira em organizações e sofrem preconceitos. Em geral, os processos de promoção do empregador devem cumprir as mesmas leis antidiscriminatórias utilizadas no recrutamento e na seleção de funcionários ou em quaisquer outras ações de RH.

6. Gerenciamento de demissões é uma parte importante do trabalho de qualquer superior. Entre as razões para a demissão, estão desempenho insatisfatório, má conduta, falta de qualificações, mudanças de requisitos para o trabalho e insubordinação. Ao demitir um ou mais funcionários, no entanto, lembre-se de que a rescisão como uma política tem sido enfraquecida por exceções em muitos estados nos EUA. Além disso, deve ser tomado muito cuidado para evitar processos de demissão injusta.[IX]

7. Desligamentos como demissões e aposentadoria ocorrem o tempo todo. A lei norte-americana de fechamento de unidade (Lei de Adaptação do Trabalhador e Notificação de Retreinamento) descreve os requisitos que devem ser seguidos no que diz respeito à notificação oficial antes de demissões de 50 ou mais pessoas.[X]

8. Ações disciplinares são uma grande fonte de injustiças. A disciplina deve ser baseada em regras e aderir a um sistema de sanções progressivas, devendo permitir um processo de apelação.

[IX] N. do R.T.: Pela CLT, artigo 499, o empregador pode dispensar o empregado superior, indenizando-o. Vide nota V.
[X] N. do R.T.: Vide item "Dispensas e lei de fechamento de unidade".

PALAVRAS-CHAVE

carreira 234
gestão de carreira 234
desenvolvimento da carreira 235
planejamento de carreira 235
choque de realidade 236
coaching 240
tutoria 240
matriz 9-box 243
transferência 245

demissão 247
rescisão voluntária 247
insubordinação 248
demissão ilegal 248
comunicado de rescisão 250
aconselhamento de recolocação 250
entrevistas de desligamento 250
dispensa 251
downsizing 252

QUESTÕES PARA DISCUSSÃO

1. Por que é aconselhável um esforço de retenção de funcionários? Até que ponto o programa sob demanda da IBM se encaixa nessa descrição, e por quê?
2. Explique por que o comprometimento dos funcionários é importante, e como promover essa participação. O que você, como superior, faria para aumentar o comprometimento dos seus funcionários?
3. Qual é o papel do funcionário no processo de desenvolvimento de carreira? E o papel do gestor e do empregador?
4. Liste e discuta os quatro passos do coaching de um funcionário. Como poderia (e seria) um coach para um jogador de futebol profissional?
5. Discuta, pelo menos, quatro sugestões processuais para gerenciar demissões de forma eficaz.
6. É vantajoso ter uma abordagem de gestão de talentos para administrar a retenção de funcionários? Justifique.
7. O que você, como superior, faria para evitar que alguém o acusasse de demissão sem justa causa?

ATIVIDADES INDIVIDUAIS E EM GRUPOS

1. Muitos remetem à IBM como um exemplo de empregador que trabalha duro para melhorar a retenção e o engajamento de funcionários. Neste capítulo, discutimos as atitudes que os empregadores podem tomar para melhorar a retenção e o comprometimento de funcionários. Navegue pelas páginas do site de emprego da IBM (<www-03.ibm.com/employment/build_your_career.html>) e, a partir das informações vistas, o que se pode perceber que eles estão fazendo para apoiar a retenção e o comprometimento?
2. Em grupos de quatro ou cinco alunos, reúnam-se com um ou dois administradores e membros do corpo docente em sua faculdade ou universidade e escrevam um artigo de duas páginas sobre "o processo de promoção do corpo docente da nossa faculdade". O que você pensa do processo? Com base na discussão deste capítulo, você pode fazer sugestões para melhorá-lo?
3. Trabalhando individualmente ou em grupos, escolha duas profissões (como consultor de gestão, gerente de RH ou vendedor) e use fontes como o O*Net para dimensionar a demanda futura para essa ocupação nos próximos 10 anos ou mais. Será que esta parece ser uma boa ocupação para seguir? Por que ou por que não?
4. Em grupos de quatro ou cinco alunos, entreviste um pequeno empresário ou um gerente de RH com o objetivo de escrever um artigo de duas páginas, abordando o tópico "passos que nossa empresa está seguindo para reduzir a rotatividade voluntária". Qual é a taxa atual de rotatividade desse empregador? Como você gostaria de sugerir a melhoria da taxa de rotatividade?
5. Vários anos atrás, uma pesquisa de graduados no Reino Unido descobriu que, embora muitos não tivessem encontrado seus primeiros empregos, a maioria já estava planejando "pausas na carreira" e manter seus hobbies e interesses fora do trabalho. Como um relatório dos resultados colocou "a próxima geração de trabalhadores está determinada a não acabar em um carrossel por longas horas e por nada".[118] Parte do problema parece ser que muitos já veem seus amigos "dedicar mais de 48 horas por semana" ao trabalho. Especialistas em carreira, ao rever os resultados, concluíram que muitos recém-graduados "não estão mais à procura de empregos de alta remuneração ou de alto perfil".[119] Em vez disso, parecem estar à procura de "dividir" suas vidas. Eles querem continuar com um baixo número de horas para passar no trabalho, para que possam manter seus hobbies e interesses pessoais. Se você estivesse orientando uma dessas pessoas no trabalho, quais aconselhamentos de carreira daria? Por quê? O que poderia sugerir aos seus empregadores para acomodar os desejos de carreira desses graduados?
6. Sites como o da Fifa (<http://pt.fifa.com/index.html>) contêm uma lista dos maiores treinadores

de futebol. Olhe para essa listagem e escolha dois dos nomes. Em seguida, pesquise essas pessoas on-line para determinar quais comportamentos exibiram, que parecem explicar por que eram grandes treinadores. Como é que esses comportamentos se comparam com o que este capítulo apresentou sobre coaching eficaz?

Exercícios de aplicação

ESTUDO DE CASO EM RH: Empresa de Limpeza Carter

Programa de planejamento de carreira

Planejamento de carreira sempre foi um item de baixa prioridade para a empresa Carter, uma vez que "apenas ter trabalhadores e mantê-los fiéis já é um problema", como Jack gosta de dizer. No entanto, Jennifer pensou que não seria uma má ideia verificar como um programa de planejamento de carreira poderia ocorrer na Carter. Muitos de seus empregados estavam com eles durante anos em empregos sem futuro, e ela, francamente, se sentia um pouco mal por eles: "Talvez possamos ajudá-los a ter uma melhor perspectiva sobre o que querem fazer", pensou. E ela definitivamente acredita que o apoio de carreira teria um efeito na melhoria da retenção de funcionários da Carter.

Perguntas

1. Quais seriam as vantagens para a Carter ao criar um programa de planejamento de carreira?
2. Quem deve participar do programa? Todos os funcionários? Funcionários selecionados?
3. Planeje e descreva o programa de desenvolvimento de carreira que você gostaria de propor para todos os funcionários dos Centros de Limpeza Carter.

Exercício vivencial — Para onde vou... E por quê?

Objetivo: fornecer-lhe experiência em analisar suas preferências de carreira.
Entendimento necessário: os alunos devem estar familiarizados com a seção "O papel do funcionário na gestão de carreira" deste capítulo, bem como a utilização de O*Net, abordada no Capítulo 4.
Instruções: individualmente ou em grupos de três ou quatro alunos, usando o O*Net e nossa seção intitulada "O papel do funcionário na gestão de carreira", analise suas inclinações relacionadas à carreira. Com base nessa análise, responda às seguintes perguntas.

1. O que sua pesquisa sugere sobre suas opções ocupacionais preferíveis?
2. Quais são as perspectivas para essas profissões?
3. Dadas essas perspectivas e suas próprias inclinações profissionais, trace um breve plano de carreira de uma página para si mesmo, inclusive com inclinações atuais de trabalho, objetivos de carreira e um plano de ação listando quatro ou cinco etapas de desenvolvimento que você precisa para avançar na carreira, com base em seus objetivos profissionais.

Estudo de caso brasileiro

Retenção de talentos

Em tempos de empregabilidade alta e pouca gente disponível no mercado, é momento de as organizações começarem a diminuir o turnover e garantir que aqueles talentos – muitas vezes atraídos a peso de ouro – permaneçam na empresa e tragam o retorno esperado.

Como é que se retém um talento? Engajando esse profissional com a cultura organizacional da empresa e com a importância do seu trabalho para o grupo. Em artigo publicado no ano passado, a *Forbes* forneceu interessante definição, que vale a pena ser citada aqui: "Engajamento é o compromisso emocional que o profissional tem com a organização em que trabalha e com seus objetivos".

Isso significa que essa pessoa não vai trabalhar somente para receber seu salário ou para ser promovida, mas estará mais satisfeita e envolvida com o seu trabalho se estiver alinhada com as metas da corporação. E, para engajar pessoas, é preciso ter um ambiente de fomento ao crescimento, transparente e movido pela meritocracia.

E eis aqui um bom motivo para você apostar em um programa de retenção de talentos e engajamento: uma pesquisa realizada pela Gallup e publicada em 2012 mostra uma relação direta entre o nível de engajamento dos empregados e a performance global da organização: quanto maior o engajamento, maior é a performance da empresa. E, de acordo com a *Forbes*, ao menos 25% dos talentos são, na verdade, profissionais desengajados que planejam deixar a empresa. Como engajar esses funcionários com alta performance e potencial para assumir desafios em outras companhias?

Há um outro aspecto importante que não deve ser esquecido quando falamos de pessoas desengajadas dentro da empresa. Um profissional infeliz e trabalhando no piloto automático irá, fatalmente, contaminar o ambiente ao seu redor, cometer erros que podem custar caro para a organização e, até mesmo, não respeitar políticas e procedimentos importantes para a racionalização de custos, por exemplo.

Para se ter uma ideia, o custo dessa falta de engajamento, no Brasil, pode ultrapassar os R$ 100 bilhões. É uma conta cara, cuja origem não pode mais ser ignorada pelas organizações brasileiras – e muitas, ainda, encaram RH como "departamento pessoal", e não como uma área que pode, sim, trazer resultados.

O primeiro passo para engajar é identificar os fatores de engajamento desses profissionais e trabalhar sobre esses pontos. Além disso, desafiá-los ao crescimento dentro de casa pode trazer bons resultados. É possível, com o apoio de ferramentas tecnológicas, implantar programa de gestão de performance que estabeleça metas e objetivos individuais e corporativos vinculados a um plano de carreira bem estabelecido.

Por incrível que pareça, a maior parte dos profissionais procura por desafios, e há mais engajamento se esses desafios estiverem alinhados com as metas do grupo no qual ele se insere. Muitas vezes, o salário não é o maior fator de engajamento. A empresa em que você está até pode oferecer uma remuneração alta aos melhores profissionais – mas, se a posição dele na empresa não favorece que ele cresça e se desenvolva, você já tem uma boa chance de perdê-lo.

Fonte: *O Estado de São Paulo*, 22 dez. 2013. Disponível em: <http://www.efix.net/pt/wp-content/uploads/2013/12/2013-12-22-estadao.pdf>. Acesso em: 21 out. 2014.

Perguntas

1. Em grupo, identifique três possíveis modos para que sejam retidos os talentos numa organização de pequeno porte, sem perspectivas de carreira imediata.
2. Como a cultura organizacional pode afetar o mecanismo descrito como "engajamento do funcionário"?
3. Quais as principais razões para que um empregado permaneça numa organização, ainda que seus ganhos sejam inferiores aos desejados?

Notas

1. "IBM's Centenary: The Test of Time", *The Economist*, 11 jun. 2011, p. 20; "IBM Is Founded". Disponível em: <www.ibm.com/ibm100/us/en/icons/founded/>. Acesso em: 23 jun. 2014.
2. Veja, por exemplo: <www.nobscot.com/survey/index.cfm> e <www.bls.gov/jlt/>. Acesso em: 23 jun. 2014; e Adrienne Fox. "Drive Turnover down", *HR Magazine*, jul. 2012, p. 24.
3. Jean Phillips e Stanley Gulley, *Strategic Staffing*, Upper Saddle River, NJ: Pearson Education, 2012.
4. Exemplo baseado em Barbara Hillmer, Steve Hillmer e Gale McRoberts. "The Real Costs of Turnover: Lessons from a Call Center", *Human Resource Planning* 27, n. 3, 2004, p. 34-41.
5. Ibid.
6. Disponível em: <www.worldatwork.org/waw/adimLink?id=17180>. Acesso em: 23 jun. 2014.
7. Phillips 3 Gulley, *Strategic Staffing*, p. 329.
8. Stephen Robbins e Timothy Judge, *Organizational Behavior*, Upper Saddle River, NJ: Pearson Education, 2011, p. 81.
9. Phillips e Gulley, *Strategic Staffing*, p. 328.
10. Veja, por exemplo, Rosemary Batt e Alexander Colvin, "An Employment Systems Approach to Turnover: Human Resources Practices, Quits, Dismissals, and Performance", *Academy of Management Journal* 54, n. 4, 2011, p. 695-717.
11. Adrienne Fox, "Drive Turnover Down", *HR Magazine*, jul. 2012, p. 23-27. A SHRM recomenda calcular a rotatividade da seguinte forma: "Primeiro calcular a rotatividade a cada mês por meio da divisão do número de desligamentos durante o mês pelo número médio de empregados durante esse período e multiplicando por 100 (número de desligamentos durante o mês: média de empregados durante o mês × 100). Em seguida, calcule a taxa de rotatividade anual pela soma dos percentuais de rotatividade dos 12 meses". SHRM. "Executive Brief: Differences in Employee Turnover Across Key Industries". Disponível em: <SHRM.org>. Acesso em: 30 ago. 2012.
12. "Employers Using Cash To Retain Key Talent", *Bloomberg BNA Bulletin to Management*, 26 jun. 2012, p. 202.
13. Max Messmer, "Employee Retention: Why It Matters Now", *CPA Magazine*, jun./jul. 2009, p. 28; "The Employee Retention Challenge", Development Dimensions International, 2009. Veja também Claudio Fernandez-Araoz, Boris Groysberg e Nitin Nohria, "How to Hang Onto Your High Potentials", *Harvard Business Review*, out. 2011, p. 76-83; e Eric Krell, "Five Ways to Manage High Turnover", *HR Magazine*, abr. 2012, p. 63-65.
14. Messmer. "Employee Retention".
15. Ibid.
16. Ibid.
17. Jessica Marquez, "IBM Cuts Costs and Reduces Layoffs as It Prepares Workers for an 'On Demand' World", *Workforce Management* 84, n. 5, maio 2005, p. 84-85.
18. Batt e Colvin, "An Employment Systems Approach to Turnover".
19. Ibid.
20. Ed Frauenheim, "Numbers Game", *Workforce Management*, mar. 2011, p. 20-21.
21. David Wilson, "Comparative Effects of Race/Ethnicity and Employee Engagement on Withdrawal Behavior", *Journal of Managerial Issues* 21, n. 2, verão 2009, p. 165-166, 195-215.
22. Paul Eder e Robert Eisenberger, "Perceived Organizational Support: Reducing the Negative Influence of Coworker Withdrawal Behavior", *Journal of Management* 34, n. 1, fev. 2008, p. 55-68.

23. Wilson, "Comparative Effects of Race/Ethnicity and Employee Engagement".
24. Lisa Hope Pelled e Katherine R. Xin, "Down and Out: An Investigation of the Relationship Between Mood and Employee Withdrawal Behavior", *Journal of Management* 25, n. 6, 1999, p. 875-895.
25. Ibid.
26. Pelled e Xin, "Down and Out".
27. Ibid.
28. Para examinar isso, Ibid.
29. Veja, por exemplo, Margaret Shaffer e David Harrison, "Expatriates', Psychological Withdrawal from International Assignments: Work, Nonwork, and Family Influences", *Personnel Psychology* 51, n. 1, primavera 1998, p. 87-118; Karl Pajo, Alan Coetzer e Nigel Guenole, "Formal Development Opportunities and Withdrawal Behaviors by Employees in Small and Medium-Sized Enterprises", *Journal of Small Business Management* 48, n. 3, jul. 2010, p. 281-301; e P. Eder et al., "Perceived Organizational Support: Reducing the Negative Influence of Coworker Withdrawal Behavior", *Journal of Management* 34, n. 1, fev. 2008, p. 55-68.
30. Michael Christian, Adela Garza e Jerel Slaughter, "Work Engagement: A Quantitative Review and Test of Its Relations with Task and Contextual Performance", *Personnel Psychology* 60, n. 4, 2011, p. 89-136.
31. Adrienne Facts, "Raising Engagement", *HR Magazine*, maio 2010, p. 35-40.
32. Exceto como notado, baseia-se em Kathryn Tyler, "Prepare for Impact", *HR Magazine* 56, n. 3, mar. 2011, p. 53-56.
33. Rosa Chun e Gary Davies, "Employee Happiness Isn't Enough to Satisfy Customers", *Harvard Business Review* 87, n. 4, abr. 2009, p. 19.
34. Como outro exemplo, um estudo recente distingue entre engajamento físico ("eu trabalho com intensidade no meu trabalho", "eu exerço meu pleno esforço no meu trabalho" etc.), envolvimento emocional ("estou entusiasmado em meu trabalho", "sinto-me energizado no meu trabalho" etc.) e envolvimento cognitivo ("no trabalho, minha mente está focada no que faço" e "no trabalho, eu presto muita atenção ao que faço"). Bruce Louis Rich et al., "Job Engagement: Antecedents and Effects on Job Performance", *Academy of Management Journal* 53, n. 3, 2010, p. 617-635. Veja também "Special Report: Employee Engagement – Losing Lifeblood", *Workforce Management*, jul. 2011, p. 24-27.
35. Rich et al., "Job Engagement".
36. Michael Tucker, "Make Managers Responsible", *HR Magazine*, mar. 2012, p. 75-78.
37. Paula Ketter, "What's the Big Deal About Employee Engagement?", *Training & Development*, jan. 2008, p. 47-48.
38. Kathryn Tyler, "Prepare for Impact", *HR Magazine*, mar. 2011, p. 53-56.
39. "Organizations Focus on Employee Engagement to Attract and Retain Top Talent". Disponível em: <www.mercer.com>. Acesso em: 23 jun. 2014.
40. Robert Siegfried Jr., "Mapping a Career Path for Attracting & Retaining Talent", *Financial Executive*. nov. 2008, p. 52-55.
41. Barbara Greene e Liana Knudsen, "Competitive Employers Make Career Development Programs a Priority", *San Antonio Business Journal* 15, n. 26, 20 jul. 2001, p. 27.
42. Jim Bright, "Career Development: Empowering Your Staff to Excellence", *Journal of Banking and Financial Services* 17, n. 3, jul. 2003, p. 12.
43. Por exemplo, veja Phyllis Moen e Patricia Roehling, *The Career Mystique*, Boulder, CO: Rowman & Littlefield, 2005.
44. Robbins e Judge, *Organizational Behavior*, p. 285.
45. Ibid., p. 284.
46. Karoline Strauss et al., "Future Work Selves: How Salient Hoped-For Identities Motivate Proactive Career Behaviors", *Journal of Applied Psychology*, v. 97, n. 3, p. 580-598.
47. Edward Levinson et al., "A Critical Evaluation of the Web-Based Version of the Career Key", *Career Development Quarterly* 50, n. 1, 1 set. 2002, p. 26-36.
48. Richard Bolles, "What Color Is Your Parachute?" Berkeley, CA: Ten Speed Press, 2003, p. 5-6.
49. Exemplo baseado em Richard Bolles, *The Three Boxes of Life*, Berkeley, CA: Ten Speed Press, 1976. Bolles atualizou anualmente seu famoso livro sobre carreira "What Color Is Your Parachute?" O livro contém este e muitos outros exercícios sobre carreira. A edição de 2011 foi publicada por Ten Speed Press em Berkeley, Califórnia (EUA).
50. Yehuda Baruch, "Career Development in Organizations and Beyond: Balancing Traditional and Contemporary Viewpoints", *Human Resource Management Review* 16, 2006, p. 131.
51. Carla Joinson, "Employee, Sculpt Thyself with a Little Help", *HR Magazine*, maio 2001, p. 61-64.
52. Bright, "Career Development".
53. Patrick Kiger, "First USA Bank, Promotions and Job Satisfaction", *Workforce*, mar. 2001, p. 54-56.
54. Fred Otte e Peggy Hutcheson, *Helping Employees Manage Careers*, Upper Saddle River, NJ: Prentice Hall, 1992, p. 143.
55. Greene e Knudsen, "Competitive Employers", p. 27.
56. David Foote, "Wanna Keep Your Staff Happy? Think Career", *Computerworld*, 9 out. 2000, p. 38. Por exemplo, TSA – Departamento de Segurança Interna dos EUA tem um programa de coaching/planejamento de carreira. Disponível em: <http://www.computerworld.com/article/2588507/it-careers/wanna-keep--your-staff-happy---think--career-.html> . Acesso em: 23 jun. 2014.
57. Julekha Dash, "Coaching to Aid IT Careers, Retention", *Computerworld*, 20 mar. 2000, p. 52.
58. Jim Meade, "Boost Careers and Succession Planning", *HR Magazine*, out. 2000, p. 175. Disponível em: <http://www.halogensoftware.com/products/halogen-eappraisal/development-planning/?source=msn&c=Search-eApp&kw=career%20planning%20tools>. Acesso em: 23 jun. 2014. Separadamente, About.com lista várias ferramentas gratuitas de planejamento de carreira on-line. Disponível em: <http://careerplanning.about.com/od/careertests/Free_Self_Assessment_Tools_Online.htm>. Acesso em: 23 jun. 2014.
59. Karen Lyness e Madeline Heilman, "When Fit Is Fundamental: Performance Evaluations and Promotions of Upper-Level Female and Male Managers", *Journal of Applied Psychology* 91, n. 4, 2006, p. 777-785.
60. Jan Selmer e Alicia Leung, "Are Corporate Career Development Activities Less Available to Female Than to Male Expatriates?", *Journal of Business Ethics*, mar. 2003, p. 125-137.
61. Karen Lyness e Donna Thompson, "Climbing the Corporate Ladder: Do Female and Male Executives Follow the Same Route?", *Journal of Applied Psychology* 85, n. 1, 2000, p. 86-101.
62. Bill Hayes, "Helping Workers with Career Goals Boosts Retention Efforts", *Boston Business Journal* 21, n. 11, 20 abr. 2001, p. 38.
63. Ann Pace, "Coaching Gains Ground", *Training & Development* 62, n. 7, 21 abr. 2008. Disponível em: <http://connection.ebscohost.com/c/articles/32926936/coaching-gains-ground>. Acesso em: 23 jun. 2014.
64. Baseado em Richard Luecke, *Coaching and Mentoring*, Boston: Harvard Business School Press, 2004, p. 8-9.
65. Ibid., p. 9.
66. Michael Doody, "A Mentor Is a Key to Career Success", *Health-Care Financial Management* 57, n. 2, fev. 2003, p. 92-94.
67. Luecke, *Coaching and Mentoring*, p. 100-101.
68. Ferda Erdem e Janset Özen Aytemur, "Mentoring – A Relationship Based on Trust: Qualitative Research", *Public Personnel Management* 37, n. 1, primavera 2008, p. 55-65.
69. Herminia Ibarra, Nancy Carter e Christine Silva, "Why Men Still Get More Pro-

motions Than Women", *Harvard Business Review*, set. 2010, p. 80-85.
70. "Preparing Future Leaders in Health-Care", *Leaders*, c/o Witt/Kieffer, 2015 Spring Road, Suite 510, Oak Brook, IL 60523.
71. Tim Harvey, "Enterprise Training System Is Trans Alaska Pipeline's Latest Safety Innovation", *Pipeline and Gas Journal* 229, n. 12, dez. 2002 p. 28-32.
72. Ibid.
73. "Kenexa Announces a Latest Version of Kenexa Career Tracker", *Internet Wire*, 22 mar. 2004.
74. Disponível em: <www.halogensoftware.com/products/halogen-esuccession/>. Acesso em: 23 jun. 2014.
75. Disponível em: <http://www.councilofnonprofits.org/resources/leadership-development-and-succession>. Acesso em: 23 jun. 2014.
76. Disponível em: <www.sumtotalsystems.com/>. Acesso em: 23 jun.2014.
77. Disponível em: <www.sumtotalsystems.com/products/career-succession-planning.html>. Acesso em: 23 jun. 2014.
78. George Thornton III e David Morris, "The Application of Assessment Center Technology to the Evaluation of Personnel Records", *Public Personnel Management* 30, n. 1, primavera 2001, p. 55.
79. Phillips e Gulley, *Strategic Staffing*. p. 282-283.
80. Pamela Babcock remetendo a Terry Henley, SPHR, em "Promotions: Is There a 'New Normal'?". Disponível em: <http://www.shrm.org/pages/login.aspx?returnUrl=http%3a%2f%2fwww.shrm.org%2fhrdisciplines%2femployeerelations%2farticles%2fpages%2fpromotionsisthereanewnormal.aspx>. Acesso em: 23 jul. 2014.
81. Robin Shea, "Don't Get Caught in the Legal Wringer When Dealing with Difficult to Manage Employees". Disponível em: <https://www.mcc.edu/hr_protected/pdf/articles_retaliation.pdf>. Acesso em: 23 jun. 2014.
82. Maria Danaher, "Unclear Promotion Procedures Smack of Discrimination". Disponível em: <www.shrm.org>. Acesso em: 23 jun. 2014.
83. Em Susan Wells, "Smoothing the Way", *HR Magazine*, jun. 2001, p. 52-58.
84. Ken Dychtwald et al., "It's Time to Retire Retirement", *Harvard Business Review*, mar. 2004, p. 49.
85. "Employees Plan to Work Past Retirement, but Not Necessarily for Financial Reasons", *BNA Bulletin to Management*, 19 fev. 2004, p. 57-58. Veja também Mo Wang. "Profiling Retirees in the Retirement Transition and Adjustment Process: Examining the Longitudinal Change Patterns of Retirees' Psychological Well-Being", *Journal of Applied Psychology* 92, n. 2, 2007, p. 455-474.
86. Veja, por exemplo, Matt Bolch, "Bidding Adieu", *HR Magazine*, jun. 2006, p. 123-127; e Claudia Deutsch, "A Longer Goodbye", *The New York Times*, 20 abr. 2008, p. H1, H10.
87. Luis Fleites e Lou Valentino, "The Case for Phased Retirement", *Compensation & Benefits Review*, mar./abr. 2007, p. 42-46.
88. Andrew Luchak et al., "When Do Committed Employees Retire? The Effects of Organizational Commitment on Retirement Plans Under a Defined Benefit Pension Plan", *Human Resource Management* 47, n. 3, outono 2008, p. 581-599.
89. Dychtwald et al., "It's Time to Retire Retirement", p. 52.
90. Eric Krell, "Ways to Phased Retirement", *HR Magazine*, out. 2010, p. 90.
91. Andrea Poe, "Make Foresight 20/20", *HR Magazine*, 20 fev. 2000, p. 74-80. Veja também Nancy Hatch Woodward, "Smoother Separations", *HR Magazine*, jun. 2007, p. 94-97.
92. Robert Lanza e Morton Warren, "United States: Employment at Will Prevails Despite Exceptions to the Rule", *Society for Human Resource Management Legal Report*, out./nov. 2005, p. 1-8.
93. Ibid.
94. Joseph Famularo, "Handbook of Modern Personnel Administration", Nova York: McGraw Hill, 1982, p. 65.3-65.5. Veja também Carolyn Hirschman, "Off Duty, Out of Work", *HR Magazine*. Disponível em: <http://www.shrm.org/publications/hrmagazine/editorialcontent/pages/0203hirschman.aspx>. Acesso em: 23 jun. 2014.
95. Kenneth Sovereign, *Personnel Law*, Upper Saddle River, NJ: Prentice Hall, 1999, p. 148.
96. Connie Wanderg et al., "Perceived Fairness of Layoffs Among Individuals Who Have Been Laid Off: A Longitudinal Study", *Personnel Psychology* 52, 1999, p. 59-84. Veja também Nancy Hatch Woodward, "Smoother Separations", *HR Magazine*, jun. 2007, p. 94-97. Nos EUA, após o desligamento, há vários requisitos legais em matéria de salário final do ex-empregado. A maioria das leis estaduais garante aos empregadores mais tempo para emitir contracheques finais, quando os funcionários se demitem voluntariamente, mas, em muitos casos, o pagamento final é decorrente quase imediatamente de quando alguém é demitido involuntariamente. Alguns estados também têm estatutos exigindo dos empregadores férias remuneradas ou subsídio de doença após a rescisão. Veja Jessica Roe e S. Chad Cardon, "Legal Requirements upon Termination", *Compensation & Benefits Review*, maio/jun. 2009, p. 61-67.
97. Paul Falcon, "Give Employees the (Gentle) Hook", *HR Magazine*, abr. 2001, p. 121-128.
98. James Coil III e Charles Rice, "Three Steps to Creating Effective Employee Releases", *Employment Relations Today*, primavera 1994, p. 91-94; "Fairness to Employees Can Stave Off Litigation", *BNA Bulletin to Management*, 27 nov. 1999, p. 377; Richard Bayer, "Termination with Dignity", *Business Horizons* 43, n. 5, set. 2000, p. 4-10; Betty Sosnin, "Orderly Departures", *HR Magazine* 50, n. 11, nov. 2005, p. 74-78; "Severance Pay: Not Always the Norm", *HR Magazine*, maio 2008, p. 28.
99. "Fairness to Employees Can Stave Off Litigation".
100. "Severance Decisions Swayed by Cost, Legal, Morale Concerns", *BNA Bulletin to Management*, 12 maio 2009, p. 151.
101. Edward Isler et al., "Personal Liability and Employee Discipline", *Society for Human Resource Management Legal Report*, set./out. 2000, p. 1-4.
102. Based on Coil III e Rice, "Three Steps to Creating Effective Employee Releases". Veja também Martha Frase-Blunt. "Making Exit Interviews Work", *HR Magazine*, ago. 2004, p. 9-11.
103. William J. Morin e Lyle York, *Outplacement Techniques*, Nova York: AMACOM, 1982, p. 101-131; F. Leigh Branham, "How to Evaluate Executive Outplacement Services", *Personnel Journal* 62, abr. 1983, p. 323-326; Sylvia Milne, "The Termination Interview", *Canadian Manager*, (primavera 1994), p. 15-16; e Matthew S. Wood e Steven J. Karau, "Preserving Employee Dignity During the Termination Interview: An Empirical Examination", *Journal of Business Ethics*, v. 86, n. 4, 2009, p. 519-534.
104. Marlene Piturro, "Alternatives to Downsizing", *Management Review*, out. 1999, p. 37-42; "How Safe Is Your Job?". *Money*, 1 dez. 2001, p. 130.
105. Peter Hom et al., "Challenging Conventional Wisdom About Who Quits: Revelations from Corporate America", *Journal of Applied Psychology* 93, n. 1, 2008, p. 1-34.
106. Joseph Zarandona e Michael Camuso, "A Study of Exit Interviews: Does the Last Word Count", *Personnel* 62, n. 3, mar. 1981, p. 47-48. Para outro ponto de vista veja "Firms Can Profit from Data Obtained from Exit Interviews", *Knight-Ridder/Tribune Business News*, 13 fev. 2001, Item 0104 4446.
107. Veja Rodney Sorensen e Stephen Robinson, "What Employers Can Do to Stay Out of Legal Trouble When Forced

to Implement Layoffs", *Compensation & Benefits Review*, jan./fev. 2009, p. 25-32.
108. "Mass Layoffs at Lowest Level Since July 2008, BLS Says", *BNA Bulletin to Management*, 12 jan. 2010, p. 13.
109. Leon Grunberg, Sarah Moore e Edward Greenberg, "Managers' Reactions to Implementing Layoffs: Relationship to Health Problems and Withdrawal Behaviors", *Human Resource Management* 45, n. 2, verão 2006, p. 159-178.
110. Ibid.
111. Ibid.
112. "Adopting Laid-Off Alternatives Could Help Employers Survive, Even Thrive, Analysts Say", *BNA Bulletin to Management*, 24 fev. 2009, p. 57.
113. Joann Lublin, "Employers Veja Value in Helping Those Laid Off", *The Wall Street Journal*, 24 set. 2007, p. B3.
114. "Calling a Layoff a Layoff", *Workforce Management*, 21 abr. 2008, p. 41.
115. "Communication Can Reduce Problems, Litigation After Layoffs, Attorneys Say", *BNA Bulletin to Management*, 14 abr. 2003, p. 129.
116. Roderick Iversen e Christopher Zatzick, "The Effects of Downsizing of Labor Productivity: The Value of Showing Consideration for Employees' Morale and Welfare and High Performance Work Systems", *Human Resource Management* 50, n. 1, jan./fev. 2011, p. 29-44.
117. Ibid, p. 40. Para uma discussão sobre questões contratuais de emprego da UE RH global, veja Phillips Taft e Cliff Powell, "The European Pensions and Benefits Environment: A Complex Ecology", *Compensation and Benefits Review*, jan./fev. 2005, p. 37-50.
118. "New Trend in Career Hunt", *Europe Intelligence Wire*, 10 fev. 2004.
119. Ibid.

PARTE 4 REMUNERAÇÃO E RECOMPENSAS

ONDE ESTAMOS AGORA:

A Parte 3, *Treinamento e desenvolvimento de recursos humanos*, mostrou como orientar, treinar, avaliar, engajar e reter funcionários. Além de pensar em modelos de treinamento e avaliação, a empresa também precisa decidir como remunerar seus funcionários. Nesta parte, vamos refletir sobre a criação de planos de remuneração equitativa e a criação adequada de benefícios e planos motivacionais de pagamento de incentivos aos empregados.
A Parte 4, *Remuneração e recompensas*, abrangerá:

- Capítulo 10, "Desenvolvimento de planos de remuneração"
- Capítulo 11, "Remuneração por desempenho e planos de benefícios"

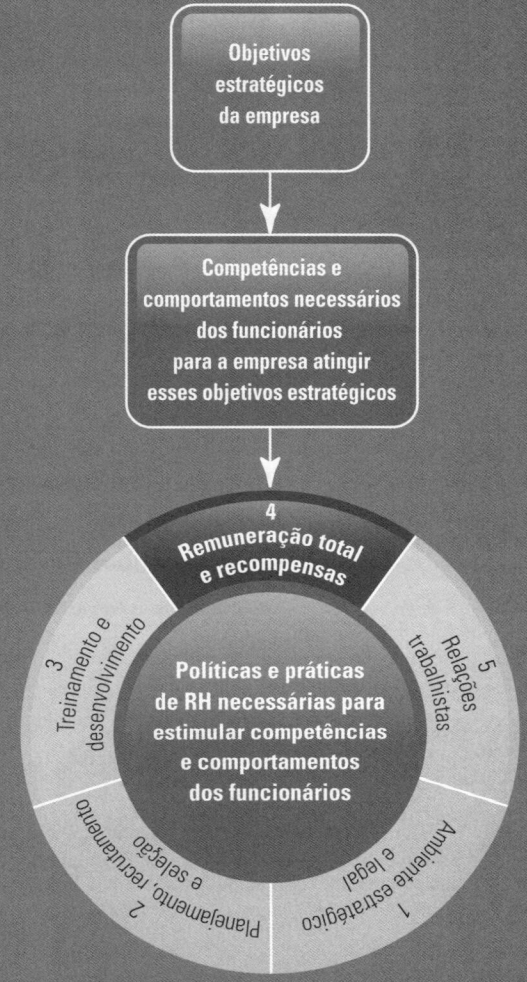

Os conceitos e técnicas que estudaremos nesta Parte 4, **Remuneração e recompensas**, têm papel vital na administração estratégica de recursos humanos. Como o modelo estratégico de RH visto na figura acima, administração estratégica de recursos humanos significa formular e executar políticas e práticas que desenvolvem as competências e os comportamentos desejados pela empresa nos funcionários para atingir suas diretrizes, maximizando a produtividade. Empregar cuidadosamente funcionários selecionados e treinados não é suficiente; eles também devem estar motivados para que realizem seu trabalho da melhor forma possível. Nos próximos capítulos, veremos que manter empregados motivados requer investimento da empresa em políticas e práticas que proporcionem remuneração adequada, recompensando-os também a partir de seu desempenho. Mais adiante, na Parte 5, estudaremos os métodos para manter relações trabalhistas positivas.

10 Desenvolvimento de planos de remuneração

Neste capítulo, vamos abordar...

Os fatores determinantes dos salários
Métodos de avaliação de cargos
Como criar um plano de remuneração competitivo
Definição das remunerações gerenciais e profissionais
Temas atuais em remuneração

Objetivos de aprendizagem

Quando terminar o estudo deste capítulo, você deverá ser capaz de:
1. Listar os fatores básicos que determinam a remuneração.
2. Definir e exemplificar como conduzir uma avaliação de cargos.
3. Explicar detalhadamente como estabelecer um plano de remuneração competitivo.
4. Explicar como definir a remuneração de cargos gerenciais e profissionais.
5. Explicar a diferença entre planos de remuneração baseados em competências e os tradicionais.
6. Listar e explicar as tendências relevantes na gestão da remuneração.

Fonte: Tyler Olson/Shutterstock

Introdução

O ramo de supermercados é altamente competitivo. Portanto, quando o Walmart, nos Estados Unidos, se instala em uma região com outros supermercados, a reação automática dos concorrentes é pensar em corte de empregados, com a consequente redução da folha de pagamentos. A empresa Wegmans Food Markets, Inc[1] tem aumentado suas lojas, compete, cada vez mais, com o Walmart e precisará decidir se: deve reduzir os gastos com empregados, para competir com base no custo, ou prosseguir com uma estratégia de remuneração diferente?[2]

Os fatores determinantes do pagamento

OBJETIVO DE APRENDIZAGEM 1
Listar os fatores básicos que determinam a remuneração.

A **remuneração** de empregados inclui todas as formas de pagamento decorrentes do emprego, compreendendo dois componentes principais: **remuneração direta** (salários, comissões e gratificações) e **remuneração indireta** (benefícios financeiros, como assistência médica, viagens de férias, escola para filhos de empregados etc.). Além disso, a remuneração inclui, também, no caso brasileiro, o pagamento de encargos sociais, entendidos como aqueles pagamentos que a empresa é obrigada a fazer, por força de lei ou negociações sindicais.

Remuneração
Todas as formas de pagamento ou recompensa para os funcionários decorrentes do seu emprego.

Remuneração direta
Pagamentos na forma de salários, comissões e gratificações.

Remuneração indireta
Pagamentos na forma de benefícios financeiros, como seguros de vida e assistência médica.

Há duas maneiras básicas de fazer pagamentos financeiros diretos aos empregados: com base no tempo ou na produção. O pagamento com base no tempo (salário por hora ou semanal) é o que compõe a maioria dos planos de pagamento para empregados de fábricas, por exemplo. Já para a grande maioria dos cargos em outros estabelecimentos os salários tendem a ser mensais.

A segunda opção de pagamento direto é por produção (ou empreitada). Por exemplo, o empregado é contratado para receber seu salário de acordo com o número de peças produzidas por ele. As comissões de vendas compõem outro tipo de remuneração, baseada também na produção, mas, neste caso, a produção é o número de vendas. Por fim, há também aqueles empregadores que elaboram planos de pagamento, combinando pagamento com base no tempo e incentivos baseados na produção.[3]

Neste capítulo, vamos mostrar como formular planos para remunerar funcionários com base em salário e em tempo. O Capítulo 11 aborda incentivos financeiros baseados no desempenho, benefícios e remuneração variável.

Importante, entretanto, é observar que diversos fatores determinam o projeto de qualquer plano de remuneração: a estratégia e a política da empresa, a equidade, e as questões legais e sindicais.

O alinhamento da remuneração com a estratégia

O plano de remuneração deve seguir as orientações da diretriz da empresa, desenvolvendo uma *estratégia de remuneração* capaz de alcançar os resultados organizacionais propostos. Isso significa a criação de um pacote total de remuneração que supra as necessidades dos empregados e, assim, ajude na estratégia competitiva da empresa.[4] Veremos que muitos empregadores formulam uma estratégia de recompensa total. Programas amplos de recompensas abrangem o pagamento tradicional, incentivos e benefícios, e também trabalhos mais desafiadores (projeto de trabalho), desenvolvimento de carreira e reconhecimento. O Quadro 10.1 lista algumas perguntas que podem ajudar na elaboração de uma política salarial orientada à estratégia da empresa.

O contexto estratégico, a seguir, ilustra uma política de recompensas orientadas à estratégia.

Contexto estratégico

Wegmans Food Markets, Inc.

Um programa estratégico de remuneração tem início com as seguintes perguntas: "Quais são as diretrizes da empresa?" e "Quais são os comportamentos e as competências necessários nos empregados para atingir essas diretrizes?". Essas perguntas precisam ser respondidas antes do desenvolvimento de programas de remuneração, capazes de incentivar um melhor desempenho dos empregados e com o intuito de buscar os maiores resultados possíveis para a empresa.

O caso da rede de supermercados norte-americana Wegmans exemplifica isso. Concorrentes têm preços baixos, e a reação mais comum é a de reduzir a folha de pagamento da empresa. No entanto, a Wegmans vê sua força de trabalho como ponto central para sua estratégia de "otimização do serviço, controlando custos, melhorando os sistemas e a produtividade". Por exemplo, um funcionário do departamento de laticínios projetou uma nova forma de organizar o refrigerador, melhorando a ordenação e as decisões de controle de estoque.[5]

As políticas de remuneração da Wegmans visam despertar exatamente esse comprometimento e participação dos funcionários. A empresa oferece remuneração acima da média praticada pelo mercado e plano de assistência médica, mais uma gama completa de benefícios, além de procurar não demitir empregados. Em suma, as políticas de remuneração da Wegmans pretendem incentivar os comportamentos nos empregados dos quais a empresa precisa para alcançar os resultados esperados.

QUADRO 10.1 Nossas políticas de remuneração apoiam nossas diretrizes?

- Quais são as nossas diretrizes?
- De quais competências e comportamentos dos empregados precisamos para alcançar nossas diretrizes?
- Quais políticas, práticas de remuneração e outros planos de incentivos ajudarão a despertar nos empregados os comportamentos dos quais precisamos para alcançar nossas diretrizes?

Equidade e o impacto nos salários

Estudos da Universidade de Emory, sediada em Atlanta, Georgia, EUA, indicam como os macacos reagiam a recompensas desiguais. No caso, os pesquisadores treinaram macacos para trocar pedras por comida, no entanto, alguns recebiam uvas e outras fatias de pepino. Aqueles que recebiam as uvas, que são naturalmente mais doces, entregavam suas pedras de maneira voluntária. Mas, quando um macaco recebia uma fatia de pepino e via os outros receberem uvas, ele batia a pedra no chão.[6] Esse estudo mostra que mesmo os primatas inferiores querem tratamento justo, quando se trata de mecanismos de recompensa.

TEORIA DA EQUIDADE DE MOTIVAÇÃO A teoria da equidade de motivação expõe que as pessoas, superiores aos primatas, estão fortemente intencionadas a manter um equilíbrio entre o quanto contribuem para a empresa e o que recebem como recompensa. A teoria afirma que, se a pessoa percebe uma injustiça nas recompensas, tenderá a reduzir sua motivação para produzir, fazendo com que haja uma redução na desigualdade ou injustiça percebida. Uma pesquisa tende a apoiar a teoria da equivalência patrimonial.[7] Por exemplo, um estudo descobriu que a rotatividade de compradores no varejo é significativamente menor quando os compradores acreditam que são tratados de forma justa no pagamento.[8] E, do mesmo modo, pessoas que recebem pagamentos maiores do que acreditam que valha o seu trabalho também pode representar algo ruim, até mesmo para a produtividade da mesma, caso exista "sentimentos de culpa ou desconforto" ao comparar-se com o grupo.[9]

Com relação à remuneração, os gestores devem responder a quatro formas de equidade: *externa, interna, patrimônio individual* e *processual*, explicadas a seguir.[10]

- *Equidade externa:* refere-se à forma como a remuneração de um cargo em uma empresa se compara à remuneração do cargo em outras empresas de mesmo porte e na mesma região.
- *Equidade interna:* refere-se à forma como a remuneração de um determinado cargo ocorre quando comparado a outros cargos dentro da mesma empresa.
- *Patrimônio individual:* refere-se à percepção de equidade quanto à definição da remuneração de um indivíduo, em comparação com o que seus colegas ganham para os mesmos postos de trabalho, ou muito semelhantes, dentro da empresa, com base no desempenho.
- *Equidade processual:* refere-se à "percepção de justiça quanto aos processos e procedimentos utilizados pela empresa para tomar decisões sobre seu plano de remuneração".[11]

ABORDANDO QUESTÕES DE EQUIDADE Os gestores utilizam vários meios para abordar as quatro formas de equidade, já expostas. Por exemplo, fazem uso de pesquisas salariais (questionando o valor que outros empregadores estão pagando) para monitorar e manter a equidade externa. Fazem análise e comparações do trabalho de cada funcionário ("avaliação do trabalho"), dentro da própria empresa, para manter a equidade interna. Utilizam a avaliação de desempenho e o pagamento de incentivos para manter a equidade individual (patrimonial). Muitas empresas trabalham com tabelas salariais e precisam manter na mesma faixa ou grupo salarial cargos que sejam idênticos na organização. Esse é o motivo da necessidade contínua de avaliação interna dos cargos, a fim de evitar problemas com a **equiparação salarial** para os empregados que desempenham as mesmas funções. E utilizam a comunicação e os mecanismos de queixa e participação dos trabalhadores para ajudar a garantir que os funcionários vejam o processo de pagamento como justo. Algumas empresas de pesquisa monitoram a satisfação dos empregados com os salários e perguntas típicas incluem: "Quão satisfeito você está com a sua remuneração?" e "Na sua opinião, quais são os fatores utilizados no momento de determinar quais os itens de sua remuneração?".[12]

Para desviar as discussões que possam alertar sobre a desigualdade interna, algumas empresas mantêm sigilo absoluto sobre a remuneração,[13] mas os resultados da falta de transparência na divulgação de critérios para a determinação de salários e pagamento de bônus quase sempre leva a empresa a resultados piores, em termos de desempenho dos empregados.[14]

Princípio da isonomia salarial
A legislação brasileira adota o princípio da igualdade salarial ou isonomia salarial, previsto pelo art. 7º, incisos XXX, XXXI, XXXII, XXXIV da Constituição Federal de 1988 e, ainda, pelos artigos 5º e 461 da Consolidação das Leis do Trabalho (CLT), ao preverem salário igual para empregados que executem trabalho idêntico, no mesmo local, para o mesmo empregador e sob as mesmas condições[12].

Princípio da irredutibilidade salarial
Também estabelece a impossibilidade de que os salários dos empregados brasileiros sejam reduzidos, exceto em casos de acordo ou convenção coletiva de trabalho, conforme previsto o art. 7º, inciso VI, da Constituição Federal.

Quanto à equidade externa, é possível ter acesso a pesquisas salariais divulgadas por jornais, revistas e outros sites especializados no assunto, embora seja bastante difícil a comparação de remuneração, ainda que para cargos idênticos. Isso porque, na comparação com o mercado, devem ser considerados local de prestação de serviços e categoria profissional (normalmente com pisos salariais distintos, de acordo com sindicatos, que negociam por setor e por local), data-base da negociação salarial, porte da empresa e pacote de benefícios atrelado ao salário-base.

Além disso, com downsizing (redução de níveis hierárquicos na empresa e consequente redução de postos de trabalho), fenômeno ocorrido em muitas empresas nas últimas décadas, muitos dos títulos de cargo não refletem de modo fidedigno o conjunto de atribuições ou responsabilidades de seu ocupante, dificultando a comparação com outros cargos de mesma nomenclatura no mercado de trabalho.

Considerações legais na remuneração

Os empregadores não têm total liberdade na criação de planos de remuneração para os empregados. Várias leis especificam determinados aspectos, assim como o salário mínimo, as horas extras e os encargos sociais devidos aos empregados, independentemente de acordo.[15] No Brasil, não apenas a legislação trabalhista prevê questões a respeito de valores e formas de pagamento, mas os sindicatos, por meio de acordos e convenções coletivas de trabalho, também interferem no modo como as empresas desenham seus planos de remuneração para os empregados. Previsões legais, dispostas pela Constituição Federal brasileira de 1988, fazem menção, por exemplo, à impossibilidade de práticas discriminatórias capazes de diferenciar salários entre pessoas de diferentes gêneros, etnia, idade, origem, entre tantas outras variáveis. E essas proibições são refletidas nas sentenças emitidas pelo poder judiciário, todas as vezes em que algum trabalhador sinta-se prejudicado quanto a critérios ou desenhos diversos nos planos de remuneração, previstos pelas empresas. Além dessa questão, existem alguns requisitos para firmar um vínculo empregatício no Brasil, como pode ser visto no Quadro 10.2, a seguir.

Também relativas ao vínculo empregatício, algumas obrigações devem ser observadas pelas empresas, como é o caso do recolhimento de encargos sociais, dentre eles o do Instituto Nacional do Seguro Social (INSS), ou seja, o valor referente à aposentadoria futura do empregado. Assim, depois de assinar a carteira de trabalho e a Previdência Social do empregado, o empregador deverá fazer inscrição do mesmo na Previdência Social pela internet ou em uma agência.

Equiparação salarial na empresa
Conforme previsto na Constituição Federal de 1988, caput do art. 5º, incisos I, XLII e art. 7º, incisos XXX, XXXI, XXXII e XXXIV, é ilegal a discriminação de qualquer indivíduo no que diz respeito à contratação e remuneração por conta da etnia, religião, idade, gênero, origem ou estado civil, incluindo pessoas com deficiência. Os trabalhos manual, técnico e intelectual também não podem apresentar distinção.

Jornada de trabalho prevista em lei
Conforme previsto na Constituição Federal, art. 7º, incisos XIII e XVI, e CLT, arts. 58 e 59, a jornada máxima diária de trabalho no país não deve ultrapassar 8 horas diárias ou 44 horas semanais. Também limita-se a 2 horas extraordinárias por dia para a realização do trabalho, horas que devem ser compensadas em, no mínimo, 50% a mais do que a hora normal de trabalho. Convenções e acordos coletivos podem fixar valores ainda maiores para o trabalho realizado após a jornada habitual do empregado.

QUADRO 10.2 Requisitos para o vínculo empregatício no Brasil.

1. Ser pessoa física	Não existe vínculo de emprego entre pessoas jurídicas, podendo haver somente entre empresa e empregado (pessoa física).
2. Habitualidade	Prestação de serviço por três ou mais dias na semana para o mesmo empregador.
3. Subordinação	Necessidade de o trabalhador estar sob as ordens de um chefe, faltando-lhe, portanto, autonomia na decisão sobre as atividades a serem desenvolvidas.
4. Remuneração	Contrapartida para os esforços promovidos pelo trabalhador. Pode ser pecuniária ou em espécie.
5. Pessoalidade	Trabalho a ser desenvolvido apenas por uma pessoa, não podendo ser substituída.

Para fazer a inscrição é preciso apresentar a carteira de trabalho do empregado com o registro, documentos pessoais do trabalhador e do empregador. Então, deverá recolher o valor correspondente a 11% do salário do empregado para os cofres públicos. Esses pagamentos são relacionados à previdência social, não devendo ser confundidos com previdência privada ou previdência complementar, consideradas benefício, e serão tratadas nos capítulos seguintes.

Outras obrigações devem ser assumidas pelo empregador, como o pagamento de um salário mínimo para o empregado, que poderá ser o próprio salário mínimo vigente no país ou, ainda, o piso salarial da categoria profissional à qual pertence a empresa (indicado no Acordo ou Convenção Coletiva assinados pelos Sindicatos de Empregados e de Empresas daquela categoria, para uma determinada região).

Ao ser desligado da empresa, o empregado fará jus ao seguro-desemprego, instituído pela Lei n. 998/90, com a finalidade de prover assistência financeira temporária a trabalhadores desempregados, sem justa causa, auxiliando-os durante o tempo de procura por um novo trabalho.[16]

Fonte: Deklofenak/Shutterstock

Banco de horas
Refere-se ao mecanismo de compensação de horas previsto pela Lei n. 9.601/98. Trata-se de uma possibilidade que exige autorização por acordo ou convenção coletiva e que tem como intuito adequar a jornada de trabalho dos empregados às suas necessidades de demanda e de produção.[17] Assim, em vez de pagar os valores de acréscimo para os empregados que tenham trabalhado em jornadas extraordinárias, a empresa tem a opção de reduzir a jornada (sem redução de salário) numa época de pouca demanda de produção.

Influência sindical nas decisões de remuneração

De acordo com a Constituição Federal de 1988, os empregados têm direito a sindicalização e negociação coletiva. Historicamente, a remuneração tem sido o principal problema na negociação coletiva, sobretudo em decorrência de longos períodos em que o Brasil vivenciou a experiência de altos índices de inflação, o que forçava demais as negociações coletivas para aumento de salário dos empregados, sem o possível espaço para aumentos no valor dos produtos. No entanto, os sindicatos também negociam outras questões relacionadas à remuneração, como jornada de trabalho, segurança no local das atividades, benefícios obrigatórios para os empregados etc.

Políticas salariais nas organizações

A estratégia utilizada pelos empregadores para decidir sobre os níveis de remuneração dos empregados manifesta-se na forma de políticas salariais. Por exemplo, um hospital de alto nível pode ter uma política de remunerar os enfermeiros 20% acima do salário médio praticado no mercado. Ou, num segmento da economia com grande oferta de profissionais, uma empresa pode optar por manter salários mais baixos e, ainda assim, contratar bons profissionais. Essas políticas podem influenciar o desempenho e a lucratividade do empregador, conforme apresentado no Quadro *RH como centro de lucro*.

Assim, os gestores precisam analisar inúmeras variáveis antes de formular políticas de remuneração adequadas à empresa e ao segmento econômico à qual pertence. Ou seja, precisam entender a situação do mercado de trabalho, as expectativas de ganho e lucratividade das empresas, o custo de vida no local em que a empresa está sediada e demais questões internas. Dentre as variáveis internas mais comuns a serem consideradas para a determinação dos salários estão o tempo de trabalho na empresa e a avaliação de desempenho dos empregados. O salário determinado a partir do tempo de trabalho na empresa é normalmente questionado entre os empregados, mas pode ser bastante adequado no caso de empresas que valorizem o desenvolvimento da carreira e a experiência de seus profissionais. E, embora sofra críticas, sob a alegação de que acabam por beneficiar igualmente trabalhadores com ou sem bom desempenho em suas atividades, é fato que se trata de um critério sistematicamente utilizado por empresas de qualquer porte. Um estudo realizado nos EUA apontou que essa prática era frequente, de acordo com 60% de empregados entrevistados, enquanto apenas cerca de 35% dos respondentes disseram que suas empresas pagaram mais em função do alto desempenho dos empregados.[18]

O resultado apresentado pode ter como causa a dificuldade que as empresas têm em criar mecanismos ou critérios para distinguir desempenho alto e baixo. Porém, essa distinção é necessária para as empresas que pretendem oferecer salários diferenciados ou aumentos, a partir da variável desempenho. Por exemplo, há muitos anos, a loja on-line Payless ShoeSource foi paternal ao dar aumentos iguais para todos os empregados, independentemente do tempo de empresa ou do desempenho apresentado. No entanto, após sua participação no mercado cair, a administração optou por adotar uma nova estratégia. Isso exigiu a revisão das políticas de remuneração da empresa, para diferenciar os salários e aumentos, valorizando, de forma mais agressiva, os melhores desempenhos.[19] Outras políticas de remuneração podem abranger critérios mais transparentes para promoções e demais mecanismos de recompensa, como prêmios, bônus e participação nos lucros e resultados da empresa (PLR).

RH como centro de lucro

Wegmans Food Markets, Inc.

Como vimos, as políticas de remuneração da rede Wegmans pretendem incentivar nos funcionários os comportamentos dos quais a empresa precisa para alcançar seus objetivos estratégicos. É provável que essas políticas de remuneração sejam um dos motivos para a rentabilidade excepcional da empresa. Por exemplo, a rotatividade dos empregados da Wegmans (38% para os trabalhadores de meio período, e 6% a 7% para os de tempo integral) está bem abaixo da média total da indústria nos Estados Unidos, que é de aproximadamente 47%.[20] Suas lojas (que têm cerca de 120 mil m² e são muito maiores do que as dos concorrentes) faturam, em média, US$ 950 mil por semana em vendas (cerca de 60% a mais em comparação com a média nacional de US$ 361.564), ou cerca de US$ 46 milhões em vendas por ano (em comparação com a rede de supermercados Walmart, que é de US$ 23,5 milhões).[21] A gestora da área de recursos humanos declarou: "Os nossos salários e os benefícios são iguais ou superiores aos da nossa concorrência. Isso nos ajuda a atrair empregados melhores". Além disso, ela também afirmou que bons funcionários garantem maior produtividade, o que se traduz em melhores resultados financeiros.[22]

OBJETIVO DE APRENDIZAGEM 2
Definir e exemplificar como conduzir uma avaliação de cargos.

Métodos de avaliação de cargos

Os empregadores usam duas abordagens básicas para fixar o pagamento: a primeira é baseada no mercado e a segunda nos métodos de **avaliação de cargos**. Muitas empresas, principalmente as de menor porte, utilizam essa abordagem baseada no mercado. Se o fizerem, devem realizar pesquisas formais ou informais de salários para determinar o que as outras empresas estão pagando. A partir do levantamento desses números, é possível definir o salário de seus empregados. Já os métodos de avaliação de cargos envolvem a atribuição de valores para cada um dos postos de trabalho da empresa. Isso ajuda a produzir um plano de pagamento em que o salário de cada cargo é equitativo, com base no seu valor para o empregador. No entanto, vamos ver que, mesmo com o processo de avaliação de cargos, os gestores devem ajustar a remuneração para atender ao mercado.[23]

Avaliação de cargos
Uma comparação sistemática feita a fim de determinar o valor de um cargo em relação a outro, dentro da mesma empresa.

Fator de avaliação de cargos
Elemento compensável, necessário para a ocupação de um cargo, como habilidades específicas (idiomas, domínio de tecnologias, experiência no manejo de máquinas etc.), esforço, responsabilidade e condições de trabalho.

A avaliação de cargos é uma comparação formal e sistemática de diferentes postos de trabalho na empresa, para determinar o valor de um cargo em relação a outro. O objetivo é determinar o valor relativo de um trabalho e costuma resultar em uma estrutura ou hierarquia de salários (identificando o valor dos salários para vários cargos ou grupos de cargos). O princípio básico da avaliação do trabalho é o seguinte: funções que exigem mais qualificação, que têm mais responsabilidades e atividades mais complexas devem receber salário melhor do que postos de trabalho com menos exigências para serem desempenhados. O procedimento básico de avaliação de cargos é comparar os postos de trabalho, por exemplo, em termos de esforço necessário, pela complexidade da atividade e as habilidades requeridas para seu ocupante.[24] Um vez definido o valor relativo de cada cargo dentro da empresa, de forma comparativa entre eles (a partir do processo de avaliação de cargos), o próximo passo é realizar uma pesquisa salarial para conhecer os salários praticados pelas empresas do mesmo segmento, para cargos semelhantes. Esse é o caminho para fixar o preço de todos os cargos em sua organização, de forma equitativa.

Fatores de avaliação de cargos

É possível usar duas abordagens básicas para comparar o valor de diferentes cargos. Primeiro, pode-se fazer uma abordagem intuitiva e decidir que um trabalho é mais importante do que o outro, sem maior aprofundamento na questão. Ou seja, numa empresa de varejo, por exemplo, não seria de todo incorreto o entendimento de que cargos da área comercial sejam mais bem remunerados do que cargos de outras áreas administrativas. Essa definição seria realizada pela empresa, considerando os resultados esperados de profissionais daquela área. Porém, como alternativa, pode-se comparar os cargos, concentrando-se em algumas questões básicas que eles têm em comum. Especialistas em gestão de remuneração chamam de *fatores de avaliação de cargos*. São esses fatores que determinam a forma como comparar um cargo a outro, de forma objetiva, estabelecendo, por fim, o valor do salário para cada função na empresa.

Alguns empregadores desenvolvem seus próprios fatores de avaliação de cargos, dependendo da especificidade do trabalho a ser desenvolvido pelos profissionais e, portanto, do tipo de exigência a ser feita para os ocupantes daquelas vagas. No entanto, a maioria dos fatores é de uso comum e recorrente nas empresas. O método difundido pela empresa de consultoria Hay Group enfatiza três possíveis fatores de avaliação de cargos: conhecimento, solução de problemas e responsabilidade.[25] Nesse caso, para avaliar os cargos na empresa, a rede Walmart utiliza fatores como conhecimento, habilidades de resolução de problemas e exigência de prestação de contas.[26]

Identificar fatores de avaliação de cargos é determinante na definição dos salários para os diferentes cargos numa mesma empresa. Costuma-se comparar cada cargo ou função com os demais cargos da estrutura hierárquica, utilizando os mesmos fatores de avaliação de cargos para todas as posições possíveis. Isso porque tais fatores de avaliação podem aplicar-se a alguns cargos, apenas, e não a todos, por conta da função ou do nível hierárquico ao qual pertençam essas funções. Por exemplo, "tomada de decisão" é um fator de avaliação de cargos que deve ser considerado para a análise de um cargo gerencial, mas não precisa ser utilizado para a análise de um cargo na área da limpeza.

Preparação para a avaliação

A avaliação de cargos é um processo crítico e exige uma estreita cooperação entre os superiores, especialistas em RH e demais empregados. As principais medidas incluem a (1) identificação da necessidade do programa, (2) a cooperação e (3) a escolha de uma comissão de avaliação de cargos (Comitê de Cargos e Salários) para, somente então, dar andamento à realização do processo em si.

Identificar a necessidade de uma avaliação de cargos não é difícil. Por exemplo, as demonstrações de insatisfação refletidas na alta rotatividade de empregados (turnover elevado), nas greves ou paralisações, nas constantes alegações de injustiça na determinação dos salários, no baixo desempenho ou desinteresse dos empregados podem ser resultado de diferenças salariais para cargos ou funções semelhantes.

Por outro lado, os empregados temem que uma avaliação sistemática dos cargos que ocupam possa manter as injustiças percebidas ou, ainda, impedir a correta valorização de suas funções. Portanto, obter a *colaboração dos funcionários* na avaliação é importante, sobretudo quanto à correta descrição das atividades que desempenham em sua rotina de trabalho, sem omissões ou exageros. Por fim, é preciso *escolher uma comissão de avaliação* de cargos. Essa comissão, também denominada Comitê de Cargos e Salários, em geral, consiste de cerca de cinco membros, a maioria empregados (gestores de áreas estratégicas da empresa). Um especialista da área de RH também pode ser requerido para fazer parte do grupo de avaliadores ou prestar assistência especializada. Uma vez nomeado, cada membro da comissão deve receber um manual explicando o processo de avaliação dos cargos da empresa, bem como o modo como será realizado.

A comissão de avaliação desempenha três funções principais: (1) identificação dos **cargos-chave**, (2) definição dos fatores de avaliação de cargos, e (3) avaliação do valor de cada cargo. Em um primeiro momento, deve-se identificar 10 ou 15 *cargos-chave* ou *cargos de referência*. Esses cargos serão os primeiros a serem avaliados e servirão como âncoras ou pontos de referência, a partir dos quais a importância relativa ou valor de todos os outros cargos serão comparados. Em seguida, a comissão poderá selecionar os *fatores de avaliação de cargos* que julgar pertinentes (sempre com a participação da área de RH). Finalmente, o comitê

Cargo-chave
Representa o cargo utilizado para ancorar a escala de pagamento da empresa e a partir do qual as outras posições serão organizadas de acordo com seu valor relativo.

A comissão de avaliação do trabalho costuma identificar 10 ou 15 cargos-chave ou cargos de referência. Esses serão os primeiros avaliados.

Fonte: Image Source/Alamy

realiza sua mais importante função, que é a de realmente *avaliar o valor de cada cargo*. Para isso, ele provavelmente irá utilizar um dos seguintes métodos: escalonamento simples (ou *job ranking*), categorias predeterminadas (ou *job classification*) e método de pontos.

Métodos de avaliação: escalonamento simples (ou *job ranking*)

Método de escalonamento
O método mais simples de avaliação de cargos envolve a classificação de cada um em relação a todos os outros, geralmente com base em um único fator, como o grau de dificuldade para sua realização.

O método mais simples de avaliação de cargos é o de escalonamento simples, que verifica cada cargo em relação a todos os outros, geralmente com base em algum fator geral de avaliação, como "grau de dificuldade na execução do trabalho". Há várias etapas nesse **método de escalonamento** simples:

1. Obter informações sobre o cargo O primeiro passo é analisar o cargo, por meio da obtenção de descrições das funções inerentes a cada cargo (*job description*, abordadas no Capítulo 4 deste livro) com informações sobre a rotina de trabalho, que servirão como base para a classificação dos demais cargos. Como esse é o método mais simples de avaliação de cargos, há, ainda, a possibilidade de que seja feita a classificação de cargos apenas com base no conhecimento que os gestores já possuem de cada cargo, independentemente de descrições escritas.

2. Selecionar e agrupar cargos Como é um método mais utilizado por empresas de pequeno e médio portes, é possível fazer um único ranking para todos os cargos da organização. Caso a empresa seja de maior porte ou, ainda, tenha empregados na área fabril e numa área administrativa, por exemplo, é possível trabalhar com mais de um fator (exemplo: fator *nível de responsabilidade* para a área administrativa e fator *experiência necessária* para cargos fabris). Isso elimina a necessidade de comparação direta entre cargos que, muitas vezes, não têm semelhança quanto ao fator de avaliação escolhido.

3. Selecionar um fator de avaliação de cargos No método de escalonamento simples é comum a utilização de apenas um fator de avaliação (como dificuldade na realização do trabalho, necessidade de experiência anterior, responsabilidade etc.) e classificar os cargos baseados no trabalho como um todo. Independentemente do número de fatores que se escolha, aconselha-se explicar detalhadamente a definição do(s) fator(es) para os avaliadores, de modo que todos avaliem as funções de forma consistente.

4. Classificar os cargos Existem diferentes maneiras de classificar os cargos, variando de acordo com a empresa. Por exemplo, é possível dar a cada avaliador um conjunto de fichas com uma breve descrição de cada cargo. Em seguida, eles devem classificar esses cargos do menor para o maior, em termos de exigência do fator observado. Outros gestores usam um "método de classificação por alternância" para o procedimento ser mais preciso. Nele, escolhe-se primeiro o cargo mais alto e o cargo mais baixo; depois, o próximo mais alto e mais baixo, e assim por diante, até que se tenha classificado todos os cargos. O Quadro 10.3 ilustra um escalonamento de cargos (ou *job ranking*). Os cargos naquela pequena unidade de saúde vão de auxiliar de serviços gerais até gerente de escritório. As referências salariais correspondentes estão à direita. Após a classificação, é possível colocar novos cargos entre aqueles já classificados e atribuir um salário adequado aos mesmos.[27]

5. Combinar classificações Geralmente, vários avaliadores classificam os trabalhos de forma independente. Em seguida, o comitê de avaliação (ou o próprio empregador, no caso das pequenas e médias empresas) pode fazer uma média dos rankings dos avaliadores.

Esse é o método mais simples de avaliação de cargos e também o que demanda menos tempo em sua implementação. Mas, embora seja um método simples e rápido, apresenta como desvantagem o subjetivismo dos avaliadores, que muitas vezes classificam o cargo não somente pelo único fator de avaliação, mas também levam em consideração os ocupantes de cada vaga. Além disso, há uma tendência a confiar demais em "estimativas por palpites" (a partir do conhecimento que os gestores têm das rotinas de cada cargo), dispensando a classificação que seria mais correta com a utilização de pelo menos um fator de avaliação. Assim, algumas de suas desvantagens derivam mais da forma como é usado do que do método em si. De modo geral, pode-se afirmar que o método do escalonamento simples é mais apropriado para os pequenos empregadores, que não podem arcar com o tempo ou o custo de desenvolver um sistema mais elaborado para a avaliação de seus cargos.

Métodos de avaliação: classificação ou categorias predeterminadas (ou *job classification*)

Classificação, ou categorias predeterminadas, é um método de avaliação de cargos bastante simples e amplamente utilizado, no qual os avaliadores categorizam os cargos em grupos, sendo que todos os cargos de cada grupo têm, aproximadamente, o mesmo valor para fins de remuneração. Na prática, trata-se de uma derivação do método de escalonamento simples, que oferece maior precisão para a avaliação dos cargos de uma empresa. Sendo assim, podemos ter grupos de mensalistas e de horistas, de cargos de supervisão e cargos sem subordinados, e assim por diante. Ou seja, grupos cujos trabalhos ou posições sejam semelhantes entre si, que passam a ser compaŕados aos outros grupos ou categorias.

Na prática, existem várias maneiras de categorizar os cargos ou funções. Uma delas é escrever uma breve descrição dos cargos (parecida com a descrição do cargo, embora menos detalhada) e ver quão bem os cargos se encaixam em diferentes categorias ou grupos salariais. A segunda é escrever um conjunto de critérios baseados em fatores de avaliação de cargos para cada categoria (por exemplo, qual nível de autonomia, de habilidade específica ou aptidão física a categoria de cargos exige?). Logo, é preciso classificar os cargos de acordo com esses critérios.

QUADRO 10.3   Escalonamento simples para cargos no Jackson Hospital.

Ordem do Ranking	Escala de pagamento anual (em dólares)
1. Gerente de escritório	50.000
2. Enfermeiro-chefe	40.000
3. Escriturário	22.000
4. Enfermeiro	21.000
5. Cozinheiro	15.000
6. Auxiliar de enfermagem	12.000
7. Aux. serv. gerais	10.000

Nota: após a classificação, torna-se possível colocar novos cargos (neste caso, com base na *dificuldade de trabalho*, por exemplo) entre aqueles já classificados e atribuir a cada um o salário adequado.

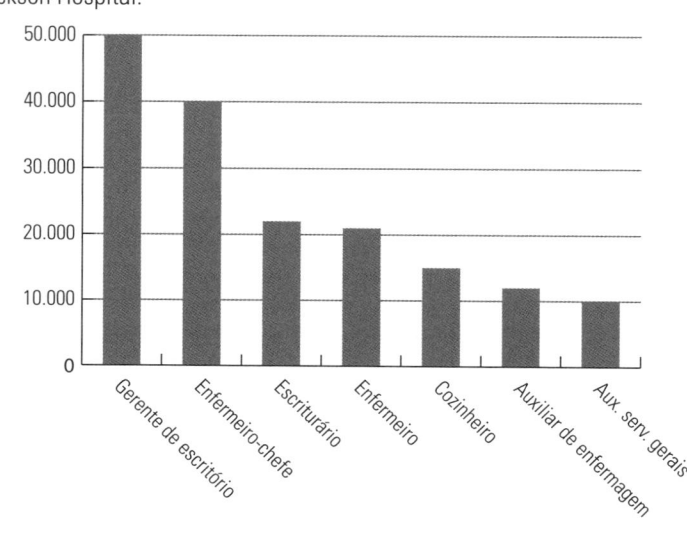

O procedimento comum é escolher fatores de avaliação de cargos e, em seguida, desenvolver descrições de categorias ou grupos salariais correspondentes para cada agrupamento, em termos de níveis exigidos para aqueles fatores. Por exemplo, o sistema de classificação de cargos do governo norte-americano utiliza os seguintes fatores de avaliação: (1) dificuldade de execução do trabalho, (2) supervisão recebida e exercida, (3) nível de autonomia no trabalho, (4) criatividade para as atividades, (5) natureza e propósito das relações interpessoais de trabalho, (6) responsabilidade, (7) experiência anterior necessária e (8) conhecimento ou habilidade específica necessária. Com base nesses fatores de avaliação de cargos, os avaliadores escrevem uma definição de grau como a do Quadro 10.4, que mostra uma definição para a classe ou o grupo de cargos (GS-7), a ser considerada para o método de avaliação de cargos do governo federal dos EUA. Em seguida, a comissão de avaliação analisa todas as descrições de cada cargo e encaixa-os no grupo adequado, comparando cada diferente descrição de cargo com os critérios definidos para cada classe ou grupo de cargos. Por exemplo, o sistema de governo federal norte-americano classifica os cargos de mecânico de automóveis, soldador, eletricista e mecânico como pertencentes à mesma classe ou grupo GS-10.

O **método de classificação de cargos ou categorias predeterminadas** tem várias vantagens. A principal delas é que a maioria dos empregadores geralmente agrupa trabalhos em classes ou grupos de qualquer maneira, independentemente do método de avaliação que utilizam. Eles fazem isso para evitar ter remunerações diferentes para dezenas ou centenas de cargos. Nesse caso, o trabalho de classificação agrupa automaticamente os cargos do empregador em classes. A desvantagem é a dificuldade em descrever cada **classe**, uma vez que necessita de conhecimento prévio da hierarquia da empresa e de um considerável discernimento entre diversas funções e áreas da empresa. Em geral, são utilizadas por empresas de pequeno porte ou por aquelas com uma estrutura de cargos bastante simplificada, sem muitos títulos de cargos.

Método de avaliação de pontos

O **método** de avaliação de **pontos** é o mais utilizado para avaliação de cargos nas empresas, sobretudo naquelas de médio e grande portes.[28] Seu objetivo é atribuir pontos aos cargos avaliados, na proporção em que sejam requeridos os fatores de avaliação definidos pela empresa. Ao contrário do que ocorre em outros métodos, este envolve a identificação de pelo menos cinco fatores de avaliação, bem como o grau em que cada fator está presente para cada cargo. Suponha que existam cinco graus do fator de avaliação "Experiência anterior" em um cargo. Além disso, suponha que seja atribuído um número diferente de pontos para cada grau de cada fator de avaliação. Uma vez que a comissão de avaliação determina o grau em que cada fator deve estar presente para o desempenho de uma determinada função, pode-se calcular um valor total de pontos para aquele cargo, somando-se os pontos correspondentes para cada fator utilizado. O resultado é uma classificação quantitativa de pontos para cada cargo, como pode ser visto no Quadro 10.4.

Método de classificação de cargos ou categorias predeterminadas
Tem como função categorizar os cargos em classes ou grupos, a partir de diferentes situações de trabalho.

Classes ou grupos
Agrupamento de cargos com base em um conjunto de critérios ou fatores de avaliação necessários para o desempenho deles, como autonomia, habilidades específicas, aptidão física, responsabilidade, e assim por diante. Cada classe costuma abrigar cargos semelhantes a partir dos critérios estabelecidos.

Método de pontos
Método de avaliação de cargos no qual vários fatores são definidos pela empresa, e, para cada um deles, é indicado o grau em que devem ser verificados nos diferentes cargos e com atribuição de pontos para cada um.

QUADRO 10.4 Exemplo de atribuição de pontos para cada fator de avaliação.

	Fator: experiência anterior	
Grau	Descrição	Pontos
1	Não é necessária experiência anterior para o desempenho do cargo.	0
2	Experiência necessária de pelo menos 1 ano para o desempenho do cargo.	10
3	Experiência necessária de 1 a 3 anos para o desempenho do cargo.	50
4	Experiência necessária de 3 a 5 anos para o desempenho do cargo.	100
5	Experiência necessária superior a 5 anos para o desempenho do cargo.	200

FIGURA 10.4
Exemplo de definição de classes ou grupo de cargos.

Fonte: Grade Level Guide for Clerical and Assistance Work do U.S. Office of Personnel Management, jun. 1989.

Classe/Grupo	Natureza da atribuição	Nível de responsabilidade
GS-7	Desempenha funções especializadas em uma área funcional ou programa definido, envolvendo uma grande variedade de problemas ou situações; desenvolve informações, identifica inter-relações e toma medidas consistentes com os objetivos da função ou do programa.	O trabalho é atribuído em termos de objetivos, prioridades e prazos. O empregado trabalha de forma independente para resolver a maioria dos conflitos; o trabalho concluído é avaliado em conformidade com diretrizes, políticas e regulamentos da empresa; casos precedentes e políticas exigem consideráveis interpretação e adaptação.

Como criar um plano de remuneração competitivo

Como dissemos, muitas empresas simplesmente remuneram seus cargos com base em quanto a concorrência paga, ou seja, utilizam uma abordagem baseada no mercado, a partir da realização de pesquisas salariais. No entanto, a maioria das empresas de grande porte também baseia os seus planos de pagamento em mecanismos internos de avaliação de cargos. Essas avaliações podem ser não quantitativas (indicação de um ou alguns fatores de avaliação para estabelecer uma comparação entre os cargos da empresa; é o caso dos métodos de escalonamento simples e de categorias predeterminadas) ou quantitativas (a empresa atribui valores ou pontos a diferentes fatores de avaliação, de acordo com o cargo avaliado; é o caso do método de pontos). Isso ajuda a produzir um plano de remuneração, no qual o salário de cada cargo internamente é equitativo, baseado no valor do trabalho para o empregador (medido, por exemplo, pelos pontos que cada cargo tem).[1] No entanto, mesmo com o processo de avaliação de cargos, os gestores devem ajustar a remuneração para atender à situação do mercado.[29] Afinal, não basta que haja equidade nos salários dos empregados quando comparada à remuneração com os demais empregados, dentro da própria organização. É necessário, ainda, que o valor dos salários seja justo quando comparado com a média salarial praticada no mercado, pelas empresas concorrentes ou do mesmo setor econômico. Dessa forma, um plano de remuneração competitiva deve, obrigatoriamente, considerar duas análises: comparação interna de cargos para a definição dos salários e comparação com o que o mercado paga para cargos semelhantes. Como o método de pontos é o mais popular dentre eles, podemos utilizá-lo como a peça central do nosso exemplo passo a passo, para a criação de um plano de remuneração competitivo no mercado.[30] Os 16 passos para a criação desse plano, que serão expostos a seguir, começam com a escolha de cargos de referência.

> **OBJETIVO DE APRENDIZAGEM 3**
> Explicar detalhadamente como estabelecer um plano de remuneração competitivo.

1. Escolher os cargos de referência a serem avaliados

A escolha de determinados cargos para iniciar a avaliação é essencial, principalmente, para quando o empregador que tem dezenas ou centenas de cargos diferentes, uma vez que é inviável e desnecessário avaliar cada um deles separadamente. Portanto, o primeiro passo no método é selecionar esses cargos de referência. Tratam-se dos cargos representativos de toda a gama de cargos que o empregador deve avaliar, como "analista de contabilidade" (cargo que, por ser comum entre os demais empregadores, torna-se também mais fácil de ser examinado quando comparado com os salários pagos pela concorrência).[31]

2. Selecionar fatores de avaliação

A escolha dos fatores de avaliação de cargos depende do tipo de empresa (podendo ser indústria ou de prestação de serviços), da estrutura de cargos na empresa e do negócio em si, além de questões estratégicas. Por exemplo, se a vantagem competitiva da empresa é a qualidade, é possível adicionar este item, "responsabilidade pela qualidade" aos demais fatores escolhidos.[32] Do mesmo modo, se a empresa é prestadora de serviços de consultoria, podem ser utilizados fatores como escolaridade, idiomas e experiência anterior, ao lado de outros fatores relacionados aos cargos.

O empregador deve definir cuidadosamente cada fator a ser utilizado no processo de avaliação dos cargos da empresa, garantindo que os membros do comitê de avaliação apliquem os fatores com consistência e da forma correta. O Quadro 10.5 apresenta um exemplo de como os fatores devem ser definidos, a fim de tornar o processo de avaliação de cargos claro para o comitê. No caso, o quadro descreve a definição do fator "complexidade do trabalho". O especialista em recursos humanos, muitas vezes, é quem elabora as definições.

3. Atribuir pesos aos fatores de avaliação escolhidos

Após selecionar os fatores de avaliação, o próximo passo é determinar a importância relativa (ou peso) de cada fator (por exemplo, qual o grau de importância de um fator como "habilidade" ou de "aptidão física"?). Isso é importante, porque, para cada grupo de cargos, alguns fatores serão indicados como mais importantes do que outros. Sendo assim, para cargos

---

[1] N. do R.T.: Há certos tipos de tratamento estatístico específico para se chegar aos valores dos pontos, pesos e graus dentro de cada grupo ocupacional avaliado para a remuneração.

executivos, o fator "escolaridade" teria um peso maior do que "aptidões físicas". Para atribuir esses pesos, deve-se partir do pressuposto de que existem 100 pontos percentuais para serem alocados em cada cargo. Dessa forma, se no caso foram definidos três fatores de avaliação, pode-se atribuir pesos percentuais de 60% para o fator *complexidade do trabalho*, 30% para o fator *aptidão ou esforço físico* e 10% para o fator *condições de trabalho*, como exemplo.[33]

4. Converter porcentagens em pontos para cada fator

Em seguida, os pesos percentuais atribuídos a cada fator de avaliação de cargos devem ser convertidos em pontos (motivo pelo qual esse procedimento é conhecido como "método de pontos"). O mais comum é trabalhar com um total de mil pontos, embora também seja possível utilizar outro valor. Para converter porcentagens em pontos para cada fator de avaliação, multiplique o peso percentual de cada fator (definido no passo anterior) por mil.[34] Isso irá resultar no número máximo de pontos que cada fator de avaliação poderá ter. Na prática, a conversão de porcentagem em pontos é realizada da seguinte maneira: 60% = 0,60 >> 1.000 × 0,60 = 600 pontos máximos para "complexidade do trabalho". 30% = 0,30 >> 1.000 × 0,30 = 300 pontos para "aptidão ou esforço físico". 10% = 0,10 >> 1.000 × 0,10 = 100 pontos para "condições de trabalho".

5. Definir níveis de fatores

Depois de converter a porcentagem em pontos, deve-se dividir cada fator em graus e definir cada grau, para que os avaliadores possam julgar a quantidade de um fator necessário para que alguém ocupe aquele cargo (veja o Quadro 10.5) Ou seja, para um fator como *complexidade do trabalho*, será possível optar por ter cinco níveis, que vão desde "trabalho de rotina" até "trabalhos complexos, que exigem poder de decisão ou discernimento". O número de graus geralmente não excede cinco ou seis, sendo que o grau a ser escolhido para determinado cargo depende da avaliação feita pelos membros do comitê de avaliação.

QUADRO 10.5
Valores ilustrativos de pontos e definições de grau para o fator *complexidade do trabalho*.

Copyright Gary Dessler, PhD

Definição do fator
O que é a "complexidade do trabalho"? Complexidade do trabalho geralmente se refere ao grau de autonomia, iniciativa, criatividade e análise de dados complexos que é exigido. Até que ponto a pessoa que está fazendo esse trabalho confronta problemas desconhecidos, lida com decisões complexas e deve exercer poder?

Grau	Pontos	Definição do grau de complexidade do trabalho (o que observar em cada cargo)	Exemplos de cargos para cada grau
1	120	O empregado deverá realizar um trabalho rotineiro, que consiste em operações repetitivas, exigindo pouca ou nenhuma opção de ação. Aplicação automática de regras e procedimentos de fácil compreensão.	Estoquista
2	240	O empregado segue as instruções detalhadas, mas poderá tomar decisões limitadas com base em instruções previamente estabelecidas, que determinam alternativas prescritas.	Recepcionista
3	360	O empregado também segue instruções detalhadas, mas, como o número de questões a considerar é variado, ele precisa apresentar iniciativa e autonomia, sob supervisão direta.	Auxiliar de enfermagem
4	480	O empregado, geralmente, pode seguir procedimentos padrão, mas a presença de problemas não rotineiros exige que ele seja capaz de usar sua iniciativa e autonomia para analisar e avaliar as situações, possivelmente modificando os padrões a fim de se adaptar às novas situações.	Enfermeira
5	600	O empregado precisa exercer seu poder de decisão e discernimento para realizar um trabalho complexo apenas sob supervisão geral, muitas vezes trabalhando de forma independente a fim de alcançar resultados globais.	Residente de medicina

6. Determinar o grau de cada fator

A comissão de avaliação precisa determinar o número de pontos equivalente a cada cargo. Para fazer isso, deve examinar cada cargo e (a partir de definições de grau de cada fator) determinar o grau de cada fator de avaliação definida para o cargo a ser avaliado. Para fazer isso, é preciso, primeiro, atribuir pontos para *cada grau de cada fator de avaliação*. Por exemplo, no Quadro 10.5, temos cinco possíveis graus de *complexidade do trabalho,* sendo que esse fator tem peso de 600 pontos no valor total do cargo (ao lado dos fatores "aptidão ou esforço físico" e "condições de trabalho"). No caso, decidiu-se que o primeiro nível de *complexidade do trabalho* teria o valor de 120 (ou um quinto dos 600) pontos, o segundo nível de 240 pontos, o terceiro nível de 360 pontos, o quarto nível de 480 pontos e o quinto de 600 pontos.[35] Essa definição de valores deve ser feita com todos os fatores, conforme a Tabela 10.1.

7. Rever descrições e especificações de cada cargo

O ponto central da avaliação do trabalho envolve a determinação da quantidade ou nível em que o trabalho abrange os fatores de avaliação selecionados como esforço, complexidade e condições de trabalho. A equipe de realização da avaliação do cargo frequentemente precisa rever a descrição e a especificação do cargo. Como foi visto no Capítulo 4, é através da análise do cargo que o gerente identifica os deveres e as responsabilidades inerentes a cada cargo na organização, e escreve a descrição e a especificação do cargo (*job description*). Idealmente, a análise do cargo deve incluir uma tentativa explícita de reunir informações sobre os fatores de avaliação (como complexidade do trabalho) em torno do qual o empregador planeja construir seu plano de remuneração.[36]

8. Avaliar os cargos

As etapas anteriores forneceram as informações sobre os pontos e graus necessários para avaliar os cargos na empresa. Nessa fase, o comitê reúne descrições e especificações de cargo para os trabalhos de referência que deseja focar. Em seguida, para cada um desses cargos, o comitê revisa a descrição e a especificação do cargo.

A partir desse momento, a comissão *determina o grau em que cada elemento presente em cada cargo é avaliado*. Ou seja, para um trabalho de mecânico sênior, por exemplo, a equipe poderia concluir (depois de estudar a descrição e a especificação do cargo) que o cargo mencionado merece: terceiro grau de pontos de complexidade do trabalho, o primeiro grau de esforço e o primeiro grau das condições de trabalho.

Curva salarial
Mostra a relação entre o valor do cargo (conforme o número de pontos a ele atribuídos pelo comitê) e o do salário médio pago. A curva salarial demonstra como os salários variam quanto à importância relativa dos cargos na empresa (representada pelo número total de pontos, recebidos no processo de avaliação de cargos).

Conhecendo a complexidade do trabalho, o esforço e os graus para cada cargo, e sabendo o número de pontos anteriormente atribuídos para cada grau de cada fator de avaliação, é possível determinar a complexidade, o esforço e as condições de trabalho que cada função de referência deve ter. Para saber qual é o grau de cada fator para cada cargo, pode-se verificar os pontos correspondentes (veja a Tabela 10.1) que foram atribuídos anteriormente para cada um desses graus.

Finalmente, somamos esses pontos de graduação para cada cargo, a fim de determinar o número total de pontos atribuídos ao cargo.[37] Nesse caso, o mecânico sênior recebe 360 + 60 + 20 = 440 pontos da Tabela 10.1. Isso nos permite listar uma hierarquia de cargos, com base em pontos de cada um desses cargos. Podemos, então, atribuir salários para cada cargo (passo 9). Mas primeiramente, devemos definir o plano de pagamento competitivo com o mercado e a **curva salarial**.

TABELA 10.1 Pontos atribuídos a fatores e seus níveis.

Fatores	Pontos de primeiro grau	Pontos de segundo grau	Pontos de terceiro grau	Pontos de quarto grau	Pontos de quinto grau
Complexidade do trabalho (máximo de pontos: 600)	120	240	360	480	600
Esforço (máximo de pontos: 300)	60	120	180	240	300
Condições de trabalho (máximo de pontos: 100)	20	40	60	80	100

Sistema de remuneração competitivo no mercado
Sistema de remuneração em que a real do empregador é competitiva com outros sistemas oferecidos no mercado de trabalho.

O QUE É UM PLANO DE PAGAMENTO COMPETITIVO COM O MERCADO? Qual deve ser a remuneração de cada cargo? Apesar de estar subentendido que as tarefas com mais pontos devem ter salários mais elevados, os questionamentos levantados são: Qual critério utilizar? Quais são os salários atuais "internos" da empresa? Ou teremos por base o que o mercado "externo" está pagando?.[38]

No caso de um **sistema de remuneração competitivo no mercado**, a remuneração real oferecida pelo empregador é competitiva quando comparada à remuneração praticada no mercado de trabalho, bem como estabelece a equidade interna entre seus cargos.[39] Simplificando, a abordagem básica é comparar o que o empregador está pagando para cada cargo (*remuneração interna*) com o que o mercado está pagando pelo mesmo trabalho ou semelhante (*remuneração externa*), e combinar essas informações para produzir um sistema de remuneração competitivo no mercado.

QUAIS SÃO AS CURVAS SALARIAIS? Curvas salariais desempenham papel central na atribuição de salários. Geralmente, a curva de salário mostra a remuneração paga por cargos, em relação aos pontos ou classificações atribuídas a cada um e à avaliação do trabalho, como pode ser visto na Figura 10.1. Note que o gráfico mostra o pagamento no eixo vertical e os valores de pontos para esses cargos ao longo do eixo horizontal. O objetivo da curva de salário é mostrar as relações entre (1) o valor do cargo (expresso em pontos), como determinado por um dos métodos de avaliação do trabalho e (2) os valores de pagamento para o cargo, expresso em moeda local. Também é possível que muitos empregadores combinem empregos em classes ou níveis. Neste caso, a curva de salário mostra a relação entre a média de remuneração para cada ano e o valor dos pontos médios de cada classe. O pagamento na curva de salário costuma ser aquele pago no momento da avaliação pelo empregador. No entanto, se há razões para acreditar que o pagamento atual está fora de sintonia com o mercado para tais cargos, o empregador terá que ajustá-lo. Uma maneira de fazer isso é comparar a curva de salário, que mostra "os salários atuais em relação aos cargos" aos pontos, com uma segunda curva que mostra os salários de mercado relativos aos pontos.

9. Desenhar a atual curva salarial (interna)

Para estudar como os pontos de cada cargo relacionam-se com a sua atual remuneração, o primeiro passo é desenhar uma curva salarial interna. Para isso, deve-se traçar os pontos de cada cargo e do salário que o empregador está pagando por cada cargo (ou salários, se existirem vários para cada trabalho) e produzir um gráfico de dispersão, como na Figura 10.2 (a). Em seguida, deve-se desenhar uma curva salarial, Figura 10.2(b), através dos pontos já traçados, que mostra como os valores de pontos se relacionam com os salários atuais. É possível traçar essa linha de salário estimando uma linha que melhor se ajusta aos pontos traçados (minimizando as distâncias das parcelas e da curva), ou pode-se utilizar a regressão, uma técnica

FIGURA 10.1
Traçando uma curva salarial.

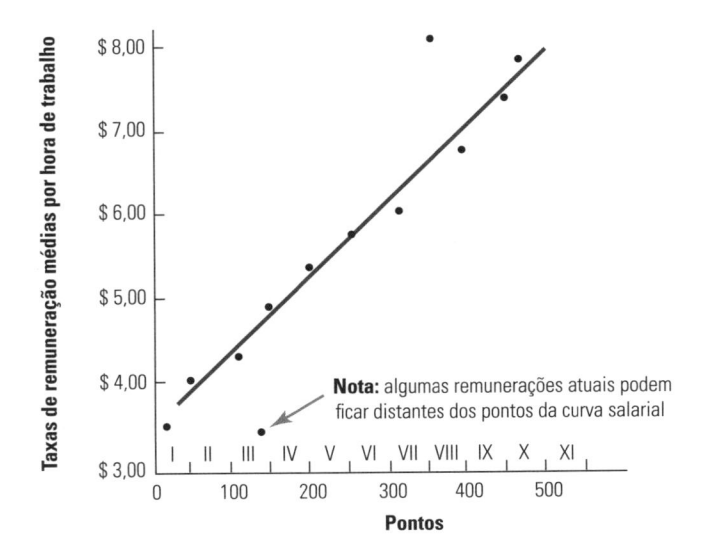

Nota: algumas remunerações atuais podem ficar distantes dos pontos da curva salarial

FIGURA 10.2
Curva de salário atual/interna.

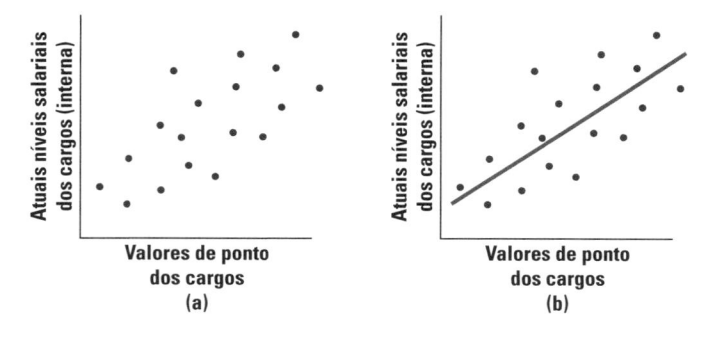

estatística. Esta última produzirá uma curva de salário atual/interna que melhor se adapta aos pontos. De qualquer forma, veja os resultados na Figura 10.2(b).[40]

10. Realizar análise de mercado: pesquisas salariais

Pesquisa salarial
Determina os níveis salariais vigentes. Uma boa pesquisa salarial apresenta salários específicos para cargos específicos. Pesquisas formais por questionário são as mais abrangentes, mas aquelas por telefone, internet e anúncios de jornal também são fontes de informação. As pesquisas salariais, de modo geral, são capazes de validar as práticas de remuneração definidas para os empregados de uma empresa, na medida em que proporcionam a possibilidade de comparação com a prática de outras empresas, o que é fundamental para ajustar suas políticas de recursos humanos ao mercado.

O próximo passo é compilar a informação necessária para desenhar uma curva de salário externa para os cargos, com base no que outros empregadores estão pagando para cargos semelhantes.[41] **Pesquisas salariais** sobre quanto o mercado está pagando desempenham um papel bastante relevante. Os empregadores fazem uso de pesquisas salariais de três maneiras: (1) reúnem dados de pesquisas para valores de cargos de referência (aqueles em torno do qual se colocam outros cargos, com base no valor relativo de cada um para a empresa); (2) precificam 20% ou mais de seus cargos de acordo com o mercado (e não em relação a cargos de referência da empresa), com base em um levantamento do que empresas comparáveis pagam por trabalhos comparáveis (como o Google, que pode fazer isso por trabalhos como engenheiro de sistemas, cujos salários oscilam muito e muitas vezes); (3) realizam pesquisas que também coletam dados sobre benefícios como seguro, licença médica e férias para decisões sobre benefícios aos empregados.

Pesquisas salariais podem ser formais ou informais. Pesquisas informais por telefone ou internet são boas para verificar questões específicas, tais como quando um banco quer confirmar o salário para anunciar a vaga recém-aberta de um contador ou se alguns bancos estão realmente oferecendo incentivo a contadores. Alguns grandes empregadores podem enviar suas próprias pesquisas formais para coletar informações de remuneração a respeito de outros empregadores. Estes perguntam sobre coisas como número de funcionários, política de horas extras, salários iniciais e férias remuneradas.

PESQUISAS SALARIAIS COMERCIAIS, PROFISSIONAIS E GOVERNAMENTAIS
Muitos empregadores tomam como base pesquisas publicadas por empresas de consultoria, associações profissionais ou agências governamentais. Por exemplo, nos Estados Unidos, o Departamento de Estatísticas do Trabalho (Bureau Labor Statistics – BLS), e a Pesquisa Nacional de Remuneração (National Compensation Survey – NCS) fornece relatórios detalhados sobre rendimentos de trabalho, tendências de custos de remuneração e benefícios.[42] No Brasil, esses dados são fornecidos pelo Instituto Brasileiro de Geografia e Estatística (IBGE)[43] e pelo próprio Ministério do Trabalho e Emprego (MTE).[44]

Rendimentos detalhados para diferentes cargos estão disponíveis no NCS para mais de 800 profissões nos Estados Unidos, dividido por regiões, estados, e muitas áreas metropolitanas.[45] A pesquisa de Estatísticas Atuais do Emprego é um levantamento mensal dos registros da folha de pagamento de estabelecimentos comerciais que fornece dados sobre os ganhos de produção e dos trabalhadores que não ocupam cargos superiores em nível nacional. Isso fornece informações sobre rendimentos, bem como gratificações, comissões de produção e aumento do custo de vida. A Pesquisa Nacional de Remuneração/Benefícios fornece informações sobre a proporção de trabalhadores que participam de benefícios específicos, como planos de saúde, planos de aposentadoria e férias remuneradas. Esses dados também mostram os benefícios detalhados, tais como quantidade de licença remunerada. Internacionalmente, o BLS relata custos comparativos por horário de remuneração em moeda local e dólares para os trabalhadores da produção e todos os empregados na elaboração de suas tabelas comparativas internacionais do trabalho.

Consultorias privadas e/ou empresas de recrutamento de executivos, como Hay Group, Heidrick & Struggles, Watson Wyatt Data Services, e Hewitt Associates publicam os dados relativos à remuneração de gestão e conselhos de administração superior e médio. Organizações profissionais como a Society for Human Resource Management e os executivos do Instituto Financeiro dos EUA publicam pesquisas de práticas de remuneração entre os membros de suas associações.[46]

No Brasil, embora de forma genérica, há registros constantes de salários que servem como referência para o mercado, disponíveis pelo Datafolha,[47] pela empresa Catho,[48] e sites em geral, como o Salário BR,[49] dentre outras fontes. Entretanto, a forma mais comum de obter a comparação de salários para cargos semelhantes no mercado, e a mais adequada para as grandes organizações, é realizar a própria pesquisa salarial.

Para tanto, a empresa pode contratar uma consultoria externa ou promover uma pesquisa a partir do convite a diferentes empresas do mesmo setor ou da mesma região e porte, por meio da própria área de Recursos Humanos.

Assim, o passo inicial para a realização de uma pesquisa salarial é a definição dos cargos a serem pesquisados e quais são as possíveis empresas a serem convidadas a participar.[50] Para a escolha das participantes, alguns critérios devem ser levados em consideração, como localização geográfica, setor econômico (segmento de atuação) e porte. Também é importante observar a época em que os sindicatos negociam para aquelas empresas, pois negociações salariais em épocas diferentes devem ser ajustadas, evitando que uma empresa determinada informe, por exemplo, no mês de maio, valores de salário que serão reajustados em junho, de acordo com a data-base de negociação daquela categoria profissional. Além dos salários praticados pelas empresas convidadas, também é possível identificar aspectos gerais da remuneração total, como benefícios, prêmios, comissões etc., o que permite a compreensão mais ampla dos programas de remuneração desenhados pelas demais empresas.

11. Desenhar a curva salarial do mercado (externo)

A curva salarial (interna), desenhada a partir do passo 9, é útil neste momento, uma vez que é capaz de promover a comparação de salário para os diferentes cargos existentes dentro da mesma empresa. De tal modo, pela simples observação da curva salarial (interna), é possível perceber rapidamente, por exemplo, se o salário atual de uma função está acima da curva salarial interna, sugerindo que a atual remuneração para aquele cargo está desigualmente elevada, dado o número de pontos atribuídos ao cargo.

O que a curva salarial interna não revela é se os salários pagos pela empresa são muito altos ou baixos quando comparados aos salários pagos por outras empresas e concorrentes. Para isso, precisamos desenhar uma curva salarial externa de mercado.

Para desenhar essa curva salarial externa, deve-se produzir um gráfico de dispersão e curva de salário como na Figura 10.3. No entanto, em vez de utilizar os salários atuais da empresa em questão, são aplicados os salários pagos pelo mercado (obtidos a partir das pesquisas salariais citadas). A curva salarial de mercado (externa) compara pontos dos cargos internos com os salários praticados no mercado para os mesmos cargos.

12. Comparar e ajustar os salários ao mercado atual

Quão diferentes são os salários atuais do que outros mercados estão pagando pelos mesmos cargos? Para determinar isso, pode-se utilizar tanto a curva salarial (interna) quanto a

FIGURA 10.3
Curva de salário externo/mercado.

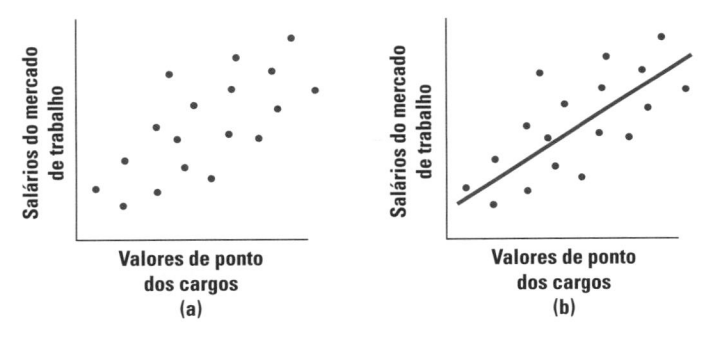

curva de mercado (externa) em um gráfico, ilustrado na Figura 10.4. A curva de salário de mercado pode ser maior do que a curva atual de salário interna (sugerindo que os salários atuais e internos podem ser muito baixos com relação aos praticados por outras empresas), ou pode estar abaixo da própria curva de salário atual interno (o que sugere que nossos salários atuais podem ser muito altos quando comparados ao mercado). Entretanto, pode acontecer, ainda, que os salários de mercado sejam mais elevados apenas para alguns cargos, e menor para outros.[51]

Com base na comparação da curva de salário atual (interna) com a curva de salário de mercado (externa), visto na Figura 10.4, deve-se decidir o ajuste da remuneração atual para os cargos e a melhor forma para isso. Tal atitude exige uma decisão política da administração, e as considerações estratégicas influenciam essa decisão. De acordo com as estratégias da empresa, deve-se pagar mais, o mesmo ou menos do que os concorrentes? Por exemplo, é possível decidir mudar nossa curva salarial interna para cima (e, assim, pensar em possíveis aumentos salariais, aproximando-os dos salários praticados pelo mercado) ou para baixo (diante da impossibilidade de redução de salários,[52] a alternativa, neste caso, seria manter os salários sem reajuste por um período maior) ou ajustar a inclinação da curva de salário interna para aumentar o salário apenas de alguns cargos, cujo salário esteja defasado com relação ao mercado. Em qualquer caso, a curva de salário (a linha do meio na Figura 10.5) deve ser equitativa internamente (em termos de valor de pontos de cada cargo) e equitativa externamente (em termos de o que as outras empresas estão pagando para os mesmos cargos).[53]

13. Desenvolver grupos ou faixas salariais

Empregadores costumam agrupar cargos similares, em termos de pontos, em grupos ou faixas salariais para fins de pagamento. Então, em vez de ter que lidar com centenas de salários, é possível se concentrar apenas em 10 ou 12 níveis salariais. Por exemplo, a Serco, empresa de serviços que opera um sistema de metrô de Londres, na Inglaterra, criou grupos salariais após os trabalhos de classificação que utilizavam um sistema de pontos, baseado no conhecimento e na complexidade de gerenciamento e magnitude do trabalho, além do impacto na organização.[54]

Salários de acordo com grupos ou faixas salariais
O grupo salarial é composto por cargos com nível semelhante de dificuldades para ser exercidos.

O **grupo salarial** (ou **faixa salarial**) é composto por cargos de dificuldade ou importância aproximadamente iguais, que foram determinados pela avaliação do trabalho. Se a empresa optou pela utilização do método dos pontos para avaliação dos cargos, cada um desses grupos salariais é composto por cargos dentro de um determinado intervalo de pontos. Se o método de escalonamento simples foi o escolhido, cada grupo salarial é composto pelo número de posicionamentos definido, a partir dos quais ordenam-se os cargos novos a serem criados. Finalmente, se o sistema de classificação ou categorias predeterminadas tiver sido o método utilizado, nesse caso, os cargos já estão previamente categorizados em grupos salariais.

FIGURA 10.4
Traçando curvas salariais de mercado e internas.

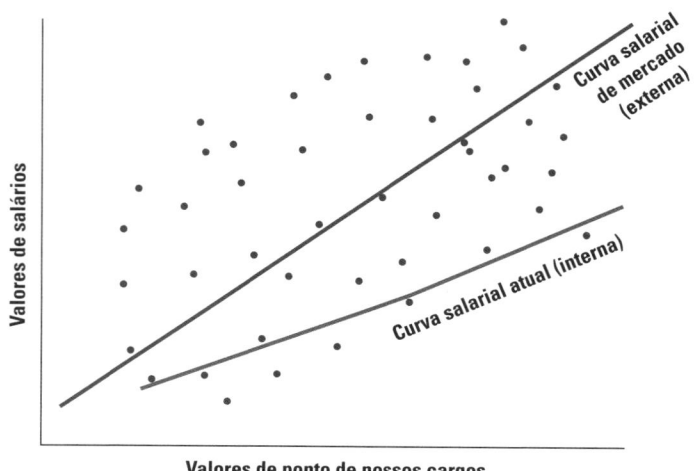

Salários para cada grupo ou faixa salarial
Podem ser estabelecidos diferentes salários para um mesmo grupo ou faixa salarial, fazendo que, para determinado cargo, haja a possibilidade de aumento de salário de acordo com a avaliação de desempenho ou tempo de trabalho na mesma empresa.

DETERMINAÇÃO DO NÚMERO DE GRUPOS OU FAIXAS SALARIAIS É padrão determinar o número de grupos salarias para estabelecer níveis de concentração de pontos iguais, ainda que para cargos com nomenclaturas diferentes. Em outras palavras, cada grupo pode incluir todos os cargos para os quais foram atribuídos, entre 50 e 100 pontos, 100 e 150 pontos, 150 e 200 pontos e assim por diante. Uma vez que cargos com mesmo grau fazem parte da mesma faixa ou grupo salarial, de acordo com o número de pontos recebidos pela avaliação, o principal problema consiste em determinar quantas faixas salariais existirão na empresa. Não parece haver um número ideal, mas ele geralmente gira em torno de 10 a 16 faixas salariais para um determinado grupo de cargos, isso considerando empregos em loja, trabalhos de escritório etc. Quanto maior for o número de títulos de cargos diferentes na mesma empresa, maior será o número de grupos salariais. Dessa forma, uma empresa com mil cargos tem grande chance de ter maior número de grupos salariais do que uma empresa com apenas 200 empregados.

14. Estabelecer faixas salariais

A maioria dos empregadores não paga apenas um mesmo salário para todos os cargos em determinado grupo salarial. Por exemplo, a divisão médica da GE (General Electric) tem vários auxiliares de contabilidade, mas não paga o mesmo salário para todos. Como trabalha com tabelas salariais e, portanto, com **grupos salariais para os cargos**, pode diferenciar seus salários considerando, por exemplo, que ao ocupar o mesmo cargo há profissionais iniciantes e outros mais experientes. Assim, embora todos estejam no mesmo grupo salarial, podem ter salários diferentes, variando entre o menor e o maior salário possível para aquele grupo, conforme a Figura 10.5. Perceba que a figura ilustra graficamente o intervalo de faixas de pagamento, neste caso, por hora, para cada nível salarial. Os especialistas chamam esse gráfico de *estrutura salarial*.

Como alternativa, é possível descrever o grupo de salários para os cargos da empresa, estabelecendo diferentes níveis (graus ou steps) em uma tabela, com a indicação do menor, médio e maior salário para cada grupo salarial, tal como a Tabela 10.2. Nela, há valores correspondentes

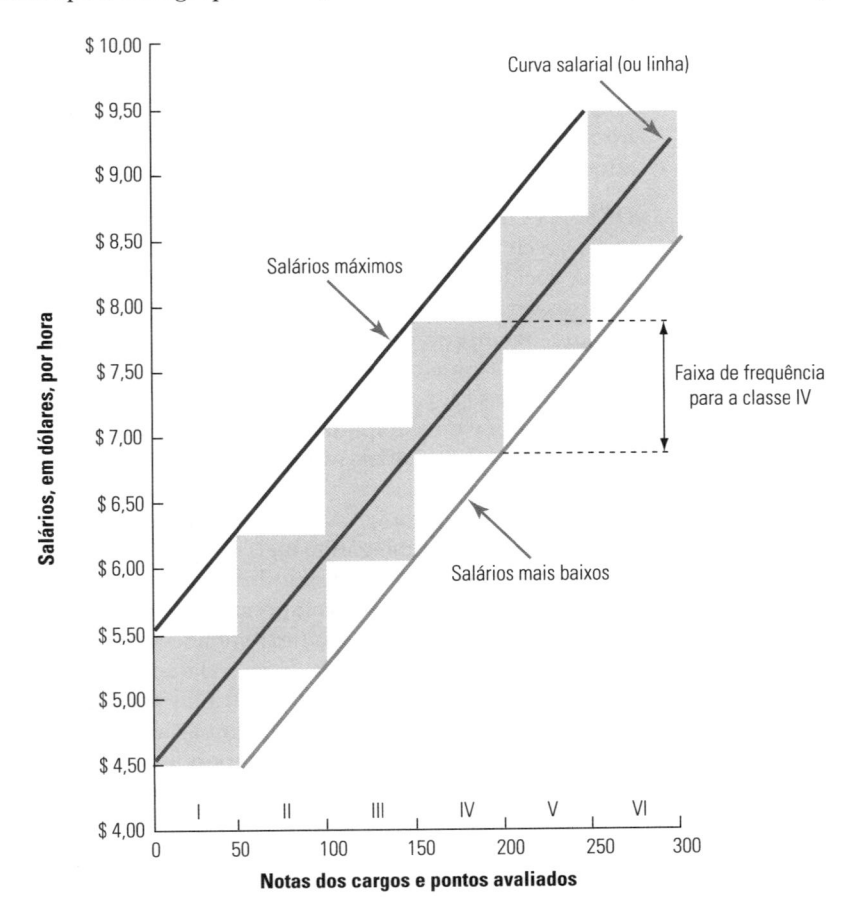

FIGURA 10.5
Estrutura salarial.

TABELA 10.2 Tabela salarial do Governo Federal dos EUA[55]

Tabela salarial 2009-GS incorporando o cronograma geral de aumento efetivo de 2,90% de janeiro de 2011.

Grupo ou faixa salarial (GS)	Valor dos salários, de acordo com os graus (em dólares)									
	grau 1	grau 2	grau 3	grau 4	grau 5	grau 6	grau 7	grau 8	grau 9	grau 10
1	17.803	18.398	18.990	19.579	20.171	20.519	21.104	21.694	21.717	22.269
2	20.017	20.493	21.155	21.717	21.961	22.607	23.253	23.899	24.545	25.191
3	21.840	22.568	23.296	24.024	24.752	25.480	26.208	26.936	27.664	28.392
4	24.518	25.335	26.152	26.969	27.786	28.603	29.420	30.237	31.054	31.871
5	27.431	28.345	29.259	30.173	31.087	32.001	32.915	33.829	34.743	35.657
6	30.577	31.596	32.615	33.634	34.653	35.672	36.691	37.710	38.729	39.748
7	33.979	35.112	36.245	37.378	38.511	39.644	40.777	41.910	43.043	44.176
8	37.631	38.885	40.139	41.393	42.647	43.901	45.155	46.409	47.663	48.917
9	41.563	42.948	44.333	45.718	47.103	48.488	49.873	51.258	52.643	54.028
10	45.771	47.297	48.823	50.349	51.875	53.401	54.927	56.453	57.979	59.505
11	50.287	51.963	53.639	55.315	56.991	58.667	60.343	62.019	63.695	65.371
12	60.274	62.283	64.292	66.301	68.310	70.319	72.328	74.337	76.346	78.355
13	71.674	74.063	76.452	78.841	81.230	83.619	86.008	88.397	90.786	93.175
14	84.697	87.520	90.343	93.166	95.989	98.812	101.635	104.458	107.281	110.104
15	99.628	102.949	106.270	109.591	112.912	116.233	119.554	122.875	126.196	129.517

específicos, distribuídos em diferentes níveis, para cada faixa salarial. A Tabela 10.2 toma como exemplo a Tabela de Cargos e Salários do Governo Federal norte-americano, com a indicação dos salários, de acordo com os diferentes faixas salariais e, ainda, dos possíveis salários para cada uma das faixas, diferenciados em níveis. Observa-se, por exemplo, que empregados ocupantes de cargos classificados como Grupo Salarial 10 (GS10) podem receber salários anuais entre US$ 45.771 e US$ 59.505, dependendo da experiência anterior, do tempo em que estão no mesmo cargo na empresa, ou do desempenho, de acordo com os critérios que a empresa adote para que tenham seu salário melhorado dentro da mesma faixa salarial.

DESENVOLVIMENTO DA VARIAÇÃO SALARIAL[II] Conforme a Figura 10.5, normalmente, a curva de salário ancora os salários médios para cada grupo salarial. A empresa pode, então, decidir arbitrariamente um salário mínimo e máximo para cada faixa, como 15% acima ou abaixo da curva de salário. Como alternativa, alguns empregadores permitem que, uma vez por ano, os empregados mudem de grau, na mesma faixa (geralmente isso acontece a partir de programas de avaliação de desempenho). Nesse caso, se a mobilidade de cargos numa empresa for baixa, ou seja, exista pouca possibilidade de promoção para diferentes cargos, a empresa pode optar por uma amplitude de faixa maior entre o maior e o menor salário previstos para uma mesma faixa salarial. Ainda na Figura 10.5 pode-se perceber que muitos empregadores estruturam suas tabelas salariais de modo a permitir, por meio de diferentes salários previstos para uma mesma faixa salarial, que um empregado com mais experiência, tempo de empresa ou melhor desempenho ganhe mais do que outro ocupando o mesmo cargo.[56]

Existem várias razões para utilizar diferentes graus dentro de uma mesma faixa salarial. Primeiro, isso permite que o empregador tenha uma posição mais flexível no mercado de trabalho. Por exemplo, com essa flexibilidade torna-se mais fácil atrair funcionários experientes e mais bem pagos em um alto nível salarial, já que um salário inicial baixo, num determinado grupo salarial (quando comparados aos valores praticados no mercado)será incapaz de atrair esse tipo de profissional. Numa situação como essa, a empresa poderia oferecer, a título de salário inicial, o valor correspondente ao grau 3 ou 4 (steps 3 ou 4) para não perder o candidato ao cargo. O salário também pode variar, permitindo que as empresas ofereçam

---

[II] N. do R.T.: A estratégia mencionada aqui, utilizada para lidar com o reconhecimento nas diferentes faixas salariais, é o broadbanding, que garante uma amplitude maior sem ferir a legislação trabalhista.

Compa ratio
Taxa de remuneração do empregado dividida pelo ponto médio da faixa de remuneração para seu nível salarial.

pequenos aumentos conforme o desempenho entre os funcionários que ocupam a mesma função ou entre aqueles que estão há mais tempo na empresa.

Especialistas em remuneração também utilizam comparativos de salário (**compa ratios**, que compara e indica a competitividade dos salários). Tal índice é obtido pela divisão entre o salário atual dos empregados e o salário médio praticado pelo mercado para seu nível salarial. A relação compa ratio de 1 significa que o funcionário está sendo pago exatamente na média do mercado. Se a relação de compa ratio for superior a 1, isso indica que o salário do empregado está acima da média praticada pelo mercado para aquele cargo. Se estiver abaixo de 1, o salário está abaixo da média praticada pelo mercado, o que indica pouca competitividade da empresa em termos de oferta de salários. Além de tornar possível a compreensão das práticas competitivas de programas de remuneração das empresas, o índice de compa ratio pode ajudar a revelar quantos cargos da empresa são pagos acima e abaixo da média de salários praticada pelo mercado.[57]

15. Fazer o enquadramento dos demais cargos

Até esse ponto, foi visto como realizar a avaliação de um número limitado de cargos de referência. A partir de agora, será possível adicionar os cargos restantes na estrutura salarial de duas maneiras. A primeira opção é avaliar cada um dos cargos restantes utilizando o mesmo processo já feito. A segunda alternativa é simplesmente colocar os cargos restantes na estrutura salarial, onde for mais adequado, tendo como base o conhecimento das funções de modo geral, sem avaliar e atribuir formalmente pontos para tais cargos. As vagas de emprego relacionadas aos cargos de referência podem ser facilmente colocadas na estrutura salarial. Já os cargos para os quais não é certo se devem passar pelo mesmo processo de avaliação de cargos, deve-se atribuir pontos para eles e, então, colocá-los na estrutura salarial, promovendo seu enquadramento dentre os demais cargos já avaliados.[58]

16. Corrigir salários fora da curva salarial

Finalmente, o valor do salário pago pela empresa para um determinado cargo pode estar distante da curva de salário ou em desacordo com sua faixa salarial, como ilustrado na Figura 10.1. Isso significa que o salário médio para o cargo é muito alto ou muito baixo em relação a outros cargos na empresa. Para os cargos que estiverem com salários muito baixos, a solução é elevar o valor para aquele cargo específico, mantendo como salário mais baixo o valor mínimo da faixa salarial.

Já para os salários acima da faixa salarial, existem algumas possibilidades. Eles podem ser classificados como superestimados ou dignos de serem assinalados para possível ação da empresa. Existem várias maneiras de lidar com esse problema. Uma delas é congelar o salário para aqueles cargos, reajustando os mesmos apenas com os valores de atualização salarial previstos nas épocas de negociação coletiva (data-base das categorias profissionais). A segunda opção é estudar um modo de reenquadramento dos cargos, que pode ser com alteração da nomenclatura ou, se for o caso, promover os empregados ocupantes daquele caro superestimado sem que haja valor salarial proporcional, dessa forma o empregado será mantido no valor mínimo da nova faixa salarial. A terceira opção é congelar o salário por seis meses, tempo durante o qual pode-se transferir ou promover os demais funcionários. Se isso não for possível, diminua ao máximo o que paga a esses funcionários para colocá-los na faixa de remuneração à qual correspondem.

Administração da folha de pagamento

Elaborar um plano de cargos e salários não é suficiente: a folha de pagamento deve ser administrada para evitar distorções futuras. Administrar o sistema de folha de pagamento possibilita controlar a situação de cada funcionário, salário, dependentes, benefícios, horas extras, situação fiscal, entre outros. Também permite computar cada salário e, em seguida, providenciar os respectivos pagamentos e depósitos – essa é uma tarefa especializada e que consome certo tempo. Como abrange muitos critérios de salário, local, hora e demais leis dos governos federal e estadual, além das obrigações decorrentes de convenções ou acordo coletivo de trabalho, é uma atividade trabalhosa. Muitos empregadores controlam essa função internamente, geralmente com um pacote de software de processamento de folha de pagamento.

Por outro lado, muitos empregadores terceirizam a administração da folha de pagamento para prestadores de serviços especializados. Esses fornecedores oferecem uma gama de opções de processamento de folha de pagamento. Por exemplo, os pequenos empregadores podem optar por chamar especialistas em folha de pagamento do fornecedor, enquanto as maiores podem ter esses dados processados automaticamente on-line.

Algumas empresas recomendam o uso de um conjunto de critérios para avaliar a lista inicial de potenciais fornecedores, com base nas metas do empregador para o relacionamento. Essas metas incluem não apenas os benefícios relativos à economia proporcionada pela terceirização da função (em vez de fazê-la na empresa), mas também a conveniência de integrar os sistemas internos do empregador, agilizando o cumprimento da malha fiscal e o aumento do autoatendimento de funcionários.

> **OBJETIVO DE APRENDIZAGEM 4**
> Explicar como definir a remuneração de cargos gerenciais e profissionais.

Plano de remuneração de cargos gerenciais e especialistas

Desenvolver planos de remuneração para os gerentes e especialistas é semelhante em muitos aspectos ao desenvolvimento de planos para todo e qualquer empregado. O objetivo básico é igual: atrair, motivar e reter bons funcionários. E a avaliação do trabalho é aplicável aos empregos gerenciais e especializados (abaixo dos níveis executivos), como os da produção e de escritório.

Entretanto, há algumas diferenças que veremos a seguir. Os empregos administrativos tendem a enfatizar fatores mais difíceis de quantificar, como autonomia na tomada de decisão e resolução de problemas, mais do que a produção e trabalhos de escritório. Há também mais ênfase em pagar gerentes e profissionais com base no seu desempenho ou sobre o potencial, em vez de priorizar demandas de trabalho estáticas como as condições de trabalho. Além disso, também existe a possibilidade de competir no mercado por executivos que exigem salários muito acima da curva salarial definida para um determinado cargo. Assim, a avaliação do cargo, embora ainda importante, desempenha papel secundário na composição total de remuneração daqueles profissionais, para os quais outros itens têm suma importância na atratividade e manutenção do cargo, como bônus, incentivos, salários compatíveis com o mercado e benefícios.

Remuneração de executivos e gerentes

A elaboração do plano de remuneração para altos executivos de uma empresa geralmente consiste em quatro elementos principais:[59] salário-base, incentivos de curto prazo, incentivos de longo prazo e demais benefícios. O *salário-base* inclui o salário fixo recebido pelo empregado e, não raras vezes, a média de comissões pagas pelo empregador ou gorjetas recebidas pelo estabelecimento. *Incentivos de curto prazo* são comissões, prêmios ou bônus que têm como objetivo estimular o contratado a alcançar metas de curto prazo, como aumentos na receita de vendas ano a ano, aumento na produtividade anual etc. Já os *incentivos de longo prazo* visam incentivar o executivo a tomar medidas que aumentem o valor das ações da empresa e incluem questões como opções do direito de subscrição de ações da empresa (ou programas de stock options, que podem garantir ao executivo o direito de adquirir ações a um preço e um período específicos). Finalmente, dentre os *benefícios diferenciados* pagos aos executivos (chamados *fringe benefits*), podem ser encontrados itens como planos complementares de pensão privada (também conhecidas como fundos de pensão, para complementar o valor da aposentadoria pública recebida pelo empregado), seguro de vida complementar e seguros de saúde sem franquia, por vezes de uso internacional, pagamento de escola para seus filhos até a faculdade etc.

No caso de definição do tipo de remuneração a ser paga aos executivos, a empresa precisa ter ciência da diferenciação entre Participação nos Lucros e Resultados (PLR) e demais tipos de remuneração sobre prêmios, comissões e bônus, que integram o salário para fins de incidência de encargos sociais. Apenas PLR não incorpora o salário para referidos fins, pois não tem natureza jurídica salarial.[60]

A remuneração do CEO é definida pelo conselho, considerando uma série de fatores, como a estratégia de negócios, tendências corporativas e, o mais importante, onde querem estar em curto e longo prazo.

Fonte: Monkey Business Images/Shutterstock

O que determina os salários dos executivos?

Para cargos de altos executivos (especialmente CEO e diretoria em geral), a avaliação dos cargos tem pouca relevância. Sabe-se que porte e desempenho da empresa afetam significativamente os salários dos gestores de alto escalão. No entanto, estudos realizados desde o início dos anos 2000 mostram que porte e desempenho da empresa explicam apenas cerca de 30% da remuneração dos CEOs e altos executivos: "na realidade, o pagamento do CEO é definido pelo conselho, que leva em conta uma série de fatores, como a estratégia de negócios, tendências corporativas e, o mais importante, onde eles querem estar em curto e longo prazo".[61] Um estudo recente concluiu que três fatores principais foram responsáveis por cerca de dois terços da variação de remuneração de executivos: a complexidade do trabalho, que inclui alcance do comando, número de divisões funcionais sobre os quais o executivo tem responsabilidade direta e nível de gestão; a capacidade de pagamento do empregador, considerando lucro total e taxa de retorno; e o capital humano do executivo, ou seja, nível educacional, campo de estudo, experiência de trabalho, dentre outros.[62] Na prática, os CEOs podem ter influência considerável sobre os conselhos de administração, que teoricamente definem seu pagamento. Assim, sua remuneração, por vezes, não reflete estritamente a extensão das negociações.[63]

O peso da interferência dos acionistas também pode ser percebido na definição do salário dos executivos. Este foi o caso, por exemplo, do banco HSBC, que há alguns anos, nos Estados Unidos, arquivou planos para aumentar o salário de seu CEO em mais de um terço, depois que os acionistas rejeitaram as propostas.[64]

AVALIAÇÃO DO CARGO GERENCIAL Muitos empregadores também fazem uso da avaliação de cargos para precificar as posições de gestão abaixo dos altos executivos. A abordagem básica é classificar todos os cargos executivos e de gestão em uma série de classes, cada qual em uma faixa salarial.

Tal como acontece com os trabalhos não gerenciais, uma alternativa é fazer a classificação dos cargos executivos e de gestão um em relação ao outro, agrupando-os em igual valor. No entanto, as empresas também utilizam os métodos de classificação e de pontos, além de fatores remuneráveis, como escopo para a identificação de complexidade e dificuldades no desempenho do cargo. A análise do nível de emprego (setor e região), pesquisas salariais e o ajuste dos níveis salariais em torno das curvas salariais (internas e externas) também são importantes na definição do salário para esses cargos.

Salários dos especialistas[III]

É preciso atenção quanto ao valor dos salários a serem pagos para os empregados considerados especialistas, ou seja, com uma formação específica. Isso porque remunerar esse tipo de profissional pode ser um problema. Cargos como engenheiro e químico, por exemplo, ensejam não apenas a motivação de seus ocupantes, mas também a criatividade e a resolução de problemas, fatores que não são facilmente medidos ou comparados para a avaliação dos cargos.[65] Além disso, como é medido o desempenho desses empregados? Por exemplo, o sucesso da invenção de um engenheiro depende de quão bem a empresa está no mercado. Os empregadores podem utilizar a avaliação de cargos para enquadrar esses profissionais, determinando como fatores de avaliação a capacidade de resolução de problemas, o nível de criatividade desejado, o escopo de trabalho, o conhecimento técnico e a experiência prévia.

No entanto, na prática, as empresas raramente dependem apenas da política interna de cargos e salários (por meio da avaliação de cargos) para a determinação dos salários para cada cargo ocupado por especialistas. Fatores como a criatividade ou mesmo a proatividade são difíceis de mensurar, e outras questões muitas vezes influenciam as decisões de trabalho dos profissionais. A competição por engenheiros no Vale do Silício ilustra esse problema. A Google também passou por um caso semelhante, e, recentemente, elevou o salário dos seus funcionários em 10%, em face da deserção de seus profissionais mais bem pagos, como o chefe da equipe do Chrome OS.[66] Muitos daqueles profissionais da Google, embora bem pagos com relação ao mercado de trabalho, ainda se sentiam mal remunerados diante dos resultados que traziam para a empresa, em termos de lucratividade. Alguns

---

[III] N. do R.T.: No Brasil, salários como os de engenheiros são regidos em seu piso pelo órgão de classe (Crea), que exige um pagamento mínimo para a contratação desse técnico em qualquer organização.

foram para empregos com a expectativa de terem mais desafios e muitos, provavelmente, sentiram que a melhor maneira de atingir um grande salário era entrando em uma empresa nova e de rápido crescimento, como as startups,[67] com opções de subscrição de ações na forma de pagamento.

No caso do Brasil, por exemplo, recentemente as empresas vivenciaram uma intensa dificuldade na contratação de engenheiros civis para construção de grandes projetos, fazendo com que os salários iniciais para a admissão daqueles profissionais sofresse um aumento de 15% a 20%. É importante ressaltar que isso ocorreu sem qualquer avaliação de cargos, simplesmente como ajuste de salários com relação à situação do mercado de trabalho.[68]

Quando se trata de especialistas, a maioria dos empregadores utiliza uma abordagem de precificação de mercado. Eles precificam trabalhos profissionais no mercado da melhor forma possível, estabelecendo os valores de referência para essas funções (muitas vezes, as profissões são representadas, em negociações salariais, por sindicatos próprios, que acabam por fixar o valor do piso salarial dentro de uma empresa. Em seguida, eles incluem os cargos de referência e seus outros cargos profissionais em uma estrutura salarial. Cada especialidade profissional geralmente apresenta entre 4 e 6 níveis, cada um com uma ampla faixa salarial. Isso ajuda os empregadores a se manterem competitivos na busca por profissionais que, literalmente, têm possibilidades globais de emprego.[69] Isso significa que o mercado de trabalho a ser avaliado nem sempre fica limitado apenas à localidade em que funciona a empresa; podendo estender-se além das fronteiras do próprio país, o que, por vezes, inflaciona ainda mais os salários iniciais para contratação de profissionais altamente qualificados.

Tópicos contemporâneos em remuneração

OBJETIVO DE APRENDIZAGEM 5
Explicar a diferença entre planos de remuneração baseados em competências e os tradicionais.

A forma como os empregadores pagam seus empregados está evoluindo. Nesta seção final, serão trabalhados importantes temas contemporâneos sobre remuneração, são eles: remuneração por competências, amplitude das faixas salariais, gestão de talentos, salários de executivos e programas de recompensa total e de remuneração no futuro.

Remuneração por competências

Remuneração por competências
A empresa paga pelo tipo e pela gama de habilidades e conhecimentos do empregado, em vez de limitar-se à avaliação do cargo que por ele será ocupado.

Alguns questionam se as avaliações de cargos realmente são capazes de promover um enquadramento correto das posições em uma empresa (exemplo: "secretária nível 1", "secretária nível 2" etc.) e, de tal forma, se não limitam a atuação dos empregados quanto às tarefas por eles esperadas, conforme as descrições de cargo, podendo, inclusive, ser considerados contraproducentes em times de trabalho para os quais se deseja alto desempenho. Isso porque os métodos tradicionais de avaliação de cargos levam em consideração apenas as exigências mínimas para o desempenho num determinado cargo, não abrangendo as reais competências de seus ocupantes. Assim, sistemas diferentes de trabalho dependeriam de avaliações de cargo mais flexíveis, polivalentes, considerando também o trabalho em equipe. Nesse caso, não haveria lugar para empregados que, a partir da análise da descrição de seu cargo (*job description*), poderiam recusar-se a ajudar outros colegas num projeto diferente, sob a simples alegação: "isso não é o meu trabalho; não faz parte da descrição de minhas atividades".

A **remuneração por competências** (e faixas salariais, que serão explicadas mais adiante) visa evitar esse problema.[70] A razão é que o salário do empregado passa a considerar também suas competências (habilidades, conhecimento e comportamentos ou atitudes) no desempenho do cargo, não se limitando às funções previstas pelo título do cargo que ocupa.[71] Especialistas chamam essa abordagem de remuneração por competências ou por habilidades. Com a remuneração por competências, um empregado pode ter um salário mais elevado do que aquele previsto no início de sua faixa salarial, fazendo com que haja um incentivo à utilização de suas competências que não necessariamente seriam exploradas no cargo por ele ocupado. As *competências* são características pessoais demonstráveis como o conhecimento, as habilidades e os comportamentos. Portanto, pagar os empregados com base em suas competências pode significar um estímulo para que atuem em equipes e busquem a multifuncionalidade, a fim de que ampliem seu escopo de trabalho e compreensão do negócio em que estão empregados.

Programas de remuneração por competências geralmente abrangem cinco elementos: definição de competências, escolha de um método, sistema de treinamento, sistema de aplicação de testes e mobilidade. Esse tipo de programa de remuneração funciona da seguinte forma: o empregador define as competências específicas necessárias para o melhor desempenho de sua empresa e escolhe um método para ajustar os salários dos empregados. Um sistema de treinamento permite que os empregados adquiram tais competências, enquanto um sistema formal deve ser utilizado para a aplicação ou medição de testes de competência. Por fim, o trabalho é projetado de modo que os empregados possam mover-se facilmente entre os diferentes níveis de habilidade, independentemente de terem alterado seu título de cargo. Na prática, a remuneração baseada em competências se resume a remunerar por conhecimento ou habilidade.[72] Para exemplificar esse caso, veja a Figura 4.8, do Capítulo 4, que se refere à British Petroleum's (BP), que lista o nível mínimo para cada habilidade (como perícia técnica e resolução de problemas) que alguém na função deve atingir. Conforme o funcionário atinge um determinado nível de habilidade, ele recebe um aumento de salário.

Um estudo recente constatou que apenas 12% dos empregadores aplicam pagamento baseado em habilidades e 13%, em competências.[73] Dessa forma, em tempos de desafios econômicos, parece que as vantagens da avaliação de cargos, por vezes, superam a flexibilidade conseguida com o salário baseado em competências ou habilidades.

Faixas salariais

OBJETIVO DE APRENDIZAGEM 6
Listar e explicar as tendências relevantes na gestão da remuneração.

Amplitude das faixas salariais
A amplitude das faixas salariais indica os limites mínimo e máximo que a empresa pretende pagar para cada cargo. Geralmente, a progressão salarial de um empregado em cada faixa depende do tempo de empresa e do desempenho dele. No caso de remuneração por competências, a progressão também pode ocorrer a partir de medições de conhecimentos, habilidades e comportamento.

A maioria das empresas utiliza critérios próprios para a definição de número de faixas salariais e amplitude delas. Por exemplo, o plano de pagamento do governo dos Estados Unidos é composto por 18 principais grupos ou faixas salariais (GS-1 a GS-18), cada um com sua própria escala de pagamento, ou seja, amplitude de faixa. Para um funcionário cujo cargo pertença a uma dessas faixas, há a definição dos possíveis salários, variando entre um valor mínimo e outro máximo, na mesma faixa salarial.

As perguntas que podem ser feitas a partir dessa análise são: "Qual a amplitude correta para cada grupo ou faixa salarial? Qual a variação, dentro de cada faixa, quanto ao número de pontos de avaliação de cargos?" Porém, as respostas dependem da mobilidade dos profissionais dentro da empresa. Caso exista pouca mobilidade, com prazos muito longos para promoções pessoais, de um cargo para outro, as faixas salariais tendem a ter uma amplitude maior. O inverso também é verdadeiro e a Figura 10.6 ilustra essa relação. Veja que foram consolidados seis níveis de remuneração anteriores da empresa em dois grandes faixas salariais.

A empresa pode criar faixas salariais para todos ou para grupos de cargos. A **amplitude de cada faixa salarial** tende a ser relativamente grande, na medida em que reflete a variação entre o menor e o maior salário para esses cargos, permitindo que o empregado se mantenha na mesma faixa salarial por mais tempo, antes de ser promovido para novo cargo ou função. Por exemplo, em vez de ter 10 grupos ou faixas salariais, cada uma delas com variação entre os graus (amplitude de faixa) de 70%, entre o menor e o maior salário pago para o ocupante daquele cargo, na mesma empresa, é possível optar por reduzir para apenas três grupos salariais, cada um deles representando um conjunto de cargos, para os quais a variação de salários entre o menor e o maior seja de 100% ou mais. Haverá, portanto, uma gama muito maior de valores de salário dentro de cada faixa salarial. Essa forma possibilita mover um empregado dentro da mesma faixa salarial com mais facilidade, sem se preocupar com o movimento do empregado para a próxima faixa salarial, o que significaria uma promoção para um cargo ou grupo de cargos diferentes.

PRÓS E CONTRAS A vantagem básica é que os grupos salariais oferecem maior flexibilidade para possíveis aumentos salariais de empregados, considerando seu tempo de empresa e avaliação de desempenho do empregado no cargo. Inclusive, podem facilitar o processo de seleção, em tempos de oferta excessiva de vagas no mercado de trabalho, na medida em que permitem uma possível negociação de salário admissional de contratação (sempre com respeito à faixa salarial, evitando-se questionamentos sobre equiparação salarial entre ocupantes de um mesmo cargo).

Por outro lado, a faixa salarial promove certo "sentido de permanência no conjunto de responsabilidades de trabalho, muitas vezes ligado a títulos de cargo" e esta seria justamente a crítica mais forte quanto aos métodos tradicionais utilizados para planos de cargos e salários nas empresas. Esse senso de permanência pode ser alterado, por exemplo, se as empresas optarem pela movimentação dos empregados nas faixas salariais considerando, por exemplo, as competências dos empregados, o que os incentivaria a trazer suas competências para o desempenho de seu trabalho, independentemente do título ou descrição do cargo que ocupam.

FIGURA 10.6
Estrutura de faixas salariais e como ela se relaciona com os níveis de remuneração tradicionais e intervalos.

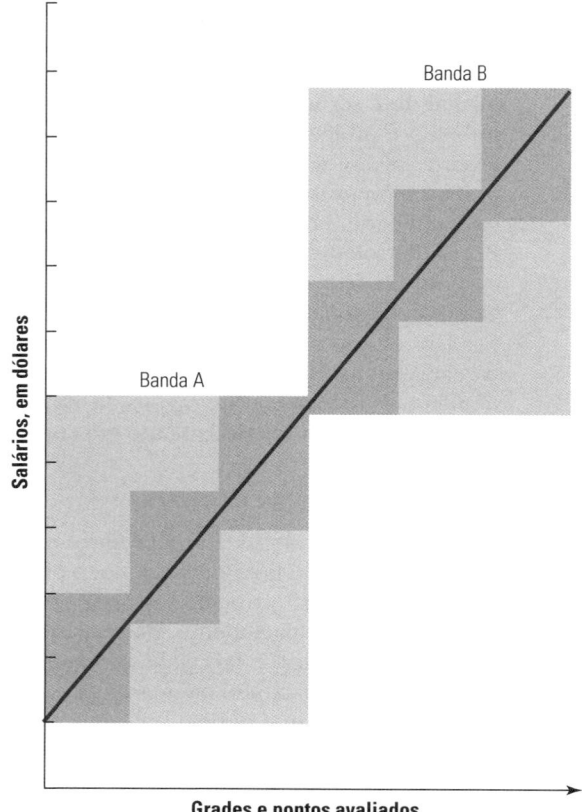

Eixo Y: Salários, em dólares
Eixo X: Grades e pontos avaliados
Banda A, Banda B

Remuneração e gestão de talentos

Como vimos nos capítulos anteriores, cada vez mais os empregadores estão segmentando seus empregados e investindo para que façam parte de projetos em que possam agregar mais valor em termos de estratégia empresarial. Por exemplo, a empresa de consultoria de gestão Accenture utiliza uma matriz 4x4 para classificar os empregados por desempenho (excepcional, alto, médio e baixo) e pelo valor para a organização (missão crítica, essencial, necessário e dispensável). Depois, ela aloca os recursos para definição de salários, dependendo da posição do empregado nessa matriz.[74]

Muitos empregadores consideram bastante vantajosa a utilização desse tipo de segmentação. Por exemplo, foi visto que uma empresa de telecomunicações designou salário uniformemente para seus 8 mil empregados. Durante a recessão, segmentou seus talentos conforme o impacto que o comportamento de cada empregado tinha sobre os negócios, classificando-os em "alto desempenho", "alto potencial" e "habilidades críticas". A partir desse momento, a empresa mudou seus critérios de aumentos salariais, tirando-os do que consideravam baixo desempenho e alocando-os nos de alto desempenho e alto potencial.[75]

Salários de executivos

Para executar um plano de remuneração para os executivos de uma empresa, os advogados especializados em remuneração de executivos sugerem que o conselho de administração, ou seja, os comitês de salário do conselho que costumam tomar decisões de remuneração dos executivos em grandes empresas,[76] sempre devem se perguntar o seguinte:

- O comitê de remuneração identificou completamente as funções e os processos da empresa?
- O comitê de remuneração tem os assessores de remuneração adequados?
- Há questões específicas de remuneração dos executivos que a comissão deve abordar?[77]
- Os procedimentos da empresa demonstram diligência e independência? (Exige deliberações cuidadosas e registros.)
- O comitê comunica de forma adequada as suas decisões? Como os acionistas vão reagir?[78]

Além disso, no caso brasileiro, a legislação prevê tratamentos diferenciados para alguns tipos de profissionais e formas de contratação para executivos. É o caso, por exemplo, dos Diretores de S/A (Sociedades Anônimas), que podem ou não ser empregados, sendo que suas atribuições, poderes e responsabilidades estão formalmente previstos na Lei n. 6.404/76, no Código Civil (artigos 1.016, 1.017 e 1.020) e nos estatutos da própria empresa. Há, inclusive, previsão de responsabilidades do diretor de sociedade anônima, que deverá ser solidária entre os demais executivos, perante a sociedade e os terceiros prejudicados. Também são responsáveis pela restituição de créditos ou bens sociais aplicados em proveito próprio, bem como possibilidade de sofrer sanções quando agirem com interesse contrário ao da sociedade.[79] Diante de tantas responsabilidades e previsões legais quanto a possíveis sanções, os diretores de S/A acabam negociando salários e pacote de remuneração que superam a observação de fatores desejáveis para o desempenho do cargo ou, ainda, de pesquisas salariais externas.

Programas de recompensas e de remuneração no futuro

Na busca pela competitividade no mercado, as empresas vêm enfrentando desafios econômicos bastante consideráveis, sobretudo a partir da globalização, quando empresas de vários países passam a preocupar-se com novos sistemas de produção e relações de trabalho, com vistas a aumentar produtividade e reduzir custos de fabricação. E, com relação a esse aspecto, as empresas têm dificuldade de garantir a retenção de seus empregados, sobretudo aqueles de alta qualificação profissional, dando origem a uma verdadeira "guerra por talentos", como denomina a empresa de consultoria empresarial McKinsey.[80] Pensando na continuidade desse possível clima de disputa pelos melhores profissionais do mercado, é natural que, a cada ano, os programas de remuneração passem a contar com inúmeras variáveis diferentes. Cada empresa tem funções que são estrategicamente cruciais para seu futuro e outras que, embora importantes, são apenas atividades de apoio. Empregadores orientados para a gestão de talentos terão que identificar os cargos estrategicamente cruciais para a organização e remunerá-los como tal, diferenciando-os dos demais. Esses novos profissionais também devem saber o que é esperado deles, para que seja possível um sistema de feedback contínuo. Os incentivos financeiros também são considerados uma parte importante do pacote de remuneração para esse nova geração. E as recompensas não financeiras, inclusive o reconhecimento pessoal, vão crescer em importância como suplementos para as recompensas financeiras.[81]

Essa última variável destaca a tendência em ver as recompensas não só em termos de remuneração, incentivos financeiros ou benefícios, mas como um pacote total de recompensas. Como observado anteriormente, os futuros programas de recompensa irão abranger os componentes de remuneração tradicionais, mas também questões como o reconhecimento e o redesenho de cargos mais desafiadores (como foi discutido no Capítulo 4, a respeito de descrição de cargo), maior autonomia no desempenho da função (por exemplo, a possibilidade de trabalhar em casa, no sistema home office), programas de saúde e bem-estar, além do treinamento e desenvolvimento de carreira. Alguns empregadores ainda distribuem recompensas anuais totais para os funcionários, para ajudá-los a apreciar toda a gama de recompensas que eles estão recebendo ao longo da sua carreira.

Revisão

RESUMO

1. No estabelecimento de planos de remuneração estratégicos, os gestores primeiro precisam entender alguns fatores básicos para determinar a remuneração. Remuneração de funcionários inclui os pagamentos financeiros diretos e indiretos. Os fatores que determinam o projeto de qualquer plano de pagamento incluem questões legais, sindicais, a estratégia da empresa/política e equidade. Considerações legais incluem, sobretudo, o princípio da isonomia salarial também foi visto (definido pelo art. 7º, incisos XXX, XXXI, XXXII, XXXIV da Constituição Federal de 1988 e pelos artigos 5º e 461 da Consolidação das Leis do Trabalho – CLT).

2. O processo de estabelecimento de remuneração, garantindo equidade externa, interna e processual

consiste de várias etapas, dentre elas: realização de uma pesquisa salarial, determinação do valor de cada trabalho, elaboração de uma avaliação do trabalho, agrupamento das funções compostas por dificuldades similares e precificação de cada nível salarial com curvas salariais, e com maior precisão no pagamento.

- Pesquisas salariais podem ser feitas por telefone ou internet, levantamentos informais ou formais realizados pelo empregador ou utilizando profissional e/ou pesquisas salariais do governo e comerciais.
- A avaliação do trabalho é a comparação sistemática feita para determinar o valor de um trabalho em relação a outro, com base em fatores de avaliação.
- Fatores de avaliação de cargos referem-se a elementos compensáveis de um trabalho, tais como habilidades e esforços.
- Métodos de avaliação de cargos mais populares incluem ranking, classificação profissional, como o método de pontos, por meio do qual é possível realizar uma análise de cargos e agrupá-los por departamento para que sejam avaliados na sequência.
- Uma vez que a comissão de avaliação de cargos determina o valor relativo de cada função, pode-se voltar para a tarefa de atribuir o pagamento para cada cargo, que inclui o passo de agrupar cargos em níveis para agilizar o processo.
- A equipe pode utilizar as curvas salariais para precificar cada nível e, depois, ajustar os salários.

3. Precificar cargos gerenciais e de profissionais especializados envolve algumas questões especiais. O pagamento gerencial consiste tipicamente em salário básico, incentivos de curto prazo, incentivos de longo prazo e demais benefícios. Nos níveis superiores, principalmente, não se faz a avaliação do cargo, mas leva-se em consideração a complexidade da função, a capacidade do empregador de pagar e a necessidade de ser competitivo na atração de talentos.

4. Mais empregadores estão migrando da remuneração com base nas funções intrínsecas do cargo para a remuneração com base nas competências dos ocupantes das vagas. A principal razão para isso é incentivar os funcionários a desenvolver as competências necessárias para que eles possam passar por diferentes funções sem problemas.

5. Outros tópicos importantes tratados sobre remuneração foram: faixa salarial, comitê de salários dos executivos, planos de remuneração dos executivos e programas de recompensa. A faixa salarial refere-se à consolidação de vários graus de salário para uma mesma faixa ou grupo salarial, podendo ter uma amplitude maior ou menor, que depende da mobilidade dos empregados na empresa. A faixa salarial também incentiva os funcionários a se mover livremente entre diferentes funções sem, necessariamente, alterar a nomenclatura do cargo. Já com relação ao comitê de salários dos executivos, com muitos acionistas preocupados com a excessiva remuneração dos executivos, esse comitê se tornou uma questão importante, devendo confiar essa responsabilidade para conselheiros qualificados, além de diligência e independência na formulação de planos de remuneração dos executivos. Finalmente, os programas de recompensa são aqueles que abrangem os componentes tradicionais de remuneração, mas também questões como o reconhecimento e o redesenho de cargos mais desafiadores, pensando nas necessidades da geração Y que passa a ocupar cada vez mais posições no mercado de trabalho.

PALAVRAS-CHAVE

remuneração 263
remuneração direta 263
remuneração indireta 263
princípio da isonomia salarial 264
princípio da irredutibilidade salarial 264
equiparação salarial na empresa 265
jornada de trabalho prevista em lei 265
banco de horas 266
avaliação de cargos 267
fator de avaliação de cargos 267
cargo-chave 268
método de escalonamento 269

método de classificação de cargos 271
classes ou grupos 271
método de pontos 271
curva salarial 274
sistema de remuneração competitivo com o mercado 275
pesquisa salarial 276
salários de acordo com grupos ou faixas salariais 278
salários para cada grupo ou faixa salarial 279
compa ratio 281
remuneração por competências 284
amplitude das faixas salariais 285

QUESTÕES PARA DISCUSSÃO

1. O que são cargos de referência dentro da atividade de análise de cargos?
2. Qual é a relação entre fatores de avaliação de cargos e especificações de cargo?
3. Compare e contraste os seguintes métodos de avaliação do trabalho: ranking, classificação e método de pontos.

4. Quais são os prós e os contras de faixas salariais, e o que você recomendaria ao seu atual empregador (ou alguma outra empresa com a qual esteja familiarizado) a utilizar como plano de remuneração para atrair e manter os melhores candidatos? Justifique sua resposta.
5. Nos Estados Unidos, foi divulgado que a remuneração média da maioria dos presidentes de universidades foi de cerca de US$ 250 mil por ano, mas que alguns ganharam muito mais. Por exemplo, o presidente da Universidade de Yale recebeu mais de US$ 1 milhão em 2012. Discuta por que se paga (ou não) aos presidentes de universidades tanto quanto, ou mais, do que muitos CEOs corporativos.
6. Defina e dê um exemplo de como conduzir uma avaliação de cargos.
7. Explique detalhadamente como estabelecer um plano de pagamento competitivo no mercado.
8. Explique como precificar cargos gerenciais e de profissionais especializados.

ATIVIDADES INDIVIDUAIS E EM GRUPOS

1. Trabalhando individualmente ou em grupo, realize pesquisas salariais para os seguintes cargos: contador pleno e engenheiro químico júnior. Quais as fontes que você usou e a quais conclusões chegou? Se você fosse o gerente de RH de uma empresa de engenharia local, quanto você recomendaria pagar para cada cargo?
2. Trabalhando individualmente ou em grupo, desenvolva políticas de remuneração para o cargo de caixa em um banco local. Suponha que há quatro caixas: dois foram contratados em maio e os outros dois em dezembro. As políticas de remuneração devem abordar o seguinte: avaliações, aumentos, feriados, férias, pagamento de horas extras, o método de pagamento e cartões de ponto.
3. Trabalhando individualmente ou em grupo, acesse sites relevantes para determinar faixas salariais adequadas para os seguintes cargos: engenheiro químico, gerente de marketing e gerente de RH, todos com um diploma de bacharel e cinco anos de experiência. Faça-o para as seguintes cidades: São Paulo, Salvador, Rio de Janeiro e Belo Horizonte. Para cada posição, em cada cidade, quais são as faixas de remuneração e a remuneração média? A localização geográfica impacta nos salários dos diferentes cargos? Em caso afirmativo, como?
4. Alguns executivos norte-americanos foram questionados por conta dos salários recebidos, que pareciam excessivos, dado o desempenho de suas empresas. Dentre esses, pode-se citar: um chefe de divisão do Citigroup ao qual era devido um bônus de US$ 97 milhões. Ao banco de investimentos Merrill Lynch pagou dezenas de milhões em bônus para os executivos, mesmo numa época de péssimos resultados, quando precisou ser salvo pelo Bank of America. No entanto, os grandes investidores institucionais não estão mais em silêncio, consentindo tudo o que acontece. Por exemplo, o gerente de pensões TIAA-CREF está falando com 50 empresas sobre os salários dos executivos. Você acha que esses investidores têm o direito de reclamar? Por quê?

Exercícios de aplicação

ESTUDO DE CASO EM RH: Empresa de Limpeza Carter

O novo plano de pagamento

Os centros de limpeza Carter não têm uma estrutura assalariada formal nem faixas salariais ou fatores de avaliação de cargos. Os salários são baseados principalmente nos outros da região, e há a tentativa, por parte de Jack Carter, de manter a aparência de equidade na remuneração entre o que recebem os trabalhadores com responsabilidades diferentes nas lojas.

Carter não faz quaisquer pesquisas formais para determinar quanto sua empresa deve pagar. Ele examina os anúncios de emprego quase todos os dias e realiza pesquisas informais entre seus amigos da lavanderia e junto à associação comercial de serviços de limpeza. Enquanto Jack faz uma abordagem "intuitiva e improvisada" para a remuneração dos seus funcionários, sua agenda de salário tem sido guiada por várias políticas básicas de pagamento. Embora muitos de seus colegas tenham a política de pagar salários bastante baixos, Jack tem seguido uma de pagar cerca de 10% acima do que ele entende que são as alíquotas vigentes, uma política com a qual ele acredita que reduz a rotatividade e promove a lealdade do empregado.

Perguntas

1. A empresa está no momento de criar uma estrutura formal de salários, com base em uma avaliação completa do trabalho? Por quê?
2. A política de Jack Carter de pagar 10% a mais do que os salários vigentes é interessante? Como isso poderia ser determinado?
3. Qual a diferença entre salário e remuneração variável?
4. Você acredita que um plano de remuneração variável poderia motivar os empregados da empresa? Como?

Exercício vivencial — Ranking dos administradores da faculdade

Objetivo: adquirir experiência na realização de uma avaliação do trabalho, utilizando o método de escalonamento simples.

Entendimento necessário: é preciso estar totalmente familiarizado com o método de classificação de avaliação de cargos e obter as descrições dos seguintes cargos: reitor da sua faculdade; coordenador de departamento; diretor do curso de administração de empresas; biblioteconomista; secretária da diretoria; e professor.

Instruções: divida a turma em grupos de quatro ou cinco alunos. Os grupos irão realizar uma avaliação dos cargos de reitor, coordenador de departamento e professor utilizando o método de escalonamento simples.

1. Realize uma avaliação de cargos a partir do método de classificação de cargos. É possível utilizar um ou mais fatores de avaliação? Em caso positivo, quais? Justifique.
2. Se o tempo permitir, um porta-voz de cada grupo pode expor seu ranking de cargos. Será que os grupos apresentam os mesmos resultados? Como é que eles diferem? Por que eles diferem?

Estudo de caso brasileiro

Os benefícios mais cobiçados no mercado de trabalho

Profissionais com cacife para assumir cargos de gerência e de gestão estão mais exigentes. A lista de benefícios que é colocada na mesa de negociações com as empresas na hora da contratação evoluiu, acompanhando o avanço da economia e do mercado de trabalho no País. Benefícios de praxe se sustentam, mas novos pedidos vêm sendo incorporados. Planos de saúde e de previdência privada, 14º salário e participação nos lucros ainda continuam com elevado interesse. Mas é cada vez maior a disposição para brigar por um carro da companhia, bolsas de estudo e ações dos grupos empresariais de capital aberto.

A constatação está em um levantamento realizado pela Page Personnel, multinacional de recrutamento especializada em seleções de executivos. A pesquisa abarcou toda a América Latina, porém, 70% dos 2,5 mil profissionais ouvidos estão no Brasil. A média de idade dos entrevistados é baixa: entre 20 e 30 anos, apontando, assim, para uma tendência duradoura no mercado.

Os carros corporativos são desejo de 12,8% dos profissionais. Hoje, é realidade de uma minoria: apenas 7,3% afirmaram contar com o benefício. O gerente executivo da Page Personnel, Luis Fernando Martins, analisa que o pedido tem atraído maior interesse pela possibilidade de o profissional contar com um ativo que não lhe trará dor de cabeça.

"Ele terá um automóvel e não vai precisar se preocupar em fazer cotação de seguro, pagar imposto sobre a propriedade de veículos automotores (IPVA), com a sua liquidez ou, ainda, a depreciação. Para as empresas, é um desejo fácil de ser atendido, pois não representa um custo muito alto, especialmente quando observado o retorno de interesse que trará", discorre.

No caso das ações, elas são restritas às empresas com negócios na Bolsa de Valores. "Reflete a vontade de os profissionais diversificarem sua pauta de investimentos de uma forma mais simples. Deixam de lado a corretora ou os fundos de investimentos e passam a aplicar na empresa onde depositam o suor do dia a dia. Para a companhia, mais uma vez, é interessante, pois realiza uma emissão de ações, captando recursos, e amplia os rendimentos de seus funcionários sem que isso represente aumento nos encargos trabalhistas. Acrescentando que isso gera maior comprometimento do executivo", resume Martins.

A pesquisa serve de alerta para as empresas familiares. Há um movimento forte no mercado de profissionalização na gestão dessas companhias como estratégia para encarar o novo desafio de concorrer diretamente com grupos multinacionais – situação comum no Nordeste, onde o crescimento em ritmo mais acelerado que a média nacional atraiu investidores.

"Não vão dar conta. Precisam de um pacote de benefícios forte de participação nos lucros e resultados, ampliar atrativos na mudança dos executivos e de suas famílias. Vale ressaltar, entretanto, que há gestores que veem na possibilidade de assumir uma empresa menor e transformá-la em um player uma grande oportunidade de carreira. É uma excelente história para o currículo."

Se alguns benefícios ganharam força, outros caminham lentamente para o limbo. A pesquisa aponta para a perda de interesse em "subsídios para alimentação" (44,2% dos consultados afirmaram não ser mais um diferencial), assim como reembolsos com transporte (22,4% deixaram de listar como atrativo).

Fonte: *Jornal do Comércio*, 17 mar. 2013. Disponível em: <http://jconline.ne10.uol.com.br/canal/economia/pernambuco/noticia/2013/03/17/os-beneficios-mais-cobicados-no-mercado-de-trabalho-76749.php>. Acesso em: 21 out. 2014.

Perguntas

1. Qual a importância dos benefícios na escolha de um novo emprego? Como os benefícios interferem na motivação dos empregados?
2. Explique por que alguns benefícios ganham ou perdem força ao longo do tempo para a atratividade de bons empregados.
3. De acordo com a atual Lei de Estágio, no Brasil, existe algum benefício obrigatório para estagiários contratados pelas empresas?

Notas

1. Rede norte-americana de supermercados, fundada como empresa familiar, em Rochester, Nova York, em 1916 e que, desde 1998, figurou por oito anos consecutivos na "*Fortune's 100 Best Companies to Work For*", além de ser considerada, até hoje, como uma das melhores empresas para se trabalhar nos Estados Unidos.
2. Elayne Robertson Demby, "Two Stores Refused to Join the Race to the Bottom for Benefits and Wages", *Workforce Management*, fev. 2004, p. 57-59. Disponível em: http://www.workforce.com/articles/two-stores-refuse-to-join-the-race-to-the-bottom. Acesso em: 2 dez. 2013.
3. De acordo com a legislação brasileira, o art. 78 da Consolidação das Leis do Trabalho (CLT), no caso de ser o salário ajustado por empreitada, ou convencionado por tarefa ou peça, garante ao trabalhador uma remuneração diária nunca inferior ao salário mínimo por dia normal da região, zona ou subzona.
4. Richard Henderson, *Compensation Management*, Reston, VA: RestonPublishing, 1980, p. 101-127; Stacey L. Kaplan, "Total Rewards in Action: Developing a Total Rewards Strategy", *Benefits & Compensation Digest* 42, n. 8, ago. 2005.
5. Demby, "Two Stores Refused to Join the Race".
6. Nicholas Wade, "Play Fair: Your Life May Depend on It", *The New York Times*, 12 set. 2003, p. 12.
7. Robert Bretz e Stephen Thomas, "Perceived Inequity, Motivation, and Final Offer Arbitration in Major League Baseball", *Journal of Applied Psychology*, jun. 1992, p. 280-282; Reginald Bell, "Addressing Employees' Feelings of Inequity: Capitalizing on Equity Theory in Modern Management", *Supervision* 72, n. 5, maio 2011, p. 3-6.
8. James DeConinck e Duane Bachmann, "An Analysis of Turnover Among Retail Buyers", *Journal of Business Research* 58, n. 7, jul. 2005, p. 874-882.
9. Michael Harris et al., "Keeping Up with the Joneses: A Field Study of the Relationships Among Upward, Lateral, and Downward Comparisons and Pay Level Satisfaction", *Journal of Applied Psychology* 93, n. 3, 2008, p. 665-673.
10. David Terpstra e Andre Honoree, "The Relative Importance of External, Internal, Individual, and Procedural Equity to Pay Satisfaction", *Compensation & Benefits Review*, nov./dez. 2003, p. 67-74.
11. Ibid., p. 68.
12. De acordo com a Súmula n. 6 do TST, foram previstas alterações, em 14.09.2012 (Res. 185/2012, DEJT), para a redação do art. 461, conforme segue: I - Para os fins previstos no § 2º do art. 461 da CLT, só é válido o quadro de pessoal organizado em carreira quando homologado pelo Ministério do Trabalho, excluindo-se, apenas, dessa exigência o quadro de carreira das entidades de direito público da administração direta, autárquica e fundacional aprovado por ato administrativo da autoridade competente. II - Para efeito de equiparação de salários em caso de trabalho igual, conta-se o tempo de serviço na função e não no emprego. III - A equiparação salarial só é possível se o empregado e o paradigma exercerem a mesma função, desempenhando as mesmas tarefas, não importando se os cargos têm, ou não, a mesma denominação. IV - É desnecessário que, ao tempo da reclamação sobre equiparação salarial, reclamante e paradigma estejam a serviço do estabelecimento, desde que o pedido se relacione com situação pretérita. V - A cessão de empregados não exclui a equiparação salarial, embora exercida a função em órgão governamental estranho à cedente, se esta responde pelos salários do paradigma e do reclamante. VI - Presentes os pressupostos do art. 461 da CLT, é irrelevante a circunstância de que o desnível salarial tenha origem em decisão judicial que beneficiou o paradigma, exceto se decorrente de vantagem pessoal, de tese jurídica superada pela jurisprudência de Corte Superior ou, na hipótese de equiparação salarial em cadeia, suscitada em defesa, se o empregador produzir prova do alegado fato modificativo, impeditivo ou extintivo do direito à equiparação salarial em relação ao paradigma remoto. VII - Desde que atendidos os requisitos do art. 461 da CLT, é possível a equiparação salarial de trabalho intelectual, que pode ser avaliado por sua perfeição técnica, cuja aferição terá critérios objetivos. VIII - É do empregador o ônus da prova do fato impeditivo, modificativo ou extintivo da equiparação salarial. IX - Na ação de equiparação salarial, a prescrição é parcial e só alcança as diferenças salariais vencidas no período de 5 (cinco) anos que precedeu o ajuizamento. X - O conceito de "mesma localidade" de que trata o art. 461 da CLT refere-se, em princípio, ao mesmo município, ou a municípios distintos que, comprovadamente, pertençam à mesma região metropolitana.
13. Millicent Nelson et al., "Pay Me More: What Companies Need to Know About Employee Pay Satisfaction", *Compensation & Benefits Review*, mar./abr. 2008, p. 35-42.
14. As desigualdades de pagamento podem se manifestar de maneiras inesperadas. Pesquisadores observaram o impacto de manter a remuneração em segredo, em vez de divulgá-la nas avaliações de desempenho individuais dos empregados. Eles descobriram que empregados considerados mais intolerantes diante das desigualdades na forma de recompensa reagiram negativamente em seu desempenho após lhes serem omitidas informações e critérios sobre as recompensas nas empresas. Peter Bamberger e Elena Belogolovsky, "The Impact of Pay Secrecy on Individual Test Performance", *Personnel Psychology* 60, n. 3, 2010, p. 965-996.
15. Henderson, Compensation Management; veja também Barry Gerhart e Sara Rynes, Compensation: Theory, Evidence, and Strategic Implications, Thousand Oaks, CA: Sage, 2003; Joseph Martocchio, *Strategic Compensation*, Upper Saddle River, NJ: Prentice Hall, 2006, p. 67-94.
16. Disponível em: <http://portal.mte.gov.br/seg_desemp/>. Acesso em: 23 fev. 2014.
17. Disponível em: <http://www.guiatrabalhista.com.br/guia/banco_horas.htm>. Acesso em: 15 jan. 2014.
18. Peg Buchenroth, "Driving Performance: Making Pay Work for the Organization", *Compensation & Benefits Review*, maio/jun. 2006, p. 30-35.
19. Jessica Marquez, "Raising the Performance Bar", *Workforce Management*, 24 abr. 2006, p. 31-32.
20. Demby, "Two Stores Refuse to Join the Race". Disponível em: <www.hoovers.com/company/Wegmans_Food_Markets_Inc/cfhtji-1.html>. Acesso em: 1º jun. 2011.
21. Ibid.
22. Ibid.
23. Joseph Martocchio, *Strategic Compensation*, Upper Saddle River, NJ: Pearson Education, 2011, p. 140.
24. Ibid., p. 138. Veja também Nona Tobin, "Can Technology Ease the Pain of Salary Surveys?" *Public Personnel Management* 31, n. 1, primavera 2002, p. 65-78.
25. Disponível em: <http://www.haygroup.com/ww/services/index.aspx?ID=11>. Acesso em: 31 ago. 2012.
26. A análise de cargos, como discutida no Capítulo 4, pode ser uma fonte útil de informação sobre os fatores de avaliação de cargos a serem usados pela empresa bem como para descrições de cargo (*job description*) e possíveis especificações sobre os desejáveis ocupantes daquela vaga. Por exemplo, uma técnica de análise quantitativa de trabalho, como o questio-

nário de análise de cargo, gera informação quantitativa sobre o nível em que os cinco fatores básicos a seguir estão presentes em cada trabalho: tomada de decisões, comunicação ou responsabilidade social, atividades qualificadas, aptidão física, experiência no uso e manejo de veículos operacionais ou equipamentos e processamento de informações. Como resultado, uma técnica de análise de cargos como os questionários para análise da função desempenhada (ou PAQ – *position analysis questionnaire*) é mais bem usada para a finalidade de avaliação futura de cada cargo, a partir das informações obtidas pelos próprios ocupantes da vaga. Outro ponto digno de nota é que a empresa pode entender que um único conjunto de fatores de avaliação de cargos não é suficiente para descrever todos os trabalhos desempenhados em determinado cargo. Essa é outra razão pela qual muitos gestores acabam agrupando alguns cargos antes de dar início à sua avaliação. Por exemplo, você pode ter fatores de avaliação diferentes para um grupo de cargos separado para os operários de fábrica (cargos operacionais) e outros para os trabalhadores de escritório (cargos administrativos).

27. Alguns programas ou aplicativos podem ajudar na classificação de cargos. Disponível em: <http://www.hr-guide.com/data/G909.htm>. Acesso em: 7 mar. 2014.
28. John Kilgour, "Job Evaluation Revisited: The Point Fator Method", *Compensation & Benefits Review*, jul./ago. 2008, p. 40.
29. Martocchio, *Strategic Compensation*, p. 140.
30. Para uma discussão, veja Roger Plachy, "The Point Factor Job Evaluation System: A Step-by-Step Guide, Part I", *Compensation & Benefits Review*, jul./ago. 1987, p. 12-27; Roger Plachy, "The Case for Effective Point-Fator Job Evaluation, Viewpoint I", *Compensation & Benefits Review*, mar./abr. 1987, p. 45-48; Roger Plachy, "The Point-Fator Job Evaluation System: A Step-by-Step Guide, Part II", *Compensation & Benefits Review*, set./out. 1987, p. 9-24; John Kilgour, "Job Evaluation Revisited: The Point Fator Method", *Compensation & Benefits Review*, jul./ago. 2008, p. 37-46.
31. Martocchio, *Strategic Compensation*, p. 141.
32. Kilgour, "Job Evaluation Revisited", p. 37-46.
33. Ibid.
34. Ibid.
35. Ibid.
36. Ibid.
37. Ibid.
38. Ibid. Claro que o nível de atividade econômica influencia as expectativas de compensação. Por exemplo, aumentos salariais foram menores do que o esperado em 2010 por conta de uma economia desacelerada, mas estava previsto aumentar significativamente em 2011. Fay Hansen, "Currents in Compensation and Benefits", *Compensation & Benefits Review* 42, n. 6, 2010, p. 435.
39. Martocchio, *Strategic Compensation*, p. 151.
40. Kilgour, "Job Evaluation Revisited", p. 37-46.
41. Henderson, *Compensation Management*, p. 260-269. Veja também "Web Access Transforms Compensation Surveys", *Workforce Management*, 24 abr. 2006, p. 34.
42. Disponível em: <http://www.bls.gov/bls/wages.htm>. Acesso em: 7 mar. 2014.
43. Disponível em: <http://www.ibge.gov.br/home/estatistica/populacao/mapa_mercado_trabalho/>. Acesso em: 7 mar. 2014.
44. Disponível em: <http://www3.mte.gov.br/geral/estatisticas.asp>. Acesso em: 7 mar. 2014.
45. Disponível em: <http://stats.bls.gov/oes/current/oes_nat.htm>. Acesso em: 7 mar. 2014.
46. Para mais informações sobre essas pesquisas, veja o folder da empresa, "Domestic Survey References", Watson Wyatt Data Services, 218 Route 17 North, Rochelle Park, NJ 07662. Disponível em: <www.watsonwyatt.com/search/publications.asp?ArticleID=21432>. Acesso em: 29 out. 2009.
47. Disponível em: <http://datafolha.folha.uol.com.br/salarios>. Acesso em: 7 mar. 2014.
48. Disponível em: <http://www3.catho.com.br/salario/action/site/index.php>. Acesso em: 7 mar. 2014.
49. Disponível em: <http://www.salariobr.com>. Acesso em: 7 mar. 2014.
50. Algumas empresas adotam nomenclaturas para seus cargos a partir do Código Brasileiro de Ocupações (CBO), documento que reconhece, nomeia e codifica os títulos e descreve as características das ocupações do mercado de trabalho brasileiro. Disponível em: <http://www.mtecbo.gov.br/cbosite/pages/saibaMais.jsf>. Acesso em: 7 mar. 2014.
51. Kilgour, "Job Evaluation Revisited," p. 37-46.
52. De acordo com o princípio da irredutibilidade de salários, previsto pelo artigo 468 da CLT.
53. Ibid.
54. David W. Belcher, *Compensation Administration*, Upper Saddle River, NJ: Prentice Hall, 1974, p. 257-276; Nicola Sulliva, "Serco Introduces Pay Grade Structure for Senior Staff", *Employee Benefits*, jul. 2010, p. 5.
55. Disponível em: <www.opm.gov/oca/11tables/html/gs.asp>. Acesso em: 1 jun. 2011.
56. Martocchio, *Strategic Compensation*, p. 185.
57. Ibid., p. 189.
58. Kilgour, "Job Evaluation Revisited", p. 37-46.
59. Mark Meltzer e Howard Goldsmith, "Executive Compensation for Growth Companies", *Compensation & Benefits Review*, nov./dez. 1997, p. 41-50; Martocchio, *Strategic Compensation*, p. 421-428. Veja também "Realities of Executive Compensation – 2006/2007 Report on Executive Pay and Stock Options". Disponível em: <www.watsonwyatt.com/research/resrender.asp?id=2006-US-0085&page=1>. Acesso em: 20 maio 2007.
60. Decisões do Tribunal Superior do Trabalho (TST) vêm balizando a escolha de empresas por remunerar executivos e empregados – até mesmo de chão de fábrica – por meio de stock options. As decisões da Corte são no sentido de que o valor das stock options não integram o salário. Na prática, isso quer dizer que sobre esses valores não incidem as contribuições previdenciárias, nem há reflexos sobre verbas trabalhistas como férias, 13º salário e fundo de garantia por tempo de serviço (FGTS). Disponível em <http://abdir.jusbrasil.com.br/noticias/2170842/tst-decide-que-acoes-nao-integram-salario>. Acesso em: 7 mar. 2014.
61. James Reda, "Executive Pay Today and Tomorrow", *Corporate Board* 22, n. 126, jan. 2001, p. 18.
62. Syed Tahir Hijazi, "Determinants of Executive Compensation and Its Impact on Organizational Performance", *Compensation & Benefits Review* 39, n. 2, mar./abr. 2007, p. 58-67.
63. Por exemplo, um livro argumenta que os executivos das grandes empresas usam o seu poder para serem remunerados de maneira que não são relacionadas com o desempenho. Lucian Bebchuk e Jesse Fried, *Pay Without Performance*: The Unfulfilled Promise of Executive Compensation, Boston: Harvard University Press, 2004.
64. Disponível em: <http://uk.reuters.com/article/2010/02/23/uk-hsbc-idUK-TRE61M6FT20100223>. Acesso em: 15 jan. 2014.
65. Veja Martocchio, *Strategic Compensation*; Patricia Zingheim e Jay Schuster, "Designing Pay and Rewards in Professional Services Companies", *Compensation & Benefits Review*, jan./fev. 2007, p. 55-62.
66. Farhad Manjoo, "Engineers to the Valley: Pay Up", *Fast Company* 153, n. 38, mar. 2011.
67. O termo startup passou a ser empregado no Brasil durante a bolha da internet, entre 1996 e 2001, e refere-se a um grupo de pessoas que se reuniram a fim de criar um modelo de negócios replicável e escalável, ou seja, capaz de entregar o mesmo produto em grande escala e com mesma qualidade, trabalhando em condições de extrema incerteza. Neste caso, a obra considera startup como

68. uma empresa ainda em fase de desenvolvimento e no início de sua operação (NE). Disponível em: <http://exame.abril.com.br/pme/noticias/o-que-e-uma-startup/>. Acesso em: 21 jan. 2014.
68. Disponível em: <http://blogs.estadao.com.br/jt-seu-bolso/alta-procura-faz-salario-de-engenheiro-subir-20/>. Acesso em: 4 dez. 2013.
69. Dimitris Manolopoulos, "What Motivates Research and Development Professionals? Evidence from Decentralized Laboratories in Greece", *International Journal of Human Resource Management* 17, n. 4, abr. 2006, p. 616-647.
70. Veja Robert Heneman e Peter LeBlanc, "Development of and Approach for Valuing Knowledge Work", *Compensation & Benefits Review*, jul./ago. 2002, p. 47.
71. Gerald Ledford Jr., "Paying for the Skills, Knowledge, and Competencies of Knowledge Workers", *Compensation & Benefits Review*, jul./ago. 1995, p. 56; Veja também P. K. Zingheim et al., "Competencies and Rewards: Substance or Just Style?", *Compensation and Benefits Review* 35, n. 5, set./out. 2003, p. 40-44.
72. Joseph Martocchio, *Strategic Compensation*, p. 168.
73. Frank Giancola, "Skill-Based Pay: Fad or Classic?", *Compensation & Benefits Review* 43, n. 4, 2011, p. 220-226.
74. "The New Talent Equation". Disponível em: <www.accenture.com/NR/rdonlyres/7438E440-F7D5-4F81-B012-8D3271891D92/0/Accenture_Outlook_The_New_Talent_Equation.pdf>. Acesso em: 9 nov. 2010.
75. "Five Rules for Talent Management in the New Economy". Disponível em: <www.towerswatson.com/viewpoints/2606>. Acesso em: 9 nov. 2010.
76. Society for Human Resource Management, "Changing Leadership Strategies", *Workplace Visions*, n. 1, 2008, p. 3.
77. Para uma discussão sobre algumas das questões consideradas em um acordo executivo de emprego, veja: Jonathan Cohen e Laura Clark, "Is the Executive Employment Agreement Dead?" *Compensation & Benefits Review*, jul./ago. 2007, p. 50-55.
78. Ibid. Veja também Brent Longnecker e James Krueger, "The Next Wave of Compensation Disclosure", *Compensation & Benefits Review*, jan./fev. 2007, p. 50-54.
79. Disponível em: <http://www.granadeiro.adv.br/template/template_clipping.php?Id=1163>. Acesso em: 23 fev. 2013.
80. Baseado em Howard Risher, "Planning and Managing Tomorrow's Pay Programs", *Compensation & Benefits Review*, jul./ago. 2008, p. 30-35.
81. Frank L. Giancola, "A Framework for Understanding New Concepts in Compensation Management", *Benefits & Compensation Digest* 46, n. 9, set. 2009, p. 7, 13-16; Georgina Fuller, "Total Reward Statements", *Employee Benefits*, jan. 2011, p. 47.

11

Remuneração por desempenho e planos de benefícios[I]

Neste capítulo, vamos abordar...

Planos individuais de incentivo
Planos de incentivo de equipes e organizacionais
Planos de benefícios e serviços
Benefícios assistenciais e seguros para empregados
Aposentadoria e outros benefícios
Benefícios familiares

Fonte: Joy Brown/Shutterstock

Objetivos de aprendizagem

Quando terminar o estudo deste capítulo, você será capaz de:
1. Discutir os principais incentivos individuais para os empregados.
2. Entender vantagens e desvantagens do uso de comissões ou prêmios, em vez de salários fixos.
3. Nomear e definir os planos de incentivo mais utilizados nas organizações.
4. Listar e discutir os principais tipos de licença e seguro para os empregados.
5. Descrever os principais benefícios de aposentadoria.
6. Listar e discutir os possíveis serviços e benefícios oferecidos pelas empresas para empregados e familiares.

Introdução

Assim como para muitas empresas, o controle de custos faz parte da estratégia da NES Rentals Holdings, fornecedora de equipamentos de construção, como plataformas elevatórias.[1] A questão é: como ela pode cortar custos com pessoal e, ainda assim, manter sua boa reputação? Os planos de salário e remuneração, discutidos no Capítulo 10, representam apenas parte dos pacotes de compensação total oferecidos pela maioria dos empregadores. Praticamente todos os empregadores também oferecem benefícios, como planos de seguro de vida e assistência médica para os empregados, além de cada vez mais empresas, atualmente, passarem a oferecer pagamento de incentivos, como prêmios e bônus de fim de ano. Neste capítulo, vamos estudar os incentivos e os planos de benefícios.

[I] N. do R.T.: Vale a pena ressaltar que este capítulo, por se tratar de parte de obra traduzida, está defasado em termos de administração de pessoal por não considerar o eSocial implantado pelo MTE em 2013-2014 como forma de aumentar o rigor do controle sobre os dados de gestão de pessoas nas organizações quanto a obrigações e obrigações acessórias.

Remuneração variável
Toda e qualquer remuneração variável considera a produtividade ou a rentabilidade do empregado para determinar seus ganhos. Esse tipo de remuneração difere do salário na medida em que é entendido apenas como a contraprestação mínima devida ao empregado, considerando-se o cargo ocupado ou as peças produzidas, ao contrário da remuneração, que engloba, além do salário, benefícios, prêmios, bônus etc.

Planos individuais de incentivos

Com o intuito de alcançar os resultados organizacionais propostos, os empregadores podem utilizar vários tipos de incentivo. Para nortear essa discussão, as seguintes seções do plano de incentivos (e reconhecimento) serão organizadas em torno de cada empregado, plano de equipe e planos de incentivo de toda a organização, para, então, tratar dos planos de benefícios.

Tradicionalmente, todos os planos de incentivo são planos de remuneração por desempenho, pois os trabalhadores recebem por seu desempenho na função para a qual foram contratados.[2] O termo **remuneração variável** geralmente se refere a planos de incentivo que complementam o salário acordado, a partir da rentabilidade da empresa[3] – como é o caso dos planos de participação nos lucros e resultados (PLR), que serão discutidos mais adiante – ou, ainda, a partir do desempenho demonstrado no exercício do seu cargo, funcionando como planos individuais de incentivo.[4] Sendo assim, primeiro, serão discutidos os planos de incentivo individuais que visam, essencialmente, incentivar os trabalhadores.

Salário por peça

> OBJETIVO DE APRENDIZAGEM 1
> Discutir os principais incentivos individuais para os empregados.

Trata-se do plano de incentivo individual mais antigo praticado pelas empresas. Nele, paga-se ao empregado uma quantia em dinheiro, correspondente a cada unidade por ele produzida. Atualmente, essa produção é mais fácil de ser verificada em processos de terceirização, quando o empregador contrata outras empresas ou trabalhadores para a confecção de produtos ou serviços. Isso porque a legislação brasileira não permite o pagamento de um salário inferior ao valor previsto para o salário mínimo vigente, impossibilitando a contratação de empregados para pagamento apenas de valores por peça produzida.

O que se verifica mais facilmente dentro das empresas é um pagamento adicional decorrente da produtividade (prêmio produtividade) para o empregado que produz acima do número médio de peças fabricadas, o que permite o compartilhamento dos ganhos de produtividade entre empregador e empregados.[5]

Planos de incentivo e a Lei

Salário por hora trabalhada
Pagamento que prevê um valor fixo por hora trabalhada. Tem por base o tempo trabalhado, em vez dos resultados trazidos para a empresa.

Salário mensal
Fixado a partir do cargo ocupado pelo empregado, independentemente de resultados trazidos para a organização.

Há considerações legais sobre modalidades de salário e outros planos de incentivo para os empregados, determinando claramente a diferença entre salário (como visto anteriormente) e outras formas de incentivo, a fim de que seja estabelecido, por exemplo, se o pagamento de determinado incentivo incorpora o salário do empregado, para efeito de incidência de encargos trabalhistas. Na prática, isso significa que um empregado com salário mensal de R$ 1,5 mil e que recebe em média R$ 500 de prêmios ou comissões por mês, por conta da produtividade, deverá ter suas férias, 13º salário e aviso prévio, por exemplo, calculados sobre R$ 2 mil – soma do salário mensal e dos incentivos. Nota-se, portanto, que os planos de incentivo, grosso modo, incorporam o salário do empregado.[6]

Entretanto, nesse caso, o pagamento de PLR[7] é excluído dessa integralização do salário (inclusive livres da incidência de encargos previdenciários), na medida em que se trata de indenização paga aos empregados e não de verba com natureza salarial.

Aumento salarial como incentivo

Pagamento por mérito (aumento por mérito)
Todo e qualquer aumento de salário concedido ao empregado com base em seu desempenho individual. Trata-se, basicamente, de promoção, com a consequente alteração de salário ou faixa salarial.

Pagamento por mérito, ou **aumento por mérito**, representa qualquer aumento salarial para um empregado com base em seu desempenho individual. É diferente de um bônus, que é dado apenas uma vez, uma vez que um aumento salarial modifica definitivamente o salário-base do empregado. Também é diferente de "gratificação de função", que representa um aumento salarial de caráter transitório, concedido ao empregado que passa a ter maior responsabilidade no exercício de uma nova função, que pode ser de comando ou de confiança.[8]

Os aumentos salariais por mérito (decorrentes do deslocamento do empregado nas faixas salariais ou, ainda, de promoções, ou seja, deslocamento entre faixas salariais) levam em consideração o merecimento individual de cada empregado, razão pela qual são considerados parte dos planos de incentivos, ao contrário de simples aumentos salariais concedidos para todos os empregados da empresa ou de determinados departamentos, por exemplo. Entretanto, muitos profissionais argumentam que é necessário atenção redobrada aos processos de avaliação de desempenho para que as promoções tenham critérios claros e transparentes para ocorrer. O contrário disso poderia desencadear um clima de insatisfação e falta de motivação entre os demais empregados.[9]

Já os **prêmios** são pagos aos empregados como recompensa ou incentivo para a execução de suas tarefas e, normalmente, obedecem a critérios específicos para sua concessão. Diferem dos aumentos salariais na medida em que estes modificam em definitivo o salário do empregado, enquanto os prêmios podem variar de acordo com os resultados alcançados ou o desempenho do empregado. A grande dificuldade das empresas é a fixação de metas para o pagamento dos prêmios, sendo que o ideal é levar em consideração não apenas o desempenho dos empregados no exercício de suas funções, mas, sobretudo, a lucratividade trazida para a empresa.

UMA OPÇÃO Para fixar critérios mais justos para a concessão de prêmios, pode-se vincular desempenho individual e organizacional. Os desempenhos da empresa e do empregado recebem o mesmo peso no cálculo do pagamento por mérito. Na Tabela 11.1, um desempenho excepcional receberia 70% de seu prêmio máximo fixo, mesmo que o desempenho da organização fosse regular. No entanto, os empregados com desempenho regular ou inaceitável não receberiam prêmios de montante fixo, mesmo que o desempenho da empresa tenha sido excelente.

TABELA 11.1 Exemplo de matriz de determinação dos prêmios por mérito.

Avaliação de desempenho do empregado (peso = 0,50)	Desempenho da empresa (peso = 0,50)				
	Excepcional	Excelente	Bom	Regular	Inaceitável
Excepcional	1,00	0,90	0,80	0,70	0,00
Excelente	0,90	0,80	0,70	0,60	0,00
Bom	0,80	0,70	0,60	0,50	0,00
Regular	—	—	—	—	—
Inaceitável	—	—	—	—	—

Nota: para determinar o valor do prêmio de cada funcionário neste exemplo: (1) multiplica-se o salário-base do empregado pelo seu prêmio máximo de incentivo determinado pela empresa (p. ex., 20% sobre salário) e (2) multiplica-se o produto resultante pela porcentagem adequada a partir desta tabela. Por exemplo, se um empregado tinha um salário-base de R$ 20 mil e um prêmio máximo de 20% de incentivo, e se o seu desempenho e o da organização foram excelentes (peso correspondente a 0,8), o prêmio do empregado seria R$ 3,2 mil (20.000 × 0,2 × 0,80 = 3.200).

Incentivos para os profissionais especializados

Profissionais especializados ou especialistas são aqueles cujo trabalho envolve a aplicação de conhecimentos específicos e técnicos, adquiridos para a solução dos problemas do empregador, tais como advogados, engenheiros e técnicos.

Tomar decisões sobre pagamento de incentivo para esses empregados é um desafio, pois eles, geralmente, são bem remunerados e lhes é exigido um trabalho de alto gabarito, muitas vezes com soluções inovadoras, que devem ser reconhecidas. Seguindo essa linha, por exemplo, o Google supostamente paga maiores incentivos para os engenheiros que trabalham em projetos importantes.[10]

Aliás, planos diferenciados de carreira, como *carreiras Y* (que será detalhada adiante), são outra forma possível de gerenciar a remuneração de profissionais especializados. Para muitos empregadores, a oferta de melhores salários ou prêmios para alguns empregados poderia significar a necessidade de que trocassem uma área técnica pela área de gestão. No entanto, nem todos os profissionais querem isso. Muitas vezes, eles são excelentes profissionais técnicos, mas sem competências específicas para gerenciamento de subordinados, por exemplo. Assim, alguns empregadores entenderam viável a instauração de um modelo de carreira Y, ou carreiras paralelas, por meio do qual a escolha entre área técnica ou de gestão depende dos interesses do empregado, sem qualquer prejuízo a salários ou prêmios.

Tomar decisões sobre pagamento de incentivo para profissionais especializados é um desafio. Se, por um lado, as empresas costumam pagar bem a esses profissionais, por outro, eles devem produzir um trabalho de alto gabarito.

Fonte: Paul Bradbury/Alamy

Reconhecimento baseado em prêmios não financeiros

Até agora, falou-se sobre planos de incentivo de ordem financeira. Mas as empresas também podem adotar programas de reconhecimento e oferecer recompensas não financeiras. O termo *programa de reconhecimento* geralmente refere-se a programas formais, como os de funcionário do mês, por exemplo. *Programa de reconhecimento social*, em geral, refere-se a trocas informais entre gerente e empregado, como elogios ou expressões de apreço. O *feedback sobre o desempenho* significa fornecer informações quantitativas ou qualitativas sobre o desempenho do empregado, por meio da apresentação de gráficos com a sua tendência de desempenho, por exemplo, com o intuito de mudar ou manter seu comportamento e produtividade.[11]

Estudos mostram que o *reconhecimento* tem um impacto positivo sobre o desempenho do empregado, quer isoladamente ou em conjunto com prêmios financeiros.[12] Em uma pesquisa, 89% das empresas consultadas informaram ter programas de reconhecimento formais, para reconhecer o desempenho, o atendimento, a segurança e os grandes acontecimentos da vida do empregado.[13]

Muitos empregadores estão automatizando seus programas de reconhecimento. Por exemplo, a empresa de software norte-americana Intuit mudou sua forma de reconhecer o empregado. O que antes englobava prêmios por anos de serviço, patentes e programas de bem-estar, panorama que envolvia vários fornecedores, passou, há vários anos, para apenas um programa: a Globoforce. De acordo com os gestores da empresa, esse movimento "permitiu adquirir eficiência e maior eficácia" na gestão dos programas.[14] Uma pesquisa também aponta que as recompensas mais utilizadas para influenciar a motivação dos empregados (de cima para baixo, do mais para o menos utilizado) foram:[15]

- reconhecimento do empregado;
- vale-presente;
- eventos especiais;
- recompensas em dinheiro;
- incentivos em mercadorias;
- comunicações por e-mail e impressas;
- programas de treinamento;
- benefícios ligados à vida pessoal;
- remuneração variável;

- viagens em grupo;
- viagens individuais;
- sorteios.

PERSPECTIVA GLOBAL Para evitar que um determinado tipo de benefício possa ter alguma repercussão diferente, o gerente deve considerar fatores culturais para fazer concessões. Por exemplo, uma empresa deu um prêmio de quatro dólares para seus funcionários de Singapura, como presente pelo ano novo Chinês, descobrindo apenas depois que, em muitas culturas asiáticas, o número quatro tem conotação de morte.[16]

DESENHO DO CARGO Embora, geralmente, não seja considerado um incentivo, o desenho do cargo ou conjunto de funções inerentes ao cargo (*job description*) pode influenciar significativamente a motivação e a retenção dos empregados. Um estudo concluiu que a responsabilidade e o feedback do trabalho foram, respectivamente, o quinto e o sétimo fatores mais importantes no envolvimento dos empregados.[17] O desenho de cargo (veja os capítulos 4 e 10) é, portanto, uma parte útil do programa de recompensas totais do empregador.

PRÊMIOS COM BASE ON-LINE E TI Os programas de incentivo podem ser caros e complicados de administrar.[18] Acompanhar o desempenho de dezenas ou centenas de pessoas e calcular os incentivos individuais dos empregados é demorado. Como solução, o mercado tem oferecido vários modelos de sistemas de gestão de incentivos empresariais que automatizam o planejamento, a análise e a gestão de planos de remuneração de incentivo.[19]

> **OBJETIVO DE APRENDIZAGEM 2**
> Discutir as vantagens e as desvantagens do uso de comissões ou prêmios, em vez de salários fixos.

Incentivos para vendedores

Planos de remuneração de vendas podem se concentrar em salário, comissões ou em uma combinação dos dois.[20]

PLANO DE SALÁRIO Algumas empresas optam por pagar salários fixos a seus vendedores, incluindo, às vezes, incentivos ocasionais na forma de gratificações, prêmios de vendas e assim por diante.[21] Salários fixos fazem sentido quando a tarefa principal envolve manutenção ou prospecção de clientes. Muitas empresas, como a concessionária norte-americana Buick-GMC, oferecem salário fixo para os vendedores, apesar de terem metas definidas a serem cumpridas. Nesse caso, os empregados devem vender no mínimo oito carros por mês.[22]

A escolha pelo salário fixo também facilita a mudança da área de atuação ou a transferência dos vendedores, possibilitando a promoção e a reformatação da equipe de vendas. A principal desvantagem é que não motiva o alto desempenho dos empregados, que, independentemente dos esforços prestados, recebem o mesmo salário que os demais.[23]

PLANO DE COMISSÃO Em contrapartida, empresas que optam pelos planos de comissão pagam aos vendedores apenas pelos resultados obtidos. Tais planos tendem a atrair vendedores de alto desempenho, que sabem que o esforço produz frutos e, consequentemente, uma remuneração maior. Os custos de venda são proporcionais às vendas em vez de fixos, o que faz com que sejam bem menores se comparados àqueles praticados por empresas que oferecem salário fixo, benefícios e recolhimento de encargos sociais, além das comissões sobre vendas, para seus empregados. Esse é um plano fácil de entender e calcular. As alternativas incluem bônus por cota (para atender cotas particulares); comissões diretas; programas de gestão por objetivos (pagamento baseado em indicadores específicos); programas de ranking (recompensa pelo alto desempenho).[24]

Esse tipo de plano, entretanto, desacompanhado de salário fixo, somente é permitido para contratação de vendedores autônomos ou representantes comerciais, sem vínculo empregatício com a empresa. No caso de pagamento para vendedores com vínculo empregatício, é necessário que a empresa garanta ao empregado, pelo menos, o salário mínimo ou o piso salarial da categoria profissional, o que acaba elevando os custos fixos do empregador.

Além disso, esse modelo também pode trazer problemas significativos em sua gestão. Por exemplo, nos planos ou contratos mal concebidos, os vendedores contratados podem se concentrar apenas em finalizar as vendas, deixando de lado importantes pontos como a venda de itens mais difíceis de serem comercializados (uma vez que se concentram em produtos mais fáceis de vender e de valor elevado, com o intuito de aumentarem sua remuneração)[25] e até mesmo a falta de preocupação com o pós-venda, que pode indicar necessidades presentes ou futuras dos clientes quanto ao produto ou serviço adquirido. Na maioria das empresas, uma parcela significativa das vendas em um ano reflete apenas a repetição das vendas do ano anterior, fato que não demanda grande esforço por parte da equipe (denominado carry-over). O questionamento que deve ser feito pelo empregador é: por que, então, pagar à equipe uma comissão em todas as vendas do ano corrente se algumas delas não são "novas" vendas do ano em curso?[26]

Plano combinado

Na prática, a maioria das empresas, por sua vez, paga aos vendedores uma combinação de salário e comissão. O acordo de cerca de 70% de salário-base mais 30% de incentivo amortece o risco de queda de rendimento do vendedor e limita o risco de a empresa perder o controle do valor a ser pago em comissões,[27] sobretudo no caso brasileiro, em que elas integram o valor do salário para efeito de incidência de encargos sociais. Dentro do plano combinado, existem inúmeras opções. No plano "salário mais comissão", o vendedor é pago com base em comissões, mas conta com o recebimento de salário mínimo ou piso salarial da categoria profissional, garantindo sua sobrevivência mesmo nos períodos de vendas em baixa. Além das comissões, as empresas também podem estabelecer prêmios ou bônus para os empregados para atividades dirigidas, como a venda de itens de baixa rotatividade ou captação de clientes específicos. A pesquisa revela que, entre outras coisas, os vendedores de alto desempenho gastam mais de 264 horas por ano em atividades de vendas de alto valor (por exemplo, prospecção, apresentações e fechamento de vendas) do que vendedores de baixo desempenho.[28]

Incentivos para gerentes e executivos

O pacote básico de recompensa salarial para executivos – incentivos de curto e longo prazo – deve estar alinhado com os objetivos estratégicos da empresa. Especialistas em remuneração perguntam: "qual é nossa estratégia e quais são nossos objetivos estratégicos?". Depois decidem quais são os comportamentos em longo prazo (aumento de vendas, redução de custos e assim por diante) que os executivos devem ter para atingir os objetivos estratégicos da empresa. Por fim, moldam cada componente do pacote de remuneração dos executivos (salário-base, incentivos e benefícios) e agrupam esses itens em um plano equilibrado, para motivar o executivo a atingir os referidos objetivos. A regra é a seguinte: cada componente da remuneração deve ajudar a chamar atenção do executivo sobre os comportamentos necessários para atingir os objetivos estratégicos da empresa.[29] Portanto, utilizar vários critérios de desempenho baseados em estratégia é a melhor opção. Esses critérios incluem desempenho financeiro, número de objetivos estratégicos atendidos, avaliação de desempenho, medidas de produtividade dos funcionários e até mesmo pesquisas de clima organizacional respondidas por subordinados.

Especialistas estimam que o salário-base do CEO deve representar, aproximadamente, um quinto de sua remuneração total, e o bônus com base em padrões explícitos de desempenho representa outro quinto, e prêmios de incentivo de longo prazo e benefícios, tais como opções de compra de ações da empresa (stock options) e planos de desempenho de longo prazo devem compor os três quintos restantes.[30]

LEI SARBANES-OXLEY O congresso americano aprovou a Lei Sarbanes-Oxley em 2002, visando maior transparência na governança das empresas, o que acabou por demandar mais responsabilidade sobre as decisões de executivos e membros do conselho de uma empresa, tornando-os pessoalmente responsáveis, inclusive perante os acionistas. A lei também exige que os CEOs e CFOs de empresas públicas, em caso de má conduta, devolvam quaisquer bônus, incentivos ou remuneração recebidos da empresa durante o período de 12 meses após a emissão de relatórios de auditoria que demonstrem sua culpa.[31] Embora de origem americana, essa legislação deve ser seguida pelas empresas ao redor do mundo que possuem cotação em uma Bolsa de Valores norte-americana (bem como seus auditores). É o caso de várias empresas brasileiras que, atualmente, por estarem inscritas na Comissão de Valores Mobiliários dos Estados Unidos (Securities and Exchange Comission – SEC), são obrigadas a seguir referido ordenamento.

Incentivos gerenciais de curto prazo e o bônus anual

Bônus anual
Planos que são projetados para motivar o desempenho de curto prazo dos gestores e que estão ligados à rentabilidade da empresa. Portanto, sua concessão depende também dos resultados da empresa, e não apenas do desempenho do empregado.

Pesquisas sugerem que os empregadores estão se afastando de incentivos de longo prazo e colocando mais ênfase no desempenho e em incentivos de curto prazo.[32] A maioria das empresas têm planos de **bônus anuais** para motivar o desempenho de curto prazo dos gestores. Tais incentivos de curto prazo podem facilmente produzir ajustes de mais ou menos 25% no pagamento total. Quatro fatores influenciam um bônus: elegibilidade, dimensão do fundo de bônus, desempenho individual e critérios para recebimento, que serão vistos adiante.

ELEGIBILIDADE Empregadores costumam basear a elegibilidade do bônus anual no nível hierárquico ou título, no salário-base, e/ou no status do cargo ocupado. Alguns fazem a elegibilidade simplesmente com base no nível da função, cargo ou salário.[33] No entanto, atualmente, mais empregadores estão oferecendo a executivos e a outros cargos um único plano de incentivo anual, "no qual todos podem participar".[34] A mudança reflete o fato de que mais trabalhadores, e não apenas os gestores, são agora responsáveis por contribuições mensuráveis para os resultados finais da empresa.

DIMENSÃO DO FUNDO Como se determina o tamanho do fundo de bônus anual? A maioria dos empregadores (33% em uma pesquisa recente) costuma utilizar o método de soma de abordagens.[35] De um modo geral, as empresas costumavam estimar o bônus provável para cada funcionário elegível, somando tais resultados e chegando ao tamanho do fundo de bônus.

No entanto, recentemente, mais empregadores (32%) estão financiando o bônus de curto prazo com base em resultados financeiros. Por exemplo, se os lucros da empresa foram de R$ 500 mil, o bônus de gestão pode ser um percentual, por exemplo, de 20% daquele valor, ou seja, R$ 100 mil. A maioria dos empregadores faz uso de mais de uma medida financeira, como vendas, valorização das ações e fluxo de caixa – sendo esta última a mais popular.[36]

DESEMPENHO INDIVIDUAL E FÓRMULA Decidir o bônus individual envolve também a avaliação de desempenho do empregado e a aplicação de uma fórmula a partir dos critérios estabelecidos. Na maioria das vezes, o empregador determina um valor máximo para o bônus, para cada posição elegível, sendo que a maioria das empresas vinculam bônus de curto prazo com o de desempenho organizacional e individual. Sendo assim, um gerente pode ser elegível para um bônus de desempenho individual de até R$ 10 mil, mas recebe apenas R$ 2 mil no fim do ano, em razão de seu fraco desempenho individual. Entretanto, para cargos de alto escalão, muitas vezes a promessa de bônus faz parte de um pacote de remuneração mais atrativo para o candidato desejado, fazendo que, muitas vezes, o bônus possa ser pago a executivos com desempenho regular (veja exemplos de critérios na Tabela 11.2, que considera como um deles o desempenho individual).

Além do recebimento de bônus, algumas empresas pagam valores adicionais aos empregados, a título de PLR, que, no caso brasileiro, tem regras próprias estabelecidas por lei, como será visto adiante. Alguns empregadores distribuem bônus com base em fórmulas multifatoriais, utilizadas como critério de concessão, com o intuito de minimizar possíveis injustiças e cruzar o máximo de variáveis capazes de conquistar melhores resultados para a

TABELA 11.2 Abordagem multiplicadora para determinar o bônus anual.

Desempenho individual (com base em avaliação, peso = 0,50)	Desempenho da empresa (com base em metas de vendas, peso = 0,50)			
	Excelente	Bom	Regular	Ruim
Excelente	1,00	0,90	0,80	0,70
Bom	0,80	0,70	0,60	0,50
Regular	0,00	0,00	0,00	0,00
Ruim	0,00	0,00	0,00	0,00

Nota: para determinar o valor em reais de prêmio de um gerente, multiplique o bônus máximo possível pelo fator correspondente da matriz.

empresa. Por exemplo, a empresa petrolífera Transocean Ltd. usa uma fórmula que inclui diversos fatores, tais como novos contratos e segurança da plataforma, além dos itens tradicionais que constam da avaliação de desempenho dos empregados.

Incentivos estratégicos de longo prazo para executivos

Para evitar que os executivos pensem apenas em bônus, fato que reflete o desempenho de curto prazo das empresas, é necessário que os empregadores pensem em estratégias capazes de estimular a ação dos executivos também para perspectivas de longo prazo, além da rentabilidade. Incentivos populares de longo prazo incluem stock options, ou **opção de ações**, que representa o direito a subscrição de ações da empresa e, ainda, direito a ações virtuais, ou *ações fantasmas*. O CEO da Procter & Gamble Co. (P&G), por exemplo, recebeu US$ 15,2 milhões, em 2012, incluindo salário-base de US$ 1,6 milhão, bônus em dinheiro de US$ 2,4 milhões, opções de ações avaliadas em US$ 4,4 milhões, prêmios em ações de US$ 6.450, além de regalias como viagens.[37]

Opção de ações
Também conhecida como stock options, trata-se do direito de subscrever ações da empresa, beneficiando-se, no futuro, com a provável valorização.

STOCK OPTIONS A opção de subscrição de ações da empresa é o direito de comprar um determinado número de ações da empresa na qual o empregado trabalha a preço e período específicos. O executivo espera lucrar, exercendo sua opção no futuro, mas pagando o preço atual. Isso faz com que as ações subam.[38] Quando os mercados de ações caíram, muitos empregadores, incluindo a Intel e o Google, planejaram aumentar o pagamento estimado de suas ações.[39]

PROBLEMAS EM STOCK OPTIONS O problema crônico com a concessão desse incentivo é, muitas vezes, premiar até mesmo os gestores que têm desempenho medíocre, apenas porque a oferta de stock options acaba tornando-se parte do pacote de incentivos oferecidos para atrair os melhores executivos no mercado. Mas há também outras questões. Alguns executivos manipulam as datas de subscrição de suas ações para maximizar seus retornos. Além disso, esse tipo de incentivo pode estimular os executivos a assumirem elevados riscos em busca de maiores lucros (pelo menos, no curto prazo).[40] Um estudo de CEOs da Standard & Poor com 1,5 mil empresas constatou que 57% receberam aumentos salariais, embora o desempenho da empresa não tenha melhorado.[41]

No Brasil, o contrato de Stock Option Plan estabelecido com os empregados deve ser elaborado de acordo com os requisitos previstos na Lei n. 6.404/76 (conhecida como Lei das Sociedades Anônimas). Para tanto, são necessários: (i) existência de capital autorizado; (ii) previsão expressa nos estatutos da empresa, da possibilidade de concessão da opção de compra de ações a empregados; (iii) que o plano de oferta de opção de compra de ações seja devidamente aprovado pela assembleia geral da sociedade.[42]

OUTROS PLANOS DE AÇÕES A tendência é combinar recompensas de forma mais explícita a metas de desempenho. Por exemplo, em vez de o imediato direito a subscrição de ações da empresa, unicamente pelo nível hierárquico ou cargo ocupado, mais empresas estão concedendo o direito a ações condicionado ao alcance de metas de desempenho predefinidas.[43] Com estes planos de ações mais restritos, a empresa geralmente concede direitos às partes, sem custo para o executivo, mas o funcionário é impedido de adquirir (e vender) ações pelos próximos cinco anos. O objetivo do empregador, além de reter o empregado, é manter a qualidade de seus serviços durante esse tempo, inclusive minimizando apostas perigosas para os negócios da empresa.[44]

A *valorização de direitos de ações*, ou stock appreciation rights (SARs), permite ao comprador a opção de ações (por compra de ações) ou a apreciação de qualquer valorização no preço das ações em dinheiro, ações, ou uma combinação dos dois.

PLANOS DE AÇÕES VIRTUAIS (AÇÕES FANTASMAS) Geralmente são adotados por empresas privadas de menor porte e funcionam de modo bastante parecido com os demais planos de opções de ações. Mas, neste caso, não há o risco de dividir a participação da empresa, já que o modelo de distribuição de cotas é feito a partir de valores definidos pela própria empresa e reavaliados no futuro, conforme os resultados da empresa. Nesse tipo de plano, portanto, os executivos recebem "unidades" que são apenas semelhantes às ações da empresa. Então, em algum momento no futuro, eles recebem o valor (geralmente em dinheiro) da valorização das *ações fantasmas* adquiridas.

Paraquedas dourado
Representa o pagamento feito por algumas empresas, a título de indenização, no caso da mudança de donos ou de controle. Pode envolver dinheiro, ações, consultoria de recolocação profissional, além de outros benefícios por determinado período de tempo.

> OBJETIVO DE
> APRENDIZAGEM 3
> Nomear e definir os planos de incentivo mais utilizados nas organizações.

Plano de incentivo de equipe (ou grupo)
Plano em que um padrão de produção é definido para um grupo de trabalho específico, e seus membros recebem incentivos se o grupo exceder o padrão de produção.

OUTROS INCENTIVOS A EXECUTIVOS As empresas também oferecem incentivos para convencer os executivos a não sair da empresa. No caso, a expressão empregada é **paraquedas dourado**, que se tornou conhecida na década de 1980, sobretudo durante o desligamento de executivos decorrente de processos de fusão e aquisição de empresas, podendo envolver pagamentos extraordinários na forma de dinheiro, ações, consultoria de recolocação profissional, além de outros benefícios por um determinado período de tempo. Por exemplo, a cláusula de *paraquedas dourado* de uma empresa para a contratação de executivos pode prever que, caso a empresa mude de proprietário num processo de venda, fusão ou aquisição, o executivo receberá um pagamento único de US$ 2 milhões.[45]

Equipe e planos de incentivos organizacionais

Até o momento, o foco estava nos incentivos individuais dos empregados, como prêmios e bônus dos executivos. A partir de agora, serão tratados os incentivos para as equipes e para todos os empregados da empresa.

Como definir incentivos à equipe

As empresas dependem cada vez mais de equipes para gerenciar o trabalho. Portanto, precisam de planos de incentivo que estimulem o trabalho em equipe e concentrem a atenção de seus membros no desempenho. Dessa forma, aplicam **planos de incentivo de equipe** (ou grupo) que pagam benefícios com base no desempenho apresentado.

A questão principal aqui é a forma de recompensar o desempenho da equipe, pois a escolha errada pode revelar-se bastante problemática. A abordagem mais comum ainda é combinar recompensas a algum padrão global do desempenho do grupo, como "o total de horas de trabalho por carro", nas montadoras.[46]

Para entender melhor essa questão, podemos nos valer do exemplo de uma determinada empresa que estabeleceu um padrão global para suas equipes. Se essa empresa atingisse 100% da meta, os funcionários receberiam participação de 5% da melhora (sem incidência de encargos trabalhistas). A empresa, então, dividiria os 5% pelo número de empregados para calcular o valor da parte que caberia a cada um dos membros da equipe. Se a empresa al-

As empresas dependem cada vez mais de equipes para gerenciar o trabalho. Portanto, precisam de planos de incentivo que estimulem o trabalho em equipe e concentrem a atenção dos seus membros no desempenho.

Fonte: Vasily Smirnov/Shutterstock

Plano de incentivo organizacional
Planos em que todos, ou a maioria dos funcionários, podem participar e que, geralmente, vinculam a recompensa a alguma meta de desempenho de toda a empresa.

Plano de participação nos lucros e resultados (PLR)
Plano em que os empregados participam nos resultados da empresa, ou seja, recebem um valor adicional em dinheiro, cujo percentual é definido pelo empregador, sempre que a empresa alcança lucros na apuração de seus resultados.

Plano de participação acionária do empregado (*employee stock ownership plan* – ESOP)
Plano de incentivo qualificado em que os empregadores facilitam a compra de ações pelos empregados.

cançasse menos de 100% da meta, o prêmio, consequentemente, seria menor. Os resultados desse plano, em termos de mudança de atitudes dos empregados e equipes com foco em metas estratégicas, foram melhores que o esperado.[47]

Muitos empregadores levam o incentivo da equipe para outro nível. Nesse caso, aplicam **planos de incentivo para toda a organização**,[II] nos quais todos, ou a maioria dos funcionários, podem participar e que, geralmente, vinculam a recompensa a alguma medida de desempenho da empresa. Os planos incluem participação nos lucros, planos de gratificação e **planos de participação acionária dos empregados**, ou *employee stock ownership plans* (ESOP).

Planos de participação nos lucros e resultados (PLR)

Planos de participação nos lucros e resultados, ou simplesmente PLR, são aqueles em que os empregados recebem valores adicionais de remuneração, com base na lucratividade apurada pela empresa.[48]

Existem vários tipos de PLR. Com participação nos lucros ou planos atuais em dinheiro, os empregados compartilham trimestral, semestral ou anualmente uma parte dos lucros do empregador. Nos planos de caixa, a empresa simplesmente distribui uma porcentagem, que geralmente varia entre 15% e 20%, como participação nos resultados aos empregados em intervalos regulares. A The Home Depot, empresa norte-americana que vende artigos para a casa, instituiu um programa de caixa para os trabalhadores da loja. Ela passou a pagar aos funcionários uma participação nos lucros, caso suas lojas cumprissem determinados objetivos financeiros. Em um ano, a empresa distribuiu um total de US$ 90 milhões, de acordo com o plano de incentivo.[49]

No caso brasileiro, a previsão desses pagamentos é regida pela Lei n. 10.101, de 2000, alterada, no ano de 2001, pela Lei n. 12.832. A legislação dispõe sobre periodicidade de pagamentos (com limite máximo de dois pagamentos no mesmo ano), composição da comissão interna (paridade entre empregados e representantes do empregador) e formas de negociação da PLR (por meio de acordos ou convenções coletivas), dentre outras cláusulas. Além disso, o pagamento de PLR aos empregados não incorpora o salário, ficando livre da incidência de encargos trabalhistas e previdenciários.

A alteração da lei previu nova forma de tributação dos pagamentos, determinando que os valores recebidos até R$ 6 mil sejam isentos de imposto e criando, a partir desse valor, uma tabela progressiva de alíquotas, que variam entre 7,5% e 27,5%.

A distribuição de lucros e resultados pode dar-se por meio de pagamentos diretos ao empregado ou por meio de depósitos em planos de previdência complementar, o que somente será utilizado no momento da aposentadoria, beneficiando, por vezes, o empregado quanto à questão fiscal.[50] Esses são definidos como planos de contribuição de pensões (que serão discutidos a seguir), "em que o empregador tem poder para determinar quando e quanto a empresa paga para o plano".[51] O empregador geralmente distribui os prêmios com base em um percentual do salário do empregado ou alguma medida da sua contribuição para os lucros da empresa.[52] Impostos sobre a renda dos trabalhadores relativos às distribuições são adiados até que o funcionário se aposente ou se retire do plano.

De modo geral, pode-se afirmar que o pagamento de PLR caracteriza-se, também, como um plano de incentivo que envolve todos os empregados em um esforço comum para alcançar os objetivos de produtividade de uma empresa, com qualquer redução de custos resultante (ganhos) compartilhados entre eles e a empresa.[53] Tais planos de incentivo são caracterizados por uma filosofia de cooperação entre trabalhadores e administração, com ênfase em garantir que os funcionários sejam treinados para fazer seu trabalho, e pelo uso de uma fórmula para distribuir lucros aos empregados.

A maioria das empresas que usam programas de PLR implementa versões personalizadas. Resultados recentes de diversos esforços em hospitais e fábricas sugerem que planos de distribuição podem melhorar a produtividade e o atendimento ao paciente e reduzir as queixas, mas muitas vezes também implica custos consideráveis de implementação.[54] Com base nos resultados positivos, o Departamento de Saúde dos Estados Unidos aprovou certos planos de participação nos lucros do hospital. Assim, o hospital paga aos médicos uma quota de qualquer redução de custos atribuíveis, considerando os esforços dos médicos.[55]

[II] N. do R.T.: No contexto brasileiro, esta opção precisa ser validada mediante convenção coletiva entre sindicato e empresa.

RH baseado em evidências: quão eficazes são seus incentivos?

Dada a quantidade de empregadores que pagam comissões, é um tanto surpreendente que cerca de 60% deles têm noção de seu desempenho em vendas e comissões sobre elas usando planilhas.[56] Mas, para maximizar o desempenho, o gerente de vendas normalmente precisa de evidências. Por exemplo, há uma correlação positiva entre o desempenho do vendedor e as comissões, e o plano de comissão para maximizar as vendas dos nossos produtos mais rentáveis?[57] Planilhas não suportam facilmente tais análises. Muitos empregadores, portanto, utilizam softwares de gestão de incentivo.[58] Com a utilização de sistemas como o Visual Understanding Environment (VUE), que são capazes de criar ferramentas flexíveis para gerenciamento e melhor adequação de equipes, de acordo com os resultados demonstrados de forma integrada, um gerente de vendas pode analisar dados de remuneração e desempenho, realizar análises e relatórios "de hipóteses" e fazer análises de tendência para os dados de desempenho.[59]

Planos eficazes de incentivo

Cerca de 70% dos funcionários sentem que os planos de incentivo de suas empresas são ineficazes. Historicamente, o principal culpado é o levantamento unilateral de normas para manter os pagamentos de incentivos em um nível baixo. O trabalhador deve perceber que o esforço vai, de fato, levar a uma recompensa. O psicólogo Victor Vroom diria que deve haver uma clara ligação entre esforço e desempenho, entre desempenho e recompensa, e que a recompensa deve ser atraente para o empregado.

No entanto, para que exista essa ligação, há várias implicações práticas. O empregado ou a equipe deve ter metas desafiadoras específicas.[60] A ligação entre um esforço e um incentivo deve ser clara. Os empregados devem ter as habilidades certas e o treinamento específico para realizar o trabalho. Os empregadores devem apoiar o plano de incentivo com feedback de desempenho, para que os avaliados saibam como está seu desempenho. O gerente deve reunir evidências sobre os efeitos do plano de incentivo ao longo do tempo, e verificar se ele está influenciando o desempenho como se pretendia.[61]

Panorama atual de benefícios e serviços

Benefícios
Pagamentos financeiros e não financeiros, também chamados de *salários indiretos*, que os empregados recebem para continuar seu trabalho com a empresa.

Ao lado de salários e outros incentivos, os **benefícios** são o terceiro grande componente das recompensas totais. Eles são pagamentos financeiros e não financeiros (ou salário indireto) que os empregados recebem para continuar trabalhando na empresa,[62] incluindo seguro de vida e saúde, previdência, assistência odontológica, cesta básica, descontos em produtos ou serviços da empresa etc.

Muitos autores diferenciam os benefícios dos serviços oferecidos pelas empresas, qualificando esses últimos como facilidades para os empregados, a exemplo de estacionamento, posto bancário no local de trabalho etc.

É importante frisar que os benefícios são pagamentos financeiros ou não financeiros indiretos fornecidos espontaneamente pelos empregadores. Isso significa que variam drasticamente entre uma empresa e outra, dependendo do porte e do segmento de atuação. Diferem, portanto, dos encargos sociais, aqueles cujo pagamento é obrigatório para as empresas, por força de leis ou sindicatos (convenções ou acordos coletivos). Assim, itens como descanso semanal remunerado (DSR), vale-transporte, creche no local de trabalho[63] e seguro-desemprego, dentre outros, são considerados encargos sociais para os empregadores e não benefícios, embora representem alguma vantagem para estes. Os encargos sociais, dependendo do porte da empresa, alcançam facilmente o patamar de 80% a 100% do valor do salário.

Benefícios assistenciais e seguro para os empregados

O empregado é remunerado pelo período trabalhado e, para tanto, recebe salário e benefícios definidos pela empresa. Mas, há situações em que, mesmo sem trabalhar, tem o direito

Benefícios assistenciais
Benefícios por tempo não trabalhado, como seguro-desemprego e licenças.

de receber o necessário para sua sobrevivência. É o caso dos chamados **benefícios assistenciais**, referentes a seguro-desemprego e licenças em geral, remuneradas em razão do afastamento dos empregados, normalmente em decorrência de doenças ou acidentes de trabalho e até mesmo de aposentadorias.

Embora pagos pelo governo, a origem de tais pagamentos decorre das contribuições mensais feitas pelos empregadores, com referência a cada um de seus empregados, por meio do recolhimento de parcelas mensais para o Instituto Nacional de Seguridade Social (INSS). Os benefícios assistenciais são previstos pela Lei Orgânica de Assistência Social (Loas – Lei n. 8.742, de 1993), que define o funcionamento da Seguridade Social em nosso país, mediante a previsão de dois modelos: um sistema que prevê cobertura e direito aos benefícios em função do exercício do trabalho e um sistema que prevê assistência aos inaptos para o trabalho. Como exemplo do último, que enseja o pagamento de um benefício de prestação continuada (BPC), de caráter socioassistencial previsto no artigo 203 da Constituição Federal e arts. 20 e 21 da Loas, podemos citar: pagamento de um salário mínimo para os idosos (com 65 anos ou mais) e para as pessoas com deficiência (de qualquer idade, com impedimentos de longo prazo, de natureza física, mental, intelectual ou sensorial) Em ambos os casos, a renda per capita familiar deve ser inferior a ¼ do salário mínimo para que seja possível o pleito a referido benefício.

Já quanto aos benefícios em função do trabalho, chamados benefícios eventuais, previstos pelo artigo 22 da Loas, referem-se a situações como morte (auxílio-funeral), vulnerabilidade temporária (auxílio-maternidade, por exemplo) e calamidade pública que impeçam a realização do trabalho.[64]

Assim, empregados licenciados por problemas de saúde, gravidez ou em decorrência de acidentes do trabalho não podem permanecer afastados do trabalho sem qualquer remuneração, razão pela qual as empresas devem garantir que mantenham sua remuneração, para o que contribuem mensalmente para o INSS.

Além dos benefícios assistenciais indicados, a Seguridade Social brasileira também responde pela concessão de seguro-desemprego, instituído pela Lei n. 998, de 11 de janeiro de 1990, alterado pela Lei n. 8.900, de 30 de junho de 1994,[65] cujo objetivo é prover assistência financeira temporária ao trabalhador desempregado, demitido sem justa causa ou na dispensa indireta, com valor não inferior a um salário mínimo.[66] Nessas situações (dispensa sem justa causa ou dispensa indireta), o empregado faz jus ao recebimento de três a cinco parcelas de seguro-desemprego, cujo valor varia conforme o caso (depende da média dos três últimos salários do empregado). A quantidade de parcelas depende do número de meses em que o empregado trabalhou nos 36 meses anteriores à data de desligamento da empresa. Assim, se trabalhou de seis a 11 meses, receberá apenas três parcelas; de 12 a 23 meses, quatro parcelas e entre 24 e 36 meses, cinco parcelas.[67]

OBJETIVO DE APRENDIZAGEM 4
Listar e discutir os principais tipos de licença e seguro para os empregados.

Seguro-desemprego

Seguro-desemprego
Tem a finalidade de prover assistência financeira temporária ao trabalhador desempregado, demitido sem justa causa, e também na dispensa indireta.

O **seguro-desemprego** é um benefício integrante da Seguridade Social, garantido pelo art. 7º dos Direitos Sociais da Constituição Federal, e tem por finalidade promover a assistência financeira temporária ao trabalhador desempregado, em valor não inferior ao salário mínimo vigente, em virtude da dispensa sem justa causa e também na dispensa indireta.

O trabalhador tem direito a receber de três a cinco parcelas do benefício, a cada período aquisitivo de 16 meses (o mesmo tempo é aplicado para a carência de recebimento do benefício). A quantidade de parcelas depende da quantidade de meses trabalhados nos últimos 36 meses. Assim, se o empregado trabalhou de 6 a 11 meses, receberá apenas três parcelas do benefício, de 12 a 23 meses trabalhados, quatro parcelas e, finalmente, de 24 a 36 meses, cinco parcelas. O valor de cada parcela depende da faixa salarial de cada empregado, mas não pode ser inferior a um salário mínimo e obedece a um valor máximo para pagamento.[68] Os gastos com o benefício alcançaram cerca de R$ 30 bilhões em 2013, bem acima do valor orçado (R$ 23,2 bilhões) no início do ano.[69]

No caso de dispensa do empregado, sem justa causa, a empresa, por sua vez, fica obrigada a pagar o valor referente ao aviso prévio, correspondente a, no mínimo, uma remuneração mensal a mais para o empregado demitido.[70]

QUADRO 11.1 Exemplos de encargos sociais (benefícios obrigatórios) e benefícios opcionais.

Encargos sociais	Benefícios opcionais*
Previdência social (aposentadoria)	Seguro de vida, assistência médica
Seguro-desemprego	Previdência complementar
Seguro para acidentes no trabalho	Atendimento aos idosos, horários de trabalho flexíveis,
Licenças por afastamento	gratificações de executivos etc.
Férias (+1/3 constitucional)	
Descanso semanal remunerado (DSR)	
Auxílio-creche	

* Embora indicados aqui como opcionais, algumas categorias profissionais (setores ou segmentos econômicos) negociam esses benefícios, transformando-os em obrigatórios para os empregadores, ou seja, passam a figurar como encargos sociais e resultam no direito imediato para os empregados vinculados àquela categoria profissional.

Leis de seguro-desemprego proporcionam benefícios de curto prazo para as pessoas que perdem seus empregos sem justa causa.

Fonte: Reuters/Corbis

Além disso, os custos da dispensa de um empregado aumentam também em decorrência do obrigatório recolhimento de multa de 40% sobre o valor existente na conta de Fundo de Garantia por Tempo de Serviço (FGTS) do empregado.[71] Quanto mais tempo o trabalhador ficou empregado, maior será o valor da multa.

Férias e feriados: aspectos jurídicos

Todos os empregados, no exercício de determinada função, têm direito ao gozo de férias sem que sua remuneração sofra alteração.[72]

As férias dos empregados representam um direito constitucional, reguladas pela CLT, que em seu artigo 130 determina que, após cada período de 12 meses de vigência do contrato de trabalho, em período integral, o empregado terá direito a férias na seguinte proporção:

I - 30 (trinta) dias corridos, quando não houver faltado ao serviço mais de cinco vezes;
II - 24 dias corridos, em caso de 6 a 14 faltas;
III - 18 dias corridos, em caso de 15 a 23 faltas;
IV - 12 dias corridos, em caso de 24 a 32 faltas.

No que diz respeito ao pagamento no período de férias, o empregado tem direito ao salário daquele mês (acrescido das demais verbas que integram seu salário, como prêmios, comissões, horas extras etc.), acrescido de um terço. Este valor deve ser pago até dois dias antes do referido recesso. O empregado tem a opção de "vender" 10 dias de suas férias, descansando apenas 20 dias (caso tenha menos do que cinco faltas), o que é conhecido por "abono de férias" (conversão parcial das férias em dinheiro).

Licença por doença (ou afastamento)

Licença médica
Fornece pagamento a um empregado (auxílio-doença) quando ele está fora do trabalho por motivos de saúde.

O auxílio-doença é um benefício previdenciário, pago pela Previdência Social, para o empregado que precisa ficar afastado do trabalho devido a uma doença, por mais de 15 dias consecutivos. Durante o período em que se encontra afastado em gozo de auxílio-doença, o contrato de trabalho fica com os seus efeitos suspensos, porque não há pagamento de salários pelo empregador e nem a obrigação de o empregado prestar serviço. A incapacidade para o trabalho deve ser comprovada através de exame realizado pela perícia médica do INSS.[73]

Caso o empregado fique afastado por mais de seis meses, contínuos ou não, em gozo de auxílio-doença durante o período aquisitivo das férias, perde o direito a elas, conforme o artigo 133, inciso IV, da CLT.

O problema é que nem todos os funcionários utilizam esses dias apenas quando estão doentes. Em uma pesquisa, doenças pessoais representaram cerca de 45% de ausências programadas por **licença médica**. Questões familiares (27%), necessidades pessoais (3%), e a crença de que faltar é um direito do trabalhador (9%) foram outros motivos citados.[74]

TÁTICAS DE REDUÇÃO DE CUSTOS As empresas podem optar por adotarem certas medidas para reduzir a excessiva ausência com licença médica. Entre os exemplos possíveis estão: estabelecer um número razoável de dias em que os empregados se afastariam ao longo de um período e fazer campanhas para recompra, no final do ano, de dias de licença médica sem uso, pagando uma quantia por cada dia não utilizado de ausência por doença. O problema é que, em campanhas ou programas como estes, muitos dos funcionários legitimamente doentes podem ir trabalhar. Nos hotéis da cadeia Marriott, por exemplo, os empregados podem negociar o valor de alguns dias de licença médica para outros benefícios. Outros empregadores investigam agressivamente todas as ausências, por exemplo, ligando para os funcionários ausentes em suas casas.[75]

Alguns empregadores centralizam seus programas de gestão de ausências, fazendo campanhas ou treinamentos para os empregados, agindo de forma proativa. Pois verificam que a ausência de empregados, seja por faltas excessivas ou afastamento por doenças, representa um custo elevadíssimo para o alcance dos objetivos propostos pela organização. Assim, muitas empresas já apresentam mapeamentos bastante detalhados sobre motivos das ausências e até mesmo quais as unidades parecem ter mais problemas de frequência.[76] Em seguida, são propostas soluções, tais como rigorosas revisões sobre reivindicações de ausência. Veja mais sobre o assunto no Quadro *RH como centro de lucro*, a seguir.

QUADRO 11.2 Check-list para evitar os custos com a dispensa de empregado (sobretudo aviso prévio e multa sobre depósitos do FGTS).

- Mantenha documentado o histórico de atrasos, ausências e avisos.
- Advirta empregados que chegam atrasados antes de demiti-los.
- Solicite atestado médico no retorno ao trabalho, após a ausência do empregado.
- Acompanhe os laudos de perícia para os empregados afastados, controlando as datas de retorno.
- Os empregados que desejam se desligar da empresa deverão fazê-lo por meio de pedido de demissão assinado.
- Envie uma carta de abandono do trabalho para os empregados que já deveriam ter voltado após o término da licença médica ou do afastamento.
- Exija que os superiores documentem as medidas tomadas para controle de presença e as advertências para faltas excessivas.
- Exija que todos os empregados assinem uma declaração reconhecendo a aceitação de políticas e normas da empresa.

> ### RH como centro de lucro
>
> **Diminuindo o absenteísmo na Driver and Vehicle Licensing Agency**
>
> Quando se tornou diretora da Driver and Vehicle Licensing Agency do Reino Unido, Judith Whitaker percebeu que teria de lidar com a alta taxa de ausência por doença de seus funcionários.[77] A taxa atingiu um pico de 14 dias de ausência por empregado em 2005, a um custo de cerca de US$ 20 milhões por ano (£ 10,3 milhões).
>
> A nova diretora organizou, então, uma iniciativa para resolver o problema de ausência por licença médica.[78] A agência estabeleceu uma meta de redução de faltas em 30% até 2010. Os diretores da agência receberam as metas de redução de ausência, e seu progresso foi monitorado. A agência introduziu novas políticas para facilitar a troca dos turnos de trabalho dos funcionários, e introduziu uma política de dias de licença garantida. A taxa média anual de ausência por doença logo abaixou para 7,5 dias por empregado. A melhoria da frequência provavelmente contribuiu para um aumento de produtividade de 7% em 2009-2010, refletindo em uma economia de cerca de US$ 48 milhões (£ 24,4 milhões).

Planos de demissão voluntária (PDV)

Muitos empregadores fornecem verbas rescisórias adicionais quando organizam os clamados planos de demissão voluntária (PDV). Trata-se de planos utilizados pelas empresas que pretendem enxugar seu corpo de empregados e otimizar os recursos, acreditando na redução das chances de processos de ex-empregados numa situação em que são eles que se oferecem para deixar a empresa, normalmente mediante um pacote atrativo de indenizações adicionais ou da manutenção de benefícios por determinado tempo.

Indenização
Período de remuneração que alguns empregadores oferecem quando demitem um empregado, normalmente num PDV.

Para a realização desses planos, deve-se observar que a adesão deve ser voluntária, os direitos oferecidos devem ser patrimoniais e transacionáveis e deve haver condições de igualdade entre todos os empregados com adesão ao plano. Normalmente, as empresas que organizam planos dessa natureza oferecem **indenização** de um salário mínimo por ano de trabalho da empresa, manutenção da assistência médica por um período de 6 meses a 1 ano após o desligamento e a complementação do plano de previdência (para aposentadoria).[79]

Seguro obrigatório contra acidentes do trabalho

Acidente do trabalho é aquele que ocorre pelo exercício do trabalho a serviço da empresa, provocando lesão corporal ou perturbação funcional que cause a morte, perda, redução, permanente ou temporária, da capacidade para o trabalho. Equiparam-se ao acidente do trabalho, a doença profissional ou do trabalho, acidentes a caminho ou na volta do trabalho, acidentes sofridos pelos empregados no local de trabalho, decorrente de ato de sabotagem, terrorismo e outros.[80]

A legislação determina que as empresas responsabilizem-se pelo pagamento de seguro contra acidentes do trabalho.[81] Para efeitos de recolhimento do seguro, os trabalhadores temporários e avulsos são equiparados (mesmo aqueles que prestam serviços a diversas empresas).

COMO OS BENEFÍCIOS SÃO DETERMINADOS Em caso de morte ou invalidez do trabalhador, os dependentes da pessoa recebem uma prestação pecuniária com base nos ganhos anteriores. Muitas vezes, as convenções ou acordos coletivos da categoria profissional à qual pertence o empregado determinam o valor máximo do benefício, por exemplo, em caso de morte. Além desses benefícios em dinheiro, no caso de sobrevivência do trabalhador, os empregadores deverão fornecer serviços médicos, cirúrgicos e hospitalares, conforme necessário para a recuperação do empregado. E não raras vezes, o empregado (ou sua família, no caso de falecimento), demanda junto ao poder judiciário para indenização adicional.

Para que seja realmente devida a indenização ao empregado, é necessário que sejam provados a ocorrência de um dano, a culpa do empregador e o nexo causal, além de comprovado que o acidente ocorreu no trabalho ou a caminho (ou volta) dele. Não importa se o trabalhador tenha parte na culpa.

Por exemplo, suponha que você instruiu todos os funcionários a usar óculos de proteção durante a operação de máquinas. No entanto, um trabalhador não utilizou os óculos e sofreu uma lesão no olho, durante o período de trabalho. Mesmo neste caso, a empresa tem culpa pela ocorrência do acidente ("in vigilando") uma vez que, mesmo conhecedora da insubordinação do empregado quanto ao uso dos equipamentos de proteção individual (EPI), não tomou qualquer providência ao supervisionar o trabalho daquele indivíduo.

CONTROLE DOS CUSTOS DE INDENIZAÇÃO   É importante controlar os pedidos de indenização dos trabalhadores e seus custos. As companhias de seguro do empregador geralmente pagam a reivindicação, mas os custos dos prêmios do empregador refletem em muitas reclamações.[82]

Existem várias maneiras de reduzir os pedidos de indenização dos trabalhadores, por exemplo: filtrar trabalhadores propensos a acidentes; reduzir as causas de acidentes e doenças em suas instalações; reduzir os acidentes e os problemas de saúde que desencadeiam reclamações, instituindo programas de saúde e de segurança eficazes e em conformidade com as normas de segurança (NR ou Normas Regulamentadoras), enfim, fiscalizando o uso e a manutenção dos equipamentos de proteção individuais e coletivos (EPI e EPC). Além disso, apesar de muitos pedidos de indenização dos trabalhadores serem legítimos, alguns podem não ser. As dificuldades incluem detalhes vagos dos acidentes, a falta de testemunhas e relatórios atrasados.[83]

Também é importante apoiar o funcionário doente que volta a trabalhar, pois o envolvimento de um advogado e da duração de um processo influencia os custos de reivindicações.[84] Muitas empresas têm programas de reabilitação, como fisioterapia, para ajudar as pessoas a voltarem ao trabalho.

Benefícios de assistência médica

Variam consideravelmente de uma empresa para outra, a partir de variáveis como porte, itens como número de empregados, localização de filiais (e disponibilidade de médicos e hospitais na região), idade média dos empregados, extensão do benefício a familiares e agregados etc. Isto porque essas características podem elevar o custo do benefício, muitas vezes tornando difícil sua manutenção. Inicialmente, por exemplo, a empresa pode optar por oferecer aos empregados um seguro-saúde ou um plano de assistência médica. O que os diferencia é basicamente a opção ou não por reembolso de despesas médico-hospitalares. O primeiro possibilita livre escolha de médicos e hospitais, com direito a reembolso (total ou parcial) para o empregado, enquanto que o plano de saúde, de menor custo para o empregador, dá direito apenas ao acesso do empregado e de seus dependentes à rede de médicos e hospitais credenciada pelo plano; portanto, não possibilita reembolso de qualquer natureza.

Há algumas maneiras de a empresa oferecer o benefício de assistência médica. Normalmente, determina-se a coparticipação dos empregados, a contratação de planos disponíveis no mercado ou os seguros médicos para programas denominados "livre-escolha", nos quais os empregados são reembolsados pelas despesas médicas ocorridas (de acordo com tabelas internas ou cláusulas negociadas com sindicatos).

O custo para a oferta desse benefício costuma ser alto. Em pesquisa recente, constatou-se que os empregadores planejam fazer mudanças substanciais em seus programas de saúde em resposta a essa lei. Por exemplo, 68% planejavam aumentar as contribuições dos funcionários para dependentes, 26% acabar com os subsídios para a cobertura médica de aposentados, e 33% parar de premiar ou punir funcionários com base em critérios mensuráveis como os níveis de colesterol.[85]

MANUTENÇÃO DO BENEFÍCIO DE ASSISTÊNCIA MÉDICA   A Lei n. 9.656/98 garante a manutenção dos planos de saúde empresariais ao empregado demitido sem justa causa e ao aposentado após o desligamento da empresa, o que foi regulamentado pela Agência Nacional de Saúde (ANS), por meio da Resolução Normativa n. 279, de 24 de novembro de 2011. A condição é que o empregado tenha contribuído no pagamento do plano de saúde (total ou parcialmente) e que assuma integralmente a mensalidade da assistência médica após o desligamento.

Deste modo, os demitidos sem justa causa poderão permanecer no plano de saúde por um período equivalente a um terço do tempo em que contribuíram para o benefício, respeitando o limite mínimo de seis meses e máximo de dois anos, ou até conseguirem um novo emprego que tenha o benefício de plano de saúde. O benefício é estendido também aos familiares inscritos na vigência do contrato de trabalho.[86]

Outras leis

A previdência complementar oferecida por algumas empresas não deixa de ser uma forma de seguro oferecido para o empregado, com o intuito de garantir uma renda no momento da aposentadoria. A previdência complementar pode ser aberta ou fechada, sendo que a aberta refere-se a planos nos quais qualquer pessoa possa entrar (é oferecida por seguradoras ou bancos) e a fechada contribuir para a instituição de um fundo de pensão, gerido por entidades sem fins lucrativos e visa alcançar o máximo de empregados de uma mesma empresa. Ambos são fiscalizados pela Superintendência de Previdência Privada (SUSEP).

Tendências no controle de custos em saúde

Na tentativa contínua de controlar os custos com os cuidados de saúde, muitos empregadores contratam especialistas de contenção de custos para ajudar a reduzi-los, e negociam de forma mais agressiva com seus provedores de seguro de saúde.[87] A maioria dos esforços de controle de custos necessariamente começa por instituir métodos para medir e acompanhá-los.[88]

A manutenção de registros detalhados é crucial para realizar essa gestão dos seguros ou planos de assistência médica a empregados. A lista apresentada no Quadro 11.3 é projetada para assegurar que os registros adequados sejam mantidos para evitar problemas, além de ajudarem na negociação de valores para renovação dos contratos.

PROGRAMAS DE BEM-ESTAR Muitas doenças podem ser evitadas,[89] por isso, grande parte dos empregadores oferecem serviços preventivos.[90] Programas de prevenção clínicos incluem mamografias e outros exames de rotina. A rede Walgreens presta serviços de saúde em empresas, tais como mamografias.[91] Os empregadores devem verificar as certificações e reconhecimento formal do fornecedor.[92] A promoção da saúde e a prevenção de doenças incluem seminários e incentivos destinados a melhorar comportamentos insalubres dos empregados.[93] As principais tendências dos programas de bem-estar incluem o tratamento da obesidade, o controle do estresse, o aumento da qualidade de vida de idosos e programas antitabagistas.[94] Incentivos, por exemplo, de US$ 50 a US$ 100, como praticados por algumas empresas americanas, podem tanto aumentar a participação no programa de bem-estar, quanto ser uma medida pouco efetiva.[95] O resultado prático desse tipo de medida foi provado

QUADRO 11.3 Check-list baseado em COBRA (adaptado).

Fonte: "COBRA Record-Keeping Checklist Compliance". Copyright © 2012 by BLR -Business & Legal Resources (<www.HR.BLR.com>). Reproduzido com permissão.

	Sim	Não
• Você mantém registros que determinam facilmente o que é coberto pelo seu plano de saúde em grupo?	☐	☐
• Você registra rescisões de empregados assim que ocorrem os desligamentos?	☐	☐
• Você acompanha a redução de horas de empregados cobertos por planos de saúde em grupo?	☐	☐
• Você acompanha mortes de empregados cobertos por planos de saúde em grupo?	☐	☐
• Você acompanha afastamentos de empregados cobertos por planos de saúde em grupo?	☐	☐
• Você acompanha a elegibilidade de empregados cobertos por planos de saúde em grupo?	☐	☐
• Você acompanha o estado de invalidez de empregados cobertos por planos de saúde em grupo?	☐	☐
• Você acompanha aposentados cobertos por planos de saúde em grupo?	☐	☐
• Você tem um sistema para determinar quem obtêve cobertura de saúde do grupo e para quais eventos?	☐	☐
• Você mantém um registro das alterações no seu plano?	☐	☐

Seguro de vida em grupo
O seguro de vida em grupo pode ser conjugado ou não com o seguro de acidentes pessoais coletivo. Trata-se de um contrato que a empresa faz com uma seguradora, com o intuito de garantir proteção financeira aos empregados, e os benefícios da apólice são estendidos aos familiares. São obrigatórios para estagiários, mas, para empregados, normalmente, sua exigência e valores podem fazer parte da convenção coletiva ou acordo coletivo da categoria profissional à qual pertence a empresa.

Previdência Social
Vários são os benefícios pagos pela Previdência Social no Brasil: aposentadoria por tempo de contribuição, por idade, aposentadoria especial, por invalidez, por deficiência física, auxílio-doença, auxílio-acidente, salário-família e salário-maternidade. E, para os dependentes dos trabalhadores, os benefícios são pensão por morte e auxílio-reclusão (esse último, no caso de prisão do trabalhador). Para que tenha direito a esses benefícios, o trabalhador realiza contribuições previdenciárias mensais. No caso de empregados, é responsabilidade do empregador fazer tais contribuições diretamente aos cofres públicos, arcando financeiramente com parte delas.[103]

pela Whirlpool, fabricante mundial de eletrodomésticos, que premiou os não fumantes com cerca de US$ 500, mas teve de suspender 39 trabalhadores que foram pegos fumando do lado de fora da fábrica depois de afirmar que não eram mais fumantes. Os empregadores também têm relacionado prêmios aos comportamentos saudáveis de cada funcionário.[96] Muitos programas de bem-estar (como bebidas saudáveis em máquinas e grupos de caminhada na hora do almoço) são medidas simples e de baixo custo que podem ser adotadas pelas empresas.[97]

OUTRAS OPÇÕES DE CONTROLE DE CUSTO Alguns empregadores optam por medidas para a redução de custos com programas de benefícios e serviços que, em geral, são bastante caros para a empresa. Por exemplo, estabelecem a chamada coparticipação, na qual os empregados arcam com parte dos valores gastos em consultas ou internações. Muitas vezes, as empresas estabelecem planilhas de reembolso máximo ou os empregados simplesmente são descontados, em seu holerite, de parte do custo que a empresa contratou, mensalmente, a título de prêmio para utilização de seguro médico.[98] Além disso, os empregadores têm reduzido os benefícios de saúde subsidiados para seus aposentados, oferecendo planos mais econômicos para quem não atua mais na empresa e que ainda goze de benefícios e serviços médicos.[99]

Outros asseguram que os dependentes são elegíveis para a cobertura.[100] Por exemplo, algumas empresas já não oferecem mais a possibilidade de o empregado vir a ter os pais como dependentes no benefício médico oferecido. Normalmente, as empresas têm-se limitado a considerar como dependentes apenas cônjuge e filhos. Alguns, como a Viking Range Corporation, companhia construtora de aparelhos para cozinhas industriais e residenciais, têm planos de saúde autofinanciados pela própria empresa, nos quais, em vez de pagar os prêmios para planos médicos ou seguradoras, opta por oferecer aos empregados planos denominados *livre-escolha*, reembolsando parte ou o valor total dos procedimentos, dependendo do nível hierárquico ocupado pelos mesmos.[101]

Cuidados de longo prazo

Com os baby boomers[102] em seus 60 anos, seguros e cuidados de longo prazo, como previdência complementar e direito à assistência médica aos ex-empregados em sua velhice, são benefícios muito importantes e, muitas vezes, capazes de reter excelentes profissionais nas empresas.

Seguro de vida

Além de hospitalização e benefícios médicos, a maioria dos empregadores oferece planos de **seguro de vida em grupo**, no qual os funcionários podem obter taxas mais baixas ao aposentarem-se, mesmo após o desligamento da empresa. Os planos em grupo costumam aceitar todos os funcionários, incluindo os recém-contratados, sem período de carência, independentemente de estado de saúde ou condição física.

Em geral, há três principais políticas de seguro de vida para considerar: (1) a programação de benefícios pagos, a quantidade de benefícios de seguro de vida geralmente está ligada ao salário anual do empregado ou nível hierárquico na empresa; (2) benefícios complementares, com cobertura de seguro de vida continuada após a aposentadoria, por exemplo; e (3) financiamento, representando o montante e a porcentagem que o empregado contribui.

Aposentadoria e outros benefícios da previdência social

Conforme mencionado anteriormente, são vários os benefícios pagos pela **Previdência Social** no Brasil. Todo trabalhador que contribui para a Previdência Social é chamado de segurado e tem direito aos benefícios oferecidos pelo Instituto Nacional de Seguridade Social (INSS). Há várias modalidades de segurados, desde os trabalhadores com vínculo empregatício (empregados) até trabalhadores avulsos, empregadas domésticas e contribuintes individuais, como empresários, autônomos e comerciantes.[104]

O principal desses benefícios é a aposentadoria, entendida como pagamentos mensais vitalícios, efetuados ao segurado por motivo de tempo de contribuição, idade, invalidez permanente ou trabalho exercido sob condições especiais que prejudiquem a saúde ou a integridade física do trabalhador.[105] A aposentadoria por tempo de contribuição é a que paga os melhores valores aos segurados, quando comparada aos demais benefícios previdenciários.[106]

No Brasil, a aposentadoria por idade é paga para os segurados que completarem 65 anos de idade (homens) ou 60 anos de idade (mulheres). No caso de trabalhadores rurais, esses limites baixam para 60 e 55 anos, respectivamente.

No caso da aposentadoria por tempo de contribuição, para requerer o benefício, os homens devem contribuir para a Previdência Social por 35 anos e as mulheres por 30 anos (exceção para professores de educação infantil, ensino fundamental e ensino médio, que têm seu tempo de contribuição reduzido em cinco anos, desde que comprovada atividade exclusiva em sala de aula).[107]

As condições de trabalho também podem antecipar a aposentadoria dos trabalhadores. É o que acontece com a chamada aposentadoria especial, concedida às pessoas que trabalham em condições prejudiciais à saúde ou à integridade física. Para ter direito a esse tipo de aposentadoria, o trabalhador deve comprovar a exposição a agentes químicos, físicos ou biológicos, ou associação de agentes nocivos durante 15, 20 ou 25 anos, dependendo do fator de risco envolvido.[108]

> OBJETIVO DE APRENDIZAGEM 5
> Descrever os principais benefícios de aposentadoria.

Previdência privada

Se, por um lado, a Previdência Social (como já foi visto) contempla alguns benefícios a serem pagos para o trabalhador (seja ele empregado, autônomo ou empresário) e seus familiares pelo Estado, a partir da contribuição para o INSS, por outro lado, no caso da previdência privada, ela também exige uma contribuição do empregado a uma instituição financeira, sem relação com o Estado, para receber seus benefícios e pagamentos. Ela ainda pode ser dividida em aberta ou fechada, sendo que essa última também é conhecida como previdência complementar, sendo oferecida apenas para empregados de uma determinada empresa.

Assim, ao contrário da previdência privada aberta, que pode ser diretamente contratada pelas pessoas físicas ou jurídicas em bancos ou seguradoras, a previdência privada fechada, também conhecida como fundos de pensão ou entidades fechadas de previdência complementar (EFPC), refere-se a planos criados pelas empresas exclusivamente para seus empregados, não podendo ser comercializado por quem não tem vínculo empregatício com a empresa. Portanto, trata-se de benefício oferecido aos empregados que desejam aumentar o valor de sua aposentadoria paga pela Previdência Social.[109]

De modo geral, o benefício oferecido pelo empregador, por meio dos planos de previdência complementar, refere-se à oferta de uma quantia adicional no momento em que os empregados atingem uma idade de aposentadoria predeterminada ou quando eles já não podem trabalhar por causa de alguma deficiência.

Os planos fechados de previdência podem ser de benefício definido ou de contribuição definida, embora esse último seja o mais disseminado entre as empresas, sobretudo porque minimiza custos e riscos no futuro. Outra possibilidade, mais difícil de ser encontrada nas empresas, é o plano de contribuição variável, que será definido a seguir.

Plano de previdência de benefício definido

Plano que utiliza uma fórmula para determinar os benefícios de aposentadoria. Por exemplo, a empresa determina que, independentemente dos valores arrecadados do empregado, ao se aposentar, ele manterá 70% do último salário como pagamento mensal. Assim, se o empregado em vias de se aposentar recebia como último salário a importância de R$ 5 mil e a empresa oferece plano de benefício definido, com a fixação de salário de aposentadoria em 70% do último salário na ativa, deverá pagar ao empregado o valor de R$ 3,5 mil. Se a Previdência Social paga ao empregado o valor de R$ 1,5 mil, a empresa deverá arcar, por meio da previdência complementar, com o valor mensal de R$ 2 mil, correspondente à diferença entre o valor garantido ao empregado (70% do último salário) e o benefício da Previdência Social (pública).

Plano de previdência de contribuição definida

Plano mais utilizado pelas empresas, no qual a contribuição do empregador é destinada para fundos de poupança/aposentadoria dos funcionários, para os quais estes também vertem parte de seu salário. Entretanto, ao contrário do plano anterior, em que o empregado sabe, previamente, quanto ganhará ao aposentar-se, no caso dos planos de contribuição definida, o empregado conhece apenas o valor de contribuição, sendo que os valores a serem recebidos no futuro dependem do quanto foi vertido para o plano ao longo da permanência do empregado na empresa.

Dado curioso também é que algumas empresas tentam ser mais atrativas na contratação de profissionais disputados pelo mercado, oferecendo contribuição maior, simultânea com a do empregado.[110] Exemplo disso são as empresas que oferecem planos de previdência complementar e contribuem com o dobro que o empregado recolhe mensalmente (o mais comum é a contribuição 1 para 1: para cada real de contribuição do empregado, a empresa contribui com outro real).

Plano de contribuição variada

Algumas empresas também podem optar pelo plano que apresenta características de contribuição definida e de benefício definido. De modo geral, durante a fase de acumulação, o plano tem características de contribuição definida, com contas individualizadas e, durante a fase de concessão (inatividade do empregado), apresenta características de benefício definido para a definição das rendas vitalícias.

Planos de previdência complementar fechados

Como foi visto, os planos oferecidos pelas empresas aos empregados como benefícios podem ser contributivos ou não (em geral, o empregado arca com parte das contribuições mensais a partir de um percentual máximo de seu salário) e pode ser de contribuição ou de benefício definido.[111]

Com planos de benefícios definidos, a pensão do funcionário é especificada ou "definida" previamente. Neles, a pessoa sabe de antemão os benefícios de pensão que irá receber. Geralmente, há uma fórmula que une (1) a pensão da pessoa a (2) um percentual de salário da pessoa na pré-aposentadoria – por exemplo, uma média de seus últimos cinco anos de trabalho –, multiplicado pelo (3) número de anos que ele trabalhou para a empresa. Por conta de mudanças na lei fiscal e outras razões, além dos riscos para a empresa quanto à garantia de pagamentos para os futuros empregados aposentados, os planos de benefício definidos são minoria, mesmo nas empresas de grande porte.[112] No entanto, por causa da crise econômica, até mesmo os funcionários mais jovens expressam uma forte preferência por planos de benefícios definidos, uma vez que é possível visualizar os rendimentos no futuro, ao contrário do que ocorre com os planos de contribuição definida.[113]

Planos de contribuição definida especificam o valor que será vertido pelo empregado e pelo empregador para a previdência privada, mas são incapazes de predizer qual o valor a ser recebido pelo empregado quando estes se referem à aposentadoria, uma vez que o valor futuro será a totalidade do valor acumulado ao longo do vínculo empregatício. Seu mecanismo é similar ao de uma poupança. Assim, ao aposentar-se, os cálculos para pagamentos mensais (pensão) são feitos a partir do valor atual existente na conta de previdência do empregado. Nesses planos, o que fica determinado é a contribuição, e não a pensão, como nos demais casos. Com um plano de benefício definido, o empregado pode calcular o que seus benefícios resultarão no momento da aposentadoria. Com um plano de contribuição definida, a pessoa só sabe ao certo o valor que está contribuindo para o plano de pensão; a pensão real vai depender dos valores contribuídos para o fundo e do sucesso de ganhos de investimento do fundo de pensão.

Atualmente, os planos de contribuição definida são os mais populares entre os empregadores, em razão de sua relativa facilidade de administração ao tratamento fiscal favorável, dentre outros fatores. Além disso, permite a **portabilidade**, que facilita para os empregados que deixam a empresa antes da aposentadoria a assumir seus fundos de pensões acumulados. Algumas empresas, como a Union Pacific, empresa ferroviária norte-americana, oferecem tais planos também como ferramentas estratégicas para a retenção de empregados.[114]

Nos Estados Unidos, por exemplo, o plano mais popular e de contribuição definida é chamado *plano 401 (k)*. Nele, o empregado autoriza o empregador a descontar parte de seu salário antes dos impostos, para investir na poupança do plano 401 (k). Assim, o empregado

Portabilidade
Torna mais fácil para os funcionários que deixam a empresa antes da aposentadoria assumir seus fundos acumulados, podendo transferi-los a outros planos, abertos ou fechados.

não paga imposto algum sobre o dinheiro até depois de ele se aposentar ou retirar o dinheiro do plano.[115] Geralmente, o empregador fecha um acordo com uma empresa de investimentos para administrar o plano e fazer opções de investimento disponíveis para o plano.[116] O empregador tem a responsabilidade fiduciária com os seus funcionários, e deve monitorar o fundo e sua administração.[117] Além da confiabilidade, um fornecedor do plano 401 (k) deve facilitar sua inscrição e participação.[118]

SALDO DE CAIXA DE PREVIDÊNCIA COMPLEMENTAR Um problema dos planos de benefícios definidos é que, para obter a pensão máxima, geralmente é necessário permanecer na mesma empresa até se aposentar, pois sua fórmula considera o número de anos trabalhados para o mesmo empregador. Com os planos de contribuição definida, a pensão é mais flexível, já que é possível sair a qualquer momento, passando para a previdência do próximo empregador ou, ainda, para qualquer previdência aberta disponível no mercado (oferecidas por bancos ou seguradoras). De qualquer modo, o empregador contribui com uma porcentagem da remuneração atual para planos de pensões dos empregados a cada ano, e os funcionários ganham juros sobre esse montante.[119]

A utilização do saldo existente em conta pode-se dar por meio de recebimento de renda ou de resgate. No caso de renda, pode ser renda vitalícia (renda mensal para o empregado, pelo resto de sua vida), renda vitalícia com prazo garantido (por exemplo, de 5 a 10 anos, com recebimento de parcelas fixas), renda vitalícia reversível ao cônjuge e/ou companheiro (inclusive podendo ser estendido aos filhos menores após o falecimento do casal) e, finalmente, renda com prazo certo (o beneficiário determina por quanto tempo deseja receber os pagamentos).[120]

Planejamento previdenciário e a Lei

Embora já existisse a prática de complementação da aposentadoria de empregados, somente a partir de 1977, com a promulgação da Lei n. 6.435,[121] é que teve início a regulação da Previdência Complementar no Brasil.

A lei trouxe a necessária diferenciação entre os sistemas aberto e fechado de previdência complementar, dentre outras normas, sendo sucedida por outras leis, a partir de 1998, como a Emenda Constitucional 20, as Leis Complementares 108 e 109, a Lei n. 11.053/2004, o Decreto n. 4.942/2004, bem como Resoluções do Conselho Monetário Nacional e do Conselho de Gestão de Previdência Complementar. Nessa extensa legislação, há disposições sobre tributação dos planos, normas contábeis, portabilidade, parâmetros atuariais etc.

Pensões e aposentadoria antecipada

Aposentadoria antecipada
Os empregados são incentivados a se aposentar mais cedo, e isso representa um incentivo de benefícios de aposentadoria mais liberal – talvez, um pagamento em dinheiro. Em situações extremas, algumas empresas determinam em que idade (por exemplo, 60 anos) o valor será o maior para o benefício de complementação da aposentadoria. A partir daí, passa-se a utilizar fatores para a redução da pensão.

Para diminuir sua força de trabalho a fim de propiciar maior mobilidade na empresa ou por outros motivos, alguns empregadores incentivam seus funcionários a se aposentar mais cedo. E o desenho desses planos pode colaborar para essa finalidade.

Optar por programas de **aposentadoria antecipada** pode não ser uma boa escolha, sobretudo quando a maior permanência dos executivos de primeira linha é desejada, em função de suas competências e dos resultados positivos trazidos para a empresa; entretanto, há casos bem-sucedidos. Quando a Verizon Communications, empresa de telecomunicações norte-americana, ofereceu benefícios de pensão para incentivar cerca de 12 mil funcionários a se aposentar, mais de 21 mil utilizaram o plano. Consequentemente, a Verizon teve que substituir 16 mil empregados em funções gerenciais, o que pode ser uma oportunidade para provocar mudanças desejáveis e trazer inovações para a empresa.[122]

A discriminação com empregados mais velhos é outro problema em potencial. A menos que o plano seja estruturado adequadamente, esses trabalhadores podem encarar os programas de aposentadoria antecipada como maneiras para forçá-los a sair da empresa contra a vontade deles.

Comunicações e sites sobre benefícios

Muitas vezes, embora as empresas ofereçam bons benefícios, nem sempre sua utilização é do conhecimento dos empregados. Assim, a comunicação é essencial para evitar que a empresa tenha gastos excessivos com benefícios, sem o desejado reconhecimento pelo empregado.

Por essa razão, os empregadores estão adicionando novos serviços de divulgação de benefícios em seus sites. Um exemplo é o site da companhia de seguros norte-americana USAA[123] que, além de oferecer autoinscrição, ajuda os funcionários a alcançar um melhor equilíbrio entre trabalho e vida. Nesse caso, os funcionários podem escolher palavras em uma lista, como "estresse", e obter sugestões sobre como lidar com o problema.[124] Já o site de perfil de pagamento e benefícios da Boeing,[125] empresa de desenvolvimento aeroespacial e defesa norte-americana, disponibiliza, aos funcionários, informações em tempo real sobre o salário, bônus, benefícios, pensões e serviços especiais, tais como referências de cuidados infantis.[126] Os empregadores devem garantir que os empregados tenham informações periódicas sobre o valor dos benefícios que estão recebendo.[127]

Serviços pessoais e benefícios familiares

Embora benefícios de seguros e aposentadoria contem para a maior parte dos custos de benefícios da receita, grande parte dos empregadores também oferece outros serviços ou facilidades para os empregados.

Serviços pessoais

Benefícios de serviços pessoais incluem assistência ao empregado, cooperativas de crédito e as oportunidades sociais e recreativas.[128]

OBJETIVO DE APRENDIZAGEM 6

Listar e discutir os possíveis serviços e benefícios oferecidos pelas empresas para empregados e familiares.

PROGRAMAS DE ASSISTÊNCIA AO EMPREGADO Esses programas prestam serviços de consultoria, tais como aconselhamento psicológico, serviços jurídicos e financeiros, referências de cuidados para crianças e idosos e até assistência em adoção.[129] Nos Estados Unidos, mais de 60% das grandes empresas oferecem tais programas, ao contrário do Brasil, em que ainda não há preocupação intensiva com esse tipo de questão. Um estudo apontou que a saúde mental pessoal foi o problema mais comum nos **programas de assistência ao empregado**, seguido por problemas familiares.[130]

Para os empregadores, esses programas de cunho assistencial geram vantagens e não apenas custos. Por exemplo, familiares doentes e problemas como depressão fazem com que muitos empregados tenham que tirar licença ou ausentem-se do trabalho com frequência. A aplicação desses tipos de programas podem reduzir tais ausências, ao oferecer consultoria especializada em questões como referências em cuidados.[131]

Em todo caso, os envolvidos, incluindo superiores, secretárias e pessoal de apoio, como assistentes sociais, devem entender a importância da confidencialidade. Além disso, garantir que os arquivos sejam bloqueados, limitando e monitorando o acesso, as informações em torno da identificação do empregado são minimizadas.

Programa de assistência ao empregado
Programa formal que fornece aconselhamento e/ou tratamento a problemas como alcoolismo, vício em jogos de azar ou estresse para os funcionários. Algumas empresas podem, inclusive, manter parcerias ou convênios com clínicas para tratamento de dependências de álcool e outras drogas.

Benefícios familiares
Benefícios como auxílio-creche e instalações de academias de ginástica e ginástica laboral tornam mais fácil para os funcionários equilibrar o trabalho e as responsabilidades familiares.

Benefícios familiares

Algumas tendências sociais têm mudado o panorama dos benefícios oferecidos aos empregados, por exemplo: atualmente, há famílias em que todos os adultos trabalham e monoparentais; há mais mulheres na força de trabalho; e há mais trabalhadores com mais de 55 anos de idade no mercado de trabalho.[132]

Essas questões levaram muitos empregadores a reforçar seus **benefícios familiares**, ou seja, que sejam capazes de integrar trabalho e vida pessoal. Os benefícios mais recentes considerados pela expressão "trabalho e vida pessoal" reconhecem a necessidade de melhorar as situações de trabalho na vida de todos os funcionários, e não apenas daqueles com família.[133] Esses benefícios incluem assistência à criança, atendimento aos idosos, instalações de academias de ginástica e horários flexíveis de trabalho, casos que serão mais bem detalhados adiante.[134]

CUIDADO INFANTIL SUBSIDIADO Os empregadores que querem reduzir as ausências associadas aos cuidados infantis podem ajudar seus funcionários com filhos de várias maneiras. Alguns empregadores investigam e recomendam creches para os funcionários. Outros subsidiam creches, tanto para atrair os trabalhadores quanto para reduzir o absenteísmo. Por exemplo, a Abbott Laboratories, companhia de produtos farmacêuticos norte-americana, construiu um centro de cuidados infantis de US$ 10 milhões em sua sede, no norte de Chicago, sendo uma estadia diuturna para cerca de 400 filhos de funcionários da empresa.[135]

Ao subsidiar o serviço de creche, os empregadores podem se beneficiar de várias maneiras, incluindo melhores oportunidades de recrutamento, menor absenteísmo, melhoria da moral do empregado, publicidade favorável e maior volume de negócios.

Mas é preciso observar se a empresa é obrigada, por lei ou sindicatos, a disponibilizar um local para que as mulheres possam dar assistência aos filhos no período de amamentação, situação que ocorre quando, nas instalações da empresa, trabalham mais de 30 mulheres com idade superior a 16 anos.[136] Alternativamente, a empresa pode optar por pagar auxílio-creche para seus empregados, o que normalmente é previsto em negociações coletivas da categoria profissional.[137]

BENEFÍCIOS PARA CRIANÇAS DOENTES Um estudo apontou que as ausências inesperadas subiram cerca de 2,4%, com um custo por ausência de cerca de US$ 700 por episódio (para os empregados temporários isso gera uma redução na produtividade, por exemplo). Por isso, mais empregadores têm oferecido benefícios de cuidados infantis de emergência, por exemplo, para quando a babá de uma criança não aparece. A Texas Instruments, empresa de semicondutores norte-americana, construiu um banco de dados na internet em que seus funcionários podem encontrar prestadores de serviços de emergência para cuidados infantis. Outros, como o Canadian Imperial Bank of Commerce (CIBC), banco canadense, expandiu suas creches no local de trabalho para lidar com emergências.[138]

CUIDADOS A IDOSOS Outros empregadores também prestam serviços de atendimento aos idosos (bem como para os pais dos empregados). Por exemplo, o serviço da Ford Motor Company fornece uma avaliação das necessidades do parente idoso e recomendações sobre o melhor atendimento.[139]

Outros benefícios para os empregados

Empregadores oferecem vários outros benefícios para os empregados.[140] O site Google relaciona benefícios como assistência a adoção, serviço de transporte gratuito partindo de uma determinada cidade (no caso, de São Francisco até o Vale do Silício, nos Estados Unidos), lavanderia, assistência para cuidar das crianças e atendimento médico e odontológico na empresa.[141] A Home Depot oferece uma cobertura completa em um programa de seguro de saúde para o animal de estimação. A Ben & Jerry, marca de sorvete norte-americana, dá aos funcionários três litros de sorvete para levar para casa diariamente. A CVS Caremark, varejista da área de cuidados com a saúde norte-americana, busca reter os empregados mais velhos, oferecendo diversos benefícios para os idosos. Seu programa Snowbird deixa os farmacêuticos passarem seus invernos na Flórida e retornarem ao trabalho quando o clima estiver mais quente, por exemplo.[142]

SUBSÍDIOS EDUCACIONAIS Apesar de essa tendência estar diminuindo, alguns empregadores oferecem subsídios educacionais, como reembolso de matrícula para os empregados.[143] Alguns pagam cursos de graduação e pós-graduação relacionados ao trabalho, por vezes vinculado ao alcance de bons resultados pelo aluno. Outros também reembolsam cursos não relacionados ao trabalho (como para um web designer que faz aula de contabilidade), mas que dizem respeito ao negócio da empresa ou que possam representar a possibilidade de desenvolvimento do empregado.[144]

Esse auxílio também pode levar ao problema de possibilitar a saída de seus melhores funcionários para outras empresas, após esse desenvolvimento acadêmico ou profissional que foi subsidiado. Os pesquisadores estudaram como o programa de assistência educacional da Marinha dos Estados Unidos influenciou a mobilidade profissional. Participar das aulas diminuiu significativamente a probabilidade de a pessoa permanecer na Marinha.[145]

Privilégios executivos

Alguns serviços ou benefícios diferenciados costumam ser oferecidos apenas para os altos executivos e são conhecidos por *fringe benefits* (ou benefícios marginais). Essas regalias podem variar de substanciais (aviões da empresa e pagamento de viagens de férias com a família) a relativamente insignificantes (espaço privativo e diferenciado para vaga de carro no estacionamento da empresa). Outros incluem empréstimos, utilização de casas de campo ou praia, títulos de clube, aconselhamento financeiro e benefícios de realocação profissional (no caso de desligamento do empregado).

Programas de benefícios flexíveis

Programas de benefícios flexíveis (ou *flexible benefits*)
Planos individualizados permitidos pelos empregadores para acomodar as preferências dos empregados relacionadas aos benefícios. Nesse caso, os empregados tem como optar por benefícios a partir de um menu, no qual são especificados possíveis benefícios de acordo com o nível hierárquico ou função a ser desempenhada por eles.

Horário flexível
Plano que permite ao empregado o cumprimento da sua jornada de trabalho dentro de um horário previamente estabelecido, considerando um limite inicial e um final.

Caso tenham a possibilidade, é claro que os empregados preferem ter o poder de escolher os benefícios que mais lhes interessam. Essa modalidade ainda é pouco utilizada no Brasil, por conta da dificuldade de cumprimento da legislação, sobretudo no tocante à previsão de equiparação salarial (neste caso, inclui a parcela relativa a benefícios). Mas nos Estados Unidos, onde esse tipo de benefício (*flexible benefits*) é mais comum, em uma pesquisa com casais que trabalham, 69% aproveitou os tipos de benefícios de estilo flexível que serão discutidos a seguir.[146] O serviço de pesquisa Jobtrak.com perguntou a estudantes universitários e recém-formados: "Qual o benefício que você mais deseja?", a resposta foi: 35% gostaria de **horários flexíveis**, 19% gostaria de opções de ações, 13% de mais tempo de férias, e 12% de um plano de saúde melhor.[147] Diante disso é prudente fazer um levantamento dos benefícios preferenciais dos funcionários e abrir para a escolha.

JORNADA FLEXÍVEL OU JORNADA MÓVEL DE TRABALHO Horários de trabalho flexíveis são populares em várias partes do mundo.[148] Mas, no Brasil, onde a jornada normal é de 8 horas diárias ou 44 horas semanais, não há dispositivos legais sobre a matéria. Mesmo assim, muito se tem discutido sobre sua utilização no país, e várias empresas já adotam esse tipo de jornada, beneficiando a rotina de muitos empregados. Para sua adoção, entretanto, é necessário que seja aprovada em acordos ou convenções coletivas, negociada com sindicatos para determinada categoria profissional, numa determinada região. O acordo com o empregado deverá ser por escrito, indicando novos horários a serem cumpridos. Ainda, deve-se observar que, no caso brasileiro, a jornada flexível somente poderá ser considerada quando aplicada para início ou término da jornada de trabalho (sua prática durante a jornada poderia suprimir ou reduzir intervalo de 1 hora para as refeições, o que é proibido por lei).

De qualquer forma, esse plano traz vantagens e desvantagens, a seguir indicadas:[149]

Vantagens:

- cumprimento da jornada, observada a preferência do empregado, sem prejuízo do trabalho;
- possibilita ao empregado melhor qualidade de vida e integração familiar;
- estabelece uma parceria entre empregador e empregado;
- com maior autonomia para o empregado, fortalece questões de responsabilidade e comprometimento.

Desvantagens:

- dificuldade na gestão de pessoas e controle de ponto;
- reorganização cultural da empresa;
- perda da qualidade de comunicação e convívio entre os empregados;
- baixo rendimento do trabalho das pessoas que requerem uma supervisão mínima.

Nesse plano, é bom ressaltar, os dias de trabalho dos empregados são construídos em torno de suas preferências, sempre respeitados horários de início e término da jornada de trabalho.[150]

Funcionários como pilotos de avião ou enfermeiros não costumam trabalhar cinco dias por semana, ou 40 horas semanais. Esse tipo de trabalhador tem *horários comprimidos* na semana de trabalho. Eles trabalham menos dias por semana, mas a carga horária é maior, por exemplo: trabalham quatro dias por semana, 10 horas cada dia. Funcionários de hospitais também costumam trabalhar em três turnos de 12 horas e folgar quatro dias.[151]

Flexibilidade de local de trabalho significa fornecer as ferramentas de tecnologia (como iPads e computadores) necessárias para que os funcionários trabalhem de qualquer lugar, inclusive em sua própria casa, conhecido como home office.[152] Um programa do Capital One Bank, instituição financeira norte-americana, aumentou aproximadamente em 41% a satisfação geral relacionada ao local de trabalho, e 53% disseram que um local de trabalho adequado aumenta a produtividade do grupo.[153]

O quadro *Contexto estratégico*, a seguir, ilustra como funciona o trabalho em casa (ou home office). Os empregadores que oferecem home office devem calcular os custos e os benefícios do programa cuidadosamente. A Delta Airlines, companhia aérea norte-americana, teve um custo inicial de US$ 2,5 mil com licenças de computador e software para cada agente de reservas baseado em casa, mas paga a cada um deles US$ 1,50 a menos por hora do que seus concorrentes de call centers. Outras despesas podem ser menos óbvias, como a necessidade de ter um departamento de TI que responda as dúvidas técnicas desses funcionários.[154]

Contexto estratégico

NES Rentals Holdings, Inc.

Cada componente do programa de recompensas totais do empregador, incluindo os benefícios, deve estimular o comportamento dos empregados de que a empresa precisa para alcançar seus objetivos estratégicos.

Visando reduzir os custos e manter sua reputação de ótimo serviço, a NES Rentals enviou seus funcionários para casa. Atualmente, três quartos do atendimento ao cliente da empresa de Chicago, cobrança, finanças e outros funcionários administrativos trabalham em casa, no formato home office, pelo menos uma parte da semana.[155] A produtividade aumentou em 20% e a rotatividade dos funcionários é baixa. A NES também aluga menos espaço. A empresa estima as economias totais de seu novo benefício de home office em cerca de US$ 350 mil anualmente. Um benefício para o funcionário acabou se tornando uma forma inteligente para apoiar a estratégia da NES.[156]

RH global

A maioria dos empregadores escolhe benefícios que sejam competitivos em relação ao que as outras empresas oferecem, e que se relacionem com suas estratégias. No entanto, os empregadores globais devem levar em conta as diferenças jurídicas, culturais e multinacionais. Por exemplo, o seguro de saúde é um benefício proeminente nas Américas, mas não no Reino Unido, que tem um programa nacional de saúde.[157]

Revisão

RESUMO

1. Vários planos de incentivo são adequados para a motivação de funcionários, incluindo os programas de reconhecimento. Existem alguns tipos de pagamento: salário por peça é aquele que o empregado recebe uma quantia para cada item que produz; pagamento por mérito refere-se a qualquer aumento salarial concedido com base no desempenho individual do empregado; prêmios não financeiros e baseados no reconhecimento do funcionário podem ser oferecidos na forma de vale-presente, viagens individuais etc. Muitos empregadores utilizam sistemas de gestão de incentivo empresarial para automatizar seus planos de incentivo, e no caso de vendedores, os incentivos costumam ser comissões de vendas. A maioria das empresas têm planos de bônus anuais que visam motivar o desempenho de curto prazo dos gestores. O prêmio real, muitas vezes, depende de uma combinação de desempenho individual e organizacional. Incentivos de longo prazo incluem opções de ações, *paraquedas dourado* e direito a ações virtuais.

2. Com mais empregadores organizando-se em equipes, planos de incentivo para equipes e para toda a organização são importantes. Nos planos de incentivo para a equipe, a questão principal é saber premiar os membros com base no desempenho individual ou da equipe; ambos têm seus prós e contras. Planos de incentivo para toda a organização são aqueles nos quais todos, ou a maioria dos funcionários, têm direito de participar, incluindo planos de PLR, no qual os empregados participam dos lucros da empresa e são envolvidos em um esforço comum para alcançar os objetivos de produtividade e, assim, compartilhar os ganhos.

3. Como muitos planos de incentivo falham, a elaboração de programas de incentivo eficazes é crucial. Certifique-se de que o programa seja motivacional, defina padrões completos e seja acurado em termos de análise dos efeitos do plano.
4. Empregadores costumam fazer muitos pagamentos por tempo não trabalhado e benefícios de seguro. O seguro-desemprego fornece benefícios a uma pessoa se ela for dispensada da empresa, sem justa causa, ou se houver rescisão indireta de contrato. O auxílio-doença fornece pagamento a um empregado quando ele está fora do trabalho por razões de saúde. A maioria dos empregadores também oferece uma série de benefícios de seguro exigidos ou voluntários.
5. Seguridade Social é um programa federal que oferece renda de aposentadoria para homens a partir dos 65 anos e mulheres a partir dos 60 anos de idade, além de outros benefícios. Muitos empregadores também disponibilizam planos de previdência complementar, que proporcionam uma renda adicional para quando os empregados atingem a idade de aposentadoria ou quando eles já não podem trabalhar por causa de algum problema de saúde. Os planos podem ser de benefício definido, contribuição definida, ou combinado.
6. A maioria dos empregadores também oferece diversos serviços pessoais e benefícios familiares, que incluem as cooperativas de crédito, programas de assistência ao empregado, cuidado subsidiado da criança e atendimento aos idosos. Benefícios flexíveis são planos individuais, que podem acomodar as preferências dos empregados quanto à escolha de seus benefícios. Os empregadores também estão implementando vários tipos de flexibilização de trabalho, incluindo horário flexível e possibilidade de home office.

PALAVRAS-CHAVE

remuneração variável 295
salário por hora trabalhada 295
salário mensal 295
pagamento por mérito 295
bônus anual 301
opções de ações 301
paraquedas dourado 302
plano de incentivo de equipe (ou grupo) 302
plano de incentivo organizacional 303
plano de participação nos lucros e resultados (PLR) 303
plano de participação acionária do empregado 303
benefícios 304

benefícios assistenciais 305
seguro-desemprego 305
licença médica 307
indenização 308
seguro de vida em grupo 311
Previdência Social 311
portabilidade 313
aposentadoria antecipada 314
programa de assistência ao empregado 315
benefícios familiares 315
planos de benefícios flexíveis 317
horário flexível 317

QUESTÕES PARA DISCUSSÃO

1. Compare três tipos de planos de incentivo.
2. O que é a remuneração por mérito? Você acha que é uma boa ideia premiar os empregados com aumento por mérito? Justifique.
3. Você está se candidatando para um trabalho como gerente e precisará negociar salários e benefícios. Que perguntas você faria ao seu empregador sobre esses ganhos? Descreva o pacote de benefícios que negociaria para si mesmo.
4. O que é o seguro-desemprego? Uma organização é obrigada a pagá-lo a todos os empregados demitidos ou apenas a alguns deles?
5. Explique como você faria para reduzir o turnover ou a rotatividade de empregados em sua organização.
6. Explique a diferença entre previdência social e privada para aposentadoria dos empregados
7. O que é "portabilidade"? Você acha que ela é importante para um recém-formado? Justifique.
8. Quais são as principais formas de previdência complementar?
9. Descreva os principais benefícios de aposentadoria promovidas pela Previdência Social.

ATIVIDADES INDIVIDUAIS E EM GRUPOS

1. Trabalhando individualmente ou em grupo, crie um plano de incentivo para os seguintes cargos: engenheiro químico, gerente de fábrica e vendedor de carros usados. Quais fatores foram levados em consideração para formular os planos?
2. Uma universidade estadual instituiu o "Programa de Incentivo ao Professor" para seu corpo docente, por meio de um sistema. Comitês de cada faculdade da universidade foram orientados a conceder R$ 5 mil em aumento (não bônus) para cerca de 40% dos

seus docentes com base na qualidade do trabalho no ensino de graduação e na quantidade de cursos que lecionavam por ano. Quais são as potenciais vantagens e desvantagens desse programa de incentivo? Como você acha que foi aceito pela universidade? Você acha que teve o efeito desejado?

3. Trabalhando individualmente ou em grupos, pesquise a legislação e os recursos utilizados para seguro-desemprego no Brasil e descreva se essa taxa vem aumentando ou não nos últimos três anos.

4. Suponha que você tenha um pequeno negócio. Trabalhando individualmente ou em grupos, visite o site <http://www.planalto.gov.br/ccivil_03/decreto-lei/Del2296.htm> e escreva um resumo de uma página explicando (a) os possíveis programas de previdência privada disponíveis, e (b) caso pudesse oferecer benefícios para seus empregados, visando à retenção em sua empresa, que benefícios ofereceria? Lembre-se de que seu negócio é pequeno e, portanto, os gastos não podem ser elevados. Justifique.

5. Você é o consultor de RH de uma empresa de pequeno porte com cerca de 40 empregados. O proprietário pediu-lhe para preparar um relatório de uma página com: (a) os encargos sociais devidos aos empregados (considerados apenas aqueles previstos em lei, não em negociações sindicais) e (b) uma estratégia para descobrir quais benefícios não obrigatórios o empregador pode ofertar.

Exercícios de aplicação

ESTUDO DE CASO EM RH: Empresa de Limpeza Carter

O plano de incentivo

A questão de pagar o salário dos funcionários de sua empresa por hora ou dar a eles um incentivo de algum tipo sempre intrigou Jack Carter.

Sua base política tem sido a de pagar os funcionários o salário por hora, exceto seus gerentes, que recebem um bônus de fim de ano, dependendo do desempenho anual das lojas.

Ele está pensando em usar um plano de incentivo em uma de suas lojas. Jack sabe que uma prensa pode passar cerca de 25 "tops" (casacos, vestidos, blusas) por hora. Entretanto, a maioria de seus prensadores não alcança esse padrão ideal. Para ilustrar isso, um funcionário chamado Walt recebe US$ 8 por hora, e Jack percebeu que, independentemente da quantidade de trabalho que tinha que fazer, Walt sempre acabava voltando para casa por volta das 15 h, e ganhava cerca de US$ 300 ao final da semana. Se fosse uma semana de férias, por exemplo, e tivesse um monte de roupas para passar, ele poderia fazer uma média de 22-23 peças por hora (alguém prensaria as calças). Assim, ganharia, talvez, US$ 300, e ainda terminaria cada dia com tempo de sair às 15 h para que pudesse pegar seus filhos na escola. Mas, quando o movimento estava baixo na loja, sua produtividade caía para cerca de 12 a 15 peças por hora, de modo que no final da semana ele acabava ganhando cerca de US$ 280, e de fato não iria para casa mais cedo do que quando estava ocupado.

Jack falou com Walt várias vezes, e, enquanto Walt sempre prometia tentar fazer melhor, tornou-se gradualmente evidente a Jack que ele estava simplesmente indo trabalhar para ganhar US$ 300 por semana. Embora Walt nunca tenha dito isso de modo direto, ficou claro para Jack que Walt tinha uma família para sustentar e não estava disposto a ganhar menos do que o seu salário-"alvo", independentemente de quão movimentada estava a loja. O problema é que, quanto mais tempo Walt trabalhava a cada dia, mais as caldeiras a vapor e compressores tinham de ser mantidos, e as taxas de combustível eram de cerca de US$ 6 por hora. Jack claramente precisava de uma maneira rápida de fazer Walt entender o problema, uma vez que as altas contas de energia estavam diminuindo seus lucros.

Sua solução foi dizer a Walt que, em vez de receber o salário de US$ 8 por hora, ele passaria a pagar US$ 0,33 por item pressionado. Dessa forma, se Walt prensasse 25 itens por hora a US$ 0,33, ele teria um pequeno aumento. Consequentemente, Jack conseguiria mais itens pressionados por hora e, portanto, seria capaz de desligar as máquinas antes.

Em geral, o experimento funcionou bem. Walt passa de 25 a 35 peças por hora agora. Ele começou a sair mais cedo e, com o pequeno aumento de salário, ele ainda garante o seu salário-alvo. Entretanto, dois problemas surgiram. A qualidade da produção de Walt tem caído um pouco, além de seu gerente ter que gastar um ou dois minutos a cada hora contando o número de peças que Walt passou. Exceto isso, Jack está bastante satisfeito com os resultados de seu plano de incentivo, e ele está se perguntando se deve estendê-lo para outros funcionários e lojas.

Perguntas

1. Na sua opinião, esse plano deve ser estendido para prensadores de outras lojas?
2. Se os outros funcionários (limpeza, vigias, contadores etc.) fossem colocados em um plano semelhante, daria certo? Justifique.
3. Existe outro plano de incentivo que você acha que funcionaria melhor para os prensadores? Descreva-o.
4. O trabalho de um gerente de loja é manter o total de salários como não mais de 30% das vendas, e conservar a conta de combustível e suprimentos em cerca de 9% das vendas. Os gestores também podem afetar diretamente as vendas, garantindo atendimento cortês ao cliente e que o trabalho seja feito corretamente. Que sugestões você faria para um plano de incentivo aos gerentes de loja?

Exercício vivencial — Revisão do pacote de benefícios

Objetivo: proporcionar a prática no desenvolvimento de um pacote de benefícios para um pequeno negócio.

Entendimento necessário: estar familiarizado com o material apresentado neste capítulo, rever o Capítulo 10 para pesquisar sobre remuneração, e estar preparado para compartilhar com seu grupo o pacote de benefícios da empresa na qual você trabalha ou em que você conheça alguém que trabalha.

Instruções: divida a turma em grupos de quatro ou cinco alunos. A tarefa é a seguinte: Maria Cortes tem um pequeno escritório de recrutamento de pessoal em São Paulo e decidiu começar a oferecer um pacote de benefícios expandidos para seus 24 empregados. Atualmente, os únicos benefícios são folga no dia do aniversário do empregado e vale-refeição prevista na convenção coletiva da categoria profissional. Na empresa dela, existem dois outros gerentes, bem como 17 recrutadores em tempo integral e cinco membros da equipe administrativa. Cada grupo deverá criar um pacote de benefícios de acordo com o tamanho e as necessidades dessa empresa.

Estudo de caso brasileiro

Elevando a remuneração de empregados no setor farmacêutico

A empresa ROUEK & Co atua no setor farmacêutico fabricando medicamentos que já são, há muito tempo, produzidos também por outras empresas, mas sem patente, e, portanto, vem sofrendo uma concorrência muito grande de outros laboratórios, nacionais ou estrangeiros. Essa empresa de 400 empregados vem amargando elevados custos operacionais e passou por problemas financeiros tão sérios que se viu envolvida num processo de concordata há dois anos, ainda não solucionado.

Pela mesma razão, a empresa não consegue reestruturar sua política de salários para os empregados, o que faz suas faixas salariais serem pouco competitivas em relação ao mercado farmacêutico, embora ainda competitivas quando comparadas com outros setores econômicos. Assim, nos últimos anos, a empresa vem perdendo profissionais para os laboratórios farmacêuticos concorrentes e enfrentando dificuldades para contratar e reter profissionais experientes e talentosos que sejam capazes de fazê-la retomar seu crescimento no mercado.

Diante da rapidez com que tem que atuar, a empresa entende que não há tempo hábil para treinar seus mais novos empregados. Quanto aos antigos, acredita que não há envolvimento suficiente com os resultados pretendidos pela empresa, pois estão descontentes pelo fato de, por vezes, receberem até menos do que os mais novos empregados da empresa, contratados por valor mais alto por conta da situação de mercado de trabalho aquecido para o setor.

Perguntas

1. Como equacionar o problema de retenção de profissionais especializados sem necessariamente aumentar os salários fixos?
2. Admitir empregados por salários maiores do que aqueles praticados para os mesmos cargos na empresa aos empregados mais antigos fere o princípio da isonomia salarial? Justifique.
3. Há a possibilidade de que a empresa invista em remuneração variável para poder atrair melhores candidatos e, ainda, melhorar a motivação dos atuais empregados? Quais as possíveis formas de remuneração variável? Justifique.

Notas

1. John Pletz, "Workers, Go Home", *Crain's Chicago Business 34*, n. 8, 21 fev. 2011, p. 2, 14.
2. Mary Ducharme e Mark Podolsky, "Variable Pay: Its Impact on Motivation and Organisation Performance", *International Journal of Human Resources Development and Management 6*, 9 maio 2006, p. 68.
3. Ibid.
4. Kenan Abosch, "Variable Pay: Do We Have the Basics in Place?", *Compensation & Benefits Review*, jul./ago. 1998, p. 2-22.
5. Richard Henderson. *Compensation Management*. Upper Saddle River, NJ: Prentice Hall, 2000, p. 463.
6. Nos termos do que prevê o artigo 457 da Consolidação das Leis do Trabalho (CLT).
7. Regulada pela Lei 10.101, de 2000, alterada pela Lei 12.832/2013.
8. De acordo com a orientação dos tribunais brasileiros, se a gratificação de função for percebida pelo empregado por um período superior a 10 anos, não mais poderá ser retirada do empregado e não pode ser reduzido seu valor enquanto o empregado permanecer na função comissionada.
9. Eric R. Schulz e Denise MarieTanguay, "Merit Pay in a Public Higher Education Institution: Questions of Impact and Attitudes", *Public Personnel Management* 35, n. 1, primavera 2006, p. 71-78; Thomas S. Dee e Benjamin J. Keys, "Does Merit Pay Reward Good Teachers? Evidence from a Randomized Experiment", *Journal of Policy Analysis & Management* 23, n. 3. verão 2004, p. 471-488. Veja também: Sanghee Park e Michael Sturman,

"How and what you pay matters: the relative effectiveness of merit pay, bonuses and long-term incentives on future job performance", *Compensation & Benefits Review* 44, n. 2, 2012, p. 80-85.
10. Brian Skelton. "Dual-Career Tracks: Rewarding and Maintaining Technical Expertise". Disponível em: <www.todaysengineer.org/2003/May/dual-ladder.asp>. Acesso em: 1 jun. 2011.
11. Suzanne Peterson e Fred Luthans. "The Impact of Financial and Nonfinancial Incentives on Business Unit Outcomes over Time", Journal of Applied Psychology 91, nº 1, 2006, pp. 156-165.
12. Ibid. Daniel Morrell, "Employee Perceptions and the Motivation of Non-Monetary Incentives", *Compensation & Benefits Review* 43, n. 5, 6 maio 2011, p. 318-323.
13. "Employee Recognition", WorldatWork, abr. 2008. Disponível em: www.worldatwork.org/waw/adimLink?id=25653. Acesso em: 3 nov. 2009.
14. Michelle V. Rafter, "Back in a Giving Mood", *Workforce Management* 88, n. 10. 14 set. 2009, p. 25-29.
15. Charlotte Huff, "Recognition That Resonates", *Workforce Management*, 11 set. 2006, p. 25-29. Scott Jeffrey e Victoria Schaffer, "The Motivational Properties of Tangible Incentives", *Compensation & Benefits Review*, maio/jun. 2007, p. 44-50.
16. Rita Pyrillis, "Just a Token of Your Appreciation?", *Workforce Management*, set. 2011, p. 3.
17. Disponível em: <www.deloitte.com/assets/Dcom-UnitedStates/Local%20Assets/Documents/us_consulting_2010Strategic SalesCompensationSurvey_072910.pdf>. Acesso em: 1 jun. 2011.
18. Jeremy Wuittner, "Plenty of Incentives to Use E.I.M. Software Systems", *American Banker* 168, n. 129, 8 jul. 2003, p. 680.
19. Nina McIntyre, "Using EIM Technology to Successfully Motivate Employees", *Compensation & Benefits Review*, jul./ago. 2001, p. 57-60. Sites com sugestões para planos de incentivos estão disponíveis em: <www.premierechoiceaward.com/secure/home.asp>, <www.giveanything.com> e <www.incentivecity.com>. Acesso em: 7 fev. 2014
20. Disponível em: <www.deloitte.com/assets/Dcom-UnitedStates/Local%20Assets/Documents/us_consulting_2010StrategicSalesCompensationSurvey_072910.pdf>. Acesso em: 1 jun. 2011.
21. Salário indireto por si só não é, naturalmente, um plano de incentivo.
22. Donna Harris, "Dealers Rethink How They Pay Salespeople", *Automotive News*, 14 jun. 2010. Disponível em: <www.autonews.com/apps/pbcs.dll/article?AID=/20100614/RETAIL07/306149932m>. Acesso em: 1 jun. 2011.
23. Sonjun Luo, "Does Your Sales Incentive Plan Pay for Performance?" *Compensation & Benefits Review*, jan./fev. 2003, p. 18-24.
24. Scott Ladd, "May the Sales Force Be with You", *HR Magazine*, set. 2010, p. 105.
25. Luo, "Does Your Sales Incentive Plan Pay for Performance", p. 331-345. Veja também: James M. Pappas e Karen E. Flaherty, "The Moderating Role of Individual-Difference Variables in Compensation Research", *Journal of Managerial Psychology* 21, n. 1. jan. 2006, p. 19-35; T. B. Lopez, C. D. Hopkins e M. A. Raymond, "Reward Preferences of Salespeople: How Do Commissions Rate?", *Journal of Personal Selling & Sales Management* 26, n. 4, outono 2006, p. 381-390.
26. Pankaj Madhani, "Reallocating Fixed and Variable Pay in Sales Organizations: A Sales Carryover Perspective", *Compensation & Benefits Review* 43, n. 6, 5 dez. 2011, p. 346-360.
27. Bill O'Connell, "Dead Solid Perfect: Achieving Sales Compensation Alignment", *Compensation & Benefits Review*, mar./abr. 1996, p. 46-47. Veja também: C. Albrech, "Moving to a Global Sales Incentive Compensation Plan", *Compensation & Benefits Review* 41, n. 4, jul./ago. 2009, p. 52.
28. "Driving Profitable Sales Growth: 2006/2007 Report on Sales Effectiveness". Disponível em: <www.watsonwyatt.com/research/resrender.asp?id=-2006-US-0060&page=1>. Acesso em: 20 maio 2007.
29. Meltzer e Goldsmith, "Executive Compensation for Growth Companies", p. 41-50. Veja também: Patricia Zingheim e Jay Schuster, "Designing Pay and Rewards in Professional Companies", *Compensation & Benefits Review*. jan./fev. 2007, p. 55-62; Ronald Bottano e Russell Miller, "Making Executive Compensation Count: Tapping into the New Long-Term Incentive Portfolio", *Compensation & Benefits Review*, jul./ago. 2007, p. 43-47; Bruce Ellig, "Short-Term Incentives: Top-Down or Bottom-Up?" *Compensation & Benefits Review* 43, n. 3, 17 abr. 2011, p. 179-183.
30. Richard Ericson, "Benchmarking for Executive Incentive Pay: The Importance of Performance Standards", *Compensation & Benefits Review* 43, n. 2, mar./abr. 2011, p. 92-99.
31. "The Impact of Sarbanes-Oxley on Executive Compensation". Disponível em: <www.thelenreid.com>. Acesso em: 11 dez. 2003. Veja também Brent Longnecker e James Krueger, "The Next Wave of Compensation Disclosure", *Compensation & Benefits Review*, jan./fev. 2007, p. 50-54.
32. James Reda, "Executive Compensation: Balancing Risk, Performance and Pay", *Financial Executive* 25, n. 9, nov. 2009, p. 46-50.
33. Meltzer e Goldsmith, "Executive Compensation for Growth Companies", p. 44-45; Max Smith e Ben Stradley, "New Research Tracks the Evolution of Annual Incentive Plans", Executive Compensation, Towers Watson, 2010. Disponível em: <http://towerswatson.com>. Acesso em: 28 ago. 2011.
34. Ibid.
35. Ibid.
36. Ibid.
37. Disponível em: <http://news.yahoo.com/p-gs-former-ceos-pay-213011446.html >. Acesso em: 7 fev. 2014.
38. Benjamin Dunford et al., "Underwater Stock Options and Voluntary Executive Turnover: A Multidisciplinary Perspective Integrating Behavioral and Economic Theories", *Personnel Psychology* 61, 2008, p. 687-726.
39. Phred Dvorak, "Slump Yields Employee Rewards", *The Wall Street Journal*, 10 out. 2008, p. B2; Don Clark e Jerry DiColo, "Intel to Let Workers Exchange Options", *The Wall Street Journal*, 24 mar. 2009, p. B3.
40. William Gerard Sanders e Donald Hambrick, "Swinging for the Fences: The Effects of CEO Stock Options on Company Risk-Taking and Performance", *Academy of Management Journal* 50, n. 5, 2007, p. 1055-1078.
41. "Study: CEO Compensation Not Tied to Company Performance", *BNA Bulletin to Management*, 22 mar. 2011, p. 92.
42. Disponível em: <http://www.conjur.com.br/2001-dez-29/participacao_acionaria_empregado_nao_afeta_salario?pagina=3>. Acesso em: 12 mar. 2014.
43. Disponível em: <www.mercer.com/pressrelease/details.jhtml/dynamic/idContent/ 1263210>. Acesso em: 2 jan. 2007.
44. Disponível em: <www.nceo.org/main/article.php/id/43/>. Acesso em: 1 jun. 2011.
45. Sob os regulamentos do IRS, as empresas não podem deduzir todos os pagamentos eventuais feitos a executivos, e o executivo deve pagar um imposto de 20% sobre os pagamentos extras "dourados". "Final Regs Issued for Golden Parachute Payments", *Executive Tax and Management Report* 66, n. 17, set. 2003, p. 1.
46. Outras sugestões são: pagamentos iguais para todos os membros da equipe; pagamentos diferenciados para os membros da equipe com base em suas contribuições para o desempenho da equipe, e pagamentos diferenciais determinados por uma relação do salário-base de cada membro do grupo para o salário base total do grupo. Veja Kathryn Bartol e Laura Hagmann, "Team Based Pay Plans: A Key to Effective Team Work", *Compensa-*

tion & Benefits Review, nov./dez. 1992, p. 24-29. Veja também: Charlotte Garvey, "Steer Teams with the Right Pay", *HR Magazine*, maio 2002, p. 70-71; K. Merriman, "On the Folly of Rewarding Team Performance, While Hoping for Teamwork", *Compensation & Benefits Review* 41, n. 1, jan./fev. 2009, p. 61-66.

47. Richard Seaman, "The Case Study: Rejuvenating an Organization with Team Pay", *Compensation & Benefits Review*, set./out. 1997, p. 25-30. Veja também: Peter Wright, Mark Kroll, Jeffrey A. Krug e Michael Pettus, "Influences of Top Management Team Incentives on Firm Risk Taking", *Strategic Management Journal* 28, n. 1, jan. 2007, p. 81-89.

48. Alberto Bayo-Moriones e Martin Larraza-Kintana, "Profit Sharing Plans and Effective Commitment: Does the Context Matter?", *Human Resource Management* 48, n. 2, mar./abr. 2009, p. 207-226.

49. Kaja Whitehouse, "More Companies Offer Packages Linking Pay Plans to Performance", *The Wall Street Journal*. 13 dez. 2005, p. B4.

50. De acordo com a legislação fiscal norte-americana, "qualquer acordo que prevê o adiamento de compensação um ano depois do ano em que a remuneração foi recebida pode ser considerado um acordo de compensação adiada". Steven Friedman. "2008 Compliance Strategies for Employers in Light of Final 409A Regulations", *Compensation & Benefits Review*, mar./abr. 2008, p. 27.

51. Disponível em: <www.axa-equitable.com/retirement/how-do-company-profit-sharing-plans-work.html>. Acesso em: 1 jun. 2011.

52. Joseph Martocchio, *Strategic Compensation*. Upper Saddle River, NJ: Prentice Hall, 2006, p. 163-165.

53. Barry W. Thomas e Madeline Hess Olson, "Gainsharing: The Design Guarantees Success", *Personnel Journal*, maio 1998, p. 73-79; A. C. Gardner, "Goal Setting and Gainsharing: The Evidence on Effectiveness", *Compensation and Benefits Review* 43, n. 4, jul./ago. 2011, p. 236-244.

54. Parafraseado de Woodruff Imbermann, "Boosting Plant Performance with Gainsharing", *Business Horizons*, nov./dez. 1992, p. 77. Veja também: Max Reynolds e Joane Goodroe, "The Return of Gainsharing: Gainsharing Appears to Be Enjoying a Renaissance", *Healthcare Financial Management* 59, n. 11, nov. 2005, p. 114-116; Dong-One Kim, "The Benefits and Costs of Employee Suggestions Under Gainsharing", *Industrial and Labor Relations Review* 58, n. 4, jul. 2005, p. 631-652; discussão hospitalar sobre participação nos lucros em Anjana Patel, "Gainsharing: Past, Present, and Future", *Healthcare Financial Management* 60, n. 9, set. 2006, p. 124-128, 130.

55. Paul Rossler e C. Patrick Koelling, "The Effect of Gainsharing on Business Performance at a Paper Mill", *National Productivity Review*, verão 1993, p. 365-382; discussão hospitalar sobre participação nos lucros em Patel, "Gainsharing".

56. Bob Conlin, "Best Practices for Designing New Sales Compensation Plans", *Compensation & Benefits Review*, mar./abr. 2008, p. 51.

57. Ibid., p. 53

58. Disponível em: <www.vuesoftware.com/Product/Compensation_Management.aspx>. Acesso em: 1 jun. 2011.

59. Ibid.

60. Ad Kleingeld et al., "The effect of goal setting on groupperformance: a meta-analysis", *Journal of Applied Psychology* 96, n. 6, 2011, p. 1289-1304.

61. Theodore Weinberger, "Evaluating the Effectiveness of an Incentive Plan Design Within Company Constraints", *Compensation & Benefits Review*, nov./dez. 2005, p. 27-33; Howard Risher, "Adding Merit to Pay for Performance", *Compensation & Benefits Review*, nov./dez. 2008, p. 22-29.

62. Baseado em Frederick Hills, Thomas Bergmann e Vida Scarpello, *Compensation Decision Making*, Fort Worth, TX: Dryden Press, 1994, p. 424. Veja também: Fay Hansen, "The Cutting Edge of Benefit Cost Control", *Workforce*, mar. 2003, p. 36-42; Crain's Benefits Outlook 2009. Diponível em: <www.crainsbenefits.com/news/survey-finds-nearly-20-percent-of-employers-plan-to-drop-health-benefits.php>. Acesso em: 28 jul. 2009.

63. De acordo com a legislação brasileira, empresas nas quais trabalham no mínimo 30 mulheres, com mais de 16 anos de idade, são obrigadas a ter local apropriado onde seja permitido manter seus filhos no período de amamentação. Caso a empresa tenha menos do que o número indicado de mulheres e, mesmo assim, deseje oferecer creche para os empregados, estaria proporcionando um benefício ou serviço; não seria tratado seu custo como encargo social.

64. Disponível em: <http://www.mds.gov.br/assistenciasocial/beneficiosassistenciais>. Acesso em: 23 jan. 2014.

65. Disponível em: <http://portal.mte.gov.br/seg_desemp/>. Acesso em: 23 jan. 2014.

66. Dispensa indireta é aquela em que o empregado requer judicialmente a rescisão do contrato de trabalho, em decorrência de ato faltoso do empregador.

67. Disponível em: <http://www.caixa.gov.br/voce/social/beneficios/seguro_desemprego/saiba_mais.asp>. Acesso em: 3 mar. 2014.

68. Atualmente, o valor máximo a ser pago por parcela é de R$ 1.304,63 (jan/2014). Disponível em: <http://portal.mte.gov.br/seg_desemp/seguro-desemprego-formal-2.htm>. Acesso em: 12 mar. 2014.

69. Disponível em: <http://www1.folha.uol.com.br/mercado/2014/01/1398585-seguro-desemprego-tem-reajuste-de-556-e-chega-a-r-130463.shtml>. Acesso em: 24 jan. 2014.

70. Lei n. 12.506/11. Disponível em: <http://www.planalto.gov.br/ccivil_03/_ato2011-2014/2011/lei/l12506.htm>. Acesso em: 12 mar. 2014.

71. Lei n. 8036/90. Disponível em: <http://www.planalto.gov.br/ccivil_03/leis/l8036consol.htm>. Acesso em: 12 mar. 2014.

72. Artigos 129 e seguintes da CLT.

73. Disponível em: <http://www.guiatrabalhista.com.br/guia/auxilio_doenca.htm>. Acesso em: 20 jan. 2014.

74. "Unscheduled Employee Absences Cost Companies More Than Ever", *Compensation & Benefits Review*, mar./abr. 2003, p. 19; Robert Grossman. "Gone but Not Forgotten", *HR Magazine* 56, n. 9, set. 2011, p. 34-46.

75. "Making Up for Lost Time: How Employers Can Curb Excessive Unscheduled Absences", *BNA Human Resources Report*, 20 out. 2003, p. 1097. Veja também: W. H. J. Hassink et al., "Do Financial Bonuses Reduce Employee Absenteeism? Evidence from a Lottery", *Industrial and Labor Relations Review* 62, n. 3, abr. 2009, p. 327-342.

76. Grossman, "Gone but Not Forgotten", p. 44.

77. Judith Whitaker, "How HR Made a Difference", *People Management* 27, 28 out. 2010.

78. Ibid.

79. Disponível em: <http://www.guiatrabalhista.com.br/guia/pdv_pai.htm>. Acesso em: 20 jan. 2014.

80. Disponível em: <http://www.planalto.gov.br/ccivil_03/leis/L6367.htm>. Acesso em: 20 jan. 2014.

81. Lei n. 6367/76. Disponível em: <http://www.planalto.gov.br/ccivil_03/leis/L6367.htm>. Aceso em: 12 mar. 2014.

82. "Workers' Compensation Costs Are Rising Faster Than Wages", *BNA Bulletin to Management*, 31 jul. 2003, p. 244.

83. "Workers' Comp Claims Rise with Layoffs, But Employers Can Identify, Prevent Fraud", *BNA Bulletin to Management*, 4 out. 2001, p. 313.

84. "Workers Comp Research Provides Insight into Curbing Health Care Costs", *EHS Today*, fev. 2010, p. 18.

85. Susan Wells, "Big Changes Considered", *HR Magazine*, jun. 2011, p. 63-64; Veja também: Joanne Sammer, "Exit Strategy: Ending Retiree Medical Benefits", *HR Magazine*, set. 2011, p. 57-62.
86. Referida lei foi complementada pela Resolução n. 279/2011 da ANS. Disponível em: <http://fredyokota.jusbrasil.com.br/artigos/111936433/regras-para-manutencao-de-planos-de-saude-empresariais-para-aposentados-e-ex-empregados>. Acesso em: 20 jan. 2014.
87. "Hewitt Says Employer Measures to Control Increases in Health Care Costs Are Working", *BNA Bulletin to Management*, 7 out. 2008, p. 323.
88. James Curcio, "Creating Standardized Metrics and Benchmarking for Health, Absence and Productivity Management Programs: The EMPAQ Initiative", *Compensation & Benefits Review* 42, n. 2, 2010, p. 109-126.
89. Ron Finch, "Preventive Services: Improving the Bottom Line for Employers and Employees", *Compensation & Benefits Review*, mar./abr. 2005, p. 18. "Despite Good Intentions, Wellness Plans Can Run Afoul of ADA, Attorney Cautions", *BNA Bulletin to Management* 56, n. 51, 20 dez. 2005, p. 41. "Employers That Offer Wellness Incentives May Be Violating GINA, EEOC Letter Says", *BNA Bulletin to Management*, 2 ago. 2011, p. 241.
90. "Employer Partners to Launch a Three-Year Wellness Initiative", *BNA Bulletin to Management*, 7 ago. 2007, p. 255.
91. "On-Site Clinics Aimed at Cutting Costs, Promoting Wellness", *BNA Bulletin to Management*, 25 mar. 2008, p. 103. Cerca de 34% dos empregadores com mais de 500 funcionários oferecem algum tipo de clínica de saúde no local ou nas proximidades da empresa, algumas vezes gerenciadas por terceiros. Susan Ladika, "Some Firms Find In-House Clinics Just What the Doctor Ordered", *Workforce Management*, mar. 2011, p. 6-7.
92. Susan Wells, "Navigating the Expanding Wellness Industry", *HR Magazine*, mar. 2011, p. 45-50.
93. Ibid. Veja também Josh Cable, "The Road to Wellness", *Occupational Hazards*, abr. 2007, p. 23-27.
94. George DeVries, "The Top 10 Wellness Trends for 2008 and Beyond", *Compensation & Benefits Review*, jul./ago. 2008, p. 60-63.
95. Susan Wells, "Getting Paid for Staying Well", *HR Magazine*, fev. 2010, p. 59.
96. Susan Wells, "Wellness Rewards", *HR Magazine*, fev. 2012, p. 67-69.
97. Wells, "Navigating the Expanding Wellness Industry", p. 45-50.
98. "High Deductible Plans Might Catch On", *BNA Human Resources Report*, 15 set. 2003, p. 967.
99. "One in Five Big Firms May Drop Coverage for Future Retirees, Health Survey Finds", *BNA Bulletin to Management*, 12 dez. 2002, p. 393. Reduzir os benefícios dos aposentados requer uma análise jurídica preliminar. Veja: James McElligott Jr., "Retiree Medical Benefit Developments in the Courts, Congress, and EEOC", *Compensation & Benefits Review*, mar./abr. 2005, p. 23-28; Natalie Norfus, "Retiree Benefits: Does an Employer's Obligation to Pay Ever End?" *Compensation & Benefits Review*, jan./fev. 2008, p. 42-45.
100. "Dependent Eligibility Audits Can Help Rein in Health Care Costs, Analysts Say", *BNA Bulletin to Management*, 9 set. 2008, p. 289.
101. Rita Pyrillis, "Self-Thought: Companies Ponder Bringing Insurance In-House", *Workforce Management*, abr. 2012, p. 3-4.
102. Expressão utilizada para pessoas nascidas entre 1945 e 1964, na Europa, nos Estados unidos, no Canadá e na Austrália, e representa a explosão populacional havida nesses países no período pós Segunda Guerra Mundial.
103. Ver Recolhimento Previdenciários ou INSS in http://www.previdencia.gov.br/tabela-de-contribuio-mensal/
104. Disponível em: <http://www.guiatrabalhista.com.br/tematicas/previdenciasocial.htm>. Acesso em: 17 jan. 2014.
105. Disponível em: <http://www.previdencia.gov.br/estatisticas/aeps-2010-anuario-estatistico-da-previdencia-social-2010-secao-i/>. Acesso em: 17 jan. 2014.
106. Disponível em: <http://www.previdencia.gov.br/estatisticas/aeps-2012-anuario-estatistico-da-previdencia-social-2012/aeps-2012-secao-i-beneficios/aeps-2012-secao-i-beneficios-subsecao-a/>. Acesso em: 18 jan. 2014.
107. Disponível em: <http://bvsms.saude.gov.br/bvs/publicacoes/previdencia_social.pdf>. Acesso em: 12 mar. 2014.
108. Ibid.
109. Disponível em: http://www2.brasilprev.com.br/ht/previdenciasemmisterio/oqueprevidencia/paginas/abertaefechada.aspx. Acesso em: 17 abr. 2014.
110. Delboni, Denise P, *A previdência complementar como instrumento da política de recursos humanos*: estudo em empresas do setor farmacêutico. Tese de Doutorado apresentada na EAESP/FGV, 2003.
111. Martocchio, *Strategic Compensation*, p. 245-248; Lin Grensing-Pophal, "A Pension Formula That Pays Off", *HR Magazine*, fev. 2003, p. 58-62.
112. Muitos empregadores estão pensando em encerrar seus planos, mas grande parte deles considera a cessação de provisões de benefícios para todos os contratados ou apenas para futuros contratados. Michael Cotter, "The Big Freeze: The Next Phase in the Decline of Defined Benefit Plans", *Compensation & Benefits Review*, mar./abr. 2009, p. 44-53.
113. Patty Kujawa, "The young and not so restless", *Workforce Management*, maio 2012, p. 6. Veja também: Joanne Sammer, "Are defined benefit plans dead?", *HR Magazine*, jul. 2012, p. 29-32.
114. Patty Kujawa, "Young Workers Craving Defined Benefit Plans", *Workforce Management*, mar. 2011, p. 16.
115. Plano fundamentado sob as regras previstas pelo Employee Retirement Income Security Act (ERISA), de 1975, lei assinada pelo presidente Ford em 1974 para exigir que os direitos à aposentadoria sejam protegidos por uma agência do governo, o PBGC.
116. Jessica Marquez, "More Workers Yanking Money Out of 401(k)s", *Workforce Management*, 11 ago. 2008, p. 4.
117. Nancy Pridgen, "The Duty to Monitor Appointed Fiduciaries Under ERISA", *Compensation & Benefits Review*, set./out. 2007, p. 46-51; "Individual 401(k) Plan Participant Can Sue Plan Fiduciary for Losses, Justices Rule", *BNA Bulletin to Management*, 20 fev. 2008, p. 65.
118. "Benefit Trends: Automatic Enrollment Takes Off", *Compensation & Benefits Review*, set./out. 2008, p. 14.
119. Harold Burlingame e Michael Gulotta, "Cash Balance Pension Plan Facilitates Restructuring the Workforce at AT&T", *Compensation & Benefits Review*, nov./dez. 1998, p. 25-31; Eric Lekus, "When Are Cash Balance Pension Plans the Right Choice?", *BNA Bulletin to Management*, jan. 28, 1999, p. 7; Jerry Geisel, "IRS Releases Long-Awaited Cash Balance Guidance", *Pensions & Investments* 38, n. 22, 1 nov. 2010, p. 22.
120. Disponível em: <http://www2.brasilprev.com.br/ht/previdenciasemmisterio/pordentro/reserva/Paginas/Recebimento.aspx>. Acesso em: 20 jan. 2014.
121. Disponível em: <http://www.planalto.gov.br/ccivil_03/leis/l6435.htm>. Acesso em: 12 mar. 2014.
122. Patrick Kiger, "Early-Retirement Plans Backfire, Driving Up Costs Instead of Cutting Them", *Workforce Management*, jan. 2004, p. 66-68.
123. Disponível em: <http://www.usaa.com>. Acesso em: 12 mar. 2014.
124. Scott Harper, "Online Resources System Boosts Worker Awareness", *BNA Bulletin to Management*, 10 abr. 2007, p. 119.
125. Disponível em: <http://www.boeing.com/boeing/>. Acesso em: 12 mar. 2014.
126. Drew Robb, "A Total View of Employee Records", *HR Magazine*, ago. 2007, p. 93-96.
127. Drew Robb, "Benefits Choices: Educating the Consumer", *HR Magazine*, mar. 2011, p. 29-30.

128. Carolyn Hirschman, "Employees' Choice", *HR Magazine*, fev. 2006, p. 95-99.
129. Joseph O'Connell, "Using Employee Assistance Programs to Avoid Crises", *Long Island Business News*, 19 abr. 2002, p. 10.
130. Veja Scott MacDonald et al., "Absenteeism and Other Workplace Indicators of Employee Assistance Program Clients and Matched Controls", *Employee Assistance Quarterly* 15, n. 3, 2000, p. 51-58. Veja também: Paul Courtis et al., "Performance Measures in the Employee Assistance Program", *Employee Assistance Quarterly* 19, n. 3, 2005, p. 45-58.
131. Veja Donna Owens, "EAPs for a Diverse World", *HR Magazine*, out. 2006, p. 91-96.
132. "Fathers Fighting to Keep Work-Life Balance Are Finding Employers Firmly in Their Corner", *BNA Bulletin to Management* 56, n. 24, 14 jun. 2005, p. 185.
133. Susan Wells. "Are You Too Family-Friendly?", *HR Magazine*, out. 2007, p. 35-39.
134. Maureen Hannay e Melissa Northam, "Low-Cost Strategies for Employee Retention", *Compensation & Benefits Review*, jul./ago. 2000, p. 65-72. Veja também: Roseanne Geisel, "Responding to Changing Ideas of Family", *HR Magazine*, ago. 2004, p. 89-98.
135. Patrick Kiger, "A Case for Childcare", *Workforce Management*, abr. 2004, p. 34-40.
136. Disponível em: <http://portal.mte.gov.br/imprensa/auxilio-creche-um-direito-da-trabalhadora.htm>. Acesso em: 20 jan. 2014.
137. Nos termos do artigo 389 da CLT, combinado com a Portaria n. 3.296/1986, do Ministério do Trabalho e Emprego (MTE), que dispõe sobre a possibilidade de a empresa poderá adotar o sistema de reembolso-creche, em substituição à exigência contida no parágrafo 1º, do artigo 389 da CLT.
138. Disponívelem:<www.shrm.org/rewards/library>. Acesso em: 23 dez. 2006. Veja também: Kathy Gurchiek, "Give Us Your Sick", *HR Magazine*, jan. 2007, p. 91-93.
139. Rudy Yandrick, "Elder Care Grows Up", *HR Magazine*, nov. 2001, p. 72-77.
140. "Rising Gas Prices Prompting Employers to Consider Varied Computer Benefit Options", *BNA Bulletin to Management*, 20 jun. 2008, p. 201.
141. "The 100 Best Companies to Work For", *Fortune*, 6 fev. 2012, p. 117.
142. Tamera Lionel, "Benefits for Older Workers", *HR Magazine*, mar. 2012, p. 53-58.
143. Baseado em uma pesquisa, o percentual de empregadores que oferecem benefícios de educação caiu de 68%, em 2007, para 58%, em 2011. Jennifer Schramm, "Undereducated", *HR Magazine*, set. 2011, p. 136.
144. Mary Burke, Euren Esen e Jessica Cullison, "2003 Benefits Survey", *SHRM/SHRM Foundation*, 1800 Duke Street, Alexandria VA, 2003, p. 30. Veja também: Michael Laff, "U.S. Employers Tighten Reins on Tuition Reimbursement", *Training & Development*, jul. 2006, p. 18.
145. Richard Buddin e Kanika Kapur, "The Effect of Employer-Sponsored Education on Job Mobility: Evidence from the U.S. Navy", *Industrial Relations* 44, n. 2, abr. 2005, p. 341-363.
146. "Couples Want Flexible Leave Benefits", *BNA Bulletin to Management*, 19 fev. 1998, p. 53; SHRM, "2003 Benefits Survey", p. 14. Veja também: Paul Harris, "Flexible Work Policies Mean Business", *Training & Development*, abr. 2007, p. 32-36.
147. "Money Isn't Everything", *Journal of Business Strategy* 21, n. 2, mar. 2000, p. 4; Veja também: "CEOs in the Dark on Employees' Benefits Preferences", *Employee Benefits News*, 1 set. 2006, item 06244007.
148. Elka Maria Torpey, "Flexible Work: Adjusting the When and Where of Your Job", *Occupational Outlook Quarterly*, verão 2007, p. 14-27.
149. Disponível em: <http://www.guiatrabalhista.com.br/tematicas/jornadaflexivel.htm>. Acesso em: 12 mar. 2014.
150. A porcentagem de empregadores com programas de horário flexível em 2011 foi de cerca de 53% nos Estado Unidos. Joseph Coombs, "Flexibility Still Meeting Resistance", *HR Magazine*, jul. 2011, p. 72; "Slightly More Workers Are Skirting 9-5 Tradition", *BNA Bulletin to Management*, 20 jun. 2002, p. 197.
151. "Compressed Workweeks Gain Popularity, but Concerns Remain About Effectiveness", *BNA Bulletin to Management*, 16 set. 2008, p. 297.
152. Farrokh Mamaghani, "Impact of Information Technology on the Workforce of the Future: An Analysis", *International Journal of Management* 23, n. 4, 2006, p. 845-850; Jessica Marquez, "Connecting a Virtual Workforce", *Workforce Management*, 20 set. 2008, p. 1-3.
153. Ann Pomeroy, "The Future Is Now", *HR Magazine*, set. 2007, p. 46-52. Chamado home office, a proporção de todos os funcionários que fazem alguma parte do seu trabalho de casa aumentou cerca de 2,1% na última década, nos Estados Unidos. No entanto, alguns trabalhos têm valores muito mais elevados. Por exemplo, quase 45% da transcrição médica é declaradamente feita de casa. "Telework among full-time employees almost doubled in the last decade, study says", *Bloomberg BNA Bulletin to Management*, 12 jun. 2012, p. 187.
154. Dori Meinert, "Make Telecommuting Pay Off", *HR Magazine*, jun. 2011, p. 33-37.
155. Pletz, "Workers, Go Home".
156. Ibid.
157. David Tobenkin, "Learn the Landscape", *HR Magazine*, maio 2011, p. 51-53.

PARTE 5 RELAÇÕES DE TRABALHO

ONDE ESTAMOS AGORA:

A Parte 4, *Remuneração e recompensas*, explicou como fornecer aos empregados salários justos, remuneração, benefícios e incentivos que venham a motivá-los a desempenhar de forma eficaz sua função e a permanecer na empresa. No entanto, o desempenho eficaz requer mais do que uma seleção eficaz, treinamento e remuneração: os funcionários também esperam e merecem um ambiente de trabalho seguro, respeitoso e no qual possam se realizar profissionalmente. Assim, é preciso lançar mão de alguns recursos para a criação de tal ambiente, incluindo o tratamento ético e justo nas relações trabalhistas, boas e produtivas relações sindicais, zelo pela segurança e saúde dos empregados. **A Parte 5, *Relações de trabalho*, abrangerá**:

- Capítulo 12, "Ética, relações trabalhistas e tratamento justo no trabalho"
- Capítulo 13, "Trabalho com sindicatos e a resolução de litígios"
- Capítulo 14, "Melhora na gestão de segurança e medicina do trabalho"

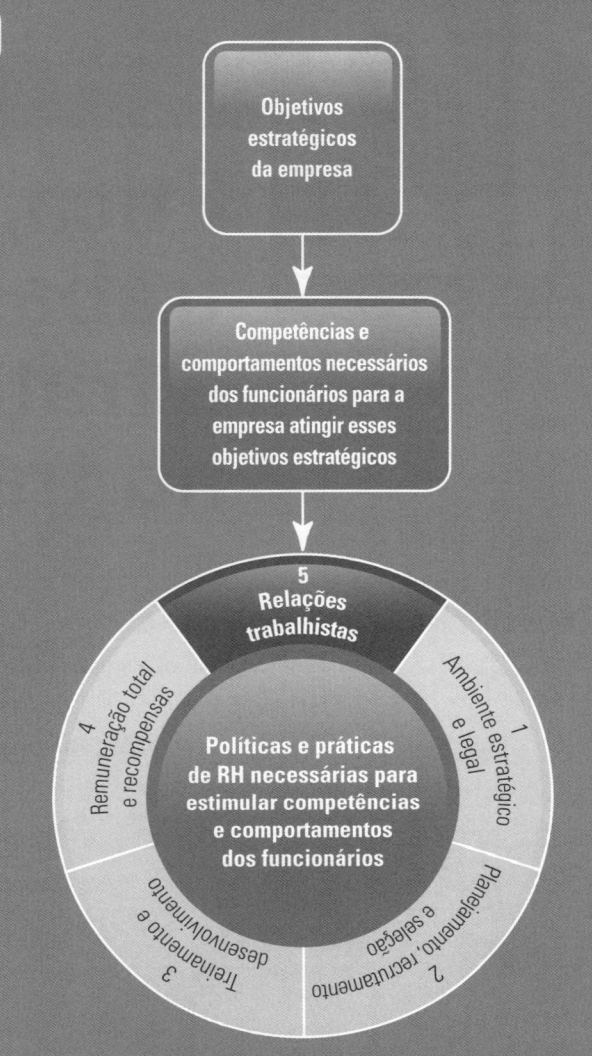

Os conceitos e técnicas que vamos estudar na Parte 5, *Relações de trabalho*, desempenham papel vital na administração estratégica de recursos humanos. Conforme o modelo proposto pela área de RH, administração estratégica de recursos humanos significa formular e executar políticas e práticas que produzam as competências e os comportamentos dos empregados, dos quais a empresa necessita para atingir os seus objetivos estratégicos. Veremos, nesta parte, que despertar as competências e os comportamentos necessários dos empregados requer mais do que ter políticas e boas práticas de treinamento e compensação de empregados bem selecionados: o empregador também deve fornecer-lhes um ambiente de trabalho seguro, respeitoso e no qual possam realizar-se. Vamos, portanto, concentrar, na Parte 5, a forma como os gestores colocam em prática as políticas e as práticas de RH, a fim de produzir relações trabalhistas positivas e um ambiente de trabalho saudável e seguro.

12
Ética, relações trabalhistas e tratamento justo no trabalho

Neste capítulo, vamos abordar...

FUNDAMENTOS DE ÉTICA E TRATAMENTO JUSTO NO TRABALHO
O QUE MOLDA A CONDUTA ÉTICA NO TRABALHO?
FERRAMENTAS DE RH PARA ÉTICA E TRATAMENTO JUSTO
GESTÃO DA DISCIPLINA DOS TRABALHADORES
GESTÃO DAS RELAÇÕES TRABALHISTAS

Fonte: Tyler Olson/Alamy

Objetivos de aprendizagem
Quando terminar o estudo deste capítulo, você será capaz de:
1. Explicar o que se entende por comportamento ético.
2. Discutir fatores importantes que moldam o comportamento ético no trabalho.
3. Discutir pelo menos quatro ferramentas específicas que gestores de RH utilizam para influenciar o comportamento ético no trabalho.
4. Explicar como utilizar práticas disciplinares justas.
5. Definir relações trabalhistas e discutir pelo menos quatro métodos para a sua gestão.

Introdução

O gerente tinha sobre a mesa a proposta de uma empresa que fornece software de ferramentas especiais de monitoramento. Essas ferramentas permitiriam à companhia do gerente fiscalizar o que os seus funcionários e candidatos a emprego dizem e fazem em sites de redes sociais, como Facebook e LinkedIn. Agora, ele precisa decidir se é uma boa ideia comprar o software de monitoramento.[1]

Noções básicas de ética e tratamento justo no trabalho

Considerando o caso citado acima, você acha que usar esse tipo de software de monitoramento é uma boa ideia ou acredita que a atitude é antiética, atuando como "espionagem" dos empregados?

A maioria das pessoas, geralmente, considera-se ética, portanto, devemos começar este capítulo com a pergunta: "Por que incluir a ética em um livro de administração de recursos humanos?". Por três razões: em primeiro lugar, a ética não é teórica. Na verdade, ela colabora para que tudo funcione na empresa. Exemplos como gerentes que prometem aumentos, mas não cumprem; vendedores que dizem que "o pedido está chegando" quando não é verdade; gerentes de produção que aceitam propina de fornecedores: todos eles colaboram para diminuir a confiança nas operações do dia a dia das quais as empresas dependem. De acordo com uma ação judicial, os comerciantes da Pfizer Inc. influenciaram a empresa a suprimir estudos desfavoráveis sobre um de seus medicamentos, agora os reclamantes estão processando a empresa por bilhões de dólares.[2]

Em segundo lugar, as decisões de recursos humanos são, normalmente, carregadas de consequências éticas.[3] Por exemplo, devemos monitorar as atividades de rede sociais de nossos empregados ou não? Eu sei que minha equipe não deve trabalhar em determinada máquina até que eu tenha verificado a segurança, mas meu chefe está com pressa: o que devo fazer?

E, por fim, em terceiro lugar, a maioria dos empregadores se esforça para manter relações positivas com os empregados, e isso é impossível se os funcionários da empresa ou seus gestores forem vistos como antiéticos ou injustos. A seguir, vamos entender melhor o significado de ética, para então entrar em questões mais profundas sobre o assunto.

> **OBJETIVO DE APRENDIZAGEM 1**
> Explicar o que se entende por comportamento ético.

O significado de ética

Ética é o conjunto de "princípios de conduta que regem um indivíduo ou um grupo", ou seja, são os princípios que as pessoas tomam como base para decidir que tipo de atitude terão perante determinado assunto.[4] No entanto, as decisões éticas não incluem qualquer tipo de conduta. Decidir que carro comprar, geralmente, não envolve ética. Na verdade, as decisões éticas são sempre enraizadas na moralidade. Moralidade é o conjunto de padrões de comportamento aceitos pela sociedade; envolvendo questões básicas do que é certo e errado, como roubo, assassinato ou o modo de tratar outras pessoas. Sendo assim, a forma como se trata um empregado é, quase sempre, uma questão ética e legal, e que envolve diretamente a gestão de RH.[5]

Ética
O estudo de padrões de conduta e julgamento moral; o conjunto das normas de conduta corretas.

A ética e a Lei

A lei não é um modelo exato para julgar o que é ético, uma vez que algo pode ser legal, mas não ser certo moralmente, ou algo pode ser aceito moralmente, mas não ser legal. Dispensar um funcionário de mais de 50 anos de idade, com 30 anos de empresa, em razão da troca de supervisão, pode ser um ato legal, permitido em lei, mas pode não ser visto como ético pelos demais empregados da empresa. A vice-presidente de práticas empresariais da United Technologies Corp. e um advogado da empresa colocaram desta forma: "Não mentir, não enganar, não roubar. Fomos todos criados, essencialmente, com os mesmos valores. Portanto, ética significa tomar decisões que representam o que você acredita que é correto, e não apenas o que as leis dizem".[6]

A lei pode não ser um guia infalível para o que é ético, entretanto, alguns gestores a tratam como se fosse. As empresas existem para gerar lucro, razão pela qual a rentabilidade tende a ser o foco quando os gestores tomam decisões. Depois de contabilizar os lucros, perguntam-se: "É legal?". Infelizmente, é possível que a pergunta "É ético?" surja apenas como uma reflexão tardia, isso se surgir.

Direitos dos trabalhadores e a Lei

Sabendo disso, algumas sociedades dependem exclusivamente da ética dos gestores ou do senso de justiça para garantir que eles façam o que é certo por seus funcionários. Eles também aplicam várias leis que, por sua vez, garantem aos empregados (ou a futuros empregados e, às vezes, ex-empregados) inúmeros direitos. Por exemplo, o artigo 7º, da nossa Constituição Federal, dá aos empregados o direito a um tratamento sem discriminação e de processar o empregador caso a discriminação ocorra. As Normas Regulamentadoras (NR), no Brasil, também determinam em quais condições um trabalho pode ser considerado insalubre, restando aos empregados o mesmo direito de processar o empregador no caso de desobediência às leis. A Figura 12.1 ilustra as áreas em que os trabalhadores têm seus direitos assegurados pela lei.[7]

EXPANSÃO DOS DIREITOS DOS TRABALHADORES No século passado, vimos a expansão dos direitos dos trabalhadores através de leis de relações sindicais e de leis trabalhis-

FIGURA 12.1 Lista parcial de áreas em que os trabalhadores têm direitos legais.

- Direitos de licença e férias
- Direitos à indenização em caso de acidentes e doenças profissionais
- Direitos de acordo de não concorrência
- Direitos a verbas trabalhistas
- Direitos a um tratamento justo e digno
- Direitos de acesso a informações e arquivos pessoais em poder da empresa
- Direitos a benefícios e outras facilidades previstas em lei ou definidas pelos sindicatos
- Direitos a estabilidades especiais
- Direitos a aposentadorias antecipadas
- Direitos sobre equiparação salarial
- Direitos sobre irredutibilidade dos salários
- Direitos de atividade ou militância sindical

tas mais igualitárias. Nos Estados Unidos, onze estados, incluindo Connecticut, Havaí, Nova Jersey e Nova York, debateram a lei que daria às vítimas de agressões verbais pelas chefias o direito de processar as empresas por perdas e danos.[8]

Também no Brasil e em vários outros países foram regulamentados direitos sobre assédio moral nas relações de trabalho, evitando, sobretudo, que a posição hierárquica dos chefes seja capaz de permitir abusos no tratamento com os empregados.

Injustiça no local de trabalho

Uma das maneiras que a empresa pode se manifestar eticamente é no trato com seus empregados. Qualquer pessoa que tenha sofrido um tratamento injusto no trabalho sabe como é desmoralizante. Tratamento injusto reduz o moral (não apenas da vítima, mas de toda a equipe de trabalho), aumenta o estresse e tem efeitos negativos sobre o desempenho. Subordinados com chefes abusivos são mais propensos a desistir, a ter menos satisfação em seu trabalho e vida pessoal, além de maior nível de estresse.[9]

O nível de injustiça no local de trabalho pode ser sutil, entretanto, a injustiça também pode ser gritante. Por exemplo, políticas não declaradas que optam pela manutenção de empregados mais jovens em detrimento dos mais antigos (normalmente mais bem remunerados), em situações de crise ou problemas financeiros da empresa. Outra injustiça é ainda mais chocante: em uma pesquisa com mil funcionários nos EUA, cerca de 45% disseram que tinham trabalhado para patrões abusivos.[10] No trabalho, um tratamento justo reflete ações concretas, tais como "os funcionários são tratados com respeito", e "os funcionários são tratados de forma justa" (veja a Figura 12.2).[11]

Por que tratar os funcionários de forma justa?

Há muitas razões para os gestores serem justos. A razão principal é óbvia, mas o que pode não ser tão óbvio é que a percepção dos empregados também afeta a empresa. Por exemplo, as vítimas apresentam mais desvios de conduta, tais como roubo e sabotagem dentro da empresa.[12] Percepções de justiça também se relacionam com maior comprometimento dos funcionários, maior satisfação com a organização, o emprego e com os líderes, e melhora os comportamentos de cidadania organizacional.[13] As pessoas que se veem como vítimas da injustiça também sofrem de uma série de doenças, incluindo problemas de saúde, tensão, e condições psicológicas afetadas, afetando diretamente sua produtividade.[14]

EXEMPLO Um estudo ilustra como a injustiça funciona. Professores universitários responderam pesquisas sobre como suas faculdades os tratavam em termos das dimensões de justiça, *processual* e *distributiva*. De acordo com o conceito da Teoria da Equidade,[15] a Justiça processual refere-se a *processos justos*, já a justiça distributiva refere-se a *resultados justos*. Uma questão de justiça processual, incluída na pesquisa, foi: "Em geral, os procedimentos do departamento/faculdade permitem pedidos de esclarecimentos ou informações adicionais sobre as decisões tomadas". Itens de justiça distributiva incluíam: "Sinto-me bastante recompensado considerando as responsabilidades que tenho". Os professores ainda responderam a questionários de comprometimento organizacional, que tinham itens como: "Tenho orgulho de dizer para outras pessoas que sou parte deste departamento/faculdade". Os alunos, em seguida, concluíram as pesquisas respondendo a itens como: "O professor era receptivo às minhas necessidades" e "O professor me tratava de forma justa".

FIGURA 12.2 Escala de percepção de tratamento justo.

Fonte: "The Perceptions of Their Interpersonal Treatment Scale: Development and Validation of a Measure of Interpersonal Treatment in the Workplace", por Michelle Donovan, *Journal of Applied Psychology*, 1998, Volume 83(5).

Como é a sua organização na maior parte do tempo? Assinale SIM, se o item descreve a sua organização; NÃO, se não descreve a sua organização; e ? se você não sabe.

NESTA ORGANIZAÇÃO:

1. Os empregados são elogiados pelo bom trabalho	Sim	?	Não
2. Os superiores xingam/gritam com os subordinados	Sim	?	Não
3. É notório que os superiores têm favoritos (R)	Sim	?	Não
4. Os empregados são confiáveis	Sim	?	Não
5. As queixas dos empregados são tratadas de forma eficaz	Sim	?	Não
6. Os empregados são tratados como crianças (R)	Sim	?	Não
7. Os empregados são tratados com respeito	Sim	?	Não
8. As dúvidas e os problemas dos empregados são respondidos rapidamente	Sim	?	Não
9. Os empregados são enganados (R)	Sim	?	Não
10. Sugestões dos empregados são ignoradas (R)	Sim	?	Não
11. Os superiores ameaçam, com frequência, repreender ou demitir empregados (R)	Sim	?	Não
12. Os empregados são tratados de forma justa	Sim	?	Não
13. Os colegas ajudam uns aos outros	Sim	?	Não
14. Colegas de trabalho discutem/brigam uns com os outros (R)	Sim	?	Não
15. Colegas colocam o outro para baixo (R)	Sim	?	Não
16. Colegas tratam uns aos outros com respeito	Sim	?	Não

Nota: (R) = o item é inversamente tabulado.

Os resultados foram impressionantes. Os instrutores que perceberam alta justiça distributiva e processual estavam mais comprometidos. Além disso, os alunos desses instrutores relataram níveis mais elevados de esforço do professor, comportamentos mais sociáveis e justiça, e tiveram reações mais positivas em relação aos seus professores.[16]

Pesquisa de percepção

Pesquisas sugerem que pessoas com capacidade intelectual superior geralmente sofrem assédio moral desde a época escolar, não raras vezes recebendo apelidos pejorativos como geek e nerd.

Pessoas que cometem assédio moral usam seu poder para intimidar, controlar e/ou prejudicar alguém. As pessoas que o sofrem podem ter dificuldade em se defender.

Fonte: auremar/Fotolia

E, nas empresas, não parece ser muito diferente: em um estudo realizado com a intenção de demonstrar as dinâmicas interpessoais, 217 funcionários de uma organização de saúde responderam a um levantamento que mediu a capacidade cognitiva, a vitimização e como eles se comportavam no trabalho.[17] Não era apenas o fato de a pessoa ser muito inteligente e ter alta capacidade cognitiva que determinava se ela era uma possível vítima, mas aqueles que se comportavam de modo mais independente da equipe eram mais propensos a sofrer assédio moral. As pessoas inteligentes que eram integradas à equipe tinham menos probabilidade de serem reféns de tal prática.

> **OBJETIVO DE APRENDIZAGEM 2**
> Discutir fatores importantes que moldam o comportamento ético no trabalho.

O que molda o comportamento ético no trabalho?

Por que as pessoas têm comportamentos considerados ruins? Essa é uma pergunta complicada de se responder. Por exemplo, uma revisão recente de mais de 30 anos de pesquisa em ética concluiu que três fatores determinam as escolhas éticas que fazemos.[18] Os autores intitulam o papel dessas pessoas de "maçãs podres, situações ruins e ambientes desfavoráveis". Esse estudo concluiu que a declaração significa: *maçãs podres*, referentes às pessoas que estão inclinadas a fazer escolhas antiéticas; confrontam *situações ruins*, ou seja, situações éticas que permitem escolhas antiéticas; quando trabalham em *ambientes desfavoráveis*, isto é, ambientes que promovem ou toleram escolhas e práticas antiéticas. Esses fatores combinados determinam quais escolhas éticas uma pessoa irá escolher.

Podemos resumir as conclusões da pesquisa da seguinte forma:

Características individuais – quem são as *maçãs podres*? Algumas pessoas são mais propensas a fazer escolhas antiéticas. Além disso, as pessoas diferem em seu nível de "desenvolvimento moral cognitivo". As pessoas mais íntegras, com o mais alto nível de desenvolvimento moral cognitivo, pensam nas implicações de suas decisões e aplicam princípios éticos.

Infelizmente, parte dos adultos não tem essa postura. Em vez disso, eles baseiam seu julgamento sobre o que é certo nas expectativas de seus colegas e outras pessoas importantes com quem eles interagem, ou nas políticas da empresa ditadas pela lei. E as pessoas que atuam em níveis hierárquicos mais baixos, muitas vezes, acabam fazendo suas escolhas éticas baseadas exclusivamente em obedecer seus chefes, a fim de evitar punições ou represálias – fato que anula o senso crítico individual frente uma determinada situação.

Que situações éticas corroboram para posicionamentos éticos ruins (eticamente perigosos)? Alguns dilemas éticos são mais propensos a levar a escolhas antiéticas. Surpreendentemente, as questões mais simples são as que levam ao maior número de escolhas ruins. O que determina o que é "mais simples"? Questões como o dano que tal escolha pode causar às pessoas e o número de pessoas afetadas por ela, por exemplo. O raciocínio comum é que em situações "menos graves" é mais provável que alguém diga: "Não há problema em fazer isso, mesmo que seja errado".

Quais são os "ambientes desfavoráveis" – os fatores externos que moldam as escolhas éticas? Finalmente, o estudo sugere que algumas empresas produzem ambientes sociais mais venenosos do que outras; esses ambientes, por sua vez, influenciam as escolhas éticas de cada empregado. Por exemplo, empresas que promovem a cultura de "cada um por si", em ambientes extremamente competitivos e muitas vezes considerados desfavoráveis para a integração de grupos, são mais propensas a também sofrerem com escolhas antiéticas.[19] Aquelas em que os empregados são incentivados a considerar o bem-estar de todos, por sua vez, apresentam mais escolhas éticas. Não por outra razão, as empresas cujos gestores colocam em prática "uma forte cultura ética, em que se comunica claramente o alcance de um comportamento aceitável e inaceitável, está associada a menos decisões antiéticas no trabalho".[20]

Agora, vamos olhar mais detalhadamente para os fatores *maçãs podres* e *ambientes desfavoráveis*.

A pessoa – o que gera "maçãs podres"?

A partir do momento que as pessoas levam para o trabalho as suas próprias ideias sobre o que é moralmente certo ou errado, cada um deve arcar com a maior parte do crédito (ou culpa) de suas escolhas éticas. Algumas pessoas têm mais princípios que outras. Por exemplo, os pesquisadores entrevistaram CEOs para estudar as intenções que eles tinham em se envolver em duas práticas questionáveis: solicitar segredos tecnológicos de um concorrente e fazer pagamentos ilegais a funcionários públicos estrangeiros. Os pesquisadores concluíram que as predisposições pessoais dos CEOs afetavam mais fortemente as suas decisões do que pressões ou características de suas empresas no exterior.[21]

TRAÇOS Podemos tirar várias conclusões sobre as características das pessoas éticas ou antiéticas. Um estudo pesquisou 421 funcionários para medir o grau em que vários traços influenciavam as respostas a decisões éticas. Essas decisões incluíam "fazer negócios pessoais no horário de trabalho" e "usar um dia de folga por doença, para ter um dia de folga para uso pessoal". Os trabalhadores mais velhos geralmente tinham interpretações mais rigorosas de padrões éticos e tomavam decisões mais éticas do que os mais jovens.

O "desengajamento moral" é um fator importante. As pessoas que são "moralmente desengajadas", isto é, mais propensas a agir de modo antiético sem se sentir angustiadas, são muito mais propensas a se envolver em comportamentos antiéticos. Questões comuns em testes sobre desengajamento moral pedem para as pessoas responderem a afirmações como "as pessoas maltratadas geralmente fizeram alguma coisa para isso acontecer" e "é bom espalhar boatos para defender aqueles que se preocupam".[22]

Testes de honestidade (como discutimos no Capítulo 6) também mostram que algumas pessoas são mais inclinadas a fazer escolhas éticas erradas. Mas e como você classificaria a sua própria ética? A Figura 12.3 apresenta um rápido levantamento autoavaliativo (você vai encontrar as respostas de outros pesquisados na página 349).

FIGURA 12.3 Quiz sobre ética no local de trabalho de *The Wall Street Journal*.

Fonte: Ethics and Compliance Officer Association, Waltham, MA, e The Ethical Leadership Group, Global Compliance's Expert Advisors, Wilmette, IL. *The Wall Street Journal*, 21 out. 1999: B1–B4. © 1999 by Ethics and Compliance Officer Association. Reproduzido com permissão. Todos os direitos reservados.

* Pesquisa realizada nos Estados Unidos com residentes do país. Perguntas relacionadas a valores monetários foram adaptadas para a moeda brasileira (NE).

A disseminação da tecnologia no trabalho tem levantado uma série de novas questões éticas, além de outras antigas que ainda perduram. Compare suas respostas com as de outros pesquisados, na página 349.

Tecnologia no escritório

1. É errado usar e-mail da empresa para fins pessoais?
   ☐ Sim ☐ Não

2. É errado usar o equipamento do escritório para ajudar seus filhos, amigos ou cônjuge a fazer trabalhos pessoais?
   ☐ Sim ☐ Não

3. É errado jogar em equipamentos do escritório durante o expediente?
   ☐ Sim ☐ Não

4. É errado usar o equipamento do escritório para fazer compras pela internet?
   ☐ Sim ☐ Não

5. É antiético colocar a culpa em uma falha tecnológica, uma vez que o erro, na realidade, foi seu?
   ☐ Sim ☐ Não

6. É antiético visitar sites pornográficos em equipamentos do escritório?
   ☐ Sim ☐ Não

Presentes e entretenimento

7. Qual é o valor que torna o presente de um fornecedor ou cliente preocupante?
   ☐ R$ 60 ☐ R$ 120 ☐ R$ 240

8. É inaceitável fazer uma doação de R$ 120 a um chefe?
   ☐ Sim ☐ Não

9. É inaceitável receber uma doação de R$ 120 do chefe?
   ☐ Sim ☐ Não

10. Presentes de fornecedores: é aceitável receber um par de ingressos de futebol de R$ 470?
    ☐ Sim ☐ Não

11. É aceitável receber um par de ingressos para o teatro de R$ 290?
    ☐ Sim ☐ Não

12. É aceitável receber uma cesta de alimentos de R$ 240 em um feriado?
    ☐ Sim ☐ Não

13. É aceitável receber um vale-presente de R$ 60?
    ☐ Sim ☐ Não

14. Você pode aceitar um prêmio de R$ 180 que ganhou em uma rifa durante a conferência de um fornecedor?
    ☐ Sim ☐ Não

Verdades e mentiras

15. Por causa da pressão do cargo, você já abusou ou mentiu sobre dias de doença?
    ☐ Sim ☐ Não

16. Por causa da pressão do cargo, você já recebeu crédito no trabalho por ideias ou trabalho de outro funcionário?
    ☐ Sim ☐ Não

Ambientes desfavoráveis – forças externas que moldam as decisões éticas

PRESSÕES RELACIONADAS AO TRABALHO Dependendo do caso, se as pessoas têm atitudes ou agem de forma antiética no trabalho para o ganho pessoal, talvez seja compreensível – embora imperdoável. O mais assustador é que os interesses pessoais, muitas vezes, não conduzem esse tipo de comportamento; em vez disso, são as pressões do trabalho que o fazem. Como um ex-executivo disse em seu julgamento: "Eu tomei essas ações, sabendo que estavam erradas, numa equivocada tentativa de preservar a empresa, para que ela pudesse suportar o que eu acreditava serem dificuldades financeiras temporárias".[23]

Um estudo realizado nos Estados Unidos pediu que funcionários listassem suas razões para agirem de modo antiético no trabalho.[24] Para a maioria desses funcionários, "cumprir pressões relacionadas ao cronograma", "cumprir os objetivos financeiros ou de negócios excessivamente agressivos" e "ajudar a empresa a sobreviver" foram as três principais causas. "Promover minha própria carreira ou interesses financeiros" foi o último classificado. Um estudo recente sugere que as pessoas podem não ser tão altruístas. Pessoas que estavam mais propensas a tomar ações antiéticas também eram mais propensas a esperar reciprocidade.[25] Em qualquer caso, a redução dessas pressões é crucial para diminuir lapsos éticos, uma vez que não colocaria o funcionário diante esse tipo de situação, que leva à tomada de decisões antiéticas.

PRESSÃO DO CHEFE É difícil resistir até mesmo à pressão sutil de um chefe, que pode colocar o funcionário diante uma situação que o leva a tomar decisões antiéticas. De acordo com uma pesquisa "o nível de má conduta no trabalho caiu drasticamente quando os funcionários disseram que seus superiores exibiam comportamento ético". Apenas 25% dos funcionários que concordaram que seus superiores eram "um bom exemplo de conduta ética nos negócios", disseram que tinham observado má conduta no ano anterior, em comparação a 72% daqueles que não sentem que seus superiores deem bons exemplos éticos.[26] No entanto, em outra pesquisa, apenas 27% dos funcionários concordaram que a liderança de suas organizações é ética.[27]

Exemplos de como superiores lideram subordinados e fazem com que eles não tenham comportamentos éticos incluem:

- Dizer aos funcionários para fazer o que for necessário para alcançar resultados desejados.
- Enfatizar, em excesso, a cobrança por melhor desempenho dos empregados para garantir que o trabalho seja feito.
- Fingir que ignora a ocorrência de irregularidades, desde que o resultado esperado tenha sido alcançado.
- Receber o crédito pelo trabalho dos outros ou transferir a culpa.[28]

POLÍTICAS E CÓDIGOS DE ÉTICA Políticas e códigos de ética são outras "forças externas" que os empregadores podem usar para sinalizar que suas empresas são sérias e éticas. Por exemplo, o código de ética da IBM diz:

> Nem você, nem qualquer membro da sua família pode, diretamente ou através de outras pessoas, solicitar ou aceitar dinheiro, presente ou qualquer amenidade de alguém que poderia influenciar ou aparentar influenciar o relacionamento de negócios da IBM com essa pessoa ou organização. Se você ou seus familiares recebem um presente (incluindo dinheiro), mesmo que ele não tenha sido solicitado, você deve notificar seu gerente e tomar as medidas adequadas, que podem incluir a devolução ou a alienação do que você recebeu.[29]

Além de um código, algumas empresas também aplicam a seus funcionários um rápido "teste de ética" para avaliar ajustes necessários no código de conduta da empresa. Essas mesmas questões também podem aparecer em testes sobre cultura ou clima organizacional. Por exemplo, a Raytheon Co. pede que seus funcionários se perguntem as seguintes questões no momento em que enfrentarem dilemas éticos?

A ação é legal?

É correta?

Quem será afetado?

Encaixa-se nos valores da empresa?

Como "será" depois de tomar tal decisão?

Como isso repercutirá na mídia?

Tal decisão irá refletir negativamente para a empresa?[30]

APLICAÇÃO No entanto, codificar as regras relacionadas a ética sem aplicá-las é inútil. Como um estudo de ética concluiu, "declarações fortes dos gestores podem reduzir o risco de violações legais e éticas de sua força de trabalho, mas a aplicação de normas tem impacto maior".[31] Mais empresas, como a Lockheed Martin Corp., têm nomeado executivos, preocupando-se cada vez mais com a supervisão de condutas em termos de ética.[32] Auditorias de ética normalmente abordam temas como conflitos de interesse, dar e receber presentes, discriminação de empregados e acesso às informações da empresa.[33]

DENUNCIANTES Algumas empresas incentivam os funcionários a usar linhas especiais e outros meios como ouvidorias e departamentos especializados para indicar a incidência de casos de fraude dentro da empresa. Nos Estados Unidos, por exemplo, a Securities and Exchange Commission (SEC), em conformidade com a Lei Dodd-Frank,[34] estabeleceu recentemente uma recompensa para as pessoas que relatam o comportamento corporativo antiético.[35]

CULTURA Os líderes definem o tom ético da empresa.[36] Os empregados recebem sinais sobre o que é aceitável ou não a partir do que dizem e fazem seus gestores. Por exemplo, um CEO que emite mensagens de um código de ética e, em seguida, ignora os seus preceitos tomando atitudes contrárias, envia um sinal errado para seus empregados. Esses sinais moldam, mesmo que indiretamente, a **cultura organizacional** da empresa. A cultura é o conjunto de "valores característicos, tradições e comportamentos dos funcionários que compõem uma empresa". Um valor é uma crença básica sobre o que é certo ou errado, ou sobre o que você deve ou não fazer. A afirmação: "A honestidade é a melhor política", pode ser considerada um valor, por exemplo.

> **Cultura organizacional**
> Valores, tradições e comportamentos característicos que os empregados de uma empresa compartilham.

Os valores são importantes porque guiam o comportamento de todas as pessoas que fazem parte da empresa. Moldar o comportamento em gestão de pessoas depende, portanto, de moldar os valores usados como guias de comportamento. Por exemplo, se a gestão realmente acredita que "a honestidade é a melhor política", as atitudes tomadas devem refletir esse valor. Gerentes, portanto, têm que pensar em como enviar os sinais certos aos seus empregados, em outras palavras, eles devem criar a cultura certa. Para isso, é fundamental:

- **Esclarecer expectativas**: em primeiro lugar, os gestores devem tornar explícitas suas expectativas com relação aos valores que esperam que os subordinados sigam. Por exemplo, a declaração de ética da IBM deixa claro que a empresa a leva a sério.
- **Usar sinais e símbolos** (simbolismo): práticas diárias do gerente e os sinais que ele envia para criar e sustentar a cultura da empresa. Os gerentes precisam "fazer o que falam". Eles não podem dizer "não falsifiquem as finanças" e, em seguida, fazê-lo eles mesmos.
- **Fornecer suporte físico**: as manifestações do gerente relacionadas aos valores do plano de incentivo, sistema de avaliação e disciplina quanto aos procedimentos da empresa, por exemplo, enviam fortes sinais em relação ao que os empregados devem e não devem fazer. Adotar um comportamento ético na empresa gera recompensas ou penalizações?[37]

CONTROLE DE FRAUDE Controles de fraude, normalmente realizados por auditorias ou ouvidoria interna, são capazes de reduzir a fraude ocupacional, entendida como aquela em que o empregado vale-se da função que ocupa para enriquecer ilicitamente, por meio de desvio ou uso indevido de recursos da empresa. Descobriu-se, por exemplo, que controladores de fraude, como linhas de denúncia, auditorias surpresa, treinamento sobre fraudes para os funcionários e férias obrigatórias podem reduzir o roubo interno em cerca de 50%.[38]

Algumas orientações sobre o comportamento ético no trabalho

Vários especialistas revisaram a pesquisa sobre o que influencia o comportamento ético nas organizações. Aqui está o que suas descobertas sugerem para os gestores:[39]

- O comportamento ético começa com a consciência moral. Em outras palavras, pergunte-se: a pessoa reconhece que existe uma questão moral na situação?
- Os gerentes devem influenciar a ética do empregado, cultivando com cuidado as normas corretas, liderança, sistemas de recompensa e cultura.
- A ética é prejudicada quando as pessoas passam por desengajamento moral. Elas não sentem o tipo de sofrimento, ou culpa, que normalmente ocorre na violação de normas éticas pessoal. Por exemplo, você está mais propenso a prejudicar os outros quando vê as vítimas como "intrusos".
- A mais poderosa moralidade vem de dentro. Com efeito, quando a pessoa moralmente correta pergunta: "Por que ser moralmente correto?". A resposta é: "porque eu sou assim." Dessa forma, a incapacidade de agir moralmente cria um desconforto emocional.[40]
- Metas altamente desafiadoras perseguidas cegamente e pressões de trabalho podem contribuir para o comportamento antiético.[41] Como dois especialistas norte-americanos disseram: "A meta de vendas de US$ 147 por hora pode levar mecânicos de automóveis a 'consertar' o que não estava quebrado".[42]
- Não recompense o mau comportamento. Por exemplo, não promova alguém que fez uma grande venda valendo-se de meios desonestos.[43]
- Puna o comportamento antiético. Os empregados esperam que você discipline os transgressores.
- O grau em que os empregados falam abertamente sobre a ética é um bom sinal de conduta.
- Esteja ciente de que as pessoas tendem a alterar as suas opiniões morais quando se juntam em organizações. Eles igualam "o que é melhor para esta organização, equipe, ou departamento?" com "o que é a coisa certa a fazer?".

OBJETIVO DE APRENDIZAGEM 3
Discutir pelo menos quatro ferramentas específicas que gestores de RH utilizam para influenciar o comportamento ético no trabalho.

Ferramentas de RH para gerenciar a ética e o tratamento justo

O gerente tem várias ferramentas de administração de recursos humanos que podem ser usadas para promover a ética e o tratamento justo. Vamos abordá-las a seguir.

Ferramentas de seleção

O escritor norte-americano James Krohe disse: "A maneira mais simples de ajustar uma organização, eticamente falando, é contratando as pessoas mais éticas".[44] Sendo assim, a contratação de pessoas éticas deve começar antes de os candidatos se candidatarem, com materiais de recrutamento que enfatizem o compromisso da empresa com a ética – o site da Microsoft, mostrado na Figura 12.4, é um exemplo. Os gerentes podem utilizar ferramentas como testes de triagem de honestidade, verificação de antecedentes e perguntas como "Você já viu alguém violando as regras no trabalho? O que você fez?" para filtrar posturas antiéticas indesejáveis.[45] Da mesma forma, é preciso tratar os candidatos de maneira justa. "Se futuros empregados percebem que o processo de contratação não trata as pessoas de forma justa, eles podem assumir que o comportamento ético não é importante para a empresa."[46]

Ferramentas de treinamentos

A questão da ética nas empresas é tão séria que até mesmo o governo vem interferindo nas organizações, a fim de criar normas sobre transparência das decisões empresariais, e evitar que investidores ou clientes possam ser prejudicados. Assim, desde 1991, as diretrizes federais de condenação, nos Estados Unidos, determinaram penas reduzidas para os empregadores acusados de má conduta, que implementaram códigos de conduta e formação ética.[47] A Lei Sarbanes-Oxley de 2002 (aplicada para mercado de capitais no mundo todo), por exemplo, tornou a formação ética ainda mais importante.

FIGURA 12.4 Usando o site da empresa para enfatizar a ética.

Fonte: cortesia da Microsoft Corporation.

E essas diretrizes éticas, que envolvem decisões, leis e códigos de conduta, de um modo geral, devem ser transmitidas a todos os empregados, para que estes sejam treinados a reconhecer os dilemas éticos, saber como aplicar códigos de conduta para resolver problemas e como usar as atividades em equipe como práticas disciplinares de modo ético.[48] O treinamento deve enfatizar os fundamentos morais da escolha ética e o profundo compromisso da empresa com a integridade e a ética, além de incluir a participação de gestores do topo da hierarquia da empresa no programa para ressaltar esse compromisso.[49]

Melhorando a produtividade por meio de ações éticas

Treinamento de ética on-line

A formação ética pode, inclusive, ser feita por meio da internet. Por exemplo, os 160 mil funcionários da Lockheed Martin realizaram uma formação em ética e conformidade legal, valendo-se da intranet da empresa. O software do programa de ética on-line da Lockheed também mantém o controle de quão bem a empresa e seus empregados estão se saindo em termos da manutenção de elevados padrões éticos.[50] Ferramentas de treinamento on-line incluem, por exemplo, sites como Ética Empresarial para Gerentes (*Business ethics for managers*).[51] Alguns empregadores estão mudando da formação ética predefinida para programas mais personalizados e relevantes para a empresa. Por exemplo, a empresa Yahoo! produziu um programa interativo contendo cenários éticos estabelecidos em escritórios da empresa ao redor do mundo. O programa de 45 minutos abrange o código de conduta Yahoo!, bem como questões sobre legislação estrangeira de práticas de corrupção.[52]

Ferramentas de avaliação de desempenho

Avaliações injustas tendem a sugerir que o empregador pode desculpar ou relevar o comportamento antiético. Por isso:

- As normas para os empregados devem ser claras.

- Os funcionários devem entender a base sobre a qual eles serão avaliados.
- O superior deve realizar uma avaliação objetiva e imparcial.[53]

Sistemas de recompensa e disciplinares

Os funcionários esperam que seus empregadores punam condutas antiéticas.[54] Além disso, o empregador deve disciplinar, inclusive, os executivos e não apenas os subalternos que se comportam mal.[55]

Políticas de privacidade[56]

Como as discussões acaloradas sobre a revista em aeroportos sugerem, muitas pessoas (ou a maioria) acham que a violação de sua privacidade é antiética e injusta. No trabalho, invasões de privacidade dos empregados incluem: intromissões (como no vestiário e vigilância de e-mail), publicação de assuntos particulares, divulgação dos registros médicos e apropriação do nome ou de imagem de um empregado para fins comerciais.[57] Verificação de antecedentes criminais, conduta de monitoramento fora do horário de trabalho, questionamentos sobre o estilo de vida, testes de drogas, buscas e atividades de monitoramento no local de trabalho são outros tipos de violação de privacidade.[58] Vamos olhar mais de perto esses detalhes a seguir.

MONITORAMENTO DOS EMPREGADOS Há alguns anos, um tribunal de Nova Jersey responsabilizou um empregador quando um de seus funcionários usou o computador da empresa no trabalho para distribuir pornografia infantil, atividade que já tinha sido alertada para o empregador, mas que na ocasião não tomou as devidas providências.[59]

O aumento do uso de blogues e redes sociais, como o Twitter, ampliou ainda mais as opções para a distribuição de conteúdo potencialmente questionável.[60] E com mais empregadores permitindo que os funcionários usem seus iPads e iPhones pessoais como ferramenta de trabalho, novos problemas estão surgindo.[61] Temos o exemplo de um empregador que deu aos seus funcionários iPods como uma recompensa, e eles sobrecarregaram os servidores da empresa com downloads ilegais de música.[62] A segurança também é um problema. "Um MP3 player com capacidade de quatro gigabytes, bem como a primeira geração do iPod Mini, pode levar para casa uma grande quantidade de dados corporativos", disse um empregador (processo também conhecido como *podslurping*[63]).[64] Permitir o uso de tais dispositivos no trabalho, portanto, exige um planejamento e políticas especiais.

Instituir políticas de privacidade de e-mail é um problema urgente que deve ser pensado e solucionado pelas empresas. Cerca de um terço das empresas norte-americanas, recentemente, investigaram suspeitas de informações confidenciais ou próprias que "vazaram" via e-mail. Um hospital descobriu que, para facilitar o trabalho em casa, alguns médicos tinham registros confidenciais dos pacientes em e-mails pessoais, violando leis federais de privacidade. Outros empregadores enfrentam restrições legais para que tenham acesso ao e-mail de um empregado, acusado de assédio sexual na empresa.[65] A recente decisão da Comissão Federal de Comércio dos Estados Unidos pode tornar os empregadores responsáveis por propagandas enganosas da empresa que os funcionários postam em seus próprios blogues ou redes sociais como o Facebook, mesmo que os empregadores não autorizem as declarações.[66]

Entretanto, não é surpreendente que, em uma pesquisa, 41% dos empregadores com mais de 20 mil funcionários tinha alguém responsável pela leitura de e-mails dos empregados.[67] Outros 96% bloqueiam o acesso a sites adultos e 61% a sites de jogos.[68] Alguns verificam blogues pessoais ou a página do Facebook para verificar se eles estão divulgando questões relacionadas ao trabalho.[69] Até o Twitter está se tornando alvo de monitoramento.[70]

Assim, o monitoramento atual vai muito além de grampear linhas telefônicas. Por exemplo, o Bronx Lebanon Hospital, de Nova York, usa scanners biométricos para garantir que os funcionários que registram ponto sejam realmente quem dizem que são.[71] Digitalização pela íris tende a ser o dispositivo de autorização mais preciso. Algumas organizações, como a Administração Federal de Aviação, usam-no para controlar o acesso dos funcionários a seus sistemas de informação de rede.[72]

Uma pesquisa apontou que 40% dos empregadores pesquisados têm uma política formal que rege as mídias sociais utilizadas pelos funcionários. No entanto, os empregadores precisam formular tais políticas com cuidado. Por exemplo, uma restrição muito ampla relacionada a "fazer comentários depreciativos sobre a empresa através de qualquer meio de comuni-

Mais empregadores estão usando a leitura da íris para verificar a identidade do funcionário.

Fonte: tlorna/Fotolia

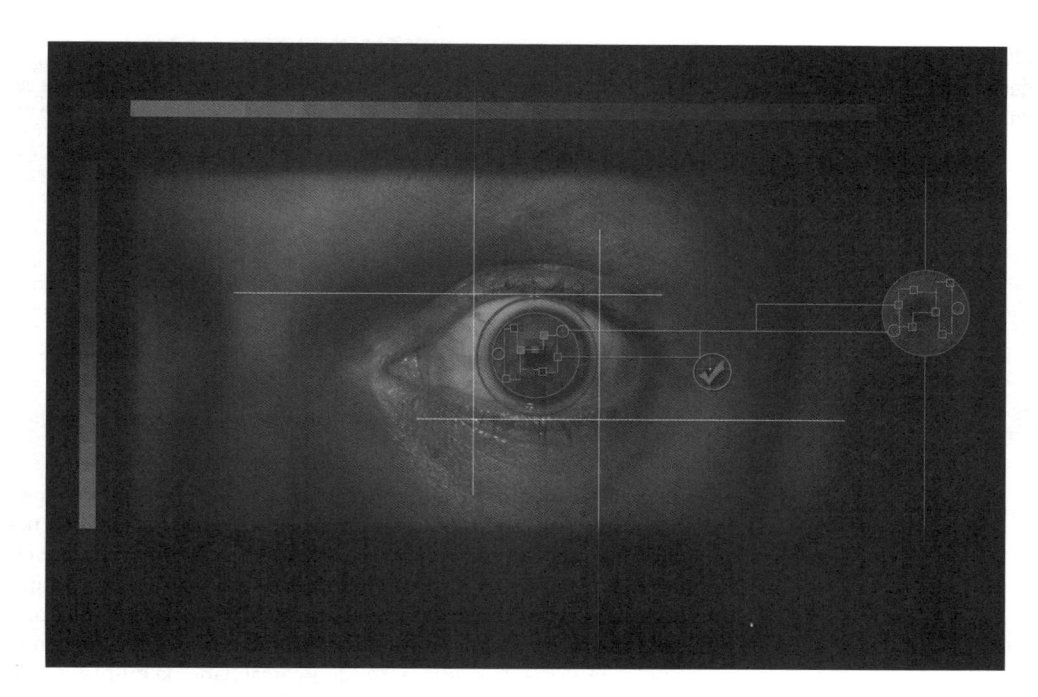

cação, inclusive on-line" provavelmente não seria juridicamente defensável.[73] Por outro lado, a proibição de "condutas abusivas", como fazer gestos obscenos, comentários intimidadores ou ilegalmente discriminatórios provavelmente seriam.

O *monitoramento por localização* está se tornando comum entre as empresas.[74] Os empregadores que vão desde a United Parcel Service até a prefeitura da cidade de Oakland, na Califórnia, utilizam GPS para monitorar onde estão seus caminhoneiros e garis.

Os empregadores também costumam usar softwares para monitorar (geralmente em segredo) o que seus empregados estão vendo na internet. Quando um empregador percebeu que os funcionários estavam acumulando pedidos de horas extras, instalou um novo software e descobriu que muitos deles estavam gastando horas a cada dia em compras on-line em vez de trabalhar. Esse acompanhamento levanta questões de privacidade dentro do departamento de RH. Alguns empregadores, como a Eastman Kodak, nomeou executivos responsáveis por estas condutas, a fim de garantir que a área de RH, ou qualquer outra, não coloque em risco a empresa ao realizar investigações inadequadas de candidatos ou funcionários.[75]

QUESTÕES LEGAIS Espionagem eletrônica é legal, até certo ponto. Por exemplo, no caso brasileiro, as empresas costumam monitorar a correspondência eletrônica (apenas de e-mail corporativo) por meio de busca de palavras que possam levar a empresa ao conhecimento de que empregados trocam informações sobre pornografia, concorrência desleal, divulgação de segredos da indústria etc. Nesses casos, as empresas, ao descobrirem uma ação do empregado em desacordo com a lei ou com o código de conduta da empresa, podem, inclusive, demiti-los por justa causa. Entretanto, escutas telefônicas são permitidas somente com autorização judicial, não sendo lícito o acesso do empregador a e-mails ou telefonemas particulares do empregado, sob pena de ser caracterizado eventual ato criminoso, devendo o responsável responder com a privação de liberdade e a empresa arcar com o pagamento de elevadas indenizações. Como as questões ligadas à privacidade e relacionadas à tecnologia (sobretudo com utilização de correspondência eletrônica e redes de relacionamento) ainda é ínfima diante da rapidez com que são introduzidas mudanças tecnológicas nas empresas, os juízes vêm sendo demandados para que sentenciem processos trabalhistas e formem jurisprudência sobre o assunto. E, neste conjunto de decisões, nota-se que os empregadores aparentam ter menos direitos para monitorar e-mail do que inicialmente se supunha.[76]

Para ser seguro, empregadores devem ter políticas de uso de serviços on-line e e-mail. Os empregados precisam ser avisados que esses sistemas devem ser utilizados apenas para fins profissionais. Os empregadores também podem pedir aos funcionários que assinem declarações de reconhecimento da monitoração telefônica e de e-mail, como a da Figura 12.5. Muitos empregados provavelmente acreditam que, ao utilizar o sistema de e-mail corporativo, suas comunica-

FIGURA 12.5 Modelo de declaração de reconhecimento do monitoramento de e-mail.

> Eu tenho conhecimento de que a companhia XYZ monitora periodicamente quaisquer comunicações de e-mail criadas, enviadas ou recuperadas, utilizando o sistema de e-mail dela. Assim, eu entendo que minhas comunicações de e-mail, num processo de auditoria de sistemas, podem ser lidas por outros indivíduos além do destinatário. Eu também entendo que a companhia XYZ monitora periodicamente comunicações telefônicas, por exemplo, para melhorar a qualidade do serviço ao cliente.
>
> _____   _____
> Assinatura   Data
>
> _____   _____
> Nome   Departamento

ções estão sujeitas a inspeção, mas que os e-mails enviados de suas contas de e-mail pessoal no computador e/ou sistemas do empregador não são. Porém, isso não funciona necessariamente dessa forma, uma vez que ainda não é uma situação inteiramente clara. Assim a empresa, com o intuito de sensibilizar os empregados, deve deixar claro, numa política sobre uso de e-mail, que os mesmos não devem ter expectativa de privacidade em seu e-mail pessoal e uso da internet,[77] uma vez que todas as mensagens enviadas e recebidas no sistema de e-mail do empregador são controladas pela auditoria de sistemas, sendo propriedade da empresa e, portanto, não confidenciais.[78]

O monitoramento do local de trabalho em vídeo pede cautela legal. Vigilância contínua dos funcionários via sistemas de câmera em um ambiente de escritório pode não ser um problema, mas um empregador em Boston, depois de processado, teve que pagar mais de US$ 200 mil para cinco trabalhadoras que foram secretamente gravadas em um vestiário de funcionários da empresa.[79] Sendo assim, recomenda-se que quaisquer gravações sejam do conhecimento do empregado, e sua justificativa deve ser baseada em segurança para o empregado e nunca em controle do trabalho do empregado.

Gestão da disciplina

Algumas práticas de RH, aos poucos, vão envenenando as percepções de "tratamento ético e justo" dos trabalhadores, ou minando relações trabalhistas como processos disciplinares injustos. O objetivo da **disciplina** é incentivar os trabalhadores a aderir a regras e regulamentos. A disciplina é necessária quando um trabalhador viola alguma regra.[80] No entanto, o processo deve ser bem pensado e justo.[81]

Disciplina
Procedimento que corrige ou pune um subordinado por violar uma regra ou procedimento.

> OBJETIVO DE APRENDIZAGEM **4**
> Explicar como utilizar práticas disciplinares justas.

Os três pilares

O gerente pode construir um processo justo de disciplina baseado em três pilares: regras e regulamentos determinados pela empresa; penalidades para as infrações cometidas; e mecanismos de investigação – que serão detalhadas a seguir.

REGRAS E REGULAMENTOS Um conjunto de regras e regulamentos disciplinares claros é o primeiro pilar. As regras devem tratar de questões como roubo, destruição de propriedade da empresa, beber no trabalho e insubordinação. Exemplos de regras incluem:

- **O mau desempenho não é aceitável** Espera-se que cada empregado realize seu trabalho de maneira adequada e eficiente para atender aos padrões de qualidade estabelecidos pela empresa.
- **Álcool e drogas não combinam com o trabalho** O uso de entorpecentes durante o horário de trabalho ou trabalhar sob a influência tanto de álcool quanto de outras drogas são estritamente proibidos.

O objetivo das regras é informar previamente aos empregados o que é ou não é um comportamento aceitável. Os empregados devem ser informados, de preferência, por escrito, sobre o que não é permitido. Isso geralmente ocorre no processo de admissão do empregado, por meio da divulgação do _Manual de orientação do empregado_, que deve conter as regras e os regulamentos da empresa.

PENALIDADES Um sistema de sanções progressivas é o segundo pilar da disciplina eficaz. A gravidade da pena geralmente depende da ofensa e do número de vezes que ela ocorreu. Por exemplo, a maioria das empresas emite advertências verbais ou escritas para as duas primeiras ocorrências de atraso sem justificativa. E pode valer-se até mesmo de suspensões e descontos de salário do empregado, correspondentes aos minutos ou horas de atraso. Mas, quando esse tipo de infração tornar-se habitual, poderá, inclusive, ser caracterizado como "desídia" que, de acordo com o artigo 482 da CLT, pode culminar em possível dispensa por justa causa, na medida em que representa o descumprimento, pelo empregado, das obrigações assumidas perante a empresa.

MECANISMOS DE INVESTIGAÇÃO Em terceiro lugar, a existência de mecanismos de investigação deve ser parte do processo disciplinar. O objetivo é garantir que os superiores imponham disciplina.

O programa de várias etapas de **tratamento justo** da FedEx ilustra isso. Na etapa 1 (análise de gestão), o reclamante apresenta uma reclamação por escrito a um gerente de nível médio. O chefe do departamento analisa todas as informações relevantes, realiza uma reunião com o reclamante e toma a decisão de querer manter, modificar ou anular a ação de gestão, comunicando a decisão por escrito ao reclamante e representante de RH.

Se não estiver satisfeito, na etapa 2 (queixa oficial), o reclamante apresenta um recurso por escrito ao vice-presidente da divisão.

Finalmente, na etapa 3 (revisão), o executivo apela para a revisão. O reclamante pode apresentar uma reclamação por escrito à auditoria, por exemplo. A denúncia é investigada e, em seguida, um dossiê é preparado para a revisão pela diretoria. O recurso chega ao conselho de apelação – que pode ser composto pelo CEO, Diretor de Operações, diretor de RH, e três outros executivos – que analisa todas as informações relevantes e toma a decisão de manter, revogar, iniciar um conselho de revisão ou adotar outras medidas apropriadas.

> **Tratamento justo garantido**
> Programas empresariais que visam assegurar que todos os empregados sejam tratados de forma justa. Geralmente são formalizados, bem documentados e muito divulgados em veículos por meio dos quais os empregados podem apelar por quaisquer questões.

RH na prática

Diretrizes justas de disciplina

Diretrizes de disciplina a que os superiores precisam ficar atentos incluem:[83]

- **Certificar-se de que a evidência suporta a acusação de fraudes de empregados.** Os mediadores costumam dizer que "a evidência do empregador não apoia a acusação de fraudes de empregados" quando fazem o restabelecimento de profissionais demitidos.
- **Certificar-se de proteger os direitos dos empregados durante o processo de investigação.** Os juízes e árbitros normalmente revertem demissões e suspensões quando o processo que levou a elas é, obviamente, injusto ou viola os direitos dos empregados.[84]
- **Alertar adequadamente o empregado das consequências disciplinares de sua suposta má conduta.** Dê ao empregado um formulário, como o da Figura 12.6, para que ele assine.
- **A regra que supostamente foi violada deve estar relacionada ao funcionamento seguro e eficiente do ambiente de trabalho.**
- **Investigar o assunto de forma justa e adequada antes de disciplinar.**
- **A investigação deve produzir provas substanciais da má conduta.**
- **Aplicar regras, ordens ou penalidades sem discriminação.**
- **Manter o direito do empregado de ter um advogado, para que possa defender-se no caso de uma possível ação disciplinar.**
- **Não tirar a dignidade do seu subordinado.**
- **Lembrar-se de que o ônus da prova é da empresa.** Uma pessoa é considerada inocente até que se prove o contrário.
- **Apurar os fatos.** Não baseie a decisão em boatos ou em sua impressão geral.
- **Não agir quando estiver irritado.**
- **Falar com ouvidores** ou **conselheiros independentes**, exteriores à cadeia de comando a qual os empregados atribuam um tratamento injusto, e peça assessoria.[85]

FIGURA 12.6 Relatório de disciplina dos empregados.

Empresa de Telecomunicações Apex
Relatório disciplinar e de advertência

Nome do empregado _____
Departamento do empregado _____
Data da ocorrência _____ Data de hoje _____

Descrição do incidente e de má conduta (incluindo testemunha, se houver) _____
_____
_____

Testemunhas do incidente _____
_____

Se a conduta violou uma política ou regra da Apex Co., registrar a política ou regra _____
_____

Explicação do empregado pela má conduta, se houver _____
_____

Medidas disciplinares tomadas, se for o caso _____
_____

O empregado foi avisado hoje de que, se a má conduta persistir, assim como o problema, a qualquer momento durante as próximas semanas ele poderá estar sujeito às seguintes medidas disciplinares _____
_____
_____

_____   _____
Assinatura do superior   Assinatura do empregado

_____   _____
Nome   Nome

Alguns comportamentos de supervisão podem ser impossíveis de superar. Por exemplo, o empregador pode, por vezes, mitigar os efeitos dos procedimentos disciplinares injustos, estabelecendo processos de recursos disciplinares. Assim, nas empresas em que não são claras as regras sobre o processo de apuração de faltas ou infrações cometidas pelos empregados ou, ainda, em que a cúpula não se compromete com os resultados de investigações realizadas (ou não são tomadas as medidas cabíveis), fica difícil evitar comportamentos indesejados de chefias e subordinados, em virtude do empobrecimento das necessárias punições. E mais, os comportamentos que atacam pessoalmente o empregado e/ou a identidade social são quase sempre difíceis de serem remediados.[85] O Quadro *RH na prática* resume algumas diretrizes justas de disciplina.

DISCIPLINA SEM PUNIÇÃO A disciplina tradicional tem duas desvantagens principais. Em primeiro lugar, ninguém gosta de ser punido. E segundo, a punição tende a ganhar o cumprimento a curto prazo, mas não a cooperação a longo prazo. A *disciplina sem punição* (ou alternativa não punitiva) visa evitar esses inconvenientes. Ela faz isso através da redução do caráter punitivo da própria disciplina. As etapas incluem:[86]

1. **Emitir uma advertência oral na primeira infração.**
2. **Se outro incidente ocorrer dentro das semanas seguintes, emitir uma advertência formal por escrito e colocar uma cópia no arquivo pessoal do empregado.** Além disso, realizar uma segunda conversa em particular com o empregado.
3. **Dar uma "licença para tomada de decisão" paga de um dia.** Se outro incidente ocorrer nas semanas seguintes ou mais, diga ao empregado para tirar uma licença remunerada de um dia, e considere se ele quer cumprir as regras da empresa. Quando o empregado retornar ao trabalho, encontre-se com ele e tomem uma decisão.
4. **Se não houver mais incidentes no ano seguinte ou por mais tempo, limpar a suspensão de pagamento de um dia do arquivo do empregado.** Se o comportamento se repetir, o próximo passo é a demissão.

O processo não se aplica a circunstâncias excepcionais. Comportamento criminoso ou briga na unidade podem ser motivo para demissão imediata, por exemplo. Do mesmo modo, nossa legislação prevê, no artigo 482 da CLT, as possíveis causas para dispensa por justa causa. Esse artigo inclui atos de improbidade, incontinência de conduta ou mau procedimento, negociação habitual, condenação criminal, desídia (disposição para evitar qualquer esforço físico ou moral), embriaguez habitual no serviço, violação de segredos da empresa, ato de indisciplina ou insubordinação, abandono de emprego, ofensas físicas, lesões à honra e à boa fama, práticas de jogos de azar e atos atentatórios à segurança nacional.

Finalmente, lembre-se de que a oportunidade de expressar nossa opinião afeta nossa percepção do quão justos somos tratados. Por exemplo, um estudo concluiu que três ações contribuíram para que a justiça fosse percebida em ambientes de negócios, entre eles o engajamento, envolvendo os indivíduos nas decisões que os afetavam, pedindo sua entrada e permitindo-lhes refutar os méritos de ideias e pressupostos uns dos outros. A segunda ação foi a explicação, garantindo que todos os envolvidos e afetados entendessem porque as decisões finais eram tomadas, como isso era feito e o pensamento que estava por trás das decisões. A terceira foi a clareza de expectativa, certificando-se de que todas as pessoas sabiam por quais padrões seriam julgadas e as penalidades para o fracasso.[87]

Gerenciamento das relações com os funcionários

Conforme foi visto no início deste capítulo, a maioria dos empregadores se esforça para manter relações positivas entre si e seus colaboradores, e isso não é possível quando o empregado percebe a aplicação de medidas de disciplina injustamente na empresa, intimidações, espionagem ou tratamento de forma antiética ou injusta. Assim, as políticas de ética de acolhimento, tratamento justo e aplicação justa da disciplina são base para as relações positivas dos empregados. Possuindo essa base, o empregador pode, então, construir um programa eficaz de relações trabalhistas, que abordaremos a seguir.

O que são relações com os funcionários?

OBJETIVO DE APRENDIZAGEM 5
Definir relações trabalhistas e discutir pelo menos quatro métodos para a sua gestão.

Relações com os funcionários são as atividades que envolvem o estabelecimento e a manutenção das relações positivas entre o empregado e o empregador, contribuindo para a produtividade satisfatória, motivação, moral e disciplina, além de manter um ambiente de trabalho positivo, produtivo e coeso.[88] Se você está recrutando colaboradores, organizando campanhas sindicais, pedindo para os empregados trabalharem por horas extras ou qualquer outra tarefa, obviamente faz sentido ter os funcionários ao seu lado. A maioria dos empregadores, portanto, esforça-se para construir relações positivas com os funcionários, acreditando que isso pode evitar situações negativas. O gerenciamento das relações com os funcionários é, geralmente, atribuído à área de recursos humanos da empresa. Nesta seção, abordaremos a gestão das relações trabalhistas seguindo três temas principais: a melhoria e a avaliação de relações com os empregados, através da melhora na comunicação; o desenvolvimento do reconhecimento do empregado e dos programas de relações; e a utilização de estratégias de envolvimento dos trabalhadores.

Melhoria de relações com os funcionários por meio do aprimoramento da comunicação

Relações com os funcionários
Estabelecimento e manutenção de relações positivas entre empregado e empregador, que contribuem para produtividade satisfatória, motivação, moral e disciplina, auxiliando a conservação de um ambiente de trabalho positivo, produtivo e coeso.

Empregadores utilizam várias ferramentas de comunicação para reforçar as relações com os empregados. Por exemplo, num site de determinada universidade consta: "Nós acreditamos na necessidade de manter nossos funcionários devidamente informados sobre nossas políticas, procedimentos, práticas e benefícios".[89] Este empregador utiliza uma política de *portas abertas* para incentivar a comunicação entre funcionários e gerentes, na forma de um manual com informações básicas para o funcionário, e "a oportunidade de estar a par dos acontecimentos da universidade e outras informações interessantes através do website, e-mail e cópia impressa de memorandos".[90]

Um autor observou que "ninguém gosta de ouvir reclamações, mas solicitar críticas é efetivamente fundamental para uma relação ética do empregador com seus empregados".[91] Isso pode incluir a criação de grupos de discussão formados por empregados, disponibilização de ouvidor ou linhas diretas por telefone e web, além de caixas de sugestões.

Alguns empregadores usam call centers para gerir suas linhas diretas. As linhas diretas são estabelecidas e um responsável recebe os comentários, fornecendo um feedback contínuo para o empregador sobre as preocupações dos empregados, bem como resumos periódicos de críticas, comentários e tendências. As entrevistas de desligamento, que discutimos no Capítulo 9, proporcionam mais uma oportunidade de provar a qualidade das relações com os empregados.[92] Superiores podem, informalmente, usar métodos como políticas de "portas abertas" (facilitando o acesso de seus subordinados à sua sala, para que sejam ouvidos de imediato, sem a necessidade de agendar reuniões previamente) ou "gerentes que circulam pela empresa" para monitorar a rotina de seus empregados na sua área e na empresa como um todo.

Outros empregadores fazem uso de pesquisas, boletins informativos e reuniões de equipe para facilitar a comunicação. O proprietário de onze restaurantes da rede IHOP, por exemplo, reduziu a rotatividade de seus funcionários com uma pesquisa on-line. Ele permite que os novos funcionários deem suas opiniões anonimamente sobre o processo de contratação.[93] O feedback simples permitiu rever métodos de treinamento e orientação da empresa, fato que reduziu a rotatividade em cerca de um terço. Outro exemplo pode ser visto no caso que aconteceu em Bonita Springs, Flórida (EUA), no qual o restaurante Mel's Gourmet mantém os funcionários informados por meio de um boletim trimestral. O boletim é distribuído para as dez filiais da rede, e também fica disponível no site da empresa. O próximo passo, para atingir e conversar diretamente com todos os funcionários, é traduzir o boletim para o espanhol. "Parece clichê, mas a nossa equipe é a chave para o nosso sucesso", disse o proprietário. "Nós queremos ter certeza de que eles têm todas as informações e as ferramentas de que precisam."[94] O restaurante Sea Island Shrimp House, em San Antonio, Texas, mantém a comunicação de seus funcionários – que trabalham nos sete restaurantes da rede – de uma forma que chamam de "cascata", processo caracterizado por reuniões muito rápidas, que levam conhecimento a seus pares imediatamente. Às 9 horas da manhã, a diretoria se encontra para a primeira reunião. A reunião seguinte é uma conferência com gerentes de loja. Em seguida, os gerentes de loja se reúnem com funcionários horistas antes de abrir os restaurantes para comunicar as atividades do dia. "Tudo se resume a comunicações oportunas e bom alinhamento", disse a empresa.[95]

UTILIZAÇÃO DE PESQUISAS DE CLIMA ORGANIZACIONAL A atitude do empregado, a questão moral e as pesquisas de clima organizacional desempenham um papel importante na relação entre empregador e empregados. As empresas aplicam pesquisas para compreender as atitudes de seus empregados em relação a uma variedade de questões organizacionais, incluindo liderança, segurança, clareza de papéis, justiça e pagamento. Consequentemente, conseguem saber se as suas relações com os empregados precisam ser melhoradas. A divisão entre levantamentos de atitude, satisfação ou moral, e pesquisas de clima organizacional são um tanto arbitrárias; vários especialistas definem clima organizacional como "as percepções compartilhadas que membros da organização têm sobre a empresa e o ambiente de trabalho".[96]

Muitas dessas pesquisas estão disponíveis no mercado. Por exemplo, algumas empresas avaliam as respostas dos empregados por meio da utilização de escalas de 1 (correspondente a *muito pouco*) a 5 (correspondente a *bastante*), para responder a perguntas de pesquisas de clima organizacional. As questões incluem: "Você acha que as atividades de trabalho estão organizadas de forma sensata?", "No geral, quão satisfeito você está com o seu superior?", "No geral, quão satisfeito você está com o seu trabalho?", "Você tem confiança em seu superior?", "O trabalho de seu grupo é de alta qualidade?" e "Será que fazer o seu trabalho muito bem leva ao reconhecimento e ao respeito daqueles com quem você trabalha?".[97] Outros empregadores criam suas próprias pesquisas especializadas, às vezes apenas para a indicação positiva ou não com relação a um tema, outros permitem respostas mais amplas, ou mesmo narrativas

O proprietário de 11 restaurantes da rede IHOP reduziu a rotatividade de funcionários com uma pesquisa on-line. Ele permite que os novos funcionários deem, anonimamente, suas opiniões sobre o processo de contratação.

Fonte: Jeff Greenberg/Alamy

(entrevistas qualitativas). Assim, a pesquisa de feedback da FedEx (Survey Feedback Action) permite que os funcionários expressem-se anonimamente sobre a empresa e seus gestores e (até certo ponto) sobre serviço, pagamento e benefícios. Cada gerente tem a oportunidade de discutir os resultados anônimos do departamento com seus subordinados e criar um plano de ação para melhorar o compromisso da equipe. Exemplos de perguntas incluem: "Eu posso dizer ao meu gerente o que eu penso?", "Meu gerente me diz o que é esperado de mim?", "Meu gerente ouve as minhas preocupações?" e "Meu gerente me mantém informado?".

Desenvolvendo o reconhecimento do funcionário e programas de relacionamento

Oportunidades para comunicação bidirecional melhoram as relações entre empregador e empregados, mas existem outros tipos de programas direcionados para a melhoria dessas relações de trabalho. Os mais comuns são os programas de premiação e reconhecimento, que vimos no Capítulo 10, ou programas organizacionais particularmente formais, tais como premiação para o empregado do mês. Por exemplo, um jornal de comércio de Winston-Salem, na Carolina do Norte, Estados Unidos, observa que "a Murray Supply Co. ofereceu um jantar de reconhecimento para toda a empresa, em março, no qual os associados receberam prêmios com base no tempo de serviço, realizações de vendas e condução segura".[98] Outros receberam prêmios de "funcionário do ano de escritório", "funcionário do ano de toda a empresa", "funcionário do ano do ramo de concessão" e "representantes dos fabricantes do ano". Os empregadores, muitas vezes, distribuem esses prêmios com muita festa em eventos especiais, como jantares de premiação. Tais programas são praticados em grande parte das organizações. Uma pesquisa conduzida nos Estado Unidos apontou que 76% das organizações pesquisadas tinham programas de reconhecimento de funcionários, e outros 5% planejavam implementar no ano seguinte.[99]

Instituir programas de reconhecimento e premiação exige certo planejamento.[100] Por exemplo, a instituição de um programa de premiação exige a realização de um levantamento de todos os empregados da empresa e estabelecer períodos de avaliação significativos (1 ano, 3 anos etc.), além de ser preciso prever um orçamento, selecionar prêmios, certificar-se de que os prêmios realmente são bem recebidos pelos empregados, ter um processo para dar prêmios (como jantares especiais ou reuniões de equipe) e avaliar periodicamente o sucesso do programa. Da mesma forma, a instituição de um programa de reconhecimento requer o desenvolvimento de critérios para que ele aconteça (como o serviço de atendimento ao cliente, redução de custos etc.), a criação de formulários e procedimentos para a apresentação e revisão de nomeações, a seleção de prêmios de reconhecimento significativos e estabelecimento de um processo para entregar efetivamente os prêmios de reconhecimento.

Criando estratégias de envolvimento para funcionários

As relações com os empregados tendem a melhorar quando estes envolvem-se com a empresa de maneira positiva, por isso o envolvimento com eles é outra estratégia útil de relacionamento.

Ter os funcionários envolvidos na discussão e na resolução de problemas organizacionais, ou seja, comprometidos com a empresa, realmente oferece benefícios. Em primeiro lugar, os funcionários muitas vezes sabem mais sobre como melhorar seus processos de trabalho do que outra pessoa menos envolvida, por isso pedir-lhes opinião pode ser, e muitas vezes é, a maneira mais simples e barata de aumentar o desempenho. Em segundo lugar, ao torná-los envolvidos em algum processo ou assunto, a expectativa é aumentar o seu sentimento de apropriação pelo processo, ou situação, e fazer com que sintam que suas opiniões são valorizadas, contribuindo assim para a melhoria das relações entre empregador e empregados.

Os empregadores usam uma variedade de meios para incentivar a participação e o envolvimento dos funcionários. Diante de um problema, alguns empregadores organizam grupos de discussão para chegar a uma solução. Um grupo de discussão é composto de uma pequena amostra de empregados que são apresentados a uma dúvida ou problema para expressarem suas opiniões e atitudes sobre tal questão, com um facilitador atribuído ao grupo específico. Outros organizam comitês de gestão em conjunto com empregados para resolver determinadas questões e problemas. Há também a possibilidade de utilizarem as mídias sociais, a exemplo do quadro de avisos sociais de compartilhamento de fotos do site Pinterest.[101] A Red Door Interactive, usou um projeto baseado no Pinterest que chamou de "Escritório de

Equipes de sugestão
Equipes temporárias cujos membros trabalham em tarefas analíticas específicas, como forma de cortar custos ou aumentar a produtividade.

Equipes de resolução de problemas
Equipes que identificam e investigam os processos de trabalho e desenvolvem soluções para os problemas relacionados a eles.

Círculo de qualidade
Um tipo especial de equipe formal de resolução de problemas, geralmente composta por 6 a 12 funcionários, treinados em particular, que se reúnem uma vez por semana para discutir as questões que afetam a sua área de trabalho.

Equipe de trabalho autogerida/ autodirigida
Grupo altamente treinado de cerca de oito funcionários totalmente responsáveis por transformar um segmento bem definido de trabalho.

ADOÇÃO DE EQUIPES DE ENVOLVIMENTO Os empregadores também usam vários tipos de equipe para conseguir o envolvimento dos empregados na abordagem de questões organizacionais. **Equipes de sugestão** são equipes temporárias cujos membros trabalham em tarefas analíticas específicas, tais como encontrar uma forma de cortar custos ou aumentar a produtividade de um departamento. Uma companhia aérea, por exemplo, agrupa seus funcionários de diferentes áreas, como carregadores de bagagem e pessoal de terra, em equipes separadas e faz com que eles se comuniquem através de um site para debate e votação de ideias.[103] Alguns empregadores formalizam este processo nomeando **equipes** semipermanentes de **resolução de problemas**. Essas equipes identificam processos de pesquisa e dão soluções para os problemas relacionados ao trabalho.[104] Elas geralmente consistem em um superior, além de 5 a 8 funcionários de uma área de trabalho comum.[105]

Um **círculo de qualidade** é um tipo especial de equipe formal de resolução de problemas, geralmente composto por 6 a 12 funcionários especialmente treinados, que se reúnem uma vez por semana para resolver os problemas que afetam a sua área de trabalho.[106] A primeira equipe recebe treinamento em técnicas de análise de problemas (incluindo estatística básica). Em seguida, aplica-se o processo de análise do problema (identificação do problema, seleção do problema, análise do problema, recomendações de solução, e solução de revisão pela gestão) para resolver problemas em áreas de trabalho específicas.[107]

Em muitas unidades, as **equipes autogeridas** de funcionários especialmente treinados fazem seus trabalhos com pouca ou nenhuma supervisão. A equipe de trabalho autogerida/ autodirigida é "um grupo altamente treinado, com cerca de oito funcionários, totalmente responsáveis por transformar um segmento bem definido de trabalho".[108] As características distintas de equipes autogeridas são que (1) elas têm o poder de fiscalizar e fazer praticamente tudo em seu próprio trabalho, e (2) o trabalho resulta em um item ou serviço singular bem definido.

Por exemplo, a fábrica de motores de aeronaves da GE, em Durham, Carolina do Norte, nos Estados Unidos, funciona baseada em equipes autogeridas. Cerca de 170 trabalhadores atuam em equipes que se reportam ao gerente da fábrica.[109] Em equipes como estas, os funcionários "treinam uns aos outros, formulam e controlam seus próprios orçamentos, propõe investimento de capital, se necessário, lidam com o controle de qualidade e a inspeção, desenvolvem seus próprios padrões quantitativos, melhoram a cada processo e produto, e criam protótipos de possíveis novos produtos".[110] Essa autonomia pode ser altamente envolvente para os empregados, melhorando suas relações com o empregador. Como o vice-presidente de uma empresa disse sobre a organização de sua empresa em equipes: "As pessoas no chão de fábrica estavam falando sobre os mercados mundiais, as necessidades dos clientes, os produtos dos concorrentes, melhorias de todo o processo, coisas que supostamente os gestores devem pensar".[111]

EMPREGO DE SISTEMAS DE SUGESTÃO Mais empregadores entendem que as sugestões dos empregados podem produzir economias significativas ou ganhos de receita. Por exemplo, um estudo de vários anos com 47 empresas concluiu que elas tinham economizado mais de US$ 624 milhões em um ano, por causa de seus programas de sugestões. Mais de 250 mil sugestões foram apresentadas, e mais de 93 mil empregadores adotaram ideias sugeridas.[112] Além disso, os funcionários gostam de fazer sugestões. Em uma pesquisa recente, 54% dos 497 funcionários pesquisados disseram fazer mais de 20 sugestões por ano, enquanto 24% disseram fazer entre 10 e 20 sugestões por ano.[113] O Quadro *RH como centro de lucro* apresenta outro exemplo de utilização de sistemas de sugestão.

RH como centro de lucro

O sistema de sugestão "custo-benefício"[114]

A unidade da Lockheed Martin em Oswego, situada em Nova York, nos Estados Unidos, desenvolveu o programa de sugestão que chamou de Custo-Benefício Plus para incentivar e reconhecer os funcionários na agilidade dos processos. Com esse programa, os funcionários enviavam eletronicamente suas ideias, que eram avaliadas e aprovadas pelo gestor local e coordenador do programa, além da alta gestão, quando necessário. O programa teria economizado para a Lockheed Martin cerca de US$ 77 mil por ideia implementada, ou um total de mais de US$ 100 milhões a cada ano.

Os sistemas de sugestão atuais costumam ser mais sofisticados do que as "caixas de sugestões", que começaram a existir há alguns anos.[115] As principais melhorias são no modo como o gestor se comunica e formaliza o processo de sugestão com seus empregados. O diretor de uma empresa que projeta e instala sistemas de sugestão para os empregadores apresenta os elementos essenciais de um sistema de sugestão efetivo. São eles:[116]

- Equipe de suporte sênior.
- Processo simples e fácil para a apresentação de sugestões.
- Processo consolidado de avaliação e implementação de sugestões.
- Programa eficaz para divulgação e comunicação do programa.
- Foco do programa sobre os principais objetivos organizacionais.

Revisão

RESUMO

1. Tratamento injusto reduz o moral, aumenta o estresse e tem efeitos negativos sobre o desempenho dos empregados. Os gerentes e a gestão de RH podem tomar medidas para reduzir tal questão.
2. Ética refere-se aos princípios de conduta que governam um indivíduo ou um grupo, e, especificamente, aos padrões utilizados para decidir como sua conduta deveria ser.
3. Vários fatores moldam o comportamento ético no trabalho. Eles incluem fatores individuais, fatores organizacionais, a influência do chefe, as políticas e os códigos de ética e a cultura da organização.
4. Os empregados têm muitos direitos legais e morais. Leis como a própria Constituição Federal indicam o que os empregadores podem e não podem fazer no local de trabalho, além de estabelecerem inúmeros direitos para os empregados.
5. A gestão de RH pode influenciar a ética e o tratamento justo no trabalho de várias maneiras. Ter um processo de seleção justo e aberto que enfatize o esforço da empresa na busca por integridade e ética, o estabelecimento de programas especiais de formação ética que meçam a adesão dos empregados com altos padrões éticos durante as avaliações de desempenho, e que também gratifiquem (ou disciplinem) o comportamento ético (ou antiético) relacionado ao trabalho, são alguns exemplos.
6. As empresas oferecem aos empregados meios pelos quais podem expressar opiniões e preocupações. Por exemplo, a Toyota disponibiliza um canal anônimo através do qual seus funcionários podem expressar suas preocupações com a alta gestão. Empresas como a FedEx aplicam pesquisas anônimas de opinião periódicas.
7. Garantir programas de tratamento justo, como da FedEx, em que as queixas são tratadas de forma justa e transparente. As etapas incluem avaliação de gestão, reclamação oficial e canais de reclamação para que haja possível revisão executiva quanto às decisões.
8. Um processo disciplinar justo baseia-se em três pilares: regras e regulamentos, penalidades para as infrações cometidas e mecanismos de investigação. Uma série de diretrizes de disciplina é importante, dentre elas destacamos duas: a disciplina deve estar em consonância com a forma de gestão, que, por sua vez, deve investigar adequadamente o assunto antes de administrá-la; e os gestores não devem tirar a dignidade de um subordinado.
9. O objetivo básico da disciplina sem punição é fazer o empregado aceitar as regras da empresa, reduzindo assim a natureza punitiva da própria medida disciplinar. Um empregado pode receber um dia de pena para considerar sua infração antes que sejam tomadas medidas mais sérias.
10. O relacionamento com os empregados envolve o estabelecimento e a manutenção das relações positivas entre empregado-empregador, contribuindo, assim, para a produtividade satisfatória, motivação, moral e disciplina, além de manter um ambiente de trabalho positivo, produtivo e coeso.

PALAVRAS-CHAVE

ética 329
cultura organizacional 335
disciplina 340
tratamento justo garantido 341
relações com os funcionários 343

equipes de sugestão 346
equipes de resolução de problemas 346
círculo de qualidade 346
equipe de trabalho autogerida/autodirigida 346

QUESTÕES PARA DISCUSSÃO

1. Discuta fatores importantes que moldam o comportamento ético no trabalho.
2. Discuta pelo menos quatro formas específicas com que a gestão de RH pode influenciar o comportamento ético no trabalho.
3. Dê exemplos de quatro práticas disciplinares justas.
4. Descreva as semelhanças e as diferenças entre o programa de garantia de tratamento justo, aplicado pela FedEx, e o programa, ou processo de reclamação de estudantes, da sua universidade.
5. Explique como você poderia garantir a equidade na disciplina, discutindo especialmente os pré-requisitos para aplicar a disciplina, as diretrizes e a disciplina sem abordagem de punição.
6. Quais técnicas você utilizaria como alternativas para a disciplina tradicional? O que essas alternativas têm a ver com "justiça organizacional"? Por que você acha que alternativas como estas são necessidades atuais importantes, considerando empregados altamente comprometidos?
7. Discuta pelo menos quatro ferramentas específicas que gestores de RH usam para influenciar o comportamento ético no trabalho.
8. Defina relações com empregados e discuta pelo menos quatro métodos para a sua gestão.

ATIVIDADES INDIVIDUAIS E EM GRUPOS

1. Trabalhando individualmente ou em grupos, entreviste os gestores ou administradores de sua empresa ou faculdade, a fim de determinar o quanto eles se esforçam para construir uma comunicação de duas vias com seus empregados e os tipos específicos de programas usados. Os gestores consideram esses programas eficazes? O que os empregados (ou membros do corpo docente) pensam dos programas em uso pelo empregador ou faculdade?
2. Trabalhando individualmente ou em grupos, obtenha cópias do manual do aluno da sua faculdade e determine até que ponto existe um processo formal através do qual os alunos podem expor suas queixas. Com base em seu contato com os outros alunos, existe um processo eficaz de reclamação? Justifique.
3. Trabalhando individualmente ou em grupo, determine a natureza do processo de disciplina acadêmica em sua faculdade. Você acha que é eficaz? Baseando-se neste capítulo, você recomendaria alguma modificação?
4. Quais técnicas você usaria como alternativas para um mecanismo tradicional visando à disciplina? O que essas alternativas têm a ver com "justiça organizacional"? Por que você acha que alternativas como essas são necessidades atuais importantes, considerando empregados altamente comprometidos?
5. Escolha duas empresas, uma que você acredita que seja conhecida por relações problemáticas com os empregados e outra que seja conhecida por relações mais harmoniosas com eles. Utilizando todas as fontes disponíveis, escreva um relatório de duas páginas com os fatores que você acredita que explicam as diferenças entre as abordagens das duas empresas para relações com os empregados.

Exercícios de aplicação

ESTUDO DE CASO EM RH: Empresa de Limpeza Carter

Garantindo o tratamento justo

Atuando nos negócios de lavanderia e limpeza, a Carter sempre exigiu que seus funcionários não fumassem, comessem ou bebessem em suas lojas. Jennifer, filha do dono da empresa Carter, Jack Carter, ficou, portanto, surpresa ao entrar em uma loja e encontrar dois funcionários almoçando no balcão da frente. Havia uma grande pizza no caixa; os dois bebiam refrigerante e comiam fatias de pizza e sanduíches em pratos de papel. No cenário caótico, também havia gordura e respingos de refrigerante no balcão e cheiro de cebola, e calabresa na loja, mesmo com o exaustor de quatro metros de largura puxando o ar para fora através do telhado. Além de ser ruim para os clientes, a confusão no caixa aumentou a possibilidade de que o pedido de uma pessoa ficasse sujo na loja.

Esse é um assunto sério, mas nem Jennifer nem seu pai achavam que o que as pessoas estavam fazendo era motivo para demissão imediata, em parte porque o gerente da loja, aparentemente, tolerava as ações. O problema era que eles não sabiam o que fazer. Parecia-lhes que a questão pedia mais do que apenas uma advertência, mas menos do que uma demissão.

Perguntas

1. O que você faria se fosse Jennifer? Justifique.
2. E se um sistema disciplinar fosse estabelecido na empresa Carter?
3. Se o sugerido na questão anterior acontecesse, o que deveria abranger e como você aconselharia lidar com uma situação como a citada no texto?
4. Como você lidaria com o gerente da loja?

Exercício vivencial — O dilema da demissão

Objetivo: fornecer alguma experiência em análise e tratamento das relações trabalhistas e situações disciplinares.

Entendimento necessário: é preciso estar familiarizados com as informações fornecidas no parágrafo seguinte, e com as discussões deste capítulo.

Você é um gerente de nível médio que trabalha para o governo federal do Brasil. Um dos seus subordinados tem um longo histórico de ser difícil de lidar. No incidente mais recente, depois de ter sido advertido em várias ocasiões para não se atrasar, ele chegou 15 minutos atrasado novamente. Você quer disciplinar essa pessoa. No entanto, depois de analisar a situação, tem dúvida sobre a possibilidade de demitir o empregado, diante do desconhecimento da legislação trabalhista.

Instruções: divida a turma em grupos de quatro ou cinco alunos. Cada grupo deve responder às seguintes perguntas:

Baseado no que prevê nossa legislação, você prefere disciplinar ou demitir esse empregado?

Caso não possa demiti-lo, que técnicas de construção de relações com empregados usaria para construir ou reestabelecer uma boa relação com o ele?

RESPOSTAS DO QUESTIONÁRIO SOBRE ÉTICA

Questionário da página 333.

1. 34% disseram que usar e-mails pessoais nos computadores da empresa é errado.
2. 37% disseram que usar o equipamento do escritório para trabalhos pessoais é errado.
3. 49% disseram que jogar utilizando o computador do trabalho é errado.
4. 54% disseram que fazer compras pela internet no trabalho é errado.
5. 61% disseram que é antiético culpar a tecnologia por um erro próprio.
6. 87% disseram que é antiético visitar sites pornográficos no trabalho.
7. 33% disseram que R$ 60 é o valor pelo qual um presente de um fornecedor ou cliente torna-se preocupante, enquanto 33% disseram que é R$ 120 e 33% disseram que é R$ 240.
8. 35% disseram que dar um presente ao chefe no valor de R$ 120 é inaceitável.
9. 12% disseram que receber um presente do chefe no valor de R$ 120 é inaceitável.
10. 70% disseram que é inaceitável receber ingressos para partidas de futebol no valor de R$ 470.
11. 70% disseram que é inaceitável ganhar ingressos para o teatro no valor de R$ 290.
12. 35% disseram que é inaceitável receber uma cesta de alimentos no valor de R$ 240.
13. 45% disseram que é inaceitável receber vale-presente no valor de R$ 60.
14. 40% disseram que é inaceitável ganhar uma rifa com presente no valor de R$ 180.
15. 11% relataram mentir sobre dias em que estiveram doentes.
16. 4% relataram levar o crédito no trabalho com as ideias dos outros.

Estudo de caso brasileiro

Dispensa de empregados dentro de ônibus cercado por seguranças

"Abusiva, desnecessária e uma profunda falta de consideração aos empregados". Foi assim que uma das juízas da Vara do Trabalho de Pouso Alegre, MG, classificou a conduta de uma empresa da área de construção, que promoveu uma dispensa coletiva de empregados, mantendo-os presos dentro de um ônibus cercado por seguranças. Um desses trabalhadores procurou a Justiça do Trabalho, pedindo indenização por dano moral, o que foi acolhido pela julgadora.

Para a juíza, o reclamante, operador de máquinas, conseguiu comprovar sua versão dos fatos. O próprio representante da empresa confirmou que os empregados foram comunicados de suas dispensas enquanto ainda estavam dentro do ônibus que os levaria para o trabalho. De acordo com ele, essa providência "facilitaria a dispensa, evitando qualquer manifestação contrária ou, até mesmo, motim nas instalações da empresa". Analisando provas emprestadas de outros processos, a magistrada destacou que outra representante da empresa já havia reconhecido a presença de seguranças na porta do ônibus e que os empregados foram impedidos de descer do veículo.

"A circunstância de a dispensa ter se operado de modo coletivo já indica profunda falta de consideração com os trabalhadores que venderam sua força de trabalho em favor da reclamada", registrou a julgadora, ponderando que o ideal é que a dispensa seja realizada individualmente. O empregado tem direito à privacidade e à intimidade, sobretudo considerando o impacto desse acontecimento em sua vida. Afinal, a partir disso, fica indefinidamente sem seu meio de sobrevivência.

A julgadora também considerou inadmissível e acintosa a conduta de encurralar os empregados dentro do ônibus, colocando seguranças do lado de fora. Pela prova, ficou claro que os trabalhadores foram impedidos de sequer irem ao banheiro ou retirarem seus pertences pessoais. Uma conduta que a magistrada classificou como abusiva e desnecessária, inclusive por violar o direito de propriedade e de locomoção dos empregados envolvidos. Para a juíza, os trabalhadores foram encarados como se fossem criminosos. "Os obreiros foram tratados como mera composição de uma massa disforme de pessoas para as quais as portas da empresa estavam se fechando a partir de então", destacou a julgadora, identificando no comportamento da empresa violação à dignidade, à intimidade e à privacidade dos trabalhadores. A juíza não teve dúvidas de que a ação da empresa causou sentimento de baixa estima e humilhação no reclamante. "Privilegiou-se a economia de tempo e a proteção do patrimônio da reclamada em detrimento do respeito que mereciam seus colaboradores", acrescentou em sua sentença.

Diante desse contexto, a magistrada decidiu condenar a empresa a pagar ao empregado reclamante indenização por danos morais no valor de R$ 5,5 mil. Para fixar essa quantia, levou em consideração o grau de culpa e o porte econômico da ré, a capacidade patrimonial para responder pelos danos, as condições econômicas da vítima e a gravidade do dano. A empresa pretende recorrer ao Tribunal Regional do Trabalho, mas precisa saber exatamente o que ocorreu para que se desse a dispensa coletiva, bem como entender o que deve ser alegado a fim de reverter a condenação e restabelecer a imagem da empresa perante seus clientes e os futuros processos seletivos.

Fonte: <http://www.trcadvogados.com.br/pagina/dispensa_abusiva>, 9 abr. 2014. Acesso em: 21 out. 2014.

Perguntas

1. Existe alguma previsão legal sobre a dispensa coletiva de empregados?
2. Sabendo que os empregados são da categoria profissional da construção civil de Belo Horizonte, quais seriam as previsões na convenção coletiva da categoria profissional para a dispensa do empregado, além das previsões legais de praxe?
3. Explique como a demissão em massa pode caracterizar dano moral para o empregado.

Notas

1. Para uma discussão do software, veja Ed Frauenheim. "The Thought Police?", *Workforce Management*, March 2011, pp. 28-30.
2. Keith Winstein. "Suit Alleges Pfizer Spun Unfavorable Drug Studies", *The Wall Street Journal*, 8 out. 2008, p. B1.
3. "What Role Should HR Play in Corporate Ethics?" *HR Focus 81*, n. 1, jan. 2004, p. 3. Veja também: Dennis Moberg. "Ethics Blind Spots in Organizations: How Systematic Errors in Person Perception Undermine Moral Agency", *Organization Studies 27*, n. 3, 2006, p. 413-428.
4. Manuel Velasquez. *Business Ethics*: Concepts and Cases, Upper Saddle River, NJ: Prentice Hall, 1992, p. 9. Veja também: O. C. Ferrell, John Fraedrich e Linda Ferrell. *Business Ethics*. Boston: Houghton Mifflin, 2008.
5. Para uma discussão mais aprofundada sobre ética e moralidade, consulte Tom Beauchamp e Norman Bowie. *Ethical Theory and Business*. Upper Saddle River, NJ: Prentice Hall, 2001, p. 1-19.
6. Richard Osborne. "A Matter of Ethics", *Industry Week 49*, n. 14, 4 set. 2000, p. 41-42.
7. Direitos previstos pela Consolidação das Leis do Trabalho e pela Constituição Federal, além de legislação específica sobre os assuntos.
8. *Miami Daily Business Review*, 20 abr. 2007.
9. Bennett Tepper. "Consequences of Abusive Supervision", *Academy of Management Journal 43*, n. 2, 2000, p. 178-190. Veja também: Samuel Aryee et al. "Antecedents and Outcomes of Abusive Supervision: A Test of a Trickle-Down Model", *Journal of Applied Psychology 92*, n. 1, 2007, p. 191-201.
10. Teresa Daniel. "Tough Boss or Workplace Bully?" *HR Magazine*, jun. 2009, p. 83-86.
11. Michelle Donovan et al. "The Perceptions of Fair Interpersonal Treatment Scale: Development and Validation of a Measure of Interpersonal Treatment in the Workplace", *Journal of Applied Psychology 83*, n. 5, 1998, p. 683-692.
12. Bennett Tepper et al., "Abusive Supervision and Subordinates Organization Deviance", *Journal of Applied Psychology 93*, n. 4, 2008, p. 721-732.
13. Gary Weaver e Linda Treviño, "The Role of Human Resources in Ethics/Compliance Management: A Fairness Perspective", *Human Resource Management Review 11*, 2001, p. 117.
14. Jordan Robbins et al., "Perceived Unfairness and Employee Health: A Meta-Analytic Integration", *Journal of Applied Psychology 97*, n. 2, 2012, p. 235-272.
15. A Teoria da Equidade foi desenvolvida por J.S.ADAMS, em 1963 (in "Toward na understanding of inequity, Journal of Abnormal Social Psychology, n. 67, p. 422-436, EUA) e refere-se à justiça percebida ligada aos resultados. Em outras palavras, os empregados avaliam a proporcionalidade entre o esforço investido em determinada tarefa e os resultados, ou recompensas, fornecidos pelo empregador, tendo por base o tratamento que recebem dele e dos seus pares na rotina de trabalho.
16. Suzanne Masterson. "A Trickle-Down Model of Organizational Justice: Relating Employees' and Customers' Perceptions of and Reactions to Fairness", *Journal of Applied Psychology 86*, n. 4, 2001, p. 594-601.
17. Ibid.
18. Jennifer Kish-Gephart, David Harrison e Linda Trevino. "Bad Apples, Bad Cases, and Bad Barrels: Meta-Analytic Evidence About Sources of Unethical Decisions That Work", *Journal of Applied Psychology 95*, n. 1, 2010, p. 1-31.
19. Ibid, p. 21.
20. Ibid.
21. Sara Morris et al., "A Test of Environmental, Situational, and Personal Influences on the Ethical Intentions of CEOs", *Business and Society*, August 1995, p. 119-147. Veja também: Dennis Moberg, "Ethics Blind Spots in Organizations: How Systematic Errors in Person's Perception Undermine Moral Agency", *Orga-*

nization Studies 27, n. 3, 2006, p. 413-428. Scott Reynolds et al., "Automatic Ethics: The Effects of Implicit Assumptions and Contextual Cues on Moral Behavior", *Journal of Applied Psychology* 95, n. 5, 2010, p. 752-760.
22. Celia Moore et al., "Why Employees Do Bad Things", *Personnel Psychology* 60, n. 5, 2012, p. 1-48.
23. "Former CEO Joins WorldCom's Indicted", *Miami Herald*, 3 mar. 2004, p. 4C.
24. Ferrell e Fraedrich, *Business Ethics*, p. 28; adaptado de Rebecca Goodell. Ethics in American Business: Policies, Programs, and Perceptions, Washington, D.C.: *Ethics Resource Center*, 1994, p. 54. Para outras ideias de causas para o comportamento antiético veja, por exemplo: F. Gino et. al., "Nameless 1 Harmless 5 Blameless: When Seemingly Irrelevant Factors Influence Judgment of (Un)ethical Behavior", *Organizational Behavior and Human Decision Processes* 111, n. 2, mar. 2010, p. 93-101. J. Camps et. al., "Learning Atmosphere and Ethical Behavior, Does It Make Sense?", *Journal of Business Ethics* 94, n. 1, jun. 2010, p. 129-147.
25. Elizabeth Umphress, John Bingham e Marie Mitchell, "Unethical Behavior in the Name of the Company: The Moderating Effect of Organizational Identification and Positive Reciprocity Beliefs on Unethical Pro-organizational Behavior", *Journal of Applied Psychology* 95, n. 4, 2010, p. 769-770.
26. "Ethics Policies Are Big with Employers, but Workers See Small Impact on the Workplace", *BNA Bulletin to Management*, 29 jun. 2000, p. 201.
27. Jennifer Schramm, "Perceptions on Ethics", *HR Magazine*, nov. 2004, p. 176.
28. De Guy Brumback, "Managing Above the Bottom Line of Ethics", *Supervisory Management*, dez. 1993, p. 12. Veja também: E. E Umphress et al., "The Influence of Distributive Justice on Lying for and Stealing from a Supervisor", *Journal of Business Ethics* 86, n. 4, jun. 2009, p. 507-518. S. Chen, "The Role of Ethical Leadership Versus Institutional Constraints: A Simulation Study of Financial Misreporting by CEOs", *Journal of Business Ethics* 93, S 1, jun. 2010, p. 33-52.
29. IBM Business Conduct Guidelines. Disponível em: <http://www.ibm.com/investor/pdf/BCG2012.pdf>. Acesso em: 2 abr. 2014.
30. Dayton Fandray, "The Ethical Company", *Workforce* 79, n. 12, dez. 2000, p. 74-77.
31. Richard Beatty et al., "HR's Role in Corporate Governance: Present and Prospective", *Human Resource Management* 42, n. 3, outono 2003, p. 268.
32. Dale Buss, "Corporate Compasses", *HR Magazine*, jun. 2004, p. 127-132.
33. Eric Krell, "How to Conduct an Ethics Audit", HR Magazine, abr. 2010, p. 48-51.
34. O chamado Dodd-Frank Act tornou-se Lei Federal nos Estados Unidos, em 2010, e tem por objetivo implementar algumas reformas e regulações à indústria financeira, principalmente no que tange à transparência e proteção ao consumidor.
35. Disponível em: <http://www.sec.gov/news/press/2011/2011-116.htm>. Acesso em: 6 set. 2012.
36. David Mayer et al., "Who Displays Ethical Leadership, and Why Does It Matter? An Examination of Antecedents and Consequences of Ethical Leadership", *Academy of Management Journal* 55, n. 1, 2012, p. 167.
37. Às vezes, a maneira mais simples de mudar a cultura de uma empresa é agir rapidamente para mudar sua alta gestão. Por exemplo, alguns observadores acreditam que o conselho da General Motors despediu o CEO Fritz Henderson, em parte porque ele não agiu rápido o suficiente, para comunicar a necessidade de mudança na empresa, alterando a alta administração. Jeremy Smerd, "A Stalled Culture Change?" *Workforce Management*, 14 dez. 2009, p. 1, 3.
38. Betsy Shepherd, "Occupational Fraud", *Workforce Management*, abr. 2012, p. 18.
39. Baseado em Linda K. Treviño, Gary R. Weaver e Scott J. Reynolds, "Behavioral Ethics in Organizations: A Review", *Journal of Management* 32, n. 6, 2006, p. 951-990.
40. R. Bergman, "Identity as Motivation: Toward a Theory of the Moral Self", *Moral Development, Self and Identify*, ed. D. K. Lapsley e D. Narvaez, Mahwah, NJ: Erlbaum, 2004, p. 21-46.
41. M. E. Schweitzer, L. Ordonez e B. Douma, "Goal Setting as a Motivator of Unethical Behavior", *Academy of Management Journal* 47, n. 3, 2004, p. 422-432.
42. Max Bazerman e Ann Tenbrunsel, "Ethical Breakdowns", *Harvard Business Review*, abr. 2011, p. 60.
43. N. M. Ashkanasy, C. A. Windsor e L. K. Treviño, "Bad Apples in Bad Barrels Revisited: Cognitive Moral Development, Just World Beliefs, Rewards, and Ethical Decision Making", *Business Ethics Quarterly* 16, 2006, p. 449-474.
44. J. Krohe Jr., "The Big Business of Business Ethics", *Across the Board* 34, maio 1997, p. 23-29. Deborah Wells e Marshall Schminke, "Ethical Development and Human Resources Training: An Integrator Framework", *Human Resource Management Review* 11, 2001, p. 135-158.
45. "Ethical Issues in the Management of Human Resources", *Human Resource Management Review* 11, 2001, p. 6. Joel Lefkowitz, "The Constancy of Ethics Amidst the Changing World of Work", *Human Resource Management Review* 16, 2006, p. 245-268; William Byham, "Can You Interview for Integrity?" *Across the Board* 41, n. 2, mar./abr. 2004, p. 34-38. Para uma descrição de como a Academia Militar dos EUA usa a admissão do aluno e os processos de socialização para promover o desenvolvimento do caráter, veja: Evan Offstein e Ronald Dufresne, "Building Strong Ethics and Promoting Positive Character Development: The Influence of HRM at the United States Military Academy at West Point", *Human Resource Management* 46, n. 1, primavera 2007, p. 95-114.
46. Gary Weaver e Linda Treviño, "The Role of Human Resources in Ethics/Compliance Management: A Fairness Perspective", *Human Resource Management Review* 11, 2001, p. 123. Veja também: Linda Andrews, "The Nexus of Ethics", *HR Magazine*, ago. 2005, p. 53-58.
47. Kathryn Tyler, "Do the Right Thing: Ethics Training Programs Help Employees Deal with Ethical Dilemmas", *HR Magazine*, fev. 2005, p. 99-102.
48. "Ethical Issues in the Management of Human Resources", p. 6.
49. Weaver e Treviño, "The Role of Human Resources in Ethics/Compliance Management", p. 123.
50. M. Ronald Buckley et al., "Ethical Issues in Human Resources Systems", *Human Resource Management Review* 11, n. 1 e 2, 2001, p. 11, 29. Veja também: Ann Pomeroy, "The Ethics Squeeze", *HR Magazine*, mar. 2006, p. 48-55.
51. Tom Asacker, "Ethics in the Workplace", *Training & Development*, ago. 2004, p. 44. Disponível em: <http://skillsoft.com/catalog/search.asp?title=Business+Ethics&type=Courses&submit.x=45&submit.y=15>. Acesso em: 11 ago. 2009.
52. Ed Finkel, "Yahoo Takes New Road on Ethics Training", *Workforce Management*, jul. 2010, p. 2.
53. Weaver e Treviño, "The Role of Human Resources in Ethics/Compliance Management", p. 113-134.
54. Ibid., p. 125.
55. Grossman, "Executive Discipline", p. 46-51. Veja também: Jean Thilmany. "Supporting Ethical Employees", *HR Magazine* 52, n. 9, set. 2007, p. 105-106, 108, 110, 112.
56. Milton Zall, "Employee Privacy", *Journal of Property Management* 66, n. 3, maio 2001, p. 16.
57. Morris Attaway, "Privacy in the Workplace on the Web", *Internal Auditor* 58, n. 1, fev. 2001, p. 30.
58. Declam Leonard e Angela France, "Workplace Monitoring: Balancing Business Interests with Employee Privacy Rights", *Society for Human Resource Management Legal Report*, maio/jun. 2003, p. 3-6.

59. "After Employer Found Liable for Worker's Child Porn, Policies May Need to Be Revisited", *BNA Bulletin to Management*, 21 mar. 2006, p. 89.
60. "Twitter Is Latest Electronic Tool to Pose Challenges and Opportunities for Employers", *BNA Bulletin to Management*, 16 jun. 2009, p. 185. Veja também: Sean Valentine et al., "Exploring the Ethicality of Firing Employees Who Blog", *Human Resource Management 49*, n. 1, jan./fev. 2010, p. 87-108.
61. Dave Zielinski, "Bring Your Own Device", *HR Magazine*, fev. 2012, p. 71-74.
62. Kathy Gurchiek, "iPods Can Hit Sour Note in the Office", *HR Magazine*, abr. 2006.
63. *Podslurping*, termo ainda sem tradução para o português, se refere ao roubo de informações por meio da utilização de um dispositivo de armazenamento que pode ser conectado ao computador via uma porta de USB, como um pendrive ou aparelhos de mp3 (NE).
64. Ibid.
65. Rita Zeidner, "Keeping E-Mail in Check", *HR Magazine*, jun. 2007, p. 70-74.
66. "FTC Rules May Make Employers Liable for Worker Web Conduct", *BNA Bulletin to Management*, 19 jan. 2010, p. 23.
67. Fredric Leffler e Lauren Palais, "Filter Out Perilous Company E-Mails", *Society for Human Resource Management Legal Report*, ago. 2008, p. 3. Uma pesquisa recente com 220 grandes empresas dos EUA sugere que cerca de 38% delas têm pessoas que leem ou analisam o envio de e-mail dos funcionários. Dionne Searcey, "Some Courts Raise Bar on Reading Employee E-mail", *The Wall Street Journal*, 19 nov. 2009, p. A17.
68. Bill Roberts, "Stay Ahead of the Technology Use Curve", *HR Magazine*, out. 2008, p. 57-61.
69. Um advogado afirma que os problemas podem surgir com a Lei Federal das Comunicações Armazenadas, se o empregador usa de meios ilícitos ou coercitivos para acessar contas de mídia social privadas do empregado. *BNA Bulletin to Management*, 21 jul. 2009, p. 225.
70. Veja também: "Twitter Is Latest Electronic Tool to Pose Challenges and Opportunities for Employers", *BNA Bulletin to Management*, 16 jun. 2009, p. 185.
71. "Time Clocks Go High Touch, High Tech to Keep Workers from Gaming the System", *BNA Bulletin to Management*, 25 mar. 2004, p. 97.
72. Andrea Poe, "Make Foresight 20/20", *HR Magazine*, fev. 2000, p. 74-80.
73. "Attorneys Advise Reconsidering Social Media Policies Based on NLRB Counsel's Report", *Bloomberg BNA Bulletin to Management*, 21 fev. 2012, p. 58.
74. Gundars Kaupin et al., "Recommended Employee Location Monitoring Policies". Disponível em: <www.shrm.org>. Acesso em: 2 jan. 2007.
75. Rita Zeidner, "New Face in the C-Suite", *HR Magazine*, jan. 2010, p. 39.
76. *Quon v. Arch Wireless Operating Co.*, 529 F.3d 892 (9th Cir. 2008). "Employers Should Re-Examine Policies in Light of Ruling", *BNA Bulletin to Management*, 12 ago. 2008, p. 263.
77. Searcey, "Some Courts Raise Bar on Reading Employee Email", p. A17.
78. "When Can an Employer Access Private E-Mail on Its System?" *BNA Bulletin to Management*, 14 jul. 2009, p. 224. Um advogado trabalhista diz que os tribunais observam se o processo do empregador é razoável para determinar se as práticas de monitoramento do empregador são aceitáveis. O monitoramento eletrônico é geralmente razoável, "onde há um propósito legítimo de negócios, onde existem políticas para definir as expectativas de privacidade dos empregados, e onde os funcionários são informados das regras e compreendem os métodos utilizados para monitorar o local de trabalho". Nicole Kamm, "I Got Electronic Information", *HR Magazine*, jan. 2010, p. 57-58.
79. Bill Roberts, "Are You Ready for Biometrics?" *HR Magazine*, mar. 2003, p. 95-96.
80. Lester Bittel, *What Every Supervisor Should Know*. New York: McGraw-Hill, 1974, p. 308; Paul Falcone, "Fundamentals of Progressive Discipline", *HR Magazine*, fev. 1997, p. 90-92. Thomas Salvo, "Practical Tips for Successful Progressive Discipline", *SHRM White Paper*, jul. 2004. Disponível em: <http://sullivan.edu/HR/training/pdf/Tips%20for%20Successful%20Discipline%200510.pdf>. Acesso em: 5 jan. 2008.
81. Para saber mais sobre diretrizes disciplinares justas, consulte Bittel, *What Every Supervisor Should Know*, p. 308. Paul Falcone, "Fundamentals of Progressive Discipline", *HR Magazine*, fev. 1997, p. 90-92. How to Discipline and Fire Employees. Disponível em: <www.entrepreneur.com/article/79928>. Acesso em: 3 maio 2012.
82. David Mayer et al., "When Do Fair Procedures Not Matter? A Test of the Identity Violation Effect", *Journal of Applied Psychology 94*, n. 1, 2009, p. 142-161.
83. Para saber mais sobre diretrizes disciplinares justas, consulte Bittel, *What Every Supervisor Should Know*, p. 308; Falcone. "Fundamentals of Progressive Discipline", p. 90-92; *How to Discipline and Fire Employees*.
84. George Bohlander. "Why Arbitrators Overturn Managers in Employee Suspension and Discharge Cases", *Journal of Collective Negotiations 23*, n. 1, 1994, p. 76-77.
85. "Employers Turn to Corporate Ombuds to Defuse Internal Ticking Time Bombs", *BNA Bulletin to Management*, 9 ago. 2005, p. 249.
86. Dick Grote, "Discipline without Punishment", *Across the Board 38*, n. 5, set. 2001, p. 52-57.
87. W. Chan Kim e Rene Mauborgne, "Fair Process: Managing in the Knowledge Economy", *Harvard Business Review*, jul./ago. 1997, p. 65-75.
88. "Workforce Compensation and Performance Service, Office of Performance and Compensation Systems Design, Classification Programs Division, jul. 1999, HRCD-7; "Employee Relations", *HR Magazine 55*, n. 7, jul. 2010, p. SS-4.
89. Disponível em: <http://view.fdu.edu/default.aspx?id=3529>. Acesso em: 6 set. 2012.
90. Ibid.
91. Carolyn Hirschman, "Giving Voice to Employee Concerns: Encouraging Employees to Speak Out Requires Respectful Treatment and Appropriate Action", *HR Magazine 53*, n. 8, ago. 2008, p. 50-54.
92. Tschanen Niederkohr, "Employee Relations: Use the Exit Interview to Gain Valuable Insight", *Aftermarket Business 117*, n. 11, nov. 2007, p. 8.
93. Dina Berta, "IHOP Franchisee Employs Post-Hiring Surveys to Get Off Turnover 'Treadmill'", *Nation's Restaurant News 41*, n. 39, 1 out. 2007, p. 6.
94. Kate Leahy, "The 10 Minute Manager's Guide to... Communicating with Employees", *Restaurants & Institutions 116*, n. 11, 1 jun. 2006, p. 22-23.
95. Ibid.
96. J. G. Carr, A. M. Schmidt, J. K. Ford e R. P. DeShon, "Climate Perceptions Matter: A Meta-Analytic Path Analysis Relating Molar Climate, Cognitive and Affective States, and Individual Level Work Outcomes", *Journal of Applied Psychology 88*, 2003, p. 605-619; citado em Stephen Robbins e Timothy Judge, *Organizational Behavior*, Upper Saddle River, New Jersey: Prentice Hall, 2011, p. 524.
97. Survey: Employee Survey Number One. Disponível em: <www.shrm.org/templatestools/samples/HRforms>. Acesso em: 11 abr. 2012.
98. Pat Lenius, "Murray Supply Host Recognition Dinner", *Supply House Times*, maio 2011, p. 70.
99. *SHRM Survey Findings*: Employee Recognition Programs, inverno 2012. Em colaboração com e comissionado por Globoforce. Disponível em: <http://www.globoforce.com/>. Acesso em: 2 abr. 2014.
100. Baseado em *Recognition*: Service Award Checklist. Disponível em: <www.shrm.

org/templatestools/samples/HRforms>. Acesso em: 14 abr. 2012.
101. Disponível em: <http://mashable.com/follow/topics/pinterest>. Acesso em: 15 abr. 2012.
102. Disponível em: <http://mashable.com/2012/04/06/pinterest-employee-engagement/>. Acesso em: 15 abr. 2012.
103. Tamara Lytle, "Giving Employees a Say: Getting – and Acting on – Ideas Offered by Employees Can Save Employers Money and Build a Sense of Ownership Among Workers", *HR Magazine 56*, n. 10, out. 2011, p. 69-74.
104. James H. Shonk, *Team-Based Organizations*. Chicago: Irwin, 1997, p. 27-33.
105. Ibid., p. 28.
106. John Katzenbach e Douglas Smith, "The Discipline of Teams", *Harvard Business Review*, mar./abr. 1993, p. 116-118.
107. Everett Adams Jr., "Quality Circle Performance", *Journal of Management 17*, n. 1, 1991, p. 25-39.
108. Jack Orsburn et al., *Self-Directed Teams*. Homewood, Il: Business One Irwin, 1990, p. 8.
109. Charles Fishman, "Engines of Democracy", *Fast Company*, out. 1999, p. 173-202.
110. Tom Peters, *Liberation Management*. Nova York: Alfred A. Knopf, 1992, p. 238-239.
111. Orsburn et al., *Self-Directed Teams*, p. 22-23.
112. Susan Wells, "From Ideas to Results: To Get the Most from Your Company's Suggestion System, Move Ideas up the Ladder Through a Formal Process", *HR Magazine 50*, n. 2, fev. 2005, p. 54-59.
113. Rebecca Hastings, *Survey*: Employees Have Plenty of Suggestions. Disponível em: <www.shrm.org/HRdisciplines/employeerelations/articles>. Acesso em: 15 abr. 2012.
114. Baseado em Wells, "From Ideas to Results".
115. Ibid.
116. Ibid.

13

Trabalho com sindicatos e a resolução de litígios

Neste capítulo, vamos abordar...

MOVIMENTO OPERÁRIO
SINDICATOS E A LEI
DIREÇÃO E ELEIÇÃO SINDICAL
PROCESSO DE NEGOCIAÇÃO COLETIVA
FUTURO DOS SINDICATOS

Objetivos de aprendizagem

Quando terminar o estudo deste capítulo, você será capaz de:
1. Descrever brevemente a história e a estrutura do movimento operário no Brasil e nos EUA.
2. Discutir a natureza das principais leis federais de relações trabalhistas.
3. Descrever o processo da direção e da eleição sindical.
4. Discutir as principais etapas do processo de negociação coletiva.
5. Explicar por que o índice da sindicalização caiu e quais as perspectivas para o movimento sindical.

Fonte: Mira/Alamy

Introdução

Muitos empregados acreditam que seus direitos estão previstos apenas na legislação trabalhista, esquecendo-se de que a atuação sindical é responsável por muitas negociações para melhoria das condições de trabalho e por significativas conquistas legais. É o caso, por exemplo, de algumas categorias profissionais que já negociavam licença-maternidade de 180 dias (como a dos bancários), antes mesmo das novas propostas de lei, ou das que concedem períodos para aperfeiçoamento, com a manutenção do vínculo empregatício, ou aquelas que promovem negociações coletivas, definindo critérios para distribuição de lucros aos empregados de um determinado setor.

> **OBJETIVO DE APRENDIZAGEM 1**
>
> Descrever brevemente a história e a estrutura do movimento operário no Brasil e nos EUA.

O movimento operário

É fato que os níveis de sindicalização dos trabalhadores vêm sofrendo alterações constantes e, quase sempre, com a diminuição do interesse deles pelos sindicatos.

No entanto, no caso dos EUA, apesar de a sindicalização ser considerada baixa, cerca de 14,8 milhões de trabalhadores norte-americanos pertencem a algum sindicato. Isso corresponde a aproximadamente 11,8% do número total de homens e mulheres que trabalham. Metade dos membros atuantes pertencem ao setor privado, e a outra ao setor público.[1] Por lá, setores como transporte e serviços públicos têm mais de 26% dos funcionários sindicalizados, sendo difícil conseguir um emprego sem aderir a um sindicato.[2] A adesão sindical também varia amplamente por estado, com mais de 20% em Nova York e cerca de 4% na Carolina do Norte. Sete grandes sindicatos recentemente formaram sua própria federação, com o objetivo de organizar os trabalhadores de maneira um pouco mais agressiva. A filiação sindical nos EUA atingiu um pico de 34% em 1955, mas vinha caindo desde então devido a fatores como a mudança da produção para a prestação de serviços. No entanto, há alguns anos e pela primeira vez em tempos, houve um aumento na filiação sindical.[3]

No caso do Brasil, estima-se que a taxa de sindicalização esteja entre 16% e 17%, tendo passado por períodos de oscilações. Especificamente entre os anos de 2005 e 2011, constatou-se a geração de 13,4 milhões de novas ocupações, o que permitiu a filiação de 2,8 milhões de trabalhadores a algum tipo de sindicato, aumentando a taxa de sindicalização para 20,5% no período. Considerou-se que os empregados urbanos compunham a metade desses sindicalizados.

Entretanto, a partir de 2012, houve uma queda no número dos trabalhadores sindicalizados, reflexo, sobretudo, do crescimento constante dos processos de terceirização na produção e prestação de serviços.

Recentemente, o número de sindicalizados vem apresentando certa estabilidade.

Grupos étnicos e faixas de remuneração também foram fatores determinantes para a observação das oscilações nas taxas de sindicalização no Brasil. No primeiro caso, percebeu-se o aumento das adesões entre trabalhadores indígenas, negros e pardos. Já entre os trabalhadores brancos, houve uma queda na taxa de sindicalização no mesmo período. No segundo caso, houve aumento das adesões apenas entre os trabalhadores com remuneração inferior a três salários mínimos.

Independentemente do perfil dos trabalhadores filiados, é importante lembrar que os sindicatos são importantes para todos os empregados e empregadores. A atuação dos sindicatos, defendendo os direitos das classes profissionais, é essencial, principalmente, no Brasil, onde há tanta desigualdade entre trabalhadores de diferentes setores e regiões do país.

De maneira geral, em muitos países, e até mesmo nos EUA, há a tendência de forte pressão contra os sindicatos, pois não podem inibir um desempenho ruim do setor profissional que representam e, assim, são afetados pela redução do número de trabalhadores representados, perdendo força para negociações.

Ao considerarmos a legislação brasileira, percebemos que o empresariado vê com maus olhos a estabilidade de emprego garantida aos dirigentes sindicais. Essa estabilidade é acusada de ser responsável pela queda nos índices de produtividade do trabalhador sindicalizado que, protegido da dispensa, deixaria, inclusive, de alcançar os resultados pretendidos pela empresa.

Por que os trabalhadores se organizam?

Há tempos, pesquisadores vêm analisando os motivos pelos quais os trabalhadores se sindicalizam, e propuseram muitas teorias. No entanto, não há uma resposta simples.

Embora seja uma questão importante, está claro que os trabalhadores não se sindicalizam apenas para obter ganhos salariais. Muitas vezes, o desejo de se filiar ao sindicato da categoria parece resumir-se à certeza de que é somente por meio da sindicalização que podem se proteger de eventuais abusos de uma má gestão empresarial. Além disso, o fato de serem sindicalizados permite que participem das rodadas de negociação sindical, opinando, muitas vezes, sobre novos direitos ou pautas para as convenções de trabalho. Outro atrativo é a estabilidade no emprego, conferida aos dirigentes sindicais e garantida pela legislação brasileira. Muitos trabalhadores almejam esta posição, o que lhes assegura o emprego em momentos de instabilidade.

RESULTADOS DE PESQUISA Um estudo na Austrália descobriu que injustiças cometidas pelo empregador desempenham um papel importante na sindicalização: "As pessoas que acreditam que as regras ou as políticas da empresa foram administradas de maneira injusta, ou em seu detrimento, estavam mais propensas a recorrer aos sindicatos para buscar ajuda".[4] Os trabalhadores também se mostraram mais participativos nos casos em que "perceberam que o sindicato foi eficaz na área de salários e benefícios, e na proteção contra demissões sem justa causa, sobretudo nos casos de dispensa coletiva".[5]

Vários anos atrás, a Kaiser Permanente Medical Center, de San Francisco, cortou os benefícios de férias e licença médica dos funcionários. Na época, uma equipe de farmacêuticos declarou: "A Kaiser é um bom empregador, mas há sempre a pressão para levar o funcionário além dos limites".[6] O sindicato dos farmacêuticos, então, conseguiu recuperar os dias de férias perdidos. No Brasil, em março de 2013, também houve uma importante conquista sindical para o setor público, a partir da ratificação da Convenção 151 da Organização Internacional do Trabalho (OIT), com o Decreto n. 7.944. A referida convenção prevê o direito à organização sindical e à negociação coletiva também entre os trabalhadores públicos e seus respectivos gestores, nas três esferas de governo – municipal, estadual e federal.

O que os sindicatos querem?

Podemos dizer, de modo geral, que os sindicatos têm dois conjuntos de metas: um para garantias sindicais (como estabilidade de seus dirigentes) e outro para melhores salários e condições de trabalho, ajustes de carga horária e benefícios aos filiados.

GARANTIA SINDICAL Em primeiro lugar e, provavelmente, acima de tudo, os sindicatos buscam estabelecer um mecanismo de segurança para seus dirigentes, por meio de estabilidade especial. Muitos deles buscam o direito de representar os trabalhadores de uma categoria profissional e, deste modo, serem agentes de transformações ou, pelo menos, mais atuantes na busca por melhores condições de trabalho. Assim, negociam acordos ou convenções coletivas, que deverão ser respeitados pelas empresas e estendidos a todos os funcionários, mesmo que não sejam associados ao sindicato. Os funcionários não filiados, mas beneficiados pelos esforços do sindicato, são obrigados a contribuir com o equivalente a um dia de salário por ano. Embora conhecida como "contribuição sindical", passou a ser chamada de "imposto sindical", na medida em que independe da vontade do trabalhador.

MELHORES SALÁRIOS E CONDIÇÕES DE TRABALHO, AJUSTES DE CARGA HORÁRIA E BENEFÍCIOS AOS FILIADOS Uma vez que a estabilidade está garantida, os sindicatos lutam por melhorias para os trabalhadores daquela categoria profissional, tais como, melhores salários, horários e condições de trabalho. O contrato de trabalho convencional também garante ao sindicato um papel em outras atividades de RH, incluindo recrutamento, seleção, remuneração, promoção, treinamento e demissão de funcionários. Além disso, muitos sindicatos atuam promovendo cursos ou parcerias para aperfeiçoamento profissional de seus membros, e também são responsáveis pela organização de greves.

Funções sindicais

Ao representar os trabalhadores, um sindicato pode desempenhar diferentes papéis ou funções, de acordo com o jurista Amauri Mascaro do Nascimento:[1]

1. **Negocial** Para a celebração da Convenção Coletiva da categoria profissional, que estabelecerá as cláusulas e direitos aplicáveis aos contratos individuais de trabalho. Esta função é regulada pela Constituição Federal de 1988 (CF/88), em seu artigo 7º, inciso XXVI, e pela CLT, artigos 611 e 616.
2. **Assistencial** Prestação de serviços aos seus associados, patrocinando atividades educacionais, de saúde, colocação profissional, lazer, formação de cooperativas e serviços jurídicos (CLT, artigos 514 e 592).
3. **Arrecadação** Referente à determinação de valores de mensalidades e descontos para seus associados (CF/88, artigo 8º, inciso IV).

---

[1] N. da R.T.: Amauri Mascaro Nascimento, *Curso de Direito do Trabalho*, LTr, 2012.

4. **Colaboração com o Estado** Estudo e propostas para resolução de problemas que afetam a categoria profissional em questão (artigo 513 da CLT).
5. **Representação** Atuação, perante autoridades administrativas e judiciais, defendendo os interesses da categoria profissional ou mesmo os interesses individuais de seus membros.

Organização sindical

Os sindicatos podem representar profissões específicas, todos os que trabalham numa determinada empresa e, ainda, todos os que pertencem ao mesmo segmento da economia. No caso do Brasil, os sindicatos representam apenas profissões ou empresas pertencentes ao mesmo segmento econômico, numa determinada região. Assim, em nosso país, classificam-se em:

1. **Sindicatos por profissão** Aqueles que reúnem todos os que trabalham numa determinada atividade profissional, independentemente da empresa em que atuem. No Brasil, são conhecidos como sindicatos de categorias diferenciadas, como o sindicato dos médicos, dos advogados, de engenheiros, entre outros.
2. **Sindicatos por categoria profissional e econômica** Categoria é o conjunto de pessoas de qualquer profissão e de qualquer empresa que exercem o seu trabalho num mesmo setor da economia, determinado pela atividade principal da empresa em questão, como o sindicato dos trabalhadores em bares e restaurantes de São Paulo, sindicato das empresas químicas de Jaguariúna, sindicato dos professores de Campinas, sindicato dos papeleiros do Paraná etc.

Sindicatos, federações, confederações e centrais sindicais

Em termos de estrutura para funcionamento, sindicatos diferem de federações e confederações. Os sindicatos são associações de primeiro grau de trabalhadores, que pertencem a uma determinada categoria profissional, numa determinada região, sendo garantido o direito de o trabalhador associar-se ou não ao sindicato que deve representá-lo pela Constituição Federal. Por categoria profissional, entende-se o grupo de trabalhadores que, em virtude de uma mesma profissão ou conjunto de atividades, possuem interesses jurídicos e econômicos próprios. São exemplos de categorias profissionais os metalúrgicos, os advogados, os médicos, os comerciários etc.

É na esfera sindical que são realizadas as negociações entre grupos de empresas e empregados de determinadas categorias, e elaboradas as Convenções e Acordos Coletivos de Trabalho. As primeiras são documentos de caráter normativo, pelos quais dois ou mais sindicatos representativos das categorias econômicas e profissionais estipulam condições de trabalho aplicáveis, no âmbito das respectivas representações, às relações individuais de trabalho. Já os Acordos Coletivos referem-se aos também documentos de caráter normativo, mas pelos quais o sindicato profissional celebra, apenas com uma ou mais empresas da correspondente categoria econômica, condições de trabalho aplicáveis no âmbito da empresa ou das empresas acordantes às respectivas relações de trabalho.[II]

Ocorre que, além dos sindicatos, há também as associações consideradas de ordem superior em termos de hierarquia. São elas as Federações e as Confederações. Para que seja constituída uma Federação (entidade sindical de segundo grau, regulada pelo artigo 534 da CLT), é necessário o mínimo de cinco sindicatos que representem a maioria absoluta de um grupo de atividades ou de profissões idênticas, similares ou conexas (como a Federação do Comércio do Estado de São Paulo). Já para a existência de uma Confederação, são necessários, no mínimo, três Federações de sindicatos que representem uma mesma categoria econômica ou profissional (por exemplo, a Confederação Nacional dos Trabalhadores na Indústria).

Finalmente, são previstas em nosso ordenamento jurídico as chamadas Centrais Sindicais,[III] que reúnem sindicatos de diversas categorias e possuem estrutura independente dos

---

[II] N. da R.T.: Disponível em: <http://www.jurisway.org.br/v2/dhall.asp?id_dh=11705>. Acesso em: 18 maio 2014.
[III] N. da R.T.: Disponível em: <http://www.planalto.gov.br/ccivil_03/_Ato2007-2010/2008/Lei/L11648.htm>. Acesso em: 18 maio 2014.

sindicatos que a compõem. De tal modo, podem atuar pelos interesses de várias categorias, participando de tomadas de decisão políticas do país em termos de assuntos trabalhistas.

Assim, de acordo com a Lei n. 11.648/2008, uma das atribuições e prerrogativas das centrais sindicais é a de participar de negociações em fóruns, colegiados de órgãos públicos e demais espaços de diálogo social que possuam composição tripartite, cujos assuntos abordados sejam de interesse geral dos trabalhadores. Para o exercício destas atribuições, deve ter filiação mínima de 100 sindicatos, distribuídos nas cinco regiões do país, ou filiação em pelo menos três destas regiões com o mínimo de 100 sindicatos e filiação dos sindicatos em, no mínimo, cinco diferentes setores da economia. Além disso, é imprescindível a filiação de sindicatos que representem, no mínimo, 7% do total de empregados sindicalizados em âmbito nacional.

Atuação dos sindicatos nas negociações coletivas

Já sabemos que os sindicatos têm por principal função negociar melhores condições de trabalho para os profissionais de uma determinada categoria. Estas negociações podem ocorrer em qualquer época do ano, mas todas as categorias têm estabelecida uma data-base, ou seja, um período no qual os trabalhadores e empregadores tentam chegar a um consenso sobre revisão, modificação, inovação ou extinção de alguns direitos trabalhistas que os envolvem. Um dos principais pontos discutidos na data-base é o reajuste salarial, pois, de acordo com o artigo 873 da Consolidação das Leis do Trabalho (CLT), decorrido um ano da vigência do Acordo, Convenção ou Sentença Normativa, os direitos constantes naqueles instrumentos sempre poderão ser revistos.[IV]

Ao término da negociação, naquela data-base da categoria, chegando-se a um consenso, os termos constantes na Convenção Coletiva valerão para todos os empregadores e trabalhadores daquela categoria profissional, numa determinada região, pelo prazo máximo de dois anos.[V] Mesmo os empregadores que discordem das condições negociadas deverão obedecer às cláusulas da Convenção. As novas condições também serão aplicadas aos empregados daquela categoria, eles sendo ou não filiados ao sindicato participante da negociação. Em caso de desavença quanto a possíveis cláusulas ou direitos, a alternativa é a instauração de um dissídio coletivo, ou seja, uma ação judicial promovida com o intuito de solucionar eventuais impasses ou conflitos verificados durante a negociação coletiva. Neste caso, um juiz é quem decidirá sobre a inclusão ou não de uma cláusula na Convenção Coletiva daquela categoria profissional.

Sabemos que as decisões de uma negociação sindical se estendem a todos os empregados e empregadores de uma determinada categoria profissional, numa determinada região e, em consequência, a atuação dos sindicatos está restrita, no caso brasileiro, a um determinado território. O artigo Artigo 8º, inciso II da CF/88, limita o número de organizações sindicais que podem ser criadas por categoria na mesma base territorial e de tamanho mínimo igual ao de um município a somente um sindicato por categoria. Essa restrição acabou por impedir a existência e a atuação de mais de um sindicato na mesma localidade, instituindo a chamada Unicidade Sindical.

Ao contrário do que ocorre em muitos países, o Brasil adota o princípio da unidade ou unicidade sindical, contrariando, portanto, uma das Convenções propostas pela Organização Internacional do Trabalho (OIT), com sede em Genebra e da qual o Brasil é país-membro. Essa Convenção prevê a adoção do princípio da pluralidade sindical.[VI]

Sindicatos e a Lei

OBJETIVO DE APRENDIZAGEM 2
Discutir a natureza das principais leis federais de relações trabalhistas.

Nos EUA, até a década de 1930, não existiam leis trabalhistas especiais. O empregador não se envolvia em negociações coletivas com os trabalhadores e não havia restrições ao seu comportamento com os sindicatos. Contratos de gestão "de oposição ao sindicalismo", em que se poderia exigir adesão de não sindicalizados como condição para o emprego, foram am-

---

[IV] N. da R.T.: Disponível em: <http://www.jurisway.org.br/v2/dhall.asp?id_dh=11705>. Acesso em: 18 maio 2014.
[V] N. da R.T.: De acordo com o artigo 614, § 3, da CLT.
[VI] N. da R.T.: A Convenção 87 prevê a liberdade sindical ou o princípio da pluralidade sindical, com a possibilidade de mais de um sindicato por categoria na mesma base territorial, ao contrário do que é praticado no Brasil.

plamente aplicados. A maioria dos recursos sindicais – até mesmo as greves – era ilegal. Esta situação unilateral vigorou até década de 1930, coincidindo com o período da Grande Depressão naquele país. Desde então, em resposta à mudança de atitudes públicas, valores e condições econômicas, o direito do trabalho passou por três mudanças claras: "forte encorajamento" pelos sindicatos, "encorajamento modificado junto da regulação" e a "regulamentação detalhada dos assuntos internos do sindicato".[7]

No Brasil, o trabalho livre e assalariado ganhou visibilidade após a abolição da escravidão, em 1888, e com a chegada dos imigrantes europeus. Justamente o atraso do Brasil com relação aos direitos trabalhistas deu origem à formação das primeiras organizações de trabalhadores, coincidindo com a criação daqueles que viriam a ser os primeiros sindicatos.

Apenas em 1912, seria criada a primeira Confederação Brasileira do Trabalho (CBT), que tinha por objetivo reunir as reivindicações dos operários, como jornada de trabalho de 8 horas diárias, fixação de um salário mínimo, férias anuais, proteção do trabalho infantil e das mulheres, dentre outras.[VII]

No entanto, somente após a Revolução de 1930, os mecanismos de proteção ao trabalho passaram a ter força, com a criação do Ministério do Trabalho e com a inclusão de direitos trabalhistas na Constituição de 1934, seguida da promulgação da Consolidação das Leis do Trabalho (CLT), em 1943.

No caso brasileiro, assuntos pertinentes à legislação trabalhista estão associados, principalmente, ao plano nacional, ou seja, o governo federal é a autoridade máxima do país para assegurar grande parte dos direitos dos trabalhadores. O poder legislativo é exercido em esfera federal através do Congresso Nacional, que é composto pela Câmara de Deputados e pelo Senado Federal. Assim, por exemplo, o próprio direito dos cidadãos a um trabalho digno deve ser garantido pelo governo federal, sendo sua principal obrigação justamente zelar pela proteção da relação de trabalho entre empresas e empregados. Além disso, a Constituição Federal de 1988 faz menção expressa a direitos como seguro-desemprego, Fundo de Garantia por Tempo de Serviço (FGTS), fixação de um salário mínimo e de reajustes periódicos, piso salarial para categorias profissionais, direito ao recebimento de valores diferentes para horas extraordinárias realizadas (mínimo de 50% sobre a hora normal de trabalho), aposentadoria, licença à gestante, gozo de férias anuais etc. A atuação do governo federal, até que a atual Constituição chegasse à previsão dos atuais direitos trabalhistas, passou por algumas importantes promulgações, entre elas as enumeradas a seguir:

- **Decreto n. 1.313, de 1891**, regulamentou o trabalho dos menores de 12 a 18 anos.
- **Decreto n. 1.637, de 1907**, acultava a formação de sindicatos pela classe trabalhadora, o que estimulou a criação de vários sindicatos na época e orientou a atividade sindical até a década de 1930. Aliás, como não havia legislação trabalhista, até a década de 1920, a ação dos sindicatos era direta, com autonomia plena, frente ao Estado e aos empregadores.
- **Congresso Operário Brasileiro, de 1912**, cria a Confederação Brasileira do Trabalho (CBT).
- **Decreto n. 19.433, de 1930**, cria o Ministério do Trabalho, Indústria e Comércio, no governo de Getúlio Vargas.
- **Decreto n. 19.770, de 1931**, considerado como a primeira lei sindical brasileira.
- **Lei n. 4.090, de 1962**, institui a obrigatoriedade do 13º salário.
- **Lei n. 6.494, de 1977**, institui a possibilidade de programas de estágio para alunos de nível superior, cursos profissionalizantes de 2º grau e supletivos.

Com a promulgação do Decreto 19.770, de 1931, deu-se início a uma nova fase para a organização sindical, proliferando o número destas associações no país, desde aquela época. No entanto, a Constituição Federal, de 1937, consolidaria a adoção do princípio da unicidade sindical (existência de apenas um sindicato para determinada categoria profissional, em determinada base territorial), subordinando os sindicatos ao então Ministério do Trabalho, o que foi mantido pela Constituição Federal de 1988, em seu artigo 8º, inciso II.

[VII] N. da R.T.: Disponível em: <http://www.brasil.gov.br/economia-e-emprego/2011/04/evolucao-das-relacoes-trabalhistas>. Acesso em: 18 maio 2014.

Somente a partir da década de 1970, o movimento sindical avançou no país, com atuação efetiva dos sindicalistas em São Paulo, na região do ABC, precisamente quando os trabalhadores da montadora Scania fizeram greve em busca de aumentos salariais, ignorando a rígida legislação (resquício do período de ditadura) sobre a proibição de greves. Naquela época, sindicatos fortes de categorias profissionais, como a dos metalúrgicos, petroleiros e bancários, abriam o caminho para as negociações de outras categorias menos articuladas.

Nos últimos anos, os setores metalúrgicos e bancário foram atingidos pelo desemprego (por conta de fusões, aquisições e automatização nas fábricas), o que contribuiu para o início da decadência do movimento sindical, percebido pela redução do número de greves e pela precariedade do trabalho em muitos segmentos econômicos.

> **OBJETIVO DE APRENDIZAGEM 3**
> Descrever o processo da direção e da eleição sindical.

A direção e a eleição sindical

O mecanismo de eleição sindical é regulado pelo artigo 543 da CLT e prevê que o empregado eleito para o cargo de administração sindical não poderá ser impedido do exercício de suas funções, nem transferido para um lugar que lhe torne impossível o desempenho de suas atribuições sindicais. Também determina, em seu parágrafo 3º, a proibição de dispensa do empregado sindicalizado, desde o momento de sua candidatura a cargo de direção ou representação sindical, até um ano após o término de seu mandato (caso seja eleito, inclusive como suplente), salvo se cometer falta grave, conforme indicado pelo artigo 482 da mesma legislação.

Assim, a legislação prevê estabilidade especial para o dirigente sindical e, ainda, para cargos de direção, equiparando-se os cargos cujo exercício ou indicação decorre de eleição prevista em lei, ampliando ainda mais o número de trabalhadores amparados pela estabilidade.

Para efeito de aplicação da estabilidade especial, é determinado por lei que a entidade sindical comunique à empresa, no período de até 24 horas, o dia e a hora do registro da candidatura e, em igual período, sua eleição e posse.

A eleição numa entidade sindical é regida pelo seu estatuto e/ou regulamento eleitoral. Normalmente, as regras gerais de eleição, incluindo o prazo de vigência de mandato e a possibilidade de reeleição, são estabelecidas no estatuto e o procedimento eleitoral, no regulamento eleitoral.

A gestão de um sindicato é formada por Diretoria, Conselho Fiscal e Delegados que o representam no Conselho de Representantes da Federação à qual é filiado. Normalmente, a Diretoria é formada por Presidente, Secretário e Tesoureiro, e seus respectivos suplentes. Já o Conselho Fiscal é composto por três membros efetivos e três suplentes, cujas atribuições devem também integrar o Estatuto Social.

O Quadro 13.1 mostra uma proposta de procedimentos eleitorais, com base em modelos fictícios de Estatuto Social e Regulamento Eleitoral, conforme orientação da Confederação Nacional da Indústria (CNI).[VIII]

Melhorando a produtividade através do sistema

Sindicatos on-line

Um especialista perguntou: "Se há maneiras mais rápidas e mais poderosas de comunicação para que as empresas possam competir em um ambiente desafiante de rápida mudança, não devem também os sindicatos tornarem-se mais fortes e mais eficientes como organizações e representantes do local de trabalho?".[8]

Na verdade, o e-mail e a Internet têm sobrecarregado muitas campanhas sindicais. Atualmente, os sindicatos podem divulgar os seus esforços e reunir doações on-line, bem como disponibilizar formulários de autorização de adesão sindical por meio eletrônico (veja um exemplo na Figura 13.1). Claro, também enviam, maciçamente, anúncios para os membros da unidade de negociação coletiva, e utilizam essas ferramentas on-line para chegar a apoiadores e funcionários do governo.

[VIII] N. da R.T.: "Sindicato Legal – Passo a passo para regularização de sindicatos empresariais". Disponível em: <www2.fiescnet.com.br/web/recursos/VUVSR01UTTFOdz09>. Acesso em: 23 jun. 2014.

QUADRO 13.1 Procedimentos eleitorais em uma entidade sindical.

ETAPA	DESCRIÇÃO
1. Abertura do processo eleitoral 1.1 Edital de convocação de eleição 1.2 Aviso resumido da eleição 1.3 Carta circular às associadas	Início do processo eleitoral, com a definição do edital de convocação de eleição, publicação do aviso resumido e comunicação aos associados sobre a realização de eleição, abrindo prazo para inscrição de chapas.
2. Secretaria eleitoral 2.1 Convite à mesa eleitoral 2.2 Folha de votantes 2.3 Relação de empresas em condição de votar	Definição da secretaria eleitoral e convite para a composição da mesa eleitoral no dia da eleição.
3. Registro de chapas 3.1 Ficha de qualificação 3.2 Declaração da empresa 3.3 Declaração do sindicato 3.4 Declaração do candidato 3.5 Requerimento de registro de chapa 3.6 Chapa eleitoral a concorrer 3.7 Recibo de registro de chapa 3.8 Ata de encerramento de registro de chapas 3.9 Aviso de registro de chapas 3.10 Carta circular aos associados com registro de chapas	Esta etapa é realizada em duas partes: • a primeira trata da documentação necessária, a ser preparada pelas chapas que pretendem concorrer à eleição. • a segunda é de responsabilidade da secretaria eleitoral e inclui a elaboração da ata de encerramento de inscrição de chapas, a publicação do aviso e o encaminhamento a todos os associados da nominata das chapas inscritas.
4. Eleição 4.1 Cédula eleitoral 4.2 Ata de instalação da mesa apuradora 4.3 Ata geral de votação 4.4 Ata de apuração de votos 4.5 Ata de distribuição de cargos 4.6 Ata de posse 4.7 Aviso de chapa eleita 4.8 Carta circular aos associados	Nesta etapa, ocorre a eleição propriamente dita. Envolve instalação da mesa eleitoral, realização da eleição, contagem dos votos, posse, distribuição dos cargos e publicação do aviso da chapa eleita. Todo o processo deve ser documentado em atas.

Por exemplo, o grupo que tenta organizar os trabalhadores da Starbucks (Sindicato dos Trabalhadores da Starbucks) nos EUA criou seu próprio site <www.starbucksunion.org>. Lá, são incluídas notas como:

> [...] e-mails internos revelam que gerentes da Starbucks eram monitorados em chats na Internet e havia interceptação de conversas em uma campanha secreta para identificar os funcionários que agitavam a representação sindical nas cafeterias.[9]

REGRAS SOBRE MATERIAIS DE DIVULGAÇÃO E SOLICITAÇÃO Para evitar problemas, os empregadores devem ter regras que regem a distribuição de materiais de propaganda e compromissos de campanha sindical, alertando os trabalhadores e superiores sobre como aplicá-las.[10] Por exemplo:

- Membros do sindicato, que não são funcionários da empresa, podem ser impedidos de solicitar a presença dos empregados que estejam no horário de trabalho deles, realizando suas tarefas, e não em um intervalo.
- Os empregadores geralmente podem impedir funcionários de solicitar a presença de outros para qualquer finalidade, se um ou ambos os funcionários estiverem em horário de trabalho, e não em um intervalo.
- A maioria dos empregadores (exceto lojas, centros comerciais e alguns outros estabelecimentos) pode impedir a entrada daqueles que não são funcionários no edifício e em áreas de trabalho por conta do direito que lhes é assegurado.

Tais restrições são válidas somente se o empregador não adotar postura discriminatória diante dos funcionários.

FIGURA 13.1 Modelo de adesão para empresas.

FICHA DE ADESÃO AO SINCOMAT – SINDICATO DO COMÉRCIO ATACADISTA DE HORTIFRUTIGRANJEIROS E PESCADOS EM CENTRAIS DE ABASTECIMENTO DE ALIMENTOS NO ESTADO DE SÃO PAULO[IX]

Empresa_____

CNPJ_____ INSC. EST._____

Estabelecida na Central de Abastecimento de Alimentos da Ceagesp (Entreposto Terminal de São Paulo – ETSP), na Av. Dr. Gastão Vidigal, 1.946, Vila Leopoldina, São Paulo, SP, no(s) Pavilhão(ões)_____ Mód/Boxe_____

Exercendo o comércio de_____

Tel._____ Cel._____ E-mail_____

Responsável_____ RG ou CPF_____

Integrante da categoria econômica do comércio atacadista de hortifrutigranjeiros e/ou pescados, conforme seu CNPJ, que prova que sua categoria econômica é de comerciante, e não de permissionário, tratando-se de categoria diferenciada por estar submetida às condições impostas pela administração pública, direta ou indireta, no caso a Ceagesp, em regime de concessão ou permissão em centrais de abastecimento de alimentos. É diferente dos demais comerciantes atacadistas que gozam de plena liberdade na sua atividade comercial, sem interferência estatal, motivo que diferencia a categoria dos demais comerciantes. Por essa razão, reconhece como seu representante sindical o Sincomat – Sindicato do Comércio Atacadista de Hortifrutigranjeiros e Pescados em Centrais de Abastecimento de Alimentos no Estado de São Paulo, CNPJ-14.363.413/0001-45, que é uma associação pré-sindical com direito à base territorial em centrais de abastecimento de alimentos. Assim que for possível, caber-lhe-á a defesa dos direitos e interesses coletivos ou individuais da categoria, inclusive em questões judiciais ou administrativas, principalmente o reconhecimento do "fundo de comércio" ou "fundo empresarial" da categoria econômica na Ceagesp, concordando com a cobrança da contribuição associativa mensal de R$ 50,00 (cinquenta reais) ao Sincomat.

Local, ____/_____/_____

QUADRO 13.2 Exemplos de conduta do empregador que viola a legislação.

- Ameaçar funcionários com perda de emprego, ou de benefícios, caso eles se filiem ou votem em um sindicato, ou se envolvam em atividades legítimas (dois ou mais empregados reivindicando melhores condições de trabalho e reajuste salarial, por exemplo).
- Ameaçar fechar o negócio (fábrica, escritório etc.) caso os funcionários se sindicalizem.
- Prometer benefícios a funcionários para desencorajar o seu apoio ao sindicato.
- Transferir, demitir, desligar, atribuir a funcionários tarefas mais difíceis ou puni-los de alguma maneira porque se engajaram no sindicato, em atividades legítimas, ou porque apresentaram acusações de práticas trabalhistas ilegais.

[IX] N. da R.T.: Disponível em: <www.sincomat.com.br/component/simpledownload/?task=download>. Acesso em: 23 jun. 2014.

> **OBJETIVO DE APRENDIZAGEM 4**
> Discutir as principais etapas do processo de negociação coletiva.

Negociação coletiva
Processo por meio do qual os representantes da empresa e do sindicato se reúnem para negociar um contrato de trabalho.

O processo de negociação coletiva

O que é negociação coletiva?

Sabemos que os sindicatos representam os trabalhadores de uma determinada categoria profissional, numa base territorial específica, isso também ocorre durante a negociação coletiva realizada entre eles e o sindicato das empresas de referidas categorias.

Assim, o sindicato, que é reconhecido como representante dos trabalhadores daquela categoria profissional, reúne-se com o sindicato representante dos empregadores daquela categoria para a rodada de negociações. Sua intenção é celebrar uma Convenção Coletiva de trabalho que terá validade para todos os empregados daquela categoria profissional, na mesma base territorial, contendo cláusulas que disporão sobre questões específicas, como reajustes salariais, adequação de horários e melhorias nas condições de trabalho. De acordo com Sergio Pinto Martins (2011),[x] "a **negociação coletiva** é uma forma de ajuste de interesses entre as partes, que acertam os diferentes entendimentos existentes, visando encontrar uma solução capaz de compor suas posições".

Por meio de uma negociação coletiva chega-se a uma Convenção ou Acordo Coletivo de Trabalho.

Em linguagem simples, isso significa que ambos os parceiros sociais estão obrigados por lei a negociar salários, carga horária e os termos e condições de emprego eticamente, popularmente conhecida como negociação de boa-fé, e ela tem quatro funções, que serão detalhadas a seguir:

1. Jurídica
2. Política
3. Econômica
4. Social

Jurídica

Função normativa Com a criação de normas (cláusulas) que se aplicam aos contratos individuais de trabalho para os trabalhadores de uma determinada categoria profissional.

Função obrigacional Com a determinação de direitos e obrigações para as partes.

Função compositiva Traz equilíbrio para as partes, na medida em que as negociações entre as partes afasta litígios ou longas batalhas judiciais.

Política

O incentivo ao diálogo coloca as partes em possibilidade de entender diferentes pontos de vista, promovendo a melhora das relações entre capital e trabalho.

Econômica

Quando bem elaboradas as cláusulas, podem propiciar a distribuição de riqueza entre as partes, evitando exploração ou subvalorização do trabalho.

Social

Os trabalhadores ficam cientes sobre os problemas de gestão e, dependendo do caso, podem interferir em algumas decisões das empresas.

Embora seja dito que a função **jurídico-normativa** possibilita a adequação dos direitos previstos pela legislação trabalhista para rotinas distintas de diferentes categorias profissionais, o que fomentaria a necessária *flexibilização* dos direitos trabalhistas, é fato que a negociação não pode tolher, ou subtrair, direitos dos trabalhadores já previstos em lei. Também é difícil a mudança de alguns itens, ainda que possam colocar em risco a produtividade e os resultados pretendidos pelas empresas. E, não raras vezes, os tribunais declaram nulas algumas cláusulas convencionais, por entenderem que violam direitos já previstos pelo legislador.

O termo **flexibilização dos direitos trabalhistas** vem sendo largamente utilizado no Brasil, sobretudo, pelo peso que os encargos trabalhistas representam para as empresas, que procuram sobreviver num mercado cada vez mais competitivo e, muitas vezes, de maneira injusta. Assim, na situação rotineira da indústria, por exemplo, fica cada vez mais difícil a

---

[x] N. da R.T.: S. P. Martins, *Direito do trabalho*, 27. ed., São Paulo: Atlas, 2011.

competição num cenário internacional, marcado, muitas vezes, pela redução de preços finais para produtos ou serviços.

Com a carga tributária vivenciada no Brasil e encargos sociais que dificilmente mantêm-se abaixo dos 80% sobre o salário do empregado, muitas indústrias foram obrigadas a fechar suas portas a partir da década de 1990, marcada pela abertura de mercados no País.

O que é negociação de boa-fé?

Negociação de boa-fé significa que as propostas são comparadas a contrapropostas e que ambas as partes farão todos os esforços razoáveis para chegar a um acordo. Isso não significa que cada uma das partes é obrigada a concordar com a proposta da outra, nem se exige que qualquer das partes faça concessões específicas (embora algumas possam ser necessárias).

Na prática, a negociação de boa-fé inclui o dever de conversar com o representante dos funcionários (ou empregador), fornecer, se pedida, a informação que é "relevante e necessária" para permitir que o representante dos funcionários negocie de maneira justa e inclui, ainda, o dever de lidar com quem o representante dos funcionários designar para continuar as negociações.

Assim, uma negociação de boa fé deve apresentar avanços nas propostas, divulgação ou compartilhamento de informações sobre assuntos importantes e de peso na negociação (como salários, jornada e condições de trabalho), concordância em participar de reuniões prévias sempre que solicitado pela parte contrária e, ainda, disposição para ceder sempre que possível.

Negociação de boa-fé
Termo que significa que ambas as partes estão se comunicando e negociando, e que as propostas estão sendo comparadas a contrapropostas, com ambas as partes fazendo todos os esforços razoáveis para chegar a acordos. Isso não significa que cada uma das partes é obrigada a concordar com a proposta da outra.

As equipes de negociação

Tanto o sindicato quanto a gestão da empresa formam uma equipe para a mesa de negociação e ambas costumam ir para as reuniões após realizarem alguns levantamentos. Representantes sindicais sondam os sindicalizados sobre suas reivindicações e as conferem com os representantes sindicais dos sindicatos relacionados.

Da mesma maneira, a gestão reúne dados sobre salários e benefícios, incluindo comparações com valores locais e para trabalhos similares na indústria. A administração também levanta cuidadosamente os custos do contrato de trabalho atual e determina o aumento no custo total – por empregado e por hora. O Quadro *RH como centro de lucro* mostra a questão dos custos.

RH como centro de lucro

Custos do contrato

Especialistas enfatizam a necessidade de precificar as solicitações do sindicato com cuidado. Um deles afirma:

> O erro mais comum que eu vejo [por parte dos profissionais de RH] é entrar nas negociações sem a compreensão do impacto financeiro dos assuntos que são colocados nelas. Por exemplo, o sindicato solicita três dias de férias extras. Aparentemente, não são muitos dias, exceto que em alguns estados, se um funcionário sair da empresa, é preciso pagar a ele o tempo de férias não utilizado, o que poderá sobrecarregar o orçamento inicial feito pela empresa para a concessão de tal direito.[11]

A gestão também tenta identificar as prováveis solicitações sindicais e o que é mais importante para o sindicato. Além disso, utiliza informações de queixas e opiniões de superiores para antecipar aquelas que podem ser as propostas do sindicato para, assim, poder preparar contrapropostas e argumentos previamente.

Itens de negociação

A legislação trabalhista estabelece itens voluntários, ilegais e obrigatórios que estão sujeitos à negociação coletiva (Quadro 13.3).

QUADRO 13.3 Itens de negociação.

OBRIGATÓRIOS	PERMITIDOS	ILEGAIS	VOLUNTÁRIOS
Remuneração	Títulos de indenização	Desligamento de funcionários com base em etnia ou religião	Uso de uniformes
Salário	Direitos de gestão para assuntos sindicais		Festas de confraternização
Horas de trabalho			Definição de atividades do grêmio esportivo das empresas
Pagamento de horas extras	Benefícios de pensões dos funcionários aposentados	Aumento da jornada diária de trabalho para 12 horas	
Diferenciais por turnos	Âmbito de negociação	Tratamento discriminatório	Organização de equipes de competição
Feriados	Inclusão de supervisores no contrato	Supressão da licença-maternidade	
Férias			
Indenização	Participação financeira dos empregados em benefícios	Acordo para redução do intervalo a refeições	
Pensões			
Benefícios de seguro			
Planos de participação nos lucros	Continuação de contrato passado		
Bônus de Natal	Composição da equipe de negociação		
Habitação, alimentação e descontos			
Segurança do empregado			
Desempenho no trabalho			
Estabilidade sindical (para dirigentes e membros dos sindicatos)			

Itens de negociação voluntários (permitidos)
Itens em negociação coletiva que não são nem ilegais nem obrigatórios; nenhuma das partes pode ser obrigada a negociar sobre esses itens.

Itens de negociação ilegais
Itens na negociação coletiva que são proibidos por lei; por exemplo, a cláusula de concordar em contratar "exclusivamente sindicalistas" seria ilegal se confrontada com a legislação vigente.

Itens de negociação obrigatórios
Itens na negociação coletiva que, se apresentados por uma das partes, a outra deve negociar; por exemplo, questões sobre remuneração.

Voluntários (ou permitidos) são itens de negociação nem obrigatórios nem ilegais, que se tornam parte das negociações por meio do acordo conjunto entre gestão e sindicato. Nenhuma das partes pode ser obrigada, contra a sua vontade, a negociar sobre os itens voluntários, por exemplo, sobre a adoção ou a obrigação de lavagem de uniformes para empresas daquele segmento econômico.

Itens de negociação ilegais são os proibidos por lei. Uma cláusula que preveja a contratação "exclusiva de trabalhadores sindicalizados" seria ilegal se confrontada com a legislação vigente, por exemplo. Outra impossibilidade seria a determinação de jornada de trabalho semanal de 50 horas, quando a lei já determina jornada máxima de 44 horas semanais para os brasileiros.

Itens de negociação obrigatórios envolvem assuntos como salários, horários, períodos de descanso, demissões, transferências, benefícios e verbas rescisórias. Outros são adicionados conforme o direito evolui. Por exemplo, formas de apuração de lucros e critérios para distribuição de Participação nos Lucros e Resultados (PLR) aos empregados.

Estágios de negociação[12]

As negociações normalmente passam por várias etapas, aqui divididas em apenas quatro e detalhadas a seguir:[13]

1. Preliminar
2. Aproximação da partes
3. Discussão
4. Fechamento

Preliminar

Ocasião em que o sindicato faz suas exigências e inicia o movimento para negociação coletiva. Nesta fase, cada lado apresenta suas exigências e, a princípio, ambas as partes costumam estar muito distantes em algumas questões.

Aproximação das partes

Representantes dos empregados e dos empregadores iniciam um diálogo com vistas à elaboração da Convenção Coletiva da categoria profissional. Nessa fase, cada um dos lados abre mão de algumas de suas solicitações para ganhar em outras, um processo chamado de "barganha".

Discussão

Os sindicatos de empregados e de empregadores (patronal) se reúnem e discutem sobre possíveis propostas para os assuntos da pauta. Nesta etapa, podem ser realizados estudos pelas comissões ou demais representantes sindicais, com o objetivo de descobrir alternativas razoáveis para uma composição de interesses.

Fechamento

Os termos consensuais são transformados em cláusulas e redigidos na forma de Convenção ou Acordo Coletivo, equiparando-se às leis trabalhistas em termos de impacto nos contratos coletivos de trabalho.

CONSTRUINDO HABILIDADES DE NEGOCIAÇÃO Elaborar uma Convenção Coletiva de Trabalho requer habilidades de negociação. Negociadores experientes utilizam *alavancagem, desejo, tempo, competição, informação, credibilidade* e *julgamento* para melhorar suas posições de negociação.

Alavancagem significa utilizar fatores que ajudam ou dificultam o negociador, geralmente colocando o outro lado sob pressão.[14] Você pode alavancar a *necessidade*, o *desejo*, a *concorrência* e o *tempo*.[15] Por exemplo, o sindicato sabe que um empregador precisa atender rapidamente a uma grande encomenda (tempo), e isso o coloca em desvantagem na negociação. Distanciamento (olhar de fora) proporciona melhores condições.

Alguns termos do contrato (como benefícios de aposentadoria reduzida) podem ser cruciais. No entanto, o empregador que deixa seus **desejos** óbvios demais enfraquece a sua posição.

Tempo (e especialmente prazos) também pode favorecer ou atrapalhar a negociação.

Competição é muito importante e não há truque mais convincente do que insinuar, de maneira sutil, que você tem uma alternativa (como transferência de setores para outros países).

É importante destacar que "conhecimento é poder" em qualquer negociação. Ter **informações** sobre o outro lado e sobre a situação é vantajoso.

A outra parte envolvida na negociação estará o tempo todo tentando avaliar se você está blefando ou não. Nesse momento, a **credibilidade** é primordial.

Nos EUA, até mesmo jogadores de hóquei profissional, beisebol, basquete e futebol, todos relativamente bem remunerados, entraram em greve e negociaram melhores salários e benefícios.

Fonte: modestil/Fotolia

Finalmente, bons negociadores precisam de **julgamento**. Habilidade para encontrar o caminho certo entre obter vantagens e cumprir acordos, sendo fiel aos pressupostos de sua negociação.[16]

O Quadro *RH na prática* apresenta algumas diretrizes para negociação.

RH na prática

Diretrizes para negociação[17]

1. Defina *objetivos claros* para cada item de negociação e compreenda a razão pela qual eles foram estabelecidos.
2. Não se *apresse*.
3. Se tiver qualquer dúvida, *converse* com seus associados.
4. Esteja *bem preparado* com dados concretos que apoiem a sua posição.
5. Sempre se esforce para ter alguma *flexibilidade*.
6. Não basta se preocupar com o que a outra parte diz e faz; *descubra o que* está por trás dos argumentos utilizados.
7. Respeite o fato de que a outra parte quer *mostrar o máximo possível de resultados* para as pessoas que representa (e, portanto, pode demonstrar-se menos flexível nas concessões).
8. Fique constantemente alerta para as *verdadeiras intenções* da outra parte.
9. Seja um bom *ouvinte*.
10. Construa uma reputação de *ser justo, mas firme*.
11. Aprenda a *controlar suas emoções*.
12. Certifique-se de fazer cada movimento de negociação *consciente da influência* que ele terá em todas as outras fases.
13. Meça cada movimento conforme seus *objetivos*.
14. Preste muita atenção ao *texto* de cada cláusula renegociada; palavras e frases são, muitas vezes, fontes de queixas.
15. Lembre-se de que as negociações coletivas são, por natureza, parte de um *compromisso*.
16. Considere o impacto das atuais negociações sobre os *próximos anos*.
17. Não seja tão aberto e direto ao ponto; você pode acabar fazendo *concessões excessivas*.[18]

Impasses, mediação e greves

IMPASSES A assinatura da Convenção Coletiva ou de um Acordo Coletivo pressupõe que não há divergências insuperáveis. Se houver, as partes podem declarar um impasse. Por exemplo, alguns anos atrás, a National Hockey League informou o Comitê Nacional de Relações Trabalhistas (NLRB – National Labor Relations Board) que havia chegado a um impasse nas negociações com a National Hockey League Players Association. As partes precisaram superar o impasse para o contrato ser acordado e assinado.

Um impasse ocorre, geralmente, porque uma parte exige mais do que é oferecido pela outra. Às vezes, pode ser resolvido por meio de um terceiro, uma pessoa desinteressada, como um mediador. Se o impasse não for resolvido dessa maneira, o sindicato pode convocar uma paralisação ou greve para pressionar a gestão, antes de pensar na instauração de um dissídio coletivo pelas partes.

ENVOLVIMENTO DE TERCEIROS Partes contrariadas utilizam três tipos de intervenção de terceiros para superar um impasse:

1. Mediação
2. Arbitragem
3. Sistema jurisdicional.

Mediação
Intervenção nas relações de trabalho em que um terceiro ator neutro tenta ajudar os diretores a chegar a um acordo.

Com a **mediação**, um terceiro ator neutro tenta ajudar os diretores a chegar a um acordo. O mediador geralmente realiza reuniões com cada uma das partes para determinar a posição de cada uma e para encontrar um termo comum. Por exemplo, o sindicato que representa os pilotos da US Airways – que buscava um novo contrato desde que a US Airways se fundiu com a America West Holdings Corp. – optou pela mediação federal.[19]

Arbitragem
O tipo mais definitivo de intervenção de terceiros, em que o árbitro muitas vezes tem o poder de determinar e ditar os termos do acordo (opção não válida no Brasil).

Sistema jurisdicional
Nas relações de trabalho, uma parte neutra, no caso, a Justiça do Trabalho, estuda as questões em disputa e determina o procedimento a ser adotado, criando ou modificando condições de trabalho para específica categoria profissional. Os conflitos coletivos submetidos ao Poder Judiciário Trabalhista são chamados de dissídios coletivos e, em geral, da competência dos Tribunais Regionais do Trabalho.

O mediador comunica a probabilidade de uma greve, os possíveis acordos disponíveis, e assim por diante. Ele não tem autoridade para insistir em uma concessão, no entanto, provavelmente, colocará sua posição sobre alguma questão.

A mediação na negociação coletiva de natureza trabalhista será exercida de acordo com o disposto no Decreto n. 1.572/95. Frustrada a negociação direta na respectiva data-base anual, as partes poderão escolher, de comum acordo, o mediador para composição do conflito. A parte que se considerar sem condições adequadas para, em situação de equilíbrio, participar de negociação direta poderá, desde o início, solicitar ao Ministério do Trabalho a designação de um mediador. O mediador designado terá o prazo de 30 dias para a conclusão do processo de negociação, salvo acordo expresso com as partes interessadas.[XI]

A **arbitragem** é o tipo mais comum de intervenção de terceiros no exterior, pois o árbitro pode ter o poder de decidir e ditar os termos do acordo, mas, no Brasil, a arbitragem é facultativa e ainda não faz parte dos costumes dos sistemas de relações de trabalho como ocorre em outros países. Ao contrário da mediação e do sistema jurisdicional, a arbitragem pode garantir uma solução para um impasse. Com a arbitragem, as partes comprometem-se a aceitar a decisão do árbitro, já com a arbitragem não vinculante, ou seja, quando sua decisão não cria direito ou obrigações para a negociação, as partes não se comprometem.

Em certas situações, quando nem mediadores, nem árbitros são capazes de colocar fim a um impasse entre sindicatos, o poder judiciário pode ser acionado, dando origem ao mecanismo de **sistema jurisdicional**. Como o juiz trabalhista é uma parte neutra, ele estudará os problemas apresentados, sentenciando o litígio no que entender como razoável.

GREVES A greve é a paralisação coletiva dos trabalhadores no trabalho, visando à defesa ou conquista de direitos coletivos ou interesses sociais mais amplos. A Constituição Federal, em seu artigo 9º e a Lei n. 7.783/89 asseguram o direito de greve a todo trabalhador. Assim, considera-se legítimo o exercício de greve, com a suspensão coletiva temporária e pacífica, total ou parcial, de prestação de serviços, quando o empregador ou a entidade patronal correspondente tiverem sido 72 horas antes, nas atividades essenciais e 48 horas nas demais.[XII]

Existem vários tipos de greves, que podem ser classificadas inicialmente em lícitas ou ilícitas. Para que haja a realização de greve, é necessário entender que a legitimidade para a instauração pertence ao sindicato dos trabalhadores. Para que seja considerada lícita, deve atender às exigências previstas na Lei n. 7.783/89, dentre elas, por exemplo, a necessidade

Greves e paralisações resultam da falta de acordo sobre os termos de um contrato – em outras palavras, de um impasse.

Fonte: David Bagnall/Alamy

[XI] N. da R.T.: Disponível em: <http://www.jusbrasil.com.br/topicos/291244/negociacao-coletiva>. Acesso em: 18 maio 2014.
[XII] N. da R.T.: Disponível em: <http://www.guiatrabalhista.com.br/guia/greve.htm>. Acesso em: 18 maio 2014.

Greve política
Não é um meio de ação direta da classe trabalhadora em benefício de seus interesses profissionais e, portanto, não é entendida como uma greve trabalhista. Em sentido amplo, é dirigida contra os poderes públicos para conseguir determinadas reivindicações não suscetíveis de negociação coletiva.

Greve de solidariedade
Greve que ocorre em apoio à de outro sindicato.

Greve típica ou econômica
Greve que resulta da falta de acordo sobre os termos de um contrato, envolvendo salários, benefícios e outras condições de trabalho.

Greve de advertência
Greve que visa protestar contra uma conduta ilegal por parte do empregador.

de prévia frustração da negociação coletiva e do recurso arbitral, bem como a convocação de assembleia sindical específica para definição da pauta de reivindicações, além da efetiva paralisação coletiva dos serviços (artigo 4º, Lei n. 7.783/89). Havendo violação de direitos, a greve será considerada abusiva ou ilícita (artigo 6º, §§ 1º e 3º).

Também podem ser classificadas em: greves **políticas**, de **solidariedade** (quando um sindicato faz greve em apoio a outro sindicato), **típicas ou econômicas** (quando resulta de um impasse e busca aquisição ou manutenção de um direito) e de **advertência**.

A consequência do processo de negociação conflituoso não precisa ser as greves. Estudos mostram que muitas são evitáveis, mas ocorrem por conta de erros durante a negociação. Os erros incluem as discrepâncias entre os líderes sindicais, e as expectativas e percepções errôneas dos membros sobre os objetivos de negociação de cada parte.[20] A probabilidade de uma greve depende, em parte, da vontade dos envolvidos em "fazer uma greve"[21]

Piquete é uma das primeiras atividades que ocorrem durante uma greve. O seu objetivo é informar o público sobre a existência da disputa trabalhista e, muitas vezes, encorajar outros a se abster de atuar junto do empregador – contra quem os funcionários estão em greve.

LIDANDO COM UMA GREVE Empregadores podem agir de várias maneiras quando se tornam objeto de uma greve. Uma delas é parar suas operações até que a greve acabe. A segunda alternativa é a contratação de terceiros durante o período da greve, a fim de amenizar os efeitos na produção. Uma terceira alternativa é o empregador continuar as operações, talvez usando superiores e outros trabalhadores dispostos a furar a greve. A quarta alternativa é contratar substitutos para os grevistas. Em uma greve econômica, tais substituições podem ser consideradas permanentes impedindo os funcionários antigos de retornar ao trabalho. Nos Estados Unidos, quando a Northwest Airlines começou a dar empregos permanentes para 1,5 mil trabalhadores substituírem mecânicos em greve, a greve da Associação Fraternal de Mecânicos de Aeronave basicamente se desfez.[22]

No Brasil, são mais raros os casos de substituição de trabalhadores grevistas, o que somente pode ocorrer em caso de a greve ser declarada ilegal pelos Tribunais do Trabalho. Em junho de 2014, por exemplo, uma decisão do Tribunal Regional do Trabalho (TRT-MA) declarou ilegal a greve dos rodoviários em São Luis do Maranhão e determinou o reestabelecimento imediato da circulação de pelo menos 70% da frota, que ficou parada por 12 dias. Adicionalmente, foi ordenada a substituição dos trabalhadores grevistas por conta de ser caracterizada uma infração ao princípio constitucional que proíbe a suspensão completa de serviços essenciais à população.

Alguns cuidados devem ser tomados pelos empregadores e seus prepostos durante as greves:

a. os meios adotados por empregados e empregadores, em nenhuma hipótese, poderão violar ou constranger os direitos e as garantias fundamentais de outrem.
b. a empresa não poderá adotar meios para constranger o empregado ao comparecimento ao trabalho, bem como capazes de frustrar a divulgação do movimento.
c. a manifestação e os atos de persuasão utilizados pelos grevistas não poderão impedir o acesso ao trabalho nem causar ameaça ou dano à propriedade ou pessoa.

Boicotar
Recusa conjunta de empregados e outras partes interessadas em comprar ou usar produtos do empregador.

OUTRAS ALTERNATIVAS Tanto a gestão das empresas quanto os trabalhadores utilizam seus métodos para tentar acabar com um impasse. O sindicato, por exemplo, pode recorrer a uma campanha corporativa. Esse esforço, organizado pelo sindicato, exerce pressão sobre o empregador, muitas vezes diretamente, além de outros sindicatos da empresa, acionistas, diretores, clientes, credores e agências governamentais. Por exemplo, um membro do conselho de administração da empresa pode achar que o sindicato organizou seus membros para boicotar as ideias do diretor, ou seja, parar de fazer negócios. Nos Estados Unidos, o chefe do United Auto Workers disse, há algum tempo, que o sindicato pretendia começar uma nova campanha para organizar os operários horistas em fábricas de automóveis de propriedade de estrangeiros no país. Como parte de sua campanha, o sindicato começou a fazer piquetes nas concessionárias da Hyundai, Daimler, Toyota e Nissan.[23]

Sindicatos, nos EUA, utilizam campanhas corporativas com bons resultados. Também chamadas de campanhas de advocacia ou abrangentes, elas ajudam a organizar sindicatos de várias empresas de cuidados de saúde, por exemplo, incluindo a Sutter Health, na Califórnia.[24]

De modo geral, sindicatos também podem promover esforços para convencer os funcionários a impedir ou interromper a produção. Eles podem fazer isso, por exemplo, diminuindo o ritmo de trabalho, recusando-se a fazer horas extras, mantendo licenças por doença, apresentando acusações a agências governamentais ou recusando-se a fazer o trabalho sem receber instruções detalhadas de superiores (mesmo que não tenha sido previamente requerida tal instrução).

Bloqueio
A recusa por parte do empregador em fornecer oportunidades para trabalhar.

BLOQUEIOS Empregadores norte-americanos, por exemplo, podem tentar romper um impasse com bloqueios. Um **bloqueio** é uma recusa por parte do empregador de proporcionar oportunidades para o trabalho. A empresa (muitas vezes literalmente) bloqueia os funcionários e proíbe-os de fazer o seu trabalho (e, portanto, de serem pagos). Diante de um novo contrato, que pode reduzir os seus salários em 50%, funcionários do sindicato da Canadian Auto Workers, a partir de uma unidade da Caterpillar local, foram bloqueados e, após seis meses de negociações, não conseguiram chegar a um acordo.[25]

Embora não seja possível sua prática no Brasil, algumas empresas norte-americanas sequer veem um bloqueio como prática de trabalho injusta. Por exemplo, se o seu produto é perecível (como verduras ou carnes), sendo indesejada uma possível paralisação dos trabalhadores, então um bloqueio pode legitimamente servir para neutralizar o poder dos sindicatos até que nova rodada de negociações ocorra.

MEDIDA CAUTELAR Durante o impasse, os empregadores e os sindicatos dos trabalhadores podem buscar uma medida cautelar caso acreditem que o outro lado está agindo de modo que possa prejudicar irreparavelmente a outra parte.

Estas ações são consideradas preparatórias para futuras ações ordinárias e, para que sejam obtidas, a parte prejudicada deve comprovar perante o Poder Judiciário a prática injusta de trabalho que está interferindo na campanha de organização sindical e que, se deixada impune, vai prejudicar irreparavelmente os direitos legais da outra parte. Por exemplo, se o empregador está injustamente interferindo na campanha de organização do sindicato, ou se o sindicato faz retaliação contra funcionários, uma parte pode pressionar a outra com uma medida cautelar.

A medida cautelar é uma ordem judicial, que pede a cessação de determinadas ações consideradas prejudiciais à conclusão da negociação.[26]

Convenção Coletiva de Trabalho

A Convenção Coletiva de Trabalho, de um modo geral, apresenta cláusulas econômicas e sociais. As principais seções de um típico contrato abordam:

1. Direitos da gestão.
2. Segurança do sindicato e dedução de contribuições automáticas da folha de pagamento.
3. Procedimentos de reclamação.
4. Arbitragem de queixas.
5. Procedimentos disciplinares.
6. Remuneração.
7. Horas de trabalho e horas extras.
8. Benefícios como férias, feriados, seguros e previdência.
9. Disposições de saúde e segurança.
10. Segurança dos trabalhadores
11. Data de vencimento do contrato.

Lidando com reclamações

A assinatura da Convenção Coletiva não é o fim do processo, pois sempre surgem perguntas sobre o que várias cláusulas realmente significam.

O processo de reclamação aborda essas questões de significado. São os passos que o empregador e o sindicato se comprometeram a seguir para determinar se alguma ação violou o acordo. O processo de reclamação não serve para renegociar pontos do contrato, em vez disso, o objetivo é esclarecer o que esses pontos realmente significam no contexto de resolver as queixas sobre termos como tempo de folga, ação disciplinar e pagamentos.

Quando o treinador do Cleveland Browns multou um de seus jogadores em US$ 1.701 por não pagar uma garrafa de água de US$ 3 na conta do hotel, os jogadores rapidamente apresentaram queixas à NFL.[27]

Infração pior ainda foi vivenciada por uma funcionária do setor de construção civil e mineração, que, ao ser demitida, foi surpreendida pelo pagamento de multa rescisória de apenas 20%, conforme cláusula de convenção coletiva de sua categoria profissional.

Questionado sobre a validade da cláusula, o Tribunal Superior do Trabalho (TST), entendeu que deveria ser considerada inválida a cláusula da norma coletiva que instituía a continuidade da relação com a empregada mediante a redução da multa de 40% (como prevista em lei) para 20%.

ADMINISTRAÇÃO DE CONTRATOS Em empresas sindicalizadas, o processo de lidar com queixas é frequentemente chamado de administração de contratos, porque não há contrato de trabalho tão completo que abranja todas as contingências e responda a todas as perguntas. Por exemplo, suponha que o contrato diz que você pode demitir um empregado apenas por justa causa. Posteriormente, você demite alguém por responder a você de maneira áspera, mas responder a você com rispidez é justa causa? O procedimento de reclamação resolve desentendimentos como esses. Trata-se apenas de interpretação e, geralmente, não significa a renegociação do acordo.

FONTES DE QUEIXAS Funcionários utilizam praticamente qualquer problema envolvendo salários, horários e condições de trabalho como base de queixa. Casos de disciplina e posições de acordo com o tempo de serviço (incluindo promoções, transferências e demissões), provavelmente estão no topo da lista. Outras queixas crescentes incluem as de avaliações de funções e atribuições de trabalho, horas extras, férias, planos de incentivo e feriados.

O PROCEDIMENTO DE RECLAMAÇÃO Qualquer que seja a fonte das queixas, muitas empresas, hoje em dia (e praticamente todas as sindicalizadas), dão (ou devem dar) aos trabalhadores algumas opções, por meio das quais possam apresentar e resolver suas queixas. Procedimentos de reclamação é, invariavelmente, uma parte das Convenções Coletivas de trabalho. Entretanto, mesmo em empresas não sindicalizadas, tais procedimentos podem ajudar a garantir que a paz prevaleça na gestão do trabalho.

DIRETRIZES PARA LIDAR COM QUEIXAS Em geral, é melhor, mas nem sempre possível, desenvolver um ambiente de trabalho em que as queixas não ocorram. Criá-lo depende de ser capaz de reconhecer, diagnosticar e corrigir as causas implícitas da potencial insatisfação dos funcionários antes que se tornem reclamações.

As causas típicas incluem avaliações supostamente injustas, salários desiguais ou comunicações precárias. No entanto, na prática, as queixas podem ser minimizadas, mas não eliminadas. Há quase sempre a necessidade de se interpretar o que significa alguma cláusula contratual por parte do trabalhador. O Quadro *RH na prática* apresenta orientações importantes.

RH na prática

Orientações de como lidar com uma reclamação[28]

Faça
- Converse com o funcionário sobre sua reclamação; dê à pessoa sua completa atenção.
- Exija que o sindicato identifique cláusulas contratuais específicas, supostamente violadas.
- Cumpra com os prazos contratuais relacionados à reclamação.
- Visite a área de trabalho onde ocorreu a situação.
- Caso haja, indique uma testemunha.
- Examine o registro pessoal do reclamante.

- Examine todos os registros de reclamações anteriores.
- Trate o representante do sindicato sem diferenças.
- Mantenha a discussão sobre a reclamação em particular.
- Informe seu superior sobre todo o assunto da reclamação.

Não faça
- Não discuta o caso com o sindicato sozinho – o reclamante deve estar presente.
- Não faça acordos individuais com os trabalhadores que são incompatíveis com o contrato de trabalho.
- Não esconda a solução se a empresa estiver errada.
- Não admita efeito vinculativo a uma prática do passado.
- Não abra mão dos seus direitos de gerente.
- Não resolva queixas na base do que é "justo". Em vez disso, siga o contrato de trabalho.
- Não negocie sobre itens não cobertos pelo contrato.

Práticas de resolução de conflitos

Disputas, muitas vezes, surgem como parte do processo de negociação e da gestão de pessoal. Greves desencadeiam campanhas corporativas e negociações; já negociações podem não funcionar e exigir mediadores, e ações disciplinares podem levar a queixas, por exemplo.

Mediadores, árbitros, procedimentos de reclamação e de negociação são importantes mecanismos de resolução de disputas, ou seja, são formas de gerir e resolver conflitos.[29]

Enquanto as relações entre sindicatos desencadeiam muitas, ou a maioria das óbvias disputas trabalhistas, outras questões pessoais causam a sua parcela de conflitos. Por exemplo, um funcionário pode acreditar que o empregador o discrimina por conta da idade.

A maioria das empresas não parece estar fazendo um bom trabalho de gestão de conflitos. Por exemplo, um estudo no Reino Unido descobriu que:[30]

- 79% dos entrevistados disseram que os conflitos não foram muito bem tratados na maioria das organizações;
- 65% concordam que as emoções e o orgulho pessoal afetaram as chances de chegar a uma solução.

Devido à influência das emoções pessoais na resolução de conflitos, os empregadores não podem se basear apenas em mecanismos de resolução como os procedimentos de reclamação. Em vez disso, é melhor que os conflitos não se estabeleçam.

Como vimos no Capítulo 12, as relações positivas com os empregados são importantes. Além disso, os empregadores podem recorrer a algumas estratégias para ajudar a alcançar este objetivo: enfatizar a justiça, cultivar a confiança e gerir os conflitos interpessoais.

ENFATIZE A JUSTIÇA Em primeiro lugar, como vimos no Capítulo 12, os empregadores precisam de políticas que incentivem os funcionários a tratar uns aos outros com justiça e respeito. Por exemplo, muitas queixas decorrem de questões disciplinares, então, antes de disciplinar alguém, certifique-se de que a evidência procede, proteja os direitos ao processo legal dos empregados, e alerte o funcionário das consequências disciplinares de sua suposta má conduta.

CULTIVE A CONFIANÇA Em segundo lugar, ao lidar com questões disciplinares, queixas ou negociações sindicais, comporte-se de maneira que promova a confiança. Comportamentos que indicam confiança incluem:

- **Integridade** Honestidade e veracidade.[31]
- **Competência** Conhecimentos e habilidades técnicas e interpessoais.
- **Consistência** Confiabilidade, previsibilidade e bom senso para lidar com diversas situações.
- **Lealdade** Colaboração e cumplicidade com uma pessoa.
- **Abertura** Vontade de compartilhar livremente ideias e informações.[32]
- **Comunidade** Boa vontade em oferecer materiais e recursos para ajudar a equipe.

- **Respeito** Reconhecimento dos pontos fortes e habilidades dos demais.[33]
- **Cooperação** Comportar-se de forma cooperativa, se colocando no lugar da outra pessoa.
- **Confiança** Parceiros "prometem com cautela e mantêm suas promessas".

GESTÃO DE CONFLITOS INTERPESSOAIS Em terceiro lugar, quando desentendimentos surgem, algumas abordagens de resolução de conflitos interpessoais são melhores do que outras. Por exemplo, ter as partes confrontando os fatos na busca de uma solução é geralmente melhor do que ignorar os problemas. No entanto, há momentos em que deixar as coisas esfriarem é aconselhável.

> OBJETIVO DE APRENDIZAGEM 5
> Explicar por que o índice de sindicalização caiu e quais as perspectivas para o movimento sindical.

Qual o futuro dos sindicatos?

Durante anos, o sindicato da área de construção no oeste de Nova York colocou um enorme balão inflável com a forma de um rato em frente aos canteiros de obras, que eram alvo das ações. No entanto, como o gerente de negócios do sindicato de encanadores locais afirmou, "a nossa filosofia nos últimos 15 anos não criou mais fatias de mercado para nós. Nós fomos vistos como encrenqueiros. Agora estamos usando relações públicas para dissipar essas percepções".[34]

Por que o declínio dos sindicatos?

Vários fatores contribuíram para o declínio da filiação sindical ao longo dos últimos 60 anos ou mais. Os sindicatos apelaram, principalmente, para trabalhadores operários, e a proporção desses empregados foi diminuindo à medida que o setor de serviços e empregos executivos aumentou.

Além disso, vários fatores econômicos, incluindo intensa concorrência internacional, colocaram os sindicatos sob forte pressão. A globalização aumenta a concorrência e a competição aumenta as pressões sobre os empregadores para reduzir custos e aumentar a produtividade. Estes, por sua vez, colocam os sindicatos em um aperto.

Outros fatores pressionando os empregadores e sindicatos incluem a desregulamentação do transporte rodoviário, as companhias aéreas, as comunicações, os equipamentos e fábricas obsoletos, a má gestão, as novas tecnologias e as leis (como o Artigo VII), que substituíram ou reduziram a necessidade de sindicatos.

A recente recessão nos EUA provocou cortes orçamentários nos setores público e privado, levando a políticas públicas antissindicais, e à perda de cerca de um milhão de empregos sindicais no setor público. Falências, como aquelas que varreram a indústria aérea, muitas vezes acabam levando à imposição de condições contratuais menos favoráveis para os trabalhadores sindicalizados.[35] O efeito de tudo isso tem sido a demissão permanente de centenas de milhares de membros do sindicato; encerramento definitivo das instalações da empresa; mudanças de empresas para locais não sindicalizados (seja nos EUA ou no exterior); e fusões e aquisições, que eliminaram empregos sindicais e afetaram acordos coletivos de trabalho. A adesão percentual ao sindicato caiu cerca de dois terços em aproximadamente 50 anos.[36]

Estes efeitos não foram diferentes ao redor do mundo, tampouco no Brasil, o que, como se viu neste capítulo, vêm tornando bastante reduzida a participação dos sindicatos na reivindicação de direitos trabalhistas e melhores condições de trabalho.

Temas globais em RH

Sindicatos globais

Atualmente, com a movimentação das empresas ao redor do globo, muitas vezes transferindo parte de suas operações, ou mesmo da produção, para outros países, a questão sindical não pode ser ignorada. O Walmart, por exemplo, em caso recente, foi obrigado a acompanhar a sindicalização dos empregados em suas lojas inauguradas na China. Essa experiência do Walmart deriva também dos esforços do Sindicato Internacional de Empregados de Serviços (SEIU) nesse país, cujas campanhas globais refletem a crença de que muitas empresas ainda pensam em transferir suas atividades para locais onde podem contratar empregados por uma menor remuneração.

Diante desse quadro, o SEIU vem tentando agir proativamente, ao fortalecer suas alianças com sindicatos de outros países, com o objetivo de unir os trabalhadores em empresas multinacionais e indústrias específicas ao redor do globo.[37] Assim, o SEIU trabalhou com a Federação dos Sindicatos da China (ACFTU) para ajudar a organizar as lojas Walmart que se instalaram no país.[38]

Recentemente, o Sindicato dos Metalúrgicos da América se fundiu com o maior sindicato da Grã-Bretanha para criar o "Sindicato dos Trabalhadores", com o intuito de ajudar na elaboração de um novo acordo sindical com empresas multinacionais nesses países.[39]

Além disso, o United Automobile Workers (UAW) treina e envia ativistas ao exterior para ajudar a organizar os trabalhadores em fábricas de automóveis de outros países.[40] Dessa maneira, empresas que pensam, num primeiro momento, em evitar a sindicalização pelo envio de empregados ao exterior podem ter surpresas, caso permaneçam desatentas às questões sindicais e trabalhistas no país de destino de suas operações.

Cláusulas cooperativas

As notícias tendem a destacar relações contraditórias entre trabalho e gerenciamento. Por exemplo, quando os trabalhadores da AT&T, recentemente, ameaçaram greve se a empresa insistisse em um aumento no seguro saúde dos trabalhadores, a empresa começou a treinar seus gerentes para o preenchimento de postos de trabalho, para funções como atender telefones em centrais de atendimento.[41]

Apesar das contradições, as relações de trabalho e gerenciamento também são repletas de instâncias de cooperação. Por exemplo, há mais de 50 anos, a General Motors e a Toyota criaram uma joint venture que chamaram New United Motor Manufacturing Inc. (Nummi). A Nummi reabriu uma antiga fábrica da GM em Fremont, Califórnia, que sofria de relações de trabalho tão venenosas que a GM teve que fechá-la. Os parceiros esperavam mesclar conhecimentos de marketing da GM com o famoso sistema de gestão baseado em equipes da Toyota.[42]

A Nummi e a United Auto Workers (UAW) decidiram abrir a unidade com base em uma nova filosofia cooperativa. Concordaram que os parceiros, que trabalham em equipe, dariam voz aos trabalhadores na tomada de decisões e construiriam os carros da mais alta qualidade com o menor custo. A Nummi e a UAW instalaram um novo sistema de gestão do trabalho na fábrica. Por exemplo, a Nummi enviou trabalhadores ao Japão para três semanas de treinamento em melhoria contínua e trabalho em equipe. Cerca de 95 cargos de trabalho da antiga fábrica da GM deram lugar a apenas três com qualificação e um sem exigências específicas. Seus 2,4 mil trabalhadores horistas foram organizados em equipes de cinco a dez membros, que se alternavam entre 15 tarefas. A Nummi reduziu o número de superiores.[43] A estratégia foi muito bem sucedida, apesar de a *joint venture* ter sido encerrada.

Desde então, muitos acordos de gestão do trabalho incluíram os chamados acordos de cooperação. Tais acordos, geralmente, incluem sindicato e gestão na adaptação de um ou mais temas de cooperação. Por exemplo, uma análise de contratos de trabalho com vencimento entre 1997 e 2007 constatou que cerca de metade dos 1.041 contratos estudados continham cláusulas cooperativas, que incluíam compromissos para aderir a um ou mais dos seguintes temas de cooperação (organizados em ordem decrescente):[44]

- Intenção de cooperar.
- Declaração de compromisso de cooperar.
- Comitês para rever preocupações mútuas que surgem.
- Decisões sobre as questões tradicionais.
- Garantias de estabilidade no emprego.
- Compromissos com práticas de alto desempenho.
- Decisões sobre questões estratégicas.
- Plena cooperação.

Em um extremo, por exemplo, o acordo da Alcoa, líder global na produção de alumínio, continha uma "cláusula de parceria", incluindo provisões para gerenciamento de trabalho, comissões mistas de tomada de decisão, e o compromisso de manter a estabilidade do empregado mesmo em condições adversas de mercado.[45]

No outro extremo, muitos acordos contêm apenas uma declaração de intenção de cooperação. A maioria inclui a cláusula de intenção de cooperação, bem como outros temas, no sentido de colaborar nas decisões sobre os chamados temas tradicionais, a exemplo de abuso de drogas, assistência médica e segurança.

ESTRATÉGIAS PARA RELAÇÕES DE TRABALHO COOPERATIVAS A pergunta é: "O que uma estratégia de gestão do empregador pode fazer para promover cooperação?"

Em suma, ela consegue enfatizar os tipos de equidade e a abertura que discutimos anteriormente, no Capítulo 12. Como dois pesquisadores concluem,

> [...] as percepções das relações de trabalho cooperativo são influenciadas positivamente pela justiça processual, pela disponibilidade do sindicato em adotar uma abordagem integrada [cooperativa] para a negociação, e pela vontade da gestão em compartilhar informações com o sindicato.[46]

Há pouca dúvida, como outro estudo argumenta, que os sindicatos "que têm uma relação de cooperação com a administração possam desempenhar um papel importante na superação de barreiras para a efetiva adoção de práticas, que têm sido associadas à competitividade organizacional".[47]

Mas o ponto principal (como este mesmo estudo defende) é que empregadores que querem capitalizar esse potencial devem mudar o modo como pensam, evitando relações trabalhistas contraditórias e enfatizando a parceria.[48]

Revisão

RESUMO

1. O movimento sindical é importante. No caso do Brasil, estima-se que a taxa de sindicalização esteja entre 16% e 17%, tendo passado por períodos de oscilações. Especificamente entre os anos de 2005 e 2011, constatou-se a geração de 13,4 milhões de novas ocupações, o que permitiu a filiação de 2,8 milhões de trabalhadores a algum tipo de sindicato, aumentando a taxa de sindicalização para 20,5% no período. Além de melhores salários e condições de trabalho, os sindicatos buscam segurança na organização
2. Em termos de estrutura, os sindicatos convivem com as federações e confederações, além das centrais sindicais.
3. Quanto à sua organização, os sindicatos podem ser por profissionais, por categorias profissionais ou por empresas (sendo que este último não existe no Brasil).
4. A atuação dos sindicatos está restrita, no caso brasileiro, a um determinado território (o artigo 8º, II, da CF/88 limita o número de organizações sindicais, que podem ser criadas por categoria, na mesma base territorial e de tamanho mínimo igual ao de um município, a somente um sindicato por categoria). Essa restrição impede a existência e a atuação de mais de um sindicato na mesma localidade, instituindo a chamada Unicidade Sindical.
5. São funções dos sindicatos:
    - **Negocial** Para a celebração da Convenção Coletiva da categoria profissional, que estabelecerá cláusulas e direitos aplicáveis aos contratos individuais de trabalho.
    - **Assistencial** Prestação de serviços aos seus associados, patrocinando atividades educacionais, de saúde, colocação profissional, lazer, formação de cooperativas e serviços jurídicos.
    - **Arrecadação** Referente à determinação de valores de mensalidades e descontos para seus associados.
    - **Colaboração com o Estado** Estudo e propostas para resolução de problemas que afetam a categoria profissional.
    - **Representação** Atuação perante autoridades administrativas e judiciais, defendendo os interesses da categoria profissional ou, mesmo, interesses individuais de seus membros.

6. As negociações coletivas podem ocorrer em qualquer época do ano, mas todas as categorias têm estabelecida uma data-base, ou seja, um período no qual os trabalhadores e empregadores tentam chegar a um consenso sobre revisão, modificação, inovação ou extinção de alguns direitos trabalhistas que os envolvem
7. As negociações coletivas são formas de composição entre Sindicato Patronal e Sindicato dos empregados, e a negociação tem quatro tipos possíveis de função: jurídica, política, econômica e social.
8. Negociação coletiva de boa-fé é o próximo passo a ser efetuado quando o sindicato ganha a eleição. A boa-fé significa que ambas as partes se comunicam e negociam, e que as propostas são comparadas às contrapropostas. Algumas dicas sobre negociação incluem não se apressar, estar preparado, descobrir as motivações e ser um bom ouvinte.
9. Um impasse ocorre quando as partes não são capazes de avançar em direção à resolução. Uma alternativa é o envolvimento de terceiros, ou seja, a arbitragem (que não é adotada no Brasil), a mediação ou o sistema jurisdicional. Às vezes, porém, a greve ocorre. Responder à greve envolve medidas como fechar as instalações, contratar trabalhadores temporários ou, eventualmente, substituir os trabalhadores. Bloqueios (que não são adotados no Brasil) e boicotes são duas outras ferramentas para lidar com impasses e, por vezes, utilizadas pelos trabalhadores e pela gestão.
10. Conflitos fazem parte do processo de negociação. Mediadores, árbitros, procedimentos de reclamação e de negociação são importantes formas de gerir e resolver conflitos. A maioria das empresas não parece estar fazendo um bom trabalho de gestão de conflitos. Os empregadores podem recorrer a algumas estratégias para ajudar a reduzi-los. Os empregadores precisam de políticas e práticas que incentivem os funcionários a tratar uns aos outros com justiça e respeito, a ter um comportamento que promova a confiança e, quando surgem desentendimentos, devem ter opções de abordagens de resolução de conflitos interpessoais.
11. Existem vários tipos de greves, que podem ser classificadas, inicialmente, em lícitas ou ilícitas. Para que haja a realização da greve, é necessário entender que a legitimidade para a instauração dela pertence ao sindicato dos trabalhadores. Para que seja considerada lícita, deve atender às exigências previstas na Lei n. 7.783/89.
12. As greves também podem ser classificadas como políticas, de solidariedade (quando um sindicato faz greve em apoio a outro sindicato), típicas ou econômicas (quando resulta de um impasse e busca aquisição ou manutenção de um direito), e de advertência.

PALAVRAS-CHAVE

negociação coletiva 363
negociação de boa-fé 364
itens de negociação voluntários (permitidos) 364
itens de negociação ilegais 365
itens de negociação obrigatórios 365
mediação 367
arbitragem 368

sistema jurisdicional 368
greve típica ou econômica 369
greve de advertência 369
greve política 369
greve de solidariedade 369
boicotar 369
bloqueio 370

QUESTÕES PARA DISCUSSÃO

1. Descreva brevemente a história e a estrutura do movimento sindical no Brasil.
2. Discuta a natureza das principais leis federais de relações trabalhistas e sindicais.
3. Discuta as principais etapas do processo de negociação coletiva.
4. Explique por que houve declínio nos níveis de sindicalização em todo o mundo.
5. Quais são as vantagens de ser membro do sindicato?
6. Explique a estabilidade de Dirigente Sindical.
7. Descreva táticas importantes que você esperaria de um sindicato durante a unidade sindical e eleitoral.
8. O que se entende por negociação de boa-fé? Usando exemplos, explique quando a negociação não é de boa-fé.
9. Defina impasse, mediação, arbitragem e sistema jurisdicional
10. Explique a diferença entre um modelo de unicidade sindical e um de pluralidade sindical. Em termos práticos, qual o resultado para os trabalhadores?

ATIVIDADES INDIVIDUAIS E EM GRUPOS

1. Caso você fosse o representante do Sindicato Patronal e estivesse prestes a negociar uma nova Convenção Coletiva, como se prepararia para o início das negociações?
2. Trabalhando individualmente ou em grupos, utilize os recursos da Internet para encontrar situações em que a gestão da empresa e o sindicato chegaram a um impasse em algum momento durante o processo

de negociação, mas, que eventualmente, ele tenha sido resolvido. Descreva, de ambos os lados, quais foram os motivos do impasse. Como é que foi superado? Quais foram os resultados finais?
3. Vários anos atrás, 8 mil trabalhadores da Amtrak (que atua com transporte viário e ferroviário) concordaram em não interromper o serviço até que uma audiência fosse realizada. A Amtrak pediu aos tribunais uma ordem de restrição temporária, e o Sindicato dos Trabalhadores de Transporte da América realmente adiou a sua paralisação. Explique sobre as possíveis modalidades de greve que poderiam ter sido adotadas caso a intenção de paralisação fosse levada adiante.
4. Indique as razões de queda nos níveis de sindicalização no Brasil e pesquise sobre os sindicatos ainda considerados bastante fortes e representativos em termos de demandas trabalhistas
5. Como tratar empregados que têm estabilidade por serem dirigentes sindicais e que, em virtude de não poderem ser dispensados, deixam de trabalhar a contento, com perda de produtividade?

Exercícios de aplicação

ESTUDO DE CASO EM RH: Empresa de Limpeza Carter

A reclamação

Ao visitar uma das lojas da empresa Carter, Jennifer ficou surpresa ao ser chamada para conversar por um empregado antigo da Carter, que a viu enquanto ela estava estacionando seu carro. "Murray (o gerente da loja) me disse que eu estava suspenso por dois dias, sem pagamento, porque cheguei atrasado na quinta-feira passada", disse George. "Estou muito chateado. Por aqui, é como se a palavra do gerente da loja fosse lei e, às vezes, parece que a única maneira que qualquer um tem de apresentar uma reclamação é conhecendo-a ou a seu pai, como nessa abordagem no estacionamento". Jennifer ficou muito perturbada por essa revelação e prometeu ao empregado que iria analisar e discutir a situação com seu pai. No carro, voltando para a sede, começou a refletir sobre quais alternativas a empresa Carter poderia ter.

Perguntas

1. Você acha que é importante para a Empresa de Limpeza Carter ter um processo de reclamação formal? Justifique.
2. Com base no que você sabe sobre a empresa Carter, delineie os passos de um processo de reclamação ideal para ela.
3. Além do processo de reclamação, você pensa em outra alternativa que a Empresa de Limpeza Carter poderia adotar a fim de ter certeza de que reclamações como essa sejam expressas e também ouvidas pela alta gestão?

Exercício vivencial — Uma questão de organização no campus[112]

Objetivo: dar-lhe a prática em lidar com alguns dos elementos de uma campanha de organização sindical.

Entendimento necessário: você deve estar familiarizado com o conteúdo deste capítulo, bem como com a situação a seguir.

Art Tipton é diretor de recursos humanos da Pierce University, uma universidade privada, localizada em uma grande cidade nos EUA. Ruth Ann Zimmer, supervisora da divisão de serviços de manutenção e limpeza da universidade, entrou em seu escritório para discutir sua situação. A divisão de Zimmer é responsável pela manutenção e limpeza de instalações físicas da universidade. Zimmer é uma das supervisoras de departamento que administra os funcionários, que fazem a manutenção e a limpeza dos dormitórios no campus.

Nos minutos que se seguiram, Zimmer começou a expressar suas preocupações sobre uma campanha de organização sindical que teve início entre seus funcionários. De acordo com ela, um representante do Sindicato dos Trabalhadores de Serviços reuniu-se com um número de funcionários, incitando-os a assinar cartões de autorização do sindicato. Ela disse que tem observado vários membros de sua equipe "encurralando" outros funcionários para conversar sobre a adesão ao sindicato e os persuadindo a assinar cartões de autorização (ou representação) do sindicato. Zimmer observou essas situações durante o horário de trabalho, quando os funcionários estavam limpando e organizando os dormitórios. Zimmer disse que um número de funcionários pediu a ela sua opinião sobre o sindicato. Eles relataram que vários outros supervisores do departamento haviam dito a seus funcionários para não assinar os cartões de autorização e para não falar sobre o assunto enquanto estivessem no campus. Zimmer também relatou que um de seus colegas supervisores disse a seus funcionários em uma reunião do sindicato, que aqueles que fossem pegos falando sobre o assunto ou assinando o cartão de autorização seriam advertidos e, talvez, demitidos.

Zimmer disse que os funcionários estão muito insatisfeitos com seus salários e com muitas das condições que têm sido impostas por parte dos alunos, supervisores e outras pessoas da equipe. Disse que vários deles lhe informaram que tinham assinado cartas sindicais porque acreditavam que a única maneira de a administração da universidade prestar atenção às suas preocupações era se os funcionários tivessem um sindicato para representá-los. Zimmer informou que fez uma lista dos funcionários que ela sentia que haviam se unido ou estavam interessados no sindicato, e ela poderia compartilhá-la com Tipton, caso ele quisesse falar com eles pessoalmente. Zimmer fechou a reunião dizendo que ela e os outros supervisores de departamentos precisam saber o que fazer, a fim de exterminar a ameaça de sindicalização em seu departamento.

Instruções: divida a turma em grupos de quatro ou cinco alunos. Suponha que você é o consultor de relações trabalhistas contratado pela faculdade para identificar os problemas e as questões envolvidas para aconselhar Tipton Art sobre o que fazer. Cada grupo vai gastar cerca de 45 minutos discutindo os problemas e delineando essas questões, bem como um plano de ação para Tipton. O que ele deve fazer agora?
Se o tempo permitir, um representante de cada grupo deve listar no quadro as questões envolvidas e as recomendações do grupo.

Estudo de caso brasileiro

Demissão coletiva no Banco Santander

A audiência de conciliação sobre a demissão coletiva de 80 funcionários do Banco Santander ocorreu de forma bastante tensa em dezembro de 2013, na Seção de Dissídio Coletivo do Tribunal do Trabalho do Rio de Janeiro. O Sindicato dos Bancários ajuizou o dissídio coletivo pedindo a concessão de liminar para sustar o processo de demissão em massa, assim como já havia acontecido em São Paulo e em Campinas.

Segundo a advogada que defendia os trabalhadores cariocas, o sindicato pedia a interrupção das demissões, a negociação com o sindicato e a revisão das dispensas que atingiram os empregados da empresa às vésperas da aposentadoria, protegidos por cláusulas de garantia de emprego.

Ao todo, 1.280 funcionários do Santander foram demitidos no mês de dezembro de 2013 em todo o Brasil, segundo divulgou a Confederação Nacional dos Trabalhadores do Ramo Financeiro (Contraf). "A situação é dramática. É uma dispensa feita com abuso de poder. Mesmo podendo demitir, o banco tem que minimamente verificar a situação, minimamente apresentar o motivo, negociar com o sindicato e depois ver como pode proceder, quais tipos de acordo pode firmar com os funcionários", afirmou a advogada.

Na ocasião, o banco não havia informado quais setores foram os mais atingidos pelo corte. O Ministério Público do Trabalho do RJ abriu uma investigação em que solicitava ao banco dados individualizados sobre a situação dos empregados dispensados no estado.

"A situação do Santander no Brasil não é de crise, que compelisse a uma reestruturação administrativa do banco. Muito pelo contrário, foi o setor que mais lucrou no País nos últimos anos", avaliou a advogada. Não se identificava, portanto, uma situação de crise capaz de justificar uma dispensa em massa, já que, em 2012, o lucro auferido pelo banco entre janeiro e setembro foi de R$ 4,7 bilhões.

Ainda, o setor bancário, na época da dispensa, mantinha-se estável no País, tanto que não houve demissões em massa em outros bancos ou instituições financeiras nacionais.

Em São Paulo, onde foram demitidos 440 funcionários, o Sindicato dos Bancários obteve, em 6 de dezembro, liminar que suspendeu as demissões. A partir do dia 11, começaram a ser realizadas audiências de conciliação para a reversão dos desligamentos, dos quais 100 foram irregulares, relativos a funcionários protegidos por estabilidade ou com problemas de saúde.

Já em Campinas, o juiz Rafael Marques de Setta, da 11ª Vara do Trabalho, determinou a reintegração dos demitidos e estabeleceu multa de R$ 100 mil por indivíduo caso o banco não cumpra a sentença.

Questionado por repórteres à época, o Banco Santander informou que as demissões chegaram a mil pessoas de seu quadro de empregados no Brasil, o que representava apenas 2% de toda a sua força de trabalho no mundo inteiro, de 55 mil pessoas. O banco acrescentou, ainda, que as demissões foram necessárias em meio ao cenário de mudanças do sistema financeiro nacional e que seguiram o que manda a lei nacional.

Fonte: <http://www.conjur.com.br/2012-dez-18/trt-rj-audiencia-demissao-coletiva-banco-santander>. Acesso em: 21 out. 2014.

Perguntas

1. Quais as cláusulas de garantia para empregados demitidos perto da data de sua aposentadoria? Qual a fonte de direito? Legislação ou sindicatos? Reproduzir o texto em que é abordada esta previsão.
2. Há alguma previsão legal sobre a possibilidade de dispensa em massa de empregados?
3. Você acredita que a justificativa dada pelo banco foi convincente? Quais poderiam ter sido as providências do banco antes das demissões para evitar rumores na mídia?

Notas

1. Disponível em: <http://www.bls.gov/news.release/union2.nr0.htm>. Acesso em: 18 maio 2014.
2. Disponível em: <http://www.bls.gov/news.release/union2.nr0.htm>. Acesso em: 18 maio 2014.
3. Disponível em: <www.bls.gov/news.release/union2.nr0.htm>. Acesso em: 18 maio 2014.
4. Donna Buttigieg et al., "An Event History Analysis of Union Joining and Leaving", *Journal of Applied Psychology* 92, n. 3, 2007, p. 829-839.
5. Ibid., p. 836. Veja também: Lois Tetrick et al., "A Model of Union Participation: The Impact of Perceived Union Support, Union Instrumentality, and Union Loyalty", *Journal of Applied Psychology* 92, n. 3. 2007, p. 820-828.
6. Kris Maher, "The New Union Worker", The Wall Street Journal, 27 set. 2005, p. B1, B11.
7. O material a seguir é baseado em Sloane e Witney, *Labor Relations*, p. 83-132. Veja também: <http://history.eserver.org/us-labor-law.txt>. Acesso em: 26 abr. 2008.
8. Gary Chaison, "Information Technology: The Threat to Unions", *Journal of Labor Research* 23, n. 2, primavera 2002, p. 249-260.
9. Disponível em: <www.starbucksunion.org>. Acesso em: 18 maio 2014.
10. Jonathan Segal, "Unshackle your Supervisors to Stay Union Free", *HR Magazine*, jun. 1998, p. 62-65. Veja também: <www.nlrb.gov/workplace_rights/nlra_violations.aspx>. Acesso em: 14 jan. 2008.
11. Kathryn Tyler, "Good-Faith Bargaining", *HR Magazine*, jan. 2005, p. 52.
12. Itens de negociação com base em Reed Richardson, *Collective Bargaining by Objectives*, Upper Saddle River, NJ: Prentice Hall, 1997, p. 113-115; Veja também: Sloane e Witney, *Labor Relations*, p. 180-217.
13. Sloane e Witney, *Labor Relations*, p. 192-220.
14. Baseado em James C. Freund, *Smart Negotiating*, New York: Simon & Schuster, 1992, p. 42-46.
15. Ibid.
16. Ibid., p. 33. Uma observação interessante: a comunicação de ameaças é mais eficaz que a comunicação violenta. Veja também: Marwan Sinaceur et al., "Hot or Cold: Is Communicating Anger or Threats More Effective in Negotiation?" *Journal of Applied Psychology* 96, n. 5, 2011, p. 1019-1032.
17. De Richardson, *Collective Bargaining by Objectives*, p. 150.
18. D. Scott DeRue et al., "When Is Straightforwardness a Liability in Negotiations? The Role of Integrative Potential and Structural Power", *Journal of Applied Psychology* 94, n. 4, 2009, p. 1032-1047.
19. Disponível em: <www.thedeal.com/corporatedealmaker/2009/11/us_airways_pilots_seek_federal.>. Acesso em: 18 maio 2014.
20. Jonathan Kramer e Thomas Hyclak, "Why Strikes Occur: Evidence from the Capital Markets", *Industrial Relations* 41, n. 1, jan. 2002, p. 80-93.
21. Baseado em Sloane e Witney, *Labor Relations*, p. 213.
22. Micheline Maynard e Jeremey Peters, "Northwest Airlines Threatens to Replace Strikers Permanently", *The New York Times*, 26 ago. 2005, p. C3.
23. Matthew Dolan, "UAW Targets Foreign Car Plants in US", *The Wall Street Journal*, 23 dez. 2010, p. B3. Veja também: Rachel Feintzeig, "Teamsters Act Tough with Twinkies Maker", *The Wall Street Journal*, 14 fev. 2012, p. B4.
24. Melanie Evans, "Labor Pains: As Membership Slides, Unions Have Turned to Provocative Corporate Campaigns", *Modern Health Care* 34, n. 26, 6 dez. 2004, p. 26.
25. James Hagerty e Caroline Van Hasselt, "Lockout Tests Union's Clout", *The Wall Street Journal*, 30 jan. 2012, p. B1.
26. Sloane e Witney, *Labor Relations*, p. 84.
27. Disponível em: <http://sports.espn.go.com/nfl/news/story?id=4508545>. Acesso em: 18 maio 2014.
28. Walter Baer, *Grievance Handling: 101 Guides for Supervisors*, New York: American Management Association, 1970.
29. Veja, por exemplo, "Top Ten Practical Tips to Achieving the Best Result Through Timely Dispute Resolution", *Mondaq Business Briefing*, 15 out. 2007.
30. "Dispute Resolution is an Ongoing Problem", *Personnel Today*, 12 nov. 2007; Disponível em: <http://www.personneltoday.com/Articles/12/11/2007/43197/dispute-resolution-is-an-ongoing-problem.htm>. Acesso em: 18 maio 2014.
31. Steven Robbins, *Organizational Behavior*, Upper Saddle River, NJ: Prentice Hall, 1998.
32. Ibid., p. 294.
33. Adaptado de Eileen Aranda et al., *Teams*: Structure, Process, Culture, and Politics, Upper Saddle River, NJ: Prentice Hall, 1998, p. 116-117.
34. Jessica Marquez, "NY Unions Cage Inflatable Rat, Try Teamwork", *Workforce Management*, 3 nov. 2008, p. 10. Veja também: "With Membership Bottoming Out, What Does the Future Hold for Unions?" *BNA Bulletin to Management*, 1 mar. 2011, p. 65-66.
35. Susan Carey e Jack Nicas, "AMR Will Ask the Judge to Toss Labor Pacts", *The Wall Street Journal*, 23 mar. 2012, p. B3.
36. Disponível em: <www.bls.gov/news.release/union2.nr0.htm>. Acesso em: 18 maio 2014.
37. Schramm, "The Future of Unions", p. 6.
38. Fong e Maher, "US Labor Chief Moves into China", p. 1.
39. Steven Greenhouse, "Steelworkers Merge with British Union", *The New York Times*, 3 jul. 2008, p. C4.
40. Matthew Dolan e Neil Boudette, "UAW to Send Activists Abroad", *The Wall Street Journal*, 23 mar. 2011, p. B2.
41. Shalini Rankchandran e Anton Troianovski, "AT&T's Strike Camp", *The Wall Street Journal*, 5 abr. 2012, p. B1-B2.
42. Michael Carroll e Christina Heavrin, *Labor Relations and Collective Bargaining*, Upper Saddle River, NJ: Pearson, 2004, p. 62-63.
43. Carrell e Heavrin, *Labor Relations and Collective Bargaining*.
44. George Gray, Donald Myers, e Phyllis Myers, "Cooperative Provisions in Labor Agreements: A New Paradigm?", *Monthly Labor Review*, 1 jan. 1999. Veja também: Mark Schoeff Jr., "Labor on the March", *Workforce Management*, fev. 2010, p. 1, 18-19.
45. Gray et al., "Cooperative Provisions in Labor Agreements".
46. Stephen Deery e Roderick Iverson, "Labor-Management Cooperation: Antecedents and Impact on Organizational Performance", *Industrial & Labor Relations Review* 58, n. 4, jun. 2005, p. 588-609.
47. Carol Gill, "Union Impact on the Effective Adoption of High Performance Work Practices", *Human Resource Management Review* 19, 2009, p. 39-50.
48. Veja também: Thomas Kochan, "A Jobs Compact for America's Future", *Harvard Business Review*, mar. 2012, p. 64-70.
49. Raymond L. Hilgert e Cyril C. Ling, *Cases and Experiential Exercises in Human Resource Management*, Upper Saddle River, NJ: Prentice Hall, 1996, p. 291-292.

14

Melhora na gestão de segurança e medicina do trabalho

Neste capítulo, vamos abordar...

INTRODUÇÃO À SEGURANÇA E SAÚDE DOS EMPREGADOS

O QUE CAUSA ACIDENTES?

COMO PREVENIR ACIDENTES?

SAÚDE NO TRABALHO: PROBLEMAS E SOLUÇÕES

SEGURANÇA E MEDICINA NO TRABALHO: GESTÃO DE RISCOS

Objetivos de aprendizagem

Quando terminar o estudo deste capítulo, você será capaz de:
1. Conhecer as principais Normas Regulamentadoras do Trabalho (NR).
2. Identificar causas de acidentes de trabalho.
3. Explicar como evitar acidentes de trabalho.
4. Discutir os principais problemas de saúde no trabalho e como remediá-los.
5. Discutir os principais elementos de um programa de gerenciamento de segurança e medicina do trabalho.

Fonte: US Coast Guard Photo/Alamy

Introdução

A explosão que ocorreu há vários anos em uma plataforma de petróleo da British Petroleum, chamada *Deepwater Horizon*, no Golfo do México, tirou a vida de 11 trabalhadores.[1] Relatórios do local concluíram que um equipamento contra explosões tinha defeito e não foi ativado, o que causou o desastre.

Introdução à segurança e à saúde dos empregados

Por que a segurança e a saúde dos empregados são importantes

Proporcionar um ambiente de trabalho seguro é importante por várias razões, mas principalmente pelo indesejável número de acidentes de trabalho. Em 2009, por exemplo, 4.551 trabalhadores norte-americanos morreram em acidentes de trabalho.[2] E, embora a taxa de acidentes esteja caindo, eles ainda causam mais de 3,8 milhões de lesões e doenças ocupacionais por ano nos EUA.[3] Em uma pesquisa, mais de 80% dos trabalhadores classificaram a segurança do trabalho como mais importante do que o salário mínimo, licença por doença e licença-maternidade.[4]

Em recente pesquisa conduzida pela Organização Internacional do Trabalho (OIT), constatou-se que, a cada ano, cerca de 2 milhões de pessoas morrem devido a enfermidades relacionadas com o trabalho, 321 mil morrem como consequência de acidentes no trabalho, 160 milhões sofrem de doenças não letais relacionadas ao trabalho e 317 milhões de acidentes laborais não mortais são verificados nas empresas.[1]

Acidentes também custam caro. Por exemplo, nos EUA, os custos com os cuidados médicos relacionados a um acidente com uma empilhadeira podem ser de US$ 4,5 mil. No entanto, os danos na empilhadeira e o tempo de produção perdido pode elevar a conta a US$ 18 mil ou mais.[5] E os custos psicológicos para o trabalhador podem ser incalculáveis, sem contar a possibilidade de demanda trabalhista, envolvendo elevados pedidos de indenização.

Locais de trabalho perigosos não estão limitados às fábricas. Por exemplo, em restaurantes, escorregar e cair representa cerca de um terço de todos os casos de acidentes de trabalho. Os empregadores poderiam eliminar a maioria deles exigindo, por exemplo, o uso de sapatos antiderrapantes.[6]

O papel da gestão de segurança

Nas próximas páginas, vamos ver que a redução dos acidentes muitas vezes resume-se à diminuição dos causadores deles. Parece algo simples e lógico, mas requer supervisão e gestão dos riscos. Apenas pedir aos superiores para que tenham "cuidado com escorregões" e aos funcionários para que "trabalhem com segurança" é inútil, a menos que todos saibam que a gestão de segurança na empresa é algo levado a sério.[7]

A taxa de acidentes na fábrica alemã da DuPont, por exemplo, foi muito menor do que a da indústria química como um todo em um largo período de tempo. Esse bom registro de segurança é, em parte, pelo compromisso da organização com a segurança, que fica evidente na seguinte declaração:

> Um dos melhores exemplos que conheço que define a mais alta prioridade para a segurança ocorre em uma fábrica da DuPont na Alemanha. Todas as manhãs, o diretor das divisões da DuPont Polyester e da Nylon e seus assistentes se reúnem às 8h45 para rever as últimas 24 horas. A primeira questão que discutem não é a produção, mas a segurança. Só depois de terem analisado os relatórios de acidentes e iminências de acidentes, e satisfeitos que tenham sido tomadas ações corretivas, é que verificam a produção, a qualidade e as questões de custo.[8]

O que a alta gestão pode fazer

Tais políticas começam de cima.[9] O empregador deve institucionalizar o compromisso da alta administração com uma política de segurança e divulgá-la. Deve dar alta prioridade a questões de segurança nas reuniões. Nos EUA, a Louisiana-Pacific Corp, do ramo de materiais de construção, começa todas as reuniões com uma breve mensagem sobre segurança.[10] A Georgia-Pacific reduziu os custos com indenizações aos trabalhadores, exigindo que os gestores diminuíssem os acidentes pela metade ou perderiam 30% de seu bônus. O Quadro *Contexto estratégico* mostra outro exemplo.

A segurança não é apenas um caso de obediência às leis ou generosidade. A segurança deve ser entendida como uma questão estratégica da empresa e gerenciada de modo a zelar continuamente pela integridade física dos empregados.

---

[1] N. da R.T.: Disponível em: <http://www.onu.org.br/oit-um-trabalhador-morre-a-cada-15-segundos-por-acidentes-ou-doencas-relacionadas-ao-trabalho/>. Acesso em: 19 maio 2014.

Contexto estratégico

Deepwater Horizon

Para muitos críticos das práticas de segurança da British Petroleum, o desastre que ocorreu na Deepwater Horizon não foi apenas por um defeito do dispositivo contra explosões. Para eles, com ou sem razão, o acidente reflete o fato de que a estratégia corporativa da empresa havia enfatizado o corte de custos e a baixa rentabilidade em detrimento da segurança. Por exemplo, cinco anos antes, um relatório do Conselho de Segurança Química culpou a redução de custos por uma enorme explosão em uma plataforma que refinava petróleo da British Petroleum no Texas, em uma estratégia de segurança que deixou o "equipamento inseguro e antiquado". Ao conselho e a alguns outros que estudaram as práticas de segurança da empresa, a Deepwater foi outro exemplo de como a segurança deve começar na alta gestão, e de como a estratégia da alta gestão pode empregar esforços para melhorar comportamentos de segurança dos funcionários.[11]

O papel do supervisor de segurança[II]

Depois de inspecionar um local de trabalho, onde os empregados estavam instalando tubos em uma vala de quatro metros de altura, um inspetor da Occupational Safety & Health Administration (OSHA), citou um empregador por violar a regra que exige que os funcionários tenham "escada, rampa ou outros meios seguros de saída" nas escavações de valas profundas.[12] O supervisor local foi o responsável pelas inspeções rotineiras, mas, nesse caso, não fiscalizou o local adequadamente. A vala desmoronou, ferindo vários funcionários.

As inspeções de segurança devem fazer sempre parte da rotina diária do supervisor. Por exemplo: "uma caminhada diária em seu local de trabalho é parte essencial da sua função, sobretudo se estiver trabalhando em lugares que apresentam desafios em termos de segurança".[13] A Figura 14.1 e o Quadro *RH na prática* apresentam listas de verificação de segurança.

Normas Regulamentadoras do Trabalho

OBJETIVO DE APRENDIZAGEM 1
Conhecer as principais Normas Regulamentadoras do Trabalho (NR).

A Constituição Federal brasileira estabelece, em seu artigo 7º, inciso XXII, que é direito dos trabalhadores a redução dos riscos inerentes ao trabalho, por meio de normas de saúde, higiene e segurança. Referia-se às **Normas Regulamentadoras do Trabalho** (ou NR), criadas em 1978, pela Portaria n. 3.214, que determinam sobre procedimentos obrigatórios que devem ser observados pelas empresas.

Totalizam 36 dispositivos e são elaboradas e revisadas, sempre, por meio de comissões tripartites, compostas por representantes de empregados, empresas e governo. Dentre elas, há disposição sobre atividades insalubres e perigosas, Comissão Interna de Prevenção de Acidentes (CIPA), obrigatoriedade de exames médicos periódicos, uso de equipamentos de segurança etc., conforme enumeradas a seguir, e exemplificadas no Quadro 14.1.

- NR 1 – Disposições Gerais
- NR 2 – Inspeção Prévia
- NR 3 – Embargo ou Interdição
- NR 4 – Serviços Especializados em Engenharia de Segurança e em Medicina do Trabalho (SESMT)
- NR 5 – Comissão Interna de Prevenção de Acidentes (CIPA)
- NR 6 – Equipamentos de Proteção Individual (EPI)
- NR 7 – Programas de Controle Médico de Saúde Ocupacional (PCMSO)
- NR 8 – Edificações
- NR 9 – Programas de Prevenção de Riscos Ambientais (PPRA)
- NR 10 – Segurança em Instalações e Serviços em Eletricidade
- NR 11 – Transporte, Movimentação, Armazenagem e Manuseio de Materiais
- NR 12 – Máquinas e Equipamentos
- NR 13 – Caldeiras e Vasos de Pressão

Normas Regulamentadoras do Trabalho (NR)
Criadas pela Portaria n. 3.214, de 1978, foram responsáveis pelo estabelecimento do conceito de saúde ocupacional e determinam importantes obrigações para os empregadores em termos de ação e fiscalização da rotina de trabalho dos empregados, com foco em ambientes que possam apresentar riscos de ocorrência de acidentes ou doenças.

[II] N. do R.T.: No Brasil, normalmente esse papel é desempenhado por um engenheiro de segurança no trabalho.

- NR 14 – Fornos
- NR 15 – Atividades e Operações Insalubres
- NR 16 – Atividades e Operações Perigosas
- NR 17 – Ergonomia
- NR 18 – Condições e Meio Ambiente de Trabalho na Indústria da Construção
- NR 19 – Explosivos
- NR 20 – Líquidos Combustíveis e Inflamáveis
- NR 21 – Trabalho a Céu Aberto
- NR 22 – Segurança e Saúde Ocupacional na Mineração
- NR 23 – Proteção Contra Incêndios
- NR 24 – Condições Sanitárias e de Conforto nos Locais de Trabalho
- NR 25 – Resíduos Industriais
- NR 26 – Sinalização de Segurança
- NR 27 – Registro Profissional do Técnico de Segurança do Trabalho no MTB (Revogada pela Portaria GM n. 262/2008)
- NR 28 – Fiscalização e Penalidades
- NR 29 – Segurança e Saúde no Trabalho Portuário
- NR 30 – Segurança e Saúde no Trabalho Aquaviário
- NR 31 – Segurança e Saúde no Trabalho na Agricultura, Pecuária, Silvicultura, Exploração Florestal e Aquicultura
- NR 32 – Segurança e Saúde no Trabalho em Estabelecimentos de Saúde
- NR 33 – Segurança e Saúde no Trabalho em Espaços Confinados
- NR 34 – Condições e Meio Ambiente de Trabalho na Indústria da Construção e Reparação Naval
- NR 35 – Trabalho em Altura
- NR 36 – Segurança e Saúde no Trabalho em Empresas de Abate e Processamento de Carnes e Derivados

Por conta da importância do tema e à responsabilidade dos empregadores sobre saúde e segurança de seus empregados, não apenas a Constituição Federal, mas a própria Consolidação das Leis do Trabalho (CLT) e **legislação** própria (NR) constituem verdadeiro arsenal legislativo em busca da conscientização dos gestores, nas empresas, procurando a redução no número de acidentes de trabalho e afastamentos de empregados.

Aliás, desde 1919, a OIT, criada pelo Tratado de Versalhes, com o objetivo de uniformizar as questões trabalhistas, a superação das condições subumanas do trabalho e o desenvolvimento econômico, adota seis convenções destinadas à proteção da saúde e à integridade física dos trabalhadores (limitação da jornada de trabalho, proteção à maternidade, trabalho noturno para mulheres, idade mínima para admissão de crianças e trabalho noturno para menores).

No caso específico da Constituição Federal brasileira, seu texto, em 1988, no artigo já mencionado, associado aos artigos 200, inciso VIII, que protege o meio ambiente do trabalho, e 193, que determina que "a ordem social tem como base o primado do trabalho, e como objetivo o bem-estar e a justiça sociais", garantiram a redução dos riscos inerentes ao trabalho, por meio de normas de saúde, higiene e segurança, tendo sido ratificadas as Convenções 155 e 161 da OIT, ambas voltadas à preservação da saúde e dos serviços de saúde do trabalhador.

No início da década de 1970, por conta da liderança do Brasil entre os países com maior número de acidentes do trabalho, o legislador dedica, no texto da CLT, um capítulo específico à Segurança e Medicina do Trabalho. Trata-se do Capítulo V, Título II, artigos 154 a 201, com redação da Lei n. 6.514/77º.[III]

Em caso de acidente do trabalho, a empresa deverá comunicá-lo à Previdência Social, responsável pelo INSS, até o primeiro dia útil seguinte ao da ocorrência e, em caso de morte, de imediato, à autoridade competente, sob pena de multa. A comunicação ocorre

---

Legislação sobre saúde e segurança dos empregados
Ratificação das Convenções 155 e 161 da OIT; Constituição Federal de 1988 – artigos 7º, inciso XXII, 200, inciso VIII, e 193; CLT – artigos 154 a 201, com redação da Lei n. 6.514/77; Normas Regulamentadoras do Trabalho, criadas pela Portaria n. 3.214, de 1978.

[III] N. da R.T.: "Legislação de Segurança e Medicina do Trabalho", manual criado pela Fiesp e atualizado em 2013. Disponível em: <http://www.fiesp.com.br/indices-pesquisas-e-publicacoes/manual-legislacao-em-seguranca-e-medicina-do-trabalho>. Acesso em: 9 jun. 2014.

QUADRO 14.1 Exemplos de Normas Regulamentadoras do Trabalho.

A **NR 5** prevê a atuação da **Comissão Interna de Prevenção de Acidentes (CIPA)** – e doenças decorrentes do trabalho –, cuja finalidade é tornar compatível o trabalho com a preservação da vida e a promoção da saúde do trabalhador. Estabelece que a obrigatoriedade de constituir e mantê-la recai sobre empresas privadas, públicas, sociedades de economia mista, órgãos da administração direta e indireta, instituições beneficentes, associações recreativas, cooperativas, bem como outras instituições que admitam trabalhadores como empregados.
A **NR 18** prevê, dentre outras coisas, que "somente pessoas regularmente inscritas no Crea, com profissional legalmente habilitado pertencente ao seu quadro de empregados ou societário, podem fabricar andaimes completos", "é obrigatório o uso de cinto de segurança tipo paraquedista e com duplo talabarte que possua ganchos de abertura mínima de 50 milímetros e dupla trava" e que "o piso de trabalho dos andaimes deve ter forração completa, ser antiderrapante, nivelado e fixado ou travado de modo seguro e resistente".

FIGURA 14.1 Exemplo de padrões previstos para redução de acidentes (OSHA).

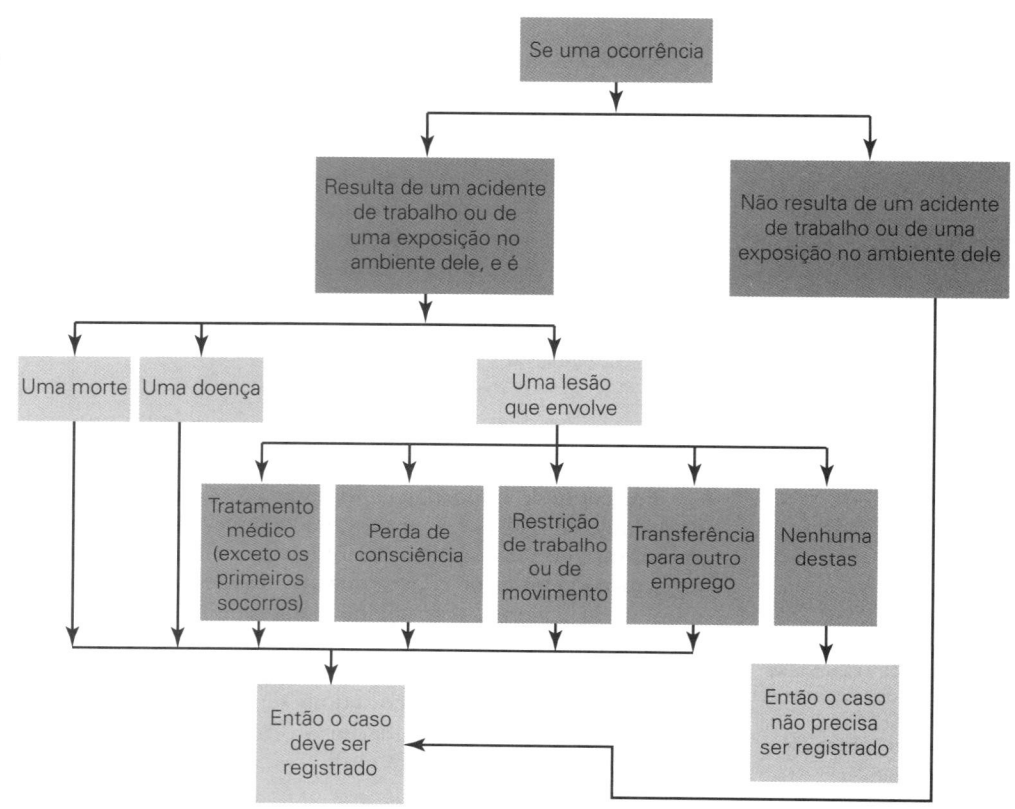

[Fluxograma: Se uma ocorrência → Resulta de um acidente de trabalho ou de uma exposição no ambiente dele, e é: Uma morte / Uma doença / Uma lesão que envolve (Tratamento médico (exceto os primeiros socorros) / Perda de consciência / Restrição de trabalho ou de movimento / Transferência para outro emprego / Nenhuma destas) → Então o caso deve ser registrado. Não resulta de um acidente de trabalho ou de uma exposição no ambiente dele → Então o caso não precisa ser registrado.]

Nota: uma ocorrência deve envolver morte, doença ou lesão a um empregado.

por meio de Comunicado de Acidente de Trabalho (CAT),[IV] preenchida em 6 vias, conforme prevê a Lei n. 8.213, de 1991.

Conhecer apenas as Normas Regulamentadoras do Trabalho não é suficiente. O empregador deve desenvolver e comunicar as suas próprias regras de segurança e saúde por escrito aos empregados e providenciar treinamento necessário sobre uso de Equipamento de Proteção Individual (EPI), além de ser responsável pela fiscalização e obediência dos empregados às orientações sobre segurança, na rotina de trabalho.

Fiscalização das condições de trabalho e penalidades

Conforme já mencionado, a legislação prevê que, quando um trabalhador sofre um acidente no trabalho ou alguma doença decorrente da atividade profissional, a empresa é

[IV] N. da R.T.: Modelo do formulário disponível em: <http://www.previdencia.gov.br/forms/formularios/form002_instrucoes.html>.

obrigada a comunicar o fato ao Instituto Nacional de Seguridade Social (INSS), o que é feito por meio de um documento denominado Comunicação de Acidente de Trabalho (CAT) (Lei n. 8.213/91).

Essa exigência é tão importante para efeitos previdenciários, epidemiológicos e, até mesmo estatísticos, que, ocorrendo o acidente de trabalho, independentemente de afastamento ou não, a ausência de emissão da CAT, por parte do empregador, gera multa imposta pelo Ministério do Trabalho, cujo valor depende da gravidade da ocorrência.

Entretanto, é importante que haja uma fiscalização das condições de trabalho, independentemente da ocorrência de acidentes, justamente pelo caráter preventivo.

Assim, cabe inicialmente à própria empresa a responsabilidade de atentar, de forma constante, para as condições de trabalho a que estão expostos seus empregados, sob pena de ser condenada ao pagamento de indenização, caso haja a ocorrência de um acidente em suas instalações.

O Estado também tem a função de zelar pela integridade física do cidadão, razão pela qual o artigo 21, XXIV da Constituição Federal determinou que "é competência privativa da União a inspeção do trabalho", posto que suas atribuições estão intimamente ligadas ao Poder de Polícia. Isso faz o poder público ter papel ativo na inspeção das condições de trabalho nas empresas, normalmente representado pelos Auditores Fiscais do Trabalho, cabendo-lhe certificar-se do fiel cumprimento à legislação pertinente, visando à proteção dos trabalhadores.

Neste contexto, a Convenção 81 da OIT (que foi ratificada pelo Brasil) determina que os principais poderes da inspeção do trabalho são: livre acesso dos fiscais ao local de trabalho, investigação, autoridade de notificação para correção de irregularidade (no prazo de até 60 dias, que pode ser prorrogado por mais 120 dias, conforme o caso), poder de notificação de débito (aplicação de multa) etc.

No campo de segurança e medicina do trabalho, as orientações mais importantes decorrem das Normas Regulamentadoras do Trabalho, dentre as quais o Programa de Controle Médico de Saúde Ocupacional (PCMSO), o Programa de Prevenção de Riscos Ambientais (PPRA), a Ergonomia, o Programa de Gestão de Questões Relativas à Deficiência no Local de

QUADRO 14.2 Dicas dos agentes de inspeção do trabalho.

Contato inicial

- Verifique as credenciais do auditor fiscal do trabalho.
- Pergunte por que ele está inspecionando. É uma reclamação ou visita programada? Caso de óbito ou acompanhamento de acidente? Investigação de perigo iminente?
- Se a inspeção é o resultado de uma reclamação, o auditor não vai citar a identidade do denunciante, mas você tem o direito de saber se a pessoa é um empregado.
- Seu advogado também deve analisar os documentos e as informações que você fornecer ao auditor.

Reunião de abertura

- Estabelecer o foco e o escopo da visita prevista: o auditor fiscal do trabalho quer inspecionar as instalações ou simplesmente verificar seus registros?
- Discutir procedimentos para a proteção de áreas que envolvem sigilo nas atividades da empresa, realizar entrevistas com empregados e emitir documentos.
- Mostrar ao auditor que você tem programas de segurança no local. A inspeção pode ser suspensa se a papelada estiver completa e atualizada.

Inspeção in loco

- Acompanhar o auditor e tomar notas detalhadas.
- Se o auditor tirar uma foto ou gravar um vídeo, faça o mesmo.
- Solicite ao auditor duplicatas de todas as amostras físicas e cópias de todos os resultados de testes.
- Seja útil e cooperativo, mas não se voluntarie para oferecer informações.
- Na medida do possível, corrija imediatamente qualquer violação identificada pelo auditor.

Trabalho (incluído no PPRA e PCMSO), dentre outros, que, articulados, integram o conjunto mais amplo das iniciativas da empresa, no campo da preservação da saúde e da integridade dos trabalhadores em geral e, em especial, das pessoas com necessidades especiais.[V]

Responsabilidades e direitos dos empregadores e empregados

Tanto as empresas quanto seus empregados têm responsabilidades e direitos de acordo com a legislação vigente, notadamente sob as Normas Regulamentadoras do Trabalho. Por exemplo, as empresas são responsáveis por proporcionar "um local de trabalho livre de riscos reconhecidos", por estarem familiarizadas com as normas trabalhistas e pelo exame das condições de trabalho, para se certificar de que estejam em conformidade com as normas aplicáveis.

Os empregados, por sua vez, também têm direitos e responsabilidades, principalmente relacionados ao uso correto e constante de EPI e manuseio de Equipamentos de Proteção Coletiva (EPC). Devem obediência às regras e aos regulamentos de saúde e são obrigados a relatar condições de risco ao seu superior. Os empregados têm o direito de exigir segurança e saúde no trabalho, sem medo de punição. Os empregadores estão proibidos de punir ou discriminar os trabalhadores que se queixam a sindicatos, ou ao próprio Ministério Público do Trabalho, sobre segurança e riscos para a saúde verificados em sua rotina.[14] No entanto, os empregadores devem fazer "um esforço diligente para desencorajar, por disciplina se necessário, as violações das regras de segurança por parte dos funcionários".[15]

Equiparação entre acidentes e doenças para fins previdenciários

Acidente de trabalho é aquele que decorre do exercício profissional e que causa lesão corporal, ou perturbação funcional que provoca a perda ou redução, permanente ou temporária, da capacidade laboral, nos termos do artigo 19, da Lei n. 8.213/91.

Ocorre que, para efeito de legislação, especificamente para os afastamentos de empregados, as doenças que os afetam, em decorrência do exercício de suas funções, são equiparadas aos acidentes do trabalho.

No entanto, há que se diferenciar doenças profissionais e doenças do trabalho, para melhor compreensão sobre o tema.

A **doença profissional** é aquela que ocorre pelo exercício de trabalho peculiar à determinada atividade. São seus exemplos a asbestose (doença provocada por manuseio constante de amianto), saturnismo (intoxicação provocada pelo chumbo) e silicose (provocada pela inalação do pó de sílica).

Já a **doença do trabalho** é aquela desencadeada em função de condições especiais em que o trabalho é realizado e que com ele se relacione diretamente. São seus exemplos a tenossinovite (inflamação aguda dos tendões dos membros superiores por movimentos repetitivos e que faz parte das doenças classificadas como LER/DORT, que veremos adiante) e a disacusia (surdez, adquirida por conta de trabalho realizado em local extremamente barulhento).

O que causa acidentes?

Acidentes ocorrem por três razões principais: ocorrências casuais, condições de trabalho e comportamento inseguros. Ocorrências ao acaso (como caminhar no jardim da empresa e ser atingido por um galho de árvore que cai) contribuem para acidentes, mas estão fora do controle da gestão. Vamos, portanto, manter nosso foco nas questões que podem e devem ser controladas pelos gestores, ou seja, as condições de trabalho e o comportamento inseguros.

[V] N. da R.T.: Disponível em: <http://www3.mte.gov.br/fisca_trab/inclusao/lei_cotas_10.asp>. Acesso em: 19 maio 2014.

> **OBJETIVO DE APRENDIZAGEM 2**
> Identificar causas de acidentes de trabalho.

Condições de trabalho inseguras

Condições inseguras de trabalho são as principais causas de acidentes, incluindo:

- andaimes defeituosos;
- equipamentos inadequadamente protegidos;
- fiação desgastada;
- armazenamento inseguro, por exemplo, com sobrecarga;
- iluminação inadequada;
- ventilação inadequada.

A solução básica é eliminar ou minimizar as condições de risco. As Normas Regulamentadoras do Trabalho determinam quais são as condições de trabalho a serem observadas para que acidentes sejam evitados. Abordam, assim, questões como máximo de decibéis a que um trabalhador pode ficar exposto, níveis ideais de iluminação e ventilação etc. Os gestores também podem elaborar uma lista de condições de risco, como mostrado no Quadro *RH na prática*, sobre a verificação das causas de acidentes. Algumas publicações nacionais e internacionais, como a *Revista Brasileira de Saúde Ocupacional* e a revista *EHS – Environmental Health and Safety* (saúde e segurança ambiental), são boas fontes de informação sobre segurança e medicina do trabalho.[VI]

Embora os acidentes possam ocorrer em qualquer lugar, existem algumas zonas de alto risco. Muitos acidentes ocorrem em torno de empilhadeiras, carrinhos de mão, e em áreas de tráfego e elevação. Também podem acontecer dentro dos escritórios ou em áreas administrativas. No entanto, os acidentes mais graves ocorrem, geralmente, perto de máquinas para trabalhar madeira e serras de metal, ou em torno de máquinas de transmissão, tais como engrenagens, polias e volantes.

CLIMA DE SEGURANÇA Após a plataforma da British Petroleum explodir, em 2010, no Golfo do México, os críticos alegaram que os gestores da plataforma ignoraram inúmeros sinais de alerta e tiveram uma abordagem negligente da segurança.

Nem todas as causas de acidentes são óbvias. Às vezes, o local de trabalho sofre de um tóxico "clima de segurança"; em outras palavras, a partir de um conjunto de fatores principalmente psicológicos, os funcionários passam a agir de forma insegura, negligenciando práticas que evitam a ocorrência de acidentes.

Uma pesquisa focou nos acidentes fatais sofridos por trabalhadores britânicos do setor de petróleo no Mar do Norte.[16] Os funcionários que estão sob estresse e uma forte pressão para concluir rapidamente o trabalho, bem como a falta de clima de segurança (por exemplo, com superiores que ignoram as práticas seguras), foram algumas das condições de trabalho não tão óbvias que prepararam o palco para aquele acidente na plataforma de petróleo.

Outro estudo sobre clima de segurança foi feito com enfermeiros que trabalhavam em 42 hospitais de grande porte dos Estados Unidos. Os pesquisadores mediram o clima de segurança com questões como "o gerente de enfermagem nesta unidade enfatiza a segurança?". Os resultados revelaram que o "clima de segurança previa erros em medicação, lesões em enfermeiros, infecções do trato urinário, [e] satisfação do paciente".[17]

OUTROS FATORES RELACIONADOS ÀS CONDIÇÕES DE TRABALHO Horários de trabalho e fadiga também alteram as taxas de acidentes. As taxas de acidentes normalmente não aumentam muito visivelmente durante as primeiras cinco ou seis horas da jornada de trabalho, mas depois de seis horas de atividades contínuas de um empregado, a taxa de acidentes aumenta.[18] Isso é decorrente, em parte, da fadiga e do fato de que os acidentes ocorrem com mais frequência durante o período noturno. Com o número reduzido de funcionários, a fadiga dos remanescentes aumenta. Esta é apenas uma das razões pelas quais algumas empresas vêm proibindo a realização de horas extras.

[VI] N. da R.T.: Disponíveis, respectivamente, em: <http://www.fundacentro.gov.br/rbso/inicio> e <http://ehstoday.com/>. Acesso em: 19 maio 2014.

Os acidentes também ocorrem com maior frequência nos períodos de redução de pessoal, quando há hostilidade entre os funcionários e condição de vida precária. Fatores de estresse temporários, tais como alta temperatura no local de trabalho, falta de iluminação, e um local muito cheio também se relacionam às taxas de acidentes.

Comportamento inseguro

Na prática, é impossível eliminar os acidentes apenas reduzindo as condições de risco. Isto porque as pessoas também são responsáveis pela ocorrência de acidentes e, deste modo, não é incorreto afirmar que inexiste um método infalível de eliminar atitudes de risco, tais como:

- derrubar materiais;
- trabalhar ou operar em velocidades inseguras;
- tornar os dispositivos de segurança inoperantes, removendo, ajustando ou desconectando-os;
- utilizar máquinas ou manusear fios de alta tensão próximo de locais com água;
- levantar algo de forma indevida, sem o auxílio de roldanas etc.

Não há uma explicação sobre o comportamento, ou o motivo de um empregado agir de maneira insegura. Às vezes, como já foi mencionado, as condições de trabalho podem definir o cenário para atitudes de risco. Por exemplo, funcionários de plataforma de petróleo estressados podem se comportar de modo arriscado, mesmo que saibam como agir corretamente.

As vezes, os trabalhadores não são adequadamente treinados em métodos de trabalho seguros, algumas empresas não determinam os procedimentos de segurança corretos, e os empregados podem, simplesmente, desenvolver o seu próprio método de trabalho (o que é geralmente ruim).

As pessoas costumam causar acidentes, e ninguém tem uma maneira infalível para eliminar uma atitude de risco.

Fonte: thieury/Shutterstock

De modo geral, há três possíveis práticas que colaboram com a ocorrência de um acidente de trabalho: imperícia, negligência e imprudência.

A **imperícia** refere-se ao trabalhador que realiza determinada função sem que esteja preparado tecnicamente para tal, sem que tenha expertise para aquele tipo de trabalho.

A **negligência**, por sua vez, refere-se à falta de cuidado ou displicência quando da realização de um trabalho ou função, isto é, ignorar o que deveria ter sido providenciado para que um serviço seja concluído.

E, finalmente, o empregado age com **imprudência** quando se arrisca, trabalhando com desrespeito a que está previsto em lei e com descaso quanto a possíveis consequências de seu ato.

QUE TRAÇOS CARACTERIZAM PESSOAS "PROPENSAS A ACIDENTES"? Atitudes de risco podem anular os melhores esforços para reduzir as condições de risco. O problema é que não há respostas fáceis para a questão do que leva as pessoas a agirem de forma imprudente.

Pode parecer intuitivamente óbvio que algumas pessoas são simplesmente propensas a causar e a sofrer acidentes, mas algumas pesquisas indicam um misto de razões.[19] Há evidências de que pessoas com características específicas podem certamente ser propensas a acidentes.[20] Por exemplo, pessoas que são impulsivas, extremamente extrovertidas, distraídas demais e pouco exigentes ou conscientes provocam mais acidentes.[21]

Além disso, a pessoa que está propensa a acidentes em determinada atividade pode não estar em outra. Dirigir é um exemplo. Traços de personalidade são considerados pelas seguradoras em ocorrências de trânsito: *arrogância*, ao sentir-se no direito de infringir leis (maus condutores não entendem porque não deveriam acelerar); *impaciência* (motoristas com sinistros frequentes estavam sempre ansiosos ou com pressa); *agressividade* (sempre o primeiro a querer se mover quando a luz vermelha fica verde) e *distração* (fácil e frequentemente distraídos por aparelhos celulares, comida, bebida e assim por diante). Um estudo realizado na Tailândia também descobriu que os motoristas que são naturalmente competitivos e propensos a atitudes raivosas são condutores particularmente de risco.[22]

Como prevenir acidentes

Após um acidente em que quatro trabalhadores morreram, os gestores da refinaria Golden Eagle, do leste da Baía de São Francisco, nos EUA, fecharam as instalações por quatro meses. Eles reciclaram conhecimentos dos funcionários sobre métodos de segurança e tomaram outras medidas.[23] Na prática, temos visto que as causas de acidentes tendem a ser diversificadas, de modo que os empregadores devem adotar uma abordagem variada para preveni-los. Apresentaremos alguns métodos de prevenção a seguir.

Redução das condições de risco

OBJETIVO DE APRENDIZAGEM **3**
Explicar como evitar acidentes de trabalho.

Reduzir condições de risco é sempre a primeira tarefa na lista de prevenção de acidentes. Engenheiros e Técnicos de Segurança do Trabalho devem avaliar os locais de trabalho, eliminando ou reduzindo riscos físicos. Por exemplo, pisos escorregadios em cozinhas comerciais muitas vezes causam quedas. Empregadores trabalham com os Engenheiros de Segurança para "deixar de fora" condições potencialmente perigosas como estas, por exemplo, ao colocar tapetes antiderrapantes em cozinhas, ou grades de proteção em torno de máquinas em movimento. Para as máquinas, por exemplo, os funcionários podem utilizar os dispositivos de parada de emergência, a fim de cortar a energia de máquinas perigosas.[24] A desenergização é um procedimento formal para desligar equipamentos, tais como serras elétricas, evitando cargas inesperadas de energia elétrica ou outros imprevistos. Trata-se de desarmar um dispositivo e indicar que o equipamento está "desativado".[25] O gerente pode utilizar listas de verificação, como a apresentada no Quadro *RH na prática*, ou na Figura 14.2, para identificar condições perigosas.

Os trabalhadores podem utilizar dispositivos de parada de emergência a fim de cortar a energia de máquinas perigosas.

Fonte: <donvictorio@o2.pl/Shutterstock>

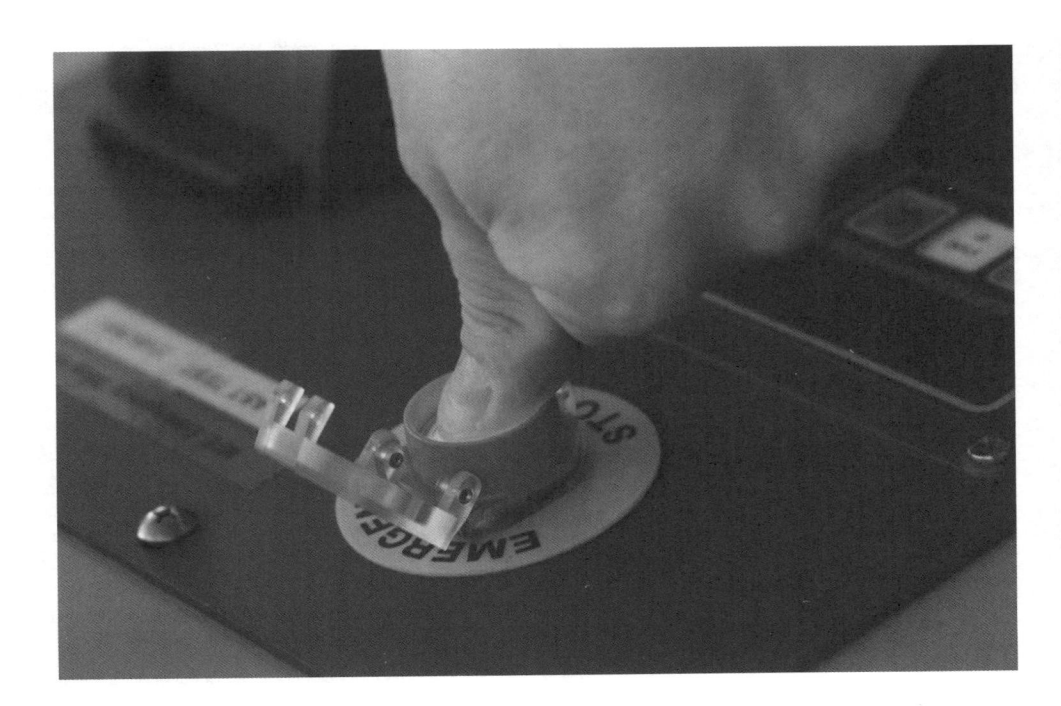

FIGURA 14.2 Check-list de inspeção de segurança.

FORM CD-574 (9/02)

Formulário de Inspeção de Segurança para Gestores

Nome:	Divisão:
Localização:	Data:
Assinatura:	

Esta listagem pretende ser um guia para auxiliar os gestores na condução de inspeções de saúde e segurança nas suas áreas de trabalho. Ela inclui questões relativas à segurança do escritório em geral, ergonomia, prevenção de incêndios, segurança e parte elétrica. Perguntas que recebem um "não" como resposta requerem uma ação corretiva. Se você tiver dúvidas ou precisar de ajuda com a resolução de quaisquer problemas, por favor, contate um engenheiro de segurança do trabalho ou uma consultoria especializada.

Ambiente de trabalho

Sim	Não	Não se aplica	
○	○	○	Todas as áreas de trabalho são limpas, higienizadas e organizadas?
○	○	○	Há iluminação adequada?
○	○	○	Os níveis de ruído parecem altos?
○	○	○	A ventilação é adequada?

Passagens/Áreas úteis

Sim	Não	Não se aplica	
○	○	○	Corredores e passagens estão livres de materiais que podem apresentar riscos no trajeto?
○	○	○	Os pisos e os azulejos, em lugares como cozinhas e banheiros, estão livres de água e substâncias escorregadias?
○	○	○	Os carpetes e tapetes estão livres de fiapos ou riscos de tropeço?
○	○	○	Há corrimãos em todas as escadas fixas?
○	○	○	Os caminhos têm superfícies antiderrapantes?
○	○	○	Há escadas em áreas de armazenamento e os materiais são armazenados de forma segura?
○	○	○	As gavetas de arquivos são mantidas fechadas quando não estão em uso?
○	○	○	As passagens e os elevadores de mercadorias são inspecionados anualmente e os certificados de inspeção estão disponíveis para avaliação no local?
○	○	○	Poços e aberturas no piso são cobertos ou resguardados de outra forma?
○	○	○	São fornecidos corrimãos onde o corredor ou superfícies de passagem são desalinhados de qualquer piso adjacente?
○	○	○	Há alguma mobília irregular ou com defeito capaz de provocar acidentes?
○	○	○	Há objetos cobrindo saídas de ar-condicionado ou de aquecimento?

Ergonomia

Sim	Não	Não se aplica	
○	○	○	Os funcionários estão avisados de técnicas de elevação adequadas (para carregar materiais ou máquinas pesadas)?
○	○	○	As estações de trabalho são planejadas para evitar problemas ergonômicos? (A altura da cadeira permite que os pés dos funcionários estejam apoiados no chão com as coxas paralelas a ele? A tela do computador está no mesmo nível ou ligeiramente abaixo dos olhos, e o teclado está na altura dos cotovelos?)
○	○	○	Há equipamentos mecânicos auxiliares, como elevadores e carrinhos, fornecidos quando necessário?
○	○	○	Os funcionários são questionados anualmente sobre suas preocupações ergonômicas?
○	○	○	Há muitos afastamentos de empregados em consequência de dores nas costas ou problemas posturais?

(continua)

FIGURA 14.2 (Continuação) FORM CD-574
(9/02)

Informações de emergência

Sim	Não	Não se aplica	
○	○	○	Números de telefone de emergência são colocados onde possam ser facilmente encontrados?
○	○	○	Os funcionários são treinados para procedimentos de emergência?
○	○	○	Procedimentos de evacuação de incêndio/rotas de fuga ou outros esquemas são divulgados?
○	○	○	Informação de emergência ou mapas de riscos ambientais são de acesso fácil a todos os empregados, sobretudo em áreas onde são armazenados resíduos perigosos?
○	○	○	Há informação de emergência perto de um telefone?
○	○	○	Materiais de primeiros socorros estão adequadamente disponíveis e armazenados de maneira correta?
○	○	○	Está disponível um número adequado de pessoal treinado em primeiros socorros para atender a lesões e indisposições até a assistência médica chegar?
○	○	○	Está disponível a quem interessar uma cópia do material de prevenção de incêndios e do plano de ação de emergência?

Prevenção de incêndio

Sim	Não	Não se aplica	
○	○	○	Líquidos inflamáveis, como gasolina, são guardados em galões seguros e em armários não inflamáveis?
○	○	○	Extintores de incêndio estão distribuídos corretamente? Estão dentro da validade e vistoriados?
○	○	○	Funcionários são treinados para o uso de extintores?
○	○	○	Os membros da brigada de incêndio no prédio são conhecidos dos demais empregados?
○	○	○	Os extintores de incêndio são vistoriados mensalmente e é feita manutenção em frequência anual?
○	○	○	A área em torno dos extintores está livre de obstruções e devidamente sinalizada?
○	○	○	No caso de equipamento que produz calor, ele é usado em uma área bem ventilada?
○	○	○	O alarme de incêndio está claramente sinalizado e desobstruído?
○	○	○	Os sprinklers estão desobstruídos e limpos? Sua instalação obedece às normas para o correto acionamento?

Saídas de emergência

Sim	Não	Não se aplica	
○	○	○	As portas, passagens ou escadas que não são nem saídas nem acesso a saídas, e que poderiam ser confundidas, estão devidamente sinalizadas com "SUBSOLO", "DESPENSA" etc.?
○	○	○	Há número suficiente de saídas/rotas de fuga?
○	○	○	As saídas estão livres de obstáculos ou dispositivos eletrônicos de bloqueio que poderiam impedir a fuga imediata?
○	○	○	As saídas estão devidamente sinalizadas e iluminadas?
○	○	○	As instruções para as saídas, caso não sejam imediatamente visíveis, estão sinalizadas de forma clara?
○	○	○	As portas de saída de emergência podem ser abertas de dentro para fora sem a utilização de uma chave ou de qualquer conhecimento ou esforço especial?
○	○	○	As saídas estão distribuídas a evitar áreas de incêndio, caso existam?

(continua)

FIGURA 14.2 (Continuação)

FORM CD-574
(9/02)

Sistemas elétricos

Sim	Não	Não se aplica	
○	○	○	Todas as conexões de cabo estão sem falhas e seguras?
○	○	○	As tomadas elétricas estão livres de sobrecargas?
○	○	○	A instalação fixa é utilizada no lugar de cabos flexíveis/extensão?
○	○	○	A área em torno de painéis elétricos e disjuntores está livre de obstruções?
○	○	○	As cabines primárias de energia (conjunto de equipamentos para a entrada de energia e medição de faturamento) são mantidas trancadas?
○	○	○	Os cabos elétricos estão distribuídos de modo que estejam livres de objetos cortantes e claramente visíveis?
○	○	○	Todos os cabos elétricos estão cobertos?
○	○	○	Os cabos elétricos estão em boas condições (sem emendas, desgastes etc.)?
○	○	○	Os ventiladores elétricos têm área de manuseio adequada, evitando exposições dos dedos?
○	○	○	Nas caixas de força, todas as partes elétricas estão bem presas?
○	○	○	Grampos ou outros meios de fixação estão aplicados em cabos flexíveis ou cabos em plugues, tomadas, ferramentas, equipamentos etc., e o cabo é firmemente mantido no lugar?
○	○	○	Há fácil acesso e espaço suficiente para circulação ao redor de equipamentos elétricos, permitindo pronta e segura operação e manutenção?

FORM CD-574
(9/02)

Armazenamento de material

Sim	Não	Não se aplica	
○	○	○	Os racks de armazenamento e as prateleiras são capazes de suportar a carga prevista e os materiais armazenados de forma segura?
○	○	○	Os racks de armazenamento estão seguros contra quedas?
○	○	○	Os equipamentos de escritório são armazenados de forma estável, sem risco de cair?

RH na prática

Lista de verificação das causas mecânicas ou físicas de acidentes[26]

1. MANUTENÇÃO PREDIAL
   - Corredores adequados e amplos – sem materiais nos corredores.
   - Peças e ferramentas armazenadas com segurança após o uso – não deixadas em posições perigosas que podem levar a quedas.
   - Pavimentação plana e sólida – sem pisos defeituosos ou rampas que podem gerar acidentes de queda ou tropeço.
   - Resíduos e latas de lixo – localizados de forma segura e não muito cheios.
   - Materiais empilhados de forma segura – não muito altos ou muito perto de sprinklers.
   - Todas as áreas de trabalho limpas e secas.
   - Todas as portas de saída e os corredores desobstruídos.
   - Corredores mantidos limpos e devidamente sinalizados, nenhuma tubulação ou cabos elétricos à mostra nos corredores.

2. MANUSEIO DE MATERIAIS E MEIOS DE TRANSPORTE
Em todos os meios de transporte, elétricos ou manuais, verifique se os seguintes itens estão em boas condições de uso:
- Freios – ajustados corretamente.
- Sem muito jogo no volante.
- Dispositivo de alerta – no lugar e funcionando.
- Pneus – firmemente no lugar e calibrados de modo correto.
- Combustível e óleo – suficientes e corretos.
- Sem peças soltas.
- Cabos, ganchos ou correntes – não desgastados ou sem defeito.
- Correntes ou ganchos suspensos.
- Itens de segurança.
- Armazenamento correto.

3. ESCADAS, ANDAIMES, BANCOS, ESCADAS ETC.
Itens de maior interesse a serem verificados:
- Degraus largos em escadas retas.
- Grades de proteção ou corrimãos.
- Passagens não escorregadias.
- Sem quebras, rachaduras ou fragilidades em escadas.
- Escadas devidamente conservadas.
- Corrimão de escadas em boas condições.
- Rodapés.

4. FERRAMENTAS ELÉTRICAS (FIXAS)
- Ponto de operação protegido.
- Ajuste adequado.
- Engrenagens, cintos e contrapesos protegidos.
- Pedais protegidos.
- Escovas fornecidas para limpeza.
- Iluminação adequada.
- Ferramenta ou material parado devidamente ajustado.
- Espaço de trabalho adequado em torno das máquinas.
- Chaves de controle de fácil acesso.
- Óculos de segurança para uso.
- Luvas usadas por pessoas que manuseiam materiais ásperos ou pontiagudos.
- Não há luvas ou roupas frouxas usadas por pessoas que operam máquinas.

5. FERRAMENTAS MANUAIS E EQUIPAMENTOS
- Em bom estado, sem rachaduras, desgastes ou defeitos.
- Devidamente armazenados.
- Adequados ao trabalho.
- Óculos, máscaras e outros equipamentos de proteção individual usados quando necessário.

6. PINTURA POR PULVERIZAÇÃO
- Equipamentos elétricos à prova de explosão.

- Armazenamento adequado de tintas e diluentes em armários de metal.
- Extintores de incêndio suficientes e adequados; facilmente acessíveis.
- Armazenamento mínimo na área de trabalho.

7. EXTINTORES
- Devidamente inspecionados e marcados, com validade na fiscalização.
- Facilmente acessíveis.
- Adequados e apropriados para as operações.

Análise de riscos
Abordagem sistemática para identificar e eliminar os riscos antes que acidentes ocorram; centra-se na relação entre o trabalhador, a tarefa, as ferramentas e o ambiente de trabalho, e tem a função de reduzir os potenciais riscos a níveis aceitáveis.

ANÁLISE DE RISCOS Um estudante de ciências da Universidade de Yale foi ferido gravemente, quando seu cabelo ficou preso em um torno mecânico. A **análise de riscos** é uma abordagem sistemática para identificar e eliminar os riscos antes que acidentes ocorram. De acordo com a legislação pertinente, a análise "centra-se na relação entre o trabalhador, a tarefa, as ferramentas e o ambiente de trabalho" e tem por fim reduzir os potenciais riscos a níveis aceitáveis.[27] Esses riscos são analisados à luz da Norma Regulamentadora denominada Programa de Prevenção de Riscos Ambientais (PPRA) – NR 9.

Imagine um analista de segurança verificando o laboratório de ciências da Yale, onde aconteceu o acidente com o torno mecânico, com o objetivo de identificar possíveis riscos. Realizar uma análise de riscos pode envolver a avaliação da situação segundo os seguintes questionamentos:

- **O que pode dar errado?** O cabelo ou a roupa de um estudante poderia tocar o torno, que os puxaria para dentro da máquina.
- **Quais são as consequências?** O aluno poderia ter um ferimento grave.
- **Como isso poderia acontecer?** O acidente poderia acontecer com o aluno inclinando-se muito perto do torno quando estivesse na bancada de estudos, andando muito perto do torno, ou curvando-se para alcançar um objeto que caiu perto do torno mecânico.
- **Quais são os outros fatores que contribuem para os acidentes?** A velocidade é um fator contribuinte. O problema poderia ocorrer tão rapidamente que o aluno seria incapaz de escapar se o torno pegasse seu cabelo.

A análise de risco deve servir de base para a criação de medidas preventivas. Neste caso, como em muitos outros, por conta da velocidade com a qual poderia ocorrer qualquer acidente é improvável que apenas um treinamento preventivo fosse suficiente. O ideal seria que a área do torno mecânico estivesse protegida e que o equipamento não entrasse em funcionamento a menos que o estudante o acionasse por meio de um pedal para mantê-lo em movimento.

Vistorias de segurança
Vistorias realizadas por agências especializadas para verificar se as unidades sob sua jurisdição estão cumprindo todas as leis aplicáveis de segurança, regulamentos, ordens e regras.

VISTORIAS DE SEGURANÇA Após a usina nuclear de Fukushima, no norte do Japão, explodir em 2011, muitos se perguntavam se a Agência Internacional de Energia Atômica (Aiea) havia realizado as inspeções necessárias de segurança operacional. **Vistorias de segurança** são realizadas por agências especializadas para verificar se as unidades sob sua jurisdição estão em conformidade com todas as leis aplicáveis de segurança, regulamentos, ordens e regras. Por exemplo, no Programa Operacional de Análise de Segurança da Aiea, "as equipes internacionais de peritos realizam análises aprofundadas de desempenho de segurança operacional em uma usina nuclear".[28]

Equipamentos de proteção individual (EPI)

Depois de abordar as condições de risco, a gestão pode disponibilizar o equipamento de proteção individual (EPI) necessário. Por exemplo, a Prevent Blindness America estima que, a cada ano, mais de 700 mil norte-americanos ferem os olhos no trabalho e que os empregadores poderiam evitar 90% dessas lesões caso utilizassem óculos de segurança.[29]

Fazer com que funcionários usem EPI é notoriamente difícil.[30] Além de fornecer os equipamentos de proteção, eles devem se encaixar corretamente, ser fáceis de cuidar, manter e reparar, ser flexíveis e leves, proporcionar conforto e gerar baixos níveis de calor, ter boa estrutura, e ser relativamente fácil de colocar e remover.[31]

O equipamento de proteção individual para prevenir um acidente deve ser exigido antes do acidente, e não depois. Por exemplo, certa vez uma explosão de pó combustível em uma refinaria de açúcar matou 14 funcionários. O empregador, posteriormente, exigiu que todos os funcionários usassem roupas resistentes ao fogo, infelizmente, essa medida veio tarde demais para as vítimas.[32]

Note que a redução de situações de risco (utilização do protetor auricular todo o tempo, por exemplo) é sempre a primeira linha de defesa. Em seguida, use os procedimentos administrativos, como a escala de trabalho para reduzir a exposição ao perigo por longo prazo. Use o EPI.[33] O Quadro *Gestão da nova força de trabalho* a seguir fala mais sobre isso.

De acordo com a NR6, a empresa é obrigada a fornecer aos empregados, gratuitamente, EPI adequado ao risco, em perfeito estado de conservação e funcionamento, nas seguintes circunstâncias:

   a. sempre que as medidas de ordem geral não ofereçam completa proteção contra os riscos de acidentes do trabalho ou de doenças profissionais e do trabalho;
   b. enquanto as medidas de proteção coletiva estiverem sendo implementadas; e
   c. para atender a situações de emergência.

Gestão da nova força de trabalho

Protegendo trabalhadores vulneráveis

Os empregadores devem prestar atenção aos trabalhadores vulneráveis, ou seja, àqueles que são "despreparados para lidar com os perigos no local de trabalho", quer por conta da falta de formação, EPI mal ajustados, limitações físicas, ou até mesmo por razões culturais. Entre outros, as pessoas com esse perfil podem incluir jovens trabalhadores, imigrantes, idosos e mulheres.[34]

Por exemplo, apesar de cerca de metade de todos os trabalhadores serem mulheres, a maioria das máquinas e EPI (como luvas) ainda é projetada apenas para homens.[35] Além disso, lesões nas mãos são responsáveis por cerca de um milhão de atendimentos por ano a trabalhadores norte-americanos.[36] As mulheres podem, assim, ter de usar plataformas improvisadas ou bancos para alcançar controles de máquinas, ou usar óculos de segurança que realmente não se encaixam. A solução é a obtenção de material adequado para o seu tamanho.[37]

Da mesma forma, com mais trabalhadores adiando a aposentadoria, os funcionários com idade avançada estão mais presentes na indústria, podendo realizar tarefas de maneira muito eficaz.[38] No entanto, existem alterações físicas associadas ao envelhecimento, que incluem a perda de força e flexibilidade muscular e a redução dos reflexos.[39] Isso significa fazer regulamentações específicas, como designar funções que reduzam o trabalho pesado.[40] A taxa de mortalidade por acidentes entre os trabalhadores mais velhos é cerca de três vezes maior do que entre os trabalhadores mais jovens.[41]

Redução de situações de risco

Embora a redução de situações de risco seja a primeira linha de defesa, o comportamento humano inadequado pode destruir os melhores esforços de segurança. Às vezes, o comportamento inadequado é intencional, como desligar uma chave de segurança, mas muitas vezes não é. Por exemplo, as distrações contribuem para, pelo menos, metade de todos os acidentes de carro. Nesse mesmo contexto, não perceber objetos em movimento ou parados, ou um piso molhado, muitas vezes provoca acidentes.[42] E, ironicamente, "fazer um trabalho mais seguro com proteção nas máquinas – Equipamento de Proteção Coletiva (EPC) –, ou usando EPI, reduz a percepção de risco das pessoas e, portanto, pode levar a um aumento no comportamento de risco".[43]

Infelizmente, apenas dizer aos funcionários para "prestar atenção" geralmente não é suficiente. Em primeiro lugar, é preciso identificar e tentar eliminar riscos potenciais, como equipamentos sem proteção. Em seguida, faz-se necessário reduzir potenciais distrações, como ruído, calor e estresse. Então, é preciso acompanhar e treinar os empregados cuidadosamente.

Uso de triagem para reduzir comportamentos de risco

Acidentes são semelhantes a outros tipos de mau desempenho no trabalho e os psicólogos têm tido sucesso na triagem de indivíduos que possam estar propensos a acidentes em algum trabalho específico. A técnica básica é identificar uma característica humana deficiente (como a percepção visual), que pode estar relacionada a acidentes em uma função específica. Em seguida, determinar se pontuações sobre tal traço preveem acidentes no trabalho. Por exemplo, é prudente avaliar motoristas quando suas características potenciais são a impaciência e a agressividade.[44]

Uso de cartazes e propaganda

Propaganda e cartazes de segurança também podem ajudar a reduzir os comportamentos de risco. Estudos mostram que a sua utilização aumentou o comportamento prudente em cerca de 20%.[45] No entanto, os empregadores devem associar o cartaz de segurança a outras técnicas, como a triagem e treinamento, para reduzir as condições e o comportamento inseguros.

Treinamento de segurança

Treinamentos de segurança reduzem comportamento inseguro, especialmente dos novos funcionários. Você deve instruir os funcionários sobre procedimentos e práticas seguras, avisá-los de perigos potenciais e trabalhar no desenvolvimento de uma atitude de segurança consciente. Devem ser treinados, ainda, sobre como usar os EPI e EPC.[46] Programas de treinamento "menos atraentes" utilizam palestras, filmes e materiais de leitura. Os mais interessantes usam modelagem comportamental, simulação e treinamento prático.[47]

Utilização de sites ou programas disponíveis na internet

Melhoria da segurança através de soluções on-line

Os empregadores também usam a internet para apoiar a sua formação em segurança. Por exemplo, a PureSafety, <http://www.ulworkplace.com>, permite que as empresas criem seus próprios sites de treinamento, e incluam uma "mensagem do diretor sobre segurança". Uma vez que um empregador instala o programa da PureSafety, pode disponibilizar em seu site cursos sobre saúde e segurança através da PureSafety.com e soluções de treinamento de segurança on-line.[48]

Os sites tornam mais fácil para os empregadores lançar um programa de saúde e segurança para seus funcionários, e ministrar cursos individuais de forma eficiente.[VII] O curso on-line abrange temas como revisões pré-viagem e descarga de produtos em instalações de clientes.

Uso de incentivos e reconhecimento positivo

Algumas empresas concedem incentivos a empregados, como prêmios ou bônus, se eles atendem aos objetivos de segurança. Incentivos de segurança não precisam ser complicados. A organização pode usar uma caixa de sugestões para que os funcionários sugiram melhorias sobre atos ou condições de risco, sendo que as melhores propostas podem ser premiadas com dinheiro ou presentes.[49] A gestão na refinaria Golden Eagle, de São Francisco, nos EUA, instituiu um plano de incentivo de segurança. Os funcionários ganham pontos para se engajar em uma ou mais das 28 atividades de segurança, como realização de reuniões de segurança e treinamentos de emergência. Os funcionários podem ganhar até US$ 20 por mês por pessoa, acumulando pontos.[50]

Propaganda como cartazes de segurança podem ajudar a reduzir os comportamentos de risco. Um estudo mostra que a sua utilização, aparentemente, aumentou o comportamento prudente em mais de 20%.

Fonte: Mar Photographics/Alamy

[VII] N. da R.T.: Por exemplo, acesse: <http://www.ulworkplace.com com>. Essa página descreve, entre outros, um curso de segurança para os motoristas.

TRÊS DESVANTAGENS Alguns afirmam que os programas de incentivo podem fazer mais mal do que bem. Podemos considerar três desvantagens potenciais.

Primeiro, tais programas não podem substituir os programas de segurança abrangentes: "Todas as partes de um programa de segurança abrangente precisam ser colocadas em prática", diz um especialista.[51] Em **segundo** lugar, alguns planos podem apenas adiar o relato de lesões e doenças.[52] Isto porque os incentivos, neste tipo de programa, podem ser tão bons que acaba gerando, nos empregados, o interesse de não informarem os reais problemas de segurança que ocorrem na empresa.[53]

E, em **terceiro**, esses programas visam produzir, por meio de reconhecimento, o que deveria ser um comportamento prudente habitual. No entanto, especialistas em segurança alertam contra isso. Comportamento habitual ocorre sem pensar. Quando se trata de segurança, os empregadores querem funcionários prestando atenção ao que estão fazendo.[54] Uma opção é dar aos funcionários prêmios de reconhecimento, por exemplo, para participar de reuniões de segurança, ou para demonstrar a sua proficiência de segurança.[55]

Promover uma cultura de segurança

Empregadores e superiores devem criar uma cultura de segurança consciente, mostrando que levam a segurança a sério. Um estudo mediu a cultura de segurança com perguntas como "Meu superior elogia sempre que vê o trabalho feito de acordo com as regras de segurança?" e "Meu superior se aproxima dos trabalhadores durante o trabalho para discutir questões de segurança?". Os trabalhadores desenvolvem percepções consistentes sobre o compromisso dos seus superiores com a segurança. Por sua vez, as percepções desses trabalhadores, aparentemente, influenciaram o comportamento de segurança dos trabalhadores nos meses seguintes à pesquisa.[56]

De acordo com um especialista, em um local de trabalho, com cultura orientada à segurança, encontramos:

1. **Trabalho em equipe** com gestão e trabalhadores envolvidos na segurança.
2. **Comunicação** e colaboração em questões de segurança.
3. **Objetivos comuns** sobre a excelência em segurança (especificamente, uma postura de que todos os acidentes e as lesões são evitáveis).
4. **Atribuição** de tarefas que envolvam o cuidado com a segurança a indivíduos ou equipes específicas.
5. **Esforço contínuo** para identificar e corrigir problemas e riscos de segurança no local de trabalho.[57]

Redução de situações de risco por meio da criação de um ambiente seguro

Embora a cultura de segurança seja a peça-chave para um método preventivo, um estudo recente sugere que a criação de um ambiente de apoio e supervisão também é importante.

> As organizações podem desenvolver um ambiente de apoio oferecendo treinamento aos supervisores, tornando-os melhores líderes, enfatizando a importância do trabalho em equipe e de apoio social, e estabelecendo o valor da segurança.[58]

Estabelecimento de uma política de segurança

O regimento interno sobre a política de segurança deve enfatizar que a prevenção de acidentes é de extrema importância em sua empresa, e que será feito o possível para eliminar ou reduzir acidentes e lesões.

Definição de metas específicas de segurança

É importante definir metas específicas de segurança. Por exemplo, definir metas de segurança para a redução da frequência de acidentes com afastamento, comparada ao número de empregados em tempo integral.

Realização de inspeções regulares de segurança e insalubridade

Deve-se vistoriar rotineiramente todos os locais para encontrar possíveis problemas de segurança e insalubridade, utilizando listas de checagem, como as que foram propostas no Quadro *RH na prática* e na Figura 14.2.

É importante investigar todos os acidentes e, ainda, os chamados incidentes, ou seja, ocorrências que poderiam levar a um acidente do trabalho, mas que foi evitado. Essa prática permite que os empregados notifiquem a gerência sobre as condições de risco, prevenindo futuras ocorrências indesejadas.[59]

Um sistema de auditoria de segurança nas empresas pode implicar em redução do número de acidentes do trabalho e deve ter foco em, pelo menos, dois itens em longo prazo: o primeiro refere-se ao monitoramento da segurança atual usando, por exemplo, uma lista de verificação, como a da Figura 14.2. E também pode significar a revisão e a análise da segurança relacionada a dados como número de acidentes já ocorridos, pedidos de indenização dos trabalhadores (por danos materiais e moral), número de dias perdidos de trabalho devido a lesões e afastamentos em geral etc. Métricas incluem, por exemplo, a avaliação de itens como tipos de lesão e doenças do trabalho e profissionais, o custo da compensação dos trabalhadores, a redução de comportamentos de risco, os exercícios de treinamento de segurança, bem como a porcentagem de conformidade com os comportamentos críticos de segurança.[60] Gestão da segurança efetiva significa identificar métricas cruciais como estas e depois monitorá-las. Outras métricas podem incluir o nível de exposição a fatores de risco, presentes no local de trabalho.[61]

Programa de conscientização
Permite que os superiores sejam treinados para orientar os novos trabalhadores em relação aos riscos mais comuns e métodos simples de prevenção.

PROGRAMAS DE CONSCIENTIZAÇÃO Os empregadores também utilizam **programas de conscientização** sobre segurança para desenvolver o comportamento prudente dos empregados. Um programa de conscientização faz os superiores treinados orientarem os novos trabalhadores em relação aos riscos mais comuns e métodos simples de prevenção.

Por exemplo, o Programa de Conscientização nas Estradas, idealizado no Brasil, abrange questões de aconselhamento sobre saúde e de segurança.

SEGURANÇA BASEADA EM COMPORTAMENTO (*BEHAVIOR-BASED SAFETY* – BBS)
A maioria dos especialistas em segurança acredita que comportamentos inseguros influenciam grande parte dos acidentes, e que a maneira de resolver isso é identificar e corrigir essas atitudes dos funcionários.

Segurança baseada em comportamento significa observar comportamentos inseguros (e seguros) dos empregados (por meio de treinamento ou feedback). O processo geralmente começa com um especialista e/ou comitê de segurança, que compila uma lista desses comportamentos para cada função. Então, periodicamente, superiores:

(1) observam o comportamento de cada funcionário no trabalho;
(2) completam a lista de verificação;
(3) reforçam os comportamentos seguros e corrigem os inseguros.[62]

Ir além de "zero acidentes"

A tendência é a de transformar questões de segurança em tarefas que "funcionários devem realizar", para tornar a atitude parte da rotina e, até, do seu dia a dia fora do trabalho, para diminuir os riscos.

Empresas brasileiras chamam tal meta de "zero acidentes". Uma empresa norte-americana denominou seu programa de segurança *Zero 4 life*. *Zero* remete a nada de acidentes, perigos e "iminência de acidentes". O *4* significa que o programa segue quatro princípios, que são: responsabilidade, comportamento, comunicação e dedicação. *Life* refere-se a viver com segurança o tempo todo e compartilhar esse valor com a família e amigos.[63]

Políticas de mensagens de texto

Enviar mensagens de texto, particularmente enquanto se dirige, é um problema grave. O Conselho de Segurança Nacional dos EUA estimou, recentemente, que o uso do telefone celular estava envolvido em 24% de todos os acidentes com veículos automotores.[64] Muitas empresas no Brasil também estão fiscalizando mais assiduamente o uso de celulares e mensagens de texto entre seus motoristas, pois, além de representar uma infração ao Código de Trânsito brasileiro, trata-se de um fator visível a colaborar com a ocorrência de acidentes.

O Quadro 14.3 resume estas e outras medidas de segurança.[65]

QUADRO 14.3 Passos que gerentes e superiores podem seguir para reduzir acidentes.

- Reduzir situações de risco.
- Reduzir comportamento inseguro.
- Usar cartazes e outras propagandas.
- Realizar treinamento de segurança.
- Realizar análises de riscos no ambiente de trabalho.
- Incentivar a segurança baseada em comportamento.
- Promover a cultura de segurança.
- Usar reconhecimento positivo.
- Enfatizar o compromisso da alta administração.
- Enfatizar práticas de segurança.
- Estabelecer uma política de segurança.
- Definir metas específicas sobre controle de lesões e mortes.
- Realizar inspeções de segurança e de saúde regularmente.
- Realizar programas de prevenção.
- Estabelecer políticas de mensagens de texto.
- Ir além de "zero acidentes".

OBJETIVO DE APRENDIZAGEM 4
Discutir os principais problemas de saúde no trabalho e como remediá-los.

Saúde no trabalho: problemas e soluções

A maioria dos riscos no local de trabalho não são óbvios, como equipamentos desprotegidos ou pisos escorregadios.

Muitos perigos são invisíveis, como produtos químicos originados como consequência de processos de produção. Outros problemas, como o abuso de drogas, podem ser criados pelos próprios funcionários, mesmo que as condições de segurança na empresa sejam adequadas. Em ambos os casos, esses riscos são muitas vezes mais perigosos para a saúde e a segurança dos trabalhadores do que perigos óbvios, como os pisos escorregadios.

Perigos típicos de exposição no local de trabalho incluem produtos químicos e outros materiais perigosos, como amianto; além do abuso de álcool, funções estressantes, riscos ergonômicos (como equipamentos desconfortáveis), doenças infecciosas, tabagismo e riscos biológicos (como fungos e antraz).[66]

Qualidade do ar

Uma das desvantagens de optar por edifícios de escritórios "verdes" é que aqueles fechados podem proporcionar doenças como coceira nos olhos e problemas respiratórios, um fenômeno que alguns chamam de "síndrome do edifício doente". O problema é que as emissões de impressoras, copiadoras e outros produtos químicos poluentes, sem monitoramento, podem reduzir drasticamente a qualidade do ar.[67] A solução é instituir sistemas de monitoramento contínuo.

Alcoolismo e abuso de substâncias químicas

Alcoolismo e abuso de drogas também causam problemas no trabalho. Cerca de dois terços das pessoas que abusam do álcool trabalham em tempo integral.[68] Algumas estimativas indicam que quase 13 milhões de trabalhadores norte-americanos usam drogas ilícitas.[69] Cerca de 15% da força de trabalho dos EUA (pouco mais de 19 milhões de trabalhadores) "foi de ressaca ao trabalho, bebeu um pouco antes de aparecer, ou bebeu durante o trabalho pelo menos uma vez durante o ano anterior".[70] No caso do Brasil, estima-se que entre 10% e 12% da população economicamente produtiva, acima de 14 anos, tem problemas de abuso ou dependência de algum tipo de droga.

Funcionários alcoólatras nos EUA podem custar cerca de US$ 226 milhões por ano, por exemplo, por conta de crises de abstinência e ocorrência de acidentes.[71]

LIDANDO COM O ABUSO DE SUBSTÂNCIAS TÓXICAS
Idealmente, um programa de trabalho livre de drogas inclui:

1. Política de prevenção às drogas e ao abuso delas no local de trabalho.
2. Treinamento do superior.

Precaução contra a inalação de substâncias tóxicas.

Fonte: Stock Connection Blue/Alamy

QUADRO 14.4 Padrões de comportamento observáveis que indicam possíveis problemas relacionados ao álcool

Estágio do alcoolismo	Alguns possíveis sinais de problemas com alcoolismo	Algumas evidências do alcoolismo no desempenho
Inicial	Chegada tardia ao trabalho Declarações falsas Saída antecipada do trabalho	Eficiência reduzida Perda de prazos
Médio	Ausências frequentes, especialmente às segundas-feiras Observações dos colegas sobre mau comportamento Mudanças de humor Ansiedade Atraso no retorno do almoço Ausências frequentes de vários dias	Acidentes Advertências do chefe Desempenho visivelmente reduzido
Avançado	Negligência pessoal Andar trôpego Comportamento explosivo Esquecimento frequente Beber no trabalho	Quedas frequentes e acidentes Medidas disciplinares muito rígidas Incompetência profissional

Fontes: Gopal Patel e John Adkins Jr., "The Employer's Role in Alcoholism Assistance", *Personnel Journal* 62, n. 7, jul. 1983, p. 570; Mary-Anne Enoch e David Goldman, "Problem Drinking and Alcoholism: Diagnosis and Treatment", *American Family Physician*, 1º fev. 2002. Disponível em: <www.aafp.org/afp/20020201/441.html>. Acesso em: 20 maio 2014; Ken Pidd et al., "Alcohol and Work: Patterns of Use, Workplace Culture, and Safety". Disponível em: <www.nisu.flinders.edu.au/pubs/reports/2006/injcat82.pdf>. Acesso em: 20 maio 2014.

3. Orientação do empregado.
4. Assistência ao empregado.

A política deve indicar, no mínimo, "que uso, posse, transferência ou venda de drogas ilegais por funcionários é proibido", o que já é, inclusive, previsto pela legislação trabalhista brasileira, como causa para a dispensa do empregado, por justa causa. Também deve explicar a lógica da política e as consequências disciplinares por violá-la. Os superiores devem ser treinados para monitorar o desempenho dos funcionários, e para ficar alertas sobre problemas de desempenho relacionados com a droga.

Os problemas relacionados ao estresse e à síndrome de burnout

Viciados em trabalho (workaholics)
Pessoas que se sentem levadas a ser rigidamente pontuais e a sempre cumprir prazos e metas, e, por isso, em geral se colocam sob maior estresse do que as outras.

Problemas como alcoolismo e abuso de drogas, por vezes, resultam de *estresse no trabalho*.[72] A Northwestern National Mutual Life descobriu que um quarto de todos os funcionários pesquisados viam seus trabalhos como causadores de estresse em suas vidas.[73]

Na verdade, muitos são os fatores externos capazes de desencadear o estresse. Eles incluem a agenda de trabalho, o ritmo, a segurança no trabalho, a rota para o trabalho, o ruído no ambiente, bem como o número e o tipo de cliente.[74] No entanto, duas pessoas não reagem da mesma maneira, pois os fatores pessoais também influenciam o estresse.[75] Por exemplo, pessoas que são **workaholics**, e que se sentem levadas a ser rigidamente pontuais e a sempre cumprir prazos e metas, colocam-se sob mais estresse do que os que não o fazem.

CONSEQUÊNCIAS O estresse no trabalho tem consequências graves, tanto para o empregado quanto para o empregador. As consequências para os funcionários incluem ansiedade, depressão, raiva, e vários desdobramentos físicos, tais como doenças cardiovasculares, dores de cabeça, acidentes e, possivelmente, até mesmo a doença de Alzheimer com início precoce.[76]

O estresse também tem consequências graves para o empregador, dentre elas o desempenho reduzido dos empregados, o aumento do absentismo, a rotatividade, as queixas, e os custos de cuidados com a saúde dos funcionários. Um estudo norte-americano com 46 mil colaboradores concluiu que os custos com a saúde dos trabalhadores estressados foram 46% maiores do que com a dos menos estressados.[77] Um estudo dinamarquês descobriu recentemente que os enfermeiros que trabalhavam sob pressão excessiva tinham o dobro do risco de sofrerem de ataques cardíacos.[78] No entanto, nem todo o estresse é disfuncional. Algumas pessoas, por exemplo, são mais produtivas na medida em que os prazos vão chegando ao fim.

REDUZINDO SEU PRÓPRIO ESTRESSE NO TRABALHO Algumas atitudes e mudanças de hábito podem aliviar o estresse, dentre elas estão usar o bom senso, dormir mais, comer melhor, encontrar um emprego mais adequado, receber aconselhamentos e planejar as atividades de cada dia. Vários especialistas sugerem algumas atitudes para reduzir o estresse no trabalho:[79]

- Construir relações agradáveis e de cooperação com o maior número de colegas que puder.
- Trabalhar para resolver os conflitos com outras pessoas.
- Encontrar tempo todos os dias para o relaxamento.
- Afastar-se do escritório de vez em quando para mudar de cenário e espairecer.
- Anotar os problemas que lhe dizem respeito e o que você vai fazer sobre cada um deles.
- Realizar alguma atividade prazerosa, como esportes, eventos sociais ou hobbies.

- Criar metas e prazos realistas, e definir revisões regulares do progresso.
- Preparar uma lista de tarefas e classificá-las em ordem de prioridade. Durante todo o dia, reveja sua lista e trabalhe em tarefas conforme a ordem de prioridade.
- Peça ajuda a familiares ou amigos e converse sobre o estresse que sente e os problemas que você enfrenta.
- Cuide de si mesmo:
  - Tenha uma dieta saudável e bem equilibrada.
  - Faça exercícios regularmente.
  - Tenha um sono reparador.
  - Dê a si mesmo uma pausa, ao se sentir estressado.

A meditação funciona para alguns. Escolha um lugar tranquilo, com luz suave, sente-se confortavelmente e, em seguida, medite, concentrando seus pensamentos, por exemplo, contando respirações ou visualizando um local calmo, como uma praia. Quando sua mente divagar, volte a centrar-se na sua respiração, ou na paisagem.[80]

O QUE O EMPREGADOR PODE FAZER O empregador também pode ajudar a reduzir o estresse no trabalho. De fato, o relacionamento com o seu superior imediato é um fator importante para sua tranquilidade no trabalho.

Uma empresa britânica segue uma abordagem em três etapas para gerenciar o estresse no trabalho.[81] A primeira é a *prevenção primária*, que se concentra em garantir que projetos de trabalho estejam adequados. A segunda é a *intervenção*, incluindo a avaliação, pesquisas de atitude individuais para encontrar fontes de estresse, tais como conflitos pessoais no trabalho e intervenção de supervisão. A terceira é a *reabilitação* por meio de programas de assistência ao empregado e aconselhamento.

Um hospital introduziu um serviço de concierge no local para ajudar seus funcionários.[82] Alguns anos atrás, os funcionários do Banco Mundial estavam experimentando altos níveis de estresse. Várias vezes por semana, instrutores de meditação budista deram aulas de meditação no banco. De modo geral, os empregados sentiram que as aulas foram úteis.[83] Os empregadores reconhecem que os programas de bem-estar dos funcionários podem reduzir problemas. Por exemplo, além de programas como o controle de peso e antitabagistas, eles estão ampliando seus esforços para incluir o estresse e a depressão.[84]

Síndrome de burnout
Esgotamento total de recursos físicos e mentais, causado pelo excesso de esforço para chegar a um objetivo irreal relacionado ao trabalho.

BURNOUT A chamada **síndrome de burnout** está intimamente associada ao estresse no trabalho. Especialistas definem burnout como o esgotamento total de recursos físicos e mentais causados pelo excesso de esforço para chegar a um objetivo irreal relacionado ao trabalho. A síndrome de burnout avança gradualmente, levando à irritabilidade, ao desânimo, aprisionamento e ao ressentimento.[85]

O que pode fazer um candidato à síndrome de burnout? Em seu livro *How to Beat the High Cost of Success* (Como superar o alto custo do sucesso), o dr. Herbert Freudenberger sugere:

- **Quebre seus padrões** Pergunte-se sobre como você gasta seu tempo. Quanto mais harmoniosa sua vida, mais protegido você está contra a síndrome.
- **De tempos em tempos, afaste-se de tudo** Agende períodos para escapar de sua rotina.
- **Reavalie seus objetivos** Os objetivos que você definiu para si mesmo são possíveis? Eles valem os sacrifícios?
- **Pense no seu trabalho** Você poderia fazer um trabalho tão bom sem ser tão intenso?

Uma maneira de reduzir a síndrome é deixar o trabalho de lado ao voltar para casa. Em um estudo, os pesquisadores mediram o distanciamento psicológico do trabalho durante o tempo de folga, com itens como "nas horas depois do trabalho, eu esqueço o trabalho".[86] A falta de distanciamento psicológico do trabalho, após encerrar a jornada diária, indicou alto nível de exaustão emocional um ano depois. Outra forma de evita-la é manter-se ativo. Um estudo recente concluiu que "o aumento da síndrome de burnout e a depressão no trabalho foram mais intensas entre os funcionários que não praticavam atividade física e menos intensas, ao ponto de não ter significância, entre os que praticavam atividade física".[87]

DEPRESSÃO   O estresse e a síndrome de burnout não são os únicos problemas de saúde mental do trabalhador,[88] mas são os responsáveis, ao lado de outras doenças de ordem psíquica, pela queda no rendimento. Por exemplo, um estudo do *Journal of American Medical Association* calculou que trabalhadores deprimidos custam a seus empregadores US$ 44 milhões por ano em absentismo ou na redução do desempenho no trabalho.[89]

Aparentemente, empregadores precisam de mais esforços para garantir que os funcionários deprimidos utilizem serviços de apoio. A depressão é uma doença, sendo assim, não faz sentido dizer a uma pessoa deprimida para "sair dessa", isso é como dizer a um paciente com problemas cardíacos para "parar de se sentir cansado". Uma pesquisa norte-americana mostrou que, enquanto cerca de dois terços das grandes empresas oferecem programas de assistência ao empregado, que cobrem casos de depressão, cerca de 14% dos empregados com depressão disseram que nunca usaram um programa desses.[90] Os gerentes precisam de treinamento para reconhecer sinais de depressão, como tristeza persistente, poucas horas de sono, redução do apetite, dificuldade de concentração e perda do interesse em atividades que antes gostava, e então disponibilizar a assistência.

Como evitar problemas de saúde relacionados ao computador

Mesmo com os avanços na tecnologia das telas de computador, ainda há o risco de problemas de saúde relacionados, principalmente, ao monitor. Os problemas incluem irritação nos olhos, coceira e lacrimejamento, bem como o aumento da pressão e da dor ocular. Dores nas costas e no pescoço também são comuns. Usuários de computadores também podem sofrer de síndrome do túnel do carpo, causada pelo uso repetitivo de mãos e braços em ângulos desconfortáveis.[91]

Por esta razão, é importante seguir algumas recomendações gerais sobre o uso de telas de computador. Elas incluem:

1. A cada 20 ou 40 minutos de trabalho em frente ao computador, os funcionários devem ter de três a cinco minutos de intervalo, e utilizar esse tempo para outras tarefas.
2. Projetar uma estação de trabalho flexível, de modo que possa ser adaptada ao operador, para que não permaneça na mesma posição por muito tempo.
3. Reduzir o brilho da tela com dispositivos como iluminação embutida ou indireta.[92]
4. Submeter os trabalhadores a um exame de visão antes da alocação, para avaliar a acuidade visual e garantir estações de trabalho adequadas.
5. Permitir aos usuários posicionar seus punhos ao mesmo nível que o cotovelo.
6. Colocar a tela abaixo do nível dos olhos do usuário, a uma distância de 18 a 30 centímetros de si.
7. Instruir os usuários a deixarem os punhos descansando ligeiramente sobre uma almofada de apoio.
8. Instruir os usuários a apoiarem os pés no chão, ou fornecer um apoio ergonômico para descanso dos pés.[93]

Lesão por esforço repetitivo (LER)

De acordo com o Ministério do Trabalho e Emprego, as lesões por esforços repetitivos e distúrbios osteomusculares relacionados ao trabalho (LER/Dort) vêm se transformando em uma verdadeira epidemia e incluem distúrbios como a síndrome do túnel do carpo, bursite e tendinite. Elas são o resultado de repetições excessivas de uma atividade ou movimento, de movimentos como torções do braço ou do punho, ou posturas incorretas. Geralmente afetam pessoas que realizam tarefas repetitivas, como o trabalho em linha de montagem ou o trabalho no computador. Os empregadores podem reduzir o problema, por exemplo, com programas que ajudam os trabalhadores a ajustar seu ritmo de trabalho a pausas preventivas.[94]

Doenças infecciosas

Com muitos funcionários que viajam para destinos internacionais, o monitoramento e o controle de doenças infecciosas tornou-se uma importante questão de segurança.[95]

Os empregadores podem tomar medidas para impedir a entrada ou a propagação de doenças infecciosas, e elas incluem:

1. Acompanhar de perto os alertas de viagem dos Centros de Controle e Prevenção de Doenças
2. Fornecer exames médicos periódicos para os funcionários que retornam de áreas infectadas.
3. Evitar o acesso à empresa, por dez dias, de funcionários ou visitantes que tiveram contato com indivíduos suspeitos de infecção.
4. Alertar os funcionários para ficar em casa se tiverem febre ou sintomas no sistema respiratório.
5. Limpar as áreas de trabalho e superfícies regularmente. Deixar higienizadores com álcool em gel facilmente disponíveis.
6. Quebras de intervalos. Oferecer vários períodos de almoço para reduzir a superlotação no local de refeições da empresa.

PROGRAMAS DE BEM-ESTAR Como discutimos no Capítulo 11, para muitos empregadores, bem-estar é parte de suas iniciativas de segurança e saúde. A Wegmans Food Markets Inc. tem várias campanhas de saúde e fitness, por exemplo, e incentiva seus funcionários a comer cinco xícaras de frutas e legumes e a andar dez mil passos por dia.[96]

Não raros, ainda, são os casos de empresas que organizam campanhas para vacinação de empregados contra a gripe (como no Brasil, mais recentemente) e programas de atividades físicas e corridas para seus empregados.

RH como centro de lucro

Ganhos com o bem-estar

O retorno dos programas de bem-estar para as empresas não é teórico. Por exemplo, nos últimos 20 anos ou mais, o percentual de empregados da Johnson & Johnson que fumam caiu em mais de dois terços, em parte graças à abrangente política de bem-estar da empresa. Tem sido relatado que os líderes da J&J estimam que tais políticas economizaram para a empresa US$ 250 milhões com os custos de cuidados com a saúde de 2002 a 2008, representando um retorno de cerca de US$ 2,71 para cada dólar gasto em programas de bem-estar.[97]

Segurança no trabalho e gestão de riscos

OBJETIVO DE APRENDIZAGEM 5
Discutir os principais elementos de um programa de gerenciamento de segurança e medicina do trabalho.

Segurança no trabalho refere-se aos riscos de lesão ou doença dos funcionários. Segurança no local de trabalho também se relaciona à proteção dos trabalhadores contra riscos internos e externos, tais como atos criminosos, assaltos e até mesmo ameaças externas de sabotagem ou terrorismo.[98] De acordo com a *Society for Human Resources Management* (SHRM), nos EUA, os planos de segurança no local de trabalho devem incluir, adicionalmente, tarefas como estabelecimento de segurança formal, proteção à propriedade intelectual da empresa (por exemplo, por meio de acordos de não concorrência), desenvolvimento de planos de gestão de crises, estabelecimento de procedimentos de prevenção de fraude e roubo, prevenção da violência no local de trabalho, e instalação de sistemas de segurança.[99]

A maioria dos empregadores têm acordos de segurança.[100] Uma pesquisa da SHRM identificou que aproximadamente 85% das organizações pesquisadas tinham algum tipo de plano formal para acidentes.[101] Muitas empresas norte-americanas também instituíram procedimentos especiais de manuseio para pacotes suspeitos e mantêm treinamentos regulares de evacuação de emergência.

Gerenciamento de riscos corporativos (ERM – *enterprise risk management*)

O que se planeja fazer reflete os riscos que se deseja mitigar. As empresas enfrentam uma série deles, mas apenas alguns são riscos diretos para a saúde e a segurança dos trabalhadores. Os riscos potenciais incluem, por exemplo, desastres naturais, financeiros e para sistemas de computadores da empresa. No entanto, os riscos de capital humano também são altos e, dentre eles estão os riscos de acidentes, como os que discutimos neste capítulo, além daqueles para a saúde dos empregados.[102]

A identificação de outros riscos de segurança corporativa está dentro do domínio da gestão de riscos da empresa, o que significa identificá-los, planejar soluções e realmente mitigá-los. Assim, como parte de sua gestão de riscos, o Wal-Mart faz perguntas como: "Quais são os riscos? O que vamos fazer com eles?".[103] Reduzir as fontes de insalubridade, prestar atenção no risco oferecido por agentes externos, implementar programas de prevenção a roubo e fraudes, proporcionar treinamento constante dos empregados e melhorar a segurança das instalações são alguns bons exemplos.

Violência no trabalho

Algumas vezes, os próprios empregados podem desencadear incidentes de violência no trabalho, o que pode colocar em risco a integridade física de outros e, até mesmo, causar problemas e afastamentos de ordem psicológica (como já foi visto no Capítulo 12).

REDUÇÃO DA VIOLÊNCIA NO TRABALHO Incidentes de violência no local de trabalho são previsíveis e evitáveis. A revista norte-americana *Risk Management Magazine* estima que aproximadamente 86% dos incidentes de violência no local de trabalho foram antecipados por outros funcionários, que levaram a situação tensa ao conhecimento da gerência antes de ela ocorrer de fato. Todavia, a gestão geralmente pouco ou nada fez.[104]

Gestores de recursos humanos podem tomar várias medidas para reduzir a incidência de violência no trabalho, tais como:

AUMENTO DE MEDIDAS DE SEGURANÇA Reforçar as medidas de segurança é a primeira linha de defesa, se a violência deriva de colegas de trabalho, clientes, ou pessoas de fora da organização. Algumas possíveis medidas a serem adotadas estão indicadas no Quadro 14.5.

MELHORA DA SELEÇÃO DE EMPREGADOS E TERCEIROS Fatores pessoais e circunstanciais são correlacionados com a agressão no local de trabalho. Pessoas com "traços de raiva" mais elevados (predisposição para responder a situações de hostilidade) são mais propensas a apresentar agressividade no local de trabalho. Em termos da circunstância ou situação, injustiça interpessoal e liderança ruim podem levar a agressão contra superiores.[105]

Os empregadores podem identificar trabalhadores potencialmente violentos antes de eles serem contratados. Durante um processo seletivo, é preciso verificar o histórico do candidato, sua formação e referências.[106] Perguntas durante a entrevista podem incluir: "O que frustra você?" e "O que menos lhe agrada em um ambiente de trabalho e por quê?".[107] Certas circunstâncias, como as seguintes, podem dar bons indícios de traços violentos:[108]

- Uma lacuna inexplicável no trabalho (longos períodos sem atividade laboral).
- Informações incompletas ou falsas no currículo ou ficha de inscrição
- Uma referência negativa, desfavorável, ou falsa.
- Comportamento insubordinado ou violento no trabalho anterior.[109]
- Histórico criminal, envolvendo assédio ou comportamento violento.
- Rescisão por justa causa com uma explicação suspeita.
- Histórico de drogas ou álcool.
- Fortes indícios de instabilidade no trabalho ou na vida pessoal indicado, por exemplo, por frequentes mudanças de emprego ou de moradia.

QUADRO 14.5 Como aumentar a segurança em seu local de trabalho.

- Melhore a iluminação dentro e fora da empresa.
- Use cofres e deixe visível a informação sobre a sua utilização.
- Instale alarmes silenciosos e câmeras de vigilância.
- Forneça treinamento de pessoal na resolução de conflitos e de resposta não violenta em casos de assalto ou de qualquer outra abordagem externa.
- Feche os estabelecimentos no horário de alto risco durante a madrugada e início da manhã.
- Emita uma política de armas, por exemplo, "armas de fogo, outras armas perigosas ou mortais não podem ser trazidas para a empresa".*

* Veja "Creating a Safer Workplace: Simple Steps Bring Results", *Safety Now*, set. 2002, p. 1-2. Veja também L. Claussen, "Disgruntled and Dangerous", *Safety & Health* 180, n. 1, jul. 2009, p. 44-47.

- Licenças ou certificados revogados.[110]
- No caso de terceirização de empregados, certificar-se das credenciais e referências da empresa contratada, requerendo os mesmos documentos para os trabalhadores terceirizados.

TREINAMENTO SOBRE VIOLÊNCIA NO TRABALHO Também é possível treinar superiores para identificar os indícios que caracterizam os atuais funcionários potencialmente violentos. Pistas mais comuns incluem:[111]

- Um ato de violência dentro ou fora do trabalho.
- Comportamento instável, evidenciando a perda de percepção ou consciência das ações.
- Comportamento excessivamente combativo ou antissocial.
- Comportamento sexualmente agressivo.
- Tendência ao isolamento e à solidão.
- Comportamento insubordinado com a ameaça de violência.
- Tendência para reagir fortemente às críticas.
- Interesse exagerado em guerra, armas, violência, assassinatos em massa, catástrofes, e assim por diante.
- Violação grave de normas de segurança.
- Posse de armas, facas ou itens deste tipo no local de trabalho.
- Violação dos direitos de privacidade dos outros, tais como mexer em mesas ou materiais alheios.
- Queixas frequentes e sem razão.
- Atitudes vingativas.

O papel dos gestores é fundamental para evitar a ocorrência de prejuízos de ordem física e moral aos trabalhadores de uma empresa. Deste modo, devem estar sempre treinados para percepção de comportamento e orientação dos empregados, sendo responsáveis pela manutenção de uma cultura organizacional saudável.[112] O Quadro *RH na prática* lista orientações úteis para a dispensa de empregados considerados de alto risco na empresa

RH na prática

Diretrizes para dispensar um empregado de alto risco

Ao demitir um empregado de alto risco:
- Planeje todos os aspectos da reunião, incluindo o horário, o local, as pessoas presentes e o que será discutido.
- Envolva os agentes da segurança, se necessário.
- Diga ao empregado que a sua permanência na propriedade do empregador não é mais permitida.
- Realize a reunião em uma sala com uma porta que dê para o exterior do edifício.
- Seja breve e vá direto ao ponto.
- Certifique-se de que ele devolva na reunião todos os bens de propriedade da empresa.
- Não deixe que a pessoa volte à sua estação de trabalho (se possível, peça a um empregado para acompanhá-la até a porta de saída).
- Conduza a reunião no início da semana e no início da manhã, para que ele não tenha tempo de conversar com outras pessoas e a fim de evitar qualquer medida drástica contra a empresa ou colegas de trabalho.
- Ofereça, se possível e se necessário, um pacote de indenização adicional.
- Proteja a imagem do funcionário, não divulgando a situação entre os demais.[113]

Configurando um programa básico de segurança

Como observado, a segurança no local de trabalho relaciona-se com a proteção dos trabalhadores contra os riscos internos e externos. Isso, muitas vezes, começa com a segurança das instalações.

Em termos mais simples, a instituição de um programa básico de segurança na empresa requer, inicialmente, a análise do nível atual de risco e, em seguida, providências necessárias para a instalação de mecanismos de segurança. Para isso, as empresas de maior porte contam, por exemplo, com equipes da CIPA, cujo funcionamento é regido pela NR 5. Seu objetivo é a prevenção de acidentes e doenças decorrentes do trabalho, de modo a tornar compatível a atividade laboral dos indivíduos com a promoção da sua saúde e manutenção de sua vida.

Referidas comissões (CIPA) são compostas de representantes da empresa e dos empregados,[VIII] e sua obrigatoriedade depende da atividade econômica da empresa, bem como do número total de empregados, conforme disposto em lei.[IX]

São atribuições dos representantes da CIPA[X]

- Divulgar, aos trabalhadores, informações relativas à segurança e saúde no trabalho.
- Divulgar e promover o cumprimento das Normas Regulamentadoras.
- Colaborar no desenvolvimento e implementação do PCMSO e PPRA.
- Promover anualmente, com o SESMT, se houver, a semana interna de prevenção do trabalho (SIPAT).
- As atas de reuniões deverão ficar no estabelecimento à disposição dos agentes de inspeção do trabalho.
- As atas de reuniões deverão ser assinadas pelos presentes com encaminhamento de cópias para todos os membros.

Programas de segurança ideais começam com uma análise do atual nível de risco. Inicia-se pelo óbvio, por exemplo, "como é o bairro?". Na empresa (bem como no prédio), "quais outras situações de risco podem surgir à sua porta?". Como parte dessa avaliação inicial de ameaças, também é preciso rever seis temas:

1. **Acesso à área da recepção**, incluindo a necessidade de um "botão de pânico".
2. **Segurança interior**, incluindo banheiros seguros e melhor identificação das saídas e rotas de fuga.
3. **Envolvimento das autoridades**, em especial os procedimentos de emergência desenvolvidos com a aplicação da lei local.
4. **Tratamento de correio**, incluindo triagem e abertura de correspondências.
5. **Evacuação**, incluindo procedimentos e treinamentos de evacuação do prédio.
6. **Sistemas de backup**, como o armazenamento de dados fora da empresa.

Depois de avaliar o nível do atual potencial de risco, é necessário tomar as medidas cabíveis para a melhoria das condições de trabalho, observando sempre as possíveis questões de segurança natural, mecânica e organizacional.[114]

SEGURANÇA NATURAL   Segurança natural significa tirar proveito dos recursos naturais ou arquitetônicos da instalação para minimizar os problemas de segurança. Por exemplo, muitas entradas dificultam o acesso e o controle das instalações? Facilitam o acesso à empresa por desconhecidos? Barulho excessivo das ruas pode atrapalhar a concentração dos empregados no trabalho? Providências devem ser tomadas para que essas situações não ocorram.

SEGURANÇA MECÂNICA   Segurança mecânica é a utilização de sistemas de segurança como travas, alarmes de intrusão, sistemas de controle de acesso e sistemas de vigilância para reduzir a necessidade de fiscalização humana contínua.[115] Scanners biométricos leem impressões do polegar, da palma da mão ou da retina e padrões vocais tornam mais fácil reforçar a segurança da unidade.[116]

SEGURANÇA ORGANIZACIONAL   Finalmente, segurança organizacional significa usar uma boa gestão para melhorar a segurança, por exemplo, treinando o pessoal de segurança e atendentes. Também é preciso garantir que o pessoal de segurança tenha ordens escritas que definam suas funções, especialmente em situações como incêndios, problemas no elevador, vazamentos perigosos de materiais, emergências médicas, invasões hostis, pacotes suspeitos,

---

[VIII] N. da R.T.: Os representantes da CIPA gozam de estabilidade desde o registro de sua candidatura até um ano após o final de seu mandato, estendendo-se esse privilégio também para os suplentes.

[IX] N. da R.T.: A Norma Regulamentadora n. 5 (NR 5), aprovada pela Portaria n. 08/99, da Secretaria de Segurança e Saúde no Trabalho do Ministério do Trabalho e Emprego, combinada com o artigo 163 da Consolidação das Leis do Trabalho (CLT), determinam sobre o dimensionamento, eleição de membros da CIPA, treinamento e seu conjunto de atribuições.

[X] N. da R.T.: Disponíveis em: <http://portal.mte.gov.br/delegacias/pr/cipa-comissao-interna-de-prevencao-de-acidentes-nr-5.htm>. Acesso em: 22 maio 2014.

Segurança mecânica é a utilização de sistemas de segurança como travas, alarmes de intrusão, sistemas de controle de acesso e sistemas de vigilância para reduzir a necessidade de fiscalização humana contínua.

Fonte: Andrey Kekyalyaynen/ Shutterstock

manifestações civis e violência no local de trabalho.[117] Algumas perguntas cabíveis incluem: Você investiga adequadamente os novos contratados e prestadores de serviços? Você fornece a novos funcionários orientações de segurança?

Pré-requisitos básicos para um plano de prevenção de crimes

Conforme um resumo de segurança corporativa do Bureau of National Affairs (BNA), "a segurança no local de trabalho envolve mais do que [...] a instalação de um sistema de alarmes".[118] Idealmente, um programa corporativo abrangente anticrime deve começar com o seguinte:[119]

1. **Filosofia da empresa e política anticrime:** certifique-se de que os funcionários entendem que o empregador tem uma política de tolerância zero no que diz respeito aos trabalhadores que cometem qualquer tipo de crime, desde pequenos furtos até atentados contra a empresa e colegas.
2. **Investigações sobre candidatos a trabalho:** sempre faça uma verificação completa de antecedentes criminais.
3. **Treinamento de conscientização sobre crimes:** deixe claro durante o treinamento e a orientação que o empregador é rígido com crimes no trabalho.
4. **Gestão de crises:** estabelecer e comunicar o que fazer no caso de uma ameaça de bomba, incêndio ou outra emergência.

Segurança empresarial e privacidade dos empregados

Programas de segurança implicam, frequentemente, no monitoramento dos empregados e atividades de trabalho. Mas, como observado no início deste texto, o monitoramento deve considerar a privacidade do trabalhador. É ideal que os empregadores obtenham o consentimento dos empregados para o acompanhamento. No entanto, o empregador também pode monitorar a partir de políticas e avisos existentes, que indicam que os empregados podem ser monitorados.

O empregador pode, assim, tornar mais fácil investigar legalmente empregados quanto a potenciais falhas de segurança. As etapas incluem:[120]

1. Divulgar uma política que diz que a empresa se reserva o direito de inspecionar e investigar os empregados, bem como seus bens pessoais, meios eletrônicos e arquivos, e que armários e mesas são propriedade da empresa e estão sujeitos a averiguações.
2. Treinar os investigadores a se concentrar nos fatos e evitar fazer acusações.
3. Lembrar que os empregados podem solicitar que um representante do sindicato esteja presente durante a entrevista investigativa.

4. Observar a legislação e a jurisprudência vigentes sobre o monitoramento de empregados (filmagem da rotina de trabalho, revista corporal e uso de internet).
5. Certificar que todas as investigações e buscas são imparciais e não discriminatórias.

Continuidade dos negócios e planos de emergência

A possibilidade de emergências motivadas por incêndios, assaltos frequentes e questões similares significa que as empresas precisam pensar continuamente em planos de emergência.[121] Tais planos devem cobrir a detecção precoce de um problema, métodos para comunicar a emergência externamente e para iniciar uma evacuação. É ideal que um alarme inicial seja dado. O alarme deve ser seguido de um anúncio com informações específicas sobre a situação de emergência e o empregador deve deixar que os funcionários saibam quais medidas serão tomadas. Muitos podem, até mesmo, usar redes sociais ou mensagens de texto para esse fim.[122]

Também é importante ter planos para lidar com problemas de saúde.[123] Assim, no caso de uma parada cardíaca, a reanimação cardiopulmonar e a utilização de um desfibrilador externo automático são essenciais. Esses dispositivos devem estar disponíveis e um ou mais empregados devem ser treinados para utilizá-los.[124] O Quadro *Temas globais em RH* mostra outra perspectiva.

Os planos também são necessários para a continuidade do negócio em caso de desastre. O empregador pode designar uma área segura do site da empresa para a comunicação com os empregados, listando coisas como horas previstas de operação, abertura da empresa, e horários e locais de trabalho alternativos.[125] Os planos de desastres devem incluir o estabelecimento de um centro de comando e a identificação de empregados considerados essenciais nesses casos, incluindo as responsabilidades de cada um.

Revisão

RESUMO

1. A área de segurança e prevenção de acidentes é motivo de preocupação para os gestores do mundo todo, por conta do incrível número de mortes e acidentes que ocorrem no trabalho.
2. O objetivo das Normas Regulamentadoras do Trabalho (NR) é garantir que cada trabalhador esteja em um local de trabalho seguro e saudável. Tais normas são completas e detalhadas, sendo aplicadas por meio de um sistema de fiscalização no local de trabalho. Os fiscais do trabalho podem emitir notificações aos empresários e recomendar penalidades, multas ou, até mesmo, o fechamento da empresa, conforme as condições de trabalho verificadas
3. Existem três causas básicas de acidentes: ocorrências casuais, condições de trabalho e comportamento inseguros por parte dos funcionários. Além disso, três outros fatores relacionados ao trabalho em si, como o horário de trabalho e o clima psicológico, também contribuem para acidentes.
4. Comportamento inseguro por parte dos funcionários é a principal causa de acidentes. Tais atos são, em certa medida, o resultado de tendências de comportamento dos funcionários que, possivelmente, fazem parte de suas características pessoais.
5. Especialistas divergem sobre a existência de pessoas propensas a acidentes, independentemente do trabalho. Alguns traços não preveem acidentes, mas a pessoa que está propensa a acidentes em determinada função pode não estar em outra. Por exemplo, a visão está relacionada à frequência de acidentes envolvendo motoristas e operadores de máquinas, mas pode não ser tão relevante para outros trabalhadores, como contadores.
6. Doenças do trabalho e doenças profissionais podem ocorrer dentro das empresas e são equiparadas a acidentes do trabalho, para efeito de afastamento e responsabilidades da empresa. Entretanto, diferem quanto ao conceito: a **doença profissional** é aquela decorrente do exercício de trabalho peculiar à **determinada atividade**, enquanto que a **doença do trabalho** é aquela desencadeada em função de **condições especiais em que o trabalho é realizado** e diretamente relacionadas a ele. Existem várias abordagens para a prevenção de acidentes. Uma delas é a redução das condições de risco. Outra abordagem é a redução de comportamento inseguro, por exemplo, por meio de processos seletivos, treinamento, reconhecimento positivo, comunicação e compromisso da alta gestão.
7. Alcoolismo, toxicodependência, estresse e doenças emocionais são problemas de saúde importantes e crescentes entre os funcionários. O alcoolismo é um problema particularmente grave, que pode reduzir de maneira drástica a excelência da sua organização. Medidas disciplinares, aconselhamento interno e re-

ferências a uma agência externa podem ser utilizados para lidar com esses problemas.
8. Estresse e síndrome de burnout são outros potenciais problemas de saúde no trabalho. Um empregado pode reduzir o estresse no trabalho afastando-se dele por um tempo durante o dia, não adiando lidar com os problemas e anotando os problemas que lhe dizem respeito e o que fará sobre eles.
9. A violência entre empregados também pode representar um risco contra a integridade física e mental dos trabalhadores. Medidas que podem reduzi-la no local de trabalho incluem melhores medidas de segurança, melhor seleção de empregados e treinamentos para a redução de violência.
10. Empresas de maior porte contam, por exemplo, com equipes da Comissão Interna de Prevenção de Acidentes (CIPA), cujo funcionamento é regido pela NR 5. Seu objetivo é a prevenção de acidentes e doenças decorrentes do trabalho.
11. Segurança nas instalações depende de segurança natural, segurança mecânica e segurança organizacional.

PALAVRAS-CHAVE

legislação sobre saúde e segurança dos empregados 383
Normas Regulamentadoras do Trabalho (NR) 383
análise de riscos 394

vistorias de segurança 394
programa de conscientização 398
viciados em trabalho (workaholic) 400
síndrome de burnout 401

QUESTÕES PARA DISCUSSÃO

1. Discuta a importância das NR para a segurança dos trabalhadores.
2. Explique em detalhes três causas básicas de acidentes.
3. Discuta os principais problemas de saúde no trabalho e como preveni-los.
4. Discuta o funcionamento da CIPA e suas principais atribuições.
5. Explique o papel dos gestores da empresa com relação à prevenção de acidentes e ocorrências que coloquem em risco a saúde e a segurança dos empregados.
6. Explique o que leva o empregado a comportamento inseguro.
7. Discuta a diferença entre doenças profissionais e doenças do trabalho, e como podem ser evitadas.

ATIVIDADES INDIVIDUAIS E EM GRUPOS

1. Trabalhando individualmente ou em grupos, responda à pergunta: "Existem pessoas propensas a acidentes?". Desenvolva a sua resposta por meio de exemplos reais de pessoas que você conhece que pareciam ser propensas a acidentes em alguma atividade.
2. Trabalhando individualmente ou em grupos, compile uma lista dos fatores que criam estresse disfuncional para você, no trabalho ou na escola. Que métodos utilizar para lidar com o estresse?
3. Trabalhando em grupos, indique as principais medidas que devem ser tomadas pelos gestores para que sejam evitados acidentes e doenças do trabalho nas empresas.
4. "Em 27 de novembro de 2013, um grave acidente aconteceu na construção da Arena Corinthians, em São Paulo. Três estruturas metálicas da arquibancada, localizadas no setor leste do estádio, foram atingidas por um guindaste que caiu, matando três operários".[xi] Você acha que acidentes como este podem ser evitados? Em caso afirmativo, quais os passos que você sugeriria à empresa responsável pelas obras para evitar uma repetição da ocorrência?
5. Em grupos de três ou quatro alunos, ande por 15 minutos pelos arredores do prédio em que sua aula é realizada, ou onde você está agora, enumerando possíveis medidas de segurança naturais, mecânicas e organizacionais que você gostaria de sugerir ao administrador do prédio.

Exercícios de aplicação

ESTUDO DE CASO EM RH: Empresa de Limpeza Carter

Motivar o comportamento prudente

Segurança e saúde dos trabalhadores são muito importantes para lavanderias e serviços de limpeza. Cada instalação é uma pequena unidade de produção onde há máquinas alimentadas por vapor de alta pressão e ar comprimido que trabalham em altas temperaturas de lavagem,

---

[xi] N. da R.T.: Disponível em: <http://esportes.terra.com.br/corinthians/guindaste-cai-na-arena-corinthians-e-ao-menos-duas-pessoas-morrem,5e0e433116492410VgnCLD2000000ec6eb0aRCRD.html>. Acesso em: 24 maio 2014.

limpeza e prensagem de roupas, muitas vezes, com pisos escorregadios e ambiente muito quente. Vapores químicos são produzidos continuamente e produtos químicos cáusticos são usados no processo de limpeza.

Caldeiras em altas temperaturas são mantidas com uma "sopa de solventes", que é usada para remover impurezas e é reutilizada. Se um erro é cometido nesse processo de fervura, como o excesso de vapor e borbulhas, resultado da ebulição, os solventes químicos podem vazar e se espalhar por todo o chão e sobre qualquer um que estiver passando por ali naquele momento. Assim, qualquer pessoa que passe próximo à caldeira está sob risco de sofrer queimaduras e, até mesmo, de morrer.

Como resultado desses perigos e pelo fato de que essas unidades produzem continuamente resíduos químicos perigosos, várias agências governamentais têm diretrizes rígidas em matéria de gestão dessas empresas. Por exemplo, avisos devem ser colocados em cada unidade, notificando os empregados do direito de serem informados sobre os produtos químicos perigosos com os quais estão lidando, e o método adequado para manusear cada produto químico. Empresas de gestão de resíduos devem ser contratadas para recolher e descartar corretamente aqueles perigosos.

Um problema crônico da Carter (e da maioria dos outros proprietários de lavanderias) é a imprudência de os trabalhadores exercerem suas funções sem utilizar os óculos de segurança. Nem todos os produtos químicos requerem óculos quando manuseados, mas alguns, como o ácido fluorídrico, usado para remover as manchas de ferrugem das roupas, são muito perigosos. Este último é mantido em recipientes especiais, uma vez que dissolvem até vidro. O problema é que os óculos de segurança são um pouco desconfortáveis e ficam manchados facilmente, reduzindo a visibilidade. Como resultado, Jack se viu quase impossibilitado de conseguir que seus funcionários os usassem.

Perguntas

1. Como a empresa deve agir sobre a identificação de situações de risco que precisam ser corrigidas? Use dados e listas de verificação, como os da Figura 14.2 e do Quadro *RH na prática*, nas páginas 390-394, para listar pelo menos dez possíveis condições perigosas em lavanderias a seco.
2. Seria aconselhável à empresa estabelecer um procedimento para a triagem de pessoas propensas a acidentes? Como isso deve ser feito?
3. Em geral, o que você sugeriria aos donos da Carter para que conseguissem comportamentos mais prudentes no trabalho por parte de todos os empregados?
4. Descreva detalhadamente como você motivaria o uso dos óculos pelos funcionários.
5. Existe alguma NR com orientação sobre o uso de equipamentos de proteção individual (EPI)? Explique.

Exercício vivencial — Quão segura é minha universidade?

Objetivo: dar-lhe a prática na identificação de condições de risco.

Entendimento necessário: você deve estar familiarizado com o material deste capítulo, especialmente sobre as condições de risco e a Figura 14.2.

Instruções: divida a turma em grupos de quatro. Suponha que cada grupo é um comitê de segurança, mantido por sua faculdade ou um engenheiro de segurança da universidade, para identificar e informar sobre eventuais condições de risco em torno do prédio da instituição. Cada grupo vai gastar cerca de 45 minutos em torno do edifício que você está agora com o objetivo de identificar e listar as possíveis condições de risco. (Faça uso da Figura 14.2 e do Quadro *RH na prática*, nas páginas 390-394.)

Quando voltar para a sala, um representante de cada grupo deve listar no quadro as condições de risco identificadas. Quantas são? Você acha que também violam alguma Norma Regulamentadora do Trabalho (NR)? Como você faria a verificação?

Estudo de caso brasileiro

Fiscais flagram trabalho escravo em cruzeiro de luxo

A Secretaria de Inspeção do Trabalho do Ministério do Trabalho e Emprego (MTE) resgatou um grupo de 11 pessoas em condições de trabalho análogas às de escravos no cruzeiro de luxo MSC Magnifica, pertencente à MSC Cruzeiros, uma das principais empresas do setor. O flagrante aconteceu no porto de Santos, no litoral de São Paulo, e a empresa se recusou a pagar as verbas rescisórias e a reconhecer o resgate.

A caracterização de escravidão de tripulantes do MSC Magnifica se deu pela submissão do grupo a jornadas exaustivas sistemáticas, maus-tratos e assédio moral. Há relatos de jornadas superiores a 14 horas. "Não temos a menor dúvida de que se trata de trabalho escravo", explicou o chefe da Divisão de Fiscalização para Erradicação do Trabalho Escravo (Detrae), do MTE.

Entre os trabalhadores resgatados, havia até tripulantes com nível superior e, no entendimento do Ministério Público do Trabalho – MPT, a empresa estava resistindo ao pagamento das rescisões por temer uma série de ações e reivindicações por parte de outros empregados que já haviam passado por situações semelhantes.

Cruzeiros de luxo

Ao longe, os navios impressionam por seus números. São pelo menos 60 metros de altura, o mesmo que um prédio de 20 andares, e 300 metros de comprimento. A bordo, cerca de 4.070 passageiros, junto a uma tripulação de 1.305 pessoas, contando funcionários de limpeza, hotelaria, restaurante e oficiais de navegação. Uma passagem para uma semana de viagem não sai por menos de R$ 1 mil. Os valores cobrados contrastam com as condições constatadas que se escondem no interior de empreendimentos de tal proporção.

Por conta da quantidade de brasileiros empregados nesses navios e da natureza das violações, a situação preocupa autoridades e o governo federal. De acordo com a Resolução n. 71/2006 do Conselho Nacional de Imigração, pelo menos um quarto dos tripulantes de qualquer embarcação que permanecer por mais de 90 dias em território nacional deve ser de brasileiros. Conforme levantamento da associação de empresas do ramo, a Abremar, em 2013 eram 2,5 mil brasileiros empregados na área, e cerca de 3 mil durante o ano de 2012.

A depender da situação, os contratos de trabalho são firmados com base na legislação do Brasil ou em normas internacionais, o que torna o problema complexo e favorece infrações. Se a pessoa for contratada 30 dias antes ou 30 dias após a partida do navio da costa brasileira, a Lei determina que a relação de trabalho fique subordinada às regras brasileiras. Caso, porém, o contrato seja firmado no exterior ou se estenda por mais de nove meses, o Direito Internacional permite que este seja subordinado às leis do país onde o navio tem a bandeira registrada. Não é raro, por isso, que as embarcações tenham registro em países com legislação trabalhista mais frágil, como Indonésia, Tailândia e outros. O primeiro navio fiscalizado em Santos, o MSC Preziosa, tinha registro no Panamá, por exemplo.

No universo do cineasta Federico Fellini, há uma cena do filme *E La Nave Va* que pincela um pouco do que se vive dentro das embarcações. O longa mostra, de um lado, cozinheiros produzindo sob uma velocidade intensa, em compasso com uma trilha sonora acelerada. Enquanto isso, de outro, no restaurante, os passageiros desfrutam da exploração do trabalho e do luxo; a música vai diminuindo e a cena vai se tornando mais limpa, organizada, com menos personagens, e assim as coisas se passam como se toda a situação estivesse em plena harmonia (veja a cena na sequência). O dualismo não é simples ficção e, sem dúvidas, coincide com o que foi encontrado em Santos.

Entre outros abusos, as jornadas de trabalho da tripulação responsável por tarefas de hotelaria, limpeza e outros ofícios ultrapassam regularmente doze horas diárias. Para piorar, o ritmo durante as jornadas prolongadas se confunde com o cenário ilustrado por Fellini. Além disso, de acordo com levantamento da fiscalização, os períodos de serviço não costumam seguir um padrão regular. Principalmente na parte de restaurantes, o expediente começa cedo — às 6 h —, continua durante todo o período da manhã e, às vezes, só é interrompido por intervalos de cerca de 15 minutos, para voltar na sequência da próxima refeição.

Muitos trabalhadores se queixam de ter de começar os serviços logo cedo, com o estômago vazio, sem ter tomado café da manhã. Isso se deve ao fato de o refeitório disponível para eles ficar fechado durante a folga de alguns e de o horário de funcionamento coincidir com o dos restaurantes onde a tripulação trabalha para servir os passageiros. "A gente só não passa fome porque quem trabalha com restaurante só passa fome se quiser. De vez em quando, a gente pega algo que sobra ou da cozinha", relatou uma garçonete.

Assédio e problemas frequentes

De acordo com tripulantes, casos de assédio são frequentes no dia a dia das embarcações, principalmente enquanto elas estão em alto-mar. Como resposta aos problemas enfrentados, familiares, amigos e vítimas de abusos fundaram a Organização de Vítimas de Cruzeiros no Brasil (OCV-Brasil).

Há relatos sobre oficiais que se valem de seu posto de superioridade para realizar atos de agressão sexual, cujas vítimas, na maioria, são mulheres. Entretanto, a violência não se restringe aos tipos explícitos, podendo também ocorrer de maneiras mais sutis, conforme os testemunhos obtidos.

Quando trabalhadores se queixam da carga de trabalho ou de um eventual desrespeito por parte de superiores, algumas práticas são aplicadas. "Nesses casos, costumam nos colocar em um horário que é próximo do fim do expediente, mas no qual ainda chegam clientes. Assim, temos de estender o trabalho por mais horas para atendê-los", afirma um tripulante. Segundo apurou a fiscalização, esse tempo a mais não é registrado como extra, muito menos descontado de um banco de horas dos funcionários.

Pelo tempo excessivo de serviço, os trabalhadores reclamam que, com frequência, tampouco encontram oportunidade para limpar seus alojamentos. "Por vezes, ficamos muito tempo sem conseguir arrumar nosso quarto", conta um tripulante. Em alguns casos, eles recorrem a serviços por fora, quando pagam a algum colega de folga para fazer a limpeza dos dormitórios.

Com o entra e sai de diversos ambientes e o choque térmico, pela troca brusca de temperaturas, não raros também são os problemas de dor de garganta, resfriados ou gripe entre os tripulantes. Quem fica doente ou sente algum tipo de mal-estar recorre à enfermaria da embarcação.

Fonte: Rede Brasil atual, 4 abr. 2014. Disponível em: <http://www.redebrasilatual.com.br/cidadania/2014/04/fiscais-flagram-trabalho-escravo-em-cruzeiro-de-luxo-2887.html>. Acesso em: 21 out. 2014.

Perguntas

1. Qual a jornada máxima de trabalho permitida para os empregados em navios como os mencionados no caso da MSC?
2. Quais são outras possíveis características ou condições de trabalho capazes de qualificar o "trabalho escravo"?
3. Cite exemplos de outras empresas que, recentemente, foram acusadas de trabalho escravo e quais as penalidades a que foram submetidas.
4. Caso você fosse o gestor da área de recursos humanos da empresa, o que faria diante das acusações recebidas?

Notas

1. "BP Oil Spill Timeline", *Guardian.co.uk*, 22 jul. 2010. Disponível em: <www.guardian.co.uk/environment/2010/jun/29/bp-oil-spill-timeline-deepwater-horizon>. Acesso em: 24 maio 2014.
2. Figura de 2009. Disponível em: <www.bls.gov/iif/oshwc/cfoi/cfch0008.pdf>. Acesso em: 24 maio 2014.
3. Todos os dados se referem a 2009. Disponível em: <www.bls.gov/news.release/archives/osh_10212010.pdf>. Acesso em: 24 maio 2014.
4. "Workers Rate Safety Most Important Workplace Issue", *EHS Today*, out. 2010, p. 17.
5. David Ayers, "Mapping Support for an E. H. S. Management System", *Occupational Hazards*, jun. 2006, p. 53-54.
6. Katherine Torres, "Stepping into the Kitchen: Food Protection for Food Workers", *Occupational Hazards*, jan. 2007, p. 29-30.
7. Um estudo concluiu recentemente que "as percepções dos funcionários, na medida em que gerentes e superiores estão comprometidos com a segurança, provavelmente influenciam o comportamento e a segurança no local de trabalho e, consequentemente, reduzem os acidentes". Jeremy Beus et al., "Safety Climate and Juries: An Examination of Theoretical and Empirical Relationships", *Journal of Applied Psychology* 95, n. 4, 2010, p. 713-727.
8. Willie Hammer, *Occupational Safety Management and Engineering*. Upper Saddle River, NJ: Prentice Hall, 1985, p. 62-63. Veja também: "DuPont's 'STOP' Helps Prevent Workplace Injuries and Incidents", *Asia Africa Intelligence Wire*, 17 maio 2004.
9. F. David Pierce, "Safety in the Emerging Leadership Paradigm", *Occupational Hazards*, jun. 2000, p. 63-66. Veja também, por exemplo, Josh Williams, "Optimizing the Safety Culture", *Occupational Hazards*, maio 2008, p. 45-49.
10. Sandy Smith, "Louisiana-Pacific Corp. Builds Safety into Everything It Does", *Occupational Hazards*, nov. 2007, p. 41-42.
11. Os investigadores federais concluíram que as três partes envolvidas na explosão, BP, Transocean e Halliburton, violaram uma série de regulamentos federais. Veja também: Sandy Smith, "Deep Water Horizon: Production Rewarded, Safety Ignored", *EHS Today*, out. 2011, p. 66-68. Veja o caso da BP no apêndice do livro para uma discussão mais aprofundada.
12. Donald Hantula et al., "The Value of Workplace Safety: A Time Based Utility Analysis Mode", *Journal of Organizational Behavior Management* 21, n. 2, 2001, p. 79-98. Em um caso semelhante, em 2008, o proprietário de um canteiro de obras no Brooklyn, Nova York, EUA, foi preso por homicídio culposo, quando um trabalhador morreu em colapso em uma vala. Michael Wilson, "Manslaughter Charge in Trench Collapse", *The New York Times*, 12 jun. 2008, p. B1.
13. "A Safety Committee Man's Guide", Aetna Life and Casualty Insurance Company, Catalog 87684, p. 17-21.
14. "New OSHA Enforcement Memo Target Safety Incentive Programs, Retaliation", *Bloomberg BNA Bulletin to Management*, 27 mar. 2012, p. 99.
15. Arthur Sapper, "The Oft-Missed Step: Documentation of Safety Discipline", *Occupational Hazards*, jan. 2006, p. 59.
16. Para uma discussão sobre este assunto, veja: David Hofmann and Adam Stetzer, "A Cross Level Investigation of Factors Influencing Unsafe Behaviors and Accidents", *Personnel Psychology* 49, 1996, p. 307-308.
17. David Hofman e Barbara Mark, "An Investigation of the Relationship Between Safety Climate and Medication Errors as Well as Other Nurse and Patient Outcomes", *Personnel Psychology* 50, n. 9, 2006, p. 847-869.
18. "The Dawning of a New Era", *Workforce Management*, dez. 2010, p. 3.
19. Duane Schultz e Sydney Schultz, *Psychology and Work Today*. Upper Saddle River, NJ: Prentice Hall, 1998, p. 351.
20. Robert Pater e Robert Russell, "Drop That Accident Prone Tag: Look for Causes Beyond Personal Issues", *Industrial Safety and Hygiene News* 38, n. 1, jan. 2004, p. 50. Disponível em: <http://www.highbeam.com/doc/1G1-112859417.html>. Acesso em: 24 maio 2014.
21. Discutido em: Douglas Haaland, "Who Is the Safest Bet for the Job? Find Out Why the Guy in the Next Cubicle Mai. Be the Next Accident Waiting to Happen", *Security Management* 49, n. 2, fev. 2005, p. 51-57.
22. "Thai Research Points to Role of Personality in Road Accidents", 2 fev. 2005. Disponível em: <www.driveandstayalive.com/info%20section/news/individual%20news%20articles/x_050204_personality-in-crash-causation_thailand.htm>. Acesso em: 24 maio 2014; Donald Bashline et al., "Bad Behavior: Personality Tests Can Help Underwriters Identify High-Risk Drivers", *Best's Review* 105, n. 12, abr. 2005, p. 63-64.
23. Don Williamson e Jon Kauffman, "From Tragedy to Triumph: Safety Grows Wings at Golden Eagle", *Occupational Hazards*, fev. 2006, p. 17-25.
24. Mike Carlson, "Machine Safety Solutions for Protecting Employees and Safeguarding Against Machine Hazards", *EHS Today*, jul. 2009, p. 24.
25. Benjamin Mangan, "Lockout/Tagout Prevents Workplace Injuries and Save Lives", *Occupational Hazards*, mar. 2007, p. 59-60.
26. Fonte: "A Safety Committee Man's Guide", American Insurance Association. Copyright © 1977 by ISO Services, Inc. Reimpresso com permissão.
27. Disponível em: <www.osha.gov/Publications/osha3071.pdf>. Acesso em: 24 maio 2014.
28. Disponível em: <www-ns.iaea.org/reviews/op-safety-reviews.asp>. Acesso em: 24 maio 2014.
29. James Nash, "Beware the Hidden Eye Hazards", Occupational Hazards, fev. 2005, p. 48-51.
30. Você pode encontrar vídeos sobre os novos produtos de proteção individual em "SafetyLive TV". Disponível em: <www.occupationalhazards.com>. Acesso em: 24 maio 2014.
31. James Zeigler, "Protective Clothing: Exploring the Wearability Issue", *Occupational Hazards*, set. 2000, p. 81-82; Sandy Smith, "Protective Clothing and the Quest for Improved Performance", Occupational Hazards, fev. 2008, p. 63-66. Note que a vasta gama de equipamentos de proteção individual disponível torna a escolha do equipamento adequado algo que um especialista chama de "complexo e por vezes confuso". Veja: Scott Larsen, "Integrated Use of Personal Protective Equipment", *EHS Today*, jun. 2012, p. 31.
32. Laura Walter, "FR Clothing: Leaving Hazards in the Dust", *EHS Today*, jan. 2010, p. 20-22.
33. "The Complete Guide to Personal Protective Equipment", *Occupational Hazards*, jan. 1999, p. 49-60. Veja também: Judy Smithers, "Use OSHA's Compliance Directive to Evaluate Your PPE Program", *EHS Today*, jan. 2012, p. 43-45.
34. Sandy Smith, "Protecting Vulnerable Workers", *Occupational Hazards*, abr. 2004, p. 25-28. Além de milhões de mulheres em postos de trabalho, cerca de 10% da força de trabalho da indústria da construção é do sexo feminino, e há cerca de 200 mil mulheres nas forças armadas dos EUA. As mulheres também representam quase 80% dos trabalhadores de saúde, as luvas devem ser particularmente importantes na punção e resistentes a produtos químicos. David Shutt, "Protecting the Hands of Working Women", *EHS Today*, out. 2009, p. 29-32.
35. Veja, por exemplo: Laura Walter, "What's in a Glove?", *Occupational Hazards*, maio 2008, p. 35-36.
36. Donald Groce, "Keep the Gloves On!" *Occupational Hazards*, jun. 2008, p. 45-47.

37. Linda Tapp, "We Can Do It: Protecting Women Workers", *Occupational Hazards*, out. 2003, p. 26-28; J. P. Sankpill, "A Clear Vision for Eye and Face Protection", *EHS Today*, nov. 2010, p. 29.
38. Katherine Torres, "Don't Lose Sight of the Older Workforce", *Occupational Hazards*, jun. 2008, p. 55-59.
39. Robert Pater, "Boosting Safety with an Aging Workforce", *Occupational Hazards*, mar. 2006, p. 24.
40. Michael Silverstein, "Designing the Age Friendly Workplace", *Occupational Hazards*, dez. 2007, p. 29-31.
41. Elizabeth Rogers e William Wiatrowski, "Injuries, Illnesses, and Fatalities Among Older Workers", *Monthly Labor Review* 128, n. 10, out. 2005, p. 24-30.
42. Robert Pater e Ron Bowles, "Directing Attention to Boost Safety Performance", *Occupational Hazards*, mar. 2007, p. 46-48.
43. E. Scott Geller, "The Thinking and Seeing Components of People Based Safety", *Occupational Hazards*, dez. 2006, p. 38-40.
44. *Asia and Africa Intelligence Wire*, Bashline et al., "Bad Behavior".
45. S. Laner e R. J. Sell, "An Experiment on the Effect of Specially Designed Safety Posters", *Occupational Psychology* 34, 1960, p. 153-169; Ernest McCormick e Joseph Tiffin, *Industrial Psychology*. Upper Saddle River, NJ: Prentice Hall, 1974, p. 536. Veja também: Steve Stephenson, "(Safety) Signs of the Times", *EHS Today*, ago. 2011, p. 49-50.
46. John Rekus, "Is Your Safety Training Program Effective?" *Occupational Hazards*, ago. 1999, p. 37-39.
47. Michael Burke et al., "The Dread Factor: How Hazards and Safety Training Influence Learning and Performance", *Journal of Applied Psychology* 96, n. 1, 2011, p. 46-70.
48. Walter, "Surfing for Safety", p. 23-29.
49. J. Nigel Ellis e Susan Warner, "Using Safety Awards to Promote Fall Prevention", Occupational Hazards, jun. 1999, p. 59-62. Veja também: William Atkinson, "Safety Incentive Programs: What Works?" *Occupational Hazards*, ago. 2004, p. 35-39.
50. Don Williamson e Jon Kauffman, "From Tragedy to Triumph: Safety Grows Wings at Golden Eagle", *Occupational Hazards*, fev. 2006, p. 17-25.
51. Citado em Cable, "Seven Suggestions for a Successful Safety Incentives Program", p. 39-43. Veja também: J. M. Saddler, "Gift Cards Make Safety Motivation Simple", *Occupational Health & Safety* 78, n. 1, jan. 2009, p. 39-40.
52. John Dominic, "Improve Safety Performance and Avoid False Reporting", *HR Magazine* 49, n. 9, set. 2004, p. 110-119. Veja também: Josh Cable, "Safety Incentives Strategies", *Occupational Hazards* 67, n. 4, abr. 2005, p. 37.
53. "Are Traditional Incentive Programs Illegal?", *EHS Today*, abr. 2012, p. 12.
54. Veja Kelly Rowe, "OSHA and Small Businesses: A Winning Combination", *Occupational Hazards*, mar. 2007, p. 33-38.
55. James Nash, "Rewarding the Safety Process", *Occupational Hazards*, mar. 2000, p. 29-34; Shel Siegel, "Incentives: Small Investments Equal Big Rewards", *Occupational Hazards*, ago. 2007, p. 42-44.
56. Dov Zohar, "A Group Level Model of Safety Climate: Testing the Effect of a Group Climate on Students in Manufacturing Jobs", *Journal of Applied Psychology* 85, n. 4, 2000, p. 587-596. Veja também: Steven Yule, Rhona Flin, e Andy Murdy, "The Role of Management and Safety Climate in Preventing Risk Taking at Work", *International Journal of Risk Assessment and Management 7*, n. 2, 20 dez. 2006, p. 137.
57. Citado de Sandy Smith, "Breakthrough Safety Management", *Occupational Hazards*, jun. 2004, p. 43. Para uma discussão sobre o desenvolvimento de uma pesquisa de clima e segurança, veja também: Sara Singer et al., "Workforce Perceptions of Hospital Safety Culture: Development and Validation of the Patient Safety Climate in Healthcare Organizations Survey", *Health Services Research* 42, n. 5, out. 2007, p. 19-23.
58. Jennifer Nahrgang et al., "Safety at Work: A Meta-Analytic Investigation of the Link Between Job Demands, Job Resources, Burnout, Engagement, and Safety Outcomes", *Journal of Applied Psychology* 96, n. 1, 2011, p. 86.
59. "Workplace Safety: Improving Management Practices", *BNA Bulletin to Management*, 9 fev. 1989, p. 42, 47. Veja também: Linda Johnson, "Preventing Injuries: The Big Payoff", *Personnel Journal*, abr. 1994, p. 61-64; David Webb, "The Bathtub Effect: Why Safety Programs Fail", *Management Review*, fev. 1994, p. 51-54.
60. Thomas Krause, "Steps in Safety Strategy: Executive Decision Making & Metrics", *EHS Today*, set. 2009, p. 24; John Garber, "Introduction to the Human Resource Discipline of Safety and Security". Disponível em: <www.shrm.org/templates tools/toolkits>. Acesso em: 27 maio 2012.
61. Thomas Krause, "Steps in Safety Strategy: Executive Decision Making & Metrics", *EHS Today*, set. 2009, p. 24.
62. Chuck Pettinger, "Behavior-Based Safety 2.0: The Next Evolution", *EHS Today*, out. 2011, p. 79-82.
63. Sandy Smith, "Zero Isn't Good Enough at Amec Earth & Environmental", *EHS Today*, nov. 2009, p. 26; Laura Walter, "Safety Evolves at the Concrete Pipe Division of Cemex US Operations", *EHS Today*, nov. 2009, p. 27.
64. "Cell Phone Use Contributes to 24% of Crashes", *EHS Today*, maio 2012, p. 22.
65. Veja também: Terry Mathis, "S.T.E.P.S.: Strategic Targets for Excellent Performance and Safety", *EHS Today*, jun. 2011, p. 18-20.
66. Baseado em Paul Puncochar, "The Science and Art to Identifying Workplace Hazards", *Occupational Hazards*, set. 2003, p. 50-54.
67. Gareth Evans, "Wireless Monitoring for a Safe Indoor Environment", *EHS Today*, dez. 2010, p. 35-39.
68. Baseado na reportagem "Workplace Screening and Brief Intervention: What Employers Can and Should Do About Excessive Alcohol Use". Disponível em: <www.ensuringsolutions.org/resources/resources_show.htm?doc_id=673239>. Acesso em: 11 ago. 2009.
69. "Employers Can Play Key Role in Preventing Painkiller Abuse, but Many Remain Reluctant", *BNA Bulletin to Management*, fev. 15, 2011, p. 49.
70. "15% of Workers Drinking, Drunk, or Hungover While at Work, According to New University Study", *BNA Bulletin to Management*, jan. 24, 2006, p. 27.
71. Samuel Bacharach et al., "Alcohol Consumption and Workplace Absenteeism: The Moderating Effect of Social Support", *Journal of Applied Psychology* 95, n. 2, 2010, 334-348.
72. A pesquisa é bastante clara sobre o estresse no trabalho aumentar o consumo de álcool entre os bebedores normais e isso tem várias implicações para os empregadores. Empregadores e superiores devem tomar medidas para reduzir as experiências diárias de trabalho estressantes, como os conflitos interpessoais no trabalho, a ambiguidade e cargas de trabalho excessivas. Songqi Liu et al., "Daily Work Stress and Alcohol Use: Testing the Cross Level Moderation Effects of Neuroticism and Job Involvement", *Personnel Psychology* 60, n. 2, 2009, p. 575-597.
73. Disponível em: <www.osha.gov>. Acesso em: 24 maio 2014.
74. Eric Sundstrom et al., "Office Noise, Satisfaction, and Performance", *Environment and Behavior*, n. 2, mar. 1994, p. 195-222; "Stress: How to Cope with Life's Challenges", *American Family Physician* 74, n. 8, out. 15, 2006.
75. A. S. Antoniou, F. Polychroni, e A. N. Vlachakis, "Gender and Age Differences in Occupational Stress and Professional Burnout Between Primary and High School Teachers in Greece", *Journal of Managerial Psychology* 21, n. 7, set. 2006, p. 682-690.
76. "Failing to Tackle Stress Could Cost You Dearly", *Personnel Today*, 12 set. 2006. Disponível em: <www.sciencedaily.com/releases/2007/06/070604170722.htm>. Acesso em: 3 nov. 2009; "Research Brief: Stress Mai. Accelerate Alzheimer's", *GP*, 8 set. 2006, p. 2.

77. "Stress, Depression Cost Employers", *Occupational Hazards*, dez. 1998, p. 24; Patricia B. Gray, "Hidden Costs of Stress", *Money 36*, n. 12, dez. 2007, p. 44.
78. Tara Parker-Pope, "Time to Review Workplace Reviews?", *The New York Times*, 18 maio 2010, p. D5.
79. Karl Albrecht, *Stress and the Manager*. Upper Saddle River, NJ: Prentice Hall, 1979, p. 253-255; "Stress: How to Cope with Life's Challenges", *American Family Physician* 74, n. 8, 15 out. 2006. Disponível em: <http://familydoctor.org/en/prevention-wellness/emotional-wellbeing/mental-health/stress-how-to-cope-better-with-lifes-challenges.html>. Acesso em: 24 maio 2014. Disponível em: <www.mai.oclinic.com/health/coping-with-stress/SR00030/NSECTIONGROUP=2>. Acesso em: 24 maio 2014. Disponível em: <www.cdc.gov/violenceprevention/pub/coping_with_stress_tips.html>. Acesso em: 24 maio 2014.
80. Catalina Dolar, "Meditation Gives Your Mind Permanent Working Holiday; Relaxation Can Improve Your Business Decisions and Your Overall Health", *Investors Business Daily*, 24 mar. 2004, p. 89.
81. "Going Head to Head with Stress", *Personnel Today*, 26 abr. 2005, p. 1.
82. Kathryn Tyler, "Stress Management", *HR Magazine*, set. 2006, p. 79-82.
83. "Meditation Helps Employees Focus, Relieve Stress", *BNA Bulletin to Management*, 20 fev. 2007, p. 63. Veja também "Workplace Yoga, Meditation Can Reduce Stress", *EHS Today*, set. 2009, p. 21.
84. George DeVries III, "Innovations in Workplace Wellness: Six New Tools to Enhance Programs and Maximize Employee Health and Productivity", *Compensation & Benefits Review* 42, n. 1, jan./fev. 2010, p. 46-51.
85. Madan Mohan Tripathy, "Burnout Stress Syndrome in Managers", *Management and Labor Studies* 27, n. 2, abr. 2002, p. 89-111. Veja também Jonathon R. B. Halbesleben e Cheryl Rathert, "Linking Physician Burnout and Patient Outcomes: Exploring the Dyadic Relationship Between Physicians and Patients", *Health Care Management Review* 33, n. 1, jan./mar. 2008, p. 29.
86. Sabine Sonnentag et al., "Staying Well and Engaged When Demands Are High: The Role of Psychological Detachment", *Journal of Applied Psychology* 95, n. 5, 2010, p. 965-976.
87. Sharon Toker e Michael Biron, "Job Burnout and Depression: Unraveling Their Temporal Relationship and Considering The Role of Physical Activity", *Journal of Applied Psychology* 97, n. 3, 2012, p. 699.
88. Veja, por exemplo: Michael Christian et al., "Workplace Safety: A Meta Analysis of the Roles of Person and Situation Factors", *Journal of Applied Psychology* 94, n. 5, 2009, p. 1103-1127.
89. Andy Meisler, "Mind Field", *Workforce Management*, set. 2003, p. 58.
90. "Employers Must Move from Awareness to Action in Dealing with Worker Depression", *BNA Bulletin to Management*, 29 abr. 2004, p. 137.
91. "Risk of Carpal Tunnel Syndrome Not Linked to Heavy Computer Work, Study Says", *BNA Bulletin to Management*, 28 jun. 2001, p. 203.
92. Anne Chambers, "Computer Vision Syndrome: Relief Is in Sight", *Occupational Hazards*, out. 1999, p. 179-184. Disponível em: <www.osha.gov/ETOOLS/computerworkstations/index.html>. Acesso em: 28 maio 2005.
93. Sandra Lotz Fisher, "Are Your Employees Working Ergosmart?", *Personnel Journal*, dez. 1996, p. 91-92. Disponível em: <www.cdc.gov/od/ohs/Ergonomics/compergo.htm>. Acesso em: 24 maio 2014.
94. Disponível em: <www.ninds.nih.gov/disorders/repetitive_motion/repetitive_motion.htm>. Acesso em: 24 maio 2014.
95. Sandy Smith, "SARS: What Employers Need to Know", *Occupational Hazards*, jul. 2003, p. 33-35.
96. Susan Wells, "Does Work Make You Fat?", *HR Magazine*, out. 2010, p. 28.
97. Leonard Berry et al., "What's the Hard Return on Employee Wellness Programs?", *Harvard Business Review*, dez. 2010, p. 105.
98. Garber, "Introduction to the Human Resource Discipline of Safety and Security".
99. Ibid.
100. Baseado em "New Challenges for Health and Safety in the Workplace", *Workplace Visions* (Society for Human Resource Management), n. 3, 2003, p. 2-4. Veja também: J. L. Nash, "Protecting Chemical Plants from Terrorists: Opposing Views", *Occupational Hazards*, fev. 2004, p. 18-20.
101. "Survey Finds Reaction to Set. 11 Attacks Spurred Companies to Prepare for Disasters", *BNA Bulletin to Management*, 29 nov. 2005, p. 377.
102. "Study: Don't Silo Human Capital Risk". Disponível em: <www.shrm.org/hrdisciplines/ethics/articles>. Acesso em: 27 maio 2012.
103. Fontes de riscos *externos* incluem ambiente legal/regulamentar, político e empresarial (economia, e-business etc.) Fontes de riscos *internos* incluem questão financeira, estratégica, operacional, de segurança e integridade (peculato, roubo, fraude etc.) William Atkinson, "Enterprise Risk Management at Wal-Mart". Disponível em: <www.rmmag.com/MGTemplate.cfm?Section=RMMagazine&NavMenuID=128&template=/Magazine/DisplayMagazines.cfm&MGPreview=1&Volume=50&IssueID=205&AID=2209&ShowArticle=1>. Acesso em: 1 abr. 2009.
104. Paul Viollis e Doug Kane, "At Risk Terminations: Protecting Employees, Preventing Disaster", *Risk Management Magazine* 52, n. 5, maio 2005, p. 28-33.
105. M. Sandy Hershcovis et al., "Predicting Workplace Aggression: A Meta Analysis", *Journal of Applied Psychology* 92, n. 1, 2007, p. 228-238.
106. Alfred Feliu, "Workplace Violence and the Duty of Care: The Scope of an Employer's Obligation to Protect Against the Violent Employee", *Employee Relations Law Journal* 20, n. 3, inverno 1994/95, p. 395.
107. Dawn Anfuso, "Deflecting Workplace Violence", *Personnel Journal*, out. 1994, p. 66-77.
108. Feliu, "Workplace Violence and the Duty of Care", p. 395.
109. Veja, por exemplo: James Thelan, "Is That a Threat?" *HR Magazine*, dez. 2009, p. 61-63.
110. Feliu, "Workplace Violence and the Duty of Care".
111. Ibid., p. 401-402.
112. "Employers Battling Workplace Violence Might Consider Postal Service Plan". *BNA Bulletin to Management*, 5 ago. 1999, p. 241.
113. Viollis e Kane, "At Risk Terminations", p. 28-33.
114. Maurer, "Keeping Your SecurityProgram Active", p. 52.
115. Ibid.
116. Bill Roberts, "Are You Ready for Biometrics?", *HR Magazine*, mar. 2003, p. 95-99.
117. Maurer, "Keeping Your Security Program Active", p. 52.
118. "Focus on Corporate Security", *BNA HR Executive Series*, outono 2001, p. 4.
119. Ibid.
120. Louis Obdyke, "Investigating Security Breaches, Workplace Theft, and Employee Fraud", *Society for Human Resource Management Legal Report*, jan./fev. 2003, p. 1-2.
121. Craig Schroll, "Evacuation Planning: A Matter of Life and Death", *Occupational Hazards*, jun. 2002, p. 49-51.
122. Maurer, "Keeping Your Security Program Active", p. 52; Li Yuan et al., "Texting When There's Trouble", *The Wall Street Journal*, 18 abr. 2007, p. B1.
123. "Swine Flu Tests Employer Emergency Plan; Experts Urge Communicating Best Practices", *BNA Bulletin to Management*, 5 maio 2009, p. 137-144.
124. Sandy Devine, "Are You Ready for a Sudden Cardiac Arrest Emergency?", *EHS Today*, abr. 2009, p. 26-29.
125. "Business Continuity: What Is the Best Way to Plan for Disasters That Mai. Affect Our Business, Like the Gulf Oil Spill?". Disponível em: <www.shrm.org/templatestools>. Acesso em: 27 maio 2012.

PARTE 6 QUESTÕES ESPECIAIS EM ADMINISTRAÇÃO DE RECURSOS HUMANOS

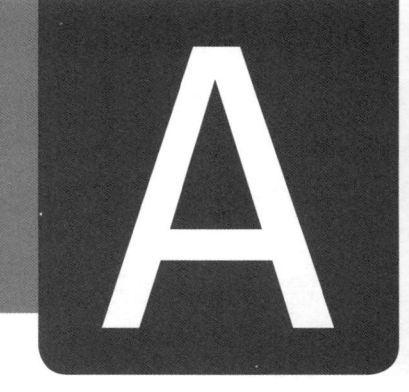

A

ONDE ESTAMOS AGORA:

Os Capítulos de 1 a 5 explicaram os conceitos básicos de administração de recursos humanos; em particular, como recrutar, selecionar, treinar, avaliar e remunerar empregados, além de proporcionar-lhes relações trabalhistas positivas e um ambiente de trabalho seguro. Na Parte 6, *Questões especiais em administração de recursos humanos*, voltamo-nos para a forma de gerir os recursos humanos em duas situações especiais: na gestão de RH em nível mundial e em pequenas empresas empreendedoras. Vamos, portanto, abranger:

- Módulo A, "Administração global de RH"
- Módulo B, "Administração de RH em pequenas empresas e o empreendedorismo"

Administração global de RH

Neste módulo, vamos abordar...

RH E A INTERNACIONALIZAÇÃO DOS NEGÓCIOS
MELHORIAS DAS MISSÕES INTERNACIONAIS POR MEIO DA SELEÇÃO
FORMAÇÃO E MANUTENÇÃO DE FUNCIONÁRIOS INTERNACIONAIS
COMO IMPLEMENTAR UM SISTEMA GLOBAL DE RH

RH e a internacionalização dos negócios

As empresas cada vez mais fazem negócios no exterior, e isso as confronta com vários desafios de gestão. Os gestores, agora, devem formular e executar produtos e planos de produção em nível mundial. Ford Motor, por exemplo, implementou recentemente uma nova estratégia "One Ford", que visa oferecer carros da marca semelhantes internacionalmente.

Ir para o exterior também significa que os empregadores devem tratar de questões internacionais de administração de recursos humanos. Por exemplo, "Devemos ter funcionários locais ou gestores norte-americanos em nossos escritórios da Europa?" e "Como devemos avaliar e pagar nossos funcionários na Ásia?.[1]

Desafios de recursos humanos nos negócios internacionais

Lidar com os desafios globais de recursos humanos não é fácil. O empregador enfrenta uma série de diferenças políticas, sociais, jurídicas e culturais nos países do exterior.

O que funciona em um país pode não funcionar em outro: um plano de incentivo pode dar certo nos Estados Unidos, mas ser inadequado em alguns países da Europa Oriental, onde os trabalhadores precisam de um salário semanal previsível para necessidades básicas. No entanto, apesar dessas diferenças entre os países, o empregador precisa criar práticas de recursos humanos eficazes para a instalação local de cada país e para a empresa como um todo.[2] A distância aumenta o desafio. Por exemplo, como o diretor de Recursos Humanos da Starbucks, com sede em Seattle, nos EUA, deve acompanhar os melhores desempenhos dos gestores Starbucks no exterior? O Quadro *Contexto estratégico* ilustra como os esforços de globalização de uma empresa e as diferenças interculturais se combinam com a estratégia de RH da empresa.

Contexto estratégico

Sindicalização das lojas Walmart na China

A estratégia competitiva do Walmart é ser líder de baixo custo de varejo, e evitar os sindicatos tem sido uma de suas principais táticas para manter os custos baixos. Com mais de 2,1 milhões de empregados,[3] o Walmart pretende manter um reinado no controle de pessoal em desempenho, salários e benefícios. Os sindicatos, provavelmente, elevariam os custos trabalhistas do Walmart e impediriam sua capacidade desejável de fazer mudanças de pessoal.

Com seu poderoso apoiador do governo, a Federação de Sindicatos da China, os sistemas culturais, políticos, relações trabalhistas e legais desse país são (literalmente) distantes do que o Walmart aborda nos Estados Unidos. Há vários anos, foi formado o primeiro sindicato Walmart na China.[4] Não demorou muito para Walmart China experimentar a diferença que os sindicatos podem fazer. A empresa ofereceu três opções de transferência para pontos de venda em outras cidades, a 54 gerentes de nível médio locais, a fim de aceitarem rebaixamentos ou deixarem o posto.[5] Não querendo mudar, os gestores da China entraram em ação. Um levou 11 colegas para a federação municipal de assistência sindical, e o que eles fizeram funcionou. Walmart, aparentemente, suspendeu sua remodelação planejada e teve de ajustar a sua estratégia de RH na China.

Administração de recursos humanos internacionais (ARHI)

Refere-se aos conceitos de administração de recursos humanos e às técnicas que empregadores utilizam para gerir os desafios de recursos humanos em suas operações internacionais.

O que é administração de recursos humanos internacionais?

Empregadores administração na **administração de recursos humanos internacionais (ARHI)** para lidar com os desafios globais de RH como estes. Podemos definir ARHI como conceitos e técnicas de administração de recursos humanos que empregadores utilizam para gerir os desafios de recursos humanos de suas operações internacionais. ARHI geralmente concentra-se em três temas principais:[6]

1. **Administração de recursos humanos em empresas globais** Por exemplo, seleção, treinamento e compensação de funcionários que trabalham ou são atribuídos ao exterior.
2. **Gestão de funcionários expatriados** Aqueles dos postos no exterior.
3. **Comparação das práticas de administração de recursos humanos** Acontece em uma variedade de diferentes países

Como diferenças entre países afetam a administração de recursos humanos

Como dissemos, os desafios da administração de recursos humanos internacionais não derivam apenas das distâncias envolvidas (embora isso seja importante). O maior problema é lidar com as diferenças culturais, políticas, legais e econômicas entre os países e seus povos. O resultado é que o que funciona em um país pode falhar em outro.

A QUESTÃO As empresas que operam apenas dentro dos Estados Unidos geralmente têm o luxo de lidar com um conjunto relativamente limitado de variáveis econômicas, culturais e legais. Diferentes estados e municípios têm suas próprias leis que afetam o RH. No entanto, um quadro federal básico ajuda a produzir um conjunto bastante previsível de diretrizes legais em temas como a discriminação no emprego, as relações de trabalho, a segurança e a saúde. Da mesma forma, os riscos políticos dentro dos Estados Unidos são mínimos. Riscos políticos significam "qualquer ação governamental ou evento politicamente motivado que poderia afetar negativamente a rentabilidade de longo prazo, ou o valor da empresa".[7] Por exemplo, o presidente da Argentina mudou-se para nacionalizar uma grande companhia de petróleo.

A empresa que explora várias unidades no exterior não é abençoada com tanta homogeneidade. Por exemplo, mesmo com a União Europeia cada vez mais padronizada, feriados mínimos obrigatórios variam de nenhum no Reino Unido, a cinco semanas por ano em Luxemburgo. O ponto é que a necessidade de adaptar as políticas e os procedimentos de pessoal para as diferenças entre os países complica a administração de recursos humanos em empresas multinacionais.

FATORES CULTURAIS Por um lado, os países diferem amplamente em suas culturas, os valores básicos que seus cidadãos partilham, como esses valores se manifestam no país, programas sociais e formas de fazer as coisas. Diferenças culturais significam que as pessoas reagem de forma diferente no exterior para situações idênticas ou semelhantes. Por exemplo, em um estudo, os gestores dos Estados Unidos estavam mais preocupados com a obtenção do trabalho feito, e os gerentes chineses com a manutenção de um ambiente harmonioso, colocando os gerentes de Hong Kong entre esses dois.[8]

O estudo de Hofstede Estudos do professor Geert Hofstede ilustram as diferenças culturais internacionais. Hofstede diz que as sociedades diferem em cinco valores, os quais ele chama de: distância do poder, individualismo, "masculinidade", aversão à incerteza e orientação de longo prazo. Por exemplo, a distância do poder representa o grau em que as pessoas menos poderosas aceitam a distribuição desigual de poder na sociedade.[9] Ele concluiu que a aceitação de tal desigualdade foi maior em alguns países (como o México) do que em outros (como a Suécia).[10] Por sua vez, essas diferenças se manifestam em comportamentos diferentes. Para ver como a cultura do seu país se compara com os outros, acesse <www.geert-hofstede.com/hofstede_dimensions.php>, em inglês.

Diferenças culturais significam que as pessoas reagem de forma diferente no exterior para situações idênticas ou semelhantes.

Fonte: David Pearson/Alamy

Diferenças culturais como essas ajudam a formar políticas de recursos humanos. Por exemplo, em um estudo recente, a distância do poder (aceitação da distribuição desigual de poder) foi positivamente correlacionada com a diferença entre o pagamento do CEO e de outros trabalhadores.[11]

FATORES LEGAIS Os empregadores em expansão no exterior devem estar familiarizados com os sistemas de direito do trabalho nos países em que estão entrando. Por exemplo, na Índia, as empresas com mais de 100 trabalhadores devem obter permissão do governo para demitir alguém.[12] No Brasil, algumas leis trabalhistas resultam do código de trabalho pré-Segunda Guerra Mundial na Itália, e podem ser incrivelmente caras para os empregadores. Assim, a demissão de uma pessoa sem "justa causa" poderia desencadear uma multa de 4% do montante total que o trabalhador já ganhou.[13]

Como outros exemplos, a prática do emprego como acontece nos EUA não existe na Europa, onde demitir trabalhadores geralmente é caro. E, em muitos países europeus, grupos

Conselhos empresariais
Grupos formais, representantes dos trabalhadores eleitos pelos trabalhadores que se reúnem mensalmente com os gestores para discutir temas que vão desde políticas de não fumantes até demissões.

Codeterminação
Direito a uma voz na definição de políticas da empresa, os trabalhadores em geral elegem representantes para o conselho de supervisão.

atuam em **conselhos formais**, eleitos pelos trabalhadores, que se reúnem mensalmente com os gestores para discutir temas que vão desde as políticas de não fumantes até demissões.[14]

Codeterminação é a regra na Alemanha e em vários outros países. **Codeterminação** é o meio pelo qual os empregados têm o direito legal de voz na definição das políticas da empresa. Trabalhadores elegem seus próprios representantes para o conselho de fiscalização do empregador.[15]

SISTEMAS ECONÔMICOS Da mesma forma, as diferenças nos sistemas econômicos são traduzidas em diferenças nas práticas de RH internacionais. Os economistas distinguem entre economias de mercado, planejadas e economias mistas. Nas economias de mercado (como os Estados Unidos), os governos desempenham um papel relativamente contido na decisão de fatores como o que vai ser produzido e vendido, e a que preços. Nas economias planejadas (como a Coreia do Norte), o governo decide e planeja o que produzir e vender, e a que preço. Nas economias mistas (como a China), muitas indústrias ainda estão sob controle direto do governo, enquanto outras tomam as decisões de preços e de produção com base na demanda do mercado.

Os custos trabalhistas também variam amplamente. Por exemplo, os custos de remuneração por hora (em dólares americanos) para trabalhadores de produção variam de US$ 2,92 no México, US$ 6,58 em Taiwan, US$ 24,59 nos Estados Unidos, US$ 29,73 no Reino Unido e US$ 37,66 na Alemanha.[16]

Há outros custos trabalhistas a serem considerados. Por exemplo, em relação às habituais duas ou três semanas de férias nos EUA, os trabalhadores na França podem esperar dois dias e meio de férias remuneradas por mês completo de serviço por ano.

EUROPA Para apreciar os efeitos das diferenças culturais, econômicas e legais sobre o emprego, considere a Europa. Ao longo das últimas quatro décadas, os países separados da antiga Comunidade Europeia (CE) foram unificados em um mercado comum de bens, serviços, capitais e até mesmo de trabalho, chamada União Europeia (UE). De um modo geral, os produtos e o trabalho pode se mover de um país para outro com alguns impedimentos.

Empresas que fazem negócios na Europa (incluindo empresas norte-americanas como a Ford) devem ajustar suas políticas e práticas de recursos humanos para ambas, as diretivas da União Europeia e as leis trabalhistas específicas de cada país. Os objetivos das diretivas são obrigatórios para todos os países membros (embora cada país membro possa implementar as diretrizes, uma vez que assim o desejar). Por exemplo, a confirmação da orientação de trabalho obriga os empregadores a fornecer aos funcionários termos e condições por escrito de seu emprego. No entanto, esses termos podem variar de país para país.[17] Na Inglaterra, uma declaração escrita detalhada é necessária, incluindo coisas como remuneração, emprego, data em que começou, e horas de trabalho. A Alemanha não exige um contrato escrito, mas é habitual ter um.

A interação de diretrizes e leis do país significa que as práticas de recursos humanos podem variar de país para país na UE. Por exemplo:[18]

- A maioria dos países da UE têm sistemas de salário mínimo em vigor. Alguns estabelecem limites nacionais. Outros permitem que os empregadores e os sindicatos resolvam os seus próprios salários mínimos.
- A Europa tem vários níveis de representação dos trabalhadores. Na França, por exemplo, os empregadores com 50 ou mais empregados devem consultar os representantes dos seus trabalhadores sobre questões como condições de trabalho, treinamento, planos de participação nos lucros e demissões. A maioria das empresas da UE deve "informar e consultar" os funcionários sobre ações relacionadas ao empregado, mesmo que as empresas não operem fora das fronteiras dos seus próprios países.[19]
- Em muitos países europeus, as comissões de trabalhadores substituem as mediações de gestão informais ou sindicais típicas em empresas norte-americanas. Da mesma forma, a cogestão é a regra na Alemanha e em vários outros países. Nos Estados Unidos, os salários e os benefícios são definidos pelo empregador, ou pelo empregador em negociações com seus sindicatos. As leis de codeterminação, incluindo a Lei Constitucional Works, determinam, em grande parte, a natureza das políticas de RH em muitas empresas alemãs.

Melhoria das missões internacionais por meio da seleção

Cada vez mais, a gestão internacional de recursos humanos se concentra em como os empregadores devem gerir as suas funções globais de RH. Por exemplo, em termos de aplicação de avaliação da sede e práticas de remuneração no exterior. No entanto, preencher vagas no exterior tem sido, tradicionalmente, o coração da gestão internacional de recursos humanos. O processo envolve a identificação e a seleção das pessoas que irão ocupar os cargos no exterior, e, em seguida, colocá-las nessas posições.

Staff internacional: próprio ou local?

Expatriados
Funcionários de uma empresa no exterior, e que não são cidadãos do país em que estão trabalhando.

Cidadãos do país de origem
Cidadãos do país em que a empresa multinacional tem a sua sede.

Locais
Funcionários que trabalham para a empresa no exterior e são cidadãos dos países onde eles estão trabalhando, também conhecidos como cidadãos do país anfitrião.

Nacionais de países terceiros
Cidadãos de um país que não seja o da sede ou o país de acolhimento.

Em geral, podemos classificar funcionários de uma empresa internacional como expatriados, nacionais do país de origem, locais (nacionais do país anfitrião), ou nacionais de países terceiros.[20] **Expatriados** são os não cidadãos dos **países nos quais eles estão trabalhando**. Expatriados também podem ser nacionais do país de origem, isto é, os cidadãos do país onde a empresa está sediada. **Locais** (também conhecidos como cidadãos do país anfitrião) trabalham para a empresa no exterior e são cidadãos dos países onde eles estão trabalhando. **Nacionais de países terceiros** são cidadãos de um país que não o país de origem ou o anfitrião, por exemplo, um executivo francês que trabalha no ramo de Xangai de um banco multinacional dos EUA.[21]

LOCAIS A maioria dos empregados será "local", por uma boa razão. Nos Estados Unidos, pode ser um desafio trazer trabalhadores de fora, portanto, usar habitantes dos Estados Unidos pode ser uma necessidade. De acordo com as regras existentes, os empregadores dos EUA devem tentar recrutar trabalhadores norte-americanos antes de arquivar os pedidos de certificação de mão de obra estrangeira com o Departamento do Trabalho.[22]

No exterior, o custo é uma grande consideração na "contratação local". Algumas empresas não percebem o que custa para enviar expatriados ao exterior. Agilent Technologies estima que custou cerca de três vezes o salário anual do expatriado para manter a pessoa no exterior por um ano. Mas quando a Agilent contratou uma empresa externa para lidar com seu programa de expatriados, descobriu que os custos eram muito maiores. A Agilent, em seguida, reduziu o número de expatriados enviados para o exterior.[23] No entanto, o custo também pode trabalhar no sentido oposto. Por exemplo, dificuldades para atrair estagiários de gestão para trabalhar em empregos de hospitalidade com baixos salários nos Estados Unidos faz com que algumas cadeias hoteleiras contratem pessoas do exterior para preencher esses postos de trabalho. Finalmente, o governo e os cidadãos do país de acolhimento podem ver a multinacional como um "cidadão melhor", se usa talentos do local.

EXPATRIADOS Há também boas razões para utilizar expatriados, tanto do país de origem quanto de terceiros. Os empregadores, muitas vezes, não conseguem encontrar candidatos locais, com as qualificações técnicas necessárias. Como observado anteriormente, as empresas também veem uma temporada de sucesso no exterior, como uma etapa necessária no desenvolvimento de altos gestores. O controle é muito importante. A suposição é que os gestores do país de origem já estão mergulhados na política e na cultura da empresa e, portanto, mais propensos a implementar as instruções e as maneiras de fazer as funções necessárias da sede.

No entanto, a tendência é usar os habitantes locais. Colocar expatriados no exterior é caro, há potenciais problemas de segurança de expatriados, e, ao retornar, os expatriados costumam ir para outros empregadores, as faculdades estão produzindo candidatos de alta qualidade no exterior, bem como a recente recessão fez o custo de colocação de funcionários no exterior ainda mais atraente. Uma pesquisa mostrou que cerca de 47% das multinacionais norte-americanas estão mantendo o tamanho de suas forças de trabalho de expatriados, 18% estavam aumentando, e 35% foram diminuindo o número de expatriados.[24] A equipe de recursos humanos precisa controlar as despesas com expatriados, como o Quadro *RH como centro de lucro* explica.

RH como centro de lucro

Redução dos custos de expatriação

Dada a despesa de envio de funcionários (muitas vezes, dezenas ou centenas deles) para missões no exterior, a equipe de recursos humanos desempenha um papel central no controle e na redução de custos de expatriados. Uma pesquisa recente realizada pela Mercer (Pesquisa Internacional de Atribuições da Mercer 2010) mostra os passos a serem seguidos pelos gestores de RH para reduzir esses gastos (a Mercer oferece serviços de consultoria, outsourcing e serviços de investimento para os empregadores em todo o mundo).[25] Primeiro, as empresas estão aumentando o número de transferências de curto prazo. Isso permite que usem atribuições de menor custo de curto prazo para substituir alguns trabalhos de longo prazo que exigem apoio de expatriados (e suas famílias) no exterior, por períodos prolongados. Cerca de 50% das empresas pesquisadas pela Mercer também estão substituindo alguns expatriados por contratações locais. Com um olho na redução de custos, muitos empregadores foram rever as políticas de suas empresas sobre questões como habitação, educação e mudança, juntamente a subsídios e prêmios de expatriados (subsídio de custo de vida e mobilidade/prêmios de qualidade de vida).[26]

A SOLUÇÃO HÍBRIDA Hoje, a escolha não é apenas entre funcionários expatriados contra locais; há uma solução híbrida. Uma pesquisa mostrou que cerca de 78% dos empregadores tinham alguma forma de política de "localização". Esta é uma política de transferência de um funcionário nacional do país de origem para uma subsidiária estrangeira, como uma "transferência permanente". O empregador, aqui, não trata o empregado (que assumidamente quer ir para o estrangeiro) como um expatriado, mas como, digamos, um contratado local francês.[27] Por exemplo, funcionários da IBM dos Estados Unidos originários da Índia, eventualmente preencherem muitos dos 5 mil empregos que a IBM passou recentemente dos Estados Unidos para a Índia. Esses funcionários eleitos para voltar para a Índia, recebem como locais na Índia.

TERCEIRIZAÇÃO Como explicamos no Capítulo 5, processos de negócio de terceirização, como fabricação e operações de call center no exterior e, assim, funcionários locais no exterior fazem trabalhos que os empregados da empresa faziam, está crescendo rapidamente. Cerca de 3 milhões de empregos terão mudado ao exterior entre 2000 e 2015.[28]

Terceirização de empregos dos Estados Unidos para países de baixos salários enreda a equipe de recursos humanos nas questões econômicas, políticas e culturais que discutimos anteriormente. O Quadro *RH na prática* ilustra como gestores de recursos humanos lidam com algumas dessas questões.

RH na prática

De que forma a administração de recursos humanos pode facilitar as operações de trabalho no exterior

Gestores de recursos humanos desempenham um papel central nas decisões de terceirização. Empregadores foram entrevistados na IBM Business Consulting Services para ver exatamente qual o papel do RH nessas decisões. Aqui está uma amostra do que foi observado.[29]

Papel do RH na escolha dos locais de terceirização no exterior

Não é aconselhável para os empregadores escolher um local sem a participação da equipe de recursos humanos. Por exemplo, o RH ajuda a alta gestão:[30]

- a determinar os custos totais do trabalho. Eles incluem os salários e os benefícios diretos, bem como os custos potenciais, como pagamento de indenizações;
- a entender os mercados de trabalho locais, por exemplo, em termos de seu tamanho, nível de educação, sindicatos e competências linguísticas;

- a entender como a atual reputação relacionada com o emprego da empresa na localidade pode afetar a terceirização para essa localidade;
- a decidir o quanto a empresa deve integrar a força de trabalho local na organização societária da empresa matriz. Por exemplo, talvez seja melhor que os funcionários da execução de tarefas relacionadas a clientes estratégicos (como de engenharia) sejam empregados. Para outros (como de call centers), pode ser melhor permanecer contratados ou empregados de empresas fornecedoras independentes.

Papel do RH em recrutamento e seleção para terceirização no exterior

Nas discussões da IBM com empregadores terceirizados, estes últimos destacaram três questões de recrutamento:

- **Falta de habilidade** "Apesar de grandes grupos de candidatos para as vagas de iniciantes, há guerra por talentos em curso em muitos desses mercados de trabalho [de baixos salários]".[31] Isso muitas vezes requer receber funcionários de outras empresas locais usando assinatura de bônus, salários mais altos e melhores políticas de retenção de pessoal, como a ampliação das oportunidades de promoção.
- **Contratação a granel** A necessidade de contratar centenas ou milhares de funcionários ao mesmo tempo complica o processo. Os empregadores buscam cada vez mais as agências de emprego, o encaminhamento de funcionários e outros meios, incluindo recrutamento em faculdades.
- **Obstáculo** "Vários dos entrevistados indicaram que o grande número de potenciais candidatos, muitas vezes, ofusca a capacidade de as empresas examinarem e avaliarem esses indivíduos". [32]

Papel do RH na retenção de empregados terceirizados

A IBM descobriu que "talvez, o maior desafio que o RH enfrenta seja a retenção de funcionários talentosos, distribuídos globalmente em centros de atendimento de back-office e atendimento ao cliente".[33] A natureza de alta pressão desses empregos combina com a falta de habilidade e desencadeamento de desgaste. Para reduzir o alto atrito, os empregadores estão tomando medidas como:

- decidir o que é um nível de atrito aceitável, para medir o desempenho de retenção do empregador;
- identificar quais "alavancas" reduzem o atrito. Essas alavancas incluem mais treinamento e desenvolvimento, melhor remuneração e benefícios, além de maiores oportunidades de carreira.

Equipes virtuais
Colegas de trabalho em grupos, geograficamente dispersos, que interagem, usando uma combinação de tecnologias de telecomunicações e informação para realizar uma tarefa organizacional.

Etnocêntrica
Política de gestão que leva à criação de decisões de pessoal orientadas para o mercado de origem.

Policêntrica
Política de gestão orientada para ocupar cargos com talento local.

Geocêntrica
Política de pessoal que busca as melhores pessoas para postos-chave de toda a organização, independentemente da nacionalidade.

UTILIZAÇÃO DE EQUIPES TRANSNACIONAIS VIRTUAIS Gerenciar internacionalmente pode requerer os serviços de uma equipe "transnacional", composta por funcionários cujas localizações e atividades abrangem muitos países.[34] Assim, um fabricante europeu de bebidas formou uma "força-tarefa de produção europeia", com 13 membros de suas instalações em cinco países. Sua tarefa é analisar quantas fábricas a empresa deve operar na Europa, qual o tamanho que deveriam ter e onde colocá-las.[35]

Muitas vezes, essas equipes não se encontram face a face, mas trabalham em ambientes virtuais. As **equipes virtuais** são grupos de colegas de trabalho, geograficamente dispersos, que interagem usando uma combinação de tecnologias de telecomunicações e informação para realizar uma tarefa organizacional.

Valores e política internacional de pessoal

Não são apenas os fatos, tais como habilidades técnicas ou taxas de desgaste que influenciam se os empregadores alocam expatriados, locais ou terceiros. Além disso, os melhores valores dos executivos desempenham um papel, e alguns executivos são apenas mais "orientados pela expatriação".

Especialistas classificam os valores das pessoas como **etnocêntricos**, **policêntricos** ou **geocêntricos**, e esses valores se traduzem em comportamentos e políticas corporativas correspondentes.[36] Em uma empresa cujos gestores de topo tendem a ser etnocêntricos, "a atitude predominante é de que as atitudes de origem, estilo de gestão, conhecimento, critérios de avaliação e gerência sejam superiores a qualquer coisa que o país anfitrião possa ter para oferecer".[37] Na corporação policêntrica, "existe uma crença consciente de que os gestores do país anfitrião apenas realmente compreendem a cultura e o comportamento do mercado do seu país e, portanto, a subsidiária estrangeira deve ser gerida por pessoas locais".[38] Executivos geocêntricos acreditam que devem vasculhar toda a gestão de pessoal da empresa em uma base global, no pressuposto de que o melhor gerente para uma posição específica pode estar em qualquer um dos países em que a empresa atua.

POLÍTICAS DE PESSOAL Esses valores traduzem-se em três amplas políticas de recursos humanos internacionais. Com uma política de pessoal etnocêntrica, a empresa tende a ocupar postos-chaves com pessoas de "casa". No Royal Dutch Shell, por exemplo, os agentes financeiros em todo o mundo tendem a ser holandeses. A empresa orientada como policêntrica teria funcionários de suas subsidiárias no exterior com pessoal do país anfitrião, e seus escritórios com pessoas de cada país. A política de pessoal geocêntrico orienta a empresa para escolher as melhores pessoas para os postos-chave, independentemente da nacionalidade.

Ética e códigos de conduta

Em termos de valores, os empregadores também precisam garantir que seus funcionários no exterior estejam aderindo aos códigos de ética de sua empresa. Fazer isso requer mais do que promulgar o manual do funcionário da empresa aos contratados no exterior. Por exemplo, alguns países aderem ao "emprego pela vontade", por isso, manuais que dizem que o emprego é pela vontade "podem tornar contratos vinculativos".[39] Os empregados, em muitos países, também têm amplos direitos à consulta sobre as condições de trabalho em suas leis trabalhistas. Aqui, manuais de estilo nacional podem violar o dever de o empregador fornecer informações, consulta e participação aos trabalhadores.[40]

Às vezes, a principal preocupação do empregador é estabelecer padrões globais para aderir às leis nacionais, que têm impactos transfronteiriços. Aqui, os empregadores devem estabelecer políticas em questões como discriminação, assédio e suborno. Para outras empresas, a principal preocupação pode ser impor códigos de conduta para evitar, por exemplo, condições desumanas. E o suborno, abominável na maioria dos municípios, é ignorado em outros. Recentemente, uma empresa pagou US$ 10 milhões para resolver acusações de que tinha subornado autoridades chinesas e sul-coreanas para obter US$ 54 milhões em contratos com o governo.[41]

Seleção de gestores internacionais

Na maioria dos aspectos, a seleção de gestores para trabalhos no exterior é semelhante ao rastreio para trabalhos no local. Os candidatos precisam de conhecimento técnico e habilidades para fazer o trabalho, além de inteligência.

No entanto, as atribuições de estrangeiros são diferentes. O expatriado e sua família terá de enfrentar e se adaptar aos colegas, cuja cultura pode ser drasticamente diferente da sua. E há o estresse de estar em uma terra estrangeira.

Apesar disso, um estudo concluiu que, "tradicionalmente, a maioria da seleção de expatriados parece ser feita apenas com base em registros bem-sucedidos de desempenho de trabalho no país de origem".[42] Se o candidato pode se adaptar a uma nova cultura, é muitas vezes secundário.

Por outro lado, as melhores práticas de seleção internacional incluem o fornecimento de previsões realistas para transferências internacionais em perspectiva, facilitando a autosseleção, a fim de permitir aos candidatos estrangeiros decidir por si mesmos se as atribuições estão boas para eles, e utilizando os procedimentos tradicionais de seleção com foco em características como abertura.[43] Veremos o detalhamento de cada um.

TESTE Empregadores podem tomar medidas para melhorar o processo de seleção de ex--patriados e os testes são uma ferramenta óbvia. Por exemplo, os programas de desempenho, Inc. (PPI), têm usado o seu inventário de missão no exterior (OAI) há mais de 30 anos, para ajudar os empregadores a fazer um melhor trabalho de seleção de candidatos para trabalhos no exterior. De acordo com o PPI, "a OAI é uma avaliação on-line que mede nove atributos e seis fatores de contexto cruciais para uma adaptação bem sucedida a outra cultura, sendo fornecido para o candidato expatriado e seu cônjuge ou parceiro e estabelecendo normas locais e estudos sobre a validação em curso da OAI".[44]

PREVISÕES REALISTAS Mesmo nas colocações estrangeiras mais conhecidas, haverá barreiras linguísticas, crises de saudade e necessidade de as crianças se adaptarem a novos amigos. Previsões realistas sobre os problemas, bem como os benefícios culturais do país são, portanto, uma parte importante do processo de seleção. A regra deve ser sempre a de "colocar tudo para fora" previamente, como muitas multinacionais fazem.[45]

TRIAGEM DE ADAPTAÇÃO Com flexibilidade e adaptabilidade no topo da lista do que faz expatriados de sucesso, a triagem de adaptação deve ser parte do processo de seleção. Os empregadores, muitas vezes, recorrem a psicólogos especialmente treinados para isso. A triagem de adaptação visa avaliar o provável sucesso do cessionário (e cônjuge) em lidar com a transferência externa e para alertá-los sobre questões como o impacto sobre as crianças, que o movimento pode envolver.

As empresas costumam olhar para os candidatos estrangeiros, cujo trabalho e experiência fora do trabalho, educação e competências linguísticas já demonstram uma facilidade para viver e trabalhar com diferentes culturas. Mesmo o sucesso em viagens ao exterior ou em programas de estudantes estrangeiros podem fornecer alguma base para acreditar que o potencial adquirente pode se ajustar quando chega ao exterior.

TENDÊNCIAS DE SELEÇÃO A situação da seleção de expatriados parece estar melhorando. Ao longo das últimas duas décadas, houve um aumento no número de critérios de seleção que as empresas utilizam para selecionar os expatriados. Os empregadores já utilizam regularmente os critérios de seleção, como habilidades técnicas/profissionais, disposição dos estrangeiros para ir, experiência no país, fatores de personalidade (incluindo flexibilidade), capacidade de liderança, capacidade de trabalhar com equipes e avaliações de desempenho anteriores no processo de seleção. Isso pode explicar o declínio nas taxas de retorno precoce das empresas norte-americanas.[46] O Quadro *Gestão da nova força de trabalho*, a seguir, expande o assunto.

Gestão da nova força de trabalho

Envio de gerentes mulheres ao exterior

Enquanto as mulheres representam cerca de 50% do talento da média gerência em empresas dos Estados Unidos, elas perfazem apenas 21% dos gestores enviados ao exterior. Esse é um valor acima dos cerca de 3% em 1980 e 15% em 2005, mas ainda é baixo.[47] Qual a explicação para isso?

Muitos dos equívocos que impedem o progresso das mulheres ao longo dos anos ainda existem.[48] Os gerentes de linha fazem essas tarefas, e muitos acham que as mulheres não querem trabalhar no exterior, estão relutantes em mudar com as suas famílias ou não conseguem convencer seus cônjuges a se mudarem.[49] Na verdade, essa pesquisa constatou que as mulheres querem missões internacionais; elas não são menos inclinadas a mudar com suas famílias, e seus cônjuges homens não são necessariamente relutantes.

A segurança é outra questão. Os empregadores tendem a assumir que as mulheres no exterior são mais propensas a se tornar vítimas de crimes. No entanto, a maioria das mulheres expatriadas avaliadas disse que a segurança não era um problema maior para elas do que para os homens.[50]

Medo de preconceitos culturais contra as mulheres é outro problema comum. Em algumas sociedades, as mulheres precisam seguir regras diferentes do que os homens, por exemplo, em termos de vestuário. No entanto, como um expatriado disse: "Mesmo nas culturas mais rígidas, uma vez que eles reconhecem que as mulheres podem fazer o trabalho, e que sua competência foi demonstrada, torna-se um problema menor".[51]

Os empregadores tomam várias medidas para superar equívocos como esses, e enviam mais mulheres para o exterior. Por exemplo, *formalizam* um processo para identificar funcionários dispostos a assumir as atribuições no exterior. Na Gillette, por exemplo, os superiores utilizam a avaliação de desempenho a fim de identificar interesses de carreira do subordinado, inclusive para missões no exterior. *Capacitar os gestores* a compreender como os funcionários realmente se sentem quanto a ir para o exterior e sobre sua verdadeira segurança e questões culturais é fundamental. Ter expatriadas mulheres de sucesso para *ajudar a recrutar* outras na mesma situação e fornecer ao cônjuge delas *assistência de emprego* são algumas soluções.[52]

Como evitar falhas em missões internacionais

Determinar o motivo de estrangeiros falharem é algo "caseiro". Um estudo com 750 empresas japonesas, dos EUA e Europa fornece algumas pistas. Os empregadores com os melhores registros de expatriados concentram suas atribuições no desenvolvimento de lideranças; atribuem ao exterior pessoas cujas habilidades técnicas são combinadas ou ultrapassam suas habilidades interculturais, e tem atribuições de expatriados que incluem um processo de repatriamento deliberado.[53]

PERSONALIDADE Em termos de personalidade, funcionários expatriados bem-sucedidos tendem a ser indivíduos extrovertidos, agradáveis e emocionalmente estáveis.[54] Um estudo descobriu que três características (extroversão, afabilidade e estabilidade emocional) foram inversamente relacionadas com o desejo do expatriado para concluir a missão; já consciência foi positivamente relacionada com o desempenho do expatriado. Não surpreendentemente, pessoas conscientes e sociáveis parecem mais propensas a atender novos contextos culturais.[55]

As intenções são muito importantes: por exemplo, pessoas que querem carreiras no exterior se esforçam mais para se ajustar a uma vida assim.[56] Da mesma forma, os expatriados que estão mais satisfeitos com seus empregos fora do país de origem são mais propensos a se adaptar à atribuição estrangeira.[57]

Estudos também sugerem que não é o quanto diferente o país anfitrião é culturalmente em relação ao país de origem da pessoa que causa problemas, mas sim a capacidade de a pessoa se adaptar.[58] Algumas pessoas são tão culturalmente à vontade que se transferem muito bem para qualquer lugar, outros vão falhar não importa o lugar.[59]

PRESSÕES FAMILIARES Estudos ressaltam este fato: geralmente, não são fatores técnicos ou culturais, mas sim familiares e pessoais que minam transferências internacionais. No entanto, os empregadores ainda tendem a selecionar os expatriados com base na competência técnica, em vez das habilidades interpessoais ou situações domésticas:[60]

O processo de seleção é fundamentalmente falho. Expatriados raramente falham porque a pessoa não pode acomodar-se às exigências técnicas do trabalho, eles não conseguem por causa da família, de questões pessoais e da falta de habilidades culturais que não fizeram parte do processo.[61] O Quadro *RH na prática* mostra como evitar isso.

Geralmente não são fatores técnicos ou culturais, mas sim familiares e pessoais que minam transferências internacionais.

Fonte: Corbis Bridge/Alamy

RH na prática

Algumas soluções práticas para o desafio da expatriação

Os gestores podem tomar várias medidas concretas para melhorar o sucesso do expatriado no exterior.

- Em primeiro lugar, fornecimento de previsões realistas do que esperar no exterior, seleção cuidadosa (de ambos, os expatriados em perspectiva e seu cônjuge), melhor orientação e melhores pacotes de benefícios.
- Redução da duração do trabalho.
- Utilização de vídeos on-line e software de tomada de decisão de grupo para permitir que as equipes virtuais globais conduzam os negócios sem realocação.[62]
- Formação de programas "globais Buddy". Aqui, gestores locais ajudam os novos expatriados com conselhos sobre a política do escritório, normas de comportamento e onde recebem assistência médica de emergência.[63]
- Aproveitamento de coaches executivos para orientar e trabalhar com os gestores expatriados.[64]

Formação e manutenção de funcionários internacionais

A seleção cuidadosa é apenas o primeiro passo para garantir o sucesso da pessoa no exterior. O empregado, então, requer um treinamento especial. A empresa também deve abordar as políticas internacionais de recursos humanos para avaliar e remunerar os funcionários estrangeiros da empresa, e para a manutenção de relações de trabalho saudáveis.

Orientar e treinar funcionários em missão internacional

Quando se trata de orientação e treinamento necessário para o sucesso de expatriados no exterior, as práticas da maioria dos empregadores norte-americanos refletem mais conversa do que substância. Os executivos tendem a concordar que transferências internacionais ocorrem melhor quando há treinamento especial (em questões como a língua e a cultura) que eles exigem, porém, poucos realmente a fornecem.

Muitos fornecedores oferecem programas de treinamento pré-embarque transculturais. Em geral, os programas utilizam aulas expositivas, simulações, vídeos e leituras. Um programa visa proporcionar ao treinando com (1) os princípios básicos da história do novo país, a política, as normas comerciais, o sistema de educação e a demografia; (2) uma compreensão de como os valores culturais afetam percepções, valores e comunicação; e (3) exemplos explicam por que se mudar para um novo país pode ser difícil, e como lidar com esses desafios.[65] Outro visa aumentar a autoconsciência e a compreensão intercultural, para oferecer oportunidades a serem abordadas e reduzir o estresse, fornecendo estratégias de enfrentamento.[66] Um terceiro prepara os indivíduos e suas famílias "para interagir com sucesso na vida diária e situações de negócios no exterior".[67]

Alguns empregadores aproveitam os gestores que retornam como recursos. A Bosch realiza seminários regulares, em que os recém-retornados transmitem a sua experiência para os gerentes e suas famílias que vão para o exterior.

FORMAÇÃO CONTÍNUA Além dessa formação pré-partida, mais empresas estão oferecendo treinamento transcultural contínua no país durante os estágios iniciais de uma missão no exterior.

Por exemplo, os gestores no exterior (ambos expatriados e locais) ainda precisam de orientação para desenvolvimento tradicional de habilidades. Em muitas empresas, incluindo a IBM, há rotação de cargos para ajudar os gerentes no exterior a crescer profissionalmente. A IBM e outras empresas também têm centros de desenvolvimento de gestão em todo o mundo, onde os executivos podem aprimorar suas habilidades. E os programas em sala de aula (como os da Escola de Negócios de Londres, ou pelo INSEAD, na França) oferecem aos executivos no exterior oportunidades educacionais, para adquirir MBAs, por exemplo, similares as dos seus colegas norte-americanos.

Além de aperfeiçoar as habilidades desses gestores, as atividades internacionais de desenvolvimento também têm outros benefícios, menos tangíveis. Por exemplo, a rotação de cargo pode ajudar os gestores a criar laços com colegas de todo o mundo, e os gerentes a formar redes informais para a tomada de decisões transfronteiriças mais expeditas.

A PepsiCo incentiva expatriados a se envolverem em atividades sociais locais, tais como aulas de dança latina na Cidade do México e torneios de Ping-Pong na China, para ajudá-los a se aclimatar mais rapidamente às culturas locais.[68]

TREINAMENTO DE FUNCIONÁRIOS NO EXTERIOR Estender treinamentos da sede aos empregados locais no exterior é cada vez mais importante. Para a Kimberly-Clark, por exemplo, a formação média por empregado estrangeiro cresceu rapidamente, a partir de quase nada para cerca de 38 horas por ano.[69] A Starbucks traz novos estagiários de gestão do exterior para a sua sede em Seattle, Washington, nos EUA. Isso dá "um gosto estilo de vida e cultura informal da empresa da costa oeste", bem como o conhecimento técnico necessário para gerenciar suas lojas locais.[70] Outras empresas, como observado, organizam programas em sala de aula, como os da Escola de Negócios de Londres. O Quadro MA.1 ilustra alguns programas corporativos de desenvolvimento de gerentes globais.

Remuneração internacional

A remuneração internacional apresenta alguns problemas complicados. Por um lado, há uma certa lógica em ter escalas de remuneração na empresa. Por exemplo, a empresa paga aos diretores de marketing das divisões em todo o mundo dentro de uma mesma faixa de remuneração. Mas isso geralmente não é prático, dadas as grandes diferenças de custo de vida entre os países.

ABORDAGEM DO BALANÇO A abordagem mais comum para a formulação de pagamento expatriado é, portanto, igualar o poder de compra entre os países, uma técnica conhecida como a abordagem do balanço.[71]

A ideia básica é que cada expatriado deve aproveitar o mesmo padrão de vida que tinha em casa. Com a abordagem do balanço, o empregador se concentra em quatro grupos de despesas, referentes a impostos de renda, habitação, bens e serviços, e as principais despesas discricionárias do país de origem (pensão alimentícia, pagamentos de carro, e assim por diante). O empregador calcula qual seria cada uma dessas quatro despesas no país de origem do expatriado, e o que cada um vai ter no país de acolhimento. O empregador, então, paga qualquer diferença, como impostos adicionais ou despesas de habitação.

Na prática, isso geralmente se resume à construção da remuneração total do expatriado em torno de cinco ou seis componentes separados. Por exemplo, o salário base será, normalmente, na mesma faixa salarial do país de origem do gerente. No entanto, pode haver um prêmio de serviço no exterior. O executivo recebe isso como uma porcentagem de seu salário base, para compensar os ajustes culturais e físicos.[72] Também pode haver várias licenças, incluindo um subsídio de alojamento e um subsídio de educação para as crianças do expatriado. O imposto de renda representa outra área de preocupação. Os gerentes dos EUA destacados no estrangeiro, por exemplo, muitas vezes têm que pagar não apenas os impostos dos Estados Unidos, mas também o imposto de renda no país de acolhimento.

A Tabela MA.1 ilustra a abordagem do balanço para alguém transferido dos Estados Unidos para Xangai, na China. O Departamento de Estado dos EUA estima que o custo de vida em Xangai seja 128% dos Estados Unidos.[73] Nesse caso, os ganhos anuais do gestor são de US$ 160 mil, e enfrenta uma taxa de imposto de renda dos EUA de 28%. Outros gastos são com base no índice de custo de vida no exterior publicado em "U.S. Department of State Indexes of Living Costs Abroad, Quarters Allowances, and Hardship Differentials", disponíveis em <http://aoprals.state.gov/content.asp?content_id=186&menu_id=81>, em inglês.

Para ajudar o expatriado a gerenciar sua casa e as obrigações financeiras no exterior, a maioria dos empregadores usa uma abordagem de divisão do pagamento, eles pagam, por exemplo, metade do salário real de uma pessoa na moeda do país de origem e metade na moeda local.[74]

PAGAMENTO DE EXPATRIADO Para exemplificar, podemos analisar os expatriados trabalhando para a empresa CEMEX.

Recebem como prêmio pelo serviço externo um aumento de 10% no salário. Alguns obtêm um prêmio por dificuldade, dependendo do país, que varia de zero, em um destacamento relativamente confortável, para 30%, em Bangladesh, por exemplo. Pagam a sua habitação, a escola dos filhos até a faculdade, há passagens para uma visita ao seu país natal por toda a família uma vez por ano e aulas para o cônjuge. Extrapolam o pagamento de todos os expatriados, para tirar os potenciais efeitos

QUADRO MA.1
Programas corporativos para desenvolver gestores globais.

Fonte: *International Organizational Behavior*, 2. ed., por Anne Marie Francesco e Barry Gold. Copyright © 2005 by Pearson Education, Inc. Reproduzido eletronicamente pela Pearson Education, Inc., Upper Saddle River, Nova Jersey.

- Asea Brown Boveri (ABB) faz revezamento de cerca de 500 gerentes ao redor do mundo para diferentes países a cada dois ou três anos, com o intuito de desenvolver um quadro de administração de "transparência", apoiando os objetivos estratégicos deles.
- A PepsiCo tem um programa de orientação para seus gerentes estrangeiros, o que os leva para treinamentos de um ano de duração nos EUA.
- Na British Telecom, funcionários expatriados existentes conversam com procuradores indicados a respeito dos fatores culturais a esperar.
- Honda of America Manufacturing dá a seus supervisores e gerentes norte-americanos preparação extensiva em língua, cultura e estilo de vida japonesa e, então, os envia para a matriz em Tóquio por mais de três anos.
- General Electric dá a seus engenheiros e gerentes treinamento regular em línguas e diversas culturas, assim eles se tornam aptos para conduzir os negócios com pessoas ao redor do mundo.

TABELA MA.1 Abordagem do balanço (com base no salário base dos EUA de US$ 160 mil).

Despesa anual	Chicago, U.S.	Xangai, China (US$ equivalente)	Abono
Habitação e serviços	US$ 35.000	US$ 44.800	US$ 9.800
Bens e serviços	6.000	7.680	1.680
Impostos	44.800	57.344	12.544
Renda discricionária	10.000	12.800	2.800
Total	**US$ 95.800**	**US$ 122.624**	**US$ 26.824**

da legislação tributária local. Digamos que você tenha um executivo ganhando US$ 150 mil, essa pessoa iria custar cerca de US$ 300 mil como expatriado.[75]

INCENTIVOS Embora a situação esteja mudando, incentivos baseados no desempenho ainda são um pouco menos predominantes no exterior. Na Europa, as empresas ainda tendem a enfatizar um salário anual garantido e bônus da empresa. Diretores de compensação europeus querem mais pagamento baseado no desempenho.

O empregador também precisa amarrar os incentivos às realidades locais. Na Europa Oriental, os trabalhadores geralmente gastam de 35% a 40% do seu rendimento disponível no básico, como alimentos e utilidades. Eles, portanto, requerem uma maior proporção de salário-base previsível do que os trabalhadores, por exemplo, nos Estados Unidos.[76]

No entanto, os incentivos são populares em outros países. No Japão, um trabalhador pode esperar receber talvez metade (ou mais) da sua remuneração total anual próximo ao final do ano, como uma espécie de bônus de participação nos lucros. Na Ásia, incluindo a República Popular da China, os incentivos, mesmo para os trabalhadores da produção, são populares. No entanto, muitos empregadores na Ásia, para preservar a harmonia do grupo, pagam uma pequena parte do pacote de remuneração e incentivos para a equipe.[77]

CRITÉRIOS PARA UM SISTEMA DE REMUNERAÇÃO GLOBAL Um programa global de remuneração deve garantir: (1) que as políticas salariais em cada localização geográfica contribuam para motivar os comportamentos dos funcionários necessários, para atingir seu plano estratégico; (2) que os planos de compensação de áreas geográficas distintas sejam compatíveis uns com os outros; e (3) que as políticas de pagamento sejam sensíveis às condições locais.[78]

Avaliação de desempenho dos gestores internacionais

Vários fatores complicam ao avaliar o desempenho de um expatriado. As diferenças culturais são uma delas. Por exemplo, um ato de carinho muitas vezes é a norma nos Estados Unidos, mas desaprovada na China, onde o "rosto" é uma preocupação.

Outra complicação é: quem faz a avaliação? A gestão local deve ter alguma entrada, mas, mais uma vez, as diferenças culturais podem distorcer as avaliações. Assim, chefes do país anfitrião Peru, por exemplo, podem avaliar negativamente um gestor expatriado dos EUA, se acharem culturalmente inapropriada a decisão participativa. Por outro lado, os gerentes em home-office podem estar tão fora de contato que não podem fornecer avaliações válidas. Em um estudo, os gestores pesquisados sabiam que ter avaliadores de ambos os países de origem e de acolhimento, e avaliações mais frequentes, produziam as melhores avaliações. No entanto, na prática, a maioria não faz isso. Em vez disso, realizam avaliações com menos frequência, e colocam avaliadores do anfitrião ou dos países de origem fazendo as avaliações.[79]

Sugestões para melhorar o processo de avaliação de expatriados incluem:

1. Adaptar os critérios de desempenho para o trabalho e a situação local.
2. Pesar mais para avaliação do gerente no local do que para a origem do gerente local.
3. Se o gerente de home-office faz a avaliação escrita, que utilize um formulário do mesmo local no exterior.

Segurança e tratamento justo no exterior

A segurança dos funcionários no exterior é uma questão importante, por vários motivos. Por um lado, proporcionar segurança e tratamento justo não deve se restringir às fronteiras de um país. Os Estados Unidos muitas vezes assumiu a liderança na segurança do trabalho. No entanto, outros países possuem leis as quais todos os empregadores devem respeitar. De qualquer forma, é difícil agir com menos segurança, mesmo consciente que seja legítimo, ser justo com os trabalhadores no exterior assim como com aqueles de casa. As empresas de alta qualificação, incluindo a Apple, receberam má publicidade e tomaram medidas para melhorar — em razão de condições de trabalho de fábrica em países como a China.

TERRORISMO O aumento da ameaça do terrorismo é outra questão. Mesmo colocando empregados em países assumidamente seguros, não há garantia de que não haverá problemas. Por exemplo, quando os protestos começaram no Egito, em fevereiro de 2011, a Medex Global Solutions evacuou mais de 500 pessoas dos seus clientes do Egito e já tinha aconselhado os clientes do empregador sobre as possibilidades de instabilidade política.[80] Os empregadores precisam, assim, instituir planos de segurança mais abrangentes no exterior, incluindo, por exemplo, planos de evacuação para colocar funcionários em segurança. Muitos empregadores compram serviços de inteligência para monitorar possíveis ameaças terroristas no exterior. O chefe de uma empresa de inteligência estima tais serviços a um custo de US$ 6 mil a US$ 10 mil por ano.[81]

VIAGENS DE NEGÓCIOS Manter os viajantes de negócios seguros é uma especialidade própria, mas sugestões incluem:[82]

- Fornecer aos expatriados treinamento sobre o lugar para onde vai, assim ficam mais orientados.
- Diga-lhes para não chamar a atenção para o fato de que são estrangeiros, vestindo camisetas com marcas, por exemplo.
- Faça viajantes chegarem nos aeroportos o mais perto possível da hora de partida e esperar em áreas distantes da principal área de fluxo.
- Equipar o carro e a casa do expatriado com sistemas de segurança.
- Diga aos empregados para variar a partida e a chegada, e seguir por rotas diferentes.
- Mantenha os funcionários atualizados sobre crimes e outros problemas, verificando regularmente, por exemplo, avisos de viagem do Departamento de Estado e avisos em <http://travel.state.gov/>, em inglês. Clique em "Alertas de viagem" e "Informações sobre o país".[83]
- Aconselhar os funcionários a agir confiantes em todos os momentos. A linguagem corporal pode atrair criminosos e aqueles que se parecem com vítimas, muitas vezes, se tornam vítimas.[84]

Repatriação: problemas e soluções

Como se observa, cerca de 40% a 60% dos expatriados, provavelmente, no prazo de três anos, vai voltar para casa. A atribuição de três anos no exterior a um funcionário com um salário base de cerca de US$ 100 mil pode custar ao empregador US$ 1 milhão, uma vez que os custos extras de vida, transporte e prestações familiares estão incluídos.[85] Dado o investimento, ele obviamente faz sentido fazer todo o possível para mantê-lo na empresa.

Para muitos que retornam, chegar em casa é um choque. Casais de dupla carreira listam "o impacto percebido das missões internacionais ao voltar para os EUA", como uma questão importante na sua vontade de mudar.[86] No entanto, uma pesquisa constatou que apenas cerca de 31% dos empregadores pesquisados apresentaram programas formais de repatriação de executivos.[87]

Programas formais de repatriamento são úteis. Por exemplo, um estudo descobriu que cerca de 5% dos empregados que retornam, se demitem quando as empresas têm programas formais de repatriação, enquanto cerca de 22% saem se suas empresas não tem tais programas.[88]

PASSOS PARA REPATRIAÇÃO O princípio norteador de qualquer programa de repatriamento é o seguinte: certifique-se de que o expatriado e sua família não sentem que a empresa se esqueceu deles. Por exemplo, uma empresa tem um programa de repatriamento em três partes.[89]

Primeiro, a empresa oferece a expatriados e a sua família um psicólogo treinado em questões de repatriamento. O psicólogo encontra-se com a família antes de ir para o estrangeiro. O psicólogo discute os desafios que irão enfrentar no exterior, avalia com eles como pensam que vão se adaptar à sua nova cultura e fica em contato com eles durante toda a sua missão.

Em segundo lugar, o programa garante que o empregado sempre sinta que ainda está "vinculado à sede". Por exemplo, o expatriado recebe um mentor, e viaja de volta para o escritório central periodicamente para reuniões.

Em terceiro lugar, uma vez que é hora de o funcionário expatriado e sua família voltar para casa, há um serviço formal de repatriação. Cerca de seis meses antes da missão no exterior terminar, o psicólogo e um representante de RH se reúnem com o expatriado e sua família para começar a prepará-los para o retorno. Por exemplo, eles ajudam a planejar o próximo passo na carreira do funcionário, além de atualizar o seu currículo e o colocam em contato com os superiores de volta para a sede.[90]

Provavelmente, o mais simples que os empregadores podem fazer é valorizar a experiência dos funcionários. Como um repatriado colocou: "Minha empresa foi, na minha opinião, um pouco indiferente em relação a minha experiência na China, como evidenciado pela falta de recompensa monetária, aumento positivo ou alavancagem da minha carreira de qualquer maneira". Tais sentimentos levam, rapidamente, ex-expatriados a procurar outro lugar para oportunidades.[91]

Como implementar um sistema global de RH

Com os empregadores, cada vez mais, confiando em empregados locais em vez de expatriados, transferir seleção, treinamento, avaliação, remuneração e outras práticas de recursos humanos ao exterior é uma das prioridades do RH internacional. No entanto, é realista para uma empresa tentar instituir um sistema de administração de recursos humanos padronizado em suas instalações ao redor do mundo?

Um estudo sugere que a resposta é "sim". Os resultados mostram que os empregadores podem ter de adaptar para os gerentes locais em algumas questões políticas específicas de administração de recursos humanos. Porém, eles também sugerem que grandes diferenças de prática de RH, muitas vezes, não são necessárias, ou mesmo aconselháveis. O importante é como você implementa o sistema de administração de recursos humanos global.

Nesse estudo, os pesquisadores entrevistaram o pessoal de recursos humanos de seis empresas globais: Agilent, Dow, IBM, Motorola, Procter & Gamble (P&G) e Shell Oil Co., bem como consultores internacionais de recursos humanos.[92] A conclusão geral do estudo foi de que os empregadores que conseguiram implementar sistemas globais de RH, o fizeram através da aplicação de diversas práticas melhores. A ideia básica é desenvolver sistemas que sejam aceitáveis para os funcionários em unidades de todo o mundo, e aqueles que os empregadores possam implementar de modo mais eficaz. A Figura MA.1 resume isso. Veremos cada um em detalhes, a seguir.

Desenvolvimento de um sistema global de RH mais eficaz

Em primeiro lugar, esses empregadores se envolvem em duas das melhores práticas no desenvolvimento de políticas e práticas de recursos humanos em todo o mundo.

- **Formar redes globais de RH** Sem resistência, gestores de recursos humanos de todo o mundo devem sentir que fazem parte da equipe global de RH da empresa.[93] Trate os gestores locais de recursos humanos como parceiros iguais. Por exemplo, as empresas de melhores práticas formam equipes globais para desenvolver os novos sistemas de recursos humanos em conjunto.
- **Lembrar que é mais importante padronizar fins do que meios** Por exemplo, a IBM utiliza um recrutamento e processo de seleção, mais ou menos, padronizado em todo o mundo. No entanto, "detalhes como quem conduz a entrevista (gerente de contratação versus recrutador) [...] diferem consoantes ao país".[94]

Tornando o sistema global de RH mais aceitável

Em seguida, os empregadores se envolvem em três das melhores práticas para que os sistemas de recursos humanos globais, que desenvolvem, sejam aceitáveis para os gerentes locais em todo o mundo. Estes são os seguintes:

- **Lembre-se que as organizações verdadeiramente globais terão mais facilidade em instalar sistemas globais** Por exemplo, as empresas verdadeiramente globais exigem que seus gerentes trabalhem em equipes globais, e recrutam os funcionários globalmente. Como um gerente colocou: "Se você é verdadeiramente global, então está contratando, aqui [nos Estados Unidos], pessoas que estão indo imediatamente trabalhar em Haia, e vice-versa".[95] Essa mentalidade global faz ser mais fácil para os gestores de todo o mundo aceitar a sabedoria de ter um sistema de administração de recursos humanos padronizado.

FIGURA MA.1 Melhores práticas para a criação de sistemas globais de RH.

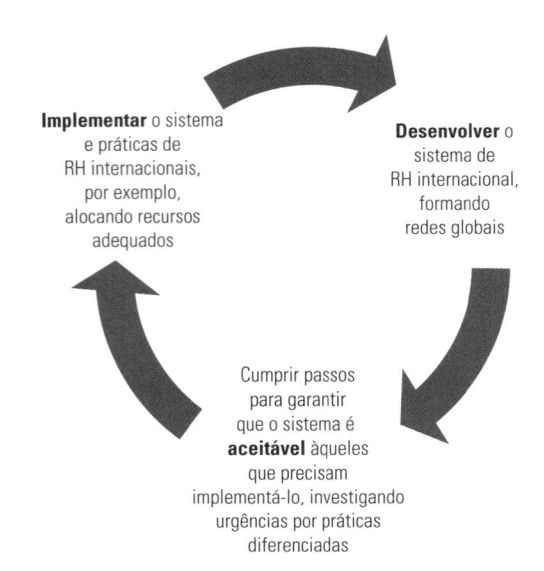

- **Implementar** o sistema e práticas de RH internacionais, por exemplo, alocando recursos adequados
- **Desenvolver** o sistema de RH internacional, formando redes globais
- Cumprir passos para garantir que o sistema é **aceitável** àqueles que precisam implementá-lo, investigando urgências por práticas diferenciadas

- **Investigar as pressões para diferenciar e determinar sua legitimidade** Os gestores locais vão insistir: "Você não pode fazer isso aqui porque somos diferentes culturalmente". Esses pesquisadores descobriram que essas "diferenças" geralmente não são persuasivas. Por exemplo, quando a Dow queria implementar uma ferramenta de recrutamento e seleção on-line no exterior, os gerentes de contratação locais disseram que seus gerentes não iriam usá-lo. Depois de investigar os supostos obstáculos culturais, a Dow implementou com sucesso o novo sistema.[96]
- **Tente trabalhar dentro do contexto de uma forte cultura corporativa** Por exemplo, por causa de como a P&G recruta, seleciona, treina e recompensa, seus gestores têm um forte senso de valores compartilhados. Por exemplo, os novos recrutas, rapidamente, aprendem a pensar em termos de "nós" em vez de "eu". Eles aprendem a valorizar rigor, consistência e uma abordagem metódica. Tendo essa unanimidade global em relação a valores, faz ser mais fácil implementar práticas padronizadas de recursos humanos em nível mundial.

Implementação do sistema global de RH

Finalmente, as duas melhores práticas ajudam a garantir o sucesso na implementação efetiva das políticas de recursos humanos, globalmente consistentes e práticas.

- **"Você não pode se comunicar o suficiente"** "Há uma necessidade de contato constante [do RH] com os tomadores de decisão em cada país, bem como as pessoas que irão implementar e utilizar o sistema".[97]
- **Dedicar recursos adequados** Por exemplo, não exija que os escritórios de administração de recursos humanos locais implementem novos procedimentos de análise de trabalho, a menos que a sede forneça recursos adequados para essas atividades adicionais.

Revisão

RESUMO

1. O comércio internacional é importante para quase todos os negócios de hoje e, por isso, as empresas devem cada vez mais ser gerenciadas globalmente. Isso confronta os gerentes com muitos novos desafios, incluindo a produção de coordenação, vendas e operações financeiras em uma base mundial. Como resultado, as empresas, hoje, têm necessidades internacionais de RH prementes, no que diz respeito a seleção, treinamento, remuneração e repatriação de funcionários globais.

2. Diferenças interpaíses afetam os processos de gestão de RH da empresa. Fatores culturais, como assertividade e orientação humana, sugerem diferenças de valores, atitudes e, portanto, comportamentos e reações de pessoas de um país para outro. Fatores de custo econômico e trabalho ajudam a determinar se a ênfase de RH deve ser na eficiência, ou em alguma outra abordagem. Relações de trabalho e, especificamente, entre os trabalhadores, o sindicato e a influência do empregador na natureza das políticas de RH são específicas de uma empresa, de país para país.
3. Uma grande porcentagem dos trabalhos no exterior falha, mas a média de acertos pode ser melhorada por meio de seleção cuidadosa. Existem várias fontes de RH que podem ser usadas para funcionários de subsidiárias nacionais e estrangeiras. Muitas vezes, cargos de chefia são ocupados por moradores, em vez de expatriados, mas isso nem sempre é o caso.
4. Selecionar gestores para expatriar significa usar triagem para as características que predizem o sucesso na adaptação a novos ambientes de forma significativa. Tais características incluem tanto os traços "estável" e "dinâmico" quanto a adaptabilidade e a flexibilidade, a auto-orientação, o conhecimento do trabalho e a motivação, as competências relacionais, a abertura extracultural e a situação familiar. Observar a adaptabilidade focando no provável sucesso da família em lidar com a missão estrangeira pode ser um passo muito importante no processo de seleção.
5. A formação de gestores para o exterior, normalmente, concentra-se em diferenças culturais, como as atitudes que influenciam o comportamento e o conhecimento sobre o país de destino. A abordagem mais comum para a formulação de remuneração de expatriados é igualar o poder de compra entre os países, uma técnica conhecida como a abordagem do balanço. O empregador calcula as despesas de imposto de renda, habitação, bens e serviços, e os custos discricionários, e paga suplementos para o expatriado, de tal forma a manter o mesmo padrão de vida que teria em casa.
6. O processo de avaliação do expatriado pode ser complicado pela necessidade de ter superiores locais e da sede para fornecer subsídios para a avaliação de desempenho. Sugestões para melhorar o processo incluem estipular o nível de dificuldade, pesando a avaliação do gerente no local, mais fortemente, e com o gerente da sede obtendo aconselhamento dos gestores familiarizados com o local no exterior, antes de completar a avaliação do expatriado.
7. Problemas de repatriamento são comuns, mas você pode minimizá-los. Eles incluem o medo, muitas vezes, bem fundado de que o expatriado está "longe dos olhos, longe do coração", e dificuldades em reinstalar a família do expatriado de volta para a cultura do país de origem. Sugestões para evitar esses problemas incluem o uso de acordos de repatriamento, atribuição de um orientador que ofereça aconselhamento de carreira, e manutenção dos expatriados vinculados à sede da empresa.
8. Os empregadores que conseguiram implementar sistemas globais de RH o fizeram por meio da aplicação de diversas práticas melhores. A ideia básica é desenvolver sistemas que sejam aceitáveis para os funcionários em unidades de todo o mundo, e aqueles que os empregadores possam implementar de maneira mais eficaz.

PALAVRAS-CHAVE

gestão de recursos humanos internacionais (ARHI) 416
conselhos empresariais 418
codeterminação 418
expatriados 419
cidadãos do país de origem 419
locais 419

nacionais de países terceiros 419
equipes virtuais 421
etnocêntrica 421
policêntrica 421
geocêntrica 421

QUESTÕES PARA DISCUSSÃO

1. Liste os desafios de RH enfrentados por uma empresa internacional.
2. Liste e descreva os passos básicos em treinamento de funcionários, aos quais o empregador está prestes a transferir para o exterior.
3. Explique os principais aspectos que tem em mente ao projetar e implementar um sistema de RH global.
4. Dê vários exemplos de como cada diferença internacional que afeta os gerentes de RH pode afetar, especificamente, um gerente de RH.
5. De que tipo de treinamento especial os candidatos estrangeiros precisam? De que forma essa formação é semelhante e diferente da formação tradicional em diversidade?
6. Como a avaliação do desempenho de um expatriado difere da avaliação de um gerente da sede? Como você poderia evitar alguns dos problemas específicos de avaliação do desempenho do expatriado?

Exercícios de aplicação

ESTUDO DE CASO EM RH

"Chefe, eu acho que nós temos um problema"

A Central Steel Door Corp tem estado no negócio por cerca de 20 anos, vendendo, com sucesso, uma linha de portas de aço industrial de grau, bem como hardware e acessórios necessários a elas. Focando, principalmente, nos Estados Unidos e no Canadá, a empresa tinha aumentado gradualmente a sua presença a partir da cidade de Nova York, primeiramente para New England e depois para Atlantic Coast; em seguida, para o centro-oeste e oeste; e, finalmente, para o Canadá. A estratégia de expansão básica da empresa era sempre a mesma: escolha uma área, abra um centro de distribuição, contrate um gerente regional de vendas e, então, deixe que ele ajude a equipe do centro de distribuição a contratar representantes de vendas locais.

Infelizmente, o sucesso tradicional da empresa na busca de ajuda em vendas não se estendeu às suas operações no exterior. Com a ampliação da União Europeia, Mel Fisher, presidente da Central Steel Door Corp, decidiu expandir sua empresa para o exterior, na Europa. No entanto, a expansão seguiu com problemas. Ele tentou, por três semanas, encontrar um gerente de vendas, divulgando a vaga no *International Herald Tribune*, que é lido por empresários e por expatriados norte-americanos que vivem e trabalham na Europa. Embora os anúncios colocados no *Tribune* também estivessem por cerca de um mês no site da publicação, Fisher até agora foi notificado de apenas cinco candidaturas. Uma delas veio de um candidato com grandes chances, ao passo que quatro surgiram de candidatos aos quais Fisher se refere como "almas perdidas", pessoas que parecem ter passado a maior parte de seu tempo viajando sem parar, de país para país, tomando cafés na calçada. Quando perguntado sobre o que tinha feito durante os últimos três anos, um candidato disse a Fisher que tinha "andado por aí".

Outros aspectos de suas atividades internacionais de RH têm sido igualmente problemáticas. Fisher designou dois de seus gerentes de vendas dos EUA, enviando-os para a Europa, a fim de executar temporariamente as operações, mas deixou de trabalhar um pacote especial de compensação que iria cobrir suas despesas relativamente altas na Alemanha e na Bélgica. Um acabou ficando a maior parte do ano, e Fisher foi tristemente surpreendido ao ser informado pelo governo belga que seu gerente de vendas devia milhares de dólares em impostos locais. Os gerentes haviam contratado cerca de dez pessoas locais para a equipe de cada um dos dois centros de distribuição. No entanto, sem gerentes locais em tempo integral na Europa, o nível de vendas foi decepcionante, então Fisher decidiu demitir cerca de metade dos funcionários do centro de distribuição. Nesse momento, ele recebeu uma chamada telefônica de emergência do seu gerente de vendas temporário na Alemanha: "Acabei de ser informado de que todos esses funcionários deveriam ter contratos de trabalho escritos e que, de qualquer forma, não podemos demitir alguém sem aviso prévio de pelo menos um ano. As autoridades locais, aqui, são realmente firmes. Chefe, eu acho que nós temos um problema".

Perguntas

1. Com base neste módulo e no estudo de caso, compile uma lista de dez erros internacionais cometidos, até agora, pelo RH de Fisher.
2. Como você faria a contratação de um gerente de vendas europeu? Por quê?
3. O que você faria, agora, se fosse Mel Fisher?

Notas

1. Veja, por exemplo, Helen Deresky, *International Management*, Upper Saddle River, NJ: Pearson, 2008; e Anne Marie Francesco e Barry Allen Gold, *International Organizational Behavior*, Upper Saddle River, NJ: Pearson, 2005.
2. Nancy Wong, "Mark Your Calendar! Important Task for International HR", *Workforce*, abr. 2000, p. 72-74.
3. Disponível em: <www.hoovers.com/company/Wal-Mart_Stores_Inc/rrjiff-1.html>. Acesso em: 1 jun. 2011.
4. "First Wal-Mart Union Begins in China". Disponível em: <www.huffingtonpost.com/2008/08/03/first-wal-mart-union-begi_n_116629.html>. Acesso em: 30 jun. 2011.
5. Baseado em "Wal-Mart's Reshuffle Plan in China Falters". Disponível em: <www.chinadaily.com.cn/china/2009-04/21/content_7699105.htm>. Acesso em: 30 jun. 2011.
6. Francesco e Gold, *International Organizational Behavior*, p. 145.
7. Deresky, *International Management*, p. 17.
8. David Ralston et al., "Eastern Values: A Comparison of Managers in the United States, Hong Kong, and the People's Republic of China", *Journal of Applied Psychology* 71, n. 5, 1992, p. 664-671. Veja também P. Christopher Earley e Elaine Mosakowski, "Cultural Intelligence", *Harvard Business Review*, out. 2004, p. 139-146.
9. Disponível em: <www.geert-hofstede.com/>. Acesso em: 1 jun. 2011.
10. Veja Vas Taras, Bradley Kirkman e Piers Steel, "Examining the Impact of Culture's Consequences: A Three-Decade, Multilevel, Multi-Analytic Review of Hofstadter's Cultural Value Dimensions", *Journal of Applied Psychology* 95, n. 3, 2010, p. 405-439.
11. Tor Grenness, "The Impact of National Culture on CEO Compensation and Salary Gaps Between CEOs and Manufacturing Workers", *Compensation and Benefits Review*, v. 43, n. 2, 2011, p. 100-108.
12. "In India, 101 Employees Pose Big Problems", *Bloomberg Businessweek*, 17-23 jan. 2011, p. 13.
13. "Employer Beware", *The Economist*, 12 mar. 2011, p. 43.

14. Disponível em: <www.fedee.com/ewc1.html>. Acesso em: 4 nov. 2009.
15. Isso é discutido em Eduard Gaugler, "HR Management: An International Comparison", *Personnel* 65, n. 8, 1988, p. 28. Veja também E. Poutsma et al., "The Diffusion of Calculative and Collaborative HRM Practices in European Firms", *Industrial Relations* 45, n. 4, out. 2006, p. 513-546.
16. Annual 2007 figures. Disponível em: <www.bls.gov/news.release/pdf/ichcc.pdf>. Acesso em: 19 fev. 2010.
17. Phillips Taft e Cliff Powell, "The European Pensions and Benefits Environment: A Complex Ecology", *Compensation & Benefits Review*, jan./fev. 2005, p. 37-50.
18. Ibid.
19. "Inform, Consult, Impose: Workers' Rights in the EU", *Economist*, 16 jun. 2001, p. 3. Veja também J. Banyuls et al., "European Works Council at General Motors Europe: Bargaining Efficiency in Regime Competition?", *Industrial Relations Journal* 39, n. 6, nov. 2008, p. 532-547.
20. Francesco e Gold, *International Organizational Behavior*, p. 145.
21. Ibid., p. 106.
22. "DOL Releases Final Rule Amending Filing, Processing of Foreign Labor Certifications", *BNA Bulletin to Management*, 11 jan. 2005, p. 11.
23. Leslie Klass, "Fed Up with High Costs, Companies Winnow the Ranks of Career Expats", *Workforce Management*, out. 2004, p. 84-88.
24. Veja "Workforce Trends: Companies Continue to Deploy Ex-Pats", *Compensation & Benefits Review* 42, n. 1, jan./fev. 2010, p. 6.
25. "Mercer's International Assignments Survey 2010". Disponível em: <www.imercer.com/products/2010/intl-assignments-survey.aspx>. Acesso em: 2 jun. 2011; "Companies Juggle Cost Cutting with Maintaining Competitive Benefits for International Assignments". Disponível em: <www.amanet.org/training/articles/Companies-Juggle-cost-cutting-with-Maintaining-Competitive-Benefits-for-International-Assignments.aspx>. Acesso em: 2 jun. 2011.
26. "Mercer's International Assignments Survey 2010", "Companies Juggle Cost Cutting with Maintaining Competitive Benefits for International Assignments".
27. Timothy Dwyer, "Localization's Hidden Costs", *HR Magazine*, jun. 2004, p. 135-144.
28. Baseado em Pamela Babcock, "America's Newest Export: White Collar Jobs", *HR Magazine*, abr. 2004, p. 50-57.
29. Baseado em "Back-Office and Customer Care Centers in Emerging Economies: A Human Capital Perspective", *IBM Business Consulting Services*. Disponível em: <www-05.ibm.com/nl/topmanagement/pdfs/back_office_and_customer_care.pdf>. Acesso em: 29 abr. 2008.
30. Ibid., p. 3, 4.
31. Ibid., p. 5, 6.
32. Ibid., p. 5, 6.
33. Ibid., p. 10.
34. Charles Snow, Scott Snell, Sue Canney Davison e Donald Hambrick, "Use Transnational Teams to Globalize Your Company", *Organizational Dynamics* (primavera 1996), p. 50-67.
35. Ibid.
36. Deresky, *International Management*, p. 36.
37. Arvind Phatak, *International Dimensions of Management*. Boston: PWS Kebt, 1989, p. 129.
38. Ibid.
39. Donald Dowling Jr., "Export Codes of Conduct, Not Employee Handbooks", *The Society for Human Resource Management Legal Report*, jan./fev. 2007, p. 1-4.
40. Ibid.
41. Disponível em: <www.nytimes.com/2011/03/19/business/global/19blue.html>. Acesso em: 30 jun. 2011.
42. Mary G. Tye e Peter Y. Chen, "Selection of Expatriates: Decision-Making Models Used by HR Professionals", *Human Resource Planning* 28, n. 4, dez. 2005, p. 15-20.
43. Paula Caligiuri et al., "Selection for International Assignments", *Human Resource Management Review* 19, 2009, p. 251-262.
44. Disponível em: <www.performanceprograms.com/Surveys/Overseas.shtm>. Acesso em: 31 jan. 2008.
45. P. Blocklyn, "Developing the International Executive", *Personnel*, mar. 1989, p. 45. Veja também Paula M. Caligiuri e Jean M. Phillips, "An Application of Self-Assessment Realistic Job Previews to Expatriate Assignments", *International Journal of Human Resource Management* 14, n. 7, nov. 2003, p. 1102-1116.
46. Zsuzsanna Tungli e Maury Peiperl, "Expatriate Practices in German, Japanese, UK and US Multinational Companies: A Comparative Survey of Changes", *Human Resource Management* 48, n. 1, jan./fev. 2009, p. 153-171.
47. "More Women, Young Workers on the Move", *Workforce Management*, 20 ago. 2007, p. 9.
48. Para uma boa discussão sobre isso veja Yochanan Altman e Susan Shortland, "Women and International Assignments: Taking Stock – A 25 Year Review", *Human Resource Management* 47, n. 2, verão 2008, p. 199-216.
49. Kathryn Tyler, "Don't Fence Her In", *HR Magazine* 46, n. 3, mar. 2001, p. 69-77.
50. Ibid.
51. Ibid.
52. Veja Nancy Napier e Sully Taylor, "Experiences of Women Professionals Abroad", *International Journal of Human Resource Management* 13, n. 5, ago. 2002, p. 837-851; Iris Fischlmayr, "Female Self – Perception as a Barrier to International Careers?" *International Journal of Human Resource Management* 13, n. 5, ago. 2002, p. 773-783; Wolfgang Mayrhofer e Hugh Scullion, "Female Expatriates in International Business: Evidence from the German Clothing Industry", *International Journal of Human Resource Management* 13, n. 5, ago. 2002, p. 815-836; and Altman and Shortland, "Women and International Assignments".
53. Deresky, *International Management*, p. 373.
54. P. Caligiuri, "The Big Five Personality Characteristics as Predictors of Expatriates' Desire to Terminate the Assignment and Supervisor-Rated Performance", *Personnel Psychology* 53, n. 1, primavera 2000, p. 67-88. Veja também Margaret A. Shaffer et al., "You Can Take It with You: Individual Differences and Expatriate Effectiveness", *Journal of Applied Psychology* 91, n. 1, jan. 2006, p. 109-125.
55. Citado em Meredith Downes, Iris I. Varner e Luke Musinski, "Personality Traits as Predictors of Expatriate Effectiveness: A Synthesis and Reconceptualization", *Review of Business* 27, n. 3, primavera/verão 2007, p. 16.
56. Jan Selmer, "Expatriation: Corporate Policy, Personal Intentions and International Adjustment", *International Journal of Human Resource Management* 9, n. 6, dez. 1998, p. 997-1007. Veja também Barbara Myers e Judith K. Pringle, "Self-Initiated Foreign Experience as Accelerated Development: Influences of Gender", *Journal of World Business* 40, n. 4 nov. 2005, p. 421-431.
57. Hung-Wen Lee e Ching-Hsing, "Determinants of the Adjustment of Expatriate Managers to Foreign Countries: An Empirical Study", *International Journal of Management* 23, n. 2, 2006, p. 302-311.
58. Deresky, *International Management*, p. 90.
59. Sunkyu Jun e James Gentry, "An Exploratory Investigation of the Relative Importance of Cultural Similarity and Personal Fit in the Selection and Performance of Expatriates", *Journal of World Business* 40, n. 1, fev. 2005, p. 1-8. Veja também Jan Selmer, "Cultural Novelty and Adjustment: Western Business Expatriates in China", *International Journal of Human Resource Management* 17, n. 7, 2006, p. 1211-1222.
60. Barbara Anderson, "Expatriate Selection: Good Management or Good Luck?", *International Journal of Human Resource Management* 16, n. 4, abr. 2005, p. 567-583.
61. Michael Schell, Citado em Charlene Marmer Solomon, "Success Abroad Depends on More Than Job Skills", *Personnel Journal* 73, abr. 1994, p. 52.
62. M. Harvey et al., "Global Virtual Teams: A Human Resource Capital Architecture", *International Journal of Human Resource Management* 16, n. 9 set. 2005, p. 1583-1599.

63. Eric Krell, "Budding Relationships", *HR Magazine* 50, n. 6, jun. 2005, p. 114-118. Veja também Jill Elswick, "Worldly Wisdom: Companies Refine Their Approach to Overseas Assignments, Emphasizing Cost-Cutting and Work-Life Support for Expatriates", *Employee Benefit News*, 15 jun. 2004, Item 0416600B.
64. Geoffrey Abbott et al., "Coaching Expatriate Managers for Success: Adding Value Beyond Training and Mentoring", *Asia-Pacific Journal of Human Resources* 44, n. 3, dez. 2006, p. 295-317.
65. Parafraseado de: <www.interchangeinstitute.org/html/cross_cultural.htm>. Acesso em: 1 jul. 2011.
66. Parafraseado de: <www.kwintessential.co.uk/cultural-services/articles/expat-cultural-training.html>. Acesso em: 1 jul. 2011.
67. Disponível em: <www.global-lt.com/en/us/cultural-training/cultural-training-expatriate-training-courses.html#-60Countries>. Acesso em: 1 jul. 2011.
68. Lynette Clemetson, "The Pepsi Challenge: Helping Ex-pats Feel at Home", *Workforce Management*, dez. 2010, p. 36.
69. Ibid., p. 358.
70. Ibid., p. 359. Alguns sugerem a adaptação do programa de treinamento para as culturas e os valores dos formandos. Por exemplo, pergunte se os estagiários vêm de uma sociedade mais individualista ou coletivista, já que isso pode afetar o grau em que você quer treinar participação versus não participação. Baiyin Yang et al., "Does It Matter Where to Conduct Training? Accounting for Cultural Factors", *Human Resource Management Review* 19, 2009, p. 324-333.
71. Charles Hill, *International Business*, Burr Ridge, IL: Irwin, 1994, p. 519-520; Joseph Martocchio, *Strategic Compensation*, Upper Saddle River, NJ: Pearson, 2006, p. 402-403.
72. Martocchio, *Strategic Compensation*, p. 402-403.
73. Disponível em: <http://aoprals.state.gov/content.asp?content_id=186&menu_id=81>. Acesso em: 1 jul. 2011.
74. Thomas Shelton, "Global Compensation Strategies: Managing and Administering Split Pay for an Expatriate Workforce", *Compensation & Benefits Review*, jan./fev. 2008, p. 56-59.
75. "Luis Hernandez on Why Ex-pat Assignments Succeed—or Fail", *Harvard Business Review*, mar. 2011, p. 73.
76. Deresky, *International Management*, p. 361.
77. Gary Dessler, "Expanding into China? What Foreign Employers Entering China Should Know About Human Resource Management Today", *SAM Advanced Management Journal* 71, n. 4, 2006, p. 11-23. Veja também Joseph Gamble, "Introducing Western-Style HRM Practices to China: Shop Floor Perceptions in a British Multinational", *Journal of World Business* 41, n. 4, dez. 2006, p. 328-340; e Adrienne Fox, "China: Land of Opportunity and Challenge", *HR Magazine*, set. 2007, p. 38-44.
78. Robin White, "A Strategic Approach to Building a Consistent Global Rewards Program", *Compensation & Benefits Review*, jul./ago. 2005, p. 25.
79. Hal Gregersen et al., "Expatriate Performance Appraisal in U.S. Multinational Firms", *Journal of International Business Studies* 27, n. 4, inverno 1996, p. 711--739. Veja também Hsi-An Shih, Yun--Hwa Chiang e In-Sook Kim, "Expatriate Performance Management from MNEs of Different National Origins", *International Journal of Manpower* 26, n. 2, fev. 2005, p. 157-175; e Francesco e Gold, *International Organizational Behavior*, p. 152-153.
80. "Unrest in Egypt Highlights Importance of Crisis Management Plans, Experts Say", *BNA Bulletin to Management*, 8 fev. 2011, p. 41-42.
81. Fay Hansen, "Skirting Danger", *Workforce Management*, 19 jan. 2009, p. 1, 3.
82. Baseado em Samuel Greengard, "Mission Possible: Protecting Employees Abroad", *Workforce*, ago. 1997, p. 30-32. Veja também Z. Phillips, "Global Firms Consider Additional Cover for Overseas Execs", *Business Insurance* 43, n. 23, 15-22 jun. 2009, p. 4, 22.
83. Disponível em: <http://travel.state.gov/travel/cis_pa_tw/tw/tw_1764.html>. Acesso em: 29 abr. 2008.
84. Greengard, "Mission Possible", p. 32.
85. Carla Joinson, "Save Thousands per Expatriate", *HR Magazine*, jul. 2002, p. 77. Para uma discussão sobre alguns aspectos da questão da personalidade, veja, por exemplo, Jeffrey Herman e Lois Tetrick, "Problem Focused Versus Emotion Focused Coping Strategies and Repatriation Adjustment", *Human Resource Management* 48, n. 1, jan./fev. 2009, p. 69-88.
86. Deresky, *International Management*, p. 370.
87. Ibid.
88. Citado em Leslie Klaff, "The Right Way to Bring Expats Home", *Workforce*, jul. 2002, p. 43.
89. Ibid.
90. Ibid.
91. Maria Kraimer et al., "The Influence of Expatriate and Repatriate Experiences on Career Advancement and Repatriate Retention", *Human Resource Management* 48, n. 1, jan./fev. 2009, p. 27-47.
92. Ann Marie Ryan et al., "Designing and Implementing Global Staffing Systems: Part 2—Best Practices", *Human Resource Management* 42, n. 1, primavera 2003, p. 85-94.
93. Ibid., p. 89.
94. Ibid., p. 90.
95. Ibid., p. 86. Veja também M. Schoeff, "Adopting an HR Worldview", *Workforce Management* 87, n. 19, 17 nov. 2008, p. 8.
96. Ryan et al., "Designing and Implementing Global Staffing Systems", p. 87.
97. Ibid., p. 92.

Administração de RH em pequenas empresas e o empreendedorismo[1]

Neste módulo, vamos abordar...

DESAFIO DA PEQUENA EMPRESA

USO DA INTERNET E FERRAMENTAS DO GOVERNO PARA APOIAR OS ESFORÇOS DE RH

COMO ALAVANCAR A PEQUENA EMPRESA: FAMILIARIDADE, FLEXIBILIDADE, JUSTIÇA, INFORMALIDADE E ARH

COMO UTILIZAR ORGANIZAÇÕES PATRONAIS PROFISSIONAIS

GERENCIAMENTO DE SISTEMAS DE RH, PROCEDIMENTOS E BUROCRACIA

Desafio da pequena empresa

Em termos da economia dos EUA, a frase empresa de "pequeno porte" é um equívoco. Mais da metade das pessoas que trabalham nos Estados Unidos atuam em pequenas empresas,[1] que representam um grupo que conta com a maioria das 600 mil ou mais novas empresas criadas a cada ano, assim como com a maioria do crescimento dos negócios (pequenas empresas crescem mais rápido do que as grandes). E pequenas empresas respondem por cerca de três quartos do crescimento do emprego na economia dos EUA, em outras palavras, eles criam a maioria dos novos postos de trabalho no país.[2]

Estatisticamente, portanto, a maioria das pessoas de graduação das faculdades nos próximos anos, quer fundar ou vai trabalhar para as pequenas empresas, aquelas com cerca de 200 empregados ou menos. Quem estiver interessado em administração de recursos humanos (ARH), portanto, precisa entender como a gestão em pequenas empresas é diferente daquela em grandes multinacionais.

Como a ARH é diferente em pequenas empresas

A ARH é diferente em pequenas empresas por quatro razões principais: tamanho, prioridades, informalidade e natureza do empresário.

TAMANHO Por um lado, seria muito raro encontrar um negócio muito pequeno, digamos, com menos de 90 empregados e que tenha um dedicado profissional de ARH.[3] A regra de ouro é que uma empresa precisa atingir a marca de 100 funcionários para pagar um especialista em RH. Isso não quer dizer que as pequenas empresas não tenham tarefas de recursos humanos. Mesmo com cinco ou seis pessoas, as lojas de varejo devem recrutar, selecionar, treinar e remunerar empregados, por exemplo. É que, em tais situações, é geralmente o proprietário ou seu assistente que faz toda a papelada e tarefas de RH. O *Estudo de Benchmarking*

---

[1] N. do E.: As informações apresentadas aqui dizem respeito à realidade norte-americana, a do autor do livro. Portanto, o intuito de incluí-las na edição brasileira é mais ilustrativa, como um complemento de curiosidade ao conteúdo aprendido ao longo dos capítulos.

de Capital Humano da Society for Human Resources Management observou que até mesmo as empresas com menos de 100 empregados, muitas vezes, gastam o equivalente a duas pessoas a cada ano tratando de questões de ARH.[4] No entanto, esse tempo geralmente fica contabilizado no longo dia de trabalho do proprietário.

PRIORIDADES   Não é apenas o tamanho, mas a realidade da situação que leva muitos empresários a gastar mais tempo e recursos em questões não relacionadas ao RH. Depois de estudar pequenas empresas de e-commerce no Reino Unido, um pesquisador concluiu que, tão importante quanto a ARH, que simplesmente não representava uma prioridade para essas empresas, era:

> Dada a sua falta de recursos, em termos de tempo, dinheiro, pessoas e conhecimentos, os imperativos organizacionais do gestor em uma PME típica [pequenas e médias empresas] são percebidos em finanças, produção e marketing, com o RH em diminuída importância relativa.[5]

INFORMALIDADE   Um efeito disso é que as atividades de ARH tendem a ser mais informais em pequenas empresas. Por exemplo, um estudo analisou as práticas de treinamento de cerca de 900 pequenas empresas familiares e não familiares.[6] O treinamento tende a ser informal, com ênfase, por exemplo, em métodos como o colega de trabalho e de treinamento de supervisão no trabalho. Como um pesquisador diz, a necessidade de pequenas empresas a se adaptar rapidamente a desafios competitivos, muitas vezes, significa lidar com questões como aumentos, avaliações e tempo de folga "numa base informal e reativa".[7]

O EMPREENDEDOR   Empreendedores são pessoas que criam empresas em condições de risco, e iniciar novos negócios a partir do zero é sempre arriscado. Empresários, portanto, precisam ser dedicados e visionários. Os pesquisadores acreditam que nas pequenas empresas a "relativa informalidade, em parte, decorre de empresários". Empresários tendem (entre outras coisas) a ser um pouco o controle: "Os proprietários tendem a querer impor sua marca e estilo de gestão de pessoal em assuntos internos, incluindo o principal objetivo e orientação da empresa, suas condições de trabalho e políticas, além do estilo de comunicação interna e externa e como é comunicada ao pessoal".[8]

IMPLICAÇÕES   Essas quatro diferenças, muitas vezes, significam que as pequenas empresas podem enfrentar diversos riscos especiais de recursos humanos relacionados com a gestão.

- Primeiro, os proprietários de pequenas empresas correm o risco de que suas práticas relativamente rudimentares de recursos humanos irão colocá-los em desvantagem competitiva. Assim, um pequeno empresário que não usa pré-seleção virtual pode ser acumulando custos desnecessários e, provavelmente, decorrentes de resultados inferiores do que (maiores) concorrentes.
- Em segundo lugar, a empresa não dispõe de conhecimentos especializados em RH.[9] Ele pode ter, no máximo, uma ou duas pessoas dedicadas à ARH, responsáveis por uma gama completa de funções de RH. Isso torna mais provável problemas em áreas específicas, como o direito de oportunidades iguais de emprego.
- Em terceiro lugar, o pequeno empresário pode não estar totalmente em conformidade com as normas e as leis de compensação. Estes incluem pagar por horas extraordinárias trabalhadas, e distinguir entre funcionários e prestadores de serviços independentes, por exemplo.
- Em quarto lugar, duplicação de papelada significa erros de entrada de dados. Para as pequenas empresas, muitas das quais não usam sistemas de informação de recursos humanos, dados de funcionários (nome, endereço, estado civil etc.), muitas vezes, aparecem em várias formas de ARH (registros médicos, formas de inscrição, formulários W-4, entre outros). Qualquer mudança exige alterar manualmente toda a papelada. Isso é muito demorado e ineficiente, e pode precipitar erros.

Por que a ARH é importante para as pequenas empresas

As pequenas empresas que têm práticas de RH eficazes se saem melhor do que aquelas que não tem.[10] Por exemplo, os pesquisadores estudaram 168 pequenas e médias empresas (PME) familiares e de rápido crescimento. Eles concluíram que o sucesso das PME de alto crescimento foi por conta da maior importância ao treinamento e desenvolvimento, avaliação de desempenho, pacotes de recrutamento, manter o moral, e definir níveis de remuneração competitivos, em comparação às empresas de baixo desempenho: "Esses resultados sugerem que essas atividades de recursos humanos têm, de fato, um impacto positivo no desempenho [em pequenas empresas]".[11] O Quadro *RH como centro de lucro* ilustra isso.

Para muitas pequenas empresas, a gestão eficaz dos recursos humanos também é obrigatória. A maioria dos fornecedores (e, portanto, seus fornecedores) devem estar em conformidade com os padrões internacionais de qualidade. Assim, para cumprir com os requisitos ISO-9000, grandes clientes "são diretamente verificados quanto à presença de certas políticas de RH, ou, mudanças são exigidas indiretamente, por exemplo, treinamento [do pequeno fornecedor] e projeto de trabalho".[12] Nós veremos, neste módulo, métodos que gerentes de pequenas empresas podem utilizar para melhorar suas práticas de ARH, começando com a Internet e as ferramentas do governo.

RH como centro de lucro

A concessionária

A estratégia de Carlos Ledezma para a sua concessionária de carros é aumentar os lucros por meio do estabelecimento de novos negócios com clientes que gostam de lidar com ambiente amigável e empregados mais constantes.[13] Para isso, ele colocou em prática uma estratégia de ARH orientada para o cliente. Ele testa cada candidato a emprego para se certificar de que seja adequado ao trabalho. Há um treinamento com duração de uma semana para novos funcionários, para apresentá-los aos seus postos de trabalho, à missão e à cultura da empresa. Então, ele aproxima a cada novo empregado um funcionário sênior por 90 dias.[14] Durante os primeiros 90 dias, Ledezma dá a cada um desses mentores de US$ 50 a US$ 100 para cada veículo vendido pelo treinando. Em um ano recente, Ledezma gastou US$ 150 mil em treinamento.

A estratégia de RH de Ledezma compensa nos lucros, que são bem acima da média do mercado. Os clientes gostam de lidar com funcionários dedicados e competentes a longo prazo. A rotatividade de funcionários é de cerca de 28%, e o trabalhador médio fica aproximadamente oito anos, ambos índices muito melhores do que a média.

Unindo internet e recursos governamentais para o trabalho de RH

Na City Garage na área de Dallas, nos EUA, os gestores sabiam que nunca iriam implementar a estratégia de crescimento da sua empresa, sem alterar a forma como eles testavam e contratavam funcionários.[15] O antigo processo da contratação consistia em uma candidatura de papel e lápis e uma entrevista, seguida da decisão de contratar ou não. O processo gastava o tempo precioso da gestão, e não era particularmente eficaz. A solução da City Garage foi comprar a Análise de Perfil e Personalidade (PPA), teste on-line da Thomas International EUA. Agora, depois de uma rápida candidatura e verificação de antecedentes, os prováveis candidatos levam dez minutos para responder 24 perguntas PPA. Membros da equipe da City Garage, em seguida, digitam as respostas no sistema Software PPA, e recebem os resultados dos testes em menos de dois minutos. Estes mostram se o requerente tem pontuação alta ou baixa em quatro características de personalidade.

Como a City Garage, empresas de pequeno porte não precisam ceder a vantagem de grandes concorrentes quando se trata de ARH. Uma forma de nivelar é usar recursos de RH baseados na Internet, incluindo os recursos livres do governo dos EUA.

Cumprimento das leis de emprego

Por exemplo, estar em conformidade com a lei federal de emprego (estadual e local) é uma questão espinhosa para os empresários. Assim, os gestores de pequenas empresas precisam saber: "O que posso pedir a um candidato?", "Eu tenho que pagar horas extras a essa pessoa?" e "Devo relatar esse prejuízo?".

Os gerentes da City Garage sabiam que nunca iriam implementar a estratégia de crescimento da sua empresa sem alterar a forma como testavam e contratavam funcionários.

Fonte: Tom Prettyman/
PhotoEdit

Abordar essas questões começa com decidir quais leis trabalhistas federais se aplicam à empresa. Por exemplo, o Artigo VII da Lei dos Direitos Civis de 1964 aplica-se aos empregadores com 15 ou mais empregados, enquanto a discriminação por idade na lei de emprego de 1967 aplica-se a empresas com 20 ou mais pessoas.[16] Pequenos empresários podem encontrar as respostas legais que precisam on-line, em sites de órgãos federais como os seguintes.

DOL O Ministério do Trabalho dos EUA (DOL), "Assessoria de Direito do Trabalho" (<www.dol.gov/elaws/firststep/>) ajuda as pequenas empresas a determinar que leis se aplicam ao seu negócio. Em primeiro lugar, o assistente elaws leva o proprietário a perguntas como "Qual é o número máximo de trabalhadores que a sua empresa ou organização utiliza ou vai utilizar durante o ano civil?".

Prosseguindo com o assistente, o pequeno empresário chega a uma página de "resultados". Esta diz: "Com base no inTreinamento, fornecido em resposta às perguntas, as seguintes leis trabalhistas administradas pelo Ministério do Trabalho podem ser aplicadas ao seu negócio ou organização".[17] Para uma pequena empresa típica, essas leis poderiam incluir Lei de Proteção do Consumidor de Crédito, Lei de Protecção de polígrafo no emprego, Lei de Padrões Justos de Trabalho, Lei de Imigração e Nacionalidade, Lei da Segurança do Trabalho e de Saúde, Lei dos Serviços Uniformizados de emprego e dos Direitos de Reemprego, e Lei Whistleblower.

Um site vinculado ao DOL (<www.dol.gov/sc/flsa/index.htm>) fornece informações sobre o Fair Labor Standards Act (FLSA), que contém várias "assessorias de leis pela web". Cada um fornece orientação prática sobre questões como quando pagar horas extras.

EEOC A Comissão de Oportunidades Iguais de Emprego (EEOC) dos EUA administra o Artigo VII da Lei de 1964, a Lei sobre discriminação de idade no emprego de 1967 (ADEA), o Título I da Lei de Americanos com Deficiência de 1990 (ADA), e a Lei da Igualdade de 1963 (EPA). Seu site (<www.eeoc.gov/employers/>) contém informações importantes sobre as seguintes questões:

- Como posso saber se o meu negócio é abrangido por leis EEOC?
- Quem pode apresentar uma acusação de discriminação à EEOC?
- Uma pequena empresa pode resolver uma acusação sem sofrer uma investigação ou enfrentar uma ação judicial?

O site (<www.eeoc.gov/employers/index.cfm>) fornece aos proprietários de pequenas empresas conselhos práticos, como "O que devo fazer quando alguém entra com acusação contra minha empresa?".

OSHA A Segurança Ocupacional do DOL e o site de Administração de Saúde (www.osha.gov/) fornecem orientação semelhante ao pequeno negócio. A OSHA estabelece, entre outras questões, fácil acesso ao Manual OSHA para a Pequena Empresa. Esse manual contém informações práticas, incluindo a segurança específica do setor e checklists de acidentes.

Planejamento e recrutamento

Recursos da Internet podem tornar os donos de pequenos negócios tão eficazes quanto os seus grandes concorrentes, ao escrever descrições de cargos e conquistar grupos de candidatos. Como vimos no Capítulo 4, o O*NET do Ministério do Trabalho dos EUA (<http://online.onetcenter.org>) ilustra isso. O assistente on-line permite que os proprietários de negócios criem descrições de cargo precisos e profissionais, e especificações de trabalho rapidamente.

RECRUTAMENTO ON-LINE Da mesma forma, os proprietários de pequenas empresas podem usar as ferramentas de recrutamento on-line que discutimos no Capítulo 5. Por exemplo, é fácil postar cargos em anúncios de trabalho da Internet, como <CareerBuilder.com>, nos sites das associações profissionais, ou nos sites dos jornais locais.

Seleção

Para a pequena empresa, um ou dois erros de contratação poderiam causar estragos. Um programa de teste formal, de preferência baseado na web, como o aplicado pela City Garage, é aconselhável.

Alguns testes são tão fáceis de usar que são particularmente bons para as empresas menores. Um deles é o teste de Pessoal Wonderlic, que mede a capacidade mental geral. O candidato lê as instruções e, em seguida, observando o tempo (duração menos de 15 minutos) deve trabalhar com os 50 problemas. A pontuação do candidato é a soma do número de respostas corretas. A comparação da pontuação da pessoa com o mínimo recomendado para várias ocupações mostra se a pessoa atingiu a média aceitável para o trabalho em questão.

FIGURA MB.1 Amostra de um teste de pessoal Wonderlic: parte de uma amostra de relatório.

Fonte: "Wonderlic Personnel Test", do website do Wonderlic. Copyright© 2012 by Wonderlic, Inc. Reimpressa com permissão.

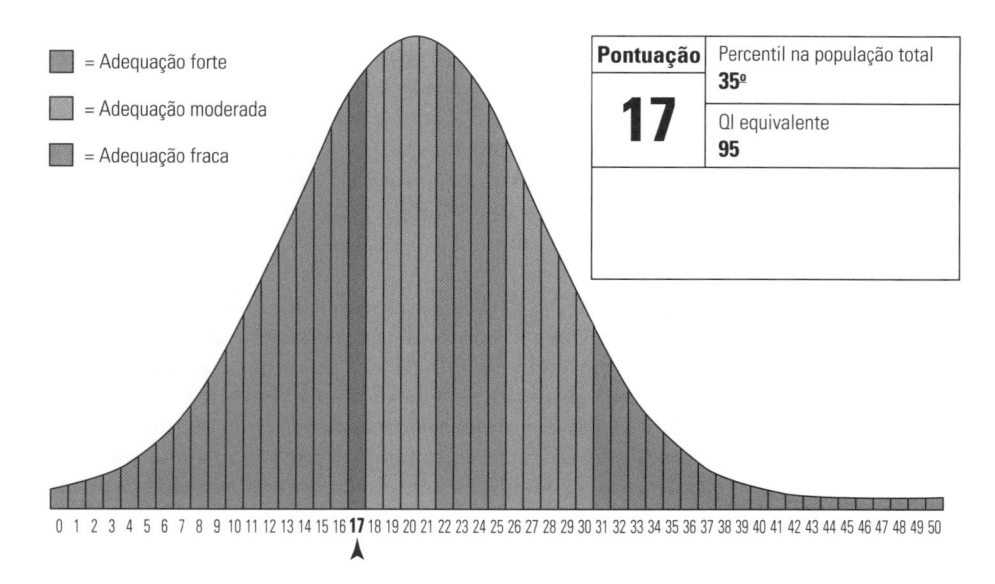

Pontuação	Percentil na população total
17	35º
	QI equivalente
	95

■ = Adequação forte
■ = Adequação moderada
■ = Adequação fraca

Análise da pontuação
Adequação ao trabalho: aqueles que apresentaram esta pontuação não reúnem as habilidades cognitivas exigidas pelo trabalho. A complexidade dessa posição pode tornar difícil para esses indivíduos agregar padrões mínimos ao desempenho da função.

Potencial de treinamento: o realizador deste teste é capaz de receber o máximo de benefício a partir do treinamento que segue uma abordagem programada ou de domínio para o aprendizado. Concedido um prazo razoável, este indivíduo pode demonstrar a habilidade necessária para aprender um número limitado de procedimentos de rotina, prolongados. Permita tempo suficiente à prática do treinamento antes de requisitar este indivíduo para trabalhar independentemente.

O Predictive Index é outro exemplo. Ele mede traços de personalidade, unidades e comportamentos relacionados ao trabalho, em particular, dominância, extroversão, paciência e formalidade. O modelo é simples, incluindo quinze padrões de personalidade de referência. Por exemplo, há o padrão de "interesse social", para uma pessoa que é, geralmente, altruísta, agradável, persuasiva, paciente e despretensiosa. Essa pessoa seria um bom entrevistador de pessoal, por exemplo.

Muitos fornecedores, incluindo Wonderlic e o Predictive Index, oferecem compilação de candidato on-line e serviços de triagem. O Serviço de Wonderlic (que custa cerca de US$ 8,5 mil por ano para uma empresa com 35 funcionários) primeiro fornece análises de cargo para o empregador, em seguida fornece um site onde candidatos às pequenas empresas podem se conectar e fazer um ou vários testes de seleção (incluindo o teste de Pessoal Wonderlic). A Figura MB.1 mostra um relatório parcial de um candidato. Aqui, estão algumas sugestões da revista Inc. para o recrutamento e os processos de seleção em um pequeno negócio:

- **Mantenha foco no negócio.** Use divulgação on-line do trabalho que visa a um determinado setor ou cidade para minimizar os candidatos irrelevantes.[18] Por exemplo, <jobing.com> mantém 41 locais de trabalho específicos da cidade em 19 estados. Já o <beyond.com> hospeda centenas de comunidades específicas do setor.
- **Automatize o processo.** Sistemas automatizados de processamento de candidatos são baratos o suficiente para os pequenos empregadores. Por exemplo, os sistemas de Taleo, NuView Systems, e Accolo aceitam currículos e ajudam a automatizar o processo de triagem. NuView, que custa cerca de US$ 6 a US$ 15 por mês, por usuário, pode imediatamente fazer perguntas aos candidatos e descartar aqueles sem a educação necessária, por exemplo.[19]
- **Teste on-line.** Use testes on-line, por exemplo, para testar a velocidade de digitação de um candidato, a proficiência em QuickBooks, ou mesmo capacidade de vender por telefone. Por exemplo, PreVisor e Kenexa oferecem cerca de mil avaliações on-line, variando até US$ 50 por teste.[20]
- **Use seu círculo interno.** Fale com amigos e funcionários para recomendações e use sites de redes sociais como LinkedIn e Facebook. Um gerente diz: "Eu recebo pessoas indicadas, então eu não tenho que passar horas triando currículos".[21]
- **Envie uma gravação.** A InterviewStream, em Bethlehem, Pensilvânia, nos EUA, gravava entrevistas em vídeo on-line, por cerca de US$ 30 a US$ 60. A empresa envia ao candidato um convite por e-mail com um link. Ao clicar no link, um entrevistador faz perguntas pré-gravadas de vídeo da empresa. A webcam captura respostas do candidato, que podem ser regravadas. Gerentes de contratação podem rever os vídeos à vontade.[22]

CUMPRIMENTO DA LEI Infelizmente, dadas as pressões de tempo enfrentadas pela maioria dos proprietários de pequenas empresas, confirmar a validade de uma compra on-line, ou por meio de lojas de suprimentos de escritório, é provavelmente a exceção, não a regra. Muitos provedores de testes irão acompanhar a empresa ao estabelecer um procedimento de testes. Por exemplo, a Wonderlic irá rever suas descrições de trabalho, como parte de seu processo. A única maneira infalível para determinar que, por exemplo, um teste de potencial de vendas realmente faz sentido para a sua empresa é certificar-se que o teste é válido.

Treinamento

Pequenas empresas não podem competir com os recursos de treinamento de gigantes, como a General Electric. Entretanto, o treinamento on-line pode proporcionar, a um custo relativamente baixo, treinamento que costumava estar fora do alcance da maioria dos pequenos empregadores.

FORNECEDORES PROVADOS O pequeno empresário pode ter centenas de fornecedores de soluções de treinamento "pré-embalados". Estes vão desde os programas de autoestudo da American Management Association (<www.amanet.org>) e SHRM (<www.shrm.org>), até programas especializados. Por exemplo, o empregador pode organizar com a PureSafety para que seus funcionários façam cursos de segurança do trabalho em <www.puresafety.com>.

A SkillSoft é outro exemplo (<http://skillsoft.com/catalog/default.asp>). Os cursos incluem desenvolvimento de software, estratégia de negócios e operações, eficácia profissional e habilidades de computadores desktop. Como exemplo, o curso "entrevistando efetivamente" é para gerentes, líderes de equipe e profissionais de recursos humanos. Em cerca de três horas de duração mostra como fazer questionamentos comportamentais para entrevistar candidatos.[23]

O guia do comprador da Sociedade Americana de Treinamento e Desenvolvimento (<www.astd.org/>) é um bom lugar para começar a encontrar um fornecedor (verifique em "Resources").

SBA Small Business Administration do governo federal dos EUA (SBA, consulte <www.sba.gov/training/>) fornece um campus virtual que oferece cursos on-line, workshops, publicações e ferramentas de aprendizagem, voltadas para apoiar os empresários.[24] Por exemplo, o pequeno empresário pode acessar tópicos como "Small Business Planner", "Escrevendo efetivas descrições de cargos", "Trabalhadores contra contratados: qual é a diferença" e "O processo de entrevista: como selecionar a pessoa certa". Veja exemplos do que eles oferecem no mapa do site em <http://www.sba.gov/sitemap>.

NAM A Associação Nacional dos Fabricantes (NAM) é a maior organização de comércio industrial nos Estados Unidos, representando cerca de 14 mil membros, incluindo 10 mil pequenas e médias empresas fabricantes.

A NAM ajuda os funcionários a manter e a atualizar suas habilidades de trabalho e continuar seu desenvolvimento profissional,[25] oferecendo cursos e um processo de certificação de competências. Não há contratos de longo prazo para assinar. Empregadores simplesmente pagam cerca de US$ 10 a US$ 30 por curso feito por cada empregado. O catálogo inclui OSHA, qualidade, técnica e treinamento, além de cursos em áreas como atendimento ao cliente.

Avaliação e remuneração

Pequenos empregadores têm acesso fácil a serviços informatizados on-line de avaliação e compensação. Por exemplo, o avaliador Employee (<www.employeeappraiser.com/index.php>) apresenta um menu de mais de uma dezena de dimensões de avaliação, incluindo confiabilidade, iniciativa, comunicação, tomada de decisão, liderança, bom senso, planejamento e produtividade.[26] Dentro de cada dimensão, são vários fatores de desempenho, mais uma vez em forma de menu. O sistema de software eAppraisal da Halogen é outro exemplo.[27]

Da mesma forma, a falta de acesso fácil a pesquisas salariais, torna difícil e demorado para as pequenas empresas ajustarem suas tabelas salariais. Hoje, sites como <www.salary.com> tornam mais fácil determinar a remuneração local.

Segurança e saúde

A segurança é uma questão importante para os pequenos empregadores. Um estudo europeu descobriu que a maioria de todos os acidentes de trabalho, incluindo os graves acidentes, ocorrem em empresas com menos de 50 empregados.[28] A OSHA oferece vários serviços gratuitos para os pequenos empregadores.

CONSULTORIA OSHA[29] A OSHA fornece gratuitamente serviços de segurança e saúde no local para pequenas empresas. Ela utiliza especialistas em segurança dos governos estaduais que oferecem consultorias, geralmente, no local de trabalho do empregador. Os empregadores podem contatar o escritório OSHA da área mais próxima para falar com o especialista em assistência de cumprimento. Empregadores também podem conferir o treinamento disponível no OSHA Training Institute em Chicago, ou em um dos cerca de 20 centros de educação, localizados em faculdades e universidades norte-americanas.

O empregador desencadeia o processo, solicitando uma consulta voluntária. Há, então, uma conferência de abertura com um especialista em segurança, uma vistoria, e uma conferência de encerramento em que o empregador e o especialista em segurança discutem as observações deste último. A única obrigação do empregador é de se comprometer a corrigir graves falhas de segurança e riscos para a saúde do trabalho.

OSHA SHARP O programa Sharp da OSHA é um processo de certificação por meio do qual são certificados os pequenos empregadores que tenham alcançado os níveis recomendáveis de sensibilização para a segurança.[30] Empregadores solicitam uma consultoria e visita, e submetem-se a um levantamento completo de identificação do perigo. O empregador se compromete a corrigir todos os perigos identificados, e implementar e manter um sistema de gestão de segurança e saúde que, no mínimo, aborda as diretrizes de gestão de programas de segurança e saúde da OSHA. Além de produzir um ambiente de trabalho comprovadamente seguro, o gerente de projeto local da OSHA pode recomendar a isenção do empregador da Sharp por dois anos, a partir de inspeções programadas.

Alavancando a pequena empresa: familiaridade, flexibilidade, justiça, informalidade e ARH

Como as pequenas empresas precisam capitalizar seus pontos fortes, e estes devem ajudar quando se lida com os empregados. Insignificância deve ser traduzida em familiaridade com os pontos fortes de cada colaborador, necessidades e situação familiar. E isso deve ser traduzido em luxo de poder ser relativamente flexível e informal nas políticas e práticas de ARH que a empresa segue. As pequenas empresas devem se adaptar rapidamente a desafios competitivos. Isso significa que aumentos, avaliações e tempo de folga tendem a ser conduzidos "de maneira informal, com base reativa, com um horizonte de tempo curto".[31] Flexibilidade é, muitas vezes, a chave do negócio.

Procedimentos de seleção de funcionários simples e informais

Há muitas opções de baixa tecnologia que o gerente de empresa de pequeno porte pode usar para melhorar a seleção dos funcionários. Veremos duas entrevistas simplificadas no Quadro *RH na prática* com exemplos de testes de trabalho.

RH na prática

Um processo de entrevistas simples e otimizado

O pequeno empresário, pressionado pelo tempo, pode utilizar o seguinte processo prático de entrevista de emprego:[32]

Preparando-se para a entrevista

Uma maneira de fazer isso é se concentrar em quatro fatores básicos necessários: conhecimento e experiência; motivação; capacidade intelectual; e personalidade. Para prosseguir nesse caminho, pense nas seguintes perguntas:

- **Conhecimento e experiência** O que o candidato deve saber para realizar o trabalho? Qual experiência é necessária para realizar o trabalho?

- **Motivação** O que o candidato deve gostar de fazer para aproveitar esse trabalho? Existe alguma coisa que a pessoa deve gostar? Há metas essenciais ou aspirações que a pessoa deve ter?

- **Capacidade intelectual** Há alguma aptidão intelectual específica requerida (matemática, mecânica etc.)? Quão complexo são os problemas que a pessoa deve resolver? O que uma pessoa deve ser capaz de demonstrar intelectualmente?

- **Personalidade** Quais são as qualidades de personalidade críticas necessárias para o sucesso no trabalho (capacidade de suportar o tédio, a determinação, a estabilidade etc.)? Como deve ser o trabalho no que compete lidar com estresse, pressão e crítica? Que tipo de comportamento interpessoal é necessário no trabalho?

Saber como fazer sondagens na entrevista

Em seguida, fazer uma combinação de questões situacionais, além de outras abertas para investigar a adequação do candidato ao trabalho. Por exemplo:

- **Conhecimento e experiência** Sondar com questões situacionais, os seguintes pontos "Como você organiza um esforço de vendas?" ou "Como você projetaria esse tipo de site?".

- **Motivação** Sondar o que a pessoa gosta e não gosta (sobre suas experiências, o que gostou ou não), as aspirações (incluindo a validade de cada meta em termos de raciocínio da pessoa sobre o porquê) e nível de energia, talvez perguntando o que faz em uma "típica terça-feira", por exemplo.

- **Capacidade intelectual** Faça perguntas como a complexidade das tarefas que a pessoa tem realizado, desempenho acadêmico, resultados dos testes (incluindo os de aptidão escolar etc.) e como ela organiza seus pensamentos e se comunica.

- **Personalidade** Sondar comportamentos autodestrutivos (agressividade, inquietação compulsiva etc.) e explorar as relações interpessoais do passado. Tire suas dúvidas sobre interações passadas (trabalhos em grupo, trabalho em fraternidade ou irmandade, equipe do último emprego etc.). Além disso, tente avaliar o comportamento da pessoa na entrevista: O candidato é apresentável? Tímido? Extrovertido?

Organizando a entrevista

- **Tenha um plano** Conceba e utilize um plano para orientar a entrevista. De acordo com o especialista em entrevista John Drake, aspectos significativos para levantar sobre o candidato são:
  - experiências universitárias
  - experiências de trabalho temporário, em tempo parcial
  - experiência profissional em tempo integral (uma por uma)
  - objetivos e ambições
  - reações ao trabalho para o qual está sendo entrevistado
  - autoavaliação (pontos fortes e fracos)
  - experiências militares
  - atividades fora da atual[33]
- **Siga seu plano** Comece com uma pergunta aberta para cada tópico, como: "Você poderia me dizer o que você fez na faculdade?". Então obtenha informações sobre o conhecimento e a experiência da pessoa, além de motivação, inteligência e personalidade.

Combinar o candidato ao cargo

Você, agora, deve ser capaz de tirar conclusões sobre o conhecimento, a experiência, a motivação, a capacidade intelectual e a personalidade da pessoa, e resumir os pontos fortes e os limites dela. Em seguida, compare as suas conclusões com a descrição do trabalho e com a lista de requisitos que você desenvolveu ao se preparar para a entrevista. Isso deve fornecer uma base racional para vincular o candidato ao cargo com base nas características e aptidões que este realmente exige.

TESTES DE AMOSTRA DO TRABALHO Suponha que você está tentando contratar, por exemplo, um gerente de marketing, e quer uma maneira simples de filtrar seus candidatos. A elaboração de um teste de trabalho é uma solução simples. Um teste de amostra do trabalho significa fazer os candidatos executarem amostras reais do trabalho em questão. Esses testes têm validade óbvia (medir claramente deveres reais de trabalho) e são fáceis de elaborar.

O processo é simples. Quebrar as principais funções do trabalho em componentes de tarefas, como escrever um anúncio. Então, pedir ao candidato para fazer uma amostra da tarefa. Por exemplo, para o cargo de gerente de marketing, pedir ao candidato que passe uma hora projetando um anúncio, e também solicite a escrita por meia hora de um programa de pesquisa de marketing para um produto hipotético.

Flexibilidade no treinamento

As pequenas empresas também têm tipicamente uma abordagem mais informal de treinamento e desenvolvimento. Por exemplo, um estudo com 191 pequenas e 201 grandes empresas na Europa descobriu que as empresas menores eram muito mais informais em suas abordagens de treinamento e desenvolvimento.[34] Muitas das pequenas empresas não acompanham sistematicamente as necessidades de competências de seus gestores, e menos de 50% (contra 70% das grandes empresas) tinham programas de desenvolvimento de carreira. As pequenas empresas também tendem a concentrar todo o treinamento de gestão na aprendizagem de competências específicas relacionadas à empresa, como a forma de vender os produtos da empresa.[35] Isso acontece em razão de limitações de recursos e relutância em investir muito em gestores que podem sair.

QUATRO ETAPAS DO PROCESSO DE TREINAMENTO Com recursos limitados ou não, as pequenas empresas devem ter procedimentos de treinamento. Segue um processo de treinamento de quatro etapas simples, mas eficazes.

Passo 1 Escreva uma descrição do trabalho A descrição detalhada do trabalho é o coração de um programa de treinamento. Listar as tarefas de cada posto de trabalho, juntamente a um resumo das etapas em cada tarefa.

Passo 2 Desenvolva um formulário de registro de análise de tarefas O pequeno empresário pode usar um formulário de Análise de Tarefas abreviado (Quadro MB.1), contendo quatro colunas para orientar o treinamento necessário.

O Quadro MB.1 mostra os cinco primeiros passos em uma das tarefas (operar cortador de papel) para que o proprietário de uma fábrica de impressão possa treinar a pessoa que faz o corte do papel antes de colocá-lo nas impressoras.

- Na primeira coluna, a lista de tarefas específicas. Incluir o que é para ser realizado em termos de cada uma das tarefas principais, e os passos envolvidos em cada uma delas.
- Na segunda coluna, os padrões de desempenho (em termos de quantidade, qualidade, precisão, e assim por diante).
- Na terceira coluna, a lista de habilidades treináveis necessárias, coisas que o empregado deve saber ou fazer para executar a tarefa.
- Na quarta coluna, a lista de aptidões necessárias. Estas são as aptidões humanas (como a compreensão mecânica), que o empregado deve ter para ser treinável, e para as quais deve ser testado.

Passo 3 Elabore uma ficha de instruções de trabalho Em seguida, desenvolver uma Ficha de Instrução de Trabalho para o cargo. Como no Quadro MB.2, uma folha de Instrução de Trabalho mostra as etapas de cada tarefa, bem como os pontos-chave para cada uma.

QUADRO MB.1 Amostra do formulário de análise de tarefa.

Lista de tarefas	Padrões de desempenho	Habilidades treináveis necessárias	Aptidões necessárias
1. Operar cortador de papel			
1.1 Ligar o motor	Começar pelo botão apertar na primeira tentativa	Para iniciar a máquina sem tentar, acidentalmente, reiniciar enquanto máquina estiver funcionando	Capacidade de compreender instruções escritas e faladas
1.2 Definir a distância de corte	Tolerância máxima ± de 0,007 polegadas	Ler calibre	Capacidade de ler as tolerâncias na escala numérica
1.3 Colocar o papel na mesa de corte	Deve ser completamente para evitar bordas irregulares	Levantar o papel corretamente	Pelo menos destreza manual média
1.4 Empurrar o papel até a lâmina do cortador de papel		Deve estar alinhado com a lâmina	Pelo menos destreza manual média
1.5 Apertar a liberação do botão de segurança com a mão esquerda	100% do tempo, para a segurança	Deve manter as duas mãos na liberação, para evitar contato com a lâmina de corte	Capacidade para compreender advertências escritas e faladas

Passo 4 Prepare o programa de treinamento para o trabalho No mínimo, o manual de treinamento do trabalho deve incluir a descrição do trabalho, o formulário de análise de tarefa e a Ficha de Instrução de Trabalho, todos compilados em um manual de treinamento. Também pode-se incluir um breve resumo/introdução ao trabalho, e uma explicação gráfica e/ou escrita de como o trabalho se encaixa com as outras funções na fábrica ou no escritório.

Você também tem que decidir qual mídia de treinamento usar. Um programa de treinamento no trabalho simples e eficaz dos atuais funcionários ou superiores requer apenas os materiais escritos listados. No entanto, a natureza do trabalho ou o número de treinandos podem requerer a produção ou a aquisição de meios especiais de treinamento. Para muitos empregos, como superior ou contador, fornecedores, como aqueles que discutimos no Capítulo 6 e no início deste capítulo, oferecem programas de treinamento multimídia embalados.

MÉTODOS INFORMAIS DE TREINAMENTO O especialista em treinamento Stephen Covey diz que as pequenas empresas podem oferecer treinamento sem estabelecer caros programas de treinamento formais. Suas sugestões incluem:[36]

- Ofereça-se para pagar a mensalidade de aulas especiais.
- Identifique oportunidades de treinamento on-line.
- Forneça uma biblioteca de CDs e DVDs para a aprendizagem disciplinada e sistemática, durante o tempo de deslocamento.
- Incentive o compartilhamento de melhores práticas.
- Sempre que possível, envie as pessoas para seminários especiais e reuniões de associações de aprendizado e networking.
- Crie uma ética de aprendizagem, com as pessoas ensinando umas as outras o que estão aprendendo.

Flexibilidade em benefícios e recompensas

O Instituto de Família e Trabalho pesquisou as práticas de benefícios de cerca de mil pequenas e grandes empresas.[37] Não surpreendentemente, eles descobriram que as grandes empresas oferecem pacotes de benefícios mais amplos do que as menores. No entanto, muitas pequenas empresas superaram seus maiores concorrentes, oferecendo mais flexibilidade. "Eles descobriram como transformar o pequeno em coeso, ganhando a confiança dos funcionários, mantendo-os a par de notícias e finanças da empresa, e tem sua lealdade, fornecendo feedback constante sobre o desempenho".[38] Por exemplo, na ID Media, com 90 empregados, a CEO Lynn Fantom dá a todos os novos funcionários um café da manhã de boas-vindas em seu primeiro dia. "Isso mostra que ela queria nos conhecer e também nossas opiniões", diz um novo funcionário.[39]

QUADRO MB.2 Exemplo de ficha de instrução de trabalho.

	Passos na tarefa	Pontos-chave para manter em mente
1.	Ligue o motor.	Nenhum.
2.	Defina a distância de corte.	Leia atentamente a escala para evitar corte de tamanho errado.
3.	Coloque o papel na mesa de corte.	Verifique se o papel está correto, para evitar corte irregular.
4.	Empurre o papel até o cortador.	Verifique se o papel está apertado, para evitar corte irregular.
5.	Segure a liberação de segurança com a mão esquerda.	Não solte a mão da esquerda para evitar que seja pega no cortador.
6.	Segure a liberação de corte com a mão direita.	Não solte a mão da direita prevenindo de ser pega no cortador.
7.	Simultaneamente, puxe o cortador com segurança.	Mantenha as duas mãos nos lançamentos correspondentes, evitando as mãos na mesa de corte.
8.	Espere para que o cortador retraia.	Mantenha as duas mãos nos lançamentos correspondentes, evitando as mãos na mesa de corte.
9.	Recolha o papel.	Certifique-se de que o cortador seja recolhido; mantenha as mãos longe de lançamentos.
10.	Desligue o motor.	Nenhum.

No Wards Móveis, os trabalhadores podem compartilhar as responsabilidades empregatícias e fazer algum trabalho em tempo parcial de casa.

Fonte: Bill Aron/PhotoEdit

CULTURA DE FLEXIBILIDADE Um estudo constatou que as pequenas empresas, por causa da intimidade gerada pelos proprietários estarem pessoalmente interagindo com todos os funcionários a cada dia, promovem melhor uma "cultura de flexibilidade". Mais importante, isso significa que "os superiores são mais apoiadores e compreensivos quando surgem questões de trabalho e vida pessoal".[40] A Wards Móveis em Long Beach, Califórnia, nos EUA, é um exemplo disso. Muitos dos 17 funcionários estavam com a empresa por dez a 20 anos. Brad Ward, um dos proprietários, atribui isso, em parte, à disposição de sua empresa para se adaptar às necessidades dos seus trabalhadores. Por exemplo, os trabalhadores podem compartilhar as responsabilidades do trabalho e trabalhar em tempo parcial de casa.

BENEFÍCIOS DE TRABALHO E VIDA PESSOAL O ponto é que, mesmo sem os recursos das grandes empresas, as pequenas podem oferecer aos funcionários benefícios de trabalho e vida pessoal que os grandes empregadores muitas vezes não podem igualar. Por exemplo:[41]

- **Dê tempo extra de folga** Por exemplo, sexta-feira à tarde de folga no verão.
- **Ofereça semanas de trabalho comprimidas** No verão, ofereça semanas de trabalho comprimidas que lhes permitem ter fins de semana mais longos.
- **Dê bônus em momentos pessoais críticos** Pequenos empresários estão mais propensos a saber o que está acontecendo na vida de seus empregados. Use esse conhecimento para fornecer bônus especiais, por exemplo, se um funcionário ganhou um novo bebê.
- **Ofereça flexibilidade** Por exemplo, "se um trabalhador está tendo um problema pessoal, ajude-o a criar um cronograma de trabalho que permita a resolução dos problemas sem sentir que está em apuros".[42]
- **Seja sensível aos pontos fortes e fracos dos funcionários** A intimidade da pequena empresa deve permitir que o proprietário esteja mais em sintonia com pontos fortes, fraquezas e aspirações dos seus funcionários. Portanto, estar mais atento aos trabalhos onde as pessoas ficam mais confortáveis. Dê-lhes oportunidade de treinar e passar para os cargos que desejam.
- **Ajude-os a melhorar** Por exemplo, pague cursos para os funcionários desenvolverem suas habilidades de trabalho.
- **Alimente-os** Especialmente depois de uma semana de trabalho difícil ou quando, por exemplo, uma grande venda ocorre, forneça, em seguida, refeições gratuitas, talvez chamando seus funcionários para o almoço.

- **Faça-os se sentir como proprietários** Esforçar-se para que os empregados contribuam em grandes decisões, deixe-os trabalhar diretamente com os clientes, receber feedback, e compartilhe dados de desempenho da empresa com eles. Também deixe-os compartilhar o sucesso financeiro da empresa.
- **Certifique-se de que eles têm o que precisam para fazer seus trabalhos** Ter funcionários altamente motivados é apenas metade do desafio. Também é importante garantir que eles tenham as ferramentas que precisam para fazer seu trabalho – por exemplo, o treinamento necessário, os procedimentos, os computadores e assim por diante.
- **Reconheça constantemente um trabalho bem feito** Capitalize suas interações do dia a dia com os funcionários para "nunca perder uma oportunidade de dar a eles o reconhecimento que merecem".[43]

BENEFÍCIOS DE APOSENTADORIA SIMPLES O acesso a benefícios de aposentadoria é mais predominante em grandes empresas do que nas pequenas. Cerca de 75% das grandes empresas os oferecem, enquanto cerca de 35% das pequenas o fazem.[44]

Existem várias maneiras especiais para as pequenas empresas oferecerem planos de aposentadoria aos funcionários. Nos EUA, a Lei de Proteção à Aposentadoria de 2006 prevê um novo tipo de benefício de aposentadoria que combina a 401(k) (contribuição definida) a planos tradicionais de benefício definidos.[45] Disponível apenas para os empregadores com menos de 500 funcionários, isenta-os das regras de pensão complexas às quais os grandes empregadores devem aderir. Com esse benefício, os funcionários recebem um plano de aposentadoria que combina um conjunto de pensão definido pelo plano, além de retorno sobre a parte do investimento que os participantes contribuíram.[46]

Provavelmente, a maneira mais fácil para as pequenas empresas fornecerem benefícios de aposentadoria é por meio de um plano Simple IRA. Com o Simple IRA (plano de incentivo de economias aos colaboradores dos EUA), os empregadores devem (e os funcionários podem) fazer contribuições para IRAs tradicionais do empregado. Esses planos são para os empregadores ou pequenas empresas com 100 funcionários ou menos e nenhum outro plano de aposentadoria. O proprietário contata uma instituição financeira elegível e preenche vários formulários do IRS. Bancos, fundos de investimento e companhias de seguros cujos contratos de anuidade em questão são geralmente elegíveis.[47] O plano tem baixos custos administrativos e as contribuições do empregador são dedutíveis de impostos. Cada funcionário é sempre 100% investido.[48] A contribuição típica do empregador pode corresponder a contribuições dólar por dólar do empregado até 3% acima do salário. A instituição financeira geralmente lida com a papelada e os relatórios IRS.

Justiça e a empresa familiar

A maioria das pequenas empresas são "empresas familiares", já que o proprietário e, muitas vezes, um ou mais gerentes e funcionários são membros da família.

Ser um empregado não familiar não é fácil. A tendência de tratar os funcionários familiares e não familiares de maneiras diferentes pode minar a percepção de justiça.[49] Reduzir esses problemas envolve várias etapas, incluindo:[50]

- **Defina as regras básicas** Um consultor de negócios de família diz: "Durante o processo de contratação, o candidato deverá ser informado quanto à possibilidade [...] real para a promoção. No mínimo, deixe as expectativas claras, sobre questões como o nível de autoridade que a pessoa pode esperar atingir".[51]
- **Trate as pessoas de forma justa** A maioria dos funcionários em um negócio de família entende que não será tratada exatamente como membros da família. No entanto, eles esperam ser tratados de forma justa. Isso significa evitar "qualquer aparência de que os membros da família estão se beneficiando injustamente do sacrifício de outros".[52] Por essa razão, os membros da família, em muitas empresas familiares, evitam compras que mostrem ostentação, como carros caros.
- **Enfrente questões familiares** Discórdia e tensão entre os membros da família distrai e desmoraliza os outros funcionários. Os membros da família devem enfrentar e resolver suas diferenças.

- **Acabe com o privilégio** Os membros da família "devem evitar qualquer comportamento que levaria as pessoas à conclusão de que eles estão exigindo tratamento especial em termos de atribuições e responsabilidades".[53] Empregados da família devem chegar mais cedo, trabalhar mais, e ficar até mais tarde do que os outros funcionários. Esforçar-se para mostrar que os membros da família conquistaram as suas promoções.

Usando organizações patronais profissionais

Muitos pequenos empresários olham para as questões envolvidas com a gestão de pessoal e decidem terceirizar a maior parte de suas funções de recursos humanos para fornecedores.[54] Esses fornecedores recorrem a organizações profissionais de empregadores (PEO), terceirizados de recursos humanos (HRO), ou, às vezes, empregados ou funcionários das empresas de arrendamento.

Como as organizações patronais (PEO) funcionam?[II]

Nos EUA, no mínimo, as PEO assumem as tarefas da folha de pagamento do empregador,[55] mas geralmente assumem a maioria das responsabilidades de recursos humanos do empregador. Por meio da transferência de funcionários da empresa para a folha de pagamento das PEO, estas se tornam coempregadores, permitindo incluir os funcionários do cliente para o seguro e programa de benefícios delas, geralmente a um custo menor. A PEO costuma lidar com atividades relacionadas ao empregado, como recrutamento, contratação (com aprovação dos superiores das empresas clientes) e folha de pagamento e impostos (pagamentos de seguridade social, seguro-desemprego, e assim por diante). Muitas PEO focam nos empregadores com menos de 100 funcionários, e os custos são de 2% a 4% da folha de pagamento da empresa. HRO são, basicamente, o seu "escritório de RH", mas seus funcionários ainda trabalham para você.[56]

Por que usar uma PEO?

Empregadores procuram as PEO por várias razões. Empresas com menos de 100 empregados, normalmente, não tem um gerente de RH. Isso significa que o proprietário tem a maior parte da carga de gerenciamento de recursos humanos em seus ombros. O Small Business Administration estima que os pequenos empresários gastam até 25% do seu tempo em papelada relacionada a pessoal,[57] já que a PEO assume a maior parte desta, muitas pequenas empresas concluem que é mais barato pagar o custo da empresa.[58] Legalmente, as PEO compartilham a responsabilidade contratual com os clientes. A PEO deve, assim, ajudar a garantir que a pequena empresa cumpra as responsabilidades legais do Artigo VII, OSHA, COBRA e Fair Labor Standards Act.[59] Como vimos no Capítulo 11, seguros e benefícios são, muitas vezes, a grande atração da PEO. Um pequeno empresário pode ser capaz de obter o seguro (bem como benefícios, como 401 [k] s) para o seu grupo, que não poderia de outra maneira.[60] Por fim, o profissionalismo que a PEO traz para recrutamento, seleção, treinamento, compensação, segurança e bem-estar traduz numa melhoria do empregado e dos resultados da empresa.

Advertências

Existem várias desvantagens potenciais para as PEO. Se a PEO sai do negócio, o pequeno empresário deve lutar para conseguir manter seus funcionários assegurados.[61] Muitos empregadores visualizam seus processos de ARH (a exemplo do treinamento de novos engenheiros) como uma vantagem estratégica, e não estão dispostos a entregar tarefas como essas pessoas de fora. A responsabilidade pela cisão também pode ser problemática.

Vários fatores podem sinalizar problemas. Um deles é a negligência na diligência devida. Por exemplo, como compartilham a responsabilidade com o empregador, devem questioná-lo extensivamente sobre as políticas e práticas de recursos humanos, segurança e local de trabalho de sua empresa.[62]

[II] N. do R.T.: No Brasil, é mais comum que escritórios de contabilidade tenham esse papel.

Gerenciamento de sistemas de RH, procedimentos e burocracia

Visão geral

Considere a papelada necessária em uma loja de varejo de cinco pessoas. Só para começar, o recrutamento e a contratação de um empregado podem requerer uma ajuda de publicidade, um pedido de emprego, uma lista de verificação de entrevistas, várias verificações da educação e status de imigração, por exemplo, e uma lista de telefones de referência. Em seguida, você pode precisar de acordos e de um contrato de trabalho de não competição, confidencialidade e um acordo de indenização do empregador. Para processar esse novo funcionário, você pode precisar de uma verificação de antecedentes, uma nova lista de funcionários e as formas de retenção e obtenção de novos dados do empregado. E para manter o controle do empregado, uma vez a bordo, você precisa de uma ficha de dados de pessoal, registros diários e semanais de horas, folha de presença semanal por hora, e um relatório de despesas. Em seguida, vêm todas as formas de avaliação de desempenho, registros disciplinares, orientação dos funcionários, avisos separados das ações de RH e respostas sobre referências do emprego.

Talvez, com apenas um ou dois funcionários, você possa acompanhar tudo na sua cabeça, ou apenas escrever um memorando separado para cada ação de RH, e colocá-lo em uma pasta para cada trabalhador. Mas com mais de alguns funcionários, você vai precisar criar um sistema de recursos humanos composto de formulários padronizados. Então, quando a empresa cresce, a maioria dos empregadores começa a informatizar várias partes do sistema de folha de pagamento ou de avaliação de RH, por exemplo.

Componentes básicos do manual de RH

Empregadores muito pequenos (com 10 empregados ou menos) provavelmente começam com um sistema de ARH manual. De um ponto de vista prático, isso geralmente significa a obtenção e a organização de um conjunto de formulários padronizados de pessoal, que cobrem cada aspecto importante do processo de RH – recrutamento, seleção, treinamento, avaliação, remuneração, segurança, bem como alguns meios para organizar todas essas informações de cada um dos seus empregados.

FORMULÁRIOS BÁSICOS O número de formulários necessários para uma pequena empresa é muito grande, como a lista ilustrativa no Quadro MB.3 mostra.[63] Uma maneira simples de obter os formulários básicos de um sistema de RH manual é a partir de sites (como <http://www.hr.com/en/free_forms/>, em inglês), livros, ou CDs que fornecem compilações de formulários de RH. Os formulários que você quer podem ser adaptados a partir dessas fontes para a sua necessidade particular. Lojas de materiais de escritório também vendem pacotes de formulários de pessoal. Por exemplo, nos EUA a loja Office Depot vende pacotes de formulários de pessoal individuais, bem como o "Human Resource Kit", contendo 10 cópias de cada um dos seguintes: candidatura, entrevista de emprego, verificação de referência, registro de funcionário, avaliação de desempenho, advertência, entrevista de desligamento e pedido de férias, além de um guia de prevenção de processos legais.[64] Utilize as pastas para manter um arquivo individual de cada empregado; do lado de fora fixe um formulário para registro de informações, como nome, data, benefícios da empresa etc.

OUTRAS FONTES Várias empresas oferecem uma variedade de materiais de RH em catálogos de mala-direta. Por exemplo, nos EUA, a HRdirect (<www.hrdirect.com>) oferece pacotes de formulários de pessoal. Eles incluem formulários curtos e longos de candidatura de empregados, entrevistas de candidatos, revisões sobre o desempenho do empregado, descrições de cargos, entrevistas de desligamento, calendários e relatórios de absenteísmo. Existem também vários formulários jurídicos – conformidade, incluindo Política padronizada e formulários de Assédio, Aviso FMLA, bem como cartazes disponíveis (por exemplo, abrangendo publicações legalmente exigidas para questões como a Lei de Americanos com Deficiência e Lei de Segurança e Saúde Ocupacional).

QUADRO MB.3 Alguns formulários importantes de emprego.

Formulários de novos empregados	Formulários de empregados atuais	Formulários de desligamento de empregado
Candidatura	Status do empregado	Checklist de aposentadoria
Check-list de novo empregado	Solicitação de mudança	Checklist de rescisão
Entrevista de emprego	Registro de empregado	Reconhecimento COBRA
Verificação de referência	Avaliação de desempenho	Reivindicação por desemprego
Relatório de referências por telefone	Aviso de advertência	Entrevista de desligamento de empregado
Manual do empregado	Pedido de férias	
Contrato de trabalho	Aviso de liberdade condicional	
Pedido de demissão do emprego	Descrição do trabalho	
Acordo de sigilo do empregado	Avaliação experimental	
	Reconhecimento de depósito direto	
	Relatório de ausência	
	Aviso disciplinar	
	Formulário de reclamações	
	Relatório de despesas	
	Opções de reconhecimento 401 (k)	
	Relatório de lesão	

G. Neil Company, de Sunrise, Florida (<www.gneil.com>), é outra fonte de materiais de mala-direta de pessoal. Além de uma linha completa de formulários, documentos e cartazes de pessoal, também tem sistemas manuais para assuntos como histórico de frequência, análise de emprego, pedidos de férias, monitoramento e registros de segurança. Tem um kit completo de início do RH, contendo 25 cópias de cada um dos componentes básicos de um sistema de RH manual. Eles incluem formulário de emprego, histórico de frequência, avaliação de desempenho, folha de pagamento/notificações de mudança, relatório de ausência e requisição, e aprovação de férias, todos organizados em uma caixa de arquivo.

Automatizando tarefas individuais de RH

Como a pequena empresa cresce, torna-se cada vez mais pesado contar com sistemas de RH manuais. Para uma empresa com 40, 50 ou mais empregados, a quantidade de tempo dedicada à gestão de histórico de frequência e avaliações de desempenho podem ocupar semanas. É, portanto, nesse ponto que a maioria das pequenas e médias empresas começam a informatizar as tarefas de ARH individuais.

SISTEMAS Novamente, há uma variedade de recursos embalados disponíveis. Por exemplo, vários sites contêm listas categóricas de fornecedores de software de RH.[65] Esses fornecedores oferecem soluções para praticamente todas as tarefas de pessoal, desde a gestão de benefícios de compensação, formalidades, relações com os empregados, terceirização, folha de pagamento, sistemas de tempo e frequência.

A empresa G. Neil vende pacotes de software para monitoramento de atendimento, manutenção de registro de empregados, manuais de políticas e realização de avaliações computadorizadas de funcionários. O HRdirect oferece software para escrever manuais de políticas de funcionários, avaliações de desempenho, criação de descrições de trabalho, rastreamento de frequência e horas trabalhadas por cada empregado, escala de empregados, escrita de cartas organizacionais, gestão de folha de pagamento, realização de pesquisas com funcionários, agendamento e acompanhamento de atividades de treinamento de funcionários, e gerenciamento do cumprimento OSHA. O gestor de pessoas (<www.hrtools.com/products/PeopleManager.aspx>) mantém registros dos funcionários (incluindo nome, endereço, estado civil, número de dependentes, contato de emergência e números de telefone, data de admissão e histórico de trabalho). Ele também permite o gerenciamento rápido de 30 relatórios padrão sobre questões como frequência, benefícios e informações étnicas.

Sistemas de informação de recursos humanos (SIRH)

Conforme as empresas crescem, elas também recorrem aos sistemas integrados de informação de recursos humanos (SIRH). Pode-se definir um SIRH como componentes inter-relacionados trabalhando juntos para coletar, processar, armazenar e disseminar informações a fim de apoiar a tomada de decisão, coordenação, controle, análise e visualização das atividades de ARH de uma organização.[66] Como os componentes de software do SIRH (manutenção de registros, folha de pagamento, avaliação etc.) são integrados (capazes de "conversar uns com os outros"), permitem que o empregador agilize a sua função de RH. O sistema instalado em uma empresa ilustra isso. O SIRH encaminha eletronicamente aumentos salariais, transferências e outras formas de mensagens para os gerentes apropriados para aprovação. Como uma pessoa está fora, é encaminhado para a próxima. Se alguém se esquece de processar um documento, um agente inteligente emite lembretes até que a tarefa seja concluída.

Representantes de vendas SIRH

Muitos fornecedores oferecem pacotes SIRH. O site da Associação Internacional para Gerenciamento de Informações de Recursos Humano (<www.ihrim.org/>), nos EUA, por exemplo, lista sistemas como Automatic Data Processing, Inc., Business Information Technology, Inc., Human Resource Microsystems, Lawson Software, Oracle Corporation, SAP America, Inc., e cerca de 25 outras empresas como fornecedores SIRH.

RH e intranet

Os empregadores muitas vezes instalam sistemas de RH baseados na intranet. Por exemplo, a LG & E Energy Corporation utiliza a sua intranet na comunicação de benefícios. Os funcionários podem acessar a página inicial de benefícios (entre outras informações) e revisar o 401 (k) da empresa, opções de investimento do plano, obter respostas às perguntas mais frequentes sobre planos de saúde e odontológico da empresa, e relatar alteração da situação familiar. Outros usos para intranets de recursos humanos incluem: automatizar postagens e rastreamento de candidatos a emprego, estabelecer registro de treinamento, fornecer recibos de pagamento eletrônicos, publicar um manual eletrônico do empregado, e permitir que os funcionários atualizem seus perfis pessoais e acessem suas contas, como a 401 (k).

Revisão

RESUMO

1. ARH em pequenas empresas é diferente por quatro razões principais: o tamanho, as prioridades, a informalidade e a natureza do empreendedor. Estes criam vários riscos. Primeiro, os proprietários de pequenas empresas correm o risco de que suas práticas, relativamente rudimentares, de recursos humanos os coloquem em desvantagem competitiva. Além disso, existe uma falta de conhecimento especializado de RH; a empresa menor, provavelmente, não tratará de forma adequada o potencial litígio no local de trabalho; o pequeno empresário pode não estar totalmente em conformidade com as normas e leis de compensação; o retrabalho e a papelada levam a ineficiências e erros de entrada de dados.

2. A Assessoria de Direito do Trabalho do Ministério do Trabalho dos EUA ajuda os empregadores (e, particularmente, as pequenas empresas) a determinar que leis se aplicam ao seu negócio. O site do DOL também fornece informações sobre a Lei de Padrões justos de Trabalho (FLSA). Ele contém vários conselhos. O site da Comissão (EEOC) The Equal Employment Opportunity dos EUA fornece informações importantes sobre as questões da EEOC, como o artigo VII. O site da Administração de Saúde e Segurança Ocupacional do DOL apresenta igualmente uma riqueza de informações para os pequenos empresários. O site da OSHA estabelece, entre outras questões, fácil acesso ao Manual do OSHA para pequenas empresas.

3. Recursos da Internet podem tornar os proprietários de pequenas empresas mais eficazes na ARH. Por exemplo, o O*NET do Ministério do Trabalho dos EUA é eficaz para a criação de descrições de cargos. Pequenas empresas podem usar as ferramentas de recrutamento on-line que discutimos no Capítulo 5. O serviço de monitoramento de candidatos Wonderlic também fornece análises de cargo para o empregador. Há muitos fornecedores de soluções de treinamento pré-embalados. Estes incluem desde os programas de autoestudo da American Management Association (<www.amanet.org/>) e SHRM (<www.shrm.org>), até programas especializados. Small Business Administration, do governo federal dos EUA (<www.sba.gov/training/>) oferece cursos on-line. Pequenos empregadores também podem fazer avaliações de desempenho on-line. OSHA fornece serviços gratuitos de segurança e saúde para pequenas empresas.

4. As pequenas empresas precisam alavancar seus pontos fortes e, no trato com os empregados, devem aproveitar seu pequeno tamanho. Insignificância deve se traduzir em familiaridade com os pontos fortes, necessidades e situação familiar de cada colaborador. E isso deve se traduzir no luxo de ser relativamente flexível e informal nas políticas e práticas de ARH que a empresa segue. Mesmo sem os bolsos de grandes, as pequenas empresas podem oferecer aos funcionários benefícios de trabalho e vida pessoal que os grandes empregadores, geralmente, não podem igualar.

5. O acesso a benefícios de aposentadoria é mais prevalente em grandes empresas do que nas pequenas. Existem várias maneiras simples para as pequenas empresas oferecerem planos de aposentadoria para seus empregados. Por exemplo, a lei Pension Protection de 2006 contém uma disposição para um novo tipo de benefício de aposentadoria, que combina planos 401 (k) tradicionais e benefício definido.

6. Pequenas empresas dependem de práticas de recrutamento, seleção e treinamento mais informais. A elaboração de um teste de amostra de trabalho é uma solução simples. Com recursos limitados ou não, as pequenas empresas devem ter procedimentos de treinamento. Ter funcionários com alto potencial não garante que haverá sucesso. Em vez disso, eles devem saber o que você quer e como você quer que eles façam isso. Discutimos um processo de treinamento-instrução de trabalho menos complexo, mas ainda assim eficaz.

7. A maioria das pequenas empresas são familiares. Tratamento desigual entre trabalhadores familiares e não familiares pode prejudicar a percepção de justiça, bem como a moral. Discutimos métodos para reduzir esses problemas.

8. Muitos pequenos empresários observam todas as questões envolvidas com a gestão de pessoal e decidem terceirizar todas, ou a maioria, das suas funções de recursos humanos para fornecedores externos, geralmente chamados de organizações de empregadores profissionais (PEO), de recursos humanos terceirizados (HRO), empregados ou empresas de locação de pessoal. No mínimo, essas empresas assumem tarefas da folha de pagamento, mas geralmente assumem mais tarefas de recursos humanos. A PEO lida com atividades relacionadas com o empregado, como recrutamento, contratação (somadas à aprovação dos superiores das empresas clientes), folha de pagamento e impostos.

9. Mesmo as pequenas empresas utilizam formulários relacionados a RH. Muito pequenos empregadores começam com um sistema manual de ARH. Isso, geralmente, significa a obtenção e a organização de um conjunto de formulários padronizados, abrangendo cada aspecto do RH – recrutamento, seleção, treinamento, avaliação, remuneração e segurança, bem como alguns meios para organizar todas essas informações. Empresas de catálogos de mala direta oferecem uma variedade de materiais de RH. À medida que a empresa cresce, a maioria das pequenas e médias empresas começam a informatizar tarefas individuais de RH. Por exemplo, a empresa G. Neil vende pacotes de software de prateleira para monitoramento de atendimento, registros de empregados, descrições de cargo, escrita de manuais de políticas de empregados, e realização de avaliações computadorizadas de funcionários.

QUESTÕES PARA DISCUSSÃO

1. Explique por que ARH é importante para as pequenas empresas.
2. Explique e dê, pelo menos, quatro exemplos de como proprietários de pequenas empresas norte-americanas podem usar as ferramentas da internet e do governo para apoiar o esforço de RH.
3. Explique e dê, pelo menos, cinco exemplos de como proprietários de pequenas empresas podem usar o seu pequeno tamanho-familiaridade, flexibilidade e informalidade, para melhorar seus processos de RH.
4. Discuta o que você faria para encontrar, reter e lidar de forma contínua com uma organização profissional de empregadores.
5. O que é "O Desafio da Pequena Empresa", na ARH, em uma empresa de pequeno porte?
6. Descreva brevemente dois exemplos simples de como as pequenas empresas norte-americanas podem oferecer planos de aposentadoria para seus empregados.

Exercícios de aplicação

ESTUDO DE CASO EM RH: Empresa de limpeza Carter

Novo plano de remuneração

A Empresa de Limpeza Carter não tem uma estrutura ou faixas salariais formais ou, ainda, usa recursos de compensação. Os salários são baseados, principalmente, sobre os parâmetros que prevalecem na comunidade próxima e são dosados com uma tentativa, por parte de Jack Carter, de manter uma aparência de equidade entre o que recebem os trabalhadores com responsabilidades diferentes nas lojas.

É preciso dizer que Carter não faz quaisquer pesquisas formais para determinar quanto sua empresa deve pagar. Ele sonda os anúncios de emprego quase todos os dias e realiza enquetes informais entre seus amigos no local da lavanderia e na associação comercial. Enquanto Jack deu uma "abordagem informal" para a remuneração de funcionários, sua agenda de salário tem sido guiada por várias políticas básicas de pagamento. Muitos de seus colegas da área de limpeza a seco aderiram a uma política de pagar taxas absolutamente mínimas, mas Jack tem seguido uma de pagamento a seus empregados cerca de 10% acima do que ele sente que são as alíquotas vigentes, uma política que acredita reduzir a rotatividade, promovendo a lealdade do empregado. O que gera um pouco de preocupação para Jennifer é a abordagem informal de seu pai, de pagar aos homens cerca de 20% mais do que às mulheres para o mesmo trabalho. A explicação de seu pai é: "Eles são mais fortes e podem trabalhar mais por mais horas; além de tudo, eles têm famílias para sustentar."

Perguntas

1. A empresa está passando pelo momento de criar uma estrutura formal de salário, com base em uma avaliação completa do trabalho? Por quê?
2. Como exatamente Carter poderia usar fontes on-line grátis como O*NET para ajudar a criar a estrutura salarial necessária?
3. Você acha que pagar 10% a mais do que os salários vigentes é uma boa ideia? Como Jack poderia determinar isso?
4. Como Jack Carter poderia utilizar fontes governamentais on-line para determinar se a sua política de pagamento diferencial de gêneros é sábia ou não, e por que não?
5. Especificamente, o que você sugeriria a Jennifer sobre o que fazer com relação ao plano de remuneração de sua empresa?

Notas

1. "Statistics of U.S. Businesses and Non-Employer Status". Disponível em: <www.sba.gov/advo/research/data.html>. Acesso em: 5 nov. 2009; disponível em: <http://www.bls.gov/news.release/empsit.nr0.htm>. Acesso em: 10 set. 2012.
2. "Small Business Economic Indicators 2000", *Office of Advocacy, U.S. Small Business Administration*, Washington, D.C., 2001, p. 5. Ver também "Small Business Laid Foundation for Job Gains". Disponível em: <www.sba .gov/advo>. Acesso em: 9 mar. 2006.
3. Estudos mostram que o tamanho da empresa afeta as atividades de recursos humanos, como remuneração de executivos, treinamento de pessoal e terceirização de RH. Peter Hausdorf e Dale Duncan, "Firm Size and Internet Recruiting in Canada: A Preliminary Investigation", *Journal of Small-Business Management* 42, n. 3, jul. 2004, p. 325-334.
4. "SHRM Human Capital Benchmarking Study 2009", *Society for Human Resource Management*, p. 12. Disponível em: <www.shrm.org/ research/surveyfindings/articles/pages/2009humancapital-benchmarking.aspx>. Acesso em: 23 out. 2014.
5. Graham Dietz et al., "HRM Inside UK E-commerce Firms", *International Small Business Journal* 24, n. 5, out. 2006, p. 443-470.
6. Bernice Kotey e Cathleen Folker, "Employee Training in SMEs: Effect of Size and Firm Type—Family and Nonfamily", *Journal of Small-Business Management* 45, n. 2, abr. 2007, p. 14-39.
7. Dietz et al., "HRM Inside UK E-commerce Firms".
8. Ibid. Veja também N. Wasserman, "Planning a Start-Up? Seize the Day ... Then Expect to Work All Night", *Harvard Business Review* 87, n. 1, jan. 2009, p. 27.
9. Os quatro pontos seguintes têm base em Kathy Williams, "Top HR Compliance Issues or Small Businesses", *Strategic Finance*, fev. 2005, p. 21-23.
10. No entanto, um estudo concluiu que o aumento dos custos de trabalho associados com práticas de trabalho de alto desempenho compensam os aumentos de produção associada com práticas de trabalho de alto desempenho. Luc Sels et al., "Unraveling the HRM–Performance Link: Value Creating and Cost Increasing Effects of Small-Business HRM", *Journal of Management Studies* 43, n. 2, mar. 2006, p. 319-342. Para provas de efeitos positivos do RH em pequenas empresas, veja também Andrea Rauch et al., "Effects of Human Capital and Long-Term Human Resources Development and Utilization on Employment Growth of Small-Scale Businesses: A Causal Analysis", *Entrepreneurship Theory and Practice* 29, n. 6, nov. 2005, p. 681-698; Andre Grip e Inge Sieben, "The Effects of Human Resource Management on Small Firms' Productivity and Employee's Wages", *Applied Economics* 37, n. 9, 20 maio 2005, p. 1047-1054.
11. Dawn Carlson et al., "The Impact of Human Resource Practices and Compensation Design on Performance: An Analysis of Family-Owned SMEs", *Journal of Small Business Management* 44, n. 4, out. 2006, p. 531-543. Veja também Jake Messersmith e James Guthrie, "High Performance Work Systems in Emergent Organizations: Implications for Firm Performance", *Human Resource Management* 49, n. 2, mar./abr. 2010, p. 241-264.
12. Dietz et al., "HRM Inside UK E-commerce Firms".
13. Baseado em Donna Harris, "Mentors Cut Turnover Costs, Boost Sales Loyalty", *Automotive News*, 28 jun. 2010. Disponível em: <http://www.autonews.com/article/20100628/RETAIL07/306289995/mentors-cut-turnover-costs-boost-sales-loyalty>.
14. Ibid.
15. Gilbert Nicholson, "Automated Assessments for Better Hires", *Workforce*, dez. 2000, p. 102-107.

16. Disponível em: <www.EEOC.gov/employers/overview.html>. Acesso em: 10 fev. 2008.
17. Disponível em: <www.DOL.gov/elaws>. Acesso em: 10 fev. 2008.
18. Daren Dahl, "Recruiting: Tapping the Talent Pool ... Without Drowning in Resumes", *Inc.* 31, n. 3, abr. 2009, p. 121-122.
19. Ibid.
20. Ibid.
21. Ibid.
22. Ibid.
23. Paul Harris, "Small Businesses Bask in Training's Spotlight", *T + D* 59, n. 2 (outono 2005), p. 46-52.
24. Ibid.
25. Disponível em: <http://www.themanufacturinginstitute.org/Education-Workforce/Skills-Certification-System/Skills-Certification-System.aspx>. Acesso em: 10 set. 2012.
26. Disponível em: <www.employeeappraiser.com/index.php>. Acesso em: 10 set. 2008.
27. Disponível em: <www.halogensoftware.com/products/halogen-eappraisal>. Acesso em: 10 jan. 2008.
28. Jan de Kok, "Precautionary Actions within Small- and Medium-Sized Enterprises", *Journal of Small Business Management* 43, n. 4, out. 2005, p. 498-516.
29. Sean Smith, "OSHA Resources Can Help Small Businesses Spot Hazards", *Westchester County Business Journal,* 4 ago. 2003, p. 4. Disponível em: <www.osha.gov/as/opa/osha-faq.html>. Acesso em: 26 maio 2007.
30. Disponível em: <www.osha.gov/dcsp/smallbusiness/sharp.html>. Acesso em: 17 fev. 2010.
31. Dietz et al., "HRM Inside UK E-Commerce Firms".
32. Baseado em John Drake, "Interviewing for Managers: A Complete Guide to Employment Interviewing", *Amacom*, New York, 1982.
33. Ibid.
34. Colin Gray e Christopher Mabey, "Management Development: Key Differences Between Small and Large Businesses in Europe", *International Small Business Journal* 23, n. 5, out. 2005, p. 467-485.
35. Ibid. Veja também Essi Saru, "Organizational Learning and HRD: How Appropriate Are They for Small Firms?", *Journal of European Industrial Training* 31, n. 1, jan. 2007, p. 36-52.
36. From Stephen Covey, "Small Business, Big Opportunity", *Training* 43, n. 11, nov. 2006, p. 40.
37. Gina Ruiz, "Smaller Firms in Vanguard of Flex Practices", *Workforce Management* 84, n. 13, 21 nov. 2005, p. 10.
38. Kira Bindrum, "Little Firms Redefine Culture of Work", *Crain's New York Business* 25, n. 49, 7-13 dez. 2009, p. 20.
39. Ibid. p. 7-13.
40. Ruiz, "Smaller Firms in Vanguard of Flex Practices".
41. Ty Freyvogel, "Operation Employee Loyalty", *Training Media Review,* set./out. 2007.
42. Ibid.
43. Ibid.
44. Jeffrey Marshall e Ellen Heffes, "Benefits: Smaller Firm Workers Often Getting Less", *Financial Executive* 21, n. 9, 1 nov. 2005, p. 10.
45. Disponível em: <www.dol.gov/ebsa/pdf/ppa2006.pdf>. Acesso em: 18 fev. 2008.
46. Bill Leonard, "New Retirement Plans for Small Employers", *HR Magazine* 51, n. 12, dez. 2006, p. 30.
47. Kristen Falk, "The Easy Retirement Plan for Small Business Clients", *National Underwriter* 111, n. 45, 3 dez. 2007, p. 12-13.
48. Ibid.
49. Phillip Perry, "Welcome to the Family", *Restaurant Hospitality* 90, n. 5, mai. 2006, p. 73, 74, 76, 78.
50. Ibid.
51. Ibid.
52. Ibid.
53. Ibid.
54. Jane Applegate, "Employee Leasing Can Be a Savior for Small Firms", *Business Courier Serving Cincinnati–Northern Kentucky,* 28 jan. 2000, p. 23.
55. Layne Davlin, "Human Resource Solutions for the Franchisee", *Franchising World* 39, n. 10, out. 2007, p. 27-28.
56. Robert Beck e J. Starkman, "How to Find a PEO That Will Get the Job Done", *National Underwriter* 110, n. 39, 16 out. 2006, p. 39, 45.
57. Lyle DeWitt, "Advantages of Human Resources Outsourcing", *The CPA Journal* 75, n. 6, jun. 2005, p. 13.
58. Max Chafkin, "Fed Up with HR?" *Inc.* 28, n. 5, maio 2006, p. 50-52.
59. Ibid.
60. Ibid.
61. Ibid.
62. Ibid.
63. Para uma lista mais completa, veja, por exemplo, Sondra Servais, *Personnel Director*, Deerfield Beach, FL: Made E-Z Products, 1994. Disponível em: <http://www.hr.com/en/free_forms/>. Acesso em: 10 set. 2012. Disponível em: <http://www.entrepreneur.com/formnet/hrcareers.html>. Acesso em: 10 set. 2012.
64. Disponível em: <http://www.officedepot.com/a/browse/business-forms-tax-forms-and-recordkeeping/N=5+516208/;jsessionid= 0000zlVADjXrV18WJcAFM-0Pe-d0: 13ddq0u44>. Acesso em: 10 set. 2012.
65. Disponível em: <www.ihrim.org>. Acesso em: 28 abr. 2008. Disponível em: <http://www.pmihrm.com/hr_software_vendors.html>. Acesso em: 10 set. 2012. Disponível em: <http://www.hr-guide.com/data/206 .htm>. Acesso em: 10 set. 2012.
66. Adaptado de Kenneth Laudon e Jane Laudon, "Management Information Systems: New Approaches to Organization and Technology", Upper Saddle River, NJ: Prentice Hall, 1998, p. G7. Veja também Michael Barrett and Randolph Kahn, "The Governance of Records Management", *Directors and Boards* 26, n. 3 (primavera 2002), p. 45-48; Anthony Hendrickson, "Human Resource Information Systems: Backbone Technology of Contemporary Human Resources", *Journal of Labor Research* 24, n. 3 (verão 2003), p. 381-395.

APÊNDICE

Casos abrangentes

Bandag Automotive*

Jim Bandag assumiu o negócio de autopeças de sua família em 2005, depois de ajudar o seu pai, que fundou a empresa, a tocá-la por cerca de 10 anos. Com sede em Illinois, nos EUA, a Bandag emprega cerca de 300 pessoas e distribui peças automotivas (escapamentos de reposição, lâmpadas, peças de motor etc.) por meio de duas divisões, uma que fornece para estações de serviço e oficinas de reparação, e outra que vende material de varejo através de cinco lojas de autopeças chamadas "Bandag Automotive".

O pai de Jim, e agora Jim, sempre se esforçaram para manter o organograma da Bandag tão simples quanto possível. A empresa possui um controlador em tempo integral, os gestores de cada uma das cinco lojas, um gerente que supervisiona a divisão de distribuição e o assistente executivo de Jim Bandag. Jim e seu pai, que trabalha em tempo parcial, cuidam das áreas de marketing e vendas.

O assistente executivo de Jim administra o dia a dia e as tarefas da empresa na gestão de recursos humanos, mas a empresa terceiriza a maioria das atividades de RH, incluindo uma agência de emprego que faz o recrutamento e a seleção; uma empresa de benefícios que administra o plano 401 (k); e um serviço de folha de pagamento que processa os contracheques. Os sistemas de gestão de recursos humanos da Bandag consistem quase inteiramente de modelos de documentos de RH padronizados, comprados de um fornecedor de RH. Eles incluem modelos, tais como formulários de avaliação de candidatos e desempenho, bem como um teste de "honestidade" que a Bandag utiliza para testar o pessoal que trabalha nas cinco lojas. A empresa realiza pesquisas salariais informais para ver o quanto as outras empresas da região estão pagando para posições semelhantes, e recorre a esses resultados para a concessão de aumentos por mérito anuais (que na verdade são mais ajustes de custo de vida).

O pai de Jim tem uma abordagem bastante paternal para o negócio. Ele sempre fala com os seus funcionários, descobre os seus problemas e até mesmo os ajuda com um ocasional empréstimo – por exemplo, em casos de doença, ou para inteirar no valor para comprar uma nova casa. Jim, por outro lado, tende a ser mais sério, e não partilha do mesmo relacionamento caloroso com os empregados como seu pai. Jim não é injusto ou ditatorial. Ele só está muito focado em melhorar o desempenho financeiro da Bandag, por isso todas as suas decisões, incluindo as relacionadas ao RH, geralmente, são para cortar custos. Por exemplo, sua reação instintiva é, muitas vezes, oferecer menos dias de folga, em vez de mais, menos benefícios, em vez de mais e ser menos flexível quando um funcionário precisa, por exemplo, de alguns dias fora, porque um filho está doente.

Portanto, talvez não seja surpreendente que, ao longo dos últimos anos, as vendas e os lucros da Bandag têm aumentado significativamente, entretanto a empresa encontra-se cada vez mais enredada em questões de igualdade e RH. Na verdade, Jim agora passa um ou dois dias por semana abordando problemas de RH. Por exemplo, Henry Jaques, um funcionário de uma das lojas, procurou o assistente executivo de Jim e lhe disse que estava muito bravo com a sua recente demissão e, provavelmente, iria processar a empresa. O gerente de loja de Henry afirmou em sua última avaliação de desempenho que Henry fez bem os aspectos técnicos do seu trabalho, mas que ele tinha "sérios problemas ao interagir com seus colegas de trabalho". Ele estava constantemente discutindo com eles, e reclamando para o gerente da loja sobre as condições de trabalho. O gerente da loja tinha dito a Jim que ele teve que demitir Henry porque o funcionário estava "envenenando o grupo", e que (embora tenha sentido pena porque ouviu rumores de que Henry sofria de alguma doença mental) ele sentiu que tinha que fazer isso. Jim aprovou a demissão.

Gavin era outro problema. Gavin tinha trabalhado para Bandag por 10 anos, os dois últimos como gerente de uma das cinco lojas da empresa. Logo após Jim Bandag ter assumido, Gavin disse que precisava tirar uma licença médica por conta da necessidade de fazer uma cirurgia no quadril, e Jim aprovou a licença. Quando Gavin voltou da licença, Jim lhe disse que sua função tinha sido eliminada. Bandag decidiu fechar sua loja e abrir uma nova, maior e em frente a um shopping center um pouco mais distante, nomeando um novo gestor na ausência de Gavin. No entanto, a empresa deu a Gavin um cargo (não gerencial) na nova loja como vendedor de balcão, com o mesmo salário e os mesmos benefícios que ele tinha antes. Mesmo assim, Gavin insistiu: "Este trabalho não é como o anterior, ele não tem tanto prestígio". O funcionário alega que a lei de licença médica exige que a empresa o recoloque na mesma posição, ou equivalente, e que isso significa uma posição de supervisão, semelhante a que ele tinha antes de sair de licença. Jim disse que não e eles parecem estar caminhando para processos judiciais.

Em outro caso na Bandag, a controller da empresa, Miriam, que estava na empresa havia aproximadamente seis anos, entrou em licença-maternidade por 12 semanas em 2005 (também sob a lei de licença médica) e, em seguida, recebeu um adicional de três semanas no âmbito do programa de dias de doença prolongada da Bandag. Quatro semanas depois ela voltou, perguntou a Jim Bandag se podia trabalhar menos horas por semana, e passar cerca de um dia por semana trabalhando de casa. Ele recusou e a demitiu cerca de dois meses mais tarde. Jim Bandag disse: "Sinto muito, a demissão não tem nada a ver com os seus pedidos relacionados com a gravidez, mas temos amplas razões para demiti-la. Seus orçamentos mensais têm tido vários dias de atraso, e temos prova de que você pode ter falsificado documentos". Ela respondeu: "Eu não me importo com o que você diz sobre suas razões: você está realmente me demitindo por causa da minha gravidez, e isso é ilegal".

Jim sentiu que estava em terreno seguro na defesa da empresa para essas ações, embora não esperasse gastar tempo e dinheiro, que seriam necessários para resolver cada um dos problemas. No entanto, o que ele aprendeu durante o almoço com um colega minou sua confiança sobre outro caso que Jim tinha certeza que seria uma "jogada certa" para sua empresa. Jim estava explicando para seu amigo que um funcionário do caminhão de serviço de manutenção da Bandag tinha se candidatado a um emprego para dirigir um dos caminhões do departamento de distribuição, e que Jim tinha recusado porque o trabalhador era surdo. Jim (cuja esposa, ocasionalmente, disse: "Ninguém jamais acusou Jim de ser politicamente correto") foi mencionar a seu amigo, o aparente absurdo de uma pessoa surda querer ser um funcionário de entrega de caminhão. Seu amigo, que trabalha para a United Parcel Service (UPS) empresa de logística, apontou que o Tribunal de Apelações para o Nono Circuito dos EUA decidiu recentemente que a UPS tinha violado o Americans with Disabilities Act (lei norte-americana para deficientes físicos), recusando-se a considerar os trabalhadores surdos para trabalhos de condução de veículos menores da empresa.

Embora o pai de Jim esteja parcialmente aposentado, o pequeno aumento súbito na frequência de questões do tipo Equal Employment Opportunity (EEO – lei, de 1972, que trata da igualdade de oportunidades de emprego) o incomodava, principalmente depois de tantos anos de paz trabalhista. No entanto, ele não tem certeza sobre o que fazer. Depois de entregar as rédeas da empresa para seu filho, ele estava relutante em voltar para a tomada de decisão operacional da empresa. Por outro lado, ele tinha medo já que, em curto prazo, aquelas questões estavam drenando uma grande quantidade de tempo e recursos de Jim, e no longo prazo, elas poderiam ser um sinal do que estava por vir, como a eventual falência da Bandag Auto. Imagine que ele procura você, sabendo que conhece sobre gestão de recursos humanos, e faz as seguintes perguntas.

Perguntas

1. Dado o tamanho da Bandag Auto, e qualquer outra informação que você tenha, devemos reorganizar a função de gestão de recursos humanos? Se sim, por que e como?
2. Você faria algo para mudar e/ou melhorar os atuais sistemas, formas e práticas de RH da empresa?
3. Você acha que o empregado que Jim demitiu por criar um "relacionamento venenoso" tem o direito legítimo contra a empresa? Se sim, por que e o que devemos fazer a respeito?

4. É verdade que nós precisamos colocar Gavin de volta em uma posição equivalente, ou foi suficiente recolocá-lo em um trabalho com o mesmo salário, bônus e benefícios que ele tinha antes de sua licença?
5. Miriam, a controller, alega que a empresa está contra ela por ter ficado grávida, e que o fato de levantarmos problemas de desempenho era apenas uma cortina de fumaça. Você acha que a Equal Employment Opportunity Commission (EEOC – comissão para oportunidade igual de emprego, criada pela lei dos direitos civis em 1964) e/ou tribunais concordariam com ela? De qualquer forma, o que devemos fazer agora?
6. Um funcionário que é surdo pediu-nos para ser um de nossos entregadores e recusei. Ele agora está ameaçando processar a empresa, o que devemos fazer, e por quê?
7. Nos 10 anos anteriores tivemos apenas uma reclamação trabalhista e, agora, nos últimos anos, tivemos quatro ou cinco. O que devo fazer sobre isso? Por quê?

---

* Baseado em fatos reais, mas o nome Bandag é fictício.
Fontes: "The Problem Employee: Discipline or Accommodation?", *Monday Business Briefing*, 8 mar. 2005; "Employee Says Change in Duties After Leave Violates FMLA", *BNA Bulletin to Management*, 16 jan. 2007, p. 24; "Manager Fired Days After Announcing Pregnancy", *BNA Bulletin to Management*, 2 jan. 2007, p. 8; "Ninth Circuit Rules UPS Violated ADA by Barring Deaf Workers from Driving Jobs", *BNA Bulletin to Management*, 17 out. 2006, p. 329.

Angelo's Pizza*

Angelo Camero foi criado no Bronx, Nova York, nos EUA, e, basicamente, sempre quis estar no ramo de pizzaria. Quando jovem, ele às vezes passava horas na pizzaria local observando o proprietário amassar a massa da pizza, alisando-a até deixá-la circular, arremessando-a para cima, e, depois, espalhando o molho de tomate em cada uma. Depois de se formar na faculdade em marketing, ele voltou para o Bronx, onde abriu sua primeira loja da Angelo's Pizza, que enfatizava a limpeza no interior da loja; chamava atenção para sua placa em verde, vermelho e branco, e seus ingredientes frescos e naturais. Em cinco anos, a pizzaria de Angelo era um sucesso, ele abriu três outras lojas e estava considerando o seu conceito de franchising.

Ansioso para expandir, seus quatro anos na escola de negócios lhe ensinaram a diferença entre ser um empreendedor e ser um gerente. Como um empreendedor/pequeno empresário, ele sabia que tinha a vantagem de ser capaz de executar pessoalmente toda a operação. Com apenas uma loja e vários funcionários, ele poderia tomar todas as decisões e cuidar do caixa, da chegada dos novos suprimentos, e supervisionar o serviço pessoalmente.

Quando ele expandiu para três lojas, a situação começou a ficar mais difícil. Ele contratou gerentes para as duas novas lojas (que haviam trabalhado para ele na sua primeira loja há vários anos) e deu-lhes apenas um rápido treinamento de "como gerenciar uma loja", pressupondo que os dois novos gerentes, tendo trabalhado com ele durante vários anos, já sabiam praticamente tudo o que precisavam sobre o funcionamento de uma loja. Entretanto, ele já estava enfrentando problemas com a gestão de recursos humanos, e sabia que não haveria maneira alguma de expandir o número de lojas que possuía, ou contemplar sua ideia de franchising, a menos que tivesse um sistema padrão que pudesse "clonar" em cada nova loja, para fornecer ao gerente (ou franqueado) a gestão do conhecimento e a experiência necessária para dirigir suas lojas. Angelo não tinha programa de treinamento no local para ensinar seus gerentes de loja. Ele simplesmente (erroneamente, como se viu) assumiu que, trabalhando com ele, iriam aprender a fazer as coisas. Como Angelo não tinha um sistema em vigor, os novos gestores, de certa forma, começaram do zero a gerenciar uma loja.

Havia várias questões que, particularmente, preocupavam Angelo. Encontrar e contratar bons funcionários era a número um. Ele havia lido a nova pesquisa de pequenos negócios da Fundação Educacional, da Federação Nacional de Negócios Independentes. Nela, constatou que 71% dos pequenos empresários acreditavam que encontrar empregados qualificados era "difícil". Além disso, "a busca por funcionários qualificados continuará difícil por conta de fatores demográficos e da educação". Da mesma forma, lendo *The Kiplinger Letter* (publicação semanal norte-americana sobre tendências econômicas e de negócios, feita pela Kiplinger Washington Editors, Inc.) certo dia, ele percebeu que quase todos os tipos de negócio não encontram bons funcionários o suficiente para contratar. As pequenas empresas estão particularmente em risco, a carta dizia: grandes empresas podem terceirizar muitos postos de trabalho no exterior (especialmente de nível de entrada), e também podem pagar melhores benefícios e treinar seus funcionários. Pequenas empresas raramente têm os recursos ou as economias de escala para permitir a terceirização ou instalar os grandes programas de treinamento que lhes permitam contratar novos funcionários sem treinamento e transformá-los em qualificados.

Apesar do fato de encontrar funcionários suficientes fosse o seu maior problema na época, a dificuldade de encontrar o mínimo de funcionários honestos o assustou ainda mais. Angelo se lembrou de um de seus cursos da escola de negócios que dizia que as empresas nos Estados Unidos estão a perder um total de mais de US$ 400 bilhões por ano devido ao roubo por parte do empregado. Fazendo uma aproximação grosseira, seria cerca de US$ 9 por funcionário por dia, e cerca de US$ 12 mil perdidos anualmente por uma empresa. Além disso, pequenas empresas como a de Angelo estavam particularmente na mira desse tipo de funcionário, já que as empresas com menos de cem empregados são mais propensas a roubo interno. Por que as pequenas empresas são particularmente vulneráveis? Talvez elas não tenham experiência em lidar com o problema. Mais importante ainda: as pequenas empresas são mais propensas a ter uma única pessoa que faz vários trabalhos, tais como solicitação de suprimentos e pagamento do entregador. Isso enfraquece os freios e os contrapesos dos gerentes que muitas vezes se esforçam para controlar o roubo. Além disso, o risco de roubo sobe drasticamente quando o negócio é, em grande parte, baseado em dinheiro. Em uma pizzaria, muitas pessoas entram e compram apenas uma ou duas fatias, e um refrigerante para o almoço, e quase todos pagam com dinheiro, não com cartões de crédito.

Angelo não estava apenas preocupado com o roubo de dinheiro. Era possível roubar toda a sua ideia de negócio, algo que ele aprendeu com uma experiência dolorosa. Ele estava planejando abrir uma loja em um lugar que pensou ser particularmente bom, e imaginou que um de seus funcionários poderia gerenciar a nova loja. Entretanto, ele descobriu que o funcionário, estava roubando toda a sua ideia – o que ele sabia sobre clientes, fornecedores, onde comprar massa de pizza e molho de tomate, o quanto tudo deveria custar, como abastecer a loja, onde comprar fogões, layout da loja, tudo. Tal empregado logo se desligou e abriu sua própria pizzaria, não muito longe de onde Angelo tinha planejado abrir sua nova loja.

Que ele estava tendo problemas para contratar bons funcionários não havia dúvida. O negócio de restaurante é particularmente brutal quando se trata de rotatividade. Muitos restaurantes trocam seus empregados a uma taxa de 200% a 300% ao ano, cada cargo pode ter de dois a três funcionários para preenchê-lo. Como Angelo disse: "Eu perdia de dois a três funcionários por mês". E acrescentou: "Nós somos uma empresa com grande volume de negócios, e enquanto deveríamos ter cerca de seis funcionários por loja [para preencher todas as horas em uma semana], tínhamos apenas três ou quatro, então meus gerentes e eu estávamos realmente com problemas".

O problema era pior para funcionários horistas: "Nós estávamos produzindo muito por hora", disse Angelo. "Os candidatos eram contratados e meus gerentes ou eu não perdíamos muito tempo treinando-os, assim, os bons ficavam frustrados e deixavam a pizzaria depois de algumas semanas, muitas vezes eram apenas os maus funcionários que ficavam". Nos últimos dois anos, três lojas da empresa de Angelo tiveram três gerentes por loja – "Eles estavam praticamente sem fôlego de tanto trabalhar". Angelo concluiu que, em parte, sem bons funcionários, a jornada de trabalho era brutal. Como regra geral, quando um pequeno empresário ou gestor não consegue encontrar funcionários suficientes (ou um empregado não comparece ao trabalho), cerca de 80% do tempo o proprietário ou o gerente faz o trabalho sozinho. Então, esses gerentes muitas vezes acabam trabalhando sete dias por semana, de 10 a 12 horas por dia, e acabam muito desgastados no final. Uma noite, trabalhando em três funções ao mesmo tempo e com os clientes indo embora chateados, Angelo decidiu que não iria mais contratar alguém por estar desesperado novamente, mas começaria a fazer sua contratação de forma racional.

Angelo sabia que deveria ter um processo de seleção mais formal. Como ele disse: "Se houve uma lição que eu aprendi, é muito melhor esperar e peneirar os candidatos que não se encaixam no perfil do que contratá-los e ter que aturar a sua ineficácia". Ele também sabia que poderia identificar muitos dos traços necessários de seus funcionários. Por exemplo, sabia que nem todo mundo tem o temperamento para ser garçom. Como Angelo disse: "Eu vi pessoas que eram demasiadamente assertivas ou excessivamente introvertidas, traços que não servem para um bom garçom ou garçonete".

Como uma empresa local, Angelo recrutava colocando anúncios em dois jornais locais, e ele ficou "chocado" com algumas das respostas e experiências que teve, relacionadas aos anúncios. Muitos dos candidatos deixaram mensagens de correio de voz (Angelo ou os outros trabalhadores da loja estavam muito ocupados para responder), e alguns candidatos Angelo "apenas eliminou" pressupondo que as pessoas sem boas maneiras ao telefone também não teriam boas maneiras na loja. Ele também aprendeu rapidamente que tinha de descartar um grande grupo para contratar apenas uma ou duas pessoas. Muitos candidatos, como se referiu, ele eliminou por causa das mensagens que deixaram, e cerca de metade das pessoas que programou para a entrevista não apareceu. Ele fez cursos em gestão de recursos humanos, de modo que (como ele disse) "Eu deveria saber melhor", mas ele contratou pessoas baseando-se quase que exclusivamente em uma única entrevista (ele ocasionalmente fez uma tentativa de verificar as referências, mas que não deu certo). Assim, a sua abordagem de RH, obviamente, não estava funcionando. Ele não estava contratando bons candidatos suficientes, e as pessoas que ele tinha eram, muitas vezes, problemáticas.

O que ele procurava? Pessoas cordiais orientadas para serviços. Por exemplo, ele contratou uma funcionária que falou palavrões várias vezes, inclusive na frente de um cliente. No terceiro dia da funcionária, Angelo precisou dizer a ela: "Eu acho que a Angelo não é o lugar certo para você", e ele a demitiu. Como Angelo disse: "Eu me senti mal, mas também sabia que tudo o que tenho é este negócio, então eu não ia deixar alguém colocá-lo para baixo". Angelo quer pessoas de confiança (o que vai aparecer com o tempo), honestas e flexíveis em mudar de cargo e horário, conforme necessário. Ele chama seu estilo de gestão de "confiança e controle". "Eu os oriento, dou metas e acompanho cuidadosamente os resultados".

A Angelo's Pizza tem um sistema de gestão de recursos humanos rudimentar. Angelo comprou vários formulários em um fornecedor de produtos de escritório local, e raramente usa outras alternativas. Ele tem seu contador pessoal para analisar os livros da empresa, e o próprio Angelo calcula o salário de cada funcionário no final da semana e preenche os cheques. O treinamento é totalmente no dia a dia do trabalho. Angelo treina pessoalmente cada um de seus funcionários e aqueles que passam a ser gerentes de loja, Angelo pede que treinem seus próprios funcionários da forma que Angelo os treinou (para melhor ou pior, como se vê). Angelo paga os salários vigentes "um pouco acima" do mercado (a julgar por outros anúncios), mas provavelmente não o suficiente para fazer uma diferença significativa na qualidade de funcionários que ele atrai. Se você perguntasse a Angelo qual sua reputação como empregador, ele, como uma pessoa sincera e franca, provavelmente diria que é um empregador de apoio, mas durão, e que trata as pessoas de forma justa, mas cuja reputação do negócio pode sofrer devido à desorganização decorrente dos métodos inadequados e (falta de) treinamento. Ele se aproxima de você para fazer-lhe várias perguntas.

Perguntas

1. Minha estratégia é ter a possibilidade de expandir o número de lojas e, eventualmente, de franquia, concentrando-me em servir apenas ingredientes frescos de alta qualidade. Quais são as três implicações específicas relacionadas à gestão de recursos humanos da minha estratégia (incluindo as políticas e práticas específicas)?
2. Identifique e discuta brevemente cinco erros específicos da gestão de recursos humanos que estou cometendo atualmente.
3. Desenvolva um formulário estruturado de entrevista que podemos aplicar para contratar (a) gerentes de loja, (b) garçons, e (c) pessoal de balcão/pizzaiolos.
4. Com base no que você sabe sobre Angelo, e o que você sabe por ter visitado pizzarias, escreva um resumo de uma página que mostra especificamente como você acha que Angelo deve fazer a seleção de funcionários.

---

* Baseado em fatos reais, mas o nome Angelo's Pizza é fictício.
Fontes: Dino Berta, "People Problems: Keep Hiring from Becoming a Crying Game", *Nation's Business News* 36, n. 20, 20 maio 2002, p. 72-74; Ellen Lyon, "Hiring, Personnel Problems Can Challenge Entrepreneurs", *Patriot-News*, 12 out. 2004; Rose Robin Pedone, "Businesses' $400 Billion Theft Problem", *Long Island Business News* 27, 6 jul. 1998, p. 1B-2B; "Survey Shows Small-Business Problems with Hiring, Internet" *Providence Business News* 16, 10 set. 2001, p. 1B; "Finding Good Workers Is Posing a Big Problem as Hiring Picks Up", *The Kiplinger Letter* 81, 13 fev. 2004. Ian Mount, "A Pizzeria Owner Learns the Value Of Watching the Books", *The New York Times*, 25 out. 2012, p. B8.

Google

A revista norte-americana *Fortune* apontou o Google como sendo a melhor entre 100 melhores empresas para se trabalhar, e há pouca dúvida do motivo. Entre os benefícios que oferece, está o serviço de transporte gratuito equipado com wi-fi, para buscar e deixar os funcionários da área de San Francisco Bay, dias ilimitados de licença de saúde, viagens anuais de esqui com todas as despesas pagas, refeições gourmet livres, cinco médicos gratuitos no local, US$ 2 mil de bônus para indicar uma nova contratação, vacinas gratuitas contra a gripe, uma piscina olímpica gigante, troca de óleo e lavagens de carro no local, quadras de vôlei, happy hour às sextas, chuveiros e secadores livres no local (com sabonete), mesas de pingue-pongue e pebolim, e palestras gratuitas com pessoas famosas. Para muitas pessoas, são as refeições gourmet e os lanches que destacam o Google. Por exemplo, a Diretora de Recursos Humanos Stacey Sullivan ama a farinha de aveia irlandesa com bagas frescas do Plymouth Rock Café, perto do grupo de operações da empresa. "Às vezes eu sonho com isso", disse ela. O engenheiro Jan Fitzpatrick ama a comida crua do restaurante do Google, o Tapis, que fica no campus da empresa. Então, é claro, há o estoque de opções que cada novo funcionário recebe, cerca de 1,2 mil opções de compra de ações do Google (recentemente cerca de US$ 480 por ação). Na verdade, dezenas dos primeiros funcionários do Google (chamados de googlers) já são multimilionários graças às ações do Google. A recessão, que se iniciou por volta de 2008, fez o Google e outras empresas cortar alguns desses benefícios (por exemplo, o horário da cafeteria hoje é mais curto), mas o Google ainda tem um pacote de benefícios.

Por sua parte, os googlers compartilham certas características. Eles tendem a ser brilhantes, orientados a equipe (trabalho em equipe é a norma, especialmente, para grandes projetos). A *Fortune* os descreve como pessoas que "quase universalmente" se veem como as mais interessantes do planeta, e que são despreocupadas por fora, mas do tipo muito intenso e objetivo por dentro. São consideradas supertrabalhadoras (o que faz sentido, já que não é incomum para os engenheiros ficarem às três horas da manhã nos corredores, debatendo uma nova solução matemática para um problema de pesquisa do Google). Os empregados estão tão orientados à equipe que, quando se trabalha em projetos, não é incomum para eles desistir de seus escritórios maiores, mais espaçosos e irem para uma pequena sala de conferências, onde se pode "fazer as coisas". Historicamente, os googlers se formam com grandes méritos nas melhores universidades, incluindo Stanford, Harvard e MIT. Por muitos anos, o Google nem sequer considerava a contratação de alguém com menos de 3,7 de média, (de um total de 5), enquanto também sondava profundamente o porquê por trás de quaisquer notas B. O Google também não contrata lobos solitários, ele quer que as pessoas trabalhem juntas e que tenham diversos interesses (habilidades ou interesses mesquinhos são um desvio no Google). O Google também quer pessoas com potencial de crescimento. A empresa está expandindo tão rápido que precisa contratar pessoas que sejam capazes de ser promovidas cinco ou seis vezes, pois apenas com a contratação de tais pessoas superqualificadas, diz a empresa, pode-se ter certeza de que os empregados serão capazes de manter o Google e seus departamentos em expansão.

Os salários iniciais são altamente competitivos. Engenheiros experientes começam em cerca de US$ 130 mil por ano (mais cerca de US$ 1,2 mil de opções de ações, conforme observado), e os novos diplomados em MBA (*master in business administration* – mestre em administração de negócios) podem esperar entre US$ 80 mil e US$ 120 mil dólares por ano (com concessões de opções menores). Recentemente, o Google tinha cerca de 10 mil funcionários, contra apenas três em uma garagem alugada no início.

Claro que, em uma empresa que cresceu de três funcionários para 10 mil, e de valor zero para centenas de bilhões de dólares, pode haver subterfúgios para falar sobre "problemas", mas não há dúvida de que tal crescimento rápido confronta a administração do Google, e, em particular, seu grupo de "operações de pessoas", com alguns grandes desafios. Vejamos estes.

Por um lado, o Google, como observado anteriormente, funciona 24 horas, e com os engenheiros e outros frequentemente virando noites para finalizar os seus projetos, a empresa precisa oferecer um pacote de serviços e benefícios financeiros que suporte esse tipo de estilo de vida, e que ajude seus funcionários a manter um equilíbrio entre trabalho e vida pessoal aceitável.

Como outro desafio, o enorme sucesso financeiro do Google é uma espada de dois gumes. Embora o Google geralmente ganhe a corrida de recrutamento, quando se trata de competir por novos empregados contra concorrentes como Microsoft ou Yahoo!, o Google precisa conter de alguma forma a onda crescente de aposentadorias. A maioria dos googlers ainda está em seus 20 e 30 anos, mas muitos se tornaram tão ricos com suas opções de ações do Google que podem se dar ao luxo de se aposentar. Um engenheiro de 27 anos de idade recebeu o prêmio de um fundador de milhões de dólares por seu trabalho no programa para procurar computadores desktop, e não pensa em sair, "exceto para iniciar a sua própria empresa". Da mesma forma, um ex-vice-presidente de engenharia se aposentou (com seus lucros de ações do Google) para prosseguir com o seu amor pela astronomia. O engenheiro que criou o Gmail se aposentou recentemente aos 30 anos.

Outro desafio é que o trabalho não envolve apenas longas horas, mas também pode ser muito tenso. O Google é um ambiente muito orientado a números. Por exemplo, considere uma reunião típica semanal de interface de design do Google. Marisa Meyer, vice-presidente de produtos de busca e experiência do usuário da empresa, coordena a reunião, onde seus funcionários trabalham a aparência de produtos do Google. Sentados ao redor de uma mesa de conferência estão cerca de uma dezena de googlers, com seus laptops. Durante a sessão de duas horas, Meyer avalia diversas propostas de layout, que vão desde pequenos ajustes a todo o layout de um novo produto. Ela dá previamente, a cada apresentação, um montante atribuído de tempo, e um grande relógio digital na parede mostra os segundos. Os apresentadores deverão mostrar rapidamente as suas ideias, mas também lidar com questões como "o que os usuários farão, se a guia for movida do lado da página para o topo?". Além disso, – tudo gira em torno dos números, ninguém no Google jamais diria, por exemplo, "a guia fica melhor em vermelho" – você precisa provar o seu ponto de vista. Os apresentadores devem vir preparados com resultados da experiência de usualidade, mostrando, por exemplo, que determinada porcentagem prefere vermelho ou outra cor. Enquanto os apresentadores estão respondendo a estas perguntas o mais rápido possível, o relógio digital está andando, e quando atinge o tempo previsto, a apresentação deve terminar, e a próxima equipe segue. É um ambiente difícil e tenso, e os googlers precisam ter feito sua lição de casa.

O crescimento também pode minar a cultura "bando de foras da lei que está mudando o mundo", que promoveu os serviços que tornaram o Google famoso. Mesmo o cofundador Sergi Brin concorda que os riscos do Google são cada vez "menos bobos", conforme a empresa cresce. Parafraseando um dos seus gestores de topo, a parte mais difícil de qualquer negócio é manter a originalidade e a inovação da empresa de pequeno porte à medida que ela cresce.

Criar a cultura certa é um desafio, especialmente agora que o Google é verdadeiramente global. Por exemplo, o Google trabalha duro para fornecer os mesmos benefícios financeiros e de serviços em todo lugar que faz negócios em todo o mundo, mas não pode igualar exatamente seus benefícios em todos os países por causa de leis internacionais e das questões de tributação internacional. Oferecer os mesmos benefícios em todos os lugares é mais importante do que possa parecer inicialmente. Todos esses benefícios tornam a vida mais fácil para o pessoal do Google, e os ajudam a alcançar um equilíbrio entre trabalho e vida pessoal – ponto central da cultura do Google –, mas isso também se torna mais difícil à medida que a empresa cresce. Por um lado, a empresa espera que todos os seus funcionários trabalhem duro, por outro lado, percebe que precisa ajudá-los a manter algum tipo de equilíbrio. Como um gerente diz, o Google reconhece "que quer trabalho duro, mas que o trabalho não é tudo".

O recrutamento é outro desafio. Apesar de para o Google não faltar candidatos, atrair os certos é fundamental para que continue a crescer com sucesso. Trabalhar no Google requer um conjunto especial de características, e triar funcionários é mais fácil se são recrutadas as pessoas certas. Por exemplo, o Google precisa atrair pessoas que são superbrilhantes, gostam de trabalhar, se divertir, sabem lidar com estresse, e que também têm interesses externos e flexibilidade.

À medida que a empresa cresce internacionalmente, ela também enfrenta o desafio considerável de recrutamento de pessoal no exterior. Por exemplo, o Google está introduzindo uma nova estrutura baseada em mercado vertical em toda a Europa, para atrair mais empresas anunciantes para sua busca. Estrutura com base no mercado vertical do Google significa concentrar-se em setores-chave verticais de negócios, tais como viagens, varejo, automotivo e tecnologia. Para construir esses agrupamentos industriais no exterior a partir do zero, o Google promoveu o ex-chefe de seu grupo de serviços financeiros dos EUA para ser o diretor de mercados verticais na Europa, que se mudou para lá recentemente. O Google está atento aos chefes de cada um dos seus grupos industriais verticais em todos os seus territórios europeus fundamentais. Cada uma dessas cabeças de mercado vertical terá de educar os seus setores de mercado (varejo, viagens, e assim por diante) para que o Google possa atrair novos anunciantes. Com escritórios em toda a Europa, o de Londres triplicou em tamanho para 100 funcionários em apenas dois anos.

No entanto, provavelmente o maior desafio do Google é se preparar para seu sistema de seleção de funcionários, agora que a empresa deve contratar milhares de pessoas por ano. Quando o Google começou no negócio, os candidatos a emprego tipicamente sofriam com uma dúzia ou mais de entrevistas pessoais, e os padrões eram tão altos que os candidatos, mesmo com anos de grande experiência de trabalho, muitas vezes ficavam de fora se tivessem apenas notas médias na faculdade. Mas, recentemente, até mesmo cofundadores do Google reconheceram a analistas de segurança que a definição de tal nível extraordinariamente alto para a contratação estava segurando a expansão do Google. Para os primeiros anos, um dos cofundadores da empresa entrevistou quase todos os candidatos antes de serem contratados, e, até hoje, um deles ainda revisa as qualificações de todos antes de uma oferta final.

A experiência de um candidato mostra o que o Google está enfrentando. Um candidato de 24 anos foi entrevistado para um trabalho de comunicação corporativa. O Google fez o primeiro contato com o candidato em maio e, depois de duas entrevistas por telefone, convidou-o para ir à sede. Lá, ele fez entrevistas separadas com cerca de seis pessoas e foi levado para almoçar em um restaurante do Google. Ele também precisou se virar em várias atribuições como "trabalhos de casa", incluindo uma declaração pessoal e um plano de marketing. Em agosto, o Google convidou o candidato para uma segunda rodada, que disse que iria envolver mais quatro ou cinco entrevistas. Enquanto isso, ele decidiu que preferia trabalhar em uma start-up, e aceitou outro trabalho em um novo provedor de mensagens instantâneas on-line.

O novo chefe de recursos humanos do Google, um ex-executivo da GE, diz que a empresa está tentando encontrar o equilíbrio certo entre o conhecimento sobre o candidato e vice-versa e, ao mesmo tempo, poder se mover rapidamente. Para esse fim, o Google recentemente fez uma pesquisa com todos os atuais funcionários, em um esforço para identificar as características que se correlacionam com o seu sucesso. Na pesquisa, os funcionários responderam a questões relativas a cerca de 300 variáveis, incluindo o seu desempenho em testes padronizados, quantos anos tinham quando usaram pela primeira vez um computador, e quantas línguas estrangeiras falavam. A equipe de pesquisa do Google, em seguida, comparou as respostas a 30 ou 40 fatores de desempenho do trabalho, que eles mantém para cada funcionário. Eles, assim, identificaram grupos de características que podem levar focar melhor durante o processo de contratação. O Google também está passando das entrevistas de forma livre, usadas no passado, para um processo mais estruturado.

Perguntas

1. O que você acha da ideia do Google de correlacionar características pessoais das respostas dos funcionários à pesquisa ao seu desempenho, e depois utilizar isso como base para a seleção de candidatos a emprego? Em outras palavras, é ou não é uma boa ideia? Explique sua resposta.
2. Os benefícios que o Google banca, obviamente, representam uma despesa enorme. Com base no que você sabe sobre a empresa e sobre o que você leu neste texto, como defenderia todos esses benefícios, se você estivesse fazendo uma apresentação para os analistas de segurança que estavam analisando o desempenho do Google?
3. Se você quisesse contratar as pessoas mais brilhantes, como faria o recrutamento e a seleção?
4. Para apoiar sua estratégia de crescimento e expansão, o Google quer (entre outras características) pessoas superbrilhantes e que trabalhem duro, muitas vezes sem horário, que sejam flexíveis e mantenham um equilíbrio entre o trabalho e uma vida digna. Liste cinco políticas ou práticas que você acha que o Google tem implementado, ou deve implementar, para apoiar sua estratégia. Explique a sua resposta específica de RH.
5. Que tipos de fatores você acha que o Google terá que levar em consideração na forma de transferir seus sistemas de recompensa, cultura e maneira de fazer negócios para suas operações no exterior?

6. Levando em conta os tipos de valores e cultura que o Google preza, descreva sucintamente quatro atividades específicas que você sugere para o processo de orientação do novo empregado.

Fontes: "Google Brings Vertical Structure to Europe", *New Media Age,* 4 ago. 2005, p. 2; Debbie Lovewell, "Employer Profile – Google: Searching for Talent", *Employee Benefits,* 10 out. 2005, p. 66; "Google Looking for Gourmet Chefs", *Internet Week,* 4 ago. 2005; Douglas Merrill, "Google's 'Googley' Culture Kept Alive by Tech", *eWeek,* 11 abr. 2006; Robert Hof, "Google Gives Employees Another Option", *BusinessWeek Online,* 13 dez. 2005; Kevin Delaney, "Google Adjusts Hiring Process as Needs Grow", *The Wall Street Journal,* 23 out. 2006, p. B1, B8; Adam Lishinsky, "Search and Enjoy," *Fortune,* 22 jan. 2007, p. 70-82; Disponível em: <www.nypost.com/seven/10302008/business/frugal_google_cuts_perks_136011.htm>. Acesso em: 12 jul. 2009; Adam Bryant, "The Quest to Build a Better Boss", *The New York Times,* 13 mar. 2011, p. 1, 7.

Muffler Magic*

Muffler Magic é uma cadeia de rápido crescimento, de 25 centros de serviços automotivos, em Nevada, nos EUA. Originalmente, foi criada há 20 anos por Ronald Brown, como uma oficina de reparação. A cadeia expandiu-se rapidamente para novos locais, e a Muffler Magic também expandiu os serviços prestados, realizando desde substituição do silenciador até trocas de óleo, ajustes de freio e reparação de motores. Hoje, pode-se levar um automóvel a uma loja Muffler Magic para basicamente qualquer tipo de serviço.

O serviço de automecânica é um negócio difícil. O dono da loja é, basicamente, dependente da qualidade do serviço de pessoas que contrata e mantém, e os mecânicos mais qualificados acham que é fácil sair para assumir um emprego no concorrente que pague um pouco mais. É também um negócio em que a produtividade é muito importante. A única maior despesa é, geralmente, o custo do trabalho. Concessionárias de serviço de automóveis, em geral, não equilibram os preços que cobram dos clientes para vários reparos, em vez disso, cobram com base nas taxas padronizadas do negócio, para tarefas como trocar as velas de ignição ou reparar um radiador furado. Portanto, se alguém levar um carro para trocar um alternador, e o número padrão de horas para trocá-lo é de uma hora, mas o mecânico levar duas horas, o proprietário do centro de serviço pode acabar tendo menor lucro na transação.

A qualidade é um problema persistente. Por exemplo, o "retrabalho" tem sido, recentemente, um problema silencioso na Muffler Magic. Uma cliente levou o seu carro para substituir as pastilhas de freio do carro, que o centro de serviço da concessionária havia feito. Infelizmente, quando ela saiu de lá, levou apenas cerca de dois quarteirões para descobrir que o freio não funcionava. Já que ela estava indo devagar, foi capaz de parar seu carro ralando-o contra uma guia de estacionamento. Posteriormente, descobriu-se que o mecânico que substituiu as pastilhas de freio não conseguiu apertar corretamente a montagem dos tubos de freio hidráulico e o fluido do freio deixou o carro sem poder de frenagem. Em um problema semelhante no mês anterior, outro mecânico substituiu a correia da ventoinha, mas se esqueceu de encher o radiador com água, o carro do cliente superaqueceu antes que ele chegasse a quatro quadras de distância, e a Muffler Magic teve que substituir todo o motor. É claro que problemas como esses não só diminuem a rentabilidade dos lucros da empresa, mas também têm o potencial para arruinar a reputação da Muffler Magic.

Organizacionalmente, a Muffler Magic emprega cerca de 300 pessoas, e Ron dirige sua empresa com oito gerentes, incluindo a si mesmo como presidente, um controller, um diretor de compras, um diretor de marketing, e o gerente de recursos humanos. Ele também tem três gerentes regionais, aos quais os gestores do centro de serviço, de oito ou nove em cada área, de Nevada, se reportam. Nos últimos dois anos, como a empresa abriu novos centros de serviços, os lucros dela como um todo têm diminuído em vez de aumentar. Em parte, esses lucros decrescentes provavelmente refletem o fato de que Ron Brown tem se deparado com uma operação em crescimento cada vez mais difícil de gerir: "Seu alcance é superior à sua capacidade", é o que a esposa de Ron tem dito.

A empresa tem apenas os sistemas de RH mais básicos no local, utilizando um formulário que o gerente de recursos humanos modificou a partir de um que ele baixou da internet, e os formulários de solicitação de mudança de status dos empregados normais, formulários de assinatura, formulários I-9 e assim por diante, que ele comprou de um fornecedor de recursos humanos.

O treinamento é totalmente no dia a dia do trabalho. A Muffler Magic espera que os técnicos experientes que contrata cheguem para o trabalho totalmente treinados, e os gerentes de centros de serviços em geral esperam que os candidatos tenham as habilidades comportamentais básicas.

No entanto, a maioria dos outros técnicos contratados para fazer trabalhos como os de troca de pneus, fixação de pastilhas de freio e substituição de silenciadores são inexperientes. Eles devem ser treinados no trabalho pelo gerente do centro de serviço ou por técnicos mais experientes.

Ron Brown enfrenta vários problemas de RH. Um deles é que ele enfrenta a "tirania do imediato" quando se trata de contratação de funcionários. Embora seja bom dizer que ele faz a triagem de cada funcionário cuidadosamente e verifica suas referências e ética de trabalho a partir de um ponto de vista prático, com 25 centros ocorre que os gestores dos centros geralmente contratam alguém apenas porque "parece estar respirando", contanto que respondam a algumas perguntas básicas da entrevista sobre reparação de automóveis, tais como: "Qual é o problema se há superaquecimento em um Camry 2001, e o que você faz?".

A segurança dos funcionários também é um problema. Um centro de serviço automotivo pode não ser dos mais perigosos, mas oferece alguns riscos. Os funcionários estão lidando com ferramentas afiadas, pisos engordurados, ferramentas gordurosas, temperaturas extremamente quentes (por exemplo, de silenciadores e motores), e peças de motor em movimento rápido como hélices do motor. Há algumas questões básicas que um gerente de serviço pode fazer para garantir mais segurança, tais como insistir que todos os derrames de óleo sejam limpos imediatamente. No entanto, a partir de um ponto de vista prático, há algumas maneiras de contornar muitos dos problemas, tais como quando o técnico deve verificar o motor enquanto ele estiver ligado.

Nos lucros, a Muffler Magic está decaindo em vez de crescer, o gerente de recursos humanos de Brown tomou a posição de que o principal problema é financeiro. Como ele diz: "Você recebe o que você paga" quando se trata de funcionários, e se você compensar melhor os técnicos, então você terá melhores técnicos do que seus concorrentes, aqueles que fazem melhor o trabalho e ficam mais tempo na empresa e, em seguida, os lucros vão aumentar. Assim, o gerente de RH agendou uma reunião entre ele, Ron Brown e uma professora de negócios que ensina gestão de compensação em uma universidade local. O gerente de RH pediu à professora para passar cerca de uma semana pesquisando cada um dos centros de serviços, analisando a situação, e chegando a um plano de compensação que abrangerá a qualidade e problemas de produtividade da Muffler Magic. Nessa reunião, a professora fez três recomendações básicas para mudar as políticas de remuneração da empresa.

Em um primeiro momento, ela descobriu que a Muffler Magic sofre do que ela chama de "presenteísmo", em outras palavras, os funcionários arrastam-se para o trabalho mesmo quando estão doentes, porque a empresa não os remunera se eles estão fora, a empresa não oferece dias de licença doença. Em poucos dias, a professora não poderia corretamente quantificar o quanto a Muffler Magic está perdendo com o presenteísmo. No entanto, a partir do que ela podia ver em cada loja, normalmente, há um ou dois técnicos que trabalham com várias doenças, como gripe ou resfriado, e pareceu-lhe que cada uma dessas pessoas, provavelmente, só trabalhou cerca de metade do tempo (embora eles estivessem sendo pagos o dia todo). Assim, em 25 centros de serviço por semana, a Muffler Magic poderia estar perdendo entre 125 e 130 dias por semana de trabalho. A professora sugere que a Muffler Magic comece a permitir que todos possam ter três dias de licença doença remunerados por ano, uma sugestão razoável. No entanto, como Ron Brown aponta: "Nesse momento, estamos perdendo apenas cerca de metade de um dia de salário para cada funcionário que entra e que trabalha de forma improdutiva, com sua sugestão, não vamos perder o dia inteiro?" A professora disse que refletiria sobre o assunto.

Em segundo lugar, a professora recomenda colocar os técnicos em um plano de remuneração por habilidade. Basicamente, ela sugere o seguinte: dê a cada técnico uma letra (de A a E) com base em determinado nível e habilidades de um técnico. Um técnico "A" é um líder de equipe e precisa mostrar que tem excelentes habilidades de resolução de problemas e de diagnóstico, bem como capacidade de supervisionar e orientar outros técnicos. No outro extremo, um técnico "E" normalmente seria um aprendiz, com pouca formação técnica. Os outros técnicos ficam entre esses dois níveis, com base em suas habilidades e capacidades individuais.

No sistema da professora, o técnico "A", ou líder de equipe, deve atribuir e supervisionar todo o trabalho feito dentro de sua área, mas não necessariamente fazer todos os reparos mecânicos. O líder da equipe é quem soluciona problemas de diagnóstico, supervisiona, treina os outros técnicos e testa o carro antes de devolver para o cliente. No âmbito deste plano, cada técnico recebe um salário por hora garantida dentro de um determinado intervalo, por exemplo:

Técnico A = US$ 25 – US$ 30 por hora
Técnico B = US$ 20 – US$ 25 por hora
Técnico C = US$ 15 – US$ 20 por hora
Técnico D = US$ 10 – US$ 15 por hora
Técnico E = US$ 8 – US$ 10 por hora

Em terceiro lugar, para abordar diretamente a questão da produtividade, a professora recomenda que cada gerente de serviços calcule a produtividade de cada técnico de equipe no final de cada dia, e no final de cada semana. Ela sugere que cada líder de equipe também calcule produtividade total dos funcionários para visualização diária. Então, os técnicos divididos em grupo ganham bônus semanais em dinheiro com base na sua produtividade. Para calculá-la, a professora recomenda a divisão do total de horas de trabalho faturado pelo total de horas de trabalho pagas aos técnicos.

Em sua pesquisa, a professora disse que a média nacional de produtividade do trabalho é, atualmente, cerca de 60%, e que somente os centros de serviços mais bem administrados atingem 85% ou mais. Por seus cálculos aproximados, a Muffler Magic atinge a média do setor (cerca de 60%, em outras palavras, eles têm faturamento para apenas cerca de 60 horas por cada 100 horas que eles realmente pagam técnicos para fazer os trabalhos). É claro, isso não era inteiramente culpa dos técnicos. Técnicos conseguem tempo livre para interrupções, e para o almoço, e se um centro de serviço específico simplesmente não tem demanda em determinado dia ou durante uma semana, então vários técnicos podem sentar-se de braços cruzados à espera do próximo carro a entrar. A professora recomenda a criação de uma meta de eficiência de trabalho de 80% e calcular diariamente os resultados de produtividade de cada equipe no local de trabalho, para fornecer-lhes feedback. Ela recomenda que, se no final de uma semana, a equipe for capaz de aumentar a sua produtividade dos atuais 60% para 80%, receberia um bônus adicional de 10% no pagamento semanal. Depois disso, para cada aumento de 5% na produtividade – acima de 80% – os técnicos receberiam um bônus de 5% adicional por semana. Então, se o salário semanal normal de um técnico é de US$ 400, o empregado receberia um extra de US$ 40 no final da semana, se a sua equipe passar a produzir 80% em vez de 60%.

Após a reunião, Ron Brown agradeceu à professora pelas suas recomendações e disse-lhe que iria pensar no assunto, voltando a fazer contato com ela. Após a reunião, na sede da unidade, Ron estava pensando o que fazer. Ele precisa decidir se quer instituir a política da professora, e se deseja implementar o incentivo e o plano de compensação. Entretanto, antes de implementar qualquer coisa, ele queria ter certeza de que ele havia entendido o contexto da sua decisão. Por exemplo, a Muffler Magic realmente tem um problema de pagamento de incentivos, ou eles são mais amplos? Além disso, como o plano de incentivo da professora teria impacto na qualidade do trabalho que as equipes estavam fazendo? E se a empresa realmente começar a pagar por dias de afastamento por doença? Ron Brown tinha muito em que pensar.

Perguntas

1. Escreva um resumo com três ou quatro recomendações que você faria com relação a cada função de RH (recrutamento, seleção, treinamento etc.) que você pensa que Ron Brown deverá abordar com o seu gerente de RH.
2. Desenvolva 10 perguntas a gerentes de centros de serviços, de forma estruturada, para que Ron Brown possa usar para entrevistar técnicos experientes.
3. Se você fosse Ron Brown, aplicaria a recomendação da professora sobre o problema de presenteísmo, ou seja, começaria a pagar por dias de doença? Justifique.
4. Se você estivesse aconselhando Ron Brown, recomendaria a ele implementar o plano de pagamento de incentivos e o pagamento baseado em habilidade, sugeridos pela professora? Por quê? Você o implementaria com modificações? Se quiser modificá-lo, por favor, seja específico sobre essas modificações e o motivo.

---

* Baseado em fatos reais, mas o nome Muffler Magic é fictício.
Fontes: Este caso é inspirado nas informações de Drew Paras. "The Pay Factor: Technicians' Salaries Can Be the Largest Expense in a Server Shop, as Well as the Biggest Headache. Here's How One Shop Owner Tackled the Problem", *Motor Age*, nov. 2003, p. 76-79; veja também Jennifer Pellet, "Health Care Crisis", *Chief Executive*, jun. 2004, p. 56-61; "Firms Press to Quantify, Control Presenteeism", *Employee Benefits*, 1 dez. 2002.

BP Texas City

Quando a plataforma de petróleo Horizon, da British Petroleum (BP), explodiu no Golfo do México, em 2010, desencadeou lembranças trágicas para especialistas da comunidade de segurança. Em março de 2005, uma explosão e um incêndio na refinaria em Texas City da BP, no Texas, EUA, mataram 15 e feriram 500 pessoas, no pior acidente industrial dos EUA em mais de dez anos. O desastre provocou três investigações: uma interna da BP, uma pelo Chemical Safety Board (CSB – Conselho de Segurança Química dos EUA), e uma investigação independente, presidida pelo ex-secretário de Estado dos EUA, James Baker e um grupo de 11 membros, que foi organizada a pedido da BP.

Para contextualizar os resultados dessas três investigações, é útil compreender que, na época, em sua gestão, a BP tinha – durante os últimos dez anos ou mais antes da explosão em Texas City – uma estratégia enfatizando a rentabilidade e a redução de custos. A conclusão básica das investigações foi que a redução de custos comprometeu a segurança na refinaria. Ainda assim, é útil considerar as conclusões de cada investigação.

A investigação do CSB, de acordo com Carol Merritt, presidente do conselho, mostrou que "a gestão global da BP estava ciente de problemas com manutenção, gastos e infraestrutura bem antes de março de 2005". Aparentemente, confrontada com inúmeros acidentes anteriores, a BP fez algumas melhorias na segurança. No entanto, ela enfatizou principalmente os comportamentos de segurança dos empregados e de conformidade de procedimentos, reduzindo, assim, os índices de acidentes na segurança. O problema (de acordo com o CSB) foi que "riscos catastróficos de segurança permaneceram". Por exemplo, de acordo com essa investigação, "projetos de equipamentos inseguros e antiquados foram deixados no local, e deficiências inaceitáveis em manutenção preventiva foram toleradas". Basicamente, o CSB descobriu que os cortes no orçamento da BP levaram a uma deterioração progressiva da segurança na refinaria de Texas City. Merritt disse: "Em uma instalação antiga como a de Texas City, não se pode reduzir os orçamentos relacionados à segurança e à manutenção, sem examinar cuidadosamente o impacto sobre o risco de um acidente catastrófico".

Olhando detalhes, o CSB disse que uma auditoria interna de 35 unidades de negócios da BP em 2004, incluindo Texas City (a sua maior refinaria), constatou falhas de segurança significativas que todas tinham em comum, incluindo, por exemplo, a falta de competências de liderança e "questões sistêmicas subjacentes", como uma tolerância generalizada com o descumprimento de regras básicas de segurança, além de um monitoramento pobre de sistemas de gestão de segurança e processos. Ironicamente, o CSB descobriu que o esforço de prevenção de acidente da BP, em Texas City, tinha conseguido uma redução de 70% em lesões de trabalho no ano anterior à explosão. Infelizmente, isso significa que os trabalhadores estavam tendo menos acidentes individualmente. O problema mais fundamental é que permaneceu a situação potencialmente explosiva inerente à depreciação.

O CSB descobriu que a explosão de Texas City seguiu um padrão de anos de grandes acidentes na instalação. Na verdade, havia aparentemente a média de uma morte de empregado a cada 16 meses na unidade, nos últimos 30 anos. O CSB descobriu que o equipamento diretamente envolvido na explosão mais recente era obsoleto e já extinto na maioria das refinarias e fábricas de produtos químicos, e que peças-chave de sua instrumentação não estavam funcionando. Houve também casos anteriores em que vapores inflamáveis foram lançados da mesma unidade dez anos antes da explosão. Em 2003, uma auditoria externa se referiu à infraestrutura e aos ativos da refinaria Texas City como "pobres" e o que se referia a uma "mentalidade de talão de cheques", na qual os orçamentos não são suficientes para gerir todos os riscos. Em particular, o CSB descobriu que a BP tinha aplicado um corte de 25% nos custos fixos, entre 1998 e 2000, e que isso impactou negativamente os gastos de manutenção, despesas e infraestrutura da refinaria. Além disso, o CSB constatou que, em 2004, houve três acidentes graves na refinaria, que matou três trabalhadores.

O relatório interno da BP concluiu que os problemas em Texas City não eram de origem recente, mas vinham de anos. Disse ainda que a BP estava tomando medidas para enfrentá-los. Sua investigação descobriu que "não havia evidência de qualquer pessoa consciente, ou intencionalmente agindo ou tomando decisões que colocassem os outros em risco". O relatório da BP afirma: "As razões subjacentes para os comportamentos e as ações apresentadas durante o incidente são complexas, e a equipe passou muito tempo tentando compreendê-las – é evidente que ocorria há anos e isso exigirá ações corretivas e comprometidas para solucionar o problema". O relatório da BP concluiu que havia cinco causas para a explosão:

- O ambiente de trabalho tinha sido corroído, no sentido de resistência à mudança e falta de confiança.
- Prioridades de segurança, desempenho e redução de risco não foram definidas, nem consistentemente reforçadas pela administração.
- Mudanças na "complexa organização" levaram a uma falta de responsabilidades clara e má comunicação.
- Um baixo nível de consciência e compreensão de perigo de segurança levou trabalhadores a aceitar níveis de risco que eram consideravelmente maiores do que em instalações compatíveis.
- Faltavam sistemas de alerta adequados para os problemas, e não havia meios independentes de compreender os padrões de deterioração na fábrica.

O relatório da BP independente, iniciado pelo grupo de 11 pessoas presidido pelo ex-secretário de Estado dos EUA, James Baker, continha conclusões e recomendações específicas. O grupo de Baker olhou para a supervisão corporativa de segurança, a cultura de segurança corporativa e os sistemas de gestão de segurança de processos na unidade da BP em Texas City, bem como nas suas demais refinarias.

Basicamente, o painel de Baker concluiu que a BP não tinha processo de liderança, segurança eficaz, além de não ter estabelecido a segurança como um valor fundamental para as cinco refinarias (incluindo Texas City).

Assim como o CSB, o grupo de Baker descobriu que a BP havia enfatizado a segurança pessoal nos últimos anos e, de fato, melhorou o desempenho da segurança pessoal, mas não havia enfatizado o processo global de segurança, interpretando-o erroneamente como "melhorar as taxas de danos pessoais como uma indicação de segurança aceitável do processo em suas refinarias norte-americanas". Na verdade, o grupo de Baker alegou que essas melhorias relacionadas a danos pessoais eram um pouco enganadoras; a BP criou uma falsa sensação de confiança de que estava lidando corretamente com os riscos de segurança. Também descobriu que a cultura de segurança em Texas City não tinha confiança, nem o ambiente positivo e aberto que uma cultura de segurança adequada exige. Outras conclusões do grupo Baker incluíam o seguinte:

- A BP nem sempre garantia que recursos adequados fossem efetivamente alocados para apoiar ou sustentar um alto nível de desempenho de segurança no processo.
- O pessoal da refinaria da BP estava "sobrecarregado" por iniciativas corporativas.
- Operadores e pessoal de manutenção trabalhavam muitas horas extras.
- A BP tende a ter um foco de curto prazo e seu sistema de gestão descentralizada e cultura empreendedora delegava substancial discrição para os gerentes da refinaria, "sem definir claramente as expectativas do processo de segurança, as responsabilidades ou a prestação de contas".
- Não houve unificação de cultura de segurança de processos entre as cinco refinarias.
- O sistema de gestão de segurança corporativa da empresa não dava certeza do cumprimento dos padrões de segurança dos processos e programas internos.
- A gestão executiva da BP não recebia informações específicas da refinaria, que mostrassem que as deficiências de segurança de processo existiam em algumas das unidades, ou não respondiam eficazmente a qualquer informação recebida.[1]

O grupo de Baker fez várias recomendações de segurança para a BP, propondo o seguinte:

1. A gestão corporativa da empresa deve prover liderança em segurança de processo.
2. A empresa deve estabelecer um sistema de gerenciamento de segurança de processo que identifica, reduz e controla os riscos de segurança das refinarias.
3. A empresa deve garantir que seus empregados tenham um nível adequado de conhecimento e especialização em segurança de processos.
4. A empresa deve envolver "as partes interessadas" no desenvolvimento de uma cultura positiva, confiante e aberta à segurança do processo em cada refinaria.
5. A BP deve definir claramente as expectativas e reforçar a responsabilização pelo desempenho de segurança de processo.

---

[1] Esses resultados e as sugestões a seguir são baseados em "BP Safety Report Finds Company's Process Safety Culture Ineffective", *Global Refining & Fuels Report*, 17 jan. 2007.

6. A BP deve coordenar melhor o seu apoio à segurança do processo na organização de linha de refino.
7. A BP deve desenvolver um conjunto integrado de condução e retração de indicadores de desempenho, para monitorar efetivamente o desempenho da segurança do processo.
8. A BP deve estabelecer e implementar um sistema eficaz de auditoria de desempenho sobre a segurança do processo.
9. A diretoria da empresa deve monitorar a implementação das recomendações do grupo e o desempenho da segurança do processo nas refinarias.
10. A BP deve se transformar em líder reconhecida na gestão da segurança.

Ao fazer suas recomendações, o grupo destacou o executivo-chefe da empresa na época, Lord Browne, dizendo: "Em retrospectiva, o grupo acredita que se Browne tivesse demonstrado liderança sobre essa questão e compromisso com o processo de segurança (como ele fez em resposta às mudanças climáticas) teria resultado em um maior nível de segurança nas refinarias".

No geral, o grupo de Baker descobriu que a alta gerência da BP não tinha fornecido "uma liderança eficaz" em segurança. Constatou-se que as falhas eram do topo da organização, do executivo-chefe da empresa e de vários de seus principais assessores. O grupo de Baker enfatizou a importância do comprometimento da alta direção, dizendo, por exemplo, que "é imperativo que a liderança da BP dê o tom da segurança desde a alta direção da empresa e estabeleça as expectativas apropriadas com relação ao desempenho do processo de segurança". Também disse que a BP "não tem proporcionado liderança eficaz para que a gestão e a força de trabalho de refino dos EUA compreendam o que se espera deles, em relação ao desempenho de segurança".

Lord Browne, o executivo-chefe, foi desligado do cargo cerca de um ano depois da explosão. Quase ao mesmo tempo, alguns acionistas da BP estavam pedindo aos executivos da empresa e diretores do conselho para ter seus bônus intimamente ligados à segurança da sociedade e ao desempenho ambiental de Texas City. Em outubro de 2009, a Occupational Safety and Health Administration (OSHA) anunciou que estava registrando contra a BP a maior multa de sua história, por conta desse acidente, em US$ 87 milhões. Um ano depois, a Horizon plataforma de petróleo da BP no Golfo do México explodiu, causando a morte de 11 pessoas.

Perguntas

1. O texto define a ética como "os princípios de conduta que governam um indivíduo ou um grupo", e especificamente os padrões usados para decidir sua conduta. Até que ponto você acredita que o que aconteceu na BP é um colapso nos sistemas éticos e sistemas de segurança da empresa, e como você defende suas ideias?
2. Os padrões de segurança e de administração de saúde, políticas e regras são destinados a resolver problemas como os que, aparentemente, existiam na unidade de Texas City? Em caso afirmativo, como você explicaria o fato de que problemas como estes permaneçam por tantos anos?
3. Como havia, aparentemente, pelo menos três mortes no ano anterior à grande explosão e uma média de cerca de uma morte de funcionário a cada 16 meses, para os dez anos anteriores, como você explicaria o fato de que as inspeções obrigatórias da OSHA perderam essas fontes gritantes de possíveis eventos catastróficos?
4. O texto apresenta inúmeras sugestões de "como prevenir acidentes". Com base no que você sabe sobre a explosão de Texas City, o que você acha que o caso mostra sobre os três passos mais importantes que um empregador deve tomar para evitar acidentes?
5. Baseado no que você aprendeu no Capítulo 14, você faria quaisquer recomendações adicionais para a BP além das que foram feitas pelo grupo de Baker e o CSB? Em caso afirmativo, quais seriam essas recomendações?
6. Explique especificamente como o gerenciamento da estratégia de recursos humanos na BP parece ter apoiado objetivos estratégicos mais amplos da empresa. O que isso diz sobre a conveniência de ligar a estratégia de recursos humanos a objetivos estratégicos de uma empresa?

Fontes: Sheila McNulty, "BP Knew of Safety Problems, Says Report", *The Financial Times*, 31 out. 2006, p. 1; "CBS: Documents Show BP Was Aware of Texas City Safety Problems", *World Refining & Fuels Today*, 30 out. 2006; "BP Safety Report Finds Company's Process Safety Culture Ineffective", *Global Refining & Fuels Report*, 17 jan. 2007; "BP Safety Record Under Attack", *Europe Intelligence Wire*, 17 jan. 2007; Mark Hofmann, "BP Slammed for Poor Leadership on Safety, Oil Firm Agrees to Act on Review Panel's Recommendations", *Business Intelligence*, 22 jan. 2007, p. 3; "Call for Bonuses to Include Link with BP Safety Performance", *The Guardian*, 18 jan. 2007, p. 24; Disponível em: <http://www.theguardian.com/business/2007/jan/18/oilandpetrol.news>. Acesso em: 12 jul. 2009; Steven Greenhouse, "BP Faces Record Fine For '05 Blast", *The New York Times*, 30 out. 2009, p. 1, 6; Kyle W. Morrison, "Blame to Go Around", *Safety & Health 183*, n. 3, mar. 2011. p. 40.

Glossário

Ação afirmativa Preocupação e realização de ações que resultam na contratação e na promoção de grupos protegidos, principalmente quando estes são pouco representados no quadro de funcionários de uma empresa.

Ações de afastamento do emprego Intenção de colocar distância física ou psicológica entre os funcionários e seus ambientes de trabalho.

Action learning Técnica de treinamento pela qual os treinandos de gestão são autorizados a trabalhar em tempo integral, em análise e resolução de problemas de outros departamentos.

Administração de recursos humanos (ARH) Processo de aquisição; treinamento; avaliação; compensação dos empregados e atendimento das relações de trabalho; e preocupações com saúde, segurança e justiça.

Administração de recursos humanos internacionais (IHRM) Conceitos e técnicas de administração de recursos humanos que empregadores utilizam para gerir os desafios de RH nas operações internacionais.

Agência de Segurança e Saúde Ocupacional (OSHA) Agência criada dentro do Ministério do Trabalho para definir as normas de segurança e saúde em relação a quase todos os trabalhadores nos Estados Unidos.

Ajuda de trabalho Conjunto de instruções, diagramas ou métodos similares disponíveis no local de trabalho para orientar o trabalhador.

Amostras de tarefas Tarefas de trabalho real, utilizadas para testar o desempenho dos candidatos.

Ampliação de cargo Atribuir, aos trabalhadores, atividades adicionais de mesmo nível.

Análise da força de trabalho Empregadores utilizam a análise da força de trabalho para obter e analisar os dados a respeito de funcionários protegidos versus protestos em várias classificações de cargo.

Análise de cargo baseada em competências Descrição de um cargo em termos de competências e comportamentos mensuráveis e observáveis, que um empregado deve apresentar para fazer um bom trabalho.

Análise de desempenho Verificar se há uma deficiência de desempenho e determinar se esta deve ser corrigida por meio de treinamento, ou através de outros meios, como a transferência do empregado para outro cargo ou setor.

Análise de fluxo de trabalho Estudo detalhado do fluxo de trabalho referente a cada cargo, em um processo de trabalho.

Análise de perigos do trabalho Abordagem sistemática para identificar e eliminar os riscos antes que eles ocorram, centrando-se na relação entre o trabalhador, a tarefa, as ferramentas e o ambiente de trabalho, que termina por reduzir a níveis aceitáveis os potenciais riscos.

Análise de tarefas Estudo detalhado de um trabalho ou cargo, para identificar as suas habilidades específicas exigidas.

Análise de tendências Levantamento do histórico de um cargo durante um período de anos que uma empresa precisa para prever suas necessidades futuras.

Análise de utilidade Grau em que o uso de uma medida de seleção melhora a qualidade de indivíduos efetivamente selecionados, sobre o que teria ocorrido se a medida não tivesse sido usada.

Análise de utilização Processo de comparar o percentual de empregados minoritários em um trabalho (ou cargo) na empresa, com o número de funcionários treinados minoritários igualmente disponíveis no mercado de trabalho relevante.

Análise do cargo Procedimento que determina os direitos e as competências necessárias para um cargo, e o tipo de pessoa que deve ser contratada.

Análise relacional Técnica de previsão para determinar as futuras necessidades de pessoal, por meio de razões entre o volume de vendas e o número de funcionários necessários, por exemplo.

Aprendizagem ao longo da vida Oferece aos funcionários experiências de aprendizagem contínua ao longo do seu trabalho na empresa, com o objectivo de garantir que eles tenham a oportunidade de aprender as habilidades necessárias para fazer seus trabalhos e expandir os horizontes profissionais.

Aprendizagem programada Método sistemático para o ensino de habilidades de trabalho, envolvendo apresentação de questões ou fatos, permitindo que a pessoa responda, e dando ao aluno um feedback imediato sobre a precisão de suas respostas.

Arbitragem O tipo mais incisivo de intervenção de terceiros, em que o árbitro, muitas vezes, tem o poder de determinar e ditar os termos do acordo.

Arbitragem de interesse Arbitragem promulgada quando os acordos trabalhistas ainda não existem, ou uma ou ambas as partes estão tentando mudar o acordo.

Assédio sexual Assédio com base no sexo, que tenha por objeto ou efeito interferir substancialmente no desempenho profissional de uma pessoa, ou criar um ambiente de trabalho intimidante, hostil ou ofensivo.

Auditoria de RH Análise pela qual uma organização mede seus padrões, percebe em que ponto está e determina o que precisa realizar para melhorar a sua função de RH.

Autoridade Direito de tomar decisões, dirigir o trabalho de outras pessoas e dar ordens.

Autoridade de pessoal Garante ao gerente o direito, ou a autorização, para aconselhar outros gerentes ou empregados.

Autoridade funcional (ou controle funcional) Autoridade exercida por um gerente de RH, como coordenador das atividades de pessoal.

Avaliação de desempenho Avaliação atual de um funcionário e/ou do seu desempenho passado em relação aos seus padrões de desempenho.

Avaliação do cargo Comparação sistemática realizada a fim de determinar o valor de um cargo em relação a outro.

Benefício suplementar por desemprego Fornecimento de um "rendimento anual garantido" em certas indústrias, em que os empregadores podem fechar a empresa ou a fábrica para mudar as máquinas, ou devido à redução de vagas. Esses benefícios são pagos pela empresa e pelos subsídios suplementares.

Benefícios Pagamentos financeiros e não financeiros indiretos, que empregados recebem para continuar trabalhando na empresa.

Benefícios familiares Benefícios como creches e instalações de fitness, que facilitam o equilíbrio do trabalho e das responsabilidades familiares do empregado.

Bloqueio Recusa por parte do empregador em oferecer oportunidades de trabalho.

Boicote Recusa combinada por empregados e outras partes interessadas em comprar ou utilizar produtos do empregador.

Bônus anuais Planos que são projetados para motivar o desempenho de curto prazo dos gestores, ligados à rentabilidade da empresa.

Broadbanding Consolidação de faixas e classes salariais em apenas alguns níveis dessa escala, sendo cada uma com uma gama relativamente ampla de cargos e níveis salariais.

Burnout Esgotamento total de recursos físicos e mentais, causados pelo excesso de esforço para chegar a um objetivo relacionado ao trabalho irrealista.

Cadeia de valor Identifica as principais atividades de apoio e que criam valor para os clientes.

Campanha corporativa Esforço organizado pelo sindicato, o qual exerce pressão sobre a corporação, pressionando, muitas vezes, diretamente outros sindicatos, acionistas, diretores, clientes, credores e agências governamentais.

Capital humano Conhecimento, educação, formação, habilidades e competências dos trabalhadores de uma empresa.

Cargo de referência Cargo utilizado para ancorar a escala de pagamento do empregador e em torno do qual outros trabalhos são organizados em ordem de valor relativo.

Carreira As posições ocupacionais que uma pessoa tem ao longo de muitos anos de trabalho.

Cartão de substituição de cargo Cartão preparado para cada cargo em uma empresa, a fim de mostrar possíveis candidatos sobressalentes e suas qualificações.

Cartões de autorização A fim de apresentar uma petição para a eleição sindical, o sindicato deve mostrar que, pelo menos, 30% dos funcionários estão interessados em se sindicalizar. Os funcionários indicam esse interesse através da assinatura de cartões de autorização.

Centro de avaliação gerencial Facilidade com a qual os candidatos à gestão tomam decisões em situações hipotéticas e são pontuados de acordo com seu desempenho.

Centro de desenvolvimento interno Método baseado na empresa para expor potenciais gestores a exercícios realistas, com o objetivo de desenvolver melhores habilidades de gerenciamento.

Choque de realidade Resultados referentes a um período, que pode ocorrer no início da carreira, quando as expectativas elevadas a respeito de trabalho do novo empregado enfrentam a realidade de uma situação chata ou não atraente.

Círculo de qualidade Tipo especial de equipe formal de resolução de problemas, geralmente composto por 6 a 12 funcionários especialmente treinados, que se reúnem uma vez por semana para resolver os problemas que afetam a sua área de trabalho.

Citações Convocação informando empregadores e empregados de regulamentos e normas que foram violados no local de trabalho.

Classes Agrupamento de cargos com base em um conjunto de regras exigidas para cada grupo ou classe, como quantidade de julgamento independente, habilidade, esforço físico etc. As classes geralmente reúnem cargos semelhantes.

Coach executivo Consultor externo que questiona os executivos a fim de identificar seus pontos fortes e fracos e, em seguida, aconselhar o executivo para que possa capitalizar sobre os pontos fortes e superar os pontos fracos.

Coaching Auxiliar na reflexão e no aconselhamento a partir da própria realidade do coachee (ou treinando), sem um direcionamento efetivo.

Codeterminação Direito de voz na definição das políticas da empresa, e os trabalhadores, em geral, elegem representantes para o conselho de supervisão.

Cogestão Empregados têm o direito legal de voz na definição das políticas da empresa.

Comparável por mérito Conceito pelo qual as mulheres – que normalmente recebem salários menores do que os homens – podem alegar equiparação salarial, caso o trabalho seja rigorosamente igual e o salário for realmente diferente.

Compensação dos trabalhadores Fornece benefícios de renda e assistência médica às vítimas de acidentes relacionados ao trabalho, ou aos seus dependentes, independentemente de culpa.

Condições inseguras Condições físicas e mecânicas que causam acidentes.

Confiabilidade Característica que se refere à consistência da pontuação obtida pela mesma pessoa quando testada novamente com testes idênticos ou equivalentes.

Conselhos trabalhistas Grupos formais de representantes dos trabalhadores, eleitos por eles, que se reúnem mensalmente com os gestores para discutir temas que vão, por exemplo, desde políticas de não fumantes até demissões.

Contratação negligente Contratação de trabalhadores com antecedentes criminais ou outros problemas, sem salvaguardas adequadas.

Contrato psicológico de trabalho Acordo implícito e não escrito que existe entre empregadores e empregados, responsáveis por reger as expectativas e as obrigações de cada parte em relação à outra.

Convenção de arbitragem Arbitragem que interpreta os termos de um contrato existente, em situações como quando um funcionário questiona o empregador por ter tomado alguma ação disciplinar.

Cultura organizacional Valores característicos, tradições e comportamentos dos funcionários que fazem parte de uma empresa.

Curva salarial Mostra a relação entre o valor do trabalho e o salário médio pago por esse trabalho no mercado.

Curva salarial de mercado/externa Compara valores de cargos com as taxas de remuneração que o mercado para eles.

Curva salarial interna Mostra como aspectos de cada trabalho se relacionam com a sua taxa atual de remuneração.

Dashboard Apresentação de gráficos e tabelas na mesa do gerente, mostrando onde a empresa está em todas as métricas do processo de scorecard de RH na forma de uma imagem computadorizada.

Data mining Conjunto de atividades utilizadas para encontrar padrões de dados novos, ocultos ou inesperados.

Declaração de tarefa Breve resumo sobre o que o trabalhador faz em uma tarefa de trabalho particular; como amplia o conhecimento, as habilidades e as aptidões necessárias para fazer o trabalho; além do propósito da tarefa.

Declaração de visão Declaração geral de direção pretendida da empresa mostra, em termos gerais, "o que queremos ser".

Definição do grau Descrições escritas do nível de responsabilidade e conhecimento exigido por determinados postos de trabalho em cada grau. Cargos semelhantes podem ser combinados em graus ou classes.

Demissão Cessação involuntária de cargo e trabalho de um empregado com a empresa.

Demissão sem justa causa Demissão de funcionário que não cumpre a lei, ou o acordo contratual expresso ou implícito da empresa, através de suas formas de emprego, manuais de empregados e demais promessas.

Descrições de cargos Análise do cargo que gera uma lista com funções do trabalho, responsabilidades, relações de subordinação, condições de trabalho e responsabilidades de supervisão.

Desenvolvimento de carreira Série de atividades ao longo da vida que contribuem para o avanço da carreira de uma pessoa, além de estabelecimento no trabalho, sucesso e realização.

Desenvolvimento gerencial Qualquer tentativa de melhorar o desempenho atual ou o futuro da gestão por meio da transmissão de conhecimentos, mudança de atitudes ou aumento das habilidades.

Desenvolvimento organizacional Abordagem especial para a mudança organizacional, na qual os próprios trabalhadores formulam e implementam a mudança necessária.

Desertificação Processo legal no qual os funcionários cancelam o direito de um sindicato para representá-los.

Diário listagens diárias feitas pelos trabalhadores sobre todas as atividades que realizaram, com o tempo necessário para executar cada uma.

Direito ao trabalho Política pública em um número determinado de estados que proíbe segurança sindical de qualquer tipo.

Diretrizes uniformes Diretrizes emitidas por órgãos federais, encarregados de garantir o cumprimento da legislação federal de oportunidades iguais de emprego, explicando detalhadamente os procedimentos recomendados pelo empregador.

Disciplina Procedimento que corrige ou pune um subordinado por violar uma regra ou orientação predeterminada.

Disciplina não punitiva Disciplina sem punição, que geralmente envolve um sistema de advertências verbais e "folhas de decisão", em vez da punição mais tradicional.

Discriminação Realizar ações direcionadas ou contra uma pessoa específica, com base no grupo ao qual ela pertence.

Discriminação reversa Reivindicação que, por conta de sistemas de cotas e ações afirmativas, os homens brancos são discriminados.

Dispensa Situação na qual os trabalhadores são informados que não há trabalho para eles, mas que a administração pretende recuperá-los quando o trabalho estiver disponível novamente.

Dispersão Método gráfico utilizado para ajudar a identificar a relação entre duas variáveis.

Diversidade Reunir uma força de trabalho composta por dois ou mais grupos de funcionários com diferentes origens étnicas, culturais, religiosas, de gênero, nacionalidade, deficiência e idade.

Doenças ocupacionais Qualquer condição anormal ou desordem causada pela exposição a fatores ambientais associados ao emprego.

Downsizing Refere-se ao processo de redução, geralmente de forma dramática, do número de pessoas empregadas por uma empresa.

Economias e planos de poupança Plano de poupança no qual os empregados contribuem com uma parcela de seus rendimentos para um fundo, e o empregador geralmente corresponde a essa contribuição, no todo ou em parte.

Efeito halo Na avaliação de desempenho, refere-se ao problema que ocorre quando a avaliação de um superior sobre um subordinado tem viés devido à classificação dessa pessoa em outras características.

Empreitada direta Plano de incentivo em que uma pessoa recebe de acordo com cada item que faz ou vende, com uma estrita proporcionalidade entre os resultados e as recompensas.

Engajamento Empenho e dedicação dos funcionários em relação à empresa.

Enriquecimento do cargo Redesenhar cargos de forma que aumentem as oportunidades para o trabalhador experimentar sentimentos de responsabilidade, realização, crescimento e reconhecimento.

Entrevista Procedimento destinado a solicitar informações a partir das respostas orais de uma pessoa a perguntas também orais.

Entrevista coletiva Painel de entrevistas com vários candidatos ao mesmo tempo.

Entrevista de avaliação Entrevista na qual o superior e o subordinado revisam a avaliação do subordinado e fazem planos para sanar suas deficiências e reforçar os pontos fortes.

Entrevista de rescisão Entrevista em que o trabalhador é informado do fato de que está sendo demitido.

Entrevista desestruturada (ou não diretiva) Entrevista de estilo coloquial desestruturado, em que o entrevistador busca pontos de interesse em resposta a perguntas.

Entrevista em painel Entrevista na qual um grupo de entrevistadores faz perguntas a candidatos.

Entrevista estruturada sequencial Entrevista em que o candidato é questionado sequencialmente por várias pessoas, e cada um irá avaliar o candidato em um formulário padrão.

Entrevista não estruturada sequencial Entrevista em que cada entrevistador tem uma opinião independente em relação ao candidato depois de fazer perguntas diferentes.

Entrevista situacional Série de questões relacionadas ao trabalho, que se concentram em como o candidato irá se comportar em uma determinada situação.

Entrevista situacional estruturada Série de perguntas relevantes para o trabalho com respostas predeterminadas, que os entrevistadores fazem a todos os candidatos ao trabalho.

Entrevistas comportamentais Série de perguntas relacionadas ao trabalho, que se concentram em como o candidato reagiu a situações reais no passado.

Entrevistas de desligamento Entrevistas realizadas pelo empregador imediatamente antes de o empregado deixar a empresa, com o objetivo de entender melhor a opinião do funcionário sobre a empresa.

Equipe de trabalho autogerenciada/autodirigida Grupo altamente treinado, com cerca de oito funcionários, totalmente responsável por transformar um segmento bem definido em trabalho acabado.

Equipes de resolução de problemas Identificação e pesquisa dos processos de trabalho, e desenvolvimento de soluções para os problemas relacionados ao trabalho.

Equipes de sugestão Equipes temporárias, cujos membros trabalham em tarefas analíticas específicas, tais como a forma de cortar custos ou aumentar a produtividade.

Equipes virtuais Grupos geograficamente dispersos de colegas de trabalho, que são agrupados e interagem por meio de uma combinação de tecnologias de informação e telecomunicações para realizar uma tarefa organizacional.

Erro por ordem de candidato (ou contraste) Erro de julgamento por parte do entrevistador, devido à realização de uma ou mais entrevistas com candidatos muito bons, ou muito ruins, antes da entrevista que seria a ideal.

Escala de avaliação comportamental ancorada (Bars) Método de avaliação que visa combinar os benefícios de incidentes críticos narrativos e avaliações quantificadas, para ancorar uma escala quantificada com exemplos narrativos específicos de bom e mau desempenho.

Escalas de padrão misto Na avaliação de desempenho, semelhante às escalas comportamentalmente ancoradas, as escalas mistas em geral listam cerca de três exemplos de comportamento (ou "padrões") para cada uma das dimensões de desempenho escolhidas, e o empregador, em seguida, "mistura" as declarações comportamentais resultantes ao enumerá-las.

Especificações de trabalho Lista "necessidades humanas" para a ocupação de um cargo, como formação escolar, habilidades, personalidade, entre outros, que é resultado da análise do cargo.

Estereótipos de gênero Tendência de associar as mulheres a certos empregos, frequentemente não gerenciais.

Estratégia Curso de ação que a empresa pode seguir para atingir os seus objetivos estratégicos.

Estratégia competitiva Estratégia que identifica como construir e reforçar a posição competitiva da empresa a longo prazo no mercado.

Estratégia de boa-fé Estratégia de emprego destinada a mudar as práticas que contribuíram no passado, excluindo ou subutilizando grupos protegidos.

Estratégia de nível corporativo Tipo de estratégia que identifica o portfólio de negócios que, no total, compõem a empresa e as formas nas quais elas se relacionam entre si.

Estratégia funcional Responsável por identificar o que o departamento deve fazer em termos de políticas e práticas departamentais específicas, para ajudar a empresa a alcançar seus objetivos competitivos.

Estresse na entrevista O entrevistador procura deixar o candidato desconfortável com perguntas consideradas rudes.

Ética Princípios de conduta que governam um indivíduo ou um grupo, especificamente, os padrões utilizados para decidir como deve ser a conduta ideal.

Etnocêntrica Noção de que atitudes, estilo de gestão, conhecimento, critérios de avaliação e gerentes de origem são superiores ao que o país anfitrião tem para oferecer.

Expatriados Aquele que não é cidadão do país no qual está trabalhando.

Expectativa Espera e desejo de uma pessoa, de que o seu esforço levará ao desempenho imaginado.

Experimentação controlada Métodos formais para testar a eficácia de um programa de treinamento, de preferência, com testes antes e depois, além da análise de um grupo controle.

Faixas salariais (ou taxas) Série de etapas ou níveis dentro de um nível salarial, determinados, normalmente, com base nos anos de serviço do empregado.

Fator de compensação Elemento compensável fundamental de um trabalho, tais como habilidades, esforço, responsabilidade e condições de trabalho.

Feedback de 360 graus O empregador recolhe todas as informações sobre o desempenho em torno de um empregado – reunindo a opinião de seus superiores, subordinados, colegas e clientes internos ou externos.

Flexibilidade no local de trabalho Funcionários com as ferramentas de tecnologia da informação que precisam para realizar suas tarefas de qualquer lugar.

Fluxograma do processo Gráfico de fluxo de trabalho, que mostra o fluxo de entradas e saídas de um determinado trabalho.

Força de trabalho analítica Empregadores utilizam a força de trabalho analítica (ou "análise de talento"), como aplicações de software para analisar seus dados de recursos humanos e tirar conclusões a partir dele.

Formulário de candidatura Fornece informações sobre educação, registro de trabalho anterior e habilidades do candidato.

Generalização da validade Grau em que provas de validade de uma medida obtida em uma situação pode ser generalizado em relação a outra situação, sem mais estudos.

Geocêntrica Política de pessoal que busca as melhores pessoas para postos-chave de toda a organização, independentemente da nacionalidade. Isto é, toda a equipe de gestão da empresa deve ser levada em uma base global, no pressuposto de que o melhor gerente de uma posição específica pode estar em qualquer um dos países em que a empresa atua.

Gerenciar Conseguir realizar as cinco funções básicas do gerente: planejamento, organização, gestão de pessoas, liderança e controle.

Gerente O responsável por realizar os objetivos da organização, gerenciando os esforços das pessoas da organização.

Gerente de linha Gerente que está autorizado a dirigir o trabalho de seus subordinados e é responsável pela realização de tarefas da organização.

Gerente de pessoal Gerente que auxilia e orienta os gerentes de linha.

Gestão científica Abordagem de gestão baseada na melhoria dos métodos de trabalho através da observação e da análise.

Gestão da diversidade Maximizar os benefícios potenciais da diversidade e minimizar as barreiras potenciais que podem comprometer o desempenho da empresa.

Gestão de carreira Processo que auxilia os funcionários a compreendr e desenvolver melhor suas habilidades e interesses profissionais, empregando essas habilidades e interesses de forma mais eficaz no trabalho.

Gestão de talentos Processo metaorientado e integrado de planejamento, recrutamento, desenvolvimento, gestão e compensação de funcionários em toda a organização.

Gestão do desempenho Processo contínuo de identificação, medição e desenvolvimento do desempenho de indivíduos e equipes, alinhando o seu desempenho aos objetivos da organização.

Gestão estratégica de recursos humanos Formulação e execução de políticas e práticas que produzem as competências e os comportamentos dos funcionários, que a empresa necessita para atingir os seus objectivos estratégicos de recursos humanos.

Gestão estratégica Processo de identificação e execução do plano estratégico da organização, combinando as capacidades da empresa com as exigências do seu ambiente.

Globalização Tendência das empresas de aumentar vendas, propriedades e/ou fabricação em novos mercados no exterior.

Grade de remuneração (ou salário) A remuneração é composta de postos de trabalho com dificuldade equivalente.

Gráfico de avaliação em escala Escala que relaciona uma série de características e desempenhos para cada empregado. Ele é, então, avaliado a partir da identificação da pontuação que melhor descreve o seu nível de desempenho para cada caraterística.

Gráfico de expectativa Gráfico que mostra a relação entre os resultados dos testes e o desempenho no trabalho, a respeito de um grupo de pessoas.

Gráficos de substituição de pessoal Registros da empresa que mostram o desempenho atual e a possibilidade de promoção de candidatos internos para cargos mais importantes.

Graus Sistema de classificação de cargos, como o de classes, embora muitas vezes com cargos diferentes, tais como secretários, mecânicos e bombeiros. Descrições de grau são feitas com base em fatores compensáveis, listados em sistemas de classificação.

Greve Retirada do trabalho.

Greve de risco Greve não autorizada que ocorre durante a vigência de um contrato.

Greve econômica Paralisação que resulta da falta de acordo em relação aos termos de um contrato, envolvendo salários, benefícios e outras condições de emprego.

Greve por simpatia Paralisação que ocorre quando há uma greve sindical em apoio a outra greve.

Griggs versus Duke Power Company Caso do Supremo Tribunal norte-americano em que o requerente argumentou que a exigência do seu empregador, solicitando que os funcionários da carvoraria tivessem cursado e concluído o ensino médio, foi injustamente discriminatória. O Tribunal decidiu que a discriminação não precisa ser declarada ilegal, mas que as práticas de emprego devem estar relacionadas ao desempenho no trabalho. Sendo assim, o ônus da prova recai sobre o empregador para mostrar que os padrões de contratação são relacionados ao trabalho.

Horário flexível Plano de construção dos horários de trabalho dos funcionários, em torno de um núcleo de horas, como entre 11 h e 14 h.

Impacto adverso Impacto global das práticas patronais, que resultam em percentuais significativamente mais elevados de membros de minorias e outros grupos protegidos, sendo rejeitados em emprego, colocação ou promoção.

Impacto de disparidade Disparidade não intencional entre a proporção de um grupo protegido se candidatando para um cargo e a proporção dos que conseguem o emprego.

Impasse Situação de negociação coletiva que ocorre quando as partes não são capazes de avançar em direção à resolução, geralmente porque uma parte é mais exigente do que aquilo que o outro pode oferecer.

Incentivos financeiros Recompensas financeiras pagas aos trabalhadores, cuja produção excede um padrão predeterminado.

Indivíduos qualificados Sob ADA (Americans with Disabilities Act), aqueles que podem desempenhar as funções essenciais do trabalho.

Injunção Liminar judicial que obriga a parte, ou as partes, a continuar ou desistir de uma determinada ação.

Instrumentalidade Relações percebidas entre o desempenho bem sucedido e a obtenção da recompensa.

Insubordinação Desrespeito intencional, ou desobediência a ordens legítimas e autoridade do chefe.

Inventário de interesse Dispositivo de seleção e desenvolvimento pessoal que compara os interesses atuais da pessoa com os de outras profissões, determinando a melhor ocupação para o indivíduo.

Inventários de qualificações (ou competências) Manuais ou registros informatizados, listando interesses, educação, carreira e desenvolvimento dos trabalhadores, idiomas, habilidades especiais, entre outros, para ser usado na seleção interna de candidatos à promoção.

Investigador de fatos Nas relações de trabalho, refere-se a uma parte neutra, que estuda as questões em disputa e faz uma recomendação pública para um acordo razoável.

Itens de negociação voluntária (permitida) Itens na negociação coletiva aos quais a negociação não é ilegal nem obrigatória, uma vez que nenhuma das partes pode ser obrigada a negociar sobre esses itens.

Itens ilegais de negociação Itens na negociação coletiva que são proibidos por lei, por exemplo, a cláusula de concordar em contratar "exclusivamente sindicalistas" seria ilegal no direito trabalhista dos Estados Unidos.

Itens obrigatórios de negociação Em negociação coletiva, itens que uma parte deve negociar conforme apresentado pela outra parte, como remuneração.

Janela de aposentadoria antecipada Tipo de oferta pelo qual os empregados são incentivados a se aposentar mais cedo. O incentivo é a liberação dos benefícios de pensão e, talvez, um pagamento em dinheiro.

Job rotation Técnica de treinamento de funcionários, que envolve o direcionamento para fazer diferentes tarefas ou trabalhos que não o seu, visando facilitar a flexibilidade e a rotação de trabalho, além de ampliar sua experiência e identificar os pontos fortes e fracos.

Jogo de gestão Técnica de desenvolvimento na qual as equipes de gestores competem, tomando decisões computadorizadas a respeito de situações reais, mas simuladas.

Jogos internos Esforço sindical para convencer os funcionários a impedir ou interromper a produção, por exemplo, diminuindo o ritmo de trabalho.

Justiça distributiva Equidade e justiça do resultado de uma decisão.

Licença médica Empresa fornece pagamento a um funcionário quando está afastado do trabalho por causa de doença.

Linha de autoridade Autoridade exercida por um gerente de RH, direcionando as atividades das pessoas no seu próprio departamento e nas áreas de serviço (como o refeitório da unidade).

Locais Funcionários que trabalham para a empresa no exterior e são cidadãos dos países onde eles estão trabalhando, também conhecidos como cidadãos do país anfitrião.

Loja preferencial Membros sindicais têm preferência na contratação, mas o empregador também pode contratar operários não sindicalizados.

Loja sindical Forma de segurança sindical em que a empresa pode contratar pessoas não sindicalizadas, mas que devem se unir ao sindicato após um determinado período de tempo e pagar pelo período passado – caso não sigam essa diretriz, podem ser demitidos.

Mapa estratégico Ferramenta de planejamento estratégico, que mostra a "ideia geral" de como o desempenho de cada departamento contribui para alcançar os objetivos globais da empresa.

Matriz 9-box No planejamento da força de trabalho, esta matriz apresenta três níveis de desempenho no trabalho atual (excepcional, plenamente realizável, ainda não plenamente realizável) na parte superior, e três níveis de provável potencial para o lado (elegível para a promoção, espaço para crescimento no cargo atual, não deve crescer além do cargo atual).

Mediação Intervenção nas relações de trabalho, na qual um terceiro agente neutro tenta ajudar as partes a chegar a um acordo.

Mentoria Assessoria, aconselhamento e orientação.

Método de classificação de cargo Método mais simples de avaliação do trabalho, que envolve a classificação de cada cargo em relação a todos os outros, sendo, geralmente, com base na dificuldade geral.

Método de classificação por comparação Classificar empregados em uma escala que vai do melhor ao pior, em relação a uma característica em particular. O método prevê a escolha dos melhores aos piores, até que todos estejam classificados.

Método de comparação pareada Classificação dos funcionários a partir de um gráfico com todos os pares possíveis para cada característica e indicação de qual é o melhor empregado do par.

Método de distribuição forçada Percentagens pré-determinadas de pontos são colocadas em várias categorias de desempenho, semelhante à colocação desses números em uma curva.

Método de estudo de caso Método de desenvolvimento no qual a descrição por escrito de um problema organizacional é apresentada ao gerente para diagnosticar e solucionar a questão.

Método de incidentes críticos Manter um registro de exemplos de comportamento raro, bom ou indesejável, relacionados ao trabalho de um funcionário, e revisá-lo com o próprio empregado em horários predeterminados.

Método do ponto Método de avaliação de trabalho no qual certo número de fatores compensáveis são identificados e, em seguida, há a determinação do grau correspondente a cada um desses fatores relacionados aos trabalho.

Métrica de recursos humanos Indicador quantitativo de uma atividade de administração de recursos humanos, como rotatividade de funcionários, horas de treinamento por empregado, ou candidatos qualificados por cargo.

Métricas baseadas em estratégia Métricas voltadas, especificamente, para medir as atividades que contribuam para alcançar os objetivos estratégicos da empresa.

Minitreinamento e avaliação profissional Candidatos em avaliação executam várias tarefas próprias do trabalho e, em seguida, são avaliados de acordo com seu desempenho, antes de serem contratados.

Modelagem do comportamento Técnica de treinamento na qual os estagiários são apresentados, em um primeiro momento, às boas técnicas de gestão assistindo a um filme, depois, são convidados a desempenhar um papel em uma situação simulada e, em seguida, recebem feedback e elogios do seu superior.

Modelo de competências Modelo gráfico que consolida, geralmente em um diagrama, uma visão precisa das competências necessárias para a realização eficaz de um trabalho, incluindo conhecimentos, habilidades e comportamentos desejados.

Modificação de comportamento Utilizar recompensas contingentes ou punição para mudar o comportamento de um empregado.

Monitoramento de desempenho eletrônico (EPM) Monitoramento eletrônico da quantidade de dados informatizados que um empregado processa por dia e, assim, possibilitando a análise do seu desempenho.

Monitoramento preditivo da força de trabalho Atenção e foco contínuo nas questões de planejamento da força de trabalho.

Motivação intrínseca Motivação que deriva do prazer que alguém sente ao realizar um trabalho ou uma tarefa.

Nacionais do país de origem Cidadãos do país no qual a empresa multinacional tem a sua sede.

Necessidade do negócio Justificativa para uma prática de emprego discriminatória, a partir do momento que exista uma finalidade comercial primordial legítima.

Negociação coletiva Processo no qual os representantes da administração e do sindicato se reúnem para negociar um contrato de trabalho.

Negociação de boa-fé Termo que significa que ambas as partes estão se comunicando e negociando, além de as propostas também estarem sendo combinadas com contrapropostas, com ambas as partes fazendo esforços razoáveis para chegar a acordos. Isso não significa que cada uma das partes seja obrigada a concordar com a proposta.

Opção de ações Direito de comprar um número declarado de ações de uma empresa em algum momento no futuro, porém a um preço de hoje.

Organização Grupo composto por pessoas com papéis formalmente designados, que trabalham em conjunto para alcançar os objetivos da organização.

Organograma da organização Gráfico que ilustra a distribuição de toda a organização do trabalho, com os títulos dos cargos e as linhas de interligação, que mostram quem se reporta e se comunica com quem.

Orientação ao empregado Procedimento que fornece informações básicas sobre a empresa a novos funcionários.

Outplacement Processo sistemático pelo qual uma pessoa demitida é treinada e aconselhada nas técnicas de autoavaliação, para garantir uma nova colocação.

Padrões justos de trabalho Padrões que os empregadores deveriam elaborar para cada tarefa, com base em uma cuidadosa análise científica.

Pagamento de benefícios suplementares Benefícios por tempo não trabalhado, como seguro-desemprego, férias e subsídio de férias e de doença.

Pagamento de indenização Empregadores costumam oferecer uma só vez esse tipo de pagamento quando demitem um empregado.

Pagamentos financeiros diretos Pagamento em forma de salários, incentivos, comissões e gratificações.

Pagamentos financeiros indiretos Pagar em forma de benefícios financeiros, como seguros.

Paraquedas dourado Pagamento realizado por empresas em relação a uma mudança na propriedade ou no controle de uma empresa.

Partilha de trabalho Refere-se a uma redução temporária da jornada de trabalho por um grupo de funcionários durante as crises econômicas, como forma de evitar demissões.

Pesquisa salarial A pesquisa tem como objetivo determinar os níveis salariais vigentes. A boa pesquisa salarial oferece salários específicos para trabalhos específicos. Pesquisas formais por questionário escrito são mais abrangentes, mas pesquisas por telefone, internet e jornal também são fontes de informação.

Pessoa adequada ao cargo Identificação daquela que representa a confluência de (1) conhecimento, competências, habilidades (KSAs), e competências fundamentais para a realização do trabalho, conforme determinado pela análise do trabalho, com (2) o conhecimento do potencial do funcionário, habilidades, capacidades e competências.

Piquetes Empregados que carregam placas e anunciam as suas preocupações trabalhistas próximas aos negócios da empresa.

Pirâmide de produtividade do recrutamento Relações aritméticas históricas entre os seguintes pares: recrutados e convidados; convidados e entrevistados; entrevistados e os que recebem ofertas; e os que recebem ofertas e ofertas aceitas.

Planejamento da força de trabalho (de emprego ou pessoal) Processo de decidir quais posições deverão ser preenchidas pela empresa, e como isso será feito.

Planejamento de carreira Processo deliberado, por meio do qual uma pessoa torna-se consciente de competências pessoais, interesses, conhecimentos, motivações e outras características, e estabelece planos de ação para atingir objetivos específicos.

Planejamento sucessório Processo contínuo de identificar, avaliar e desenvolver liderança organizacional para melhorar o desempenho.

Plano 401 (k) Plano norte-americano de contribuição definida, com base na seção 401 (k) do Código da Receita Federal.

Plano de benefícios flexíveis/Plano de benefícios "cafeteria" Planejar planos individualizados de benefícios permitidos pelos empregadores para acomodar as preferências dos empregados quanto aos benefícios.

Plano de contribuição definida para a aposentadoria Plano em que a contribuição do empregador para os fundos de pensão dos funcionários é especificada.

Plano de distribuição dos resultados Plano de incentivo que envolve os funcionários em um esforço comum, para alcançar os objetivos de produtividade da empresa e partilhar os ganhos.

Plano de hora padrão Plano pelo qual o trabalhador é pago por uma carga horária básica, mas recebe um percentual extra por causa da sua produção superior por hora ou por dia. Semelhante ao pagamento por empreitada, mas com base em um prêmio percentual.

Plano de incentivo de equipe (ou grupo) Plano em que um padrão de produção é definido por um grupo de trabalho específico, e que seus membros recebem incentivos caso o grupo exceda o padrão de produção.

Plano de pagamento de ganhos em risco Plano que coloca uma parcela da remuneração normal do empregado em risco, caso não cumpra os seus objetivos. Em contrapartida, ao atingir e/ou exceder a meta, possibilidade, há o ganho de um bônus bastante vantajoso.

Plano de participação nos lucros Plano pelo qual os empregados têm participação nos lucros da empresa.

Plano de pensão de benefício definido Plano que contém uma fórmula para determinar os benefícios de aposentadoria.

Plano diferenciado de participação nos lucros Plano em que certa quantidade de lucros é creditada na conta de cada funcionário, podendo ser resgatada em caso de aposentadoria, demissão ou morte.

Plano estratégico Plano da empresa para saber como irá corresponder às suas forças e fraquezas internas, com as oportunidades e as ameaças externas, a fim de manter uma vantagem competitiva.

Planos de incentivo organizacionais Planos organizacionais nos quais todos, ou a maioria dos funcionários, podem participar. Geralmente, agregam a recompensa com alguma medida de desempenho em toda a empresa.

Planos de pensões Planos que oferecem uma quantia fixa quando os empregados atingem uma idade de aposentadoria predeterminada, ou quando eles já não podem trabalhar por conta de alguma deficiência.

Planos de saldo de caixa Planos de benefícios definidos nos quais o empregador contribui a cada ano com um percentual do salário dos empregados para planos de pensão, e os funcionários, em contrapartida, ganham juros sobre esse montante.

Policêntrica Filosofia de gestão orientada para preencher cargos com talentos locais; ou crença consciente de que apenas os gerentes do país anfitrião podem entender realmente a cultura e o comportamento do mercado do país anfitrião.

Política de restrição Outro teste para avaliar o impacto adverso, envolvendo demonstração de que as práticas de contratação do empregador excluem um grupo protegido, intencionalmente ou não.

Portabilidade Facilitar o resgate dos fundos de pensão acumulados aos empregados que deixam a empresa antes da aposentadoria.

Postagem de vagas de trabalho Divulgar uma vaga aberta aos funcionários (muitas vezes, literalmente, colocando-a em quadros de avisos na empresa), listando seus detalhes, como qualificações, supervisão, horário de trabalho e remuneração.

Prática de greve trabalhista injusta Greve que visa protestar contra a conduta ilegal por parte do empregador.

Prêmios de mobilidade Pagamentos de montante fixo típicos para recompensar os funcionários na mudança de uma atividade para outra.

Prêmios por serviços no exterior Pagamentos financeiros acima do salário base regular, variando, tipicamente, entre 10% e 30% do salário base.

Procedimento de queixa Processo formal para qualquer fator que envolve uma queixa contra o empregador, envolvendo salários, horas e demais condições de trabalho.

Processo Addia No contexto de treinamento, a sigla se refere a avaliação da necessidade de treinamento; projeto do programa global de treinamento; desenvolvimento do curso; e implementação e avaliação da eficácia do curso.

Processo de avaliação de pessoal Processo de avaliação em três etapas, que envolve (1) ajuste de padrões de trabalho, (2) avaliação do desempenho real do empregado em relação a esses padrões, e (3) feedback para o empregado com o objetivo de ajudar-lhe a eliminar deficiências de desempenho ou a continuar ter um desempenho acima da média.

Processo de dispensa Procedimentos detalhados que determinam quem será demitido caso o trabalho não seja entregue, permitindo que os funcionários utilizem seu tempo de serviço para permanecer no cargo.

Processo de gestão As cinco funções básicas de planejamento, organização, gestão de pessoas, liderança e controle.

Produtividade Proporção de saídas (bens e serviços), dividida pelos insumos (recursos, tais como trabalho e capital).

Programa de assistência ao funcionário (EAP) Programa formal em que o empregador proporciona aos funcionários aconselhamento e/ou programas de tratamento para problemas como alcoolismo, jogos de azar ou estresse.

Programa de conscientização de segurança Programa que permite o treinamento de superiores para orientar os novos trabalhadores em relação a riscos de segurança comuns e métodos de prevenção simples no local de trabalho.

Questionário de Análise do Cargo (PAQ) Questionário para coletar dados quantificáveis sobre os deveres e as responsabilidades dos vários cargos de uma empresa.

Recrutamento de empregados Encontrar e/ou atrair candidatos para os cargos em aberto da empresa.

Recrutamento na faculdade Envio de representantes do empregador para campi universitários, com o objetivo de pré-selecionarem candidatos, criando um grupo de possíveis futuros empregados a partir da turma de formandos.

Reengenharia de processos de negócios Redesenho de processos, combinando etapas pertencentes a um mesmo grupo de trabalho, de modo que pequenas equipes de processos multifuncionais utilizem a tecnologia de informação para fazer o trabalho antes realizado por uma sequência de departamentos.

Regra desvio-padrão Na seleção, a regra desvio padrão sustenta que, como norma geral, a diferença entre o número de candidatos de minorias que a empresa espera contratar e o número daqueles que são realmente contratados deve ser inferior a dois desvios-padrão.

Relações trabalhistas Atividade que envolve estabelecer e manter relações positivas entre empregado e empregador, contribuindo para produtividade satisfatória, motivação, moral e disciplina, além de para manter um ambiente de trabalho positivo, produtivo e coeso.

Remuneração baseada em competências Processo no qual a empresa remunera o alcance, a profundidade e os tipos de habilidades e conhecimentos do empregado, em vez de remunerar o cargo ocupado.

Remuneração do empregado Todas as formas de pagamento ou recompensa aos funcionários, decorrentes de seu emprego.

Remuneração por mérito (aumento por mérito) Qualquer aumento salarial concedido ao empregado com base em seu desempenho individual.

Remuneração variável Qualquer plano de vincular o pagamento à produtividade do empregado, ou rentabilidade, geralmente como pagamentos fixos de uma só vez.

Revisão de segurança operacional Revisões efetuadas pelas agências para verificar se as unidades sob sua jurisdição estão cumprindo todas as leis aplicáveis de segurança, regulamentos, ordens e regras.

Role playing Técnica de treinamento na qual os treinandos interpretam o desempenho de papéis diferentes do seu, em uma simulação de situação realista de gestão.

Rotatividade Taxa em que os empregados deixam a empresa.

Sala de aula virtual Método de ensino no qual se utiliza software de colaboração especial para permitir que vários alunos remotos, munidos de seus computadores, participem das discussões com áudio e vídeo ao vivo, comuniquem-se através de texto escrito e aprendam a partir de conteúdos, como slides do PowerPoint.

Salgação sindical Tática de organização sindical a qual trabalhadores sindicalistas se infiltram em uma empesa, através da contratação de empregadores inconscientes.

Scorecard de RH Processo de atribuição de metas e métricas financeiras e não financeiras, para a cadeia de gestão relacionada com atividades de recursos humanos, necessárias para atingir os objetivos estratégicos da empresa e monitorar os resultados.

Segurança baseada em comportamento Identificar os comportamentos de trabalho que contribuem para o acontecimento de acidentes e, em seguida, capacitar os trabalhadores para evitar estes comportamentos.

Seguro de vida em grupo Oferece as tarifas mais baixas para o empregador ou empregado, incluindo todos os funcionários e os novos empregados, independentemente da saúde ou condição física.

Seguro-desemprego (ou compensação) Oferece benefícios se uma pessoa não é capaz de trabalhar por algum problema que não seja de sua vontade.

Semana de trabalho comprimida Esquema em que o empregado trabalha menos horas, porém por mais dias por semana.

Serviços de Recrutamento por Demanda (ODRs) Fornecimento de recrutamento especializado de curto prazo, para apoiar projetos específicos sem a despesa de manter as empresas de pesquisa tradicionais.

Simulação baseada em vídeo Teste situacional no qual os examinandos respondem a simulações em vídeo de situações reais de trabalho.

Sistema de remuneração competitivo com o mercado Sistema de remuneração no qual as taxas de remuneração real do empregador são competitivas com as do mercado de trabalho relevante.

Sistema de trabalho de alto desempenho Conjunto de políticas e práticas de administração de recursos humanos que promovem eficácia organizacional.

Sistemas de apoio ao desempenho eletrônico (EPSS) Conjuntos de ferramentas e instrumentos informatizados, que automatizam o treinamento, a documentação e o suporte por telefone; integrando essa automação em aplicações e fornecendo apoio mais rápido, barato e eficaz do que os métodos tradicionais.

Sistemas de rastreamento de candidatos Sistemas on-line que auxiliam o empregador a atrair, reunir, triar, compilar e gerenciar candidatos.

Subsídios para dificuldades Pagamentos que compensam os expatriados que vivem e trabalham em condições excepcionalmente duras, em certos locais.

Taxas de rejeição díspares Teste para impacto adverso, no qual seja possível demonstrar que há uma discrepância entre as taxas de rejeição dos membros de um grupo protegido em comparação a outros.

Técnica de amostragem do trabalho Método de teste com base na medição do desempenho dos empregados em tarefas básicas e reais de trabalho.

Tendência central Tendência em classificar todos os empregados da mesma maneira, atribuindo uma classificação média para todos eles.

Testes situacionais Examinandos respondem a situações representativas do trabalho.

Trabalho compartilhado Permite que duas ou mais pessoas compartilhem um único trabalho em tempo integral.

Trabalho por peça Sistema de pagamento com base no número de artigos processados por cada trabalhador em uma unidade de tempo, tais como itens por hora ou por dia.

Transferência Recolocar empregados em cargos semelhantes, porém em outras partes da empresa.

Tratamento diferenciado Disparidade intencional entre a proporção de um grupo protegido e a proporção que consegue o emprego.

Tratamento justo garantido Programas do empregador que visam garantir que todos os funcionários sejam tratados de forma justa, fornecendo meios formalizados, documentados e amplamente divulgados através dos quais os funcionários podem apelar sobre quaisquer questões.

Treinamento Processo de ensinar os funcionários, novos ou atuais, as habilidades básicas que são necessárias para desempenhar suas funções.

Treinamento de aprendizagem Processo estruturado pelo qual as pessoas tornam-se trabalhadores qualificados através da combinação de treinamento em sala de aula e no trabalho.

Treinamento de instrução de trabalho (JIT) Listar as tarefas básicas de cada trabalho com seus pontos-chave, a fim de proporcionar treinamento passo a passo para os funcionários.

Treinamento negligente Situação em que o empregador deixa de treinar adequadamente, e o empregado acaba prejudicando terceiros.

Treinamento no trabalho Treinamento de uma pessoa para que ela aprenda a realizar um determinado trabalho enquanto estiver trabalhando nele.

Triagem de adaptabilidade Processo que visa avaliar e conciliar o provável sucesso do candidato em lidar com a transferência externa.

Unidade de negociação Grupo de funcionários do sindicato que se torna autorizado para representação.

Valência Valor percebido que uma pessoa atribui à recompensa.

Validade de construto Teste de que é válido o construto, demonstrando sua importância para o desempenho do trabalho bem sucedido e para o construto de um processo de seleção.

Validade de conteúdo Conteúdo válido é aquele que foi testado e que contém uma amostra justa de tarefas e competências realmente necessárias para o trabalho em questão.

Validade de critério Tipo de validade baseada na afirmação de que as pontuações no teste (preditores) estão relacionadas ao desempenho do trabalho (critério).

Validade do teste Precisão com que um teste ou uma entrevista propõem a medir ou a cumprir uma função a qual o empregado foi projetado para preencher.

Vantagem competitiva Quaisquer fatores que permitem a uma organização diferenciar seu produto (bens e/ou serviços) dos seus concorrentes, para aumentar a sua fatia do mercado.

Viés Tendência para permitir que diferenças individuais (como idade, etnia e sexo) afetem a avaliação e a classificações de funcionários.

Workaholic Pessoas que são "viciadas em trabalho" e, por isso, costumam ficar na empresa até depois do horário normal, trabalham aos finais de semana e assumem grandes cargas de trabalho.

Índice

Observação: as indicações das páginas com p, f, t ou n se relacionam a fotos, figuras, tabelas e notas, respectivamente.

Nomes

A

AARP. American Association of Retired Persons, 122
Abbott Laboratories, 315
Accenture, 222, 222f, 232, 234
ACFTU. Veja Federação dos Sindicatos da China (ACFTU)
ADP. Veja Automatic Data Processing (ADP), Inc., 111
Alcoa, 375
Alliant Techsystems Inc., 232
Allied Signal, 16
Allmerica Financial Corp., 238
Amazon, 143
Amerada Hess, 106
America West Holdings Corp., 367
American Management Association, 188
American Society for Training and Development, 180
Applebee's, 229
Applied Material, 216
Association of Executive Search Consultants, 116
AT&T, 374
Atlantic American, 75, 76
Automatic Data Processing (ADP), Inc., 111

B

Ball Corporation, 206
Bank of America, 7, 289
Barclays Capital, 137
Ben & Jerry's, 316
Bernard Hodes, 160
Best Buy, 59p, 143
Blackboard, 184, 185
BLS. Veja U.S. Departamento de Estatísticas do Trabalho, Bureau Labor Statistics (BLS)
Bon-Ton Stores, Inc., 139
Bovis Lend Lease, 195
BP. Veja British Petroleum (BP). 285
Breen, Edward, 16
British Petroleum (BP), 93, 183, 208, 244, 285, 380, 382, 387
Brockbank, Wayne, 12
Bronx Lebanon Hospital, 338

C

Capital One Bank, 317
Capital One University, 185
CareerBuilder.com, 110, 231
CareerTracker (Kenexa), 242
Carter Cleaning Company, 16-17, 40-41, 64, 127-128, 163-164, 198-199, 224, 255, 289, 320, 338, 377
Carter, Jack, 16–17, 40, 64, 127, 163, 164, 198, 224, 255, 289, 320, 348, 377
Carter, Jennifer, 16–17, 40, 64, 127, 163, 198, 224, 255, 289, 320, 338, 377
Case-Shiller, 9f
Caterpillar Inc., 174, 189, 370
Cerner, 190
CheckMATE, 50
Cheesecake Factory, The, 119, 111, 183
Chelan County Public Utility District, 103
CIBC, Canadian Imperial Bank of Commerce, 316
Cidade de Oakland, Califórnia, 339
Citibank, 9
Citigroup, 289
Citizen's Banking Corporation, 145
City Garage, 143
CNN, 122
Coca-Cola, 186
Compass Group PLC, 223
Container Store, 119, 119p
Continental Airlines, 159
Cornerstone Succession, 242
CVS Caremark, 316

D

Daimler, 369
Daimler-Benz, 72
DDI. Veja Development Dimensions International (DDI), 144
Dell, 8, 31, 182
Deloitte & Touche, 244
Delta Airlines, 318
Departamento de Estatísticas do Trabalho. Bureau Labor Statistics (BLS), 276
Departamento de Estatísticas do Trabalho, U.S. Bureau Labor Statistics (BLS), 276
Deutsche Bank, 241
Development Dimensions International (DDI), 144
Dial Corporation, 137
Disneyland, 110
Dofasco, 180
Dole Food Co., 109
dominKnow, 185
Dow Chemical, 59
Duke Energy, 40
Dunkin' Donuts, 65
DuPont, 381

E

EA. Veja Electronic Arts (EA). 113
Eastman Kodak, 339
Education Management Corporation, 186
Egon Zehnder International, 116
eHarmony.com, 140
EHS. Veja Environmental Health and Safety (EHS) Today, 387
Electronic Arts (EA), 113
Elluminate Live!, 185
Elop, Stephen, 191, 192
Employment Law Learning Technologies, 184
Environmental Health and Safety (EHS) Today, 387

F

Facebook, 6, 99, 110, 154-155, 183328, 338
Fair Labor Association (FLA), 1-2
Federação dos Sindicatos da China (ACFTU), 374
FedEx Corp., 137, 231, 341, 345, 347
Ferrari, 52
FLA. Veja Fair Labor Association (FLA). 1
Forças armadas dos EUA, 183
Ford Motor, 144, 182, 316
Freudenberger, Herbert, 401
Frito-Lay, 51

G

Gallup organization, 233
GCI. Veja Global Competencies Inventory (GCI). 142
GE Medical, 121
General Electric (GE), 190, 279
General Motors, 185, 374
Georgia-Pacific, 381
Gillette, 50
Global Competencies Inventory (GCI), 142
Globoforce, 210, 297
Golden Eagle (refinery), 389
Google, 47, 58, 59, 132, 184, 276, 283, 296, 301, 316
Guilford-Zimmerman, 140

H

Hai, Hon, 1, 12
Halogen eSuccession, 242
Harvard Business Review, 60, 234
Hasbro, 189
Hay Associates, 250
Hay Group, 268, 277
Heidrick e Struggles, 116, 277
Herzberg, Frederick, 76
Hewitt Associates, 110, 277
Hireright, 157
Hitachi, 216
Holland, John, 235
Home Depot, 122, 303, 316
Hooters of America, 33
Hospital Management Corporation, 158
Hotel Portman, Shanghai, 53, 54, 58
HRSmart, 111
HSBC, 283
Hyundai, 369

I

IBM, 4p, 10, 11, 36, 58, 101, 117, 153, 174, 185, 189, 228, 231, 254, 334, 335
IHOP, 344, 344p
Immelt, Jeffrey, 187, 190
Intel Corporation, 106

International House of Pancakes. Veja IHOP, 344
Intuit, 297
ION Geophysical, 174
iTrack Solutions, 111

J

J&J. Veja Johnson & Johnson (J&J), 191, 403
Jackson Hospital, 270t
JCPenney's, 239
JetBlue Airways, 119
Jobfox, 111
Jobtrak.com, 317
Johnson & Johnson (J&J), 191, 403
JP Morgan, 185
Juniper Networks, Inc., 219

K

Kaiser Permanente, 118, 356
Kamp, John, 138f
Kelly Services Inc., 115
Kenexa, 139, 242
KeyBank, 136

L

Lands' End, 7
Lending Tree, 210
Lewin, Kurt, 192
LinkedIn, 8, 10, 107, 109-110, 155, 183, 328
LivingSocial, 210
Lockheed Martin Corp., 59, 335, 337, 346
Louisiana-Pacific Corp., 381
Luxottica, 184

M

MacDonald, Randall, 4p, 11
Macy's Inc., 58, 172, 174
Makino, 114
Marriott International, 111
May Department Stores, 172
McDonald's Corp., 65, 110
McDonnell-Douglas Corporation, 33
McKinsey & Co., 223, 287
Men's Wearhouse, The, 180
Merrill Lynch, 289
Microsoft, 58, 88, 121, 191, 192, 336, 337f
Monster, 110, 111
Murray Supply Co., 345
Myers-Briggs, 140

N

National Hockey League, 367
National Labor Relations Board (NLRB), 367
Nationwide Mutual Insurance Co., 232
Neiman-Marcus, 52
NES Rentals Holdings, Inc., 294, 318
New United Motor Manufacturing Inc. (NUMMI), 374
New York City Children's Services Administration, 113
Newell Rubbermaid, 54
Nike, 115
Nissan, 369

NLRB. Veja National Labor Relations Board (NLRB), 367
Nokia, 191–192, 193
Nooyi, Indra, 49
Northwest Airlines, 369
Northwestern National Mutual Life, 400
Novartis China, 232
NUMMI. Veja New United Motor Manufacturing Inc. (NUMMI), 374

O

Occupational Safety and Health Administration (OSHA), 382-384
OSHA. Veja Occupational Safety and Health Administration (OSHA), 382-384
Outback Steakhouse, 138p, 139
Outward Bound, 186

P

P&G. Veja Procter & Gamble Co. (P&G), 301
Pacific Gas & Electric Company (PG&E), 187
Palo Alto Software, 50-51
Panera Bread, 21-22
Papa John's, 51
Payless ShoeSource, 267
Pearson Corporation, 3
PepsiCo, 49, 51
Pfizer Inc., 105, 329
PG&E. Veja Pacific Gas & Electric Company (PG&E), 187
Philips, 216
Pierce University, 377
Pilat NAI, 109
Pinterest, 345
Pizza Hut, 51
Plateau Systems, 184
PR Week, 110
Prevent Blindness America, 394
PreVisor, 142
Procter & Gamble Co. (P&G), 301
PureSafety, 396

R

Raytheon Co., 334
Recreation Equipment, Inc., 161
Red Door Interactive, 345
RedCarpet, 174
Renren, 111
Restaurante Rhapsody, 185
ResumePal, 110
Revista Fortune, 7, 111, 150, 210
Risk Management Magazine, 404
Ritz-Carlton, 54
Rogers, Carl, 220
Rubbermaid. Veja Newell Rubbermaid, 54
Russell Reynolds, 116

S

Salesforce Rypple, 210
Samsung, 216
Sarasota County (Florida), 252
SAS Institute, Inc., 13p
Scholastic Assessment Test (SAT), 133

Science Applications International Corp., 110
SDS. Veja Self-Directed Search (SDS), 236
Sea Island Shrimp House, 344
Seagate Technology, 215
Second Life, 110, 174, 183
Securities and Exchange Commission (SEC), 335
Self-Directed Search (SDS), 236
Serco, 278
SFA. Veja Survey Feedback Action (SFA) program, 345
Shanghai, Hotel Portman. Veja Hotel Portman, Shanghai, 53, 54
Sharp Electronics, 177
Shell China, 232
Shell Oil Co., 118
SHRM. Veja Society for Human Resource Management (SHRM), 58, 68
Siegel, Laurie, 16
Siemens, 181
Silkroad Technology, 111
Sindicato Internacional de Empregados de Serviços (SEIU), 374
SkillSoft, 184
Society for Human Resource Management (SHRM), 11, 58, 68, 105f, 119, 122, 160, 189, 190, 277
Southwest Airlines, 54, 55f, 56
Spencer Stuart, 116
Standard & Poor's, 111
Starbucks, 51, 65, 361
Starwood Hotels, 234
Sun Learning eXchange, 181
Sun Microsystems, 181
Survey Feedback Action (SFA) program, 345

T

Talentwise Solutions, 157
Taleo Corp., 111
Target, 51
TelePresence, 183
Tesco PLC, 223
Texas Instruments, 316
Thomas International USA, 143
TimeVision, 88
Tipton, Art, 377, 378
Towers Perrin, 52, 234
Toyota Motor, 206
Transocean Ltd., 301
TRW, 204, 207
TurboTax, 185
Twitter, 110, 183, 338
Tyco International, 16

U

Ulrich, David, 12, 13
Uniqlo, 8
Unilever, 223
Union Pacific, 313
United Auto Workers, 369, 374
United Parcel Service (UPS), 182, 339
United Technologies Corp., 329
Universidade de Yale, 394
UPS. Veja United Parcel Service (UPS), 182, 339
USAA, 315

V

Valero Energy, 105, 106
Vanguard, 146
Verizon Communications, 314
Viking Range Corp., 311
VisionPoint, 186
Volvo, 50
Vroom, Victor, 304

W

Walgreens, 310
Wall Street Journal, 155, 333f
Walmart, 51, 52, 115, 133, 159, 230, 262, 267, 268, 373, 374
Watson Wyatt Data Services, 277
Watson Wyatt Worldwide, 234
WD-40 Company, 234
WebCT, 185
Webex, 183
Wegmans Food Markets, Inc., 262, 263, 267, 403
Weibo, 110
Whirlpool, 311
Whitaker, Judith, 308
Winbond, 216
Wonderlic, Inc., 139, 142

Y

Yahoo!, 47, 155, 337
YouTube, 110, 183

Z

Zappos.com, 45, 46
Zimmer, Ruth Ann, 377-378
Zuckerberg, Mark, 99

Assuntos

A

Abordagem de bônus anual da soma de alvos, 300
Abordagem multiplicadora para bônus anual, 300, 300t
Absenteísmo, 308-309, 315-316
Abuso de drogas. Veja alcoolismo e abuso de substâncias
Abuso de substâncias. Veja alcoolismo e abuso de substâncias
Abuso verbal, 27, 330
Ação afirmativa
　definição, 36
　discriminação reversa, 38
　Veja também Oportunidades Iguais de Emprego
Acidente no trabalho, 387. Veja Acidentes
Acidentes
　análise de risco, 394-395
　causas, 387-389, 408
　compensação
　condições de trabalho e, 387-388 (Veja também comportamentos, atos inseguros)
　Deepwater Horizon, 380, 382
　estresse e, 388
　exercícios de aplicação, 409-410
　inspeções e citações, 385-386, 390f
　lista de verificação de condições, 392-393
　no trabalho, 137, 138f, 384
　prevenindo, 389-398
　reduzindo, 388
　taxa de, 381
　treinamento de segurança e, 396
　Veja também Segurança
Aconselhamento, 250
Aconselhamento de recolocação, 250
Aconselhamento financeiro, 317
Acordo de Livre Comércio da América do Norte (NAFTA), 8
Acordos. Veja Contratos
ADEA. Veja a Lei sobre discriminação etária no emprego (ADEA, 1967)
Administração da folha de pagamento, 281-282
Administração de recursos humanos (ARH), 1-15
　baseada em evidências, 11,
　check-lists para, 241f
　definição, 2
　empresas de recolocação de funcionários e, 317
　esboço do capítulo, 14-15
　etapas, 73
　exercícios de aplicação, 16-17
　ferramentas, 54-58
　ferramentas para a gestão da ética, 336-338
　filosofia, 12-13
　função de, 4
　importância de, 2-3
　introdução, 2-5
　papel, 10-13
　tendências, 5-10, 6f
Administração estratégica de recursos humanos, 45-62
　baseada em evidências, 60-61
　definição, 10, 52, 54
　exercícios de aplicação, 64-65
　ferramentas, 54-58
　ferramentas para, 54-56, 56F
　modelo, 47, 53f, 71
　sistemas de trabalho de alto desempenho, 61-62
　Veja também Administração de recursos humanos (ARH)
Advertências
　incentivos de segurança, 396
　mentoria, 241
　oportunidades iguais de emprego, 137
　processos de promoção, 243
Afastamento do trabalho. Veja Afastamento
Afastamento, 232-233, 232p
　Veja também rotatividade voluntária
Agência, 369
Agências de trabalho temporário, 114-115
Agentes da autoridade, 3
Ajuste pessoa-trabalho, 133
Alavancagem. Veja Desregulamentação; Endividamento
Alcoolismo e abuso de substâncias
　disciplina e, 340
　políticas para, 399
　saúde no trabalho e, 399, 406
　sintomas de, 400t
Alinhamento da remuneração com a estratégia, 263
　Veja também Recompensas
Além de zero acidentes, 398
　Veja também Acidentes
Ambiente
　motivacional, 178-179
　qualidade do ar em, 399
　reduzindo atos inseguros com apoio, 397-398
　rotatividade de funcionários e, 232
Ambiente de aprendizagem, 178-179
Ambiente motivacional para aprendizagem, 178-179
Ampliação de cargo, 76
Análise da força de trabalho
　análise de talento, 58-59
　ferramentas, 56F
　gestão de remuneração, 268
　grupos protegidos, 36
　tendências demográficas, 7-8
Análise das necessidades
　benchmarking, 56-58
　objetivos de aprendizagem e, 178
　para treinamento, 175-177
Análise das necessidades atuais de treinamento, 175-177
Análise de desempenho, 175-176
Análise de fluxo de trabalho, 75, 75f
Análise de negócios. Veja Seleção de dados (data mining)
Análise de Perfil de Personalidade (PPA), 143
Análise de relação, 102
Análise de risco, 394-395, 399F
Análise de tarefas, 175, 176t
Análise de tendência, definição, 102
Análise de viabilidade, 135
Análise do trabalho, 72-94
　a igualdade de remuneração e, 264
　análise de risco, 394-395
　baseada em competências, 91-92
　on-line, 81
　coleta de dados para, 74-80, 94
　condução, 74
　diretrizes para, 84
　entrevistas e, 155, 161
　exercícios de aplicação, 95-96
　ficha de informação para, 74, 79f-80f, 94
　matriz de competências utilizada em, 92, 93, 93f
　organograma em, 74
　papel, 2, 5, 107
　para os gestores, 283
　processo de, 76-78, 93f
　registro em, 80
　técnicas quantitativas, 81-83
　uso de informações de, 75f
　Veja também Descrições de cargos, emprego; gestão de talentos, análise da força de trabalho
Análise estatística
　especificações de cargo e, 90-91
　Veja também Seleção de dados (data mining)
Análise grafológica. Veja Grafologia
Análise-desenho-desenvolvimento-implementação-avaliação (Addia), 175
anúncios "procura-se", 34, 243
Anúncios
　anúncios "procura-se", 34
　para os candidatos a emprego (Veja também Recrutamento)
　diretrizes para, 117, 119F
　on-line, 112, 112F
　recrutamento e, 112
Aparência pessoal. Veja Tatuagens, uniformes
Aposentadoria antecipada. Veja Aposentadoria
Aposentadoria, 311-314
　aposentadoria antecipada, 314-315
　discriminação de idade e, 22
　planejamento, 246-247
　tempo parcial, 122
Aposentados
　benefícios para a saúde, 311
　compartilhamento de trabalho e, 321
　papel no mercado de trabalho, 8
　tempo parcial para, 122
　Veja também Trabalhadores mais velhos
Aprendizagem ao longo da vida, 185
Aprendizagem informal, 181-182
Aprendizagem móvel, 185-186
Aprendizagem na ação, 187-188
Aprendizagem por demanda. Veja Aprendizagem móvel
Aprendizagem programada/instrução, 182-183
Aprendizagem, 178
Aprendizagem, reforço da, 179
Apropriação, a privacidade do empregado e, 338
Aquisição, 302
Arbitragem
　árbitros qualificados, 368
　discriminação e, 32
　impasses e, 367
　resolução de disputas, 372

sindicatos e, 368-373
tipos de, 368, 370
Arbitragem não vinculante, 368
Arbitragem obrigatória, 368, 376
Veja também Arbitragem
Arbitragem obrigatória. Veja Arbitragem
ARH. Veja Administração de recursos humanos (ARH)
As doenças infecciosas, 402
Assédio moral, 332
Assédio sexual, 26-29
Assistência médica
acidentes e, 381
custos de, 307, 309, 315-316
dependentes e, 308, 311
programas de bem-estar, 310-311
tendências, 310-311
Association of Executive Search Consultants, 116
Atendimento ao cliente
aumentar/melhorar, 7, 55, 58
avaliações situacionais e julgamento, 143
crescimento e, 174
envolvimento dos funcionários e, 234
sistemas de trabalho de alto desempenho e, 61
Atitude corretiva, 221
Atividade sindical, 359
Ativistas de credibilidade, 14
Ativos
balanço, 66
funcionários, 66
índices financeiros, 67F
terrorismo e, 403
Atratividade, entrevistas e, 150
Audiências, a sindicalização e, 360-361
Auditorias
em orçamentação, 65
no recrutamento, 60
planejamento estratégico e, 47-48, 47f
Auditorias de RH, 60
Autoavaliação
check-list para coaches, 241f
em entrevistas, 150
em avaliações de desempenho, 215
Veja também Avaliação
Autoavaliações, 208-209
Autonomia, 346
Autônomos
como trabalhadores temporários, 114
compensação, 266
papel de, 8
sites de co-working para, 8
trabalhadores em tempo parcial, contra 311
Autopromoção, em entrevistas, 150
Autoridade
avaliações de desempenho e, 215
definição, 2
delegação de, 2
delegação de poder, 76
insubordinação e, 248
limites, 85
mediação e, 367
Autoridade de linha, 3
Auxiliares de trabalho, 180
Auxílio-maternidade, 305

Avaliação
avaliação de, 160t
matriz para, 222, 222F
validade, 160t, 236
Veja Avaliações de eficiência; avaliações de desempenho, autoavaliação
Avaliações de carreira, 234, 235, 237f
Veja também avaliações de desempenho
Avaliações de desempenho, 204-226
a igualdade de remuneração e, 264
virtual, 210
ciclo de, 205, 206f
comparações entre pares, 210, 214f
computadorizada, 215, 205F
conceitos básicos, 205-208
defendendo, 219
definição, 205
distribuição forçada, 210
efeito halo em, 217
equidade no, 216
escalas gráficas de classificação, 210, 213F-214f, 217, 217f, 218t
ética e, 337
exercícios de aplicação, 224-225
ferramentas, 56f
gestão por objetivos, 215-216, 218t
método de incidentes críticos, 213, 218t
métodos de, 210-218, 218t
monitoramento eletrônico de desempenho, 215
pagamento por mérito e, 295
papel, 2
para os empregados no exterior, 215, 216
problemas, 216-219
quem faz, 208-210
ranking de alternância, 210, 213F
razões para, 205
remunerar e, 222-223
tecnologia para, 215p
tendência central, 217
validade de, 213
Veja também Cargos, a avaliação
Avaliações de desempenho computadorizadas. Veja Avaliações de desempenho
Avaliações de eficiência, 77
Veja também Avaliação
Avaliações de pares, 208
Avaliações entre pares, 208
Veja também Avaliações de desempenho

B
Baby boomers, 7, 235
Bajulação, em entrevistas, 150
Balança comercial, 9
Balanced scorecard. Veja scorecard de RH
Balanço, 66
abordagem do Falência, sindicatos e, 373
Barganha, 366-368
Base de dados de pagamento (salário), 262-263, 279, 301-302
Baseada em evidências, 11, 60, 232, 304
Veja também Administração de recursos humanos (ARH)
Benchmarking
auditoria em RH, 60

cargos de referência, 268-269, 272-273, 276, 281, 284
exemplo, 58
indicadores de, 56f, 62-63
processo de, 58-59
sistemas de remuneração competitivo no mercado, 275-276
Benefícios, 302-318
compensação e, 294
comunicação sobre, 314
definição, 302
exercícios de aplicação, 320-321
flexibilidade, 317-319
fornecendo, 2
panorama atual de, 304-305
questões globais, 318
recrutamento e, 107
relacionada com o trabalho, 316
sociais vs. opcionais, 306t
Benefícios à família, 306t, 315-318
Benefícios a sobreviventes. Veja Seguridade Social
Benefícios de férias, 306
Benefícios de férias, 306, 306t, 307, 356
Benefícios e regalias de executivos, 282, 316
Benefícios para cônjuges, 311
Benefícios para crianças doentes, 316
Big data. Veja Seleção de dados (data mining)
Biometria, 338
Bloqueio, 370, 391F
Boicote, 376
Bônus
anual, 300-301
horas extras e, 307
Veja também Incentivos
vendas e, 298, 299
Bônus anual. Veja Bônus
Bônus por cota, 298Burnout, 400
Veja também Estresse

C
Cadeia de oferta de trabalho, 110
Caixas de sugestões, 343, 347
Call centers centralizados, 10
Call centers. Veja call centers centralizados
Campanha abrangente. Veja campanha corporativa
Campanha corporativa, 369
Campanha de advocacia. Veja campanha corporativa
Campanhas
campanha corporativa, 369
sindicalização e, 355, 356, 373, 374
Campeões de Mudança, 13f
Candidatos a emprego, 99-125
amostra de teste de seleção, 135, 138F
entrevistando (Veja Entrevistas)
ética e, 343
exercício de aplicação, 127-128
ferramentas multimídia de avaliação, 144
fontes externas, 109-121
fontes internas, 107-108
impacto adverso e, 33
ofertas de emprego, 161
padrões para, 34
pessoas qualificadas, 39

Índice

planejamento e seleção, 2
planejamento pessoal/previsão, 100-106
previsão de oferta de, 105-107
questionando, 32, 34
recrutamento (Veja Recrutamento)
triagem, 12, 33
Veja também funcionários
Capacidade
avaliação, 108
construção de, 13f
demissão e, 247
intelectual, 331
Capacidade física e testes de aptidão, 160t
Capital humano
análise de investimentos, 59
análise de talento, 58
definição, 7
ferramentas, 56F
importância, 7
remuneração dos executivos e, 286
riscos de, 404
Carência, período de, 311
Cargos
avaliação do cargo
computadorizada, 281
estrutura salarial e, 288-289
fatores remuneráveis, 279, 280, 281, 283-284
igualdade de remuneração e, 272
métodos de, 277-281, 278p, 281p
para os gestores, 291
remuneração baseada em competências versus, 292
remuneração dos executivos e, 290, 291
remuneração e, 75f (Veja também Remuneração)
sistema de remuneração competitivo com o mercado, 281, 283-284
valor comparável e, 293-294
classificação, 270, 275, 283
competências para, 82, 91p
complexidade, 272-273, 273f, 274t, 283
criação de, 187, 267
descrição (Veja descrições de cargos)
deveres, gerenciando 75
especificações (Veja Especificações de cargo)
estresse em, 400-401
ética na (Veja Ética)
mercado de trabalho, 26
método de avaliação de pontos, 271-272
mobilidade, 314
ofertas para, 158
plano de remuneração, 272-274, 286f
postos de trabalho no exterior, 8
pressões no trabalho, 334
ranking, 269-270
realocação, 76, 187
redesenho de, 75
transferência de aprendizagem, 179
transferências, 245
Veja também Análise da força de trabalho
Carreiras paralelas, 296
Cartão de substituição do cargo, 104
Cartões de autorização sindical. Veja Cartões de autorização

Cartões de autorização, a sindicalização e, 377-378
Casas
financiamentos para, 9, 76-77, 311
precificação de, 9-10, 9F
CBT. Veja Treinamento on-line (CBT)
Cenários de casos integrados, 188
Centrado na Família, 7
Centros de carreira, 237
Centros de desenvolvimento em casa. Veja universidades corporativas
Centros de despesas, 68
Centros de lucro, 68
Centros de receita, 68
Centros de responsabilidade financeira, 68
CEO. Veja Chief Executive Officer (CEO)
Certificado
entrevistas e, 77
licença médica, 307
para os gerentes de RH, 13, 190
para os programas de bem-estar, 310-311
sindicatos e, 363
sistemas de planejamento de talentos e, 109
Chief executive officer (CEO)
desenvolvimento de gestão, 187
ética, 332, 333
formação no trabalho, 192
gestão da diversidade por, 37
mudança organizacional, liderança, 191-192
planejamento para o futuro (Veja Planejamento sucessório)
planos de incentivo para, 10
remuneração, 282-283, 282p, 299
tutoria por, 240
China
FLA e Apple Inc., 1-2
globalização, 8
Hotel Portman, em Xangai, 54
recrutando em, 110
Walmart e, 374
Choque de realidade, 236
Círculo de qualidade, 346
Citações. Veja segurança, inspeções e citações
Classe protegida, 33
Classes, 271
Cláusulas cooperativas, 374-375
Coaches executivos. Veja Treinamento
COBRA, 310f
Código de ética, 334
Veja também Ética
Códigos de conduta. Veja Ética
Comentários
dias de conversação e. 216
entrevistas de avaliação, 219
Feedback 360 graus, 190, 209, 242
na aprendizagem programada, 182-183
no recrutamento, 118, 123
reforço da aprendizagem, 179, 182-183
relações com os empregados, 343
sobre o desempenho, 189, 240, 297, 300
Veja também Avaliações de desempenho
Comentários segurança operacional, 394
Comércio intraestadual, sindicatos e, 356
Comissão do plano, 299
Comissões de recursos humanos, 27
Comissões de vendas, 263

Comitês de Avaliação, 208, 209p
Compa ratio, 281
Veja também Remuneração
Comparação interna de estimativa, 134
Competência, de medição, 243, 284
Veja também Desempenho
Competição
analisar com avaliações situacionais de julgamento, 143
benchmarking e, 58
contratos de trabalho e, 252
desempenho do empregado e, 266
habilidades de negociação e, 366-367
sindicatos e, 373
Comportamentos
características, 92
comportamentos habituais de segurança, 397
disfuncional, 133
habilidades e, de empregados, 53, 54, 73
inseguros, 386, 396p, 398
não verbal, em entrevistas, 149
testes e, 140
workaholics, 400
Comportamento não verbal, em entrevistas, 149
Comprometimento
de acordos de cooperação, 374
discriminação racial e, 38
ética e, 336, 343
justiça e, 331
mudança organizacional e, 191
nos funcionários, construção, 2
para a segurança, 381, 397
para mentoria, 241
para o emprego, 173
rotatividade de funcionários e, 232, 234, 268
Comunicação boca a boca, 109
Comunicações e sites sobre benefícios, 314
Comunicando habilidades/comunicação
a igualdade de remuneração e, 264
comunicação em questões de segurança, 397
em avaliações de desempenho, 216
justiça, 343
papel, 2
relações com os empregados e, 343-344
sobre os benefícios, 314
Veja também E-mail
Concepção do cargo, 176, 270, 298
Concessões, 364
Condições inseguras de trabalho, 387-388, 389
Veja também Segurança
Confiabilidade, 133-134
Confiança, resolução de litígios e, 372
Confidencialidade
dos resultados dos testes, 137-138
para os programas de assistência ao empregado, 315
Veja também Privacidade
Congruência estratégica, 221
Conhecimentos, habilidades, capacidades e competências, 133
Consciência moral, 336
Consolidated Omnibus Budget Reconciliation Act (COBRA, 1985). Veja COBRA
Consultores
como coaching executivos, 190
de relações de trabalho, 378

para a retenção de funcionários, 230
para o desenvolvimento organizacional, 193, 194
para o recrutamento, 118
sites de co-working, 8
trabalhadores mais velhos como, 246
Contabilidade, 329
Continuidade do negócio, 408
Contratação
negligente, 133
recontratação, 108-109
Contratação negligente, 133
Contrato psicológico, 235
Contratos
componentes, 370
de negociação, 364
demissões e, 252
federal, 22, 161, 181
finalidade de, 162
gestão de conflitos pessoais, 373-374
manual do funcionário e, 173
negociação de boa-fé, 364
ofertas de emprego contra, 161
oposição ao sindicalismo, 358
para prestadores de serviços independentes, 270
psicológico, 235
rescisão e, 247
RPOs, 121
Controlar, o papel de, 2
Conversa de rescisão. Veja Entrevistas
Cor
discriminação e, 23, 32t, 38, 265, 335
oportunidades iguais de emprego, 40
Correlação, 134, 134f, 135
Creche. Veja Cuidados da criança, subsidiado
Crescimento profissional, rotatividade e, 231
Crime
contratação negligente e, 133
disciplina e, 342
programa de prevenção para, 407
questões internacionais, 411-412
violência contra as mulheres, 411
violência no trabalho, 404-406
Cuidado ao idoso, 316, 317
Cuidado da criança, subsidiado, 315-316
Cuidados de saúde, 310, 315
Cultura, 335
Currículos em vídeo, 125
Curvas salariais, 275-280, 278f, 279f, 282
Custos
de licença médica, 307
de recrutamento, 135
de rotatividade, 229
dos cuidados de saúde, 309, 310
reduzindo, 311
sindicato exige e, 373

D

Dashboards (painéis digitais), 56, 56f, 221
De integração. Veja Funcionários, orientação/treinamento para
Decisões da Suprema Corte
assédio sexual, 26, 27

leis de Oportunidades Iguais de Emprego, 24-25, 37
Decisões de promoção, 244247
Declaração de competência, 82-86
Declaração de missão, 49
Declaração de visão, 49
Declarações de tarefas, 81
Deficiência
alfabetização e, 185
consultas pré-admissionais e, 157
defesas do empregador, 32
discriminação e, 23-25, 38
exames médicos e, 158
gravidez e, 32f
orientação dos funcionários e, 173
reabilitação profissional e, 23
Seguridade Social e, 305
Deficiência mental e, 24
Demissão, 247-252
aconselhamento e, 250, 251
check-list para, 248
definição, 247
desligamento voluntário, 247
disciplina e, 342, 343
motivos para, 247
perguntas a serem feitas antes, 248, 249f
questões de demissão injusta e, 248-249
Veja também Downsizing; Demissões
verbas rescisórias, 248, 249f, 308-309
Demissão construtiva, 248
Demissão injusta, 248, 249
Demissões, 247-248, 308
Demografia
análise de tendências e, 102
tendências da força de trabalho, 6-7, 6f, 237
Denunciantes, 335
Departamento de recursos humanos, 4-5, 5f
Dependentes
Cobertura da Previdência Social, 311-312
cobertura de saúde para, 308, 311
compensação dos trabalhadores e, 311
cônjuge, 311
manutenção de registros para, 281
Depressão, empregado, 315, 402
Desastre da Deepwater Horizon, 380, 382
Descrições de cargos
análise de tarefas e, 175
avaliação do trabalho e, 274
declaração, tarefa de cargo, 82
definição, 74, 75, 82
descrição, 74, 75f, 77-83, 79f, 83f
exercício de aplicação, 95-96
identificação do cargo, 82, 90
questionário para analisar, 79f
recrutamento on-line e, 110
resumo do cargo, 90-91
Veja também especificações de cargo
Desempenho
ajuste pessoa-trabalho e, 133
análise, 175-176
compensação, 266 (Veja também Remuneração; Incentivos)
dimensões da personalidade e, 140
disciplina e, 338
funcionários engajados e, 11
insatisfatório, demissão e, 247

medição, 11, 285
normas para
definição, 216
na descrição do cargo, 82-84
planejamento de sucessão e, 242
remuneração por desempenho, 295
rescisão e, 319
testes de personalidade e, 140
Desempenho insatisfatório, como fundamento de demissão, 247
Desemprego
recrutamento e, 107
rotatividade voluntária e, 228
taxas de, 105
tendências, 9-10
Desengajamento moral, 333, 336
Desenvolvimento
desenvolvimento de gestão, 187
desenvolvimento organizacional, 193-195
Desenvolvimento de carreira, 231, 234
Desenvolvimento de gestão, definição, 187
Desenvolvimento de programas, 179-180
Veja também Treinamento
Desenvolvimento de recursos humanos, base de conhecimento para, 14
Desenvolvimento organizacional, 193-195
Desonestidade, identificando, 157
Desregulamentação, 8, 10, 373
Devido processo legal
iguais de emprego e, 24
proteger, 341
resolução de conflitos, 373
triagem de drogas e, 158
Diário, registro em, 80
Dias de conversação, 216
Difamação, 155
Diferença salarial, 284
Diferenciação, 51
Dificuldades de aprendizagem. Veja Deficiência
Digitalização pela íris, 338, 339P
Direito a uma eleição, 360
Direito ao trabalho, 358, 359
Diretrizes sobre disciplina justa, 340
Discriminação
alegações de, 32-36
aposentadoria antecipada e, 314
contratação negligente e, 133
cor e, 22, 32t, 34, 265
currículos em vídeo e, 125
decisões judiciais sobre, 24-25
defesas contra, 21, 32-36
deficiência e, 23-25
definido, 36
discriminação reversa, 38
em decisões de promoção, 244
estado civil e, 34
exercício de aplicação, 40-41
gênero e, 22, 32t, 34, 37, 265
gravidez e, 32f
idade e, 22, 32t, 34, 37, 265
igualdade de remuneração e, 21
intencional, 31, 32, 33
Lei dos Direitos Civis e, 31
nacionalidade e, 22, 32t, 34, 35, 265
necessidade do negócio e, 34-35

Índice

ônus da prova, 29
ordens executivas, 22-23
orientação sexual e, 26
raça e, 22, 32t, 265
recrutamento e, 34-35
redes sociais e, 154
religião e, 22, 34, 35, 265
RH e, 10
segurança do trabalho e, 386
sindicatos e, 361
testes e, 137
Veja também Impacto adverso; ação afirmativa; Oportunidades Iguais de Emprego
verificação de referências, 157
Discriminação intencional. Veja Discriminação
Discriminação intencional. Veja Impacto adverso
Discriminação reversa, 38
Veja também Discriminação
Disposições/benefícios, realocação, 162, 317
Distribui prêmios, 303
Distúrbios de movimento, 402
Diversidade
 definido, 35
 gestão, 35, 37, 40
 no recrutamento, 121-122
 treinamento em, 186
Diversidade da força de trabalho, 35-37
Dívida
 economia de, 8
 efeitos, 9
 índices financeiros, 67f
 no balanço, 66
 Veja também Casas, financiamentos para; Endividamento
Divisão da abordagem de pagamento. Veja Remuneração
DO. Veja Desenvolvimento organizacional
Domínio ponto.com, 110
Downsizing, 265
 Veja também Demissões
Duke Power Company, 40-41
Duplo equilíbrio, 7

E

Economia
 comércio, 8
 desafios, 9-10
 endividamento, 8
 tendências, 9-10
EEO. Veja Oportunidades Iguais de Emprego
EEOC. Veja Equal Employment Opportunity Commission (EEOC)
Efeito halo, 217
EIM. Veja Sistemas de gestão de incentivos empresariais
Elegibilidade
 de pensão, 313
 para a promoção, 244
 para o emprego, 161
 para o seguro de saúde, 309
 por bônus anuais, 300
Eleições, a sindicalização e, 360-361, 361t
E-mail
 declaração de reconhecimento para, 340f

importância, 124, 343
intrusão e, 336
monitoramento de desempenho e, 11t, 215
networking com, 110
orientação e, 173
políticas para, 338, 339
Empregadores
 administração de folha de pagamento, 281-282
 bancos de dados de qualificação dos funcionários, manutenção, 244
 bloqueios por, 370
 capacidade de pagamento, 283
 custos de compensação para, 303, 307t
 defesas para, 21, 32-34
 deveres dos, 25, 28
 direito do trabalho para, 386-387
 direitos, 359
 direitos dos trabalhadores e, 22
 gestão de carreira, papel em, 234-235
 métodos de avaliação do trabalho, 275-279
 papel de segurança, 381, 382, 385
 plano de remuneração competitivo, 274-283
 políticas e procedimentos, 32, 34, 47
 práticas injustas de trabalho, por 356-357
 questões de diversidade para, 35-37, 39
 reclamações trabalhistas, 30
 redução das condições inseguras de trabalho, 387-388
 redução do estresse e, 400-401
 relacionamento com os colaboradores e, 343
 responsabilidade fiduciária de, 314
 responsabilidades e direitos de, 386-387
 sindicatos e, 355-356, 373
 terrorismo e, 403
Emprego
 agências para, 113-114
 base de conhecimento para, 14
 contratos (Veja Contratos)
 formulários de candidatura, 100, 123-128
 leis para (Veja Oportunidades Iguais de Emprego)
 planejamento e recrutamento para (Veja Planos/Planejamento)
Empresários
 RH para, 3
Empresas de recrutamento de pessoal, 321
Endividamento, 8, 154
Enriquecimento profissional, 76
Entrevista comportamental. Veja Entrevistas
Entrevista de avaliação. Veja Entrevistas
Entrevista em painel. Veja Entrevistas
Entrevista por telefone. Veja Entrevistas
Entrevista situacional estruturada. Veja Entrevistas
Entrevistas, 144-152
 abordagem apressada para, 148-149
 administração, 147-149, 162
 autopromoção em, 150
 comportamentais, 145, 148
 entrevista de desligamento, 250
 diretrizes para, 78, 207
 entrevista de painel, 147, 148, 165, 166
 entrevista situacional estruturada, 165-166
 entrevistas de avaliação, 220
 entrevistas de desligamento, 230, 250-251, 344
 erros em, 149-150

estrutura, 144, 148-149
estruturada, 78, 79f-80f, 145, 145f, 148, 150-151, 160t
gestão de carreira e, 236
gestão de talentos, 150 (Veja também Gestão de talentos)
modelos de competência e, 176
na análise de trabalho, 74-75
não estruturados, 144
perguntas, 77, 132, 145-146, 150, 152f, 153, 153t, 164
por telefone, 147
por vídeo, 147
questionário contra, 78
recrutamento e, 100
sequencial, 147
situacional, 145
utilidade, 149
validade de, 66, 158, 159
verificação de antecedentes e, 155
Entrevistas de desligamento. Veja Entrevistas
Entrevistas diretivas. Veja Entrevistas estruturadas
Entrevistas em vídeo. Veja Entrevistas
Entrevistas estruturadas. Veja Entrevistas
Entrevistas não estruturadas. Veja Entrevistas
Entrevistas sequenciais. Veja Entrevistas
Entrevistas situacionais. Veja Entrevistas
Envolvimento de terceiros na negociação coletiva, 367, 368-369
EPM. Veja Sistemas eletrônicos de monitoramento de desempenho (EPM)
EPSS. Veja os sistemas eletrônicos de apoio ao desempenho (EPSS)
Equal Employment Opportunity Commission (EEOC)
 agências de emprego e, 113
 definição, 27
 descrição escrita do trabalho e, 82
 ferramentas de recrutamento, 123
 Veja também Oportunidades Iguais de Emprego
Equidade interna, 264
Equidade processual, 264
Equilíbrio entre trabalho e vida pessoal
 benefícios e, 315
 rotatividade de funcionários e, 231
Equipamento de proteção individual (EPI), 384, 385, 396p, 410
Equipe
 papel, 2
 Veja também Funcionários, administração de recursos humanos; Pessoal
Equipe de negociação, negociação coletiva e, 356, 358, 363, 368-369, 376
Equipes de resolução de problemas, 346
Equipes de trabalho autogeridas/ autodirigidas, 346
Erro por ordem de candidato (ou contraste), 149
Escala de avaliação comportamental (BARS), 213, 217, 214f, 218T
Escala de percepção de tratamento justo, 331F
Escala Wechsler de Inteligência, 139
ESOP. Veja Planos de participação acionária dos empregados (ESOP)
Especialistas de contenção de custos, 310

Especificações de cargo
    análise de tarefas e, 175
    avaliação do cargo e, 274
    definição, 74
    método de classificação e, 270
    redação, 89-90
    Veja também descrições de cargo
Espionagem eletrônica, 339
Estabelecimento de relações, na descrição de cargo, 78
Estado civil, discriminação e, 34
Estágios, 118
Estereótipos, 35, 149
Estimativas de confiabilidade, segundo teste, 133
Estratégia
    definição, 47
    execução, 49
    mapas para, 54, 55f, 56F
    tipos de, 50-51, 50f
Estratégia competitiva, 50-51
Estratégia corporativa de Concentração, 50
Estratégia corporativa de diversificação, 50
Estratégia de consolidação, 51
Estratégia de integração vertical, 51
Estratégia de nível do negócio/competitividade, 51
Estratégia em nível corporativo, 50
Estratégia funcional, 52
Estratégia pessoal sob demanda, 231
Estresse
    estresse no trabalho e burnout, 400-401
    reduzindo, 400
    segurança e, 387
Estresse no trabalho, 400-401
Estrutura salarial, 279f, 279
Ética, 328-338
    auditorias, 335
    cultura e, 335
    definição, 11, 329
    diretrizes para, 337
    exercícios de aplicação, 348-349
    fatores nas escolhas éticas, 332-335
    ferramentas para, 337-339
    legal versus ético, 329
    noções básicas de, 328-331
    papel, 11
    políticas para, 47, 343
    privacidade (Veja Privacidade)
    quiz, 333F
    segurança do trabalho (Veja Local de trabalho, segurança)
    software para, 328-329, 337-338, 339
    traços de, 333-334
    treinamento no trabalho, 336-339
Etnia. Veja Nacionalidade
Etnocentrismo, 36
E-Verify, 161
Exames médicos, 158
Exceção de direito comum, 247
    Veja também Demissão
Exceção de ordem pública, 247
Exceções legais, 247
Expansão geográfica (estratégia), 51
Expectativas de significado. Veja Metas
Expectativas, esclarecendo, 335, 340
Experimentação controlada, 195-196

Experimentação em RH baseada em evidências, 61
Exposição ao amianto, 386
Extroversão, 140

F
Faixas salariais, 285, 286F
Fase de descongelamento de mudança organizacional, 192-193
Fase de recongelamento da mudança organizacional, 192, 193
Fase móvel de mudança organizacional, 191, 192
Fatores remuneráveis
    avaliação do trabalho e, 264, 267, 274, 288-289
    definição, 283
    papel, 275-276
    para profissionais, 282
    selecionar, 272
Feedback 360 graus. Veja Comentários
Feiras de emprego virtuais, 110
Feiras de emprego. Veja Feiras de emprego virtuais
Ferramentas
    exemplos, 56f, 58
    administração estratégica de recursos humanos, 54-58
    painéis digitais, 55, 56f, 221
    papel de, 10
    para a rotatividade de funcionários, 232
    Scorecards de RH, 55
    segurança e, 394
Filosofia de cooperação, 303
Fluxograma de processos, 74
Foco, 52
Folhas de pagamento, 281-282
Fontes externas, 109
Forças, fraquezas, oportunidades e ameaças. Veja Gráfico SWOT
Forma equivalente ou alternativade estimativa, 133
Formulários de inscrição. Veja Emprego, os formulários de candidatura para
Fraude, 335
    Veja também Ética
Fumo no local de trabalho, 403
Funcionários
    abuso de substâncias em (Veja alcoolismo e abuso de substâncias)
    ação afirmativa e, 38
    administração, 3
    ajuste pessoa-trabalho, 133
    aptidões e comportamento de, 52, 53f, 71
    assédio sexual de, 26-29
    avaliadora (Veja avaliações de desempenho)
    avaliar (Veja Avaliação; avaliações de desempenho)
    bases de dados para, 58-59
    benefícios para (Veja Benefícios)
    capacitar, 90
    compensação
    comprometimento (Veja Comprometimento)
    contratação de, 11, 242-243, 344
    contratação negligente, 133
    contrato psicológico para, 235

demissões e downsizing, 252-253
demitindo, 405 (Veja também Demissão)
depressão, 315, 402
desempenho (Veja Desempenho; avaliações de desempenho)
direitos, 329, 330f, 358, 372
disciplina, 338-341, 342f
ética (Veja Ética)
EUA versus estrangeiro, 8
exemplos de emprego justo, 36-37
gestão ativa, 222
gestão de carreira para, 234-239, 237f
impacto adverso, 33-36
incentivos para (Veja Incentivos)
licença para tomada de decisão, 342-343
manuais para, 179, 247, 340
monitoramento de, 338-339
moral, 230
orientação/treinamento para, 2, 173-174
parentes e, 34
políticas e procedimentos para, 47
privacidade dos (Veja Privacidade)
programas de assistência para, 315
programas de mudança organizacional para, 191-195
promoção, 242-245
proteger, 395 (Veja também segurança)
recontratação, 108-109
recrutamento (Veja Recrutamento)
Funcionários contratados, 115
Funcionários de missão crítica, 191, 222, 286
Funcionários profissionais
    incentivos para, 295
Fundos investidos, 313
Fusões e aquisições
    recursos humanos e, 52
    sindicatos e, 373

G

Geeks e nerds, 331
Generalização da legitimidade, 136
Geração X, 7
Geração Y, 7
Gerenciamento pró-ativo, 73
    Veja também Gestão
Gerentes de linha
    centros de gestão e, 144
    definição, 3
    papel de, 4, 5-6
Gerentes de pessoal, 3
Gestão
    cláusulas cooperativas, 374-375
    de pessoal/funcionários, 10, 222
    de remuneração, 2, 4, 233
    disciplina dos funcionários, 340-343
    do processo, 2
    impasses e, 367
    jogos para, 188
    papel de segurança, 381, 382, 285f
    processo de planejamento, 46-48
    programas top-down, 37
    questões de diversidade, 35-37
    questões de recrutamento (Veja Recrutamento)
    resolução de conflitos, 372
    sindicalização e, 373-374, 375

sistema de remuneração competitivo com o mercado, 275-276
Veja também Orçamentos, administração de recursos humanos (ARH), desenvolvimento de gestão
Gestão, definição, 2
Veja também Gestão
Gestão de carreira, 234-239
definição, 234
desenvolvimento, 242
opções de, 236-238
papel do empregador, 236-237
papel do funcionário em, 235
papel do gestor em, 239
passado contra o presente, 243
progressão, 244
Gestão de carreiras on-line. Veja Gestão de carreiras
Gestão de centros de avaliação, 144-145
Gestão de desempenho
avaliações de desempenho contra, 216
definição, 205
elementos, 221
relatório do processo, 212f
tecnologia, 221
Veja também avaliações de desempenho
Gestão de remuneração estratégica, 263, 263t
Gestão de riscos da empresa, 15, 404
Gestão de talentos
análise da força de trabalho, 58-59
definição, 11, 72, 176, 222
em avaliações de desempenho, 222-223
entrevistas e, 153 (Veja Entrevistas)
modelos e perfis em, 91-94
monitoramento da previsão da força de trabalho, 105-106
papel, 11-12, 153
planejamento de sucessão, 109, 242-243
processo de, 73
remuneração e, 286-287
retenção de funcionários e, 230
rotatividade de funcionários e, 232
treinamento e, 176, 191
Gestão estratégica integrada, 194-195
Gestão estratégica
base de conhecimento para, 14
definição, 52
demissões e, 247
desenvolvimento de gestão, 187
processo de, 46-48, 47f
relações com os empregados e, 343-344
Veja também Gestão
Gestão por objetivos (MBO), 207
Gestores
ajuste pessoa trabalho e, 133
análise das necessidades por, 175
atuando como gerente de RH, 3
avaliação de, 209
avaliação de, 282
características, 10-13
cartões de autorização sindical e, 377
certificação de, 14
competências, 12-13, 13f
de validação, 11
definição, 2

desenvolvimento de carreira para os funcionários, 235
direito do trabalho e, 382-383
economia e, 10
erros de pessoal e, 2
estabelecimento de metas por, 207
ética (Veja Ética)
exemplos de práticas discriminatórias de emprego, 34-36
gestão de aprendizagem informal por, 181-182
gestão de carreira, no papel, 236
gestão de talentos e, 72, 153
gestão por objetivos, 207
incentivos para, 296
informações de análise de trabalho, coleta, 77-83
Medir os resultados de treinamento, 196
modelo de competências para, 91f, 177-178
orçamento para, 65-68
papel, 2, 54-55
planejamento por (Veja Planos/Planejamento)
políticas de remuneração, 266-267
questões de recrutamento, 116, 120-121
reconhecendo depressão do empregado, 402
remuneração de, 282-283
trabalho de prevenção da violência por, 403
treinamento para, 187-190
Veja também gerentes de linha, gerentes de pessoal
Globalização e concorrência
leis trabalhistas iguais e, 23
sindicatos e, 373
tendências, 8-10
Governo Federal
iguais de emprego e, 37
Veja também Oportunidades Iguais de Emprego
Grade de definição, 271f, 282
Graduate Record Examination (GRE), 135
Gráfico de dispersão, 102
Gráfico SWOT, 48-49, 49f
Grafologia, 158
GRE. Veja Graduate Record Examination (GRE)
Greve abusiva, 369
Greve de solidariedade, 369
Greve econômica, 369
Greves, 368-369
impasses e, 368p
mediação e, 367
respostas a, 359
salários e, 366p
tipos de, 369
Veja também Impasse; bloqueios
Grupos de discussão, 343, 345

H

Habilidades interpessoais, 186, 240
Habilidades
descrições de cargos e, 82
habilidades de negociação, 366-367
Inventory, 104
matriz para, 90, 93f
Veja também Declaração de competência

Headhunters, 116
Higiene industrial, 382
Hipotecas. Veja Casas, financiamentos para
Horário flexível (horários de trabalho flexíveis), 122, 123, 317
Horários comprimidos, 317
Horas extras
monitoramento, 338
pesquisas salariais e, 276
relações com os empregados e, 343
segurança e, 387
sindicatos e, 370, 371
House-Tree-Person (HTP), 140
HPWS. Veja Sistemas de trabalho de alto desempenho
HRCI. Veja Instituto de Certificação de Recursos Humanos (HRCI)
HTP. Veja House-Tree-Person (HTP)

I

Idade
discriminação e, 22, 32t, 34, 265
estereótipos e, 35
ética e, 329
Impacto adverso
definição, 33
papel de, 33-36
teste e, 137
Impacto diferente, 32, 33, 34
Impasse, 367, 369
Implicações legais
na contratação, 133
Normas OSHA, 382-383, 384f
para as avaliações de desempenho, 215
Veja também Oportunidades Iguais de Emprego
Incentivos, 295-302
a curto prazo, 282, 288
Aposentadoria antecipada, 314
eficácia, 300
em compensação, 266
em longo prazo, 282, 299, 300-301
exercício de aplicação, 320
ferramentas, 56f
fornecendo, 2
organizacional, 296-302
papel de, 288
para a segurança, 396
para os funcionários, 295-300
programas de bem-estar, 310-311
rentabilidade e, 10
Veja também Benefícios
Incentivos de curto prazo. Veja Incentivos
Incentivos de longo prazo. Veja Incentivos
Indicadores baseados em estratégia, 58
Índices de alavancagem, 67f
Índices de atividades, 67f
Índices de liquidez, 67f
Índices de rentabilidade, 67F
Índices financeiros, 66, 67F
Informações
compartilhamento, 62t
just-in-time, 185
na análise de cargos, coleta, 74-80
rastreio, 159
usos, 74, 75F

Inovadores/integradores, 14
Inspeções e citações. Veja Segurança
Instituto de Certificação de Recursos Humanos (HRCI), 14, 40, 65,
Instituto de Certificação de RH, 14
Insubordinação, 248
Inteligência competitiva, 52
Intercultural/sensibilidade, 186
Internacionalização
    globalização e competição, 8-9
Intervenções estratégicas de desenvolvimento organizacional, 194-195
Intranets, 6
Intrusão, 336
    Veja também Privacidade
Inventário de dados pessoais, 160t
Isento/funcionário não isento. Veja Funcionários
Itens admissíveis de negociação. Veja Itens de negociação voluntária
Itens de negociação voluntária, 364, 365F
Itens ilegais de negociação, 364, 365F
Itens obrigatórios de negociação, 364, 365F

J

JIT. Veja Treinamento de instrução de trabalho (JIT)
Julgamentos precipitados em entrevistas, 149
Justiça
    em avaliações de desempenho, 215, 217f
    em compensação, 266
    em demissão, 247, 248
    em práticas trabalhistas, 358-359
    na seleção de funcionários, 160
    relações com os empregados e, 343-347
    resolução de disputas, 372
    sindicatos e, 355-356, 358
Justiça distributiva, 330
Justiça processual, 330

L

Legislação sobre igualdade nas oportunidades de emprego, 21
Legislação sobre igualdade nas oportunidades de emprego, 21
Lei
    decisões de promoção e, 242-243
    direito do trabalho, 382-383, 385f
    lei de imigração, 161-162
    sindicatos e, 356-359
Lei de Adaptação do Trabalhador e Notificação de Retreinamento (WARN), 251
Lei de Fechamento de Unidade. Veja Lei de Adaptação do Trabalhador e Notificação de Retreinamento (Lei WARN, 1988)
Lei Dodd-Frank (Dodd-Frank Wall Street Reform e Consumer Protection Act [2010]), 335
Lei dos Direitos Civis de 1991 (CRA 1991)
    alegações de discriminação, 32
    discriminação e, 22, 31-32, 32t, 33
    impacto adverso e, 33
Lei Federal sobre a Violência Contra a Mulher, 27
Lei Orgânica de Assistência Social (LOAS, 1993), 305
Lei Sarbanes-Oxley (2002), 299, 336
Lei sobre Discriminação na Gravidez, 22, 32t, 305
Levantamentos
    levantamentos de atitude, 187, 229, 344
    Pesquisa Nacional de Remuneração (NCS), 276
    pesquisas de clima organizacional, 344-345
    pesquisas de opinião, 234
    pesquisa estatísticas atuais do emprego, 276
    pesquisas on-line, 344p
    pesquisas salariais, 264, 272, 276, 283
    pesquisas de remuneração por internet, 276-277
Licença por afastamento, 306t, 307-308
Licença por doença
    deficiência e, 307
    ética e, 342
    licença parental e, 316
    programas de assistência ao empregado e, 315
    sindicatos e, 370
    táticas de redução de custo para, 307-308
Licença por doença, 307
Liderança de custo, 51
Liderar, papel de, 2
Líderes de mudança, 191
Linhas diretas, 343
Livre comércio, 8
LMS. Veja Sistemas de gestão de aprendizagem (LMS)
Local de trabalho
    flexibilidade, 317
    injustiça em, 330-331 (Veja também Justiça)
    monitoramento em, 338-339
    segurança (Veja também saúde e segurança; Seguro; Segurança)
        importância, 11
        perigos em, 382, 398-404
    violência, 404-406
Loja fechada, 361
Lucro, definição, 59

M

Má conduta, demissão e, 247
Mães que trabalham
    justiça no local de trabalho e, 330
    Veja também famílias monoparentais
    viés de, 148, 244
Make a Picture story (MAPS), 140
Matriz 9-box, 243-244
Matriz de Requisitos, 90
MBO. Veja Gestão por objetivos (MBO)
Mediação voluntária. veja Mediação
Mediação
    exemplo de entrevista, 138f, 145f
    formulário para, 362f
    lista de mediadores, 372
    processo de, 367
    voluntário, 36
Medição
    baseada em evidências, 11
    métricas de desempenho, 11
    psicológica, 135
Medida cautelar, 370
Mensagem de texto, 110, 398
Mentor, 241, 242-244
    Veja também Treinamento (coaching)
Mercado de trabalho. Veja Cargo, mercado de trabalho
Mercado externo, 275
Metas
    criação/formulação, 46-48, 52, 54, 219
    envolvimento dos funcionários e, 233-234
    ética e, 339
    hierarquia de, 46-47, 46f
    para a aprendizagem, 179
    para a segurança, 403
    para o desempenho, 204, 205-206, 215, 218
    para o recrutamento no campus universitário, 117
    rotatividade de funcionários e, 232
    Scorecard de RH, 54-55
Método Birkman, 139
Método de classificação alternada, 210, 213f, 270
Método de classificação, 270-271, 274t, 283
Método de classificação. Veja Cargos, classificação
Método de comparação de fatores, 272
Método de comparação entre pares, 210, 214F
Método de distribuição forçada, 210, 218T
Método de estudo de caso, 188
Método de incidentes críticos, 213, 218T
Método de Pontos, 269-271, 272-274, 273f, 273-274, 288, 289
Método gráfico escala de classificação, 210, 213f, 219
Método substituto. Veja Treinamento (Coaching)
Métodos de avaliação de trabalho informatizada. Veja Cargos. Veja Candidatos a emprego
Mídias sociais
    assédio e, 331
    políticas para, 338
    relações com os empregados e, 343
    treinamento e, 183
    verificação de antecedentes e, 155-156
Militares, 120
Minorias
    assédio sexual e, 26
    etnocentrismo e, 36
    impacto adverso e, 33
    padrões de seleção para, 34
    recrutamento de, 122-123
    uso on-line, 109
Missões especiais, 180
Modelagem do comportamento, 189
Modelo de negócio
    definição, 47
    negócio atual, 48
    pensamento científico, 60-61
    reengenharia de processos de negócios em, 76-77
    Veja também plano estratégico/planejamento
Modelos de competência
    como perfis profissionais, 91, 92F
    em gestão de talentos, 176-177
Monitoramento ambiental, 48, 48f

Monitoramento da previsão da força de trabalho, 105-106
Monitoramento por localização, 339
Moralidade, 329, 336
  Veja também Comportamentos; Ética
Motivação
  aprendizagem e, 178-179
  enriquecimento profissional e, 76
  teoria da equidade de, 264
Mudança cultural, 191
Mudança estratégica, 191

N

Nacionalidade
  discriminação e, 22, 32t, 34, 37, 265, 335
NAFTA. Veja Acordo de Livre Comércio da América do Norte (NAFTA)
NCS. Veja Pesquisa Nacional de Remuneração (NCS)
Necessidade do negócio e, 34
Necessidade do negócio, 34
Negatividade
  afastamento do trabalho e, 232-233
  em entrevistas, 149-150
Negociação coletiva
  definição, 363
  lei e, 358, 360
  negociações, 364-366
  processo de, 363-373
  salários e, 266
Negociação de boa fé, 364
Negociação de boa-fé, 364
Nerds. Veja Geeks e nerds
Networking
  tecnologia e, 8, 10

O

O*NET, 88, 254, 255
Obesidade
  bem-estar e, 310
  discriminação e, 35
Objetividade
  em avaliações de desempenho, 215
  em RH, 60
Objetivos de aprendizagem, 178
Objetivos instrucionais. Veja os objetivos de aprendizagem
Objetivos, aprendizagem, 178
Observação
  na análise do cargo, 78
ODRs. Veja Serviços de recrutamento por demanda
OJT. Veja Treinamento no trabalho (OJT)
Ônus da prova, 33, 137
Opções de ações, 301-302
Oportunidades iguais de emprego, 21-41
  contra a ação afirmativa, 37
  Decisões da Suprema Corte, 28, 33
  ética e, 40
  exercícios de aplicação, 40-41
  gerentes para, 4
  leis, 10, 22-30
    assédio sexual e, 26-30
    estadual e municipal, 23, 40
    formulários de inscrição e, 123
  Lei dos Direitos Civis (1991), 31
  Lei Equal Employment Opportunity, 24
  Ordenamento jurídico, 22-23
    retaliação e, 41
    verificação de antecedentes, 153, 154, 155
Oposição ao sindicalismo, 358
OPP. Veja Organizações prestadoras de serviços preferenciais (PPOs)
Orçamento de caixa, 66
Orçamento de vendas, 66
Orçamento operacional, 65
Orçamentos/orçamento
  análise, 65-68
  aprendizagem contínua, 185, 238
  exemplo, 66f
  processo de, 63
  responsabilidade por, 68
Organização
  cultura, 335, 335-336
  definição, 2
  divisões de cargos, 74
  gráfico para, 74, 76
  orientação, 173
  pesquisas de clima, 344-345
  planos de incentivo (Veja Incentivos)
  programas de mudança, 194-198
  segurança (veja Segurança)
Organizações prestadoras de serviços preferenciais, 316, 317
Organizando
  no departamento de RH, 4-5
  papel, 2
Orientação. Veja Treinamento

P

Padrões de seleção
  eficácia, 133
  ferramentas, 56F
  qualificações, 34
  validação, 26, 73
  Veja também candidatos a emprego, funcionários, selecionando, entrevistas
Pagamento, igualdade
  discriminação no salário, 23, 32t, 265
  fatores remuneráveis e, 283-284
  sindicatos e, 372
Pagamento. Veja Remuneração
Pagamento/promoção/sistema por mérito, 22, 295, 296t
Pagamento baseado em tempo, 263
  Veja também Remuneração
Pagamentos financeiros diretos, 262
Pagamentos financeiros indiretos, 262
Pais solteiros, 122
Palestras, 178
PAQ. Veja questionário de análise de cargos (PAQ)
Paraquedas dourado, 302
Passivo, 66
Patrimônio individual, 264
Patrimônio líquido, 66
PDA. Veja Lei sobre Discriminação na Gravidez
Penalidades, 341, 384
Pensamento científico em RH. Veja Recursos Humanos
Pensão flexível, 314
Perguntas em entrevistas. Veja Entrevistas
Perguntas, à vontade, 162
Período de carência, 311
Personalidade
  conflitos interpessoais, 373
  dimensões de, 137
  pessoas propensas a acidentes e, 388
  planejamento de carreira e, 235
  testes para, 137-138, 141f, 143, 160t, 194
Pesquisa
  em administração de recursos humanos, 11
Pesquisa de estatísticas atuais do emprego, 276
Pesquisa Nacional de Remuneração (NCS), 276
Pesquisa-ação, 193, 194
Pesquisas de Atitude, 191, 231, 344
Pesquisas de atitude, 231
Pesquisas de remuneração da internet. Veja Remuneração
Pesquisas on-line, 344
Pesquisas salariais, 264, 276-277, 283
Pessoal alternativo. Veja Agências de trabalho temporário
Pessoal
  análise de trabalho para, 73
  com erros, 2-3
  experiente versus não experiente, 89
  filosofia de recursos humanos para, 12
  formulário de registro de inventário e desenvolvimento, 104-105
  gestão, 10
  gráficos de substituição, 104, 104F
  plano de ação para, 106
  plano salarial para, 68, 68f
  previsão para, 101-105 (Veja também Planos/Planejamento)
  recrutamento (Veja Recrutamento)
  revisão dos registros, 243
  Veja também Funcionários
Pessoas propensas a acidentes, 388-389
Pessoas qualificadas, 34
Piquetes, 369
Pirâmide seletiva do recrutamento, 106, 106F
Planejamento da força de trabalho. Veja Planos/Planejamento
Planejamento de aposentadoria da força de trabalho. Veja aposentadoria
Planejamento de benefícios flexíveis. Veja Plano de benefícios
Planejamento de carreira
  definição, 235
  exercício de aplicação, 255
  finalidade de, 235
  oficinas para, 237
  rotatividade e, 229
Planejamento de negócios
  software para, 50, 58
  Veja também Planos/Planejamento
Planejamento sucessório, 108, 109, 175, 242
  Veja também Gestão de talentos
Plano combinado, 299
Plano de ação da força de trabalho, 106
Plano de benefício de pensão, 310, 312
Plano de benefícios, 317-318
Plano de contribuição
  definição, 313
  planos de participação nos lucros e, 303

portabilidade, 313, 314
  Veja também Planos de participação acionária dos empregados (ESOP)
Plano de Desastres, 404, 408
Plano de ganhos compartilhados, 303
Plano de pagamento com risco sobre os ganhos, 295
Plano de remuneração competitiva ao mercado, definição, 272
Plano estratégico/planejamento
  análise de necessidades, 178
  definição, 47
  exemplo, 47
  importância, 13
  papel dos gestores em, 52-53
  planejamento da força de trabalho, 101-102
  planejamento de pessoal, 100, 101f
  processo de, 47-49, 47f
  Remuneração e, 263, 272-273
  retenção de funcionários e, 230
  software para, 50-51, 55
  treinamento e, 176
Plano salarial, 68, 68f, 263, 295-296
  Veja também Remuneração
Planos 401 (k), 313
  Veja também Poupança e plano de poupança
Planos/Planejamento
  base de conhecimento para, 14
  papel de, 2
  para descrições de trabalho, 88
  para o recrutamento, 100, 123
  planejamento da força de trabalho, 101-107
  políticas e procedimentos, 47
  processo de, 47-48
  Veja também Planejamento de carreira; Metas; plano estratégico/planejamento
Planos atuais de participação nos lucros, 303
Planos de ações fantasmas, 301
Planos de ações, 301
Planos de aposentadoria
  definição, 311
  portabilidade, 313
  tipos de, 312-314
Planos de emergência, 408
Planos de férias remuneradas agrupadas, 306
Planos de incentivo da equipe, 302
  Veja também Incentivos
Planos de incentivos, 298
Planos de opções de ações de base ampla, 301
Planos de pagamento. Veja Remuneração
Planos de participação acionária dos empregados (ESOP), 303
Planos de participação nos lucros, 295, 303
Planos de participação nos lucros, 303
Planos de remuneração por produção. Veja Remuneração
Planos de saldo de caixa, 314
Planos de saúde autofinanciados, 311
Planos de saúde autofinanciados, 311
Polígrafos, 157
Política de portas abertas, 343
Política de promoção formal, 243
Política restrita, 34
  Veja também Impacto adverso
Políticas de exclusão do cônjuge, 311

Políticas e procedimentos. Veja Planos/Planejamento
Pontos do contrato, na negociação, 370
Pornografia infantil, 338
Portais da empresa, 10
Portais de aprendizagem, 184
Posicionamento estratégico, 13
Postos de trabalho no exterior, 8, 115-116, 373
Postos de trabalho, papel do, 7
Poupança e planos de poupança, 312
PPA. Veja Análise de Perfil de Personalidade (PPA)
PPE. Veja equipamento de proteção individual (EPI)
Prática de greve trabalhista injusta, 369
Práticas trabalhistas injustas, 363, 370, 371
Preconceito, 35
Previsão
  atividade empresarial, 101
  computadorizado, 104
  demanda da força de trabalho, 101
  orçamento e, 65
  planejamento e, 2, 46
  recrutamento, 100, 104-106
PRH. Veja Profissionais em Recursos Humanos
Primeiras impressões, 149, 150
Princípio de Peter, 243
Prioridades
  estresse e, 400
  para a segurança, 381, 401
Privacidade
  em dados de funcionários, 105-106
  importância, 11, 112
  políticas para, 338-339
  triagem de drogas e, 158
  violações de segurança e, 411
Problemas de "não querer fazer". Veja problemas "não pode/não quer fazer"
Problemas Não pode fazer/não quer fazer, 177
Procedimentos eleitoral, sindicalização e, 360
Procedimentos transparentes de seleção, 34
Processo de recurso, 342
Processo legal dos empregados, 372
Processos de demissão injusta, evitação, 253
Procura por trabalho. Veja Pessoal
Produtividade
  análise de fluxo de trabalho e, 75
  análise de relação e, 102
  igualdade de remuneração e, 32T
  melhorando, 251
  planos de remuneração por produção e, 295
  sindicatos e, 355
Produto Interno Bruto (PIB), 9
Profissionais em Recursos Humanos, 3, 14
Profissionais estrangeiros/empregados, programa de vistos H-1B, 8
Programa de Aposentadoria antecipada, 314
Programa de premiação de serviço, 345
  Veja também Recompensas
Programa de reconhecimento social, 297
Programa de remuneração, 281
Programa de vistos H-1B, 8
Programa funcionário do mês, 297
Programas de assistência ao empregado, 315
Programas de bem-estar, 310-311, 403

Programas de desenvolvimento gerencial, implementação, 187-190
  Veja também Treinamento
Programas de prevenção clínicos, 310
Programas de reconhecimento positivo, 396
Programas de reconhecimento/reconhecimento
  como incentivo, 305
  relações com os empregados e, 343
  rotatividade de funcionários e, 232
  Veja também Recompensas
Programas de remuneração do futuro, 284
Programas de sugestões, 346
Programas de transformação produtiva. Veja Downsizing
Programas top-down, 37-38
Projeto de séries temporais, 195
Promoção da saúde e prevenção de doenças, 310-311
Própria diligência, 190
Provedores de serviços de recrutamento (ASPs), 111
Punição, disciplina e, 342-343

Q

Qualidade do ar, 399
Qualificações
  conjunto de habilidades para, 104
  falta de, como fundamento de demissão, 247
  inventários, 104
Queixas, 371-372
Questionário de análise de cargos (PAQ), 74, 78-79, 79f, 81
Questionários
  na análise de cargo, 81-83
  na avaliação do cargo, 274
  para descrições de cargos, 82, 79F
Questões comportamentais, 145-146, 150
Questões de conhecimentos de trabalho, 165
Questões de conhecimentos e de base, 150, 165
Questões situacionais, 145, 150

R

Raça
  ação afirmativa, 36
  análise demográfica, 7
  candidatura e, 124, 146, 147, 151
  demissão e, 247
  desempenho no cargo e, 90, 218
  discriminação e, 22, 32t, 265
  tratamento diferenciado e, 32
Reação, a análise do trabalho e, 78
  realista, 159
  reduzindo atos inseguros com, 388
  validade de, 135-136
  valor de, 12
  Veja também Verificação de antecedentes
Recompensas
  alinhamento com a estratégia, 263
  ética e, 335, 338
  relações com os empregados e, 343
  remuneração e recompensas totais, 284
  Veja também benefícios, incentivos
Recontratação, 108-109
Recrutadores

diretrizes para, 117
papel, 4
recrutadores de executivos, 116
supervisores e, 114
trabalho on-line, 110-111
Recrutadores de executivos. Veja Recrutadores
Recrutamento, 99-124
  abordagem integrada, 121
  ação afirmativa em, 36
  agências de emprego, 113-114, 119
  agências de trabalho temporário e de pessoal alternativo, 114-115
  auditorias, 60
  candidatos espontâneos, 119
  custos de, 135
  diversidade, 118-119
  eficácia, 111-112, 118, 120
  encaminhamentos, 121
  estágios, 118
  ética e, 343
  exercícios de aplicação, 127-128
  ferramentas, 56f, 120
  gestão de talentos e, 73 (Veja também Gestão de talentos)
  gestão, 109, 242
  militares, 120
  etapas, 100, 100f
  planejamento de sucessão e, 242
  postos de trabalho no exterior, 8, 115-116
  práticas discriminatórias, 34-35
  publicidade e, 112
  recrutamento de universitários, 117-118
  serviços por demanda, 117
  tendências, 110-111
  Veja também Anúncios; candidatos a emprego
  via internet, 109-111, 112f
  visitas in loco e, 118-119
Recrutamento em faculdade. Veja Recrutamento
Recrutamento on-line. Veja Recrutamento
Recrutamento pela internet. Veja Recrutamento
Recrutamento pelo Facebook, 6, 10
Recursos humanos
  análise de talento, 58
  auditorias de RH, 60
  consequências éticas de decisões (veja Ética)
  estratégias para, 52
  pensamento científico em, 60-61
  políticas e práticas de, 52, 53f, 71
  RH baseado em evidências, 60
  sindicatos e, 355
  Veja também Administração de recursos humanos (ARH)
Reengenharia de processos de negócios, 76-77
Referências. Veja Recrutamento
Reforço da aprendizagem, 179
Registros de prisões, 40
Regra 4/5ths. Veja impacto adverso
Relações com os empregados, 343-347
  Veja também Ética
Relações de trabalho
  bloqueios e, 370
  cláusulas cooperativas e, 374-375
  consultores para, 378

especialistas, 4
planos de pensão e, 312
questões legais, 354-357
relações organizacionais, 82
requisitos educacionais, 34
Responsabilidades e direitos de, 386-387
retenção de, 228-232, 313
RH, relação com funcionário, 60
rotatividade de, 229-230, 230f, 232p, 247, 318
selecionar, 133-159
  background/verificação de referência, 153-157
  diretrizes uniformes para, 27
  ética e, 336
  exames médicos, 158
  exercícios de aplicação, 163-164
  ferramentas para a, 73, 101, 106, 136
  grafologia, 158
  importância de, 133
  justiça em, 155
  lei de imigração, cumprindo, 161-162
  obstáculos em, 100
  ofertas de emprego, 161
  processo de avaliação, 153, 160t
  rotatividade e, 228-229
  tomar a decisão, 159
  uso de drogas, 155, 158-159, 338
  Veja entrevistas
sindicalização dos (Veja Sindicatos)
talentos (Veja Gestão de talentos)
temporário, 114-115, 376
tendências de emprego para, 6-7
tendências demográficas, 7-8
terminação (Veja demissão)
trabalho de forma independente contra, 270, 271f, 312
treinamento para (Veja Treinamento)
Religião
  discriminação e, 22, 32t, 34, 265, 329
Remuneração, 262-287
  administração da folha de pagamento, 281-282
  avaliação do trabalho e, 267-271
  compa ratio, 281
  controle, 2, 5, 241
  custos do empregador de, 301, 307t
  equidade em, 264-265, 275
  exercícios de aplicação, 289
  fatores que determinam, 262-268
  futuro da, 284
  influência sindical em, 266
  leis, 264-268
    Lei Sarbanes-Oxley, 299
  para funções gerenciais/profissionais, 281
  pesquisa de internet, 265, 276
  planejamento estratégico e, 263
  plano de remuneração competitivo, 272-281
  planos por empreitada de, 263
  recrutamento e, 107
  rotatividade de funcionários e, 229, 252
  temas contemporâneos, 284-287
  Veja também benefícios, incentivos, remuneração variável
  verbas rescisórias, 248, 249f

Remuneração baseada em competências, 284-285
  Veja também Remuneração
Remuneração baseada em habilidades. Veja remuneração baseada em competências
Remuneração competitiva ao mercado. Veja Remuneração
Remuneração dos trabalhadores, 266, 306, 314
Remuneração e, 272
  demissões e, 243
  igualdade de remuneração e, 21
  promoção e, 243
Remuneração por desempenho. Veja Desempenho
Remuneração variável, 295
Requisitos alterados do trabalho, demissão e, 248
Requisitos educacionais, 34
Rescisão. Veja Demissão
Rescisão voluntária, 247
Resíduos perigosos, 410
Resolução de conflitos, 372-374
Responsabilidades do tutelado, em mentoria, 241
Resultado orçado, 66
Resultado pro forma. Veja também Resultado orçado
Retaliação, 244, 370
Retenção. Veja Funcionários, retenção de
Retorno sobre o investimento (RSI), 66
Revisões de emprego realistas, 159
Riscos químicos, 399
  Veja também Acidentes
Role playing, 188, 246
Rotatividade
  definição, 228
  exercício de aplicação, 255
Rotatividade involuntária, 247
Rotatividade voluntária, 228-229, 232p
RPO. Veja Terceirização de processo de recrutamento (RPO)
RSI. Veja Retorno sobre o investimento (RSI)

S

Salário mínimo, 265
  Veja também Remuneração
Salário mínimo, 359
Salário-alvo, 320
Salários dos executivos, 283-284, 299, 301-302
Salas de aula virtuais, 183, 185
SAR. Veja direitos de apreciação de ações (SAR)
Saúde e segurança, 383-389
  depressão e, 402
  doença profissional, 386
  doenças infecciosas, 402
  exposição ao amianto e, 386
  inspeções e citações, 385-386
  monitores de computador e, 402-403
  Veja também Alcoolismo e abuso de substâncias; Segurança
Saúde mental
  benefícios para, 305
  programas de assistência para, 315
Saúde ocupacional, 385, 387
Scorecard de RH, 54-55, 56F
Segurança, 381-394
  armazenamento de dados para, 406

auditoria para, 398
cartazes, 396, 399F
check-lists para, 389, 390f
clima para, 387
segurança operacional, 394
comitê para, 398
cultura para, 397
custos de segurança dos trabalhadores e, 381
equipamentos de proteção individual, 394
exercícios de aplicação, 409-410
fontes de risco, 403
importância de, 11, 381
inspeções e citações, 385f, 394-395, 398
monitoramento do empregado, 338
ocupacional, 383
políticas para, 407
práticas empresariais de, 382
programa de conscientização para, 398
programa para, 405-406
questões internacionais, 411
riscos no local de trabalho e, 399-405
segurança ocupacional, 403-408
sindicatos e, 370
treinamento em, 396-397
triagem de drogas e, 158-159
Veja também Acidentes; Privacidade
violência no trabalho, 404-406
Segurança mecânica, 406
Veja também Segurança
Segurança natural, 406
Veja também Segurança
Segurança ocupacional. Veja Segurança
Seleção de funcionários. Veja os candidatos a emprego; colaboradores, selecionando
Seguridade Social, 305, 311, 319
Seguro, 304
acidentes e, 389
seguro de cuidados de longo prazo, 311
seguro de invalidez, 310t, 311
seguro de saúde, 310, 310t, 316-318
seguro de vida, 310t, 311
seguro-desemprego, 305-306, 306t, 319
Seguro de cuidados de longo prazo, 311
Seguro de saúde, 310, 316, 318
Seguro de vida em grupo. Veja Seguro de vida
Seguro de vida, 306t, 311
Seguro Federal por velhice e por sobrevivência. Veja a Seguridade Social
Seguro médico. Veja Seguro de saúde
Seguro por invalidez, 308, 310f, 311
Seguro-desemprego, 304-305, 306t, 306p, 319
Seguro-desemprego, 305
Seleção de dados (data mining), 58-59, 138
Seminários externos, 188-189
Serviços de recrutamento por demanda, 117
Serviços de saúde no local, 310
Serviços pessoais, 315
Servidores ASP, 111
Sexo
desenvolvimento de carreira e, 239
discriminação e, 22, 32t, 34, 37, 265
estereótipos, 35
igualdade de remuneração e, 32t, 264
Veja também assédio sexual
violência contra as mulheres, 411
Simbolismo, 335

Simbologismo, 36
Sindicatos, 354-373
avaliações de cargo e, 284
boicotes por, 376
desejos, 366
diminuir em, 373
direitos, 266
direitos dos trabalhadores e, 329
eleições em, 360
exercícios de aplicação, 377-378
futuro, 373-375
gestão de pessoal e, 10
limitações, 358
Motivos, 355-356
movimento operário e, 355-357
negociação coletiva, 266, 363-373
on-line, 360
processo de unidade e eleição, 358-363
questões jurídicas, 315, 363-366, 376
regulação da, 359-360
representante, 360
respostas, por 359
resultados da pesquisa, 356-357
Walmart, 374
Síndrome do edifício doente, 399
SIRH. Veja Sistemas de informação de recursos humanos (SIRH)
Sistema de verificação do cartão, 378
Sistema integrado de requisição, 121
Sistema Nacional de Aprendizagem, 181
Sistemas de gestão de aprendizagem, 184, 185
Sistemas de gestão de incentivos empresariais, 298
Sistemas de informação de recursos humanos (SIRH)
melhorar a produtividade com
a integração da gestão de talentos e planejamento de sucessão, 108, 242-243
campanhas sindicais on-line, 360
previsão de pessoal, 101
programas de reconhecimento, 297
recrutamento, abordagem integrada, 121
sistemas de gestão de aprendizagem, 184
sistemas de rastreamento de candidatos, 161-162
software de planejamento de negócios, 50-51
soluções de melhoria de segurança, 396
treinamento de ética com base na Web, 337
Sistemas de rastreamento de candidatos (ATS), 111, 120, 161-162
Sistemas de trabalho de alto desempenho, 12, 61-62, 64, 231, 252
Sistemas de Tutoriais Inteligentes, 182
Sistemas eletrônicos de apoio ao desempenho (EPSS), 182
Sistemas eletrônicos de monitoramento de desempenho (EPM), 215
Sites de co-working, 8
Smartphones
fabricação de, 191-192
fazer testes em, 143
Software
para a ética, 337-338, 339

para o planejamento de negócios, 50-51, 55
Subsídios educacionais, 316
Supervisores
análise de cargo por, 74, 77
aptidão, 139
assédio sexual e, 26-28
avaliações de desempenho por, 205, 215, 221 (Veja também Avaliações de desempenho)
capacitação dos funcionários, 92
Coaching/mentor, 238, 239
comportamentos relacionados com o trabalho e, 90
disciplina por, 340
eficácia, 216
entrevistas com, 77, 100
ética, 335
gestão da diversidade por, 35-37, 121
gestão de conflitos pessoais, 373-374
Lista de verificação de segurança para, 390f-391f
orientação dos funcionários e, 173
papel, 4, 10, 107
papel de segurança, 381, 405
práticas discriminatórias, 28
responsabilidade de, 249-250
sindicalização e, 361
trabalhadores temporários e, 114
treinamento e, 26, 174
treinamento sobre violência no trabalho para, 405-406
triagem (seleção de funcionários) e, 116, 136, 154

T

Tarifas, 8, 9
Tatuagens, 22
Taxas de rejeição díspares, 27
Veja também impacto adverso
Tecnologia
alterações, 191-192, 231, 238
demografia do local de trabalho e, 7
efeito sobre a administração de recursos humanos, 4-5, 6f, 15
para as avaliações de desempenho, 215p
para orientação, 173-174
recrutadores de executivos, e 116
tendências de emprego, 6-7
Tecnologia da informação (TI)
em gestão de desempenho, 219
Geração Y e, 7
reengenharia de processos de negócios em, 76-77
Tempo de trabalho
Tendência central, em avaliações de desempenho, 217, 218T
Tendências
análise, 48f, 102
da globalização e da competição, 8-10
do desemprego, 9-10
do endividamento e da desregulamentação, 8
em postos de trabalho, 7-8
na força de trabalho, 6f, 7-8
no recrutamento on-line, 110-111
Teoria da equidade de motivação, 264

Terceirização de processos de recrutamento (RPO), 121
Terrorismo, 403
    Veja também Segurança
Teste
    abuso de substâncias, 399-400
    base de, 133-137
    capacidade cognitiva, 139, 160t, 332
    centros de avaliação de gestão para, 144-145
    como validar, 135-141
    computadorizado, 143
    para missões internacionais, 142
    segurança, 137-138
    teste de honestidade, 157, 163-164, 333, 336
    tipos de, 139-143, 162
    Veja também Avaliação
Teste de conhecimentos, 135
Teste de Pessoal Wonderlic, 139, 142, 142f, 159
Teste de Rorschach, 134p, 135
Teste de Stanford-Binet, 139
Teste McDonnell-Douglas, 33
    Veja também Impacto adverso
Testes de aptidão, 139, 141f
Testes de desempenho, 141-142
Testes de habilidades físicas, motoras e, 139
Testes de integridade, 158
    Veja também de personalidade
Testes de inteligência (QI), 139
Testes de julgamento situacionais, 150, 160t
Testes on-line
    triagem de candidatos, 10
    uso de, 142-143
Testes psicotécnicos, 246
Teto de vidro, 239
Total de Recompensas, 14, 287, 318
    Veja também Recompensas
Town and Country Electric, NLRB v. (1995), 367
Trabalhadores com deficiência, o recrutamento de, 124
Trabalhadores de não minorias, 33
Trabalhadores mais velhos
    ética, 333
    programa Snowbird, 316
    recrutamento de, 121
    retenção de, 246-247
    uso on-line, 111
    Veja também Aposentadoria
Trabalhadores não tradicionais, o papel de, 7
Trabalhadores temporários
    benefícios de seguro para, 308
    Veja também Funcionários
Trabalhadores temporários
    benefícios para, 308
    preocupações de, 115
    recrutamento, 114-115
    sindicatos para, 383
    Veja também Trabalhadores temporários
Trabalhadores vulneráveis, proteção, 395
Trabalho em equipe
    aplicações no processo humano, 194-195
    construção, 186-187, 192
    desempenho e, 12
    ferramentas, 56F
    segurança e, 397
    vitimização e, 332
Trabalho organizado. Veja Sindicatos

Transferências. Veja cargos, transferências em
Tratamento diferenciado, 32, 33, 38
Tratamento injusto, 330-331
    Veja também Tratamento justo no trabalho
Tratamento justo garantido, 336, 341
Tratamento justo no trabalho, 328-331, 347
    Veja também Ética
Treinamento, 172-195
    ações de aprendizagem, 186-187
    análise das necessidades, 175-177
    aprendizagem, 178
    aprendizagem a longo prazo, 180
    aprendizagem informal, 181-182
    aprendizagem móvel, 185-186
    aprendizagem programada, 182-183
    aprendizagem virtual, 183, 185
    atitudes inseguras e, 388
    auxiliares de trabalho, 185
    avaliação de, 175, 195-196
    audiovisual, 182
    virtual, 184
    coaching, 187, 190, 196
    construção de equipe, 186-187
    definição, 174
    desenvolvimento de, 174-175
    desenvolvimento organizacional, 193-195
    eficácia, 193
    EPSS para, 182
    exercícios de aplicação, 198-199
    ferramentas, 56F
    implementação, 180-186
    JIT, 181
    jogos corporativos, 188
    medição de, 12
    método de estudo de caso, 188
    modelagem do comportamento, 189
    na diversidade, 186
    objetivos, 174
    orçamento para, 178
    orientação, 173-174
    palestras, 180
    papel, 4, 73
    programas de mudança organizacional, 193-197
    projeto de, 178-179
    reconhecendo pistas de violência no trabalho, 404-405
    resumo dos, 178-179
    role playing, 188
    seminários/base em universidade, 188-189
    simulado de aprendizagem, 183
    sistemas de gestão de aprendizagem, 184
    treinamento por simulação, 182
    treinamento de segurança, 396-397
    treinamento ético, 337-338
    treinamento for a do trabalho, 182, 187
    treinamento no trabalho, 180
    treinamento técnico, 180
    tutoriais inteligentes, 182
    via computador, 183
    via videoconferência, 183
Treinamento (coaching)
    check-list para, 241f
    coaching de carreira, 238
    coaching executivo, 190
    construção de competências em, 235-236

    definição, 240
    processo de, 240
    treinamento no trabalho, 180, 187
Treinamento audiovisual, 182
Treinamento da equipe, 186-187
Treinamento de ética on-line, 337-338
Treinamento de instrução de trabalho (JIT), 181
Treinamento de pares, 180
Treinamento de realidade virtual, 183
Treinamento fora do trabalho, 188-189
Treinamento interativo multimídia, 183
Treinamento multifacetado, 180
Treinamento multimídia. Veja treinamento interativo multimídia
Treinamento negligente, 174
Treinamento no trabalho (OJT), 180, 196-197
    Veja também Treinamento
Treinamento on-line (CBT), 183
Treinamento on-line. Veja Treinamento
Treinamento simulado, 183
Treinamento técnico, 180
Treinamento universitário, 189
Triagem
    abordagem integrada, 121
    agências de emprego e, 111
    confiabilidade, 133-134
    de currículos, 111
    drogas, 155, 158-159, 340
    importância de, 136, 154
    padrões de seleção e, 34
    para candidatos a emprego, 10, 33
    pré-admissionais, 157
Triagem inteligente automatizada de currículo, 111
Triagem pré-contratação/teste, 155, 157, 395
Trabalho centrado, 7

U

União Europeia
    comércio internacional, com, 8
    contratos de trabalho, 252
Unidade de negociação, 360
Uniformes, 28
United Airlines, Spurlock *vs.* (1971), 43
Universidades corporativas, 189

V

Validade de construto, 135
Validade de conteúdo, 135
Validade de critério, 135-136
Validade do teste, 25, 33, 62, 133, 160
Valor, 335
    Veja também Ética
Valor comparável, 283-284
Valorização de Direitos de Ações (SARs), 301
Vantagem competitiva, 47, 51, 272
Variação salarial, 280-281
Variações, no orçamento, 66
    Veja também Teste
Vendedores, incentivos para, 298-299, 318
Verbas rescisórias, 248, 249f, 308
Verificação de antecedentes
    contratação negligente e, 133
    ética e, 336, 337
    forma/função de, 155-159

violência no trabalho e, 404
verificação de crédito e da empresa, 154
Verificação de referência, 153, 156F
    Veja também verificação de antecedentes
Viagens de negócios, 411
    Veja também Segurança
Videoconferência
    para entrevistas, 148
    para treinamento, 182
Viés
    avaliações de desempenho, 205, 215, 221-222
    em decisões de promoção, 242
    mães que trabalham e, 148-149
    queixas de, 30, 41
Violência contra a mulher, 411
Violência no trabalho. Veja Local de trabalho, a violência no
Vistoria de segurança, 394
Vítimas, 330
Vítimas submissas, 332
Vitimização, 332
Vitimização e, 332

W

Walk-ins. Veja Recrutamento
WARN lei. Veja Lei de Adaptação do Trabalhador e Notificação de Reciclagem (Lei WARN, 1988)
Workaholics, 400